Christian Heinrich
Examensrepetitorium Zivilrecht

Examensrepetitorium Zivilrecht

Examensklassiker
anhand originalgetreuer Klausuren

von

Dr. Christian Heinrich

o. Professor an der Kath. Universität Eichstätt-Ingolstadt

3. Auflage 2020

Zitiervorschlag: *Heinrich* ZivilR

www.beck.de

ISBN 978 3 406 74034 3

© 2020 Verlag C. H. Beck oHG
Wilhelmstraße 9, 80801 München
Druck und Bindung: Beltz Grafische Betriebe GmbH
Am Fliegerhorst 8, 99947 Bad Langensalza

Satz: Druckerei C. H. Beck Nördlingen
Umschlaggestaltung: Druckerei C. H. Beck Nördlingen

chbeck.de/nachhaltig

Gedruckt auf säurefreiem, alterungsbeständigem Papier
(hergestellt aus chlorfrei gebleichtem Zellstoff)

Vorwort

Die Examensvorbereitung ist nicht nur der anstrengendste, sondern auch der bedeutendste Abschnitt des Studiums und der Referendarzeit – gibt doch das Ergebnis bei den Staatsprüfungen die Bandbreite der beruflichen Wahlmöglichkeiten vor. Es ist deshalb kein Wunder, dass für die Examensvorbereitung mannigfaltige schriftliche und mündliche Lehrangebote von hochschuleigenen über außeruniversitäre Repetitorien bis hin zu Skriptenreihen sowie umfassende Klausuren- und Fernkurse zur Verfügung stehen. Sie alle versuchen, den umfangreichen Stoff systematisch aufzubereiten und auf unterschiedlichen didaktischen Wegen zu vermitteln.

Hat sich der Examenskandidat in monatelanger Arbeit die für beide Examen notwendige Wissensfülle angeeignet, kommt es unmittelbar vor der jeweiligen Examensphase darauf an, möglichst kompakt und übersichtlich die wesentlichen Aufbauschemata und Strukturen sowie die examensrelevanten Probleme und typischen Klausurkonstellationen zeitsparend, effektiv und prüfungsbezogen zu wiederholen. An entsprechender Literatur für die letzten Wochen unmittelbar vor dem Examen fehlt es allerdings weitgehend. Diese Lücke soll im Bürgerlichen Recht durch diesen Band geschlossen werden. Dementsprechend beschränkt sich die Darstellung auf die erfahrungsgemäß häufig geprüften Aufgabenstellungen sowie Fallstrukturen und wendet sich an Examenskandidaten, welche die Grundlagen des Bürgerlichen Rechts beherrschen und sich die allgemeinen Zusammenhänge anhand der üblichen Vorbereitungsangebote bereits angeeignet haben.

Nicht alle Themenbereiche des Bürgerlichen Rechts sowie nicht sämtliche in Rechtsprechung und Literatur erörterten Fragestellungen eignen sich gleichermaßen für eine mehrstündige Examensklausur. Wie eine Auswertung der Examensklausuren unterschiedlicher Bundesländer zeigt, ist es vielmehr so, dass die Varianten für eine sinnvoll zusammengestellte Klausur auf einen überschaubaren Kanon beschränkt sind. Die gleichen Probleme werden in ähnlichen Sachverhalten häufig nur unterschiedlich kombiniert. Gerade in den letzten Wochen vor dem Examen kommt es deshalb darauf an, die Aufmerksamkeit auf diese stets wiederkehrenden Klausurstrukturen, Aufbauregeln sowie Meinungsstreitigkeiten mit hoher Prüfungswahrscheinlichkeit zu richten. Dabei empfiehlt sich ein realistisches Prüfungstraining, also ein Überblick des typischen Examenswissens anhand originalgetreuer Klausuren.

Für dieses Repetitorium wurden als Darstellungsform daher typische und authentische Examensklausuren gewählt. Jeder Sachverhalt steht beispielhaft für einen in ähnlicher Form häufig wiederkehrenden Klausurtyp und könnte auch als Originalklausur in einem Staatsexamen gestellt werden.

Inhaltlich gehen die Lösungshinweise aus didaktischen Gründen natürlich weit über die in einem Examen zu erwartende Ausarbeitung hinaus. Anhand der Klausuren werden nämlich möglichst viele der examenstypischen Aufgabenstellungen und Probleme wiederholt. Für die Bewältigung unbekannter Fragestellungen bedarf es einer genauen Kenntnis der allgemeinen Prinzipien und ihrer typischen Verzahnung im Examen. Die Einbindung der Exkurse und Vertiefungspassagen in den Fall erleichtert das Verständnis der Rechtsfragen und Probleme sowie deren Einordnung in einen nachvollziehbaren Klausuraufbau. Leitlinie ist dabei stets die Konzentration auf das Wesentliche. Die Darstellung beschränkt sich auf ausgewählte Highlights und die sich regelmäßig wiederholenden Standardkonstellationen des Staatsexamens.

Kurzum: Examensklassiker für Examenskandidaten!

Es versteht sich von selbst, dass für jeden Fall zunächst eine eigene Lösung entworfen werden sollte, bevor die Lösungshinweise durchgearbeitet werden. Die fallbezogenen Ausführungen möchten dazu anregen, in Auseinandersetzung mit den gesetzlichen Vorgaben und deren Auslegungsmöglichkeiten eigenständig Argumente abzuwägen und selbstständig konkrete Fragestellungen zu entscheiden. Angesichts der Dynamik der Rechtsentwicklung besteht der Schlüssel für ein erfolgreiches Examen nämlich nicht in der Aneignung von bloßem Fakten- und Detailwissen, sondern in der Erkenntnis und im Verständnis von Zusammenhängen. Die sichere Kenntnis der rechtlichen Grundstrukturen sowie der juristischen Methodik erlaubt es, sich souverän in der komplexen, stetem Wandel unterworfenen Welt des Rechts zu bewegen und neuen, unbekannten Aufgaben (gerade auch in den Staatsprüfungen) gewachsen zu sein.

Es freut mich sehr, dass die ersten beiden Auflagen außerordentlich freundlich aufgenommen wurden. Die dritte Auflage ist natürlich auf aktuellem Stand; neue Literatur und Rechtsprechung sind bis September 2019 eingearbeitet. Herzlich danken möchte ich meinen Freunden und Kollegen, die mich bei diesem Buch mit Rat und Tat unterstützt haben. Dazu zählt vor allem Herr Hendrik Löbbert. *Vera, Hanna* und *Julian* danke ich besonders für die unermüdliche Geduld während der zeitraubenden Arbeit an dem Manuskript.

Ingolstadt, im September 2019 *Christian Heinrich*

Inhaltsverzeichnis

Vorwort V
Literaturverzeichnis IX
Abkürzungsverzeichnis XIII

A. Grundlagen der Klausurtechnik 1

B. Klausuren

1. Willenserklärung, Gefälligkeit, Gewährleistung beim Kauf und Produkthaftung 7

2. Abgabe und Zugang von Willenserklärungen, gemischte Verträge, kaufmännisches Bestätigungsschreiben 29

3. Vertragsschluss, Unmöglichkeit und Störung der Geschäftsgrundlage 57

4. Scheingeschäft, Anfechtung und Mängelhaftung beim Unternehmenskauf .. 81

5. Stellvertretung, Unmöglichkeit, Anfechtung, Gewährleistung beim Kauf und Garantie 101

6. Abgrenzung der Personalkreditsicherheiten, Kaufrecht und Allgemeine Geschäftsbedingungen 131

7. Mietrecht, Eigentümer-Besitzer-Verhältnis, gesetzliches Pfandrecht, Vertrag mit Schutzwirkung für Dritte 155

8. Werkvertrag, Anwaltshaftung, Mahnverfahren, Versäumnisurteil und Widerklage 183

9. Arbeitnehmer- und Arbeitgeberhaftung, Leistungsstörungen im Arbeitsverhältnis, Eventualaufrechnung 207

10. Kündigung eines Arbeitsverhältnisses, freiwillige Sonderleistung, arbeitsgerichtliches Urteilsverfahren 237

11. Bürgschaft, Allgemeine Geschäftsbedingungen, Sittenwidrigkeit, Wettlauf der Sicherungsgeber 265

12. Unerlaubte Handlungen, Gesamtschuldnerausgleich, Zurechnung und Schadensumfang 291

13. Haftung nach dem StVG, Schadensberechnung, Geschäftsführung ohne Auftrag, Erledigungserklärung 317

14. Bereicherungsrecht, Prozessvergleich, Veräußerung der streitbefangenen Sache 345

15. Besitzschutz, Übereignung beweglicher Sachen, Erbschein, Drittwiderspruchsklage 371

16. Herausgabeanspruch, Übereignung beweglicher Sachen, Unmöglichkeit, Drittschadensliquidation 395

17. Eigentümer-Besitzer-Verhältnis, Bereicherungsrecht, Zurückbehaltungsrechte ... 421

18. Eigentumsvorbehalt, Anwartschaftsrecht und vertragliches Pfandrecht............ 445

19. Vorkaufsrecht, Vormerkung, Grundschuld, Herausgabe des Versteigerungserlöses 471

20. Hypothek, Umfang der hypothekarischen Haftung, Rechtsbehelfe in der Zwangsvollstreckung 495

21. Nichteheliche Lebensgemeinschaft, Ehe, Trennung, Scheidung und Zugewinnausgleich.. 529

22. Gesetzliche und gewillkürte Erbfolge, Vertrag zugunsten Dritter, Nachfolge in Gesellschaftsanteil... 557

Sachregister 585

Literaturverzeichnis

Adolphsen, Zivilprozessrecht, 5. Aufl. 2016
Anders/Gehle, Das Assessorexamen im Zivilrecht, 13. Aufl. 2017
AnwaltKommentar Arbeitsrecht, hrsg. von Hümmerich/Lücke/Mauer, 9. Aufl. 2018
Bamberger/Roth/Hau/Poseck, Kommentar zum Bürgerlichen Gesetzbuch, 4. Aufl. 2019
    (zit.: BRHP/*Bearbeiter*)
Baumbach/Hopt, Handelsgesetzbuch, 38. Aufl. 2018 (zit.: Baumbach/Hopt/*Bearbeiter*)
Baumbach/Lauterbach/Albers/Hartmann, Zivilprozessordnung, 77. Aufl. 2019
    (zit.: BLAH/*Bearbeiter*)
Baur/Stürner, Sachenrecht, 18. Aufl. 2009
Beck'scher Online-Kommentar BGB, hrsg. von Bamberger/Roth/Hau/Poseck, 50. Ed.
    1.5.2019 (zit.: BeckOK BGB/*Bearbeiter*)
Bitter/Heim, Gesellschaftsrecht, 4. Aufl. 2018
Borgmann/Jungk/Schwaiger, Anwaltshaftung, 5. Aufl. 2014
Brox/Henssler, Handelsrecht, 22. Aufl. 2016
Brox/Walker, Allgemeiner Teil des BGB, 42. Aufl. 2018
Brox/Walker, Allgemeines Schuldrecht, 43. Aufl. 2019
Brox/Walker, Zwangsvollstreckungsrecht, 11. Aufl. 2018
Burmann/Heß/Hühnermann/Jahnke, Straßenverkehrsrecht, 25. Aufl. 2018
    (zit.: BHHJ/*Bearbeiter*)
von Caemmerer/Friesenhahn/Lange, Festschrift zum hundertjährigen Bestehen des
    Deutschen Juristentages 1860–1960, 1960
Canaris, Handelsrecht, 24. Aufl. 2006
Diederichsen/Wagner, Die BGB-Klausur, 9. Aufl. 1997
Dornbusch/Fischermeier/Löwisch, Kommentar zum gesamten Arbeitsrecht, 9. Aufl. 2019
    (zit.: AR/*Bearbeiter*)
Dütz/Thüsing, Arbeitsrecht, 23. Aufl. 2018
Ebenroth/Boujong/Joost/Strohn, Handelsgesetzbuch, Band 1 und 2, 3. Aufl. 2014 und
    2015 (zit.: EBJS/*Bearbeiter*)
Eisenhardt/Wackerbarth, Gesellschaftsrecht I – Recht der Personengesellschaften,
    16. Aufl. 2016
Engisch, Einführung in das juristische Denken, 12. Aufl. 2018
Erfurter Kommentar zum Arbeitsrecht, hrsg. von Müller-Glöge/Preis/Schmidt,
    19. Aufl. 2019 (zit.: ErfK/*Bearbeiter*)
Erman, BGB Kommentar, Band I und II, 15. Aufl. 2017 (zit.: Erman/*Bearbeiter*)
Esser/Weyers, Schuldrecht Band II Besonderer Teil: Teilband 1 und 2, 8. Aufl. 1998 und
    2000
Fikentscher/Heinemann, Schuldrecht, 11. Aufl. 2017
Flume, Allgemeiner Teil des BGB, Zweiter Band: Das Rechtsgeschäft, 4. Aufl. 1992
Foerste/Graf von Westphalen, Produkthaftungshandbuch, 3. Aufl. 2012
Frank/Helms, Erbrecht, 7. Aufl. 2018
Fuchs/Pauker/Baumgärtner, Delikts- und Schadensersatzrecht, 9. Aufl. 2016
Geigel, Der Haftpflichtprozess, 27. Aufl. 2015 (zit.: Geigel/*Bearbeiter*)
Germelmann/Matthes/Prütting, Arbeitsgerichtsgesetz, 9. Aufl. 2017
    (zit.: GMP/*Bearbeiter*)
Glanegger/Kirnberger/Kusterer, Handelsgesetzbuch, 7. Aufl. 2007
Graf, Erb- und Nachlassrecht, 2008

Grunewald, Gesellschaftsrecht, 10. Aufl. 2017
Grunsky/Jacoby, Zivilprozessrecht, 16. Aufl. 2018
Grziwotz, Nichteheliche Lebensgemeinschaft, 5. Aufl. 2014
Grziwotz, Partnerschaftsvertrag für die nichteheliche und die nicht eingetragene Lebenspartnerschaft, 4. Aufl. 2002
Hanau/Adomeit, Arbeitsrecht, 14. Aufl. 2007
Handkommentar Arbeitsrecht, hrsg. von Däubler/Hjort/Schubert/Wolmerath, 4. Aufl. 2017 (zit.: HK-ArbR/*Bearbeiter*)
Handkommentar Kündigungsschutzrecht, hrsg. von Gallner/Mestwerdt/Nägele, 6. Aufl. 2018 (zit.: HK-KSchR/*Bearbeiter*)
Handkommentar zum Bürgerlichen Gesetzbuch, hrsg. von Schulze/Dörner/Ebert u. a., 10. Aufl. 2019 (zit.: HK-BGB/*Bearbeiter*)
Harder/Kroppenberg, Grundzüge des Erbrechts, 5. Aufl. 2002
Hausmann/Hohloch, Handbuch des Erbrechts, 2. Aufl. 2010 (zit.: Hausmann/Hohloch/*Bearbeiter*, HdB ErbR)
Heinrich, Die Beweislast bei Rechtsgeschäften, 1996
Heinrich, Formale Freiheit und materiale Gerechtigkeit, 2000
Heinrich, Säumnis im Zivil- und Arbeitsgerichtsprozeß, 2001
Henssler/Willemsen/Kalb, Arbeitsrecht Kommentar, 8. Aufl. 2018 (zit.: HWK/*Bearbeiter*)
Hentschel/König/Dauer, Straßenverkehrsrecht, 45. Aufl. 2019 (zit.: HKD/*Bearbeiter*)
Hofmann, Handelsrecht, 10. Aufl. 1999
von Hoyningen-Huene/Linck, Kündigungsschutzgesetz, 15. Aufl. 2013
Huber, M., Das Zivilurteil, 2. Aufl. 2003
Huber, P./Faust, Schuldrechtsmodernisierung, 2002
Jauernig, Bürgerliches Gesetzbuch, 17. Aufl. 2018 (zit.: Jauernig/*Bearbeiter*)
Jauernig/Hess, Zivilprozessrecht, 30. Aufl. 2011
Jung, Handelsrecht, 11. Aufl. 2016
Junker, Grundkurs Arbeitsrecht, 18. Aufl. 2019
Kasseler Handbuch zum Arbeitsrecht, hrsg. von Leinemann, 2. Aufl. 2000 (zit.: Kasseler Handbuch/*Bearbeiter*)
Kindler, Grundkurs Handels- und Gesellschaftsrecht, 9. Aufl. 2019
Knöringer, Die Assessorklausur im Zivilprozess, 17. Aufl. 2018
Köhler, BGB Allgemeiner Teil, 42. Aufl. 2018
Koller/Kindler/Roth/Drüen, Handelsgesetzbuch, 9. Aufl. 2019 (zit.: KKRD/*Bearbeiter*)
Krause, Arbeitsrecht, 4. Aufl. 2019
Lang/Hubmann, Die Haftung für Fehler in Druckwerken: Die Grundlagen vertraglicher und deliktischer Haftung für die Inhalte eines veröffentlichten Druckwerkes, 1982
Lange, Erbrecht, 2. Aufl. 2017
Lange/Kuchinke, Erbrecht, 5. Aufl. 2001
Langenfeld/Fröhler, Testamentsgestaltung, 5. Aufl. 2015
Larenz, Methodenlehre der Rechtswissenschaft, 6. Aufl. 1991
Lansnicker, Prozesse in Arbeitssachen, 3. Aufl. 2013
Leipold, Erbrecht, 21. Aufl. 2016
Lettl, Handelsrecht, 4. Aufl. 2018
Looschelders, Schuldrecht Allgemeiner Teil, 16. Aufl. 2018
Looschelders, Schuldrecht Besonderer Teil, 14. Aufl. 2019
Löwisch/Caspers/Klumpp, Arbeitsrecht, 11. Aufl. 2017
Mayer, Grundzüge des Rechts der Unternehmensnachfolge, 1999
Medicus/Lorenz, Schuldrecht I, 21. Aufl. 2014
Medicus/Petersen, Bürgerliches Recht, 26. Aufl. 2017

Motive zu dem Entwurfe eines Bürgerlichen Gesetzbuches für das Deutsche Reich, Band I und II, 1888.
Mugdan, Die gesammten Materialien zum Bürgerlichen Gesetzbuch für das Deutsche Reich, III. Band: Sachenrecht, 1899
Münchener Anwaltshandbuch Erbrecht, hrsg. von Scherer, 5. Aufl. 2019
Münchener Kommentar zum Bürgerlichen Gesetzbuch, Band 1, hrsg. von Säcker/Rixecker/Oetker/Limperg, 8. Aufl. 2018 (zit.: MüKoBGB/*Bearbeiter*)
Münchener Kommentar zum Bürgerlichen Gesetzbuch, Band 2 und 3, hrsg. von Säcker/Rixecker/Oetker/Limperg, 8. Aufl. 2019 (zit.: MüKoBGB/*Bearbeiter*)
Münchener Kommentar zum Bürgerlichen Gesetzbuch, Band 4, hrsg. von Säcker/Rixecker/Oetker/Limperg, 8. Aufl. 2019 (zit.: MüKoBGB/*Bearbeiter*)
Münchener Kommentar zum Bürgerlichen Gesetzbuch, Band 5/2, 6, 7, 8, 9, 10, hrsg. von Säcker/Rixecker/Oetker/Limperg, 7. Aufl. 2017 (zit.: MüKoBGB/*Bearbeiter*)
Münchener Kommentar zum Handelsgesetzbuch, Band 2, hrsg. von Schmidt, K., 4. Aufl. 2016 (zit.: MüKoHGB/*Bearbeiter*)
Münchener Kommentar zum Handelsgesetzbuch, Band 5, hrsg. von Schmidt, K., 4. Aufl. 2018 (zit.: MüKoHGB/*Bearbeiter*)
Münchener Kommentar zur Zivilprozessordnung mit Gerichtsverfassungsgesetz und Nebengesetzen, Band 1, hrsg. von Krüger/Rauscher, 5. Aufl. 2016 (zit.: MüKoZPO/*Bearbeiter*)
Musielak/Hau, Examenskurs BGB, 4. Aufl. 2019
Musielak/Hau, Grundkurs BGB, 15. Aufl. 2017
Musielak/Voit, Grundkurs ZPO, 14. Aufl. 2018
Musielak/Voit, Zivilprozessordnung Kommentar, 16. Aufl. 2019 (zit.: Musielak/Voit/*Bearbeiter*)
Nomos Kommentar BGB, hrsg. von Dauner-Lieb/Heidel/Ring, Bürgerliches Gesetzbuch, 3. Aufl. 2016 (zit.: NK-BGB/*Bearbeiter*)
Oechsler, Vertragliche Schuldverhältnisse, 2013
Oetker, Handelsrecht, 7. Aufl. 2015
Olzen/Maties, Zivilrechtliche Klausurenlehre mit Fallrepetitorium, 8. Aufl. 2015
Palandt, Bürgerliches Gesetzbuch, begr. von Palandt, Otto, 78. Aufl. 2019 (zit.: Palandt/*Bearbeiter*)
Paulus, Zivilprozessrecht, 6. Aufl. 2017
Preis, Der Arbeitsvertrag, 5. Aufl. 2015
Prütting, Sachenrecht, 36. Aufl. 2017
Prütting/Gehrlein, ZPO Kommentar, 11. Aufl. 2019 (zit.: Prütting/Gehrlein/*Bearbeiter*)
Prütting/Wegen/Weinreich, BGB Kommentar, 14. Aufl. 2019 (zit.: PWW/*Bearbeiter*)
Reichsgerichtsrätekommentar, Band III, 12. Aufl. 1979 (zit.: RGRK/*Bearbeiter*)
Reinicke/Tiedtke, Kaufrecht, 8. Aufl. 2009
Reuter/Martinek, Handbuch des Schuldrechts, Ungerechtfertigte Bereicherung, 1983
Röhricht/Graf von Westphalen/Haas, Handelsgesetzbuch, 5. Aufl. 2019
Rosenberg/Schwab/Gottwald, Zivilprozessrecht, 18. Aufl. 2018
Saenger, Gesellschaftsrecht, 4. Aufl. 2018
Schaub, Arbeitsrechts-Handbuch, 17. Aufl. 2017 (zit.: Schaub ArbR-HdB/*Bearbeiter*)
Schlüter/Röthel, Erbrecht, 17. Aufl. 2015
Schmidt, K., Handelsrecht, 6. Aufl. 2014
Schnapp, Logik für Juristen, 7. Aufl. 2016
Schwab, Familienrecht, 26. Aufl. 2018
Schwab/Weth, Arbeitsgerichtsgesetz, 5. Aufl. 2017 (zit.: Schwab/Weth/*Bearbeiter*)
Soergel, BGB, begr. von Soergel, 13. Aufl. 2000 (zit.: Soergel/*Bearbeiter*)
Stadler, Allgemeiner Teil des BGB, 19. Aufl. 2017

Staudinger BGB – Buch 2, Recht der Schuldverhältnisse, begr. von Staudinger, Julius, 15. Aufl. 2013 (zit.: Staudinger/*Bearbeiter*)
Staudinger BGB – Buch 3, Sachenrecht, begr. von Staudinger, Julius, 15. Aufl. 2009
Staudinger BGB – Buch 5, Erbrecht, begr. von Staudinger, Julius, 1993 ff.
Stein/Jonas, Kommentar zur Zivilprozessordnung, Band 7, 22. Aufl. 2013 (zit.: Stein/Jonas/*Bearbeiter*)
Thomas/Putzo, Zivilprozessordnung, 39. Aufl. 2018 (zit.: Thomas/Putzo/*Bearbeiter*)
Ulmer-Eilfort/Obergfell, Verlagsrecht, 2013
Vieweg/Werner, Sachenrecht, 8. Aufl. 2018
Wandt, Gesetzliche Schuldverhältnisse, 9. Aufl. 2019
Wank, Arbeitnehmer und Selbständige, 1988
Wellenhofer, Familienrecht, 5. Aufl. 2019
Wellenhofer, Sachenrecht, 34. Aufl. 2019
Westermann/Staudinger, BGB-Sachenrecht, 13. Aufl. 2017
Westermann, H., Sachenrecht, 5. Aufl. 1966
Westermann/Gursky/Eickmann, Sachenrecht, 8. Aufl. 2011
Wieczorek/Schütze, Zivilprozessordnung und Nebengesetze, 4. Aufl. 2018
Wieling, Sachenrecht, 5. Aufl. 2007
Windbichler, Gesellschaftsrecht, 24. Aufl. 2017
Wolf/Neuner, Allgemeiner Teil des BGB, 11. Aufl. 2016
Zimmermann, W., Zivilprozessordnung, 10. Aufl. 2015
Zöller, Zivilprozessordnung, 32. Aufl. 2018 (zit.: Zöller/*Bearbeiter*)
Zöllner/Loritz/Hergenröder, Arbeitsrecht, 7. Aufl. 2015

Abkürzungsverzeichnis

aA	andere Ansicht
aaO	am angegebenen Ort
abl.	ablehnend
Abs.	Absatz
abw.	abweichend
AcP	Archiv für die civilistische Praxis (Zeitschrift)
aE	am Ende
aF	alte Fassung
AG	Amtsgericht, Aktiengesellschaft
AGB	Allgemeine Geschäftsbedingungen
AGG	Allgemeines Gleichbehandlungsgesetz
AktG	Aktiengesetz
allgM	allgemeine Meinung
AnfG	Anfechtungsgesetz
Anh.	Anhang
Anm.	Anmerkung
AO	Abgabenordnung
ArbG	Arbeitsgericht
ArbGG	Arbeitsgerichtsgesetz
ArbR	Arbeitsrecht Aktuell (Zeitschrift)
Art.	Artikel
Aufl.	Auflage
ausf.	ausführlich
Az.	Aktenzeichen
BAG	Bundesarbeitsgericht
BauR	Baurecht (Zeitschrift)
BayArbGOrgG	Bayerisches Arbeitsgerichte-Organisationsgesetz
BayGerOrgG	Bayerisches Gerichte-Organisationsgesetz
BayObLG	Bayerisches Oberstes Landesgericht
BayVGH	Bayerischer Verwaltungsgerichtshof
BB	Betriebsberater (Zeitschrift)
BBiG	Berufsbildungsgesetz
Bd.	Band
BeckRS	Beck-Rechtsprechung (Online-Entscheidungssammlung)
BerHG	Beratungshilfegesetz
bestr.	bestritten
BetrAVG	Gesetz zur Verbeserung der betrieblichen Altersversorgung
BetrVG	Betriebsverfassungsgesetz
BeurkG	Beurkundungsgesetz
BGB	Bürgerliches Gesetzbuch
BGBl.	Bundesgesetzblatt
BGH	Bundesgerichtshof
BGHZ	Amtliche Sammlung der Entscheidungen des Bundesgerichtshofes in Zivilsachen
BT-Drs.	Bundestagsdrucksache
BUrlG	Bundesurlaubsgesetz

BVerfG	Bundesverfassungsgericht
BVerfGE	Amtliche Sammlung der Entscheidungen des Bundesverfassungsgerichts
BVerwG	Bundesverwaltungsgericht
bzgl.	bezüglich
bzw.	beziehungsweise
c.i.c.	culpa in contrahendo
DAR	Deutsches Autorecht (Zeitschrift)
DB	Der Betrieb (Zeitschrift)
ders.	derselbe
dh	das heißt
dies.	dieselbe(n)
DNotZ	Deutsche Notar-Zeitschrift
DRiZ	Deutsche Richterzeitung
DStR	Deutsches Steuerrecht (Zeitschrift)
EFZG	Entgeltfortzahlungsgesetz
EG	Europäische Gemeinschaft
EGBGB	Einführungsgesetz zum Bürgerlichen Gesetzbuch
Einf.	Einführung
Einl.	Einleitung
EK	Examenskurs
EU	Europäische Union
EuGH	Europäischer Gerichtshof
eV	eingetragener Verein
f./ff.	folgende Seite bzw. Seiten
FamFG	Gesetz über das Verfahren in Familiensachen und in den Angelegenheiten der freiwilligen Gerichtsbarkeit
FamRZ	Zeitschrift für das gesamte Familienrecht
Fn.	Fußnote
FPR	Familie Partnerschaft Recht (Zeitschrift)
FS	Festschrift
GBO	Grundbuchordnung
GbR	Gesellschaft Bürgerlichen Rechts
GewO	Gewerbeordnung
GewSchG	Gewaltschutzgesetz
GG	Grundgesetz
ggf.	gegebenenfalls
GK	Grundkurs
GKG	Gerichtskostengesetz
GmbH	Gesellschaft mit beschränkter Haftung
GmbHG	Gesetz betreffend die Gesellschaft mit beschränkter Haftung
GmbHR	GmbH Rundschau (Zeitschrift)
GS	Großer Senat
GVG	Gerichtsverfassungsgesetz
HaftPflG	Haftpflichtgesetz
HdB	Handbuch
HGB	Handelsgesetzbuch
HK	Handkommentar
hL	herrschende Lehre
hM	herrschende Meinung
hrsg.	herausgegeben

Hs.	Halbsatz
HwO	Handwerksordnung
idR	in der Regel
idS	in diesem Sinne
ieS	im engeren Sinne
iHv	in Höhe von
InsO	Insolvenzordnung
iSd	im Sinne des
iSv	im Sinne von
iVm	in Verbindung mit
JA	Juristische Arbeitsblätter (Zeitschrift)
JArbSchG	Jugendarbeitsschutzgesetz
jew.	jeweils
JR	Juristische Rundschau (Zeitschrift)
Jura	Juristische Ausbildung (Zeitschrift)
JurBüro	Das Juristische Büro (Zeitschrift)
JuS	Juristische Schulung (Zeitschrift)
JZ	Juristenzeitung (Zeitschrift)
K&R	Kommunikation & Recht (Zeitschrift)
Kap.	Kapitel
KG	Kommanditgesellschaft
KGaA	Kommanditgesellschaft auf Aktien
krit.	kritisch
KSchG	Kündigungsschutzgesetz
LAG	Landesarbeitsgericht
LG	Landgericht
Lit.	Literatur
LPartG	Lebenspartnerschaftsgesetz
mAnm	mit Anmerkung
MDR	Monatsschrift für Deutsches Recht (Zeitschrift)
MMR	MultiMedia und Recht (Zeitschrift)
MuSchG	Mutterschutzgesetz
mwN	mit weiteren Nachweisen
Nachw.	Nachweise
NachwG	Nachweisgesetz
nF	neue Fassung
NJOZ	Neue Juristische Online-Zeitschrift
NJW	Neue Juristische Wochenschrift (Zeitschrift)
NJW-RR	NJW-Rechtsprechungsreport (Zeitschrift)
Nr.	Nummer
NStZ	Neue Zeitschrift für Strafrecht
NVwZ	Neue Zeitschrift für Verwaltungsrecht
NVwZ-RR	NVwZ-Rechtsprechungsreport
NZA	Neue Zeitschrift für Arbeitsrecht
NZA-RR	NZA-Rechtsprechungsreport (Zeitschrift)
NZBau	Neue Zeitschrift für Baurecht und Vergaberecht
NZFam	Neue Zeitschrift für Familienrecht
NZG	Neue Zeitschrift für Gesellschaftsrecht
NZV	Neue Zeitschrift für Verkehrsrecht
o.	oben
oÄ	oder Ähnliches

OHG	Offene Handelsgesellschaft
OLG	Oberlandesgericht
OVG	Oberverwaltungsgericht
PatG	Patentgesetz
pFV	Positive Forderungsverletzung
ProdHaftG	Produkthaftungsgesetz
r+s	recht und schaden (Zeitschrift)
RAW	Recht Automobil Wirtschaft (Zeitschrift)
RdA	Recht der Arbeit (Zeitschrift)
RDG	Rechtsdienstleistungsgesetz
RG	Reichsgericht
RGZ	Entscheidungen des Reichsgerichts in Zivilsachen
RM	Reichsmark
Rn.	Randnummer
Rpfleger	Der deutsche Rechtspfleger (Zeitschrift)
RpflG	Rechtspflegergesetz
Rspr.	Rechtsprechung
RVG	Rechtsanwaltsvergütungsgesetz
S.	Satz/Seite
s.	siehe
SGB	Sozialgesetzbuch
sog.	sogenannt(e)
SprAuG	Sprecherausschußgesetz
StGB	Strafgesetzbuch
str.	streitig
stRspr	ständige Rechtsprechung
StVG	Straßenverkehrsgesetz
StVO	Straßenverkehrsordnung
su	siehe unten
SVR	Straßenverkehrsrecht (Zeitschrift)
teilw.	teilweise
TVG	Tarifvertragsgesetz
TzBfG	Teilzeit- und Befristungsgesetz
u.	unten
ua	unter anderem
UAbs.	Unterabsatz
Überbl.	Überblick
UG	Unternehmergesellschaft
UKlaG	Unterlassungsklagengesetz
umstr.	umstritten
unstr.	unstreitig
unzutr.	unzutreffend
UrhG	Urheberrechtsgesetz
uU	unter Umständen
UWG	Gesetz gegen den unlauteren Wettbewerb
va	vor allem
Var.	Variante
VerbrKrG	Verbraucherkreditgesetz
VerlG	Verlagsgesetz
VersR	Versicherungsrecht (Zeitschrift)
vgl.	vergleiche

Vorb.	Vorbemerkung
VuR	Verbraucher und Recht (Zeitschrift)
WEG	Wohnungseigentumsgesetz
WM	Wertpapiermitteilungen (Zeitschrift)
zahlr.	zahlreich
zB	zum Beispiel
ZEV	Zeitschrift für Erbrecht und Vermögensnachfolge
Ziff.	Ziffer
ZIP	Zeitschrift für Wirtschaftsrecht
zit.	zitiert
ZMR	Zeitschrift für Miet- und Raumrecht
ZPO	Zivilprozessordnung
zust.	zustimmend
zutr.	zutreffend
ZVG	Zwangsversteigerungsgesetz

A. Grundlagen der Klausurtechnik

Die Methodik der Klausurbearbeitung ist in zahlreichen Werken theoretisch sowie anhand von Fällen erläutert[1] und Gegenstand vielfältiger Kurse. Die Kenntnis grundlegender Strukturen der Klausurtechnik kann deshalb bei Examenskandidaten vorausgesetzt werden. Die wesentlichen Arbeits- und Denkschritte werden hier lediglich kurz zusammengefasst und wiederholt.

I. Auswertung des Sachverhaltes

Entscheidend für eine überzeugende Auseinandersetzung mit der gestellten Aufgabe ist eine präzise Erfassung des Sachverhaltes durch ein wiederholtes sorgfältiges Lesen. Bei komplexen Klausuren empfiehlt sich eine Fallskizze und bei Bedarf eine Zeittabelle. Dabei sind die Besonderheiten des jeweiligen Falles zu berücksichtigen und keine (vorschnellen) Parallelen zu vermeintlich bekannten Fällen oder erlernten Problemen zu ziehen.

Jeder Fall ist **lebensnah auszulegen**. Selbstverständliches wird im Sachverhalt nicht erwähnt. Typischerweise enthält der Fall lediglich die Schilderungen, welche für die Lösung erheblich sind. Werden wesentliche Angaben bei der Ausarbeitung nicht benötigt, spricht bei einer derartigen Sachverhaltskonstellation vieles dafür, dass der Lösungsansatz nicht den Vorstellungen des Aufgabenstellers entspricht. Darauf kann man sich allerdings nicht durchgehend verlassen. Gerade im 2. Staatsexamen werden gelegentlich Aufgaben gestellt, die überflüssige Angaben sowie unnötige (Detail-)Schilderungen enthalten.

II. Analyse der Fallfrage

1. Materiell-rechtliche Fragestellungen

Endet der Sachverhalt mit einer **gezielten Frage**, ist nur diese zu beantworten. Bei einer **offenen Fallfrage** (zB Wie ist die Rechtslage? Was ist zu raten?) sind die Prüfungsinhalte anhand der Überlegung „Wer kann von wem was woraus verlangen?" herauszuarbeiten. Dabei ist als Maßstab eine wirtschaftlich und rechtlich sinnvolle Forderungsbeziehung zu wählen. Häufig ist die Konkretisierung der Frage bereits im Sachverhalt angelegt, indem zwischen bestimmten Personen besondere Ziele erwähnt werden. Ansonsten sind in einem Gutachten die Rechtsbeziehungen zwischen den Parteien umfassend zu untersuchen, die gegenwärtige und praktisch bedeutsame Interessengegensätze beschreiben.

Gutachtenklausur
Darstellung aller in Betracht kommenden Anspruchsgrundlagen und Gegenrechte

2. Prozessuale Fragestellungen

a) Richterklausur

Hier ist der Fall aus dem Blickwinkel des Gerichts zu bearbeiten. Mithin sind zunächst die Zulässigkeit der Klage/des Antrags und sodann die Begründetheit zu

Richterklausur
1. Zulässigkeit
2. Begründetheit

---

1 *Diederichsen/Wagner,* Die BGB-Klausur, 9. Aufl. 1997; *Hadding/Hennrichs,* Die HGB-Klausur, 3. Aufl. 2003; *Belke,* Prüfungstraining Zivilrecht, Band 1, 2. Aufl. 1995; *Olzen/Maties,* Zivilrechtliche Klausurenlehre, 8. Aufl. 2015; *Teubner,* Die Examensklausur im bürgerlichen, Straf- und öffentlichen Recht, 4. Aufl. 1995; *Braun,* Der Zivilrechtsfall, 5. Aufl. 2012; *Preis/Prütting/Sachs/Weigend,* Die Examensklausur, 6. Aufl. 2017; *Bäcker,* JuS 2019, 321 ff.; *Bialluch/Wernert,* JuS 2018, 313 ff.; *Körber,* JuS 2008, 289 ff.; *Linhart,* JA 2006, 266, 267; zur Assessorklausur *Küpperfahrenberg/Lagardère,* JA 2008, 286 ff.

erörtern. Bei der Begründetheit sind die materiell-rechtlichen Ansprüche abzuarbeiten.

b) Anwaltsklausur

Anwaltsklausur
1. Begründetheit
2. Zulässigkeit

Der Rechtsanwalt überlegt in der Regel zuerst, ob und in welchem Rahmen das Begehren des Mandanten rechtlich gerechtfertigt ist. Bei der prozessualen Anwaltsklausur aus Klägersicht ist daher die Anspruchsprüfung voranzustellen, also zu beurteilen, ob eine Klage bzw. ein Antrag begründet wäre. Anschließend prüft ein Rechtsanwalt prozessuale Möglichkeiten, das materielle Begehren zu verwirklichen. Ist der Mandant dagegen der Beklagte, ist grundsätzlich die Zulässigkeit voranzustellen und im Anschluss die Begründetheit zu prüfen.

3. Kautelarjuristische Fragestellungen

Kautelarklausur
1. Abwägung aller rechtlichen Varianten
2. Empfehlung bzw. Textentwurf

Klausuren mit beratendem Inhalt spiegeln den Alltag der Juristen wieder, welche die Interessen ihrer Mandanten rechtlich analysieren, mögliche Gestaltungen aufzeigen und Schriftsätze, Erklärungen oder Verträge entwerfen. Dementsprechend sind bei diesem Klausurtyp alle angedeuteten Rechtsfragen umfassend zu erörtern, alternative Wege aufzuzeigen und unter Abwägung der Vor- und Nachteile unterschiedlicher Varianten eine interessengerechte Gestaltung zu erarbeiten. Die Lösung endet typischerweise mit einer gut begründeten Empfehlung für eine Vorgehensweise, einem Textentwurf oder einer Vertragsformulierung.[2]

III. Erarbeitung der Lösungsskizze

1. Entstehen des Anspruchs

Anspruchs-grundlage
1. Entstehen des Anspruchs
2. Gegenrechte

Bei einem materiell-rechtlichen Begehren ist für die Fallfrage eine **passende Anspruchsgrundlage** („Wer will von wem was woraus?") zu wählen. Kommen verschiedene Rechtsnormen in Betracht, die das Begehren möglicherweise rechtfertigen, sind sämtliche potentiell einschlägigen Anspruchsgrundlagen nacheinander zu erörtern, weil üblicherweise ein umfassendes Gutachten zu erstellen ist.

Für die Prüfung der Anspruchsgrundlagen gilt dabei grundsätzlich folgende Reihenfolge.[3]

1. Ansprüche aus Vertrag
Erfüllungsansprüche (Primäransprüche) sind vor Sekundäransprüchen (Schadensersatz, Rücktritt) zu prüfen. Daran schließt sich die Erörterung vertraglicher Herausgabeansprüche, also zB § 546, § 604 BGB an.

2. Ansprüche aus vertragsähnlichen Rechtsbeziehungen
Quasi-vertragliche Ansprüche beziehen sich auf Rechtsverhältnisse, die anlässlich eines vertraglichen Schuldverhältnisses entstehen. Zu nennen sind beispielsweise die Verletzung einer vorvertraglichen Pflicht (culpa in contrahendo, § 280 Abs. 1 iVm § 311 Abs. 2 BGB) oder der Ersatz des Vertrauensschadens infolge Anfechtung (§ 122 BGB).

---

[2] Vgl. *Junker/Kamanabrou*, Vertragsgestaltung, 4. Aufl. 2014; *Kaiser*, JA 2010, 449 ff.; *Schmittat*, Einführung in die Vertragsgestaltung, 4. Aufl. 2015; *Sikora/Mayer*, Kautelarjuristische Klausuren im Zivilrecht, 4. Aufl. 2015; *Rittershaus/Teichmann*, Anwaltliche Vertragsgestaltung, 2. Aufl. 2003; *Eckert/Everts/Wicke*, Fälle zur Vertragsgestaltung, 3. Aufl. 2016; *Langenfeld*, Grundlagen der Vertragsgestaltung, 2. Aufl. 2010; *Däubler*, Verhandeln und Gestalten, 2003.

[3] *Linhart*, JA 2006, 266, 267; *Klocke*, JA 2013, 581 ff.; *Brox/Walker*, Allgemeiner Teil, § 38 Rn. 24 ff.; *Olzen/Maties*, Zivilrechtliche Klausurenlehre, Rn. 68 ff.

3. Ansprüche aus Geschäftsführung ohne Auftrag

Sodann sind die Ansprüche gemäß §§ 677 ff. BGB anzusprechen.

4. Sachenrechtliche Ansprüche

Es folgen die Ansprüche aus Sachenrecht. Dabei ist zwischen Ansprüchen aus Eigentum (zB § 894, §§ 985 ff., § 1004, §§ 2018 ff. BGB) und solchen aus Besitz (zB § 859, §§ 861 f., § 1007 Abs. 1 und 2 BGB) zu trennen.

5. Ansprüche aus unerlaubter Handlung

Dazu zählen Ansprüche aus Gefährdungshaftung (zB § 7 Abs. 1 StVG, § 1 ProdHaftG), für vermutetes (zB §§ 831 ff. BGB, § 18 Abs. 1 StVG) und für nachgewiesenes (zB § 823, § 826 BGB) Verschulden.

6. Bereicherungsrechtliche Ansprüche

Eine Bereicherung durch Leistung (zB § 812 Abs. 1 S. 1 Alt. 1 BGB) geht einer Bereicherung in sonstiger Weise (zB § 812 Abs. 1 S. 1 Alt. 2 BGB) vor (Vorrang der Leistungsbeziehung).

Die Prüfungsreihenfolge beruht auf Zweckmäßigkeitserwägungen.[4] So sind vertragliche Ansprüche unter anderem deshalb vor gesetzlichen zu erörtern, weil Verträge die gesetzlichen Ansprüche ausschließen oder modifizieren können, indem sie etwa zu einer Geschäftsführung berechtigen (§ 677 BGB), ein Recht zum Behaltendürfen (§ 812 BGB), zur Verletzungshandlung (§ 823 BGB) oder zum Besitz (§ 986 BGB) gewähren oder den Haftungsmaßstab beeinflussen. Erfordert die konkrete Fallbearbeitung aus logischen Gründen eine andere Reihenfolge, ist (ausnahmsweise) ein abweichender Aufbau zu wählen.

2. Gegenrechte

Ist ein Anspruch entstanden, sind die Rechte anzusprechen, welche dem Anspruch entgegenstehen können.[5]

Gegenrechte/Einwendungen		
Rechtshindernde Einwendungen	**Rechtsvernichtende Einwendungen**	**Rechtshemmende Einwendungen**
Sie führen dazu, dass der Anspruch von Beginn an in seinem Entstehen gehindert ist. Beispiele sind § 125, § 134, § 138 BGB. Sie sind bei Gericht von Amts wegen zu berücksichtigen.	Sie lassen einen entstandenen Anspruch nachträglich entfallen. Beispiele sind §§ 346 ff., 362 ff., 387 ff. BGB. Bei Gericht werden sie von Amts wegen beachtet.	a) Vorübergehende (dilatorische) Einreden, zB § 320, §§ 770 f. BGB, Stundung. b) Dauernde (peremptorische) Einreden, zB § 214, § 821, § 853 BGB. Einreden werden nur berücksichtigt, wenn sich deren Inhaber auf sie beruft.

---

[4] Vgl. *Medicus/Petersen*, Bürgerliches Recht, § 1 Rn. 7 ff.
[5] *Ulrici/Purrmann*, JuS 2011, 104; *Petersen*, JURA 2008, 422; *Brox/Walker*, Allgemeiner Teil, § 38 Rn. 24 ff.; *Medicus/Petersen*, Bürgerliches Recht, § 1 Rn. 3.

3. Prüfung der Tatbestandsmerkmale

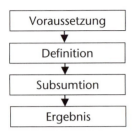

Anspruchsgrundlagen und Gegenrechte sind jeweils in die einzelnen Tatbestandsmerkmale aufzugliedern. Die Voraussetzungen sind näher zu beschreiben; dabei kann auf Legaldefinitionen (zB § 121 Abs. 1 S. 1 BGB) und Hilfs- bzw. Ergänzungsnormen (zB §§ 145 ff. BGB) zurückgegriffen werden. Anschließend erfolgt die Subsumtion, also die Anwendung des (definierten) Tatbestandsmerkmals auf den Sachverhalt. Die Definition muss die Voraussetzung derart klar konkretisieren, dass sich die Übereinstimmung mit der Voraussetzung bestimmen und als Ergebnis feststellen lässt.

IV. Darstellung von Schwerpunkten und Problemen

Jede Klausur enthält einen oder mehrere Kernbereiche. Diese Schwerpunkte des Falles sind eindeutig und präzise herauszuarbeiten. Wesentliches ist von Unwesentlichem zu trennen. Ausführlich aufbereitet werden nur die Probleme. Dabei ist für die Bewertung weniger das Ergebnis entscheidend als vielmehr eine überlegte **Argumentation**. Die Begründung muss an einem konkret geprüften Tatbestandsmerkmal ansetzen. Selbst wenn die Lösung eines Problems bekannt ist, darf das Ergebnis nicht einfach (auswendig) niedergeschrieben, sondern muss methodisch erarbeitet werden.

1. Gesetzesauslegung

Die Lösung von Problemen bei der Rechtsanwendung ist anhand der Kriterien für die Tatbestandsinterpretation zu entwickeln. Das Gesetz und seine Merkmale bilden den Ausgangspunkt der Argumentation.[6]

Auslegungsmethoden			
Grammatische Auslegung	**Systematische Auslegung**	**Historische Auslegung**	**Teleologische Auslegung**
Der Wortsinn ist mittels einer Begriffsanalyse nach dem allgemeinen bzw. verkehrsüblichen Sprachgebrauch zu bestimmen. Formulierung und Etymologie geben Anhaltspunkte zur Interpretation.	Aus dem Standort der Norm und dem Regelungszusammenhang des Gesetzes ergeben sich Hinweise für eine einheitliche, widerspruchsfreie Auslegung.	Die Entstehungsgeschichte, also die Gesetzesmaterialien (zB Motive und Protokolle des BGB) lassen Rückschlüsse auf den Willen des Gesetzgebers (subjektiv) und den Willen des Gesetzes (objektiv) zu.	Sinn und Zweck der Norm (ratio legis) erlauben das Ziel herauszuarbeiten, welches mit der Vorschrift verwirklicht werden soll. Dabei sind konkrete und allgemeine Ziele zu berücksichtigen.

2. Argumentationsweisen

Eine überzeugende Begründung ist für die konkrete Rechtsanwendung entscheidend. Gefordert ist nicht die Wiedergabe der herrschenden Meinung in Recht-

---

[6] *Engisch*, Einführung, S. 63 ff.; *Larenz*, Methodenlehre, S. 320 ff.; *Diederichsen/Wagner*, Die BGB-Klausur, S. 168 ff.; *Rüthers*, JuS 2011, 865, 867 f.; *Reimer*, Juristische Methodenlehre, 2016, Rn. 269 ff.; zur richtlinienkonformen Auslegung *Tonikidis*, JA 2013, 598 ff.; siehe Fall 4, S. 86 f.

sprechung und/oder Literatur, sondern eine (ausführliche) argumentative Auseinandersetzung mit dem präzise herausgearbeiteten Problem. Ein sorgfältiger, nachvollziehbarer Gedankengang bedient sich unter anderem auch typischer rechtswissenschaftlicher Begründungsweisen.[7]

Ausgewählte Argumentationsarten
1. Analogie
Die analoge Anwendung einer Norm erweitert deren Anwendungsbereich. Voraussetzung ist zunächst eine Gesetzeslücke. Diese hat planwidrig zu sein; gemeint sind vom Gesetzgeber übersehene Konstellationen. Weiterhin hat zwischen geregeltem und ungeregeltem Tatbestand eine ähnliche Interessenlage zu bestehen.
2. Teleologische Reduktion/teleologische Extension
Die teleologische Reduktion schränkt den Anwendungsbereich einer Vorschrift ein. Die Untersuchung des Normzwecks ergibt, dass die Gleichheit der Interessenlage für eine bestimmte Fallgruppe zu verneinen ist und diese Fallgruppe daher (entgegen des Wortlautes) aus dem Anwendungsbereich der Norm ausscheidet. Die teleologische Extension beschreibt den umgekehrten Fall einer Ausdehnung des Anwendungsbereichs.
3. Argumentum a maiore ad minus/a minore ad maius
A maiore ad minus meint, dass in einer weitergehenden Regelung auch die geringere enthalten ist. Häufig wird von einem Erst-recht-Schluss (argumentum a fortiori) gesprochen. Wenn eine Regel für den weitergehenden Fall gilt, müsse das erst recht für den weniger weitgehenden gelten. A minore ad maius beschreibt den umgekehrten Fall, also dass nur der kleinere Fall geregelt ist und dies als pars pro toto den Erst-recht-Schluss auf den größeren Fall rechtfertige.
4. Argumentum e contrario
Der Umkehrschluss nimmt einen Tatbestand aus dem Anwendungsbereich der Vorschrift heraus, weil er dort nicht geregelt ist. Sinn und Zweck der Norm besagen, dass ihr Anwendungsbereich sich nur auf die dort genannten Fälle beschränkt und umgekehrt die Regelung auf alle anderen Fälle nicht anwendbar ist.
5. Allgemeine Rechtsgrundsätze
Bei der Begründung können, insbesondere bei offenen Tatbeständen und Generalklauseln, allgemeine Rechtsprinzipien herangezogen werden. Zu nennen sind Treu und Glauben, Minderjährigenschutz, die spezifischen Grundsätze des Schuld- oder Sachenrechts, das allgemeine Umgehungsverbot, Rechtssicherheit oder Praktikabilitätsgesichtspunkte.

V. Ausarbeitung der Lösung

1. Gutachten- und Urteilsstil

Beim Gutachtenstil wird der Bearbeitung eine Hypothese (im Konjunktiv) vorangestellt, in der Regel mithin eine mögliche Anspruchsgrundlage. Sodann folgt die Untersuchung, ob die Voraussetzungen der Norm erfüllt sind. Das Ergebnis folgt am Ende.

---

[7] *Schnapp*, Logik, S. 149 ff.; *Diederichsen/Wagner*, Die BGB-Klausur, S. 180 ff.; *Larenz*, Methodenlehre, S. 381 ff.; *Meier/Jocham*, JuS 2015, 490 ff.

Beim Urteilsstil wird das Ergebnis, zum Beispiel in einem Urteil oder Beschluss eines Gerichts, (im Indikativ) vorangestellt. Die Begründung folgt nach.

Bei einer Gutachtenklausur sind nicht sämtliche Merkmale im Gutachtenstil zu formulieren. Klare, offensichtliche Aspekte bedürfen auch in Gutachten keiner ausführlichen Darstellung. Eindeutige Umstände sind ausnahmsweise im Urteilsstil festzuhalten.

2. Formulierung

Die Sprache ist das Handwerkszeug des Juristen. Eine überzeugende Klausurlösung bedarf einer stilistisch und juristisch treffenden Ausdrucksweise.[8] Die Ausführungen sollen zugleich vollständig und verständlich sowie so knapp und präzise wie möglich gehalten sein. Zu lösen ist nur der konkrete Fall; lehrbuchartige Textpassagen und eine bloße Wissensausbreitung sind zu vermeiden. Alles, das nicht der Lösung des Falles dient, ist überflüssig. Das sind insbesondere Wiederholungen des Sachverhaltes und des Gesetzestextes. Ausführliche Erörterungen sind nur dort angebracht, wo die Auslegung des Gesetzes zweifelhaft ist oder Probleme auftreten, also bei den Schwerpunkten der Klausur.

Sind bei einer Frage unterschiedliche Ansichten vertretbar, sind die Ergebnisse herauszuarbeiten, zu denen die Auffassungen bei dem konkreten Sachverhalt gelangen. Kommen alle Sichtweisen zu dem gleichen Ergebnis, kann eine Entscheidung zwischen den verschiedenen Ansätzen unterbleiben.

Entscheidungserhebliche Meinungsstreitigkeiten müssen bei der Klausurbearbeitung geklärt werden. Das Problem ist im Rahmen einer **eigenen Stellungnahme** zu lösen. Die weitere Gliederung baut allein auf der für richtig befundenen Sichtweise auf; Variantenlösungen sind zu vermeiden. Bei der Darstellung sind unterschiedliche Wege üblich. Zum einen können nacheinander die verschiedenen Meinungen und im Anschluss die eigene Einschätzung (mit Begründung) geschildert werden. Zum anderen bietet sich stilistisch die Möglichkeit, Argumente und Gegenargumente inhaltlich zusammengehörend zu behandeln und sich am Ende der Abwägung einem überzeugenden Sachargument anzuschließen.

Rechtschreibung, Grammatik und Zeichensetzung folgen den offiziellen Regeln. Es wird abwechslungsreich, sachlich und objektiv formuliert. Polemik, Floskeln, Füllwörter sowie Metaphern sind zu vermeiden. Fremdwörter werden sparsam eingesetzt; lateinische Fachausdrücke[9] sind stellenweise angezeigt.

Kurze Hauptsätze dienen der Übersichtlichkeit. Sie fördern eine klare und nachvollziehbare Gedankenführung. Komplizierte Schachtelsätze beeinträchtigen die Lesbarkeit. Der Nominalstil ist zurückhaltend einzusetzen; verbale Wendungen sind Substantiven vorzuziehen.

Normen werden so genau wie möglich zitiert und die äußere Form, insbesondere das Schriftbild, ist ansprechend und leserlich zu gestalten.

---

8 Näher zu Sprache und Stil *Schimmel*, Juristische Klausuren und Hausarbeiten richtig formulieren, 12. Aufl. 2016; *Schnapp*, Stilfibel für Juristen, 2004; *Walter*, Kleine Stilkunde für Juristen, 3. Aufl. 2017; *Schmuck*, Deutsch für Juristen, 4. Aufl. 2016; *Beck*, JURA 2012, 262; *Fleck/Arnold*, JuS 2009, 881; zum Gutachtenstil *Beyerbach*, JA 2014, 813 ff.; *Linhart*, JA 2006, 266, 269 f.

9 Vgl. *Lieberwirth*, Latein im Recht, 5. Aufl. 2007; *Benke/Meissel*, Juristenlatein, 3. Aufl. 2010; *Adomeit/Hähnchen*, Latein für Jurastudierende, 6. Aufl. 2015; *Filip-Fröschl/Mader*, Latein in der Rechtssprache, 4. Aufl. 2014.

B. Klausuren

1. Willenserklärung, Gefälligkeit, Gewährleistung beim Kauf und Produkthaftung

Sachverhalt

Albert Adler (A) hat an der Universität Passau ein Studium der Rechtswissenschaft begonnen. Nachdem er sich in der Dreiflüssestadt umgesehen hat, beschließt er, das Umland zu erkunden. Da Adler kein Fahrzeug besitzt, bittet er seine Nachbarin, die Studentin Sabine Schmidt (S), um eine kostenlose Überlassung ihres VW Golf. Auf der Fahrt nach Freyung versucht Adler, auf einem kurvigen, unübersichtlichen Streckenabschnitt einen Lkw zu überholen. Als während des Überholvorgangs ein Pkw entgegenkommt, weicht Adler in den Straßengraben aus. Der Wagen der Schmidt und die Leitplanke werden vollständig zerstört. Die Versicherung der Schmidt erstattet dem Landkreis Passau den Schaden an der Leitplanke und stuft deshalb den Schadenfreiheitsrabatt der Schmidt zurück.

Studentin Schmidt, die dringend auf ein Fahrzeug angewiesen ist, kauft sich in den nächsten Tagen einen gebrauchten Fiat 500. Um Werkstattkosten zu sparen, ersteht sie bei der Buchhandlung Peter Puster (P) für 39 EUR ein Handbuch mit dem Titel „Wartungsarbeiten am Fiat 500 – ein vorzüglicher und sicherer Ratgeber für Laien". Das Buch ist im Verlag Vogel (V) erschienen. Autor ist der bekannte und in Fachkreisen geschätzte Michael Mayer (M). Nach den Angaben in dem Handbuch ist bei einem Wechsel des Getriebeöls ein Schmierstoff der Qualität 07 zu verwenden. Schmidt wechselt das Öl genau nach Anleitung. Infolgedessen kommt es zu einem Getriebeschaden. Bei der Reparatur des Fiat in einer Fachwerkstatt stellt sich heraus, dass der Schaden durch minderwertiges Öl verursacht wurde. In das im Übrigen ausgezeichnete Handbuch hatte sich ein einziger Fehler eingeschlichen, der seinen Ursprung im Manuskript des Mayer hatte. Zutreffend wäre die Angabe der Qualitätsstufe 70 gewesen. Dieser Fehler ist bei der Durchsicht der Druckfahnen weder dem Autor noch den Verlagsmitarbeitern aufgefallen; eine Neuauflage des Buches ist nicht vorgesehen.

Sabine Schmidt bittet um Auskunft, ob sie von Adler den Verkehrswert des VW Golf in Höhe von 11.500 EUR und den Mehrbetrag für die Haftpflichtversicherung verlangen kann. Zudem möchte Schmidt wissen, ob sie von Puster die Rückerstattung des Buchpreises und den Ersatz des Getriebeschadens fordern kann sowie welche Ansprüche ihr gegen Vogel und Mayer zustehen.

Gliederung

A. Ansprüche der S gegen A 9
    I. Schadensersatz für den PKW 9
        1. Anspruch gemäß § 280 Abs. 1, 3 iVm § 283 BGB (analog) 9
           Problem: Begründung eines Schuldverhältnisses 11
           Problem: Abgrenzung von Gefälligkeit und Rechtsgeschäft 12
        2. Anspruch aus § 823 Abs. 1 BGB 15
        3. Anspruch nach § 823 Abs. 2 BGB iVm §§ 1 Abs. 2, 5 Abs. 2 StVO,
           § 315c StGB bzw. § 303 Abs. 1 StGB 15
        4. Anspruch nach § 18 Abs. 1 S. 1 StVG 16
    II. Ersatz der Versicherungsmehrkosten 17
        1. Anspruch gemäß § 280 Abs. 1 S. 1 BGB 17
        2. Anspruch aus § 823 Abs. 1 BGB 17
        3. Anspruch nach § 823 Abs. 2 BGB iVm §§ 1 Abs. 2, 5 Abs. 2 StVO
           bzw. § 315c StGB 17

B. Ansprüche der S gegen P 18
    I. Rückerstattung des Buchpreises 18
        1. Anspruch aus § 346 Abs. 1 iVm §§ 437 Nr. 2 Alt. 1,
           323 Abs. 1 Alt. 2 BGB 18
           Problem: Sachmangel bei fehlerhaften Buchangaben 19
           Problem: Nachträglicher Wegfall eines Mangels 20
        2. Anspruch aus §§ 280 Abs. 1, 3, 281 Abs. 1 S. 1 Alt. 2 iVm
           § 437 Nr. 3 BGB 21
    II. Ersatz des Getriebeschadens 21
        1. Anspruch aus § 280 Abs. 1 S. 1 BGB 21
        2. Anspruch gemäß § 823 Abs. 1 BGB 22
           Problem: Verkehrssicherungspflicht 22

C. Ansprüche des S gegen V auf Ersatz des Getriebeschadens 23
    I. Anspruch gemäß § 280 Abs. 1 S. 1 BGB 23
    II. Anspruch nach § 1 Abs. 1 S. 1 ProdHaftG 23
    III. Anspruch aus § 823 Abs. 1 BGB 25

D. Ansprüche der S gegen M auf Ersatz des Getriebeschadens 26
    I. Anspruch nach § 1 Abs. 1 S. 1 ProdHaftG 26
        Problem: Autor als Hersteller iSd ProdHaftG 26
    II. Anspruch gemäß § 823 Abs. 1 BGB 26

Lösungshinweise

A. Ansprüche der S gegen A

I. Schadensersatz für den Pkw

1. Anspruch gemäß § 280 Abs. 1, 3 iVm § 283 BGB (analog)

S könnte gegen A ein Anspruch auf 11.500 EUR nach § 280 Abs. 1, 3, § 283 BGB (analog) zustehen.

a) Schuldverhältnis

Ein derartiger Anspruch auf Schadensersatz statt der Leistung setzt gemäß § 280 Abs. 1 S. 1 BGB die Existenz eines Schuldverhältnisses voraus.

> **Schuldverhältnis**
>
> Während § 241 Abs. 1 BGB den Begriff Schuldverhältnis eng als Leistungsbeziehung zwischen Gläubiger und Schuldner (synonym zur Forderung) versteht, wird der Begriff üblicherweise weit verwendet. Er bezeichnet dann die **Gesamtheit der Rechtsbeziehungen** zwischen Gläubiger und Schuldner. Dabei besteht die Forderung des Gläubigers als **relatives Recht** gegenüber dem Schuldner. Anders als die absoluten Rechte, die gegenüber jedermann wirken, verpflichtet das Schuldverhältnis nur die jeweiligen Parteien.
> Ein Schuldverhältnis entsteht entweder kraft Gesetzes (zB Geschäftsführung ohne Auftrag, ungerechtfertigte Bereicherung, unerlaubte Handlung) oder mittels Rechtsgeschäft.
> Das rechtsgeschäftliche Schuldverhältnis wird nur ausnahmsweise einseitig (zB Auslobung), typischerweise vielmehr durch Vertrag begründet.
> Zu unterscheiden sind einseitig verpflichtende Verträge (zB Schenkung), unvollkommen zweiseitig verpflichtende Verträge (zB Leihe) und gegenseitige (synallagmatische) Verträge (zB Kauf-, Dienst-, Werkvertrag). Bei letzteren stehen sich Leistung und Gegenleistung in gegenseitiger Abhängigkeit gleichwertig gegenüber (Äquivalenzverhältnis, do ut des).
> Das rechtsgeschäftliche Schuldverhältnis wird vom Grundsatz der Vertragsfreiheit geprägt. Diese gliedert sich in Abschluss-, Inhalts- und Formfreiheit, vgl. Fall 3, S. 63.

> **Aufbauschema § 280 Abs. 1, 3 iVm § 283 BGB**
> 1. Schuldverhältnis
> 2. Nachträgliche Unmöglichkeit einer Haupt- oder Nebenleistung
> 3. Pflichtverletzung des Schuldners
> 4. Keine Exkulpation des Schuldners nach § 280 Abs. 1 S. 2 BGB

In Betracht kommt hier ein **Leihvertrag (§ 598 BGB)**. Bei einem Leihvertrag handelt es sich um einen unvollkommen zweiseitig verpflichtenden Vertrag, der ein Dauerschuldverhältnis begründet. Er kommt durch **übereinstimmende Willenserklärungen** (Angebot und Annahme, §§ 145ff. BGB) zustande.[1] Damit ist die Frage zu beantworten, ob die Überlassung des Kfz als Willenserklärung zu deuten ist. Entscheidend kommt es dabei wegen der Unentgeltlichkeit auf die Abgrenzung von Vertrag und Gefälligkeitsverhältnis an.

aa) Willenserklärung

Ob die Überlassung des VW Golf ein Rechtsgeschäft ist, hängt zunächst davon ab, welche Anforderungen an eine Willenserklärung zu stellen sind.[2]

---
[1] Zum Vertragsschluss bei Fall 3, S. 59ff.
[2] Erman/*Arnold*, Vor § 116 Rn. 1ff.; BRHP/*Wendtland*, § 133 Rn. 4ff.; MüKoBGB/*Armbrüster*, Vor § 116 Rn. 20ff.; *Brox/Walker*, Allgemeiner Teil, § 4 Rn. 14ff.; NK-BGB/*Feuerborn*, Vor §§ 116–144 Rn. 1ff.

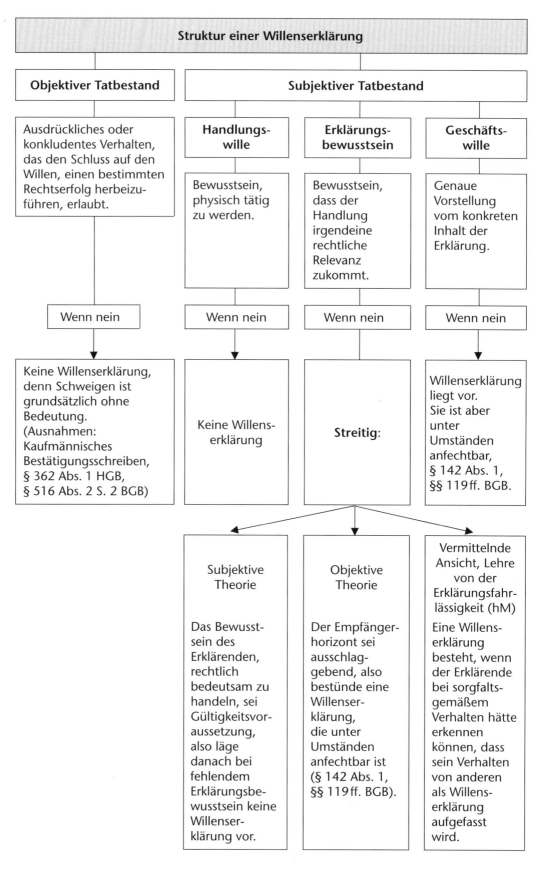

1. Willenserklärung, Gefälligkeit, Gewährleistung beim Kauf und Produkthaftung

Eine Willenserklärung ist eine private Willensäußerung, „gerichtet auf die Hervorbringung eines rechtlichen Erfolges, der nach der Rechtsordnung deswegen eintritt, weil er gewollt ist"[3]. Sie besteht aus einem objektiven (äußeren) und einem subjektiven (inneren) Tatbestand. Der objektive Tatbestand ist eine äußerlich wahrnehmbare Handlung, die bei einem Dritten den Schluss rechtfertigt, dass mit der Erklärung eine Rechtsfolge herbeigeführt werden soll. Dieses Verhalten kann ausdrücklich oder stillschweigend (konkludent) erfolgen. Als Erklärungsmittel kommt jedes willensgesteuerte Verhalten in Betracht. Fehlt bereits der objektive Tatbestand, handelt es sich nicht um eine Willenserklärung.

Der subjektive Tatbestand einer Willenserklärung setzt sich aus Handlungswillen, Erklärungsbewusstsein und Geschäftswillen zusammen. Unter **Handlungswillen** ist ein bewusster Willensakt zu verstehen, der auf die Vornahme eines äußeren Verhaltens gerichtet ist. Fehlt der Handlungswille, beispielsweise bei unwiderstehlicher Gewalt (vis absoluta) oder bei Reflexhandlungen, ist eine Willenserklärung zu verneinen. Im Gegensatz zum Handlungswillen stellt der **Geschäftswille** keine Wirksamkeitsvoraussetzung einer Willenserklärung dar. Der Geschäftswille dient dazu, eine konkrete Rechtsfolge herbeizuführen. Weicht der objektive Erklärungsinhalt vom Geschäftswillen ab, ist die Willenserklärung unter den Voraussetzungen des § 119 BGB anfechtbar.

Erklärungsbewusstsein meint das Bewusstsein, mit einer Handlung irgendetwas rechtlich Erhebliches zu erklären (**Rechtsbindungswille**). Streitig ist, welche Rechtsfolgen ein fehlendes Erklärungsbewusstsein auslöst. Teilweise wird gefordert, dass der Erklärende weiß, dass er sich durch sein Verhalten am Rechtsverkehr beteiligt (**subjektive Theorie**) und anderenfalls keine Willenserklärung vorliegt. Begründet wird diese Sichtweise mit § 118 BGB. Wenn eine nicht ernstlich gemeinte Willenserklärung nichtig ist, die in der Annahme abgegeben wurde, der Mangel der Ernstlichkeit werde vom Empfänger nicht verkannt werden, müsse dies erst recht für eine Erklärung gelten, bei der dem Erklärenden der Umstand eines rechtlich relevanten Handelns nicht bewusst ist. Nach der **Gegenauffassung** (**objektive Theorie**) hat sich der Erklärende sein objektives Verhalten zurechnen zu lassen, wenn bei dem Empfänger das Vertrauen entstanden ist, ihm gegenüber sei eine Willenserklärung abgegeben worden. Maßgebend sei zum Schutz des redlichen Rechtsverkehrs der objektive Erklärungssinn.

Die **vermittelnde Ansicht**[4] sucht den angemessenen Ausgleich zwischen den Interessen des Erklärenden und des Erklärungsempfängers, indem sie die Willenserklärung dem Erklärenden nur dann zurechnet, wenn er bei Anwendung der im Verkehr erforderlichen Sorgfalt zumindest hätte erkennen und vermeiden können, dass seine Handlung nach der Verkehrssitte sowie nach Treu und Glauben als Willenserklärung aufgefasst werden darf und sie der Empfänger auch tatsächlich so verstanden hat. Im Interesse des Empfängers ist bei einer **Erklärungsfahrlässigkeit** von einer gültigen Willenserklärung auszugehen. Den Interessen des Erklärenden wird durch die **Möglichkeit der Anfechtung** Genüge getan; ihn trifft allerdings die Schadensersatzpflicht aus § 122 Abs. 1 BGB.

> Willenserklärungen sind abzugrenzen von:
> - **Geschäftsähnlichen Handlungen**, also Äußerungen, an die das Gesetz Rechtsfolgen knüpft, ohne dass diese vom Äußernden gewollt sind (zB Mahnung, § 286 BGB oder Mängelrüge, § 377 HGB). In der Regel sind die Vorschriften über Willenserklärungen (zB §§ 104ff., 164ff. BGB) analog anwendbar.
> - **Realakten**, dh tatsächliche Handlungen, mit denen das Gesetz unabhängig von einem Willen Rechtsfolgen verbindet. Die Vorschriften über Willenserklärungen sind weder direkt noch analog anwendbar.

> Meinungsstreit Erklärungsbewusstsein

---

3 Motive I, S. 126; ausführlich *Neuner*, JuS 2007, 881 ff.
4 BGH NJW 2002, 2325, 2327; NJW 1995, 953; NJW 1991, 2084, 2085 f.; BAG NJW 1987, 2101; BRHP/*Wendtland*, § 133 Rn. 6; MüKoBGB/*Armbrüster*, § 119 Rn. 100; Palandt/*Ellenberger*, Einf. v. § 116 Rn. 1 ff.; Erman/*Arnold*, Vor § 116 Rn. 15.

> Das Erklärungsbewusstsein ist nach hM anhand der Theorie **der Erklärungsfahrlässigkeit** zu bestimmen.

Zuzustimmen ist der Lehre von der Erklärungsfahrlässigkeit, weil sie den Schutz des Individualwillens und den Schutz des Empfängerhorizonts gleichermaßen berücksichtigt. Überdies lässt diese Ansicht ebenfalls die Möglichkeit der Anfechtung zu, falls wegen eines sorgfaltswidrigen Verhaltens von der Existenz einer Willenserklärung auszugehen ist. Die vermittelnde Betrachtungsweise führt somit zu ausgewogenen Ergebnissen. Trotz fehlenden Erklärungsbewusstseins handelt es sich um eine (normativ zugerechnete) Willenserklärung, wenn der Erklärende bei Anwendung der im Verkehr erforderlichen Sorgfalt hätte erkennen und vermeiden können, dass seine Äußerung nach Treu und Glauben sowie nach der Verkehrssitte als Willenserklärung aufgefasst werden durfte, und wenn der Empfänger die Erklärung auch als rechtsverbindlich verstanden hat.[5]

bb) Gefälligkeit

> Abgrenzung von Rechtsgeschäft und Gefälligkeit

Für die Abgrenzung eines Rechtsgeschäfts von einer Gefälligkeit (zB bei unentgeltlichen Mitfahrgelegenheiten, unentgeltlichem Baby-Sitting, unentgeltlichen Besorgungen) hilft die Prüfung des Erklärungsbewusstseins in der Regel allerdings nicht weiter, weil die Vorstellungen weder vom Erklärenden noch vom Empfänger feststellbar sind und sich die Parteien regelmäßig auch keine Gedanken über die Qualität der Abrede machen. Es kommt deshalb darauf an, wie sich das Verhalten der Beteiligten bei Würdigung aller Umstände einem objektiven Beurteiler darstellt. Die herrschende Meinung[6] nimmt die Abgrenzung zwischen Willenserklärung bzw. Vertragsschluss und Gefälligkeit anhand von Indizien vor. Ein eigenes wirtschaftliches oder rechtliches Interesse des Gefälligen spricht ebenso für einen Rechtsbindungswillen wie der Umstand, dass sich der Begünstigte erkennbar auf eine Zusage verlässt und es für ihn um erhebliche Werte geht. Verneint wird ein Erklärungsbewusstsein in der Regel bei Gefälligkeitshandlungen des täglichen Lebens, bei Zusagen im bloßen gesellschaftlichen Verkehr und bei ähnlichen Vorgängen.[7]

> **Kriterien zur Abgrenzung von Rechtsgeschäft und Gefälligkeit**
> 1. Art der Gefälligkeit
> 2. Grund und Zweck
> 3. Wirtschaftliche und rechtliche Bedeutung
> 4. Interessenlage der Parteien
> 5. Wert einer anvertrauten Sache
> 6. Gefahrenpotential bei fehlerhafter Leistung
> 7. Gesellschaftliche Gepflogenheiten

Die Rechtsprechung greift vor allem auf folgende Kriterien zurück: Art der Gefälligkeit, ihr Grund und Zweck, ihre wirtschaftliche und rechtliche Bedeutung, die Umstände, unter denen sie erwogen wird, die Interessenlage der Parteien, der Wert einer anvertrauten Sache, die Gefahr, die durch eine fehlerhafte Leistung entstehen kann, die gesellschaftlichen Gepflogenheiten. Die Rechtsprechung ist dabei unter Abwägung aller Umstände des konkreten Einzelfalles beispielsweise zu folgenden Ergebnissen gelangt.[8]

Gefälligkeit	Willenserklärung
• Mitnahme im Auto • Ausfüllen und Einreichen eines Lottoscheins	• Feste Fahrgemeinschaft • Aufsicht über die zum Kindergeburtstag eingeladenen Kinder

---

[5] Der Erklärungsempfänger darf das Fehlen des Erklärungsbewusstseins weder gekannt noch damit gerechnet haben, vgl. Palandt/*Ellenberger*, Einf. v. § 116 Rn. 17; *Neuner*, JuS 2007, 881, 887.
[6] BRHP/*Sutschet*, § 241 Rn. 18 ff.; PWW/*Kramme*, § 241 Rn. 32 ff.; NK-BGB/*Schulze*, Vor §§ 145–157 Rn. 21 ff.; Erman/*Westermann*, Einl. § 241 Rn. 14 ff.; MüKoBGB/*Bachmann*, § 241 Rn. 163 ff. Vgl. auch *Paulus*, JuS 2015, 496 ff. Zusammenfassung der Kritik bei *Medicus/Petersen*, Bürgerliches Recht, Rn. 365 ff.
[7] BGH NJW 1992, 498; NJW 1985, 1778; NJW 1984, 1533.
[8] Vgl. BGH NJW 1994, 3156; BGHZ 97, 372, 377; 92, 164, 168; 88, 373, 382; 56, 204, 210; 21, 102, 107; OLG Köln NJW 1996, 1288; NJW-RR 1992, 1497; OLG Celle NJW-RR 1987, 1384; NJW-RR 2002, 259; OLG Hamm NJW 2000, 1047; NJW-RR 2001, 455; NJW-RR 1996, 717; OLG München NJW-RR 1993, 215; NJW-RR 1991, 420; OLG Koblenz NJW-RR 2002, 595.

1. Willenserklärung, Gefälligkeit, Gewährleistung beim Kauf und Produkthaftung

Gefälligkeit (Fortsetzung)	**Willenserklärung** (Fortsetzung)
• Winkzeichen im Straßenverkehr • Beaufsichtigen von Nachbarskindern • Überlassung eines Vorführwagens bzw. Probefahrt • Abstellen eines Kfz auf fremdem Grundstück • Absprache über Empfängnisverhütung	• Überführung eines Kfz • Überlassung einer Wohnung • Benutzung eines Grundstücks als Zufahrt • Überlassung von Kunstgegenständen an ein Museum • Vermittlung einer Geldanlage

Die im Sachverhalt mitgeteilten Umstände sprechen sowohl für (Wert des überlassenen Gegenstandes) als auch gegen (Anlass der Fahrt) die Annahme eines Rechtsgeschäfts. Auf die Entscheidung kommt es hier allerdings auch nicht an. Selbst wenn es sich bei der Überlassung des VW Golf um eine unverbindliche Gefälligkeit des täglichen Lebens handelt, auf deren Erfüllung rechtlich kein Anspruch besteht, wurde die Gefälligkeit tatsächlich vollzogen. **Bei der tatsächlichen Durchführung einer Gefälligkeit** bestehen jedoch unter Umständen – nach wohl überwiegender Auffassung[9] jedenfalls dann, wenn der überlassene Gegenstand von nicht unerheblichem Wert ist und ihn der Empfänger eigenverantwortlich übernimmt – vertragsähnliche Schutz- und Sorgfaltspflichten. Wird gegen diese Pflichten verstoßen, ist von einer Haftung nach Vertragsgrundsätzen (§ 280 Abs. 1 BGB) auszugehen.[10]

Haftung bei Vollzug einer Gefälligkeit

Es ist also folgendermaßen zu unterscheiden:

Bloße Gefälligkeit	**Gefälligkeitsverhältnis**	**Rechtsgeschäft**
Weder vertragliche Hauptleistungspflichten noch vertragsähnliche Schutz- und Nebenpflichten	Kein Erfüllungsanspruch, bei Vollzug aber vertragsähnliche Schutz- und Nebenpflichten	Erfüllungsanspruch sowie vertragliche Schutz- und Nebenpflichten
Haftung nur nach allgemeinen Grundsätzen, also §§ 823 ff., §§ 985 ff., §§ 812 ff. BGB	Haftung analog nach vertraglichen Maßstäben (str., wohl aber hM) und nach allgemeinen Grundsätzen	Haftung aus Vertrag und nach allgemeinen Grundsätzen

Bei der Überlassung eines Pkws zur eigenverantwortlichen Teilnahme am Straßenverkehr ist von einem **Gefälligkeitsverhältnis mit rechtsgeschäftlichem Charakter** mit den Vollzug begleitenden Schutz- und Sorgfaltspflichten auszugehen, weil es sich bei einem Kfz um einen wertvollen Gegenstand handelt und der Empfänger mit diesem eigenverantwortlich umgeht.

Haftung bei Gefälligkeitsfahrten
Unter Gefälligkeitsfahrt wird zum einen die Mitnahme von Fahrgästen im Kfz und zum anderen die Überlassung des Kfz an einen Dritten (zB zur Heimfahrt bei Fahruntüchtigkeit) verstanden, welche nicht auf rechtsgeschäftlicher Verpflichtung beruhen.

---

9 Streitig, näher MüKoBGB/*Bachmann*, § 241 Rn. 176; Soergel/*Wolf*, Vor § 145 Rn. 77 ff.
10 Palandt/*Grüneberg*, Einl. § 241 Rn. 7 ff.; MüKoBGB/*Bachmann*, § 241 Rn. 177; Bamberger/Roth/*Sutschet*, § 241 Rn. 18; *Lorenz*, JuS 2012, 6, 7 f.

> **Haftung bei Gefälligkeitsfahrten** *(Fortsetzung)*
>
> Bei solchen Fahrten wird analog nach vertraglichen Maßstäben gehaftet; es handelt sich um Gefälligkeitsverhältnisse. Es kommt grundsätzlich nicht zu einer Beschränkung der Haftung auf grobe Fahrlässigkeit und Vorsatz, weil im Regelfall nicht von einer stillschweigend vereinbarten Haftungsfreistellung für leichte Fahrlässigkeit auszugehen ist. Auch aus § 242 BGB lässt sich eine Haftungsfreistellung nicht begründen, denn die Gefälligkeit allein macht die Geltendmachung von Ansprüchen nicht treuwidrig oder rechtsmissbräuchlich. Anders kann es ausnahmsweise dann sein, wenn im Einzelfall besondere Umstände hinzutreten, die dem Schadensersatzbegehren ein treuwidriges Gepräge geben.
>
> So kommt eine Haftungsbeschränkung durch § 242 BGB in Betracht, wenn die Gewährung der Gefälligkeit im besonderen Interesse des Geschädigten lag und dieser sich deshalb einem ausdrücklichen Ansinnen um einen Haftungsverzicht, wäre es an ihn gestellt worden, billigerweise nicht hätte verschließen können (BGH NJW 1992, 2474, 2475; OLG Hamm NJW 2007, 1517; OLG Frankfurt NJW 2006, 1004).

Schließt man sich der Lehre vom Gefälligkeitsverhältnis an, haftet hier A nach vertraglichen Grundsätzen. Die §§ 280 Abs. 1, Abs. 3, 283 BGB sind deswegen analog (planwidrige Gesetzeslücke, ähnliche Interessenlage) heranzuziehen.

> **Voraussetzungen eines Analogieschlusses**
>
> Analogie ist die Übertragung der Rechtsregel eines normierten Tatbestandes auf einen ihm ähnlichen, aber vom Gesetzgeber nicht bedachten Tatbestand. Man unterscheidet zwischen Gesetzes- und Rechtsanalogie. Bei Erstgenannter wird ein einzelner gesetzlicher Tatbestand herangezogen. Die Rechtsanalogie bezieht sich auf mehrere Rechtssätze, die an verschiedene Tatbestände die gleiche Rechtsfolge knüpfen, und entnimmt ihnen einen allgemeinen Rechtsgrundsatz, der den nicht statuierten Tatbestand erfasst, weil der Rechtsgedanke auf ihn in gleichem Maße zutrifft wie auf die geregelten Konstellationen.
>
> Voraussetzung ist eine vom Gesetzgeber nicht bewusst gelassene Regelungslücke. Weiterhin bedarf es wertungsmäßiger Gleichheit des geregelten und des ungeregelten Tatbestandes gemessen am Normzweck des Rechtssatzes.

Meinungsstreit über die dogmatische Begründung zur vertragsähnlichen Haftung beim Gefälligkeitsverhältnis

Streitig ist die dogmatische Konstruktion dieser Einschätzung. Zum Teil wird auf die Privatautonomie abgestellt; es sei davon auszugehen, dass die Parteien durch den Vollzug der Gefälligkeit vertragsähnliche Nebenpflichten stillschweigend vereinbaren. Wegen der Gefahr einer bloßen Unterstellung einer Abrede stellt eine andere Auffassung auf ein vertragsähnliches Vertrauensverhältnis (vergleichbar der c.i.c.) ab. Überdies wird aus § 242 BGB ein gesetzliches Schuldverhältnis abgeleitet.[11] Auf die Entscheidung des Meinungsstreits kommt es hier nicht an, weil beide Ansichten Haftungsansprüche befürworten.

Im Ergebnis ist festzuhalten, dass zwischen S und A die §§ 280 Abs. 1, 3, 283 BGB jedenfalls analog anwendbar sind. Es liegt zumindest ein sogenanntes Gefälligkeitsverhältnis vor.

b) Pflichtverletzung des Schuldners

A hat auf einer kurvigen, unübersichtlichen Straße zum Überholen angesetzt, so dass er die Unmöglichkeit der Rückgabe pflichtwidrig herbeigeführt hat.

---

11 Einzelheiten zur dogmatischen Begründung und deren Nachweise bei Soergel/*Wolf*, Vor § 145 Rn. 80f.; MüKoBGB/*Bachmann*, § 241 Rn. 178ff.; Staudinger/*Oelzen*, § 241 Rn. 62ff.

c) Keine Exkulpation des Schuldners gemäß § 280 Abs. 1 S. 2 BGB

Ein Verschulden des A wird vermutet. Er kann sich nicht nach § 280 Abs. 1 S. 2 BGB exkulpieren.[12]

d) Unmöglichkeit der Leistung[13]

Die Rückgabe des VW Golf ist A aufgrund der vollständigen Zerstörung des Pkw nachträglich unmöglich (§ 275 Abs. 1 BGB) geworden. Damit ist auch die letzte Voraussetzung der §§ 280 Abs. 3, 283 BGB erfüllt.

Ergebnis

A ist der S nach §§ 280 Abs. 1, Abs. 3, 283 BGB analog zum Ersatz des Schadens, also nach § 249 Abs. 2 BGB zur Zahlung von 11.500 EUR verpflichtet.

2. Anspruch aus § 823 Abs. 1 BGB

S könnte gegen A weiterhin ein Anspruch aus § 823 Abs. 1 BGB[14] zustehen.

a) Dies erfordert die Verletzung eines in § 823 Abs. 1 BGB geschützten Rechtsguts durch eine Handlung des Anspruchsgegners. A hat durch das Ausweichmanöver mit dem Pkw der S deren Eigentum verletzt.

b) Der Unfall des A war eine Bedingung für die Rechtsgutverletzung und ist ihm zuzurechnen (haftungsbegründende Kausalität).

c) Anhaltspunkte, die gegen die Rechtswidrigkeit der Eigentumsverletzung sprechen, sind nicht ersichtlich.

d) A hat die im Verkehr erforderliche Sorgfalt durch das Überholen an unübersichtlicher Stelle außer Acht gelassen und demnach seine Fahrlässigkeit iSd § 276 Abs. 2 BGB zu vertreten.

e) Es besteht auch ein Ursachenzusammenhang zwischen der Rechtsgutverletzung, dh der Zerstörung des Pkws, und dem eingetretenen Schaden, dem Wertverlust des Wagens (haftungsausfüllende Kausalität).

f) Durch den Totalschaden des Wagens ist die Schadenshöhe[15] nach § 249 Abs. 2 BGB mit dem Verkehrswert von 11.500 EUR anzusetzen.

> **Aufbauschema § 823 Abs. 1 BGB**
> 1. Handlung
> 2. Rechtsgutverletzung
> 3. Haftungsbegründende Kausalität
> 4. Rechtswidrigkeit
> 5. Verschulden
> 6. Haftungsausfüllende Kausalität
> 7. Schaden §§ 249 ff. BGB

Ergebnis

A hat der S Schadensersatz in Höhe von 11.500 EUR gemäß § 823 Abs. 1 BGB zu leisten.

3. Anspruch nach § 823 Abs. 2 BGB iVm §§ 1 Abs. 2, 5 Abs. 2 StVO, § 315c StGB bzw. § 303 Abs. 1 StGB

S könnte gegen A weiterhin einen Anspruch auf Schadensersatz nach § 823 Abs. 2 BGB haben, falls A mit seinem Verhalten gegen ein den Schutz eines anderen bezweckendes Gesetz verstoßen hat.

---

12 Zur Haftungsprivilegierung bei Gefälligkeitsverhältnissen Fall 2, S. 43.
13 Näher zur Unmöglichkeit bei Fall 3, S. 67 ff.
14 Ausführlich zur Prüfung bei Fall 12, S. 293 ff.
15 Einzelheiten zur Schadensberechnung bei Fall 12, S. 305 ff. und bei Fall 13, S. 327 ff.

Aufbauschema § 823 Abs. 2 BGB	§ 823 Abs. 2 BGB (Verletzung eines Schutzgesetzes)
1. Existenz eines Schutzgesetzes 2. Verletzung des Schutzgesetzes 3. Rechtsgutverletzung im Rahmen des **persönlichen und sachlichen** Schutzbereiches der Norm 4. Rechtswidrigkeit 5. Verschulden 6. Haftungsausfüllende Kausalität 7. Schaden §§ 249ff. BGB	§ 823 Abs. 2 BGB iVm einem Schutzgesetz bildet eine eigenständige Anspruchsgrundlage. Die Haftung nach § 823 Abs. 2 BGB ist nicht auf bestimmte Rechtsgüter beschränkt und kann daher – anders als § 823 Abs. 1 BGB – auch bloße Vermögensschäden erfassen. **Schutzgesetz** ist eine Norm, die nicht nur dem Schutz der Allgemeinheit dient, sondern zumindest auch die Interessen des Einzelnen gezielt schützt. Dieser Individualschutz darf nicht lediglich als Reflex des Schutzes der Allgemeinheit bestehen. Es kommt vielmehr darauf an, dass es der Intention des Schutzgesetzes entspricht, dem Geschädigten mittels § 823 Abs. 2 BGB Schadensersatz zu gewähren. Als Schutzgesetz kommt dabei jede Rechtsnorm iSd Art. 2 EGBGB in Betracht, also neben Gesetzen im formellen Sinn auch Rechtsverordnungen, Satzungen und unter Umständen auch Verwaltungsakte. Maßgeblich ist ferner, dass der **persönliche und sachliche Schutzbereich** des Schutzgesetzes eröffnet ist. Der Geschädigte muss zu dem von der Norm geschützten Personenkreis zählen. Der erlittene Schaden hat dem Interesse zu entsprechen, welches von der Norm geschützt wird; es muss sich gerade das Risiko verwirklicht haben, vor dem die einschlägige Norm schützen möchte. Der objektive und subjektive Tatbestand des Schutzgesetzes müssen verwirklicht sein. Sieht das Schutzgesetz keine subjektiven Anforderungen vor, ist nach § 823 Abs. 2 S. 2 BGB gleichwohl ein schuldhafter Verstoß gegen das Schutzgesetz erforderlich. Der Schaden muss durch die Verletzung des Schutzgesetzes verursacht worden sein (haftungsausfüllende Kausalität).

Schutzgesetze sind beispielsweise § 142 StGB, §§ 223ff. StGB oder auch §§ 242ff., 263 StGB.

Den Schutz eines anderen bezweckt eine Vorschrift, wenn sie nach ihrem Sinn und Zweck dazu dienen soll, einen bestimmten Personenkreis vor Beeinträchtigungen ihrer Rechte zu schützen. Die Vorschriften der Straßenverkehrsordnung zielen auf den Schutz der Verkehrsteilnehmer, nicht auf den Schutz des Eigentümers des Fahrzeuges, das der verkehrswidrig Handelnde benutzt. Der Schaden entspricht in diesem Zusammenhang nicht dem Interesse, das von der Norm geschützt wird. Bei § 315c StGB handelt es sich insoweit ebenfalls um kein Schutzgesetz, weil die Vorschrift lediglich die öffentliche Sicherheit und humanitäre Solidarität schützt. Bei Eingriffen in den Straßenverkehr ist das Vermögen kein Schutzgut.[16] § 303 StGB ist zwar grundsätzlich als Schutzgesetz iSd § 823 Abs. 2 BGB anzusehen. Allerdings handelte A hier fahrlässig im Sinne von § 276 Abs. 2 BGB, so dass der subjektive Tatbestand von § 303 Abs. 1 StGB, der Vorsatz voraussetzt, nicht erfüllt ist.

Ergebnis

S hat keinen Anspruch gegen A gemäß § 823 Abs. 2 BGB iVm §§ 1 Abs. 2, 5 Abs. 2 StVO, § 315c StGB bzw. § 303 Abs. 1 StGB auf Schadensersatz für den zerstörten Golf.

4. Anspruch nach § 18 Abs. 1 S. 1 StVG

Ein Anspruch aus § 18 Abs. 1 StVG scheitert am Anwendungsbereich der Norm. § 18 Abs. 1 StVG erfasst gerade nicht das Verhältnis zwischen Halter und Fahrer.[17]

---

[16] Überblick zu den von der Rechtsprechung anerkannten Schutzgesetzen bei Palandt/*Sprau*, § 823 Rn. 57ff.; PWW/*Schaub*, § 823 Rn. 236ff.; Erman/*Schiemann*, § 823 Rn. 160ff.
[17] HKD/*König*, Straßenverkehrsrecht, § 18 Rn. 3. Siehe dazu auch Fall 13, S. 337.

II. Ersatz der Versicherungsmehrkosten

1. Anspruch gemäß § 280 Abs. 1 S. 1 BGB

Ein Anspruch auf Ersatz der Mehrkosten, die durch den Verlust des Schadenfreiheitsrabatts entstanden sind, könnte sich aus § 280 Abs. 1 BGB[18] ergeben.

a) Schuldverhältnis

Verneint man den Abschluss eines Leihvertrages, stellt sich die Frage, ob bei einem vollzogenen Gefälligkeitsverhältnis vertragsähnliche Schutz- und Sorgfaltspflichten bestehen, die eine Haftung nach § 280 Abs. 1 BGB rechtfertigen. In Fortführung oben vertretener Ansicht ist das zu bejahen, wenn aus Gefälligkeit wertvolle Rechtsgüter unentgeltlich überlassen und eigenverantwortlich genutzt werden.

> Aufbauschema
> **§ 280 Abs. 1 BGB**
> 1. Schuldverhältnis
> 2. Pflichtverletzung des Schuldners
> 3. Verschulden (keine Exkulpation nach § 280 Abs. 1 S. 2 BGB)
> 4. Schaden

b) Pflichtverletzung des Schuldners

Der Empfänger eines Kfz ist dazu gehalten, die versicherungsrechtlichen Belange des Halters zu wahren und sich so zu verhalten, dass dem Halter keine versicherungsrechtlichen Nachteile entstehen.

c) Verschulden

S hat gemäß § 276 Abs. 2 BGB fahrlässig gehandelt und sich nicht nach § 280 Abs. 1 S. 2 BGB exkulpiert.

d) Schaden

Der Schaden durch die Herabstufung des Schadenfreiheitsrabatts ist gemäß § 251 Abs. 1 BGB in Geld zu ersetzen.

Ergebnis

A hat S nach § 280 Abs. 1 S. 1 BGB den Schaden zu ersetzen, der ihr durch den Verlust des Schadenfreiheitsrabatts entstanden ist.

2. Anspruch aus § 823 Abs. 1 BGB

Fraglich ist, ob der Rückstufungsschaden auf der Verletzung eines von § 823 Abs. 1 BGB geschützten Rechtsguts beruht. A hat zwar das Eigentum der S am Fahrzeug verletzt. Der Verlust des Freiheitsrabatts ist aber keine Folge der Eigentumsverletzung, sondern Folge der Vermögensbelastung der S mit dem Anspruch des Landkreises auf Ersatz der beschädigten Leitplanke. Der Verlust des Versicherungsrabatts resultiert aus dem Haftpflichtanspruch des Landkreises. Bei dem Vermögensschaden der S handelt es sich nicht um ein durch § 823 Abs. 1 BGB geschütztes absolutes Rechtsgut.

> Das Vermögen als solches ist kein sonstiges Recht iSd § 823 Abs. 1 BGB.

Ergebnis

§ 823 Abs. 1 BGB ermöglicht keinen Ersatz des Rückstufungsschadens.

3. Anspruch nach § 823 Abs. 2 BGB iVm §§ 1 Abs. 2, 5 Abs. 2 StVO bzw. § 315 c StGB

Die Vorschriften der StVO bzw. § 315 c StGB verkörpern keine Schutzgesetze für die Vermögensinteressen des Halters gegenüber dem Fahrer eines Pkw.

Ergebnis

S hat keinen Anspruch gegen A gemäß § 823 Abs. 2 BGB iVm §§ 1 Abs. 2, 5 Abs. 2 StVO bzw. § 315 c StGB auf Ersatz der Versicherungsmehrkosten.

---

18 Zu § 280 Abs. 1 BGB siehe *Brox/Walker*, Allgemeines Schuldrecht, § 21 Rn. 1 ff.

B. Ansprüche der S gegen P

I. Rückerstattung des Buchpreises

1. Anspruch nach § 346 Abs. 1 iVm §§ 437 Nr. 2 Alt. 1, 323 Abs. 1 Alt. 2 BGB

S könnte gegen P ein Anspruch auf Rückzahlung des Buchpreises von 39 EUR gemäß § 346 Abs. 1 iVm §§ 437 Nr. 2 Alt. 1, 323 Abs. 1 Alt. 2 BGB zustehen.

a) Rücktrittserklärung, § 349 BGB

Der Rückzahlungsanspruch erfordert nach § 349 BGB die Erklärung des Rücktritts gegenüber dem anderen Teil. S muss also durch eine einseitige empfangsbedürftige Willenserklärung zum Ausdruck bringen, dass sie den Erwerb des Handbuches rückgängig machen möchte.

> **Erklärung des Rücktritts, § 349 BGB**
>
> Die Rücktrittserklärung ist eine **Gestaltungserklärung** und daher **unwiderruflich und bedingungsfeindlich**. Zulässig sind nur die Bedingungen, die für den Rücktrittsgegner keine unzumutbare Unklarheit schaffen, wie es bei Rechtsbedingungen der Fall ist oder bei Bedingungen, deren Eintritt allein vom Willen des Rücktrittsgegners abhängt (Potestativbedingung).
> Die Angabe eines Rücktrittsgrundes ist nicht notwendig. Wird gleichwohl ein Grund angeführt, kann der Rücktritt trotzdem aus einem anderen Grund wirksam sein.

b) Kaufvertrag, § 433 BGB

S und P haben durch übereinstimmende Willenserklärungen einen Kaufvertrag (§ 433 BGB) über das Handbuch abgeschlossen. Es besteht ein vertragliches Schuldverhältnis.

c) Sachmangel, § 434 Abs. 1 BGB

Voraussetzung eines Rücktrittsrechts ist weiterhin ein Sachmangel. § 434 Abs. 1 BGB legt den Sachmangel nicht positiv fest, sondern bestimmt negativ, unter welchen Bedingungen ein Kaufgegenstand vertragsgemäß ist. Sachmangel ist die **negative Abweichung der Ist-Beschaffenheit von der Soll-Beschaffenheit**. Für die Bestimmung der Soll-Beschaffenheit gibt § 434 BGB eine dreistufige Reihung vor.[19]

Aufbauschema § 346 Abs. 1 iVm § 437 Nr. 2 BGB Rücktritt wegen Mangels beim Kaufvertrag

1. Rücktrittserklärung, § 349 BGB
2. Kaufvertrag, § 433 BGB
3. Mangel, §§ 434, 435 BGB
4. Bei Gefahrübergang, §§ 446, 447 BGB
5. Nachfrist, § 323 Abs. 1 BGB, es sei denn, entbehrlich nach §§ 323 Abs. 2, 440, 326 Abs. 5 BGB
6. Erheblichkeit des Mangels, § 323 Abs. 5 S. 2 BGB
7. Kein Ausschluss des Rücktrittsrechts, § 323 Abs. 6 BGB
8. Keine Kenntnis des Käufers vom Mangel, § 442 BGB
9. Kein Gewährleistungsausschluss, §§ 444, 476 BGB
10. Rücktritt nicht unwirksam, § 218 iVm § 438 BGB

Prüfung des Sachmangels in der Reihenfolge des § 434 Abs. 1 BGB

1. Vereinbarte Beschaffenheit, § 434 Abs. 1 S. 1 BGB
    ↓
2. Eignung zur vertraglich vorausgesetzten Verwendung, § 434 Abs. 1 S. 2 Nr. 1 BGB
    ↓
3. Eignung zur gewöhnlichen Verwendung, § 434 Abs. 1 S. 2 Nr. 2 BGB

---

19 Einzelheiten zum Mangelbegriff bei Fall 5, S. 118 und Fall 6, S. 138 ff.

§ 434 Abs. 1 S. 1 BGB stellt zunächst auf die Übereinstimmung der Kaufsache mit der von den Parteien vereinbarten Beschaffenheit ab. Fehlt eine Beschaffenheitsvereinbarung, ist nach § 434 Abs. 1 S. 2 Nr. 1 BGB die Eignung der Sache für die nach dem Vertrag vorausgesetzte Verwendung zu prüfen. Die Eignung für die gewöhnliche Verwendung und eine übliche, vom Käufer zu erwartende Beschaffenheit definieren gemäß § 434 Abs. 1 S. 2 Nr. 2 BGB die dritte Stufe der Mangelfreiheit.

Hier orientiert sich die Sachmangelbestimmung an § 434 Abs. 1 S. 2 Nr. 2 BGB. Die Sache muss eine Beschaffenheit aufweisen, die bei Sachen der gleichen Art üblich ist und die der Durchschnittskäufer nach der Art der Sache erwarten kann. Durch diese weite Auffangvorschrift wird die Normalbeschaffenheit der Kaufsache gewährleistet.

Es kommt mithin darauf an, ob die inhaltliche Richtigkeit eines Handbuches dem normalen Qualitätsstandard eines derartigen Buches entspricht. Diese Frage wird unterschiedlich beantwortet:[20]

Meinungsstreit zur Anwendbarkeit des § 434 BGB bei fehlerhaften Buchangaben	
Nur körperliche Mängel	**Körperliche und inhaltliche Mängel (hM)**
Bei Büchern sei zwischen äußerlichen und inhaltlichen Mängeln zu unterscheiden. Inhaltliche Mängel eines Buches seien von § 434 BGB nicht erfasst, da sich die Normen nur auf Mängel einer körperlichen Sache beziehen. Der Inhalt des Buches sei ein eigenständiges geistiges Werk, das nicht in der Sache Buch, sondern in der schöpferischen Leistung des Verfassers wurzele.	Bei Anleitungs- und Handbüchern werde den Lesern Erfahrungswissen für spezielle Lebensbereiche verkauft. Das Interesse der Käufer ziele hier gerade auf die Verlässlichkeit der sachlichen Angaben. Anders als bei meinungsbildender Literatur sei dieses Interesse ebenso schützenswert wie das an der Freiheit eines Buches von äußerlichen Fehlern.

Teilweise wird zwischen äußerlichen und inhaltlichen Fehlern unterschieden. Diese Trennung überzeugt nicht. Es ist zwar zutreffend, dass die sachliche Richtigkeit ihren Ursprung in der schöpferischen Leistung des Verfassers hat, die inhaltlichen Aussagen sind aber im Buch selbst verkörpert und ein Buch wird wegen seines Inhalts und nicht wegen seiner Körperlichkeit gekauft. Der Käufer erwartet in einem Fachbuch grundsätzlich ordnungsgemäße Angaben; Art und Umfang der Erwartungen hängen vom Einzelfall ab. Es kommt unter anderem auf den Leserkreis, Aufmachung und Zielsetzung des Druckwerks, die Formulierung der Aussagen und die Gestaltung der Werbung an.

Die Normalbeschaffenheit eines Praxis-Handbuches für Laien erfordert jedenfalls die **inhaltliche Richtigkeit bei schadensrelevanten Angaben**. Hier weicht das Anleitungsbuch nachteilig ab. Somit ist das Buch mit einem Sachmangel iSd § 434 Abs. 1 S. 2 Nr. 2 BGB behaftet.

> **Gefahrübergang**
> Gefahrübergang iSd § 434 Abs. 1 BGB meint den Übergang der Preisgefahr. Nach § 446 S. 1, 3 BGB geht die Gefahr der zufälligen Verschlechterung der Kaufsache mit deren Übergabe oder mit Annahmeverzug über.

---

[20] Vgl. zur hM BGH NJW 1973, 843; Palandt/*Weidenkaff*, § 434 Rn. 94; Einzelheiten bei *Foerste*, NJW 1991, 1433ff.; *Lang/Hubmann*, Die Haftung für Fehler in Druckwerken, S. 69ff.; BRHP/*Faust*, § 434 Rn. 70; aA Erman/*Grunewald*, § 434 Rn. 42.

d) Gefahrübergang, § 446 S. 1 BGB

> Beim Versendungskauf geht die Gefahr nach § 447 Abs. 1 BGB bereits mit Auslieferung an die Transportperson über. Beim Verbrauchsgüterkauf vermutet § 477 BGB die Mangelhaftigkeit bei Gefahrübergang.

Erforderlich ist weiterhin, dass der Mangel im Zeitpunkt des Gefahrübergangs, das heißt bei der Übergabe iSd § 446 S. 1 BGB vorhanden war, § 434 Abs. 1 S. 1 BGB. So liegt es hier; das Buch war bei der Verschaffung des Besitzes fehlerhaft. Der Mangel könnte allerdings nachträglich unbedeutend geworden sein, weil S den einzigen Fehler des Handbuches nunmehr kennt und für die Zukunft über die richtige Qualitätsstufe des Getriebeöls informiert ist. In Betracht kommt mithin die Möglichkeit, dass der Mangel nach Gefahrübergang weggefallen ist.

Damit ist die Frage zu beantworten, wie ein nachträglicher Wegfall eines Fehlers zu behandeln ist:[21]

Nachträglicher Wegfall (der Erheblichkeit) eines Mangels

Bei Gefahrübergang existierender Fehler fällt vor Vollzug von Rücktritt/Minderung weg.

- Mangelbeseitigung mit Einverständnis des Käufers
  - Verzicht auf Gewährleistung
- Mangel entfällt ohne Einverständnis des Käufers
  - bevor der Käufer den Verkäufer auf den Mangel hingewiesen hat.
    - Unzulässige Rechtsausübung nach § 242 BGB
  - nachdem der Käufer bereits Rücktritt/Minderung verlangt hat.
    - Nachträglicher Wegfall kann ein entstandenes Gewährleistungsrecht nicht beseitigen.

S kennt den Fehler des Buches, bevor sie sich mit dem Verkäufer in Verbindung setzt. Ein Interesse am Rücktritt ist aus objektiver Sicht entfallen, so dass sie den Zustand hinnehmen muss. Der einzige Mangel des Handbuches ist für S nachträglich weggefallen; für sie persönlich ist das Buch nunmehr wie ein fehlerfreies zu verwenden. Beschränkt auf diese Betrachtung würde eine Berufung auf das Rücktrittsrecht als unzulässige Rechtsausübung einen Verstoß gegen Treu und Glauben (§ 242 BGB) darstellen. Hier ist allerdings die eingeschränkte Verwertbarkeit des Buches gegenüber Dritten (beispielsweise bei einer Veräußerung) zu berücksichtigen. Der Sachmangel ist daher nicht nachträglich weggefallen.

Der Mangel besteht zum Zeitpunkt des Gefahrüberganges iSd § 434 Abs. 1 S. 1 BGB.

---

[21] Einzelheiten sind noch weitgehend ungeklärt, vgl. BGH NJW 2009, 508; BGH JuS 2001, 294; OLG Schleswig NJW-RR 2013, 1144; Erman/*Grunewald*, § 434 Rn. 69; *Reinicke/Tiedtke*, Kaufrecht, Rn. 390. Allgemein *Heinemeyer*, NJW 2019, 1025 ff.

e) Fristsetzung, § 323 Abs. 1 BGB

S müsste außerdem erfolglos eine Frist zur Nacherfüllung gemäß § 323 Abs. 1 BGB gesetzt haben.

Eine solche Fristsetzung ist hier nach § 323 Abs. 2 Nr. 3 BGB entbehrlich, weil eine Neuauflage des Buches nicht geplant ist und die Anfertigung eines fehlerfreien Einzelexemplars nicht erwartet werden kann.

f) Erheblichkeit des Mangels, § 323 Abs. 5 S. 2 BGB

Nach § 323 Abs. 5 S. 2 BGB ist der Rücktritt bei einem unerheblichen Mangel ausgeschlossen. Anhand einer umfassenden Interessenabwägung ist zu entscheiden, ob es sich um einen unbedeutsamen Fehler, eine bloße Bagatelle handelt. Maßgeblich ist dabei unter anderem die sachliche Bedeutung des Fehlers nach der Verkehrsauffassung und nach den Umständen des Einzelfalles, wobei insbesondere die Auswirkungen auf Beschaffenheit, Funktion und Wert der Sache sowie der Aufwand für eine Reparatur zu berücksichtigen sind.[22]

Die unzutreffende Qualitätsangabe des Getriebeöls in einem Fachbuch stellt einen erheblichen Mangel des Buches dar, weil ein für den Laien geschriebenes Werk vor allem bei Hinweisen, die sich auf sicherheitsbedeutsame oder folgenträchtige Teile beziehen, zuverlässig zu sein hat. Die Erheblichkeit des Mangels ist wegen der maßgeblich eingeschränkten Verwertbarkeit des Buches gegenüber Dritten auch nicht nachträglich weggefallen.

Der Rücktritt ist nicht gemäß § 323 Abs. 5 S. 2 BGB ausgeschlossen.

Ergebnis

S steht gegen P ein Rückzahlungsanspruch nach § 346 Abs. 1 iVm §§ 437 Nr. 2 Alt. 1, 323 Abs. 1 Alt. 2 BGB zu.

2. Anspruch aus §§ 280 Abs. 1, 3, 281 Abs. 1 S. 1 Alt. 2 iVm § 437 Nr. 3 BGB

Weiterhin könnte S noch ein Anspruch auf großen Schadensersatz gegen P gemäß §§ 280 Abs. 1, 3, 281 Abs. 1 S. 1 Alt. 2 iVm § 437 Nr. 3 BGB zustehen.

Die Pflichtverletzung ist in der Lieferung des mangelhaften Buches zu sehen. Nachdem P keine entlastenden Tatsachen vorgetragen hat, wird ein Vertretenmüssen nach § 280 Abs. 1 S. 2 BGB vermutet. Die Fristsetzung ist nach § 281 Abs. 2 BGB entbehrlich. Zudem handelt es sich um einen erheblichen Mangel gemäß § 281 Abs. 1 S. 3 BGB.

Ergebnis

S hat einen Anspruch auf großen Schadensersatz nach §§ 280 Abs. 1, 3, 281 Abs. 1 S. 1 Alt. 2 iVm § 437 Nr. 3 BGB.

II. Ersatz des Getriebeschadens

1. Anspruch aus § 280 Abs. 1 S. 1 BGB

S könnte gegen P ein Anspruch auf Ersatz des Getriebeschadens nach § 280 Abs. 1 S. 1 BGB zustehen.[23]

> Bei der Berechnung des Schadens hat der Käufer die Wahl zwischen
> - **kleinem Schadensersatz**, dh dem Behalten der mangelhaften Sache und dem Geltendmachen des daneben entstandenen Schadens, und
> - **großem Schadensersatz**, dh Rückgabe der Kaufsache und dem Schadensersatzverlangen für die Nichtdurchführung des Vertrages.

---

22 BRHP/*Grothe*, § 323 Rn. 39; Erman/*Westermann*, § 323 Rn. 27.
23 Zu den Anspruchsvarianten des § 280 Palandt/*Grüneberg*, § 280 Rn. 18.

Zwischen S und P besteht zwar ein Kaufvertrag, fraglich ist aber, ob P eine Pflichtverletzung vorzuwerfen ist. § 280 Abs. 1 S. 1 BGB meint jede Verletzung einer Pflicht eines Schuldverhältnisses. In Betracht kommt also die Verletzung einer Leistungspflicht und einer leistungsbezogenen Nebenpflicht (§ 241 Abs. 1 BGB) ebenso wie die Verletzung einer Schutzpflicht (§ 241 Abs. 2 BGB). Anhaltspunkte für eine Pflichtverletzung des P sind indes nicht ersichtlich. Für einen Buchhändler besteht keine Pflicht, Fachbücher auf ihre inhaltliche Richtigkeit zu prüfen. Ein Buchhändler hat für die Zuverlässigkeit der von ihm verkauften Bücher nicht einzustehen.

Ergebnis

S hat gegen P keinen Anspruch aus § 280 Abs. 1 S. 1 BGB.

2. Anspruch gemäß § 823 Abs. 1 BGB

Möglicherweise hat S gegen P einen Schadensersatzanspruch nach § 823 Abs. 1 BGB inne.

Notwendig ist eine dem P zurechenbare Verletzungshandlung. Der bloße Verkauf des Buches genügt hierfür nicht; Ansatzpunkt ist vielmehr das Unterlassen einer Richtigkeitsprüfung.

Gleichstellung von Tun und Unterlassen

Das Unterlassen einer gebotenen Handlung ist dem aktiven Tun gleichzusetzen. Eine allgemeine Rechtspflicht, andere vor Schäden an deren Gütern zu bewahren, besteht jedoch nicht (BGH NJW 1991, 418; BRHP/*Förster*, § 823 Rn. 100). Mithin hat das Unterlassen nur dann eine Haftung zur Folge, wenn den Schädiger eine Pflicht zur Handlung traf. Daneben muss es ihm möglich gewesen sein, den Erfolg tatsächlich abzuwenden.

Eine solche Handlungspflicht ist anzunehmen, wenn eine **Garantenstellung** gegenüber dem Geschädigten besteht. Ein Garantenverhältnis kann sich zum einen aus besonderen Schutzpflichten für bestimmte Rechtsgüter (Obhuts- oder Beschützergarant) ergeben, die zB aus einer Lebens- oder Gefahrengemeinschaft folgen. Zum anderen kann die Garantenstellung aus der Verantwortlichkeit für bestimmte Gefahrenquellen (Überwachungsgarant) herrühren, die sich zB aus Verkehrssicherungspflichten oder aus Ingerenz ergeben. Vgl. auch Fall 12, S. 293.

Auch ein Unterlassen kann eine Verletzungshandlung begründen.[24] Ein Unterlassen wird dem positiven Tun nur gleichgestellt, wenn eine Pflicht zum Handeln gegenüber dem Geschädigten besteht (Garantenstellung). Eine Garantenstellung kann sich insbesondere aus **Verkehrssicherungspflichten** ergeben. Daran fehlt es hier jedoch. Ein Verstoß gegen eine Verkehrssicherungspflicht ist abzulehnen, weil ein Buchhändler nicht verpflichtet ist, die Bücher auf inhaltliche Richtigkeit zu prüfen.

Ergebnis

S steht auch aus § 823 Abs. 1 BGB gegen P kein Anspruch auf Ersatz des Getriebeschadens zu.

---

24 In Zweifelsfällen sind Tun und Unterlassen danach voneinander abzugrenzen, wo bei normativer Betrachtung und bei Berücksichtigung des sozialen Handlungssinns der Schwerpunkt des Verhaltens liegt. BRHP/*Förster*, § 823 Rn. 100 ff.; Erman/*Schiemann*, § 823 Rn. 74a ff.; Soergel/*Zeuner*, § 823 Rn. 154 ff.

C. Ansprüche des S gegen V auf Ersatz des Getriebeschadens

I. Anspruch gemäß § 280 Abs. 1 S. 1 BGB

S könnte gegen V ein Anspruch auf Ersatz des Getriebeschadens nach § 280 Abs. 1 S. 1 BGB zustehen.

Vertragliche Schadensersatzansprüche erfordern ein Schuldverhältnis iSd § 311 Abs. 1 BGB zwischen S und dem Verlag V. Ein Kaufvertrag kommt nicht in Betracht. Ebenso scheidet ein selbständiger Garantievertrag aus. Die Konstruktion eines Vertrages mit Schutzwirkung für Dritte scheitert an den Voraussetzungen Gläubigernähe und Erkennbarkeit.[25] Eine Drittschadensliquidation ist nur in Ausnahmekonstellationen (mittelbare Stellvertretung, Verletzung einer Obhutspflicht, Gefahrentlastung) möglich; eine solche besteht hier nicht. Bei Verkaufsketten ist die Drittschadensliquidation nicht anwendbar.[26]

Ergebnis

S hat keinen Anspruch gegen V auf Erstattung des Getriebeschadens gemäß § 280 Abs. 1 S. 1 BGB.

II. Anspruch nach § 1 Abs. 1 S. 1 ProdHaftG

S könnte einen Anspruch auf Ersatz des Getriebeschadens gemäß § 1 Abs. 1 S. 1 ProdHaftG gegen V haben.

> **Produkt- und Produzentenhaftung**
>
> Fehlerhafte Produkte können in vielfältiger Weise zu Ansprüchen führen. Die Haftung aus § 823 Abs. 1 BGB wird als Produzentenhaftung, die nach dem ProdHaftG als Produkthaftung bezeichnet.
> Der Anspruch gemäß § 823 Abs. 1 BGB gründet auf produktspezifischen Verkehrssicherungspflichten (In-Verkehr-Bringen eines fehlerhaften Produkts) und einzelnen Beweiserleichterungen für den Geschädigten. Die Produzentenpflichten beziehen sich auf Konstruktion, Fabrikation, Instruktion und Produktbeobachtung.
> Das Produkthaftungsgesetz setzt eine EG-Richtlinie zur Produkthaftung um und ist daher richtlinienkonform auszulegen. Im Gegensatz zu § 823 Abs. 1 BGB wird ein Verschulden des Herstellers nicht vorausgesetzt. Anknüpfungspunkt ist nicht eine Verkehrspflichtverletzung des Herstellers, sondern die Fehlerhaftigkeit des Produktes. Vgl. PWW/*Schaub*, § 823 Rn. 180 ff., 197 ff.; ausführlich *Fuchs*, JuS 2011, 1057, 1062.

Aufbauschema § 1 Abs. 1 S. 1 ProdHaftG
1. Herstellung eines Produkts, § 2 ProdHaftG
2. Fehler eines Produkts, § 3 ProdHaftG
3. Herstellereigenschaft, § 4 ProdHaftG
4. Rechtsgutverletzung, § 1 Abs. 1 ProdHaftG
5. Kausalität, § 1 Abs. 4 ProdHaftG
6. Kein Haftungsausschluss, § 1 Abs. 2, § 13 ProdHaftG
7. Schaden, §§ 6 ff. ProdHaftG

Produkt § 2 ProdHaftG

1. Herstellung eines Produkts

Der Schadensersatzanspruch gemäß § 1 Abs. 1 S. 1 ProdHaftG setzt zunächst voraus, dass ein Produkt hergestellt wurde. Die Legaldefinition für den Begriff Produkt enthält § 2 ProdHaftG. Danach sind Produkte alle beweglichen Sachen (auch Elektrizität und Naturerzeugnisse), unabhängig davon, ob sie Teil einer anderen beweglichen Sache (zB Kfz-Teile wie Bremsanlage, Tank) oder unbeweglichen Sache (zB Baumaterialien, Heizung) sind. Es kommt nicht darauf an, ob die Sachen hergestellt oder Naturprodukte sind und ob sie industriell in größerer Zahl oder

---

25 Vgl. Palandt/*Grüneberg*, § 328 Rn. 17 f.; BRHP/*Janoschek*, § 328 Rn. 52 ff.; *Brox/Walker*, Allgemeines Schuldrecht, § 33 Rn. 7 ff. Dazu Fall 7, S. 179 f.
26 Vgl. Palandt/*Grüneberg*, Vorb. v. § 249 Rn. 111; PWW/*Luckey*, § 249 Rn. 109. Dazu Fall 16, S. 417 ff.

individuell als Einzelstücke gefertigt wurden. Bei unbeweglichen Sachen handelt es sich nicht um Produkte iSd Produkthaftungsgesetzes.

> **Problem**
> Geistige Leistungen (Bücher, Computerprogramme, etc.) als Produkte

Der Inhalt des Anleitungsbuches müsste ein Produkt nach § 2 ProdHaftG sein. Dies erscheint zweifelhaft, weil nicht die Sache an sich, sondern die geistige Leistung als solche zu beurteilen ist. Die überwiegende Auffassung bejaht die Produkteigenschaft, weil es sich bei Büchern um die stoffliche Verkörperung von Wissen und nicht um eine bloße Dienstleistung handelt.[27]

Das Handbuch stellt ein Produkt gemäß § 2 ProdHaftG dar.

2. Fehler des Produkts

> **Abgrenzung Mängel- und Produkthaftung**
> Die Mängelhaftung schützt das Äquivalenzinteresse des Vertragspartners, während sich die Produkthaftung auf das Integritätsinteresse jedes Benutzers bezieht.

Das Buch muss weiterhin einen Fehler gemäß § 3 ProdHaftG aufweisen. Der Fehlerbegriff des ProdHaftG zielt auf das Integritätsinteresse, dh es ist danach zu fragen, ob das Produkt hinsichtlich Konstruktion, Fabrikation und Instruktion so beschaffen ist, dass es die körperliche Unversehrtheit des Benutzers oder eines Dritten nicht beeinträchtigt und deren Eigentum nicht beschädigt. Dabei wird die Sollbeschaffenheit nicht subjektiv nach den Anforderungen des jeweiligen konkreten Benutzers, sondern vielmehr objektiv nach den berechtigten Erwartungen des allgemeinen Benutzerkreises bestimmt. Konstruktionsfehler haften in der Regel der ganzen Produktionsreihe an, weil das Produkt seiner Konzeption nach hinter den gebotenen Standards zurückbleibt.[28] Fabrikationsfehler betreffen einzelne Gegenstände (sog Ausreißer) wie beispielsweise Schrauben im Toast[29] oder eine explodierende Mineralwasserflasche.[30] Instruktionsfehler sind anzunehmen, wenn über die von dem Produkt ausgehenden Gefahren bei bestimmungsgemäßer Anwendung sowie bei nahe liegendem Fehlgebrauch nicht ordnungsgemäß aufgeklärt wird. Auf Gefahren, die sich bei einem zweckfremden, bewussten Missbrauch des Produkts ergeben, ist nicht hinzuweisen.[31]

Bei einem Anleitungsbuch für Laien ist zu erwarten, dass bei Vollzug seiner Angaben kein Sachschaden auftritt. Da das Buch die berechtigten Sicherheitserwartungen nicht erfüllt, ist es fehlerhaft iSd § 3 Abs. 1 ProdHaftG.

3. Herstellereigenschaft

> Hersteller
> § 4 ProdHaftG

Als Hersteller bestimmt § 4 ProdHaftG den tatsächlichen Hersteller, den Quasi-Hersteller, den Importeur und – subsidiär – den Lieferanten. Nach § 4 Abs. 1 S. 1 ProdHaftG ist derjenige tatsächlicher Hersteller, der das Endprodukt, ein Teilprodukt oder einen Grundstoff gefertigt hat. Der Hersteller eines Teilprodukts oder eines Grundstoffes haftet nur für den Schaden, der durch sein Produkt verursacht

---

27 Erman/*Wilhelmi*, § 2 ProdHaftG Rn. 2; Palandt/*Sprau*, § 2 ProdHaftG Rn. 1; MüKoBGB/ *Wagner*, § 2 ProdHaftG Rn. 12 f.; Staudinger/*Oechsler*, § 2 ProdHaftG Rn. 64 ff. mwN zum Diskussionsstand; gleiches gilt bei Computerprogrammen, so dass nach hM ihre Verkörperung auf einem Datenträger eine Sache nach § 90 BGB und ein Produkt nach § 2 ProdHaftG darstellen, BGH NJW 1993, 2436; PWW/*Schaub*, § 2 ProdHaftG Rn. 2; *Faustmann*, VuR 2006, 260 f.
28 Vgl. OLG Düsseldorf VersR 2003, 912; Palandt/*Sprau*, § 3 ProdHaftG Rn. 8; MüKoBGB/*Wagner*, § 3 ProdHaftG Rn. 31 f.; *Foerste*/von Westphalen, Produkthaftungshandbuch, § 24 Rn. 71.
29 OLG Köln NJW 2004, 521.
30 BGH NJW 1993, 528.
31 BGH NJW 1994, 932; OLG Karlsruhe NJW-RR 2001, 1174. Auf Gefahren, die durch Bier- (OLG Hamm NJW-RR 2001, 1654) oder Zuckerkonsum (OLG Düsseldorf VersR 2003, 912) oder das Rauchen (OLG Frankfurt NJW-RR 2001, 1471) auftreten, ist nicht hinzuweisen.

wurde, während der Endhersteller für das Gesamtprodukt verantwortlich ist. Wer durch sein Verhalten den Eindruck erweckt, er sei Hersteller, haftet als Quasi-Hersteller. § 4 Abs. 1 S. 2 ProdHaftG ordnet die Haftung beim Anbringen des Namens, Warenzeichens oder eines anderen unterscheidungskräftigen Kennzeichens an. § 4 Abs. 2 ProdHaftG erstreckt die Produkthaftung auf den Importeur. Lassen sich Hersteller oder Quasi-Hersteller nicht feststellen, greift die Auffanghaftung in § 4 Abs. 3 S. 1 ProdHaftG, wonach der Lieferant (in der Regel also der Verkäufer) haftet, es sei denn, er nennt dem Geschädigten innerhalb eines Monats den (Quasi-) Hersteller oder seinen Vorlieferanten. Gleiches gilt, wenn der Importeur nicht feststellbar ist, selbst wenn der Hersteller bekannt ist, § 4 Abs. 3 S. 2 ProdHaftG. Hersteller des Buches ist gemäß § 4 Abs. 1 S. 1 ProdHaftG der Verlag V.

4. Rechtsgutverletzung

Wegen der falschen Angaben ist es zu einem Sachschaden an einem dem privaten Gebrauch dienenden Gegenstand iSv § 1 Abs. 1 S. 2 ProdHaftG gekommen.

5. Kausalität

Der Fehler in dem Handbuch war Bedingung dafür, dass der falsche Schmierstoff verwendet wurde und es somit zu dem Getriebeschaden kam. Die von S nach § 1 Abs. 4 S. 1 ProdHaftG zu beweisende Kausalität liegt vor.

6. Kein Haftungsausschluss

Anhaltspunkte für eine Anwendung des § 1 Abs. 2 ProdHaftG bestehen nicht. Die Ersatzpflicht des V ist auch nicht gemäß § 1 Abs. 3 S. 1 ProdHaftG ausgeschlossen. Die Norm bezieht sich nur auf die Hersteller eines Teilproduktes (Zulieferer). Der Verlag V ist hier Endhersteller des Buches.

7. Schaden

Ein Mitverschulden nach § 6 ProdHaftG iVm § 254 BGB ist nicht ersichtlich. Bei einem für Laien geschriebenen Handbuch kann sich der Leser auf die Angaben verlassen. Zu beachten ist die Selbstbeteiligung bei einer Sachbeschädigung gemäß § 11 ProdHaftG.

Ergebnis

Der Verlag V haftet gemäß § 1 Abs. 1 S. 1 ProdHaftG.

III. Anspruch aus § 823 Abs. 1 BGB

In Betracht zu ziehen ist außerdem eine Haftung des Verlages nach § 823 Abs. 1 BGB.

§ 823 Abs. 1 BGB ist gemäß § 15 Abs. 2 ProdHaftG anwendbar.[32] Der Anspruch setzt jedoch eine dem Verlag zurechenbare Verletzungshandlung voraus. Ob V im Rahmen der Produzentenhaftung eine Verkehrssicherungspflicht trifft, ein Manuskript auf inhaltliche Richtigkeit zu prüfen, hängt davon ab, ob eine derartige Prüfung möglich und (wirtschaftlich) zumutbar ist. Eine Überprüfung auf Druck-

> **Problem**
> Verletzung der Verkehrssicherungspflicht

---

32 Die Haftungsbeschränkungen des ProdHaftG sind auf andere (vertragliche oder gesetzliche) Anspruchsgrundlagen nicht anzuwenden. Voraussetzungen und Rechtsfolgen sind unabhängig von den Vorgaben im ProdHaftG.

fehler, also auf Abweichungen des Druckwerks von dem Manuskript des Verfassers, ist dem Verlag möglich und zumutbar (vgl. § 20 Abs. 1 S. 1 VerlG), wobei diese Aufgabe im Verlagsvertrag grundsätzlich auch auf den Autor übertragen werden kann[33] bzw. sogar von einer Korrekturpflicht des Verfassers als einer vertraglichen Nebenpflicht auszugehen ist.[34] Der Inhalt des Manuskripts (dh die sachlichen Aussagen des Verfassers) kann vom Verlag mangels entsprechender Fachkompetenz nicht überprüft und auch nicht abgeändert (vgl. § 39 Abs. 1 UrhG) werden. Da hier der Ursprung der fehlerhaften Angabe im Manuskript des M liegt, ist dem Verlag V kein Verstoß gegen eine Verkehrssicherungspflicht vorwerfbar. Es fehlt an einer Verletzungshandlung.

Ergebnis

S hat gegen V keinen Anspruch aus § 823 Abs. 1 BGB.

D. Ansprüche der S gegen M auf Ersatz des Getriebeschadens

I. Anspruch nach § 1 Abs. 1 S. 1 ProdHaftG

S könnte gegen M ein Anspruch aus § 1 Abs. 1 S. 1 ProdHaftG zustehen.

Fraglich ist, ob der Autor M als Hersteller gemäß § 4 Abs. 1 S. 1 ProdHaftG einzustufen ist. Dies erscheint deshalb zweifelhaft, weil es allein der Verlag ist, der das Buch gefertigt hat. Allerdings hat der Verfasser das Manuskript erstellt, das die geistige Grundlage des Schriftwerkes darstellt. Die in Schriftzeichen verkörperten Gedanken werden Bestandteil des Buches, so dass der Verfasser Hersteller eines Teilprodukts im Sinne von § 4 Abs. 1 S. 1 Var. 3 ProdHaftG ist.[35] Der Autor M ist daher Hersteller. Die weiteren Voraussetzungen von § 1 Abs. 1 ProdHaftG sind ebenfalls erfüllt.

Problem
Autor als Hersteller

Ergebnis

S hat gegen M einen Anspruch aus § 1 Abs. 1 S. 1 ProdHaftG.

II. Anspruch gemäß § 823 Abs. 1 BGB

Ferner könnte S einen Anspruch gegen M auf Ersatz des Getriebeschadens gemäß § 823 Abs. 1 BGB haben.

1. Die rechtsgutverletzende Handlung liegt hier im Verstoß gegen die Verkehrspflicht, die Angaben, auf deren Richtigkeit der Leser vertraut, so zu prüfen, dass ein Schaden ausgeschlossen ist. Da der Fehler im Manuskript über die Qualitätsstufe des Schmierstoffs unentdeckt blieb, ist diese Pflicht von M verletzt worden.

2. Das von § 823 Abs. 1 BGB geschützte Rechtsgut ist das Eigentum der S an ihrem Kraftfahrzeug. Dieses Eigentum wurde durch das Einfüllen ungeeigneten Getriebeöls infolge der Falschangabe im Handbuch verletzt.

3. Der Fehler in dem Handbuch war die Ursache für das Verwenden des falschen Schmierstoffs und kann M auch zugerechnet werden (haftungsbegründende Kausalität).

---

33 Vgl. BGH NJW 1970, 1963; *Foerste*, NJW 1991, 1433, 1435 f.
34 Ulmer-Eilfort/*Obergfell*, § 20 VerlG Rn. 7 mwN.
35 MüKoBGB/*Wagner*, § 2 ProdHaftG Rn. 14; Erman/*Wilhelmi*, § 2 ProdHaftG Rn. 2.

4. Rechtswidrigkeit ist gegeben.
5. A hat die im Verkehr erforderliche Sorgfalt außer Acht gelassen und demnach seine Fahrlässigkeit iSd § 276 Abs. 2 BGB zu vertreten.
6. Es besteht auch ein Ursachenzusammenhang zwischen der Rechtsgutverletzung, dh dem Getriebeschaden, und dem eingetretenen Schaden, dem Reparaturkostenaufwand (haftungsausfüllende Kausalität).
7. Der Schaden ist nach den §§ 249 ff. BGB[36] zu bestimmen und hier gemäß § 249 Abs. 2 BGB in der Höhe der Reparaturkosten für den Getriebeschaden zu ersetzen.

Ergebnis

S steht gegen M ein Anspruch gemäß § 823 Abs. 1 BGB auf Ersatz des Getriebeschadens zu.

---

36 Zur Schadensberechnung vgl. Fall 12, S. 305 ff. und Fall 13, S. 327 ff.

2. Abgabe und Zugang von Willenserklärungen, gemischte Verträge, kaufmännisches Bestätigungsschreiben

Sachverhalt

Der BWL-Student Bernd Bergmann (B) sitzt mit Freunden in einem Würzburger Café. Als er am Nebentisch die Kommilitonin Hanna Huber (H) erblickt, beschließt er, ihr eine Freude zu machen. Bei der Bezahlung seiner Rechnung begleicht er bei dem Kellner Peter Pfeiffer (P) auch den von Hanna Huber geschuldeten Betrag von 17 EUR und bittet ihn, Hanna Huber schöne Grüße auszurichten. Peter Pfeiffer kassiert bei Hanna Huber die 17 EUR nochmals und in der Absicht, den Betrag nach der Abrechnung am nächsten Tag für sich zu behalten.

Beim Verlassen des Lokals sieht Bernd Bergmann, dass der Fahrer eines Audi Q7 Schwierigkeiten hat, von der Seitenstraße auf die Hauptverkehrsstraße einzubiegen, weil ein großer LKW die Sicht versperrt. Bergmann gibt deshalb dem Fahrer des Audi Q7 ein Winkzeichen, als er glaubt, dass ein Einbiegen auf die Vorfahrtsstraße nunmehr gefahrlos möglich sei. Der Audi kollidiert mit einem Motorrad, das Bernd Bergmann wegen Unachtsamkeit übersehen hatte. Der Fahrer des Audi Q7, Karl Korbner (K), verlangt von Bernd Bergmann den Ersatz der Reparaturkosten in Höhe von 1.200 EUR.

Nach der Unfallaufnahme erreicht Bernd Bergmann seine Wohnung in der Altstadt von Würzburg. Dort findet er ein Paket, das sein Wohnungsnachbar entgegengenommen hatte. Bergmann, der sein Studium mit dem Verkauf von Computeranlagen finanziert, hatte von seinem Großhändler Volker Volkmann (V) in Berlin telefonisch 47 Geräte mit 4 GB Secure Rage Pro Grafikkarten bestellt. Volkmann erledigt seine Geschäfte üblicherweise telefonisch oder per E-Mail. Beim Auspacken stellt Bergmann fest, dass nur Computer mit 2 GB Secure Rage Pro Grafikkarten geliefert wurden. Bergmann hatte zwar von Volkmann ein Schreiben erhalten, in dem dieser ihm eine Bestellung von 47 Geräten mit 2 GB Secure Rage Pro Grafikkarten bestätigte, Bergmann hatte aber sofort ein Einschreiben geschickt, in dem er Volkmann auf seinen Irrtum aufmerksam machte. Den Umstand, dass das Einschreiben mit dem Vermerk „Empfänger benachrichtigt, da nicht abgefordert, nach Ablauf der Lagerfrist zurück" von der Post zurückgeschickt wurde, hält Bergmann für unerheblich, weil es schließlich Sache des Vertragspartners sei, mit dem in den Briefkasten eingeworfenen Benachrichtigungsschein die Einschreibesendung rechtzeitig bei der Post abzuholen. Bergmann verweigert deshalb die Bezahlung der Computer im Wert von 32.000 EUR, obgleich diese für den vorgesehenen Verwendungszweck genutzt werden können.

Drei Stunden später treffen sich Hanna Huber und Bernd Bergmann bei einer Vorlesung; das Geschehen im Café wird aufgeklärt. Beide gehen sofort zur Inhaberin des Cafés Corinna Corber (C). Sowohl Bergmann als auch Huber fordern von ihr die jeweils gezahlten 17 EUR zurück.

1. Wie ist die Rechtslage?

2. Volker Volkmann aus Berlin erhebt gegen Bernd Bergmann aus Würzburg in Dresden Klage auf Zahlung von 32.000 EUR für die 47 Computer, weil in dem Bestätigungsschreiben als Gerichtsstand Dresden angegeben ist. In der mündlichen Verhandlung beantragt die Rechtsanwältin des Bergmann Klageabweisung, weil kein Vertrag zustande gekommen sei. Als die Rechtsanwältin von Bergmann nach Erörterung der Sache befürchtet, das Gericht werde der Klage stattgeben, rügt sie die mangelnde örtliche Zuständigkeit. Was wird das Landgericht Dresden unternehmen?

Gliederung

Frage 1

A. Ansprüche des B gegen C auf Zahlung von 17 EUR 31
    I. Anspruch gemäß § 985 BGB 31
    II. Anspruch aus § 812 Abs. 1 S. 1 Alt. 1 BGB 33

B. Ansprüche der H gegen C auf Zahlung von 17 EUR 33
    I. Anspruch nach § 280 Abs. 1 S. 1 BGB 33
        Problem: Einordnung gemischter Verträge 34
    II. Anspruch gemäß § 985 BGB 35
        Problem: Besitzdienererstellung des P 36
    III. Anspruch nach § 831 Abs. 1 S. 1 BGB 38
    IV. Anspruch gemäß § 812 Abs. 1 S. 1 Alt. 1 BGB 40

C. Ansprüche des K gegen B auf Zahlung von 1.200 EUR 40
    I. Anspruch aus § 280 Abs. 1 S. 1 BGB 40
        Problem: Bestehen eines Schuldverhältnisses 41
    II. Anspruch gemäß § 823 Abs. 1 BGB 42
        Problem: Haftungserleichterung wegen Gefälligkeit 43
        Problem: Mitverschulden 44

D. Anspruch des V gegen B auf Bezahlung der Computer aus § 433 Abs. 2 BGB 45
    Problem: Kaufmännisches Bestätigungsschreiben 45
    Problem: Möglichkeit der Anfechtung 53

Frage 2
    I. Allgemeiner Gerichtsstand nach §§ 12, 13 ZPO 55
    II. Besonderer Gerichtsstand nach § 29 ZPO 55
    III. Ausschließlicher Gerichtsstand 55
    IV. Prorogation gemäß § 38 Abs. 1 ZPO 55
    V. Örtliche Zuständigkeit aus § 39 S. 1 ZPO 56

Lösungshinweise

Frage 1

A. Ansprüche des B gegen C auf Zahlung von 17 EUR

I. Anspruch gemäß § 985 BGB

B kann von der Inhaberin des Cafés C die Herausgabe von 17 EUR nach § 985 BGB verlangen, wenn C Besitzerin des Geldes und B Eigentümer ist.

Bedeutung des Geldbegriffs
Im Hinblick auf den Begriff des Geldes ist zu unterscheiden zwischen seiner institutionellen und seiner gegenständlichen Bedeutung sowie der Form des Buchgeldes (Palandt/*Grüneberg*, § 245 Rn. 2 ff.; MüKoBGB/*Grundmann*, § 245 Rn. 5ff.). Der institutionelle Geldbegriff beschreibt den Vermögenswert im Rahmen einer Geldschuld. Die schuldrechtliche Leistungspflicht bezieht sich dabei nicht auf einen konkreten Gegenstand wie einen Geldschein, sondern auf die Übertragung der durch den Nennbetrag zum Ausdruck gebrachten Vermögensmacht; deshalb sieht die hM die Geldschuld nicht als Sach- bzw. Gattungsschuld an, was gleichwohl im Einzelfall eine analoge Anwendung der Regelungen zur Gattungsschuld nicht ausschließt. Gegenständliche Bedeutung erlangt das Bargeld (also konkrete Geldscheine und Münzen) als gesetzliches Zahlungsmittel. Deren Rechtsnatur entspricht derjenigen beweglicher Sachen, so dass insbesondere die Übertragung des Eigentums am Bargeld den Regelungen der §§ 929ff. BGB folgt. Buchgeld meint das Bestehen einer Forderung gegen eine Bank, Sparkasse oder ein sonstiges Kreditinstitut, welche üblicherweise in Form einer Kontogutschrift dem Inhaber das Recht einräumt, bargeldlos (etwa durch Überweisung) Forderungen Dritter zu begleichen oder sich in entsprechender Höhe Bargeld auszahlen zu lassen.

1. Besitz der C

a) Besitzbegründungswille

Unter Besitz ist die tatsächliche Sachherrschaft (§ 854 Abs. 1 BGB) über eine Sache (§ 90 BGB) zu verstehen, welche die Möglichkeit gibt, auf eine Sache einzuwirken und andere von der Einwirkung auf die Sache auszuschließen. Neben der Begründung der tatsächlichen Herrschaft über den Gegenstand (Realakt) erfordert der Besitzerwerb einen darauf gerichteten Willen.[1] Dabei handelt es sich nicht um eine rechtsgeschäftliche Willenserklärung, die den Anforderungen der §§ 104ff. BGB genügen muss. Ausreichend ist der natürliche Wille, der lediglich die natürliche Willensfähigkeit, nicht aber die Geschäftsfähigkeit voraussetzt. Der Besitzerwerbswille muss sich nicht auf eine konkrete Sache beziehen; es genügt, wenn der generelle Wille besteht, an Sachen, die in einen bestimmten räumlichen Herrschaftsbereich gelangen, Besitz zu erwerben. Kenntnis von den im Herrschaftsbereich befindlichen Gegenständen ist nicht erforderlich.

C besaß einen allgemeinen Besitzwillen hinsichtlich sämtlicher in ihrem Café eingenommener Gelder.

> **Voraussetzungen Erwerb unmittelbaren Besitzes nach § 854 Abs. 1 BGB**
> 1. Natürlicher Besitzbegründungswille
> 2. Erlangung tatsächlicher Sachherrschaft
> 3. Erkennbarkeit des tatsächlichen Herrschaftsverhältnisses
> 4. Nicht unerhebliche Zeitdauer des Besitzes

---
[1] So die hM, vgl. nur Staudinger/*Bund*, § 854 Rn. 14f.; Soergel/*Mühl*, § 854 Rn. 7; Palandt/*Herrler*, § 854 Rn. 4. Für den Fortbestand des Besitzes ist ein andauernder Besitzwille nicht erforderlich.

b) Tatsächliche Sachherrschaft

Fraglich ist hingegen, auf welche Weise C die tatsächliche Sachherrschaft erlangt hat. Möglicherweise hat C durch die Übergabe des Geldes von B an die Bedienung P unmittelbaren Besitz an den 17 EUR erlangt. Dazu müsste es sich bei P um einen **Besitzdiener** handeln, denn nach § 855 BGB ist in diesem Fall alleiniger, unmittelbarer Besitzer der Besitzherr. Übt jemand die tatsächliche Gewalt über eine Sache in der Weise aus, dass er aufgrund eines sozialen Abhängigkeits- und Unterordnungsverhältnisses den Weisungen eines anderen hinsichtlich des Umgangs mit der Sache unterworfen ist,[2] handelt es sich um einen Besitzdiener. Zwischen dem Arbeitnehmer P und der Arbeitgeberin C besteht ein solches soziales Abhängigkeitsverhältnis mit Weisungsgebundenheit aus dem Arbeitsverhältnis. P ist Besitzdiener (§ 855 BGB) der C.

C ist mit Übergabe des Geldes von B an ihren Besitzdiener P unmittelbare Besitzerin der 17 EUR geworden.

> **Besitzdiener nach § 855 BGB** bei Weisungsgebundenheit wegen sozialer Abhängigkeit (zB bei Arbeitnehmern)

c) Erkennbarkeit des Herrschaftsverhältnisses

Entsprechend der Publizitätsfunktion des Besitzes muss das tatsächliche Herrschaftsverhältnis nach außen allgemein erkennbar sein.[3] Daran bestehen bei der Zahlung in einem Café keine Zweifel.

d) Nicht unerhebliche Zeitdauer des Besitzes

Für eine Besitzbegründung ist weiterhin eine erkennbare Zeitdauer und gewisse Festigkeit des Besitzes erforderlich; eine bloß kurzfristige oder symbolische Erlangung der tatsächlichen Gewalt genügt nicht.[4] Durch die tatsächliche dauerhafte Annahme des Geldes durch den Besitzdiener P hat die Besitzherrin C den unmittelbaren Besitz an den 17 EUR erworben.

Da bei den von B an P ausgehändigten 17 EUR auch keine Anhaltspunkte für einen Besitzverlust bestehen, ist C unmittelbare Besitzerin.

2. Eigentum des B

Ursprünglicher Eigentümer des Geldes war B. Er könnte sein Eigentum aber durch Übereignung nach § 929 S. 1 BGB an C verloren haben. Notwendig ist dazu eine Einigung. Die **Einigung** ist ein formfreier, dinglicher Vertrag, der durch übereinstimmende Willenserklärungen (vgl. §§ 145 ff. BGB) zustande kommt. C selbst hat zwar keine Willenserklärung abgegeben, könnte aber von P nach § 164 Abs. 1 S. 1 BGB vertreten worden sein. Die Bedienung in einem Lokal handelt im Namen des Inhabers; das Offenkundigkeitsprinzip ist nach § 164 Abs. 1 S. 2 BGB gewahrt. Die Vollmacht wurde von C gemäß § 167 Abs. 1 BGB als Innenvollmacht jedenfalls stillschweigend zusammen mit der Anstellung als Kellner erteilt. Die Einigung zwischen B und P über den Eigentumsübergang wirkt für C; B und C haben einen dinglichen Vertrag geschlossen. Die **Übergabe**[5] an C ist durch die Aushändigung des Geldes an

> **Voraussetzungen § 929 S. 1 BGB**
> 1. Einigung
> 2. Übergabe
> 3. Berechtigung

---

[2] Eine lediglich wirtschaftliche Abhängigkeit oder eine schuldrechtliche Verpflichtung begründen keine Besitzdienerschaft. Vgl. Palandt/*Herrler*, § 855 Rn. 2; PWW/*Prütting*, § 855 Rn. 2.

[3] PWW/*Prütting*, § 854 Rn. 12; Palandt/*Herrler*, § 854 Rn. 3; kritisch MüKoBGB/*Joost*, § 854 Rn. 13. Streitig ist, ob auch die Weisungsabhängigkeit des Besitzdieners von außen erkennbar sein muss (dazu sogleich), dafür BGHZ 27, 360; Palandt/*Herrler*, § 855 Rn. 2, dagegen Baur/*Stürner*, Sachenrecht, § 7 Rn. 67; MüKoBGB/*Joost*, § 855 Rn. 10.

[4] Palandt/*Herrler*, § 854 Rn. 3; PWW/*Prütting*, § 854 Rn. 11.

[5] Bei der Übergabe von Bargeld kommt es durch das Einstecken in den Geldbeutel regelmäßig zu einer Vermengung iSd § 948 BGB mit den dort bereits befindlichen Geldscheinen und Münzen, vgl. Palandt/*Herrler*, § 948 Rn. 2 f.; zu den Folgen der Geldvermengung siehe Fall 17, S. 428.

den Besitzdiener P erfolgt, weil C dadurch nach § 855 BGB unmittelbare Besitzerin wurde. B war als ursprünglicher Eigentümer **Berechtigter** iSd § 929 S. 1 BGB.

B hat sein Eigentum an den 17 EUR verloren.

Ergebnis

B ist nicht mehr Eigentümer des Geldes und kann deshalb den Anspruch aus § 985 BGB nicht mehr gegenüber C geltend machen.

II. Anspruch aus § 812 Abs. 1 S. 1 Alt. 1 BGB

Ein Anspruch auf Zahlung von 17 EUR könnte sich für B aus der condictio indebiti nach § 812 Abs. 1 S. 1 Alt. 1 BGB ergeben.

1. C hat – wie soeben dargelegt – von B **Besitz und Eigentum** an dem Geld erlangt.

2. Diese Vermögensmehrung bei C müsste durch eine Leistung des B eingetreten sein. Eine **Leistung ist jede bewusste und zweckgerichtete Mehrung fremden Vermögens**. B hat das Vermögen der C bewusst und zweckgerichtet vermehrt; er hat solvendi causa[6] die Bewirtungsschuld der H gemäß § 267 Abs. 1 S. 1 BGB getilgt.

3. Die Leistung des B müsste **rechtsgrundlos** erfolgt sein. Der Leistung lag eine Bewirtungsschuld der H zugrunde; sie war zur Bezahlung der 17 EUR verpflichtet. Dieser Anspruch ist gemäß §§ 267 Abs. 1 S. 1, 362 Abs. 1 BGB durch die Zahlung des B erloschen. B hat also mit Rechtsgrund, nämlich aufgrund des Bewirtungsvertrages geleistet.

> **Aufbauschema § 812 Abs. 1 S. 1 Alt. 1 BGB**
> 1. Etwas erlangt
> 2. Durch Leistung
> 3. Ohne Rechtsgrund
> 4. Kein Ausschluss nach §§ 814, 817 S. 2 BGB

Ergebnis

B hat mit Rechtsgrund an C geleistet. Der Anspruch aus § 812 Abs. 1 S. 1 Alt. 1 BGB ist zu verneinen. B kann von C die von ihm gezahlten 17 EUR nicht zurückverlangen.

B. Ansprüche der H gegen C auf Zahlung von 17 EUR

I. Anspruch nach § 280 Abs. 1 S. 1 BGB

Für H könnte sich ein Anspruch gegen C auf Zahlung von 17 EUR aus § 280 Abs. 1 S. 1 BGB ergeben.

1. Schuldverhältnis

Voraussetzung eines Anspruchs aus § 280 Abs. 1 S. 1 BGB ist zunächst ein **Schuldverhältnis** zwischen Anspruchsteller und Anspruchsgegner. Zwischen H und C ist durch Vertretung mittels P (§ 164 Abs. 1 S. 1 BGB) ein Bewirtungsvertrag abgeschlossen worden.

Dabei handelt es sich um einen **gemischten** Vertrag, weil eine Bewirtungsabrede Elemente des Kauf-, Miet-, Dienst- und Werkvertrages beinhaltet und diese ein einheitliches Vertragsgefüge bilden. Die Leistungspflichten sind derart eng miteinander verknüpft, dass sie nicht getrennt werden können, ohne das Vertragsgefüge zu zerstören. Dadurch unterscheidet sich der gemischte Vertrag vom zusammengesetzten Vertrag. Beim zusammengesetzten Vertrag werden kraft Parteiwillens mehrere Verträge derart miteinander verknüpft, dass sie rechtlich eine Einheit bilden.

> **Aufbauschema § 280 Abs. 1 BGB**
> Positive Forderungsverletzung
> 1. Schuldverhältnis
> 2. Pflichtverletzung, vgl. § 241 Abs. 2 BGB
> 3. Fehlender Entlastungsbeweis (Verschulden), § 280 Abs. 1 S. 2 BGB
> 4. Kausalität
> 5. Schaden, §§ 249 ff. BGB

---

6 Zum Leistungsbegriff im Bereicherungsrecht siehe Fall 14, S. 352.

Zu unterscheiden sind folgende Formen gemischter Verträge (im weiteren Sinn):[7]

Erscheinungsformen gemischter Verträge

Typischer Vertrag mit andersartiger Nebenleistung	Kumulations- oder Kombinationsvertrag	Typenverschmelzungsvertrag	Doppeltypischer oder Koppelungsvertrag
Zusätzlich zu den Hauptleistungen eines typischen Vertrags wird als Nebenpflicht eine andere Leistung vereinbart. ZB Verkauf von Getränken in Mehrwegflaschen, wobei der Kaufvertrag im Vordergrund steht und das Entleihen der Flaschen als untergeordnete Nebenleistung zu verstehen ist; Vermietung eines Zimmers mit wöchentl. Reinigung als Nebenleistung.	Mehrere Hauptleistungen unterschiedlicher Vertragstypen sind vom Schuldner zu erbringen. ZB Halb- oder Vollpension bei der Hotelunterbringung; Anstellung als (unselbständiger) Rechtsanwalt mit späterer Sozietätszusage, weil hier Arbeitsvertrag und Vorvertrag zum Abschluss eines Gesellschaftsvertrags verknüpft sind.	Vom Schuldner ist eine Leistung geschuldet, deren Bestandteile sich untrennbar aus Elementen verschiedener Vertragstypen zusammensetzen. ZB Abonnement eines Börsendienstes, bei dem der Kauf und die entgeltliche Beratung untrennbar verbunden sind; die sog gemischte Schenkung.	Jede Vertragspartei erbringt eine Leistung, die einem anderen Vertragstyp angehört. ZB Dienstleistung gegen Warenlieferung; Hausmeistervertrag, bei dem Dienstleistungen aufgrund der Überlassung einer Wohnung erbracht werden.

Rechtliche Beurteilung gemischter Verträge

Absorptionstheorie	Kombinationslehre	Gesamtsichtsansatz (hM)
Danach sei für alle in Betracht kommenden Leistungen das Recht der Hauptleistung anzuwenden. Der Hauptvertragstyp absorbiere die anderen Vertragsarten.	Jede Leistung sei gesondert nach den für ihren Vertragstyp geltenden Regeln zu beurteilen. Bei unterschiedlichen Vertragsbestandteilen werden demnach verschiedene Regelungen miteinander kombiniert.	Maßgebend sei auf die Gesamtrichtung des Vertrages abzustellen, die sich insbesondere aus dem Parteiwillen, dem Vertragszweck und der Verkehrssitte ergibt. Zunächst sei zu prüfen, ob ohne Widerspruch zur Gesamtausrichtung des Vertrages (entsprechend der Kombinationslehre) die Vorschriften des zu beurteilenden Vertragstyps sinnvoll anwendbar sind. Ist das nicht möglich, seien die Regelungen des Vertragstyps heranzuziehen, auf dem der Schwerpunkt der Vereinbarungen liegt.

---

[7] MüKoBGB/*Emmerich*, § 311 Rn. 24 ff.; Staudinger/*Löwisch*, § 311 Rn. 27 ff.; BRHP/*Gehrlein*, § 311 Rn. 18 ff.; Palandt/*Grüneberg*, Überbl. v. § 311 Rn. 19 ff.; Erman/*Kindl*, vor § 311 Rn. 15 ff.; BGH NJW 2002, 1336 f.; NJW 1995, 324, 326.

Bei der Bewirtung in Lokalen schuldet der Inhaber verschiedenen Vertragstypen entsprechende Hauptleistungen. Zwischen H und C ist ein Kumulations- oder Kombinationsvertrag zustande gekommen. Ein Schuldverhältnis besteht. Mangels spezialgesetzlicher Regelung ist es unter Berücksichtigung des Parteiwillens sowie von Sinn und Zweck des Vertrages interessengerecht und entspricht der Gesamtrichtung des Bewirtungsvertrages, § 280 Abs. 1 BGB als Teil der allgemeinen Vorschriften über Schuldverhältnisse anzuwenden.

2. Pflichtverletzung und Vertretenmüssen

Erforderlich ist ferner eine **schuldhafte Pflichtverletzung** des Anspruchsgegners. C selbst hat gegenüber H keine Pflichtverletzung begangen. Vorsätzlich (§ 276 Abs. 1 S. 1 BGB) pflichtwidrig hat P gehandelt, als er gegen die Nebenpflicht (§ 241 Abs. 2 BGB), ordnungsgemäß abzurechnen und keine doppelten Rechnungen zu erstellen, verstoßen hat. Für einen erfolgreichen Entlastungsbeweis gemäß § 280 Abs. 1 S. 2 BGB bestehen keine Anhaltspunkte.

3. Verschuldenszurechnung

Die Pflichtverletzung des P ist C gemäß § 278 S. 1 BGB zuzurechnen, wenn P deren **Erfüllungsgehilfe** ist. Erfüllungsgehilfe ist, wer mit Wissen und Wollen des Schuldners im Pflichtenkreis des Schuldners tätig wird.[8] P hat im Zusammenhang mit dem ihm von C übertragenen Aufgabenkreis gehandelt; mithin ist er Erfüllungsgehilfe. Die Bedienung P ist „in Erfüllung der Verbindlichkeit"[9] tätig geworden. Die schuldhafte Pflichtverletzung des P ist der C nach § 278 S. 1 BGB zuzurechnen.

> **Erfüllungsgehilfe nach § 278 S. 1 BGB** ist, wer mit dem Willen des Schuldners nach den tatsächlichen Verhältnissen als dessen Hilfsperson bei der Erfüllung einer Verbindlichkeit des Schuldners tätig ist.

4. Kausalität

Die Pflichtverletzung muss für den Schaden ursächlich gewesen sein; hier war das Handeln des P kausal für den Schaden in Höhe von 17 EUR.

Ergebnis

H steht gegen C ein Anspruch aus positiver Vertragsverletzung nach § 280 Abs. 1 S. 1 BGB auf Zahlung von 17 EUR zu.

II. Anspruch gemäß § 985 BGB

H könnte gegen C einen Anspruch auf Herausgabe des Geldes nach § 985 BGB innehaben.

1. Besitz der Anspruchsgegnerin C

Notwendig ist zunächst der Besitz der Anspruchsgegnerin C.

a) Besitzbegründungswille

Als Besitzerwerbswille genügt ein allgemeiner, genereller Wille, Besitz an allen, in einen bestimmten Machtbereich gelangenden Gegenständen zu erlangen. Nach

---

[8] Palandt/*Grüneberg*, § 278 Rn. 7; Erman/*Westermann*, § 278 Rn. 14 ff.; PWW/*Schmidt-Kessel/Kramme*, § 278 Rn. 12 ff.

[9] Auf den Meinungsstreit, ob der Schuldner auch für Schäden haftet, die der Erfüllungsgehilfe „bei Gelegenheit" verursacht, kommt es hier daher nicht an. Vgl. dazu bei Fall 15, S. 115.

der Lebensauffassung und der Verkehrssitte bezieht sich der Besitzwille eines Café-Inhabers auch auf zu Unrecht eingenommene Gelder; dem Betreiber eines Lokals kommt es darauf an, am gesamten Umsatz, den sein Personal tätigt, Besitz zu erwerben. Der abstrakt-generelle Besitzwille der C erfasst danach ebenfalls zu Unrecht vereinnahmte Gelder.

b) Tatsächliche Sachherrschaft

Für die Begründung der tatsächlichen Sachherrschaft (§ 854 Abs. 1 BGB) durch C kommt es darauf an, ob P das Geld als Besitzdiener iSd § 855 BGB entgegengenommen hat. Besitzdiener ist, wer in einem sozialen Abhängigkeits- und Unterordnungsverhältnis zum Besitzherren steht, so dass er bei der Ausübung der tatsächlichen Gewalt an dessen Weisungen gebunden ist.

aa) P ist als Angestellter von C sozial abhängig und ihren Weisungen unterworfen. Auf den Meinungsstreit, ob das Abhängigkeitsverhältnis von außen erkennbar sein muss,[10] kommt es hier nicht an.

Meinungsstreit über die Erkennbarkeit der Weisungsabhängigkeit bei § 855 BGB	
Erkennbarkeit	**Keine Erkennbarkeit**
Die Rechtsprechung setzt für § 855 BGB die äußere Erkennbarkeit des Abhängigkeitsverhältnisses voraus. Begründet wird das mit dem allgemeinen sachenrechtlichen Grundsatz der Publizität. Wie § 1006 Abs. 1 S. 1 BGB zu entnehmen sei, verknüpfe die Rechtsordnung mit dem Besitz besondere Rechtsfolgen. Erforderlich sei deshalb, dass das dingliche Herrschaftsverhältnis von allen Personen, die darauf achten, erkannt werden kann.	Der überwiegende Teil der Literatur lehnt diese Einschätzung als zu eng ab. Für den Außenstehenden seien interne Strukturen häufig nicht zu durchschauen. Das zusätzliche Kriterium der Erkennbarkeit schränke den Anwendungsbereich des § 855 BGB entgegen den Vorstellungen des Gesetzgebers zu weit ein. Bei der Einordnung als Besitzdiener komme es auf die äußere Erkennbarkeit der Weisungsabhängigkeit nicht an.

Die soziale Abhängigkeit und die Weisungsunterworfenheit eines Kellners ergeben sich regelmäßig schon aus der Tätigkeit als Bedienungspersonal und sind von außen jedenfalls erkennbar.

bb) Möglicherweise scheitert die Anwendung des § 855 BGB aber daran, dass P die von H kassierten 17 EUR für sich behalten wollte. Es kommt folglich darauf an, ob die subjektive Einstellung für die Anwendung des § 855 BGB bedeutsam ist.

Ob § 855 BGB einen Besitzdienerwillen voraussetzt, ist umstritten:[11]

---

10 Eingehend zum Meinungsstreit über die Erkennbarkeit der Besitzdiener-Stellung: MüKoBGB/*Joost*, § 855 Rn. 10 f.; Staudinger/*Bund*, § 855 Rn. 15; Soergel/*Mühl*, § 855 Rn. 3; *Baur/Stürner*, Sachenrecht, § 7 Rn. 67; BGHZ 27, 360.
11 MüKoBGB/*Joost*, § 855 Rn. 12 f.; Soergel/*Mühl*, § 855 Rn. 4; BRHP/*Fritzsche*, § 855 Rn. 5 f.

Meinungsstreit über das Erfordernis eines Besitzdienerwillens für § 855 BGB	
Besitzdienerwille als unabdingbares Erfordernis	**Unerheblichkeit des Besitzdienerwillens (hM)**
Niemand könne Besitzdiener sein, wenn er nicht den entsprechenden Willen habe. Handele jemand jedoch im Funktionsbereich seines Weisungsverhältnisses, müsse er seinen abweichenden Willen äußerlich erkennbar erklären. Geschehe dies nicht, sei von einer Inbesitznahme als Besitzdiener auszugehen. Eine bloße innere Willensänderung sei nach dem Rechtsgedanken des § 116 S. 1 BGB unerheblich.	Solange der Besitzdiener im Bereich seiner Weisungsgebundenheit handelt, sei es unerheblich, ob er den Willen habe, Besitzdiener zu sein, weil die Besitzdienerschaft ein tatsächliches Verhältnis ausdrücke. Selbst ein erklärter abweichender Wille ändere die Besitzdienerrolle nicht. Nur eine tatsächliche Betätigung des entgegenstehenden Willens entziehe dem Besitzherrn den Besitz und begründe Eigenbesitz des Besitzdieners, weil § 855 BGB eine am Tatsächlichen ausgerichtete Norm sei.

P besaß allein den inneren Willen, die von H eingenommenen 17 EUR für sich zu behalten. Eine nach außen erkennbar kundgemachte Manifestation von Eigenbesitz fehlt; P hat die Summe wie im Lokal üblich kassiert. Eine Entscheidung des Meinungsstreits ist deshalb nicht erforderlich, weil eine **lediglich innere Willensänderung** nach beiden Auffassungen die Besitzdienerschaft nicht beendet.

P hat die 17 EUR von H als Besitzdiener entgegengenommen. C ist nach § 855 BGB unmittelbare Besitzerin.

c) Erkennbarkeit und Zeitdauer des Besitzes

Die tatsächliche Sachherrschaft sowie die zeitliche Festigkeit des Besitzes sind nach außen hin erkennbar.

d) Kein nachträglicher Besitzverlust

P wollte die von H erhaltenen 17 EUR für sich behalten. Darin könnte ein **nachträglicher Besitzverlust** der Besitzherrin C liegen.

Bei Besitzdienerschaft verliert der Besitzherr den Besitz, wenn der Besitzdiener den von außen erkennbaren Willen hat, die Sachherrschaft nicht mehr für den Besitzherren auszuüben, und er den Gegenstand tatsächlich der allgemeinen Gewahrsamssphäre des Besitzherrn entzogen hat.[12]

Dies ist hier nicht der Fall, weil P den Betrag erst nach der Abrechnung am nächsten Tag für sich behalten wollte und H sich bereits nach drei Stunden an C gewandt hat. Das Geld ist von P noch nicht aus dem Besitzbereich der C entfernt und in seinen privaten Herrschaftsbereich eingegliedert worden.

C ist Besitzerin der von H bezahlten 17 EUR.

> **Besitzverlust des Besitzherrn** bei äußerlich erkennbarer Änderung des Besitzdienerwillens und tatsächlichem Entzug aus der Gewahrsamssphäre des Besitzherrn, zB durch Mitnahme in die Privatwohnung

---

12 Erman/*Lorenz*, § 855 Rn. 11; PWW/*Prütting*, § 855 Rn. 7; BRHP/*Fritzsche*, § 855 Rn. 21; Palandt/*Herrler*, § 855 Rn. 6; MüKoBGB/*Joost*, § 855 Rn. 18.

2. Eigentum der Anspruchstellerin H

Weiterhin müsste H Eigentümerin des Geldes sein.

> **Voraussetzungen § 929 S. 1 BGB**
> 1. Einigung
> 2. Übergabe
> 3. Berechtigung

Fraglich ist, ob H ihr ursprüngliches Eigentum durch Aushändigung des Geldes an P nach § 929 S. 1 BGB an C verloren hat. Dafür müsste P die Einigung iSd § 164 Abs. 1 S. 1 BGB mit Wirkung für C erklärt haben, obwohl er den inneren Willen besaß, das Geld für sich zu behalten. Allein die subjektive Willensänderung vermag die äußerlich als Vertretungserklärung abgegebene Äußerung nicht zu einer im eigenen Namen umzuformen. Maßgeblich ist der **objektive Erklärungswert**. Begründet wird dies zum einen mit einem Umkehrschluss aus § 164 Abs. 2 BGB, zum anderen mit dem nach §§ 133, 157 BGB zu bestimmenden Empfängerhorizont. Aus dem Blickwinkel der H ist P als Vertreter für die Inhaberin des Lokals tätig geworden. Ein Handeln in fremdem Namen ist damit ebenso wie eine Bevollmächtigung zu bejahen. P hat als Vertreter (§ 164 Abs. 1 BGB) die Einigung erklärt. Das Geld wurde an den Besitzdiener (§ 855 BGB) der C übergeben; H war Berechtigte. Die Voraussetzungen des § 929 S. 1 BGB sind erfüllt. H hat ihr Eigentum an C verloren.

Ergebnis

H steht gegen C kein Anspruch aus § 985 BGB zu.

III. Anspruch nach § 831 Abs. 1 S. 1 BGB

H könnte gegen C ein Anspruch auf Schadensersatz in Höhe von 17 EUR gemäß § 831 Abs. 1 S. 1 BGB zustehen.

1. Verrichtungsgehilfe

> **Aufbauschema § 831 Abs. 1 S. 1 BGB**
> 1. Verrichtungsgehilfe
> 2. Tatbestandsmäßige und rechtswidrige unerlaubte Handlung iSd §§ 823 ff. BGB
> 3. In Ausführung der Verrichtung
> 4. Keine Exkulpation gemäß § 831 Abs. 1 S. 2 BGB
> 5. Keine Widerlegung der Kausalitätsvermutung
> 6. Schaden

P müsste dazu zunächst ein Verrichtungsgehilfe der C sein. Verrichtungsgehilfe ist derjenige, dem von einem anderen, in dessen Einflussbereich er steht und dem gegenüber er in gewisser Weise abhängig, insbesondere weisungsgebunden ist, eine Tätigkeit übertragen wurde. Dabei ist der Verrichtungsgehilfe vom Erfüllungsgehilfen zu unterscheiden.[13]

Abgrenzung Erfüllungsgehilfe/Verrichtungsgehilfe	
Erfüllungsgehilfe § 278 S. 1 BGB	**Verrichtungsgehilfe § 831 Abs. 1 BGB**
• Anwendung nur im Rahmen von (vertraglichen oder gesetzlichen) Schuldverhältnissen • Anwendbar auch bei fehlender Weisungsabhängigkeit; unabhängig von der rechtlichen Beziehung zum Schuldner kommt es auf die tatsächliche Zusammenarbeit an.	• Anwendung unabhängig vom Bestehen eines Schuldverhältnisses • Anwendbar nur bei Bindung des Verrichtungsgehilfen an Weisungen des Geschäftsherrn; Eingliederung in die Herrschafts- und Organisationssphäre des Geschäftsherrn; idR nicht bei selbstständigen Unternehmern.

---

13 Vgl. *Musielak/Hau*, GK BGB, Rn. 1218 ff.; *Lange*, Jura 2018, 351 ff.; siehe auch Fall 5, S. 115 f.

Abgrenzung Erfüllungsgehilfe/Verrichtungsgehilfe *(Fortsetzung)*	
Erfüllungsgehilfe **§ 278 S. 1 BGB** • Erfüllungsgehilfe ist, wer nach den tatsächlichen Gegebenheiten des konkreten Falles mit dem Willen des Schuldners bei der Erfüllung einer diesem obliegenden Verbindlichkeit als seine Hilfsperson tätig wird. • Bloße Zurechnungsnorm • Keine Exkulpationsmöglichkeit	**Verrichtungsgehilfe** **§ 831 Abs. 1 BGB** • Verrichtungsgehilfe ist, wer mit Wissen und Wollen des Geschäftsherrn in dessen Interesse tätig und von dessen Weisungen abhängig ist. • Eigenständige Anspruchsgrundlage • Exkulpationsmöglichkeit

- § 278 S. 1 BGB und § 831 Abs. 1 BGB stehen in keinem Alternativverhältnis; beide Normen sind (im Rahmen ihres Anwendungsbereiches) nebeneinander anwendbar.
- Sind die Voraussetzungen beider Vorschriften erfüllt, besteht mithin Anspruchskonkurrenz, dh die entsprechenden Anspruchsgrundlagen schließen einander nicht aus.

P ist als weisungsabhängiger Angestellter der C deren Verrichtungsgehilfe.

2. Tatbestandsmäßige und rechtswidrige unerlaubte Handlung

P hat in Ausführung der Verrichtung rechtswidrig der H durch unerlaubte Handlung einen Schaden zugefügt. Das vorsätzliche doppelte Kassieren der 17 EUR verwirklicht den Tatbestand von § 823 Abs. 2 BGB iVm § 263 Abs. 1 StGB. Als objektiv tatbestandsmäßige und rechtswidrige unerlaubte Handlung des Verrichtungsgehilfen[14] kommt außerdem ein Verstoß iSd § 826 BGB in Betracht. Zwar ist allein die Verletzung vertraglicher (Neben-)Pflichten noch nicht als sittenwidrige Schädigung anzusehen; zusätzlich sind besondere Umstände erforderlich, welche die Verwerflichkeit des Verhaltens zum Ausdruck bringen.[15] Hier kommt aber durch das betrügerische Verhalten des P eine besonders verwerfliche Gesinnung zum Ausdruck, die einen Verstoß gegen das Anstandsgefühl aller billig und gerecht Denkenden, mithin Sittenwidrigkeit, begründet.

3. Kausalität

Das Verhalten des P war ursächlich für den Schaden der H; C gelingt kein Nachweis fehlender Kausalität, § 831 Abs. 1 S. 2 Hs. 2 BGB.

4. Verschulden

§ 831 Abs. 1 BGB begründet einen Haftungstatbestand für vermutetes Verschulden. Da C keine entlastenden Umstände iSd § 831 Abs. 1 S. 2 Hs. 1 BGB vorgetragen hat, bleibt es bei der Verschuldensvermutung.

Die Voraussetzungen des § 831 Abs. 1 S. 1 BGB sind erfüllt.

> **Vermutungsregeln des § 831 Abs. 1 BGB**
>
> Dem Verschuldensprinzip folgend begründet § 831 Abs. 1 BGB eine Haftung des Geschäftsherrn für eigenes Verschulden, wenn sein Verrichtungsgehilfe widerrechtlich einen Schaden verursacht hat.

---

14 Auf ein Verschulden des Verrichtungsgehilfen kommt es nicht an, vgl. Erman/*Wilhelmi*, § 831 Rn. 13 und Fall 8, S. 203.
15 PWW/*Schaub*, § 826 Rn. 18; Palandt/*Sprau*, § 826 Rn. 21 f.

> Da der Nachweis eines Pflichtenverstoßes ohne Kenntnis der betrieblichen Struktur erschwert ist, kehrt § 831 Abs. 1 S. 2 BGB die Beweislast hinsichtlich des Pflichtverstoßes und seiner Kausalität für den Schaden zugunsten des Geschädigten um.

Ergebnis

H hat gegen C einen Anspruch aus § 831 Abs. 1 S. 1 BGB auf Schadensersatz in Höhe von 17 EUR inne.

IV. Anspruch gemäß § 812 Abs. 1 S. 1 Alt. 1 BGB

Ein weiterer Anspruch gegen C könnte sich für H aus § 812 Abs. 1 S. 1 Alt. 1 BGB ergeben.

1. C hat Besitz und Eigentum an den 17 EUR der H erlangt.
2. Dies geschah durch Leistung solvendi causa, weil H die Bewirtungsschuld gegenüber C begleichen wollte.
3. Für die Leistung bestand allerdings kein Rechtsgrund, weil die Bewirtungsschuld durch die Zahlung des B gemäß §§ 267 Abs. 1 S. 1, 362 Abs. 1 BGB bereits erfüllt war. H hat ohne Rechtsgrund an C geleistet.

Ergebnis

H kann von C die Rückzahlung der 17 EUR nach § 812 Abs. 1 S. 1 Alt. 1 BGB verlangen.

C. Ansprüche des K gegen B auf Zahlung von 1.200 EUR

I. Anspruch aus § 280 Abs. 1 S. 1 BGB

Ein Schadensersatzanspruch des K gegen B auf Zahlung von 1.200 EUR ergibt sich möglicherweise aus § 280 Abs. 1 S. 1 BGB.

§ 280 Abs. 1 BGB setzt zunächst ein **Schuldverhältnis** voraus.

> **Aufbauschema § 280 Abs. 1 BGB**
> Positive Forderungsverletzung
> 1. Schuldverhältnis
> 2. Pflichtverletzung
> 3. Kein Entlastungsbeweis des Schuldners
> 4. Kausalität
> 5. Schaden

1. Auftrag

Als Schuldverhältnis kommt ein Auftrag iSd § 662 BGB in Betracht. Wegen seiner Unentgeltlichkeit ist der Auftrag ein unvollkommen zweiseitiger Vertrag, auf den die §§ 320 ff. BGB nicht anzuwenden sind. Für den Vertragsschluss gelten die allgemeinen Regeln. Erforderlich sind mithin zwei übereinstimmende Willenserklärungen (§§ 145 ff. BGB).

Entscheidend kommt es deshalb darauf an, ob das **Winkzeichen** des B **als Willenserklärung**[16] zu deuten ist.

> Ein Winkzeichen im Straßenverkehr ist regelmäßig mangels Rechtsbindungswillen keine Willenserklärung.

Bei dem Winkzeichen des B handelt es sich um ein konkludentes Verhalten, das B mit Handlungswillen getätigt hat. Fraglich ist, ob B **Erklärungsbewusstsein** hatte. Ob ein Rechtsbindungswille besteht, ist gemäß §§ 133, 157 BGB durch Auslegung nach Treu und Glauben sowie unter Berücksichtigung der Verkehrssitte anhand der konkreten Umstände des Einzelfalles zu bestimmen. Dabei kommt es darauf an, wie sich dem objektiven Beobachter das Handeln iSd §§ 133, 157 BGB darstellt.[17] Ein Auftrag nach § 662 BGB ist anzunehmen, wenn beiderseits der anhand

---

16 Einzelheiten zur Willenserklärung bei Fall 1, S. 10 ff.
17 PWW/*Ahrens*, § 133 Rn. 10, 22; Erman/*Westermann*, Einl. § 241 Rn. 16; NK-BGB/*Looschelders*, § 133 Rn. 32; BRHP/*Wendtland*, § 133 Rn. 24.

objektiver Kriterien feststellbarer Wille besteht, rechtsgeschäftliche Verpflichtungen einzugehen.[18] Bei einem Winkzeichen im Straßenverkehr handelt es sich um ein uneigennütziges Verhalten des alltäglichen Lebens, mit dem kein Bewusstsein der Rechtsverbindlichkeit einhergeht.[19]

Das Winkzeichen zum Einfahren in eine Straße stellt eine übliche Hilfestellung im Straßenverkehr dar, die als alltägliche Gepflogenheit und Geste der Fairness keine Rechtsverbindlichkeit erzeugt. B hatte folglich keinen Rechtsbindungswillen, eine Willenserklärung ist deshalb zu verneinen. Zwischen B und K ist kein Vertrag zustande gekommen.

> Ein Winkzeichen im Straßenverkehr begründet regelmäßig kein rechtserhebliches Gefälligkeitsverhältnis.

2. Gefälligkeitsverhältnis

Möglicherweise besteht zwischen B und K ein sogenanntes Gefälligkeitsverhältnis mit Nebenpflichten. Hier existiert zwar kein Erfüllungsanspruch, bei Vollzug des Gefälligkeitsverhältnisses sind aber die üblichen Sorgfaltspflichten zu beachten. Eine Pflichtverletzung begründet einen Anspruch aus § 280 Abs. 1 BGB. Ob und gegebenenfalls unter welchen Voraussetzungen eine derartige „rechtsgeschäftliche Gefälligkeit" anzuerkennen ist, wird unterschiedlich gesehen.[20] Auf eine Entscheidung des Meinungsstreits kommt es hier nicht an, weil ein Winkzeichen im Straßenverkehr aufgrund des Haftungsrisikos nach der Verkehrsanschauung eine bloße tatsächliche Gefälligkeit ohne Nebenpflichten darstellt.[21] Denn die Übernahme von Haftungsrisiken ist bei Winkzeichen im Straßenverkehr erkennbar nicht gewollt. Getragen wird dieses Ergebnis überdies vom Rechtsgedanken des § 675 Abs. 2 BGB, wonach die bloße Erteilung eines Rates oder einer Empfehlung keine Schadensersatzhaftung begründet.

Der Anspruch gemäß § 280 Abs. 1 BGB kann also nicht auf ein Gefälligkeitsverhältnis mit Nebenpflichten gestützt werden.

> **Anwendungsbereich des § 280 BGB**
>
> § 280 BGB bezieht sich auf Pflichten aus jeder Art von Schuldverhältnissen. Die Norm gilt also nicht nur für alle Arten von Verträgen, sondern auch für vorvertragliche und nachvertragliche Pflichten. § 280 BGB erstreckt sich ferner auf gesetzliche Schuldverhältnisse und öffentlich-rechtliche Sonderverbindungen.

3. Gesetz

Das für den Anspruch aus § 280 Abs. 1 BGB notwendige Schuldverhältnis kann sich nicht nur aus Vertrag oder aus einem Gefälligkeitsverhältnis, sondern auch aus Gesetz ergeben.

In Betracht kommt hier eine **berechtigte Geschäftsführung ohne Auftrag** nach §§ 683, 677 BGB.

a) Geschäftsbesorgung ist jede fremdnützige Tätigkeit. Darunter fallen auch tatsächliche Handlungen wie das Winkzeichen des B.

b) Für einen anderen und mit Fremdgeschäftsführungswillen muss die Geschäftsbesorgung getätigt werden. Der Fremdgeschäftsführungswille wird – wenn es sich, wie hier, um ein objektiv fremdes Geschäft handelt – widerlegbar vermutet. Die Vermutung kann im Straßenverkehr dann als widerlegt angesehen werden, wenn sich aus den Umständen ergibt, dass der Einweisende dem Verkehrsteilnehmer die Pflichten aus dem Straßenverkehrsrecht zur eigenverantwortlichen Teilnahme am Straßenverkehr nicht (vollständig) abnehmen wollte.

---

18 BGH NJW 1992, 498, 499; NJW 1984, 1533, 1536.
19 OLG Frankfurt NJW 1965, 1334; Erman/*Westermann*, Einl. § 241 Rn. 16; Palandt/*Grüneberg*, Einl. § 241 Rn. 9; einschränkend OLG Düsseldorf NJW-RR 1986, 575, 576 (Winkzeichen gegenüber Minderjährigen).
20 Näher zu diesem Meinungsstreit und den Rechtsfolgen eines Gefälligkeitsverhältnisses bei Fall 1, S. 12 ff.
21 Palandt/*Grüneberg*, Einl. § 241 Rn. 9; Erman/*Westermann*, Einl. § 241 Rn. 16; OLG Frankfurt NJW 1965, 1334; OLG Düsseldorf NJW-RR 1986, 575.

Nach dem verkehrsüblichen Verhalten ist davon auszugehen, dass B das Einbiegen nur erleichtern, nicht jedoch die Vergewisserung über die freie Fahrbahn vollständig selbst übernehmen wollte. Es handelt sich um eine bloße Gefälligkeit des täglichen Lebens. Mit diesem Hinweis hat B nicht die Verpflichtung des K zur eigenverantwortlichen Teilnahme am Straßenverkehr und zur erforderlichen Sorgfalt beim Einbiegen auf die Vorfahrtsstraße übernommen. Die Vermutung ist somit widerlegt. B hatte keinen Fremdgeschäftsführungswillen.

Mangels Fremdgeschäftsführungswillen ergibt sich das Schuldverhältnis nicht aus Geschäftsführung ohne Auftrag.

Ergebnis

Zwischen K und B bestand kein Schuldverhältnis. K kann die Reparaturkosten in Höhe von 1.200 EUR nicht aus § 280 Abs. 1 S. 1 BGB verlangen.

II. Anspruch gemäß § 823 Abs. 1 BGB

K könnte gegen B einen Anspruch nach § 823 Abs. 1 BGB auf Schadensersatz in Höhe von 1.200 EUR haben.

> **Aufbauschema § 823 Abs. 1 BGB**
> 1. Handlung
> 2. Rechtsgutverletzung
> 3. Haftungsbegründende Kausalität
> 4. Rechtswidrigkeit
> 5. Verschulden
> 6. Haftungsausfüllende Kausalität
> 7. Schaden

1. Rechtsgutverletzung

Es muss eine Verletzungshandlung (positives Tun oder Unterlassen) sowie eine Rechtsgutverletzung vorliegen. Die Handlung des B, das Winkzeichen, hat bei K zu einer Verletzung des Rechtsguts Eigentum geführt.

2. Kausalität zwischen Verletzungshandlung und Rechtsgutverletzung

Zwischen Handlung und Rechtsgutverletzung muss eine haftungsbegründende Kausalität bestehen. Auf die verschiedenen Ansätze zur Bestimmung des Kausalzusammenhangs kommt es nicht an, weil sämtliche Sichtweisen Kausalität bejahen:[22] Vertreter der **Äquivalenztheorie** erachten jedes Ereignis als kausal, das nicht hinweggedacht werden kann, ohne dass der konkrete Erfolg entfällt (conditio sine qua non-Formel). Ohne das Winkzeichen wäre das Fahrzeug des K nicht beschädigt worden. Nach der **Adäquanztheorie** ist ein Ursachenzusammenhang gegeben, wenn aus der Sicht eines objektiven Beobachters das Verhalten im Allgemeinen und nach der Lebenserfahrung üblichen Umständen zum Verletzungserfolg führt. Die Eigentumsverletzung lag hier nicht außerhalb jeder Wahrscheinlichkeit. Ein weiteres Kausalitätskriterium ist der Schutzzweck der haftungsbegründenden Norm. Die **Normzwecklehre** stellt darauf ab, dass jede vertragliche oder gesetzliche Pflicht nach der gesetzgeberischen Zielsetzung bestimmte Interessen schützen soll und dass der Schuldner nur für solche Schäden einzustehen hat, welche die geschützten Interessen betreffen. Überdies ist danach zu fragen, ob das zu beurteilende Verhalten in seiner Art und Weise durch die Norm vermieden werden soll. Das Eigentum ist ausdrücklich in § 823 Abs. 1 BGB erwähnt; zudem zielt § 823 BGB darauf ab, fremde Rechtsgüter beeinträchtigende Verhaltensweisen zu verhindern. Es handelt sich somit um ein Interesse, das vom Normzweck erfasst wird. Nach allen drei Ansätzen besteht eine haftungsbegründende Kausalität.

---

22 Zu den Kausalitätstheorien bei Fall 12, S. 295 f.

3. Rechtswidrigkeit und Verschulden

Rechtfertigungsgründe sind nicht ersichtlich; B handelte rechtswidrig. Er hatte bei seinem Winkzeichen die im Verkehr erforderliche Sorgfalt außer Acht gelassen und damit fahrlässig iSd § 276 Abs. 2 BGB gehandelt. Durch die Eigentumsverletzung ist dem K ein Schaden in Höhe der Reparaturkosten entstanden (§ 249 Abs. 2 BGB); haftungsausfüllende Kausalität ist gegeben. Die Voraussetzungen des § 823 Abs. 1 BGB sind daher im Grundsatz erfüllt.

4. Haftungserleichterung

Möglicherweise kann sich B jedoch auf eine **Haftungserleichterung** berufen. Wegen des Gefälligkeitscharakters der Handlung wird über Haftungserleichterungen im Rahmen deliktischer Ansprüche diskutiert. Dabei werden unterschiedliche Meinungen vertreten.[23]

Haftungsprivilegierung

Meinungsstreit über eine Haftungsprivilegierung bei Gefälligkeiten		
Analoge Anwendung der §§ 521, 599, 690 BGB	**Parallelwertung zu Vertragsverhältnissen**	**Keine Haftungserleichterung (hM)**
Der unentgeltlich Tätige hafte nur für grobe Fahrlässigkeit oder allenfalls für die Sorgfalt in eigenen Angelegenheiten. Wenn schon unentgeltliche Rechtsgeschäfte eine haftungsbeschränkende Wirkung haben, so müsse dies erst recht für nichtvertragliche Gefälligkeitsverhältnisse gelten. Für die Verletzung der gleichwohl bestehenden Sorgfaltspflichten müsse die Haftung daher entsprechend §§ 521, 599 BGB auf grobe Fahrlässigkeit beschränkt werden.	Teilweise wird die Haftung danach ausgerichtet, wie sie sich im Rahmen eines ähnlichen Vertrages darstellen würde. Wenn bei Abschluss eines vergleichbaren Vertrages eine haftungsbeschränkende Norm anwendbar ist, sei diese Privilegierung auch auf die Gefälligkeitshandlung zu übertragen. Besteht bei Rechtsbindungswillen ein Vertragstyp mit Haftungsreduzierung, gelte diese auch bei Gefälligkeiten.	Wenn feststeht, dass ein Gefälligkeitsverhältnis aufgrund eines fehlenden Rechtsgeschäftswillens vorliegt, so könne die Haftung nicht nach vertraglichen Vorschriften beschränkt werden. Somit bleibe auch die Haftung im Rahmen deliktischer Ansprüche trotz des Gefälligkeitscharakters unberührt. Allein aus der Tatsache, dass eine Gefälligkeit erwiesen wurde, könne keine haftungsausschließende Vereinbarung abgeleitet werden.

Zieht man die vergleichbare Situation bei einem Vertragsverhältnis heran, würde B unbeschränkt haften. Denn bei einem entsprechenden Rechtsbindungswillen würde ein Auftrag zustande kommen und das Auftragsrecht (§§ 662 ff. BGB) kennt keine Haftungsreduzierung. Wendet man mit der Gegenansicht die §§ 521, 599, 690 BGB analog an, wäre die Haftung des B auf grobe Fahrlässigkeit beschränkt. Da keine Anhaltspunkte dafür bestehen, dass B die im Verkehr erforderliche Sorg-

---

23 Für eine analoge Anwendung: Erman/*Schiemann*, vor § 823 Rn. 28; *Flume*, Rechtsgeschäft, § 7, 5–7; *Medicus/Petersen*, Bürgerliches Recht, Rn. 369; für die Parallelwertung: *Esser*/Weyers, Schuldrecht Band 2/1, § 35 I 3b, c; BGH NJW 1979, 414, 415; gegen eine Haftungsfreistellung: MüKoBGB/*Wagner*, Vor § 823 Rn. 89 f.; BRHP/*Lorenz*, § 276 Rn. 51; BGH NJW 1992, 2474, 2475. Zu Gefälligkeitsfahrten *Hirte/Heber*, JuS 2002, 241.

falt in besonders großem Maße verletzt und das unbeachtet gelassen hat, das unter den gegebenen Umständen jedem hätte einleuchten müssen, würde diese Haftungserleichterung hier zum Tragen kommen.

Weder die analoge Anwendung der §§ 521, 599, 690 BGB noch die Parallelwertung zu Vertragsverhältnissen überzeugen indes. Beide Auffassungen greifen systemwidrig trotz fehlenden Rechtsbindungswillens auf die rechtsgeschäftlichen Wertungen zurück.

Aufgrund des fehlenden Rechtsbindungswillens scheidet eine Würdigung unter rechtsgeschäftlichen Gesichtspunkten gerade aus; Rechtsgeschäft und Gefälligkeit sind zu trennen und ihrem Wesen entsprechend unterschiedlich zu behandeln.[24] §§ 521, 599, 690 BGB können daher nur auf schuldrechtliche Verhältnisse angewendet werden. Es kann nicht angenommen werden, dass jemand auf Schadensersatzansprüche verzichtet, nur weil ihm eine Gefälligkeit erwiesen wird. Zustimmung verdient daher die Ansicht, die eine deliktische Haftung bei Gefälligkeitsverhältnissen unberührt lässt und vertragliche Haftungserleichterungen als nicht anwendbar betrachtet. Eine Haftungsprivilegierung des B besteht nicht.

5. Mitverschulden

Auf Seiten des K könnten gemäß § 254 Abs. 1 BGB ein Mitverschulden sowie die Betriebsgefahr des Kfz zu berücksichtigen sein.

Mitverschulden und Betriebsgefahr

§ 254 Abs. 1 BGB drückt aus, dass es beim Schadensausgleich zu berücksichtigen ist, wenn der Geschädigte an der Entstehung des Schadens zurechenbar mitgewirkt hat. Je nach dem Maß der Mitverursachung und dem Grad des mitwirkenden Verschuldens kann die Verpflichtung zum Schadensersatz völlig entfallen oder der zu ersetzende Schaden in seinem Umfang gemindert werden. Neben dem Mitverschulden ist dem Geschädigten analog § 254 Abs. 1 BGB auch die Betriebsgefahr des Kfz zuzurechnen.[25]

Quotelung des Schadens wegen § 254 Abs. 1 BGB

Das Winkzeichen des B stellt K nicht davon frei, eigenverantwortlich auf das Verkehrsgeschehen zu achten und die Vorfahrtsregeln zu berücksichtigen. Auf Seiten des K sind mithin ein **Mitverschulden und die Betriebsgefahr seines Kfz** zu berücksichtigen. K hat maßgeblich zur Schadensentstehung beigetragen, indem er sich in Kenntnis seiner Verpflichtung zu sorgfältigem Verkehrsverhalten allein auf das Winkzeichen des B verlassen hat und mit seinem Fahrzeug auf die Vorfahrtsstraße eingebogen ist. Folglich ergibt sich nach Abwägung der Sorgfaltswidrigkeit des K sowie der erhöhten Betriebsgefahr auf der einen und der Fahrlässigkeit des B bei dem objektiv unangebrachten Winkzeichen auf der anderen Seite ein Übergewicht des Verschuldens zu Lasten von K.[26] Danach erscheint es gerechtfertigt, dem K nur ein Viertel des geltend gemachten Schadensersatzes zuzugestehen; drei Viertel des Schadens hat K selbst zu tragen.

Ergebnis

K steht wegen seines Mitverschuldens (§ 254 Abs. 1 BGB) gegen B lediglich ein Anspruch auf 300 EUR aus § 823 Abs. 1 BGB zu.

---

24 BGHZ 21, 102, 106; BGH NJW 1992, 2474, 2475; Jauernig/*Mansel*, § 241 Rn. 24; siehe Darstellung in MüKoBGB/*Bachmann*, § 241 Rn. 165 ff.
25 Einzelheiten zu Mitverschulden und Betriebsgefahr im Straßenverkehr bei Fall 13, S. 339 f.
26 Zum Abwägungsvorgang und zu den einzelnen Kriterien für die Quotenbestimmung siehe PWW/*Luckey*, § 254 Rn. 37 ff.; BRHP/*Lorenz*, § 254 Rn. 57 ff. Die Quote orientiert sich an den konkreten Umständen des Einzelfalles, so dass hier natürlich auch eine andere Verteilung denkbar ist.

D. Anspruch des V gegen B auf Bezahlung der Computer

Ein Anspruch des V gegen B auf Zahlung von 32.000 EUR für die Computer mit 2 GB könnte sich aus **§ 433 Abs. 2 BGB** ergeben.

Voraussetzung hierfür ist ein **Kaufvertrag über** 47 Computer mit **2 GB** Secure Rage Pro Grafikkarten. Ein Vertrag kommt durch zwei übereinstimmende Willenserklärungen, Angebot und Annahme (§§ 145 ff. BGB), zustande. Insoweit sind hier zwei Umstände, das Telefongespräch und das Bestätigungsschreiben, bedeutsam.

I. Telefongespräch

Telefonisch (§ 147 Abs. 1 S. 2 BGB) wurde eine Vereinbarung über den Kauf von 47 Computern mit 4 GB getroffen. Eine Willensübereinstimmung für den Kauf von Computern mit 2 GB fehlt.

II. Bestätigungsschreiben

Zu prüfen bleibt, wie sich das Bestätigungsschreiben auf den Kaufvertrag über 47 Computer mit 4 GB auswirkt. Dabei könnte es sich um ein sogenanntes **kaufmännisches Bestätigungsschreiben** handeln, das den ursprünglichen Vertragsinhalt abgeändert hat.

> Kaufmännisches Bestätigungsschreiben

1. Dogmatische Herleitung

Die dogmatische Herleitung des kaufmännischen Bestätigungsschreibens ist streitig. Im Wesentlichen werden drei Meinungen vertreten. Vor allem die Rechtsprechung orientiert sich an § 346 HGB,[27] wogegen Stimmen aus Wissenschaft und Lehre § 362 HGB analog heranziehen bzw. das kaufmännische Bestätigungsschreiben gewohnheitsrechtlich aus dem Handelsbrauch anerkannt sehen.[28]

Meinungsstreit über die dogmatische Herleitung

Handelsbrauch nach § 346 HGB	Analogie zu § 362 HGB	Gewohnheitsrecht
Das kaufmännische Bestätigungsschreiben stelle einen Handelsbrauch dar und sei über § 346 HGB rechtlich anzuerkennen.	Schweigen kommt grundsätzlich keine Rechtswirkung zu. Das kaufmännische Bestätigungsschreiben sei im Wege der Analogie zu §§ 75h, 362 HGB in diese Ausnahmetatbestände einzugliedern.	Die Grundsätze des kaufmännischen Bestätigungsschreibens hätten sich zwar aus einem Handelsbrauch entwickelt, seien aber inzwischen gewohnheitsrechtlich anerkannt.

2. Voraussetzungen

Die Anwendung der Grundsätze des kaufmännischen Bestätigungsschreibens hängt von folgenden Voraussetzungen ab:[29]

> Voraussetzungen eines kaufmännischen Bestätigungsschreibens
> 1. Kaufleute oder kaufmannsähnlich Handelnde
> 2. Echtes Bestätigungsschreiben, dh Anlass, inhaltliche Zusammenfassung, Zeitnähe
> 3. Zugang des Bestätigungsschreibens analog § 130 BGB
> 4. Schutzwürdigkeit des Absenders
> 5. Kein unverzüglicher Widerspruch des Empfängers

---

27 BGHZ 67, 381; BGH NJW 1963, 1922, 1923; HK-HGB/*Klappstein*, § 346 Rn. 30, 41; *Hofmann*, Handelsrecht, H II 2b; *Schmidt*, Handelsrecht, § 19 III 1a), c); *Hopt*, AcP 183 (1983), 608, 622, 691.
28 Erman/*Armbrüster*, § 147 Rn. 5; PWW/*Brinkmann*, § 148 Rn. 5; MüKoHGB/*Welter*, § 362 Rn. 4; Baumbach/*Hopt*, § 346 Rn. 18.
29 Siehe zu den einzelnen Voraussetzungen BRHP/*Eckert*, § 146 Rn. 14 ff.; Palandt/*Ellenberger*, § 147 Rn. 8 ff.; Erman/*Armbrüster*, § 147 Rn. 5 ff.; PWW/*Brinkmann*, § 148 Rn. 5.

a) Kaufleute oder kaufmannsähnlich Handelnde

Kaufleute oder kaufmannsähnlich Handelnde

Empfänger und Absender[30] des kaufmännischen Bestätigungsschreibens müssen Kaufleute sein oder Personen, die kaufmannsähnlich am Geschäftsverkehr teilnehmen, so dass von ihnen die Beachtung kaufmännischer Gepflogenheiten erwartet werden kann.

Arten von Kaufleuten	
Kaufmann kraft Gewerbebetriebs „Istkaufmann"	**Kaufmann kraft Eintragung „Kannkaufmann"**
§ 1 HGB • Voraussetzung: In kaufmännischer Weise eingerichteter Gewerbebetrieb **Gewerbe** meint jede selbstständige, auf Gewinnerzielung gerichtete, betriebswirtschaftlichen Grundsätzen folgende, nach außen erkennbare und erlaubte berufliche Tätigkeit, die planmäßig für eine gewisse Zeit ausgeübt wird. Nicht hierunter fallen die freien Berufe (Arzt, Steuerberater, Rechtsanwalt, Architekt, Künstler etc.). • Anmeldung zum Handelsregister ist obligatorisch. • Eintragung in das Handelsregister wirkt nur deklaratorisch.	**Kleingewerbe § 2 HGB** Voraussetzung: Kein in kaufmännischer Weise eingerichteter Gewerbebetrieb **Land- und Forstwirtschaft § 3 HGB** Voraussetzung: Land- oder forstwirtschaftliches Unternehmen oder Nebengewerbe • Anmeldung zum Handelsregister ist fakultativ. • Eintragung im Handelsregister ist konstitutiv.
Kaufmann kraft Rechtsscheins „Scheinkaufmann"	**Handelsgesellschaften und Formkaufleute**
Rechtsschein der Eintragung nach § 5 HGB Derjenige, der im Handelsregister eingetragen ist und ein Gewerbe betreibt, gilt nach § 5 HGB als Kaufmann. Hat ein Kaufmann das Gewerbe vollständig aufgegeben, ist § 5 HGB nicht einschlägig. Der gutgläubige Geschäftspartner wird dann über § 15 Abs. 1 HGB geschützt. **Rechtsschein des tatsächlichen Verhaltens** Derjenige, der im Rechts- und Geschäftsverkehr als Kaufmann auftritt, ohne es tatsächlich zu sein, wird nach § 242 BGB aufgrund des gesetzten Vertrauenstatbestandes zugunsten schutzwürdiger Dritter so behandelt, als entsprächen seine Behauptungen den Tatsachen.	Die Vorschriften über Kaufleute finden nach § 6 HGB auch auf Handelsgesellschaften Anwendung. • Personengesellschaften, die ein Handelsgewerbe betreiben, OHG, KG • GmbH, § 13 GmbHG • AG und KGaA, §§ 3, 278 Abs. 3 AktG • Genossenschaft, § 17 Abs. 2 GenG • Anmeldung zum Handelsregister ist obligatorisch. • Die Eintragung im Handelsregister ist konstitutiv für die Entstehung; der Geschäftsbeginn und damit die Wirksamkeit im Verhältnis zu Dritten kann aber schon vor diesem Zeitpunkt liegen.

---

30 Entgegen einer vereinzelt vertretenen Ansicht (Baumbach/*Hopt*, § 346 Rn. 19; *Canaris*, Handelsrecht, § 23 Rn. 45) ist aus Gründen der Rechtssicherheit auch für den Absender zu fordern, dass dieser Kaufmann ist oder zumindest kaufmannsähnlich am Rechtsverkehr teilnimmt, siehe BGHZ 40, 44; Palandt/*Ellenberger*, § 147 Rn. 10; PWW/*Brinkmann*, § 148 Rn. 5; *Schmidt*, Handelsrecht, § 19 III 2 b).

Kaufmannsähnlich nehmen in der Regel insbesondere die freiberuflich Tätigen am Wirtschaftsleben teil; erfasst sind typischerweise auch Rechtsanwälte, Insolvenzverwalter, Ärzte, Architekten oder Makler.

V ist Großhändler, mithin ein Kaufmann gemäß § 1 Abs. 1 HGB. Bei B erscheint die Kaufmannseigenschaft zweifelhaft, weil offen ist, ob sein Unternehmen iSd § 1 Abs. 2 HGB einen nach Art und Umfang in kaufmännischer Weise eingerichteten Geschäftsbetrieb erfordert. Nach der Beweislastregel in § 1 Abs. 2 HGB („es sei denn, dass") ist bei Zweifelsfällen von der Kaufmannseigenschaft auszugehen. Unabhängig davon nimmt B als Zwischenhändler von 47 Computern aber jedenfalls kaufmannsähnlich am Geschäftsverkehr teil.

Der persönliche Anwendungsbereich des kaufmännischen Bestätigungsschreibens ist eröffnet.

b) Echtes Bestätigungsschreiben

Ferner muss es sich um ein echtes Bestätigungsschreiben handeln.[31] Dies setzt voraus, dass

- die Beteiligten oder deren (vollmachtlose) Vertreter vorab Vertragsverhandlungen geführt oder einen Vertrag geschlossen haben. Grundsätzlich ist ein geschäftlicher Kontakt in einem persönlichen Gespräch, per Telefon oder Fax notwendig, weil bei einer bereits schriftlich ausgearbeiteten Abrede in der Regel kein Bedürfnis für eine schriftliche Bestätigung besteht.
- das Schreiben den wesentlichen Inhalt des (vermeintlich geschlossenen) Vertrages zusammenfasst und als endgültig beschlossen bestätigt, weil ansonsten das Schweigen des Empfängers nicht als Zustimmung gedeutet werden kann.
- das Schreiben unmittelbar im Anschluss an die Vertragsverhandlungen und nicht erst nach der Entstehung von Streitigkeiten abgeschickt wurde.

Diese Voraussetzungen sind hier erfüllt, weil V und B telefonisch einen Vertrag geschlossen haben und V mit seinem zeitnahen Schreiben diese Vereinbarung inhaltlich bestätigen wollte.

Echtes Bestätigungsschreiben

c) Zugang des Bestätigungsschreibens

Das Bestätigungsschreiben muss als geschäftsähnliche Rechtshandlung dem (vermeintlichen) Vertragspartner analog § 130 Abs. 1 S. 1 BGB zugegangen sein.

Eine schriftliche Erklärung geht iSd § 130 Abs. 1 S. 1 BGB zu, wenn sie derart in den Machtbereich des Empfängers gelangt ist, dass dieser unter gewöhnlichen Umständen von ihr Kenntnis nehmen kann, wobei es auf die Möglichkeit der Kenntnisnahme und nicht auf die Kenntnisnahme selbst ankommt.

B ist das Bestätigungsschreiben iSd § 130 Abs. 1 S. 1 BGB zugegangen.

Zugang des Bestätigungsschreibens

d) Schutzwürdigkeit des Absenders

Der Absender des Bestätigungsschreibens muss schutzbedürftig sein, das heißt, er muss nach Treu und Glauben der Meinung sein, der Inhalt des Schreibens entspreche der ursprünglichen Abrede oder enthalte nur solche Abweichungen, die der Empfänger billige. Mithin fehlt es an der Schutzwürdigkeit des Absenders, wenn dieser das Verhandlungsergebnis bewusst unrichtig oder verfälscht wiedergibt, also arglistig handelt, wobei ihm nach § 166 Abs. 1 BGB die Kenntnis seines

Schutzwürdigkeit des Absenders

---

31 Die Benennung eines kaufmännischen Bestätigungsschreibens als Auftragsbestätigung ist unschädlich; entscheidend ist der Inhalt des Schreibens.

Vertreters zuzurechnen ist. Unabhängig vom Bewusstsein des Absenders darf das Bestätigungsschreiben nicht so weit vom Verhandlungsergebnis abweichen, dass mit einer Billigung durch den Empfänger vernünftigerweise nicht zu rechnen ist. Das ist beispielsweise der Fall, wenn das Bestätigungsschreiben Formulierungen enthält, die das Besprochene in sein Gegenteil verkehren oder für den Empfänger unzumutbar sind.

V hat nicht arglistig gehandelt; ihm kam es darauf an, den Inhalt des Telefongesprächs schriftlich festzuhalten. Es handelt sich um eine redliche Abweichung vom Vertragsinhalt, weil die Computer mit 2 GB von B für den vorgesehenen Verwendungszweck genutzt werden können. Das Schreiben enthält folglich weder unzumutbare noch branchenunübliche Bedingungen.

V ist als Absender des Bestätigungsschreibens schutzbedürftig.

e) Kein unverzüglicher Widerspruch des Empfängers

Kein unverzüglicher Widerspruch

Der Empfänger eines kaufmännischen Bestätigungsschreibens hat unverzüglich zu widersprechen, wenn er den Inhalt des Schreibens nicht gegen sich gelten lassen möchte. Der Widerspruch muss iSd § 121 Abs. 1 S. 1 BGB unverzüglich, also ohne schuldhaftes Zögern erklärt werden und dem Absender des Bestätigungsschreibens nach § 130 Abs. 1 S. 1 BGB zugehen. Ob ein Zögern schuldhaft und damit eine Überlegungsfrist unangemessen ist, hängt von einer Würdigung aller Umstände des Einzelfalls ab; eine Frist von zwei bis drei Tagen wird allgemein für akzeptabel gehalten.[32]

aa) Abgabe der Willenserklärung

Abgabe von Willenserklärungen

B müsste mithin eine Willenserklärung mit widersprechendem Inhalt abgegeben haben.

Die Anforderungen an die wirksame Abgabe einer Willenserklärung hängen davon ab, ob es sich um ein empfangsbedürftiges oder nicht empfangsbedürftiges Rechtsgeschäft handelt.

Arten der Rechtsgeschäfte

Ein Rechtsgeschäft ist ein Tatbestand, an den die Rechtsordnung den Eintritt eines gewollten rechtlichen Erfolges knüpft. Es besteht aus einer oder mehreren Willenserklärungen und gegebenenfalls weiteren Rechtsakten. Zu unterscheiden ist zwischen **einseitigen und mehrseitigen Rechtsgeschäften**. Einseitige Rechtsgeschäfte sind nicht auf eine andere Willenserklärung bezogen und entweder empfangsbedürftig (zB Kündigung) oder nicht (zB Testament). Mehrseitige Rechtsgeschäfte enthalten korrespondierende Willenserklärungen mehrerer Personen (zB Vertrag, Beschluss), wobei die Willenserklärungen in der Regel (Ausnahmen in §§ 151, 152 BGB) empfangsbedürftig sind. Rechtsgeschäfte können ferner in **Verpflichtungs- und Verfügungsgeschäfte** unterteilt werden. Das Verpflichtungsgeschäft begründet eine schuldrechtliche Rechtsbeziehung zwischen Personen, die zu einem Tun oder Unterlassen verpflichtet. Mit einem Verfügungsgeschäft wird ein Recht unmittelbar übertragen, belastet, geändert oder aufgehoben. Weiterhin sind **kausale und abstrakte Rechtsgeschäfte** zu trennen (Trennungsprinzip). Kausale Rechtsgeschäfte tragen den Rechtsgrund einer Zuwendung in sich. Als Zuwendungszwecke sind solvendi causa (Leistung zur Schulderfüllung), donandi causa (Zuwendung schenkungshalber) und credendi causa (Darlehenshingabe) zu nennen.

---

32 Vgl. Erman/*Armbrüster*, § 147 Rn. 13; Palandt/*Ellenberger*, § 147 Rn. 17; Röhricht/Graf von Westphalen/Haas/*Wagner*, § 346 Rn. 41, jeweils m. Nachw. zu Entscheidungen im Einzelfall.

Arten der Rechtsgeschäfte *(Fortsetzung)*
Abstrakte Rechtsgeschäfte sind losgelöst von einem Rechtsgrund und in ihrem Fortbestand unabhängig vom Fortbestand eines etwaig zugrundeliegenden kausalen Rechtsgeschäfts. Abstrakte Rechtsgeschäfte sind die Verfügungs- und einzelne gesetzlich geregelte Verpflichtungsgeschäfte (zB §§ 780, 781 BGB). Im Übrigen ist zwischen Rechtsgeschäften von Todes wegen (zB Testament) und unter Lebenden zu unterscheiden.

Der Widerspruch als **empfangsbedürftige Willenserklärung ist abgegeben, wenn die Erklärung mit Wissen und Wollen des Erklärenden in der Weise auf den Weg gebracht wird, dass sie ohne sein weiteres Zutun unter normalen Umständen den Empfänger erreicht.**[33]

Danach ist eine E-Mail beispielsweise abgegeben, wenn sie formuliert und abgesendet wurde.[34]

> Eine nicht empfangsbedürftige Willenserklärung ist abgegeben, wenn sie mit Wissen und Wollen des Erklärenden formuliert ist, ein Testament also mit der Niederschrift.

Abhanden gekommene Willenserklärung
Auseinander gehen die Auffassungen, wenn die Erklärung zwar nicht willentlich, aber in einer dem Erklärenden anderweitig zurechenbaren Weise in den Verkehr gelangt (sog abhanden gekommene Willenserklärung). Das ist beispielsweise der Fall, wenn eine E-Mail fahrlässig aufgrund eines Bedienungsfehlers verschickt wird oder wenn eine ausgefüllte Bestellkarte auf dem Schreibtisch liegen geblieben ist und von einem Familienangehörigen abgeschickt wird. Teilweise wird in diesen Fällen angenommen, dass eine wirksame Willenserklärung nicht vorliege, weil sie nicht mit Wissen und Wollen des Erklärenden in den Rechtsverkehr gelangt ist. Zutreffend zieht aber die wohl herrschende Auffassung eine Parallele zu den Fällen fehlenden Erklärungsbewusstseins (dazu näher bei Fall 1, S. 11 f.). Es ist interessengerecht, die Situation, bei welcher der Erklärende sorgfaltswidrig verkennt, dass er eine rechtserhebliche Erklärung abgibt, mit der gleichzusetzen, dass er seinen rechtserheblichen Willen bereits gebildet hat und die Erklärung infolge seines fahrlässigen Verhaltens in den Rechtsverkehr gelangt. Es ist deshalb von einer wirksamen Abgabe auszugehen, wenn der Erklärende bei sorgfaltsgemäßem Verhalten das Inverkehrbringen hätte verhindern können. Dem Erklärenden steht insoweit gegebenenfalls ein Anfechtungsgrund gemäß § 119 Abs. 1 BGB zu, was zur Haftung gegenüber dem Erklärungsempfänger nach § 122 Abs. 1 BGB führt.

B hat hier sofort ein Einschreiben geschickt und seinen Widerspruch somit wissentlich und willentlich in den Verkehr gebracht.

bb) Zugang der Willenserklärung

Fraglich ist, ob das Einschreiben als empfangsbedürftige Willenserklärung dem V iSd § 130 Abs. 1 S. 1 BGB rechtzeitig zugegangen ist.

Beim Zugang von Willenserklärungen ist danach zu unterscheiden, ob die Erklärung gegenüber einem Anwesenden oder gegenüber einem Abwesenden abgegeben wird.[35] Abgrenzungsmerkmal ist nicht die körperlich-physische Präsenz im

> Zugang von Willenserklärungen

---

33 Palandt/*Ellenberger*, § 130 Rn. 4; *Wolf/Neuner*, Allgemeiner Teil, § 33 Rn. 2; MüKoBGB/*Einsele*, § 130 Rn. 13 f. Zum Meinungsstreit über abhanden gekommene Willenserklärungen für die hM BRHP/*Wendtland*, § 130 Rn. 6; NK-BGB/*Faust*, § 130 Rn. 9; PWW/*Ahrens*, § 130 Rn. 6 f.; *Wolf/Neuner*, Allgemeiner Teil, § 33 Rn. 7; *Stadler*, Allgemeiner Teil, § 17 Rn. 37; aA BGHZ 65, 13, 14 f.; *Musielak/Hau*, GK BGB, Rn. 88 ff.
34 Vgl. *Ultsch*, NJW 1997, 3007; *Taupitz/Kritter*, JuS 1999, 839, 840.
35 Vgl. Erman/*Arnold*, § 130 Rn. 5 ff., 16 ff.; PWW/*Ahrens*, § 130 Rn. 8 ff., 23; MüKoBGB/*Einsele*, § 130 Rn. 17 ff.; siehe dazu auch *Noack/Uhlig*, JA 2012, 740.

gleichen Raum, sondern die Möglichkeit der unmittelbaren Kommunikation, bei der Abgabe und Zugang der Erklärungen zeitlich annähernd zusammenfallen. Daher gelten Beteiligte am Telefon (§ 147 Abs. 1 S. 2 BGB) oder bei einer Videokonferenz als Anwesende.

Zugang gegenüber Anwesenden

Schriftliche, verkörperte Erklärung

Eine schriftliche Erklärung wird mit Übergabe an den Empfänger wirksam. Dabei kommt es auf die unter gewöhnlichen Umständen bestehende Möglichkeit zur Kenntnisnahme an, so dass ein heimlich zugestecktes Schreiben nicht zugegangen ist.

Mündliche, nicht verkörperte Erklärung

Die Anforderungen an den Zugang einer mündlichen Erklärung sind streitig.

Vernehmungstheorie

Die Erklärung geht dem Empfänger zu, wenn er sie vernehmen und richtig erfassen kann. Versteht der Empfänger zB wegen Unkenntnis der Sprache diese nicht richtig, ist sie nicht zugegangen.

Modifizierte Vernehmungstheorie (hM)

Im Interesse der Verkehrssicherheit ist die Erklärung zugegangen, wenn für den Erklärenden kein begründeter Anlass besteht, an der richtigen Vernehmung beim Empfänger zu zweifeln.

Zugang gegenüber Abwesenden, § 130 Abs. 1 S. 1 BGB

Eine Willenserklärung gegenüber Abwesenden ist gemäß § 130 Abs. 1 S. 1 BGB zugegangen, wenn sie in verkehrsüblicher Weise derart in den Machtbereich des Empfängers gelangt ist, dass dieser unter normalen Umständen von ihr Kenntnis nehmen kann. Entscheidend ist also der hypothetische Zugangszeitpunkt, die Möglichkeit zur Kenntnisnahme; auf eine spätere tatsächliche Kenntnisnahme kommt es nicht an.

Briefe und Einwurfeinschreiben gehen mithin nicht mit dem Einwurf in den Briefkasten zu, sondern erst zur Zeit der üblichen Kenntnisnahme. Etwas anderes gilt allerdings, wenn die Erklärung tatsächlich vor dem hypothetischen Zugangszeitpunkt gelesen wird, dann ist der Zugang nach § 130 Abs. 1 S. 1 BGB zum früheren Zeitpunkt der tatsächlichen Kenntnisnahme erfolgt. Dementsprechend begründet ein Aushang in einem Gebäude oder Betrieb den Zugang, sobald die Empfänger Kenntnis nehmen können.

Ist für die Erklärung eine bestimmte Form vorgeschrieben, geht die Willenserklärung erst wirksam zu, wenn der Empfänger sie als Original in der vorgegebenen Form erhält; eine beglaubigte Kopie reicht grundsätzlich nicht aus.

Bei einer Willenserklärung, die den Empfänger über einen Dritten als **Mittelsperson** erreichen soll, ist folgendermaßen zu unterscheiden:

Empfangsbote

Eine durch Empfangsboten überbrachte Erklärung geht dem Adressaten in dem Zeitpunkt zu, in dem bei regelmäßigem Geschehensablauf mit einer Weiterleitung an den Empfänger zu rechnen ist.

Empfangsvertreter

Bei Passivvertretung nach § 164 Abs. 3 BGB ist die Erklärung dem Empfänger in dem Zeitpunkt zugegangen, in dem sie seinem Vertreter zugegangen ist. Auf die Weitergabe an den Vertretenen kommt es nicht an.

Erklärungsbote und Erklärungsvertreter

Eine Erklärung geht erst zu, wenn sie vom Erklärungsboten oder vom aktiven Stellvertreter in Zugang begründeter Weise dem Empfänger übermittelt bzw. erklärt wird.

2. Abgabe und Zugang von Willenserklärungen, gemischte Verträge, Bestätigungsschreiben | 51

Zugegangen ist hier lediglich der Benachrichtigungsschein, der allerdings keinen Hinweis auf den Inhalt des Einschreibens gibt. Der Zugang des Benachrichtigungsschreibens ersetzt daher nicht den Zugang des Einschreibens. Ein **Übergabeeinschreiben** geht erst dann zu, wenn es der Adressat abholt; wird das Schreiben nicht abgeholt, erfolgt kein Zugang nach § 130 Abs. 1 S. 1 BGB.[36]

<mark>Zugang bei Einschreibebriefen</mark>

Da V das Einschreiben trotz des in den Briefkasten eingeworfenen Benachrichtigungsscheins bewusst nicht abgeholt hat, stellt sich allerdings die Frage, ob V nach **§ 242 BGB** so zu behandeln ist, als ob ihm der Widerspruch rechtzeitig zugegangen wäre. Dies ist bei einem trotz ordnungsgemäßer Benachrichtigung nicht abgeholten Einschreibebrief streitig.

Meinungsstreit über eine Zugangsfiktion mittels § 242 BGB bei nicht abgeholtem Einschreibebrief

Zugangsfiktion im Regelfall	Zugangsfiktion nur in Sonderfällen
Die Literatur nimmt eine Zugangsfiktion mittels § 242 BGB allgemein dann an, wenn die Abholung möglich und nach den Gepflogenheiten auch zu erwarten war. Der Empfänger sei aufgrund des Benachrichtigungsscheins gehalten, die bei der Post hinterlegte Sendung innerhalb vorgegebener Frist abzuholen. Kommt er dieser Obliegenheit nicht nach, werde der Zugang nach § 242 BGB fingiert.	Die Rechtsprechung lässt eine Zugangsfiktion nur dann zu, wenn der Adressat das Schreiben nicht abholt, obgleich er mit dem Eingang rechtserheblicher Mitteilungen eines Vertrags- oder Verhandlungspartners rechnet, oder wenn er den Zugang arglistig vereitelt. Liegt keiner dieser Fälle vor, habe der Erklärende zunächst einen erneuten Zustellungsversuch zu unternehmen, bevor eine Fiktion in Betracht komme.

Während teilweise die Nichtabholung trotz Benachrichtigungsschein als Sorgfaltsverstoß gewertet und daher der Zugang des Einschreibebriefes fingiert wird,[37] wendet insbesondere die Rechtsprechung § 242 BGB grundsätzlich erst dann an, wenn der Absender nach Kenntnis vom gescheiterten Zugang unverzüglich einen erneuten Versuch unternimmt, seine Erklärung derart in den Machtbereich des Empfängers zu bringen, dass diesem eine Kenntnisnahme möglich ist.[38]

Da eine Willenserklärung Rechtsfolgen erst nach ihrem Zugang beim Empfänger auslöst, kann der Empfänger nicht ohne weiteres so behandelt werden, als sei die Erklärung zugegangen. Es ist deshalb gerechtfertigt, mit der Rechtsprechung eine Zugangsfiktion nach § 242 BGB von einem wiederholten Zustellungsversuch abhängig zu machen. Folglich hätte B den Widerspruch erneut verschicken müssen, weil V seine Geschäfte typischerweise telefonisch oder per E-Mail abwickelt und nicht mit einem Übergabeeinschreiben gerechnet hat.

Nach dieser Auffassung ist der Widerspruch des B nicht rechtzeitig dem V zugegangen. Damit sind die Voraussetzungen eines kaufmännischen Bestätigungsschreibens erfüllt.

---

36 BGH NJW 1998, 976, 977; BAG NJW 1997, 146, 147; PWW/*Ahrens*, § 130 Rn. 13; Palandt/*Ellenberger*, § 130 Rn. 7; zum Meinungsstreit bei Fall 3, S. 61 f.
37 *Wolf/Neuner*, Allgemeiner Teil, § 33 Rn. 16; Erman/*Arnold*, § 130 Rn. 13; Palandt/*Ellenberger*, § 130 Rn. 18; siehe *Weber*, JA 1998, 593, 597 f.
38 BGH NJW 1998, 976, 977; NJW 1996, 1967, 1968; NJW 1983, 929, 930; BAG NJW 1997, 146, 147; *Looschelders*, VersR 1998, 1198 ff.

3. Rechtsfolgen

Die Wirkungen eines kaufmännischen Bestätigungsschreibens hängen zum einen vom Inhalt des Schreibens und zum anderen vom Verhandlungsstadium ab. Folgende Konstellationen sind möglich.[39]

Wirkungen eines kaufmännischen Bestätigungsschreibens

deklaratorisch	konstitutiv	
Beweisfunktion Stimmt das Bestätigungsschreiben mit dem Vertragsinhalt überein, kommt ihm iSd § 416 ZPO Beweiswirkung zu. Es besteht der Erfahrungssatz, dass das Bestätigungsschreiben den Vertragsinhalt vollständig und richtig wiedergibt.	**Vertragsabschluss** Ist bei den Verhandlungen kein Vertrag zustande gekommen, bewirkt das kaufmännische Bestätigungsschreiben den Vertragsabschluss. Es hat also Begründungsfunktion.	**Inhaltsänderung** Ist zwischen den Beteiligten bereits ein Vertrag geschlossen worden, wird der Vertragsinhalt durch das kaufmännische Bestätigungsschreiben modifiziert, es hat mithin Änderungsfunktion.

Dogmatisch ist es umstritten, auf welche Weise die konstitutiven Wirkungen des kaufmännischen Bestätigungsschreibens erzielt werden.[40]

Möglichkeiten einer dogmatischen Konstruktion der konstitutiven Wirkung

Willenserklärung	Fingierte Willenserklärung	Vertrauensschutz
Um die konstitutive Wirkung in die allgemeine Rechtsgeschäftslehre zu integrieren, sei im Schweigen auf ein kaufmännisches Bestätigungsschreiben eine konkludente Zustimmung, also eine echte Willenserklärung zu sehen.	Auf der Grundlage des Handelsbrauchs (Schweigen als Willenserklärung) sei das Schweigen des Empfängers auf ein kaufmännisches Bestätigungsschreiben als Fiktion der Zustimmung anzuerkennen.	Durch den Vertrauensschutzgedanken können Teilnehmern des Rechtsverkehrs Haftungen und Verpflichtungen auferlegt werden. Dem Empfänger sei daher kraft schlüssigen Verhaltens das Schweigen auf ein kaufmännisches Bestätigungsschreiben zuzurechnen.

B und V haben telefonisch einen Kaufvertrag über die Computeranlagen abgeschlossen. Dem kaufmännischen Bestätigungsschreiben kommt somit hier eine den Inhalt dieses Vertrages modifizierende Wirkung (Änderungsfunktion) zu. Statt der telefonisch vereinbarten Ausstattung der Computeranlagen mit 4 GB Secure

---

[39] PWW/*Brinkmann*, § 148 Rn. 5; Palandt/*Ellenberger*, § 147 Rn. 18 ff.; Baumbach/*Hopt*, § 346 Rn. 17; KKRD/*Roth*, § 346 Rn. 27, 33; BGH NJW 1974, 991, 992.
[40] MüKoHGB/*Schmidt*, § 346 Rn. 166; KKRD/*Roth*, § 346 Rn. 32 f.; EBJS/*Joost*, § 346 Rn. 72.

Rage Pro Grafikkarten sind durch das kaufmännische Bestätigungsschreiben solche mit 2 GB Leistungskapazität Vertragsgegenstand geworden.

Zwischen V und B ist deswegen ein Kaufvertrag über 47 Computer mit 2 GB Secure Rage Pro Grafikkarten zu 32.000 EUR zustande gekommen.

III. Möglichkeit der Anfechtung

Da dieser Vertragsinhalt durch das Schweigen auf ein kaufmännisches Bestätigungsschreiben festgelegt wurde, könnte die Modifikation gemäß **§ 142 Abs. 1 BGB** (analog) von Anfang an unwirksam sein, falls eine Anfechtung des Schweigens möglich ist.

> Anfechtbarkeit des Schweigens

1. Anwendbarkeit des Anfechtungsrechts

Zweifelhaft erscheint, ob die Anfechtungsnormen bei einem kaufmännischen Bestätigungsschreiben (zumindest analog) anwendbar sind, weil die Rechtswirkungen unabhängig von einem darauf gerichteten Willen eintreten. Schweigen kann allerdings nicht fester binden als eine Willenserklärung. Dies ergibt sich auch aus der gesetzlichen Wertung in § 1956 BGB, der für das Verstreichenlassen der Ausschlagungsfrist die Anfechtung zulässt, und gilt unabhängig von der dogmatischen Konstruktion der konstitutiven Wirkung des kaufmännischen Bestätigungsschreibens.[41] Eine Anfechtung des Schweigens ist daher grundsätzlich möglich.

> **Aufbauschema Anfechtung nach § 142 Abs. 1 BGB**
> 1. Anfechtungserklärung, § 143 Abs. 1 BGB
> 2. Anfechtungsgegner, § 143 Abs. 2–4 BGB
> 3. Anfechtungsgrund, §§ 119 ff. BGB
> 4. Anfechtungsfrist, §§ 121, 124 BGB

2. Anfechtungserklärung und Anfechtungsgegner

B hat gegenüber seinem Vertragspartner V (§ 143 Abs. 2 BGB) zu erkennen gegeben (§ 143 Abs. 1, §§ 133, 157 BGB), dass er an dem Rechtsgeschäft nicht festhalten möchte.

3. Anfechtungsgrund

Erforderlich ist weiterhin ein Anfechtungsgrund gemäß §§ 119 ff. BGB.[42] Im Zusammenhang mit einem kaufmännischen Bestätigungsschreiben sind **unterschiedliche Irrtumskonstellationen** denkbar:[43]

- Unbeachtlich ist ein Irrtum über die Bedeutung des Schweigens. Ein solcher berechtigt nicht iSd § 119 Abs. 1 BGB (analog) zur Anfechtung, weil die Wirkungen des Schweigens unabhängig von einem darauf gerichteten Willen eintreten. Es handelt sich um einen unbeachtlichen Rechtsfolgenirrtum.[44]
- Keinen Anfechtungsgrund bildet der Irrtum über die Nichtübereinstimmung des Verhandlungs- bzw. Vertragsergebnisses mit dem Bestätigungsschreiben, wenn der Empfänger des Bestätigungsschreibens zwar um die Wirkung desselben an sich weiß, aber die inhaltliche Ebene missversteht. Dies stellt einen rechtlich irrelevanten Motivirrtum dar, wenn der Schweigende wegen eines Erinnerungsfehlers irrig der Meinung ist, das von ihm richtig verstandene Bestätigungsschreiben stimme inhaltlich mit dem Ergebnis der mündlichen Verhandlungen

---

41 Ausführlich MüKoBGB/*Armbrüster*, § 119 Rn. 67 ff. Allgemein *Fischinger*, JuS 2015, 294 ff.
42 Dazu bei Fall 4, S. 87 und bei Fall 5, S. 113.
43 Vgl. näher Palandt/*Ellenberger*, § 147 Rn. 8; PWW/*Brinkmann*, § 148 Rn. 6; Erman/*Armbrüster*, § 147 Rn. 15; MüKoBGB/*Armbrüster*, § 119 Rn. 67 ff. Einzelheiten sind streitig.
44 *v. Dücker*, BB 1996, 3, 8; PWW/*Ahrens*, § 119 Rn. 21; BGHZ 20, 149, 154; BGH NJW 1972, 45; NJW 1969, 1711, 1712.

überein. Denn dann drückt sein Schweigen aus, was es besagt, dass er nämlich den Inhalt des Schreibens als vereinbart gelten lassen möchte.[45]

- Hat der Schweigende eine falsche Vorstellung vom Inhalt des Bestätigungsschreibens, wird nach Sorgfaltsgesichtspunkten unterschieden. Eine Anfechtung gemäß § 119 Abs. 1 BGB (analog) muss danach dann ausscheiden, wenn der Empfänger den Inhalt des Bestätigungsschreibens selbst zwar nicht richtig verstanden hat, der Irrtum aber bei sorgfaltsgemäßer Durchsicht vermeidbar gewesen wäre. Denn der Absender soll nach dem Sinn und Zweck des Bestätigungsschreibens darauf vertrauen dürfen, dass der Empfänger das Schreiben mit der gebotenen Sorgfalt liest und der Inhalt bei fehlendem Widerspruch Bestand hat. Bei einem schuldhaften Irrtum geht der Vertrauensschutz des Absenders vor.[46]
- Demgegenüber ist die Anfechtung mittels § 119 Abs. 1 BGB denkbar, wenn sie nicht dem Sinn und Zweck des kaufmännischen Bestätigungsschreibens widerspricht. Da das Bestätigungsschreiben darauf zielt, etwaige Unstimmigkeiten bzw. Irrtümer bei den Verhandlungen aufzudecken, klarzustellen und durch Widerspruch geltend zu machen, verbleibt nur ein enger Anwendungsbereich. Es kommt ein Inhaltsirrtum als Anfechtungsgrund nur dann in Betracht, wenn der Empfänger dem Bestätigungsschreiben nicht widersprochen hat, weil er trotz der gebotenen Sorgfalt den Inhalt des Schreibens missverstanden hat.

B hat hier die Bedeutung und den Inhalt des kaufmännischen Bestätigungsschreibens richtig erfasst. Es existiert kein Anfechtungsgrund. Eine Anfechtung gemäß § 142 Abs. 1 BGB (analog) scheidet aus. Es besteht ein Kaufvertrag über 47 Computer mit 2 GB Secure Rage Pro Grafikkarten zu einem Preis von insgesamt 32.000 EUR.

Ergebnis

V fordert zu Recht von B die Bezahlung der gelieferten Computer mit 2 GB nach § 433 Abs. 2 BGB.

Frage 2

Örtliche Zuständigkeit

Die Klage ist ordnungsgemäß erhoben.[47] Die Entscheidung des Landgerichts Dresden hängt davon ab, ob es örtlich zuständig ist. Für die Begründung der örtlichen Zuständigkeit eines Gerichts (Gerichtsstand) bestehen mehrere Möglichkeiten.

---

45 *Wolf/Neuner*, Allgemeiner Teil, § 37 Rn. 56.
46 BGH NJW 1972, 45; *Medicus/Petersen*, Bürgerliches Recht, Rn. 57 f., 65; *Flume*, Rechtsgeschäft, § 36, 7; Erman/*Armbrüster*, § 147 Rn. 14; MüKoHGB/*Schmidt*, § 346 Rn. 167; *Kramer*, JURA 1984, 235, 249.
47 Allgemein zur Zulässigkeit einer Klage bei Fall 13, S. 333; Thomas/Putzo/*Reichold*, Vorb. § 253 Rn. 8 ff.

I. Allgemeiner Gerichtsstand nach §§ 12, 13 ZPO

Nach §§ 12, 13 ZPO iVm § 7 Abs. 1 BGB ist grundsätzlich das Gericht am Wohnsitz des Beklagten zuständig. Das wäre hier das Landgericht Würzburg, so dass das Landgericht Dresden gemäß § 281 Abs. 1 S. 1 ZPO den Rechtsstreit durch Beschluss nach Würzburg verweisen müsste, wenn der Kläger – unter Umständen nach gerichtlichem Hinweis (vgl. § 139 ZPO) – Verweisungsantrag stellt. Wird vom Kläger kein Verweisungsantrag gestellt, ist die Klage bei fehlender örtlicher Zuständigkeit (durch Prozessurteil) als unzulässig abzuweisen.

Hingegen könnte ein Sachurteil erlassen werden, wenn sich die örtliche Zuständigkeit des Landgerichts Dresden aus anderen Vorschriften ergibt:

> Bei mangelnder örtlicher Zuständigkeit wird die Klage durch Prozessurteil abgewiesen, wenn der Kläger keinen Verweisungsantrag nach § 281 Abs. 1 S. 1 ZPO stellt.

II. Besonderer Gerichtsstand nach § 29 ZPO

Der besondere Gerichtsstand des Erfüllungsortes nach § 29 ZPO[48] ist nicht einschlägig; Dresden kommt als Erfüllungsort (vgl. § 269 BGB) nicht in Betracht. Anhaltspunkte für andere besondere Gerichtsstände bestehen nicht. Dem Kläger steht kein Wahlrecht iSd § 35 ZPO zu.

> Bestehen mehrere örtliche Zuständigkeiten aufgrund allgemeiner und besonderer Gerichtsstände, hat der Kläger gemäß **§ 35 ZPO** ein Wahlrecht.

III. Ausschließlicher Gerichtsstand

Eine ausschließliche örtliche Zuständigkeit ist vorrangig; sie verdrängt einen nicht ausschließlichen (allgemeinen oder besonderen) Gerichtsstand. Besteht ein ausschließlicher Gerichtsstand, ist die Begründung der Zuständigkeit durch Prorogation (§ 38 ZPO) oder durch rügelose Einlassung (§ 39 ZPO) gemäß § 40 Abs. 2 S. 1 Nr. 2, S. 2 ZPO ausgeschlossen. Die Klage kann zulässig nur beim Gericht des ausschließlichen Gerichtsstandes erhoben werden.[49]

Hier ist eine ausschließliche örtliche Zuständigkeit nicht erkennbar.

IV. Prorogation gemäß § 38 Abs. 1 ZPO

Das Landgericht Dresden könnte durch Vereinbarung (Prorogation) örtlich zuständig geworden sein, § 38 Abs. 1 ZPO.[50]

Eine **Vereinbarung der örtlichen Zuständigkeit** ist durch ein kaufmännisches Bestätigungsschreiben grundsätzlich möglich.[51] § 38 Abs. 1 ZPO setzt voraus, dass Kläger und Beklagter Kaufleute sind. Eine Ausweitung des Anwendungsbereiches auf kaufmannsähnlich handelnde Personen scheidet angesichts des eindeutigen Wortlauts der Vorschrift aus.[52] Hier käme es also darauf an, ob das Unternehmen des B im Sinne des § 1 Abs. 2 HGB einen nach Art und Umfang in kaufmännischer Weise eingerichteten Geschäftsbetrieb erfordert.

> Voraussetzungen **Prorogation nach § 38 Abs. 1 ZPO**
> 1. Vereinbarung zwischen Kaufleuten, § 38 Abs. 1 ZPO
> 2. Konkretes Rechtsverhältnis, § 40 Abs. 1 ZPO
> 3. Vermögensrechtliche Streitigkeit, § 40 Abs. 2 S. 1 Nr. 1 ZPO
> 4. Keine ausschließliche Zuständigkeit, § 40 Abs. 2 S. 1 Nr. 2 ZPO

---

48 Näher Musielak/Voit/*Heinrich*, § 29 Rn. 1ff.; vgl. auch Fall 8, S. 198 und Fall 10, S. 240.
49 Musielak/Voit/*Heinrich*, § 12 Rn. 8; Thomas/Putzo/*Hüßtege*, Vorb. § 1 Rn. 9. Bestehen mehrere ausschließliche Zuständigkeiten, hat der Kläger zwischen ihnen die Wahl, § 35 ZPO.
50 Prorogation bezeichnet die Vereinbarung, dass ein an sich unzuständiges Gericht zuständig wird, Derogation bedeutet ein an sich zuständiges Gericht für unzuständig zu erklären. Gerichtsstandsvereinbarungen sind grundsätzlich unzulässig und nur in den in § 38 ZPO genannten Fallgruppen möglich.
51 Vgl. Musielak/Voit/*Heinrich*, § 38 Rn. 12; Zöller/*Vollkommer*, § 38 Rn. 21.
52 MüKoZPO/*Patzina*, § 38 Rn. 17 mwN.

Im Sachverhalt sind keine Anhaltspunkte ersichtlich, welche die Notwendigkeit einer kaufmännischen Buchführung und Bilanzierung nahelegen.[53] Dies bedürfte im Prozess demnach weiterer Aufklärung.[54] Geht man hier davon aus, dass das LG Dresden nicht durch Vereinbarung örtlich zuständig geworden ist, kommt eine Anwendung des § 39 ZPO in Betracht.

V. Örtliche Zuständigkeit aus § 39 S. 1 ZPO

> **Voraussetzungen Zuständigkeit kraft rügeloser Verhandlung gemäß § 39 S. 1 ZPO**
> 1. Unzuständigkeit des Gerichts
> 2. Rügeloses Verhandeln zur Hauptsache, § 39 S. 1 ZPO
> 3. Vermögensrechtliche Streitigkeit, § 40 Abs. 2 S. 1 Nr. 1, S. 2 ZPO
> 4. Keine ausschließliche Zuständigkeit, § 40 Abs. 2 S. 1 Nr. 2, S. 2 ZPO
> 5. Vor dem Amtsgericht Belehrung nach §§ 39 S. 2, 504 ZPO

Möglicherweise ergibt sich die örtliche Zuständigkeit des Landgerichts Dresden aus § 39 S. 1 ZPO.

Dafür müsste dieses zunächst unzuständig sein.

Unzuständigkeit des Gerichts
Das Gericht hat zunächst seine Unzuständigkeit festzustellen, weil § 39 S. 1 ZPO ausscheidet, wenn eine Zuständigkeit bereits aufgrund anderer Zuständigkeitsnormen begründet ist (Prütting/Gehrlein/*Wern*, § 39 Rn. 3; vgl. Musielak/Voit/*Heinrich*, § 39 Rn. 3; Thomas/Putzo/*Hüßtege*, § 39 Rn. 3). Überdies hat sich das Gericht der Prozessvoraussetzungen – hierzu zählt die Zuständigkeit – jederzeit von Amts wegen zu vergewissern (Musielak/Voit/*Foerste*, Vor § 253 Rn. 4a, 12). Nach §§ 39 S. 2, 504 ZPO hat es bei Verfahren vor dem Amtsgericht über die Unzuständigkeit bzw. Folge der rügelosen Einlassung zu belehren. Hinzu kommt, dass § 39 S. 1 ZPO dann ebenfalls ausscheidet, wenn für die Klage ein ausschließlicher Gerichtsstand begründet ist, § 40 Abs. 2 S. 1 Nr. 2, S. 2 ZPO. Dementsprechend zeigt der Gesamtzusammenhang der §§ 40 Abs. 2 S. 1 Nr. 2, S. 2, 39 iVm 504 ZPO, dass eine vorherige positive Feststellung der Unzuständigkeit erforderlich ist.

Ist das LG Dresden an sich unzuständig, könnte die Zuständigkeit durch rügelose Einlassung des Beklagten zur Hauptsache begründet worden sein.

Eine **rügelose Einlassung zur Hauptsache** setzt Erklärungen zum Streitgegenstand bei einer vermögensrechtlichen Streitigkeit voraus. Keine rügelose Einlassung stellt die Verhandlung lediglich über die Prozessvoraussetzungen oder über die Wirksamkeit von Prozesshandlungen dar. Hier hat die Anwältin des Beklagten Ausführungen zum Streitgegenstand gemacht. Die Voraussetzungen des § 39 S. 1 ZPO sind erfüllt. Nach § 39 S. 2 ZPO kommt es aber dann zu keiner Prorogation, wenn der Beklagte (unabhängig von anwaltlicher Vertretung) nicht ordnungsgemäß nach § 504 ZPO über die Unzuständigkeit des Gerichts und die Folgen rügelosen Einlassens belehrt wurde. § 504 ZPO betrifft nur den Amtsgerichtsprozess. Da hier vor einem Landgericht (vgl. §§ 23, 71 Abs. 1 GVG) verhandelt wurde, sind die §§ 39 S. 2, 504 ZPO nicht anzuwenden. Eine Belehrung war entbehrlich. Es verbleibt bei der Regelung des § 39 S. 1 ZPO. Die Zuständigkeit durch rügeloses Verhandeln ist überdies nicht gemäß § 40 Abs. 2 ZPO unzulässig.

Ergebnis

Das Landgericht Dresden ist nach § 39 S. 1 ZPO örtlich zuständig aufgrund rügeloser Einlassung zur Hauptsache. Das Landgericht Dresden wird daher ein Sachurteil erlassen.

---

53 Siehe ausführliche Darstellung in MüKoHGB/*Schmidt*, § 1 Rn. 70.
54 Mit der Formulierung „es sei denn" legt das Gesetz demjenigen die Darlegungs- und Beweislast auf, der sich auf die fehlende Kaufmannseigenschaft beruft. Ist das Gericht iSd § 286 Abs. 1 ZPO nicht von der Existenz eines Kleingewerbes überzeugt (non liquet), geht es von einem Handelsgewerbe aus. Vgl. Fall 2, S. 47.

3. Vertragsschluss, Unmöglichkeit und Störung der Geschäftsgrundlage

Sachverhalt

Amelie Anetseder (A) studiert in München Architektur. Für das nächste Sommersemester möchte sie sich einen Roller der Marke Streetlife anschaffen. In der Süddeutschen Zeitung vom 18. August entdeckt sie ein Angebot über 2.480 EUR für das seltene Sondermodell Touring. Bei der Besichtigung des Rollers ist der Verkäufer Manfred Meisner (M) mit einem Preis von 2.100 EUR einverstanden. Amelie Anetseder kann sich noch nicht zum Kauf des Rollers entschließen, weil sie die Summe derzeit nicht zur Verfügung hat. Da Amelie Anetseder die einzige Interessentin für den Roller ist, unterschreibt und übergibt Meisner am Vormittag des 19. August folgende Erklärung: „Der Verkäufer ist an das Angebot über 2.100 EUR fünf Tage gebunden. Der Kaufvertrag ist abgeschlossen, wenn die Käuferin Anetseder die Annahme innerhalb dieser Frist schriftlich erklärt."

Am 21. August ist Anetseder, die das Geld mittlerweile von ihrer Großmutter erhalten hat, mit dem Kauf einverstanden, wobei sie für ihr Schreiben an Meisner zur Sicherheit die Form des Übergabeeinschreibens wählt. Der Postbote trifft Meisner am nächsten Tag nicht an und hinterlässt in dessen Briefkasten eine Benachrichtigungskarte, dass für ihn bei der Postfiliale Schwabing ein Einschreiben niedergelegt ist. Manfred Meisner holt den Brief am Nachmittag des 24. August bei der Post ab. Er geht davon aus, dass ihn das Schreiben verspätet erreicht hat, teilt dies der Amelie Anetseder sofort telefonisch mit und unterbreitet ihr ein neues Angebot über 2.300 EUR. Anetseder, die ebenfalls von der Verspätung ihres Schreibens überzeugt ist, stimmt dem neuen Kaufpreis zu und bittet, den Roller in drei Tagen zu liefern.

Amelie Anetseder möchte die drei Tage für den Erwerb eines Helms nutzen. Auf der Internetseite der Buyeasy-AG (B-AG) entdeckt sie die Versteigerung des Jethelms 1412 durch das Vertriebsunternehmen des Walter Wiesner (W). Die Internetseite der Buyeasy-AG ist derart gestaltet, dass die Kunden nach Registrierung eigene Gegenstände gegen Höchstgebot verkaufen können. Bei der Registrierung erklären sich die Teilnehmer damit einverstanden, dass die Freischaltung eines Angebots durch den Verkäufer und darauf abgegebene Gebote rechtlich verbindlich sind sowie nach Ablauf der Bietefrist das Höchstgebot maßgeblich ist. Auf der Internetseite finden sich ferner die notwendigen Angaben über Informations- und Kennzeichnungspflichten bei Online-Transaktionen, die von Anetseder abgespeichert werden. Nach Ablauf der Angebotsfrist hat Anetseder mit 175 EUR das höchste Gebot für den Jethelm 1412 abgegeben. Am 26. August erhält sie eine E-Mail von der Buyeasy-AG, in der ihr zum Kauf gratuliert wird und die notwendigen Informationen sowie die Telefonnummer der bei Walter Wiesner für den Verkauf zuständigen Mitarbeiterin Karla Kubalke (K) mitgeteilt werden. Anetseder, die mittlerweile ein günstigeres Angebot entdeckt hat, ruft die Durchwahl von Karla Kubalke an. Da Kubalke in diesem Moment nicht im Büro ist, meldet sich aufgrund einer automatischen Anrufweiterleitung der Hausmeister Hans Hausach (H). Anetseder teilt ihm mit, dass sie an dem Helm kein Interesse mehr hat. Gleichwohl wird der Helm am nächsten Tag an Anetseder ausgeliefert. Anetseder schickt den Helm nach drei Wochen zurück. Walter Wiesner besteht auf Abnahme und Bezahlung des Jethelms.

Am 27. August meldet sich Ferdinand Fuchs (F) bei Manfred Meisner und bietet 2.480 EUR für den Roller, den er als Sammler derartiger Sondermodelle dauerhaft behalten möchte. Meisner ist einverstanden und händigt Fuchs den Roller aus. Meisner teilt Anetseder die Veräußerung des Rollers mit. Für Meisner besteht keine Möglichkeit, dieses oder ein ähnliches Modell zu beschaffen. Anetseder kauft sich daher einen gleichwertigen Roller eines anderen Herstellers bei Peter Pfisterer (P), muss allerdings 2.400 EUR dafür bezahlen. Amelie Anetseder verlangt deshalb von Meisner Schadensersatz in Höhe von 300 EUR.

Wie ist die Rechtslage?

Gliederung

A. Anspruch der A gegen M auf Schadensersatz 59
    I. Anspruch aus § 280 Abs. 1, 3 iVm § 283 BGB 59
        1. Schuldverhältnis 59
            Problem: Rechtzeitiger Zugang der Annahmeerklärung 61
            Problem: Vertrag über 2.100 EUR und/oder 2.300 EUR 63
            Problem: Störung der Geschäftsgrundlage 65
        2. Nachträgliche Unmöglichkeit 67
        3. Pflichtverletzung 69
        4. Vertretenmüssen 69
        5. Schaden 70
    II. Anspruch nach § 280 Abs. 1, 3 iVm § 281 Abs. 1 S. 1 Alt. 1 BGB 70
        Problem: Fristsetzungserfordernis 70

B. Anspruch des W gegen A auf Abnahme und Zahlung 71
    Anspruch gemäß § 433 Abs. 2 BGB
    I. Entstehen des Anspruchs 71
        1. Angebot durch das Freischalten der Internetseite 72
            Problem: Vertragsschluss bei Online-Auktionen 72
        2. Annahme durch Abgabe des Höchstgebots 73
    II. Erlöschen des Anspruchs 73
        Problem: Widerrufsrecht nach § 355 Abs. 1 S. 1 BGB 74
        1. Verbraucherstellung 77
        2. Widerrufsrecht 77
        3. Fristgemäße Widerrufserklärung 78
        4. Formgerechte Widerrufserklärung 79

Lösungshinweise

A. Anspruch der A gegen M auf Schadensersatz

I. Anspruch aus § 280 Abs. 1, 3 iVm § 283 BGB

A könnte gegen M ein Anspruch auf Zahlung von Schadensersatz in Höhe von 300 EUR nach § 280 Abs. 1, 3 iVm § 283 BGB zustehen.

1. Schuldverhältnis

Ein derartiger Schadensersatzanspruch in Höhe von 300 EUR setzt zunächst voraus, dass zwischen A und M ein **Kaufvertrag iSd § 433 BGB über 2.100 EUR** (und nicht über 2.300 EUR) geschlossen wurde.[1]

Ein Vertrag kommt durch zwei übereinstimmende Willenserklärungen, Antrag und Annahme nach §§ 145 ff. BGB, zustande. Ob diese Übereinstimmung besteht, ist nötigenfalls durch Auslegung zu ermitteln, wobei auf den objektiven Empfängerhorizont abzustellen ist.[2] Fehlt die Willensübereinstimmung, kommt ein offener (§ 154 BGB) oder ein versteckter (§ 155 BGB) Dissens in Betracht. Notwendig ist eine Willenseinigung zumindest über die wesentlichen Bestandteile des Vertrages (essentialia negotii). Ist über Nebenpunkte (accidentalia negotii) keine Regelung getroffen worden, ist insoweit auf die dispositiven Vorgaben des Gesetzes zurückzugreifen.[3]

> Aufbauschema
> **Schadensersatz bei nachträglicher Unmöglichkeit gemäß § 280 Abs. 1, 3 iVm § 283 BGB**
> 1. Schuldverhältnis
> 2. Nachträgliche Unmöglichkeit, § 275 BGB
> 3. Pflichtverletzung
> 4. Vertretenmüssen, § 280 Abs. 1 S. 2 BGB
> 5. Schaden, §§ 249 ff. BGB

Vertragsschluss, §§ 145 ff. BGB

§§ 145 ff. BGB beschreiben den Vertragsschluss als sukzessiven Vorgang, bei dem zeitlich aufeinander Antrag und Annahme erfolgen. Vertragsbegründend ist, dass die aufeinander bezogenen Willenserklärungen inhaltlich übereinstimmen, es mithin zu einem materiellen Konsens kommt. Dies ist dann zweifelhaft, wenn die rechtliche Bindung ausdrücklich abgelehnt, die Leistung jedoch gleichwohl in Anspruch genommen wird. Die überwiegende Auffassung löst das Problem mit der Regel **protestatio facto contraria non valet**. Danach ist ein zum Ausdruck gebrachter Vorbehalt unwirksam, wenn er im Widerspruch zu eigenem Verhalten steht, so dass ein Vertragsschluss angenommen wird. Die Gegenansicht lehnt wegen Perplexität des Verhaltens einen Vertragsschluss ab. Näher BRHP/*Eckert*, § 145 Rn. 45; Erman/*Armbrüster*, Vor § 145 Rn. 43.

Ist es zwischen den Parteien (noch) nicht zu einem Konsens über die wesentlichen Bestandteile des Vertrages (essentialia negotii) gekommen, besteht grundsätzlich keine rechtliche Bindung. Im Vorfeld des Vertrages können allerdings rechtlich bedeutsame vorvertraglichen Abreden (zB Option, Vorvertrag, Letter of intent, Vorkaufsrecht) getroffen werden, siehe PWW/*Brinkmann*, Vor §§ 145 ff. Rn. 27 ff.; Fall 19, S. 473.

---

[1] Für die Fallbearbeitung ist es entscheidend, ob zwischen A und M ein Kaufvertrag über 2.100 EUR (dann Schadensersatz von 300 EUR) oder ein Kaufvertrag über 2.300 EUR (dann Schadensersatz nur in Höhe von 100 EUR) zustande gekommen ist.
[2] Zum Vertragsschluss vgl. *Brox/Walker*, Allgemeiner Teil, § 4 Rn. 1 ff.; PWW/*Brinkmann*, Vor §§ 145 ff. Rn. 40 ff.; *Bisenius*, JA 2011, 740; *Fritzsche*, JA 2006, 674.
[3] Zum Beispiel § 269 Abs. 1 BGB (Leistungsort), § 271 Abs. 1 BGB (Leistungszeit).

Ein Vertragsschluss folgt grundsätzlich dieser Struktur:

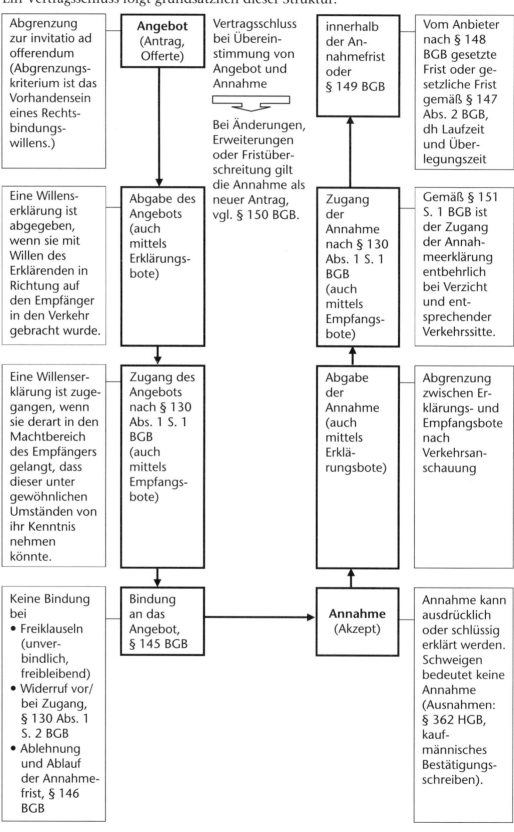

a) Zeitungsanzeige

Ein Vertragsschluss bedarf zunächst einer Angebotswillenserklärung; der Antrag muss also von einem Erklärungsbewusstsein getragen sein.[4]

Bei der Zeitungsanzeige könnte es sich nicht um eine Angebotserklärung, sondern vielmehr um eine **invitatio ad offerendum** handeln. Entsprechendes Abgrenzungskriterium ist, ob M mit oder ohne Rechtsbindungswillen tätig geworden ist. Dies ist im Wege der Auslegung nach dem Verständnis eines objektiven Betrachters in der Situation des Empfängers zu beurteilen. Bei Anzeigen in Zeitungen ist nach dem objektiven Erklärungswert davon auszugehen, dass sich der Inserent rechtlich nicht binden möchte, weil er die Zahl der Interessenten und die konkreten Vertragsbedingungen nicht abzuschätzen vermag.[5] Die Anzeige in der Zeitung stellt mangels Rechtsbindungswillen lediglich eine unverbindliche Aufforderung zur Abgabe von Angeboten und damit keine Offerte dar.

> Invitatio ad offerendum bei fehlendem rechtlichen Bindungswillen aus objektiver Sicht des Empfängerhorizonts

b) Erklärung des M am 19. August

Mit der Erklärung vom 19. August hat M der A einen schriftlichen Antrag iSv § 145 BGB unterbreitet, welcher der A zugegangen und nach § 148 BGB auf 5 Tage befristet ist.

c) Annahme durch A

A hat am 21. August eine schriftliche Annahmeerklärung abgegeben. Fraglich ist, ob die **Annahme rechtzeitig (§ 148 BGB)**, das heißt innerhalb der 5-tägigen Annahmefrist dem M iSd § 130 Abs. 1 S. 1 BGB zugegangen ist.

> **Problem**
> Rechtzeitigkeit der Annahme

aa) Benachrichtigungskarte am 22. August

Eine Willenserklärung ist dann gemäß § 130 Abs. 1 S. 1 BGB zugegangen, wenn sie derart in den Machtbereich des Empfängers gelangt ist, dass dieser unter gewöhnlichen Umständen von ihrem Inhalt Kenntnis nehmen kann (hypothetische Sicht).[6] Zum Machtbereich des Empfängers sind die von ihm zur Entgegennahme von Erklärungen bereit gehaltenen Einrichtungen wie Briefkasten, Postfach oder Anrufbeantworter zu rechnen.[7] Es kommt darauf an, zu welchem Zeitpunkt mit einer Leerung des Briefkastens oder Postfachs bzw. mit dem Abhören des Anrufbeantworters üblicherweise zu rechnen ist. Zwar ist die Benachrichtigungskarte am 22. August in den Briefkasten eingeworfen worden, der Karte ist aber der Inhalt des Schreibens nicht zu entnehmen. Ob dies dem Zugangserfordernis genügt, erscheint zweifelhaft:

---

4 Siehe Fall 1, S. 10 mwN.
5 Eine invitatio ad offerendum ist grundsätzlich auch bei Katalogen, Schaufensterauslagen, Prospekten, Plakaten, TV- und Radiosendungen sowie bei Speisekarten anzunehmen. Bei der Auslage im Selbstbedienungsladen handelt es sich ebenfalls um eine invitatio ad offerendum. Die Vorlage der Ware an der Kasse ist das Angebot des Kunden, das an der Kasse durch die Feststellung des Rechnungsbetrages angenommen wird (vgl. Palandt/*Ellenberger*, § 145 Rn. 2, 9; Erman/*Armbrüster*, § 145 Rn. 6, 10).
6 Näher zu Abgabe und Zugang einer Willenserklärung bei Fall 2, S. 48 ff.
7 Palandt/*Ellenberger*, § 130 Rn. 5 ff.; *Musielak/Hau*, GK BGB, Rn. 95 ff.; *Weiler*, JuS 2005, 788, 791; *Eisfeld*, JA 2006, 851, 852.

> Meinungsstreit zum **Zugang bei Übergabeeinschreiben** durch Einwurf der Benachrichtigungskarte

Teilweise wird der Zugang bereits durch den Einwurf der Benachrichtigungskarte oder zum üblicherweise erwartbaren Abholungszeitpunkt angenommen, weil es nicht auf das Schriftstück selbst ankomme und der Empfänger die zumutbare Möglichkeit der Kenntnisnahme in der Postfiliale habe. Für den Zugang spreche überdies ein Vergleich mit § 181 Abs. 1 ZPO, wonach ein Schriftstück durch Niederlegung bei der Post und Mitteilung darüber durch Einwurf einer Benachrichtigungskarte in den Briefkasten zugestellt werden kann.[8]

Diese Sichtweise überzeugt nicht. Zugang meint die Möglichkeit der Kenntnisnahme und diese besteht gerade nicht bei der Benachrichtigungskarte, die weder Absender noch Inhalt des Briefes erkennen lässt. Der Rechtsgedanke des § 181 Abs. 1 ZPO kann nicht herangezogen werden, weil sich die Zustellungsvorschriften der ZPO grundsätzlich auf die gerichtliche Zustellung beziehen und den Justizgewährleistungsanspruch sicherstellen sollen.[9]

Bei einem Übergabeeinschreiben genügt der Einwurf der Benachrichtigungskarte in den Briefkasten des Empfängers nicht für einen Zugang iSd § 130 Abs. 1 S. 1 BGB.[10]

bb) Einschreibebrief am 24. August

Durch die tatsächliche Kenntnisnahme des M bei der Postfiliale ist die Annahmeerklärung am 24. August zugegangen. Zu beurteilen bleibt, ob der Zugang der Annahme am Nachmittag des 24. August rechtzeitig erfolgt ist, weil der Antrag vom Vormittag des 19. August nach § 148 BGB auf 5 Tage befristet war. Maßgebend für die Fristberechnung sind §§ 186 ff. BGB.

Fristberechnung, §§ 186 ff. BGB

Bei Fristen, die nach Tagen, Wochen, Monaten oder Jahren bemessen werden, gilt der Grundsatz der **Zivilkomputation**. Danach wird der Tag, in dessen Verlauf das maßgebende Ereignis fällt, gemäß § 187 Abs. 1 BGB nicht mitgezählt. Die Frist beginnt mit dem folgenden Tag und endet nach § 188 Abs. 1 BGB mit dem Ablauf des letzten Tages der Frist. Die jeweilige Frist beginnt also mit dem Anfang eines vollen Kalendertages um 0.00 Uhr und endet am entsprechenden Tag um 24.00 Uhr. Dabei ist es unerheblich, ob die Frist an einem Sonnabend, Sonn- oder Feiertag beginnt. Für den Fristablauf ordnet hingegen § 193 BGB an, dass die Frist statt am Sonnabend, Sonn- oder Feiertag am nächsten Werktag endet.
Die Naturalkomputation, welche die Frist in ihrer natürlichen Länge von Augenblick zu Augenblick rechnet, ist bei Stunden- und Minutenfristen anzuwenden.

Die Fristberechnung ist grundsätzlich nach der Zivilkomputation vorzunehmen. Die 5-Tage-Frist beginnt nach § 187 Abs. 1 BGB am 20. August und endet gemäß § 188 Abs. 1 BGB am 24. August, weil der 19. August bei der Fristberechnung nicht mitgezählt wird. Die vormittags in Lauf gesetzte Frist endet nicht am Vormittag; nach § 188 Abs. 1 BGB läuft die Frist am letzten Tag bis 24.00 Uhr. A hat am Nachmittag des 24. August die Annahme des Angebots über 2.100 EUR also rechtzeitig erklärt.

Am 24. August ist daher durch die Kenntnisnahme des Einschreibebriefs ein **Kaufvertrag über 2.100 EUR** zustande gekommen.

---

8 *Wolf/Neuner*, Allgemeiner Teil, §§ 33 Rn. 16, 24; *Behn*, AcP 178 (1978), 505, 524 ff.; *Weber*, JA 1998, 593, 597 f.; *Köhler*, Allgemeiner Teil, § 6 Rn. 14.
9 Dazu Musielak/Voit/*Wittschier*, § 166 Rn. 3, § 181 Rn. 1; MüKoBGB/*Hesse*, Vor §§ 620 ff. Rn. 96.
10 BGH NJW 1998, 976, 977; NJW 1996, 1967, 1968; BAG NJW 1997, 146; OLG Brandenburg NJW 2005, 1585; MüKoBGB/*Einsele*, § 130 Rn. 21; Palandt/*Ellenberger*, § 130 Rn. 7.

d) Auswirkungen des Telefonats am 24. August

Zu erörtern bleibt, wie sich auf diesen Vertrag der Umstand auswirkt, dass beide Beteiligten gutgläubig davon ausgegangen sind, dass durch den Einschreibebrief kein Vertrag geschlossen wurde und sie infolgedessen telefonisch (§ 147 Abs. 1 BGB) einen neuen Kaufvertrag über 2.300 EUR vereinbart haben.

> Wechselwirkungen zwischen den beiden Verträgen

aa) Anfechtung

Es könnte sich bei dem Telefonat am 24. August um einen Anfechtungstatbestand handeln; möglicherweise ergibt sich für A ein Anfechtungsrecht iSd § 142 Abs. 1 BGB.[11]

Dazu müsste ein Anfechtungsgrund bestehen. Hier ist allerdings weder ein Irrtum über den Erklärungsinhalt (§ 119 Abs. 1 Alt. 1 BGB) noch ein Irrtum in der Erklärungshandlung (§ 119 Abs. 1 Alt. 2 BGB) erkennbar. Die irrige Vorstellung über die Ungültigkeit des Vertrages zu 2.100 EUR stellt einen unbeachtlichen Motivirrtum dar.[12] Der M hat die A auch nicht über die angebliche Verspätung iSd § 123 Abs. 1 Alt. 1 BGB getäuscht. Arglist erfordert das Wissen und Wollen, dass der andere durch die Täuschung und den auf ihr beruhenden Irrtum zu einer Willenserklärung bestimmt wird, die er ohne die Täuschung möglicherweise nicht oder nicht so abgeben würde.[13] Das Wissenselement der Arglist setzt voraus, dass der Handelnde die Unrichtigkeit seiner Angaben kennt.[14] Hier ist M gutgläubig vom Ablauf der Annahmefrist ausgegangen.

Anfechtung scheidet aus.

bb) Änderungsvertrag, Novation, Aufhebungsvertrag

Durch den neuen Vertrag vom 24. August über 2.300 EUR könnte die ursprüngliche Vereinbarung über 2.100 EUR geändert, ersetzt oder aufgehoben worden sein.

Die Vertragsfreiheit[15] erlaubt vielfältige Modifikationen einer Vereinbarung.

Vertragsfreiheit

Die verfassungsrechtlich (ua in Art. 2 Abs. 1 GG) verankerte Privatautonomie bezeichnet die Befugnis des Einzelnen, seine Rechtsbeziehungen eigenverantwortlich und nach dem eigenen Willen zu gestalten. Einen wesentlichen Bestandteil der Privatautonomie bildet die Vertragsfreiheit. Sie bedeutet die Kompetenz zur selbstbestimmten Gestaltung der Rechtsverhältnisse durch die Vertragsparteien selbst. Zu unterscheiden sind Abschluss-, Form- und Inhaltsfreiheit.

Abschlussfreiheit	Formfreiheit	Inhaltsfreiheit
Gemeint ist die Freiheit, ob und mit wem ein Vertrag geschlossen wird.	Rechtsgeschäfte bedürfen keiner Form, sie können in beliebiger Art und Weise ausgeübt werden.	Sie beschreibt die Kompetenz, den Inhalt des Vertrages beliebig zu gestalten.

---

11 Zur Anfechtung siehe Fall 4, S. 87 f. und Fall 5, S. 113.
12 Vgl. zum Motivirrtum Palandt/*Ellenberger*, § 119 Rn. 29; PWW/*Ahrens*, § 119 Rn. 42; Erman/*Arnold*, § 119 Rn. 43 f.; *Lorenz*, JuS 2012, 490, 492.
13 *Musielak/Hau*, GK BGB, Rn. 420; *Brox/Walker*, Allgemeiner Teil, § 19 Rn. 1 ff.; *Lorenz*, JuS 2012, 490, 492.
14 BGH NJW 2001, 2326 f.; NJW-RR 1991, 411; OLG Karlsruhe NJW-RR 2013, 869; OLG Hamm BeckRS 2014, 01867. Es ist ausreichend, wenn der Handelnde mit der Unrichtigkeit seiner Angaben rechnet und ins Blaue hinein unrichtige Behauptungen aufstellt.
15 BRHP/*Eckert*, § 145 Rn. 8 ff.; ausführlich *Heinrich*, Formale Freiheit und materiale Gerechtigkeit, S. 43 ff., 55 ff. mwN.

Abschlussfreiheit (Fortsetzung)	Formfreiheit (Fortsetzung)	Inhaltsfreiheit (Fortsetzung)
Kontrahierungszwang ergibt sich im Bereich der Daseinsvorsorge häufig aus Gesetz und wird ansonsten unter anderem aus § 826 BGB, § 21 Abs. 1 AGG oder einer Gesamtanalogie abgeleitet. Dies gilt insbesondere bei Monopolbetrieben und Marktbeherrschung.	Formvorschriften dienen im Wesentlichen Warn-, Beweis- und Beratungszwecken. Ein Formerfordernis umfasst idR das gesamte Rechtsgeschäft mit allen Neben-, Zusatz- und Änderungsabreden. Ein Formverstoß führt nach § 125 S. 1 BGB zur Nichtigkeit. In Ausnahmefällen lässt das Gesetz Heilung zu.	Gestaltungsfreiheit beruht auf dem Grundsatz der Macht- und Verhandlungsbalance. Diese Parität wird gewährleistet durch eine Inhaltskontrolle der Verträge (zB §§ 305 ff. BGB). Schuldrechtsnormen sind idR abdingbar (dispositiv). Zwingendes Recht (ius cogens) bildet die Schranke der Inhaltsfreiheit, zB §§ 134, 138 BGB, AGG.

Hier sind im Grundsatz folgende denkbare Gestaltungen zu unterscheiden.[16]

Änderungsvertrag	Novation	Aufhebungsvertrag
Die Vertragspartner können die ursprünglichen Abreden modifizieren. Der Änderungsvertrag bedarf der für die Begründung des Schuldverhältnisses vorgeschriebenen gesetzlichen Form, zB der des § 311b Abs. 1 BGB. Werden rechtsgeschäftliche Formabreden nicht beachtet, ist grundsätzlich anzunehmen, dass die Parteien die Formabrede stillschweigend aufgehoben haben. Bei einem Änderungsvertrag bleibt das ursprüngliche Schuldverhältnis fortbestehen, dh etwaige akzessorische Sicherungsrechte wirken fort.	Die Parteien können die Aufhebung eines Schuldverhältnisses mit der Begründung eines neuen verbinden, so dass der neue Vertrag an die Stelle des alten tritt. Akzessorische Sicherungsrechte erlöschen. Bei der kausalen Novation ist das Entstehen des neuen Schuldverhältnisses davon abhängig, dass das alte bestanden hat, während bei der abstrakten Novation das neue Schuldverhältnis unabhängig davon entsteht.	Ein Schuldverhältnis kann einverständlich aufgehoben werden. Der Aufhebungsvertrag bedarf nicht der Form des Begründungsvertrages. Für die Beendigung von Arbeitsverhältnissen gibt § 623 BGB die Schriftform vor; entsprechende Aufhebungsverträge müssen also auf derselben Urkunde (§ 126 Abs. 2 BGB) unterzeichnet sein. Vom Erlassvertrag nach § 397 Abs. 1 BGB unterscheidet sich der Aufhebungsvertrag dadurch, dass er das gesamte Schuldverhältnis betrifft und nicht nur eine einzelne Forderung.

Ob in Zweifelsfällen ein Änderungsvertrag, eine Novation oder ein Aufhebungsvertrag anzunehmen ist, wird durch Auslegung der Willenserklärungen bestimmt. Allen drei Vertragstypen gemeinsam ist, dass sie übereinstimmende Willenserklärungen voraussetzen. Beiden Beteiligten muss bewusst sein, dass sie ein ursprünglich bestehendes Schuldverhältnis ändern, ersetzen oder aufheben. Daran fehlt es hier. A und M wollten durch den Vertrag über 2.300 EUR nicht auf den ursprünglichen Vertrag über 2.100 EUR einwirken, vielmehr waren beide übereinstimmend der Auffassung, dass kein Vertrag über 2.100 EUR bestand. Korrespondierende Willenserklärungen im Hinblick auf den bestehenden Vertrag über 2.100 EUR sind folglich nicht ersichtlich; A und M sind einem beiderseitigen Motivirrtum erlegen.

---

16 BRHP/*Gehrlein*, § 311 Rn. 33 ff., 35, 36; Palandt/*Grüneberg*, § 311 Rn. 3 ff., 7, 8 ff.

e) Geschehnisse am 27. August

Der Vertrag über 2.100 EUR bzw. 2.300 EUR könnte gemäß § 313 Abs. 3 S. 1 BGB durch Rücktritt der A nach den Grundsätzen der **Störung der Geschäftsgrundlage** aufgelöst worden sein. Die Rücktrittserklärung (§ 349 BGB) könnte nach §§ 133, 157 BGB im Schadensersatzverlangen der A zu sehen sein. Überdies müsste die Situation der Störung der Geschäftsgrundlage iSd § 313 BGB bestehen.[17]

Subjektive und objektive Geschäftsgrundlage	Große und kleine Geschäftsgrundlage
Mit subjektiver Geschäftsgrundlage werden die der anderen Partei bei Vertragsschluss erkennbar gewordenen Vorstellungen der einen Seite oder die gemeinsamen Vorstellungen beider Parteien von dem Vorhandensein oder dem künftigen Eintritt bestimmter Umstände bezeichnet. Objektive Geschäftsgrundlage meint die allgemeinen Verhältnisse, deren Vorhandensein oder Fortdauer objektiv erforderlich ist, damit der Vertrag im Sinne der Vertragsparteien eine sinnvolle Regelung darstellt.	Unter großer Geschäftsgrundlage werden die dem Vertrag innewohnenden Erwartungen verstanden, dass sich die politischen, sozialen und wirtschaftlichen Rahmenbedingungen nicht grundlegend verändern. Die große Geschäftsgrundlage bezieht sich also insbesondere auf Krieg, Terror oder Währungsverfall. Alle übrigen, weniger einschneidenden Vorkommnisse werden als kleine Geschäftsgrundlage bezeichnet.

Störung der Geschäftsgrundlage nach § 313 BGB

Wegfall der Geschäftsgrundlage, § 313 Abs. 1 BGB	Fehlen der Geschäftsgrundlage, § 313 Abs. 2 BGB
Es muss sich um eine schwerwiegende Veränderung der Umstände nach Vertragsschluss handeln, die dazu führt, dass der von der Störung betroffenen Partei die unveränderte Vertragserfüllung nicht mehr zugemutet werden kann. Vorhersehbare Änderungen und vertragliche Risikoübernahmen schließen in der Regel die Anwendung des § 313 Abs. 1 BGB aus.	Die Grundlagen des Vertrages sind hier von Anfang an nicht vorhanden. Erfasst sind die Fälle eines gemeinschaftlichen Irrtums über wesentliche Umstände und die Fälle, bei denen sich nur eine Partei unrichtige Vorstellungen macht und die andere Partei diesen Irrtum ohne Widerspruch hingenommen hat. Unter § 313 Abs. 2 BGB fallen auch die Fälle eines gemeinschaftlichen Motivirrtums.

Rechtsfolgen der Störung der Geschäftsgrundlage

Anspruch auf Anpassung nach § 313 Abs. 1 BGB
Fehlen und Wegfall der Geschäftsgrundlage führen nicht zur Auflösung, sondern zur Anpassung des Inhalts des Vertrages an die geänderten Umstände. Mittels einer umfassenden Interessenabwägung ist eine zumutbare Vertragsanpassung anzustreben.

Rücktritt bzw. Kündigung gemäß § 313 Abs. 3 BGB
Ist eine Vertragsanpassung iSd § 313 Abs. 1 BGB nicht möglich oder nicht zumutbar, kommt eine Auflösung des Vertrages in Betracht. Die Rückabwicklung erfolgt grundsätzlich nach §§ 346 ff. BGB.

---

[17] Palandt/*Grüneberg*, § 313 Rn. 2 ff.; Erman/*Böttcher*, § 313 Rn. 7 ff.; *Loyal*, NJW 2013, 417 ff.

Vertrag über 2.100 EUR

Im Hinblick auf den **Vertrag über 2.100 EUR** kommt zunächst ein Wegfall der Geschäftsgrundlage nach § 313 Abs. 1 BGB in Betracht. Die Regelung in § 313 Abs. 1 BGB bezieht sich auf den nachträglichen Entfall der subjektiven oder objektiven Geschäftsgrundlage. Ein derartiges Vorkommnis ist nicht erkennbar. Der nachfolgende Abschluss eines weiteren Vertrages berührt nicht die Geschäftsgrundlage des ursprünglichen Vertrages; Umstände, die zur Grundlage des Vertrages geworden sind, haben sich nachträglich nicht verändert.

Möglicherweise handelt es sich um ein Fehlen der Geschäftsgrundlage gemäß **§ 313 Abs. 2 BGB**. Diese Vorschrift meint das ursprüngliche Abhandensein der subjektiven Geschäftsgrundlage. Auch insoweit sind bei dem Kaufvertrag über 2.100 EUR keine Anhaltspunkte erkennbar. A und M haben eine bindende Vereinbarung über den Kauf des Rollers zu einem Preis von 2.100 EUR getroffen, die nach dem Grundsatz pacta sunt servanda einzuhalten ist. Eine Störung der Geschäftsgrundlage iSd § 313 BGB scheidet für den Vertrag über 2.100 EUR aus.

Vertrag über 2.300 EUR

Anders könnte es allerdings hinsichtlich des **Kaufvertrages über 2.300 EUR** sein.[18] Irren sich die Vertragspartner zur Zeit des Vertragsschlusses gemeinsam über eine für die Willensbildung erhebliche Begebenheit, sind die Grundsätze über das Fehlen der Geschäftsgrundlage nach **§ 313 Abs. 2 BGB** heranzuziehen. Die Vorschrift erfasst das ursprüngliche Fehlen der subjektiven Geschäftsgrundlage; sie betrifft insbesondere auch die Fälle eines gemeinschaftlichen Motivirrtums;[19] die gemeinsame Erwartung der Parteien kann auch die Wirksamkeit eines anderen Vertrages sein.[20]

Beiderseitiger Motivirrtum

A und M sind übereinstimmend von einem unwirksamen Vertrag über 2.100 EUR ausgegangen und haben daher am 24. August einen weiteren Vertrag über 2.300 EUR geschlossen. Dem Vertragsschluss über 2.300 EUR liegen gemeinschaftliche Fehlvorstellungen zugrunde, die zur Grundlage dieses Vertrages geworden sind. A und M hätten den Vertrag über 2.300 EUR nicht geschlossen, wenn sie von der Wirksamkeit des Vertrages über 2.100 EUR gewusst hätten. Die beiderseitige Beeinträchtigung der Motivation fällt nicht ausschließlich in die **Risikosphäre** einer Seite; eine vertragliche oder gesetzliche Risikozuordnung hat nicht stattgefunden.[21]

Weiterhin muss die Abwicklung des Vertrages unter Berücksichtigung aller Umstände zumindest für einen Teil unzumutbar sein. **Unzumutbarkeit** ist unter Anlegung eines strengen Maßstabes nur dann anzunehmen, wenn es geboten ist, der Gerechtigkeit widersprechende Ergebnisse zu vermeiden. Dabei kommt es auf eine Abwägung der (widerstreitenden) Interessen von Gläubiger und Schuldner an. Je nach der Konstellation im Einzelfall kann ein Festhalten am Vertrag nicht mehr zumutbar sein, wenn das Verhältnis von Leistung und Gegenleistung durch unvorhersehbare Gegebenheiten erheblich erschüttert ist, der Leistungserfolg nur durch einen unverhältnismäßig hohen Aufwand verwirklicht werden kann oder der Vertragszweck nicht mehr zu erreichen ist.[22]

---

18 Für die Prüfung der Frage, ob (nur) auf den Vertrag über 2.100 EUR oder (auch) auf den Vertrag über 2.300 EUR abzustellen ist (vgl. Fn. 1), können unterschiedliche Ausgangspunkte gewählt werden. Hier wurde als Ansatz darauf abgestellt, an welchem Schuldverhältnis der Schadensersatzanspruch anknüpft. Denkbar ist es, die Wirksamkeit des Vertrages über 2.300 EUR stattdessen bei der Schadensbestimmung zu erörtern.
19 BGH NJW 2002, 292; Erman/*Böttcher*, § 313 Rn. 30; Palandt/*Grüneberg*, § 313 Rn. 38.
20 BRHP/*Lorenz*, § 313 Rn. 81 mwN; MüKoBGB/*Finkenauer*, § 313 Rn. 301.
21 Näher zur Risikoverteilung Erman/*Böttcher*, § 313 Rn. 19 ff.; PWW/*Stürner*, § 313 Rn. 15 ff.
22 Erman/*Böttcher*, § 313 Rn. 27 f.; PWW/*Stürner*, § 313 Rn. 13 f.

Hier handelt es sich um einen besonderen Fall, weil sowohl Gläubiger als auch Schuldner kein Interesse an zwei (bis auf den Preis) inhaltsgleichen Verträgen haben. Der bestehende Kaufvertrag über 2.100 EUR und etwaige Schadensersatzforderungen bezüglich eines weiteren Vertrages über 2.300 EUR lassen ein Bestehen des zweiten Vertrages mangels Zielerreichung unzumutbar erscheinen. Insbesondere ist für den Schuldner die Abnahme von zwei identischen Fahrzeugen unverhältnismäßig. Die Abwicklung eines zweiten Kaufvertrages ist bei dieser Sonderkonstellation nicht zumutbar.[23]

Da eine Vertragsanpassung iSd § 313 Abs. 1 BGB wegen des bereits bestehenden Vertrages über 2.100 EUR nicht möglich ist, kann A gemäß § 313 Abs. 3 S. 1 BGB vom Vertrag über 2.300 EUR zurücktreten. Die Voraussetzungen einer Vertragsauflösung aufgrund der Störung der Geschäftsgrundlage sind insoweit erfüllt.

Zwischen A und M ist folglich nur ein **Kaufvertrag (§ 433 BGB) über 2.100 EUR** zustande gekommen. Somit ist bei der Berechnung eines etwaigen Schadensersatzes nicht auf den Vertrag über 2.300 EUR, sondern allein auf den Vertrag über 2.100 EUR vom 24. August abzustellen.

2. Nachträgliche Unmöglichkeit

Des Weiteren setzt der Schadensersatzanspruch die nachträgliche Unmöglichkeit der Leistung iSd § 275 BGB voraus.[24]

Leistungsbefreiung gemäß § 275 BGB		
§ 275 Abs. 1 BGB Unüberwindbares Hindernis; die Leistung kann aufgrund tatsächlicher oder rechtlicher Gründe nicht erbracht werden. **Unmöglichkeit ipso iure**, dh, die primäre Leistungspflicht ist kraft Gesetzes ausgeschlossen.	**§ 275 Abs. 2 BGB** Überwindbares Hindernis, aber der Aufwand stünde im groben Missverhältnis zum Leistungsinteresse des Gläubigers. **Leistungsverweigerungsrecht**, dh es bedarf der Geltendmachung in Form der Einrede.	**§ 275 Abs. 3 BGB** Überwindbares Hindernis, aber die persönliche Leistungserbringung ist dem Schuldner nicht zumutbar. **Leistungsverweigerungsrecht**, dh es bedarf der Geltendmachung in Form der Einrede.
Zu unterscheiden sind **subjektive** und **objektive Unmöglichkeit**. Entweder ist der Schuldner oder jedermann zur Leistung nicht in der Lage. Vom Schuldner wird erwartet, dass er durch Beschaffung des geschuldeten Gegenstandes seine Leistungsfähigkeit herstellt.	Die Regelung beschreibt die **faktische** (auch praktische) **Unmöglichkeit**. Erforderlich ist, dass die Leistung einen Aufwand erfordert, der unter Berücksichtigung des Inhalts des Schuldverhältnisses sowie des Gebots von Treu und Glauben im groben Missverhältnis zum Leistungsinteresse des Gläubigers steht.	Die **Unzumutbarkeit** einer **persönlich zu erbringenden Leistung** (vor allem von Dienstleistungen) ist Gegenstand des § 275 Abs. 3 BGB. Notwendig für die Feststellung dieser „psychischen" oder auch „personalen" Unmöglichkeit ist ein **Abwägungsvorgang**.

---

23 Eine abweichende Auffassung ist vertretbar, vgl. zur Wertungsentscheidung bei der Zumutbarkeitsprüfung NK-BGB/*Krebs/Jung*, § 313 Rn. 42 f.; BRHP/*Lorenz*, § 313 Rn. 32; zu den Abwägungskriterien *Heinrich*, Formale Freiheit und materiale Gerechtigkeit, S. 329 ff.; *Loyal*, NJW 2013, 417, 419 f.
24 Vgl. PWW/*Schmidt-Kessel/Kramme*, § 275 Rn. 5 ff.; ausführlich *Freitag*, NJW 2014, 113 ff.

Leistungsbefreiung gemäß § 275 BGB *(Fortsetzung)*		
§ 275 Abs. 1 BGB Sollte dies nur mit übermäßiger Anstrengung möglich sein, handelt es sich allenfalls um Unmöglichkeit iSd § 275 Abs. 2 oder 3 BGB. Denkbar als Leistungshindernis sind **naturgesetzliche** (physische) oder **juristische Gründe**, zB kann die geschuldete Ware nicht geliefert werden, wenn sie verbrannt oder vor der Lieferung beschlagnahmt worden ist. Beim **absoluten Fixgeschäft** tritt bei Zeitablauf Unmöglichkeit ein. Bei einer **Gattungsschuld** führt der Untergang des vorgesehenen Leistungsgegenstandes zur Unmöglichkeit, wenn eine Konkretisierung iSd § 243 Abs. 2 BGB erfolgt ist. Zudem gehören die Fälle der **Zweckstörung** hierher. In Form der **Zweckerreichung** tritt sie auf, wenn der geschuldete Erfolg unabhängig vom Schuldner eintritt, zB wenn das vom Eis eingeschlossene Schiff vor dem Eintreffen des Eisbrechers von selbst frei kommt. Ein **Zweckfortfall** ist anzunehmen beim Wegfall des Bezugspunktes der Leistung, zB beim Versterben des kranken Patienten vor Eintreffen des zu Hilfe gerufenen Arztes.	**§ 275 Abs. 2 BGB** Entscheidend ist mithin das **Verhältnis** zwischen erforderlichem **Aufwand des Schuldners** und dem anerkennenswerten **Interesse des Gläubigers** an der Leistung. Das Missverhältnis muss ein besonders krasses, nach Treu und Glauben untragbares Ausmaß erreichen. Beispielhaft ist dafür der auf dem Meeresboden befindliche Ring, dessen Bergung zwar theoretisch möglich ist, welche aber kein vernünftiger Gläubiger ernsthaft erwarten kann, nur damit sein Anspruch erfüllt wird. Ein Leistungsbefreiungsinteresse, dh eine **wirtschaftliche Unmöglichkeit** des Schuldners ist **unerheblich** und allenfalls nach Grundsätzen der Störung der Geschäftsgrundlage nach § 313 BGB zu behandeln. Da gleichwohl der beschriebene Aufwand zumeist auch die Frage nach der wirtschaftlichen Leistungsfähigkeit des Schuldners berührt, findet § 275 Abs. 2 BGB als **nur im Ausnahmefall** geltende Sondernorm lediglich bei schlechthin **untragbarem Mehraufwand** Anwendung.	**§ 275 Abs. 3 BGB** Zu fragen ist hierbei, ob das der Leistungserbringung entgegenstehende Hindernis im Vergleich zum Leistungsinteresse des Gläubigers so schwer wiegt, dass die Leistung nicht zumutbar ist. Beispiel ist das Kind der Schauspielerin, welches lebensbedrohlich erkrankt ist. Anders als bei § 275 Abs. 2 BGB sind nicht ein übermäßiger Aufwand zur Leistungserbringung und ein grobes Missverständnis zum Gläubigerinteresse erforderlich. Das Leistungsverweigerungsrecht ist an die **Dauer des Leistungshindernisses** geknüpft. Die zeitweise Verhinderung der Leistung begründet eine **dilatorische** (aufschiebende oder auch vorübergehende) **Einrede**, während der dauerhafte Hinderungsgrund eine **peremptorische** (dauernde) **Einrede** schafft. Exemplarisch für ersteres ist die Heilung des Kindes der Schauspielerin, für den zweiten Fall der ethisch oder religiös motivierte, schwerwiegende Gewissenskonflikt des Arztes, welcher der Vornahme eines Schwangerschaftsabbruchs entgegensteht.

Unmöglichkeit § 275 Abs. 1 BGB

M könnte nach § **275 Abs. 1 BGB** von der Leistung frei geworden sein.

§ 275 Abs. 1 BGB bezieht sich auf die subjektive und die objektive nachträgliche Unmöglichkeit. M ist aus dem Kaufvertrag nach § 433 Abs. 1 S. 1 BGB zur Übergabe und Übereignung des Rollers verpflichtet. Die Erfüllung dieser Pflichten ist ihm nach der Übereignung an F nicht mehr möglich. Da die Leistung von einem

Dritten, nämlich F, noch erbracht werden könnte, handelt es sich um subjektive Unmöglichkeit (Unvermögen). § 275 Abs. 1 BGB setzt voraus, dass der Schuldner zur Beschaffung oder zur Wiederbeschaffung nicht in der Lage ist; erfordert eine mögliche (Wieder-)Beschaffung einen unverhältnismäßigen Aufwand, ist § 275 Abs. 2 BGB zu prüfen.

Da hier eine (Wieder-)Beschaffung des Rollers oder eines ähnlichen Modells nicht möglich ist, handelt es sich um Unmöglichkeit nach § 275 Abs. 1 BGB. M ist die Erfüllung seiner Leistungspflicht nach Vertragsschluss[25] unmöglich; er ist folglich gemäß § 275 Abs. 1 BGB von der Leistungspflicht frei geworden.

3. Pflichtverletzung

M müsste eine Pflicht aus dem Schuldverhältnis[26] verletzt haben.

Pflichtverletzung nach § 280 Abs. 1 S. 1 BGB
Die Formulierung „Pflicht aus dem Schuldverhältnis" ist weit zu verstehen; umfasst sind Leistungs-, Nebenleistungs- und Verhaltenspflichten. Bezogen auf Leistungsstörungen sind die Nichterfüllung einer Leistungspflicht, die Schlechterfüllung und die Verletzung einer Nebenpflicht zu unterscheiden. Bei der Schlechterfüllung ist zu berücksichtigen, dass gesetzliche Vorschriften für die Mängelhaftung (zB §§ 434 ff., §§ 536 ff. BGB) der allgemeinen Regelung in § 280 BGB vorgehen, vgl. Fall 4, S. 89 f.

Derjenige, der sich einem anderen gegenüber zu einer Leistung verpflichtet, ist gehalten, alles zu unterlassen, das der Leistungserbringung entgegensteht.[27] Gegen diese allgemeine Leistungstreuepflicht iSd § 241 Abs. 1 BGB hat M verstoßen, indem er den Roller an F übergeben und übereignet hat.

4. Vertretenmüssen

Der Schadensersatzanspruch aus § 280 Abs. 1 S. 1 BGB wegen der Pflichtverletzung ist davon abhängig, dass der Schuldner die Pflichtverletzung zu vertreten hat. § 280 Abs. 1 S. 2 BGB ordnet die Beweislast für ein Nichtvertretenmüssen dem Schuldner zu.

Vertretenmüssen der Pflichtverletzung gemäß § 280 Abs. 1 S. 2 BGB
Es gilt der Grundsatz des § 276 Abs. 1 S. 1 BGB. Über § 280 Abs. 1 S. 2 BGB wird die **Beweislast** bezüglich des Vertretenmüssens aber auf den Schuldner verlagert. Der Gläubiger des Schadensersatzanspruchs hat die Pflichtverletzung, den Schaden und die Kausalität zu belegen, während dem Schuldner der Beweis obliegt, dass ihn an der Pflichtverletzung kein Verschulden trifft.

---

25 Vgl. auch *Heyers/Heuser*, NJW 2010, 3057 ff.; *Pahlow*, JA 2006, 385, 388 f.; für anfängliche Leistungshindernisse sieht § 311a Abs. 2 BGB einen eigenständigen Schadensersatzanspruch vor; siehe Fall 5, S. 112.

26 Vgl. BRHP/*Lorenz*, § 280 Rn. 2 ff.; Palandt/*Grüneberg*, § 280 Rn. 12 ff.; Erman/*Westermann*, § 280 Rn. 5, 10 ff.

27 Nach den Gesetzesmaterialien (BT-Drs. 14/6040, S. 135 f.) und einer darauf beruhenden Meinung (*Lorenz*, NJW 2002, 2497, 2500) liegt die Pflichtverletzung in den Fällen des § 275 BGB bereits in der Nichterbringung der Leistung. Gegen eine Leistungspflicht, von welcher der Schuldner befreit ist, kann er allerdings nicht mehr verstoßen, vgl. *Spickhoff*, NJW 2002, 2530, 2533. Es macht deshalb Sinn, die Pflichtverletzung konkret anzugeben.

M hat den Roller vorsätzlich (§ 276 Abs. 1 S. 1 Alt. 1 BGB) an F veräußert und damit bewusst seine Pflicht zur Leistungserbringung verletzt. M hat die Pflichtverletzung zu vertreten.

5. Schaden

§ 280 Abs. 1, 3 iVm § 283 BGB gewähren Schadensersatz statt der Leistung. Der Schadensersatzanspruch statt der Leistung ist auf das positive Interesse (Erfüllungsinteresse) gerichtet. Gemäß § 249 Abs. 1 BGB ist der Zustand herzustellen, der ohne die Pflichtverletzung bestehen würde. A ist also derart zu stellen, wie sie bei ordnungsgemäßer Erfüllung durch M stünde. M hat mithin den Schaden zu ersetzen, der durch die Nichterfüllung adäquat-kausal verursacht wurde (haftungsausfüllende Kausalität). Hätte M ordnungsgemäß erfüllt, wäre A nicht zu einem Deckungsgeschäft zum Preis von 2.400 EUR gezwungen gewesen.

Die unfreiwillige Vermögenseinbuße der A liegt folglich in den Mehraufwendungen von 300 EUR, welche die Ersatzbeschaffung mit sich brachte. Gemäß § 251 Abs. 1 Fall 1 BGB beträgt der Schaden 300 EUR.

Ergebnis

A steht gegen M ein Anspruch auf Schadensersatz in Höhe von 300 EUR gemäß § 280 Abs. 1, 3 iVm § 283 BGB zu.

II. Anspruch nach § 280 Abs. 1, 3 iVm § 281 Abs. 1 S. 1 Alt. 1 BGB

A könnte gegen M außerdem ein Anspruch auf Zahlung von Schadensersatz in Höhe von 300 EUR gemäß § 280 Abs. 1, 3 iVm § 281 Abs. 1 S. 1 BGB[28] zustehen.

1. Schuldverhältnis

A und M haben einen Kaufvertrag über den Roller zu einem Preis von 2.100 EUR geschlossen.

2. Nicht erbrachte fällige Leistung

M hat den Roller nicht geliefert und damit die nach § 433 Abs. 1 S. 1 BGB geschuldete Leistung trotz der zwischenzeitlichen Fälligkeit nach Ablauf der vereinbarten drei Tage (§ 271 Abs. 2 BGB) nicht erbracht.

3. Fristsetzung bzw. deren Entbehrlichkeit

Hinzu kommt gemäß § 281 Abs. 1 S. 1 BGB das Erfordernis des fruchtlosen Ablaufs einer zuvor gesetzten angemessenen Frist zur Leistungserbringung.

> **Aufbauschema Schadensersatz bei Nichtleistung nach § 280 Abs. 1, 3 iVm § 281 Abs. 1 S. 1 BGB**
> 1. Schuldverhältnis
> 2. Nicht oder nicht wie geschuldet erbrachte fällige Leistung
> 3. Fruchtloser Ablauf der gesetzten angemessenen Leistungsfrist bzw. Entbehrlichkeit
> 4. Pflichtverletzung
> 5. Vertretenmüssen
> 6. Schaden

---

28 Die Prüfung des Schadensersatzanspruchs gemäß §§ 280 Abs. 1, 3, 281 Abs. 1 S. 1 BGB an dieser Stelle ist dem Umstand geschuldet, dass der Anspruch aus §§ 280 Abs. 1, 3, 283 BGB auf einer spezielleren Regelung beruht und deshalb vorrangig zu prüfen ist. Selbst für den Fall einer Unmöglichkeit iSd § 275 BGB ist es dem Gläubiger aber nicht verwehrt, dem Schuldner eine angemessene Frist zu setzen und nach deren fruchtlosen Ablauf Schadensersatz nach § 280 Abs. 1, 3 iVm § 281 Abs. 1 BGB zu verlangen, vgl. Palandt/*Grüneberg*, § 283 Rn. 2. Allgemein zum Verhältnis der Vorschriften MüKoBGB/*Ernst*, § 281 Rn. 1 f.

Zwar hat A dem M keine entsprechende Frist zur Leistung bestimmt, die Fristsetzung könnte hier aber wegen § 281 Abs. 2 BGB entbehrlich sein. M beruft sich darauf, dass ihm eine Beschaffung des Rollers nicht möglich ist und stützt sich damit auf § 275 BGB. Die Berufung auf die Unmöglichkeit der Leistung enthält eine ernsthafte und endgültige Erfüllungsverweigerung.[29] Eine Fristsetzung ist also nach § 281 Abs. 2 Alt. 1 BGB entbehrlich.

> **Fristsetzung** ist eine rechtsgeschäftsähnliche Handlung und enthält die bestimmte sowie eindeutige Aufforderung zur Leistung. Eine Ablehnungsandrohung ist nicht erforderlich.

4. Pflichtverletzung

Die Pflichtverletzung liegt in der Nichterbringung der Leistung, genauer der von M nicht vorgenommenen Übereignung und Übergabe des Rollers an A.

5. Vertretenmüssen

M veräußerte den Roller vorsätzlich (§ 276 Abs. 1 S. 1 Alt. 1 BGB) an F. M hat deshalb die Pflichtverletzung zu vertreten, vgl. § 280 Abs. 1 S. 2 BGB.

6. Schaden

M hat der A den Schaden zu ersetzen, der durch die Nichterfüllung des Vertrages über 2.100 EUR entstanden ist. Der Schaden beläuft sich nach § 251 Abs. 1 Fall 1 BGB auf 300 EUR.

Ergebnis

M hat der A gemäß § 280 Abs. 1, 3 iVm § 281 Abs. 1 S. 1 Alt. 1 BGB 300 EUR zu erstatten.

B. Anspruch des W gegen A auf Abnahme und Zahlung

W könnte gegen A einen Anspruch auf Abnahme des Jethelms 1412 und auf Zahlung von 175 EUR aus **§ 433 Abs. 2 BGB** haben.

I. Entstehen des Anspruchs

Dazu müsste durch korrespondierende Willenserklärungen zwischen W und A bei der Online-Auktion ein Kaufvertrag über den Jethelm zustande gekommen sein.

Auktionen im Internet

Für Online-Auktionen auf einer Internet-Plattform gelten die **allgemeinen Regelungen zum Vertragsschluss**, also insbesondere §§ 133, 157, 145 ff., 164 ff. BGB. Es handelt sich regelmäßig mangels Zuschlags um **keine Versteigerung** gemäß § 156 BGB (BGH NJW 2005, 53, 54).
Der Vertragsschluss erfolgt (auch nach den üblichen Geschäftsbedingungen der Plattformbetreiber) durch **Angebot** des Verkäufers (**Einstellen der Ware**) und Annahme **des im Moment des Zeitablaufs Höchstbietenden** (vgl. PWW/*Brinkmann*, Vor §§ 145 ff. Rn. 52 ff.). Der Betreiber der Plattform gilt insoweit als Empfangsvertreter iSd § 164 Abs. 3 BGB (BGH NJW 2002, 364).
Weder Angebot noch Annahme können iSd § 130 Abs. 1 S. 2 BGB widerrufen werden. Der Zugang ist sowohl beim Einstellen des Angebots als auch der Abgabe des Gebots zeitgleich erfolgt, weil der Plattformbetreiber Empfangsvertreter ist.

---

[29] PWW/*Schmidt-Kessel/Kramme*, § 281 Rn. 15.

1. Angebot durch das Freischalten der Internetseite

Im Freischalten der Seite mit dem Jethelm 1412 auf der Internet-Plattform der B-AG könnte ein Angebot des W iSd § 145 BGB liegen. Bei einem Antrag handelt es sich um eine Willenserklärung, die auf einen Vertragsschluss gerichtet ist und die Hauptpunkte des Vertrages (essentialia negotii) so genau bestimmt oder so bestimmbar angibt, dass die Annahme durch eine einfache Zustimmung erfolgen kann.[30]

Bei Versteigerungen im Internet sind zwei Vertragsschlussmöglichkeiten denkbar, wobei nach der üblichen Gestaltung der Internet-Plattformen im Regelfall das Einstellen der Transaktion das Angebot des Verkäufers und das Höchstgebot die Annahme des Käufers darstellt. Nur ausnahmsweise bildet die Freischaltung der Transaktion eine invitatio ad offerendum.[31]

Vertragsschluss bei Internetversteigerungen

Einstellen der Transaktion stellt eine invitatio ad offerendum verbunden mit der antizipierten Annahme des Höchstgebots durch den Verkäufer dar. Der Käufer gibt das Angebot ab.	Einstellen der Transaktion ist das Angebot des Verkäufers und beim Ablauf der Bietefrist bildet das Höchstgebot die Annahme des Käufers. (Regelfall, hM)

Erforderlich ist zunächst ein **Rechtsbindungswille** des W. Dazu ist das Verhalten des W auszulegen. Bei der Auslegung nach dem Verständnis eines objektiven Betrachters in der Situation des Empfängers sind die Allgemeinen Geschäftsbedingungen der B-AG zu berücksichtigen. Die Geschäftsbedingungen sind Voraussetzung für die Teilnahme an der Internetauktion und bilden somit die Auslegungsgrundlage, wie die Parteien als Erklärungsempfänger die jeweils abgegebenen Erklärungen verstehen durften. Danach sind das Angebot des Verkäufers und die Gebote der Käufer als rechtlich relevante Erklärungen einzustufen. W hat den Jethelm mit Rechtsbindungswillen auf der Internetseite angeboten; es handelt sich um keine invitatio ad offerendum.

Bedenken ergeben sich jedoch dahingehend, ob die Hauptpunkte des Vertrages ausreichend bestimmt oder bestimmbar sind.

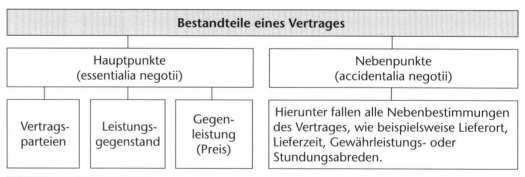

Bestandteile eines Vertrages: Hauptpunkte (essentialia negotii) — Vertragsparteien, Leistungsgegenstand, Gegenleistung (Preis); Nebenpunkte (accidentalia negotii) — Hierunter fallen alle Nebenbestimmungen des Vertrages, wie beispielsweise Lieferort, Lieferzeit, Gewährleistungs- oder Stundungsabreden.

---

30 Palandt/*Ellenberger*, § 145 Rn. 1.
31 Vgl. BGH NJW 2005, 53, 54; KG NJW-RR 2006, 1213; NJW 2005, 1053 f.; NJW 2002, 1583 f.; LG Berlin NJW-RR 2004, 1061; NJW 2004, 2831, 2832; LG Konstanz NJW-RR 2004, 1635, 1636; LG Memmingen NJW 2004, 2389, 2390; Erman/*Armbrüster*, § 145 Rn. 7; Staudinger/*Bork*, § 145 Rn. 9, § 156 Rn. 10a; *Lettl*, JuS 2002, 219, 221 f.; *Ehret*, CR 2003, 754, 755; *Ulrici*, NJW 2001, 1112, 1113; *Hollerbach*, DB 2000, 2001, 2006; NK-BGB/*Kremer*, Anh. zu § 156 BGB Rn. 19; *Deutsch*, MMR 2004, 586; *Wimmer-Leonhardt*, JR 2005, 353, 354 f.; aA *Leible/Sosnitza*, K&R 2002, 89 f.; *Hager*, JZ 2001, 786, 787.

Bei der Freischaltung des Angebots standen Vertragspartner und Kaufpreis noch nicht fest. Hinsichtlich des (zunächst) offenen Vertragspartners kommt ein Angebot an eine unbestimmte Vielzahl von Personen (ad incertas personas) in Betracht. Ein derartiges Angebot an jedermann ist zulässig, weil jedenfalls zum Zeitpunkt des Vertragsschlusses der Vertragspartner konkret feststeht und damit bestimmbar ist.[32] Die Bedenken gegen ein Angebot durch das Freischalten der Internetseite wegen des nicht feststehenden Kaufpreises lassen sich durch die Berücksichtigung der Allgemeinen Geschäftsbedingungen der B-AG entkräften. Als Kaufpreis ist das Höchstgebot festgelegt; damit ist auch die Gegenleistung hinreichend bestimmbar.[33]

> Angebot ad incertas personas

Durch das Freischalten der Internetseite hat W ein Angebot über den Jethelm abgegeben, das nach § 130 Abs. 1 S. 1 BGB der A zugegangen ist.

2. Annahme durch Abgabe des Höchstgebots

Die Annahmeerklärung der A könnte in der Abgabe des Gebots über 175 EUR liegen. Zwar hat A das Gebot mit Erklärungsbewusstsein abgegeben, der Vertragsschluss könnte aber wegen § 156 BGB erst durch Zuschlag zustande kommen. Voraussetzung für die Anwendung des § 156 BGB ist eine Versteigerung.

> Abgrenzung zu § 156 BGB

Versteigerung meint eine Situation, in der sich die Interessenten mit ihren Geboten gegenseitig überbieten und der Vertragsschluss von dem Zuschlag des Auktionators abhängig ist. Demgegenüber ist hier der Vertragsschluss unabhängig von einer Handlung des Auktionators, vielmehr endet die Auktion mit Ablauf einer Frist zugunsten des in diesem Zeitpunkt bestehenden Höchstgebots.[34] Da § 156 BGB dispositiv ist, kann eine derartige Auktionsgestaltung von den Beteiligten im Rahmen der Vertragsfreiheit gewählt werden. Bei einer solchen Internetauktion handelt es sich damit **nicht** um einen Anwendungsfall des § 156 BGB, sondern um einen sogenannten Verkauf gegen Höchstgebot.[35] Die Annahme liegt folglich im Höchstgebot der A über 175 EUR im Zeitpunkt des Ablaufs der Versteigerungsfrist.

> Bei Versteigerungen iSd **§ 156 BGB** ist der Antrag das Gebot des Bieters und der Zuschlag die Annahme. Der Versteigerer handelt gemäß § 164 Abs. 1 BGB im Namen des Einlieferers, der durch den Zuschlag zum Vertragspartner des Bieters wird.

Zwischen A und W ist ein Kaufvertrag über den Jethelm zu einem Preis von 175 EUR zustande gekommen. Der Anspruch gemäß § 433 Abs. 2 BGB auf Abnahme und Zahlung ist entstanden.

II. Erlöschen des Anspruchs

Der Anspruch aus § 433 Abs. 2 BGB könnte nach **§ 355 Abs. 1 S. 1 BGB** durch Widerruf[36] erloschen sein.

---

32 BGH NJW 2002, 363, 364; OLG Hamm NJW 2001, 1142, 1143; Erman/*Armbrüster*, § 145 Rn. 4.
33 Vgl. *Deutsch*, MMR 2004, 586; *Ulrici*, NJW 2001, 1112; *Gaul*, WM 2000, 1783.
34 MüKoBGB/*Busche*, § 156 Rn. 3.
35 Vgl. BGH NJW 2002, 363, 364f.
36 Näher zur Ausgestaltung der Widerrufsmöglichkeiten *Brox/Walker*, Allgemeiner Teil, § 9 Rn. 1ff.

Widerrufsrecht gemäß § 355 Abs. 1 S. 1 BGB

Das Widerrufsrecht iSd § 355 Abs. 1 S. 1 BGB ist ein besonderes Rücktrittsrecht und bezieht sich ausschließlich auf **Verbraucherverträge**. Nach der Legaldefinition des § 310 Abs. 3 BGB handelt es sich dabei um Verträge, die zwischen einem Verbraucher (§ 13 BGB) und einem Unternehmer (§ 14 BGB) geschlossen worden sind. Dabei ist aber zu berücksichtigen, dass nicht jeder Vertrag unter Beteiligung eines Verbrauchers und eines Unternehmers von § 355 Abs. 1 S. 1 BGB erfasst wird. Notwendig ist, dass die für den konkreten Verbrauchervertrag geltenden Bestimmungen dem Verbraucher ausdrücklich ein Widerrufsrecht gemäß § 355 BGB einräumen. Beispielsweise besteht ein solches nicht für einen herkömmlichen Wohnungsmietvertrag zwischen einem Verbraucher und einem Unternehmer, hingegen für den Teilzeit-Wohnrechtevertrag (§§ 481, 485 BGB), den Verbraucherdarlehensvertrag (§§ 491, 495 BGB) sowie für Ratenlieferungsverträge (§ 510 BGB). Darüber hinaus existiert ein Widerrufsrecht bei außerhalb von Geschäftsräumen geschlossenen Verträgen (§§ 312b, 312g BGB) und bei Fernabsatzverträgen (§§ 312c, 312g BGB).

Außerhalb von Geschäftsräumen geschlossene Verträge, § 312b BGB

1. Sinn und Zweck

Mit § 312b BGB werden Art. 2 Nr. 8 und 9 der Verbraucherrechterichtlinie umgesetzt (BT-Drs. 17/12637). Die Vorschrift für außerhalb von Geschäftsräumen geschlossene Verträge ersetzt den § 312 BGB aF über Haustürgeschäfte.
Der Anwendungsbereich der Vorschrift wird durch das Merkmal „**außerhalb von Geschäftsräumen** geschlossene Verträge" bestimmt und stellt dem Unternehmer diejenigen Personen gleich, welche in seinem Namen oder Auftrag handeln. Die Definition in § 312b Abs. 1 BGB ist weiter gefasst als die des früheren Haustürgeschäftes. Im Hinblick auf den Schutzzweck der Norm – den Verbraucher vor der Beeinträchtigung seiner Entscheidungsfreiheit zu schützen – ist das allein maßgebliche Abgrenzungskriterium, ob er mit dem Auftreten des Unternehmers rechnen musste oder ob eine Druck- und/oder Überrumpelungssituation bestand (Palandt/*Grüneberg*, § 312b Rn. 2).
Die Norm ist nur auf entgeltliche Verträge anzuwenden und lässt keine Ausnahme für durch den Verbraucher bestellte Besuche mehr zu (PWW/*Stürner*, § 312b Rn. 5, 7; Palandt/*Grüneberg*, § 312b Rn. 1; *Hohlweger/Ehmann*, GWR 2014, 211, 212).

2. Anwendungsbereich

§ 312b BGB definiert in Absatz 1 außerhalb von Geschäftsräumen geschlossene Verträge anhand verschiedener, situationsbedingter Voraussetzungen. Die enumerative Aufzählung (Abs. 1 S. 1 Nr. 1–4) ist abschließend und einer erweiternden Auslegung oder Analogie nicht zugänglich. Die Fallgruppen der Nr. 1, 2 und 4 beziehen sich auf den Ort des Vertragsschlusses oder die Abgabe der Erklärungen des Verbrauchers, während für Nr. 3 nur der Ort des werbemäßigen Ansprechens relevant ist. § 312b Abs. 2 BGB enthält eine Legaldefinition des Begriffes Geschäftsraum.

a) Kein Geschäftsraum des Unternehmers (Abs. 1 S. 1 Nr. 1)

Der Grundtatbestand des § 312b BGB erfasst Verträge, die zwischen einem Verbraucher und einem Unternehmer bei gleichzeitiger körperlicher Anwesenheit beider an einem Ort geschlossen werden, der nicht zu den Geschäftsräumen des Unternehmers gehört. Hierzu zählen vor allem die Privatwohnung, der Arbeitsplatz, ein Restaurant oder Kaufhaus, das nicht zugleich Geschäftsraum des vertragsschließenden Unternehmers ist, sowie allgemein zugängliche Verkehrsflächen.

Widerrufsrecht gemäß § 355 Abs. 1 S. 1 BGB *(Fortsetzung)*

Außerhalb von Geschäftsräumen geschlossene Verträge, § 312b BGB *(Fortsetzung)*

b) Vertragsangebot des Verbrauchers (Abs. 1 S. 1 Nr. 2)

Die Fallgruppe erweitert den Anwendungsbereich des Abs. 1 S. 1 Nr. 1 und lässt ein bindendes Angebot des Verbrauchers, das er in der Situation der Nr. 1 abgegeben hat, genügen. Voraussetzung ist allerdings, dass der Unternehmer oder sein Gehilfe bei der Abgabe des Angebotes körperlich anwesend ist. Nur in einem solchen Fall ist die Druck- und Überrumpelungsgefahr, vor der § 312b BGB schützen soll, gegeben. Unbeachtlich ist hingegen, ob der Unternehmer das Angebot an diesem Ort oder in seinen Geschäftsräumen annimmt.

c) Ansprechen außerhalb der Geschäftsräume (Abs. 1 S. 1 Nr. 3)

Hiervon umfasst sind Verträge, die zwar in den Geschäftsräumen des Unternehmers oder durch Fernkommunikationsmittel geschlossen werden, bei denen aber der Verbraucher unmittelbar zuvor außerhalb der Geschäftsräume des Unternehmers – bei gleichzeitiger körperlicher Anwesenheit beider – persönlich und individuell angesprochen wurde. Zwischen dem Ansprechen und der Abgabe der zum Vertragsschluss führenden Willenserklärung muss ein **enger zeitlicher Zusammenhang** bestehen. Eine feste Zeitgrenze sieht die Vorschrift nicht vor; maßgebend sind die jeweiligen Umstände des Einzelfalls. Entscheidend ist, ob das Überraschungsmoment noch fortdauert (Erman/*Koch*, § 312b Rn. 20; Palandt/*Grüneberg*, § 312b Rn. 6).

Nicht von Nr. 3 umfasst sind die Fälle, in denen der Unternehmer in die Wohnung des Verbrauchers kommt, um für ein Angebot Werbematerial abzugeben, Maße aufzunehmen oder eine Schätzung vorzunehmen, der Verbraucher aber sein Angebot erst nach Prüfung der Unterlagen oder Schätzung abgibt.

d) Ausflugsveranstaltungen (Abs. 1 S. 1 Nr. 4)

Diese Fallgruppe stellt die einzige Regelung dar, die an eine für Direktvertriebsgeschäfte typische Situation anknüpft. Sie umfasst Verträge, die anlässlich einer Ausflugsveranstaltung in den Geschäftsräumen des Unternehmers geschlossen werden. Hierunter fallen Kaffee- und Butterfahrten, Ausflugsfahrten zur Unterhaltung, Erholung oder Bildung (OLG München NJW-RR 1991, 122; KG NJW-RR 2009, 195) sowie zu Sportereignissen, zu Filmvorführungen (LG Hanau NJW 1995, 1100) oder Wanderlagerveranstaltungen (OLG Hamm NJW-RR 1989, 117).

Es ist nicht erforderlich, dass der Unternehmer den Ausflug selbst veranstaltet, sondern es ist ausreichend, dass dieser von einem Dritten zumindest auch im Interesse des Unternehmers durchgeführt wird. Einen eigenen wirtschaftlichen Vorteil muss der Dritte nicht erstreben, so dass eine Aufteilung in Organisation des Ausfluges einerseits und Waren- bzw. Dienstleistungsangebot andererseits auf zwei Unternehmer nicht zu einem Ausschluss der Anwendbarkeit führt (Erman/*Koch*, § 312b Rn. 22f.; PWW/*Stürner*, § 312b Rn. 19).

e) Geschäftsräume, § 312b Abs. 2 BGB

Der Geschäftsraum ist das zentrale (negative) Merkmal des Anwendungsbereiches des Abs. 1 S. 1. Der Begriff ist in Abs. 2 S. 1 legaldefiniert und betrifft in erster Linie unbewegliche Gewerberäume, in denen der Unternehmer seine Tätigkeit dauerhaft ausübt. Aber auch bewegliche Gewerberäume, in denen er seine Tätigkeit für gewöhnlich verrichtet, fallen darunter. Damit sind beispielsweise Ladengeschäfte, Stände, Verkaufswagen und -stätten gemeint, aber auch Markt-, Messe- und Ausstellungsstände, wenn der Unternehmer sein Gewerbe dort für gewöhnlich ausübt (Palandt/*Grüneberg*, § 312b Rn. 2; Erman/*Koch*, § 312b Rn. 28f.).

Die Gewerberäume, in denen die Personen, die im Namen oder Auftrag des Unternehmers handeln, ihrer Tätigkeit dauerhaft oder für gewöhnlich nachgehen, stehen den Räumen des Unternehmers gleich, § 312b Abs. 2 S. 2 BGB.

Widerrufsrecht gemäß § 355 Abs. 1 S. 1 BGB *(Fortsetzung)*

Fernabsatzvertrag, § 312c BGB

1. Sinn und Zweck

Die Regelung bezweckt den Schutz des Verbrauchers vor den Gefahren der Anonymität im Fernabsatz. Der Verbraucher soll außerdem vor Benachteiligungen geschützt werden, weil er die Waren oder Dienstleistungen vor Vertragsschluss nicht prüfen kann und dadurch ein erhöhtes Fehlerrisiko besteht.

2. Anwendungsbereich

Der Begriff Fernabsatzvertrag ist in Abs. 1 legaldefiniert. Unter ihn fallen alle Verträge, die zwischen einem Verbraucher und einem Unternehmer unter ausschließlicher Verwendung von Fernkommunikationsmitteln im Rahmen eines für den Fernabsatz organisierten Vertriebssystems abgeschlossen werden. Die Regelung ist ausschließlich auf entgeltliche Verträge anzuwenden und gilt gleichermaßen bei Vertretung des Unternehmers. Für den Verbraucher gilt im Ergebnis nichts anderes (PWW/*Stürner*, § 312c Rn. 4).

In § 312 Abs. 2–6 BGB sind verschiedene Bereichsausnahmen festgesetzt, bei denen die Regelung des § 312c BGB keine Anwendung findet. Eine gegenüber § 312c BGB speziellere Vorschrift stellt § 312b Abs. 1 S. 1 Nr. 3 BGB dar.

Die **ausschließliche Verwendung von Fernkommunikationsmitteln** bedeutet, dass **beide** Willenserklärungen mithilfe solcher Kommunikationsmittel abgegeben wurden, die für den Abschluss eines Vertrages ohne gleichzeitige körperliche Anwesenheit der Vertragspartner verwendet werden können. Dabei ist es unerheblich, ob von beiden Seiten identische Mittel benutzt wurden (Palandt/*Grüneberg*, § 312c Rn. 3). Problematisch ist dagegen, ob ein vorheriger persönlicher Kontakt bei der Anbahnung des Geschäftes (zB Probefahrt mit anschließendem Verkauf per Telefonat) den Fernabsatzcharakter entfallen lässt. Das ist nur dann der Fall, wenn der Verbraucher sich während der Vorverhandlung über alle für den Vertragsschluss wesentlichen Umstände informiert hat und der Vertrag in unmittelbar zeitlichem Zusammenhang mit diesem persönlichen Kontakt zustande gekommen ist. Gleiches gilt, wenn er die notwendigen Informationen bereits anlässlich eines persönlichen Kontakts bei einem früheren gleichartigen Vertragsschluss erhalten hat (MüKoBGB/*Wendehorst*, § 312c Rn. 17 ff.; Palandt/*Grüneberg*, § 312c Rn. 4).

Darüber hinaus muss nach Abs. 1 Hs. 2 **ein für den Fernabsatz organisiertes Vertriebs- oder Dienstleistungssystem** bestehen, also die persönlichen, sachlichen und organisatorischen Voraussetzungen für regelmäßige Geschäfte im Fernabsatz geschaffen sein. Nicht ausreichend ist der zufällige oder gelegentliche Einsatz von Fernkommunikationsmitteln, was im Einzelfall zu Abgrenzungsschwierigkeiten führen kann. Vom Anwendungsbereich ausgenommen sind folglich solche Unternehmer, die zwar gelegentlich Verträge telefonisch abschließen, aber kein für den Fernabsatz organisiertes Vertriebs- oder Dienstleistungssystem unterhalten. Ebenfalls nicht erfasst sind die Fälle, in denen ein Unternehmer zwar regelmäßig für die Vertragsanbahnung auf Fernkommunikationsmittel zurückgreift, die vertragliche Leistung aber erst im persönlichen Kontakt genau bestimmt und erbracht wird, wie dies etwa bei Friseuren, Ärzten und Handwerkern die Regel ist (*Ernst*, NJW 2014, 817, 819; MüKoBGB/*Wendehorst*, § 312c Rn. 22; Palandt/*Grüneberg*, § 312c Rn. 6; Erman/*Koch*, § 312c Rn. 9). Entscheidend ist vielmehr, dass sich das Geschäft nach seinem Gesamtbild als typisches Distanzgeschäft darstellt, bei dem der Unternehmer Fernkommunikationstechnik systematisch nutzt, MüKoBGB/*Wendehorst*, § 312c Rn. 24.

Widerrufsrecht gemäß § 355 Abs. 1 S. 1 BGB *(Fortsetzung)*
Rechtsfolgen
Liegen die Voraussetzungen für einen außerhalb von Geschäftsräumen geschlossenen Vertrag gemäß § 312b oder einen Fernabsatzvertrag nach § 312c BGB vor, treffen den Unternehmer gemäß §§ 312d, 312e, 312f und 312j BGB verschiedene (Hinweis- und Informations-)Pflichten. Dem Verbraucher steht ein Widerrufsrecht nach § 355 Abs. 1 S. 1 BGB, § 312g Abs. 1 BGB zu. § 355 BGB regelt als Grundnorm allgemeine Fragen wie Ausübung, Frist und Fristbeginn sowie die Widerrufsfolgen. Die Vorschrift räumt selbst kein Widerrufsrecht ein, sondern setzt ein solches (zB nach § 312b BGB) voraus. Nach § 355 Abs. 1 S. 1 BGB sind beide Vertragspartner nach fristgerechter, wirksamer Ausübung des Widerrufsrechts nicht mehr an ihre Willenserklärung gebunden; empfangene Leistungen sind zurückzugewähren (§ 355 Abs. 3 S. 1 BGB). § 312g Abs. 2–3 BGB nennen Fälle, in denen ausnahmsweise ein Widerrufsrecht nicht besteht. § 356 BGB regelt das Widerrufsrecht hinsichtlich Form, Frist und Erlöschen nur für außerhalb von Geschäftsräumen geschlossene Verträge sowie für Fernabsatzverträge und ergänzt insoweit § 355 BGB. § 357 BGB beschreibt die Rechtsfolgen nach Ausübung des Widerrufsrechts in §§ 312b, 312c BGB. § 312g sowie § 312d BGB sind über § 356 Abs. 3 S. 1 BGB dadurch miteinander verbunden, dass die Frist für den Widerruf nach § 312g Abs. 1 BGB erst mit der Erfüllung der Informationspflicht nach § 312d BGB beginnt. § 312i und § 312j BGB regeln zusätzlich Besonderheiten für den elektronischen Geschäftsverkehr.
Abweichungs- und Umgehungsverbot, § 312k Abs. 1 BGB
§ 312k Abs. 1 S. 1 BGB ist insoweit zwingend, das bedeutet, dass Vereinbarungen, die für den Verbraucher nachteilige Abweichungen von den §§ 312 ff. BGB enthalten, unwirksam sind. Für den Verbraucher vorteilhafte Regelungen bleiben möglich. § 312k Abs. 1 S. 2 BGB ordnet für eine entsprechende anderweitige rechtliche Gestaltung, der nicht mit einer teleologischen Auslegung oder einer Analogie begegnet werden kann, ein Umgehungsverbot an.

1. Verbraucherstellung

Notwendig hierzu ist, dass A Verbraucherin iSd § 13 BGB ist. Verbraucher sind alle natürlichen Personen, sofern sie zu privaten Zwecken rechtsgeschäftlich handeln. Rechtsgeschäfte, die überwiegend einer gewerblichen oder selbständigen beruflichen Tätigkeit zuzurechnen sind, scheiden aus. Über die Einordnung als privates Geschäft entscheidet nicht der innere Wille des Handelnden, sondern der durch Auslegung zu ermittelnde Inhalt des Rechtsgeschäfts zum Zeitpunkt des Vertragsschlusses.[37] Danach hat A als Verbraucherin gehandelt.

> **Verbrauchereigenschaft nach § 13 BGB**
> Soll der Vertragsgegenstand sowohl privat als auch beruflich genutzt werden, ist entscheidend, welche Benutzung überwiegt.

2. Widerrufsrecht

Weiterhin müsste der A ein Widerrufsrecht zustehen. Ein solches könnte sich aus **§ 312g Abs. 1 BGB** ergeben, wenn es sich bei dem Rechtsgeschäft um einen **Fernabsatzvertrag** handelt. Darunter ist nach der Legaldefinition in § 312c Abs. 1 BGB

---

37 Ausführlich zur Frage des „dual use" und dem hiermit einhergehenden Meinungsstreit für Altfälle bei *Meier*, JuS 2014, 777, 778 f.

ein Vertrag zu verstehen, der zwischen einem Unternehmer (§ 14 BGB) und einem Verbraucher (§ 13 BGB) unter ausschließlicher Verwendung von Fernkommunikationsmitteln im Rahmen eines für den Fernabsatz organisierten Vertriebssystems geschlossen wird. Es kommt also allein auf die Art und Weise des Zustandekommens und nicht auf den Inhalt des Vertrages an. Ausschließliche Verwendung von Fernkommunikationsmitteln bedeutet, dass sowohl für das Angebot als auch für die Annahme Fernkommunikationsmittel wie Briefe, Telefonate, E-Mails, SMS oder das Internet eingesetzt werden, vgl. § 312c Abs. 2 BGB.

> **Problem Persönlich angebahnter Fernabsatz**
>
> Haben sich die Beteiligten bzw. deren Vertreter während der Vertragsanbahnung zu einem persönlichen Gespräch getroffen, ist die Anwendung des § 312c BGB nur ausgeschlossen, wenn sich der Verbraucher während dieses Vorgesprächs über alle wesentlichen Umstände informiert hat und der Vertrag in unmittelbarem zeitlichen Zusammenhang mit diesem persönlichen Kontakt anschließend mittels Fernkommunikationsmittel geschlossen wurde.

W ist Unternehmer iSd § 14 Abs. 1 BGB, weil er den Helm im Rahmen seiner gewerblichen Tätigkeit vertrieben hat. Der Lieferungsvertrag ist über die Internetseite der B-AG und folglich unter ausschließlicher Verwendung von Fernkommunikationsmitteln geschlossen worden. W betreibt ein Vertriebsunternehmen, so dass von einem Fernabsatzsystem auszugehen ist.[38]

Das Widerrufsrecht ist nicht nach § 312g Abs. 2 S. 1 Nr. 10 BGB ausgeschlossen, weil es sich bei auf Online-Auktionsplattformen von den Nutzern durchgeführten Transaktionen nicht um Versteigerungen iSd § 156 BGB handelt.[39] Die Gegenauffassung[40] übersieht, dass es sich bei § 312g Abs. 2 S. 1 Nr. 10 BGB um eine eng gefasste Ausnahmevorschrift handelt, deren Anwendungsbereich nicht zu Lasten des Verbraucherschutzes ausgeweitet werden darf.

A steht folglich gemäß § 312g Abs. 1 BGB ein Widerrufsrecht zu.

3. Fristgemäße Widerrufserklärung

Die Widerrufsfrist beträgt nach § 355 Abs. 2 S. 1 BGB 14 Tage. Sie kann vertraglich verlängert, aber nicht abgekürzt werden (siehe § 312k Abs. 1 BGB). Nach § 355 Abs. 2 S. 2 BGB beginnt sie grundsätzlich mit Vertragsschluss, sofern nichts anderes bestimmt ist. Abweichende Bestimmungen enthalten für außerhalb von Geschäftsräumen geschlossene Verträge und Fernabsatzverträge die Absätze 2 und 3 des § 356 BGB. Danach beginnt die Widerrufsfrist erst, wenn der Unternehmer den Verbraucher entsprechend den Anforderungen des Art. 246a § 1 Abs. 1 Nr. 1 EGBGB oder des Art. 246b § 2 Abs. 1 EGBGB informiert hat.

Bei Fernabsatzverträgen ist die Information zweimal zu erteilen; nämlich vor Vertragsschluss (Informationspflicht) in einer dem benutzten Fernkommunikationsmittel angepassten Weise (§ 312d Abs. 1 BGB, Art. 246a § 3 S. 1, § 4 Abs. 3 EGBGB) und nach Vertragsschluss (Dokumentationspflicht) auf einem dauerhaften Datenträger (§ 312f Abs. 2 BGB).[41] Den Informationspflichten muss nicht unmittelbar in der Beschreibung eines jeden Angebots nachgekommen werden; es genügt, wenn der Verbraucher über zwei eindeutig bezeichnete „Links" („Kontakt" und „Impressum") oder auf einer anderen Weise die Möglichkeit hat, an die entsprechenden Informationen zu gelangen.[42] Die Anforderung an die Dokumentations-

---

38 Nach der Formulierung des § 312c Abs. 1 BGB (es sei denn, dass) beschreibt der letzte Halbsatz einen Ausnahmetatbestand, so dass der Unternehmer die Beweislast für ein fehlendes Fernabsatzsystem trägt. Demnach ist im Zweifelsfall (non liquet) von einem Fernabsatzsystem auszugehen.
39 HM, BGH NJW 2005, 53; PWW/*Stürner*, § 312g Rn. 16; *Hoeren/Müller*, NJW 2005, 948; *Staudinger/Schmidt-Bendun*, BB 2005, 732; zusammenfassend NK-BGB/*Kremer*, Anh. zu § 156 BGB Rn. 10 ff., 36 mwN.
40 Zu § 312d Abs. 4 BGB aF *Braun*, JZ 2008, 330; *Hoffmann*, ZIP 2004, 2334; *Spindler*, MMR 2004, 440.
41 *Förster*, JA 2014, 721, 727 f.
42 Erman/*Koch*, § 312d Rn. 34; so auch zu § 312c BGB aF BGH NJW 2006, 3633.

pflicht ist erfüllt bei Verkörperungen auf Papier, Diskette, USB-Stick, CD-ROM, DVD, Speicherkarte oder der Festplatte von Computern sowie E-Mail.[43]

Da A die entsprechenden Mitteilungen von der Internetseite heruntergeladen und zudem eine E-Mail mit den notwendigen Angaben erhalten hat, beträgt die Frist 14 Tage. Bei Warenlieferungen beginnt die Widerrufsfrist gemäß § 356 Abs. 2 Nr. 1a) BGB nicht vor dem Zeitpunkt zu laufen, in dem der Verbraucher die Ware erhalten hat.

Eine konkludente Widerrufserklärung durch Rücksendung des Helms genügt nicht den Anforderungen des § 355 Abs. 1 BGB, es sei denn, es ist zwischen den Parteien so vertraglich vereinbart. Das ist hier nicht der Fall. Mithin ist die auf den Kaufvertrag gerichtete Willenserklärung nicht hierdurch widerrufen worden, zumal die Rücksendung erst nach 14 Tagen erfolgt ist und ohnehin verfristet wäre.

Es kommt also maßgebend darauf an, ob der (innerhalb von 14 Tagen getätigte) **Anruf im Unternehmen** des W den Anforderungen des § 355 Abs. 1 BGB genügt.

Der innerhalb von 14 Tagen erfolgte Widerruf müsste W rechtzeitig zugegangen sein, § 130 Abs. 1 S. 1 BGB. Die Erklärung könnte W mittels **Empfangsboten** zugegangen sein. Empfangsbote ist, wer vom Empfänger zur Entgegennahme von Erklärungen entweder ermächtigt worden oder nach der Verkehrsauffassung als ermächtigt anzusehen ist. Danach ist K als Empfangsbote des W einzuordnen, nicht aber der Hausmeister.[44] Hier ist jedoch die Besonderheit zu berücksichtigen, dass der Hausmeister H aufgrund einer Anrufweiterschaltung der Empfangsbotin K das Gespräch entgegengenommen hat. Das **Empfangsrisiko bei einer automatischen Anrufweiterleitung** von einem Apparat eines bevollmächtigten Mitarbeiters an einen anderen Telefonapparat eines nicht bevollmächtigten Mitarbeiters fällt in die Sphäre des Unternehmens. Wer auf diese Weise eingehende Anrufe entgegennimmt, ist unabhängig von seiner Stellung im Unternehmen im Zweifel nach der Verkehrsauffassung als ermächtigt zur Entgegennahme von Willenserklärungen anzusehen.[45] Der Hausmeister H ist durch die Anrufweiterleitung seitens K zum Empfangsboten des W geworden. Der Umstand, dass W möglicherweise über den Anruf nicht informiert worden ist, geht zu seinen Lasten.
Der Widerruf ist somit fristgemäß erfolgt.

> Der **Zugang bei Empfangsboten** erfolgt in dem Zeitpunkt, zu dem bei gewöhnlichem Verlauf die Weiterleitung an den Adressaten zu erwarten ist. Übermittelt der Empfangsbote die Erklärung nicht, unrichtig oder verspätet, geht das zu Lasten des Empfängers.

4. Formgerechte Widerrufserklärung

Die Widerrufserklärung bedarf keiner bestimmten Form, § 355 Abs. 1 S. 2 BGB. Allerdings reicht eine konkludente Erklärung durch Rücksendung der Ware nicht aus, außer die Parteien verständigen sich darauf.[46] Den Widerruf hat der Verbraucher dem Unternehmer deutlich und eindeutig zu erklären. Er muss zwar nicht als solcher bezeichnet sein, aber den Willen des Verbrauchers erkennen lassen, den Vertrag nicht durchführen zu wollen.[47] Der telefonische Widerruf genügt diesen Anforderungen. Unschädlich ist dabei, dass die Erklärung vor dem eigentlichen Fristbeginn erklärt worden ist.

---

43 Erman/*Koch*, § 312d Rn. 33; *Wendehorst*, NJW 2014, 577, 578 ff.
44 Vgl. Palandt/*Ellenberger*, § 130 Rn. 9. Wird die Erklärung gegenüber einer nach der Verkehrsanschauung nicht ermächtigten Person abgegeben, ist diese Erklärungsbote.
45 BGH NJW 2002, 1565; Erman/*Arnold*, § 130 Rn. 17.
46 BT-Drs. 17/12 637, S. 60.
47 *Schärtl*, JuS 2014, 577, 580; *Wendehorst*, NJW 2014, 577, 582.

Ergebnis

Der Kaufvertrag zwischen A und W über den Helm zu einem Kaufpreis von 175 EUR ist durch den frist- und formgerechten Widerruf der A erloschen. W steht somit gegen A kein Anspruch aus § 433 Abs. 2 BGB auf Abnahme des Helms und Zahlung von 175 EUR zu.

4. Scheingeschäft, Anfechtung und Mängelhaftung beim Unternehmenskauf

Sachverhalt

Eduard Emsig (E) ist Eigentümer eines Gebäudes in der Regensburger Innenstadt. In den Erdgeschossräumen betreibt er einen Telefonladen; die oberen Stockwerke sind als Wohnräume an mehrere Parteien vermietet. Emsig möchte sich aus dem Geschäftsleben zurückziehen und bietet die Immobilie und den Laden ohne nähere Angaben zum Kauf an. Am 23. Oktober wird er sich mit Bernd Bergmann (B) einig; Bergmann übergibt Emsig Bargeld in Höhe von 100.000 EUR, das auf den Kaufpreis angerechnet werden soll. Am 25. Oktober veräußert Emsig das Haus und das Geschäft mit notariellem Vertrag an Bergmann. In das Grundbuch wird Bergmann am 20. Dezember eingetragen. Bei dem Gespräch mit dem Notar haben Emsig und Bergmann einen Kaufpreis von 600.000 EUR angegeben; tatsächlich wurde ein Preis von 850.000 EUR vereinbart. Bergmann übernimmt das Telefongeschäft am 2. November.

Bergmann möchte sich auf den Telefonladen konzentrieren und den Umsatz steigern. Aus diesem Grund vertraut er die Verwaltung der Mietwohnungen dem Hausverwalter Dieter Dreher (D) an. Ein entsprechendes Informationsschreiben lässt Bergmann allen Mietern (M) zukommen. Dieter Dreher nimmt nunmehr die monatlichen Mietzahlungen im Namen des Bergmann entgegen und setzt sich nach zwei Monaten mit der gesamten Summe in die Karibik ab. Im Zuge der polizeilichen Ermittlungen erfährt Bergmann, dass es sich bei Dreher um einen berüchtigten Gauner handelt. Er teilt daraufhin sofort allen Mietern mit, dass er unter diesen Umständen die Vollmacht selbstverständlich von Anfang an widerrufe, und fordert die Mieter auf, nochmals an ihn zu zahlen. Die Mieter verweigern die Zahlung.

In der nächsten Zeit entwickelt sich der Telefonabsatz schlecht. Bergmann kommt es daher gelegen, als er am 17. November entdeckt, dass das Gebäude unter Denkmalschutz steht und er aus diesem Grund mit hohen Folgekosten rechnen muss. Am 21. Dezember teilt er Emsig schriftlich mit, dass er wegen der Absatzschwierigkeiten sowie der Belastung durch den Denkmalschutz vom Kauf zurücktrete und keine weiteren Zahlungen leisten werde. Emsig besteht auf Kaufpreiszahlung.

Wie ist die Rechtslage?

Gliederung

A. Ansprüche des E gegen B auf Kaufpreiszahlung 83
    I. Anspruch auf Zahlung von 600.000 EUR nach § 433 Abs. 2 BGB 83
        1. Entstehen des Anspruchs 83
           Problem: Unternehmenskauf 83
        2. Nichtigkeit gemäß § 117 Abs. 1 BGB 84
    II. Anspruch auf Zahlung von 850.000 EUR gemäß § 433 Abs. 2 BGB 85
        1. Auswirkungen des Formerfordernisses 85
        2. Zahlung der 100.000 EUR 86
        3. Schreiben vom 21. Dezember 86
           a) Bedeutung der Rücktrittserklärung 86
               Problem: Auslegung von Willenserklärungen 86
           b) Rückgang des Absatzes 87
              aa) Anfechtungsrecht iSd §§ 142 Abs. 1, 119 Abs. 2 BGB 87
                  Problem: Anwendung von § 119 Abs. 2 BGB auf Unternehmensgeschäfte 88
              bb) Rücktrittsrecht nach § 437 Nr. 2 BGB 89
                  Problem: Ertragsfähigkeit als Mangel 89
              cc) Aufrechnung mit einem Anspruch aus § 280 Abs. 1 BGB iVm §§ 311 Abs. 2, 241 Abs. 2 BGB (culpa in contrahendo) 89
                  Problem: Anwendbarkeit neben Ansprüchen aus §§ 434 ff. BGB 89
           c) Denkmalschutz 91
              aa) Rücktrittsrecht nach § 437 Nr. 2 BGB 91
                  (1) Mangelhaftigkeit des Gebäudes 91
                      Problem: Grundstücksbeschaffenheit als Sach- oder Rechtsmangel 91
                  (2) Ausschluss des Rücktrittsrechts gemäß § 442 Abs. 1 S. 1 BGB 92
                      Problem: relevanter Zeitpunkt der Kenntniserlangung 92
              bb) Anfechtungsrecht nach §§ 142 Abs. 1, 119 Abs. 2 BGB 93
                  Problem: Anwendbarkeit neben §§ 434 ff. BGB 93

B. Anspruch des B gegen M auf Mietzahlung 94
    I. Entstehen des Anspruchs aus § 535 Abs. 2 BGB 94
    II. Erlöschen des Anspruchs 95
        1. Erlöschen durch Zahlung an D 95
           a) D als Stellvertreter 96
           b) Widerruf der Vollmacht 97
           c) Anfechtung der Vollmacht 97
               Problem: Anfechtbarkeit einer gebrauchten Vollmacht 97
        2. Erlöschen durch Aufrechnung mit einer Schadensersatzforderung ... 99
           a) Aufrechnungserklärung 99
           b) Gegenseitigkeit der Forderungen/Bestehen der Gegenforderung .. 99
               Problem: Anwendbarkeit des § 122 Abs. 1 BGB 100
           c) Sonstige Voraussetzungen der Aufrechnung 100

Lösungshinweise

A. Ansprüche des E gegen B auf Kaufpreiszahlung

I. Anspruch auf Zahlung von 600.000 EUR

Ein Anspruch des E gegen B auf Zahlung der notariell vereinbarten Summe von 600.000 EUR ergibt sich möglicherweise aus **§ 433 Abs. 2 iVm § 453 Abs. 1 BGB**.

1. Entstehen des Anspruchs

E und B haben über den Kauf des Gebäudes und des Telefonladens übereinstimmende Willenserklärungen iSd §§ 145 ff. BGB abgegeben. Zwischen E und B ist ein Kaufvertrag (§ 433 BGB) zustande gekommen. Dem lässt sich in Bezug auf den Telefonladen nicht entgegenhalten, dass es sich insoweit um einen Unternehmenskauf handelt. § 453 Abs. 1 BGB regelt den Kauf von Rechten und sonstigen Gegenständen und erklärt die §§ 433 ff. BGB für entsprechend anwendbar. Sonstige Gegenstände sind übertragbare Sachen und Rechte, die einzeln oder zusammengefasst im Rechts- und Wirtschaftsverkehr gegen Entgelt dem Erwerber zur Verwendung oder Verfügung überlassen werden. Darunter fallen Immaterialgüterrechte (zB Domain-Adressen, know-how) oder auch Unternehmen als Zusammensetzung von Sachen, Rechten und weiteren Geschäftsgegenständen wie Wissenstransfer, Ruf oder Produktstrategien.[1] Auf den Unternehmenskauf sind die §§ 433 ff. BGB entsprechend anzuwenden. Der Unternehmenskauf ist in den Formen des asset deal und des share deal möglich.[2]

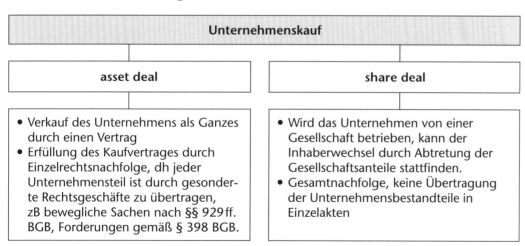

E und B haben in Bezug auf den Telefonladen einen Unternehmenskauf in Form des sogenannten asset deal getätigt. Über das Grundstück und den Telefonladen ist ein einheitlicher Kaufvertrag gemäß § 433 BGB zustande gekommen. Der Anspruch auf Zahlung von 600.000 EUR aus § 433 Abs. 2 BGB ist grundsätzlich entstanden.

---

1 Palandt/*Weidenkaff*, § 453 Rn. 7 ff.; BRHP/*Faust*, § 453 Rn. 27 ff.; Erman/*Grunewald*, § 453 Rn. 20 f.
2 Einzelheiten und Abgrenzung bei *Reinicke/Tiedtke*, Kaufrecht, Rn. 1242 f., 1248 ff.; MüKoBGB/*Westermann*, § 453 Rn. 29 ff.

2. Nichtigkeit gemäß § 117 Abs. 1 BGB

Der Kaufvertrag ist zwar iSd § 311b Abs. 1 S. 1 BGB notariell beurkundet worden, könnte aber als Scheingeschäft gemäß § 117 Abs. 1 BGB nichtig sein. Ein Scheingeschäft ist anzunehmen, wenn die Beteiligten einverständlich lediglich den äußeren Schein eines Rechtsgeschäfts erwecken, die mit dem Geschäft verbundenen rechtlichen Folgen allerdings nicht eintreten lassen wollen, also das Erklärungsbewusstsein, mithin der Rechtsbindungswille fehlt.

Scheingeschäft, § 117 BGB

Empfangsbedürftige Willenserklärungen sind gemäß § 117 Abs. 1 BGB nichtig, wenn die Parteien einverständlich nur den äußeren Schein eines Rechtsgeschäfts hervorrufen wollen, also den Parteien das Erklärungsbewusstsein fehlt.
Wird durch das Scheingeschäft ein anderes, ernstlich gewolltes Rechtsgeschäft verdeckt (sog dissimuliertes Geschäft), ist dieses wirksam, sofern dessen Voraussetzungen erfüllt sind (§ 117 Abs. 2 BGB) und keine sonstigen Unwirksamkeitsgründe (§§ 134, 138 BGB) bestehen.
Typisches Beispiel ist der Grundstückskauf unter Angabe eines geringeren als des tatsächlich vereinbarten Preises. Das beurkundete Rechtsgeschäft ist als Scheingeschäft nach § 117 Abs. 1 BGB nichtig, das verdeckte Rechtsgeschäft ist wegen Formmangels (§ 311b Abs. 1 S. 1 BGB) gemäß § 125 S. 1 BGB nichtig. Der Formmangel kann durch Auflassung und Eintragung im Grundbuch geheilt werden (§ 311b Abs. 1 S. 2 BGB), so dass dann das verdeckte Rechtsgeschäft wirksam ist.

Abgrenzung (von § 117 BGB ausgenommene Fälle)

Strohmanngeschäfte	Umgehungsgeschäfte	Steuergestaltungsgeschäfte
Das Vorschieben eines Strohmanns erfolgt regelmäßig mit Rechtsbindungswillen, so dass der Strohmann bei Rechtsgeschäften auch selbst Vertragspartner wird. § 117 Abs. 1 BGB ist allerdings dann anzuwenden, wenn Strohmann und Vertragspartner einverständlich nur den äußeren Schein eines tatsächlich nicht gewollten Rechtsgeschäfts erwecken wollen.	Beim Umgehungsgeschäft sind die vereinbarten Rechtsfolgen von beiden Seiten gewollt; § 117 Abs. 1 BGB ist nicht anzuwenden, weil es den Vertragspartnern auf die Durchführung des Geschäfts ankommt. Die Unwirksamkeit des Rechtsgeschäfts kann sich aber aus Verbotsnormen (§ 134 BGB) wie § 306a, § 312k Abs. 1 S. 2, § 361 Abs. 2 S. 2 BGB ergeben.	Wirksam ist ein Vertrag, der eine steuerlich ungewöhnlich gestaltete Abrede enthält. Ein möglicherweise unter § 41 AO fallender Vertrag stellt kein Scheingeschäft dar, weil der von den Vertragspartnern erstrebte Rechtserfolg der Steuerersparnis die Gültigkeit des Rechtsgeschäfts voraussetzt.

E und B wollten hier keinen Vertrag über 600.000 EUR abschließen; die niedrigere Summe wurde nur zum Schein angegeben, um über Finanzmittel steuer- und gebührenfrei zu verfügen. E und B fehlt der Wille, eine Rechtswirkung herbeizuführen. Hinsichtlich des Verkaufs zu 600.000 EUR sollte im Sinne des § 117 Abs. 1 BGB lediglich der äußere Anschein eines Rechtsgeschäfts hervorgerufen werden.

Ergebnis

Der notariell beurkundete Kaufvertrag über 600.000 EUR ist gemäß § 117 Abs. 1 BGB nichtig. Zwischen E und B ist ein Zahlungsanspruch nach § 433 Abs. 2 BGB nicht entstanden.

II. Anspruch auf Zahlung von 850.000 EUR

Ein Anspruch auf Zahlung von 850.000 EUR aus **§ 433 Abs. 2 BGB** setzt zunächst voraus, dass zwischen E und B ein Kaufvertrag zustande gekommen ist. Der Verkauf zu 850.000 EUR ist von den Parteien tatsächlich gewollt. Nach § 117 Abs. 2 BGB ist das verdeckte (dissimulierte) Geschäft wirksam, wenn die dafür notwendigen Voraussetzungen unabhängig vom Scheingeschäft erfüllt sind. E und B haben übereinstimmende Willenserklärungen nach §§ 145 ff. BGB abgegeben.

1. Auswirkungen des Formerfordernisses

Der Kaufvertrag könnte gemäß § 125 S. 1 BGB nichtig sein, weil die Abrede nicht nach **§ 311b Abs. 1 S. 1 BGB** notariell beurkundet ist, § 128 BGB, §§ 8 ff. BeurkG. Der Verkauf des Gebäudes fällt unter § 311b Abs. 1 S. 1 BGB; fraglich ist, ob das auch für den Telefonladen gilt. Dies hängt von den mit § 311b Abs. 1 S. 1 BGB verfolgten Zwecken ab (teleologische Interpretation der Vorschrift).[3]

§ 311b Abs. 1 S. 1 BGB, der die notarielle Beurkundung für Verträge über die Verpflichtung zum Erwerb oder zur Übertragung von Grundstückseigentum anordnet, erfüllt Warn-, Beweis- und Betreuungsfunktionen. Diese umfassende Zwecksetzung des (nicht abdingbaren) § 311b Abs. 1 S. 1 BGB lässt sich nur bei einer vollständigen Beurkundung des Vertrages verwirklichen (**Grundsatz der Gesamtbeurkundung**). Beurkundungsbedürftig sind deshalb nicht nur die Vertragsteile, die unmittelbar auf die Eigentumsübertragung zielen, sondern sämtliche Abreden, aus denen sich der schuldrechtliche Veräußerungsvertrag zusammensetzt. Formpflichtig sind daher zum Beispiel auch die Zusicherung einer Eigenschaft, der Ausschluss der Gewährleistung oder Abreden über Vorauszahlungen.[4] Die Formbedürftigkeit

Grundsatz der Gesamtbeurkundung

Das Formerfordernis der Beurkundung erstreckt sich auf den Vertrag im Ganzen, dh auch auf alle Vereinbarungen, aus denen sich das Veräußerungsgeschäft zusammensetzt und die die Rechtswirkung erzeugen.

---

3 MüKoBGB/*Kanzleiter*, § 311b Rn. 2.
4 Weitere Beispiele bei Palandt/*Grüneberg*, § 311b Rn. 25 ff. mwN.

gilt aufgrund der umfassenden Zwecksetzung auch bei der Koppelung des Grundstückskaufvertrages mit anderen Verträgen, sofern die Abreden nach dem Willen der Parteien eine rechtliche Einheit bilden sollen. Ob eine entsprechende Verbindung zwischen den beiden Verträgen besteht, ist entsprechend dem Grundgedanken des § 139 BGB danach zu beurteilen, ob der Immobilienvertrag mit der anderen Abrede „stehen oder fallen" soll.[5] Sind beide Verträge in einer Urkunde zusammengefasst, so spricht eine tatsächliche Vermutung für die rechtliche Koppelung der Geschäfte iSd § 139 BGB.[6]

E und B haben den Verkauf des Grundstücks und des Telefonladens als einheitliches Geschäft aufgefasst und auch einheitlich behandelt. Die enge Verbundenheit erfordert für beide Geschäfte eine notarielle Beurkundung nach § 311b Abs. 1 S. 1 BGB. Das Geschäft kann nicht in zwei selbständige Teile aufgespalten werden. An der notariellen Beurkundung des Vertrages über 850.000 EUR fehlt es, so dass der Vertrag gemäß § 125 S. 1 iVm § 311b Abs. 1 S. 1 BGB nichtig ist. Gemäß § 311b Abs. 1 S. 2 BGB besteht jedoch die Möglichkeit der Heilung durch Erfüllung, also durch Auflassung und Grundbucheintragung (vgl. § 873 BGB). B wurde am 20.12. in das Grundbuch eingetragen. Da eine Eintragung nach § 20 GBO nur nach vorheriger Auflassung erfolgt, sind die Voraussetzungen des § 311b Abs. 1 S. 2 BGB erfüllt. Der Formmangel ist geheilt; der Anspruch gemäß § 433 Abs. 2 iVm § 453 Abs. 1 BGB ist in Höhe von 850.000 EUR entstanden.

2. Zahlung der 100.000 EUR

Durch die Übergabe der 100.000 EUR vor Abschluss des Kaufvertrages ist nach § 362 Abs. 1 BGB insoweit teilweise Erfüllung eingetreten. Zwar spricht der Grundsatz der Gesamtbeurkundung dafür, dass ebenfalls die Anrechnungsvereinbarung vom 23.10. notariell zu beurkunden ist (§ 311b Abs. 1 S. 1 BGB), es ist aber jedenfalls auch insoweit Heilung gemäß § 311b Abs. 1 S. 2 BGB eingetreten. Die Anrechnungsabrede ist wirksam, § 362 Abs. 1 BGB. B schuldet E demnach gemäß § 433 Abs. 2 BGB noch 750.000 EUR.

3. Schreiben vom 21. Dezember

a) Bedeutung der Rücktrittserklärung

> Auslegung
> §§ 133, 157 BGB

B erklärt im Schreiben vom 21.12., dass er vom Kaufvertrag zurücktrete. Ihm steht zwar kein vertragliches, möglicherweise aber ein gesetzliches Rücktrittsrecht nach § 437 Nr. 2 BGB zu. Die Bedeutung des Schreibens vom 21.12. muss sich entgegen seines Wortlauts jedoch nicht allein auf eine Rücktrittserklärung beschränken; das Schreiben könnte auch weitere Beendigungstatbestände beinhalten. Die Erklärung vom 21.12. ist daher zur Untersuchung weiterer Möglichkeiten des B zur Auflösung des Vertrages nach §§ 133, 157 BGB auszulegen. Dabei kommt es auf den Parteiwillen (§ 133 BGB) ebenso an wie auf den objektiven Erklärungsgehalt (§ 157 BGB), denn beide Kriterien sind sowohl bei der Auslegung einer Willenserklärung als auch eines Vertrages bedeutsam; §§ 133, 157 BGB sind nebeneinander anzuwenden.[7] Danach ist die Erklärung nach dem **Empfängerhorizont** auszulegen; es kommt darauf an, wie der Empfänger die Erklärung aus der Sicht eines objektiven

---

[5] Soergel/*Wolf*, § 311b Rn. 67ff.; MüKoBGB/*Kanzleiter*, § 311b Rn. 54ff.; Erman/*Grziwotz*, § 311b Rn. 43ff.
[6] Vgl. BGH NJW 1986, 1983f.; NJW 1984, 973; MüKoBGB/*Ruhwinkel*, § 311b Rn. 58.
[7] Allgemeine Meinung, vgl. nur Palandt/*Ellenberger*, § 133 Rn. 1; *Musielak/Hau*, GK BGB, Rn. 171f.

Beobachters verstehen durfte, nicht wie er sie tatsächlich verstanden hat. Bei der Rücktrittserklärung handelt es sich um eine empfangsbedürftige Willenserklärung, die so auszulegen ist, wie sie der Empfänger nach Treu und Glauben unter Berücksichtigung der Verkehrssitte verstehen musste (sogenannte normative Auslegung, Lehre vom objektivierten Empfängerhorizont). Vergleichbar der Interpretation von Gesetzen sind als Mittel der Auslegung der Wortlaut, der Textzusammenhang, die Entstehungsgeschichte sowie Sinn und Zweck heranzuziehen.

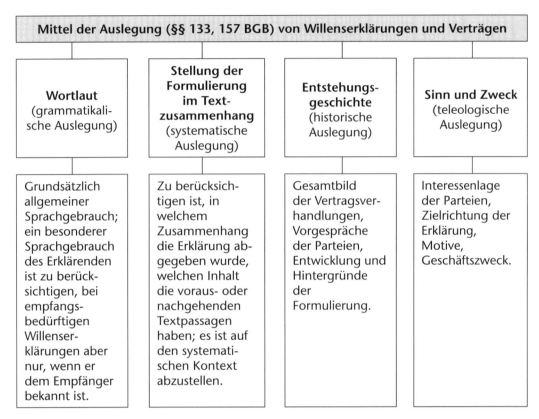

B kommt es darauf an, sich von dem Vertrag zu lösen; dies war dem Empfänger E erkennbar. B wollte mit seiner Äußerung keine Beschränkung auf eine bestimmte rechtliche Vorgehensweise ausdrücken. Nach Treu und Glauben unter Berücksichtigung der Verkehrssitte ist die Rücktrittserklärung des B deshalb gemäß §§ 133, 157 BGB auch als Anfechtungserklärung (§ 143 Abs. 1 BGB) oder als Geltendmachung eines Gegenanspruchs (§ 388 S. 1 BGB) zu deuten. Zu erörtern bleibt, ob der Absatzrückgang und der Denkmalschutz entsprechende Rechte einräumen.

b) Rückgang des Absatzes

Entscheidend ist mithin, ob es sich bei dem Absatzrückgang um eine verkehrswesentliche Eigenschaft im Sinne des § 119 Abs. 2 BGB oder um einen Mangel im Sinne des § 434 BGB handelt. Überdies ist zu prüfen, ob der Absatzrückgang einen Gegenanspruch rechtfertigt

aa) Anfechtungsrecht iSd §§ 142 Abs. 1, 119 Abs. 2 BGB

Für den Fall, dass ein Anfechtungsgrund besteht, wäre die Willenserklärung des B, die zum Abschluss des Vertrages geführt hat, nach § 142 Abs. 1 BGB von Anfang

Aufbauschema
Anfechtung
I. Voraussetzungen
1. Anfechtungserklärung, § 143 Abs. 1 BGB
2. Anfechtungsgegner, § 143 Abs. 2–4 BGB
3. Anfechtungsgrund, §§ 119, 120, 123 BGB
4. Anfechtungsfrist, §§ 121, 124 BGB

II. Rechtsfolgen
1. Nichtigkeit ex tunc, § 142 Abs. 1 BGB
2. Schadensersatz, § 122 Abs. 1 BGB

an nichtig, so dass E mangels eines Kaufvertrages sein Begehren nach § 433 Abs. 2 BGB nicht verwirklichen könnte. Als Anfechtungsgrund kommt ein Eigenschaftsirrtum gemäß **§ 119 Abs. 2 BGB** in Betracht.

Im Hinblick auf § 119 Abs. 2 BGB ist fraglich, ob die Norm auf Unternehmensgeschäfte anwendbar ist, weil ein Unternehmen keine Sache an sich, sondern ein komplexes Gebilde aus Sachen, Rechten und weiteren Bestandteilen darstellt.

Der Begriff der Sache im Sinne des § 119 Abs. 2 BGB ist allerdings nicht mit dem Sachbegriff des § 90 BGB gleichzusetzen. Vielmehr werden neben körperlichen Gegenständen auch alle von der Verkehrsanschauung als Gegenstand des Rechtsverkehrs anerkannte Objekte erfasst, so auch Rechte oder Sachgesamtheiten wie Unternehmen.[8]

Voraussetzung für § 119 Abs. 2 BGB ist, dass der Absatz des Telefonladens eine verkehrswesentliche Eigenschaft ist. Der Begriff der Verkehrswesentlichkeit ist streitig:[9]

Meinungsstreit zur Verkehrswesentlichkeit bei § 119 Abs. 2 BGB

Objektive Sicht	Unmittelbarkeitsansatz	Lehre von der Geschäftswesentlichkeit (hM)
Verkehrswesentlichkeit sei aus dem Blickwinkel einer objektiven Verkehrsanschauung zu bestimmen; dabei sei verkehrswesentlich, was im Allgemeinen als wesentliche Eigenschaft gilt.	Verkehrswesentlich seien nur solche Eigenschaften, die eine unmittelbare Bedeutung für die Beurteilung der Person oder Sache haben, also nur solche, die die Person oder Sache selbst kennzeichnen und nicht nur mittelbar einen Einfluss ausüben.	Verkehrswesentlichkeit sei danach zu bestimmen, was die Parteien als vertragswesentlich ansehen; fehlt es an einer ausdrücklich getroffenen Abrede, sei von den Parteien (stillschweigend) stets das in den Vertrag einbezogen, was typischerweise mit dem Geschäftstyp verbunden sei, also die üblichen Eigenschaften.

Ein bestimmter Absatz des Unternehmens lässt sich aus objektiver Sicht nicht feststellen und ist von den Parteien auch nicht zum Geschäftsgegenstand gemacht worden; der Absatz kennzeichnet ein Geschäft nur mittelbar, weil er sich als Folge wirtschaftlichen Handelns des Geschäftsinhabers ergibt und nicht eine unmittelbare Eigenschaft des Ladens selbst darstellt. Hier lehnen also sämtliche Auffassungen die Verkehrswesentlichkeit ab, so dass es auf eine Entscheidung des Meinungsstreits nicht ankommt.

Ein Anfechtungsgrund (§ 119 Abs. 2 BGB) besteht damit nicht;[10] die Willenserklärung des B ist nicht gemäß § 142 Abs. 1 BGB von Anfang an (ex tunc) nichtig.

---
8 Erman/*Arnold*, § 119 Rn. 40; PWW/*Ahrens*, § 119 Rn. 39; Palandt/*Ellenberger* § 119 Rn. 27.
9 Vgl. *Medicus/Petersen*, Bürgerliches Recht, Rn. 138 ff.; Erman/*Arnold*, § 119 Rn. 41 f.; ausführlich MüKoBGB/*Armbrüster*, § 119 Rn. 138 ff.

bb) Rücktrittsrecht nach § 437 Nr. 2 BGB

Der Kaufgegenstand müsste einen Mangel gemäß § 434 BGB aufweisen, um dem Käufer ein Rücktrittsrecht aus § 437 Nr. 2 BGB zu gewähren. Die Anwendbarkeit des § 434 BGB auf den Unternehmenskauf ergibt sich aus § 453 Abs. 1 BGB. Da keine Beschaffenheit vereinbart wurde (§ 434 Abs. 1 S. 1 BGB), dh keine Abrede über die tatsächliche oder erwartete Ertragslage des Unternehmens getroffen wurde, bleibt zu beurteilen, ob die schlechte Absatzentwicklung als Fehler iSd § 434 Abs. 1 S. 2 BGB anzusehen ist.

Das Unternehmen als solches ist keine Sache, sondern der Inbegriff von Sachen, Rechten und weiteren Umweltbeziehungen. Der Kaufpreis eines Unternehmens richtet sich dabei in der Regel nach seinem Ertragswert und nicht allein nach der Bewertung seiner materiellen Bestandteile. Das Vorliegen eines Mangels bestimmt sich somit danach, ob die Tauglichkeit einzelner Substanzstücke in ihrem Bezug auf die unternehmerische Nutzung gestört oder die unternehmerische Einheit als solche in ihrer Funktion beeinträchtigt ist.

Ein Fehler liegt nicht vor, wenn sich die Sache für die gewöhnliche Verwendung eignet und eine Beschaffenheit aufweist, die bei Sachen der gleichen Art üblich ist und die der Käufer nach Art der Sache erwarten kann. Es gibt jedoch keine Gattung von Unternehmen mit einer bestimmten Ertragsfähigkeit, die als Maßstab des Artgemäßen bei dem konkreten Unternehmen dienen könnte. Fehlen beim Vertrag Angaben zu Umsatz oder Ertrag, ist eine schlechte Absatzentwicklung regelmäßig weder § 434 Abs. 1 S. 2 Nr. 1 BGB (Eignung zur vorausgesetzten Verwendung) noch § 434 Abs. 1 S. 2 Nr. 2 BGB (Eignung zur gewöhnlichen Verwendung) zuzuordnen. Der Absatz widerspricht nicht den vertraglich festgehaltenen Vorstellungen; enttäuscht wurde allein die einseitige Erwartung des B. E hat die Immobilie und den Telefonladen ohne nähere Angaben zur Wirtschaftlichkeit veräußert.

Im Ergebnis sind daher ein Fehler gemäß § 434 Abs. 1 S. 2 BGB und damit ein Rücktrittsrecht des B abzulehnen.

> **Aufbauschema Rücktrittsrecht wegen Mangels beim Kaufvertrag, § 437 Nr. 2 BGB**
> 1. Kaufvertrag, § 433 BGB
> 2. Mangel, §§ 434, 435 BGB
> 3. Bei Gefahrübergang, §§ 446, 447 BGB
> 4. Erheblichkeit des Mangels, § 323 Abs. 5 S. 2 BGB
> 5. Nachfrist, § 323 Abs. 1 BGB, es sei denn, entbehrlich nach §§ 323 Abs. 2, 440, 326 Abs. 5 BGB
> 6. Kein Ausschluss des Rücktrittsrechts, § 323 Abs. 6 BGB
> 7. Keine Kenntnis des Käufers vom Mangel, § 442 BGB
> 8. Kein Gewährleistungsausschluss, §§ 444, 476 BGB

cc) Aufrechnung mit einem Anspruch aus § 280 Abs. 1 BGB iVm §§ 311 Abs. 2, 241 Abs. 2 BGB (culpa in contrahendo)

Der Zahlungsanspruch könnte nach § 389 BGB untergegangen sein, wenn B mit einem Gegenanspruch aus § 280 Abs. 1 BGB iVm §§ 311 Abs. 2, 241 Abs. 2 BGB aufrechnen kann.

Es ist zu klären, ob das Rechtsinstitut der c.i.c. neben der Mängelhaftung anwendbar ist. Während eine Auffassung dafür eintritt, die c.i.c. uneingeschränkt neben den §§ 434 ff. BGB heranzuziehen, weil beide Rechtsinstitute unterschiedliche Haftungsvoraussetzungen beschreiben und verschiedene Zwecke verfolgen,[11] tritt die überwiegende Meinung für eine differenzierende Lösung ein: Soweit fahrlässige Pflichtverletzungen bei Vertragsschluss die Mängelhaftung betreffen, ist eine Haftung nach §§ 311 Abs. 2, 241 Abs. 2, 280 Abs. 1 BGB ausgeschlossen. Die §§ 434 ff. BGB sind insoweit leges speciales, weil Verjährungsdauer und Verjährungsbeginn unterschiedlich geregelt sind. Ferner enthält das Kaufrecht mit dem vorgeschalteten Nacherfüllungsanspruch und mit dem Gewährleistungsausschluss in § 442 BGB Besonderheiten, die auf eine abschließende Regelung in den

> Anwendbarkeit der c.i.c. neben der Mängelhaftung

---

10 Die Darstellung des Konkurrenzverhältnisses von § 119 Abs. 2 BGB zu §§ 434 ff. BGB ist somit entbehrlich. Vgl. hierzu die Erläuterungen auf S. 93 f.
11 *Häublein*, NJW 2003, 391; *Barnert*, WM 2003, 424; BRHP/*Faust*, § 437 Rn. 194 ff.

Anwendbarkeit der c.i.c. Konkurrenz zu §§ 434 ff. BGB

Nach hM stellen die §§ 434 ff. BGB eine abschließende Sonderregelung dar, sofern es sich um Merkmale der Kaufsache handelt, die einer Beschaffenheitsvereinbarung zugänglich sind. Bei Verletzung von Beratungspflichten und bei vorsätzlichem, arglistigem Handeln des Verkäufers sind c.i.c. und §§ 434 ff. BGB nebeneinander anwendbar.

§§ 434 ff. BGB schließen lassen. Betrifft die Pflichtverletzung hingegen außerhalb der §§ 434 ff. BGB liegende Umstände, ist die c.i.c. nach überwiegender Auffassung anwendbar.[12] Das ist zum einen anzunehmen, wenn es sich um Merkmale der Kaufsache handelt, die nicht zum Gegenstand einer Beschaffenheitsvereinbarung (§ 434 Abs. 1 S. 1 BGB) hätten gemacht werden können, zum anderen bei der Verletzung von Beratungspflichten.[13]

Ob c.i.c. und §§ 437 Nr. 3, 281 Abs. 1 S. 3 BGB bei vorsätzlichem oder arglistigem Handeln des Verkäufers nebeneinander anwendbar sind, ist streitig: Die eine Sichtweise lehnt die parallele Anwendung der c.i.c. ab, weil der Vorschlag der Schuldrechtskommission, dem Gläubiger eines Schadensersatzanspruches statt der Leistung zugleich wahlweise einen Anspruch auf Ersatz des negativen Interesses einzuräumen, nicht in das Gesetz übernommen wurde.[14] Die (wohl) herrschende Meinung tritt demgegenüber für eine Haftung aus c.i.c. und §§ 434 ff. BGB nebeneinander ein, wenn der Verkäufer vorsätzlich oder arglistig falsche Angaben macht; der Verkäufer sei nicht schutzwürdig, so dass ihm die Privilegierungen der kaufvertraglichen Mängelhaftung nicht zustehen.[15]

Mit Recht werden die §§ 434 ff. BGB aufgrund ihrer Besonderheiten hinsichtlich Nachbesserungsrecht und Verjährung als abschließende Sonderregeln angesehen, sofern Merkmale eines Kaufgegenstandes betroffen sind, die Sach- oder Rechtsmängeln zuzuordnen sind. Entscheidend für die Abgrenzung ist also insbesondere der Beschaffenheitsbegriff in § 434 Abs. 1 S. 1 BGB. Unter Beschaffenheit sind bei einem Unternehmenskauf alle tatsächlichen, wirtschaftlichen, sozialen oder rechtlichen Beziehungen des Unternehmens zur Umwelt zu verstehen, die wegen ihrer Art und Dauer die Brauchbarkeit oder den Wert des Unternehmens beeinflussen.

Problem

Umsatz und Ertrag als Beschaffenheit iSd § 434 Abs. 1 S. 1 BGB

Ob Umsatz und Ertrag Gegenstand einer Beschaffenheitsvereinbarung sein können, ist streitig.[16] Der BGH hat in seiner früheren Rechtsprechung zu § 459 BGB aF den Zusammenhang mit einem Sachmangel häufig verneint und die c.i.c. grundsätzlich für anwendbar erklärt.[17] Nach der Schuldrechtsreform ist wegen der weiten Formulierung des § 434 Abs. 1 S. 1 BGB davon auszugehen, dass Umsatz und Ertrag einer Beschaffenheitsvereinbarung zugänglich sind.[18] Bei Angaben über Umsatz und Ertrag verdrängen daher richtigerweise die §§ 434 ff. BGB eine Haftung aus c.i.c.; das Gewährleistungsrecht entfaltet eine Sperrwirkung.

Die Entscheidung dieser für den Unternehmenskauf kontrovers diskutierten Frage ist hier im Ergebnis nicht bedeutsam, weil auch bei Anwendbarkeit der c.i.c. ein Anspruch aus § 280 Abs. 1 BGB iVm §§ 311 Abs. 2, 241 Abs. 2 BGB zu verneinen ist. Zwar liegt gemäß § 311 Abs. 2 Nr. 1 BGB durch die Aufnahme von Vertragsverhandlungen ein vorvertragliches Schuldverhältnis vor, E ist aber keine Pflicht-

---

[12] BRHP/*Sutschet*, § 311 Rn. 82 ff.; Palandt/*Grüneberg*, § 311 Rn. 14 ff.; *Reinicke/Tiedtke*, Kaufrecht, Rn. 860 f.; Jauernig/*Berger*, § 437 Rn. 34; Erman/*Kindl*, § 311 Rn. 85 f.; *Schulze/ Ebers*, JuS 2004, 462, 463; *Oechsler*, Vertragliche Schuldverhältnisse, Rn. 468 ff.

[13] Einzelheiten zu den Fallgruppen und weitere Nachweise bei Palandt/*Grüneberg*, § 311 Rn. 14 ff., 41 f.; Erman/*Kindl*, § 311 Rn. 85 f. Vgl. *Lorenz*, JuS 2015, 398 ff.

[14] Staudinger/*Matusche-Beckmann*, § 437 Rn. 67; BRHP/*Sutschet*, § 311 Rn. 82.

[15] *Reinicke/Tiedtke*, Kaufrecht, Rn. 861; Erman/*Grunewald*, vor § 437 Rn. 17; Palandt/*Grüneberg*, § 311 Rn. 15; *Oechsler*, Vertragliche Schuldverhältnisse, Rn. 465, 467.

[16] Überblick zu den unterschiedlichen Sichtweisen bei *Reinicke/Tiedtke*, Kaufrecht, Rn. 1252 ff. mwN.

[17] BGH WM 1990, 1344; WM 1988, 1700, 1702; NJW 1977, 1536 ff.

[18] Der Anwendungsbereich der Mängelhaftung wird auf diese Weise ausgeweitet, die c.i.c. tritt zurück; siehe Erman/*Kindl*, § 311 Rn. 86; ausführlich *Reinicke/Tiedtke*, Kaufrecht, Rn. 1254 ff., 1259.

verletzung vorzuwerfen. Der zukünftige Telefonabsatz war nicht Verhandlungsgegenstand; der Absatz hat sich erst nach Geschäftsübernahme verschlechtert. Ein Anspruch aus c.i.c. besteht nicht.

In Bezug auf den Absatzrückgang ist deshalb im Ergebnis festzuhalten, dass B diesbezüglich keine Rechte gegen E zustehen.

c) Denkmalschutz

aa) Rücktrittsrecht nach § 437 Nr. 2 BGB

B könnte gemäß §§ 437 Nr. 2, 323 Abs. 1 Alt. 2 BGB von dem Kaufvertrag zurücktreten, sofern wegen des Denkmalschutzes ein Mangel des Vertragsgegenstandes vorliegt.

(1) Mangelhaftigkeit des Gebäudes

Möglicherweise handelt es sich bei dem Denkmalschutz um einen Rechtsmangel iSd § 435 BGB, weil der **Denkmalschutz** unter Umständen ein Recht des Staates beschreibt, welches das dem Käufer zu verschaffende Eigentum belastet. Grundsätzlich können Rechte Dritter iSd § 434 BGB auch öffentlich-rechtlicher Natur sein, so dass im Prinzip auch ein Rechtsmangel in Betracht kommt. Im Einzelnen ist wie folgt zu unterscheiden:[19]

Die Abgrenzung ist danach vorzunehmen, ob der Mangel seinen Grund in der Beschaffenheit der Sache selbst hat (Sachmangel) oder ob sich der Mangel auf eine konkrete Entwicklung bei dem Gegenstand zurückführen lässt, auf die der Verkäufer Einfluss ausüben und so den Mangel beseitigen kann (Rechtsmangel).[20] Ist die Nutzung oder Veränderung eines Grundstücks dadurch beschränkt, dass sich darauf ein Denkmal befindet, so handelt es sich um eine allgemeine Eigentumsbeschränkung im Sinne eines erheblichen Sachmangels nach § 434 Abs. 1 BGB.[21]

---

19 Die Abgrenzung zwischen Sach- und Rechtsmangel ist für die Fallbearbeitung in der Regel im Ergebnis unerheblich, weil die §§ 437 ff. BGB einheitlich anzuwenden sind.
20 Zu den im Einzelnen streitigen Abgrenzungskriterien Soergel/*Huber*, § 434 Rn. 8 ff.; MüKoBGB/*Westermann*, § 435 Rn. 7. Vgl. auch *Looschelders*, JA 2018, 81 ff.
21 BGH NJW 1993, 1323 f.; NJW 1992, 1384 f.; NJW 1991, 912; OLG Saarbrücken NJW-RR 1996, 692.

Dieser Sachmangel bestand auch zur Zeit des Gefahrübergangs, § 446 BGB. Das Rücktrittsrecht ist nicht nach § 214 Abs. 1 iVm §§ 438 Abs. 4, 218 Abs. 1 S. 1, 195 BGB unwirksam.

(2) Ausschluss des Rücktrittsrechts gemäß § 442 Abs. 1 S. 1 BGB

Das Rücktrittsrecht könnte ausgeschlossen sein, wenn B den Mangel gemäß § 442 Abs. 1 S. 1 BGB bei Vertragsschluss gekannt hat. Kenntnis von einem Mangel bedeutet positives Wissen um einen Mangel in seiner Erheblichkeit zum Zeitpunkt des Vertragsschlusses. Das Wissen muss sich auf die Tatsachen, die rechtliche Bedeutung und den Umfang des Mangels erstrecken.

Ein bloßer Verdacht genügt nicht. Ausreichend ist es jedoch, wenn der Käufer es bewusst verweigert, eine Tatsache oder Rechtsfolge zur Kenntnis zu nehmen.[22] Danach bestünden keine Bedenken gegenüber dem Rücktrittsrecht, denn B besaß erst ab dem 17.11. Kenntnis, während der Kaufvertrag am 25.10. abgeschlossen wurde. Hier besteht aber die Besonderheit, dass der zunächst formunwirksame Grundstückskaufvertrag über 850.000 EUR gemäß § 311b Abs. 1 S. 2 BGB erst durch die Eintragung in das Grundbuch am 20.12. rückwirkend wirksam geworden ist und B zu diesem Zeitpunkt Kenntnis besaß.

Damit ist die Frage zu beantworten, ob im Rahmen des **§ 442 Abs. 1 S. 1 BGB bei einer rückwirkenden Heilung nach § 311b Abs. 1 S. 2 BGB** auf den Zeitpunkt des Vertragsschlusses oder den der Eintragung in das Grundbuch abzustellen ist.[23]

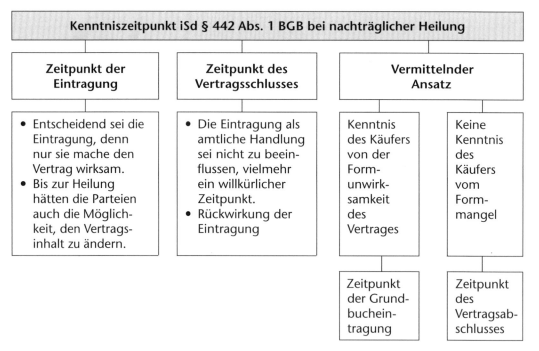

Die vermittelnde Meinung ist zutreffend, weil sie eine sachgerechte Differenzierung vornimmt, indem sie dem Käufer bei Unkenntnis des Formmangels gegebenenfalls Vertrauensschutz bietet, diesen Schutz aber bei Kenntnis versagt.

---

22 MüKoBGB/*Westermann*, § 442 Rn. 5. Fehlt es an der Kenntnis einzelner Merkmale, kann grobe Fahrlässigkeit iSd § 442 Abs. 1 S. 2 BGB in Betracht kommen.
23 Vgl. Erman/*Grunewald*, § 442 Rn. 8; BRHP/*Faust*, § 442 Rn. 5 f.; *Kanzleiter*, DNotZ 1986, 747, 749; MüKoBGB/*Westermann*, § 442 Rn. 6; *Tiedtke*, JZ 1990, 75, 80; BGH NJW 1989, 2050 f.; OLG Hamm NJW 1986, 136.

Wenn B mit E einen tatsächlich höheren Preis vereinbart hatte, kannte er (jedenfalls aufgrund der notariellen Belehrungen gemäß § 17 BeurkG am 25. Oktober) die Formunwirksamkeit des Kaufvertrages über 850.000 EUR. Somit ist die Eintragung als ausschlaggebender Zeitpunkt heranzuziehen.

Im Ergebnis ist § 442 Abs. 1 S. 1 BGB hier anzuwenden, so dass B kein Rücktrittsrecht nach §§ 437 Nr. 2, 323 Abs. 1 Alt. 2 BGB zusteht.

bb) Anfechtungsrecht nach §§ 142 Abs. 1, 119 Abs. 2 BGB

B könnte aufgrund des Denkmalschutzes ein Recht zur Anfechtung seiner Willenserklärung nach § 142 Abs. 1 iVm § 119 Abs. 2 BGB zustehen. Voraussetzung dafür ist, dass eine Anfechtung neben den kaufrechtlichen Gewährleistungsvorschriften anwendbar ist. Die Konkurrenzproblematik stellt sich nur, wenn sich – wie hier – der Irrtum auf eine Beschaffenheit der Kaufsache bezieht, für die der Anwendungsbereich der Gewährleistungsrechte (§ 437 BGB) eröffnet ist. Es kommt mithin darauf an, ob die Eigenschaft zum Gegenstand einer Beschaffenheitsvereinbarung iSd § 434 Abs. 1 S. 1 BGB gemacht werden könnte.[24] Ist eine Beschaffenheitsvereinbarung möglich, betreffen also Irrtum und Mangel ein deckungsgleiches Ereignis und ist damit der Anwendungsbereich beider Normkomplexe eröffnet, so ist die Konkurrenzfrage je nach dem betroffenen Anfechtungsgrund zu beantworten:[25] Hinsichtlich § 119 Abs. 2 BGB geht § 437 BGB als lex specialis vor, weil das Gewährleistungsrecht als Teil des Besonderen Schuldrechts die widerstreitenden Interessen von Käufer und Verkäufer in einer Vielzahl von Vorschriften (zB §§ 442, 438 BGB) speziell geregelt hat. Insbesondere hat der Käufer in der Regel dem Verkäufer zunächst eine Frist zur Nacherfüllung zu setzen, so dass für den Verkäufer grundsätzlich die Gelegenheit besteht, einen vertragsgemäßen Zustand herbeizuführen, während die Anfechtung eine sofortige Beendigung des Vertrages bewirkt. Das im Allgemeinen Teil des BGB normierte Anfechtungsrecht hat entsprechend der Systematik des BGB hinter die besondere Regelung zurückzutreten.[26]

Anderes gilt bei einer Anfechtung nach § 123 BGB. Wegen des erhöhten Unrechtsgehalts einer Täuschung oder Drohung bleibt hier die Anfechtung neben § 437 BGB möglich. Dem Käufer ist ein Nacherfüllungsbegehren gegenüber einem Verkäufer, der ihn arglistig getäuscht oder bedroht hat, nicht zuzumuten. Da der Verkäufer keinen Schutz verdient, kann der Vertrag rückwirkend gemäß § 142 Abs. 1 iVm § 123 Abs. 1 BGB aufgelöst werden.[27]

Überschneiden sich die Anwendungsbereiche inhaltlich nicht, können Anfechtungs- und Gewährleistungsrechte grundsätzlich nebeneinander Anwendung finden. So liegt es im Prinzip, wenn nicht der Käufer, sondern der Verkäufer die Anfechtung erklärt, weil § 437 BGB allein dem Käufer Rechte gibt. Eine Ausnahme

Anwendbarkeit der Anfechtung

Konkurrenz zu §§ 434 ff. BGB

- § 119 Abs. 2 BGB wird von §§ 434 ff., insbesondere § 434 Abs. 1 BGB verdrängt, soweit der Anwendungsbereich der Mängelhaftung eröffnet ist.
- § 123 BGB bleibt mangels Schutzwürdigkeit des Täuschenden/ Drohenden neben den §§ 434 ff. BGB uneingeschränkt anwendbar.

---

24 Nach hM ist es unerheblich, ob auch tatsächlich eine entsprechende Beschaffenheitsvereinbarung getroffen wurde. Es genüge die Möglichkeit einer Abrede nach § 434 Abs. 1 S. 1 BGB, weil es nicht angezeigt sei, einem Käufer, der sich durch die Vereinbarung einer Beschaffenheit abgesichert hat, die Anfechtung zu versagen, während sie einem Käufer, der eine solche Absicherung versäumt hat, zusteht. Einzelheiten zu dieser streitigen Frage bei *Reinicke/Tiedtke*, Kaufrecht, Rn. 800 ff.
25 Zu § 119 Abs. 1, § 120 BGB stellen sich in der Regel keine Konkurrenzfragen, weil Erklärungs- und Inhaltsirrtum sowie Übermittlungsfehler unabhängig von der Mangelhaftung sind. Die Anfechtung ist grundsätzlich möglich, vgl. Erman/*Grunewald*, vor § 437 Rn. 22 ff.
26 HM, vgl. *Reinicke/Tiedtke*, Kaufrecht, Rn. 800 ff.; Erman/*Grunewald*, vor § 437 Rn. 23; *Wertenbruch*, NJW 2004, 1977, 1979; Palandt/*Weidenkaff*, § 437 Rn. 53 f.
27 HM, Erman/*Grunewald*, vor § 437 Rn. 30; *Oechsler*, Vertragliche Schuldverhältnisse, Rn. 470: Fraus omnia corrumpit (Betrug lässt alle Haftungsschranken entfallen).

> **Vorrang von §§ 434ff. BGB wegen**
> - Unterlaufen des Vorrangs der Nacherfüllung, § 439 BGB
> - Umgehung von § 442 Abs. 1 BGB
> - Unterlaufen der kürzeren Verjährungsfrist des § 438 BGB durch die längere Ausschlussfrist von § 121 Abs. 2 BGB

gilt gegebenenfalls aber dann, wenn sich der Verkäufer durch die Anfechtung seiner Gewährleistungspflicht entziehen will. In einem solchen Fall kann die Anfechtung rechtsmissbräuchlich und durch § 242 BGB ausgeschlossen sein. Kommt es dem Verkäufer nicht darauf an, sich der Gewährleistungsansprüche des Käufers zu entziehen, bleibt die Anfechtung möglich.[28]

Für eine arglistige Täuschung bestehen keine Anhaltspunkte; in Betracht kommt möglicherweise eine Anfechtung nach § 119 Abs. 2 BGB. Dieser Anfechtungsgrund wird aber durch den vorrangigen § 437 BGB ausgeschlossen. Das Anfechtungsrecht ist nicht anwendbar.

Ergebnis

B kann dem Zahlungsbegehren des E keine Gegenrechte entgegenhalten. B ist nach § 433 Abs. 2 iVm § 453 Abs. 1 BGB zur Zahlung der Restsumme in Höhe von 750.000 EUR verpflichtet.

B. Anspruch des B gegen M auf Mietzahlung

Der Anspruch des B gegen die Mieter M auf Zahlung von Miete könnte sich aus **§ 535 Abs. 2 BGB** ergeben.

I. Entstehen des Anspruchs

Der Mietvertrag[29] wurde zwar zwischen E und M abgeschlossen, B ist aber gemäß § 566 Abs. 1 BGB in die Rechtsposition des Vermieters eingerückt. Durch die Veräußerung des an M vermieteten Wohnraums von E an B ist der Erwerber B kraft Gesetzes in die Rechtsverhältnisse zu den Mietern eingetreten. Der Anspruch aus § 535 Abs. 2 BGB ist entstanden.

> **Eigentumswechsel und Mietvertrag, § 566 BGB**
>
> § 566 Abs. 1 BGB regelt zum Schutz des Mieters, dass dieser den Mietbesitz nicht durch Veräußerung oder Erwerb kraft Gesetzes (BGH NJW 2008, 2773) verliert. Mit Beendigung des Erwerbstatbestandes, also in der Regel mit Grundbucheintragung, tritt der Erwerber an die Stelle des vormaligen Eigentümers und Vermieters.
> **Voraussetzung** ist die Personenidentität von Veräußerer und Vermieter. Diskutiert wird über den Zeitpunkt, wann diese bestehen muss; überwiegend wird vertreten, dass es nicht auf den Zeitpunkt der Anmietung, sondern allein auf den der Veräußerung ankommt (dazu mwN PWW/*Riecke*, § 566 Rn. 4). Auseinander gehen die Auffassungen, ob bzw. in welchen Fallgruppen eine analoge Anwendung des § 566 BGB in Betracht kommt, wenn Vermieter und Veräußerer nicht identisch sind (vgl. MüKoBGB/*Häublein*, § 566 Rn. 21).
> Weiterhin bedarf es einer Veräußerung nach Überlassung der Wohnung an den Mieter. Veräußerung meint den Eigentumsübergang; auf das einhergehende Kausalgeschäft kommt es nicht an. Bei einem Eigentumsübergang vor Überlassung gilt § 567a BGB.
> **Rechtsfolge** ist ein gesetzlicher Vertragsübergang. Dem Erwerber stehen alle Ansprüche aus dem Mietverhältnis zu, soweit diese nach dem Eigentumsübergang fällig sind. Der bisherige Vermieter scheidet mit dem Eigentumsübergang aus dem Mietverhältnis aus, behält allerdings die Ansprüche und Rechte, welche vor dem Eigentumsübergang fällig wurden. Für Schadensersatzansprüche, die sich nach § 566 Abs. 1 BGB gegen den Erwerber richten, haftet der Vermieter gemäß § 566 Abs. 2 S. 1 BGB wie ein selbstschuldnerischer Bürge (§ 773 Abs. 1 Nr. 1 BGB).

---

28 BGH NJW 1988, 2597f.
29 Zum Mietrecht siehe Fall 7, S. 163ff.

II. Erlöschen des Anspruchs

1. Erlöschen durch Zahlung an D

Möglicherweise ist der Anspruch nach § 362 Abs. 1 iVm § 164 Abs. 3 BGB durch **Erfüllung** erloschen.

Erfüllung, §§ 362 ff. BGB

1. Erfüllung gemäß § 362 BGB

Der Schuldner muss die nach dem Inhalt des Schuldverhältnisses geschuldete Leistung am rechten Ort, zur rechten Zeit sowie in der rechten Art und Weise gegenüber dem richtigen Empfänger erbringen. Entscheidend für das Erlöschen der Schuld ist nicht die Leistungshandlung (zB das Versenden der Ware), sondern der Leistungserfolg (zB die Übertragung von Eigentum auf den Käufer).
Die Leistung ist nach § 362 Abs. 1 BGB zwar grundsätzlich vom **Schuldner** zu erbringen, die **Leistung durch Dritte** erlauben aber die §§ 267, 268 BGB, sofern es sich nicht um eine höchstpersönliche Leistungspflicht oder einen Fall des § 267 Abs. 2 BGB handelt.
Empfangszuständig ist der **Gläubiger**. An ihn (und nicht an einen Dritten) wird geleistet, wenn an einen mit Empfangsvollmacht ausgestatteten Vertreter erfüllt wird (vgl. OLG Dresden MDR 2000, 1306; OLG Frankfurt NJW 1998, 387). Die Leistung an den Gläubiger befreit nicht, wenn ihm die Verfügungsmacht über die Forderung iSd § 2211 BGB, §§ 80, 82 InsO entzogen ist. Hinsichtlich der Zulässigkeit einer **Leistung an Dritte** verweist § 362 Abs. 2 BGB auf § 185 BGB; daneben kann sich die Befugnis zur Leistung an einen Dritten aus einem Anspruchsübergang (§§ 407 ff. BGB) ergeben. Nach § 370 BGB gilt der Überbringer einer Quittung als ermächtigt, die Leistung zu empfangen.

Meinungsstreit über die Rechtsnatur der Erfüllung

Streitig ist, ob allein eine tatsächliche Handlung für die Erfüllung genügt. Erheblich ist die Diskussion insbesondere bei der Leistung an einen beschränkt geschäftsfähigen Gläubiger, bei dem alle Ansätze eine Erfüllung jedenfalls mangels Erfüllungszuständigkeit im Ergebnis ablehnen (vgl. Erman/*Buck-Heeb*, § 362 Rn. 2 ff.; *Looschelders/Erm*, JA 2014, 161).

Strenge und eingeschränkte Vertragstheorie	Theorie der finalen Leistungsbewirkung	Theorie der realen Leistungsbewirkung (hM)
Nach der strengen Vertragstheorie ist stets neben einer **tatsächlichen** Bewirkung auch ein Erfüllungsvertrag notwendig. Die eingeschränkte Vertragstheorie verlangt nur dann, wenn für den Leistungserfolg ein Rechtsgeschäft erforderlich ist, einen zusätzlichen Vertrag.	Diese Auffassung verlangt zusätzlich zu der tatsächlichen Leistungserbringung eine Leistungszweckbestimmung, durch die der Leistende seine Leistung auf eine bestimmte Schuld bezieht. Die Tilgungsbestimmung sei eine geschäftsähnliche Handlung.	Die herrschende Meinung lässt für die Erfüllung den durch die Leistungshandlung herbeigeführten Leistungserfolg genügen. Begründet wird dies mit dem Wortlaut des § 362 Abs. 1 BGB sowie der Regelung in § 366 Abs. 1 BGB.

Erfüllung, §§ 362 ff. BGB *(Fortsetzung)*

2. Leistung an Erfüllungs statt nach § 364 Abs. 1 BGB

Mit einer anderen als der geschuldeten Leistung vermag der Schuldner zu erfüllen, wenn dies entweder mit dem Gläubiger vereinbart wurde (Ersetzungsbefugnis) oder der Gläubiger ohne eine derartige Abrede statt der geschuldeten Leistung eine andere an deren Stelle annimmt.

Leistungsstörungen in Bezug auf den Ersatzgegenstand beseitigen die Erfüllungswirkung grundsätzlich nicht; gemäß § 365 BGB trifft den Schuldner vielmehr die allgemeine Verkäuferhaftung iSd §§ 280 ff., 434 ff. BGB. Im Falle eines Rücktritts (§ 437 Nr. 2 BGB) kann der Schuldner nur den an Erfüllungs statt hingegebenen Gegenstand (und gegebenenfalls Schadensersatz) verlangen. Bedeutsam ist dies insbesondere bei der Inzahlungnahme von Gebrauchtwagen.

3. Leistung erfüllungshalber

Die im Gesetz nicht geregelte Leistung erfüllungshalber bezeichnet den Fall, dass der Schuldner aufgrund dieser Abrede befugt ist, dem Gläubiger eine andere als die geschuldete Leistung zu erbringen, und der Gläubiger verpflichtet ist, zunächst aus diesem anderen Leistungsgegenstand Befriedigung zu suchen. Die ursprüngliche Forderung bleibt daneben bestehen; gelingt die Befriedigung aus dem erfüllungshalber überlassenen Gegenstand nicht, kann der Gläubiger wieder auf die ursprüngliche Forderung zurückgreifen.

Ob eine Leistung an Erfüllungs statt oder erfüllungshalber angenommen wird, ist durch Auslegung (§§ 133, 157 BGB) der Vereinbarung zu ermitteln. Für den Fall, dass der Schuldner zum Zweck der Gläubigerbefriedigung eine neue Verbindlichkeit übernimmt, enthält § 364 Abs. 2 BGB eine Auslegungsregel zugunsten einer Leistung erfüllungshalber.

4. Erfüllungssurrogate

Erfüllung meint das Erlöschen einzelner Pflichten des Schuldverhältnisses. Das Gesetz sieht mehrere Erfüllungssurrogate vor.

Hinterlegung (§§ 372 ff. BGB) bzw. Selbsthilfeverkauf (§§ 383 ff. BGB)	Aufrechnung (§§ 387 ff. BGB)	Erlassvertrag (§ 397 Abs. 1 BGB) und negatives Schuldanerkenntnis (§ 397 Abs. 2 BGB)	Sonstige wie beispielsweise Unmöglichkeit oder Konfusion

a) D als Stellvertreter

Die Erfüllung ist nur dann eingetreten, wenn D den Mietzins als Empfangsvertreter des B iSd § 164 Abs. 3 BGB entgegengenommen hat.

aa) D wurde von B die Verwaltung der Mietwohnungen in vollem Umfang übertragen und D hat die Zahlungen im Namen des B entgegengenommen. D war somit Stellvertreter iSd §§ 164 ff. BGB; das Offenkundigkeitsprinzip (§ 164 Abs. 1 BGB) ist gewahrt.[30]

bb) Ursprünglich besaß D eine Innenvollmacht (§ 167 Abs. 1 Alt. 1 BGB) zum Empfang der Leistungen, die B durch das Informationsschreiben kundgemacht (§ 171 Abs. 1 Alt. 1 BGB) und die D auch ausgeübt hat.

---

30 Zur Stellvertretung bei Fall 5, S. 103 ff.; zur Vertretung im Gesellschaftsrecht siehe Fall 11, S. 285 f.

D war deshalb bei der Entgegennahme der Miete (passiver) Stellvertreter, so dass der Anspruch aus § 535 Abs. 2 BGB im Prinzip nach § 362 Abs. 1 BGB erloschen ist.

b) Widerruf der Vollmacht

Der Widerruf der Vollmacht (vgl. § 171 Abs. 2 BGB) wirkt ebenso wie ein Erlöschen des Verwaltungsvertrages mit D (vgl. § 168 BGB) nur für die Zukunft. Ein Widerruf der Vollmacht kann diese daher nicht rückwirkend für den Zeitpunkt der Mietzahlungen beseitigen.

c) Anfechtung der Vollmacht

Möglicherweise ist die Vollmacht des D aber rückwirkend (ex tunc) gemäß **§ 142 Abs. 1 BGB** nichtig.

aa) Anfechtungserklärung

Erforderlich für eine Anfechtung ist eine entsprechende Willenserklärung, § 143 Abs. 1 BGB. Ausdrücklich hat B die Anfechtung nicht erklärt. Dies ist allerdings auch nicht notwendig; ausreichend ist eine Äußerung oder ein stillschweigendes Verhalten, woraus der Anfechtungsgegner unzweideutig entnehmen kann, dass die Willenserklärung wegen eines Willensmangels rückwirkend beseitigt werden soll. B hat zum Ausdruck gebracht, dass er die Vollmacht von Anfang an als unwirksam ansieht. Der Widerruf ist hier nach §§ 133, 157 BGB auch als Anfechtungserklärung (§ 143 Abs. 1 BGB) auszulegen.

Aufbauschema **Anfechtung einer betätigten Vollmacht**
1. Anfechtungserklärung, § 143 Abs. 1 BGB
2. Meinungsstreit zur Anfechtbarkeit
3. Anfechtungsgegner, § 143 Abs. 2–4 BGB
4. Anfechtungsgrund, §§ 119, 120, 123 BGB
5. Anfechtungsfrist, §§ 121, 124 BGB

Angabe des Anfechtungsgrundes
Es besteht Uneinigkeit darüber, ob bei der Anfechtungserklärung der Anfechtungsgrund anzugeben ist. Der Gesetzeswortlaut schreibt die Nennung des Grundes nicht vor. Dementsprechend wird richtigerweise die Angabe eines Anfechtungsgrundes nicht für erforderlich gehalten (Erman/*Arnold*, § 143 Rn. 2; PWW/*Ahrens*, § 143 Rn. 4). Die Gegenauffassung fordert die Erkennbarkeit des tatsächlichen Anfechtungsanlasses (Palandt/*Ellenberger*, § 143 Rn. 3; Staudinger/*Roth*, § 143 Rn. 11). Wird die Anfechtung mit einer bestimmten Begründung erklärt, stellt das Nachschieben eines anderen Anfechtungsgrundes eine erneute Anfechtungserklärung dar, die ebenfalls innerhalb der Anfechtungsfrist (§ 121, § 124 BGB) zu erfolgen hat (BGH NJW 1995, 191).

bb) Anfechtbarkeit

D hat die ihm erteilte Vollmacht bereits ausgeübt. Darüber, ob eine betätigte Vollmacht angefochten werden kann, gehen die Meinungen auseinander:[31]

Meinungsstreit zur Anfechtbarkeit einer gebrauchten Vollmacht	
Unzulässigkeit der Anfechtung einer betätigten Vollmacht	Anfechtbarkeit einer betätigten Vollmacht (hM)
• Der Verkehrsschutz werde ansonsten beeinträchtigt. • Dem Vertretergeschäft mit dem Dritten wäre die Grundlage entzogen; das Vertrauen des Dritten in die kundgemachte Innenvollmacht sei zu schützen.	• Es handele sich um eine empfangsbedürftige Willenserklärung wie jede andere. • Das Verkehrsinteresse werde durch Schadensersatzansprüche berücksichtigt.

---

31 Vgl. dazu als hM MüKoBGB/*Schubert*, § 167 Rn. 47; Palandt/*Ellenberger*, § 167 Rn. 3; BRHP/*Schäfer*, § 167 Rn. 57; aA Erman/*Maier-Reimer*, § 167 Rn. 46.

Dem Gesetz ist eine beschränkte Anfechtbarkeit von Willenserklärungen fremd; grundsätzlich sind alle Willenserklärungen anfechtbar. Der Umstand, dass es letztlich um die sich aus dem Vertretergeschäft ergebenden Rechtsfolgen geht und von der Anfechtung hauptsächlich ein Dritter betroffen ist, rechtfertigt keine Sonderbehandlung, wie sie bei Dauerschuldverhältnissen mit der Beschränkung auf eine ex-nunc-Wirkung vorgenommen wird.[32] Das Gesetz sieht nämlich für Fälle fehlender Vertretungsmacht zum Schutz der Interessen des Dritten eine Haftung des Vertreters nach § 179 BGB vor. Anlass für eine teleologische Reduktion des Anwendungsbereiches des Anfechtungsrechts besteht hier nicht. Eine Anfechtung der Vollmacht ist auch nach deren Betätigung möglich.

cc) Anfechtungsgegner

Fraglich ist, wer der richtige Anfechtungsgegner iSd **§ 143 BGB** bei einer betätigten Innenvollmacht ist.[33]

Rechtsfolge der Anfechtung einer Vollmacht ist nicht nur der rückwirkende Wegfall der Vollmacht, sondern auch die schwebende Unwirksamkeit des Vertretergeschäfts (§ 177 Abs. 1 BGB). Betroffen sind also auch die Interessen des Vertragspartners. Dies und der Umstand, dass anderenfalls dem Vertragspartner ohne dessen Kenntnis der Erfüllungsanspruch gegenüber dem Vertretenen entzogen würde, sprechen im Falle einer betätigten Innenvollmacht für eine Anfechtungserklärung (jedenfalls auch) gegenüber dem Vertragspartner.

---

32 In Vollzug gesetzte Arbeits- und Gesellschaftsverträge können in Abweichung von § 142 Abs. 1 BGB grundsätzlich nicht mit Rückwirkung, sondern nur ex nunc angefochten werden; siehe mwN Palandt/*Ellenberger*, § 119 Rn. 5.

33 Vgl. MüKoBGB/*Schubert*, § 167 Rn. 48 f.; Erman/*Maier-Reimer*, § 167 Rn. 46; BRHP/*Schäfer*, § 167 Rn. 55; *Flume*, Rechtsgeschäft, § 52, 5c; PWW/*Frensch*, § 167 Rn. 18.

B hat also richtigerweise die Anfechtung der Vollmacht gegenüber den Mietern erklärt.

dd) Anfechtungsgrund

Als Anfechtungsgrund kommt der Irrtum über eine verkehrswesentliche Eigenschaft des D in Betracht, **§ 119 Abs. 2 BGB**. Die Vertrauenswürdigkeit einer Person ist bei solchen Geschäften eine verkehrswesentliche Eigenschaft, bei denen Zuverlässigkeit und Ehrlichkeit typischerweise Gegenstand des Geschäftes sind.[34] So liegt es bei der Entgegennahme der Miete als Hausverwalter. B irrte sich über die Zuverlässigkeit und Ehrlichkeit des D, als er ihn zur Entgegennahme des Mietzinses bevollmächtigte. B hätte die Willenserklärung nicht abgegeben, wenn er gewusst hätte, dass es sich bei D um einen bekannten Gauner handelt.

Das Anfechtungsrecht des B ergibt sich folglich aus § 119 Abs. 2 BGB.

ee) Anfechtungsfrist

B hat die Anfechtungserklärung ohne schuldhaftes Zögern abgegeben, **§ 121 Abs. 1 S. 1 BGB**.

Damit sind die Voraussetzungen einer Anfechtung nach § 142 Abs. 1 BGB erfüllt. Die Vollmacht ist von Anfang an nichtig. Damit hat D das Geld als Vertreter ohne Vertretungsvollmacht („falsus procurator") entgegengenommen; eine Erfüllungswirkung nach § 362 Abs. 1 BGB ist nicht eingetreten.[35] Daran ändert auch der Umstand nichts, dass B die Mieter schriftlich über die Bevollmächtigung informiert hat. Zwar wird teilweise angenommen, dass bei einer kundgemachten Innenvollmacht auch die Kundmachung anzufechten ist,[36] die Anfechtungserklärung des B ist aber derart auszulegen (§§ 133, 157 BGB), dass sie sich nicht nur auf die Vollmacht selbst, sondern auch auf die Kundgabe der Vollmacht bezieht.

Da durch die Zahlung an D nicht gemäß § 362 Abs. 1 BGB erfüllt wurde, steht B gegen M ein Anspruch nach § 535 Abs. 2 BGB zu.

2. Erlöschen durch Aufrechnung mit einer Schadensersatzforderung

Der Anspruch aus § 535 Abs. 2 BGB könnte gemäß **§ 389 BGB** erloschen sein, wenn der Haupt- oder Passivforderung aus dem Mietvertrag eine Gegen- oder Aktivforderung gegenübersteht.

a) Aufrechnungserklärung

Die Aufrechnungserklärung (§ 388 S. 1 BGB) ist nach §§ 133, 157 BGB in der Zahlungsverweigerung der Mieter zu sehen. Die Aufrechnung muss nicht ausdrücklich erklärt werden; es genügt die deutliche Erkennbarkeit des Aufrechnungswillens. Aufgrund des Bestimmtheitsgrundsatzes ist es erforderlich, dass Forderung und Gegenforderung nach Grund sowie Höhe individualisierbar sind.[37]

b) Gegenseitigkeit der Forderungen/Bestehen der Gegenforderung

Die Gegenforderung könnte sich aus **§ 122 Abs. 1 BGB analog** ergeben. § 122 Abs. 1 BGB gibt dem Empfänger der angefochtenen Willenserklärung einen Anspruch auf Ersatz des Schadens, den er im Vertrauen auf den Fortbestand der Willenserklärung erlitten hat. Dementsprechend stünde der Anspruch aus § 122 Abs. 1 BGB hier dem Vertreter D, nicht aber den Mietern M zu.

---

34 Erman/*Arnold*, § 119 Rn. 38; PWW/*Ahrens*, § 119 Rn. 37.
35 Palandt/*Grüneberg*, § 362 Rn. 4; BRHP/*Dennhardt*, § 362 Rn. 16.
36 MüKoBGB/*Schubert*, § 167 Rn. 50.
37 Erman/*Wagner*, § 388 Rn. 2; Palandt/*Grüneberg*, § 388 Rn. 1.

Aufbauschema Aufrechnung nach § 389 BGB

1. Aufrechnungserklärung, § 388 S. 1 BGB
2. Gegenseitigkeit der Forderungen, § 387 BGB
3. Gleichartigkeit der einander geschuldeten Leistungen, § 387 BGB
4. Fälligkeit und Einredefreiheit der Gegenforderung
5. Erfüllbarkeit der Hauptforderung
6. Kein Aufrechnungsverbot

> **Analoge Anwendung des § 122 Abs. 1 BGB bei Anfechtung einer betätigten Vollmacht**
> 1. Planwidrige Gesetzeslücke durch abschließenden Charakter des § 179 Abs. 1 BGB; kein ausreichender Schutz für die Vertragspartner des Vertretenen
> 2. Vergleichbare Interessenlage

Möglicherweise ist § 122 Abs. 1 BGB bei einer Anfechtung einer betätigten Vollmacht analog im Hinblick auf den Vertragspartner anzuwenden. Dies setzt zunächst eine planwidrige Gesetzeslücke voraus. Dies scheint nicht der Fall zu sein, weil der Gesetzgeber die Lage des Vertragspartners erkannt und ihm mit § 179 Abs. 1 BGB einen eigenen Anspruch gegen den Vertreter ohne Vertretungsmacht eingeräumt hat. Diese Sichtweise ist aber zu eng, weil sie übersieht, dass § 179 Abs. 3 S. 2 BGB den Anspruch bei einem beschränkt Geschäftsfähigen ausschließt. Zudem würde in einem solchen Fall das Risiko der Insolvenz des Vertreters allein dem Vertragspartner auferlegt. Angemessener erscheint es jedoch, den Vertretenen mit diesem Risiko zu belasten, denn er hat den Vertreter ausgewählt und zunächst bevollmächtigt.

Der sachliche Zusammenhang von Vollmacht und Vertretergeschäft spricht also dafür, § 179 Abs. 1 BGB einen abschließenden Charakter abzusprechen und eine planwidrige Gesetzeslücke bei dieser besonderen Konstellation zu bejahen.[38] Die Interessenlage ist auch vergleichbar, weil – wie oben ausgeführt – die Anfechtung der Vollmacht letztlich den Vertrag unwirksam macht und deshalb die Interessen des Vertragspartners betroffen sind. Die Ähnlichkeit der Interessenlage spricht somit dafür, dem Vertragspartner einen Anspruch gemäß § 122 Abs. 1 BGB analog gegen den Vertretenen einzuräumen.

Die Voraussetzungen des § 122 Abs. 1 BGB sind erfüllt.[39] Die Mieter M sind anspruchsberechtigte iSd § 122 Abs. 1 BGB. M steht ein Gegenanspruch auf Ersatz des Vertrauensschadens nach §§ 249 ff. BGB zu. Dieser besteht in gleicher Höhe wie der Anspruch auf Zahlung des Mietzinses. Die Forderungen sind gegenseitig.

c) Sonstige Voraussetzungen der Aufrechnung

Die übrigen Erfordernisse einer Aufrechnung gemäß § 387 BGB (Gleichartigkeit, Fälligkeit und Durchsetzbarkeit der Gegenforderung, Erfüllbarkeit der Hauptforderung, kein Aufrechnungsverbot) sind gegeben. Die Aufrechnung ist erfolgreich.

Ergebnis

Der Zahlungsanspruch des B aus § 535 Abs. 2 BGB ist durch Aufrechnung nach § 389 BGB erloschen. B kann von den Mietern M keine nochmalige Zahlung des Mietzinses fordern.

---

38 MüKoBGB/*Schubert*, § 167 Rn. 53 f.; Palandt/*Ellenberger*, § 167 Rn. 3; BRHP/*Schäfer*, § 167 Rn. 56 f.; Soergel/*Leptien*, § 166 Rn. 23; aA *Lüderitz*, JuS 1976, 765, 770.
39 Vgl. dazu BRHP/*Wendtland*, § 122 Rn. 2 ff.; PWW/*Ahrens*, § 122 Rn. 2 f.

5. Stellvertretung, Unmöglichkeit, Anfechtung, Gewährleistung beim Kauf und Garantie

Sachverhalt

Miriam Meisner (M) ist die Alleinerbin des Vermögens ihrer Tante Edith Eisenreich (E), zu dem unter anderem Anteile an der Alster OHG (A-OHG) und umfangreiche Liegenschaften in Schleswig-Holstein, Mecklenburg-Vorpommern und Brandenburg gehören.

Mit der Betreuung der Grundstücke und Eigentumswohnungen beauftragt Meisner das Immobilienbüro von Ines Imberger (I) mit Sitz in Kiel. Meisner und Imberger vereinbaren, dass die Verwaltungstätigkeiten nur die Mietverhältnisse umfassen, während für alle übrigen Angelegenheiten allein Meisner zuständig bleibt. Ines Imberger sucht für die jeweiligen Liegenschaften einen örtlichen Verwalter. Die Betreuung der Objekte in Frankfurt an der Oder überträgt sie Gerhard Ganter (G), vergisst dabei allerdings, die Einschränkung auf Mietangelegenheiten mitzuteilen. Ganter gibt im Namen der Miriam Meisner bei Karl Kerner (K) mehrere Malerarbeiten in Auftrag, deren Rechnungen von Meisner ohne inhaltliche Kenntnisnahme versehentlich mehrmals beglichen wurden. Erst bei einer Rechnung über 17.000 EUR für den Außenanstrich eines Gebäudes lehnt Meisner die Zahlung unter Hinweis auf die fehlende Vollmacht ab. Kerner möchte wissen, ob ihm gegen Meisner oder gegen Ganter Ansprüche zustehen.

Aus denkmalschutzrechtlichen Gründen möchte Miriam Meisner eine Eigentumswohnung in Schwerin im Wert von 175.000 EUR auf ihren Bruder Benno Bauer (B) übertragen und schließt mit ihm daher einen notariell beurkundeten Schenkungsvertrag ab. Der von Meisner mit der gesamten Durchführung der Schenkung und insoweit umfassender vorsorgender Beratung beauftragte Notar Norbert Nussig (N) unterlässt es aus Versehen, einen entsprechenden Grundbuchauszug einzusehen. Als die Eintragung in das Grundbuch veranlasst werden soll, stellt sich zur Überraschung von Meisner und Bauer heraus, dass die Eigentumswohnung nicht zum ererbten Vermögen der Meisner gehört, sondern im Eigentum eines Dritten steht. Als Benno Bauer von Meisner Schadensersatz fordert, ist sie von ihm derart enttäuscht, dass sie die Anfechtung des Schenkungsvertrages erklärt. Bauer bittet um Auskunft, ob er von Meisner die Zahlung von 175.000 EUR fordern kann.

Die Alster OHG wurde von den Gesellschaftern Anton Amberger (A), Susanne Schlemmer (S) und Edith Eisenreich gegründet und vertreibt seit Jahren Computer. Der Gesellschaftsvertrag der Alster OHG enthält die Klausel, dass der Erbe an die Stelle eines verstorbenen Gesellschafters tritt. Noch zu Lebzeiten der Edith Eisenreich erwirbt Verena Vossler (V) bei Anton Amberger von der Alster OHG für 1.450 EUR ein Notebook der Modellreihe 52. Nach dem Kauf erhält sie von Amberger den üblichen Garantieschein der Alster OHG, der auf das Gerät eine Garantie von vier Jahren gibt. Nach drei Jahren erhitzt sich der nicht austauschbare Akku derart, dass das Notebook zerstört und dabei die Kleidung von Verena Vossler beschädigt wird. Bei der Untersuchung des Vorfalls stellt sich heraus, dass sämtliche Akkus der Baureihe aus minderwertigem Material bestehen und starke Wärme entwickeln. Der Hersteller des Notebooks, die Hightech AG (H-AG), hatte dies auch bereits vor dem Verkauf an Vossler der Susanne Schlemmer mitgeteilt. Diese vergaß im hektischen Geschäftsalltag versehentlich, die Information an die zuständige Stelle bei der OHG weiterzugeben. Nach dem Tod der Edith Eisenreich verlangt Verena Vossler gegen Rückgabe des Notebooks von Miriam Meisner die Rückzahlung des Kaufpreises und die Erstattung der Kleidungskosten von 35 EUR, obgleich sich Meisner auf Verjährung beruft.

Die aufgeworfenen Rechtsfragen sind in einem Gutachten zu klären.

Gliederung

A. Ansprüche des K wegen der Malerarbeiten 103
    I. Anspruch des K gegen M aus § 631 Abs. 1 BGB 103
        1. Vertretungsmacht kraft Untervollmacht 105
        2. Vertretungsmacht durch Duldungsvollmacht 106
        3. Vertretung durch Anscheinsvollmacht 107
    II. Anspruch des K gegen G nach § 179 Abs. 2 BGB 109
        Problem: Anwendbarkeit bei Untervollmacht 110
        Problem: Anwendbarkeit bei Rechtsscheinsvollmacht 111
    III. Anspruch des K gegen G aus §§ 280 Abs. 1, 311 Abs. 2,
    241 Abs. 2 BGB 111
        Problem: Anwendbarkeit neben § 179 BGB 111

B. Ansprüche des B gegen M auf Zahlung von 175.000 EUR 112
    I. Anspruch gemäß § 311a Abs. 2 BGB 112
        Problem: Nichtigkeit des Vertrages wegen Anfechtung 113
        Problem: Zurechnung fremden Fehlverhaltens 115
    II. Anspruch nach § 523 Abs. 1 BGB 116

C. Ansprüche der V gegen M wegen des erhitzten Akkus 117
    I. Anspruch der V gegen M auf Rückzahlung des Kaufpreises aus
    § 346 Abs. 1 BGB iVm §§ 437 Nr. 2, 326 Abs. 5 BGB, §§ 124 Abs. 1,
    128 S. 1, 130 Abs. 1 HGB 117
        1. Verbindlichkeit der Gesellschaft, § 124 Abs. 1 HGB 117
            a) Bestehen der Gesellschaft 117
            b) Existenz des Anspruchs 117
                Problem: Auswirkungen des Garantiescheins 120
        2. Stellung als Gesellschafter, § 128 HGB 122
            a) Gesellschafterhaftung 122
            b) Nachfolge bei Tod eines Gesellschafters 123
    II. Ansprüche der V gegen M auf Erstattung der Kleidungskosten 124
        1. Anspruch gemäß § 280 Abs. 1 iVm § 437 Nr. 3 BGB, §§ 124 Abs. 1,
        128 S. 1, 130 Abs. 1 HGB 124
            Problem: Abgrenzung Schadensersatz statt oder neben der Leistung 125
            Problem: Zurechnung vertraglichen Fehlverhaltens an die OHG 127
            Problem: Anwendung von § 438 BGB auf Mangelfolgeschäden 127
        2. Anspruch aus § 823 Abs. 1 BGB iVm §§ 124 Abs. 1, 128, 130 HGB .. 128
            Problem: Anwendung von § 438 BGB auf durch Mängel
                verursachte Deliktsansprüche 128
            Problem: Anwendung von § 128 HGB bei deliktischem Handeln
                der Gesellschafter 129

Lösungshinweise

A. Ansprüche des K wegen der Malerarbeiten

I. Anspruch des K gegen M aus § 631 Abs. 1 BGB

K könnte gegen M ein Anspruch auf Zahlung von 17.000 EUR gemäß § 631 Abs. 1 BGB zustehen.

Ein derartiger Vergütungsanspruch setzt einen **Werkvertrag** zwischen K und M voraus. Ein Werkvertrag[1] kommt durch zwei übereinstimmende Willenserklärungen (§§ 145 ff. BGB) zustande, die sich auf einen bestimmten Werkerfolg beziehen. M hat keine eigene Willenserklärung abgegeben, sie könnte allerdings von G nach § 164 Abs. 1 S. 1 BGB vertreten worden sein.

Voraussetzungen der Stellvertretung, §§ 164 ff. BGB

1. Zulässigkeit der Stellvertretung

Im rechtsgeschäftlichen Verkehr ist Stellvertretung allgemein zulässig. Eine Ausnahme gilt für **höchstpersönliche Rechtsgeschäfte** wie beispielsweise die Eheschließung (§ 1311 S. 1 BGB) oder letztwillige Verfügungen (§§ 2064, 2274, 2284 S. 1 BGB). Höchstpersönlichkeit kann auch vertraglich vereinbart werden. Streitig ist, ob sich ein Stellvertretungsverbot aus der Natur der Sache (zB bei § 1365 BGB) ergeben kann, vgl. PWW/*Frensch*, § 164 Rn. 26.

2. Eigene Willenserklärung des Vertreters

§ 164 Abs. 1 S. 1 BGB schreibt vor, dass der Vertreter eine eigene Willenserklärung abgibt. Denn wird eine fremde Erklärung übermittelt, handelt es sich um Botenschaft. In Zweifelsfällen ist die Auslegung nach dem **Empfängerhorizont** anhand des äußeren Auftretens (**Außenverhältnis**) vorzunehmen. Schwierig ist insbesondere die Abgrenzung zum weisungsgebundenen Vertreter mit vorgegebener Marschroute. Um Botenschaft handelt es sich, wenn aus Sicht des Empfängers die Person den bloßen Transport der Erklärung vornimmt und in der Sache über keinerlei Entscheidungsspielraum verfügt.

3. Handeln in fremdem Namen (Offenkundigkeit)

Der Wille, in fremdem Namen zu handeln, kann sich gemäß § 164 Abs. 1 S. 2 BGB aus einem ausdrücklichen Verhalten oder aus den Umständen ergeben. Entscheidend ist die Außenwirkung; der bloß innere Wille des Vertreters ist unerheblich. Die konkrete Person des Vertretenen muss dem Vertragspartner nicht bekannt sein (offenes Geschäft für den, den es angeht) oder kann erst nachträglich bestimmt werden. Bei unternehmensbezogenen Geschäften, wie zB der Kündigung eines Arbeitsverhältnisses durch einen Prokuristen, ist erkennbar, dass der Inhaber des Unternehmens vertreten werden soll.
Eine Ausnahme vom Offenkundigkeitsprinzip stellt das **verdeckte Geschäft für den, den es angeht**, dar. Obgleich der Vertreter hier nicht zu erkennen gibt, dass er für einen anderen handelt, treffen die Wirkungen den Vertretenen. Erforderlich ist, dass es dem Vertragspartner gleichgültig ist, mit wem das Geschäft zustande kommt; typischerweise ist das bei sofort erfüllten Bargeschäften des täglichen Lebens der Fall.

---

[1] Näher zum Werkvertragsrecht bei Fall 8, S. 191 ff.

Voraussetzungen der Stellvertretung, §§ 164 ff. BGB *(Fortsetzung)*

4. Vertretungsmacht

Die Vertretungsmacht, also die Befugnis für einen anderen verbindlich Willenserklärungen abzugeben bzw. entgegenzunehmen, kann sich aus Gesetz (§§ 1629 Abs. 1, 1793 Abs. 1, 1902 BGB), Rechtsgeschäft (**Vollmacht**) sowie aus Rechtsschein (§§ 170 ff. BGB, Duldungs- und Anscheinsvollmacht) ergeben.

a) Erteilung der Vollmacht

Eine Vollmacht kann regelmäßig **formfrei** erteilt werden. Dies gilt nach § 167 Abs. 2 BGB grundsätzlich selbst dann, wenn das Rechtsgeschäft, für das die Vollmacht bestimmt ist, der Form bedarf. Dieser Grundsatz wird im Wege der teleologischen Reduktion eingeschränkt, wenn die Schutzfunktion der Formvorschriften (insbesondere deren Warnfunktion) leerzulaufen droht. Das ist bei einer **unwiderruflichen Vollmacht** zur Veräußerung eines Grundstücks (§ 311b Abs. 1 BGB) ebenso der Fall wie bei einer Vollmacht für eine Bürgschaftserklärung (§ 766 S. 1 BGB).

b) Arten der Vollmacht

Die Vollmacht kann als **Innenvollmacht** gegenüber dem Vertreter und als **Außenvollmacht** gegenüber dem Geschäftspartner ausdrücklich oder stillschweigend (Ausnahme zB § 48 Abs. 1 HGB) erteilt werden, § 167 Abs. 1 BGB.

Der Umfang der Vollmacht ist vom Vertretenen grundsätzlich frei bestimmbar; Ausnahmen finden sich zB bei der Prokura, §§ 49 f. HGB. Möglich sind demnach eine **Generalvollmacht**, die zu Vertretungen aller Art befugt, eine **Gattungsvollmacht**, die sich auf bestimmte Geschäftstypen beschränkt, und eine **Spezialvollmacht** für ein konkretes Geschäft.

Weiterhin ist zu unterscheiden, ob der Vertreter allein (**Einzelvollmacht**) oder nur gemeinsam mit einem bzw. mehreren anderen (**Gesamtvollmacht**) vertretungsbefugt ist.

c) Vollmacht und Innenverhältnis

Eine Vollmacht kann **isoliert**, also ohne ein begleitendes Rechtsverhältnis zwischen Vertretenem und Vertreter erteilt werden.

Außerdem besteht die Möglichkeit, dass im Innenverhältnis Vertreter und Vertretener eine Rechtsbeziehung (zB Auftrag, Dienst-, Geschäftsbesorgungsvertrag) vereinbaren, welche die Rechte und Pflichten beider regelt. In ihrer **Entstehung** ist die Vollmacht jedoch unabhängig (abstrahiert) von dem zugrundeliegenden Rechtsverhältnis, dh auch wenn der Vertrag unwirksam ist, bleibt die Vollmacht bestehen (**Abstraktheit der Vollmacht**), sofern der Unwirksamkeitsgrund nicht ausnahmsweise auch die Bevollmächtigung erfasst.

d) Erlöschen der Vollmacht

Ist die Vollmacht in ihrer Entstehung unabhängig von der Wirksamkeit eines begleitenden Rechtsverhältnisses, so gilt das nicht für ihren Fortbestand. Nach **§ 168 S. 1 BGB** bestimmt ein zugrundeliegendes Rechtsgeschäft zwischen Vertreter und Vertretenem die Dauer der Vollmacht. Trotz der Abstraktheit der Vollmacht wird der Vertrag regelmäßig derart auszulegen sein, dass die Vollmacht nur für die Dauer des Grundverhältnisses erteilt wurde und mithin mit dessen Beendigung erlischt.

Gemäß **§ 168 S. 2 BGB** kann eine Vollmacht unabhängig von einem etwaigen Grundverhältnis widerrufen werden. Eine an sich unwiderrufliche Vollmacht kann nach hM aus wichtigem Grund widerrufen werden.

Daneben gelten die allgemeinen Unwirksamkeitsgründe, insbesondere kann eine Vollmacht iSd §§ 119 ff. BGB angefochten werden (dazu Fall 4, S. 97 f.).

Der Tod des Auftraggebers führt im Zweifel nicht zum Erlöschen eines Auftrages (§ 672 S. 1 BGB), so dass auch die Vollmacht bestehen bleibt. Zu unterscheiden sind die **transmortale Vollmacht**, die zu Lebzeiten erteilt wurde und über den Tod hinaus fortbesteht, sowie die **postmortale Vollmacht**, die unter der aufschiebenden Bedingung des Todes wirksam wird.

Hierfür ist zunächst ein **Handeln in fremdem Namen** erforderlich. Nach dem Offenkundigkeitsprinzip hat der Vertreter ausdrücklich oder aus den Umständen erkennbar kundzutun, dass die Folgen seines Handelns nicht ihn, sondern eine dritte Person treffen. G hat ausdrücklich erklärt, dass er die Malerarbeiten im Namen der M in Auftrag gibt.

Voraussetzung einer Stellvertretung nach § 164 Abs. 1 S. 1 BGB ist weiterhin, dass die Erklärung des Vertreters von einer im Verhältnis zum Vertretenen bestehenden **Vertretungsmacht** gedeckt ist.

1. Vertretungsmacht kraft Untervollmacht

G leitet seine Vollmacht hier nicht direkt von M ab, sondern von der Stellvertreterin I der M. Es handelt sich mithin um einen Fall der Untervollmacht. In welchen Formen eine Untervollmacht auftreten kann, ist umstritten:[2]

Meinungsstreit über die rechtliche Konstruktion einer Untervollmacht	
Unmittelbare und mittelbare Untervollmacht (Rechtsprechung)	**Nur unmittelbare Untervollmacht** (Literatur)
Nach der Rechtsprechung kann eine Untervollmacht unmittelbar oder mittelbar ausgeformt sein. Bei der unmittelbaren Untervollmacht bevollmächtigt der Hauptvertreter den Untervertreter im Namen des Vertretenen, dass auch der Untervertreter Rechtsgeschäfte mit unmittelbarer Wirkung für den Vertretenen in dessen Namen abschließen kann. Bei der mittelbaren Untervollmacht tritt der Untervertreter hingegen als Vertreter des Vertreters auf, handelt für den Vertretenen also nur mittelbar über den Hauptvertreter.	Die hM im Schrifttum lässt allein die rechtliche Konstruktion einer unmittelbaren Untervollmacht zu. Die mittelbare Untervollmacht wird abgelehnt, weil niemand für sich selbst einen Vertreter bestellen könne, der Rechtsfolgen für einen Dritten herbeiführt. Außerdem sei es regelmäßig die Ansicht aller Beteiligten, dass das Rechtsgeschäft unmittelbar ein solches des Vertretenen ist.

G ist hier gegenüber K im Namen der M aufgetreten. Es handelt sich folglich um einen Fall der **unmittelbaren Untervollmacht**, so dass es auf den Meinungsstreit, ob nur eine unmittelbare oder auch eine mittelbare Untervollmacht möglich ist, hier nicht ankommt. Der Unterbevollmächtigte muss nicht kundtun, dass er seine Vollmacht nicht direkt vom Vertretenen, sondern lediglich vom Hauptvertreter ableitet. Voraussetzung für eine wirksame Vertretung ist, dass sowohl die Hauptvollmacht als auch die Untervollmacht wirksam erteilt und im Rahmen der Vertretungsmacht gehandelt wurde.[3]

M hat I nach § 167 Abs. 1 Alt. 1 BGB Vollmacht für die Verwaltung der Wohnungen hinsichtlich der Mietverhältnisse erteilt. Eine ausdrückliche Erlaubnis der M für die Erteilung von Untervollmachten fehlt. Sofern die Untervollmacht nicht

> Befugnis zur Erteilung einer Untervollmacht

---

2 Vgl. einerseits BGHZ 68, 391, 394; 32, 250, 253 f., andererseits PWW/*Frensch*, § 167 Rn. 51 f.; BRHP/*Schäfer*, § 167 Rn. 26 ff.; Palandt/*Ellenberger*, § 167 Rn. 12; MüKoBGB/*Schubert*, § 167 Rn. 79 ff.; *Flume*, Rechtsgeschäft, § 49, 5; *Lorenz*, JuS 2010, 771, 772.
3 PWW/*Frensch*, § 167 Rn. 54; *Musielak/Hau*, GK BGB, Rn. 1175.

gesetzlich ausgeschlossen ist (vgl. § 52 Abs. 2 HGB), ist sie grundsätzlich zulässig. Fehlt eine ausdrückliche Erklärung des Vertretenen zur Zulässigkeit von Untervollmachten, ist die Hauptvollmacht auszulegen. Es kommt mithin darauf an, ob der Vollmacht durch **Auslegung** die Befugnis zur Unterbevollmächtigung zu entnehmen ist. Davon ist auszugehen, wenn der Vertretene nach den Umständen des Einzelfalles kein Interesse daran hat, dass der Bevollmächtigte die Angelegenheit persönlich wahrnimmt. Beruht die Hauptvollmacht auf besonderem Vertrauen, ist die Untervollmacht ausgeschlossen.[4] In Zweifelsfällen ist entsprechend § 664 Abs. 1 S. 1 BGB davon auszugehen, dass eine Untervollmacht nicht möglich ist.

> Umfang der Untervollmacht

M hat das in Kiel ansässige Immobilienbüro der I mit der Verwaltung umfangreicher Liegenschaften in drei Bundesländern betraut. Nach der Verkehrsauffassung konnte M dabei nicht davon ausgehen, dass die weit entfernt liegenden Objekte alle von I persönlich betreut werden. Es war vielmehr zu erwarten, dass I die örtliche Verwaltung auf Dritte überträgt. Die Hauptvollmacht ist also dahingehend auszulegen, dass sie die Befugnis zur Erteilung von Untervollmachten umfasst.

Der Hauptvertreter entscheidet, welchen Umfang die von ihm erteilte Untervollmacht hat. Er darf nicht über den Umfang der Hauptvollmacht hinausgehen, jedoch dahinter zurückbleiben. Da sich die Untervollmacht vom Vertretenen ableitet, kann sie auch fortbestehen, nachdem die Hauptvollmacht erloschen ist. Zum Widerruf der Untervollmacht ist sowohl der Hauptvertreter als auch der Vertretene berechtigt.[5]

M hatte ihre Vollmacht gegenüber I auf Mietangelegenheiten begrenzt; Malerarbeiten zählen hierzu nicht. Da der Umfang der Untervollmacht durch den der Hauptvollmacht beschränkt ist, hat G von I auch nur eine Untervollmacht hinsichtlich der Mietangelegenheiten erhalten. Darauf, dass I dem G die Begrenzung auf Mietsachen nicht mitgeteilt hat, kommt es nicht an.

Die Untervollmacht des G umfasst nur Mietangelegenheiten. Für die Vergabe der Malerarbeiten an K fehlt G eine wirksame rechtsgeschäftliche Untervollmacht. Die Untervollmacht führt zu keiner Vertretungsmacht iSd § 164 Abs. 1 S. 1 BGB.

2. Vertretungsmacht durch Duldungsvollmacht

> Eine **Rechtsscheinvollmacht** kann sich aus §§ 170–173 BGB, der Duldungs- und der Anscheinsvollmacht ergeben.

Die Vertretungsmacht des G könnte sich gegenüber K aus den Grundsätzen der Duldungsvollmacht ergeben.

Eine Duldungsvollmacht kommt nur in Betracht, wenn es sich nicht um einen Fall der konkludenten Vollmachtserteilung handelt. Eine **konkludente Bevollmächtigung** ist anzunehmen, wenn der Vertretene das Verhalten des nicht ausdrücklich Bevollmächtigten zur Kenntnis nimmt und mit rechtsgeschäftlichem Willen billigt (Willenserklärung), während bei der Duldungsvollmacht der Vertretene das Handeln nur wissentlich geschehen lässt.[6] Da M hier ein Wille zur Bevollmächtigung fehlt, scheidet eine stillschweigend erteilte Vollmacht aus.

Eine Duldungsvollmacht ist anzunehmen, wenn der Vertretene es wissentlich geschehen lässt, dass ein anderer für ihn ohne Vertretungsmacht wie ein Vertreter auf-

---

4 MüKoBGB/*Schubert*, § 167 Rn. 81; BRHP/*Schäfer*, § 167 Rn. 34; OLG München WM 1984, 834, 835.
5 Staudinger/*Schilken*, § 167 Rn. 69; Soergel/*Leptien*, § 167 Rn. 59; PWW/*Frensch*, § 167 Rn. 56.
6 Palandt/*Ellenberger*, § 172 Rn. 8; BRHP/*Schäfer*, § 167 Rn. 15; PWW/*Frensch*, § 167 Rn. 37, 39.

tritt und der Vertragspartner dieses Dulden nach Treu und Glauben dahin versteht und auch verstehen darf, dass der als Vertreter Handelnde bevollmächtigt ist.[7]

Voraussetzungen und Rechtsfolgen der Duldungsvollmacht
Voraussetzungen einer Duldungsvollmacht 1. Keine Vertretungsmacht nach den gesetzlichen Tatbeständen, auch nicht nach den gesetzlichen Rechtsscheinsnormen §§ 170–173 BGB. 2. Auftreten eines Unberechtigten als Vertreter, wobei ein einmaliges Handeln genügen kann. 3. Der Vertretene kennt das unberechtigte Auftreten und lässt es wissentlich geschehen, wobei er aber keinen Willen zur Bevollmächtigung hat. Der Vertretene verhindert das vollmachtlose Handeln nicht, obwohl ihm das möglich wäre. 4. Der Vertretene muss geschäftsfähig sein. 5. Der Vertragspartner muss gutgläubig sein, § 173 BGB analog. Der Vertragspartner kann sich auf die Duldungsvollmacht nicht berufen, wenn er den Mangel der Vollmacht kannte oder infolge Fahrlässigkeit nicht kannte.
Rechtsfolgen einer Duldungsvollmacht 1. Die Duldungsvollmacht wird wie eine erteilte Vollmacht behandelt, so dass der Vertretene wirksam berechtigt und verpflichtet wird. Liegen die Voraussetzungen der Duldungsvollmacht vor, kommt also zwischen dem Vertretenen und dem Vertragspartner ein Vertrag zustande. 2. Der Vertretene hat gegen den Quasi-Vertreter unter Umständen Schadensersatzansprüche. 3. Die Anfechtbarkeit der Duldungsvollmacht ist umstritten: Teilweise wird eine uneingeschränkte Anfechtung zugelassen, weil eine Duldungsvollmacht nicht strenger binden könne als eine schlüssige Bevollmächtigung, wobei aber ein Irrtum über die Bedeutung des Duldens nicht anerkannt wird. Nach der Gegenauffassung ist eine Duldungsvollmacht nicht anfechtbar, weil sie nicht auf einem rechtsgeschäftlichen, sondern auf einem tatsächlichen Verhalten des Vertretenen beruht.

Bei der Duldungsvollmacht kommt es maßgeblich darauf an, dass der Vertretene durch wissentliche Duldung des vollmachtlosen Auftretens eines Nichtberechtigten den Rechtsschein einer Vertretungsmacht entstehen lässt, auf den ein Dritter vertraut. Hier fehlt es an einer wissentlichen Duldung. M hat die Rechnungen des K ohne inhaltliche Kenntnisnahme versehentlich bezahlt.

Eine Duldungsvollmacht scheidet mangels wissentlichen Duldens des vollmachtlosen Handelns des G aus.

3. Vertretung durch Anscheinsvollmacht

Zwischen M und K könnte es nach den Grundsätzen der Anscheinsvollmacht zu einem Werkvertrag gekommen sein.

Eine Anscheinsvollmacht erfordert, dass der Vertretene das Verhalten des für ihn Handelnden nicht kennt, es aber bei pflichtgemäßer Sorgfalt hätte erkennen und verhindern können.[8]

---

7 PWW/*Frensch*, § 167 Rn. 37 ff.; Staudinger/*Schilken*, § 167 Rn. 34 f.; MüKoBGB/*Schubert*, § 167 Rn. 95; Erman/*Maier-Reimer*, § 167 Rn. 19. Vgl. *Ott*, JuS 2019, 745 ff.
8 BGH NJW 2007, 987, 989; BeckRS 2014, 15568; Palandt/*Ellenberger*, § 172 Rn. 11; *Hauck*, JuS 2011, 967, 968.

Voraussetzungen und Rechtsfolgen der Anscheinsvollmacht

Voraussetzungen einer Anscheinsvollmacht
1. Keine Vertretungsmacht nach den gesetzlichen Tatbeständen, auch nicht nach den gesetzlichen Rechtsscheinsnormen §§ 170–173 BGB.
2. Auftreten eines Unberechtigten als Vertreter. Das Verhalten muss von einer gewissen Dauer oder Häufigkeit sein. Ein einmaliges Verhalten genügt nicht.
3. Der Vertretene kennt das unberechtigte Auftreten nicht, er hätte es aber bei pflichtgemäßer Sorgfalt erkennen und verhindern können.
4. Der Vertretene muss geschäftsfähig sein.
5. Der Rechtsschein war für das Verhalten des Vertragspartners ursächlich. Das setzt voraus, dass der Vertragspartner die Tatsachen kennt, aus denen sich der Rechtsschein ergibt.
6. Der Vertragspartner muss gutgläubig sein, § 173 BGB analog. Der Vertragspartner kann sich auf die Anscheinsvollmacht nicht berufen, wenn er den Mangel der Vollmacht kannte oder infolge Fahrlässigkeit nicht kannte.

Rechtsfolgen einer Anscheinsvollmacht
1. Bei der Anscheinsvollmacht ist streitig, ob sie lediglich zu einer Haftung auf das negative Interesse gemäß c. i. c. oder zu einer Erfüllungshaftung führt:
   In der Literatur wird darauf hingewiesen, dass nach allgemeinen Grundsätzen des Privatrechts die Nichtbeachtung pflichtgemäßer Sorgfalt nicht das Zustandekommen eines Rechtsgeschäfts bewirkt, sondern nur schadensersatzpflichtig aus c. i. c. machen könne.
   Die herrschende Sichtweise stellt die Anscheinsvollmacht mit der rechtsgeschäftlichen Vollmacht gleich und begründet dies mit dem Vertrauen des Rechtsverkehrs. Mittlerweile ist die Anscheinsvollmacht richterrechtlich anerkannt.
2. Dem Vertretenen stehen gegen den Quasi-Vertreter unter Umständen Schadensersatzansprüche zu.
3. Die Anfechtbarkeit der Anscheinsvollmacht ist streitig. Die überwiegende Auffassung verneint eine Anfechtbarkeit, weil die Verursachung eines Rechtsscheins einer Willenserklärung jedenfalls dann nicht gleichgestellt werden könne, wenn die Rechtsfolgen wegen einer schuldhaften Verletzung von Sorgfaltspflichten eintreten. Die Gegenauffassung lässt eine Anfechtung der Anscheinsvollmacht zu.

G ist hier gegenüber K wiederholt als Vertreter der M aufgetreten und M hat entsprechende Rechnungen des K bezahlt. Deshalb konnte K nach Treu und Glauben davon ausgehen, G sei von M auch in Bezug auf die Vergabe von Malerarbeiten bevollmächtigt. K kannte den Mangel der Vertretungsmacht nicht und hätte ihn auch nicht erkennen können. M wiederum kannte das mehrfache unberechtigte Auftreten des G nicht; sie hat die Rechnungen ohne inhaltliche Kenntnisnahme versehentlich bezahlt. Bei Anwendung pflichtgemäßer Sorgfalt hätte sie den Rechnungen allerdings entnehmen können, dass G in ihrem Namen tätig war und ohne Vollmacht Malerarbeiten an K vergeben hat.

Die Voraussetzungen einer Anscheinsvollmacht sind erfüllt. Folgt man der überwiegenden Auffassung,[9] begründet die Anscheinsvollmacht in gleicher Weise wie eine rechtsgeschäftliche Vollmacht eine wirksame Vertretungsmacht. G hat somit

---

9 Nach anderer Ansicht kommt es bei der Anscheinsvollmacht nicht zu einer Erfüllungshaftung. Schließt man sich dieser Sichtweise an, ist der Anspruch aus § 631 Abs. 1 BGB abzulehnen und ein Anspruch gemäß §§ 280 Abs. 1, 311 Abs. 2 Nr. 1, 241 Abs. 2 BGB (c. i. c.) zu bejahen.

stellvertretend für M bei K die Malerarbeiten in Auftrag gegeben. Die Erfordernisse des § 164 Abs. 1 S. 1 BGB sind erfüllt. Diesen Antrag hat K angenommen; Gegenstand der Abrede war ein Werkerfolg.

Zwischen M und K ist ein Werkvertrag (§ 631 BGB) zustandegekommen.

Ergebnis

K steht gegen M ein Anspruch auf Zahlung von 17.000 EUR gemäß § 631 Abs. 1 BGB zu.

II. Anspruch des K gegen G nach § 179 Abs. 2 BGB

K könnte gegen G ein Anspruch auf Ersatz des negativen Interesses gemäß § 179 Abs. 2 BGB zustehen.

> **Negatives Interesse/Vertrauensschaden**
> Der Vertragspartner ist so zu stellen, wie er stünde, wenn er mit dem Vertreter nicht in Kontakt getreten wäre und das Geschäft nicht vorgenommen hätte, wobei die Haftung durch das Erfüllungsinteresse begrenzt ist.

Vertretung ohne Vertretungsmacht, §§ 177 ff. BGB

1. Rechtsverhältnis zwischen vermeintlich Vertretenem und Geschäftspartner

Das rechtsgeschäftliche Handeln des Vertreters ohne Vertretungsmacht (falsus procurator) wirkt nicht für und gegen den Vertretenen. Dem Vertretenen steht allerdings die **Möglichkeit der Genehmigung** des schwebend unwirksamen Vertrages nach § 177 Abs. 1 BGB offen. Die Genehmigung kann gemäß § 182 Abs. 1 BGB gegenüber dem Vertreter oder dem Geschäftspartner erklärt werden; sie wirkt nach § 184 Abs. 1 BGB auf den Zeitpunkt des Vertragsschlusses zurück. Der Vertretene wird im Falle der Genehmigung aus dem Vertrag genauso berechtigt und verpflichtet, wie wenn der Vertreter von vornherein Vertretungsmacht gehabt hätte.

Um den Schwebezustand zu beenden, kann der Geschäftspartner den Vertretenen zur **Erklärung über die Genehmigung auffordern**; wird die Genehmigung sodann innerhalb von zwei Wochen nicht erklärt, gilt sie gemäß § 177 Abs. 2 S. 2 BGB als verweigert. Zudem kann der Geschäftspartner nach § 178 S. 1 BGB seine eigene Erklärung widerrufen, sofern er den Mangel der Vertretungsmacht nicht gekannt hat.

Einseitige Rechtsgeschäfte regelt § 180 BGB.

Eine Eigenhaftung des Vertretenen aus **c.i.c. nach § 311 Abs. 2 BGB** kommt in Betracht, wenn dem Vertretenen eine selbständige Pflichtverletzung vorzuwerfen ist. Mittels § 278 BGB haftet er für den falsus procurator, sofern dieser als sein Erfüllungsgehilfe gehandelt hat.

2. Rechtsverhältnis zwischen vermeintlichem Vertreter und Geschäftspartner

§ 179 BGB begründet zu Lasten des Vertreters ohne Vertretungsmacht eine schuldunabhängige gesetzliche Garantiehaftung.

Nach **§ 179 Abs. 1 BGB** ist der Vertreter nach Wahl des Geschäftspartners zu Erfüllung oder Schadensersatz verpflichtet. Entscheidet er sich für Erfüllung, kommt dadurch nicht ein Vertrag zustande, sondern der Geschäftspartner erwirbt nur einen gesetzlichen Anspruch mit dem Inhalt der Vertragsabrede. Den Beteiligten stehen die gleichen Rechte wie Vertragspartnern zu, also §§ 320 ff., 437 ff. BGB. Wird Schadensersatz gewählt, umfasst ein solcher das positive Interesse, das sich auf Geldersatz erstreckt.

Gemäß **§ 179 Abs. 2 BGB** hat der vermeintliche Vertreter dem Geschäftspartner lediglich das negative Interesse (bis zur Obergrenze des Erfüllungsschadens) zu ersetzen, wenn der Vertreter den Mangel der Vertretungsmacht bei Abschluss des Geschäftes nicht gekannt hat.

§ 179 Abs. 3 BGB lässt eine Haftung entfallen, wenn der Geschäftspartner den Mangel der Vertretungsmacht kannte oder kennen musste (S. 1) oder der beschränkt geschäftsfähige Vertreter ohne Zustimmung seines gesetzlichen Vertreters gehandelt hat (S. 2).

Vertretung ohne Vertretungsmacht, §§ 177 ff. BGB *(Fortsetzung)*

Ein Anspruch aus § 179 BGB ist zudem ausgeschlossen, wenn der Geschäftspartner gemäß § 178 BGB von seinem Widerrufsrecht Gebrauch machte (streitig, vgl. Palandt/*Ellenberger*, § 179 Rn. 4) oder der Vertreter den Vertrag nach § 355 BGB (dazu bei Fall 3, S. 74 ff.) widerrufen bzw. iSd §§ 119 ff. BGB angefochten hat. Überdies soll eine Haftung des Vertreters ausscheiden, wenn der Geschäftspartner wegen Vermögenslosigkeit des Vertretenen von diesem ohnehin weder Erfüllung noch Schadensersatz hätte erlangen können (streitig, vgl. MüKoBGB/*Schubert*, § 179 Rn. 43).

Ein Anspruch aus c.i.c. nach **§ 311 Abs. 3 BGB** gegen den Vertreter wird durch § 179 BGB als lex specialis verdrängt, soweit sich die vorvertragliche Pflichtverletzung auf die fehlende Vertretungsmacht bezieht (streitig, vgl. Erman/*Maier-Reimer*, § 179 Rn. 25; MüKoBGB/*Schubert*, § 179 Rn. 63 und hier S. 111 f.). Bei anderweitigem Fehlverhalten ist § 311 Abs. 3 BGB anwendbar.

Problematisch sind in diesem Zusammenhang zwei Fragen, zum einen, ob § 179 BGB bei Untervertretung anwendbar ist,[10] und zum anderen, inwieweit bei Rechtsscheinvollmachten ein Anspruch iSd § 179 Abs. 2 BGB bestehen kann.[11]

Haftung des Untervertreters aus § 179 BGB

Nach allgemeiner Auffassung haftet der Untervertreter, wenn eine gültige Hauptvollmacht, aber keine wirksame Untervollmacht bestehen. In diesem Fall können sowohl der Hauptvertreter als auch der Vertretene den Vertrag iSd §§ 177 f. BGB genehmigen.

Streitig ist die Behandlung des Falles, dass die Untervertretung wirksam erteilt ist, jedoch Mängel in der Hauptvollmacht bestehen.

Eine Sichtweise lässt den Untervertreter stets auch bei Mängeln der Hauptvollmacht haften, weil § 179 BGB keine Unterscheidung zwischen Haupt- und Untervollmacht kenne.

Die überwiegende Auffassung unterscheidet in dieser Variante zwischen **verdeckter und offener Untervertretung**.

Bei **verdeckter** Untervertretung hafte der Untervertreter aus § 179 BGB, weil er hier unmittelbar im Namen des Vertretenen auftritt und das Vertrauen in die Wirksamkeit des Rechtsgeschäfts selbst in Anspruch nimmt.

Wird die Untervertretung **offengelegt**, hafte der Untervertreter bei Mängeln der Hauptvollmacht nicht nach § 179 BGB, weil er hier nur das Vertrauen in den Bestand der Untervollmacht erweckt habe.

---

10 Dazu PWW/*Frensch*, § 179 Rn. 21 f.; Palandt/*Ellenberger*, § 179 Rn. 3; MüKoBGB/*Schubert*, § 167 Rn. 88 ff.; BRHP/*Schäfer*, § 179 Rn. 33 ff.
11 Vgl. BRHP/*Schäfer*, § 179 Rn. 6; Erman/*Maier-Reimer*, § 179 Rn. 3; Staudinger/*Schilken*, § 179 Rn. 6; MüKoBGB/*Schubert*, § 179 Rn. 27; BGHZ 86, 273, 274 ff.

Hier ist die Untervollmacht von I wirksam erteilt worden. Die Mängel liegen in der Hauptvollmacht, die auf Mietangelegenheiten beschränkt ist und es deshalb nicht ermöglicht hat, G umfassend zu bevollmächtigen. Da G die Untervollmacht im Verhältnis zu K nicht offengelegt hat, kommt nach herrschender Meinung eine Haftung des G gemäß § 179 Abs. 2 BGB grundsätzlich in Betracht.

Die falsus procurator-Haftung erfordert eine Vertretung ohne Vertretungsmacht. Es kommt mithin darauf an, ob bei der Existenz einer Anscheinsvollmacht der Anwendungsbereich des § 179 BGB eröffnet ist, weil es sich dabei um ein Handeln ohne rechtsgeschäftliche Vertretungsmacht handelt. Die herrschende Sichtweise lehnt dies ab, weil das Vertrauen des Vertragspartners auf das Zustandekommen des Vertrages, das mit § 179 BGB geschützt wird, dann nicht mehr schützenswert ist, wenn trotz fehlender Vollmacht der Vertrag wirksam zustande kommt. § 179 BGB ist daher nicht anzuwenden, wenn der Vertretene nach den Rechtsscheinstatbeständen in §§ 170–173 BGB oder mittels Duldungs- bzw. Anscheinsvollmacht an den Vertrag gebunden ist.[12]

> Anwendbarkeit des § 179 BGB bei Anscheins- und Duldungsvollmacht

Dagegen räumt ein Teil der Lehre dem Vertragspartner bei dieser Konstellation ein Wahlrecht zwischen der Inanspruchnahme des Vertretenen und der Haftung des Vertreters nach § 179 BGB ein. Der Vertragspartner könne auf die Rechtsscheinshaftung verzichten und sich dann direkt an den falsus procurator halten, weil die Rechtsscheinsregeln den Schutz des Vertragspartners bezweckten, es ihm aber nicht verwehren, sich auf die wahre Rechtslage, also das vollmachtlose Handeln, zu berufen.[13]

Richtigerweise besteht kein Wahlrecht in der Weise, dass der Vertragspartner auf die Anwendung der Anscheinsvollmacht verzichten und auf diese Weise den vollmachtlosen Vertreter in Anspruch nehmen kann. Denn dies würde zu einer Bevorzugung des Vertragspartners führen, der sich bei einer Rechtsscheinsvollmacht den besseren Schuldner auswählen könnte. Rechtsscheinsvollmacht und rechtsgeschäftlich erteilte Vertretungsmacht sind bei § 179 BGB gleichzusetzen und schließen dessen Anwendung aus.

> Nach hM besteht kein Wahlrecht zwischen der Anwendung der Rechtsscheinsgrundsätze und der Haftung nach § 179 BGB. Rechtsscheinsvollmacht und tatsächlich erteilte Vollmacht sind gleichzusetzen und schließen die Anwendung von § 179 BGB aus.

Ergebnis

G handelte mit Anscheinsvollmacht und damit nicht als Vertreter ohne Vertretungsmacht. K steht gegen G kein Anspruch gemäß § 179 Abs. 2 BGB zu.

III. Anspruch des K gegen G aus §§ 280 Abs. 1, 311 Abs. 2, 241 Abs. 2 BGB

Möglicherweise steht K gegen G ein Anspruch aus culpa in contrahendo gemäß §§ 280 Abs. 1, 311 Abs. 2, 241 Abs. 2 BGB zu.

Zweifelhaft ist die Anwendbarkeit der c.i.c. neben § 179 BGB, wenn sich die vorvertragliche Pflichtverletzung allein auf die Vertretungsmacht bezieht. Für die Anwendbarkeit wird der Vorteil eines abgestuften Haftungssystems angeführt. Bei fehlender Kenntnis haftet der Vertreter gemäß § 179 Abs. 2 BGB auf das negative Interesse, begrenzt durch das Erfüllungsinteresse. Bei schuldhafter Unkenntnis würde er aus c.i.c. auf das negative Interesse ohne Obergrenze und bei Kenntnis nach § 179 Abs. 1 BGB auf das Erfüllungsinteresse haften.[14]

> Nach hM ist § 179 BGB lex specialis, so dass c.i.c. daneben nicht anwendbar ist, sofern sich die Pflichtverletzung nur auf die fehlende Vertretungsmacht erstreckt.

---

12 BGH NJW 1983, 1308, 1309; BRHP/*Schäfer*, § 179 Rn. 6; Erman/*Maier-Reimer*, § 179 Rn. 3; MüKoBGB/*Schubert*, § 179 Rn. 27.
13 Vgl. PWW/*Frensch*, § 167 Rn. 49; *Wolf/Neuner*, Allgemeiner Teil, § 50 Rn. 112; Staudinger/*Schilken*, § 167 Rn. 46.
14 Staudinger/*Schilken*, § 179 Rn. 20; BRHP/*Schäfer*, § 179 Rn. 31.

Gegen eine Anwendung der c.i.c. spricht, dass sie eine Umgehung des Haftungsausschlusses in § 179 Abs. 3 BGB bewirken und somit dessen Sinn und Zweck widersprechen würde. Diese Überlegung überzeugt. Aus der teleologischen Auslegung des § 179 BGB ergibt sich dessen Einordnung als abschließende Sonderregelung.[15]

Ergebnis

Ein Anspruch des K gegen G nach §§ 280 Abs. 1, 311 Abs. 2, 241 Abs. 2 BGB kommt daher nicht in Betracht.

B. Ansprüche des B gegen M auf Zahlung von 175.000 EUR

I. Anspruch gemäß § 311a Abs. 2 BGB

Für B könnte sich ein Anspruch gegen M auf Schadensersatz in Höhe von 175.000 EUR aus § 311a Abs. 2 BGB ergeben.

> **Aufbauschema § 311a Abs. 2 BGB Anfängliche Unmöglichkeit**
> 1. Schuldverhältnis
> 2. Befreiung von der Leistungspflicht nach § 275 BGB
> 3. Unmöglichkeit bei Abschluss des Vertrages, § 311a Abs. 1 BGB
> 4. Keine Kenntnis oder schuldhafte Unkenntnis des Schuldners von der Unmöglichkeit, § 311a Abs. 2 S. 2 BGB
> 5. Schaden

> **Anwendungsbereich des § 311a BGB**
>
> § 311a Abs. 1 BGB ordnet an, dass ein Vertrag wirksam bleibt, wenn die Leistung bereits bei Abschluss des Vertrages iSd § 275 Abs. 1 bis 3 BGB unmöglich ist. § 311a BGB ist bei anfänglicher subjektiver und bei anfänglicher objektiver Unmöglichkeit anzuwenden. Wegen § 311a Abs. 1 BGB besteht in diesen Fällen also ein Vertrag ohne primäre Leistungspflicht. Die Schadensersatzpflicht richtet sich bis zur Übergabe, Überlassung oder Abnahme nach § 311a Abs. 2 BGB, danach ist § 311a Abs. 2 BGB mittels Verweisung in §§ 437 Nr. 3, 634 Nr. 4 BGB auf Kauf- und Werkverträge anzuwenden; bei Mietverträgen gilt § 536a BGB.

1. Schuldverhältnis

Für einen Anspruch gemäß § 311a Abs. 2 BGB muss ein Schuldverhältnis bestehen. Das könnte hier der Schenkungsvertrag (§ 516 Abs. 1 BGB) sein. M und B waren sich einig über die unentgeltliche Zuwendung der Eigentumswohnung. Ein Schenkungsvertrag ist zustande gekommen.

a) Nichtigkeit infolge Formmangels (§ 125 S. 1 BGB)

> Nach § 518 Abs. 1 BGB ist nur das Schenkungsversprechen des Zuwendenden notariell zu beurkunden. Die Formbedürftigkeit des gesamten Vertrages kann sich allerdings aus anderen Normen (zB § 311b Abs. 1, § 2371 BGB) ergeben.

§ 518 Abs. 1 S. 1 BGB unterwirft lediglich das Schenkungsversprechen der notariellen Beurkundung; die Annahmeerklärung ist formfrei wirksam. Gleichwohl ist hier zu Recht der gesamte Schenkungsvertrag notariell beurkundet worden. Denn für die Eigentumsübertragung an Eigentumswohnungen ist nach § 4 Abs. 3 WEG die Formvorschrift des **§ 311b Abs. 1 S. 1 BGB** anzuwenden. Danach sind sämtliche auf eine Änderung der Eigentumszuordnung gerichteten Abreden, aus denen sich nach dem Willen der Parteien das schuldrechtliche Veräußerungsgeschäft zusammensetzt, zu beurkunden. Der Schenkungsvertrag ist nicht gemäß § 125 S. 1 BGB nichtig.

b) Nichtigkeit wegen Anfechtung (§ 142 Abs. 1 BGB)

Das Schenkungsversprechen der M könnte nach § 142 Abs. 1 BGB von Anfang an (ex tunc) nichtig sein.

---

[15] PWW/*Frensch*, § 179 Rn. 19; MüKoBGB/*Schubert*, § 179 Rn. 63; Erman/*Maier-Reimer*, § 179 Rn. 25, jeweils mwN.

M hat gegenüber B (§ 143 Abs. 2 BGB) die Anfechtung iSd § 143 Abs. 1 BGB erklärt. Zu prüfen bleibt die Existenz eines Anfechtungsgrundes. In Betracht kommt ein Irrtum über eine verkehrswesentliche Eigenschaft gemäß § 119 Abs. 2 BGB. Dazu müsste die Eigentümerstellung an der Eigentumswohnung in Schwerin eine verkehrswesentliche Eigenschaft[16] sein.

> Aufbauschema
> **Anfechtung nach § 142 Abs. 1 BGB**
> 1. Anfechtungserklärung, § 143 Abs. 1 BGB
> 2. Anfechtungsgegner, § 143 Abs. 2–4 BGB
> 3. Anfechtungsgrund, §§ 119, 120, 123 BGB
> 4. Anfechtungsfrist, §§ 121, 124 BGB

§ 119 Abs. 2 BGB: Irrtum über eine verkehrswesentliche Eigenschaft

1. Anwendungsbereich

Der Irrtum über den konkreten Beweggrund, der zu der Willenserklärung veranlasst hat (Motivirrtum), ist grundsätzlich unbeachtlich. Ausnahmen von diesem Grundsatz regeln § 119 Abs. 2 und §§ 2078 Abs. 2, 2079, 2308 Abs. 1 BGB. Begründet das Fehlen einer verkehrswesentlichen Eigenschaft gleichzeitig einen Sach- oder Rechtsmangel, verdrängen die §§ 437 ff. BGB als speziellere Regelungen die Anfechtbarkeit nach § 119 Abs. 2 BGB. Die Einordnung der §§ 437 ff. BGB als vorrangige Spezialnormen ergibt sich unter anderem daraus, dass § 438 Abs. 1 Nr. 3 BGB für Gewährleistungsansprüche bei beweglichen Sachen eine kürzere Verjährung vorsieht als § 121 Abs. 2 BGB für den Ausschluss des Anfechtungsrechts.

2. Voraussetzungen

a) **Irrtum** ist das unbewusste Auseinanderfallen von Wille und Erklärung des Handelnden. Die Feststellung, dass die Erklärung nicht mit dem Willen übereinstimmt, erfordert zunächst, dass der Inhalt der Erklärung durch Auslegung (§§ 133, 157 BGB) ermittelt wird. Ergibt die Auslegung, dass der wahre Wille in der Erklärung zum Ausdruck kommt, scheidet eine Anfechtung aus; Auslegung ist vorrangig.

b) **Eigenschaften** sind alle wertbildenden Faktoren. Das sind die natürlichen Beschaffenheitsmerkmale sowie die tatsächlichen und rechtlichen Verhältnisse sowie Beziehungen einer Person oder Sache zur Umwelt, soweit diese nach der Verkehrsanschauung Bedeutung für die Wertschätzung oder Verwendbarkeit besitzen. Eigenschaften sind zB die Urheberschaft und Echtheit eines Kunstwerkes oder die Fahrleistung eines Pkws. Der Preis ist das Ergebnis der Wertbildung und damit keine Eigenschaft.

c) Die **Verkehrswesentlichkeit** wird von der hM (zur aA bei Fall 4, S. 88) anhand der Lehre von der Geschäftswesentlichkeit bestimmt. Danach sei verkehrswesentlich, was die Parteien als vertragswesentlich ansehen. Fehlt es an einer ausdrücklichen Abrede, sei von den Parteien (stillschweigend) stets das in den Vertrag einbezogen, was typischerweise mit dem Geschäftstyp verbunden ist, also die üblichen Eigenschaften.

d) Durch den Verweis auf § 119 Abs. 1 BGB („gilt") kommt es ferner darauf an, dass der Erklärende bei Kenntnis der Sachlage (subjektive Erheblichkeit) und bei verständiger Würdigung (objektive Erheblichkeit) die Erklärung nicht abgegeben hätte.

---

16 Eine Übersicht zum Meinungsstreit über die Verkehrswesentlichkeit bei § 119 Abs. 2 BGB findet sich bei Fall 4, S. 88. Vgl. allgemein zum Eigenschaftsirrtum BRHP/*Wendtland*, § 119 Rn. 39 ff.; NK-BGB/*Feuerborn*, § 119 Rn. 63 ff.

> Nach hM stellt das Eigentum keine verkehrswesentliche Eigenschaft iSd § 119 Abs. 2 BGB dar.

Ob das Eigentum eine verkehrswesentliche Eigenschaft darstellt, wird unterschiedlich eingeschätzt. Während teilweise das Eigentum als Eigenschaft gesehen wird,[17] lehnt die überwiegende Auffassung dies ab, weil Eigentum als rechtliche Beziehung zur Sache kein unmittelbar wertbildender Faktor ist.[18] Denn bei Eigenschaften handelt es sich nur um die wertbildenden Faktoren, die in der Sache selbst ihren Grund haben, die den Gegenstand selbst kennzeichnen, nicht um Umstände, die nur mittelbar einen Einfluss auf die Bewertung ausüben.

Die Willenserklärung der M ist nicht mittels § 119 Abs. 2 BGB anfechtbar und somit nicht gemäß § 142 Abs. 1 BGB nichtig.

Der Schenkungsvertrag ist wirksam zustande gekommen. Zwischen M und B besteht ein Schuldverhältnis.

2. Unmöglichkeit im Sinne des § 275 BGB

Neben einem Schuldverhältnis bedarf es für den Anspruch aus § 311a Abs. 2 BGB, dass der Verpflichtete nach § 275 BGB von seiner Leistung befreit ist. Hier handelt es sich um subjektive Unmöglichkeit, die gemäß § 275 Abs. 1 BGB zu einem Freiwerden von der Leistung führt.[19] M ist die Übereignung der Eigentumswohnung unmöglich.

3. Bei Abschluss des Vertrages nach § 311a Abs. 1 BGB

> **Beweislast**
> Durch die Formulierung in § 311a Abs. 2 S. 2 BGB wird die Beweislast für das Vertretenmüssen zu Lasten des Schuldners umgekehrt. Der Gläubiger hat das Schuldverhältnis, die anfängliche Unmöglichkeit und den Schaden zu beweisen.

Das Leistungshindernis muss bei Vertragsabschluss bestehen. Es kommt darauf an, ob die Leistung nach dem heutigen Kenntnisstand im fraglichen Zeitpunkt unmöglich bzw. unzumutbar war. Wird die Leistung im Zeitraum zwischen Vertragsabschluss und Fälligkeit oder Bedingungseintritt unmöglich, ist nachträgliche Unmöglichkeit anzunehmen. Ist für die Wirksamkeit des Vertrages die Genehmigung eines Dritten erforderlich, führt deren Versagung zu nachträglicher Unmöglichkeit.[20]

Die Übereignung der Eigentumswohnung in Schwerin war M zum Zeitpunkt des Vertragsschlusses mit B nicht möglich. Es handelt sich um anfängliche Unmöglichkeit iSd § 311a Abs. 1 BGB.

4. Keine Kenntnis oder schuldhafte Unkenntnis, § 311a Abs. 2 S. 2 BGB

Die Haftung gemäß § 311a Abs. 2 S. 1 BGB entfällt, wenn der Schuldner das Leistungshindernis bei Vertragsschluss weder kannte noch eine Unkenntnis zu vertreten hat. Die Ansprüche auf Schadens- und Aufwendungsersatz sind also verschuldensabhängig. Dabei kommt es lediglich auf die Kenntnis bzw. das Kennenmüssen des Schuldners an, nicht darauf, ob der Schuldner den Umstand, der nach § 275 BGB zur Leistungsbefreiung führt, zu vertreten hat.

> Vertretenmüssen nach § 276 Abs. 1 S. 1 BGB

M hatte keine Kenntnis von ihrem fehlenden Eigentum. Maßgeblich ist mithin, ob sie ihre Unkenntnis der wahren Eigentumslage nach § 276 Abs. 1 S. 1 BGB zu vertreten hat.

M hat mit B einen Schenkungsvertrag abgeschlossen, so dass für den Verschuldensmaßstab **§ 521 BGB** gilt. Danach hat der Schenker nur Vorsatz und **grobe**

---

17 Vgl. MüKoBGB/*Armbrüster*, § 119 Rn. 142 mwN.
18 BGHZ 34, 32, 41; NK-BGB/*Feuerborn*, § 119 Rn. 74; Palandt/*Ellenberger*, § 119 Rn. 27; PWW/*Ahrens*, § 119 Rn. 41.
19 Zur Unmöglichkeit gemäß § 275 BGB vgl. Fall 3, S. 67 f.
20 MüKoBGB/*Ernst*, § 311a Rn. 36; Palandt/*Grüneberg*, § 311a Rn. 4.

Fahrlässigkeit zu vertreten. Mangels Vorsatzes müsste die Unkenntnis der M hier folglich darauf beruhen, dass M die im Verkehr erforderliche Sorgfalt iSd § 276 Abs. 2 BGB in einem besonders schwerem Maß verletzt hat. Das ist anzunehmen, wenn schon einfachste, ganz naheliegende Überlegungen nicht angestellt oder beiseite geschoben werden und das nicht beachtet wird, das sich im gegebenen Fall jedem aufgedrängt hätte. Dabei muss den Handelnden auch in subjektiver Hinsicht ein gesteigertes Verschulden treffen.[21]

M hatte ein umfangreiches Vermögen geerbt, zu dem zahlreiche Immobilien in drei Bundesländern gehören. Einerseits kann man vom Erben erwarten, dass er sich über die Erbmasse ordnungsgemäß informiert, andererseits ist bei der Beauftragung eines Notars davon auszugehen, dass der Notar entsprechende Grundbuchauszüge einsieht und sich vom Eigentum des Veräußerers überzeugt. In Anbetracht dessen, dass bei einer Schenkung nach § 521 BGB grobe Fahrlässigkeit mit einem gesteigerten subjektiven Verschuldensvorwurf gefordert ist, ist ein grob fahrlässiges Verhalten der M abzulehnen.[22]

Damit bleibt zu prüfen, ob M die Unkenntnis des von ihr beauftragten Notars gemäß **§ 278 S. 1 BGB** zuzurechnen ist. Das ist der Fall, wenn der Notar ein Erfüllungsgehilfe der M ist.

> Haftung für den Erfüllungsgehilfen nach § 278 BGB

Erfüllungsgehilfe ist, wer nach den tatsächlichen Gegebenheiten mit dem Willen des Schuldners bei der Erfüllung einer diesem obliegenden Verbindlichkeit als dessen Hilfsperson tätig ist. Der Erfüllungsgehilfe muss objektiv eine Aufgabe übernommen haben, die im Verhältnis zum Gläubiger dem Schuldner obliegt. Dabei kommt es nicht darauf an, welche rechtliche Beziehung zwischen dem Schuldner und der Hilfsperson besteht, auch ein nichtiges Rechtsverhältnis oder eine bloß tatsächliche Zusammenarbeit genügen. Es ist bedeutungslos, ob dem Schuldner ein Weisungsrecht zusteht, er die Hilfsperson überwachen oder die Leistung in eigener Person ausführen kann. Auch ein selbständiger Unternehmer ist Erfüllungsgehilfe, wenn er vom Schuldner entsprechend eingesetzt wird.[23]

> Definition Erfüllungsgehilfe

Die Hilfsperson muss mit dem Willen des Schuldners tätig werden, wobei eine nachträgliche Zustimmung ausreicht. Sie hat in Erfüllung einer dem Schuldner gegenüber dem Gläubiger obliegenden Verbindlichkeit zu handeln. Verbindlichkeit ist dabei weit auszulegen. Hierunter sind alle Pflichten zu fassen, die sich aus einem Schuldverhältnis ergeben, also auch Neben- oder Schutzpflichten. Umstritten ist, ob sich der Schuldner nur ein Fehlverhalten zurechnen lassen muss, das bei Erfüllung auftritt, oder ob er auch für ein schuldhaftes Verhalten bei Gelegenheit der Erfüllung (zB einen Diebstahl) einzustehen hat.[24]

Ein Notar hat ein öffentliches Amt inne und ist grundsätzlich zur Neutralität verpflichtet. Er erledigt seine Amtsgeschäfte in eigener Person. In diesem Bereich seiner unparteiischen Tätigkeit (§ 14 Abs. 1 S. 2 BNotO) wird ein Notar regelmäßig kein Erfüllungsgehilfe sein.[25] Anders liegt es, wenn er außerhalb der bloßen Urkundstätigkeit aufgrund eines besonderen Auftrages tätig wird. So ist der Notar

> Notar als Erfüllungsgehilfe

---

21 BGH NJW 2005, 981, 982; NJW 1992, 3235, 3236; Palandt/*Grüneberg*, § 277 Rn. 5; BRHP/*Lorenz*, § 277 Rn. 3.
22 Die andere Auffassung ist bei entsprechender Begründung vertretbar.
23 Palandt/*Grüneberg*, § 278 Rn. 7; PWW/*Schmidt-Kessel/Kramme*, § 278 Rn. 16 ff.
24 Zum Umfang der Haftung für den Erfüllungsgehilfen bei Fall 2, S. 38 f. Vgl. auch BRHP/*Lorenz*, § 278 Rn. 48 ff.
25 Vgl. BRHP/*Lorenz*, § 278 Rn. 41; MüKoBGB/*Grundmann*, § 278 Rn. 29.

Erfüllungsgehilfe des Verkäufers gegenüber dem Käufer bei der Eigentumsverschaffung, wenn er mit der umfassenden und beratenden Abwicklung beauftragt ist.[26]

Hier ist der Notar von M mit der gesamten Durchführung der Schenkung sowie mit der umfassenden vorsorgenden Beratung betraut worden. Er war damit auch verantwortlich für die ordnungsgemäße Festlegung des Schenkungsobjekts und ist insoweit mit dem Willen der M bei der Erfüllung der ihr obliegenden Prüfungspflicht der Eigentumsverhältnisse als Hilfsperson tätig gewesen. Der Notar war der Erfüllungsgehilfe der M iSd § 278 S. 1 BGB.

Nach § 278 S. 1 iVm § 521 BGB müsste der Notar grob fahrlässig gehandelt haben.[27] Sieht ein Notar bei Grundstücksgeschäften die entsprechenden Grundbuchauszüge nicht ein, verletzt er die verkehrserforderliche Sorgfalt in besonders schwerem Maße, weil er ganz naheliegende Überlegungen nicht angestellt hat. Der Notar hat hier grob fahrlässig gehandelt, §§ 521, 276 Abs. 2 BGB.

Das Verschulden des Erfüllungsgehilfen wird M gemäß § 278 S. 1 BGB zugerechnet. M hat damit die Unkenntnis ihres Leistungshindernisses iSd § 311a Abs. 2 S. 2 BGB zu vertreten.

5. Schaden, §§ 249 ff. BGB

Der Anspruch auf Schadensersatz statt der Leistung ist auf das positive Interesse gerichtet. Der Gläubiger ist so zu stellen, wie er stehen würde, wenn der Schuldner den Vertrag ordnungsgemäß erfüllt hätte. Der Schaden liegt im Wert der Eigentumswohnung in Höhe von 175.000 EUR, § 251 Abs. 1 Alt. 1 BGB.

Ergebnis

B steht gegen M ein Anspruch auf Schadensersatz statt der Leistung in Höhe von 175.000 EUR gemäß § 311a Abs. 2 BGB zu.

II. Anspruch nach § 523 Abs. 1 BGB

B könnte gegen M weiterhin einen Anspruch auf Schadensersatz aus § 523 Abs. 1 BGB inne haben, wenn M einen Rechtsmangel arglistig verschwiegen hat.

Arglist bedeutet Vorsatz.[28] M hat hier nicht vorsätzlich gehandelt. Zudem handelt es sich nach überwiegender Auffassung[29] bei der unmöglichen Eigentumsübertragung nicht um einen Rechtsmangel. Denn ein **Rechtsmangel** ist anzunehmen, wenn das erworbene Eigentum individuell mit tatsächlich bestehenden Rechten Dritter belastet ist.[30] Bei der fehlenden Verschaffung des Eigentums handelt es sich nicht um einen Rechtsmangel des Gegenstandes, sondern um einen Fall der Nichterfüllung.[31] B hat hier kein Eigentum erhalten; mangelndes Eigentum unterfällt nicht § 523 Abs. 1 BGB.

---

26 BGH NJW 1993, 648, 652; BGHZ 123, 1, 13; OLG Karlsruhe NJW-Spezial 2011, 13; Palandt/*Grüneberg*, § 278 Rn. 37; PWW/*Schmidt-Kessel/Kramme*, § 278 Rn. 17; Erman/*Westermann*, § 278 Rn. 29.

27 Zur Haftungsmilderung bei Erfüllungsgehilfen Palandt/*Grüneberg*, § 278 Rn. 27.

28 Palandt/*Ellenberger*, § 123 Rn. 11; PWW/*Ahrens*, § 123 Rn. 25.

29 Staudinger/*Matusche-Beckmann*, § 435 Rn. 13; MüKoBGB/*Westermann*, § 435 Rn. 7; NK-BGB/*Büdenbender*, § 435 Rn. 10. Nach der Gegenauffassung (*Canaris*, JZ 2003, 831, 832; *Meier*, JR 2003, 353 ff.) begründet fehlendes Eigentum einen Rechtsmangel, denn wenn schon beschränkte dingliche Rechte einen Rechtsmangel begründen, müsse dies erst Recht für das Eigentum gelten.

30 Vgl. BGH NJW 2000, 1256; PWW/*Schmidt*, § 435 Rn. 9 f.; zur Abgrenzung von Sach- und Rechtsmangel im Hinblick auf Grundstücksbeschaffenheit siehe Fall 4, S. 91.

31 Soergel/*Huber*, § 434 Rn. 32 f.; Palandt/*Weidenkaff*, § 435 Rn. 8; *Knöpfle*, NJW 1991, 889 f.

Ergebnis

Die Voraussetzungen des § 523 Abs. 1 BGB sind nicht erfüllt; es besteht kein Anspruch aus § 523 Abs. 1 BGB.

C. Ansprüche der V gegen M wegen des erhitzten Akkus

I. Anspruch der V gegen M auf Rückzahlung des Kaufpreises

V könnte gegen M ein Anspruch auf Rückzahlung von 1.450 EUR aus § 346 Abs. 1 BGB iVm §§ 437 Nr. 2, 326 Abs. 5 BGB, §§ 124 Abs. 1, 128 S. 1, 130 Abs. 1 HGB zustehen. Eine Haftung der M kommt in Betracht, wenn V ein Anspruch gegen die A-OHG (§ 124 Abs. 1 HGB) zusteht und M aufgrund des Erbfalls als Gesellschafterin gemäß § 128 HGB für diese Verbindlichkeit einzustehen hat.

1. Verbindlichkeit der Gesellschaft, § 124 Abs. 1 HGB

a) Bestehen der Gesellschaft

Die A-OHG ist eine Personengesellschaft, bei der alle Gesellschafter als Komplementäre mit ihrem Privatvermögen haften. Sie entsteht durch den Abschluss eines Gesellschaftsvertrages mit dem Inhalt, dass sich die Gesellschafter zu dem gemeinsamen Betrieb eines Handelsgewerbes unter einer gemeinsamen Firma zusammenschließen, § 105 Abs. 1 HGB. Von einer wirksamen Einigung zwischen A, E und S, welche die A-OHG gegründet haben, ist auszugehen.

Eine Eintragung in das Handelsregister ist bei einer Personenhandelsgesellschaft nicht erforderlich; sie entsteht im Innenverhältnis mit Abschluss des Gesellschaftsvertrages. Im Außenverhältnis, also gegenüber Dritten, gibt § 123 HGB vor, dass die Personenhandelsgesellschaften (OHG, KG)[32] erst dann wirksam werden, wenn sie in das Handelsregister eingetragen werden oder ihre Geschäfte – nach überwiegender Einschätzung mit Zustimmung aller Gesellschafter[33] – aufnehmen. Die A-OHG vertreibt seit Jahren Computer, so dass von einem Geschäftsbeginn iSd § 123 Abs. 2 HGB auszugehen ist.

Die A-OHG ist nach § 124 Abs. 1 HGB rechtsfähig; sie haftet folglich auch selbst mit dem Gesellschaftsvermögen, sofern der materiell-rechtliche Anspruch der V besteht.

b) Existenz des Anspruchs

Ein Anspruch der V auf Zahlung von 1.450 EUR ergibt sich aus § 346 Abs. 1 iVm §§ 437 Nr. 2, 326 Abs. 5 BGB, falls V wegen eines Sachmangels wirksam vom Kaufvertrag zurückgetreten (§ 349 BGB) ist.

aa) Kaufvertrag

V hat sich mit A über den Kauf eines Computers für 1.450 EUR geeinigt. Diese Einigung wirkt gemäß § 164 Abs. 1 S. 1 BGB für und gegen die A-OHG, weil A iSd § 164 Abs. 1 S. 2 BGB im Namen der A-OHG gehandelt und A als Gesellschafter der A-OHG nach **§ 125 Abs. 1 HGB** Einzelvertretungsmacht hat.[34] Zwischen V und der A-OHG ist ein Kaufvertrag (§ 433 BGB) zustande gekommen.

> **Voraussetzungen Haftung des Gesellschafters nach § 128 HGB**
> 1. Verbindlichkeit der Gesellschaft, § 124 Abs. 1 HGB
>   a) Bestehen der Gesellschaft
>   b) Existenz des Anspruchs
> 2. Stellung als Gesellschafter
> 3. Einwendungen des Gesellschafters
>   a) aus dem persönlichen Verhältnis zum Gläubiger
>   b) gemäß § 129 HGB

> **Rückgewähranspruch nach § 346 Abs. 1 iVm §§ 437 Nr. 2, 326 Abs. 5 BGB**
> 1. Kaufvertrag, § 433 BGB
> 2. Mangel (§§ 434, 435 BGB) bei Gefahrübergang (§§ 446, 447 BGB)
> 3. Unmöglichkeit der Nacherfüllung, 326 Abs. 5 BGB
> 4. Keine Unwirksamkeit des Rücktritts, §§ 438 Abs. 4, 218 Abs. 1 BGB

---

32 Die Gesellschaft bürgerlichen Rechts (§§ 705ff. BGB) entsteht auch im Außenverhältnis mit Abschluss des Gesellschaftsvertrages. Überblick bei Fall 22, S. 566.
33 Baumbach/Hopt/*Roth*, § 123 Rn. 12; KKRD/*Kindler*, § 123 Rn. 4.
34 Zu den Vertretungsregeln im Handels- und Gesellschaftsrecht siehe *Markgraf*, JuS 2010, 881, 882 und Fall 11, S. 285f.

bb) Mangelhaftigkeit bei Gefahrübergang

§§ 433 Abs. 1 S. 2, 434 Abs. 1 BGB geben vor, dass der Verkaufsgegenstand bei Gefahrübergang frei von Sachmängeln zu sein hat.[35]

Die Anforderungen an das Notebook wurden zwischen V und der A-OHG nicht nach § 434 Abs. 1 S. 1 BGB vereinbart, jedoch eignen sich die minderwertigen Akkus nicht für die nach dem Vertrag vorausgesetzte Verwendung iSd § 434 Abs. 1 S. 2 Nr. 1 BGB für Notebooks. Über diese Verwendung war stillschweigend eine rechtsgeschäftliche Übereinkunft getroffen worden. Es kommt hier deshalb auf die Diskussion, ob mit der Formulierung „nach dem Vertrag vorausgesetzte Verwendung" eine rechtsgeschäftlich vereinbarte[36] oder eine lediglich tatsächlich gemeinsam[37] vorgestellte[38] Verwendung gemeint ist, nicht an.

> **Meinungsstreit über den Rechtscharakter der vertraglich vorausgesetzten Verwendung**
>
> | Gemeinsame tatsächliche Vorstellungen über den Verwendungszweck | Rechtsgeschäftlich vereinbarter Verwendungszweck (hM) |
> |---|---|
> | Nach dem Vertrag vorausgesetzte Verwendung meine, dass beide Parteien einen bestimmten Verwendungszweck im Vorfeld des Vertrages unterstellt haben. Es handele sich um Motive der Parteien, die dem Vertrag zugrunde gelegt seien. | Eine vertraglich vorausgesetzte Verwendung sei nur dann gegeben, wenn sie Vertragsinhalt geworden sei. Dies ergebe sich aus dem Sinn und Zweck des Gewährleistungsrechts, wonach sich die Leistungspflichten aus dem Vertrag selbst, nicht aus Motiven, ergeben müssen. |

Das Notebook ist mangelhaft iSd § 434 Abs. 1 S. 2 Nr. 1 BGB. Der Mangel, dh die nachteilige Abweichung der Ist- von der Sollbeschaffenheit, muss im Zeitpunkt des Gefahrübergangs vorliegen. Der Gefahrübergang richtet sich hier nach § 446 S. 1 BGB und erfolgt mit Übergabe der Kaufsache. Übergabe bezieht sich auf die Erfüllung der Hauptleistungspflicht aus § 433 Abs. 1 S. 1 Alt. 1 BGB und meint das Verschaffen des unmittelbaren Besitzes nach § 854 BGB. Übergabesurrogate (vgl. §§ 930, 868, 931, 398 BGB) genügen, sofern diese im Kaufvertrag vereinbart sind. Dabei ist ausreichend, wenn die den Mangel begründenden Umstände zum Zeitpunkt der Übergabe bestehen, der Mangel selbst muss sich beim Gefahrübergang noch nicht realisiert haben.[39]

So liegt es hier; das Notebook war zum Zeitpunkt des Gefahrüberganges (§ 446 S. 1 BGB) mangelhaft.

Dreistufige Prüfung der Mangelhaftigkeit § 434 Abs. 1 BGB
1. Abweichung von der vereinbarten Beschaffenheit, § 434 Abs. 1 S. 1 BGB
2. Nichteignung für die nach dem Vertrag vorausgesetzte Verwendung, § 434 Abs. 1 S. 2 Nr. 1 BGB
3. Nichteignung zur gewöhnlichen Verwendung oder Fehlen einer üblichen Beschaffenheit, § 434 Abs. 1 S. 2 Nr. 2 BGB

Gefahrübergang erfolgt bei Übergabe (§ 446 S. 1 BGB), beim Versendungskauf bei Auslieferung an die Versandperson (§ 447 Abs. 1 BGB) oder bei Annahmeverzug (§ 446 S. 3 BGB).

---

35 Zur kaufrechtlichen Mängelgewährleistung siehe auch *Lüneborg*, JuS 2013, 434, 437 f. und Fall 6, S. 138 ff.
36 Erman/*Grunewald*, § 434 Rn. 17; BRHP/*Faust*, § 434 Rn. 50 ff.; Staudinger/*Matusche-Beckmann*, § 434 Rn. 61; *Reinicke/Tiedtke*, Kaufrecht, Rn. 323.
37 Einseitige Vorstellungen des Käufers genügen jedenfalls nicht.
38 PWW/*Schmidt*, § 434 Rn. 40 f.; NK-BGB/*Büdenbender*, § 434 Rn. 7; *Oechsler*, Schuldrecht Besonderer Teil, § 2 Rn. 92.
39 Palandt/*Weidenkaff*, § 434 Rn. 8; PWW/*Schmidt*, § 434 Rn. 39; BRHP/*Faust*, § 434 Rn. 35 ff.

cc) Unmöglichkeit der Nacherfüllung

Ein Rücktritt nach § 437 Nr. 2 BGB setzt durch den Verweis auf § 323 Abs. 1 BGB voraus, dass eine dem Verkäufer vom Käufer gesetzte angemessene Frist zur Nacherfüllung erfolglos abgelaufen ist. Gemäß § 323 Abs. 2 BGB bedarf es bei den in Nummern 1 bis 3 gesetzlich genannten Fällen (ernsthafte und endgültige Leistungsverweigerung, Fixgeschäfte, beiderseitige Interessenabwägung) keiner Fristsetzung. Bei unerheblichen Mängeln ist der Rücktritt nach § 323 Abs. 5 S. 2 BGB ausgeschlossen.

§ 323 Abs. 1 BGB schreibt eine angemessene Frist zur Nacherfüllung vor, die in den Fällen der §§ 323 Abs. 2, 440, 326 Abs. 5 BGB jedoch entbehrlich ist.

Die Fristsetzung ist gemäß § 440 S. 1 BGB ferner entbehrlich, wenn der Verkäufer beide Arten der Nacherfüllung iSd § 439 Abs. 3 BGB verweigert oder wenn die dem Käufer zustehende Art der Nacherfüllung fehlgeschlagen oder unzumutbar ist.

§ 326 Abs. 5 BGB bestimmt eine Rücktrittsmöglichkeit ohne Fristsetzung außerdem in den Fällen des § 275 Abs. 1–3 BGB. Hier kommt § 275 Abs. 1 BGB in Betracht. Eine Nacherfüllung durch Mangelbeseitigung ist unmöglich, weil das Notebook durch die Hitzeentwicklung zerstört wurde. Eine Nacherfüllung durch Lieferung einer mangelfreien Sache scheidet aus, weil sämtliche Akkus der Baureihe aus minderwertigem Material bestehen. Die Voraussetzungen des § 275 Abs. 1 BGB sind erfüllt, so dass nach § 326 Abs. 5 BGB die Käuferin V ohne Fristsetzung zurücktreten kann.

dd) Keine Unwirksamkeit des Rücktritts wegen Verjährung

M hat die Einrede der Verjährung erhoben. Der Rücktritt der V könnte daher gemäß **§ 218 Abs. 1 S. 1, 2 iVm § 438 Abs. 4 S. 1 BGB** unwirksam sein, falls der Nacherfüllungsanspruch zum Zeitpunkt des Rücktritts verjährt wäre.

Gesetzliche Verjährung nach § 438 Abs. 1 Nr. 3 BGB

Wirkung der Verjährung
Verjährung gibt dem Schuldner nach § 214 Abs. 1 BGB ein dauerndes (peremptorisches) Leistungsverweigerungsrecht. Als **Einrede** kann sie in einem gerichtlichen Verfahren nicht von Amts wegen berücksichtigt werden, sondern nur, wenn sich der Schuldner auf die Einrede beruft. Einer ausdrücklichen Erhebung der Einrede bedarf es nicht, vielmehr genügt eine erkennbar auf Zeitablauf gestützte Leistungsverweigerung. Die Einrede ist bedingungsfeindlich, wobei der Vorbehalt, die Einrede nur bei Bestand des Anspruchs zu erheben, keine Bedingung im Rechtssinne bildet (vgl. auch Fall 7, S. 173 und Fall 9, S. 223 f.). Ist die Einrede nach § 214 Abs. 1 BGB erhoben worden, wird eine Klage auch bei Säumnis des Beklagten durch unechtes Versäumnisurteil abgewiesen (dazu Fall 8, S. 189). Rechtsfolge der Verjährungseinrede ist die dauernde Undurchsetzbarkeit des Anspruchs. Da der Anspruch nicht erlischt, bleibt er erfüllbar. Nach § 214 Abs. 2 BGB können daher in Unkenntnis der Verjährung erbrachte, freiwillige Leistungen nicht gemäß § 812 Abs. 1 S. 1 BGB zurückgefordert werden. Unbeachtlich ist die Einrede, wenn sie eine unzulässige Rechtsausübung iSd § 242 BGB darstellt (dolo facit, qui petit, quod statim redditurus est, siehe Fall 11, S. 274).

Der Verjährung steht es gemäß § 218 Abs. 1 S. 2 BGB nicht entgegen, dass der Nacherfüllungsanspruch nach § 275 Abs. 1 BGB unmöglich ist. Maßgeblich ist, ob der Nacherfüllungsanspruch der V ohne die Unmöglichkeit im Zeitpunkt des Rücktritts verjährt gewesen wäre.

Beim Kauf einer beweglichen Sache verjährt der Nacherfüllungsanspruch gemäß § 438 Abs. 1 Nr. 3 BGB in zwei Jahren. Die Verjährung beginnt nach § 438 Abs. 2 BGB mit der **Ablieferung** der Sache.

> **Ablieferung** erfordert Vollständigkeit. Bei einer Mehrheit von Sachen kommt es auf die Lieferung der letzten Sache an, bei einem Kauf mit Montage auf die Erbringung dieser, bei einem Kauf mit Einweisungspflicht auf die ordnungsgemäße Anleitung.

Ablieferung ist anzunehmen, wenn sich der Verkäufer seines Besitzes so entäußert hat, dass der Käufer entweder selbst Besitz erlangt hat oder sich den Besitz jederzeit durch einseitige Handlung verschaffen kann, ohne dass eine Mitwirkung des Verkäufers erforderlich ist.[40] Bei Übergabe der Kaufsache ist regelmäßig auch eine Ablieferung anzunehmen, sofern für den Käufer die Möglichkeit zur Untersuchung der Sache besteht.[41]

Mit der Übergabe an V ist der Computer iSd § 438 Abs. 2 BGB abgeliefert worden. Der Mangel am Akku ist erst drei Jahre später aufgetreten. Die zweijährige Verjährungsfrist des § 438 Abs. 1 Nr. 3 BGB ist bereits abgelaufen. Eine Verlängerung der Verjährungsfrist nach § 438 Abs. 3 S. 1 BGB kommt nicht in Betracht, weil arglistiges Verschweigen Vorsatz bedeutet, die hier auf Seiten der A-OHG nicht festzustellen ist. Fahrlässigkeit genügt für Arglist nicht.[42]

Die Verjährungsfrist könnte allerdings durch den **Garantieschein** auf vier Jahre verlängert worden sein.

> **Vertragliche Verlängerung der Verjährung durch den Garantieschein**

Eine **Verlängerung der Verjährungsfrist** ist nach § 202 Abs. 2 BGB bis zu 30 Jahren zulässig. Der Umstand, dass V der Garantieschein erst nach dem Kauf übergeben wurde, ist unerheblich. In der Aushändigung des Garantiescheins durch A als Vertreter (§ 164 Abs. 1 BGB, § 125 Abs. 1 HGB) der A-OHG und der Entgegennahme durch V ist der Kaufvertrag in stillschweigender Übereinstimmung um die Garantieregelung ergänzt worden. Da es sich bei der Garantieerklärung um eine für eine Vielzahl von Verträgen vorformulierte Vertragsbedingung handelt, stellt sie eine Allgemeine Geschäftsbedingung iSd § 305 Abs. 1 BGB dar, die gemäß § 305 Abs. 2 BGB Vertragsbestandteil geworden ist. Bei einem Verbrauchsgüterkauf (§ 474 Abs. 1 BGB) wie zwischen V als Verbraucherin (§ 13 BGB) und der A-OHG als Unternehmerin (§ 14 Abs. 1 BGB) gibt § 479 Abs. 1 BGB inhaltliche Anforderungen für Garantieerklärungen vor. Werden diese Vorgaben – wie hier – nicht eingehalten, bleibt die Wirksamkeit der Garantie gemäß § 479 Abs. 3 BGB davon unberührt.[43]

> **Garantieerklärung als Allgemeine Geschäftsbedingung iSd § 305 Abs. 1 BGB**

> **Inhalt des Garantiescheins**

Der Inhalt der Garantieerklärung der A-OHG ist nicht genau bestimmt. In der Praxis üblich sind die Beschaffenheits- und die Haltbarkeitsgarantie (vgl. § 443 BGB). Abweichungen sind im Rahmen der Vertragsfreiheit möglich, der Inhalt der Garantie ergibt sich allein aus der Garantieerklärung.[44]

Inhalt einer Garantieerklärung	
Beschaffenheitsgarantie	**Haltbarkeitsgarantie**
Mit der Beschaffenheitsgarantie wird eine bestimmte Beschaffenheit der Kaufsache zum Zeitpunkt des Gefahrüberganges zugesichert.	Die Haltbarkeitsgarantie bezieht sich nicht nur auf Mängel, die beim Gefahrübergang vorhanden sind, sondern auf alle Mängel, die während der Garantiefrist auftreten.

---

40 BRHP/*Faust*, § 438 Rn. 30; PWW/*Schmidt*, § 438 Rn. 21.
41 BGHZ 93, 338, 345; BGH NJW 1995, 3382; Palandt/*Weidenkaff*, § 438 Rn. 13.
42 Vgl. näher zur Arglist Palandt/*Ellenberger*, § 123 Rn. 11; MüKoBGB/*Armbrüster*, § 123 Rn. 18.
43 Verstöße gegen § 479 Abs. 1 BGB können Schadensersatzansprüche und Ansprüche nach §§ 3, 8 ff. UWG, § 2 UKlaG begründen, Erman/*Grunewald*, § 479 Rn. 6; BGH NJW 2011, 2272; zur Garantiehaftung für Werbeaussagen *Picht*, NJW 2014, 2609 ff.
44 Palandt/*Weidenkaff*, § 443 Rn. 1, 9; PWW/*Schmidt*, § 443 Rn. 15.

Inhalt einer Garantieerklärung *(Fortsetzung)*	
Beispiele sind die Pkw-Mobilitätsgarantie, die dem Käufer bei Mängeln besondere Rechte wie die Stellung eines Ersatzwagens einräumt, und die verschuldensunabhängige Einstandspflicht für eine konkrete Beschaffenheit wie die Unfallfreiheit eines Pkw.	Sie besagt, dass der Kaufgegenstand eine Beschaffenheit während der Garantiezeit behält. Beispielsweise wird zugesichert, dass eine Maschine für einen bestimmten Zeitraum Leistungsdaten exakt einhält.

Die Garantie kann grundsätzlich in selbständiger oder in unselbständiger Form erklärt werden.[45]

Formen einer Garantieerklärung	
Selbständige Garantie	**Unselbständige Garantie**
Die selbständige Garantie wird unabhängig vom Kaufvertrag abgegeben und beruht auf einer eigenständigen, neuen Vertragsgrundlage zwischen Käufer und Garantiegeber. Sie unterliegt deshalb nicht den Bestimmungen des Gewährleistungsrechts. Der Garantiegeber ist der Hersteller oder ein sonstiger Dritter. Der Verkäufer ist in der Regel Bote, der die vom Hersteller verkörperte Willenserklärung (zB eine Garantiekarte) an den Käufer weitergibt.	Die unselbständige Garantie wird als Bestandteil des Kaufvertrages abgegeben und begründet ausgehend vom Mängelrecht in der Regel eine erhöhte Verantwortlichkeit des Verkäufers. Die gesetzliche Haftung für Mängel wird erweitert. Häufig wird durch die unselbständige Garantie eine Gewährleistungsfrist verlängert.

Die Bedeutung des Garantiescheins der A-OHG ist aufgrund des knappen Wortlauts unklar. Daher ist der Inhalt der Garantie durch Auslegung nach §§ 133, 157 BGB zu ermitteln. Da es sich bei der Garantieerklärung um eine **Allgemeine Geschäftsbedingung** (§ 305 Abs. 1 BGB) handelt, gelten die hierfür entwickelten Auslegungsgrundsätze. Wegen der mehrfachen Verwendung und des abstrakt-generellen Charakters sind Allgemeine Geschäftsbedingungen objektiv auszulegen. Ausgehend von den Verständnismöglichkeiten eines rechtlich unerfahrenen Durchschnittskunden sind Allgemeine Geschäftsbedingungen einheitlich so auszulegen, wie sie von einem verständigen und redlichen Vertragspartner unter Abwägung der Interessen der typischerweise beteiligten Verkehrskreise zu verstehen sind.[46] Danach ist davon auszugehen, dass die A-OHG dafür einstehen wollte, dass das Notebook während eines 4-Jahres-Zeitraums sachmängelfrei bleibt. Folglich handelt es sich um eine **Haltbarkeitsgarantie**, die im Rahmen des Kaufvertrages als **unselbständige Garantie** gegeben wird. Gemäß § 443 Abs. 2 BGB wird vermutet, dass ein während der Garantiezeit auftretender Sachmangel die Rechte aus der Garantie begründet.

Auslegung des Garantiescheins als Allgemeine Geschäftsbedingung

---

[45] Zu Einzelheiten und abweichenden Auffassungen siehe MüKoBGB/*Westermann*, § 443 Rn. 8 ff.; Erman/*Grunewald*, § 443 Rn. 2; PWW/*Schmidt*, § 443 Rn. 7 ff.; kritisch BeckOK BGB/*Faust*, § 443 Rn. 17 (Abgrenzung findet sich nicht im Gesetz und ist ohne Erkenntniswert).
[46] BGH NJW 2005, 1183; NJW 2002, 285; NJW 2001, 2165; PWW/*Berger*, § 305c Rn. 12; Palandt/*Grüneberg*, § 305c Rn. 16.

| Sind nach Ausschöpfung aller Auslegungsmöglichkeiten mehrere Auslegungsergebnisse vertretbar, ist die **Unklarheitenregel in § 305c Abs. 2 BGB** anzuwenden. |

Offen ist, ob der Garantieschein dahin zu deuten ist, dass dem Käufer ein auf vier Jahre verlängerter Nacherfüllungsanspruch zusteht oder ob sich auch die Sachmängelgewährleistung nach § 437 Nr. 2, 3 BGB auf vier Jahre erstreckt. Nach der Auslegung sind beide Alternativen denkbar; die Formulierung ist mehrdeutig. Bleiben bei der Auslegung Allgemeiner Geschäftsbedingungen Zweifel, ist die Unklarheitenregel in § 305c Abs. 2 BGB heranzuziehen. Nach § 305c Abs. 2 BGB ist grundsätzlich die **kundenfeindlichste Auslegung** zu wählen, wenn sie sich im Ergebnis als die dem Käufer günstigere Wahl herausstellt, weil sie wegen eines Verstoßes gegen die Klauselverbote zur Unwirksamkeit der Klausel führt. Bedingt diese Vorgehensweise – wie hier – keine Unwirksamkeit der Klausel, ist mittels § 305c Abs. 2 BGB die **kundenfreundlichste Auslegung** zu wählen. Wirksam ist diejenige Auslegungsvariante, die den Käufer am meisten begünstigt.[47] Daraus folgt, dass der Käufer alle gesetzlich vorgesehenen Gewährleistungsrechte geltend machen kann. Mithin sind hier nicht nur der Nacherfüllungsanspruch, sondern auch die Rechte aus § 437 Nr. 2, 3 BGB auf vier Jahre verlängert.

| Berechnung der Garantiefrist |

Sofern vertragliche Absprachen fehlen, werden für die Berechnung der Garantiefrist unterschiedliche Modelle diskutiert. Teilweise wird vertreten, dass die Garantiefrist nur eine Verlängerung der Gewährleistungsfrist sei, während die herrschende Meinung davon ausgeht, dass jeder Garantiefall, der innerhalb der Garantiefrist auftritt, für diesen Fall die Verjährungsfrist auslöst, dh dass nunmehr der Garantiefall innerhalb der gesetzlich vorgesehenen Verjährungsfrist geltend zu machen ist.[48] Wird innerhalb der Garantiezeit ein Garantiefall entdeckt, beginnt also bei einer unselbständigen Garantie nach überwiegender Auffassung mit dieser Entdeckung beispielsweise die zweijährige Frist des § 438 Abs. 1 Nr. 3 BGB, innerhalb derer der Garantiefall geltend zu machen ist.[49] Hier ist somit keine Verjährung eingetreten. Der Rücktritt ist nicht gemäß § 218 Abs. 1 S. 1, 2 iVm § 438 Abs. 4 S. 1 BGB unwirksam.

| **Verhältnis von Garantie- und Verjährungsfrist** Die Garantiefrist beginnt mit der Übergabe der Sache. Die Verjährungsfrist läuft nach hM ab Entdeckung des Mangels. Bei einer unselbständigen Garantie ist auf die gesetzliche Verjährungsfrist abzustellen, also zB auf § 438 BGB. Bei einer selbständigen Garantie greift § 195 BGB. |

Die Voraussetzungen eines Rückzahlungsanspruches nach § 346 Abs. 1 iVm §§ 437 Nr. 2, 326 Abs. 5 BGB sind erfüllt. Ein entsprechender Anspruch der V auf Zahlung von 1.450 EUR besteht gegen die A-OHG. Es handelt sich um eine Gesellschaftsverbindlichkeit gemäß § 124 Abs. 1 HGB, für die die A-OHG mit ihrem Gesellschaftsvermögen selbst haftet.

2. Stellung als Gesellschafter, § 128 HGB

a) Gesellschafterhaftung

M müsste Gesellschafterin der A-OHG sein, um für deren Verbindlichkeit nach §§ 128 S. 1, 130 Abs. 1 HGB zu haften.

| Haftung als Gesellschafter nach § 128 HGB |

Neben der Gesellschaft haften nach § 128 S. 1 HGB auch die Gesellschafter für eine Gesellschaftsverbindlichkeit iSd § 124 Abs. 1 HGB. Die Gesellschafter haften

---

47 MüKoBGB/*Basedow*, § 305c Rn. 61; PWW/*Berger*, § 305c Rn. 17 f.; Palandt/*Grüneberg*, § 305c Rn. 18. Diese zweistufige Vorgehensweise ist allgemein anerkannt im Verbandsprozess nach §§ 1, 3 UKlaG, hingegen für den Individualprozess streitig. Die aA wählt im Individualprozess von vornherein die kundenfreundlichste Auslegung.
48 Vgl. BRHP/*Faust*, § 443 Rn. 38 ff.; PWW/*Schmidt*, § 443 Rn. 17; Erman/*Grunewald*, § 443 Rn. 3, 16; Palandt/*Weidenkaff*, § 443 Rn. 15.
49 BRHP/*Faust*, § 443 Rn. 48; die aA (Palandt/*Weidenkaff*, § 438 Rn. 2, § 443 Rn. 11, 15), welche die Regelverjährung des § 195 BGB anwendet, überzeugt bei der unselbständigen Garantie nicht, weil es sich insoweit um eine Modifikation des gesetzlichen Gewährleistungsanspruchs handelt. Anders liegt es bei einer selbständigen Garantie; hier ist nach hM § 195 BGB anzuwenden.

den Gläubigern als Gesamtschuldner (§ 421 BGB) in voller Höhe persönlich und unbeschränkt mit ihrem Privatvermögen sowie primär und unmittelbar, so dass der Gläubiger sofort, ohne die Gesellschaft in Anspruch genommen zu haben, Erfüllung von einem Gesellschafter verlangen kann. Bei der Gesellschafterverbindlichkeit nach § 128 S. 1 HGB handelt es sich im Verhältnis zur Verbindlichkeit der Gesellschaft nach § 124 Abs. 1 HGB um eine selbständige akzessorische Schuld (**Akzessorietätstheorie**, hM). Für die Schuld der Gesellschaft haften die Gesellschafter mit ihrem Privatvermögen kraft Gesetzes akzessorisch.[50] Streitig ist, ob die Gesellschafter in gleicher Weise wie die Gesellschaft zur Erfüllung verpflichtet sind (**Erfüllungstheorie**, hM) oder ob lediglich das Interesse des Dritten in Geld auszugleichen ist (Haftungstheorie).[51] Hier kommt es auf diesen Meinungsstreit nicht an, weil ohnehin eine Geldzahlung zu beurteilen ist.

b) Nachfolge bei Tod eines Gesellschafters

Voraussetzung der Haftung nach § 128 HGB für eine Gesellschaftsverbindlichkeit ist, dass der Gesellschafter insoweit eine Gesellschafterstellung inne hat. M könnte hier aufgrund einer **einfachen erbrechtlichen Nachfolgeklausel** Gesellschafterin geworden sein.

| Gesetzliche Regelung für die OHG und KG in § 131 Abs. 3 S. 1 Nr. 1 HGB (iVm § 161 Abs. 2 HGB) |

Der Tod eines Gesellschafters einer OHG (§ 105 Abs. 1 HGB) bewirkt gemäß § 131 Abs. 3 S. 1 Nr. 1 HGB nicht die Auflösung der Gesellschaft, sondern führt lediglich zum Ausscheiden des verstorbenen Gesellschafters. Die Gesellschaft wird mit den verbliebenen Gesellschaftern fortgesetzt, ohne dass andere Personen in die Gesellschafterstellung des Verstorbenen eintreten. Von dieser gesetzlichen Vorgabe können die Gesellschafter im Rahmen der Privatautonomie im Gesellschaftsvertrag abweichen. Üblich sind folgende Klauseln:[52]

Nachfolgeklausel Automatisches Eintreten eines Dritten in die Gesellschafterstellung		**Eintrittsklausel** Kein automatisches Eintreten eines Dritten in die Gesellschafterstellung
Erbrechtliche Nachfolgeklausel Automatischer Nachfolger wird derjenige, der Erbe ist. Da sich der Übergang des Anteils nach Erbrecht vollzieht, kann der Erblasser im Rahmen der Testierfreiheit frei über seinen Nachfolger bestimmen.	**Rechtsgeschäftliche Nachfolgeklausel** Unter Beteiligung des Dritten wird im Gesellschaftsvertrag festgelegt, dass der Dritte beim Tod des Gesellschafters automatisch die Gesellschafterstellung übernimmt. Es handelt sich um eine aufschiebend auf den Tod bedingte Anteilsübertragung unter Lebenden.	Bei der Eintrittsklausel kommt es nicht zu einer automatischen Nachfolge; ein Dritter erhält vielmehr im Rahmen einer Vereinbarung der Gesellschafter das Recht einzutreten. Er hat einen Anspruch auf Aufnahme in die Gesellschaft, den er durch Willenserklärung gegenüber den restlichen Gesellschaftern ausübt.

---

50 BGH NJW 2003, 1445, 1446 f.; NJW 2002, 1642; NJW 2001, 1056. Nach der Lehre von der Doppelverpflichtung (*Hommelhoff*, ZIP 1998, 8) ist die Gesellschaft neben allen Gesellschaftern verpflichtet, weil der Vertreter parallel im Namen der Gesellschaft und aller Gesellschafter handele.
51 Baumbach/Hopt/*Roth*, § 128 Rn. 8; Palandt/*Sprau*, § 714 Rn. 14; KKRD/*Kindler*, § 129 Rn. 5.
52 Vgl. Palandt/*Weidlich*, § 1922 Rn. 14 ff.; Baumbach/Hopt/*Roth*, § 139 Rn. 10 f., 50, 56; Erman/*Lieder*, § 1922 Rn. 55; *Leipold*, Erbrecht, Rn. 588 ff.; *Steinbeck*, JuS 2012, 119 f.; *Tröger*, JuS 2010, 713, 716 f. Näher dazu bei Fall 22, S. 567 ff.

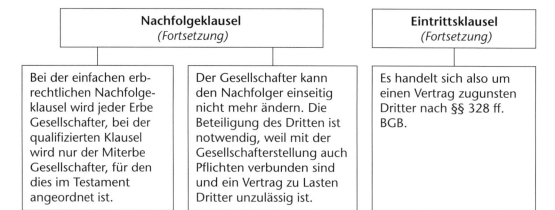

Der Gesellschaftsvertrag der A-OHG enthält die Regelung, dass der Erbe an die Stelle des verstorbenen Gesellschafters tritt. Es handelt sich also um eine einfache erbrechtliche Nachfolgeklausel. Durch diese Abrede ist die Alleinerbin M im Erbfall ohne eigenes Zutun im Wege des Vollrechtserwerbs automatisch in die Gesellschafterstellung der E eingetreten. M ist Gesellschafterin der A-OHG und hat als solche für die Verbindlichkeiten der Gesellschaft (§ 124 Abs. 1 HGB) gemäß § 128 S. 1 HGB einzutreten. Nach § 130 Abs. 1 HGB umfasst die Haftung ebenfalls die zurückliegenden, vor dem Eintritt in die Gesellschaft begründeten Verbindlichkeiten wie den noch zu Lebzeiten der E abgeschlossenen Kaufvertrag mit V.[53] Einwendungen der M sind weder aus ihrem persönlichen Verhältnis zu V noch aus § 129 HGB abzuleiten.

> Nach § 130 HGB haftet ein eintretender Gesellschafter auch für zurückliegende Verbindlichkeiten.

Ergebnis

V ist durch ihre Erklärung (§ 349 BGB) gegenüber M als Stellvertreterin (§ 164 Abs. 1, 3 BGB, § 125 Abs. 1 HGB) der A-OHG wirksam vom Kaufvertrag zurückgetreten. V steht daher gegen die Gesellschafterin M nach §§ 128 S. 1, 130 Abs. 1 iVm § 124 Abs. 1 HGB ein Anspruch aus § 346 Abs. 1 iVm §§ 437 Nr. 2, 326 Abs. 5 BGB auf Rückzahlung von 1.450 EUR zu. Zug um Zug hat sie gemäß § 346 Abs. 1 iVm § 348 S. 1 BGB das beschädigte Notebook zurückzugeben. Die in § 346 Abs. 2 S. 1 Nr. 3 BGB vorgesehene Pflicht zum Wertersatz entfällt nach § 346 Abs. 3 S. 1 Nr. 3 BGB.

II. Ansprüche der V gegen M auf Erstattung der Kleidungskosten

1. Anspruch gemäß § 280 Abs. 1 iVm § 437 Nr. 3 BGB, §§ 124 Abs. 1, 128 S. 1, 130 Abs. 1 HGB

V könnte gegen M ein Anspruch auf Erstattung der Kleidungskosten in Höhe von 35 EUR aus § 280 Abs. 1 iVm § 437 Nr. 3 BGB, §§ 124 Abs. 1, 128, 130 HGB zustehen.

Ein derartiger Anspruch setzt voraus, dass eine entsprechende Gesellschaftsverbindlichkeit (§ 124 Abs. 1 HGB) besteht, für die M als Gesellschafterin nach §§ 128 S. 1, 130 Abs. 1 HGB haftet. Es kommt also darauf an, ob die A-OHG für die Schäden an der Kleidung der V einzustehen hat.

---

[53] Der Haftung kann M nur durch Ausschlagung der gesamten Erbschaft entgehen. Weiterhin erlaubt zum Schutz des Erben § 139 HGB diesem, bei Annahme der Erbschaft in Bezug auf den Gesellschaftsanteil die Stellung eines Kommanditisten zu verlangen oder aus der Gesellschaft auszuscheiden.

a) Anwendbarkeit

Zu klären ist hierfür zunächst, ob § 280 Abs. 1 BGB anwendbar ist. Nach § 325 BGB bleibt ein solches Recht durch den Rücktritt unberührt.[54]

Die mittels § 437 Nr. 3 BGB eingeräumte Möglichkeit, Schadensersatz zu verlangen, betrifft unterschiedliche Fälle. Dabei beschreibt das Gesetz auch hier keine besonderen kaufrechtlichen Regelungen, sondern behilft sich mit einem Verweis auf das allgemeine Leistungsstörungsrecht. Nach § 437 Nr. 3 BGB sind folgende Anspruchsvarianten zu unterscheiden.

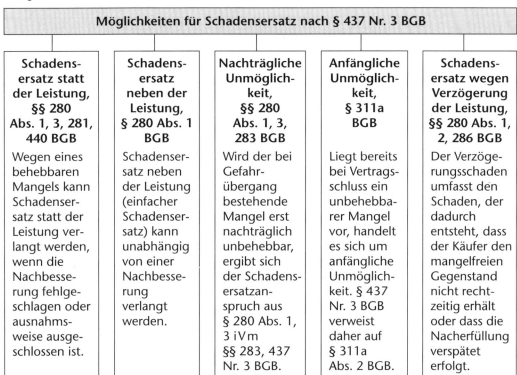

Möglichkeiten für Schadensersatz nach § 437 Nr. 3 BGB				
Schadensersatz statt der Leistung, §§ 280 Abs. 1, 3, 281, 440 BGB	**Schadensersatz neben der Leistung, § 280 Abs. 1 BGB**	**Nachträgliche Unmöglichkeit, §§ 280 Abs. 1, 3, 283 BGB**	**Anfängliche Unmöglichkeit, § 311a BGB**	**Schadensersatz wegen Verzögerung der Leistung, §§ 280 Abs. 1, 2, 286 BGB**
Wegen eines behebbaren Mangels kann Schadensersatz statt der Leistung verlangt werden, wenn die Nachbesserung fehlgeschlagen oder ausnahmsweise ausgeschlossen ist.	Schadensersatz neben der Leistung (einfacher Schadensersatz) kann unabhängig von einer Nachbesserung verlangt werden.	Wird der bei Gefahrübergang bestehende Mangel erst nachträglich unbehebbar, ergibt sich der Schadensersatzanspruch aus § 280 Abs. 1, 3 iVm §§ 283, 437 Nr. 3 BGB.	Liegt bereits bei Vertragsschluss ein unbehebbarer Mangel vor, handelt es sich um anfängliche Unmöglichkeit. § 437 Nr. 3 BGB verweist daher auf § 311a Abs. 2 BGB.	Der Verzögerungsschaden umfasst den Schaden, der dadurch entsteht, dass der Käufer den mangelfreien Gegenstand nicht rechtzeitig erhält oder dass die Nacherfüllung verspätet erfolgt.

Umstritten ist, für welche Schadenspositionen der Anspruch aus § 280 Abs. 1, 3 iVm §§ 281, 440, 437 Nr. 3 BGB (Schadensersatz statt der Leistung) und für welche Schadenspositionen der Anspruch aus § 280 Abs. 1 iVm § 437 Nr. 3 BGB (Schadensersatz neben der Leistung, einfacher Schadensersatz) anzuwenden ist. Wesentlicher Unterschied zwischen den beiden Anspruchsgrundlagen ist, dass Schadensersatz statt der Leistung grundsätzlich erst nach erfolglosem Ablauf einer Frist zur Nacherfüllung verlangt werden kann. Die Meinungen gehen insbesondere[55] darüber auseinander, ob der Anwendungsbereich der Anspruchsgrundlagen nach Mangelschaden/Äquivalenzinteresse und Mangelfolgeschaden/Integritätsinteresse zu bestimmen ist[56] oder ob vielmehr danach zu unterscheiden ist, ob der Schaden durch Nacherfüllung im spätestmöglichen Zeitpunkt vermieden worden wäre.[57]

> Meinungsstreit zum Anwendungsbereich des § 280 Abs. 1 BGB

---

54 Palandt/*Grüneberg*, § 325 Rn. 2 f.; BRHP/*Schmidt*, § 325 Rn. 2 f.
55 *Recker* (NJW 2002, 1247 f.) beschränkt den einfachen Schadensersatzanspruch auf die Verletzung nicht leistungsbezogener Nebenpflichten, weil der Schadensersatz statt der Leistung alle durch die Nichterfüllung verursachten Vor- und Nachteile umfasse.
56 Erman/*Westermann*, § 280 Rn. 14 f.; *Huber*/Faust, Schuldrechtsmodernisierung, Kap. 13, Rn. 99 ff.; ausführlich *Ackermann*, JuS 2012, 865 ff.
57 BRHP/*Faust*, § 437 Rn. 156; *Lorenz*, NJW 2002, 2497, 2500, 2503; *Reinicke/Tiedtke*, Kaufrecht, Rn. 502 ff.; PWW/*Schmidt*, § 437 Rn. 29 ff.; ausführlich *Hirsch*, JuS 2014, 97, 98 ff.

Abgrenzung nach Mangelschaden/ Äquivalenzinteresse und Mangelfolgeschaden/Integritätsinteresse	Abgrenzung danach, ob der Schaden durch Nacherfüllung im spätestmöglichen Zeitpunkt vermieden worden wäre (hM)
Der einfache Schadensersatz beziehe sich auf Fälle, bei denen das Integritätsinteresse betroffen ist, meine also Mangelfolgeschäden.	Der einfache Schadensersatz meine Schäden, die auch bei Nacherfüllung im spätestmöglichen Zeitpunkt bestehen bleiben, so dass eine Fristsetzung nicht sinnvoll ist.
Der Schadensersatz statt der Leistung umfasse das Äquivalenzinteresse und gewähre den Mangelschaden.	Der Schadensersatz statt der Leistung erfasse die Schäden, die vermieden worden wären, wenn der Verkäufer im spätestmöglichen Zeitpunkt nacherfüllt hätte.

Zutreffend ist die Abgrenzung danach vorzunehmen, ob der Schaden bei einem unterstellten Nacherfüllungsanspruch durch die Nacherfüllung zu beheben wäre. Ist die Beseitigung möglich, handelt es sich um Schadensersatz statt der Leistung, wenn nicht, um einfachen Schadensersatz. Da § 280 Abs. 1, 3 iVm §§ 281, 440, 437 Nr. 3 BGB auf eine Nacherfüllung abstellt, unterscheidet die herrschende Auffassung zu Recht danach, ob der Schaden durch die Nacherfüllung behebbar ist. Ist die Schadensbeseitigung möglich, kommt § 280 Abs. 1, 3 iVm §§ 281, 440, 437 Nr. 3 BGB zur Anwendung, weil dem Verkäufer zunächst die Gelegenheit zur Beseitigung des Schadens zu gewähren ist. Ist hingegen hinsichtlich des betreffenden Schadens eine Frist zur Nachlieferung zwecklos, handelt es sich um einfachen Schadensersatz.[58] Diese Lösung deckt sich zudem mit den Vorstellungen des Gesetzgebers, dem es mit der Modernisierung des Schuldrechts unter anderem darauf ankam, die nach altem Schuldrecht umstrittene Abgrenzung von Mangel- und Mangelfolgeschaden entbehrlich zu machen.[59]

Der Schaden an den Kleidungsstücken der V lässt sich auch durch eine Nacherfüllung nicht mehr beseitigen; die Setzung einer angemessenen Frist zur Nacherfüllung ist sinnlos. Daher ist der Anwendungsbereich des einfachen Schadensersatzes gemäß § 280 Abs. 1 iVm § 437 Nr. 3 BGB eröffnet. Der Anspruch nach § 280 Abs. 1 iVm § 437 Nr. 3 BGB bezieht sich auf alle Schäden, die durch Nachbesserung oder Ersatzlieferung nicht beseitigt werden können.

b) Schuldverhältnis

Das Schuldverhältnis bildet der Kaufvertrag über das Notebook zwischen V und der A-OHG, der durch A als Stellvertreter (§ 164 Abs. 1 BGB, § 125 Abs. 1 HGB) der A-OHG mit V abgeschlossen wurde.

c) Pflichtverletzung und Vertretenmüssen

Durch die unterlassene Weitergabe der Herstellerinformation hat S pflichtwidrig (vgl. § 241 Abs. 2 BGB) iSd § 280 Abs. 1 S. 1 BGB gehandelt. Dies geschah fahrlässig (§ 276 Abs. 2 BGB); es bietet sich keine Möglichkeit für einen Entlastungsbeweis nach § 280 Abs. 1 S. 2 BGB.

Die schuldhafte Pflichtverletzung der S müsste der A-OHG zuzurechnen sein. Stellenweise wird ein Gesellschafter als Erfüllungsgehilfe der Gesellschaft angesehen und daher § 278 S. 1 BGB (analog) herangezogen.[60] Da die Gesellschafter einer

---

58 Vgl. BRHP/*Faust*, § 437 Rn. 62 ff.; *Hirsch*, JuS 2014, 97, 99.
59 BT-Drs. 14/6040, S. 94: „Damit entfällt die problematische Unterscheidung zwischen Mangelschäden und Mangelfolgeschäden."
60 *Medicus/Lorenz*, Schuldrecht I, Rn. 383; vgl. Baumbach/Hopt/*Roth*, § 124 Rn. 24 ff.

OHG als organschaftliche Vertreter (vgl. § 125 HGB) ähnlich dem Vorstand eines Vereins handeln, wendet hingegen die herrschende Auffassung zu Recht § 31 BGB analog an.[61]

Zurechnung analog § 31 BGB
§ 31 BGB ist als allgemeine Zurechnungsnorm bei allen juristischen Personen sowie analog insbesondere bei OHG, KG, der Gesellschaft bürgerlichen Rechts und der Vor-GmbH anwendbar. Gegenstand der Zurechnung ist nicht das Verschulden der Organperson, sondern vielmehr ihre Handlung an sich, so dass § 31 BGB nicht nur bei verschuldensabhängigen Tatbeständen, sondern auch bei sonstigen herangezogen werden kann. Voraussetzung ist zunächst ein verfassungsmäßig berufener Vertreter. Dieses Merkmal wird weit ausgelegt, so dass hierunter neben den geschäftsführenden Gesellschaftern ebenfalls sonstige Repräsentanten zu fassen sind. Des Weiteren muss dieser Vertreter in Ausführung der ihm zustehenden Verrichtungen tätig geworden sein, wofür ein sachlicher Zusammenhang genügt. Das Verhalten muss dabei nicht von der Vertretungsmacht gedeckt sein.

S hat als geschäftsführende Gesellschafterin in Ausführung der ihr zustehenden Verrichtung gehandelt; ihre schuldhafte Pflichtverletzung ist der A-OHG gemäß § 31 BGB analog zuzurechnen.

d) Keine Verjährung

Dem Anspruch auf einfachen Schadensersatz könnte die peremptorische Einrede der Verjährung nach **§ 214 Abs. 1 iVm § 438 Abs. 1 Nr. 3 BGB** entgegenstehen. Der Anspruch bezieht sich auf einen Schaden, der nicht am Kaufgegenstand, sondern an anderen Sachen der Käuferin entstanden ist. Bei den Kleidungskosten ist das Integritätsinteresse betroffen; es handelt sich um einen Mangelfolgeschaden. Es ist umstritten, ob bei Mangelfolgeschäden § 438 BGB anzuwenden ist.[62]

Meinungsstreit zur Anwendbarkeit des § 438 BGB bei Mangelfolgeschäden	
Keine Anwendung des § 438 BGB bei Mangelfolgeschäden	**Anwendung des § 438 BGB auf Mangelfolgeschäden** (hM)
Begründet wird die teleologische Reduktion des Anwendungsbereiches damit, dass Mangelfolgeschäden nicht nur eine Schlechterfüllung des Vertrages, sondern auch eine Schutzverletzung bedeuten und insoweit aus dem Regelungsbereich des § 437 BGB herausfallen. § 438 BGB rechtfertige sich daraus, dass Rücktritt und Minderung nicht von einem Vertretenmüssen abhängen, während Mangelfolgeschäden ein Vertretenmüssen voraussetzen, so dass bei diesen die Regelverjährung nach §§ 195, 199 BGB angemessen sei.	Weder dem Gesetz noch den Materialien lassen sich Anhaltspunkte für eine eingeschränkte Anwendung des § 438 BGB entnehmen, vielmehr ergebe sich aus BT-Drs. 14/6040, S. 229, dass § 438 BGB für alle auf der Mangelhaftigkeit der Sache beruhenden Ansprüche gelte. Dem Schutzbedürfnis des Geschädigten werde durch das Deliktsrecht ausreichend Rechnung getragen. Denn hier greift nach §§ 195, 199 BGB die Regelverjährungsfrist von drei Jahren.

---

61 BGH NJW 2003, 1445, 1446; Palandt/*Ellenberger*, § 31 Rn. 3; MüKoBGB/*Grundmann*, § 278 Rn. 10; PWW/*Schöpflin*, § 31 Rn. 2.
62 Gegen eine Anwendung des § 438 BGB bei Mangelfolgeschäden *Canaris*, ZRP 2001, 329, 335 f.; *Brüggemeier*, WM 2002, 1376, 1382; *Leenen*, JZ 2001, 552, 555; *Wagner*, JZ 2002, 475, 479 f. Für die Anwendung des § 438 BGB auch bei Mangelfolgeschäden Staudinger/*Matusche-Beckmann*, § 438 Rn. 27; BRHP/*Faust*, § 438 Rn. 9; *Mansel*, NJW 2002, 89, 95; Erman/*Grunewald*, § 438 Rn. 1; *Gsell*, JZ 2002, 1089; PWW/*Schmidt*, § 438 Rn. 6; MüKoBGB/*Westermann*, § 438 Rn. 9 f.

Auf die Entscheidung des Meinungsstreits kommt es nicht an, weil die A-OHG durch den Garantieschein die Verjährungsfrist auf vier Jahre verlängert hat. Wie oben erläutert wurde, bezieht sich die Garantie aufgrund der Unklarheitenregel in § 305c Abs. 2 BGB auch auf Schadensersatzansprüche.

Die Einrede der Verjährung kann in Bezug auf die Kleidungskosten nicht erhoben werden.

Ergebnis

V steht gegen die A-OHG ein Anspruch auf Erstattung der Kleidungskosten von 35 EUR nach § 280 Abs. 1 iVm § 437 Nr. 3 BGB zu. Dabei handelt es sich um eine Gesellschaftsverbindlichkeit (§ 124 Abs. 1 HGB), für die M gemäß §§ 128 S. 1, 130 Abs. 1 HGB einzustehen hat. M muss an V 35 EUR bezahlen.

2. Anspruch aus § 823 Abs. 1 BGB iVm §§ 124 Abs. 1, 128, 130 HGB

V könnte gegen M einen Anspruch auf Ersatz der Kleidungskosten in Höhe von 35 EUR gemäß § 823 Abs. 1 BGB iVm §§ 124 Abs. 1, 128, 130 HGB haben.

a) Verbindlichkeit der Gesellschaft

Dazu müsste zunächst eine Gesellschaftsverbindlichkeit (§ 124 Abs. 1 HGB) bestehen; in Betracht kommt eine Haftung der A-OHG nach § 823 Abs. 1 BGB.

Die unterlassene Weitergabe der Herstellerinformation seitens S hat zur Eigentumsverletzung bei V geführt. S handelte fahrlässig iSd § 276 Abs. 2 BGB. Dadurch ist es zu einem Schaden in Höhe von 35 EUR gekommen. Der deliktische Tatbestand der S wird der A-OHG gemäß **§ 31 BGB analog** zugerechnet, weil S als vertretungsberechtigte Gesellschafterin in Ausführung der ihr zustehenden Verrichtung gehandelt hat. Ein Anspruch auf Schadensersatz aus § 823 Abs. 1 BGB ist gegen die A-OHG entstanden.

Möglicherweise ist dieser Schadensersatzanspruch allerdings gemäß **§ 214 Abs. 1 BGB** verjährt.

Fraglich ist, ob deliktische Ansprüche, welche auf der Lieferung einer mangelhaften Sache beruhen, derselben Verjährungsfrist wie die Gewährleistungsansprüche unterliegen,[63] oder ob insoweit die allgemeine Verjährung nach §§ 195, 199 BGB anzuwenden ist.[64]

Aufbauschema § 823 Abs. 1 BGB
1. Handlung
2. Rechtsgutverletzung
3. Haftungsbegründende Kausalität
4. Rechtswidrigkeit
5. Verschulden
6. Schaden
7. Haftungsausfüllende Kausalität

Einrede der Verjährung

Meinungsstreit über die Anwendung von § 438 BGB auf durch Mängel verursachte Deliktsansprüche	
Anwendung des § 438 BGB auf durch Sachmängel verursachte Deliktsansprüche	**Keine Anwendung des § 438 BGB, sondern Anwendung der §§ 195, 199 BGB (hM)**
§ 438 BGB schütze das Interesse des Verkäufers, nach einer bestimmten Zeit nicht mehr wegen Mängel in Anspruch genommen zu werden, und müsse deshalb auch deliktische Ansprüche erfassen.	Vertragliche und deliktische Ansprüche stammen aus unterschiedlichen Haftungssystemen mit unterschiedlichen Voraussetzungen und rechtfertigen daher eine auf das jeweilige Haftungssystem abgestellte eigenständige Verjährung.

---

63 NK-BGB/*Mansel/Stürner*, § 195 Rn. 71; *Mansel*, NJW 2002, 89, 95; *Mansel/Budzikiewicz*, JURA 2003, 1, 10.
64 Palandt/*Weidenkaff*, § 437 Rn. 56; PWW/*Schmidt*, § 438 Rn. 9; MüKoBGB/*Westermann*, § 438 Rn. 5; Staudinger/*Matusche-Beckmann*, § 438 Rn. 33f.; Erman/*Grunewald*, § 438 Rn. 4; BRHP/ *Faust*, § 437 Rn. 197.

§ 438 BGB ist auf den Anspruch nach § 823 Abs. 1 BGB nicht anzuwenden, weil vertragliche und deliktische Ansprüche selbständig nebeneinander stehen. Es ist also auf §§ 195, 199 BGB abzustellen. Gemäß § 195 BGB beträgt die regelmäßige Verjährungsfrist drei Jahre. Nach § 199 Abs. 1 BGB beginnt die Verjährung mit dem Schluss des Jahres, in dem der Anspruch entstanden ist und der Gläubiger von den den Anspruch begründenden Umständen Kenntnis erlangt oder ohne grobe Fahrlässigkeit erlangen musste. Danach ist hier keine Verjährung eingetreten.

> Berechnung der Verjährungsfrist nach §§ 195, 199 BGB

Somit besteht eine Gesellschaftsverbindlichkeit (§ 124 Abs. 1 HGB) in Höhe von 35 EUR gemäß § 823 Abs. 1 BGB.

b) Haftung als Gesellschafter

Es kommt mithin darauf an, ob M für diese Verbindlichkeit der A-OHG nach §§ 128 S. 1, 130 Abs. 1 HGB einzustehen hat. Das hängt davon ab, ob § 128 HGB auch bei unerlaubten Handlungen Anwendung findet. Teilweise wird dies unter Hinweis auf historische sowie systematische Auslegung abgelehnt; einerseits habe der Gesetzgeber mit § 128 HGB lediglich vertragliche Verbindlichkeiten erfassen wollen, andererseits sei es systemfremd, unbeteiligte Dritte für ein deliktisches Handeln einstehen zu lassen.[65] Gegen diese Einschätzung spricht bereits der Wortlaut des § 128 HGB, der nicht zwischen rechtsgeschäftlich und gesetzlich begründeten Verbindlichkeiten differenziert. Zudem spricht der Gedanke des Gläubigerschutzes dafür, die Gesellschafter auch bei deliktischen Ansprüchen mit ihrem Privatvermögen haften zu lassen. § 128 HGB umfasst daher auch unerlaubte Handlungen.[66]

> § 128 HGB ist nach hM auch auf deliktische Ansprüche anzuwenden.

M haftet gemäß §§ 128 S. 1, 130 Abs. 1 HGB persönlich als Gesamtschuldnerin für die Verbindlichkeiten der A-OHG (§ 124 Abs. 1 HGB) aus unerlaubter Handlung.

Ergebnis

V steht gegen M ein Anspruch auf Erstattung der Kleidungskosten in Höhe von 35 EUR nach § 823 Abs. 1 BGB iVm §§ 124 Abs. 1, 128 S. 1, 130 Abs. 1 HGB zu.

---

65 *Altmeppen*, NJW 2003, 1553, 1556 f.
66 Baumbach/Hopt/*Roth*, § 128 Rn. 2, 25; Palandt/*Ellenberger*, § 31 Rn. 2; KKRD/*Kindler*, § 129 Rn. 2, 5; BGH NJW 2003, 1445, 1446; BGHZ 45, 311 ff.

6. Abgrenzung der Personalkreditsicherheiten, Kaufrecht und Allgemeine Geschäftsbedingungen

Sachverhalt

Bernd Bergmann (B) vertreibt Computer. Die Rechner bezieht er überwiegend von der Großhändlerin Gudrun Geins (G), weil sie Bergmann für die Lieferung von Hard- und Software unter verlängertem Eigentumsvorbehalt einen Kredit mit Teilzahlungsmöglichkeit über 20.000 EUR einräumt. Geins besteht allerdings auf Sicherheiten. Daraufhin ruft die Lebensgefährtin des Bergmann, die vermögende Katharina Kaltenbach (K), bei Geins an und erklärt: „Bernd Bergmann können Sie gerne Computer verkaufen; 20.000 EUR ist Bernd mir jederzeit wert!"

Der 84-jährige Werner Waldherr (W) interessiert sich für das Internet. Er kauft daher bei Bernd Bergmann einen Computer „supersurf 300" zum Preis von 3.000 EUR sowie ein auf die Wünsche und Anforderungen des W abgestimmtes Software-Paket „easy going" zum Vorzugspreis von 600 EUR. Das von Bergmann üblicherweise verwendete Kaufformular enthält in fetten Druckbuchstaben den Hinweis, dass die Bedingungen auf der Rückseite Vertragsbestandteil sind. Die Rückseite ist vollständig mit einer normal lesbaren Schrift bedruckt, die Waldherr aber aufgrund seiner altersbedingten Sehschwäche nicht mehr entziffern kann. Unter anderem findet sich folgende Formulierung: „Mängel geben dem Käufer nur das Recht, innerhalb von sechs Monaten ab Kauf schriftlich Nacherfüllung zu fordern." Bernd Bergmann ordert sofort bei Geins Computer und Software mit dem Hinweis, beides an Waldherr zu liefern. Am 15. März erhält Waldherr Gerät, Software und einen Lieferschein von Geins. Waldherr überweist 3.600 EUR an Bergmann. Nunmehr stellt sich heraus, dass das Handbuch für die Software fehlt. Bergmann liefert es am 10. Mai nach.

Die Geschäfte des Bergmann gehen schlecht. Bergmann wendet sich an die Sparkasse Bayreuth (S) und bittet um einen Kreditrahmen von 100.000 EUR, weil er die Löhne seiner Angestellten in Höhe von 30.000 EUR nicht mehr bezahlen kann. Der Kreditrahmen über 100.000 EUR wird von der Sparkasse im Juli bewilligt, weil Katharina Kaltenbach eine geschätzte Kundin der Bank ist und sie – aus Sorge um die Auszahlung der rückständigen Löhne von 30.000 EUR – das Bankformular über eine selbstschuldnerische Höchstbürgschaft in Höhe von 100.000 EUR unterzeichnet. Die Bürgschaftsurkunde enthält die Klausel, dass alle bestehenden und künftigen Ansprüche der Bank gegen Bergmann gesichert werden.

Am 21. Oktober stellt sich heraus, dass die von Bergmann installierte Software eine wesentliche Fehlfunktion aufweist. Waldherr beruft sich sogleich auf seine Mängelrechte und besteht auf Rückzahlung der 3.600 EUR. Bergmann verweigert die Zahlung.

Obgleich Bergmann den Kreditrahmen bei der Sparkasse vollständig ausschöpft, gelingt es ihm nicht, das Unternehmen aus der wirtschaftlichen Krise herauszuführen. Bergmann ist deshalb gezwungen, Ende Oktober den Computerhandel zu beenden. Die Sparkasse Bayreuth verlangt von Katharina Kaltenbach 100.000 EUR. Auch Gudrun Geins wendet sich an Kaltenbach und bittet um Bezahlung der Schulden des Bergmann. Von Werner Waldherr fordert Geins unter Berufung auf ihr Eigentum Computer und Software zurück, weil Bergmann bisher nichts bezahlt hat.

Wie ist die Rechtslage?

Gliederung

A. Anspruch der G gegen K auf Zahlung von 20.000 EUR ... 133
    I. Anspruch aus § 765 Abs. 1 BGB ... 133
    II. Anspruch gemäß § 778 iVm § 765 Abs. 1 BGB ... 133
    III. Anspruch nach § 433 Abs. 2 iVm §§ 414 ff. BGB ... 133
    IV. Anspruch aus § 433 Abs. 2 BGB wegen Schuldbeitritts ... 134
        Problem: Abgrenzung zur Bürgschaft ... 135
    V. Anspruch aus Garantievertrag ... 136

B. Anspruch des W gegen B auf Rückzahlung von 3.600 EUR ... 138
    I. Anspruch aus § 346 Abs. 1 iVm §§ 437 Nr. 2, 323 Abs. 1 Alt. 2 BGB ... 138
        1. Rücktrittserklärung ... 140
        2. Kaufvertrag ... 140
        3. Mangelhaftigkeit ... 140
        4. Bei Gefahrübergang ... 141
        5. Erheblichkeit des Mangels ... 141
        6. Nachfristsetzung ... 141
        7. Kein Ausschluss ... 141
            a) Einbeziehung in den Vertrag ... 144
            b) Unwirksamkeit der Klausel ... 145
        8. Keine Verjährung ... 146
        9. Rücktrittsrecht auch hinsichtlich des mangelfreien Teils der Ware .. 146
        Problem: Reichweite des Rücktrittsrechts ... 146
    II. Anspruch aus § 812 Abs. 1 S. 1 Alt. 1 bzw. § 812 Abs. 1 S. 2 Alt. 2 BGB ... 147

C. Anspruch der G gegen W auf Rückgabe von PC und Software gemäß § 985 BGB ... 148
        1. Besitz des Anspruchgegners ... 148
        2. Eigentum des Anspruchstellers ... 148
            a) Ursprünglicher Eigentümer ... 148
            b) Verlust des Eigentums durch das Rechtsgeschäft mit B ... 148
            c) Verlust des Eigentums durch das Rechtsgeschäft zwischen B und W 149
                aa) Einigung ... 149
                bb) Übergabe ... 149
                  Problem: Geheißerwerb und verlängerter Eigentumsvorbehalt ... 149
                cc) Berechtigung ... 150

D. Anspruch der S gegen K auf Zahlung von 100.000 EUR nach § 765 Abs. 1 BGB ... 150
        1. Bürgschaftsvertrag ... 150
        2. Schriftform ... 151
        3. Sittenwidrigkeit nach § 138 Abs. 1 BGB ... 151
        4. Widerrufsrechte ... 151
            a) Widerrufsrecht gemäß § 312g Abs. 1 BGB ... 151
            b) Widerrufsrecht aus § 495 Abs. 1 BGB ... 151
        5. Unwirksamkeit gemäß § 305c Abs. 1 und § 307 Abs. 2 Nr. 1 BGB 152
            a) Anwendungsbereich und Vertragseinbeziehung ... 152
            b) Überraschende Regelung, § 305c Abs. 1 BGB ... 152
            c) Verstoß gegen ein Regelbeispiel, § 307 Abs. 2 BGB ... 153
            d) Rechtsfolge ... 153
                Problem: Umfang der Bürgenhaftung ... 153
        6. Sonstige Voraussetzungen ... 153

Lösungshinweise

A. Anspruch der G gegen K auf Zahlung von 20.000 EUR

I. Anspruch aus § 765 Abs. 1 BGB

Ein Anspruch der G gegen K auf Zahlung von 20.000 EUR könnte sich aus § 765 Abs. 1 BGB ergeben.

Unabhängig davon, ob die Äußerung der K gegenüber G als Bürgschaftserklärung iSd § 765 BGB[1] ausgelegt werden kann, steht der Wirksamkeit der Bürgschaft § 125 S. 1 BGB entgegen. Es mangelt an der gemäß § 766 S. 1 BGB notwendigen **Schriftform** (§ 126 BGB); die Erklärung wurde mündlich am Telefon abgegeben. Die Schriftform ist nicht entbehrlich nach § 350 HGB, weil keine Anhaltspunkte dafür bestehen, dass es sich bei einer etwaigen Bürgschaftserklärung der K um ein Handelsgeschäft (§§ 343 ff. HGB, §§ 1 ff. HGB) handeln würde. Da K die Bürgschaftsverpflichtung nicht erfüllt hat, scheidet eine Heilung des Formmangels nach § 766 S. 3 BGB aus.

> Eine Bürgschaftserklärung bedarf gemäß § 766 S. 1 BGB der Schriftform.

Ergebnis

G steht gegen K kein Anspruch aus § 765 Abs. 1 BGB zu.

II. Anspruch gemäß § 778 iVm § 765 Abs. 1 BGB

Als Anspruchsgrund kommt weiterhin ein Kreditauftrag (§ 778 BGB) in Betracht.

Der Kreditauftrag ist ein Auftrag iSd §§ 662 ff. BGB und daher als solcher **nicht formbedürftig**. Maßgeblich kommt es hier deshalb darauf an, ob die telefonische Äußerung der K als Kreditauftrag auszulegen ist (vgl. §§ 133, 157 BGB). Entscheidend sind die Umstände des Einzelfalls. Bei der Abgrenzung – sowohl zur verbindlichen Bitte um Kreditgewährung als auch zur Bürgschaft – wird als Indiz darauf abgestellt, ob der Auftraggeber ein eigenes Interesse an der Gewährung eines Geld- oder Warenkredits hat.[2] Ein solches besonderes Interesse ist hier nicht erkennbar; freundschaftliche Verbundenheit genügt nicht. Überdies erfordert ein Kreditauftrag als Vertrag den übereinstimmenden Willen von Auftraggeber und Beauftragten zur Kreditgewährung. Daran fehlt es, weil sich G im Telefonat nicht zur Kreditgewährung verpflichten wollte. Zwischen K und G ist kein Vertrag über einen Kredit für B zustande gekommen.

> Ein Kreditauftrag iSd § 778 BGB kann formlos erteilt werden.

Ergebnis

K ist gegenüber G nicht aus § 778 iVm § 765 Abs. 1 BGB verpflichtet.

III. Anspruch nach § 433 Abs. 2 iVm §§ 414 ff. BGB

Zudem ist an einen Anspruch aus § 433 Abs. 2 BGB aufgrund einer Schuldübernahme zu denken.

---

1 Zur Bürgschaft siehe näher Fall 11, S. 268 ff. und Fall 19, S. 488 f.
2 Vgl. Palandt/*Sprau*, § 778 Rn. 2; MüKoBGB/*Habersack*, § 778 Rn. 4; PWW/*Brödermann*, § 778 Rn. 4.

> Eine Schuldübernahme ist grundsätzlich formfrei möglich.

Die private (befreiende) Schuldübernahme iSd §§ 414 ff. BGB ist ein Vertrag mit dem Inhalt, dass ein Dritter eine Schuld übernimmt und der Schuldner von seiner Verpflichtung frei wird. Es kommt mithin zu einer Auswechselung der Person des Schuldners bei identischem Schuldinhalt. Die Schuldübernahme ist formfrei möglich, sofern nicht für die übernommene Verpflichtung eine Formvorschrift gilt, die den Schuldnerschutz bezweckt.[3]

Die Schuldübernahme ist auf zwei Wegen möglich,

- einem Vertrag zwischen dem Gläubiger und dem die Schuld übernehmenden Dritten iSd **§ 414 BGB** oder
- einem Vertrag zwischen Schuldner und Drittem mit Genehmigung (§ 185 Abs. 2 S. 1 Alt. 1 BGB) des Gläubigers gemäß **§ 415 BGB**. Die dogmatische Einordnung dieser Konstruktion ist streitig:[4]

Meinungsstreit zur Schuldübernahme nach § 415 BGB	
Angebots- oder Vertragstheorie	**Verfügungstheorie** (hM)
Die Vertreter dieser Auffassung sehen in § 415 BGB einen Unterfall des § 414 BGB. Schuldner und Dritter machen danach dem Gläubiger ein Angebot zum Abschluss eines Schuldübernahmevertrages. Mit der Genehmigung des Gläubigers komme dann wie bei § 414 BGB ein Vertrag zwischen dem Dritten und dem Gläubiger zustande. Folge ist, dass ein täuschender Schuldner Dritter iSd § 123 Abs. 2 BGB ist. Als Begründung wird auf eine einheitliche Erklärung der Schuldübernahme und auf § 417 Abs. 2 BGB verwiesen.	Nach überwiegender Auffassung sei § 415 BGB als Sonderregel für den Abschluss eines Schuldübernahmevertrages zu sehen. Dritter und Schuldner verfügen als Nichtberechtigte über die Forderung, so dass der Vertrag zur Wirksamkeit der Genehmigung nach § 185 BGB bedarf. Konsequenz ist, dass ein täuschender Schuldner nicht Dritter iSd § 123 Abs. 2 BGB ist. Begründet wird das mit der Entstehungsgeschichte (Motive II, S. 144 f.) sowie mit dem Wortlaut und der systematischen Stellung der §§ 414, 415 BGB im Gesetz.

Eine Schuldübernahme scheidet aus. Weder G noch K wollten B von der Verpflichtung befreien und als Schuldner des Zahlungsanspruchs nach § 433 Abs. 2 BGB allein K einsetzen. Schuldner sollte B bleiben.

Ergebnis

G kann von K die Bezahlung der Kaufpreisschuld (§ 433 Abs. 2 BGB) nicht wegen Schuldübernahme (§§ 414 ff. BGB) verlangen.

IV. Anspruch aus § 433 Abs. 2 BGB wegen Schuldbeitritts

Möglicherweise hat K die Schuld aber zusätzlich zu B übernommen, so dass K ebenfalls gegenüber G nach § 433 Abs. 2 BGB haftet.

---

3 Anzuwenden sind deshalb die Formvorgaben zB der § 311b Abs. 1 S. 1, § 492 Abs. 1 und § 518 BGB; vgl. BRHP/*Rohe*, § 415 Rn. 16; Palandt/*Grüneberg*, Überbl. v. § 414 Rn. 1; Anwendungsbeispiel zu § 492 BGB sogleich.
4 MüKoBGB/*Bydlinski*, § 415 Rn. 1 f.; Erman/*Röthel*, § 415 Rn. 1; BRHP/*Rohe*, §§ 414, 415 Rn. 3. Vgl. auch *Lorenz*, JuS 2019, 424 ff.

6. Abgrenzung der Personalkreditsicherheiten, Kaufrecht und Allgemeine Geschäftsbedingungen

Bei einem **Schuldbeitritt** (Schuldmitübernahme, kumulative Schuldübernahme) handelt es sich um einen Fall der freiwillig begründeten Gesamtschuldnerschaft (§§ 421 ff. BGB), der in seiner rechtsgeschäftlichen Form gesetzlich nicht geregelt,[5] aber aufgrund Vertragsfreiheit (vgl. § 311 Abs. 1 BGB) möglich ist. Der Schuldbeitritt kommt entweder durch Vertrag zwischen Gläubiger und beitretendem Dritten oder zwischen (Alt-)Schuldner und Dritten als Vertrag zugunsten Dritter (§ 328 BGB)[6] zustande. Der Schuldbeitritt hat keinen Verfügungscharakter, weil lediglich eine zusätzliche Verpflichtung begründet wird, an der Verpflichtung des (Alt-) Schuldners ändert sich nichts. Der Schuldbeitritt kann antizipatorisch auch für eine künftig entstehende Verpflichtung vereinbart werden, sofern diese hinreichend bestimmt ist.[7]

> Bei einem Schuldbeitritt wird der Beitretende Gesamtschuldner iSd §§ 421 ff. BGB.

Da der Schuldbeitritt einen Sicherungszweck verfolgt, stellt sich häufig die Frage der Abgrenzung zur Bürgschaft. Dogmatisch unterscheiden sich die Rechtsinstitute darin, dass ein Bürge akzessorisch für eine fremde Schuld (vgl. § 767 BGB) haftet, während beim Schuldbeitritt eine eigene Verbindlichkeit des Dritten entsteht.[8] Der Inhalt der Schuld richtet sich zwar nach der Hauptschuld im Zeitpunkt des Beitritts, nach dem Beitritt können sich die Verpflichtungen aber unabhängig voneinander entwickeln, vgl. § 425 BGB.

> Abgrenzung zur Bürgschaft

Die Abgrenzung ist nicht nach der Bezeichnung vorzunehmen, sondern danach, welche Gestaltung vom Dritten erstrebt ist: eine akzessorische Verpflichtung oder eine eigenständige Schuld. Bei der Auslegung (§§ 133, 157 BGB) ist maßgeblich darauf abzustellen, ob der Dritte ein **eigenes unmittelbares wirtschaftliches oder rechtliches Interesse** an der Durchführung des Hauptvertrages hat.[9] Ein eigenes Interesse spricht für einen Schuldbeitritt, weil die Bürgschaft nach ihrem Sinn und Zweck eher fremdnützig konzipiert ist. Entscheidend für die Abgrenzung ist stets der durch Auslegung zu ermittelnde Inhalt der abgegebenen Willenserklärung, das Gewollte.

> Da die Bürgschaft formabhängig und akzessorisch, der Schuldbeitritt formfrei und gesamtschuldnerisch ist, erfordert der Beitritt ein eigenes direktes Interesse des Beitretenden.

Ein Schuldbeitritt ist im Grundsatz **formfrei** möglich.[10] § 766 BGB, der für die Bürgschaft Schriftform vorgibt, ist nicht (analog) anwendbar, weil der Beitretende typischerweise eigene Interessen verfolgt und deshalb keines Schutzes vor Übereilung bedarf. Hinzu kommt, dass sich die Verbindlichkeit bei einem Schuldbeitritt nicht akzessorisch zur Hauptschuld entwickelt und der Beitretende als Gesamtschuldner auch in jedem Fall mit einer unmittelbaren Inanspruchnahme durch den Gläubiger rechnen muss.

> Für den Schuldbeitritt gilt der Grundsatz der Formfreiheit.

Eine **Ausnahme von der Formfreiheit** gilt dann, wenn der Inhalt der übernommenen Schuld einer besonderen Form bedarf[11] und diese Formvorschrift sich nach ihrem Sinn und Zweck auch auf den Schuldbeitritt erstreckt. Das ist in der Regel bei §§ 311b Abs. 1, 518 BGB anzunehmen, nach Meinung des BGH aber nicht bei § 781 BGB, weil diese Norm ausschließlich Beweiszwecken diene.[12] Der Schuldbeitritt bedarf überdies auch dann der Schriftform, wenn ein Verbraucher (vgl. § 13 BGB) einem Darlehensvertrag (§ 488 BGB) beitritt, wobei es nicht darauf an-

> Ausnahmen von der Formfreiheit
> • bei Formbedürftigkeit der beigetretenen Schuld
> • bei Beitritt eines Verbrauchers zum Darlehensvertrag

---

5 Gesetzlich speziell geregelt ist der Schuldbeitritt beispielsweise in §§ 546 Abs. 2, 604 Abs. 4, 2382 BGB, §§ 25, 28, 130 HGB.
6 Vgl. Fall 22, S. 577 f.
7 BGH NJW-RR 1993, 308.
8 Palandt/*Grüneberg*, Überbl. v. § 414 Rn. 2; PWW/*Müller*, § 415 Rn. 12, 16.
9 Erman/*Röthel*, Vor § 414 Rn. 17; MüKoBGB/*Heinemeyer*, Vor § 414 Rn. 21; Palandt/*Grüneberg*, Überbl. v. § 414 Rn. 4.
10 BGH NJW 1991, 3095, 3098; NJW 1993, 584; Erman/*Röthel*, Vor § 414 Rn. 20.
11 MüKoBGB/*Heinemeyer*, Vor § 414 Rn. 15; Palandt/*Grüneberg*, Überbl. v. § 414 Rn. 3.
12 BGHZ 121, 1 ff.; Staudinger/*Hertel*, § 125 Rn. 78 aE; Kritik bei *Dehn*, WM 1993, 2115.

kommt, ob der Darlehensvertrag mit einem Verbraucher oder einem Gewerbetreibenden abgeschlossen wurde.[13] Die Schriftform nach § 492 BGB ist also immer dann einzuhalten, wenn der Vertrag, dem beigetreten wird, ein Darlehensvertrag ist, und der Beitretende als Verbraucher iSd § 13 BGB handelt.[14]

Analoge Anwendung von §§ 491 ff. BGB	
Schuldbeitritt	**Bürgschaft**
Der Schuldbeitritt zu einem Darlehensvertrag ist mangels eigenen Kredits kein Verbraucherdarlehensvertrag iSv § 491 Abs. 1 BGB. Er ist aber einem solchen gleichzustellen, wenn es sich bei dem Vertrag, zu dem der Beitritt erfolgt, um einen Darlehensvertrag handelt. §§ 491 ff. BGB werden analog angewendet. Begründet wird dies damit, dass der Beitretende ebenso schutzwürdig sei wie der Darlehensnehmer, da er die gleichen Verpflichtungen übernimmt.	Eine analoge Anwendbarkeit scheidet jedenfalls dann aus, wenn der zu sichernde Darlehensvertrag im Rahmen einer gewerblichen oder selbstständigen beruflichen Tätigkeit abgeschlossen wird (hM, vgl. BGH NJW 1998, 1939, 1940; Palandt/*Weidenkaff*, § 491 Rn. 11). Der EuGH hat entschieden, dass ein Bürgschaftsvertrag, der zur Sicherung der Rückzahlung eines Kredits geschlossen wird, auch dann nicht in den Geltungsbereich der Richtlinie 87/102/EW fällt, wenn Bürge und Darlehensnehmer als Verbraucher handeln (vgl. EuGH NJW 2000, 1323, 1324).

Hier scheitert die Annahme eines Schuldbeitritts aus zweierlei Gründen: Bei der **Auslegung der Erklärung** der K sind die gesamten Umstände des Einzelfalls und die Interessenlage heranzuziehen. Der Beitretende übernimmt die Verpflichtung des Schuldners als eigene und will unabhängig davon haften. Dazu wäre K nur bereit gewesen, wenn sie damit ein eigenes rechtliches oder wirtschaftliches Interesse verfolgen würde. K hat kein unmittelbares Interesse an den Geschäften des B mit G. Ihrer Äußerung lässt sich ein Schuldbeitritt nicht entnehmen.

Ein etwaiger Schuldbeitrittsvertrag würde zudem wegen **Formverstoßes** nach §§ 506 Abs. 3, 507 Abs. 2, 492 Abs. 1 BGB nichtig sein. Bei dem Hauptvertrag zwischen B und G handelt es sich um einen Darlehensvertrag (§ 488 BGB), der eine Teilzahlungsmöglichkeit beinhaltet, §§ 506 Abs. 3, 507 BGB. K ist Verbraucherin iSd § 13 BGB. Die Formvoraussetzungen von § 507 Abs. 2 S. 1 BGB sind einzuhalten; unschädlich ist, dass B selbst als Gewerbetreibender handelte. Die nach § 492 Abs. 1 BGB zu wahrende Schriftform ist nicht eingehalten, so dass ein (etwaiger) Schuldbeitritt nach §§ 507 Abs. 2, 492 Abs. 1 BGB nichtig wäre.

Ergebnis

Bei der Erklärung der K handelt es sich nicht um einen Schuldbeitritt. Somit scheidet ein Anspruch gemäß § 433 Abs. 2 BGB iVm einem Schuldbeitritt aus.

V. Anspruch aus Garantievertrag

Die Erklärung der K könnte als eine Garantie zu deuten, der Zahlungsanspruch also einem Garantievertrag zu entnehmen sein.

---

13 BGH NJW 1997, 654, 655; NJW 1997, 3169, 3170; BGHZ 133, 71.
14 BGH NJW 2006, 431, 432; NJW 2000, 3496, 3497; NJW 1996, 2156, 2157.

6. Abgrenzung der Personalkreditsicherheiten, Kaufrecht und Allgemeine Geschäftsbedingungen

Der Garantievertrag ist gesetzlich nicht geregelt; seine Zulässigkeit ergibt sich aus der Vertragsfreiheit (§ 311 Abs. 1 BGB). Die Garantieabrede hat zum Gegenstand, dass der Schuldner dem Gläubiger für einen bestimmten Erfolg einsteht.[15] Im Garantiefall hat der Garant den Vertragspartner so zu stellen, als ob der garantierte Erfolg eingetreten wäre. Wird der Eingang einer Zahlung durch einen Dritten (hier B) garantiert, handelt sich um eine sogenannte selbständige Fremdgarantie. Der Garant verspricht die Zahlung für den Fall, dass sich ein im Vertrag näher bezeichnetes (Ausfall-)Risiko verwirklicht. Der Garantievertrag bedarf als selbständige Abrede **keiner Form**. § 766 BGB ist weder unmittelbar noch analog anwendbar.[16]

> Ein Garantievertrag kann formfrei geschlossen werden.

Der Garant kann sich auf Einwendungen und Einreden aus dem Garantievertrag berufen. Wegen der Selbständigkeit der Garantie gegenüber der zugrundeliegenden Hauptforderung kann sich der Garant auf keine Einwendungen und Einreden aus dem Grundverhältnis zwischen Garantienehmer und dessen Schuldner berufen, er hat unabhängig von der Wirksamkeit der Hauptverbindlichkeit für den Leistungserfolg einzustehen.[17]

Abgrenzungsschwierigkeiten treten zur Bürgschaft und zum Schuldbeitritt auf.[18]

Abgrenzung der Personalsicherheiten

Bürgschaft	Garantie	Schuldbeitritt
• Einseitig verpflichtender Schuldvertrag mit dem Gläubiger, in dem sich der Bürge verpflichtet, für die Erfüllung einer Verbindlichkeit des Dritten einzustehen. Der Bürge steht (subsidiär) für eine fremde Schuld ein.	• Einseitig verpflichtender Schuldvertrag, durch den sich der Garant verpflichtet, für den Eintritt eines bestimmten Erfolges einzustehen oder die Gefahr eines künftigen Schadens zu übernehmen.	• Einseitig verpflichtender Schuldvertrag, in dem der Mitübernehmende zusätzlich neben dem bisherigen Schuldner in das Schuldverhältnis eintritt (Gesamtschuld), also eine eigene Verbindlichkeit übernimmt.
• Akzessorietät, dh die Bürgschaft ist im Entstehen und im Fortbestand abhängig von der Hauptverbindlichkeit.	• Keine Akzessorietät, dh im Entstehen und Fortbestehen ist die Verbindlichkeit unabhängig.	• Akzessorietät nur bei der Entstehung; anschließend Verselbstständigung.
• Schriftform, § 766 BGB	• Formfreiheit	• Formfreiheit

Im Zweifel ist durch Auslegung zu ermitteln, welche Personalsicherheit im Einzelfall gewollt ist. Dabei kann eine formnichtige Bürgschaftserklärung nicht ohne Weiteres als ein (formfrei gültiger) Garantievertrag oder Schuldbeitritt ausgelegt werden; als Auslegungskriterium wird für die beiden Kreditsicherheiten regelmäßig ein eigenes wirtschaftliches oder rechtliches Interesse des Garanten oder Übernehmenden an der Erfüllung der Verbindlichkeit gefordert. Bleiben Zweifel, ist von Bürgschaft auszugehen, weil sie der gesetzlich geregelte, typische Fall einer Personalsicherheit ist, vgl. BGH NJW 1986, 580; OLG Hamm NJW 1993, 2625; MüKo-BGB/*Habersack*, Vor § 765 Rn. 10 ff.

---

15 Zur Garantie vgl. auch Fall 5, S. 120 f.
16 Palandt/*Sprau*, Einf. v. § 765 Rn. 16; MüKoBGB/*Heinemeyer*, Vor § 414 Rn. 23; MüKoBGB/*Habersack*, Vor § 765 Rn. 19; BRHP/*Rohe*, §§ 414, 415 Rn. 56.
17 BGH NJW 1996, 2569, 2570; PWW/*Müller*, § 415 Rn. 17.
18 Erman/*Röthel*, Vor § 414 Rn. 14 ff.; PWW/*Müller*, § 415 Rn. 15 ff.; BRHP/*Rohe*, §§ 414, 415 Rn. 51; Palandt/*Sprau*, Einf. v. § 765 Rn. 17. Zur Garantie siehe Fall 5, S. 120 f. und zur Bürgschaft Fall 11, S. 268 ff.

> Ein selbstständiger Garantievertrag erfordert ein besonderes eigenes wirtschaftliches oder rechtliches Interesse des Verpflichteten.

Durch Auslegung (§§ 133, 157 BGB) ist zu ermitteln, ob im konkreten Einzelfall eine selbstständige Schuld oder eine akzessorische Haftung begründet werden sollte. Im ersteren Fall kommen Schuldbeitritt und Garantie, im letztgenannten Fall nur die Bürgschaft in Betracht. Es ist also danach zu fragen, ob und in welchem Umfang die Beteiligten die Nebenschuld mit der Hauptschuld verknüpfen wollen. Eine von der Hauptschuld losgelöste, selbstständige Verpflichtung wird regelmäßig nur anzunehmen sein, wenn der Dritte ein eigenes rechtliches oder wirtschaftliches Interesse an der Sicherung der Grundforderung hat. Ist das der Fall, bleibt die Abgrenzung von Schuldbeitritt und Garantie. Die Garantie ist das umfassendere Sicherungsmittel; sie kann so weit reichen, dass eine Ausfallhaftung auch dafür übernommen wird, dass überhaupt keine Hauptverbindlichkeit besteht. Aufgrund der sehr weit reichenden Haftungsübernahme kann ein Garantievertrag deshalb in der Regel nur angenommen werden, wenn ein **nachhaltiges, ganz besonderes eigenes Interesse des Garantierenden** besteht.[19]

Ein außergewöhnliches, besonderes Interesse der K ist hier nicht erkennbar. G und K haben keinen Garantievertrag geschlossen.

Ergebnis

Ein aus einem Garantievertrag abgeleiteter Anspruch der G nach §§ 311 Abs. 1, 241 Abs. 1 BGB scheidet aus. K ist nicht verpflichtet, die Schulden des B gegenüber G zu begleichen.

B. Anspruch des W gegen B auf Rückzahlung von 3.600 EUR

I. Anspruch aus § 346 Abs. 1 iVm §§ 437 Nr. 2, 323 Abs. 1 Alt. 2 BGB

Der Anspruch auf Zahlung von 3.600 EUR könnte sich gemäß § 346 Abs. 1 iVm §§ 437 Nr. 2, 323 Abs. 1 Alt. 2 BGB daraus ergeben, dass W vom Softwarevertrag zurückgetreten[20] ist.

> **Rückgewähranspruch des Käufers nach § 346 Abs. 1 BGB wegen Mangelhaftigkeit der Kaufsache (§ 437 Nr. 2 BGB)**
>
> Das Rücktrittsrecht ist ein Gestaltungsrecht und wandelt das Vertragsverhältnis in ein Rückgewährschuldverhältnis um. Bereits erbrachte Leistungen sind gemäß § 346 Abs. 1 BGB zurückzugewähren. Ein derartiger Rückgewähranspruch setzt folgendes voraus:
>
> **1. Rücktrittserklärung**
> Der Rücktritt hat nach § 349 BGB durch Erklärung gegenüber dem Vertragspartner zu erfolgen. Diese einseitige, empfangsbedürftige Willenserklärung ist als Gestaltungserklärung unwiderruflich und bedingungsfeindlich.
>
> **2. Kaufvertrag**
> Erforderlich ist ein wirksamer Kaufvertrag (§ 433 BGB), wobei der Sachkauf und mittels § 453 BGB auch der Rechtskauf gemeint sind.

---

19 BGH NJW 1981, 2295; MüKoBGB/*Bydlinski*, Vor § 414 Rn. 23.
20 Zum Rücktritt siehe auch Fall 1, S. 18 sowie Fall 5, S. 117.

Rückgewähranspruch des Käufers nach § 346 Abs. 1 BGB wegen Mangelhaftigkeit der Kaufsache (§ 437 Nr. 2 BGB) *(Fortsetzung)*

3. Mangelhaftigkeit
Der Verkäufer hat dem Käufer nach § 433 Abs. 1 S. 2 BGB den Kaufgegenstand frei von Sach- und Rechtsmängeln zu verschaffen. Dabei handelt es sich um eine Hauptleistungspflicht; die Lieferung einer mangelhaften Sache bildet keine ordnungsgemäße Erfüllung. Die Mangelhaftigkeit kann sich aufgrund eines Sach- (§ 434 BGB) oder eines Rechtsmangels (§ 435 BGB) ergeben.

4. Bei Gefahrübergang
Gemäß § 434 Abs. 1 S. 1 BGB ist eine Sache mangelhaft, wenn ihr bei Gefahrübergang die vereinbarte Beschaffenheit fehlt. Gefahrübergang meint die Übergabe (§ 446 S. 1 BGB), beim Versendungskauf die Auslieferung an die Transportperson (§ 447 Abs. 1 BGB), spätestens die Ablieferung (§ 438 Abs. 2 BGB). Bei Annahmeverzug des Käufers kommt es ebenfalls zum Gefahrübergang, § 446 S. 3 BGB.

5. Erheblichkeit des Mangels
Der Rücktritt ist nach § 323 Abs. 5 S. 2 BGB ausgeschlossen, wenn sich die Pflichtverletzung als unerheblich erweist. Erforderlich ist eine umfassende Interessenabwägung, bei der insbesondere der für eine Mängelbeseitigung erforderliche Aufwand zu berücksichtigen ist.

6. Nachfristsetzung
§ 323 Abs. 1 BGB gibt dem Käufer auf, dem Verkäufer eine angemessene Frist zur Nacherfüllung zu setzen. Dabei handelt es sich um eine empfangsbedürftige Willenserklärung mit einer eindeutigen Aufforderung zur Leistung. Die Fristsetzung ist angemessen, wenn dem Schuldner eine letzte Möglichkeit gewährt wird, eine (bereits begonnene) Erfüllung noch zu beenden.
Entbehrlich ist die Fristsetzung in den Fällen des § 323 Abs. 2 BGB und bei § 326 Abs. 5, § 440 BGB.

7. Kein Ausschluss
Der Rücktritt kann aus vielfältigen Gründen ausgeschlossen sein, so zB nach § 323 Abs. 6 BGB bei Verantwortlichkeit des Gläubigers und Unmöglichwerden im Annahmeverzug. § 442 BGB schließt den Rücktritt bei Kenntnis des Käufers aus, § 377 Abs. 2 HGB bei unterlassener Mangelanzeige bei einem beiderseitigen Handelsgeschäft. Den vertraglichen Haftungsausschluss regeln §§ 444, 476 BGB.

8. Keine Verjährung
Das Rücktrittsrecht unterliegt als Gestaltungsrecht nicht der Verjährung, weil sich § 194 Abs. 1 BGB nur auf Ansprüche bezieht. Nach §§ 218 Abs. 1, 438 Abs. 4 S. 1 BGB ist ein Rücktritt aber unwirksam, wenn der Anspruch auf die Hauptleistung (§ 433 Abs. 1 BGB) oder auf Nacherfüllung (§ 439 BGB) verjährt ist.
Auf Ansprüche gemäß §§ 346 ff. BGB aufgrund eines wirksam erfolgten Rücktritts findet § 218 BGB keine Anwendung. Für den Rückgewähranspruch gilt die allgemeine Regelung in § 195 BGB, also eine Verjährungsfrist von drei Jahren (hM, Palandt/*Ellenberger*, § 218 Rn. 7; PWW/*Deppenkemper*, § 218 Rn. 1).

Für den Zahlungsanspruch ist zunächst zu klären, ob die nicht funktionierende Software (600 EUR) einen Rücktritt rechtfertigt, und sodann, ob sich ein solcher Rücktritt auch auf die mangelfreie Hardware (3.000 EUR) bezieht.

1. Rücktrittserklärung

W hat sich auf seine Mängelrechte berufen und Rückzahlung begehrt. Das ist nach §§ 133, 157 BGB als Rücktrittserklärung iSd § 349 BGB auszulegen. Eine laienhafte Fehl- oder Nichtbezeichnung schadet nicht. Im Zusammenhang mit der Kaufpreisrückforderung ist aus der Sicht eines objektiven Dritten zu erkennen, dass W nicht weiter am Vertrag festhalten möchte.

2. Kaufvertrag

W kauft von B die Software zum Preis von 600 EUR. Software ist ein sonstiger Gegenstand iSd § 453 Abs. 1 BGB, der die Vorschriften über den Kauf von Sachen (§ 433 BGB) für entsprechend anwendbar erklärt. Zwar ist bei einem Softwarevertrag auch ein Werkvertrag denkbar, bei einer dauerhaften und endgültigen Überlassung von Standardsoftware handelt es sich aber um einen Kaufvertrag.[21] W und B haben gemäß §§ 453, 433 BGB einen Kaufvertrag über die Software geschlossen.

3. Mangelhaftigkeit

> **Dreistufige Prüfung § 434 Abs. 1 BGB**
> 1. Abweichung von der vereinbarten Beschaffenheit, § 434 Abs. 1 S. 1 BGB
> 2. Nichteignung für die nach dem Vertrag vorausgesetzte Verwendung, § 434 Abs. 1 S. 2 Nr. 1 BGB
> 3. Nichteignung zur gewöhnlichen Verwendung oder Fehlen einer üblichen Beschaffenheit, § 434 Abs. 1 S. 2 Nr. 2 BGB

Weiter wird vorausgesetzt, dass der Kaufgegenstand mangelhaft iSd § 434 BGB ist. Ein Sachmangel kann sich aufgrund einer Beschaffenheitsabweichung (§ 434 Abs. 1 BGB), einem Montagefehler (§ 434 Abs. 2 BGB) oder einer Falsch- bzw. Zuweniglieferung (§ 434 Abs. 3 BGB) ergeben.[22] § 434 Abs. 1 BGB sieht in S. 1 und S. 2 Nr. 1, 2 drei Mangelvarianten vor.

Gemäß **§ 434 Abs. 1 S. 1 BGB** ist eine Sache mangelhaft, wenn sie die vereinbarte Beschaffenheit nicht hat. Unabhängig von der streitigen Bestimmung des Beschaffenheitsbegriffs[23]

Meinungsstreit zum Beschaffenheitsbegriff		
Enge Sichtweise	**Mittlere Deutung**	**Weiter Ansatz** (hM)
Eigenschaften, welche der Kaufsache unmittelbar physisch für eine gewisse Dauer anhaften.	Eigenschaften, die sich zwar erst aus der Beziehung der Kaufsache zur Umwelt ergeben, aber in der tatsächlichen Beschaffenheit selbst ihren Grund haben.	Eigenschaften seien auch solche Umstände, die vollständig außerhalb der Kaufsache liegen, also alle Anforderungen an die Kaufsache.

stellt die ordnungsgemäße Funktion der Software jedenfalls eine Beschaffenheit dar.

Vereinbart ist eine Beschaffenheit, wenn sie ausdrücklich oder konkludent Vertragsinhalt wurde. Dazu genügt es, wenn in einem Prospekt bzw. Verkaufsgespräch eine bestimmte Beschaffenheit genannt oder eine Probe bzw. ein Muster vorgelegt

---
21 MüKoBGB/*Westermann*, Vor § 433 Rn. 19; Palandt/*Weidenkaff*, § 433 Rn. 9.
22 Vgl. Fall 1, S. 18 und Fall 5, S. 118.
23 PWW/*Schmidt*, § 434 Rn. 12 ff.; *Schmidt*, BB 2005, 2763f.; MüKoBGB/*Westermann*, § 434 Rn. 9ff.; Erman/*Grunewald*, § 434 Rn. 2ff.

wurde und sich der Käufer vor diesem Hintergrund zum Vertragsschluss entschlossen hat.[24] Bei einer auf die Bedürfnisse des W abgestimmten Software ist davon auszugehen, dass die Erklärungen des Verkäufers Inhalt des Vertrages geworden sind.

Die funktionsgestörte Software bildet einen Mangel iSd § 434 Abs. 1 S. 1 BGB.

4. Bei Gefahrübergang

Der Mangel muss im Zeitpunkt des Gefahrübergangs gegeben sein, § 434 Abs. 1 S. 1 BGB. Eine Fehlfunktion tritt nicht erst nachträglich auf, sie haftet der Software von Beginn an. Somit war sie auch schon bei Gefahrübergang (Übergabe der Sache § 446 BGB) vorhanden, auch wenn sie erst später in Erscheinung getreten ist.

5. Erheblichkeit des Mangels

Hat der Verkäufer die Leistung nicht vertragsgemäß bewirkt, kann der Käufer nach § 323 Abs. 5 S. 2 BGB wegen einer unerheblichen Pflichtverletzung nicht vom Vertrag zurücktreten. Bei der Bestimmung der Unerheblichkeit ist der Verhältnismäßigkeitsgrundsatz zu beachten und bedarf es einer umfassenden Interessenabwägung, bei der insbesondere der für eine Mängelbeseitigung erforderliche Aufwand zu berücksichtigen ist.[25]

Der Mangel, der W zum Rücktritt berechtigt, ist eine wesentliche Fehlfunktion, mithin kein unerheblicher Mangel. Der Rücktritt ist nicht gemäß § 323 Abs. 5 S. 2 BGB ausgeschlossen.

6. Nachfristsetzung

W müsste gemäß § 323 Abs. 1 BGB eine angemessene Frist zur Nacherfüllung bestimmt haben.

Möglicherweise ist die Fristsetzung nach § 323 Abs. 2 Nr. 1 BGB entbehrlich, wenn B sich endgültig und ernsthaft weigert zu leisten. B hat hier die Rückzahlung der 3.600 EUR verweigert. Damit hat er gleichfalls zum Ausdruck gebracht, dass aus seiner Sicht die Lage der Dinge unverändert bleiben soll. Darüber hinaus spricht die AGB-Klausel, die eine von ihm aufgestellte Vertragsbedingung ist, dafür, dass er nicht mehr (nach)leisten will. B verweigert somit die Leistung endgültig.
Eine Fristsetzung ist daher gemäß § 323 Abs. 2 Nr. 1 BGB entbehrlich.

7. Kein Ausschluss

Möglicherweise könnte die Gewährleistung für Mängel durch die Geschäftsbedingungen des B ausgeschlossen sein. Sie sehen vor, dass Mängel dem Käufer lediglich das Recht geben, innerhalb von sechs Monaten schriftlich Nacherfüllung zu fordern. Fraglich ist, ob diese Regelung Vertragsbestandteil geworden ist (dazu unter a) und einer Prüfung anhand der §§ 474 ff. bzw. §§ 305 ff. BGB[26] standhält (dazu unter b).

---

24 Palandt/*Weidenkaff*, § 434 Rn. 17; BRHP/*Faust*, § 434 Rn. 46; Erman/*Grunewald*, § 434 Rn. 15.
25 BRHP/*Schmidt*, § 323 Rn. 47 ff.; MüKoBGB/*Ernst*, § 323 Rn. 246 ff.
26 Zur AGB-Prüfung, insbesondere zu den §§ 306, 307 BGB siehe Fall 11, S. 275 f. Vgl. auch *v. Westphalen*, NJW 2010, 2254 ff.; *Schwab*, JuS 2014, 69; ausführlich *Heinrich*, Formale Freiheit und materiale Gerechtigkeit, S. 428 ff.

Prüfung Allgemeiner Geschäftsbedingungen, §§ 305 ff. BGB

Bei Allgemeinen Geschäftsbedingungen werden aus Rationalisierungsgründen vom Verwender die Vertragsbedingungen unter Ausnutzung der Gestaltungsfreiheit (vgl. § 307 Abs. 3 BGB) einseitig vorformuliert. Dies beinhaltet die Gefahr einer unangemessenen Risikoverteilung auf den Kunden. Da für den Kunden im Massenverkehr typischerweise keine Möglichkeit besteht, die Bedingungen gleichberechtigt und individuell auszuhandeln, bedarf es einer Inhaltskontrolle.

1. Allgemeine Geschäftsbedingungen, § 305 Abs. 1 BGB

AGB sind nach § 305 Abs. 1 BGB einseitig vom Verwender gestellte und für eine Vielzahl von Verwendungen vorformulierte Vertragsbedingungen.

a) Vertragsbedingungen sind sämtliche vom Verwender vorgelegte Erklärungen, welche den Inhalt eines Vertrages regeln sollen. Die Rechtsnatur des Vertrages ist ebenso unerheblich wie der Inhalt. Erfasst werden also auch Prozessverträge (BGH NJW 2002, 138) und Klauseln, die sich auf den Abschluss eines Vertrages beziehen (OLG Düsseldorf NJW 2005, 1515). Keine Vertragsbedingungen sind bloße Informationen oder unverbindliche Hinweise ohne rechtlichen Gehalt.

b) Vorformuliert sind die Bestimmungen, wenn sie zeitlich vor dem Vertragsschluss fertig vorliegen, um in künftige Verträge einbezogen zu werden. Ausreichend sind gedankliche Vorformulierungen (BGH NJW 2001, 2635; NJW 1999, 2180). Auf Schriftform oder auf eine stets gleichlautende Formulierung kommt es nicht an. Ausreichend ist die Identität des materiellen Regelungsgehalts (BGH NJW 2000, 1110; OLG Dresden BB 1999, 228).

c) Für eine **Vielzahl von Verträgen** vorformuliert sind die Bedingungen, wenn sie für mindestens drei Verträge vorgesehen sind (BGH NJW 2002, 138); bei Verbraucherverträgen genügt nach § 310 Abs. 3 Nr. 2 BGB die einmalige Verwendung.

d) Vom Verwender gestellt sind die Bedingungen, wenn dieser oder eine Hilfsperson die Einbeziehung verlangt. Bei Verbraucherverträgen wird dies nach § 310 Abs. 3 Nr. 1 BGB fingiert, sofern die Bestimmungen nicht durch den Verbraucher in den Vertrag eingeführt werden.

2. Sachlicher und persönlicher Anwendungsbereich, § 310 BGB

a) § 310 Abs. 1, 2 BGB begrenzen den persönlichen Anwendungsbereich. So beschränkt § 310 Abs. 1 S. 1 BGB die Anwendung der §§ 305 ff. BGB bei Geschäftsbedingungen, die gegenüber einem Unternehmer verwendet werden, wobei auch Verträge zur Vorbereitung oder Abwicklung einer unternehmerischen Tätigkeit erfasst sind (BGH NJW 2005, 1273).

b) § 310 Abs. 4 S. 1 BGB normiert hinsichtlich des sachlichen Anwendungsbereichs Ausnahmen für das Erb-, Familien- und Gesellschaftsrecht. Das Kollektiv- und Individualarbeitsrecht findet in § 310 Abs. 4 S. 2, 3 BGB eine sachliche Regelung.

3. Einbeziehung in den Vertrag, § 305 Abs. 2 BGB

§ 305 Abs. 2 BGB schreibt für die Einbeziehung der AGB in den Vertrag kumulativ drei Voraussetzungen vor:

a) Zunächst bedarf es nach Nr. 1 eines **ausdrücklichen Einbeziehungshinweises** bei Vertragsschluss, nicht danach. Eine nachträgliche Übersendung von Rechnung oder Lieferschein genügt als einseitige Erklärung nicht; zur Einbeziehung bedarf es in diesem Fall einer gesonderten Einverständniserklärung.

6. Abgrenzung der Personalkreditsicherheiten, Kaufrecht und Allgemeine Geschäftsbedingungen | 143

Prüfung Allgemeiner Geschäftsbedingungen, §§ 305 ff. BGB *(Fortsetzung)*

Der Einbeziehungshinweis hat derart klar und lesbar zu sein, dass er von einem Durchschnittskunden auch bei flüchtiger Betrachtung nicht zu übersehen ist (Palandt/*Grüneberg*, § 305 Rn. 29). Der Abdruck auf der Rückseite genügt nur, wenn sich auf der Vorderseite ein deutlicher Verweis findet (BGH NJW 1987, 2432). Ist ein ausführlicher Hinweis nur unter unverhältnismäßigen Schwierigkeiten möglich, genügt ein **deutlich sichtbarer Aushang** bei Vertragsschluss an dessen Ort. Die Regelung bezieht sich auf die typischen konkludent geschlossenen Massengeschäfte.

b) Weiterhin muss nach Nr. 2 die **Möglichkeit zumutbarer Kenntnisnahme** bestehen. Auf eine tatsächliche Kenntnisnahme kommt es nicht an (BGH NJW 2002, 372). Mithin genügt das Aushändigen der AGB (BGH NJW 2006, 1587). Zumutbar müssen die Art und Weise der Kenntnisnahme sowie die Lesbarkeit und Gestaltung sein. Wird vom Kunden eine eigene Mitwirkung verlangt (Zusendung auf Wunsch), genügt dies dem Zumutbarkeitserfordernis nicht (BGH MDR 1999, 1061; BRHP/*Becker*, § 305 Rn. 58; MüKoBGB/*Basedow*, § 305 Rn. 64).

c) Nach § 305 Abs. 2 letzter Halbsatz BGB bedarf es weiterhin einer **Einverständniserklärung** mit der Geltung der AGB. Davon ist regelmäßig auszugehen, wenn dem Kunden beim Vertragsschluss die Kenntnisnahme der AGB möglich war und der Vertrag unter deren Einbeziehung geschlossen wurde. Eine besondere Einverständniserklärung ist nicht notwendig.

4. Vorrang einer Individualabrede, § 305b BGB

Individuelle Abreden, die vor, bei oder nach Vertragsabschluss von den Parteien wirksam getroffen werden, gehen gemäß § 305b BGB den Allgemeinen Geschäftsbedingungen vor, sofern sie zu ihnen im Widerspruch stehen. Das gilt unabhängig davon, ob die Parteien bewusst oder unbewusst eine abweichende Regelung getroffen haben. Beispielsweise gilt eine Klausel in AGB, wonach Lieferfristen unverbindlich sind, dann nicht, wenn individuell eine bestimmte Zeit vereinbart wurde (Palandt/*Grüneberg*, § 305b Rn. 4).

Da Individualabreden Vorrang haben, ist eine mündliche Vereinbarung grundsätzlich auch dann gültig, wenn die AGB eine **Schriftformklausel** enthalten (näher BGH NJW-RR 1995, 179; BRHP/*Schmidt*, § 305b Rn. 9 ff.).

5. Überraschende oder unklare Klauseln, § 305c BGB

a) Überraschende Klauseln werden nach **§ 305c Abs. 1 BGB** nicht Vertragsbestandteil. Überraschend sind Regelungen, die **objektiv ungewöhnlich** sind und **subjektiv** für den Kunden einen **Überrumpelungs- oder Übertölpelungseffekt** innehaben (BGH NJW 2001, 1416). Ersteres ist anzunehmen, wenn die Klausel aus dem Blickwinkel eines vertragstypischen Durchschnittskunden derart vom Vertragstypischen abweicht, dass mit ihr nach den Umständen nicht zu rechnen ist (BGH NJW-RR 2004, 780; 2001, 439). Bei Letzterem ist aus objektiver Sicht zu fragen, ob Regelungen enthalten sind, mit denen vernünftigerweise nicht zu rechnen ist (BGH NJW-RR 2004, 1397).

b) Unklare Formulierungen sind zunächst nach §§ 133, 157 BGB auszulegen (**Vorrang der Auslegung**). Verbleiben nach der Auslegung gleichwohl Zweifel, kommt die Unklarheitenregel in **§ 305c Abs. 2 BGB** zur Anwendung, wonach zu Lasten des Verwenders auszulegen ist. Danach ist zunächst die **kundenfeindlichste Auslegung** zu wählen und zu prüfen, ob diese kundenfeindliche Regelung aufgrund der Inhaltskontrolle nach §§ 307 ff. BGB unwirksam und § 306 BGB anzuwenden ist. Führt die kundenfeindliche Interpretation nicht zu einer Unwirksamkeit der Klausel, ist die **kundenfreundlichste Auslegung** zu wählen und dem Vertrag zugrunde zu legen (Palandt/*Grüneberg*, § 305c Rn. 18; PWW/*Berger*, § 305c Rn. 17).

> **Prüfung Allgemeiner Geschäftsbedingungen, §§ 305 ff. BGB** *(Fortsetzung)*
>
> **6. Unwirksamkeit nach §§ 308, 309 BGB**
> Werden die AGB nicht gegenüber einem Unternehmer (§ 14 BGB) verwendet (§ 310 Abs. 1 S. 1 BGB), ist die Regelung zuerst anhand der §§ 308, 309 BGB zu prüfen. Während § 308 BGB Klauselverbote mit richterlichem Wertungsakt bestimmt, enthält § 309 BGB solche ohne richterliche Wertungsmöglichkeit.
>
> **7. Unwirksamkeit aufgrund der Generalklausel, § 307 BGB**
> Nach der Generalklausel zur Inhaltskontrolle in § 307 Abs. 1 S. 1 BGB sind AGB unwirksam, wenn sie den Kunden entgegen den Geboten von Treu und Glauben unangemessen benachteiligen. Satz 2 verdeutlicht, dass auch unklare, unverständliche Regeln unangemessen benachteiligen können, und enthält damit ein Transparenz-, Verständlichkeits- und Bestimmtheitsgebot sowie ein Täuschungsverbot (BGH NJW 2006, 998; 2001, 300, 2637; NJW 2011, 50; OLG Hamm MMR 2014, 689).
> § 307 Abs. 2 BGB beschreibt Regelbeispiele für eine unangemessene Benachteiligung. Nr. 1 nennt die Unvereinbarkeit mit dem gesetzlichen Leitbild, Nr. 2 enthält ein Aushöhlungsverbot (näher zu § 307 bei Fall 11, S. 275 f.).

a) Einbeziehung in den Vertrag

Überprüfung Allgemeiner Geschäftsbedingungen
1. Allgemeine Geschäftsbedingung, § 305 Abs. 1 BGB
2. Sachlicher und persönlicher Anwendungsbereich, § 310 BGB
3. Einbeziehung in den Vertrag, § 305 Abs. 2 BGB
4. Vorrang einer Individualabrede, § 305b BGB
5. Überraschende oder unklare Klausel, § 305c BGB
6. Unwirksamkeit nach §§ 308, 309 BGB
7. Unwirksamkeit aufgrund der Generalklausel in § 307 BGB

Die Geschäftsbedingungen des B könnten gemäß § 305 Abs. 2 BGB Vertragsbestandteil geworden sein.

Bei den Regelungen auf der Rückseite des Vertragsformulars handelt es sich um Allgemeine Geschäftsbedingungen iSd § 305 Abs. 1 BGB, weil sie einseitig vom Verwender vorgelegte, für eine mehrfache Verwendung vorgefertigte Bestimmungen darstellen, mit denen der Inhalt eines Vertrages geregelt wird.

Ein Verbraucher (§ 13 BGB), W, und ein Unternehmer (§ 14 BGB), B, haben einen Verbrauchervertrag (§ 310 Abs. 3 BGB) geschlossen, auf den die Vorschriften über Allgemeine Geschäftsbedingungen (§§ 305 ff. BGB) mit den in § 310 Abs. 3 Nr. 1–3 BGB genannten Maßgaben anwendbar sind.

§ 305 Abs. 2 Nr. 1 BGB entsprechend hat der Verwender B mit der fett gedruckten Angabe auf die auf der Rückseite befindlichen AGB ausdrücklich hingewiesen.

Weiter müsste nach § 305 Abs. 2 Nr. 2 BGB B dem W die Möglichkeit verschafft haben, in zumutbarer Weise vom Inhalt der Vertragsbedingungen Kenntnis zu nehmen, wobei insbesondere eine für den Verwender **erkennbare körperliche Behinderung** berücksichtigt werden muss. Die zumutbare Kenntnisnahme darf somit besonders bei erkennbar sehbehinderten Vertragspartnern nicht am Durchschnittskunden orientiert werden; vielmehr ist in geeigneter Weise die Wahrnehmung sicherzustellen.[27] Die körperliche Einschränkung war nicht erkennbar. W hat zwar eine altersbedingte Sehschwäche. Selbst wenn für B das Alter des W erkennbar war, besteht für eine Kenntnis der Sehschwäche aber kein Anhaltspunkt. W hätte auf seine Sehschwäche hinweisen müssen. W war mit der Geltung der AGB einverstanden; er hat den Kauf getätigt.

Die AGB des B sind gemäß § 305 Abs. 2 BGB Vertragsbestandteil geworden.

---

27 BRHP/*Becker*, § 305 Rn. 61; Palandt/*Grüneberg*, § 305 Rn. 37; *Arzt*, JuS 2002, 528.

b) Unwirksamkeit der Klausel

Die Klausel, innerhalb von sechs Monaten nur Nacherfüllung fordern zu können, widerspricht möglicherweise **§ 476 Abs. 1, 2** bzw. **§ 309 Nr. 8 b) bb), ff) BGB**.

Dem ersten Halbsatz von § 309 BGB ist zu entnehmen, dass die Regelung subsidiär und demnach vorrangig auf § 476 BGB abzustellen ist. Auf § 309 BGB kommt es also bei einem Fall des § 476 BGB nicht mehr an.[28]

> § 476 BGB ist vor § 309 BGB zu prüfen.

W als Verbraucher (§ 13 BGB) und B als Unternehmer (§ 14 BGB) haben einen **Verbrauchsgüterkauf** iSd § 474 Abs. 1 S. 1 BGB getätigt. Nach § 476 Abs. 1 BGB kann sich der Unternehmer auf eine vor Mitteilung eines Mangels getroffene Vereinbarung, die zum Nachteil des Käufers von §§ 433 bis 435, 437, 439 bis 443 BGB abweicht, nicht berufen. Die von B formulierte Beschränkung auf Nacherfüllung stellt eine Abweichung von § 437 BGB dar. Die Bestimmung einer sechsmonatigen Verjährung verstößt gegen § 476 Abs. 2 BGB. Die von B in seinen Geschäftsbedingungen verwendete Klausel ist gemäß § 476 Abs. 1, 2 BGB unwirksam.

Rechtsfolge ist, dass an die Stelle der unwirksamen Klauseln die gesetzliche Regelung tritt (§ 476 Abs. 1 S. 2 BGB); der Kaufvertrag bleibt gültig, § 139 BGB kommt nicht zur Anwendung.

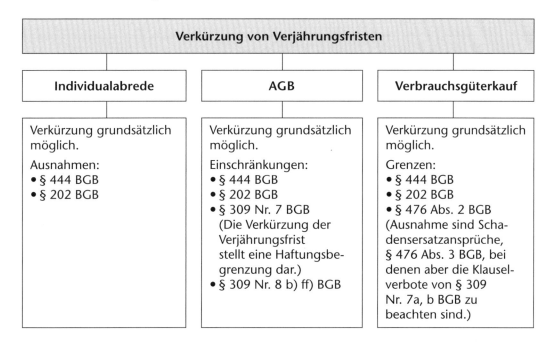

Es gelten die allgemeinen Regeln, so dass hier die Gewährleistungsvorschriften (§§ 434 ff. BGB) anzuwenden sind.[29] Der Rücktritt ist durch die Klausel nicht ausgeschlossen. Sonstige Ausschlusstatbestände sind nicht ersichtlich.

---

28 Palandt/*Grüneberg*, § 309 Rn. 61, 68; BRHP/*Becker*, § 309 Nr. 8 Rn. 22; MüKoBGB/ *Wurmnest*, § 309 Nr. 8 Rn. 13.

29 Das gleiche Ergebnis wird bei der Anwendung des § 309 Nr. 8b) ff) BGB erreicht. Die Klausel in den AGB des B verkürzt die zweijährige Verjährungsfrist (§ 438 BGB) auf sechs Monate und ist daher unwirksam iSd § 306 Abs. 1 BGB, so dass die dadurch entstandene Lücke nach § 306 Abs. 2 BGB durch das dispositive Recht sowie die von Rechtsprechung und Schrifttum entwickelten Rechtsgrundsätze (BGH NJW 1996, 2093) geschlossen wird.

8. Keine Verjährung

Verjährung der Mängelansprüche im Kaufrecht § 438 BGB
- 30 Jahre bei Eviktionsfällen und Grundbuchrechten
- 5 Jahre bei Bauwerksmängeln
- 2 Jahre im Übrigen

Das Recht auf Rücktritt (§ 437 Nr. 2 BGB) darf nicht gemäß § 218 Abs. 1 S. 1 iVm § 438 Abs. 4 S. 1 BGB unwirksam sein.

Nach § 194 Abs. 1 BGB verjähren nur Ansprüche, nicht Gestaltungsrechte. Deshalb ordnet § 218 Abs. 1 BGB an, dass eine Erklärung des Rücktritts oder der Minderung unwirksam wird, wenn sich der Verkäufer zum Zeitpunkt der Erklärung berechtigterweise auf die Verjährung des Anspruchs auf Leistung oder Nacherfüllung beruft.

Hier beläuft sich die Verjährungsfrist auf zwei Jahre, § 438 Abs. 1 Nr. 3 BGB. Die Verjährung beginnt gemäß § 438 Abs. 2 BGB mit Ablieferung der Sache. Ablieferung setzt voraus, dass der Verkäufer in Erfüllung des Kaufvertrags die Sache dem Käufer so überlassen hat, dass dieser sie untersuchen kann.[30]

Computer und Software wurden am 15. März an W ausgeliefert. Im Oktober sind erst sieben Monate vergangen. Die Frist von zwei Jahren ist eingehalten.[31] Das Rücktrittsrecht ist nicht nach §§ 218 Abs. 1 S. 1, 438 Abs. 4 S. 1 BGB unwirksam. In Bezug auf die Software sind alle Voraussetzungen eines Rücktritts erfüllt. W steht demnach jedenfalls ein Anspruch auf Rückzahlung von 600 EUR gemäß § 346 Abs. 1 iVm §§ 437 Nr. 2, 323 Abs. 1 Alt. 2 BGB zu.

9. Rücktrittsrecht auch hinsichtlich des mangelfreien Teils der Ware

Reichweite des Rücktrittsrechts

Eine andere Frage ist, ob sich das Rücktrittsrecht bezüglich der Software auch auf die mangelfreie Hardware erstreckt.

Rechtsprechung und Literatur haben hierzu ein mehrstufiges Prüfungsschema entwickelt:[32]

Erstreckung des Rücktrittsrechts auch auf mangelfreie Hardware
Prüfung, ob Hard- und Software in einem **einheitlichen Vertrag** verkauft wurden. Dabei sind vor allem der Parteiwille und die äußere Vertragsgestaltung maßgeblich.

| Ist die Einheitlichkeit der Verträge zu verneinen, so besteht auch **kein einheitliches Rücktrittsrecht**. | Handelt es sich hingegen um einen einheitlichen Vertrag, ist zu prüfen, ob die einzelnen Leistungen eine **einheitliche Gesamtleistung** bilden. Dies ist insbesondere dann anzunehmen,
• wenn Hard- und Software zur Bewältigung bestimmter Aufgaben aufeinander abgestimmt sind, oder |

---

30 BRHP/*Faust*, § 438 Rn. 30; Palandt/*Weidenkaff*, § 438 Rn. 15.
31 Es ist unbeachtlich, ob die Verjährungsfrist erst mit der Auslieferung des Handbuchs beginnt. Der frühere Streit, ob das Fehlen eines Handbuchs ein eigenständiger Mangel ist, wird durch § 434 Abs. 2 S. 2 BGB, jedenfalls nach § 434 Abs. 3 BGB zugunsten der hM entschieden. Vgl. dazu MüKoBGB/*Westermann*, § 434 Rn. 38 ff.; MüKoHGB/*Grunewald*, § 377 Rn. 28; EBJS/*Müller*, § 377 Rn. 32 ff.
32 Grundlegend BGHZ 102, 135, 148; siehe auch BGH NJW 1993, 2436, 2438; OLG Köln NJW-RR 1994, 1204, 1205; OLG Koblenz NJW-RR 1992, 688, 689; *Henssen*, NJW 1988, 2441, 2443; Palandt/*Ellenberger*, § 139 Rn. 6; Staudinger/*Roth*, § 139 Rn. 39 ff.

Erstreckung des Rücktrittsrechts auch auf mangelfreie Hardware *(Fortsetzung)*

• wenn Hard- und Software ein Gesamtsystem bilden, welches durch Trennung in seinem Wesen verändert wird.

Ist **keine Gesamtleistung** festzustellen, was idR bei handelsüblicher Standardware anzunehmen ist, dann bleibt zu prüfen, ob dennoch ein einheitliches Rücktrittsrecht besteht. Das ist anzunehmen, wenn Hard- und Software **als zusammengehörig verkauft** wurden und sich nicht **ohne Nachteil** trennen lassen. Der Begriff des Nachteils ist weit auszulegen; es genügt, wenn der isolierte Kauf der Software wirtschaftliche Nachteile mit sich bringen würde.	Wenn eine einheitliche Gesamtleistung vorliegt, besteht auch ein **einheitliches Rücktrittsrecht**.

W und B haben einen einheitlichen Vertrag über die Soft- und Hardware geschlossen. Software und Hardware sind nach den Angaben des Sachverhalts auf die Wünsche und Anforderungen des W besonders abgestimmt, so dass sie eine einheitliche Gesamtleistung bilden.

Das Rücktrittsrecht erstreckt sich auch auf die mangelfreie Hardware.

Ergebnis

Die mangelhafte Software begründet ein Rücktrittsrecht sowohl hinsichtlich des Kaufvertrages über das Software-Paket (600 EUR) als auch des Vertrages über den Computer (3.000 EUR). W steht gegen B ein Anspruch auf Rückzahlung von 3.600 EUR gemäß § 346 Abs. 1 iVm §§ 437 Nr. 2, 323 Abs. 1 Alt. 2 BGB zu.

II. Anspruch aus § 812 Abs. 1 S. 1 Alt. 1 bzw. § 812 Abs. 1 S. 2 Alt. 2 BGB

W könnte einen Anspruch aus ungerechtfertigter Bereicherung[33] gegen B haben.

1. Etwas erlangt

Die Leistungskondiktion setzt zunächst voraus, dass etwas erlangt wurde. Das Tatbestandsmerkmal „etwas erlangt" wird überwiegend als jeder Vermögensvorteil definiert; das Erlangte kann dabei sowohl im Erwerb einer Rechtsposition als auch in der Befreiung von Verbindlichkeiten liegen.

B hat hier durch die Zahlung des Kaufpreises in Höhe von 3.600 EUR Eigentum an dem Geld erworben.

---

[33] Näher zur ungerechtfertigten Bereicherung bei Fall 14, S. 351 ff. und Fall 17, S. 436 ff.

2. Durch Leistung

Darüber hinaus ist eine Leistung erforderlich. Darunter ist die bewusste und zweckgerichtete Mehrung fremden Vermögens zu verstehen, wobei mit der Leistung unterschiedliche Zwecke verfolgt werden können.

Hier wollte W durch Zahlung des Kaufpreises seine Verbindlichkeit aus dem Kaufvertrag mit B erfüllen.

3. Ohne Rechtsgrund

Diese Leistung ist ohne Rechtsgrund erbracht worden, wenn der Vertrag von Anfang an gemäß § 142 Abs. 1 BGB wegen § 119 Abs. 2 BGB nichtig war. Jedoch stehen die Anfechtung und die Sachgewährleistung – jedenfalls ab Gefahrübergang – in einem Konkurrenzverhältnis. Nach überwiegender Auffassung ist die Anfechtung durch den Käufer aufgrund eines Eigenschaftsirrtums (§ 119 Abs. 2 BGB) ausgeschlossen, soweit die §§ 434, 435, 437 BGB anwendbar sind.[34]

Ergebnis

W hat keinen Anspruch aus § 812 Abs. 1 S. 1 Alt. 1 BGB bzw. § 812 Abs. 1 S. 2 Alt. 2 BGB.

> **Vorrang der Sachmängelhaftung gegenüber der Anfechtung nach § 119 Abs. 2 BGB**
> Begründung:
> - Recht zur zweiten Andienung
> - Ausschlussgrund des § 442 Abs. 1 S. 2 BGB
> - § 438 Abs. 1 BGB würde durch längere Frist des § 121 Abs. 2 BGB unterlaufen.

C. Anspruch der G gegen W auf Rückgabe von PC und Software gemäß § 985 BGB

Für G könnte sich ein Rückgabeanspruch gegen W aus **§ 985 BGB** ergeben.

1. Besitz des Anspruchgegners

W hat die tatsächliche Sachherrschaft über den Computer und damit an der in ihm gespeicherten Software; er ist Besitzer iSd § 854 Abs. 1 BGB.

2. Eigentum des Anspruchstellers

G müsste Eigentümerin von PC und Software sein.

a) Ursprünglicher Eigentümer

Ursprüngliche Eigentümerin der Ware war G.

b) Verlust des Eigentums durch das Rechtsgeschäft mit B

G könnte ihr Eigentum nach § 929 S. 1 BGB[35] an B verloren haben.

Erforderlich ist zunächst eine wirksame Einigung. Die Einigung ist ein dinglicher Vertrag, für den die allgemeinen Regeln über Rechtsgeschäfte gelten.[36] Hier ist die Einigung unter der **aufschiebenden Bedingung** (Suspensivbedingung) iSd § 158 Abs. 1 BGB der vollständigen Zahlung des Kaufpreises erklärt worden. Da B nichts gezahlt hat, sind die Voraussetzungen des § 929 S. 1 BGB im Verhältnis G/B

> Nach überwiegender Ansicht ist **Software** keine Sache iSd § 90 BGB. An der Software als solcher ist tatsächliche Sachherrschaft und damit Besitz gemäß § 854 Abs. 1 BGB nicht möglich. Allenfalls bei der Veräußerung von Software etwa durch Download über das Internet auf einen Computer kann eine Besitzerlangung analog angenommen werden, (vgl. BeckOK BGB/*Fritzsche*, § 854 Rn. 5).

---

34 Palandt/*Ellenberger*, § 119 Rn. 28; Palandt/*Weidenkaff*, § 437 Rn. 53; BRHP/*Wendtland*, § 119 Rn. 8; vgl. auch Fall 4, S. 93f. Im Falle von § 123 BGB schließen die Gewährleistungsregeln eine Anfechtung nicht aus, weil der Handelnde hier nicht schutzwürdig ist.
35 Näher bei Fall 15, S. 384ff. und Fall 16, S. 398f.
36 PWW/*Prütting*, § 929 Rn. 4; Palandt/*Herrler*, Einl. v. § 854 Rn. 11.

mangels Bedingungseintritts nicht erfüllt. G hat ihr Eigentum nicht nach § 929 S. 1 BGB an B verloren.

c) Verlust des Eigentums durch das Rechtsgeschäft zwischen B und W

G könnte ihr Eigentum durch das Rechtsgeschäft zwischen B und W gemäß § 929 S. 1 BGB verloren haben.

> Aufbauschema
> **§ 929 S. 1 BGB**
> 1. Einigung
> 2. Übergabe
> 3. Berechtigung

aa) Einigung

B und W sind sich einig, dass das Eigentum auf W übergehen soll, sie haben einen dinglichen Vertrag (§§ 145 ff. BGB) geschlossen.

Problematisch könnte hier wegen des sachenrechtlichen Bestimmtheitsgrundsatzes sein, dass die Sache nicht hinreichend individualisiert war. Es reicht aber nach allgemeiner Meinung die Vereinbarung, dass der Veräußerer die konkrete Individualisierung innerhalb einer bestimmten Gattung vornimmt.[37] Die Erfordernisse des Bestimmtheitsgrundsatzes sind deshalb gewahrt.

bb) Übergabe

Überdies bedarf es einer Übergabe. Dazu ist es notwendig, dass auf Seiten des Veräußerers jede Form von Besitz aufgegeben wird und der Erwerber auf Veranlassung des Veräußerers den entsprechenden Besitz (mindestens mittelbar) erhält.[38] Das könnte hier zweifelhaft erscheinen, weil B die Ware nicht selbst übergeben hat, sondern sie von G an W ausliefern ließ. Die Einschaltung dritter Personen im Rahmen einer Übergabe ist allerdings möglich.[39]

> **Übergabe (§ 929 S. 1 BGB) durch bzw. an Dritte**
>
> Der Veräußerer muss die Sache nicht selbst an den Erwerber übergeben, er kann sich Dritter bedienen. Das kann ein Besitzdiener (§ 855 BGB) oder Besitzmittler (§ 868 BGB) sein. Möglich ist insbesondere auch ein Besitzdienerwechsel, also eine Anweisung des Veräußerers an seinen Besitzdiener, künftig den Weisungen des Erwerbers zu folgen.
> Ausreichend für eine Übergabe ist zudem ein **Geheißerwerb**. Hier wirken bei der Übergabe auf Seiten des Veräußerers oder Erwerbers Personen mit, die weder Besitzdiener noch Besitzmittler sind. Daher genügt es für eine Übergabe, wenn ein dritter Besitzer dem Erwerber auf Geheiß des Veräußerers Besitz an der Sache verschafft oder wenn der Veräußerer auf Geheiß des Erwerbers den Besitz an der Sache einer dritten Person verschafft. Zulässig sind mithin **Streckengeschäfte**, also Geschäfte, bei denen die Sache noch vor Übergabe weiterveräußert wird. Bei derartigen Veräußerungsketten kommt es folglich nicht auf Besitz des Veräußerers an, sondern darauf, dass der Veräußerer dem Erwerber den Besitz verschafft.

Für die Übergabe iSd § 929 S. 1 BGB reicht es aus, wenn der unmittelbare Besitz vom Veräußerer selbst oder auf dessen Veranlassung von einem Dritten auf den Erwerber übergeht, sogenannter **Geheißerwerb**. Folglich genügt die Übergabe durch G, der auf Geheiß des B Computer und Software an W geliefert hat.

---

37 MüKoBGB/*Oechsler*, § 929 Rn. 6.
38 Palandt/*Herrler*, § 929 Rn. 11 ff.; PWW/*Prütting*, § 929 Rn. 10.
39 Erman/*Bayer*, § 929 Rn. 13 ff.; MüKoBGB/*Oechsler*, § 929 Rn. 67 ff.; BRHP/*Kindl*, § 929 Rn. 26 ff.

cc) Berechtigung

B war nicht Eigentümer der Waren. Die Berechtigung könnte sich jedoch aus **§ 185 Abs. 1 BGB** ergeben.

B und G haben einen verlängerten Eigentumsvorbehalt[40] vereinbart.

Eigentumsvorbehalt

Bei einem Eigentumsvorbehalt ist die Einigung des § 929 S. 1 BGB mit der aufschiebenden Bedingung (§ 158 Abs. 1 BGB) verknüpft, dass das Eigentum erst mit der vollständigen Zahlung des Kaufpreises übergeht. Bei einem verlängerten Eigentumsvorbehalt wird der Käufer nach § 185 Abs. 1 BGB ermächtigt, vor Bedingungseintritt über die Sache im Rahmen eines ordnungsgemäßen Geschäftsbetriebs zu verfügen. Dies geschieht typischerweise unter der Bedingung, dass der Käufer die aus dem Weiterverkauf entstehende Forderung an den Verkäufer abtritt. Siehe *Lorenz*, JuS 2011, 199 ff.

Bei einem **verlängerten Eigentumsvorbehalt** kommen Veräußerer und Erwerber darüber überein, dass an die Stelle des Eigentumsvorbehalts bei dessen Erlöschen (zB durch Verbindung, Verarbeitung) die neue Sache oder die daraus entstehende Forderung gegen einen Dritten treten soll. In der Regel ist mit der Abrede eines verlängerten Eigentumsvorbehalts die Einwilligung zur Weiterveräußerung verbunden; das kann der Abrede auch durch Auslegung (§§ 133, 157 BGB) zu entnehmen sein.[41]

Hier ergibt sich die Zustimmung der G zur Weiterveräußerung der Waren (jedenfalls konkludent) aus deren Lieferung an W. G hat in den Eigentumsübergang eingewilligt. Die Verfügung des B als Nichtberechtigter ist wirksam (§ 185 Abs. 1 BGB).

Ergebnis

G hat ihr Eigentum an Soft- und Hardware gemäß § 929 S. 1 iVm § 185 Abs. 1 BGB an W verloren. Ein Herausgabeanspruch aus § 985 BGB steht ihr nicht zu. Sonstige Anspruchsgrundlagen sind insoweit nicht ersichtlich.

D. Anspruch der S gegen K auf Zahlung von 100.000 EUR

K ist gemäß **§ 765 Abs. 1 BGB** zur Zahlung von 100.000 EUR verpflichtet, wenn sie sich in dieser Höhe für Kreditschulden (§ 488 Abs. 1 S. 2 BGB) des B gegenüber S wirksam verbürgt hat.

1. Bürgschaftsvertrag

Es müsste ein Bürgschaftsvertrag über eine selbstschuldnerische Bürgschaft[42] der K bestehen, §§ 771, 773 Abs. 1 Nr. 1 BGB. Das Bankformular enthält die Klausel, dass alle bestehenden und künftigen Ansprüche der Bank gegen B gesichert werden. In Betracht kommt mithin eine (selbstschuldnerische) Globalbürgschaft.

---

40 Zu Eigentumsvorbehalt und Anwartschaftsrecht bei Fall 18, S. 456 ff., 466 ff.
41 PWW/*Schmidt*, § 449 Rn. 21 ff.; Palandt/*Weidenkaff*, § 449 Rn. 18; Erman/*Grunewald*, § 449 Rn. 43 ff.
42 Dazu bei Fall 11, S. 268 ff. und Fall 19, S. 488 f.

Globalbürgschaft
Bei einer Globalbürgschaft verpflichtet sich der Bürge gegenüber dem Gläubiger zur Übernahme einer Bürgschaft für alle gegenwärtigen und künftigen Forderungen gegen den Hauptschuldner. Sie ist gemäß § 765 Abs. 2 BGB möglich. Der Bestimmtheitsgrundsatz, wonach die Verbindlichkeit nach Gläubiger, Schuldner, Schuldgrund und Schuldhöhe zumindest bestimmbar zu sein hat, ist gewahrt. Sachliche Begrenzungen, zB auf eine bestimmte Geschäftsverbindung oder auf einen Höchstbetrag sind möglich, aber nicht erforderlich. Für die Bestimmtheit genügt die Erklärung, dass der Bürge umfassend für **alle Forderungen** einstehen muss (BGH NJW 1995, 2353; JuS 2002, 85; KG BeckRS 2009, 04526). Dementsprechend sind individualvertraglich vereinbarte Globalbürgschaften grundsätzlich zulässig. In Formularverträgen begründete Globalbürgschaften sind hingegen nach § 305c Abs. 1 und § 307 Abs. 1, 2 BGB zu überprüfen und idR unwirksam.

Aufbauschema
§ 765 Abs. 1 BGB
I. Entstehen
1. Wirksamer Bürgschaftsvertrag
2. Keine Unwirksamkeitsgründe
3. Akzessorietät (Bestehen der Hauptschuld)
4. Bestimmtheit der Hauptschuld
5. Sonderabreden
II. Erlöschen
1. Erlöschen der Hauptschuld, § 767 Abs. 1 S. 1 BGB
2. Gläubiger gibt Sicherung auf, § 776 BGB
3. Übernahme der Hauptschuld durch neuen Gläubiger, § 418 Abs. 1 S. 1 BGB
III. Durchsetzbarkeit
1. Einreden des Bürgen
2. Einreden des Hauptschuldners gegen die gesicherte Forderung
3. Einrede aus § 242 BGB

Der Bestimmtheitsgrundsatz ist trotz der weit gefassten Erklärung gewahrt, weil feststeht, dass K für alle Hauptschulden des B aus einer bankmäßigen Geschäftsbeziehung als einem festgelegten Kreis von Rechtsbeziehungen haften soll.

S und K haben eine selbstschuldnerische Globalbürgschaft mit einem Höchstbetrag von 100.000 EUR vereinbart.

2. Schriftform

§ 125 S. 1 BGB ist nicht anwendbar, weil die nach § 766 S. 1 BGB für die Bürgschaftserklärung notwendige Schriftform[43] eingehalten ist.

3. Sittenwidrigkeit nach § 138 Abs. 1 BGB

Bei Fällen, in denen ein Ehegatte, ein Lebensgefährte oder ein naher Verwandter aufgrund emotionaler enger Verbindung zum Hauptschuldner eine Bürgschaftsverpflichtung eingeht, deren Umfang die Einkommens- und Vermögensverhältnisse des Bürgen, wie sie im Zeitpunkt des Vertragsschlusses bestehen und in Zukunft zu erwarten sind, weit übersteigt, kommt Sittenwidrigkeit in Betracht.[44]

K ist zwar die Lebensgefährtin des B, aber eine vermögende und geschätzte Kundin der S. Es bestehen keine Anhaltspunkte für eine Sittenwidrigkeit der Bürgschaftsübernahme.

4. Widerrufsrechte

a) Widerrufsrecht gemäß § 312g Abs. 1 BGB

Dem Bürgen steht ein Widerrufsrecht nach § 312g Abs. 1 BGB zu, wenn er selbst Verbraucher ist und der Bürgschaftsvertrag außerhalb von Geschäftsräumen geschlossen wurde.[45] Da es sich hier um keinen Vertrag iSv § 312b BGB handelt, scheidet ein Widerrufsrecht nach dieser Vorschrift aus.

b) Widerrufsrecht aus § 495 Abs. 1 BGB

Nach dem ausdrücklichen Wortlaut des § 495 Abs. 1 BGB besteht ein Widerrufsrecht bei Verbraucherdarlehensverträgen, womit eine (analoge) Anwendung der

---

43 Vgl. Fall 11, S. 269 f.
44 BGH NJW 2005, 971, 973; NJW 2002, 744, 745; MDR 2014, 736; Einzelheiten bei Fall 11, S. 277 ff.
45 Palandt/*Grüneberg*, § 312 Rn. 5, § 312b Rn. 1 f., 4; BRHP/*Maume*, § 312b Rn. 11; vgl. zum Ganzen *Förster*, JA 2014, 721; *Schärtl*, JuS 2014, 577.

Norm auf Bürgschaftsverträge abzulehnen sein wird.[46] Der Gesetzgeber hat es unterlassen, die Vorschriften auch auf Bürgschaften für anwendbar zu erklären. Es besteht kein Widerrufsrecht nach § 495 Abs. 1 BGB.

5. Unwirksamkeit gemäß § 305c Abs. 1 und § 307 Abs. 2 Nr. 1 BGB

Der Bürgschaftsvertrag könnte unwirksam sein, wenn die Formulierung „alle bestehenden und künftigen Ansprüche" mit den Vorgaben der §§ 305ff. BGB nicht vereinbar ist.[47]

AGB-Kontrolle bei Globalbürgschaftsklauseln in Formularverträgen

Verstoß gegen § 305c Abs. 1 BGB	Inhaltskontrolle nach § 307 Abs. 1, 2 BGB
Eine Klausel ist überraschend, wenn vom Bürgen eine Einstandspflicht gefordert wird, mit der er nicht zu rechnen braucht. Eine Bürgschaft, die aus Anlass der Gewährung eines bestimmten Kredits übernommen wird und sich auf alle **bestehenden und künftigen Verbindlichkeiten** aus der Geschäftsverbindung zwischen Hauptschuldner und Gläubiger erstreckt, verstößt gegen § 305 Abs. 1 BGB. Ausnahmsweise kann es anders sein, wenn sich der Bürge keine Vorstellung über die Höhe der Verbindlichkeit macht bzw. Art und Höhe der Hauptverbindlichkeit selbst bestimmen kann.	Bei einer unangemessenen Benachteiligung ist zwischen der Höhe der Hauptschuld, die Anlass für die Bürgschaftsübernahme war, und der darüber hinausgehenden Summe zu unterscheiden. In Höhe der Verbindlichkeit, die Anlass für die Bürgschaftsübernahme war, ist die Bürgschaft wirksam. Unwirksam ist sie bei formularmäßigem Überschreiten dieses Anlasses. Begründet wird dies mit einem Verstoß gegen die Wertung von §§ 307 Abs. 2 Nr. 1, 767 Abs. 1 S. 3 BGB (Verbot der Fremddisposition) und einem Verstoß gegen das Transparenzgebot, § 307 Abs. 1 S. 2 BGB.

Rechtsfolge ist die teilweise Unwirksamkeit der Bürgschaft nach § 306 Abs. 1 BGB. Der Bürge haftet nur für die Anlassforderung.

a) Anwendungsbereich und Vertragseinbeziehung

Ein Verbraucher (§ 13 BGB), K, und ein Unternehmer, die Bank S (§ 14 BGB), haben einen Verbrauchervertrag (§ 310 Abs. 3 BGB) geschlossen, auf den die Vorschriften über allgemeine Geschäftsbedingungen (§§ 305ff. BGB) mit den in § 310 Abs. 3 Nr. 1–3 BGB genannten Maßgaben anwendbar sind.

b) Überraschende Regelung, § 305c Abs. 1 BGB

Eine Klausel wird nicht Bestandteil des Vertrages, wenn sie iSd § 305c Abs. 1 BGB überraschend ist. Das ist dann der Fall, wenn sie von den Erwartungen des Vertragspartners deutlich abweicht und dieser den Umständen nach mit einer

---

[46] PWW/*Nobbe*, § 491 Rn. 27; BGH NJW 1998, 1939; OLG Düsseldorf GmbHR 2009, 549; Palandt/*Weidenkaff*, § 491 Rn. 11.
[47] Erman/*Zetzsche*, § 765 Rn. 33; BRHP/*Rohe*, § 765 Rn. 26ff.; PWW/*Brödermann*, § 765 Rn. 14ff.

solchen Regelung nicht zu rechnen braucht.[48] Ein Bürge, der aus Anlass eines Tilgungsdarlehens eine Bürgschaft übernimmt, erwartet und darf billigerweise erwarten, nur für dieses Darlehen einstehen zu müssen.[49] Das Einstandsrisiko war hier auf 30.000 EUR begrenzt. Mit einer formularvertraglichen Ausweitung des Risikos und eine (bis zum Höchstbetrag) unübersehbare Einstandspflicht hat der Bürge nicht zu rechnen. Die Begrenzung auf einen Höchstbetrag ändert an dem überraschenden Charakter nichts.[50] Die Klausel ist hier unwirksam gemäß § 305c Abs. 1 BGB.

c) Verstoß gegen ein Regelbeispiel, § 307 Abs. 2 BGB

Darüber hinaus kommt eine Unwirksamkeit der Klausel wegen einer gegen Treu und Glauben verstoßenden unangemessenen Benachteiligung iSd § 307 Abs. 1 S. 1 BGB in Betracht. Nach dem **Regelbeispiel in § 307 Abs. 2 Nr. 1 BGB** ist eine solche im Zweifel anzunehmen, wenn die Klausel mit dem **gesetzlichen Leitbild** unvereinbar ist.

Eine Formularklausel, welche die Bürgenhaftung über die verbürgte Anlassforderung hinaus auf alle künftigen Ansprüche des Gläubigers gegen den Hauptschuldner erstreckt, weicht – nach überwiegender Ansicht[51] – derart von § 767 Abs. 1 S. 3 BGB ab, dass sie im Ergebnis mit dem wesentlichen Grundgedanken der gesetzlichen Regelung, dem Verbot der Fremddisposition, nicht zu vereinbaren ist, § 307 Abs. 2 Nr. 1 BGB. Der Bürge wird einem Risiko ausgesetzt, das er in seinem Umfang und seiner Tragweite nicht vorhersehen kann.[52] Die Klausel ist ebenfalls nach § 307 Abs. 2 Nr. 1 BGB unwirksam.

d) Rechtsfolge

Ist die Klausel für eine Globalbürgschaft unwirksam, haftet der Bürge aufgrund einer an § 306 Abs. 1 BGB orientierten ergänzenden Vertragsauslegung nur für die Schuld, welche ihn zur Übernahme der Bürgschaft veranlasst hat (**Anlassbürgschaft**), also die zu diesem Zeitpunkt bestehende Forderung.[53] Das waren hier 30.000 EUR für die Lohnverbindlichkeiten. Die Bürgschaftsverpflichtung der K beschränkt sich auf die Hauptschuld, die Anlass für die Bürgschaft war. Eine Einrede der Vorausklage kann nicht geltend gemacht werden, §§ 771, 773 Abs. 1 Nr. 1 BGB. Der 30.000 EUR übersteigende Teil der Bürgschaftsverpflichtung ist unwirksam gemäß § 305c Abs. 1 und § 307 Abs. 2 Nr. 1 BGB. Entsprechend § 306 Abs. 1 BGB ist die Bürgenhaftung auf die Anlassforderung begrenzt.

> Bei einer unwirksamen Globalbürgschaftsklausel ist die Haftung des Bürgen auf die Hauptschuld begrenzt, die Anlass der Bürgschaft war.

6. Sonstige Voraussetzungen

Die übrigen Erfordernisse einer Bürgenhaftung, insbesondere Akzessorietät und Einredefreiheit sind erfüllt.

Ergebnis

K ist aus § 765 Abs. 1 BGB nur zur Zahlung von 30.000 EUR verpflichtet. Im Übrigen ist der geltend gemachte Anspruch zu verneinen.

---

48 BGH NJW 2000, 1179, 1181; NJW 1995, 2553, 2555; NJW 1990, 576, 577.
49 BGH NJW 1995, 2553, 2555; NJW 1994, 2145.
50 BGH NJW 1996, 1470, 1473.
51 BGH NJW 2003, 1521, 1522; NJW 2000, 658, 659; NJW 1996, 924; NJW 1995, 2553, 2556; BRHP/*Schmidt*, § 307 Rn. 157.
52 BGH NJW 2002, 3167, 3168; NJW 1996, 2369, 2370; Palandt/*Sprau*, § 765 Rn. 20.
53 BGH NJW-RR 2002, 343, 344; NJW 2000, 658, 659; NJW 1999, 3195; NJW 1996, 924, 925. Etwas anderes gilt ausnahmsweise, wenn der Bürge auf Art und Höhe der Hauptverbindlichkeit Einfluss hat.

7. Mietrecht, Eigentümer-Besitzer-Verhältnis, gesetzliches Pfandrecht, Vertrag mit Schutzwirkung für Dritte

Sachverhalt

Dieter Dreher (D) betreibt in Trier eine Kfz-Werkstatt. Langjährige Kundin ist die Immobilienmaklerin Franziska Fertenbach (F). Aufgrund ihrer Vermittlung vermietet Dreher eine Altbau-Wohnung an Bastian Brisko (B), der gemeinsam mit seiner Ehefrau Anke (A) in die Wohnung einzieht.

Als nach Jahren die Immobilienaufträge nachlassen, übereignet Fertenbach im Januar ihr Audi Cabriolet an die Trierer Bank (T) zur Sicherheit einer Darlehensforderung. Den Wagen nutzt sie weiterhin. Im Februar lässt Fertenbach in der Werkstatt des Dreher einzelne betriebsnotwendige Reparaturen ausführen. Da Fertenbach ihren Verbindlichkeiten gegenüber der Bank nicht nachkommt, fordert diese im März – wie im Sicherungsvertrag vorgesehen – das Fahrzeug von Dreher heraus. Dreher verweigert die Herausgabe, weil die Reparaturrechnung nicht gezahlt ist.

Im Juli möchte Dreher umfangreiche Renovierungsarbeiten an seinem Altbau-Gebäude durchführen, insbesondere sind ein neuer Außenanstrich, die Eindeckung des Daches und eine Modernisierung der Heizungsanlage geplant. Über die Bauvorhaben setzt er das Ehepaar Brisko Anfang März schriftlich und umfassend in Kenntnis.

Zur Vorbereitung der Arbeiten begibt sich Manfred Maurer (M), ein langjähriger und zuverlässiger Mitarbeiter der Ferdinand Fuchs Dachdecker GmbH (G), auf das Dach. Als er die Dachfläche berechnen möchte, entgleitet ihm aus Unachtsamkeit der Zollstock. Helga Huber (H), die im Haushalt häufig helfende Schwester von Anke Brisko, wird leicht am Kopf verletzt. Die ärztlichen Behandlungskosten von 275 EUR möchte Helga Huber von der Fuchs GmbH ersetzt.

Als es Mitte März zum Streit zwischen Anke und Bastian Brisko kommt, zieht Bastian Brisko zu einem Arbeitskollegen und kündigt im April schriftlich den von ihm im eigenen Namen mit Dreher abgeschlossenen Mietvertrag unter Hinweis auf die im Juli anstehenden Baumaßnahmen zum 31. Mai.

Anfang Mai versöhnen sich die Eheleute. Bastian Brisko teilt deshalb Dreher mit, dass er die Kündigung nicht aufrechterhalte. Dreher besteht auf Räumung der Wohnung zum 31. Mai. Bastian Brisko weigert sich, weil seine Kündigung mangels Zustimmung seiner Ehefrau unwirksam sei; Hinweise des Dreher zur Rechtslage ignoriert er. Da Dreher mehrfach mit einer Zwangsräumung droht, ziehen Anke und Bastian Brisko zum 30. November aus.

Dieter Dreher fordert für die Zeit vom 1. Juni bis zum 30. November den Differenzbetrag zwischen der von Bastian Brisko gezahlten Miete von 900 EUR und dem ortsüblichen Mietzins von 1.000 EUR. Bastian Brisko hält das Zahlungsbegehren über 600 EUR nicht für gerechtfertigt und weist in einem Schreiben vom Dezember hilfsweise darauf hin, dass ihm gegen Dreher ein Schadensersatzanspruch in Höhe von 830 EUR zustehe. Er hatte nämlich im März kurz vor einem Unwetter eine zerbrochene Dachschindel für 250 EUR reparieren lassen, um unmittelbar drohenden Schaden am Gebäude durch Regenwasser abzuwenden. Außerdem hatte er dem Dreher Anfang September einen Mahnbescheid über 580 EUR zugestellt, weil er im Februar die wegen nachlässiger Wartung unzureichende Heizung reparieren ließ; Dieter Dreher hatte trotz mehrfacher Aufforderung nichts unternommen. Die Reparaturkosten beliefen sich auf 500 EUR. Weiterhin entstand durch austretendes Heizungswasser ein Schaden am Teppich des B in Höhe von 80 EUR.

Die angesprochenen Ansprüche sind gutachtlich zu würdigen.

Gliederung

A. Anspruch der T gegen D auf Herausgabe des Kfz gemäß § 985 BGB 157
    I. Entstehen 157
    II. Gegenrechte 157
        1. Recht zum Besitz nach § 986 Abs. 1 S. 1 BGB 157
            a) Originäres dingliches Besitzrecht 158
                Problem: Gutgläubiger Erwerb eines Werkunternehmerpfand-
                rechts 159
            b) Abgeleitetes dingliches Besitzrecht 160
        2. Zurückbehaltungsrecht gemäß § 1000 S. 1 BGB 160
            a) Regelungsgehalt 160
            b) Verwendungsersatzanspruch 160
                Problem: Zeitpunkt der Vindikationslage 161
                Problem: Unternehmer oder Besteller als Verwender 162

B. Anspruch des D gegen B auf Zahlung von 600 EUR 163
    I. Anspruch gemäß § 546a Abs. 1 BGB 163
        1. Beendigung des Mietverhältnisses 163
            a) Kündigungserklärung 164
                Problem: Kündigungserklärung ohne Beteiligung der Ehefrau 164
            b) Schriftformerfordernis 166
            c) Kündigungsform 167
            d) Kündigungsfrist 168
        2. Vorenthaltung der Mietsache 168
    II. Anspruch aus §§ 280 Abs. 1, 2, 286 Abs. 1, 546a Abs. 2,
    571 Abs. 1 BGB 168
    III. Anspruch nach §§ 987 Abs. 1, 990 Abs. 1 S. 1 BGB 169
        1. Anwendbarkeit der §§ 987 ff. BGB 169
            Problem: Nicht-mehr-Berechtigter 170
        2. Voraussetzungen der §§ 987 Abs. 1, 990 Abs. 1 S. 1 BGB 171
        3. Rechtsfolge 171
    IV. Anspruch gemäß § 812 Abs. 1 S. 2 Alt. 1 BGB 171
    V. Aufrechnungseinwand 173
        1. Aufrechnungserklärung 173
        2. Gegenseitigkeit der Forderungen 173
            a) Reparatur des Daches (250 EUR) 174
                Anspruchsgrundlage § 536a Abs. 2 Nr. 2 BGB 174
            b) Reparatur der Heizung (500 EUR) 176
                Anspruchsgrundlage § 536a Abs. 2 Nr. 1 BGB 176
            c) Schaden am Teppich (80 EUR) 177
                Anspruchsgrundlage § 536a Abs. 1 BGB 177
        3. Sonstige Voraussetzungen 178

C. Anspruch der H gegen G auf Zahlung von 275 EUR 178
    I. Anspruch aus § 280 Abs. 1 BGB 178
        Problem: Vertrag mit Schutzwirkung für Dritte 178
    II. Anspruch gemäß § 831 Abs. 1 S. 1 BGB 181

7. Mietrecht, Eigentümer-Besitzer-Verhältnis, gesetzl. Pfandrecht, Vertrag mit Schutzwirkung für Dritte

Lösungshinweise

A. Anspruch der T gegen D auf Herausgabe des Kfz

Für T könnte sich ein Anspruch auf Herausgabe des Fahrzeugs gegen D aus § 985 BGB ergeben.

I. Entstehen

1. Besitz des Anspruchsgegners

Der Anspruchsgegner D müsste im Besitz der beweglichen Sache (§ 90 BGB) sein. Der Wagen steht in der Werkstatt des D, so dass dieser die tatsächliche Sachherrschaft iSd § 854 Abs. 1 BGB ausübt. D ist unmittelbarer Besitzer.

2. Eigentum des Anspruchstellers

Ursprüngliche Eigentümerin des Fahrzeugs war F. Sie könnte ihr Eigentum durch die **Sicherungsübereignung**[1] an T gemäß §§ 929 S. 1, 930 BGB verloren haben.

F und T waren sich einig über den Eigentumsübergang. Das Bestimmtheitserfordernis ist gewahrt. Das notwendige Besitzmittlungsverhältnis (§ 868 BGB) ergibt sich aus dem Sicherungsvertrag.

> **Aufbauschema Übereignung nach §§ 929 S. 1, 930 BGB**
> 1. Einigung
> 2. Besitzmittlungsverhältnis, § 868 BGB
> 3. Berechtigung

Sicherungsabrede
Die Sicherungsabrede ist ein schuldrechtlicher Vertrag, der den Rechtsgrund für die Sicherungsübereignung sowie die Rechte und Pflichten der Parteien regelt. Sie kann wegen Knebelung, Übersicherung oder Gläubigergefährdung sittenwidrig nach § 138 Abs. 1 BGB (vgl. Fall 11, S. 277 f.) sein. Ob die Nichtigkeit des Sicherungsvertrages auch zur Nichtigkeit der Sicherungsübereignung führt, wird unterschiedlich beurteilt. Teilweise wird der Bestand der Übereignung nicht in Frage gestellt und aus § 812 Abs. 1 S. 1 Alt. 1 BGB ein Anspruch auf Rückübereignung abgeleitet (BGH NJW 1994, 861, 862), teilweise die Nichtigkeit umfassend angenommen (MüKoBGB/*Oechsler*, §§ 929–936 Anh. Rn. 35; Palandt/*Herrler*, § 930 Rn. 24).   Überdies begründet der Sicherungsvertrag ein Treueverhältnis (eigennützige Treuhand), weil der Sicherungsnehmer trotz der Eigentümerstellung im Verhältnis zum Sicherungsgeber durch den Sicherungszweck eingeschränkten Befugnissen unterliegt. So ist ein Herausgabeanspruch typischerweise nur im Sicherungsfall begründet.

F war als verfügungsbefugte Eigentümerin Berechtigte. Die Voraussetzungen der §§ 929 S. 1, 930 BGB sind damit erfüllt. F hat ihr Eigentum an dem Wagen an T übertragen.

Der rei vindicatio-Anspruch nach § 985 BGB ist entstanden.

II. Gegenrechte

1. Recht zum Besitz nach § 986 Abs. 1 S. 1 BGB

Ein Gegenrecht des D könnte sich aus § 986 BGB ergeben.

---

[1] Vgl. BRHP/*Kindl*, § 930 Rn. 12 ff.; PWW/*Nobbe*, Vor §§ 1204 ff. Rn. 15 ff.; siehe auch Fall 15, S. 376 f.

Das Recht zum Besitz begründet nach überwiegender Auffassung eine (im Prozess von Amts wegen zu berücksichtigende) Einwendung, wie sich aus der Parallele zu §§ 861 Abs. 2, 1007 Abs. 3 BGB ergibt.[2]

Recht zum Besitz nach § 986 BGB		
§ 986 Abs. 1 S. 1 Alt. 1 BGB Eigenes Besitzrecht Möglich sind absolute und relative originäre Besitzrechte.	**§ 986 Abs. 1 S. 1 Alt. 2 BGB Abgeleitetes Besitzrecht** Der unmittelbare Besitzer beruft sich auf ein Besitzrecht des mittelbaren Besitzers.	**§ 986 Abs. 2 BGB Drittbezogenes Besitzrecht** Der Besitzer einer nach § 931 BGB veräußerten Sache kann sein relatives Besitzrecht dem neuen Eigentümer entgegenhalten.

a) Originäres dingliches Besitzrecht

Originäres Besitzrecht § 986 Abs. 1 S. 1 Alt. 1 BGB

Ein eigenes dingliches Besitzrecht iSd § 986 Abs. 1 S. 1 Alt. 1 BGB könnte aufgrund eines **gesetzlichen Werkunternehmerpfandrechts aus § 647 BGB** bestehen.[3]

Gesetzliche Pfandrechte
Zur Sicherung von Zahlungsansprüchen entsteht in bestimmten Fällen ein Pfandrecht kraft Gesetzes. Zu unterscheiden sind gesetzliche **Besitzpfandrechte**, wie beispielsweise § 647 BGB (Werkunternehmer), § 397 HGB (Kommissionär), § 464 HGB (Spediteur), § 475b HGB (Lagerhalter), und gesetzliche **besitzlose Pfandrechte**, wie zum Beispiel § 562 BGB (Vermieter), § 583 BGB (Verpächter), § 704 BGB (Gastwirt). Das gesetzliche Pfandrecht ist akzessorisch, dh die zu sichernde Forderung muss bestehen. Während bei den Besitzpfandrechten der Gläubiger im Besitz der Sache sein muss, genügt bei den besitzlosen Pfandrechten die Einbringung der Sache. Bei besitzlosen Pfandrechten scheidet mangels Publizitätsträgers ein gutgläubiger Erwerb aus; bei Besitzpfandrechten ist ein Gutglaubenserwerb streitig (dazu sogleich). Auf ein kraft Gesetzes entstandenes Pfandrecht finden gemäß § 1257 BGB die Grundsätze des Vertragspfandrechts Anwendung. Für die Übertragung gilt mithin § 1250 BGB, dh mit der Übertragung der Forderung geht das gesetzliche Pfandrecht auf den Zessionar über. Das Erlöschen regelt § 1253 BGB, die Verwertung richtet sich nach §§ 1228 ff. BGB.

aa) Erwerb vom Berechtigten

*Aufbauschema **Unternehmerpfandrecht, § 647 BGB**
1. Forderung aus Werkvertrag
2. Bewegliche Sache
3. Besitz des Unternehmers
4. Eigentum des Bestellers*

§ 647 BGB erstreckt sich auf **Forderungen aus dem Werkvertrag**. Gemeint sind nicht nur die Vergütungsansprüche aus §§ 631 Abs. 1, 645 und 649 BGB, sondern auch Sekundäransprüche, beispielsweise wegen Minderung, Rücktritt, Schadensersatz, Verzug, sowie die Kosten der Rechtsverfolgung und der Verwertung der Pfandsache.[4] Mit dem Erlöschen der Forderung geht auch das Pfandrecht unter.

---

2 BGH NJW 1999, 3716f.; NJW 1982, 940; PWW/*Englert*, § 986 Rn. 1; Palandt/*Herrler*, § 986 Rn. 1.
3 Zum vertraglichen Pfandrecht bei Fall 18, S. 449 ff.
4 BRHP/*Voit*, § 647 Rn. 2f.; Erman/*Schwenker/Rodemann*, § 647 Rn. 2; zum Werkvertrag Fall 8, S. 191 ff.

7. Mietrecht, Eigentümer-Besitzer-Verhältnis, gesetzl. Pfandrecht, Vertrag mit Schutzwirkung für Dritte

Ebenso erlischt das Pfandrecht, wenn die Pfandsache dem Besteller (oder auf dessen Weisung einem Dritten) freiwillig ausgehändigt wird.[5] Hier steht das Zahlungsbegehren nach § 631 Abs. 1 BGB in Rede.

Weiterhin bedarf es des **Besitzes des Unternehmers** an der beweglichen Sache. Dies beurteilt sich insbesondere nach § 854 Abs. 1 BGB; mittelbarer Besitz genügt.[6] D übt die tatsächliche Sachherrschaft über das Kfz aus.

Der Besteller muss **Eigentümer** der Sache sein. Hat der Besteller als Vorbehaltskäufer ein bloßes Anwartschaftsrecht[7], dann erstreckt sich das Pfandrecht auf das Anwartschaftsrecht. An **bestellerfremden Sachen** entsteht kein Unternehmerpfandrecht. F hat ihr Fahrzeug zur Sicherheit gemäß §§ 929 S. 1, 930 BGB an T übereignet. Die Bestellerin F war daher nicht mehr Eigentümerin, so dass es sich bei dem Pkw nicht um eine bewegliche Sache des Vertragspartners iSd § 647 BGB gehandelt hat. Ein Erwerb des Unternehmerpfandrechts vom Berechtigten scheidet aus. Eine etwaige Ermächtigung der Eigentümerin T zur Durchführung von Reparaturen **analog § 185 Abs. 1 BGB** ist nicht anzunehmen. Eine Konstruktion über § 185 Abs. 1 BGB analog würde zu einer unzulässigen Vermengung des rechtsgeschäftlichen mit dem gesetzlichen Pfandrecht führen.[8]

bb) Erwerb vom Nichtberechtigten

D könnte gutgläubig ein Unternehmerpfandrecht erworben haben.

Nach **§ 1257 BGB** sind auf gesetzliche Pfandrechte die Regelungen der rechtsgeschäftlich bestellten Pfandrechte anzuwenden. Diese Vorschriften sehen in § 1207 BGB zwar einen gutgläubigen Erwerb iSd §§ 932, 934, 935 BGB vor. Der Wortlaut des § 1257 BGB (grammatische Auslegung) schließt aber eine unmittelbare Anwendung aus, weil sich die Verweisung auf ein bereits entstandenes Pfandrecht bezieht.

> § 1257 BGB setzt ein entstandenes Pfandrecht voraus. In Betracht kommt daher nur eine analoge Anwendung des § 1207 BGB.

Denkbar ist deshalb allenfalls eine **analoge Anwendung des § 1207 BGB**. Bei Einbringungspfandrechten (zB § 562 BGB) als besitzlosen Pfandrechten fehlt der Besitz als Publizitätselement; ein gutgläubiger Erwerb scheidet insoweit jedenfalls aus.

Der gutgläubige Erwerb eines Besitzpfandrechts wie des Werkunternehmerpfandrechts in Analogie zu § 1207 BGB ist umstritten.[9]

Meinungsstreit über den gutgläubigen Erwerb eines Werkunternehmerpfandrechts

§ 1207 BGB analog	Keine Analogie zu § 1207 BGB (hM)
Für den Erwerb vom Nichtberechtigten spreche der Besitz als Rechtsscheinträger und die Schutzwürdigkeit des vorleistungspflichtigen Werkunternehmers. Außerdem zeige § 366 Abs. 3 HGB die gesetzliche Anerkennung des gutgläubigen Erwerbs und drücke einen allgemeinen Rechtsgedanken aus.	Wortlaut und Entstehungsgeschichte des § 1257 BGB dokumentierten die bewusste Entscheidung des Gesetzgebers gegen den Gutglaubenserwerb. Bei § 366 Abs. 3 HGB handele es sich um eine der Analogie nicht zugängliche Ausnahmevorschrift für das Handelsrecht.

---

5 PWW/*Leupertz/Halfmeier*, § 647 Rn. 8; MüKoBGB/*Busche*, § 647 Rn. 15.
6 Palandt/*Sprau*, § 647 Rn. 3; BRHP/*Voit*, § 647 Rn. 6.
7 Dazu Fall 18, S. 456ff.
8 HM, vgl. Staudinger/*Gursky*, § 185 Rn. 93; MüKoBGB/*Damrau*, § 1257 Rn. 5; Palandt/*Sprau*, § 647 Rn. 3; aA PWW/*Leupertz/Halfmeier*, § 647 Rn. 7.
9 Dagegen BGH NJW 1992, 2570, 2574; NJW 1987, 1880, 1881; Palandt/*Wicke*, § 1257 Rn. 2; PWW/*Nobbe*, § 1257 Rn. 3; BRHP/*Voit*, § 647 Rn. 11. Dafür MüKoBGB/*Damrau*, § 1257 Rn. 3; Erman/*J. Schmidt*, § 1257 Rn. 5ff.; BRHP/*Schärtl*, § 1257 Rn. 6.

Eine Analogie erfordert eine planwidrige Regelungslücke.[10] Daran fehlt es, wie die Formulierung in § 1257 BGB (entstandenes Pfandrecht) verdeutlicht. Hinzu kommt, dass die §§ 994 ff. BGB einen angemessenen Interessenausgleich zwischen dem Werkunternehmer und dem Eigentümer erlauben. Der gutgläubige Erwerb eines Werkunternehmerpfandrechts (§ 647 BGB) ist gemäß §§ 1257, 1207 BGB nicht möglich.

Damit scheidet ein eigenes dingliches Besitzrecht (§ 986 Abs. 1 S. 1 Alt. 1 BGB) wegen eines Werkunternehmerpfandrechts aus.

b) Abgeleitetes dingliches Besitzrecht

> Abgeleitetes Besitzrecht § 986 Abs. 1 S. 1 Alt. 2 BGB

In Betracht kommt ein abgeleitetes dingliches Besitzrecht iSd § 986 Abs. 1 S. 1 Alt. 2 BGB.

Erforderlich ist, dass dem mittelbaren Besitzer ein Besitzrecht gegenüber dem Eigentümer zusteht, er diesem gegenüber zur Überlassung des Besitzes befugt und der unmittelbare Besitzerwerb rechtmäßig erfolgt ist.[11]

Hier bestand zunächst zwar ein abgeleitetes Besitzrecht für D. Mit Eintritt des Sicherungsfalls aufgrund der ausbleibenden Zahlungen entfällt aber das Besitzrecht der F gegenüber T und damit auch das abgeleitete Besitzrecht des D.

2. Zurückbehaltungsrecht gemäß § 1000 S. 1 BGB

> Zurückbehaltungsrecht § 1000 S. 1 BGB

Möglicherweise kann D die Herausgabe des Fahrzeugs nach § 1000 S. 1 BGB verweigern, bis er von T die Reparaturkosten als Verwendungsersatz (§§ 994, 996 BGB) erhalten hat.

a) Regelungsgehalt

> **Meinungsstreit** § 1000 BGB als Recht zum Besitz oder als selbständiges Gegenrecht

Es ist streitig, ob § 1000 S. 1 BGB ein Recht zum Besitz iSd § 986 Abs. 1 BGB[12] begründet oder ein eigenständiges Zurückbehaltungsrecht[13] gewährt. Hinsichtlich der Wirkungen kann die Entscheidung dieser Frage letztlich dahinstehen, weil es im Ergebnis zu einer Verurteilung zur Herausgabe Zug um Zug gegen Verwendungsersatz kommt.[14]

b) Verwendungsersatzanspruch

Voraussetzung des § 1000 S. 1 BGB ist ein Anspruch des Besitzers aus §§ 994, 996 BGB gegen den Eigentümer.[15]

In Betracht kommt hier ein Anspruch gemäß **§ 994 Abs. 1 S. 1 BGB**.

---

10 Vgl. Fall 1, S. 14.
11 Entgegen des Wortlauts in § 986 Abs. 1 S. 1 Alt. 2 BGB ist mittelbarer Besitz der Zwischenperson nicht zwingend nötig, vielmehr ist es ausreichend, dass die Besitzlage nach materiellem Recht gerechtfertigt ist, vgl. BGH NJW 1990, 1914; BRHP/*Fritzsche*, § 986 Rn. 20; PWW/*Englert*, § 986 Rn. 8.
12 So insbesondere die Rechtsprechung, BGH NJW 2002, 1050; NJW 1995, 2627, 2628; NJW-RR 1986, 282.
13 So das Schrifttum, Erman/*Ebbing*, § 986 Rn. 17 f.; Staudinger/*Gursky*, § 986 Rn. 28; *Medicus*, JZ 1996, 153, 154.
14 BRHP/*Fritzsche*, § 1000 Rn. 3; MüKoBGB/*Baldus*, § 986 Rn. 45; vgl. auch Fall 17, S. 425 f.
15 Zum Verwendungsersatz bei Fall 17, S. 429.

aa) Anwendbarkeit

Bedenken gegen die Anwendbarkeit könnten sich aus dem Dreiecksverhältnis ergeben. Teilweise wird ein Verwendungsersatz hier abgelehnt, weil der Unternehmer eine vertragliche Leistung gegenüber dem Besteller und nicht eine Verwendung gegenüber dem Eigentümer erbringe. Das überzeugt nicht, weil der Verwendungsbegriff gegenstandsbezogen ist und ein schuldrechtlicher Vertrag das unabhängige dingliche Verhältnis nicht verdrängt.[16]

> **Meinungsstreit**
> Anwendbarkeit der §§ 994 ff. BGB im Dreiecksverhältnis

Die §§ 994 ff. BGB sind auch bei Dreiecksverhältnissen anwendbar.

bb) Eigentümer-Besitzer-Verhältnis

Erforderlich ist ein Eigentümer-Besitzer-Verhältnis zwischen T und D. Gemeint ist damit, dass der Eigentümer von dem unmittelbaren oder mittelbaren Besitzer Herausgabe nach § 985 BGB fordern kann, ohne dass diesem ein Recht zum Besitz iSd § 986 BGB zusteht (Vindikationslage).[17]

> **Problem**
> Maßgeblicher Zeitpunkt für das Bestehen der Vindikationslage

Eine Vindikationslage bestand zwar zur Zeit des Herausgabeverlangens der T gegenüber D im März, nicht aber zur Zeit der Verwendungsvornahme im Februar. Damit ist zu entscheiden, ob das Eigentümer-Besitzer-Verhältnis im **Zeitpunkt des Herausgabeverlangens oder der Verwendungsvornahme** bestehen muss.

Über den **Grundsatz** herrscht Einigkeit. Es ist auf den Anspruchsinhalt abzustellen, dh bei Schadensersatzansprüchen hat die Vindikationslage bei dem schadensbegründenden Ereignis, bei Nutzungsersatzansprüchen zur Zeit der Nutzungsziehung und bei Verwendungsersatzansprüchen zum Zeitpunkt der Verwendungsvornahme vorzuliegen.[18]

Auseinander gehen die Auffassungen, ob von diesem Grundsatz eine **Ausnahme** dann zuzulassen ist, wenn ein unmittelbarer Fremdbesitzer im Zeitpunkt der Verwendung rechtmäßiger Besitzer war und danach unrechtmäßiger Besitzer wurde, die Vindikationslage also erst zur Zeit der Geltendmachung besteht.[19]

Meinungsstreit über den Zeitpunkt der Vindikationslage bei Verwendungsersatz	
Zeitpunkt der Verwendungsvornahme (Lit.)	**Auch Zeitpunkt des Herausgabeverlangens** (BGH)
Maßgeblich sei allein der Zeitpunkt der Verwendungsvornahme, weil dies die systematische Auslegung der §§ 994 ff. BGB vorgebe.	Es genüge, dass jedenfalls zur Zeit des Herausgabeverlangens eine Vindikationslage bestehe, weil der vormals berechtigte Besitzer nicht schlechter stehen dürfe als ein von vornherein unberechtigter Besitzer.

Sieht man die Gleichbehandlung des berechtigten mit dem unberechtigten Besitzer als tragendes Argument an, ist es hier ausreichend, dass das Eigentümer-Besitzer-Verhältnis zwischen T und D zur Zeit des Herausgabeverlangens besteht.

---

16 Vgl. *Hager*, JuS 1987, 877, 881; BGH NJW 1961, 499, 502.
17 Näher bei Fall 17, S. 430.
18 Erman/*Ebbing*, Vor § 987-983 Rn. 17; MüKoBGB/*Raff*, Vor § 987 Rn. 18 ff.
19 Vgl. BGH NJW 2002, 2875, 2876; NJW 2001, 3118, 3119; Staudinger/*Gursky*, Vor §§ 994 ff. Rn. 31; BRHP/*Fritzsche*, § 994 Rn. 4; MüKoBGB/*Raff*, Vor § 987 Rn. 18; allgemein zum nicht mehr berechtigten Besitzer sogleich, S. 170.

cc) Redlicher Besitzer

Zur Zeit der Verwendungsvornahme darf D weder bösgläubig noch verklagt[20] sein. Das ist der Fall; D ist redlicher Besitzer.

dd) Notwendige Verwendung

Bei den Reparaturen müsste es sich um notwendige Verwendungen handeln.

Verwendungen sind gegenstandsbezogene Aufwendungen, mithin freiwillige Vermögensopfer des Besitzers, die nach seinem Willen der Sache unmittelbar zugute kommen sollen, indem sie die Sache erhalten, wiederherstellen oder verbessern.[21]

Notwendig ist eine Verwendung, die zur Erhaltung oder Wiederherstellung der Sache objektiv erforderlich ist, die also ein wirtschaftlich denkender Eigentümer auch vorgenommen hätte.[22]

Danach stellen die betriebserforderlichen Reparaturen notwendige Verwendungen dar.[23]

Meinungsstreit
Unternehmer oder Besteller als Verwender

Zweifelhaft ist allerdings, ob der Unternehmer in der Dreieckssituation als Verwender anzusehen ist. Vor allem die Rechtsprechung betont die Verwendereigenschaft desjenigen, der die Verwendung tatsächlich vornimmt.[24] Dagegen wird von der Literatur eine Parallele zu § 950 BGB gezogen und derjenige als Verwender eingestuft, der die Verwendung wirtschaftlich veranlasst.[25]

Richtig erscheint es, nicht den Unternehmer, sondern den **Besteller als Verwender** iSd § 994 BGB anzusehen. Dies zeigt auch die Regelung in § 994 Abs. 1 S. 2 BGB, wonach die gewöhnlichen Erhaltungskosten nicht zu ersetzen sind, weil sie typischerweise aus den Nutzungen der Sache bestritten werden.[26] Nutznießer ist grundsätzlich der Besteller und nicht der Unternehmer.

Verwender ist folglich nicht der Unternehmer D, vielmehr die Bestellerin F. Ein Anspruch des D auf Ersatz der Verwendungen nach § 994 Abs. 1 S. 1 BGB ist daher zu verneinen.

Die Voraussetzungen eines Zurückbehaltungsrechts aus § 1000 S. 1 BGB sind nicht gegeben.

Ergebnis

Der T steht gegen D ein Anspruch auf Herausgabe des Pkw gemäß § 985 BGB zu.

---

20 Zu diesen Voraussetzungen bei Fall 17, S. 429.
21 BGH NJW 1996, 921, 922; PWW/*Englert*, § 994 Rn. 2; zur Diskussion über den engen und weiten Verwendungsbegriff bei Fall 17, S. 431 f.
22 Palandt/*Herrler*, § 994 Rn. 5; MüKoBGB/*Raff*, § 994 Rn. 24, 27.
23 Während die Reparatur betriebsnotwendiger Teile eines Pkw als notwendige Verwendung nach § 994 Abs. 1 S. 1 BGB ersatzfähig ist, zählen Wartung und Inspektion eines Kfz (einschließlich typischer Verschleißteile) zu den gemäß § 994 Abs. 1 S. 2 BGB nicht ersatzfähigen gewöhnlichen Erhaltungskosten, vgl. BRHP/*Fritzsche*, § 994 Rn. 50, 52 f.; Erman/*Ebbing*, § 994 Rn. 24 f.
24 Vgl. BGH NJW 1969, 606; NJW 1961, 499.
25 BRHP/*Fritzsche*, § 994 Rn. 28; Palandt/*Herrler*, Vorb. v. § 994 Rn. 10; MüKoBGB/ *Raff*, § 994 Rn. 51 f.
26 Vgl. MüKoBGB/*Raff*, § 994 Rn. 8, 47.

B. Anspruch des D gegen B auf Zahlung von 600 EUR

I. Anspruch gemäß § 546a Abs. 1 BGB

D könnte gegen B ein Anspruch auf den Differenzbetrag zwischen der gezahlten Miete und dem ortsüblichen Mietzins in Höhe von 600 EUR aus § 546a Abs. 1 Alt. 2 BGB zustehen.

> Aufbauschema
> **§ 546a Abs. 1 BGB**
> 1. Beendigung des Mietverhältnisses
> 2. Vorenthaltung der Mietsache

1. Beendigung des Mietverhältnisses

§ 546a Abs. 1 BGB[27] erfordert ein beendetes Mietverhältnis. B und D haben einen Mietvertrag (§ 535 BGB) geschlossen.

Mietvertrag, §§ 535 ff. BGB

I. Entstehen und Inhalt

Mietvertrag meint ein synallagmatisches Dauerschuldverhältnis, das auf Gebrauchsgewährung gegen Entgelt gerichtet ist. Für das Zustandekommen gelten die allgemeinen Vorschriften, insbesondere die §§ 145 ff. BGB. Vertragsgegenstand können bewegliche und unbewegliche Sachen sein. Bei Räumlichkeiten ist zwischen Geschäfts- und **Wohnraummiete** zu unterscheiden, während bei Mischmietverhältnissen auf den überwiegenden Zweck (Übergewichtslehre) abzustellen und im Zweifel Wohnraummiete anzunehmen ist, vgl. PWW/*Elzer*, § 535 Rn. 14. Bei der Wohnraummiete gelten eine Reihe von Sondervorschriften, §§ 549–577a BGB.

Ein Mietvertrag begründet für die Vertragsparteien Haupt- und Nebenpflichten.

Pflichten des Vermieters	Pflichten des Mieters
• Gebrauchsüberlassung, § 535 Abs. 1 S. 1 BGB • Instandhaltung, § 535 Abs. 1 S. 2 BGB • Lastentragung, § 535 Abs. 1 S. 3 BGB • Schutz-, Sorgfalts- und Aufklärungspflichten, §§ 241 Abs. 2, 242 BGB	• Mietzahlung, § 535 Abs. 2 BGB • Duldung von Erhaltungs- und Modernisierungsmaßnahmen, §§ 555a Abs. 1, 555d BGB • Anzeige und Obhut, § 536c BGB • Rückgabe, § 546 BGB • Schutz-, Sorgfalts- und Aufklärungspflichten §§ 241 Abs. 2, 242 BGB

Während des Mietverhältnisses besteht ein Aufwendungsersatzanspruch des Mieters nach § 536a Abs. 2 Nr. 2 BGB für notwendige bzw. nach § 539 iVm §§ 670, 683, 677 BGB für sonstige Aufwendungen.

Nach **§ 562 BGB** erwirbt der Vermieter wegen seiner Forderungen aus dem Mietverhältnis ein gesetzliches, besitzloses Pfandrecht an den eingebrachten Sachen des Mieters. Die Entstehung erfordert, dass pfändbare Sachen im Eigentum des Mieters in die Mietsache eingebracht werden. Einbringen iSv § 562 Abs. 1 S. 1 BGB meint ein vom Mieter gewolltes Hineinbringen in die Mieträume während der Mietzeit; nicht eingebracht sind vorübergehend eingestellte Sachen. Ein gutgläubiger Pfandrechtserwerb ist ausgeschlossen.

---

[27] § 546a Abs. 1 BGB begründet einen vertraglichen Anspruch gegen den Mieter und stellt keine Schadensersatznorm dar, so dass § 254 BGB nicht anwendbar ist (streitig), vgl. BGH NJW-RR 2003, 1308; NJW 1988, 2665; Palandt/*Weidenkaff*, § 546a Rn. 7; MüKoBGB/*Bieber*, § 546a Rn. 7.

> **Mietvertrag, §§ 535 ff. BGB** *(Fortsetzung)*
>
> **§ 566 BGB** sieht – abweichend vom Grundsatz der Relativität vertraglicher Schuldverhältnisse – vor, dass bei einem Eigentumswechsel der Erwerber anstelle des Vermieters in die Rechte und Pflichten des Mietverhältnisses eintritt.
>
> ### II. Leistungsstörungen
> Vor Überlassung des Mietobjekts ist im Grundsatz das allgemeine Leistungsstörungsrecht anzuwenden. Nach Überlassung gelten die §§ 536 ff. BGB, sofern sich die Pflichtverletzung aus einem Sach- oder Rechtsmangel ergibt. Insoweit gehen die §§ 536 ff. BGB den allgemeinen Regeln über Leistungsstörungen vor (BRHP/*Wiederhold*, § 536 Rn. 5; BGH NJW 1999, 635). Näher zu den Mängelansprüchen aus §§ 536 ff. BGB sogleich, S. 174 f.
>
> ### III. Beendigung
> Der Mietvertrag als Dauerschuldverhältnis endet im Falle seiner Befristung mit Zeitablauf (vgl. § 542 Abs. 2 BGB), bei unbefristeter Geltung durch Aufhebungsvertrag oder Kündigung. Zu unterscheiden sind die ordentliche und außerordentliche Kündigung durch Vermieter oder Mieter. Im Grundsatz kann jeder Vertragsteil gemäß § 542 Abs. 1 BGB unter Einhaltung der Kündigungsfrist (§§ 573c, 580a BGB) ordentlich kündigen. Die außerordentliche Kündigung bedarf eines besonderen Grundes; Übersicht zu den Kündigungsvarianten auf S. 167. Rechtsfolge ist der Rückgabeanspruch des Vermieters aus § 546 BGB.

Mietverträge unterliegen der Formfreiheit, nur die Fälle der §§ 550, 578 BGB erfordern Schriftform. Bei Nichtbeachtung der Form gilt der Vertrag auf unbestimmte Zeit.	Darauf, ob der Mietvertrag schriftlich abgeschlossen wurde, kommt es nicht an. Zwar ist für Mietverträge über Grundstücke, Wohnungen und Räume, die für längere Zeit als ein Jahr abgeschlossen werden, nach §§ 550, 578 BGB Schriftform erforderlich. Der Verstoß gegen die Schriftform führt abweichend von § 125 S. 1 BGB aber nicht zur Nichtigkeit des Vertrages, sondern hat nach § 550 S. 1 BGB als Konsequenz, dass der Vertrag auf unbestimmte Zeit geschlossen gilt und gemäß § 550 S. 2 BGB eine Kündigung frühestens zum Ablauf eines Jahres nach Überlassung des Wohnraumes möglich ist.

Der zwischen B und D geschlossene Mietvertrag könnte durch **Kündigung** beendet sein.

a) Kündigungserklärung

Problem Kündigung ohne Zustimmung des Ehepartners	B hat im April die Kündigung erklärt; die Willenserklärung ist D nach § 130 Abs. 1 S. 1 BGB zugegangen. Ab diesem Zeitpunkt ist sie wirksam und kann von B nicht zurückgenommen werden. Zweifel an der Wirksamkeit der Kündigungserklärung bestehen, weil die Kündigung des Mietverhältnisses nicht auch von der Ehefrau A erklärt wurde. Der Mietvertrag wurde von B allein und im eigenen Namen geschlossen. Grundsätzlich wird nur derjenige Partei eines Mietvertrages, der im Vertrag als Mieter genannt ist und den Vertrag unterschrieben hat; insofern wäre B einziger Vertragspartner und allein zur Kündigung berechtigt. Möglicherweise besteht jedoch ein Zustimmungserfordernis der A.

aa) Stellvertretung

Ein solches könnte sich bei Stellvertretung iSv **§ 164 Abs. 1 BGB** ergeben, also wenn A bei Vertragsschluss von B vertreten worden wäre.

Diese erfordert nicht nur Offenkundigkeit, also beispielsweise die Nennung des Ehepartners im Mietvertrag, sondern auch Vertretungsmacht. Sind beide Eheleute im Kopf des Vertrages als Mietvertragspartei bezeichnet, unterschreibt aber nur ein Ehepartner, ist regelmäßig anzunehmen, dass der unterschreibende Ehegatte (stillschweigend) mit Vollmacht des anderen gehandelt hat.[28]

Für Stellvertretung nach § 164 Abs. 1 BGB bestehen hier keine Anhaltspunkte.

bb) Geschäft zur Deckung des Lebensbedarfs

Möglicherweise handelt es sich bei dem Abschluss eines Mietvertrages um ein Geschäft zur angemessenen Deckung des Lebensbedarfs iSd **§ 1357 Abs. 1 S. 1 BGB** mit der Folge, dass A nach § 1357 Abs. 1 S. 2 BGB ebenfalls Mietvertragspartei geworden ist.

Ein solches (obligatorisches) Rechtsgeschäft ist gegeben, wenn es der individuellen Bedarfsdeckung der Familie dient und sich im Rahmen der durchschnittlichen Verbrauchsgewohnheiten von Familien in vergleichbarer sozialer Position hält, wobei dem konkreten Konsumverhalten der entsprechenden Familie Rechnung zu tragen ist.[29] Darunter fallen vorwiegend Haushaltsgeschäfte wie die Anschaffung von Lebensmitteln oder Ausgaben für Kindererziehung. Der Abschluss eines Mietvertrages stellt hingegen einen einmaligen Vorgang mit andauernden finanziellen Belastungen dar, der regelmäßig nicht von der sogenannten Schlüsselgewalt des § 1357 Abs. 1 BGB umfasst wird.[30]

A ist damit auch nicht gemäß § 1357 Abs. 1 S. 2 BGB Vertragspartei geworden, auf ihre Zustimmung zur Kündigung kommt es jedenfalls deswegen nicht an.

cc) Eheliche Lebensgemeinschaft

Die Kündigung des Mietvertrages über die Ehewohnung ohne Einverständnis des Ehepartners könnte allerdings **§ 1353 Abs. 1 S. 2 BGB** widersprechen.

Die Generalklausel verpflichtet die Ehepartner zu Liebe, Treue, Vertrauen, gegenseitiger Offenheit, Beistand und Rücksichtnahme in persönlichen und wirtschaftlichen Angelegenheiten sowie zu häuslicher Lebens- und Geschlechtsgemeinschaft. § 1353 Abs. 1 S. 2 BGB begründet eine Rechtspflicht, die Ehe als Partnerschaft mit gleichen Rechten und Pflichten sowie gegenseitiger Rücksichtnahme zu begreifen. Die Eheleute haben die Entscheidungen, die das eheliche Zusammenleben berühren, im gegenseitigen Einvernehmen zu treffen.[31]

Gegen diese Konsensobliegenheit bei wesentlichen Angelegenheiten der Lebensgemeinschaft hat B verstoßen. Über die Folgen eines Verstoßes gegen § 1353 Abs. 1 S. 2 BGB herrscht Uneinigkeit.[32]

---

28 OLG Brandenburg FamRZ 2007, 558; OLG Düsseldorf ZMR 2000, 210; WM 1989, 362; OLG Oldenburg ZMR 1991, 268.
29 BGH NJW 1985, 1394, 1396; BRHP/*Hahn*, § 1357 Rn. 13; siehe auch Fall 21, S. 545.
30 Palandt/*Brudermüller*, § 1357 Rn. 13; MüKoBGB/*Roth*, § 1357 Rn. 24.
31 PWW/*Weinreich*, § 1353 Rn. 5 ff.; Erman/*Kroll-Ludwigs*, § 1353 Rn. 6.
32 Palandt/*Brudermüller*, § 1353 Rn. 14 ff.; MüKoBGB/*Roth*, § 1353 Rn. 19 f.; *Stein*, FPR 2011, 85; Staudinger/*Voppel*, § 1353 Rn. 111 ff., 145 f.; BRHP/*Hahn*, § 1353 Rn. 2 f.

Meinungsstreit über die Rechtsfolgen eines Verstoßes gegen § 1353 Abs. 1 S. 2 BGB		
Unwirksamkeit	**Vermittelnder Ansatz**	**Wirksamkeit** (hM)
Teilweise wird das Rechtsgeschäft für gesetzes- (§ 134 BGB) und sittenwidrig (§ 138 Abs. 1 BGB) gehalten, weil es gegen die verfassungsrechtlichen (Art. 6 Abs. 1 GG) und einfachgesetzlichen (§ 1353 BGB) Vorgaben verstoße. Jedenfalls bei einseitigen Rechtsgeschäften wie der Kündigung komme es nicht darauf an, ob der Empfänger, hier der Vermieter, über die Hintergründe des Rechtsgeschäftes Bescheid weiß.	Vertreten werden überdies einzelne differenzierte Sichtweisen. So wird angenommen, einseitige pflichtwidrige Rechtsgeschäfte seien nur dann nichtig, wenn der Verstoß gegen § 1353 BGB dem Erklärungsgegner erkennbar war. Andere halten das ehewidrige Rechtsgeschäft zwar für wirksam, gestehen dem Ehepartner im Falle einer Kündigung aber ein Eintrittsrecht nach § 563 Abs. 1 BGB analog zu.	Die überwiegende Auffassung tritt dafür ein, dass ein Verstoß gegen § 1353 Abs. 1 S. 2 BGB lediglich das Innenverhältnis betrifft; nach außen bleibe das Rechtsgeschäft wirksam. Das ergebe nicht nur ein Umkehrschluss aus §§ 1365–1369 BGB, sondern auch der Schutz des Vertragspartners. Er dürfe über die Wirksamkeit einer Gestaltungserklärung nicht im Unklaren sein. § 1353 BGB stelle als Generalklausel keine Verbotsnorm dar.

Überzeugend ist es, einen Verstoß gegen § 1353 Abs. 1 S. 2 BGB nicht auf ein Rechtsverhältnis zu einem Dritten durchschlagen zu lassen. § 1353 BGB ist vom Gesetzgeber nicht als Verbotsgesetz angelegt. Sittenwidrigkeit erfordert einen Verstoß gegen die herrschende Rechts- und Sozialmoral.[33] Wird allein das Konsensgebot des § 1353 Abs. 1 S. 2 BGB nicht gewahrt, genügt das für sich allein noch nicht für einen Verstoß gegen das Anstandsgefühl aller billig und gerecht Denkenden; notwendig wären besondere, hier nicht erkennbare Umstände.

Die Kündigung des B vom April ist wirksam. Auf eine Einverständniserklärung der Ehefrau A kommt es nicht an.

b) Schriftformerfordernis

B hat die Kündigung seiner Wohnung schriftlich (vgl. § 126 BGB) erklärt; die Schriftform des § 568 Abs. 1 BGB ist eingehalten. § 125 S. 1 BGB kommt nicht zur Anwendung.

Schriftform, § 568 Abs. 1 BGB
Die Kündigung eines Wohnraummietverhältnisses durch den Vermieter oder Mieter bedarf der Schriftform (§ 126 BGB), also der eigenhändigen Namensunterschrift. Auf den Wortlaut der Erklärung kommt es nicht an; entscheidend ist der dem Empfänger erkennbare Wille zur einseitigen Beendigung des Mietvertrages. Sonstige Beendigungstatbestände (zB Aufhebungsvertrag) unterfallen § 568 Abs. 1 BGB nicht. Der Angabe eines Datums oder einer Frist bedarf es im Kündigungsschreiben nicht. Im Zweifel wird die Kündigung zum nächsten möglichen Termin wirksam (hM, OLG Hamm MDR 1994, 56; Palandt/*Weidenkaff*, § 568 Rn. 4). Die Angabe eines Kündigungsgrundes schreibt § 568 Abs. 1 BGB nicht vor, sie wird aber von einzelnen anderen Normen (zB §§ 569 Abs. 4, 573 Abs. 3 S. 1, 573a Abs. 3 BGB) gefordert. Wird der Kündigungsgrund in der schriftlichen Kündigungserklärung nicht angegeben, ist die Kündigung unwirksam.

---

33 Vgl. Fall 11, S. 277 ff. und Fall 14, S. 355; Einzelheiten bei *Heinrich*, Formale Freiheit und materiale Gerechtigkeit, S. 368 ff.

c) Kündigungsform

Das Mietrecht kennt unterschiedliche Formen von Kündigungen. Dabei ist zu unterscheiden, ob durch den Vermieter oder den Mieter ordentlich oder außerordentlich gekündigt wird.

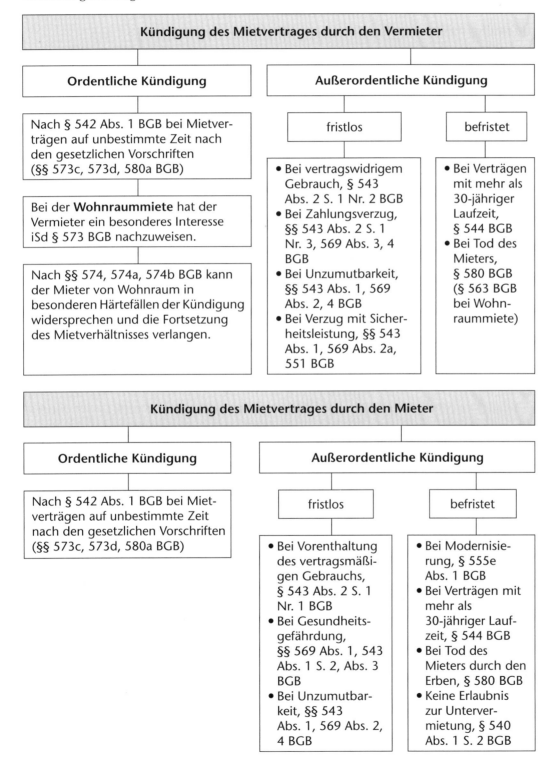

B stützt seine Kündigung auf die Umbaumaßnahmen. Es handelt sich also um eine außerordentliche befristete Kündigung durch den Mieter nach **§ 555e Abs. 1 BGB**. D plant eine Verbesserung und Modernisierung seines Altbau-Gebäudes iSd § 555b BGB; die Maßnahmen sind nicht unerheblich gemäß §§ 555e Abs. 2, 555c Abs. 4 BGB. Die Kündigungsmöglichkeit ist eröffnet.

d) Kündigungsfrist

Die Kündigungsfrist des § 555e Abs. 1 S. 1 BGB ist gewahrt; D hat B Anfang März über die Renovierungsarbeiten informiert und B hat im darauf folgenden Monat April die Kündigung erklärt, § 555e Abs. 1 S. 2 BGB.

Das Mietverhältnis zwischen B und D endete mit Ablauf des übernächsten Monats nach Zugang der Modernisierungsankündigung am 31. Mai. Für eine stillschweigende Verlängerung des Mietverhältnisses iSd § 545 BGB bestehen angesichts des Räumungsverlangens des D keine Anhaltspunkte.

2. Vorenthaltung der Mietsache

Ein Anspruch gemäß § 546a Abs. 1 BGB setzt weiterhin die Vorenthaltung der Mietsache voraus.

> Um kein Vorenthalten handelt es sich bei Umständen aus der Risikosphäre des Vermieters und bei Unmöglichkeit.

Nach § 546a Abs. 1 BGB ist die Mietsache nach Beendigung des Mietverhältnisses zurückzugeben. Die Mietsache wird dann vorenthalten, wenn der Mieter sie nicht zurückgibt und das Unterlassen der Herausgabe dem Willen des Vermieters widerspricht.[34]

B hätte dem Vermieter D ab 1. Juni den unmittelbaren Besitz (vgl. § 854 Abs. 1 BGB) einräumen müssen. Da die Rückgabe der Wohnung erst zum 30. November erfolgte, wurde die Wohnung vom 1. Juni bis zum 30. November vorenthalten.

§ 546a Abs. 1 Alt. 2 BGB begründet einen vertraglichen Anspruch eigener Art in Höhe des **ortsüblichen Mietzinses** für die Dauer der Vorenthaltung der Mietsache. Auf Rechtswidrigkeit, Verschulden oder einen Schaden kommt es nicht an.[35]

D steht gegen B ein Anspruch auf die ortsübliche Miete für 6 Monate, also auf insgesamt 6.000 EUR zu. Davon sind 5.400 EUR bereits getilgt (§ 362 Abs. 1 BGB); es bleiben 600 EUR.

Ergebnis

Da der Anspruch aus § 546a Abs. 1 BGB unabhängig von einer rechtsgestaltenden Willenserklärung des Vermieters auf Mieterhöhung rückwirkend entsteht,[36] kann D von B 600 EUR fordern. Der Anspruch ist entstanden.

II. Anspruch aus §§ 280 Abs. 1, 2, 286 Abs. 1, 546a Abs. 2, 571 Abs. 1 BGB

Ein Anspruch des D gegen B auf Zahlung von 600 EUR könnte sich zudem aus §§ 280 Abs. 1, 2, 286 Abs. 1, 546a Abs. 2, 571 Abs. 1 S. 1 BGB ergeben.

---

34 BGH NJW-RR 2006, 229, 230; NJW-RR 2004, 558, 559; NJW 1996, 1886, 1887.
35 BRHP/*Wiederhold*, § 546a Rn. 5; PWW/*Feldhahn*, § 546a Rn. 1, 5. § 254 BGB ist nicht anwendbar, weil es sich nicht um einen Schadensersatzanspruch handelt.
36 BGH NJW 1999, 2808; MüKoBGB/*Bieber*, § 546a Rn. 12; Palandt/*Weidenkaff*, § 546a Rn. 8 ff.

1. Anwendbarkeit

§ 546a Abs. 1 BGB erleichtert dem Vermieter die Rechtsverfolgung und hat daher keine abschließende Wirkung. Sonstige Ansprüche und die Geltendmachung eines weiteren Schadens (§ 546a Abs. 2 BGB) sind möglich. Bei Wohnraummietverhältnissen ist § 571 BGB zu berücksichtigen.[37]

2. Voraussetzungen

Zwischen den Parteien besteht ein Schuldverhältnis, § 535 BGB. Der fällige und durchsetzbare Anspruch des D beruht auf der Rückgabepflicht des § 546 Abs. 1 BGB. Eine Mahnung ist wegen § 286 Abs. 2 Nr. 1 BGB aufgrund der Kündigung des B zum 31. Mai entbehrlich. Ein Vertretenmüssen iSd §§ 280 Abs. 1 S. 2, 286 Abs. 4 bzw. § 571 Abs. 1 S. 1 BGB ist festzustellen.

Weiterhin müsste D ein **Schaden** entstanden sein. Der Differenzbetrag zwischen der vereinbarten und der ortsüblichen Miete stellt nur dann einen Schaden dar, wenn der Vermieter aufgrund der Vorenthaltung die Wohnung nicht anderweitig zu einer höheren Miete vermieten konnte.[38] Dafür sind hier keine Anhaltspunkte erkennbar; vielmehr wollte D das Objekt in der fraglichen Zeit renovieren.

Ergebnis

Mangels Schaden ist hier ein Anspruch des D aus §§ 280 Abs. 1, 2, 286 Abs. 1, 546a Abs. 2, 571 Abs. 1 BGB zu verneinen.

III. Anspruch nach §§ 987 Abs. 1, 990 Abs. 1 S. 1 BGB

Für D ergibt sich ein Anspruch gegen B möglicherweise aus §§ 987 Abs. 1, 990 Abs. 1 S. 1 BGB.

1. Anwendbarkeit der §§ 987 ff. BGB

Ein Anspruch auf Nutzungsersatz gemäß §§ 987 Abs. 1, 990 Abs. 1 S. 1 BGB erfordert ein Eigentümer-Besitzer-Verhältnis. Notwendig ist daher eine Vindikationslage zur Zeit der Tatbestandsverwirklichung, dh D müsste gegen B ein Anspruch aus § 985 BGB zustehen. Nach Ablauf des Mietvertrages besteht eine schuldrechtlich begründete Herausgabepflicht aus § 546 Abs. 1 BGB. Es ist streitig, ob der dingliche Herausgabeanspruch nach § 985 BGB neben vertraglichen Ansprüchen anwendbar ist.[39]

> Anwendbarkeit von § 985 BGB neben vertraglichen Herausgabeansprüchen

Der Vindikationsanspruch kann neben vertraglichen Herausgabeansprüchen geltend gemacht werden. Das zeigen die §§ 325, 727 ZPO: Denn der Rechtskraft des auf § 985 BGB gestützten Herausgabeurteils sind nach § 325 ZPO auch Dritte unterworfen, denen die Sache nach Rechtshängigkeit übergeben wird, so dass nach § 727 ZPO die Möglichkeit der Titelumschreibung besteht. Dieses Zusammenspiel der Normen wäre weitgehend ohne Anwendungsbereich, wenn § 985 BGB nicht neben vertraglichen Ansprüchen zur Geltung käme.

---

37 Palandt/*Weidenkaff*, § 546a Rn. 18; Erman/*Lützenkirchen*, § 546a Rn. 13; BRHP/*Wiederhold*, § 546a Rn. 3.
38 MüKoBGB/*Bieber*, § 546a Rn. 19; Erman/*Lützenkirchen*, § 546a Rn. 13; BRHP/*Wiederhold*, § 546a Rn. 19; OLG Düsseldorf NJW-RR 2004, 300.
39 Vgl. Fall 14, S. 359; Palandt/*Herrler*, § 985 Rn. 1; MüKoBGB/*Baldus*, § 985 Rn. 129 ff.

Anwendbarkeit von §§ 987 ff. BGB bei einem nicht mehr berechtigten Besitzer

Die Anwendbarkeit der §§ 987 ff. BGB ist hier noch aus einem weiteren Grund zweifelhaft. Bei B handelt es sich um einen Besitzer, der zunächst aufgrund eines Schuldverhältnisses nach § 986 Abs. 1 S. 1 Alt. 1 BGB zum Besitz berechtigt war, dessen Besitzrecht aber nunmehr abgelaufen ist. Ob bei einer derartigen Konstellation eines sogenannten Nicht-mehr-Berechtigten die §§ 987 ff. BGB neben vertraglichen Abwicklungsvorschriften anwendbar sind, ist umstritten.[40]

Anwendbarkeit der §§ 987 ff. BGB bei einem Nicht-mehr-Berechtigten Ein zunächst bestehendes Besitzrecht entfällt ex nunc und es entsteht dadurch eine Vindikationslage.	
Keine Anwendbarkeit der §§ 987 ff. BGB	**Anwendbarkeit der §§ 987 ff. BGB** (hM)
Nach Ablauf der Besitzberechtigung aus dem Schuldvertrag sei allein auf die Abwicklungsvorschriften des entsprechenden Schuldverhältnisses zurückzugreifen; sie entfalten eine Sperrwirkung gegenüber den §§ 987 ff. BGB. Als Begründung wird angegeben, § 986 BGB lasse sich entnehmen, dass der Gesetzgeber dem Eigentümer, der sich gegenüber dem Besitzer schuldrechtlich gebunden habe, zugunsten des Besitzers sachenrechtlich Beschränkungen auferlegt; demgemäß habe auch die Abwicklung nach Beendigung des Schuldvertrages nur nach schuldrechtlichen Normen zu erfolgen. Überdies sei zu berücksichtigen, dass die Haftung des Besitzers nach § 990 Abs. 1 S. 1 BGB einen Besitzbegründungsakt erfordert. An einem solchen fehle es jedoch, wenn der Besitzer die tatsächliche Sachherrschaft nach Ablauf der Besitzberechtigung nur weiterhin behalte. Nicht zuletzt erklärt sich die Sperrwirkung aus dem Blickwinkel dieser Meinung daraus, dass die vertraglichen Rückabwicklungsregeln dem konkreten Vertragstyp besser gerecht werden.	Die herrschende Meinung sieht auch in einem nicht mehr berechtigten Besitzer einen Besitzer, dem kein Besitzrecht zusteht, so dass im Grundsatz die §§ 987 ff. BGB anwendbar seien. Uneinigkeit herrscht darüber, ob die Anwendbarkeit allgemein zu bejahen oder ob jeweils im Einzelfall zu prüfen ist, ob die vertraglichen Abwicklungsvorschriften nach ihrem Sinn und Zweck abschließend konzipiert sind. So wird vereinzelt zwar die grundsätzliche Anwendbarkeit bejaht, aber gerade für §§ 546a, 571 BGB ausnahmsweise ein Ausschluss der §§ 987 ff. BGB angenommen. Die überwiegende Auffassung bejaht unter Hinweis auf § 546a Abs. 2 BGB auch bei §§ 546a, 571 BGB Anspruchskonkurrenz ua mit folgendem Argument: Bei Drei-Personen-Verhältnissen führe ein Ausschluss der §§ 987 ff. BGB zu unbefriedigenden Ergebnissen, weil er das Verhältnis zwischen Eigentümer und mittelbarem Besitzer, auf das der unmittelbare Besitzer keinen Einfluss zu nehmen vermag, zur Grundlage für einen Vermögensverlust des unmittelbaren Besitzers macht.

Für die Anwendbarkeit der §§ 987 ff. BGB spricht insbesondere der Wortlaut des § 986 Abs. 1 S. 1 BGB, der auf die Besitzberechtigung zum Zeitpunkt des schädigenden Ereignisses bzw. des Herausgabeverlangens abstellt. Folgt man der Argumentation der (wohl) überwiegenden Sichtweise, besteht zwischen §§ 546a, 571 BGB und §§ 987 ff. BGB Anspruchskonkurrenz.

§§ 987 ff. BGB sind anwendbar.

---

[40] BGH NJW 2001, 3118, 3119; BRHP/*Fritzsche*, § 987 Rn. 20; PWW/*Englert*, Vor §§ 987–993 Rn. 1 f.; MüKoBGB/*Raff*, Vor §§ 987 ff. Rn. 21 f.; Palandt/*Herrler*, Vorb. v. § 987 Rn. 12.

2. Voraussetzungen der §§ 987 Abs. 1, 990 Abs. 1 S. 1 BGB

Zwischen D und B besteht ein Eigentümer-Besitzer-Verhältnis.[41] B müsste gemäß § 990 Abs. 1 S. 1 BGB bösgläubig sein. Bösgläubigkeit umfasst Kenntnis und grob fahrlässige Unkenntnis. Von Kenntnis ist auszugehen, wenn „der Besitzer über den Mangel seines Rechtes in einer Weise aufgeklärt worden ist, dass ein redlich Denkender, der vom Gedanken an den eigenen Vorteil nicht beeinflusst ist, sich der Überzeugung seiner Nichtberechtigung nicht verschließen würde".[42] Ob die Kenntnis der Tatsachen, aufgrund derer sich die Nichtberechtigung ergibt, der Kenntnis des Mangels des Rechts zum Besitz gleichzustellen ist, hängt vom Einzelfall ab, ist aber jedenfalls dann zu verneinen, wenn es sich um eine schwierige Rechtsfrage handelt. Lässt sich keine Kenntnis feststellen, hängt die Anwendung des § 990 Abs. 1 S. 1 BGB davon ab, ob dem Besitzer infolge **grober Fahrlässigkeit** unbekannt ist, dass er nicht zum Besitz berechtigt ist. Grobe Fahrlässigkeit ist anzunehmen, wenn Anlass zu Erkundigungen besteht und diese gleichwohl nicht eingeholt werden.[43]

> **Aufbauschema §§ 987 Abs. 1, 990 Abs. 1 BGB**
> 1. Eigentümer-Besitzer-Verhältnis
> 2. Bösgläubigkeit
> 3. Nutzung

Da B als Einzelperson im Mietvertrag genannt ist und er sich zunächst auch allein für kündigungsberechtigt hielt, handelte er grob fahrlässig iSd § 990 Abs. 1 S. 1 BGB, wenn er trotz der Hinweise des D keine näheren Informationen zur Rechtslage einholte. Von Bösgläubigkeit des B ist auszugehen.

3. Rechtsfolge

Nach §§ 987 Abs. 1, 990 Abs. 1 S. 1 BGB schuldet B für die Zeit vom 1. Juni bis zum 30. November die gezogenen Nutzungen. Nach **§ 100 BGB** sind das die Früchte und Gebrauchsvorteile. Letzteres bezeichnet die aus dem Gebrauch, nicht aus dem Verbrauch oder der Veräußerung herrührenden Vorteile. Maßstab ist der objektive Wert.[44]

Der Besitz der Wohnung stellt einen **Gebrauchsvorteil** dar. B hat deshalb an D das zu erstatten, was er aufgewendet hätte, wenn er die Wohnung ordnungsgemäß angemietet hätte. Das wäre der ortsübliche Mietzins gewesen.[45]

Ergebnis

Der Anspruch nach §§ 987 Abs. 1, 990 Abs. 1 S. 1 BGB ist in Höhe von 6.000 EUR entstanden. Da 5.400 EUR bereits gezahlt sind (§ 362 Abs. 1 BGB), ist der Anspruch über 600 EUR berechtigt.

IV. Anspruch gemäß § 812 Abs. 1 S. 2 Alt. 1 BGB

Als Anspruchsgrundlage kommt für D außerdem § 812 Abs. 1 S. 2 Alt. 1 BGB in Betracht.

1. Anwendbarkeit

Die Anwendbarkeit der condictio ob causam finitam neben den §§ 987 ff. BGB wird unterschiedlich beurteilt.[46]

---

41 Näher Fall 17, S. 430.
42 BGH NJW 1958, 668; vgl. auch PWW/*Englert*, § 990 Rn. 2.
43 Palandt/*Herrler*, § 990 Rn. 4; MüKoBGB/*Raff*, § 990 Rn. 5 ff.
44 BRHP/*Fritzsche*, § 100 Rn. 10; Palandt/*Ellenberger*, § 100 Rn. 2; BGH NJW 1995, 2627, 2628.
45 BGH NJW 1998, 1707; anders bei einer tatsächlich gezahlten Miete BGH NJW 2002, 60.
46 Siehe auch Fall 17, S. 442f.; MüKoBGB/*Raff*, § 993 Rn. 8; Palandt/*Herrler*, Vorb. v. § 987 Rn. 18; *Baur/Stürner*, Sachenrecht, § 11 Rn. 33 ff.

Anwendbarkeit der §§ 812 ff. BGB neben §§ 987 ff. BGB		
Anwendbarkeit der §§ 812 ff. BGB	**Eingeschränkte Anwendbarkeit der §§ 812 ff. BGB**	**Keine Anwendbarkeit der §§ 812 ff. BGB**
Unabhängig davon, ob es sich um eine Leistungs- oder Nichtleistungskondiktion handelt, seien die §§ 812 ff. BGB neben den §§ 987 ff. BGB uneingeschränkt anwendbar.	Danach seien die §§ 987 ff. BGB gegenüber §§ 812 ff. BGB nur insoweit abschließend, als es sich nicht um die Rückabwicklung fehlgeschlagener Vertragsverhältnisse handele. Leistungskondiktion und §§ 987 ff. BGB seien nebeneinander anwendbar.	§§ 987 ff. BGB stellten gegenüber §§ 812 ff. BGB eine abschließende Sonderregel auf. Eine Ausnahme gelte nur bei einem ohne Rechtsgrund erworbenen Besitz; in diesem Fall sei bei § 988 BGB die Voraussetzung „unentgeltlich" mit „rechtsgrundlos" gleichzustellen.
• Besteht ein Anspruch nach §§ 812 ff. BGB, wäre es widersinnig, den Anspruch deshalb zu versagen, weil der Anspruchsinhaber zufälligerweise gleichzeitig Eigentümer und der Anspruchsgegner Besitzer der Sache ist. • Da §§ 987 ff. BGB nur Haftungsverschärfungen gegenüber §§ 812 ff. BGB darstellen, ergebe sich eine Privilegierung des Eigentümers in den im Gesetz vorgesehenen Fällen, nicht aber eine Beschränkung seiner Rechte, so dass die §§ 812 ff. BGB neben §§ 987 ff. BGB anzuwenden seien.	• §§ 987 ff. iVm § 955 BGB seien vorrangig, wenn das Eigentum durch Eingriff eines unrechtmäßigen Besitzers beeinträchtigt werde, weil §§ 987 ff. iVm § 955 BGB den Nutzungserwerb zulassen und dadurch dem Eigentümer gegenüber rechtfertigen. • Es gebe keinen Anlass, eine Eingriffskondiktion des Eigentümers zuzulassen, wenn der Besitzer die Sache rechtsgrundlos von einem Dritten erworben habe.	• Bei §§ 987 ff. BGB sei es unerheblich, ob der Besitz vom Eigentümer oder einem Dritten erworben wurde. Diese Gleichstellung würde durch Anwendung der §§ 812 ff. BGB aufgehoben, da dort nur der Besitzer hafte, der den Besitz vom Eigentümer erhielt. • Sind die Voraussetzungen der §§ 987 ff. BGB nicht erfüllt, darf der Besitzer die Nutzungen behalten. Die dieses Ergebnis rechtfertigenden Normen bilden den Rechtsgrund für diese Vermögenszuordnung, so dass eine ungerechtfertigte Bereicherung nicht gegeben sei.

Bei den Fällen im Rahmen des Anwendungsbereichs der §§ 546a, 571 BGB sprechen die überzeugenderen Argumente für eine Anwendung des § 812 Abs. 1 S. 2 Alt. 1 BGB. Ist nämlich der Vermieter nicht zugleich der Eigentümer, steht die Anwendbarkeit der §§ 812 ff. BGB außer Frage, weil dann kein Eigentümer-Besitzer-Verhältnis existiert. Es gibt aber keinen Grund dafür, die Ansprüche des Vermieters aus Leistungskondiktion nur deshalb zu verkürzen, weil er zugleich Eigentümer der gemieteten Sache ist. Die condictio ob causam finitam ist bei einer derartigen Konstellation anwendbar.[47]

---

47 Erman/*Lützenkirchen*, § 546a Rn. 1; MüKoBGB/*Bieber*, § 546a Rn. 23.

2. Voraussetzungen

B hat als Vermögensvorteil die Nutzungsmöglichkeit der Wohnung durch eine Leistung des D erlangt. D hat B bewusst und zweckgerichtet die Nutzung der Altbau-Wohnung ermöglicht. Der Rechtsgrund der Nutzung war der Mietvertrag (§ 535 BGB). Die condictio ob causam finitam erfordert weiterhin den späteren Wegfall des Rechtsgrundes.[48] Durch die Kündigung des B ist der Mietvertrag am 31. Mai beendet worden. Die Voraussetzungen des § 812 Abs. 1 S. 2 Alt. 1 BGB sind erfüllt.

> Aufbauschema
> **§ 812 Abs. 1 S. 2 Alt. 1 BGB**
> 1. Etwas erlangt
> 2. Leistung
> 3. Wegfall des Rechtsgrundes

3. Rechtsfolge

Nach § 818 Abs. 1 BGB sind die gezogenen Nutzungen (§ 100 BGB) zu ersetzen. Es kommt hier folglich auf den objektiven Mietwert an, der sich nach dem ortsüblichen Mietzins bestimmt.

Ergebnis

Für D ist gegen B auch gemäß §§ 812 Abs. 1 S. 2 Alt. 1, 818 Abs. 1 BGB ein Anspruch auf Zahlung von 600 EUR entstanden.

V. Aufrechnungseinwand

Die Ansprüche aus § 546a Abs. 1 BGB, nach §§ 987 Abs. 1, 990 Abs. 1 BGB sowie gemäß § 812 Abs. 1 S. 2 Alt. 1 BGB könnten wegen **§ 389 BGB** durch Aufrechnung[49] erloschen sein.

1. Aufrechnungserklärung

Dies setzt nach § 388 S. 1 BGB zunächst eine Aufrechnungserklärung des B voraus. Ausdrücklich hat B keine derartige einseitige empfangsbedürftige Willenserklärung abgegeben. Sein Hinweis auf seine Ansprüche gegen D ist jedoch gemäß §§ 133, 157 BGB als Aufrechnungserklärung auszulegen. Der Aufrechnungswille ist eindeutig erkennbar.[50]

B erklärt die Aufrechnung allerdings **hilfsweise**.[51] Darin könnte ein Verstoß gegen § 388 S. 2 BGB liegen. Die Aufrechnung ist eine Gestaltungserklärung und daher unwiderruflich sowie bedingungsfeindlich. B macht seine Aufrechnungserklärung von der Existenz der Hauptforderung (Passivforderung) abhängig. Dabei handelt es sich um keine echte Bedingung, sondern um eine bloße **Rechtsbedingung**. Sie wird von § 388 S. 2 BGB nicht erfasst.[52]

> Aufbauschema
> **Aufrechnung § 389 BGB**
> 1. Erklärung, § 388 BGB
> 2. Gegenseitigkeit, § 387 BGB
> 3. Gleichwertigkeit, § 387 BGB
> 4. Fälligkeit und Durchsetzbarkeit der Gegenforderung, § 390 BGB
> 5. Erfüllbarkeit der Hauptforderung
> 6. Kein Ausschluss der Aufrechnung

Die Aufrechnungserklärung ist wirksam abgegeben; von einem Zugang nach § 130 Abs. 1 S. 1 BGB ist auszugehen.

2. Gegenseitigkeit der Forderungen

Außerdem ist für eine erfolgreiche Aufrechnung gegen die entstandene Haupt- oder Passivforderung das Bestehen einer fälligen und durchsetzbaren **Gegen-**

---

48 Näher bei Fall 14, S. 351.
49 Siehe auch Fall 4, S. 99 f.
50 Vgl. BVerfG NJW-RR 1993, 765.
51 Zu Haupt- und Hilfsantrag im Zivilprozess bei Fall 9, S. 223.
52 BRHP/*Dennhardt*, § 388 Rn. 8; PWW/*Pfeiffer*, § 388 Rn. 3.

forderung (Aktivforderung) notwendig. Die Gegenforderung könnte sich in Höhe von 250 EUR aus der Reparatur des Daches, in Höhe von 500 EUR aufgrund der Instandsetzung der Heizung und wegen 80 EUR aus dem Schaden am Teppich ergeben.

a) Reparatur des Daches (250 EUR)

Ein Anspruch des B gegen D wegen der Reparatur des Daches könnte sich aus **§ 536a Abs. 2 Nr. 2 BGB** ergeben.

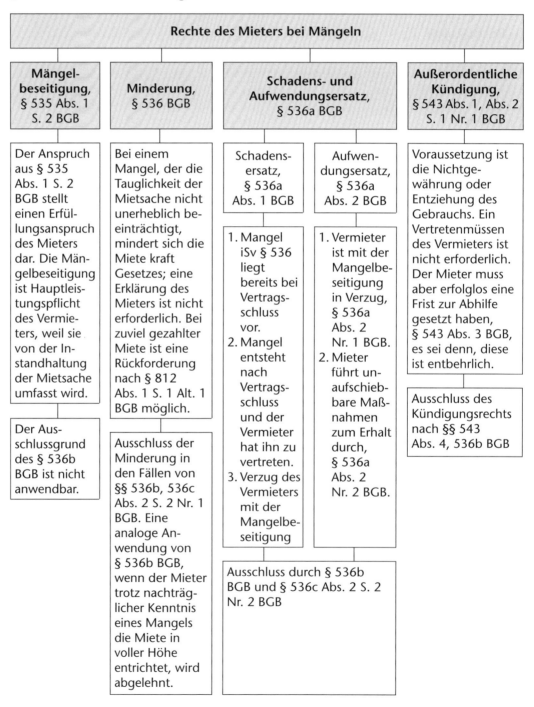

aa) Entstehen

Zwischen B und D bestand im März ein **Mietverhältnis** iSd § 535 BGB. Die Mietsache muss einen **Mangel** iSd § 536 BGB aufweisen.

Mangel der Mietsache, § 536 BGB

1. Sachmangel, § 536 Abs. 1 BGB

Ein Sachmangel ist anzunehmen bei einer für den Mieter nachteiligen Abweichung des tatsächlichen Zustandes der Mietsache (Ist-Beschaffenheit) von dem vertraglich vorausgesetzten Zustand (Soll-Beschaffenheit). Der Mangel muss die Tauglichkeit zu dem von den Beteiligten vorausgesetzten vertragsgemäßen Gebrauch aufheben oder erheblich mindern. Entscheidend ist der vertragliche Mietzweck, auf eine tatsächliche Gebrauchsbeeinträchtigung kommt es nicht an (umfassend MüKoBGB/*Häublein*, § 536 Rn. 3ff.). Substanzmängel sind beispielsweise eine ungenügende Heizung, eine mehr als 10-prozentige Abweichung von der vereinbarten Mietfläche (BGH NJW 2002, 1947; NJW 2005, 2152) und eine Gesundheitsgefährdung (Palandt/*Weidenkaff*, § 536 Rn. 16). Umweltmängel bezeichnen äußere Einwirkungen ohne Substanzverletzung wie Lärm, Luftverschmutzung, Geruch (PWW/*Feldhahn*, § 536 Rn. 10 f.).
Gemäß § 536 Abs. 1 S. 3 BGB bleibt eine unerhebliche Minderung der Gebrauchstauglichkeit außer Betracht; wie beispielsweise bei einem kurzzeitigen Heizungsausfall.

2. Fehlen einer zugesicherten Eigenschaft, § 536 Abs. 2 BGB

Zusicherung erfordert eine Erklärung des Vermieters, dass er für das Vorhandensein einer Eigenschaft einstehen möchte. Sie ist von einer bloßen Beschaffenheitsbeschreibung wie einer Zirka-Angabe der Mietfläche abzugrenzen.
Eigenschaften sind die Beschaffenheit der Sache sowie die tatsächlichen und rechtlichen Verhältnisse, die für die Brauchbarkeit oder den Wert der Mietsache von Bedeutung sind und ihren Grund in der Beschaffenheit selbst haben, ihr für eine gewisse Dauer anhaften und nicht durch Umstände außerhalb der Mietsache in Erscheinung treten, vgl. BRHP/*Wiederhold*, § 536 Rn. 71.

3. Rechtsmangel, § 536 Abs. 3 BGB

§ 536 Abs. 3 BGB bezieht sich auf private Rechte Dritter, zB Eigentum oder Nießbrauch. Das Bestehen der Rechte allein begründet keinen Mangel; erst das Geltendmachen des Rechts verbunden mit einer drohenden Gebrauchsbeeinträchtigung führt zu einem Rechtsmangel (BGH NJW-RR 1999, 1239; NJW 1996, 46). Öffentlich-rechtliche Beschränkungen stellen grundsätzlich einen Sachmangel dar (PWW/*Feldhahn*, § 536 Rn. 12 f.).

Ein Sachmangel iSd § 536 Abs. 1 S. 1 BGB erfordert eine für den Mieter nachteilige Abweichung des tatsächlichen Zustandes der Mietsache von dem vertraglichen Soll-Zustand. Dies ist bei einer zerbrochenen Dachschindel der Fall.

Weiterhin müsste es sich bei der Reparatur um eine **umgehend notwendige Aufwendung** gehandelt haben. Gemeint sind Aufwendungen, welcher es bedarf, um die Mietsache vor der Zerstörung, dem Untergang, der Beschädigung oder dem Verlust zu bewahren, oder die eine Wiederherstellung einer teilzerstörten Mietsache ermöglichen.[53] Davon ist bei der Reparatur des Daches zur Abwendung eines drohenden Wasserschadens auszugehen.

---

53 MüKoBGB/*Häublein*, § 536a Rn. 25 f.; BRHP/*Wiederhold*, § 536a Rn. 39 f.; BGH NJW-RR 1993, 522.

Die Voraussetzungen des § 536a Abs. 2 Nr. 2 BGB sind erfüllt; B steht gegen D ein Anspruch auf 250 EUR zu, es sei denn, der Anspruch ist nicht durchsetzbar, weil ihm eine Einrede entgegensteht.

bb) Einwendungen

Verjährung § 214 Abs. 1 BGB

In Betracht kommt die **peremptorische Einrede der Verjährung** nach § 214 Abs. 1 BGB.[54] Die Verjährungsfrist bemisst sich gemäß § 548 Abs. 2 BGB und beträgt sechs Monate. Die Verjährung beginnt nicht mit Vornahme der Verwendung im März, sondern nach **§ 548 Abs. 2 BGB** mit Beendigung des Mietverhältnisses. Damit ist zu entscheiden, ob auf die rechtliche Beendigung am 31. Mai oder auf die tatsächliche Beendigung am 30. November abzustellen ist. Maßgeblich kann allein die **rechtliche Beendigung** des Mietverhältnisses sein, weil es ansonsten im Belieben des Mieters läge, den Beginn der Verjährung hinauszuzögern und ein Verstoß gegen § 546 Abs. 1 BGB mit einem verspäteten Verjährungsbeginn belohnt würde. Nach § 555e Abs. 1 S. 1 BGB endete das Mietverhältnis am 31. Mai. Nach § 187 Abs. 1 BGB beginnt die Verjährungsfrist am 1. Juni um 0.00 Uhr zu laufen und endet nach § 188 Abs. 2 BGB am 30. November um 24.00 Uhr. Im Dezember ist die Verjährungsfrist für den Anspruch aus § 536a Abs. 2 Nr. 2 BGB daher abgelaufen.

Sonstige Ansprüche in Bezug auf die Reparatur des Daches sind nicht erkennbar. Ein Eigentümer-Besitzer-Verhältnis liegt nicht vor, weil zur Zeit der Verwendung im März ein Mietvertrag bestand. § 536a Abs. 2 Nr. 1 BGB ist nicht einschlägig; es fehlt am Verzug des Vermieters. Ansprüche aus Geschäftsführung ohne Auftrag werden von § 536a Abs. 2 Nr. 2 BGB verdrängt. Überdies kommt es auf weitere Ansprüche nicht an, wenn man – wie die herrschende Meinung – § 548 BGB einen umfassenden Anwendungsbereich zubilligt und der kurzen Verjährung nach § 548 BGB sämtliche Ersatzansprüche unterliegen, gleichgültig auf welche Anspruchsgrundlage das Begehren gestützt wird.[55]

Allerdings könnte § 215 BGB eingreifen. Danach steht die Verjährung einer Aufrechnung nicht entgegen, wenn der Anspruch bei Entstehung der Aufrechnungslage noch nicht verjährt war. Die Ansprüche des D entstanden noch vor dem Ablauf des 30. November, weshalb der Anspruch des B aus § 536a Abs. 2 Nr. 2 BGB diesen unverjährt gegenüberstand. B kann daher mit seiner Forderung hinsichtlich der Reparatur des Daches für 250 EUR aufrechnen.

b) Reparatur der Heizung (500 EUR)

Der Anspruch auf Bezahlung von 500 EUR wegen der Instandsetzung der Heizung könnte sich aus **§ 536a Abs. 2 Nr. 1 BGB** ergeben.

aa) Entstehen

Dies erfordert einen Mangel iSd § 536a Abs. 1 BGB. Hier handelt es sich um einen Fall des § 536a Abs. 1 Alt. 2 BGB, weil der Mangel nach Abschluss des Vertrages entstanden ist. D ist nach § 286 BGB in Verzug[56] mit der Mangelbeseitigung; B hat D mehrmals gemahnt, die Reparatur vornehmen zu lassen. B war deshalb berechtigt, den Mangel selbst beseitigen zu lassen und Ersatz der erforderlichen Aufwendungen zu verlangen. Der Anspruch auf 500 EUR ist folglich gemäß § 536a Abs. 2 Nr. 1 BGB entstanden.

---

54 Zur Verjährung bei Fall 5, S. 119.
55 PWW/*Riecke*, § 548 Rn. 4 ff.; Palandt/*Weidenkaff*, § 548 Rn. 2; MüKoBGB/*Bieber*, § 548 Rn. 26.
56 Dazu Palandt/*Grüneberg*, § 286 Rn. 8 ff.; *Musielak/Hau*, GK BGB, Rn. 478 ff.

bb) Einwendungen

Möglicherweise steht dem Anspruch aus § 536a Abs. 2 Nr. 1 BGB die **Einrede der Verjährung** nach § 214 Abs. 1 BGB entgegen.

Die Verjährungsfrist beträgt gemäß § 548 Abs. 2 BGB sechs Monate und beginnt mit der rechtlichen Beendigung des Mietverhältnisses. Danach wäre hier der Anspruch auf 500 EUR verjährt. Es ist jedoch die Besonderheit zu beachten, dass D hinsichtlich der Instandsetzung der Heizung Anfang September ein **Mahnbescheid** (vgl. §§ 688 ff. ZPO) zugestellt wurde. Gemäß **§ 204 Abs. 1 Nr. 3 BGB** bewirkt dies eine Hemmung (vgl. § 209 BGB) der Verjährung. Infolgedessen ist der Anspruch nach § 536a Abs. 2 Nr. 1 BGB nicht verjährt.

B steht gegen D eine fällige und durchsetzbare Gegenforderung in Höhe von 500 EUR zu.

> Verjährung
> § 214 Abs. 1 BGB

> Hemmung beendet eine Verjährungsfrist nicht, sondern bringt sie nur zeitweilig zum Stillstand bzw. verzögert ihren Beginn, § 209 BGB. Das Gesetz enthält in §§ 203 ff. BGB zahlreiche Hemmungstatbestände.

c) Schaden am Teppich (80 EUR)

aa) Anspruch aus § 536a Abs. 1 Alt. 2 BGB

Für den Ersatz des Schadens am Teppich könnte ein Anspruch des B aus **§ 536a Abs. 1 Alt. 2 BGB** bestehen.

Die Voraussetzungen sind zwar erfüllt, fraglich ist aber, ob § 536a Abs. 1 BGB neben dem Mangelschaden auch den **Mangelfolgeschaden** erfasst, also den Schaden, der an den Rechtsgütern des Mieters infolge des Mangels entstanden ist. Die Meinungen hierzu sind geteilt.[57]

Meinungsstreit zum Schadensumfang bei § 536a Abs. 1 BGB

Einschränkender Ansatz	Differenzierende Lehren	Umfassende Sicht (hM)
Das Haftungsrisiko des Vermieters sei auf Mangelschäden zu begrenzen, weil § 536a Abs. 1 Alt. 1 BGB eine verschuldensunabhängige Garantiehaftung begründet.	Teilweise wird vertreten, § 536a Abs. 1 BGB auf den dadurch begründeten Schaden zu begrenzen, dass die Mietsache nicht vertragsgemäß zu verwenden ist; teilweise werden die Mangelfolgeschäden ausgenommen, bei denen der Vermieter den Mangel auch bei größter Sorgfalt nicht erkennen konnte.	Schadensersatz sei im Mietrecht umfassend zu verstehen und beziehe auch den Mangelfolgeschaden ein. Dies ergebe sich aus der Schutzbedürftigkeit des Mieters, der seine Gegenstände in den Einwirkungsbereich des Vermieters einbringt.

Das Äquivalenzinteresse des Mieters ist durch § 536 BGB hinreichend geschützt. Da der Schadensersatzanspruch des § 536a Abs. 1 BGB dem Mieter nicht statt der Minderung zusteht, sondern neben dieser („unbeschadet"), ist von der Ersatzfähigkeit eines Mangelfolgeschadens auszugehen.

Ein Anspruch auf Schadensersatz in Höhe von 80 EUR ist entstanden. Die peremptorische Einrede der Verjährung (§ 214 Abs. 1 BGB) kann von D nicht erhoben

---

57 Palandt/*Weidenkaff*, § 536a Rn. 14; BRHP/*Wiederhold*, § 536a Rn. 27 f.; MüKoBGB/ *Häublein*, § 536a Rn. 12 ff.; Erman/*Lützenkirchen*, § 536a Rn. 13 f.

werden, weil die Verjährungsfrist des § 548 Abs. 2 BGB[58] wegen des zugestellten Mahnbescheids gehemmt ist, §§ 204 Abs. 1 Nr. 3, 209 BGB.

B steht gegen D eine fällige und durchsetzbare Gegenforderung aus § 536a Abs. 1 Alt. 2 BGB auf Zahlung von 80 EUR wegen des beschädigten Teppichs zu.

bb) Anspruch gemäß § 823 Abs. 1 BGB

Der Anspruch auf Zahlung von 80 EUR ist zudem ebenfalls aus § 823 Abs. 1 BGB gegeben, weil D durch sein Unterlassen einen Schaden am Rechtsgut des B rechtswidrig verursacht hat. § 548 Abs. 2 BGB gilt zwar auch für konkurrierende Ansprüche aus demselben mietrechtlichen Sachverhalt,[59] wegen der Hemmung der Verjährung ist das aber hier ohne Belang.

3. Sonstige Voraussetzungen

Die weiteren Erfordernisse der Aufrechnung nach §§ 387 ff. BGB (Gleichartigkeit, Erfüllbarkeit der Hauptforderung, kein Aufrechnungsverbot) sind erfüllt.

Ergebnis

Der Anspruch des D gegen B auf 600 EUR ist gemäß § 389 BGB erloschen. D steht gegen B kein Zahlungsanspruch zu.

C. Anspruch der H gegen G auf Zahlung von 275 EUR

I. Anspruch aus § 280 Abs. 1 BGB

> **Aufbauschema § 280 Abs. 1 BGB**
> 1. Schuldverhältnis
> 2. Pflichtverletzung
> 3. Vertretenmüssen
> 4. Schaden

H könnte gegen G ein Anspruch auf Zahlung von 275 EUR aus positiver Vertragsverletzung gemäß § 280 Abs. 1 S. 1 BGB zustehen.

1. Schuldverhältnis

> **Vertrag mit Schutzwirkung für Dritte**

Der Anspruch aus § 280 Abs. 1 BGB setzt ein Schuldverhältnis zwischen Anspruchsteller und Anspruchsgegner voraus. Zwischen der H und der G besteht kein Vertrag. Die G hat einen Vertrag mit D geschlossen. Dabei könnte es sich um einen **Vertrag mit Schutzwirkung für Dritte** handeln.

a) Rechtliche Anerkennung

Charakteristisches Merkmal des gesetzlich nicht geregelten Rechtsinstituts ist die Einbeziehung eines Dritten in den Schutzbereich des Vertrages, ohne dass dem Dritten – wie beim Vertrag zugunsten Dritter (§§ 328 ff. BGB)[60] – ein Anspruch auf die vom Schuldner primär geschuldete Leistung zusteht. Der Dritte wird vielmehr in seinen Rechtsgütern so geschützt, als sei er selbst Vertragspartei.

Sinn und Zweck des Vertrages mit Schutzwirkung für Dritte ist es, die Nachteile eines Anspruches aus Delikt aufzuheben. Durch die Einbeziehung eines Dritten in

---

[58] § 548 BGB wird wegen seines Zwecks, eine zeitnahe Klarstellung der mietrechtlichen Ansprüche zu erreichen, weit ausgelegt. Deshalb sollen nach hM auch Mangelfolgeschäden erfasst sein, PWW/*Riecke*, § 548 Rn. 4 ff.; BRHP/*Wiederhold*, § 548 Rn. 28 f.; BGH NJW 1992, 687.
[59] Palandt/*Weidenkaff*, § 548 Rn. 12; BRHP/*Wiederhold*, § 548 Rn. 4, 27.
[60] Dazu Fall 22, S. 577 f.; zur Abgrenzung von der Drittschadensliquidation Fall 16, S. 417 ff.

den vertraglichen Schutzbereich haftet der Vertragspartner für das Verschulden seiner Erfüllungsgehilfen nach § 278 BGB, ohne dass er sich – wie bei dem deliktischen Anspruch gemäß § 831 Abs. 1 BGB – entlasten kann. Zudem erlaubt der auf eine Vertragsverletzung gestützte Anspruch den Ersatz von Vermögensschäden unabhängig davon, ob ein absolutes Recht des Dritten oder ein zu seinen Gunsten wirkendes Schutzgesetz verletzt ist, wie es § 823 BGB vorsieht. Der Vertrag mit Schutzwirkung für Dritte führt folglich zu einer Privilegierung des Geschädigten.

Aus diesen Gründen wird der Vertrag mit Schutzwirkung für Dritte allgemein anerkannt.[61]

b) Dogmatische Grundlage

Die Rechtsgrundlage des Vertrages mit Schutzwirkung für Dritte ist streitig.[62]

Meinungsstreit über die Rechtsgrundlage		
Es wird auf **§ 328 Abs. 2 BGB** abgestellt. Der Dritte könne statt der Leistung in den Schutzbereich vertraglicher Obhutspflichten einbezogen werden.	Teilweise wird der Hauptvertrag nach **§§ 133, 157 BGB** ergänzend idS ausgelegt, dass sich die vertraglichen Schutzpflichten auch auf Dritte erstrecken.	Andere nehmen eine Ausgestaltung des Vertragsverhältnisses nach **§ 242 BGB** in richterlicher Rechtsfortbildung an.

Der Rekurs auf § 328 BGB überzeugt nicht; § 328 BGB bezieht sich auf Leistungsansprüche eines Dritten. §§ 328 ff. BGB zur Rechtsgrundlage des Vertrages mit Schutzwirkung für Dritte zu machen, überdehnt den Anwendungsbereich dieser Normen. Möglich erscheint hingegen die Annahme einer ergänzenden Vertragsauslegung oder einer auf § 242 BGB beruhenden richterlichen Fortbildung des dispositiven Rechts. Nur die letztgenannte Sichtweise erlaubt eine Haftung aus culpa in contrahendo zugunsten Dritter. Stellt man im Rahmen der ergänzenden Vertragsauslegung allein auf einen hypothetischen Parteiwillen ab, müsste konsequenterweise ein Anspruch aus c.i.c. ausscheiden. Obgleich die Annahme einer ergänzenden Vertragsauslegung es ermöglicht, den Besonderheiten des Einzelfalles Rechnung zu tragen, erscheint es sinnvoller, eine Ausgestaltung des Vertragsverhältnisses nach § 242 BGB[63] anzunehmen.

c) Voraussetzungen

Die Voraussetzungen des Vertrages mit Schutzwirkung für Dritte sind eng zu fassen, weil ansonsten die Trennung von vertraglicher und deliktischer Haftung aufgehoben würde. Im Einzelnen wird die Anwendung von folgenden Kriterien abhängig gemacht.[64]

> **Aufbauschema Vertrag mit Schutzwirkung für Dritte**
> 1. Leistungsnähe
> 2. Gläubigerinteresse
> 3. Erkennbarkeit
> 4. Schutzbedürftigkeit

---

61 Vgl. BRHP/*Janoschek*, § 328 Rn. 48; MüKoBGB/*Gottwald*, § 328 Rn. 166 ff.
62 Palandt/*Grüneberg*, § 328 Rn. 14; MüKoBGB/*Gottwald*, § 328 Rn. 170 ff.
63 Allgemein zur Wirkungsweise von § 242 BGB bei *Heinrich*, Formale Freiheit und materiale Gerechtigkeit, S. 392 ff.
64 Vgl. PWW/*Stürner*, Vor §§ 328 bis 335 Rn. 5 ff.; Erman/*Westermann*, § 328 Rn. 13a ff.; MüKoBGB/*Gottwald*, § 328 Rn. 184 ff.

aa) Leistungsnähe

> **Leistungsnähe**
> Der Dritte muss mit der Leistung des Schuldners bestimmungsgemäß in Kontakt kommen.

Der Dritte muss mit der geschuldeten Hauptleistung typischerweise in Berührung kommen. Den Gefahren von Schutzpflichtverletzungen muss der Dritte ebenso ausgesetzt sein wie der Gläubiger selbst; ein zufälliger Leistungskontakt genügt nicht.[65]

So liegt es hier. H als häufig im Haushalt helfende Schwägerin des B ist den Gefahren, die bei Arbeiten am Dach charakteristischerweise auftreten, ebenso ausgesetzt wie der Vertragspartner D. Es handelt sich nicht um einen bloß zufälligen Besucher.

bb) Gläubigerinteresse

> **Gläubigerinteresse**
> Der Gläubiger hat an der Einbeziehung des Dritten in den Schutzbereich des Vertrages ein besonderes Interesse.

Ursprünglich hat der BGH einen Vertrag mit Schutzwirkung für Dritte nur angenommen, wenn zwischen Gläubiger und Drittem im Innenverhältnis eine persönliche Fürsorge- und Obhutspflicht bestand (Wohl- und Wehe-Formel). Diese vom Schrifttum stets kritisierte Eingrenzung hat der BGH mittlerweile gelockert. Die Voraussetzung der Gläubigernähe ist deshalb nicht nur bei einem personenrechtlichen Näheverhältnis anzunehmen, sondern auch dann, wenn der Gläubiger an der Einbeziehung des Dritten in den Schutzbereich des Vertrages ein besonderes Interesse hat und der Vertrag derart interpretiert werden kann, dass der vertraglich gewährte Schutz den Dritten einbezieht.[66]

Demnach ist H als im Haushalt beschäftigte Schwägerin des Mieters B in den Schutzbereich des Vertrages einbezogen, weil dem Vermieter D daran gelegen ist, dass sein Mieter und zu dessen Hausgemeinschaft zählende Personen von den vertraglichen Schutzpflichten seines Vertrages mit der G erfasst sind.

cc) Erkennbarkeit

> **Erkennbarkeit**
> Geschützter Personenkreis und Drittbezogenheit der Leistung müssen für den Schuldner vorhersehbar sein.

Die Drittbezogenheit der Leistung und der geschützte Personenkreis müssen für den Vertragspartner abstrakt erkennbar sein; keine Kenntnis ist über die konkrete Identität des Dritten notwendig. Es kommt darauf an, ob erkennbar ist, dass durch die Abwicklung des Vertragsverhältnisses nicht nur Rechtsgüter des Gläubigers, sondern auch Dritter geschädigt werden können, und das Haftungsrisiko überschaubar sowie kalkulierbar ist.[67]

Der G war ersichtlich, dass die Mieter, deren Familienangehörige und die zur Hausgemeinschaft gehörenden Personen durch die Arbeiten am Dach nicht gefährdet werden dürfen. Leistungsnähe und Gläubigerinteresse waren der G erkennbar.

dd) Schutzbedürftigkeit

> **Schutzbedürftigkeit**
> Sie entfällt, wenn dem Dritten eigene vertragliche Ansprüche mit vergleichbarem Inhalt zustehen.

Der Dritte muss nach Treu und Glauben schutzbedürftig sein. Daran fehlt es insbesondere, wenn dem Dritten aufgrund des Sachverhalts bereits ein anderer inhaltsgleicher vertraglicher Anspruch zusteht.[68]

So ist es hier gerade nicht. H steht zwar unter Umständen ein Anspruch aus § 823 Abs. 1 BGB gegen M zu, dabei handelt es sich aber nicht um einen gleichwertigen Vertragsanspruch.

Die Voraussetzungen des Vertrages mit Schutzwirkung für Dritte sind erfüllt. Zwischen H und G besteht ein Schuldverhältnis.

---

65 BGH NJW 1995, 1739, 1747; NJW 2001, 514, 516.
66 BGH NJW 2004, 3630, 3632; NJW 1996, 2927, 2928; OLG Brandenburg NJOZ 2006, 582.
67 BGH NJW 1996, 2927, 2929; NJW-RR 1986, 484, 486.
68 Palandt/*Grüneberg*, § 328 Rn. 18; PWW/*Stürner*, Vor §§ 328 bis 335 Rn. 10.

2. Pflichtverletzung

M hat gegen die vertragliche Sorgfaltspflicht nach § 241 Abs. 2 BGB verstoßen, als er den Zollstock vom Dach fallen ließ.

3. Verschulden

Das Verhalten des M war fahrlässig iSd § 276 Abs. 2 BGB. M ist Erfüllungsgehilfe der G; mithin wird dieser nach § 278 S. 1 BGB das Verschulden wie eigenes zugerechnet. Sie hat diese Pflichtverletzung zu vertreten; Anhaltspunkte für einen Entlastungsbeweis nach § 280 Abs. 1 S. 2 BGB bestehen nicht.

4. Schaden

Die schuldhafte Pflichtverletzung war ursächlich für den Schaden in Höhe von 275 EUR. Der Schaden ist gemäß § 251 Abs. 1 BGB zu ersetzen.

5. Rechtsfolge

Sind die Voraussetzungen des Vertrages mit Schutzwirkung für Dritte erfüllt, steht dem Dritten ein **eigener vertraglicher Schadensersatzanspruch** zu. § 334 BGB gilt entsprechend, so dass der Schuldner dem Dritten Einwendungen aus dem Hauptvertrag entgegenhalten kann.[69] Einwendungen aus dem Hauptvertrag sind hier nicht ersichtlich.

> Rechtsfolge des Vertrages mit Schutzwirkung für Dritte ist ein eigener vertraglicher Schadenseratzanspruch des Dritten.

Ergebnis

H steht gegen G ein Anspruch gemäß § 280 Abs. 1 S. 1 BGB zu.

II. Anspruch gemäß § 831 Abs. 1 S. 1 BGB

Weiterhin könnte H gegen G einen Anspruch nach § 831 Abs. 1 S. 1 BGB haben.

M hat als **Verrichtungsgehilfe** der G in Ausführung der Verrichtung widerrechtlich die Gesundheit der H beschädigt. Die Voraussetzungen des § 831 Abs. 1 S. 1 BGB[70] sind erfüllt. Der Schadensersatzanspruch der H scheitert aber an § 831 Abs. 1 S. 2 BGB. Der G gelingt der **Entlastungsbeweis**, weil es sich bei M um einen langjährigen und bisher zuverlässigen Mitarbeiter der G handelt.

Ergebnis

Aus § 831 Abs. 1 S. 1 BGB ergibt sich für H kein Ersatzanspruch gegen G.

---

69 BRHP/*Janoschek*, § 328 Rn. 57; Erman/*Westermann*, § 334 Rn. 2.
70 Näher Fall 2, S. 38 f.

8. Werkvertrag, Anwaltshaftung, Mahnverfahren, Versäumnisurteil und Widerklage

Sachverhalt

Der BWL-Student Boris Beck (B) beabsichtigt, in Konstanz ein Tapas-Lokal zu eröffnen. Beck beauftragt die Ferdinand Feuchtmann GmbH (F) aus Konstanz damit, eine auf die Räumlichkeiten der Gaststätte besonders zugeschnittene und in das Gebäude eingefügte Inneneinrichtung (ua eine Wandvertäfelung und einen Fußboden) zu erstellen. Die Mitarbeiter der Feuchtmann GmbH beenden die Arbeiten an einem Freitag; die Übergabe an Boris Beck soll am nächsten Montag erfolgen. Am Wochenende kommt es zu einer Überschwemmung des individuell eingepassten Fußbodens, die den Holzboden unbrauchbar macht. Da neben der Feuchtmann GmbH weitere Handwerksbetriebe mit dem Ausbau des Lokals beschäftigt waren, lässt sich nicht feststellen, wer für den Wasserschaden verantwortlich ist.

Der Geschäftsführer der Feuchtmann GmbH verlangt von Beck die Vergütung für die Herstellung des Fußbodens in Höhe von 11.300 EUR. Da Beck die Zahlung verweigert, schickt die Feuchtmann GmbH einen Mahnbescheid. Beck reagiert nicht. Auf Antrag der Feuchtmann GmbH erlässt der Rechtspfleger einen Vollstreckungsbescheid, der Beck am Montag, 10. April, zugestellt wird. Beck sucht nunmehr den Rechtsanwalt Norbert Neulich (N) auf. Neulich legt mit einem am Montag, 24. April, beim Amtsgericht Konstanz eingegangenen Schriftsatz Einspruch ein und erhebt Widerklage mit folgender (tatsächlich zutreffender) Begründung: Wegen einer aus Unachtsamkeit unzureichenden Verankerung hatte sich ein von der Feuchtmann GmbH angebrachtes Wandpaneel gelöst und eine Vitrine mit wertvollen Weingläsern beschädigt. Beck verlangt Ersatz für die Vitrine und die Gläser in Höhe von 1.800 EUR.

Das Landgericht setzt ordnungsgemäß einen Termin für die mündliche Verhandlung fest. Neulich, der mit der Organisation seiner Kanzlei noch nicht vertraut ist, übersieht den Termin, so dass Beck ohne anwaltliche Vertretung bei Gericht erscheint. Die Feuchtmann GmbH wird von dem Rechtsanwalt Dr. Karl Kerner (K) vertreten, der alle erforderlichen Anträge stellt. Das Gericht verwirft den Einspruch und weist die Widerklage ab.

Neulich erklärt Beck, dass sein Versehen für den Ausgang des Prozesses unerheblich war; auch wenn er den Prozesstermin wahrgenommen hätte, wäre die Entscheidung in dieser Weise ergangen. Neulich prüft deshalb auch die Erfolgsaussichten von Rechtsbehelfen nicht und rät von deren Einlegung ab. Die Entscheidungen des Gerichts werden rechtskräftig. Beck zahlt an die Feuchtmann GmbH.

Bei Beck bleiben Zweifel. Er bittet deshalb die Jura-Studentin Annika Aßner (A) um Auskunft darüber, ob ihm gegen Neulich Ansprüche zustehen. Außerdem interessiert Beck, welche Rechtsbehelfe gegen die gerichtlichen Entscheidungen vor Rechtskraft möglich gewesen wären.

Gliederung

Frage 1: Anspruch des B gegen N auf Schadensersatz nach § 280 Abs. 1 BGB

    I. Schuldverhältnis 185
        Problem: Rechtsnatur des Anwaltsvertrages 185
    II. Pflichtverletzung 185
    III. Keine Exkulpation 187
    IV. Kausalität 187
        Problem: Hypothetische Betrachtung des Prozessverlaufs
                      Inzidentprüfung 187
        1. Rechtslage in Bezug auf das Mahnverfahren (Klage) 187
            a) Zulässigkeit des Einspruchs, § 341 Abs. 1 ZPO 189
                aa) Statthaftigkeit 189
                bb) Form 189
                cc) Frist 190
                dd) Wirkung des Einspruchs 190
            b) Zulässigkeit der Klage der F-GmbH 191
            c) Begründetheit der Klage der F-GmbH 191
            Anspruch aus § 631 Abs. 1 BGB 191
            aa) Abschluss eines Werkvertrages 191
                Problem: Abgrenzung des Werkvertrages von ähnlichen
                                Verträgen 192
                bb) Vereinbarung und Höhe der Vergütung 193
                cc) Fälligkeit der Vergütung 193
                    Problem: Abnahme des Werkes 193
                dd) Übergang der Vergütungsgefahr 194
                    Problem: Analoge Anwendung von § 645 BGB 195
        2. Rechtslage in Bezug auf die Widerklage 197
            a) Zulässigkeit der Widerklage des B 198
                aa) Allgemeine Prozessvoraussetzungen 198
                    (1) Sachliche Zuständigkeit 198
                    (2) Örtliche Zuständigkeit 198
                    (3) Keine anderweitige Rechtshängigkeit 198
                bb) Besondere Prozessvoraussetzungen 198
                    (1) Rechtshängige Hauptklage 198
                    (2) Parteiidentität 199
                    (3) Kein Ausschluss kraft Gesetzes 199
                    (4) Rechtlicher Zusammenhang (Konnexität) 199
                        Problem: Bedeutung des § 33 ZPO 199
            b) Begründetheit der Widerklage des B 199
                aa) Anspruch gemäß § 280 Abs. 1 iVm § 634 Nr. 4 BGB 199
                    Problem: Rechte des Bestellers bei einem Werkmangel,
                    § 634 BGB 200
                bb) Anspruch nach § 831 Abs. 1 S. 1 BGB 203
    V. Schaden 204

Frage 2: Rechtsbehelfe

A. Mahnverfahren 205
    Problem: Voraussetzungen für den Erlass eines 2. Versäumnisurteils nach
                      Vollstreckungsbescheid 205
    Problem: Anwendung des Grundsatzes der Meistbegünstigung 206
B. Widerklage 206

Lösungshinweise

Frage 1: Anspruch des B gegen N auf Schadensersatz

Ein Anspruch des B gegen N könnte sich aus § 280 Abs. 1 S. 1 BGB (positive Vertragsverletzung) ergeben.

I. Schuldverhältnis

Nach § 280 Abs. 1 S. 1 BGB muss zwischen den Parteien ein Schuldverhältnis bestehen. Es kann sich um ein rechtsgeschäftliches (Vertrag, § 311 Abs. 1 BGB) oder ein gesetzliches (zB Geschäftsführung ohne Auftrag) Schuldverhältnis handeln.

B und N haben mittels übereinstimmender Willenserklärungen einen **Anwaltsvertrag** geschlossen, so dass ein vertragliches Schuldverhältnis in Betracht kommt.

Der Vertrag mit einem Rechtsanwalt kann unterschiedlich ausgeformt sein und beispielsweise bei einer auf Dauer angelegten Beratungsabrede als Dienstvertrag abgeschlossen werden. Typischerweise handelt es sich allerdings bei der Beauftragung eines Rechtsanwalts um einen entgeltlichen **Geschäftsbesorgungsvertrag** iSd § 675 Abs. 1 BGB.[1] Geschäftsbesorgung meint jede selbstständige Tätigkeit wirtschaftlicher Art, die innerhalb einer fremden wirtschaftlichen Interessensphäre vorgenommen wird. Die selbständige Wahrnehmung fremder Vermögensinteressen kann dienstvertraglich (zB Beratung, Prozessführung) oder werkvertraglich (zB Vertragsentwurf, Gutachtenerstellung) ausgestaltet sein.

Demnach handelt es sich hier iSd § 675 Abs. 1 BGB um einen Dienstvertrag, der eine Geschäftsbesorgung zum Gegenstand hat. Zwischen B und N ist ein vertragliches Schuldverhältnis zustande gekommen.

II. Pflichtverletzung

Der Anspruchsgegner muss objektiv gegen eine sich aus dem Schuldverhältnis ergebende Pflicht verstoßen haben. Der Schuldner N könnte seine Leistung aus dem Geschäftsbesorgungsvertrag nicht in gehöriger Weise erbracht haben (Schlechterfüllung).

Schlechterfüllung meint zum einen, dass die geschuldete (Haupt-)Leistung in einer minderen Qualität erbracht wird oder dass Verhaltenspflichten verletzt werden.[2]

> **Aufbauschema § 280 Abs. 1 BGB**
> Schadensersatz wegen Schlechterfüllung
> 1. Schuldverhältnis
> 2. Pflichtverletzung
> 3. Keine Exkulpation
> 4. Kausalität
> 5. Schaden

> Anwaltsvertrag ist ein entgeltlicher Geschäftsbesorgungsvertrag (§ 675 BGB) mit dienst- oder werkvertraglicher Ausgestaltung.

	Schlechterfüllung	
Verletzung der Hauptleistungspflicht (vgl. § 241 Abs. 1 BGB)	Verletzung von Verhaltenspflichten	
	Leistungssichernde Nebenpflichten (Vertragsauslegung und § 242 BGB)	Schutzpflichten (vgl. § 241 Abs. 2 BGB)
Bei bestimmten Vertragstypen sind zusätzliche Regeln zu beachten, zB § 437 BGB beim Kauf-, §§ 536 ff. BGB beim Miet-, § 634 BGB beim Werkvertrag.	Aufklärungs-, Informations- und Fürsorgepflichten in Bezug auf die Leistung	Bezogen auf das Integritätsinteresse des Gläubigers, Schutz der Person und des Vermögens

---

1 Palandt/*Weidenkaff*, Einf. v. § 611 Rn. 20; PWW/*Fehrenbacher*, § 675 Rn. 9; *Borgmann/Jungk/Schwaiger*, Anwaltshaftung, § 8 Rn. 2 ff.
2 Erman/*Westermann*, § 241 Rn. 1 ff., 10 ff.; *Brox/Walker*, Allgemeines Schuldrecht, § 24 Rn. 1 ff., § 2 Rn. 5 ff.; PWW/*Schmidt-Kessel/Kramme*, § 280 Rn. 10 ff.

N könnte seine Hauptleistungspflichten aus dem Anwaltsvertrag, nämlich eine zuverlässige Beratung und ordnungsgemäße Prozessführung, verletzt haben. Dies hängt von den Aufgaben und Pflichten eines Rechtsanwalts gegenüber seinem Mandanten ab.[3]

> **Stellung eines Rechtsanwalts**
>
> Ein Rechtsanwalt ist nach § 3 Abs. 1 BRAO der unabhängige Berater und Vertreter in allen Rechtsangelegenheiten (vgl. auch RDG). Er übt als Organ der Rechtspflege (§ 1 BRAO) einen freien Beruf und kein Gewerbe aus (§ 2 BRAO). Mit seiner Zulassung ist er Mitglied der örtlichen Rechtsanwaltskammer (§ 12 Abs. 3 BRAO), die als Körperschaft des öffentlichen Rechts (§ 62 Abs. 1 BRAO) die Standesaufsicht ausübt.
> Aus der besonderen Stellung des Anwalts innerhalb der Rechtspflege ergeben sich gemäß §§ 43 ff. BRAO eigene Pflichten wie beispielsweise die Verschwiegenheitspflicht des § 43a Abs. 2 BRAO.
> Für seine Tätigkeit erhält der Rechtsanwalt eine Vergütung, die nach den Vorgaben des RVG bemessen wird. Danach kommt eine Abrechnung nach dem Gegenstandswert (§ 2 Abs. 1 RVG), nach Stundensätzen (§ 4 RVG) oder in bestimmten Fällen nach Erfolgskriterien (§ 4a RVG) in Betracht. Üblicherweise wird nach dem Gegenstandswert und den im RVG genannten Gebührentatbeständen abgerechnet, wobei im Zivilrechtsstreit in der Regel zwei Gebühren anfallen, die Verfahrens- und die Terminsgebühr, vgl. § 2 Abs. 2 RVG, Anlage 1 zum RVG Nr. 3100 und Nr. 3104.

> Im Rahmen seines Mandats hat ein Rechtsanwalt den Sachverhalt sorgfältig auszuwerten sowie die Rechtslage umfassend und erschöpfend zu prüfen. Der Mandant ist genau zu beraten und auf alle Risiken hinzuweisen.

Gegenüber seinem Vertragspartner hat ein Rechtsanwalt die Pflicht zur sorgfältigen Beratung und Interessenwahrnehmung. Die Rechtslage ist anhand umfassender Kenntnisse der rechtlichen Begebenheiten eingehend zu prüfen. Dabei muss ein Rechtsanwalt nicht nur die (auch internationale) Gesetzes- und Rechtslage, sondern auch die höchstrichterliche Rechtsprechung kennen. Er hat sich dazu mit Fachzeitschriften laufend über aktuelle Entwicklungen zu informieren (vgl. § 43a Abs. 6 BRAO). Der Mandant ist umfassend zu beraten.[4]

Chancen und Risiken eines Prozesses sind genau darzustellen. Ein Rechtsanwalt hat seinen Vertragspartner vor allen vermeidbaren Nachteilen zu bewahren und sämtliche gebotene Maßnahmen zu ergreifen. Er darf sich nicht darauf verlassen, dass ein mit dem Fall befasstes Gericht ohnehin richtig entscheiden werde. Vielmehr ist ein Rechtsanwalt verpflichtet, stets den Versuch zu unternehmen, das Gericht davon zu überzeugen, dass und warum eine bestimmte Auffassung zutreffend ist.[5]

> Bei der Anwaltshaftung sind inzident die zutreffende Vorgehensweise und Rechtslage zu prüfen. Ansatzpunkte für die Prüfung sind Pflichtverletzung und Kausalität.

N ist eine zweifache Verletzung seiner Pflichten aus dem Anwaltsvertrag vorzuwerfen. Die ordnungsgemäße Wahrnehmung des Mandats erfordert ein pünktliches Erscheinen bei Gericht sowie eine umfassende Prüfung der Rechtsbehelfsmöglichkeiten. Da N hier beides unterlassen hat, hat er seine Pflichten iSd § 241 Abs. 1 BGB verletzt.

---

[3] Allgemein zu Aufgaben und Stellung eines Rechtsanwaltes *Paulus*, Zivilprozessrecht, Rn. 17 ff.; *Borgmann/Jungk/Schwaiger*, Anwaltshaftung, Kapitel I–IV.
[4] BRHP/*Fischer*, § 675 Rn. 19; PWW/*Fehrenbacher*, § 675 Rn. 11; ein Rechtsanwalt hat auch auf die eigene Pflichtverletzung und den daraus folgenden Schadensersatzanspruch hinzuweisen, BGH NJW 2003, 823.
[5] BGH NJW 2004, 1523; NJW 2002, 1117; NJW 2000, 730; NJW 1996, 2648; NJW 1994, 1211, 1213; NJW-RR 1990, 1241, 1242; *Borgmann/Jungk/Schwaiger*, Anwaltshaftung, § 20 Rn. 105 f.

III. Keine Exkulpation

Gemäß § 280 Abs. 1 S. 2 BGB entfällt eine etwaige Schadensersatzpflicht, wenn der Schuldner dartun und beweisen kann, dass er die Pflichtverletzung nicht zu vertreten hat. Der Entlastungsbeweis[6] gelingt N hier nicht; er hat den Verhandlungstermin sorgfaltswidrig (§ 276 Abs. 2 BGB) übersehen und bewusst von der Einlegung von Rechtsbehelfen abgeraten.

IV. Kausalität

Die Pflichtverletzung des N müsste ursächlich für den Schaden des B sein.

Kausal ist ein Verhalten, das im Allgemeinen und nicht nur unter besonders unwahrscheinlichen sowie nach dem gewöhnlichen Verlauf der Dinge außer Betracht zu lassenden Umständen dazu geeignet ist, einen Erfolg der eingetretenen Art herbeizuführen (Adäquanztheorie). Bei den zu ersetzenden Schadensfolgen ist dabei der Schutzzweck der haftungsbegründenden Norm zu berücksichtigen (Normzwecklehre).[7]

Übertragen auf die **Anwaltshaftung** bedeutet dies, dass danach zu fragen ist, welchen Verlauf die Streitsache bei pflichtgemäßem Verhalten des Rechtsanwalts genommen hätte und wie sich die Vermögenslage des Betroffenen darstellen würde, wenn der Pflichtverstoß nicht begangen, sondern pflichtgemäß gehandelt worden wäre.

Vorzunehmen ist eine **hypothetische Betrachtung des Prozessverlaufs** bei einer ordnungsgemäßen Prüfung der Rechtslage sowie einer gewissenhaften, umfassenden Beratung und Tätigkeit des Rechtsanwalts. Entscheidend ist also, ob ein Schaden eingetreten wäre, wenn der Rechtsanwalt N bei der Verhandlung erschienen wäre und das Gericht richtig entschieden hätte bzw. der Rechtsanwalt Rechtsbehelfe eingelegt hätte.

Somit ist inzident zu prüfen, wie bei fehlerfreier Arbeit des N dieser Prozess zutreffend zu entscheiden gewesen wäre. Dabei ist zwischen der Rechtslage in Bezug auf das Mahnverfahren (Klage) und der Rechtslage in Bezug auf die Widerklage zu trennen.

1. Rechtslage in Bezug auf das Mahnverfahren (Klage)

Hinsichtlich des Zahlungsbegehrens der F-GmbH gegen B ist im Rahmen eines Mahnverfahrens ein Vollstreckungsbescheid ergangen.[8]

Mahnverfahren, §§ 688 ff. ZPO
Das Mahnverfahren eröffnet einem Gläubiger einen einfachen und kostengünstigen Weg, um bei voraussichtlich unstreitigen Geldforderungen (§ 688 Abs. 1 ZPO) einen **Vollstreckungstitel** gemäß § 794 Abs. 1 Nr. 4 ZPO zu erlangen und die **Verjährung** nach § 204 Abs. 1 Nr. 3 BGB zu hemmen. Der Antragsteller stellt bei dem ausschließlich zuständigen Amtsgericht (§ 689 ZPO) einen Antrag auf Erlass eines Mahnbescheids, § 690 ZPO.

> **Beweislast**
> Schuldverhältnis, Pflichtverletzung, Kausalität und Schaden sind vom Gläubiger zu beweisen, während dem Schuldner der Entlastungsbeweis obliegt.

> **Anwaltshaftung**

> **Inzidentprüfung**
> Da ein Rechtsanwalt nur für den durch ein fehlerhaftes Verhalten verursachten Schaden einzustehen hat, ist eine inzidente Prüfung der Situation bei einem hypothetisch richtigen Vorgehen erforderlich.

---

6 Vgl. auch Fall 16, S. 412 und Fall 18, S. 448.
7 Zu den Kausalitätstheorien siehe bei Fall 12, S. 296.
8 Überblick zum Mahnverfahren bei *Musielak/Voit*, GK ZPO, Rn. 1091 ff.; *Paulus*, Zivilprozessrecht, Rn. 647 ff.; *Adolphsen*, Zivilprozessrecht, § 33 Rn. 1 ff.

Mahnverfahren, §§ 688 ff. ZPO (Fortsetzung)

Das Amtsgericht (Rechtspfleger, § 20 Nr. 1 RPflG) erlässt den **Mahnbescheid**, wenn die Voraussetzungen für das Mahnverfahren und die allgemeinen Prozesserfordernisse erfüllt sind, wobei die materielle Berechtigung des Antragstellers (abgesehen von Rechtsmissbrauch bei offensichtlich nicht bestehender Forderung) nicht geprüft wird, vgl. § 692 Abs. 1 Nr. 2 ZPO.

Bei der weiteren Vorgehensweise nach einem erlassenen Mahnbescheid ist folgendermaßen zu unterscheiden:

- Wenn der Anspruchsgegner gemäß § 694 Abs. 1 ZPO gegen den Mahnbescheid **Widerspruch einlegt**, ergeht kein Vollstreckungsbescheid. Das Mahnverfahren wird nach § 696 ZPO auf Antrag einer Partei in das streitige Verfahren übergeleitet, indem der Rechtsstreit an das im Mahnbescheid als zuständig bezeichnete oder von den Parteien übereinstimmend benannte Gericht abgegeben wird.
- Legt der Anspruchsgegner **keinen Widerspruch** gegen den Mahnbescheid ein, wird gemäß § 699 Abs. 1 S. 1 ZPO auf Antrag ein Vollstreckungsbescheid erlassen. Der **Vollstreckungsbescheid** wird formell und materiell rechtskräftig, sofern dagegen nicht Einspruch (§ 700 ZPO) eingelegt wird.
- Wird gegen den Vollstreckungsbescheid **Einspruch** iSd § 700 Abs. 1 ZPO eingelegt, gibt das Amtsgericht den Rechtsstreit von Amts wegen an das in dem Mahnbescheid als zuständig bezeichnete oder von den Parteien übereinstimmend benannte Gericht ab. Dieses Gericht setzt sodann in der Regel einen Termin zur mündlichen Verhandlung an, weil der Vollstreckungsbescheid einem Versäumnisurteil nach § 331 ZPO gleichsteht.

Ein Vollstreckungsbescheid ist nach § 700 Abs. 1 ZPO wie ein Versäumnisurteil iSd § 331 ZPO zu behandeln.

Nach **§ 700 Abs. 1 ZPO** ist der Vollstreckungsbescheid einem technisch ersten Versäumnisurteil gegen den Beklagten iSd § 331 ZPO gleichgestellt. Damit ist im Grundsatz so zu verfahren, wie wenn ein **Versäumnisurteil gemäß § 331 ZPO** bestehen würde.[9]

Säumnis im Zivilprozess, §§ 330 ff. ZPO

Erscheinen oder verhandeln (§ 333 ZPO) die Parteien in der mündlichen Verhandlung (§ 332 ZPO) nicht oder sind sie im Anwaltsprozess (§ 78 ZPO) nicht ordnungsgemäß anwaltlich vertreten, kann gegen den Kläger (§ 330 ZPO) wie den Beklagten (§ 331 ZPO) ein Versäumnisurteil erlassen werden.

Das Versäumnisurteil ergeht bei folgenden Voraussetzungen:

Versäumnisurteil gegen den Kläger, § 330 ZPO	Versäumnisurteil gegen den Beklagten, § 331 ZPO
1. Antrag des Beklagten	1. Antrag des Klägers
2. Ordnungsgemäß angeordneter Termin zur mündlichen Verhandlung	2. Ordnungsgemäß angeordneter Termin zur mündlichen Verhandlung
3. Säumnis des Klägers	3. Säumnis des Beklagten
4. Kein Unzulässigkeitsgrund nach § 335 ZPO	4. Kein Unzulässigkeitsgrund nach § 335 ZPO
5. Kein Vertagungsgrund gemäß § 337 ZPO	5. Kein Vertagungsgrund gemäß § 337 ZPO
6. Zulässigkeit der Klage (hM)	6. Zulässigkeit der Klage
	7. Schlüssigkeit des klägerischen Vorbringens

---

9 Allgemein *Heinrich*, Säumnis, Rn. 20 ff., 118 ff., 157 ff.

8. Werkvertrag, Anwaltshaftung, Mahnverfahren, Versäumnisurteil und Widerklage

> **Säumnis im Zivilprozess, §§ 330 ff. ZPO** *(Fortsetzung)*
>
> - Sind diese Voraussetzungen erfüllt, ergeht ein **echtes erstes Versäumnisurteil** iSd §§ 330, 331 ZPO.
>   Gegen dieses Versäumnisurteil ist kein Rechtsmittel, sondern nur der Rechtsbehelf des Einspruchs gemäß § 338 ZPO (nur Suspensiveffekt) statthaft. Ist die gleiche Partei auch im Einspruchstermin (§ 341a ZPO) säumig, ergeht nach § 345 ZPO ein **zweites Versäumnisurteil**. Gegen dieses technisch zweite echte Versäumnisurteil kann Berufung eingelegt werden, § 514 Abs. 2 ZPO. Streitig ist, ob die Berufung auf ein fehlerhaftes erstes Versäumnisurteil gestützt werden kann; der BGH lehnt dies ab (BGH NJW-RR 2007, 1363).
> - Ist die Klage unzulässig oder unschlüssig, ergeht ein sog. **unechtes Versäumnisurteil**. Das ist ein im Säumnistermin ergehendes **streitiges Endurteil**, das mit der Berufung bzw. Revision und nicht mit dem Einspruch angreifbar ist.

> § 345 ZPO setzt **Säumnis in zwei aufeinander folgenden Terminen** voraus, dh es muss ein erstes Versäumnisurteil ergehen, wenn zwischenzeitlich verhandelt wurde und es zur Säumnis erst im Fortsetzungstermin kommt.

Gegen den einem Versäumnisurteil entsprechenden Vollstreckungsbescheid ist der Einspruch nach § 338 ZPO statthaft. Der Einspruch ist erfolgreich, wenn er zulässig (§ 341 Abs. 1 ZPO) ist sowie die Klage zulässig und begründet gewesen wäre.

a) Zulässigkeit des Einspruchs, § 341 Abs. 1 ZPO

aa) Statthaftigkeit

Der Einspruch ist gemäß § 338 ZPO (hier iVm § 700 Abs. 1 ZPO) statthaft gegen ein erstes echtes Versäumnisurteil. Der Einspruch steht der Partei zu, die das Versäumnisurteil nicht beantragt hat.[10]

Der Einspruch ist auch der zutreffende Rechtsbehelf gegen ein inhaltlich fehlerhaftes Versäumnisurteil. Bei der Beurteilung der Statthaftigkeit kommt es nicht darauf an, ob das Versäumnisurteil zu Recht oder zu Unrecht ergangen ist; entscheidend ist allein, dass ein Versäumnisurteil erlassen wurde. Für die Statthaftigkeit des Einspruchs ist es unerheblich, ob das Versäumnisurteil beispielsweise wegen einer unrichtigen Schlüssigkeitsprüfung oder einer Missachtung anderer Voraussetzungen fehlerhaft ergangen ist.[11]

Der Vollstreckungsbescheid steht gemäß § 700 Abs. 1 ZPO einem echten ersten Versäumnisurteil gleich. Der Einspruch des B war mithin iSd § 338 ZPO statthaft.

> **Aufbauschema Einspruch gegen ein Versäumnisurteil, § 338 ZPO**
> I. Zulässigkeit des Einspruchs
>   1. Statthaftigkeit
>   2. Form
>   3. Frist
>   4. Wirkung: Rückversetzung, § 342 ZPO
> II. Zulässigkeit der Klage
> III. Begründetheit der Klage

> Statthaftigkeit des Einspruchs

bb) Form

Die Form des Einspruchs regelt § 340 ZPO, wobei § 340 Abs. 3 ZPO[12] wegen § 700 Abs. 3 S. 3 ZPO bei einem Einspruch gegen einen Vollstreckungsbescheid nicht gilt.

Der Einspruch hat schriftlich zu erfolgen; bei einem amtsgerichtlichen Versäumnisurteil kann der Einspruch nach §§ 129a Abs. 1, 496 ZPO zu Protokoll eines jeden Amtsgerichts erklärt werden. Als bestimmender Schriftsatz ist der Einspruch

> Form des Einspruchs

---

10 Die Partei, die das Versäumnisurteil beantragt hat, kann gegen die Zurückweisung des Antrags auf Erlass eines Versäumnisurteils (§ 335 ZPO) oder gegen eine Vertagung (§ 337 ZPO) mit einer sofortigen Beschwerde vorgehen. Bei einer Entscheidung nach Aktenlage (§ 331a ZPO) ist ein Einspruch ebenfalls nicht statthaft; möglich sind Berufung bzw. Revision.
11 BGH NJW 1994, 665; OLG Zweibrücken NJW-RR 1997, 1087.
12 § 340 Abs. 3 ZPO enthält keine Zulässigkeitsvoraussetzung; ein Verstoß führt zur Verspätungspräklusion, vgl. § 296 ZPO.

eigenhändig zu unterschreiben; im Anwaltsprozess (§ 78 ZPO) kommt es folglich auf die Unterschrift eines Rechtsanwalts an.

Nach § 340 Abs. 2 S. 1 Nr. 1 ZPO muss das Versäumnisurteil bzw. der Vollstreckungsbescheid so genau bezeichnet werden, dass die Identität des Rechtsstreits zweifellos feststeht. § 340 Abs. 2 S. 1 Nr. 2 ZPO macht die Erklärung, Einspruch einzulegen, notwendig. Dabei muss der Begriff Einspruch nicht ausdrücklich genannt werden. Es ist ausreichend, wenn sich mittels Auslegung aus dem Gesamtbild des Schreibens ergibt, dass die unterlegene Partei die Entscheidung anfechten und den Rechtsstreit fortsetzen möchte. Maßgeblich ist der objektive, dem Gericht vernünftigerweise erkennbare Sinn; unrichtige Ausdrücke schaden (ebenso wie im Strafprozess, § 300 StPO) nicht. § 340 Abs. 2 S. 2 ZPO stellt klar, dass gegen ein Versäumnisurteil (einen Vollstreckungsbescheid) auch nur teilweise Einspruch eingelegt werden kann. Voraussetzung einer Einspruchsbeschränkung ist die Teilbarkeit des Streitgegenstandes, wie es beispielsweise bei objektiver Klagehäufung (§ 260 ZPO) oder einfacher Streitgenossenschaft (§§ 59, 60 ZPO) der Fall ist.

B hat, vertreten durch N, formgemäß Einspruch eingelegt.

cc) Frist

> Frist des Einspruchs

Die Frist zur Erhebung des Einspruchs beläuft sich nach § 339 Abs. 1 ZPO auf zwei Wochen.[13] Als Notfrist ist sie wegen § 224 ZPO – abgesehen von den Fällen des § 339 Abs. 2 ZPO – nicht abänderbar. Bei Zustellungsmängeln ist gemäß § 189 ZPO eine Heilung möglich, § 233 ZPO erlaubt darüber hinaus eine Wiedereinsetzung in den vorigen Stand.

Berechnung der Einspruchsfrist

Nach § 317 Abs. 1 S. 1 ZPO beginnt die Frist mit der Zustellung des Versäumnisurteils an die unterlegene Partei. Ihr Lauf berechnet sich gemäß § 222 ZPO, der in Absatz 1 auf die Regelungen der §§ 187 ff. BGB verweist. § 222 Abs. 2 ZPO verlegt den Fristablauf bei Samstagen, Sonn- und Feiertagen auf den nächsten Werktag.
Die Zweiwochenfrist beginnt mit der Zustellung, so dass der Kalendertag der Zustellung nach § 187 Abs. 1 BGB nicht mitgerechnet wird. Das Fristende gibt § 188 Abs. 2 BGB vor. Ein beispielsweise an einem Mittwoch zugestelltes Versäumnisurteil führt zu einem Ablauf der zweiwöchigen Einspruchsfrist am übernächsten Mittwoch um 24.00 Uhr.

Gegen den am Montag, 10.04., zugestellten Vollstreckungsbescheid hat N am Montag, 24.04., Einspruch eingelegt. Die Zweiwochenfrist des § 339 Abs. 1 ZPO ist somit gewahrt, vgl. § 222 ZPO iVm §§ 187 Abs. 1, 188 Abs. 2 BGB.

dd) Wirkung des Einspruchs

> Wirkung des Einspruchs

Ist der **Einspruch unzulässig**, wird er gemäß § 341 Abs. 1 S. 2 ZPO (mit oder ohne mündliche Verhandlung) durch Endurteil verworfen. Der Tenor lautet: Der Einspruch des Beklagten gegen das Versäumnisurteil vom .... wird verworfen.

Ist der **Einspruch** – wie hier – **zulässig**, hat das Gericht nach § 341a ZPO Termin zur mündlichen Verhandlung zu bestimmen und den Parteien bekannt zu machen. Der zulässige Einspruch versetzt den Prozess gemäß § 342 ZPO in die Lage zurück, in der er sich vor Eintritt der Säumnis befand.

---

13 Im Arbeitsgerichtsverfahren beträgt die Einspruchsfrist eine Woche, §§ 59 S. 1, 64 Abs. 7 ArbGG. Siehe auch Fall 10, S. 259 ff.

> **Zurückversetzung des Prozesses, § 342 ZPO**
>
> Der zulässige Einspruch führt zwar nicht zum Wegfall des Versäumnisurteils, bewirkt aber den Entfall der Bindungswirkung des § 318 ZPO. Der Prozess wird daher ohne Berücksichtigung des Versäumnisurteils fortgesetzt. Bei der erneuten Verhandlung iSd § 342 ZPO werden das gesamte bisherige Vorbringen und alle bisherigen Prozesshandlungen der Parteien sowie des Gerichts wirksam, dh, dass Beweiserhebungen, Geständnisse und sonstige Parteierklärungen entscheidungserheblich werden. Aufgrund der Zurückversetzung des Prozesses entscheidet das Gericht in einer neuen mündlichen Verhandlung (§ 341a ZPO) unabhängig vom Versäumnisurteil. Dessen Existenz als Vollstreckungstitel wirkt sich wegen § 343 ZPO nur bei der Tenorierung aus:
> Falls die Klage unzulässig oder unbegründet ist, wird nach § 343 S. 2 ZPO tenoriert, dass das Versäumnisurteil (der Vollstreckungsbescheid) aufgehoben und die Klage abgewiesen wird. Die Kosten des Rechtsstreits sind gemäß § 91 Abs. 1 S. 1 ZPO dem Kläger aufzuerlegen, jedoch mit Ausnahme der durch die Säumnis des Beklagten bedingten Kosten, vgl. § 344 ZPO. Ist die Klage zulässig und begründet, lautet der Tenor nach § 343 S. 1 ZPO, dass das Versäumnisurteil (der Vollstreckungsbescheid) aufrechterhalten wird und der Beklagte auch die weiteren Kosten des Rechtsstreits zu tragen hat.

Übertragen auf die Konstellation des Vollstreckungsbescheids bedeutet dies, dass wegen des zulässigen Einspruchs der Rechtsstreit an das Streitgericht iSd § 700 Abs. 3 S. 1 ZPO abgegeben und der Kläger gemäß § 700 Abs. 3 S. 2 iVm § 697 Abs. 1 ZPO zur Anspruchsbegründung aufgefordert wird. Nach deren Eingang wird Termin zur mündlichen Verhandlung bestimmt, vgl. §§ 700 Abs. 4 S. 1, 341a, 277 ff. ZPO. Wegen § 342 ZPO wird der Rechtsstreit in die ursprüngliche Lage zurückversetzt, so dass Zulässigkeit und Begründetheit der Klage der F-GmbH zu prüfen sind.

> Der zulässige Einspruch versetzt nach **§ 342 ZPO** den Prozess in die Lage zurück, in der er sich vor der Säumnis befunden hat. Zu prüfen sind daher Zulässigkeit und Begründetheit der Klage.

b) Zulässigkeit der Klage der F-GmbH

Gegen die Zulässigkeit der Klage[14] bestehen keine Bedenken, insbesondere sind sachliche (§§ 23, 71 GVG) und örtliche (§§ 12, 13, 29 Abs. 1 ZPO) Zuständigkeit des Landgerichts Konstanz gegeben. Es handelt sich um einen Anwaltsprozess, § 78 Abs. 1 ZPO. Die GmbH ist als juristische Person (§ 13 Abs. 1 GmbHG) partei- (§ 50 Abs. 1 ZPO) und prozessfähig (§ 51 Abs. 1 ZPO). Die GmbH wird gesetzlich vertreten durch ihren Geschäftsführer (§ 35 Abs. 1 S. 1 GmbHG).
Die Klage der F-GmbH gegen B wäre zulässig gewesen.

c) Begründetheit der Klage der F-GmbH

Die Klage der F-GmbH gegen B auf Zahlung von 11.300 EUR ist begründet, wenn ein entsprechender materiellrechtlicher **Anspruch** besteht. Dieser könnte sich **aus § 631 Abs. 1 BGB** ergeben.

aa) Abschluss eines Werkvertrages

B und die F-GmbH, vertreten durch ihren Geschäftsführer (§ 35 Abs. 1 S. 1 GmbHG, § 164 Abs. 1 BGB) haben sich über die Herstellung eines Fußbodens iSd §§ 145 ff. BGB geeinigt.
Fraglich ist, welcher Vertragstyp dieser Abrede zugrunde liegt.[15]

---

14 Näher zur Zulässigkeitsprüfung bei Fall 13, S. 333; Thomas/Putzo/*Reichold*, Vorb. § 253 Rn. 8 ff.
15 Zur Abgrenzung des Werkvertrages von ähnlichen Vertragstypen Erman/*Schwenker*, Vor §§ 631–651 Rn. 7 ff.; MüKoBGB/*Busche*, § 631 Rn. 9 ff.; BRHP/*Voit*, § 631 Rn. 2 ff.

Abgrenzung des Werkvertrages von ähnlichen Verträgen			
Werkvertrag § 631 BGB Geschuldet ist das Ergebnis der Tätigkeit, der Erfolg an sich; zB Reparatur eines Kfz.	**Dienstvertrag** § 611 BGB Nur die Bemühung um den Erfolg, das bloße Tätigwerden an sich ist Vertragsgegenstand; zB ärztliche Heilbehandlung.	**Werklieferungsvertrag** § 650 BGB Verträge, welche die Lieferung herzustellender oder zu erzeugender beweglicher Sachen regeln, sind nach Kaufrecht zu behandeln; zB Bau einer Produktionsanlage.	**Kaufvertrag mit Montageverpflichtung** vgl. § 434 Abs. 2 BGB Schwerpunkt der Abrede sind Übergabe und Übereignung der Sache. Die Montage bildet nur eine untergeordnete Nebenpflicht; zB Lieferung und Montage eines TV Gerätes.

Die **Abgrenzung von Dienst- und Werkvertrag** ist durch Auslegung (§§ 133, 157 BGB) der Vereinbarung unter Berücksichtigung aller Umstände des Einzelfalles vorzunehmen. Dabei kommt es insbesondere darauf an, ob der Verpflichtete für die Verwirklichung des angestrebten Erfolgs einzustehen hat, mithin das Unternehmerrisiko trägt (Werkvertrag) oder ob er nicht mit dem Erfolgsrisiko belastet ist (Dienstvertrag).[16]

> Werkvertragsrecht unterfallen insbesondere Verträge über
> - geistige Leistungen,
> - Leistungen an unbeweglichen Sachen,
> - Leistungen an gebrauchten Gegenständen, va Reparatur und Wartung.

Die **Abgrenzung des Werkvertrages vom Werklieferungsvertrag**, auf den die Vorschriften über den Kauf anzuwenden sind, regelt § 650 BGB. Danach handelt es sich um einen Werklieferungsvertrag, wenn der Unternehmer neu hergestellte oder zu erzeugende bewegliche Sachen liefert. Der Werklieferungsvertrag ist wiederum vom **Kaufvertrag mit Montageverpflichtung** zu unterscheiden. Handelt es sich bei der Montage nur um eine Nebenleistungspflicht, die neben Übergabe und Übereignung von untergeordneter Bedeutung ist, kommt Kaufrecht zur Anwendung, ohne dass es der Verweisung nach § 651 BGB bedarf. Ein Werklieferungsvertrag ist hingegen anzunehmen, wenn der Vertrag gleichermaßen von der Einbauleistung sowie der Übergabe und Übereignung der Sache geprägt ist. Ist Vertragsgegenstand allein oder in erster Linie der mit der Tätigkeit zu erbringende Erfolg, handelt es sich um einen Werkvertrag, weil die Lieferung einzelner untergeordneter Sachen auf die Qualifikation des Vertrages keinen Einfluss hat.[17]

Vertragsgegenstand ist hier der feste Einbau einer für das Gebäude speziell zugeschnittenen Inneneinrichtung. Dabei handelt es sich um wesentliche Bestandteile eines Gebäudes iSd § 94 Abs. 2 BGB. Die Vorschrift erfasst auch die im Zuge einer Renovierung eingefügten Gegenstände, die das Bauwerk prägen und in der Absicht dauernder Einfügung eingebaut werden. § 651 BGB erfasst nicht Verträge über die Herstellung wesentlicher Bestandteile von Grundstücken.[18] Damit bezieht sich der Vertrag zwischen B und der F-GmbH nicht auf die Lieferung herzustellender oder zu erzeugender beweglicher Sachen iSd § 651 S. 1 BGB; es handelt sich vielmehr

---

16 Einzelheiten und Beispiele bei BRHP/*Voit*, § 631 Rn. 4 ff.; Palandt/*Sprau*, Einf. v. § 631 Rn. 10; MüKoBGB/*Busche*, § 631 Rn. 16.
17 Erman/*Schwenker/Rodemann*, § 650 Rn. 2 ff.; Palandt/*Sprau*, § 650 Rn. 1 ff.; MüKoBGB/*Busche*, § 651 Rn. 1 ff.
18 Palandt/*Sprau*, § 650 Rn. 1; BRHP/*Voit*, § 650 Rn. 3; Jauernig/*Mansel*, § 650 Rn. 1.

um Arbeiten an einem Gebäude, wobei in erster Linie ein bestimmter Einbauerfolg geschuldet ist.

B und die F-GmbH haben einen Werkvertrag iSd § 631 BGB geschlossen.

bb) Vereinbarung und Höhe der Vergütung

Ist eine Vergütung der Werkleistung nicht ausdrücklich bestimmt, gilt gemäß § 632 Abs. 1 BGB eine Gegenleistung als stillschweigend vereinbart, wenn die Herstellung des Werkes den Umständen nach nur gegen eine Vergütung zu erwarten ist. Fehlt eine Vereinbarung über die Höhe der Vergütung, ist nach der Auslegungsregel des § 632 Abs. 2 BGB die Höhe nach der Taxe[19] oder – falls keine solche besteht – nach der Üblichkeit festzusetzen.

Hier ist von einer Vergütung für die Herstellung des Fußbodens in Höhe von 11.300 EUR auszugehen.

cc) Fälligkeit der Vergütung

Der Anspruch auf Zahlung der Vergütung ist mit Vertragsabschluss entstanden. Nach § 641 Abs. 1 S. 1 BGB wird die Gegenleistung allerdings erst mit der **Abnahme des Werkes** fällig.

Die Abnahme regelt § 640 BGB. Nach § 640 Abs. 1 S. 1 BGB ist der Besteller dazu verpflichtet, das vertragsgemäß hergestellte Werk abzunehmen.[20]

> Die Abnahme bildet eine Hauptpflicht des Bestellers. Daher kann dieser mit ihr in Schuldnerverzug geraten und der Unternehmer nach §§ 280 Abs. 1, 2, 286 oder §§ 323, 325 BGB vorgehen.

Abnahme gemäß § 640 BGB

1. Voraussetzungen der Abnahmepflicht

Eine Abnahmepflicht erfordert die Abnahmefähigkeit und die Abnahmereife des Werkes.

Abnahmefähigkeit besteht dann, wenn die Abnahme nicht iSd § 640 Abs. 1 S. 1 BGB nach der Beschaffenheit des Werkes ausgeschlossen ist. Das ist zum Beispiel bei immateriellen Werken, die eine Nachprüfung nicht zulassen, und bei materiellen Werken, deren Nachprüfung unzumutbar (zB hohes Dach) ist, der Fall. An die Stelle der Abnahme tritt insoweit gemäß § 646 BGB die Vollendung des Werkes.

Abnahmereife meint ein vollständiges, im Wesentlichen vertragsgemäßes und mangelfreies Werk, wobei nach § 640 Abs. 1 S. 2 BGB die Abnahme wegen unwesentlicher Mängel nicht verweigert werden kann. Unwesentlichkeit ist anzunehmen, wenn es dem Besteller zumutbar ist, die Leistung als im Kern vertragsgemäße Erfüllung anzunehmen und sich mit den Mängelrechten des § 634 BGB zu begnügen. Nach den Umständen des Einzelfalles ist insbesondere auf die Höhe der Mangelbeseitigungskosten, die Auswirkungen des Mangels und die Zweckbestimmung der Leistung abzustellen.

---

19 Bei einer Taxe handelt es sich um einen hoheitlich durch Bundes- oder Landesrecht bestimmten Preis, wie es beispielsweise bei den Gebührenordnungen für Rechtsanwälte, Steuerberater, Architekten, Ärzten und Zahnärzten der Fall ist. Siehe PWW/*Leupertz/Halfmeier*, § 632 Rn. 9; Palandt/*Sprau*, § 632 Rn. 14.
20 Vgl. BRHP/*Voit*, § 640 Rn. 2, 21 ff.; PWW/*Leupertz/Halfmeier*, § 640 Rn. 4; Palandt/*Sprau*, § 640 Rn. 3 ff.; Erman/*Schwenker*, § 640 Rn. 5 ff.; MüKoBGB/*Busche*, § 640 Rn. 10 ff.

Abnahme gemäß § 640 BGB *(Fortsetzung)*

2. Anforderungen an eine Abnahme

Unter einer Abnahme ist anders als beim Kaufvertrag nicht nur die reale Entgegennahme der Leistung zu verstehen, sondern neben die körperliche **Entgegennahme** tritt eine ausdrückliche oder stillschweigende **Erklärung des Bestellers**, mit der er das Werk als in der Hauptsache vertragsgemäß anerkennt. Sie ist eine geschäftsähnliche Handlung, so dass die Vorschriften über Rechtsgeschäfte weitgehend analog anwendbar sind (zB § 151 BGB).
Bei der konkludenten Abnahme kommt es darauf an, ob sich der Besteller derart verhalten hat, dass der Unternehmer daraus eine grundsätzliche **Billigung der Leistung** ableiten durfte. Ein solches Verhalten setzt regelmäßig voraus, dass das Werk vollständig erbracht wurde und dem Besteller Möglichkeit sowie Zeit für eine angemessene Prüfung zur Verfügung standen. Die Leistung hat der Besteller abzunehmen. Durch einen Dritten (zB durch einen Kunden des Bestellers) kann das Werk nur dann abgenommen werden, wenn der Besteller die Erklärung des Dritten aufgrund §§ 164 ff. BGB gegen sich gelten lassen muss.

3. Fiktion der Abnahme

Der Abnahme steht es gemäß § 640 Abs. 2 BGB gleich, wenn der Besteller das Werk nicht innerhalb einer ihm vom Unternehmer bestimmten angemessenen Frist abnimmt, obwohl er dazu verpflichtet ist.

4. Rechtsfolgen der Abnahme

Mit der Abnahme erlischt der allgemeine Erfüllungsanspruch des Bestellers; seine Rechte ergeben sich nunmehr aus § 634 BGB. Nach § 634a Abs. 2 BGB beginnt die Verjährung der Mängelansprüche mit der Abnahme.
Der Anspruch des Unternehmers auf die Vergütung wird fällig, § 641 Abs. 1 S. 1 BGB.

Abnahme setzt Entgegennahme und Billigung des Werkes voraus.

Eine Abnahme erfordert eine körperliche Entgegennahme des Werkes und eine damit verbundene Erklärung des Bestellers, die Leistung als eine in der Hauptsache vertragsgerechte anzuerkennen. Daran fehlt es hier; B hat den Fußboden nicht abgenommen.

Mangels Abnahme ist der Anspruch nicht fällig.

Unmöglichkeit
Gemäß § 275 BGB ist der Anspruch auf Leistung bei Unmöglichkeit ausgeschlossen. Der Gegenleistungsanspruch entfällt nach § 326 BGB, sofern nicht eine Ausnahmenorm den Übergang der Vergütungsgefahr anordnet.

dd) Übergang der Vergütungsgefahr

Die F-GmbH kann die Vergütung nach § 631 Abs. 1 BGB somit erst verlangen, wenn der Fußboden neu hergestellt und von B abgenommen ist, vgl. §§ 641 Abs. 1 S. 1, 644 Abs. 1 S. 1 BGB.

Die Herstellungspflicht aus § 631 Abs. 1 BGB entfällt, wenn dem Unternehmer die Leistung gemäß § 275 Abs. 1 BGB unmöglich oder er iSd § 275 Abs. 2, 3 BGB zur Leistungsverweigerung berechtigt ist.[21] Wird der Unternehmer gemäß § 275 BGB von der Leistung frei, entfällt nach § 326 Abs. 1 S. 1 BGB grundsätzlich sein Anspruch auf die Gegenleistung. Handelt es sich bei der Zerstörung bzw. Beschädigung des Werkes vor Abnahme nicht um einen Fall der Unmöglichkeit (§ 275

---

21 Zur Unmöglichkeit siehe Fall 3, S. 67 f. und Fall 5, S. 112.

BGB), hat der Unternehmer das Werk neu zu erstellen, weil er den Eintritt eines Erfolges schuldet: Vor Abnahme trägt der Unternehmer die Leistungsgefahr.

Ausnahmsweise ist der Besteller in den Fällen des Übergangs der Vergütungsgefahr trotz der Zerstörung bzw. Beschädigung des Werkes vor Abnahme zur Zahlung gemäß § 631 Abs. 1 BGB verpflichtet.

Übergang der Vergütungsgefahr beim Werkvertrag

Verantwortlichkeit des Bestellers § 326 Abs. 2 S. 1 BGB	Stellvertretendes Commodum § 326 Abs. 3 S. 1 BGB	Nach Abnahme, bei Annahmeverzug oder Versand § 644 BGB	Stoffmangel, Anweisung § 645 Abs. 1 BGB
Der Unternehmer behält den Anspruch auf die Gegenleistung, wenn der Besteller das Leistungshindernis weit überwiegend zu vertreten hat oder der Besteller zum Zeitpunkt des Hindeniseintritts in Annahmeverzug ist.	Verlangt der Besteller das Surrogat der unmöglich gewordenen Leistung nach § 285 BGB, bleibt für den Unternehmer der Zahlungsanspruch aus § 631 Abs. 1 BGB bestehen.	Die Preisgefahr geht auf den Besteller über, wenn er das Werk abgenommen hat, er sich in Annahmeverzug befand oder das Werk auf Verlangen des Bestellers versandt wurde.	Der Zahlungsanspruch bleibt bestehen, wenn das Werk infolge eines Mangels des vom Besteller gelieferten Stoffes oder aufgrund einer vom Besteller für die Ausführung erteilten Anweisung untergegangen ist.

(1) Die Vergütungsgefahr ist hier nicht gemäß **§ 644 BGB** übergegangen, weil es sich nicht um einen Fall der Abnahme, des Annahmeverzuges oder der Versendung handelt.

(2) Die Vergütungsgefahr könnte allerdings nach **§ 645 Abs. 1 BGB** von B zu tragen sein. Da B für die Herstellung des Holzbodens weder Material geliefert noch eine Anweisung zur Werkausführung erteilt hat, greift § 645 Abs. 1 BGB unmittelbar nicht ein.

(3) Möglicherweise ist **§ 645 BGB** jedoch **analog** anzuwenden. Die in § 645 Abs. 1 S. 1 BGB ausdrücklich aufgezählten Fälle (Stoffmangel, Anweisung) könnten nur als beispielhafte Aufzählung (pars pro toto) für einen allgemeinen Grundsatz der Gefahrtragung durch den Besteller zu verstehen sein. Und in der Tat herrscht – auch aufgrund historischer Auslegung – Übereinstimmung, dass § 645 Abs. 1 S. 1 BGB entsprechend anzuwenden ist, wenn das Werk aus Umständen untergeht oder unmöglich wird, die in der Person des Bestellers liegen oder auf Handlungen des Bestellers zurückgehen, auch wenn es insoweit an einem Verschulden des Bestellers fehlt. Auseinander gehen die Auffassungen aber darin, unter welchen Voraussetzungen und in welchem Umfang eine Analogie zu § 645 Abs. 1 S. 1 BGB möglich ist.[22]

> Analoge Anwendung des § 645 BGB

---

22 Erman/*Schwenker*, § 645 Rn. 10f.; BRHP/*Voit*, § 645 Rn. 17ff.; MüKoBGB/*Voit*, § 645 Rn. 19; Palandt/*Sprau*, § 645 Rn. 8ff.

Meinungsstreit zur analogen Anwendung des § 645 Abs. 1 BGB	
Sphärentheorie	**Enge Auffassung** (hM)
Danach trägt der Besteller vor Abnahme das Risiko aller Leistungshindernisse, die aus seiner Sphäre herrühren. Begründet wird dies mit einem aus § 645 BGB allgemein abzuleitenden Rechtsgedanken, wonach die Vergütungsgefahr beim Werkvertrag grundsätzlich nach Risikobereichen zu verteilen sei.	§ 645 Abs. 1 BGB sei nur auf solche Risikolagen analog anzuwenden, die den in der Vorschrift geregelten Fällen gleichen. Eine Analogie komme nur bei im Einzelnen vergleichbaren Rechtsähnlichkeiten in Betracht. Dies bestätige die in §§ 644, 645 BGB konkret und detailliert getroffene Regelung.

Während hier die Sphärentheorie den Übergang der Vergütungsgefahr befürwortet, weil ein Wasserschaden im Gebäude des Bestellers dessen Risikobereich zuzuordnen ist, lehnt die enge Auffassung einen Zahlungsanspruch ab, weil aufgrund der zahlreich beschäftigten Handwerksbetriebe die Verantwortlichkeit ungeklärt ist sowie eine Vergleichbarkeit mit den Fällen der Stofflieferung und der Anweisung nicht besteht.[23]

> **Voraussetzungen Analogie**
> 1. Planwidrige Gesetzeslücke
> 2. Ähnlichkeit zwischen geregeltem und ungeregeltem Tatbestand

Zutreffend ist es, die Anwendung des § 645 Abs. 1 S. 1 BGB auf rechtsähnliche Fälle zu beschränken. Dies ergibt sich aus den Anforderungen an eine Analogie. Sie setzt eine planwidrige Gesetzeslücke sowie die Ähnlichkeit von geregeltem und ungeregeltem Tatbestand voraus.[24]

An beidem fehlt es bei der weiten Sichtweise der Sphärentheorie. Zum einen wurde die allgemeine Risikozuordnung der Sphärentheorie von der zweiten Kommission im Rahmen des Gesetzgebungsverfahrens ausdrücklich abgelehnt;[25] der Gesetzgeber hat mithin bewusst von einer generellen Sphärenregelung abgesehen, so dass von einer planwidrigen Gesetzeslücke nicht auszugehen ist. Zum anderen erlaubt die Analogie die Übertragung der Rechtsfolge nur auf einen konkreten vergleichbaren Tatbestand.

Beschränkt man die analoge Anwendung des § 645 Abs. 1 S. 1 BGB mit der herrschenden Auffassung auf konkret vergleichbare Fälle, kommt es bei diesem Sachverhalt nicht zu einem Übergang der Vergütungsgefahr von der F-GmbH auf B.

Ergebnis: Der F-GmbH steht gegen B kein Anspruch gemäß § 631 Abs. 1 BGB auf Zahlung von 11.300 EUR für die Herstellung des Fußbodens zu.

> **Ergebnis Mahnverfahren (Klage)**

Ergebnis in Bezug auf das Mahnverfahren (Klage): Da B nicht nach § 631 Abs. 1 BGB zur Zahlung an die F-GmbH verpflichtet ist, wäre die mittels Mahnverfahren eingeleitete Klage der F-GmbH gegen B unbegründet gewesen. Wäre Rechtsanwalt N ordnungsgemäß vorgegangen und nicht untätig geblieben, wäre die Klage abgewiesen worden. Die Pflichtverletzungen des N waren somit kausal für den Schaden.

---

23 BGH NJW 1981, 392.
24 *Larenz*, Methodenlehre, S. 381 ff.; zur Analogie siehe Fall 1, S. 14.
25 Vgl. auch *Picker*, JZ 1985, 693, 694 f.; MüKoBGB/*Busche*, § 645 Rn. 14 ff.; Erman/*Schwenker*, § 645 Rn. 11.

2. Rechtslage in Bezug auf die Widerklage

Die Widerklage des B gegen die F-GmbH ist erfolgreich, wenn sie zulässig und begründet ist.

> **Widerklage**
>
> Die Widerklage ist eine **selbständige Klage**, die vom Beklagten im selben Verfahren gegen den Kläger erhoben wird. Für die Widerklage müssen die gleichen allgemeinen Prozessvoraussetzungen wie bei einer Klage erfüllt sein, also beispielsweise die sachliche und örtliche Zuständigkeit sowie die Partei- und Prozessfähigkeit.
> Bei der **sachlichen Zuständigkeit** werden gemäß § 5 Hs. 2 ZPO die Streitwerte von Klage und Widerklage nicht zusammengerechnet. Die Eingangszuständigkeit gibt den Wert der Klage vor. Ist danach die Klage am Amtsgericht anhängig, ist nach § 506 Abs. 1 ZPO auf Antrag der gesamte Rechtsstreit an das Landgericht zu verweisen, wenn der Wert der Widerklage die landgerichtliche Zuständigkeit eröffnet. Wird hingegen bei landgerichtlicher Zuständigkeit für die Klage widerklagend ein Anspruch geltend gemacht, der in die Zuständigkeit der Amtsgerichte fällt, bleibt es nach der Zwecksetzung des § 33 ZPO bei der sachlichen Zuständigkeit des Landgerichts.
> Für die **örtliche Zuständigkeit** gelten auch bei der Widerklage die allgemeinen Regelungen (vgl. §§ 12 ff. ZPO). § 33 Abs. 1 ZPO begründet zusätzlich einen besonderen Gerichtsstand und bestimmt nach hM nicht eine besondere Prozessvoraussetzung für die Widerklage (vgl. Musielak/Voit/*Heinrich*, § 33 Rn. 3). § 33 Abs. 1 ZPO erfordert einen rechtlichen Zusammenhang (Konnexität) zwischen Klage und Widerklage, der besteht, wenn sich Anspruch und Gegenanspruch aus demselben rechtlichen Verhältnis ergeben und ihnen ein einheitlicher, innerlich zusammengehöriger Lebenssachverhalt zugrunde liegt; ein lediglich tatsächlicher oder wirtschaftlicher Zusammenhang genügt nach hM nicht (Musielak/Voit/*Heinrich*, § 33 Rn. 2; Zöller/*Vollkommer*, § 33 Rn. 18). Der Begriff des rechtlichen Zusammenhangs ist folglich weit zu verstehen und dann gegeben, wenn die Widerklage mit dem Streitgegenstand der Klage oder mit dem Verteidigungsmittel, dh Einwendungen oder Einreden in Zusammenhang steht.
> Bei der Widerklage handelt es sich nicht um ein Angriffs- oder Verteidigungsmittel iSd §§ 282, 296, 530, 531 ZPO, sondern um einen eigenständigen (Gegen-)Angriff. Die Vorschriften der §§ 296, 530, 531 ZPO zur **Präklusion** greifen daher nicht ein. Somit ist ein Vorbringen, welches hinsichtlich der Hauptklage an sich verspätet wäre, bei der Widerklage zu berücksichtigen. Da aber Vorbringen gemäß § 296 ZPO nur dann als verspätet zurückgewiesen werden kann, wenn es den gesamten Rechtsstreit verzögert, dies aber aufgrund der notwendigen Erörterungen zur Widerklage gerade nicht der Fall ist, muss der (an sich verspätete) Vortrag auch im Rahmen der Hauptklage berücksichtigt werden, sogenannte Flucht in die Widerklage.
> Eine **Eventualwiderklage** (Hilfswiderklage) ist trotz der Bedingungsfeindlichkeit von Prozesshandlungen zulässig, wenn es sich um eine innerprozessuale Bedingung handelt. Die Widerklage kann also zum Beispiel für den Fall gestellt werden, dass die Klage erfolgreich oder erfolglos ist.
> Gegen eine Widerklage kann eine (auch hilfsweise) **Wider-Widerklage** erhoben werden. Möglich ist ebenfalls eine **Zwischenfeststellungswiderklage**; sie ermöglicht dem Beklagten, iSd § 256 Abs. 2 ZPO solche Rechtsverhältnisse durch rechtskräftiges (Zwischen-)Urteil zu klären, die für die Hauptsache vorgreiflich sind.
> Zulässig ist überdies eine parteierweiternde **Drittwiderklage**, das heißt, der Beklagte kann seine Widerklage auch gegen einen bisher am Rechtsstreit nicht beteiligten Dritten erheben. Da ein Dritter neu am Prozess beteiligt wird, gelten die Regeln über den Parteibeitritt. Die Rechtsprechung stellt auf die Voraussetzungen des § 263 ZPO (Zustimmung oder Sachdienlichkeit) ab und verlangt, dass der widerbeklagte Kläger und der Dritte Streitgenossen (§§ 59, 60 ZPO) sind. Teile der Literatur stellen dagegen nicht auf § 263 ZPO ab, sondern lassen die Drittwiderklage nur dann zu, wenn der Dritte von der Rechtskraft des Urteils auch ohne seine Beteiligung am Prozess erfasst wird (näher Zöller/*Vollkommer*, § 33 Rn. 26; Stein/Jonas/*Roth*, § 33 Rn. 40 ff.).

a) Zulässigkeit der Widerklage des B

aa) Allgemeine Prozessvoraussetzungen

Für die Widerklage als eigenständige Klage müssen die allgemeinen Prozessvoraussetzungen[26] erfüllt sein. Die Widerklage ist hier ordnungsgemäß erhoben; von der Partei- und Prozessfähigkeit der Beteiligten ist auszugehen.

(1) Sachliche Zuständigkeit

Bei einem Streitwert in Höhe von 1.800 EUR ist gemäß §§ 23 Nr. 1, 71 Abs. 1 GVG an sich das Amtsgericht sachlich zuständig. Ausnahmsweise umfasst bei einer Widerklage die Zuständigkeit des Landgerichts für die Klage auch die Zuständigkeit des Amtsgerichts für die Widerklage. Sachlich zuständig ist damit hier das Landgericht.

(2) Örtliche Zuständigkeit

Die örtliche Zuständigkeit des Landgerichts Konstanz ergibt sich aus §§ 12, 17 Abs. 1 ZPO (Sitz der GmbH in Konstanz) und aus § 29 Abs. 1 ZPO (Erfüllungsort Konstanz). Zudem lässt sich der Gerichtsstand Konstanz auch aus § 33 Abs. 1 ZPO ableiten, weil Klage und Widerklage aus einem einheitlichen Lebensverhältnis stammen und somit rechtlich zusammenhängen.

(3) Keine anderweitige Rechtshängigkeit

Die Widerklage muss einen anderen Streitgegenstand aufweisen wie die Klage. § 261 Abs. 3 Nr. 1 ZPO gibt vor, dass während der Dauer der Rechtshängigkeit der Streitgegenstand[27] von keiner Partei anderweitig anhängig gemacht werden darf. Folglich verhindert § 261 Abs. 3 Nr. 1 ZPO, dass die Widerklage allein die Negation der Klage darstellt (kontradiktorisches Gegenteil), also zum Beispiel der Beklagte widerklagend die Feststellung begehrt, dass er dem Kläger nicht die mit der Klage geltend gemachte Leistung schulde.[28]

Hier hat die Widerklage auf Ersatz der beschädigten Vitrine und Gläser einen von der Hauptklage verschiedenen Streitgegenstand.

bb) Besondere Prozessvoraussetzungen

(1) Rechtshängige Hauptklage

Die Widerklage setzt eine rechtshängige Hauptklage bei ihrer Erhebung voraus; danach ist die Widerklage unabhängig vom Fortbestand der Hauptklage. Die Widerklage muss folglich bis zum Schluss der mündlichen Verhandlung der Klage erhoben sein. Deshalb scheidet eine Widerklage im Mahnverfahren aus und ist erst statthaft, wenn der Übergang zum Streitverfahren vollzogen ist. Ist die Hauptklage zurückgenommen, beiderseits für erledigt erklärt oder durch Vergleich beendet, entfällt die Rechtshängigkeit der Streitsache und die Erhebung der Widerklage ist damit ausgeschlossen.[29]

Die Widerklage wurde von B nach dem Übergang in das Streitverfahren erhoben; die Rechtshängigkeit der Hauptklage im Zeitpunkt der Erhebung der Widerklage ist gegeben.

Zulässigkeit der Widerklage
1. Allgemeine Prozessvoraussetzungen, insbesondere
   a) Sachliche Zuständigkeit
   b) Örtliche Zuständigkeit
   c) Keine anderweitige Rechtshängigkeit
2. Besondere Prozessvoraussetzungen
   a) Rechtshängige Hauptklage
   b) Parteiidentität
   c) Kein Ausschluss kraft Gesetzes
   d) Meinungsstreit zur Konnexität

Anhängig wird eine Klage mit Einreichung der Klageschrift bei Gericht. Rechtshängig wird eine Klage erst, wenn sie dem Beklagten auch zugestellt ist, vgl. §§ 253 Abs. 1, 261 Abs. 1 ZPO.

Eine Widerklage kann nur bei einer rechtshängigen Klage und bis zum Schluss deren mündlicher Verhandlung erhoben werden.

---

26 Dazu näher Thomas/Putzo/*Reichold*, Vorb. § 253 Rn. 15 ff.
27 Die hM folgt dem zweigliedrigen Streitgegenstandsbegriff, wonach der Klageantrag und der dazu vorgetragene Lebenssachverhalt den Streitgegenstand bilden; siehe Fall 10, S. 241.
28 Musielak/Voit/*Heinrich*, § 33 Rn. 9; Zöller/*Vollkommer*, § 33 Rn. 22.
29 Musielak/Voit/*Heinrich*, § 33 Rn. 6 f.; Zöller/*Vollkommer*, § 33 Rn. 9, 20.

(2) Parteiidentität

Widerkläger ist grundsätzlich der Beklagte der Hauptsache, wobei jeder Streitgenosse selbständig Widerklage erheben kann. Zur Widerklage sind ferner berechtigt Hauptintervenienten gemäß § 64 ZPO, diesen gegenüber beide Parteien der Hauptsache und der Kläger gegenüber dem Beklagten im Wege der Wider-Widerklage.[30]

Der Beklagte B wendet sich mit seiner Widerklage gegen die Klägerin, die F-GmbH.

(3) Kein Ausschluss kraft Gesetzes

Widerklagen sind im Urkunden- und Wechselprozess gemäß § 595 Abs. 1 ZPO nicht statthaft. Ehe- und Statussachen können nicht mit einer Widerklage im ordentlichen Prozess anhängig gemacht werden; auch umgekehrt ist eine in einem Familienverfahren erhobene Widerklage mit einem nicht familienrechtlichen Anspruch unzulässig, vgl. §§ 126 Abs. 2 S. 1, 179 Abs. 2, 196 FamFG. Im Arrest- und einstweiligen Verfügungsverfahren (§§ 916 ff. ZPO) können Widerklagen in Ermangelung der Rechtshängigkeit der Hauptsache nicht erhoben werden.[31]

B hat die Widerklage in der gleichen Prozessart erhoben.

(4) Rechtlicher Zusammenhang (Konnexität)

Es ist streitig, ob § 33 Abs. 1 ZPO lediglich Voraussetzungen für die örtliche Zuständigkeit benennt oder zugleich eine besondere Prozessvoraussetzung für die Widerklage regelt. Die überwiegende Auffassung sieht in § 33 Abs. 1 ZPO eine bloße Gerichtsstandsregelung und begründet dies mit der systematischen Stellung des § 33 ZPO innerhalb der Gerichtsstandsnormen und der Bezugnahme auf die Zuständigkeit in § 33 Abs. 2 ZPO.[32] Auf die Entscheidung des Meinungsstreits kommt es hier nicht an, weil Klage und Widerklage in einem Zusammenhang iSd § 33 Abs. 1 ZPO stehen.

> Nach hM betrifft § 33 Abs. 1 ZPO nur die **örtliche Zuständigkeit** und beschreibt keine besondere Zulässigkeitsvoraussetzung.

Zwar ist ebenfalls streitig, ob der Zusammenhang nur rechtlicher Art oder auch lediglich tatsächlicher bzw. wirtschaftlicher Art sein kann.[33] Auf diesen Meinungsstreit kommt es hier aber ebenfalls nicht an, weil jedenfalls ein rechtlicher Zusammenhang zwischen der Klage der F-GmbH und der Widerklage des B besteht. Die Widerklage des B gegen die F-GmbH wäre zulässig gewesen; die allgemeinen und besonderen Zulässigkeitsvoraussetzungen sind erfüllt.

> Nach hM meint § 33 Abs. 1 ZPO einen **rechtlichen Zusammenhang**, dh die Ansprüche müssen einem einheitlichen Lebensverhältnis entstammen.

b) Begründetheit der Widerklage des B

Die Widerklage des B gegen die F-GmbH auf Zahlung von 1.800 EUR ist begründet, wenn B ein entsprechender Schadensersatzanspruch zusteht.

aa) Anspruch gemäß § 280 Abs. 1 iVm § 634 Nr. 4 BGB

Ein Anspruch des B gegen die F-GmbH auf Zahlung von 1.800 EUR ergibt sich möglicherweise aus § 280 Abs. 1 S. 1 iVm § 634 Nr. 4 Alt. 1 BGB.

---

30 Musielak/Voit/*Heinrich*, § 33 Rn. 18 ff.; Thomas/Putzo/*Hüßtege*, § 33 Rn. 9.
31 MüKoZPO/*Patzina*, § 33 Rn. 5 f.; Musielak/Voit/*Heinrich*, § 33 Rn. 14.
32 Stein/Jonas/*Roth*, § 33 Rn. 2 ff.; MüKoZPO/*Patzina*, § 33 Rn. 2; *Zimmermann*, § 33 Rn. 1; Musielak/Voit/*Heinrich*, § 33 Rn. 3; *Huber*, JuS 2007, 1079, 1080; *Wagner*, JuS 2014, 655, 656; aA BGHZ 40, 185; BGH NJW 2001, 2095.
33 *Zimmermann*, § 33 Rn. 5; Stein/Jonas/*Roth*, § 33 Rn. 26; Musielak/Voit/*Heinrich*, § 33 Rn. 2; MüKoZPO/*Patzina*, § 33 Rn. 20 f. Im Übrigen kann das Fehlen der Konnexität nach § 295 Abs. 1 ZPO durch rügelose Einlassung des Widerbeklagten geheilt werden.

Rechte des Bestellers bei einem Werkmangel, § 634 BGB

1. Anspruch auf Nacherfüllung nach § 633 Abs. 1 iVm §§ 634 Nr. 1, 635 BGB

Die Mängelrechte stehen in einem **Stufenverhältnis**; der Anspruch auf Nacherfüllung als modifizierter Erfüllungsanspruch ist grundsätzlich **vorrangig** vor § 634 Nr. 2–4 BGB. Nur wenn eine dem Unternehmer gesetzte angemessene Nachfrist fruchtlos abgelaufen oder entbehrlich (§§ 636, 637 Abs. 2 S. 2, 323 Abs. 2, 281 Abs. 2 BGB) ist, steht dem Besteller die freie Wahl zwischen den anderen Mängelrechten offen. Der Unternehmer hat ein Wahlrecht, ob er das Werk nachbessert oder ein neues Werk herstellt.
Der Unternehmer kann die Nacherfüllung gemäß § 635 Abs. 3 BGB verweigern, wenn sie mit unverhältnismäßigen Kosten verbunden ist. Der Nacherfüllungsanspruch entfällt ferner in den Fällen des § 275 BGB.
Die Verjährung regelt § 634a BGB.

2. Anspruch auf Aufwendungsersatz bei Selbstvornahme gemäß § 637 Abs. 1 iVm § 634 Nr. 2 BGB

Der Besteller hat ein Recht auf Selbstvornahme, wenn die Nacherfüllungsfrist abgelaufen oder entbehrlich ist, und kann gemäß § 637 Abs. 1 BGB seine Aufwendungen ersetzt sowie nach § 637 Abs. 3 BGB einen Vorschuss verlangen.
Der Anspruch verjährt gemäß § 634a BGB.

3. Anspruch auf Leistungsrückgewähr wegen Rücktritts nach § 346 Abs. 1 iVm § 634 Nr. 3 Alt. 1 BGB

Nach § 634 Nr. 3 Alt. 1 BGB steht dem Besteller ein Rücktrittsrecht zu. Durch den Rücktritt als Gestaltungsrecht erlöschen die beiderseitigen Primärleistungspflichten und es entsteht ein Rückgewährschuldverhältnis, für das §§ 346 ff. BGB gelten. Den Ausschluss des Rücktrittsrechts regeln § 323 Abs. 5 S. 2, Abs. 6 BGB.
Übt der Besteller das Rücktrittsrecht aus, ist dadurch sein Wahlrecht erloschen; die Ausübung ist bindend. Der Besteller kann allerdings daneben Schadensersatz (§ 325 BGB) fordern.
Die Ausübung des Gestaltungsrechts ist nach § 218 BGB unwirksam, wenn sich der Unternehmer auf eine Verjährung des Nacherfüllungsanspruchs berufen konnte (vgl. § 634a Abs. 4 BGB). Der Anspruch aus § 346 Abs. 1 BGB verjährt nach allgemeinen Regeln, also insbesondere gemäß § 195 BGB.

4. Anspruch auf Rückerstattung wegen Minderung aus § 346 Abs. 1 analog iVm §§ 634 Nr. 3 Alt. 2, 638 BGB

Statt zurückzutreten kann der Besteller gemäß § 638 BGB die Vergütung mindern. Die Minderung ist wie der Rücktritt ein Gestaltungsrecht, durch dessen Wahl die übrigen Mängelrechte bis auf Schadensersatz ausgeschlossen werden.
Ist die Vergütung noch nicht vollständig bezahlt, steht dem Besteller die **Einrede der Minderung** zu; er kann in Höhe des Minderungsbetrages die Zahlung verweigern. Hat der Besteller bereits mehr als die verminderte Vergütung gezahlt, ist der Mehrbetrag vom Unternehmer nach § 346 Abs. 1 analog iVm §§ 634 Nr. 3 Alt. 2, 638 Abs. 4 BGB an den Besteller zurückzuzahlen.
Die Ausübung des Gestaltungsrechts ist gemäß § 218 BGB unwirksam, wenn sich der Unternehmer auf Verjährung des Nacherfüllungsanspruchs berufen könnte, vgl. § 634a Abs. 5 BGB. Der Anspruch aus § 346 Abs. 1 BGB analog verjährt nach allgemeinen Regeln, also insbesondere gemäß § 195 BGB.

Rechte des Bestellers bei einem Werkmangel, § 634 BGB *(Fortsetzung)*

5. Ansprüche auf Schadensersatz

Der Besteller hat die Wahl zwischen verschiedenen Schadensersatzansprüchen. Anspruchsgrundlage und Voraussetzungen variieren danach, welchen Schaden der Besteller ersetzt verlangt.

Schadensersatz statt der Leistung (Mangelschaden)

Behebbarer Mangel	Unbehebbarer Mangel
Anspruch aus § 280 Abs. 1, 3 iVm §§ 281, 634 Nr. 4 Alt. 1 BGB Die Verjährung des Anspruchs regelt § 634a BGB.	• Anspruch aus § 311a Abs. 2 iVm § 634 Nr. 4 BGB bei Leistungshindernis beim Vertragsabschluss • Anspruch aus § 280 Abs. 1, 3 iVm §§ 283, 634 Nr. 4 BGB bei Leistungshindernis nach Vertragsabschluss Beide Ansprüche verjähren gemäß § 634a BGB.

Der Besteller hat die Wahl zwischen kleinem und großem Schadensersatz.
Beim **kleinen Schadensersatz** behält der Besteller das mangelhafte Werk und erhält Schadensersatz neben der Leistung, also die Wertdifferenz zwischen mangelfreier und mangelhafter Leistung.
Beim **großen Schadensersatz** gibt der Besteller das mangelhafte Werk zurück und erhält den Schaden, der ihm infolge der Nichterfüllung des gesamten Vertrages entstanden ist. Nach § 281 Abs. 1 S. 3 BGB ist der große Schadensersatz bei einem unerheblichen Mangel ausgeschlossen.

Schadensersatz wegen verzögerter Herstellung

Wird erst mit Verspätung ein mangelfreies Werk hergestellt, ist der Verzögerungsschaden nach § 280 Abs. 1, 2 iVm §§ 286, 634 Nr. 4 Alt. 1 BGB zu ersetzen.
Die Mahnung liegt regelmäßig in der Aufforderung zur Nacherfüllung.
Die Verjährung regelt § 634a BGB.

Schaden im Zusammenhang mit einem Mangel

Anspruch nach § 280 Abs. 1 iVm § 634 Nr. 4 Alt. 1 BGB
Es gilt die Verjährungsregelung in § 634a BGB.

Schadensersatz wegen Verletzung anderer Rechtsgüter (Mangelfolgeschaden)

Mit dem Anspruch aus § 280 Abs. 1 BGB können Schäden an sonstigen Rechtsgütern des Bestellers geltend gemacht werden. Es ist danach zu unterscheiden, ob diese Schäden im Zusammenhang mit Mängeln stehen oder nicht.

Schaden ohne Zusammenhang mit einem Mangel

Anspruch aus § 280 Abs. 1 BGB

Dieser Anspruch ist unabhängig von §§ 633 ff. BGB und unterfällt der allgemeinen Verjährung gemäß § 195 BGB.

Rechte des Bestellers bei einem Werkmangel, § 634 BGB *(Fortsetzung)*
6. Anspruch auf Aufwendungsersatz gemäß § 284 iVm § 634 Nr. 4 Alt. 2 BGB
Da der Anspruch an die Stelle des Schadensersatzes statt der Leistung tritt, müssen die Voraussetzungen dieses Anspruchs erfüllt sein. Die Ansprüche auf Schadensersatz statt der Leistung und auf Aufwendungsersatz schließen einander aus. Der Besteller erhält die Aufwendungen ersetzt, die er im Vertrauen auf den Erhalt des mangelfreien Werkes gemacht hat und billigerweise machen durfte. Die Verjährung regelt § 634a BGB.

(1) Schuldverhältnis

> **Aufbauschema § 280 Abs. 1 BGB** Schadensersatz bei Mangelfolgeschaden
> 1. Schuldverhältnis
> 2. Pflichtverletzung
> 3. Keine Exkulpation nach § 280 Abs. 1 S. 2 BGB
> 4. Mangelfolgeschaden

Die Beteiligten waren sich iSd § 631 BGB einig, dass die F-GmbH als Unternehmerin den Erfolg einer ordnungsgemäß angebrachten Wandvertäfelung schuldet. Ein Werklieferungsvertrag nach § 651 BGB scheidet aus, weil die Norm sich nicht auf wesentliche Bestandteile eines Grundstücks bezieht. Gemäß § 94 BGB zählen mit dem Grund und Boden fest verbundene Sachen, insbesondere Gebäude und die zu ihrer Herstellung eingefügten Gegenstände zum unbeweglichen Vermögen.

(2) Pflichtverletzung

Neben einem Schuldverhältnis erfordert § 280 Abs. 1 S. 1 BGB eine Pflichtverletzung. Diese besteht, wenn ein Vertragspartner unberechtigt gegen das vertragliche Verhaltensprogramm verstößt. In Betracht kommt die Verletzung von Leistungs-, Nebenleistungs- und Verhaltenspflichten.

Die Mitarbeiter der F-GmbH haben das Wandpaneel unzureichend und somit mangelhaft befestigt. Diese Verletzung der Hauptleistungspflicht ist der F-GmbH iSd § 278 S. 1 BGB zuzurechnen.

(3) Keine Exkulpation nach § 280 Abs. 1 S. 2 BGB

Der Schuldner muss die Pflichtverletzung zu vertreten haben. Der negativen Formulierung in § 280 Abs. 1 S. 2 BGB ist zu entnehmen, dass das Verschulden (§ 276 Abs. 1 BGB) vermutet wird, der Schuldner sich aber entlasten kann. Die Mitarbeiter der F-GmbH haben die Wandvertäfelung unachtsam und damit fahrlässig iSd § 276 Abs. 2 BGB montiert. Das Verschulden der Erfüllungsgehilfen[34] wird gemäß § 278 S. 1 BGB dem Schuldner zugerechnet. Der F-GmbH gelingt daher kein Entlastungsbeweis nach § 280 Abs. 1 S. 2 BGB.

(4) Mangelfolgeschaden

> **Mangelschaden** meint einen Minderwert des Leistungsgegenstandes.
> Ein **Mangelfolgeschaden** besteht an anderen Rechtsgütern des Gläubigers.

Die schuldhafte Pflichtverletzung hat bei B einen Schaden in Höhe von 1.800 EUR verursacht. Der Schaden betrifft nicht einen Minderwert der Leistung, sondern andere Rechtsgüter des Gläubigers B. Es handelt sich also um einen Mangelfolgeschaden. Dieser steht im Zusammenhang mit einem Mangel, nämlich der fehlerhaften Montage der Wandvertäfelung. Der Schaden ist gemäß § 249 Abs. 2 S. 1 BGB in Geld zu ersetzen.

Ergebnis: Die F-GmbH hat B Schadensersatz in Höhe von 1.800 EUR gemäß § 280 Abs. 1 S. 1 iVm § 634 Nr. 4 Alt. 1 BGB zu leisten.

---

34 Vgl. Fall 2, S. 38 f. und Fall 5, S. 115.

bb) Anspruch nach § 831 Abs. 1 S. 1 BGB

Überdies könnte B ein Schadensersatzanspruch gegen die F-GmbH aus § 831 Abs. 1 S. 1 BGB zustehen.

(1) Verrichtungsgehilfe

Die Mitarbeiter der F-GmbH müssten deren Verrichtungsgehilfen sein. Verrichtungsgehilfe ist, wem vom Geschäftsherrn in dessen Interesse eine Tätigkeit übertragen wurde und der von den Weisungen des Geschäftsherrn abhängig ist.[35] Das ist typischerweise bei Arbeitnehmern hinsichtlich der ihnen übertragenen Tätigkeiten der Fall.

(2) Handlung in Ausführung der Verrichtung

Der Verrichtungsgehilfe muss in Ausführung der Verrichtung und nicht nur bei Gelegenheit[36] gehandelt haben. Notwendig ist ein innerer Zusammenhang zwischen der Verrichtung und der schädigenden Handlung. Hier waren die Mitarbeiter der F-GmbH im Rahmen der ihnen übertragenen Aufgaben tätig.

(3) Objektiv tatbestandsmäßige unerlaubte Handlung

§ 831 Abs. 1 S. 1 BGB setzt weiterhin voraus, dass der Verrichtungsgehilfe den objektiven[37] Tatbestand einer der in §§ 823 ff. BGB aufgeführten unerlaubten Handlungen erfüllt hat. Die Mitarbeiter der F-GmbH haben durch die unsachgemäße Montage der Wandvertäfelung iSd § 823 Abs. 1 BGB das Eigentum des B an der Vitrine und den Gläsern verletzt.

(4) Rechtswidrigkeit

Die Rechtswidrigkeit ist sowohl nach der Lehre vom Erfolgsunrecht als auch gemäß der Lehre vom Handlungsrecht[38] gegeben.

(5) Schaden

B ist ein Schaden in Höhe von 1.800 EUR entstanden.

(6) Kein Entlastungsbeweis

§ 831 Abs. 1 S. 2 Hs. 1 BGB begründet eine Haftung für vermutetes Verschulden. Die Ersatzpflicht des Geschäftsherrn entfällt, wenn ihm der Beweis gelingt, dass er bei der Auswahl des Verrichtungsgehilfen, bei der Beschaffung von Vorrichtungen und Gerätschaften sowie bei der Leitung der Ausführung der Verrichtung die im Verkehr erforderliche Sorgfalt gewahrt hat. Entsprechende Darlegungen fehlen hier.

> Aufbauschema § 831 Abs. 1 BGB
> 1. Verrichtungsgehilfe
> 2. Handlung in Ausführung der Verrichtung
> 3. Objektiv tatbestandsmäßige unerlaubte Handlung
> 4. Rechtswidrigkeit
> 5. Schaden
> 6. Kein Entlastungsbeweis
> 7. Keine Widerlegung der Kausalitätsvermutung

> Auf ein Verschulden des Verrichtungsgehilfen kommt es grundsätzlich nicht an, weil § 831 BGB die Haftung des Geschäftsherrn für eigenes vermutetes Verschulden begründet.

---

35 Vgl. Fall 2, S. 38 f.
36 Siehe MüKoBGB/*Wagner*, § 831 Rn. 25 f.; PWW/*Schaub*, § 831 Rn. 13.
37 Nur der objektive, nicht der subjektive Tatbestand einer unerlaubten Handlung muss erfüllt sein. Zu einer Haftung des Geschäftsherrn kommt es nach dem Sinn und Zweck der Vorschrift aber nicht bei einem objektiv fehlerfreien Verhalten des Gehilfen, weil dann auch bei einem eigenen Handeln des Geschäftsherrn keine Ersatzpflicht bestehen würde. Vgl. BGH NJW 1996, 3205; OLG Hamm NJW-RR 1998, 1402; Palandt/*Sprau*, § 831 Rn. 8; MüKoBGB/ *Wagner*, § 831 Rn. 29 ff.
38 Dazu näher bei Fall 12, S. 297.

(7) Keine Widerlegung der Kausalitätsvermutung

Der zweite Halbsatz des § 831 Abs. 1 S. 2 BGB enthält eine Ursächlichkeitsvermutung dahingehend, dass die Sorgfaltspflichtverletzung den Schaden herbeigeführt hat. Diese Vermutung kann der Geschäftsherr insbesondere durch den Beweis widerlegen, dass der Schaden auch von einem sorgfältig ausgewählten und überwachten Verrichtungsgehilfen verursacht worden wäre.[39] Auch insoweit bestehen hier keine Anhaltspunkte.

Ergebnis: B hat gegen die F-GmbH einen Anspruch auf Schadensersatz gemäß § 831 Abs. 1 S. 1 BGB inne.

Ergebnis in Bezug auf die Widerklage: B steht gegen die F-GmbH ein Zahlungsanspruch über 1.800 EUR zu. Die Widerklage wäre mithin nicht nur zulässig, sondern auch begründet gewesen. Wäre Rechtsanwalt N ordnungsgemäß vorgegangen und nicht untätig geblieben, wäre der Widerklage stattgegeben worden.

Ergebnis der Kausalitätsprüfung (IV.): Die mittels Mahnverfahren eingeleitete Klage der F-GmbH gegen B wäre bei einer ordnungsgemäßen Ausübung des Rechtsanwaltmandats vom Gericht abgewiesen worden, während die Widerklage des B bei einem fehlerfreien Handeln des N erfolgreich gewesen wäre. Die Pflichtverletzungen des N waren kausal für den Schaden.

V. Schaden

B ist vermögensmäßig so zu stellen, wie wenn N sein Mandat ordnungsgemäß ausgeübt hätte. Der Schaden des B ist mittels §§ 249 ff. BGB nach der Differenzhypothese zu berechnen. Zu ersetzen ist die Differenz zwischen dem aktuellen tatsächlichen Vermögenswert und dem Wert, den das Vermögen ohne das die Ersatzpflicht begründende Ereignis haben würde.

Ergebnis

Die Voraussetzungen der Anwaltshaftung sind sowohl in Bezug auf die Klage als auch hinsichtlich der Widerklage erfüllt. Der Anspruch des B gegen Rechtsanwalt N auf Schadensersatz gemäß § 280 Abs. 1 S. 1 BGB ist gegeben.

Frage 2: Rechtsbehelfe

In der mündlichen Verhandlung vor dem Landgericht Konstanz war B ohne anwaltliche Vertretung erschienen. Vor dem Landgericht gilt Anwaltszwang (§ 78 Abs. 1 ZPO). Im Anwaltsprozess ist nur ein zugelassener Rechtsanwalt **postulationsfähig**, das heißt, nur ein Rechtsanwalt kann im Prozess verhandeln und wirksam Erklärungen abgeben. Daher gilt im Anwaltsprozess eine ohne zugelassenen Rechtsanwalt anwesende Partei als nicht erschienen. Es handelt sich um einen Fall der Säumnis (§ 333 ZPO).

Bei den Rechtsbehelfen gegen die wegen der Säumnis ergangenen gerichtlichen Entscheidungen, die vor deren Rechtskraft möglich waren, ist zwischen dem Klageverfahren nach dem Einspruch gegen den Vollstreckungsbescheid und der Widerklage zu unterscheiden. Maßgeblich kommt es darauf an, welche gerichtliche Entscheidung aufgrund der Säumnis des B jeweils ergangen ist.

---

[39] Erman/*Schiemann*, § 831 Rn. 13; BRHP/*Förster*, § 831 Rn. 42; MüKoBGB/*Wagner*, § 831 Rn. 35 ff.

A. Mahnverfahren

B war als Beklagter in der mündlichen Verhandlung säumig, die nach dem Einspruch gegen den Vollstreckungsbescheid iSd § 700 Abs. 3, 4 ZPO stattgefunden hat. Nach § 700 Abs. 1 ZPO steht der Vollstreckungsbescheid einem für vorläufig vollstreckbar erklärten ersten Versäumnisurteil gleich. Deshalb ist ein Urteil gegen den Beklagten, der im Termin zur Verhandlung über seinen Einspruch säumig ist, ein **zweites Versäumnisurteil gemäß § 345 ZPO**. Ein solches zweites Versäumnisurteil darf wegen § 700 Abs. 6 ZPO nur ergehen, wenn nicht nur die Voraussetzungen des § 345 ZPO, sondern auch die Erfordernisse des § 331 Abs. 1, 2 Hs. 1 ZPO erfüllt sind.[40]

Voraussetzungen für ein zweites Versäumnisurteil nach Vollstreckungsbescheid

Voraussetzungen für ein zweites Versäumnisurteil nach § 345 ZPO, insbesondere zulässiger Einspruch, Säumnis, ordnungsgemäßer Vollstreckungsbescheid	+	Voraussetzungen für ein erstes Versäumnisurteil nach § 331 Abs. 1, 2 Hs. 1 ZPO, insbesondere Zulässigkeit und Schlüssigkeit der Klage

Maßgeblicher Prüfungspunkt ist die **Schlüssigkeit**, weil im Ablauf des Mahnverfahrens die Schlüssigkeit des klägerischen Begehrens nicht geprüft wurde[41] (vgl. § 692 Abs. 1 Nr. 2 ZPO).[42] Der Erlass des zweiten Versäumnisurteils nach Einspruch gegen einen Vollstreckungsbescheid hängt damit insbesondere davon ab, inwieweit die Klage schlüssig ist.

> Eine Klage ist schlüssig, wenn die vom Kläger vorgetragenen Tatsachen den Klageantrag rechtfertigen, sofern man sie als unstreitig ansieht.

Schlüssigkeitsprüfung gemäß § 700 Abs. 6 ZPO

Schlüssigkeit	Keine Schlüssigkeit
Soweit die Klage schlüssig ist (und die übrigen Voraussetzungen erfüllt sind), ergeht gemäß §§ 345, 700 Abs. 6 ZPO ein zweites **Versäumnisurteil**. Der Tenor lautet, dass der Einspruch gegen den Vollstreckungsbescheid verworfen wird.	Soweit die Klage unschlüssig ist, wird ein unechtes Versäumnisurteil erlassen. Dies ist ein **Endurteil**. Im Tenor wird der Vollstreckungsbescheid aufgehoben und die Klage abgewiesen.
Rechtsmittel gegen ein zweites Versäumnisurteil ist die **Berufung nach § 514 Abs. 2 ZPO**. Die Berufung ist dahingehend eingeschränkt, dass sie nur darauf gestützt werden kann, dass der Fall der schuldhaften Säumnis nicht vorgelegen habe.	Rechtsmittel gegen ein Endurteil ist die **Berufung nach § 511 ZPO**. Die Berufung dient im Wesentlichen der Fehlerkontrolle und -beseitigung und prüft das Urteil umfassend nach, wobei nach § 529 ZPO grundsätzlich eine Tatsachenbindung besteht.

---

40 Vgl. *Heinrich*, Säumnis, Rn. 157 ff.; *Zimmermann*, § 700 Rn. 15; Thomas/Putzo/*Seiler*, § 345 Rn. 3. Zur Vorgehensweise bei nicht ordnungsgemäßem Vollstreckungsbescheid siehe Musielak/Voit/*Voit*, § 700 Rn. 9.

41 Anders liegt es nach hM beim Erlass eines zweiten Versäumnisurteils nach vorangegangenem ersten Versäumnisurteil. Hier wurden bereits Zulässigkeit und Schlüssigkeit der Klage richterlich geprüft. Vgl. dazu MüKoZPO/*Prütting*, § 345 Rn. 9 ff.; Musielak/Voit/*Stadler*, § 345 Rn. 4.

42 Zur Prüfungskompetenz des Rechtspflegers bei Erlass eines Mahnbescheids Musielak/Voit/*Voit*, § 691 Rn. 2; Zöller/*Vollkommer*, § 691 Rn. 1; *Zimmermann*, § 690 Rn. 7, 2; MüKoZPO/*Schüler*, § 691 Rn. 2 ff.

Hier hat das Landgericht Konstanz den Einspruch gegen den Vollstreckungsbescheid verworfen, also ein zweites Versäumnisurteil (§§ 345, 700 Abs. 6 ZPO) erlassen. Zutreffendes Rechtsmittel ist demnach die **Berufung gemäß § 514 Abs. 2 ZPO.**

> Kein Fall der Meistbegünstigung

Daran ändert auch der Umstand nichts, dass das Landgericht die Schlüssigkeit des Klageantrages fehlerhaft geprüft hat. Der F-GmbH steht gegen B kein Anspruch auf Zahlung von 11.300 EUR zu. Das Landgericht hat die Unschlüssigkeit des Klägervorbringens verkannt und übersehen, dass richtigerweise ein unechtes Versäumnisurteil (also ein Endurteil) zu erlassen gewesen wäre. Diese Fehlentscheidung bildet aber keinen Fall der Meistbegünstigung.

Grundsatz der Meistbegünstigung

Hat das Gericht eine unzutreffende Entscheidungsform (zB Beschluss statt Urteil) gewählt, wendet die herrschende Meinung das Meistbegünstigungsprinzip an. Ist eine Entscheidung (hinsichtlich ihrer Form) unrichtig oder zweideutig erlassen worden, sind wahlweise die Rechtsbehelfe statthaft, die gegen die getroffene inkorrekte oder die objektiv richtige Entscheidungsart einzulegen wären. Zweck der Meistbegünstigungslehre ist es, die Partei durch eine fehlerhafte Form weder zu benachteiligen noch zu bevorzugen.
Wird ein Versäumnisurteil fälschlicherweise als Endurteil oder ein kontradiktorisches Urteil irrtümlicherweise als Versäumnisurteil bezeichnet, kann die Entscheidung also wahlweise mit Einspruch bzw. Berufung angegriffen werden (vgl. *Heinrich,* Säumnis, Rn. 122f.; BGH NJW 1997, 1448; OLG Frankfurt NJW-RR 2011, 216; OLG Stuttgart NJOZ 2013, 1546).

Das Meistbegünstigungsprinzip bezieht sich auf zweifelhafte Entscheidungen, also falsch oder irreführend bezeichnete Urteile. Hier handelt es sich hingegen um ein richtig bezeichnetes, aber inhaltlich unrichtiges Urteil, gegen das (nur) mit dem statthaften Rechtsbehelf vorzugehen ist. Die Verwerfung des Einspruchs im zweiten Versäumnisurteil ist daher nur mit der Berufung nach § 514 Abs. 2 ZPO angreifbar.

B. Widerklage

> **Einspruch als Rechtsbehelf**
> Im Gegensatz zu den Rechtsmitteln hat der Einspruch **keinen Devolutiveffekt**, dh der Rechtsstreit bleibt in der gleichen Instanz anhängig. Dagegen hat der Einspruch **Suspensiveffekt**, dh der Eintritt der Rechtskraft wird gehemmt.

Bei der mündlichen Verhandlung über die Widerklage war B als Kläger säumig. Das Landgericht hat die Widerklage gemäß §§ 330, 347 Abs. 1 ZPO ohne Schlüssigkeitsprüfung durch echtes erstes Versäumnisurteil abgewiesen.

Statthafter Rechtsbehelf gegen das echte erste Versäumnisurteil ist der **Einspruch nach § 338 ZPO.** § 232 S. 1 ZPO gibt dem Gericht vor, die Partei zugleich mit der Zustellung des Versäumnisurteils schriftlich auf die Einspruchsmöglichkeit unter Angabe des dafür zuständigen Gerichts sowie der dabei einzuhaltenden Frist und Form hinzuweisen. Nach § 340 Abs. 3 S. 4 ZPO bedarf es zudem eines Hinweises auf die Folgen der Fristversäumung.

9. Arbeitnehmer- und Arbeitgeberhaftung, Leistungsstörungen im Arbeitsverhältnis, Eventualaufrechnung

Sachverhalt

Bastian Brisko (B) arbeitet als Sachbearbeiter in der Mühlbauer und Söhne KG (M-KG) in Augsburg. Die Firma betreiben die Brüder Theodor (T) und Norbert (N) Mühlbauer, die das Unternehmen geerbt haben; Theodor ist persönlich haftender Gesellschafter, Norbert ist Kommanditist.

Brisko leidet unter einer chronischen Atemwegserkrankung, die seit Jahren ärztlich behandelt wird. Er arbeitet zusammen mit 17 Kollegen in einem Großraumbüro. Unter den Kollegen sind zahlreiche Raucher. Aufgrund der örtlichen Gegebenheiten kann die Rauchbelastung durch verstärktes Lüften des Raumes nicht verringert werden. Brisko legt ein fachärztliches Attest vor, wonach zur Vermeidung einer Dauerschädigung, die bis zur Arbeitsunfähigkeit führen könne, eine rauchfreie, gesundheitlich unbedenkliche Luft dringend erforderlich sei. Bastian Brisko ersucht die KG mehrfach, ihm einen tabakrauchfreien Arbeitsplatz zur Verfügung zu stellen. Diesen Ansinnen kommt die KG nicht nach; sie ist der Meinung, dass sich Brisko selbst mit seinen Kollegen auseinanderzusetzen und eine einvernehmliche Lösung herbeizuführen habe. Brisko kündigt an, bei weiterer Untätigkeit der KG solange nicht mehr zur Arbeit zu kommen, bis ein gesundheitlich unbedenklicher Arbeitsplatz verfügbar ist. Die KG reagiert nicht; Brisko bleibt aus diesem Grund im April der Arbeit fern. Das Unternehmen überweist für diese Zeit das Entgelt in Höhe von 2.750 EUR brutto nicht.

Aufgrund langandauernder Unstimmigkeiten zwischen den Gesellschaftern erwirkt Theodor gegen Norbert im Mai ein rechtskräftiges Urteil, wonach Theodor das Geschäft ohne Liquidation vollständig übernimmt. Im Handelsregister erfolgt eine entsprechende Eintragung.

Nachdem sich Theodor weigert, Brisko den Lohn für April auszuzahlen, wendet sich Brisko an die Rechtsanwältin Dr. Krumbach (K). Bei dem Beratungsgespräch fällt ihm noch ein weiterer Vorfall ein: Im Februar war Brisko mit seinem privaten Pkw unterwegs zu einem Kundentermin. Die KG zahlte als Betriebskostenersatz eine Kilometerpauschale von 0,38 EUR. Bei dieser Fahrt fuhr Brisko infolge geringer Unachtsamkeit auf ein haltendes Fahrzeug auf. Brisko entstand ein Schaden von 850 EUR. Auch diesen Betrag möchte er von Theodor Mühlbauer ersetzt erhalten. Rechtsanwältin Dr. Krumbach erhebt ordnungsgemäß Klage gegen Theodor Mühlbauer auf Zahlung von 3.600 EUR. In der Klageerwiderung führt Theodor Mühlbauer aus, dass er für etwaige Schulden der KG nicht einzustehen habe. Außerdem sei Bastian Brisko der Lohn für März fälschlicherweise in voller Höhe ausgezahlt worden, obgleich er witterungsbedingt mehrfach zu spät im Betrieb erschienen ist. Für die Fehlzeiten sind insgesamt 350 EUR brutto zu viel überwiesen worden. Sollte die Klage begründet sein, müsse dieser Betrag jedenfalls abgezogen werden.

Theodor Mühlbauer beschäftigt seit vier Jahren in seinem Unternehmen Doris Dreher (D). Mit Schreiben vom 16. Juni wird ihr wirksam zum 30. Juli gekündigt. Dreher fordert Urlaubsabgeltung für den wegen Arbeitsunfähigkeit nicht genommenen Urlaub des Vorjahres. Sie war fortlaufend erkrankt. Weiterhin ist Dreher mit dem ihr erteilten Zeugnis unzufrieden, weil dieses mit der Gesamtbewertung „Die Aufgaben wurden zur vollen Zufriedenheit erledigt." endet; eine Begründung für eine bessere Beurteilung bleibt Dreher allerdings schuldig.

Während des diesjährigen Urlaubs von 30 Tagen hat Doris Dreher ganztags gegen Bezahlung in einem Café gearbeitet. Im Arbeitsvertrag sind Dreher 20 Urlaubstage zugesagt. Der einschlägige Tarifvertrag sieht 30 Tage Urlaub vor und enthält eine Regelung zur Rückerstattung des Urlaubsentgelts bei Erwerbstätigkeit.

1. Wie wird das Gericht über die Zahlungsklage des Brisko entscheiden?
2. Hat Dreher einen Anspruch auf Abgeltung des im Vorjahr nicht genommenen Urlaubs? Kann Dreher die Berichtigung des Zeugnisses verlangen?
3. Steht Theodor Mühlbauer ein Anspruch auf Rückzahlung des Urlaubsentgelts für dieses Jahr zu?

Gliederung

Frage 1: Klage des B gegen T auf Zahlung von 3.600 EUR

- I. Zulässigkeit der Klage 210
- II. Objektive Klagehäufung 211
- III. Begründetheit der Klage 212
    1. Zahlung von 850 EUR (Pkw-Unfall vom Februar) 212
        Anspruch aus § 670 BGB analog 212
        a) Anspruchsgegner 212
            Problem: Haftung des T für die M-KG 212
        b) Anwendbarkeit 214
        c) Voraussetzungen 215
        d) Haftungsumfang 216
            Problem: Haftungsverteilung beim innerbetrieblichen Schadensausgleich 217
    2. Zahlung von 2.750 EUR (Entgelt für April) 218
        Anspruch gemäß § 611a Abs. 2 BGB iVm dem Arbeitsvertrag 218
        a) Anspruchsgegner 218
        b) Verpflichtung der KG 218
            Problem: Leistungsstörungen im Arbeitsverhältnis 220
                Ohne Arbeit Kein Lohn/leistungserhaltende Hilfsnormen 220
                Annahmeverzug, § 615 S. 1 BGB 221
    3. Gegenanspruch über 350 EUR (Fehlzeiten März) 223
        Aufrechnung nach § 389 BGB 223
        a) Aufrechnungserklärung 223
        b) Bedingungsfeindlichkeit 223
            Problem: Zulässigkeit einer Eventualaufrechnung 223
        c) Prozesshandlung 224
        d) Gegenforderung 225
            Anspruch aus §§ 326 Abs. 4, 346 Abs. 1 BGB 225
            Problem: Anwendbarkeit des § 616 S. 1 BGB 226
                Wegerisiko des Arbeitnehmers 226
        e) Sonstige Voraussetzungen 226
        f) Kein Aufrechnungsverbot 227

Frage 2: Urlaubsabgeltung und Zeugnisberichtigung

A. Anspruch der D gegen T auf Urlaubsabgeltung gemäß § 7 Abs. 4 BUrlG 228
- I. Beendigung des Arbeitsverhältnisses 228
- II. Bestehen des Urlaubsanspruches 228
    1. Wartezeit 229
    2. Ausstehende Urlaubstage 229
    3. Erfüllbarkeit des Urlaubsanspruches 229

B. Anspruch der D gegen T auf Zeugnisberichtigung 230

Frage 3: Rückzahlung des Urlaubsentgelts

- I. Anspruch des T gegen D aus §§ 280 Abs. 1, 241 Abs. 2 BGB 232
- II. Anspruch des T gegen D nach § 812 Abs. 1 S. 2 Alt. 2 BGB 233
    Problem: Dem Urlaubszweck widersprechende Erwerbstätigkeit als Nichteintritt des mit der Leistung bezweckten Erfolgs 233

Lösungshinweise

Frage 1: Klage des B gegen T auf Zahlung von 3.600 EUR

Die Klage des B gegen T auf Zahlung von 3.600 EUR ist erfolgreich, wenn sie zulässig und begründet ist.

I. Zulässigkeit der Klage

1. Rechtswegzuständigkeit/sachliche Zuständigkeit

Das arbeitsgerichtliche Urteilsverfahren[1] findet nach § 46 Abs. 1 ArbGG in den in § 2 Abs. 1–4 ArbGG bezeichneten bürgerlich-rechtlichen Streitigkeiten statt. Die ausschließliche Rechtswegzuständigkeit[2] könnte sich hier aus **§ 2 Abs. 1 Nr. 3a ArbGG** ergeben.

§ 2 Abs. 1 Nr. 3a ArbGG bezieht sich auf Rechtsstreitigkeiten aus dem Arbeitsverhältnis, dh auf alle Streitigkeiten, die ihre Grundlage im Arbeitsverhältnis haben wie beispielsweise Lohn- und Urlaubsansprüche. Dabei ist es unerheblich, ob das Arbeitsverhältnis wirksam begründet wurde oder bereits beendet ist. Umfasst sind daher ebenfalls Ansprüche aus dem sogenannten faktischen oder fehlerhaften Arbeitsverhältnis.[3]

> **Aufbauschema**
> **Zulässigkeit einer Leistungsklage**
> 1. Rechtswegzuständigkeit/sachliche Zuständigkeit
> 2. Örtliche Zuständigkeit
> 3. Ordnungsgemäße Klageerhebung
> 4. Klagegegenstand
> 5. Partei-, Prozess- und Postulationsfähigkeit

Faktisches oder fehlerhaftes Arbeitsverhältnis

Willenserklärungen, die gegen §§ 134, 138 BGB verstoßen oder nach § 142 Abs. 1 BGB angefochten werden, sind von Anfang an nichtig. Bei vollzogenem Arbeitsverhältnis kann diese Rechtsfolge zu Wertungswidersprüchen bei der bereicherungsrechtlichen Rückabwicklung führen, weil die §§ 812 ff. BGB vor allem für den einmaligen Austausch vermögensrechtlicher Leistungen konzipiert sind und den Besonderheiten eines Arbeitsverhältnisses nicht hinreichend Rechnung tragen. Daher ist bei einem unwirksamen Arbeitsvertrag danach zu unterscheiden, ob das Arbeitsverhältnis bereits in Vollzug gesetzt wurde, ob also der Arbeitnehmer die Arbeit tatsächlich aufgenommen, Leistungen erbracht hat oder nicht.

- **Kein Vollzug:** Ist das Dauerschuldverhältnis nicht vollzogen worden, besteht keine Veranlassung, von der Rückwirkung der Anfechtung abzuweichen. Es gelten die allgemeinen Regeln. Der Arbeitgeber kann bereits gewährte (Voraus)Leistungen gemäß § 812 Abs. 1 S. 1 Alt. 1 BGB zurückfordern.
- **Vollzug:** Nach Antritt der Arbeit entsteht bei Unwirksamkeit des Vertrages ein faktisches Arbeitsverhältnis. Für die **Vergangenheit**, mithin bis zum Zeitpunkt der Anfechtungserklärung oder der Berufung auf sonstige Nichtigkeitsgründe wird das Arbeitsverhältnis wie ein wirksam zustande gekommenes behandelt. Es besteht kein Anspruch auf eine bereicherungsrechtliche Rückforderung. Aus dem faktischen Arbeitsverhältnis ergeben sich vielmehr quasivertragliche Ansprüche, wie wenn ein fehlerfreier Arbeitsvertrag bestehen würde. Für die **Zukunft** besteht keine Bindung: Ein faktisches Arbeitsverhältnis endet kraft einseitiger Erklärung von Arbeitgeber oder Arbeitnehmer.

---

1 Näher zum arbeitsgerichtlichen Urteilsverfahren bei Fall 10, S. 239 ff., 259 ff.
2 Die Rechtswegbestimmung dient der Abgrenzung der unterschiedlichen Gerichtszweige (Art. 95 Abs. 1 GG), insbesondere der Differenzierung von ordentlicher Gerichtsbarkeit und Arbeitsgerichtsbarkeit. Das Gericht entscheidet von Amts wegen über die Zulässigkeit des Rechtsweges (Grundsatz der Kompetenzautonomie). Erfolgt ein Verweisungsbeschluss, ist er für das Adressatengericht hinsichtlich des Rechtsweges bindend, vgl. § 17a GVG (Fall 10, S. 259).
3 Vgl. PWW/*Lingemann*, § 611 Rn. 58; ErfK/*Koch*, § 2 ArbGG Rn. 15; ErfK/*Preis*, § 611 BGB Rn. 145; Palandt/*Weidenkaff*, § 611 Rn. 21 ff.; Erman/*Edenfeld*, § 611 Rn. 267; *Heinrich*, JuS 1998, 97, 100.

Zwischen B und T handelt es sich um eine bürgerlich-rechtliche Streitigkeit zwischen Arbeitgeber und Arbeitnehmer aus dem Arbeitsverhältnis. Dies gilt für beide Klagebegehren, also den Schadensersatz für den beschädigten Pkw von 850 EUR und die Zahlung des ausstehenden Entgelts für den Monat April in Höhe von 2.750 EUR.

Der Rechtsweg zu den Gerichten für Arbeitssachen ist nach § 2 Abs. 1 Nr. 3a ArbGG eröffnet. Sachlich zuständig ist das Arbeitsgericht, § 8 Abs. 1 ArbGG.

2. Örtliche Zuständigkeit

Das Arbeitsgericht Augsburg (Art. 2 Abs. 1 S. 1 Nr. 1 BayArbGOrgG) ist örtlich zuständig nach § 29 Abs. 1 ZPO iVm § 495 ZPO, § 46 Abs. 2 S. 1 ArbGG bzw. nach §§ 12, 17 Abs. 1 S. 1 ZPO iVm § 495 ZPO, § 46 Abs. 2 S. 1 ArbGG bzw. nach § 48 Abs. 1a S. 1 ArbGG.

3. Ordnungsgemäße Klageerhebung

Der Klageantrag ist hinsichtlich beider Streitgegenstände ausreichend bestimmt, §§ 253, 495 ZPO iVm § 46 Abs. 2 S. 1 ArbGG. B hat – wie bei arbeitsrechtlichen Zahlungsklagen erforderlich[4] – den Bruttolohn konkret angegeben.

4. Klagegegenstand

B hat **Leistungsklage** erhoben. Sie besteht aus **zwei Streitgegenständen**, dem Antrag auf Schadensersatz über 850 EUR und dem auf Entgeltzahlung in Höhe von 2.750 EUR. Es gilt der zweigliedrige Streitgegenstandsbegriff, wonach auf den Antrag des Klägers und den von ihm zur Begründung vorgetragenen Lebenssachverhalt abzustellen ist.[5]

5. Partei-, Prozess- und Postulationsfähigkeit

Sowohl B als auch T sind partei- und prozessfähig, §§ 50 Abs. 1, 51, 52 ZPO iVm § 46 Abs. 2 S. 1 ArbGG, § 495 ZPO. Vor dem Arbeitsgericht findet nach § 11 Abs. 1 S. 1 ArbGG ein Parteiprozess statt, so dass die Postulationsfähigkeit[6] auf Seiten des T und des B gegeben ist. B wird von der Rechtsanwältin K vertreten, § 11 Abs. 2 S. 1 ArbGG.

Ergebnis

Die Klage des B gegen T ist zulässig.

II. Objektive Klagehäufung[7]

Die Leistungsklage des B besteht aus zwei Streitgegenständen. Diese **kumulative Klagehäufung** ist gemäß § 260 ZPO iVm § 46 Abs. 2 S. 1 ArbGG, § 495 ZPO zulässig, wenn – wie hier – die Voraussetzungen Identität der Parteien, Zuständigkeit des Gerichts, gleiche Prozessart und kein Verbindungsverbot erfüllt sind.[8]

> **Voraussetzungen § 260 ZPO**
> 1. Identität der Parteien
> 2. Zuständigkeit des Gerichts
> 3. Gleiche Prozessart
> 4. Kein Verbindungsverbot

---

4 Siehe Fall 10, S. 244.
5 Näher bei Fall 10, S. 241.
6 Vgl. Fall 10, S. 243.
7 § 260 ZPO stellt keine Sachurteilsvoraussetzung dar. Fehlen die Verbindungserfordernisse ist iSd § 145 ZPO zu trennen. Deshalb ist § 260 ZPO weder im Rahmen der Zulässigkeit noch bei der Begründetheit einer Klage zu erörtern, sondern bildet einen eigenen Prüfungspunkt.
8 Näher Musielak/Voit/*Foerste*, § 260 Rn. 6 ff.; Zöller/*Greger*, § 260 Rn. 1a ff.; Thomas/Putzo/*Reichold*, § 260 Rn. 12 ff.; MüKoZPO/*Becker-Eberhard*, § 260 Rn. 32 ff.

III. Begründetheit der Klage

Die Klage des B ist begründet, wenn ihm die beiden geltend gemachten Ansprüche zustehen und der Aufrechnungseinwand des T nicht erfolgreich ist.

1. Zahlung von 850 EUR (Pkw-Unfall vom Februar)

Anspruch aus § 670 BGB analog

Ein Anspruch des B gegen T auf Zahlung von 850 EUR wegen des beschädigten Fahrzeugs könnte sich aus **§ 670 BGB analog** ergeben.

a) Anspruchsgegner

Ein solcher Anspruch setzt zunächst voraus, dass T der zutreffende Anspruchsgegner ist.

Haftung des T für Verbindlichkeiten der KG

Zur Zeit des Unfalls war zwar die Kommanditgesellschaft Arbeitgeberin des B, sie scheidet als Anspruchsgegner aber aus, weil die KG mit Rechtskraft des Urteils und Eintragung in das Handelsregister im Mai aufgelöst worden ist.

Möglicherweise muss T für eine etwaige Verbindlichkeit der KG einstehen. Als entsprechende Haftungsgrundlage kommen verschiedene Regelungen in Betracht.[9]

Inhaberwechsel bei kaufmännischen Unternehmen

§ 25 HGB	§ 27 HGB	§ 28 HGB	§ 613a BGB
Erwerb eines Handelsgeschäfts unter Lebenden und Fortführung des Geschäfts unter der bisherigen Firma	Erbschaft des Handelsgeschäfts und Fortführung des Geschäfts unter der bisherigen Firma durch den Erben	Eintritt in das Geschäft eines Einzelkaufmanns, so dass eine Personenhandelsgesellschaft entsteht und Fortführung des Geschäfts	Übergang eines Betriebs(teils) durch Rechtsgeschäft auf einen anderen Inhaber (nur Arbeitsverhältnisse)

aa) Eine Haftung des T gemäß **§ 25 Abs. 1 S. 1 HGB** scheidet aus, weil die Norm als Voraussetzung nicht nur die Kontinuität des Unternehmens vorschreibt, sondern auch einen auf Übertragung gerichteten Erwerbsvorgang, der zu einem vollständigen Wechsel des Unternehmensträgers führt.[10] Daran fehlt es, wenn der Gesellschafter einer Personenhandelsgesellschaft sämtliche Anteile übernimmt und zum Alleininhaber des Unternehmens wird.[11]

bb) Ebenso kommt die Anwendung der §§ 27, 28 HGB nicht in Betracht. Zudem scheitert ein Betriebsübergang nach **§ 613a Abs. 1 S. 1 BGB**[12] daran, dass hier kein Dritter durch Rechtsgeschäft einen Betrieb oder Betriebsteil übernommen hat.

---

9 *Jung*, Handelsrecht, § 19 Rn. 8 ff.; *Lettl*, Handelsrecht, § 5 Rn. 11 ff.; *Oetker*, Handelsrecht, § 4 Rn. 81 ff.; *Brox/Henssler*, Handelsrecht, § 8 Rn. 136 ff.
10 MüKoHGB/*Thiessen*, § 25 Rn. 31; EBJS/*Reuschle*, § 25 Rn. 26, 35, jeweils mwN.
11 EBJS/*Reuschle*, § 25 Rn. 35; MüKoHGB/*Thiessen*, § 25 Rn. 31.
12 Vgl. *Holler*, JA 2019, 186; *Gaul/Jares*, DStR 2013, 658 f.; *Fuhlrott*, NZA 2013, 183 f.; *Willemsen*, NZA 2014, 1010 f.

Betriebsübergang, § 613a BGB

I. Voraussetzungen

1. Betrieb oder Betriebsteil
Betrieb meint eine **wirtschaftliche Einheit** im Sinne einer organisierten Zusammenfassung von Ressourcen. Betriebsteil bezeichnet eine abgrenzbare Teilorganisation dieses Gesamtbereiches, die auch selbst eine wirtschaftliche Einheit bildet (quantitative Abgrenzung), zB ein Auslieferungslager (BAG NZA 2004, 791).

2. Übergang auf einen neuen Inhaber
Der Betrieb(steil) muss unter **Wahrung seiner Identität**, also der Aufrechterhaltung der bisherigen Organisationsstrukturen auf einen neuen Inhaber übergehen. Ob dies der Fall ist, wird anhand einer Gesamtabwägung aller Umstände des Einzelfalls bestimmt, wobei insbesondere auf sieben Kriterien abgestellt wird, nämlich die Art des Unternehmens, den Übergang materieller Betriebsmittel, den Wert immaterieller Aktiva, die Übernahme der Hauptbelegschaft sowie der Kundschaft, die Ähnlichkeit der verrichteten Tätigkeiten und die Dauer einer etwaigen Unterbrechung dieser Tätigkeiten (EuGH NZA 2003, 1385; BAG NZA 2014, 1335; DB 2014, 848). Eine sofortige Betriebsstilllegung durch den Erwerber spricht gegen einen Betriebsübergang.

3. Durch Rechtsgeschäft
Das Merkmal eines rechtsgeschäftlichen Übergangs ist **weit auszulegen**. Auf die Wirksamkeit der schuld- und sachenrechtlichen Rechtsgeschäfte kommt es nicht an; entscheidend ist die tatsächliche Weiterführung des Betriebes. Auch müssen keine unmittelbaren Rechtsbeziehungen zwischen dem ehemaligen und dem künftigen Betriebsinhaber bestehen; es genügt die rechtsgeschäftliche Vermittlung durch einen Dritten (BAG NZA 1989, 799; NZA-RR 2008, 367; NZA-RR 2013, 6).
An einem Rechtsgeschäft fehlt es bei einem Betriebsübergang kraft Gesetzes, durch Hoheitsakt und etwa bei Gesamtrechtsnachfolge gemäß § 1922 BGB.

4. Kein Widerspruch des Arbeitnehmers
Nach **§ 613a Abs. 6 BGB** kann ein Arbeitnehmer dem Übergang seines Arbeitsverhältnisses innerhalb eines Monats nach Zugang der Unterrichtung (§ 613a Abs. 5 BGB) schriftlich gegenüber dem bisherigen oder künftigen Betriebsinhaber widersprechen. In einem solchen Fall bleibt das Arbeitsverhältnis zum Betriebsveräußerer bestehen, dem aber möglicherweise eine betriebsbedingte Kündigung wegen Wegfall des Arbeitsplatzes offen steht.

II. Rechtsfolgen

1. Individualrechtlich
Der Erwerber tritt gemäß § 613a Abs. 1 S. 1 BGB in die Rechte und Pflichten hinsichtlich der im Zeitpunkt des Übergangs bestehenden Arbeitsverhältnisse ein; es kommt also zum **Arbeitgeberwechsel**. Der Veräußerer verliert zwar seine Rechte aus dem Arbeitsverhältnis, haftet aber gegenüber dem Arbeitnehmer gesamtschuldnerisch neben dem neuen Inhaber für alle bis zum Betriebsübergang entstandenen Ansprüche, § 613a Abs. 2, 3 BGB.
Eine **Kündigung** des Arbeitsverhältnisses **wegen des Betriebsüberganges** ist nach § 613a Abs. 4 S. 1 BGB unwirksam. Ausgeschlossen sind mithin Kündigungen, deren tragender Beweggrund der Betriebsübergang ist (BAG NZA 1998, 252). Kündigungen aus anderen Gründen, zB zur Umsetzung eines Erwerberkonzepts (BAG NZA 2003, 1027; NZA 2007, 387; NZA 2014, 909; LAG Mecklenburg-Vorpommern NZA-RR 2013, 238) bleiben möglich, § 613a Abs. 4 S. 2 BGB.

2. Kollektivrechtlich
Die Vorgaben eines Tarifvertrags oder einer Betriebsvereinbarung werden gemäß § 613a Abs. 1 S. 2 BGB Inhalt des einzelnen Arbeitsvertrages (sogenannte Transformation), wobei die Regelungen nicht vor Ablauf eines Jahres nach dem Betriebsübergang einseitig zum Nachteil des Arbeitnehmers geändert werden dürfen. Zu einer derartigen Umwandlung von normativem Kollektivrecht in schuldrechtliches Individualrecht kommt es nach § 613a Abs. 1 S. 3 BGB nicht, wenn beim Betriebserwerber ein anderer Kollektivvertrag gilt (BAG NZA-RR 2014, 80; NZA 2014, 613; NJOZ 2014, 1110; *Sagan*, RdA 2011, 163ff.).

> **§ 140 HGB**
> Die Norm behandelt die Ausschließung eines Gesellschafters aus wichtigem Grund iSd § 133 HGB durch gerichtliche Entscheidung. Für den Fall, dass nach der Ausschließung nur noch ein Gesellschafter verbleibt (§ 140 Abs. 1 S. 2 HGB), erlischt die Gesellschaft und das Handelsgeschäft wird durch den verbleibenden Teil im Wege der Gesamtrechtsnachfolge übernommen.

cc) Die Regelung des § 140 Abs. 1 HGB erlaubt es, durch gerichtliche Entscheidung einen Gesellschafter aus wichtigem Grund aus einer Personenhandelsgesellschaft auszuschließen. Rechtsfolge eines Gesellschafterausschlusses bei einer Zweipersonengesellschaft ist dabei, dass mittels **Gesamtrechtsnachfolge** das Gesellschaftsvermögen zum Alleinvermögen des Verbleibenden wird. Der Übernehmer haftet deshalb als Gesamtrechtsnachfolger unbeschränkt für die Altschulden der (ehemaligen) Gesellschaft.[13]

Durch das rechtskräftige Urteil hat folglich T gemäß **§§ 140 Abs. 1, 124 Abs. 1, 161 Abs. 2 HGB** als Gesamtrechtsnachfolger das Geschäft der M-KG ohne Liquidation mit Aktiva und Passiva übernommen, so dass er seit diesem Zeitpunkt (Mai) die Stellung der KG fortsetzt und für etwaige Verbindlichkeiten einzustehen hat.

dd) Eine Haftung des T kann sich weiter aus **§§ 128 S. 1, 124 Abs. 1, 161 Abs. 2 HGB** ergeben.

> **Haftung der Gesellschafter gemäß § 128 HGB**
>
> Trotz der Teilrechtsfähigkeit der OHG legt § 128 HGB eine Haftung der Gesellschafter selbst als Gesamtschuldner (§ 421 BGB) fest. Die Norm gilt auch für die KG gemäß § 161 Abs. 2 HGB sowie nach herrschender Sichtweise für die Gesellschaft bürgerlichen Rechts analog (BGH NZG 2014, 696; NJW 2006, 3716; MüKoBGB/*Schäfer*, § 714 Rn. 35 ff.; *Altmeppen*, NJW 2009, 2241 f.) und begründet eine akzessorische, unbeschränkte, unmittelbare, primäre und persönliche Haftung eines jeden Gesellschafters bezüglich der gesamten Gesellschaftsschuld. Für den Kommanditisten sind die Einschränkungen der §§ 171–176 HGB zu beachten.

Nach § 128 S. 1 HGB haftet ein Gesellschafter akzessorisch für Verbindlichkeiten der Gesellschaft persönlich, unbeschränkt, unmittelbar und primär als Gesamtschuldner.[14] Das Ausscheiden eines Gesellschafters beseitigt die Haftung für Altschulden, also für Verbindlichkeiten, deren Rechtsgrund noch vor dem Ausscheiden gelegt ist, nicht. Gleiches gilt auch bei Auflösung einer Gesellschaft.[15] T kann auch aus diesem Grund für eine etwaige Verbindlichkeit der Kommanditgesellschaft herangezogen werden.

T trifft demnach eine Einstandspflicht sowohl infolge des Gesellschafterausschlusses iSd § 140 Abs. 1 HGB als auch gemäß §§ 128 S. 1, 124 Abs. 1, 161 Abs. 2 HGB. Maßgeblich ist mithin, ob die M-KG für den Unfallschaden nach § 670 BGB analog haftet.

b) Anwendbarkeit

Unmittelbar ist § 670 BGB nicht anwendbar, weil es sich hier um keinen unentgeltlichen Auftrag (§ 662 BGB), sondern um eine Verpflichtung aus einem entgeltlichen Arbeitsvertrag (§ 611a BGB) handelt. Es besteht allerdings eine planwidrige gesetzliche Regelungslücke dazu, ob bzw. wie ein Arbeitgeber **Sachschäden des Arbeitnehmers** zu ersetzen hat. In Betracht kommt deshalb eine analoge Anwendung.[16]

---

13 Baumbach/Hopt/*Roth*, § 140 Rn. 25; MüKoHGB/*Schmidt*, § 140 Rn. 86; KKRD/*Kindler*, § 140 Rn. 4. Es handelt sich nicht um eine Anwachsung iSd § 738 BGB, weshalb ein verbleibender Kommanditist unbeschränkt für Altschulden der Gesellschaft haftet.
14 Vgl. Fall 5, S. 117 ff.
15 Baumbach/Hopt/*Roth*, § 128 Rn. 28; EBJS/*Hillmann*, § 128 Rn. 40; KKRD/*Kindler*, §§ 128, 129 Rn. 18.
16 Allgemein zur Analogie bei Fall 1, S. 14.

> **Personenschaden des Arbeitnehmers**
>
> Erleidet ein Arbeitnehmer einen Arbeitsunfall, hat der Arbeitgeber Personenschäden nach den allgemeinen Grundsätzen zu vertreten. Ansprüche können sich folglich insbesondere aus § 280 Abs. 1, § 823 Abs. 1 BGB ergeben. Diese Haftung wird durch das im SGB VII geregelte Unfallversicherungsrecht weitgehend abgelöst (Haftungsprivilegierung). Es besteht eine gesetzliche (vom Arbeitgeber finanzierte) Unfallversicherung, die Personenschäden abdeckt. Nach § 104 Abs. 1 SGB VII sind eigenständige Ansprüche gegen den Unternehmer und gemäß § 105 Abs. 1 SGB VII auch gegen Arbeitskollegen ausgeschlossen.

> **Voraussetzungen Analogie**
> 1. Planwidrige Regelungslücke
> 2. Vergleichbarkeit der Sachverhalte bzw. vergleichbare Interessenlage

Eine vergleichbare Interessenlage ist zu bejahen, weil im Rahmen eines entgeltlichen Arbeitsverhältnisses nicht sämtliche Aufwendungen des Arbeitnehmers durch das Entgelt abgegolten sind. § 670 BGB bringt einen allgemeinen Rechtsgedanken zum Ausdruck und ist daher bei Sachschäden des Arbeitnehmers anzuwenden.[17]

c) Voraussetzungen

aa) Schaden als Aufwendung

Aufwendungen iSd § 670 BGB sind freiwillige Vermögensopfer, die zum Zweck der Geschäftsführung tatsächlich gemacht wurden. Der Unfall als unfreiwilliges Geschehen wäre demnach nicht erfasst. Die herrschende Auffassung[18] zieht allerdings eine Parallele zur berechtigten Geschäftsführung ohne Auftrag und wendet § 670 BGB (im Wege extensiver Auslegung bzw. mittels Analogie) auch bei **Schäden** an, die dem Geschäftsführer aus einer mit der Geschäftsführung typischen Gefahrenlage entstehen und für die den Geschäftsherrn kein Verschulden trifft.[19]

> **Aufbauschema Arbeitgeberhaftung § 670 BGB analog**
> 1. Schaden als Aufwendung
> 2. Betriebliche Veranlassung
> 3. Sonderschaden
> 4. Keine Abgeltung
> 5. Haftungsumfang

bb) Betriebliche Veranlassung

Notwendig ist deshalb die **betriebliche Veranlassung** des Schadens. Der Schaden muss mit der betrieblichen Tätigkeit innerlich zusammenhängen, von ihr wesentlich verursacht sein. Das ist bei einer Kfz-Nutzung jedenfalls dann anzunehmen, wenn das Fahrzeug mit der Billigung des Arbeitgebers eingesetzt wird und ohne die Verwendung des Pkw ein eigenes Fahrzeug des Arbeitgebers zum Einsatz kommen müsste.[20]

cc) Sonderschaden

Außerdem muss es sich um einen **Sonderschaden** handeln. Der Arbeitgeber hat nur das Risiko seiner betrieblichen Organisation, nicht das allgemeine Lebensrisiko der Arbeitnehmer zu tragen. Tätigkeitsspezifische Sachschäden, mit denen nach Art und Weise der Arbeit typischerweise zu rechnen ist und die üblicherweise entstehen, hat der Arbeitnehmer selbst zu übernehmen, weil sie mit der laufenden Vergütung abgegolten sind. So stellt beispielsweise die normale Verschmutzung der bei der Arbeit getragenen Kleidung aufgrund ihrer Arbeitsadäquanz keinen ersatzfähigen Schaden dar.

---

17 BAG NZA 1995, 836; NJW 1992, 2109; Erman/*Berger*, § 670 Rn. 18 ff.; PWW/*Fehrenbacher*, § 670 Rn. 7; Palandt/*Sprau*, § 670 Rn. 1; *Lorenz*, JuS 2012, 6, 9.
18 Überblick zum Meinungsstreit über die Anwendbarkeit des § 670 BGB bei Schäden siehe Fall 13, S. 326 f.; vgl. auch MüKoBGB/*Schäfer*, § 670 Rn. 12.
19 Hat der Arbeitgeber den Sachschaden des Arbeitnehmers verschuldet, ergeben sich Ansprüche aus § 280 Abs. 1 und § 823 Abs. 1 BGB. § 670 BGB analog führt zu einer verschuldensunabhängigen Haftung des Arbeitgebers.
20 Vgl. BAG NJW 1996, 1301; NJW 1981, 702.

Zu den Sonderschäden zählen grundsätzlich Unfallschäden am privaten Fahrzeug des Arbeitnehmers, weil diese keine üblichen Begleiterscheinungen der Berufsausübung sind.

dd) Keine Abgeltung

Die Haftung darf ferner nicht durch eine **angemessene Abgeltung** ausgeschlossen sein. Eine besondere Vergütung für ein bestimmtes Risiko schließt einen Ersatzanspruch bei der Verwirklichung dieses Risikos aus. Bei einer Kilometerpauschale ist zu unterscheiden, ob sie lediglich den gewöhnlichen Verschleiß ausgleichen soll oder ob sie die Kosten für einen Unfallschaden bzw. eine Vollkaskoversicherung einschließt, wobei insbesondere die Höhe der Zahlung als Kriterium heranzuziehen ist.[21]

Hier deckt die Kilometerpauschale allein die Unkosten des Betriebs des Pkw ab, nicht eventuell auftretende Unfallschäden.

Die Voraussetzungen des Anspruchs nach § 670 BGB analog sind erfüllt.

d) Haftungsumfang

Obgleich es sich bei dem Anspruch aus § 670 BGB analog nicht um einen Schadensersatz-, sondern um einen Wertersatzanspruch handelt, besteht weitgehend Einigkeit, dass der gesamte Schaden (Totalreparation) zu leisten ist, sofern kein Eigenverschulden des Arbeitnehmers hinzukommt.

> Mitverschulden § 254 BGB

Da B den Unfallschaden an seinem Kfz durch geringe Unachtsamkeit verschuldet hat, stellt sich in diesem Fall allerdings die Frage nach einer Anwendung des **§ 254 BGB**.

aa) Anwendbarkeit

> Die Grundsätze der Begrenzung der Arbeitnehmerhaftung bei betrieblich veranlasster Tätigkeit gelten sowohl dann, wenn der Arbeitnehmer Schäden an Gütern des Arbeitgebers verursacht, als auch dann, wenn es zu Sonderschäden an eigenen Rechtsgütern des Arbeitnehmers kommt.

Nach der systematischen Stellung bezieht sich § 254 BGB nur auf Schadensersatzansprüche. Die Grundaussage der Norm, dass derjenige, welcher Mitverantwortung für einen Schaden trägt, Einschränkungen beim Haftungsumfang hinzunehmen hat, gilt jedoch gleichermaßen bei anderen Ersatzansprüchen, mithin auch bei § 670 BGB analog. Überdies ist bei der Risikozuordnung **betrieblich veranlasster Tätigkeit des Arbeitnehmers** zu berücksichtigen, dass der Arbeitnehmer fremdbestimmte Arbeit leistet und in die Betriebsorganisation des Arbeitgebers eingegliedert ist. Da dem Arbeitgeber der wirtschaftliche Erfolg zukommt, kann er das Schadensrisiko einschätzen sowie durch entsprechende Vorkehrungen und Versicherungen beherrschen. Billigkeitserwägungen und eine angemessene Verteilung des Betriebsrisikos sprechen für eine **Begrenzung der Arbeitnehmerhaftung**. Die Haftungsprivilegierung des Arbeitnehmers ist bei sämtlichen betrieblich veranlassten Tätigkeiten des Arbeitnehmers anzuwenden, gilt also bei Schäden an Rechtsgütern des Arbeitgebers (Anspruchsgrundlage des Arbeitgebers § 280 Abs. 1 BGB) sowie bei Schäden an Rechtsgütern des Arbeitnehmers (Anspruchsgrundlage des Arbeitnehmers § 670 BGB analog).[22]

---

[21] Vgl. BAG NJW 1996, 476 f.; LAG Baden-Württemberg NZA 1992, 458 f.; *Berndt*, NJW 1997, 2213, 2215; *Schieter*, NJW 1993, 966, 969; *Zeranski*, NJW 1999, 1085, 1086.

[22] BAG NJW 2007, 1486, 1487; NZA 2000, 727, 729; *Schwab*, NZA-RR 2006, 505, 510; Schaub ArbR-HdB/*Linck*, § 59 Rn. 24 ff.; ErfK/*Preis*, § 619a BGB Rn. 9 ff.

bb) Voraussetzungen[23]

Es muss sich um einen **Arbeitnehmer** handeln, der in einem **Arbeitsverhältnis** mit dem Anspruchsgegner steht.[24] Die Haftungsbegrenzung bezieht sich auf das Innenverhältnis.

Haftung im Außenverhältnis
Die Haftungsprivilegierung betrifft nur Schäden im Innenverhältnis zwischen Arbeitgeber und Arbeitnehmer; das Außenverhältnis bleibt unberührt. Verursacht der Arbeitnehmer bei Dritten (auch Kollegen) einen Schaden, haftet er im Außenverhältnis nach den allgemeinen Vorschriften, also insbesondere gemäß §§ 823 ff. BGB. Der Arbeitnehmer hat jedoch gegen den Arbeitgeber in Höhe der entsprechenden Haftungsquote einen **Freistellungsanspruch** (§ 670 BGB analog), den er auch an den Dritten abtreten kann. Hat der Arbeitnehmer an den Dritten geleistet, steht ihm gegen den Arbeitgeber ein **Rückgriffsanspruch** in Höhe der Quote des innerbetrieblichen Schadenausgleichs zu.

Voraussetzungen **Innerbetrieblicher Schadensausgleich**
1. Arbeitnehmer in entsprechendem Arbeitsverhältnis
2. Betrieblich veranlasste Tätigkeit

Außerdem bedarf es einer **betrieblich veranlassten Tätigkeit**, dh private Handlungen sind ausgenommen.

Beide Voraussetzungen sind hier erfüllt.

cc) Schadensverteilung

Beim innerbetrieblichen Schadensausgleich wird das Verschulden des Arbeitnehmers mit dem Betriebsrisiko des Arbeitgebers im Rahmen von § 254 BGB analog abgewogen und eine Verteilung nach dem Grad des Arbeitnehmerverschuldens vorgenommen.[25] Dabei sind sämtliche Umstände des Einzelfalls zu berücksichtigen, also beispielsweise das arbeitstypische Gefahrenrisiko, persönliche und berufliche Fähigkeiten des Arbeitnehmers und seine Stellung im Betrieb sowie das Verhältnis von Schaden und Verdienst. Ist der Verschuldensgrad streitig, obliegt nach § 619a BGB dem Arbeitgeber die Beweislast.

Schadensverteilung nach dem Verschuldensgrad

Haftungsverteilung beim innerbetrieblichen Schadensausgleich		
Vorsatz Grobe Fahrlässigkeit	**Mittlere Fahrlässigkeit**	**Leichte Fahrlässigkeit**
Bei Vorsatz und grober Fahrlässigkeit hat der Arbeitnehmer den gesamten Schaden zu tragen. Bei grober Fahrlässigkeit und einem Missverhältnis zwischen Schaden und Verdienst kann allerdings die Abwägung ergeben, dass der Arbeitgeber ausnahmsweise am Schaden zu beteiligen ist.	Bei normaler Fahrlässigkeit wird eine angemessene Quote für die Haftungsverteilung bestimmt. Die konkrete Aufteilung ist abhängig von den Umständen des Einzelfalls unter Berücksichtigung von Billigkeits- und Zumutbarkeitskriterien.	Bei leichter Fahrlässigkeit hat der Arbeitgeber den gesamten Schaden zu übernehmen. Gemeint ist ein am unteren Ende des Verschuldens liegendes Versehen, also ein Pflichtverstoß, der jedem in einer vergleichbaren Situation unterlaufen könnte.

---

23 Zu den Voraussetzungen des innerbetrieblichen Schadensausgleichs siehe ErfK/*Preis*, § 619a Rn. 9 ff.; MüKoBGB/*Henssler*, § 619a Rn. 32 ff.; BAG NZA 1994, 1083, 1086; NZA 2003, 37, 39.
24 Siehe Fall 10, S. 239 f.
25 BAG NZA 1993, 547 (GS); 1994, 1084 (GS); NZA 1995, 565; NZA 1998, 140; NZA 2003, 37; NZA 2007, 1230, 1232; *Schwab*, NZA-RR 2006, 449; Schaub ArbR-HdB/*Linck*, § 59 Rn. 36 ff.; *Dütz/Thüsing*, Arbeitsrecht, Rn. 201; *Pallasch*, RdA 2013, 338, 339 f.; *Schwarze*, RdA 2013, 140 ff.

B ist infolge geringer Unachtsamkeit auf ein haltendes Fahrzeug aufgefahren. Dies stellt ein geringes Fehlverhalten dar, das jedem Teilnehmer am Straßenverkehr in einer vergleichbaren Situation unterlaufen kann. Für diese **leichte Fahrlässigkeit** hat B nach den Grundsätzen des innerbetrieblichen Schadenausgleichs nicht einzutreten.

§ 254 Abs. 1 BGB analog kommt nicht zur Anwendung; die M-KG hat den gesamten Schaden zu begleichen.

Ergebnis

Für den Schaden von 850 EUR hatte die Kommanditgesellschaft gemäß § 670 BGB analog in voller Höhe einzustehen. Daher ist T zur Zahlung verpflichtet. Der Klageantrag auf Zahlung von 850 EUR ist begründet.

2. Zahlung von 2.750 EUR (Entgelt für April)

Ein Anspruch auf Zahlung von 2.750 EUR könnte sich für B gegen T gemäß **§ 611a Abs. 2 BGB iVm dem Arbeitsvertrag** ergeben.

a) Anspruchsgegner

Für eine etwaige Verpflichtung der M-KG hat T nach §§ 140 Abs. 1, 124 Abs. 1, 161 Abs. 2 HGB bzw. §§ 128 S. 1, 124 Abs. 1, 161 Abs. 2 HGB einzustehen. Maßgeblich ist mithin, ob gegen die Kommanditgesellschaft ein Anspruch auf Arbeitslohn bestand.

b) Verpflichtung der KG

Der Anspruch auf Arbeitslohn entsteht mit Abschluss eines Arbeitsvertrages iSd § 611a BGB.[26]

Arbeitsvertrag, § 611a BGB

1. Begründung

Der Arbeitsvertrag ist ein gegenseitiger schuldrechtlicher Vertrag und unterliegt, was das Zustandekommen betrifft, den allgemeinen Bestimmungen der §§ 145 ff. BGB. Dabei ist es ausreichend, wenn sich die Parteien über die entgeltliche Tätigkeit des Arbeitnehmers geeinigt haben. Die nähere Ausgestaltung kann hinsichtlich der Vergütung nach § 612 BGB sowie bezüglich der Tätigkeit durch das **Direktionsrecht** des Arbeitgebers vorgenommen werden. Aufgrund des Direktionsrechts kann der Arbeitgeber die im Rahmen der vertraglich umschriebenen Verwendung des Arbeitnehmers konkret noch nicht festgelegten Leistungspflichten nach Ort, Art und Zeit (§ 611a Abs. 1 S. 2 BGB) im Einzelnen nach billigem Ermessen (§ 315 Abs. 1 BGB) bestimmen, soweit damit gesetzliche oder kollektivrechtliche Grenzen nicht überschritten werden.

Mit Abschluss des Arbeitsvertrages entsteht das **Arbeitsverhältnis**. Arbeitgeber und Arbeitnehmer können grundsätzlich frei wählen, ob bzw. mit wem sie Arbeitsverträge eingehen. Die **Abschlussfreiheit** folgt aus Art. 12 Abs. 1, 2 Abs. 1 GG. Eingeschränkt wird dieser Grundsatz beispielsweise durch das SGB IX, das AGG, das BBiG oder das JArbSchG. Ebenso kann der Inhalt des Arbeitsvertrages im Prinzip frei gestaltet werden, vgl. § 311 Abs. 1 BGB. Ihre Grenze findet die **Inhaltsfreiheit** in gesetzlichen und kollektiv-rechtlichen Normen, soweit diese zwingendes Recht darstellen. Dieses enthält häufig Mindestansprüche wie beispielsweise im Urlaubsrecht oder im Bereich der Entgeltfortzahlung im Krankheitsfall.

---

26 Palandt/*Weidenkaff*, § 611 Rn. 50; *Heinrich*, JuS 1998, 97, 98; Preis/*Greiner*, Arbeitsvertrag, II A 70 Rn. 1 f.; *Krause*, Arbeitsrecht, § 11 Rn. 1.

> **Arbeitsvertrag, § 611a BGB** *(Fortsetzung)*
>
> Der Arbeitsvertrag unterliegt der **Formfreiheit**. § 2 Abs. 1 NachwG sieht vor, dass der Arbeitgeber innerhalb eines Monats nach dem vereinbarten Arbeitsbeginn die wesentlichen Vertragsbedingungen an den Arbeitnehmer aushändigt; ein Verstoß gegen das Nachweisgesetz bleibt für die Wirksamkeit des Arbeitsvertrages ohne Bedeutung. Häufig enthalten Tarifverträge Bestimmungen zur Schriftform (§ 127 BGB). Bei den Rechtsfolgen der Nichteinhaltung ist zwischen konstitutiver und deklaratorischer Formanordnung zu unterscheiden. Bei einer konstitutiven Abrede ist der Arbeitsvertrag gemäß § 125 S. 2 BGB nichtig. Regelmäßig wird die deklaratorische Schriftform gewählt, die nur Beweiszwecken (§ 416 ZPO) dient und deren Nichteinhaltung keine Nichtigkeit nach sich zieht. Ein Arbeitsvertrag wird üblicherweise unbefristet geschlossen, ein Arbeitsverhältnis beginnt mit Abschluss des Vertrages und setzt sich als **Dauerschuldverhältnis** fort. Eine **Befristung** ist nach § 14 Abs. 1 TzBfG bei einem sachlichen Grund, im Übrigen unter den Voraussetzungen des § 14 Abs. 2, 2a TzBfG zulässig. Nach § 14 Abs. 4 TzBfG bedarf nur die Befristungsabrede, nicht der übrige Arbeitsvertrag der Schriftform.
>
> **2. Inhalt**
>
> Der am 1. April 2017 in Kraft getretene § 611a Abs. 1 BGB nennt die **Hauptpflichten** der Vertragsparteien: Der Arbeitnehmer schuldet den Einsatz seiner Arbeitskraft, der Arbeitgeber hat die vereinbarte Vergütung zu zahlen. Die Höhe der Vergütung ergibt sich meist aus Tarifvertrag oder dem Einzelarbeitsvertrag, wobei letzterer nach dem mittels § 4 Abs. 3 TVG geregelten Günstigkeitsprinzip eine höhere Vergütung als den Tariflohn festsetzen kann. Ist keine Vergütung vereinbart, gilt gemäß § 612 Abs. 2 BGB die übliche Vergütung als geschuldet. Als **Vergütungsformen** sind der Zeitlohn und der Leistungslohn (Prämien- bzw. Akkordlohn) zu unterscheiden. Daneben sind Zusatzentgelte wie übertarifliche Zulagen oder Erschwerniszuschläge möglich. Außerdem werden stellenweise Provisionen, Tantiemen und Gratifikationen gewährt (vgl. Fall 10, S. 256 ff.).
>
> **Nebenpflichten** ergeben sich aus dem Arbeitsvertrag iVm §§ 241, 242 BGB. Die Nebenpflichten des Arbeitgebers, die teilweise unter dem Begriff **Fürsorgepflicht** zusammengefasst sind, beinhalten unter anderem die Pflicht zur Obhut des in den Betrieb eingebrachten Eigentums des Arbeitnehmers sowie die Pflicht zum Schutz seiner Persönlichkeit. Daneben ist der Arbeitgeber seinen Beschäftigten gegenüber verantwortlich für das Abführen der Sozialversicherungsbeiträge und den Schutz der körperlichen Unversehrtheit am Arbeitsplatz (§ 618 BGB). Besondere Arbeitsschutzgesetze begründen außerdem öffentlich-rechtliche Schutzpflichten des Arbeitgebers. Mit der arbeitgeberischen Fürsorgepflicht korreliert die arbeitnehmerische **Treuepflicht**. Sie erlegt es dem Arbeitnehmer insbesondere auf, die im Zusammenhang mit dem Arbeitsverhältnis stehenden Interessen des Arbeitgebers so zu wahren, wie dies von ihm wegen des Arbeitsvertrages und seiner Stellung im Betrieb billigerweise verlangt werden kann. Dazu zählt zum Beispiel die Verschwiegenheitspflicht; sie verbietet dem Arbeitnehmer, Geschäfts- und Betriebsgeheimnisse unbefugt an Dritte mitzuteilen.
>
> Zur Inhaltskontrolle von Arbeitsverträgen siehe *Stöhr/Illner*, JuS 2015, 299 ff.

Zwischen B und der M-KG wurde ein Arbeitsvertrag geschlossen. Deshalb bestand hier grundsätzlich eine Zahlungspflicht der Arbeitgeberin M-KG, für die T einzustehen hat.

Die KG könnte von der Zahlungspflicht des § 611a Abs. 2 BGB aber nach **§ 326 Abs. 1 S. 1 BGB** frei geworden sein, weil B im April nicht gearbeitet hat. Dies setzt **Unmöglichkeit** der Leistungserbringung iSd § 275 Abs. 1 BGB voraus. Der Arbeitnehmer stellt dem Arbeitgeber seine Dienste für eine bestimmte Zeit zur Verfügung. Die versäumte Zeit ist als solche nicht nachholbar. Es handelt sich in der Regel um eine **absolute Fixschuld**. Allein der Umstand, dass nicht gearbeitet wurde und die Arbeits-

<small>Leistungsstörungen im Arbeitsverhältnis</small>

<small>Arbeitsleistung als absolute Fixschuld</small>

zeit abgelaufen ist, führt unabhängig davon, ob der Arbeitnehmer die Unmöglichkeit zu vertreten hat, zur Unmöglichkeit der Leistung nach § 275 Abs. 1 BGB.[27]

B ist der Arbeit vorsätzlich ferngeblieben (§ 275 Abs. 1 BGB), so dass die KG gemäß § 326 Abs. 1 S. 1 BGB keine Vergütung zu leisten hätte. Der Grundsatz „ohne Arbeit kein Lohn" erfährt aus sozialen Gründen sowie Erwägungen der Risikozuordnung allerdings zahlreiche Durchbrechungen.[28]

Leistungsstörungen im Arbeitsverhältnis

Grundsatz: Ohne Arbeit kein Lohn

Wegen der Zeitbezogenheit der Arbeit ist diese regelmäßig nicht nachholbar (absolute Fixschuld). Allein die Nichtarbeit führt zu Unmöglichkeit nach § 275 Abs. 1 BGB. Der Arbeitgeber wird gemäß **§ 326 Abs. 1 S. 1 BGB** von seiner Pflicht zur Entgeltzahlung frei. So trägt beispielsweise der Arbeitnehmer das Wegerisiko; erreicht der Arbeitnehmer bei Verkehrsstörungen oder schlechten Witterungsverhältnissen den Betrieb verspätet, besteht für die versäumte Arbeitszeit keine Vergütungspflicht.

Ausnahmen: Leistungserhaltende Hilfsnormen

Betriebs- und Wirtschaftsrisiko	Persönliche Verhinderung, § 616 BGB	Entgeltfortzahlung im Krankheitsfall	Annahmeverzug, § 615 S. 1 BGB
Das Betriebsrisiko (§ 615 S. 3 BGB) und das Wirtschaftsrisiko trägt der Arbeitgeber. Betriebsrisiko beschreibt die Fälle, in denen dem Arbeitgeber ohne Verschulden eine Beschäftigung des Arbeitnehmers aus betrieblichen Gründen (Materialmangel, Maschinenausfall, Störung der Energieversorgung) nicht möglich ist. Wirtschaftsrisiko meint, dass die Arbeit zwar möglich, aber wirtschaftlich nicht sinnvoll ist (Auftrags-, Absatzmangel).	Die dispositive Regelung des § 616 S. 1 BGB erhält den Vergütungsanspruch aufrecht, wenn der Arbeitnehmer für eine verhältnismäßig nicht erhebliche Zeit durch einen persönlichen Grund ohne sein Verschulden an der Arbeitsleistung verhindert ist. Ein persönlicher Verhinderungsgrund besteht, wenn die Arbeitsleistung nicht für einen größeren Arbeitnehmerkreis, sondern gerade für einen konkreten Arbeitnehmer unzumutbar ist. Typische Fälle sind familiäre Ereignisse (Hochzeit oder Tod eines nahen Angehörigen).	§ 3 Abs. 1 S. 1 EFZG verpflichtet den Arbeitgeber zur Entgeltfortzahlung für bis zu sechs Wochen, wenn der Arbeitnehmer infolge unverschuldeter Krankheit arbeitsunfähig ist. Verschulden meint ein Verschulden gegen sich selbst, also einen groben Verstoß gegen das von einem verständigen Arbeitnehmer im eigenen Interesse zu erwartende Verhalten. Liegen die Voraussetzungen des EFZG nicht vor oder dauert die Arbeitsunfähigkeit mehr als sechs Wochen, ist die gesetzliche Krankenversicherung für den Anspruch auf Krankengeld zuständig, §§ 44 ff. SGB V.	**Vom Arbeitgeber zu vertretende Unmöglichkeit der Arbeitsleistung, § 326 Abs. 2 BGB** **Betriebsratstätigkeit, § 37 BetrVG** **Erholungsurlaub, § 1 BUrlG** **Sonstige Fälle,** zB Mutterschaftsentgelt (§ 11 MuSchG), Feiertagsentgelt (§ 2 EFZG)

---

27 ErfK/*Preis*, § 615 BGB Rn. 4 ff.; BRHP/*Fuchs/Baumgärtner*, § 615 Rn. 4; *Heinrich*, JuS 1998, 97, 101.
28 Überblick bei *Heinrich*, JURA 1996, 235; *ders.*, JuS 1998, 97, 101 f.; *Richardi*, NZA 2002, 1004, 1006; MüKoBGB/*Müller-Glöge*, § 611 Rn. 1; ErfK/*Preis*, § 614 BGB Rn. 4.

Sonderfall: Streik und Aussperrung

Bei arbeitskampfbedingten Betriebsstörungen (Streik, Aussperrung) gelten Besonderheiten. Bei einem **rechtmäßigen Streik** im eigenen Betrieb entfällt für die am Streik beteiligten Arbeitnehmer der Lohnanspruch, weil entsprechend der **Einheitstheorie**, wonach ein Streik kollektiv- und individualrechtlich widerspruchsfrei zu beurteilen ist, die Hauptleistungspflichten suspendiert sind. Anders ist es bei arbeitswilligen Arbeitnehmern; sie bleiben grundsätzlich zur Leistung der vertragsmäßigen Arbeit verpflichtet und können infolgedessen die Zahlung des Entgelts verlangen. Ist hingegen eine Beschäftigungsmöglichkeit nicht vorhanden oder ein sinnvoller Einsatz der arbeitswilligen Arbeitnehmer nicht möglich, entfällt nach den Grundsätzen der Arbeitskampfrisikolehre die Pflicht zur Lohnzahlung. Entsprechendes gilt bei einer rechtmäßigen Aussperrung. Bei einer Teilnahme an einem **rechtswidrigen Streik** begeht der Arbeitnehmer eine Vertragsverletzung, so dass der Lohnanspruch entfällt. Bei einer rechtswidrigen Aussperrung bleibt der Entgeltanspruch bestehen.

Wird die Betriebsstörung durch einen (rechtmäßigen oder rechtswidrigen) Streik in einem anderen Betrieb mittelbar hervorgerufen (**Fernwirkung eines Streiks**), tragen die Arbeitnehmer das Entgeltrisiko, wenn koalitionspolitische Verbindungen bestehen und deshalb eine Entgeltzahlung die Kampfparität beeinträchtigen würde (näher *Junker*, GK Arbeitsrecht, Rn. 590 ff.; *Dütz/Thüsing*, Arbeitsrecht, Rn. 768).

Aus der leistungserhaltenden Norm § 615 S. 1 BGB könnte sich eine Ausnahme zum Grundsatz „ohne Arbeit kein Lohn" ergeben. Voraussetzung ist ein Annahmeverzug des Arbeitgebers iSd §§ 293 ff. BGB.[29]

> Annahmeverzug
> § 615 S. 1 BGB

Annahmeverzug, § 615 S. 1 BGB

§ 615 BGB erfasst Annahmeunmöglichkeit und Annahmeunwilligkeit des Arbeitgebers. Typischer Anwendungsfall ist die Kündigungsschutzklage, also die Konstellation, dass der Arbeitgeber den Arbeitnehmer nach der Kündigung nicht weiterbeschäftigt und der Arbeitnehmer den Kündigungsschutzprozess gewinnt. Die Voraussetzungen des Gläubigerverzugs bestimmen §§ 293 ff. BGB.

Annahmeverzug erfordert, dass der Arbeitgeber die ordnungsgemäß angebotene und dem Arbeitnehmer mögliche erfüllbare Arbeitsleistung nicht annimmt. § 294 BGB verlangt ein tatsächliches Arbeitsangebot. Ein wörtliches Angebot genügt nach § 295 BGB, wenn der Gläubiger die Annahme der Leistung zuvor bereits verweigert hat oder wenn zur Bewirkung der Leistung eine Mitwirkung des Gläubigers notwendig ist. Bei Arbeitsverhältnissen ist regelmäßig **§ 296 S. 1 BGB** anzuwenden. Für den Arbeitgeber liegt nach Auffassung des BAG (NZA 1985, 119) die **kalendermäßig bestimmte Mitwirkung** darin, dem Arbeitnehmer einen **funktionsfähigen Arbeitsplatz** zur Verfügung zu stellen. Mit einer Kündigung gibt der Arbeitgeber dem Arbeitnehmer zu verstehen, dass er an der Arbeitserbringung nach Ablauf der Kündigungsfrist nicht mehr mitwirken möchte, so dass auf § 296 BGB abzustellen und ein Angebot des Arbeitnehmers entbehrlich ist.

Voraussetzungen für Eintritt und Fortdauer des Annahmeverzugs sind nach § 297 BGB überdies subjektive Leistungsbereitschaft sowie objektive Leistungsfähigkeit des Arbeitnehmers. An letzteren fehlt es beispielsweise bei Entzug des für die Tätigkeit notwendigen Führerscheins oder bei krankheitsbedingter Arbeitsunfähigkeit.

Rechtsfolge ist die Aufrechterhaltung des Vergütungsanspruches, wobei für die Berechnung der Höhe die Anrechnungsvorgaben in § 615 S. 2 BGB bzw. § 11 KSchG zu beachten sind.

---

29 Allgemein zum Annahmeverzug bei Fall 15, S. 378 f.

B hat seine Arbeitsleistung nach § 294 BGB seinem Arbeitgeber, der M-KG, zwar tatsächlich angeboten. Die Leistung ist aber so anzubieten, „wie sie zu bewirken ist", dh die Arbeitsleistung muss zur rechten Zeit, am rechten Ort und **in der richtigen Weise** angeboten werden. Ordnungsgemäß ist das Angebot, wenn die Leistung nach Art, Güte, Menge und Ausgestaltung dem Inhalt des Schuldverhältnisses entspricht.[30] Daran fehlt es, weil B seine Arbeitsleistung mit einer vertraglich nicht vorgesehenen Bedingung, nämlich der Einrichtung eines Nichtraucherbereiches verbunden hat.

> **§ 294 BGB**
> Ein Leistungsangebot ist ordnungsgemäß, wenn es nach Art, Güte, Menge und Ausgestaltung dem Inhalt des Schuldverhältnisses entspricht.

Diese Bedingung des B könnte aber wegen § 298 BGB unschädlich sein, wenn B gemäß § 273 Abs. 1 BGB die Leistung der Arbeit verweigern kann, weil ihm ein Anspruch auf eine Nichtraucherzone zusteht. § 298 BGB stellt das Nichtanbieten der Gegenleistung der Nichtannahme gleich. Das gilt nicht nur bei synallagmatischen Verträgen (§ 320 BGB), sondern bei allen Zurückbehaltungsrechten (zB §§ 273, 410, 797 BGB).[31]

> **§ 298 BGB**
> Ist eine Zug-um-Zug-Leistung geschuldet, steht das Nichtanbieten der Gegenleistung der Nichtannahme der Leistung gleich.

Ein Zurückbehaltungsrecht nach § 273 Abs. 1 BGB setzt einen **Gegenanspruch** voraus.[32] Entscheidend ist damit, ob B ein fälliger und durchsetzbarer Anspruch auf einen tabakrauchfreien Arbeitsplatz zusteht.

Ein derartiger Anspruch könnte sich aus § 618 Abs. 1 BGB ergeben.[33] Nach dieser Vorschrift hat der Arbeitgeber Arbeitsplatz und Arbeitsablauf derart zu gestalten, dass der Arbeitnehmer vor Gesundheitsgefahren so geschützt ist, wie es die Natur der Dienstleistung gestattet. Der Inhalt der vertraglichen Schutzpflicht des Arbeitgebers wird durch die Umstände des jeweiligen Arbeitsverhältnisses konkretisiert. Arbeitnehmer, die aufgrund einer besonderen gesundheitlichen Disposition gegen bestimmte Schadstoffe anfällig sind, können im Einzelfall besondere Schutzmaßnahmen verlangen.[34]

> **Aufbauschema § 273 Abs. 1 BGB**
> 1. Anwendbarkeit
> 2. Gegenanspruch
> 3. Gegenseitigkeit
> 4. Konnexität
> 5. Kein Ausschluss

> **§ 618 Abs. 1 BGB**
> Schutzpflichten des Arbeitgebers

Unerheblich ist, dass die Gesundheitsbelastung nicht unmittelbar vom Arbeitgeber ausgeht, sondern durch ein Verhalten der Kollegen verursacht wird. Der Arbeitgeber ordnet und leitet die betrieblichen Verhältnisse. Damit trägt er die Verantwortung, die Arbeit so zu organisieren, dass Tabakrauch die Atemluft am Arbeitsplatz nicht durchsetzt und Arbeitnehmer durch das Passivrauchen in ihrer Gesundheit nicht gefährdet werden.[35]

> Der Arbeitgeber trägt die betriebliche Organisationsverantwortung.

Da die Einrichtung eines tabakrauchfreien Büroraums oder ein generelles Rauchverbot im Großraumbüro die unternehmerische Freiheit der KG nicht wesentlich beeinträchtigt, ist das Unternehmen gemäß § 618 Abs. 1 BGB dazu verpflichtet, dem B einen rauchfreien Arbeitsplatz zuzuweisen.

Dieser Anspruch gibt B ein Leistungsverweigerungsrecht (§ 273 Abs. 1 BGB), weil neben der Existenz eines wirksamen Gegenanspruches auch die weiteren Voraussetzungen Gegenseitigkeit sowie Konnexität erfüllt sind. B hat lediglich Zug um Zug zu leisten, § 274 BGB. Es handelt sich hier um einen Fall des § 298 BGB.

---

30 PWW/*Zöchling-Jud*, § 294 Rn. 9; Palandt/*Grüneberg*, § 294 Rn. 4.
31 Erman/*Hager*, § 298 Rn. 2; BRHP/*Lorenz*, § 298 Rn. 5.
32 Näher zu den Zurückbehaltungsrechten bei Fall 17, S. 427.
33 Ein Abwehranspruch nach § 1004 Abs. 1 BGB analog kommt zwar ebenfalls in Betracht, wird nach hM aber von § 618 BGB als speziellerer Norm verdrängt (BAG NZA 1996, 927, 929; *Bergwitz*, NZA-RR 2004, 169, 174). § 618 BGB ist nach hM kein Schutzgesetz iSd § 823 Abs. 2 BGB (Erman/*Belling/Riesenhuber*, § 618 Rn. 29; Palandt/*Weidenkaff*, § 618 Rn. 8).
34 BAG NZA 1997, 86; BRHP/*Fuchs/Baumgärtner*, § 618 Rn. 12; HK-ArbR/*Waas/Palonka*, § 618 Rn. 12.
35 BAG NJW 1999, 162; zur Zulässigkeit eines Rauchverbots vgl. BAG NJW 1999, 546.

Die M-KG befand sich in Annahmeverzug, §§ 293 ff. BGB. Die Tatbestandsmerkmale des § 615 S. 1 BGB sind gegeben. B war berechtigt, seine vertraglich geschuldete Arbeitsleistung zurückzuhalten.

Ergebnis

Mangels ordnungsgemäßen Arbeitsplatzes hat B seine Arbeitskraft zu Recht zurückgehalten. Ihm steht nach § 611a Abs. 2 iVm § 615 S. 1 BGB gegen die KG ein Zahlungsanspruch über 2.750 EUR zu.

Da auch der zweite Klageantrag begründet ist, ist die Klage des B gegen T in voller Höhe begründet, sofern sich aus dem Vorbringen des T zu den Fehlzeiten im März keine Änderung ergibt.

3. Gegenanspruch über 350 EUR (Fehlzeiten März)

Bei der Klageerwiderung könnte es sich um eine Aufrechnung[36] gemäß § 389 BGB handeln.

§ 389 BGB Aufrechnung als Erfüllungssurrogat

a) Aufrechnungserklärung

Dies setzt zunächst eine Aufrechnungserklärung iSd § 388 S. 1 BGB voraus. Davon ist unter Anwendung der §§ 133, 157 BGB auszugehen. T hat in der Klageerwiderung zum Ausdruck gebracht, dass er die Klage in erster Linie für unbegründet hält (Hauptantrag), aber bei etwaiger Begründetheit jedenfalls 350 EUR abzuziehen seien (Hilfsantrag). Er verteidigt sich also **hilfsweise** damit, dass die Klageforderung durch Aufrechnung erloschen ist, soweit sie sich mit der Gegenforderung deckt.

Hilfsantrag

Haupt- und Hilfsantrag
Hierbei werden mehrere Anträge nicht kumulativ nebeneinander, sondern in Abhängigkeit voneinander gestellt. Zu unterscheiden sind echte und unechte Eventualität. Bei der **echten** eventuellen Klagehäufung ist der Hilfsantrag für den Fall gestellt, dass der Hauptantrag keinen Erfolg hat. Der **unechte** Hilfsantrag kommt bei Erfolg des Hauptantrags zur Anwendung. Beide Varianten werden nach herrschender Einschätzung für zulässig gehalten (vgl. *Knöringer*, Assessorklausur, § 8 Rn. 09 ff.; *Jauernig/Hess*, Zivilprozessrecht, § 88 Rn. 9 ff.; *Anders/Gehle*, Assessorexamen, K. Rn. 1 ff.; *Kaiser*, NJW 2014, 3497 f.; *Stein*, JuS 2014, 320, 323 f.). Die Voraussetzungen des § 260 ZPO sind einzuhalten. Der Hilfsantrag begründet **eine auflösend bedingte Rechtshängigkeit** des Hilfsanspruchs. Die Verjährungshemmung nach § 204 Abs. 1 Nr. 1 BGB erstreckt sich somit auch auf den hilfsweise geltend gemachten Anspruch (BGH BB 1997, 1383). Die Rechtshängigkeit des echten Hilfsantrags entfällt bei einem erfolgreichen Hauptantrag und damit auch rückwirkend die Verjährungshemmung gemäß § 204 Abs. 1 Nr. 1 BGB.

b) Bedingungsfeindlichkeit

Nach § 388 S. 2 BGB ist eine bedingte Aufrechnungserklärung unwirksam, weil mit ihrer Rechtsnatur als Gestaltungserklärung ein Schwebezustand nicht vereinbar ist.

Eventualaufrechnung

T hat hier eine **Eventualaufrechnung** geltend gemacht, dh die Aufrechnung wird nur für den Fall erklärt, dass das Gericht die Klageforderung bejaht. Die Frage ist mithin, ob eine derartige prozessuale Bedingung angesichts von § 388 S. 2 BGB möglich ist.[37]

---

36 Zur Aufrechnung siehe auch Fall 4, S. 96, 99 und Fall 7, S. 173.
37 Vgl. MüKoBGB/*Schlüter*, § 388 Rn. 4; Palandt/*Grüneberg*, § 388 Rn. 3; *Huber*, JuS 2008, 1050.

Eventualaufrechnung

1. Zulässigkeit

Über das Ergebnis, die Rechtmäßigkeit der Eventualaufrechnung, herrscht Einigkeit. Diskutiert wird über die dogmatische Rechtfertigung, zu der unterschiedliche Standpunkte (vgl. *Knöringer*, Assessorklausur, § 13 Rn. 07; *Anders/Gehle*, Assessorexamen, G. Rn. 15 ff.; *Wolf*, JA 2008, 673, 676) vertreten werden:

Theorie der Rechtsbedingung	Prozessrechtliche Theorie	Teleologische Reduktion (hM)
Voraussetzung einer Aufrechnung ist die Existenz einer Hauptforderung. Wird bei der Aufrechnung auf diesen Umstand hingewiesen, handele es sich um einen bloßen Rechtshinweis, also lediglich eine Rechtsbedingung.	Die im Prozess erklärte Aufrechnung sei ein Rechtsinstitut eigener Art, das ausschließlich prozessualen Grundsätzen unterliege. Eine Prozesshandlung könne mit einer innerprozessualen Bedingung verknüpft werden. § 388 S. 2 BGB als materielle Norm sei nicht anwendbar.	§ 388 S. 2 BGB bezweckt den Schutz des Empfängers vor der Ungewissheit, welche Forderungen betroffen sind. Auf diesen Schutzzweck komme es nicht an, weil im Prozess eindeutig entschieden werde. § 388 S. 2 BGB sei deshalb eingeschränkt auszulegen. Zudem zeigt § 45 Abs. 3 GKG, dass die Eventualaufrechnung anerkannt ist.

2. Rechtskrafterstreckung

Von der materiellen Rechtskraft werden gemäß § 322 Abs. 1 ZPO die mit der Klage bzw. Widerklage geltend gemachten Streitgegenstände erfasst; zugleich ist über das kontradiktorische Gegenteil entschieden. Nicht in Rechtskraft erwachsen die tatsächlichen Feststellungen, die Beurteilung vorgreiflicher Rechtsverhältnisse sowie die Einwendungen und Einreden des Beklagten.
Eine Ausnahme macht **§ 322 Abs. 2 ZPO** für die rechtsvernichtende Einwendung der Aufrechnung durch den Beklagten, sofern sie erfolglos war. Analog erfasst § 322 Abs. 2 ZPO auch die erfolgreiche Aufrechnung, also die Konstellation, dass die Gegenforderung zwar bestand, aber im Zuge der Aufrechnung erloschen ist (BGH NJW 2002, 900; Thomas/Putzo/*Reichold*, § 322 Rn. 47).

Die gesetzliche Anerkennung in § 45 Abs. 1 GKG zeigt, dass eine Eventualaufrechnung in der Klageerwiderung zulässig ist.

c) Prozesshandlung

Eine im Prozess erklärte Aufrechnung muss nicht nur den materiell-rechtlichen Anforderungen genügen, sondern für ihre Wirksamkeit auch als Prozesshandlung zulässig sein. Es müssen also die **Prozesshandlungsvoraussetzungen** (Partei-, Prozess-, Postulationsfähigkeit)[38] erfüllt sein und das Verteidigungsvorbringen darf nicht als prozessual unzulässig, beispielsweise wegen Präklusion[39], zurückgewiesen werden.

---

38 Dazu *Musielak/Voit*, GK ZPO, Rn. 309 ff.
39 *Stackmann*, JuS 2011, 133; *Jauernig/Hess*, Zivilprozessrecht, § 28 Rn. 4 ff.; *Baudewin/Wegner*, NJW 2014, 1479.

Zurückweisung verspäteten Vorbringens (Präklusion)
Die Präklusionsvorschriften (§§ 296, 530, 531 ZPO) erleichtern dem Gericht eine beschleunigte Beendigung des Rechtsstreits durch die Nichtzulassung verspäteten Vorbringens. **§ 296 Abs. 1 ZPO** bezieht sich auf Angriffs- und Verteidigungsmittel, die erst nach Ablauf einer hierfür wirksam gesetzten Frist vorgebracht werden. Angriffs- und Verteidigungsmittel sind nach § 282 Abs. 1 ZPO insbesondere Behauptungen, Bestreiten, Einwendungen, Einreden und Beweismittel. Nicht hierzu zählen der Angriff und die Verteidigung selbst, also zB nicht die Klageänderung und die Widerklage. **§ 296 Abs. 2 ZPO** meint Angriffs- und Verteidigungsmittel, die vor Schluss der mündlichen Verhandlung (ansonsten § 296a ZPO) zwar ohne Fristsetzung, aber unter Verletzung der allgemeinen Prozessförderungspflicht (§ 282 ZPO) nicht rechtzeitig vorgebracht wurden. **§ 296 Abs. 1 und Abs. 2 ZPO** setzen eine **Verzögerung des Rechtsstreits** voraus. Streitig ist, ob der absolute oder der relative Verzögerungsbegriff heranzuziehen ist. Die relative Sichtweise stellt darauf ab, ob hypothetisch auch bei zeitgemäßem Vorbringen der Rechtsstreit ebenso lange gedauert hätte wie bei der Verspätung. Durchgesetzt hat sich der **absolute Verzögerungsbegriff** (BGH NJW 1983, 575; Musielak/Voit/*Huber*, § 296 Rn. 13), wonach es allein darauf ankommt, ob es bei der Zulassung des verspäteten Vorbringens konkret zu einer Verzögerung kommt. Demnach liegt eine Verzögerung beispielsweise dann nicht vor, wenn der Rechtsstreit aus anderen Gründen noch nicht entscheidungsreif ist. **§ 296 Abs. 3 ZPO** betrifft Rügen zur Zulässigkeit der Klage, auf die der Beklagte verzichten kann. Verzichtbare Rügen sind zB die Fälle des § 88 Abs. 1, § 269 Abs. 6 ZPO.

Die Aufrechnungserklärung des T ist als Eventualaufrechnung weder verspätet, noch mangelt es an einer Prozesshandlungsvoraussetzung; die Erklärung ist deshalb prozessual zulässig.

d) Gegenforderung

Nach § 387 BGB setzt eine Aufrechnung eine wirksame, gleichartige und fällige Gegenforderung (Aktivforderung) voraus.

Der Gegenanspruch der M-KG gegen B auf Zahlung von 350 EUR könnte sich aus **§§ 326 Abs. 4, 346 Abs. 1 BGB** ergeben. Danach kann der Gläubiger die Leistung zurückfordern, die er bewirkt hat, obwohl er nach § 326 Abs. 1 S. 1 BGB von der Leistungspflicht befreit war. Die Rückabwicklung erfolgt dabei nach den Rücktrittsvorschriften und nicht nach Bereicherungsrecht.[40]

Fraglich ist, ob die M-KG die Vergütung in Höhe von 350 EUR aufgrund der Fehlzeiten des B nicht geschuldet hat. Es ist also zu untersuchen, ob trotz der Fehlzeiten eine Zahlungspflicht der KG bestand.

Ein Zahlungsanspruch des B könnte sich aus **§ 611a Abs. 2 BGB iVm dem Arbeitsvertrag** ergeben. Ein Arbeitsverhältnis besteht, so dass zunächst ein Anspruch entstanden ist.

Die Arbeitgeberin könnte gemäß **§ 326 Abs. 1 S. 1 BGB** von der Zahlungspflicht frei geworden sein. Bei der Arbeitsleistung handelt es sich in der Regel wegen mangelnder Nachholbarkeit um eine absolute Fixschuld. Der Arbeitnehmer wird nach § 275 Abs. 1 BGB von seiner Leistungspflicht frei. Der Arbeitgeber wird gemäß § 326

Rückzahlung nach §§ 326 Abs. 4, 346 Abs. 1 BGB

Anspruch aus § 611a Abs. 2 BGB iVm Arbeitsvertrag
↓
Unmöglichkeit der Leistung iSd § 275 BGB
↓
Entfall der Vergütung nach § 326 Abs. 1 S. 1 BGB
↓
Leistungserhaltende Hilfsnormen, zB § 616 BGB

---

40 *Richardi*, NZA 2002, 1004, 1008; *Herbert/Oberrath*, NJW 2005, 3745, 3747; Palandt/*Grüneberg*, § 326 Rn. 17.

> **Aufbauschema Vorübergehende Verhinderung § 616 S. 1 BGB**
> 1. Unmöglichkeit oder Unzumutbarkeit nach § 275 BGB
> 2. Leistungshindernis in der Person des Arbeitnehmers
> 3. Kausalität zwischen Verhinderung und Arbeitsausfall
> 4. Verhältnismäßig nicht erhebliche Zeit
> 5. Kein Verschulden gegen sich selbst
> 6. Keine Sonderregelung, zB EFZG, MuSchG

Abs. 1 S. 1 BGB von seiner Vergütungspflicht nicht nur dann frei, wenn der Arbeitnehmer die Nichtleistung zu vertreten hat, sondern auch dann, wenn beide die Unmöglichkeit nicht zu vertreten haben. So liegt es hier; die witterungsbedingten Fehlzeiten sind weder vom Arbeitgeber noch vom Arbeitnehmer zu vertreten.

Von diesem Grundsatz, dass **ohne Arbeit kein Lohn** zu zahlen ist, bestehen vielfältige **Ausnahmen**. Hier könnte ein Anwendungsfall der leistungserhaltenden Sondervorschrift des **§ 616 S. 1 BGB** in Betracht kommen.[41]

Nach § 616 S. 1 BGB verliert der Arbeitnehmer den Anspruch auf das Entgelt nicht dadurch, dass er für eine verhältnismäßig nicht erhebliche Zeit durch einen in seiner Person liegenden Grund ohne sein Verschulden an der Dienstleistung verhindert ist.

An der Tätigkeit verhindert ist der Arbeitnehmer, wenn ihm die Arbeitsleistung iSd § 275 Abs. 1 BGB unmöglich oder iSd § 275 Abs. 3 BGB unzumutbar ist. Unzumutbarkeit meint Unvermeidbarkeit; sie liegt deshalb dann nicht vor, wenn es sich um eine freie Arbeitnehmerdisposition wie einen Werkstatt- oder Arzttermin handelt.[42] B war die Arbeitsleistung hier unmöglich, § 275 Abs. 1 BGB.

Das Leistungshindernis muss allein in der Person des Arbeitnehmers liegen, sich speziell auf ihn beziehen und darf keinen größeren Personenkreis betreffen. Der Hinderungsgrund muss seine Ursache in der persönlichen Sphäre des Arbeitnehmers haben.[43] Objektive Leistungshindernisse, die eine unbestimmte Vielzahl von Arbeitnehmern betreffen können, scheiden aus.[44]

B ist aufgrund schlechter Witterungsverhältnisse verspätet zur Arbeit gekommen. Dabei handelt es sich um ein objektives, allgemeines Leistungshindernis. Das **Wegerisiko**, also die Gefahr, den Arbeitsort ohne eigenes Verschulden beispielsweise wegen eines Verkehrsstaus oder eines Zugausfalls nicht oder nicht rechtzeitig zu erreichen, trägt der Arbeitnehmer. Das gilt auch dann, wenn die Beförderung zum Arbeitsplatz durch den Arbeitgeber vorgenommen wird. Eine Beförderungsstörung kann ausnahmsweise der Betriebsrisikohaftung des Arbeitgebers zugeordnet werden, wenn sie ausschließlich und allein Folge von Mängeln der vom Arbeitgeber gestellten Fahrzeuge ist.

> Das Wegerisiko trägt der Arbeitnehmer.

Da das Wegerisiko der Arbeitnehmer zu tragen hat, war die Zahlung der 350 EUR für die Fehlzeiten im März von der M-KG nicht geschuldet..

Die Voraussetzungen der §§ 326 Abs. 4, 346 Abs. 1 BGB sind erfüllt. Es besteht ein Gegenanspruch der M-KG in Höhe von 350 EUR. Da B dieser Betrag auf sein Konto überwiesen worden ist, schuldet er die entsprechende Rückübertragung des Guthabens von 350 EUR auf die Bankverbindung des T als Rechtsnachfolger der M-KG.

e) Sonstige Voraussetzungen

Die weiteren Voraussetzungen der Aufrechnung nach §§ 387 ff. BGB (Gegenseitigkeit, Fälligkeit und Durchsetzbarkeit der Gegenforderung, Erfüllbarkeit der Hauptforderung) sind gegeben.

---

41 ErfK/*Preis*, § 616 Rn. 2 ff.; Palandt/*Weidenkaff*, § 616 Rn. 1 ff.; zur persönlichen Verhinderung aufgrund Erkrankung des Kindes des Arbeitnehmers *Brose*, NZA 2011, 719.
42 Anders ist es, wenn der Arztbesuch aus zwingenden Gründen innerhalb der Arbeitszeit stattfinden muss und ein Besuch außerhalb der Dienstzeit ausscheidet, vgl. BRHP/*Fuchs*, § 616 Rn. 7; ErfK/*Preis*, § 616 BGB Rn. 7; MüKoBGB/*Henssler*, § 616 Rn. 22.
43 Zum Beispiel Todesfall, Geburt, Eheschließung, Tätigkeit als ehrenamtlicher Richter.
44 Vgl. BAG NZA 2002, 47; ErfK/*Preis*, § 616 Rn. 3; Palandt/*Weidenkaff*, § 616 Rn. 8; MüKoBGB/ *Henssler*, § 616 Rn. 18.

f) Kein Aufrechnungsverbot

Der Aufrechnung darf kein Aufrechnungsverbot entgegenstehen.

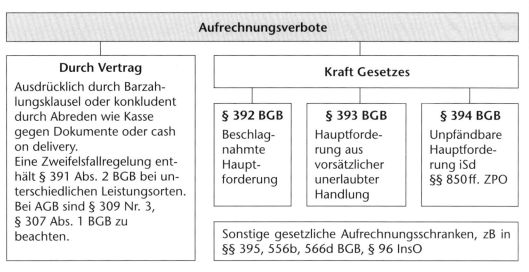

Hier ist an den Ausschluss der Aufrechnung gemäß § 394 S. 1 BGB zu denken. Gegen eine unpfändbare Hauptforderung kann nicht aufgerechnet werden. Welche Forderungen unpfändbar sind, ergibt sich aus §§ 850 ff. ZPO. Die Pfändung von Arbeitseinkommen ist in §§ 850 a-k ZPO aus sozialpolitischen Gründen beschränkt.

> **Pfändungsschutz in der Zwangsvollstreckung**
>
> Bei der Zwangsvollstreckung **wegen Geldforderungen** kann nach §§ 803 ff. ZPO in das bewegliche Vermögen, nach §§ 829 ff. ZPO in Forderungen und andere Vermögensrechte sowie gemäß §§ 864 ff. ZPO iVm dem ZVG in das unbewegliche Vermögen vollstreckt werden.
> Die Vollstreckung **in das bewegliche Vermögen** wird durch Pfändung (§§ 808, 809 ZPO) vorgenommen; Folgen sind Verstrickung und das Entstehen eines Pfändungspfandrechts (§ 804 ZPO). Die Pfändungsverbote des § 811 ZPO sollen dem Schuldner die Existenzgrundlage erhalten, wobei eine Austauschpfändung (§ 811a ZPO) möglich ist und das Verbot der Überpfändung (§ 803 Abs. 1 S. 2 ZPO) gilt.
> Die Vollstreckung **in Forderungen** nimmt das Vollstreckungsgericht durch Pfändungs- und Überweisungsbeschluss vor, §§ 829, 835 ZPO. Den Pfändungsschutz regeln §§ 850 ff. ZPO.
> Die Vollstreckung **in ein Grundstück** erfolgt gemäß § 866 ZPO durch Eintragung einer Sicherungshypothek, durch Zwangsversteigerung und Zwangsverwaltung.

Das Arbeitseinkommen ist unpfändbar, wenn es unterhalb der in § 850c ZPO bestimmten Grenzen bleibt. Dafür, dass die Aufrechnung mit 350 EUR vom Pfändungsschutz betroffen ist, besteht angesichts eines Entgelts in Höhe von 2.750 EUR kein Anhaltspunkt.
Die Aufrechnung ist nicht nach § 394 S. 1 BGB ausgeschlossen.

Ergebnis

Die Voraussetzungen einer Aufrechnung nach §§ 387 ff. BGB sind erfüllt, die Bedingung für die Eventualaufrechnung ist eingetreten. Die Aufrechnung ist erfolgreich. Gemäß § 389 BGB ist die Forderung des B gegen T in Höhe von 350 EUR erloschen.

Gesamtergebnis zu Frage 1

T hat an B lediglich 3.250 EUR zu bezahlen. Die Klage des B gegen T ist nur zum Teil begründet. Das Arbeitsgericht Augsburg wird T folglich zur Zahlung von 3.250 EUR verurteilen und im Übrigen die Klage abweisen.

Frage 2: Urlaubsabgeltung und Zeugnisberichtigung

A. Anspruch der D gegen T auf Urlaubsabgeltung gemäß § 7 Abs. 4 BUrlG

I. Beendigung des Arbeitsverhältnisses

Voraussetzung für einen Abgeltungsanspruch ist, dass zwischen D und T ein Arbeitsverhältnis bestand und dieses beendet wurde. D war Arbeitnehmerin und ihr wurde mit Schreiben vom 16. Juni wirksam gekündigt.

II. Bestehen des Urlaubsanspruches

Um einen Anspruch auf Abgeltung geltend machen zu können, müssen die Merkmale des Urlaubsanspruches gegeben sein. Der noch nicht erfüllte Urlaubsanspruch des Arbeitnehmers wandelt sich mit Beendigung des Arbeitsverhältnisses ipso iure in einen Abgeltungsanspruch um.

Grundlagen des Urlaubsanspruches		
Inhalt	**Entstehung**	**Verfall nach § 7 Abs. 3 BUrlG**

• Inhalt des Anspruchs aus § 1 BUrlG ist die bezahlte Freistellung von der Arbeit.
• Leistungshandlung ist die Abgabe einer freistellenden Willenserklärung durch den Arbeitgeber.
• Erfüllung tritt mit Eintritt des Leistungserfolges „Freistellung wegen Urlaub" ein, nicht bei anderweitigem Entfall der Arbeitspflicht.
	1. Anwendbarkeit des BUrlG
	2. Bestehen des Arbeitsverhältnisses
	3. Erfüllen der Wartezeit, § 4 BUrlG
	4. Umfang
	  • 24 Werktage bei einer 6-Tage-Woche; bei einer 5-Tage-Woche Umrechnung auf 20 Tage, § 3 BUrlG
	  • ggf. Kürzung, § 5 BUrlG
	5. Erfüllbarkeit des Anspruchs
	6. Kein Verfall, § 7 Abs. 3 BUrlG
		• Verfall tritt grundsätzlich mit Ablauf des Kalenderjahres am 31. Dezember ein.
		• Automatische Übertragung nach § 7 Abs. 3 S. 2, 3 BUrlG in das Folgejahr bis zum 31. März bei Vorliegen der gesetzlichen Voraussetzungen
		• Etwas anderes gilt beim Teilurlaubsanspruch, § 7 Abs. 3 S. 4 BUrlG

1. Wartezeit

Die Wartezeit nach § 4 BUrlG, das sechsmonatige Bestehen des Arbeitsverhältnisses, wurde von D erfüllt; sie ist bereits seit vier Jahren im Unternehmen des T beschäftigt. Ihr gesetzlicher Mindesturlaubsanspruch nach § 3 Abs. 1, 2 BUrlG beträgt 20 Werktage.

2. Ausstehende Urlaubstage

Weiterhin müsste D noch Urlaub zustehen. D war arbeitsunfähig erkrankt und hat den kompletten Vorjahresurlaub noch nicht genommen. Ein Urlaubsanspruch nach § 7 Abs. 1 BUrlG besteht demnach grundsätzlich.

3. Erfüllbarkeit des Urlaubsanspruches

Fraglich ist, ob für den Anspruch aus § 7 Abs. 4 BUrlG der Urlaubsanspruch erfüllbar sein muss. D war das in Frage stehende Jahr fortlaufend erkrankt. Auch bei Fortbestand des Arbeitsverhältnisses wäre es ihr nicht möglich gewesen, ihren Urlaub zu nehmen bzw. bis 31. März zu übertragen.

a) Frühere Rechtsprechung (Surrogatstheorie)

In jahrelanger Rechtsprechung unterlag der Abgeltungsanspruch den besonderen urlaubsrechtlichen Geltendmachungsfristen gemäß § 7 Abs. 3 BUrlG. Schied der Arbeitnehmer aus dem Arbeitsverhältnis aus, musste er den Urlaubsabgeltungsanspruch spätestens bis 31. März des Folgejahres geltend machen. Grund hierfür war die Einordnung des Urlaubsabgeltungsanspruches als Surrogat des wegen Beendigung des Arbeitsverhältnisses nicht mehr realisierbaren Urlaubsanspruches.[45] Der Urlaubsabgeltungsanspruch unterlag demnach den gleichen Voraussetzungen wie der Urlaubsanspruch.

Erforderlich war, dass bei hypothetischer Fortsetzung des Arbeitsverhältnisses der Urlaubsanspruch erfüllbar ist, also der Arbeitnehmer bei Fortdauer des Arbeitsverhältnisses seine vertraglich geschuldete Arbeitsleistung bis zum Ende des Befristungszeitraums hätte erbringen können. Eine Erfüllbarkeit wurde im Fall einer andauernden Krankheit und damit einhergehenden Arbeitsunfähigkeit des Arbeitnehmers bis zum Ende des Übertragungszeitraums abgelehnt.[46]

Aus diesem Blickwinkel scheidet ein Anspruch der D auf Urlaubsabgeltung aus.

b) Neue Rechtsprechung (Eigenständigkeitslehre)

Aufgrund der Schultz-Hoff-Entscheidung des EuGH[47] wurde diese Rechtsprechung seitens des BAG aufgegeben.[48] § 7 Abs. 3 und 4 BUrlG sind richtlinienkonform so auszulegen, dass ein Erlöschen des gesetzlichen Urlaubsabgeltungsanspruches nicht erfolgt, wenn der Urlaub wegen krankheitsbedingter Arbeitsunfähigkeit des Arbeitnehmers während des Bezugs- und des Übertragungszeitraums vom Arbeitgeber nicht gewährt werden konnte.

> § 7 Abs. 4 BurlG stellt einen eigenständigen Anspruch dar, der nicht von der Arbeitsfähigkeit des Arbeitnehmers abhängt und nicht den Voraussetzungen des Urlaubsanspruches unterliegt.

---

45 BAG NZA 2002, 895; NZA 2000, 590; NZA 1995, 531; ebenso ErfK/*Dörner*, 9. Aufl. 2009, § 7 BUrlG Rn. 57; MüKoBGB/*Müller-Glöge*, 5. Aufl. 2009, § 611 Rn. 959; Palandt/*Weidenkaff*, 68. Aufl. 2009, § 611 Rn. 145.
46 BAG NZA 2002, 323, 324.
47 Der EuGH gab vor, dass ein Arbeitnehmer, dessen Anspruch auf bezahlten Jahresurlaub erloschen ist, tatsächlich die Möglichkeit gehabt haben muss, diesen Anspruch bei Ablauf des Bezugszeitraums und/oder eines im nationalen Recht festgelegten Übertragungszeitraums auszuüben. Ist er dazu wegen Krankheit nicht in der Lage, muss ihm zumindest eine finanzielle Vergütung zustehen, Art. 7 Abs. 2 der Richtlinie 2003/88/EG; EuGH NJW 2009, 495, 499.
48 BAG NZA 2009, 538.

Der Abgeltungsanspruch bildet einen eigenständigen Anspruch, der unabhängig von den Urlaubsvoraussetzungen einen Geldanspruch gewährt, wobei nicht zwischen arbeitsfähigen und arbeitsunfähigen Arbeitnehmern zu unterscheiden ist.[49]

Grenzen der Eigenständigkeitslehre

Eine Einschränkung dieser Rechtsprechung im Hinblick auf einen über mehrere Bezugszeiträume arbeitsunfähigen Arbeitnehmer nahm der EuGH in der KHS/Schulte-Entscheidung vor (EuGH NJW 2012, 290). Ein unbegrenztes Ansammeln von Ansprüchen würde dem Zweck des Anspruchs auf Jahresurlaub, sich einerseits von den Arbeitsaufgaben zu erholen, andererseits über einen freien Zeitraum für Entspannung und Freizeit zu verfügen, nicht entsprechen.

Das BAG entschied unter Hinweis auf diese geänderte EuGH-Rechtsprechung, dass bei langjährig arbeitsunfähigen Arbeitnehmern § 7 Abs. 3 S. 3 BUrlG europarechtskonform so auszulegen sei, dass der Urlaubsanspruch 15 Monate nach Ablauf des Urlaubsjahres verfalle (BAG NJW 2012, 3529).

Weiterhin ist zu berücksichtigen, dass der eigenständige Abgeltungsanspruch nach überwiegender Einschätzung ausschließlich für den gesetzlichen Mindesturlaub und nicht für den darüber hinausgehenden tariflichen Mehrurlaub gilt. Hier können die Tarifvertragsparteien vereinbaren, dass der tarifliche Abgeltungsanspruch erlischt, wenn der Urlaubsanspruch wegen Krankheit des Arbeitnehmers nicht erfüllt werden kann (BAG NZA 2010, 810; *Dornbusch/Ahner*, NZA 2009, 180, 183; *Grobys*, NJW 2009, 2177, 2178).

D war das komplette Vorjahr erkrankt und konnte einen Anspruch auf Urlaub nicht geltend machen.

Sie hat demnach gegen T einen (auf den gesetzlichen Mindesturlaub bezogenen) Anspruch auf Abgeltung des wegen fortlaufender Arbeitsunfähigkeit nicht genommenen Urlaubs des Vorjahres aus § 7 Abs. 4 BUrlG.

B. Anspruch der D gegen T auf Zeugnisberichtigung

Ein Anspruch der D auf die Erteilung eines (ordnungsgemäßen) Arbeitszeugnisses könnte sich aus § 109 Abs. 1 S. 3 GewO iVm § 630 S. 4 BGB ergeben.

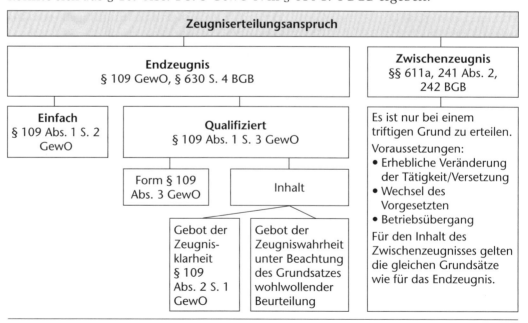

---

49 BAG NZA 2009, 538; AR/*Gutzeit*, § 7 BUrlG Rn. 58 f.

Dabei ist zu beachten, dass es lediglich einen Zeugniserteilungsanspruch, nicht aber einen Zeugnisberichtigungsanspruch gibt.[50] Wenn mit einem erteilten Zeugnis der Anspruch noch nicht iSv § 362 Abs. 1 BGB befriedigt wurde, besteht nach wie vor ein primärer Erfüllungsanspruch. Handelt es sich um ein Endzeugnis, muss der Arbeitnehmer darlegen, dass ein Arbeitsverhältnis bestand, dieses beendet wurde (Zugang einer Kündigung, Abschluss eines Aufhebungsvertrages) und er ein Zeugnis eingefordert hat.

> Es besteht kein Anspruch auf Berichtigung eines fehlerhaften Zeugnisses, vielmehr handelt es sich um einen Erfüllungsanspruch auf Erteilung eines ordnungsgemäßen Zeugnisses.

Inhalt und Form eines Arbeitszeugnisses

Die Pflicht zur Zeugniserteilung ergibt sich aus der Fürsorgepflicht des Arbeitgebers. Zu unterscheiden sind das einfache und das qualifizierte Zeugnis. Während das **einfache** Angaben zur Person des Arbeitnehmers, eine Tätigkeitsbeschreibung und die Dauer des Arbeitsverhältnisses (§ 109 Abs. 1 S. 2 GewO) enthält, beschreibt das **qualifizierte Zeugnis** zudem Leistung und Verhalten (§ 109 Abs. 1 S. 3 GewO) des Arbeitnehmers.
Ein Zeugnis muss einheitlich, vollständig, klar und wahr sein. Maßgeblich ist die **Zeugniswahrheit** unter Berücksichtigung eines verständigen Wohlwollens gegenüber dem Arbeitnehmer, so dass ihm sein weiteres berufliches Fortkommen nicht ungerechtfertigt erschwert wird (BAG NZA 1993, 698, 699). Im Einzelnen obliegt die Gestaltungsfreiheit dem Arbeitgeber; der Arbeitnehmer hat keinen Anspruch auf bestimmte Formulierungen oder Schlusssätze. § 109 Abs. 2 S. 2 GewO stellt überdies klar, dass ein Zeugnis nicht mit geheimen oder verschlüsselten Inhalten oder Kennzeichen versehen sein darf.
Die **äußere Form** hat den Anforderungen des Geschäftslebens zu genügen. Eine elektronische Form (§ 126a BGB) ist mittels § 109 Abs. 3 GewO, § 630 S. 3 BGB ausgeschlossen. Vielmehr ist das Arbeitszeugnis auf dem üblichen Firmenpapier mit dem entsprechenden Briefkopf ohne orthographische und grammatikalische Mängel zu erstellen sowie angemessen (keine Paraphe) zu unterschreiben (Erman/*Belling/Riesenhuber*, § 630 Rn. 16).

Hier hat D ein **qualifiziertes Arbeitszeugnis** erhalten. Im Streit steht die Beurteilung der Leistung.

Bei einer unterdurchschnittlichen Bewertung obliegt dem Arbeitgeber die Darlegungs- und Beweislast, weshalb nach unten abgewichen wird. Maßstab ist hierbei der Grundsatz der Zeugnisklarheit und Zeugniswahrheit, § 109 Abs. 2 S. 1 GewO. Hat der Arbeitgeber dem Arbeitnehmer im Zeugnis eine durchschnittlich befriedigende Gesamtleistung (zur vollen Zufriedenheit) bestätigt, ist es Sache des Arbeitnehmers die Tatsachen vorzutragen und zu beweisen, die eine bessere Schlussbeurteilung rechtfertigen sollen. Mithin hat der Arbeitnehmer Tatsachen für eine bessere, der Arbeitgeber Tatsachen für eine schlechtere Beurteilung als befriedigend darzulegen und zu beweisen.[51]

> Die Gründe einer unterdurchschnittlichen Bewertung hat der Arbeitgeber, die für eine überdurchschnittliche der Arbeitnehmer darzulegen und zu beweisen.

D wurde eine befriedigende Leistung bescheinigt. Da sie keine Tatsachen für eine bessere Bewertung vorgetragen hat, steht ihr kein Anspruch auf Erteilung eines neuen Zeugnisses zu.

Ergebnis

Zwischen D und T besteht kein Anspruch gemäß § 109 Abs. 1 S. 3 GewO, § 630 S. 4 BGB auf ein Zeugnis mit einer besseren Beurteilung.

---

50 BAG NZA 2006, 104, 105; NZA 2005, 1237; NJW 2004, 2770, 2772; Palandt/*Weidenkaff*, § 630 Rn. 9; MüKoBGB/*Henssler*, § 630 Rn. 54; allgemein zum Arbeitszeugnis *Höser*, NZA-RR 2012, 281; *Düwell/Dahl*, NZA 2011, 958; *Löw*, NZA-RR 2008, 561.
51 BAG NZA 2004, 842, 844; MüKoBGB/*Henssler*, § 630 Rn. 55; PWW/*Lingemann*, § 630 Rn. 2.

Frage 3: Rückzahlung des Urlaubsentgelts

I. Anspruch aus §§ 280 Abs. 1, 241 Abs. 2 BGB

T könnte gegen D einen Schadensersatzanspruch gemäß §§ 280 Abs. 1, 241 Abs. 2 BGB auf Rückzahlung des gewährten Urlaubsentgelts haben.

1. Schuldverhältnis

Zwischen T und D bestand ein Arbeitsverhältnis.

2. Pflichtverletzung

> § 8 BUrlG
> Keine Erwerbstätigkeit während des Urlaubs

In Betracht kommt die Verletzung einer arbeitsvertraglichen Nebenpflicht durch D, indem sie gegen Bezahlung im Café arbeitete. Urlaub dient der Erholung des Arbeitnehmers. § 8 BUrlG schließt daher eine dem Urlaubszweck widersprechende Erwerbstätigkeit aus. Der Arbeitnehmer soll während der Freizeit seine Kräfte auffrischen und seine Arbeitskraft nicht anderweitig einsetzen. Gegen diese Pflicht hat D verstoßen, als sie ganztags in dem Café arbeitete.

Urlaub

Zu unterscheiden sind Bildungsurlaub (Arbeitnehmerweiterbildungsgesetze der Länder), Sonderurlaub (unbezahlte Freistellung von der Arbeit auf Wunsch des Arbeitnehmers) und bezahlter **Erholungsurlaub**, auf den jeder Arbeitnehmer in jedem Kalenderjahr einen Anspruch hat, § 1 BUrlG. Nach § 3 Abs. 1 BUrlG beträgt der gesetzliche Mindesturlaub 24 Werktage; bei einer 5-Tage-Woche bedeutet das 20 Urlaubstage, weil der Samstag ein Werktag ist. Ein weitergehender Urlaubsanspruch kann durch Tarifvertrag, Betriebsvereinbarung oder Arbeitsvertrag begründet werden.
Der Arbeitgeber hat die arbeitsvertragliche Nebenpflicht, den Arbeitnehmer für die Zeit des Urlaubs von der Arbeit freizustellen. Voraussetzungen des Urlaubsanspruches sind gemäß §§ 2, 4 BUrlG
- Anwendung des BUrlG,
- Ablauf der Wartezeit von 6 Monaten und
- Urlaub als alleiniger Freistellungsgrund.

Erkrankt ein Arbeitnehmer während des Urlaubs, werden nach § 9 BUrlG die Tage der Arbeitsunfähigkeit nicht auf den Erholungsurlaub angerechnet.
Die zeitliche Festlegung des Urlaubs regelt § 7 BUrlG; der Arbeitgeber hat ein einseitiges Leistungsbestimmungsrecht (kein Selbstbeurlaubungsrecht des Arbeitnehmers).
Der Urlaubsanspruch ist unabhängig von einer Arbeitsleistung während des Kalenderjahres, so dass auch bei langer Erkrankung kein Rechtsmissbrauchseinwand iSd § 242 BGB möglich ist (BAG NZA 2003, 1111).
Eine unterschiedliche, nach Alter der Arbeitnehmer gestaffelte Urlaubsdauer verstößt gegen das Altersdiskriminierungsverbot des § 1 AGG und benachteiligt die betroffenen Arbeitnehmer unmittelbar iSd § 3 Abs. 1 AGG; (einzel- oder tarifvertragliche) Bestimmungen, die eine solche Staffelung enthalten und älteren Beschäftigten damit mehr Urlaubstage gewähren als jüngeren, sind gemäß § 7 Abs. 2 AGG unwirksam (vgl. BAG NZA 2012, 803). Etwas anderes kann gelten, wenn die Urlaubsstaffelung einem legitimen Ziel dient und angemessen sowie erforderlich ist (vgl. § 10 AGG). Das ist beispielsweise dann der Fall, wenn sie dem Schutz älterer Beschäftigter nach § 10 S. 3 Nr. 1 AGG dient, dh dem mit dem Alter steigenden Erholungsbedürfnis oder dem Gesundheitsschutz Rechnung trägt. Eine unterschiedliche Behandlung wegen des Alters ist dann gerechtfertigt (vgl. *Bauer*, ArbRAktuell 2014, 561).

3. Schaden

Weiter müsste ein adäquat kausal verursachter Schaden[52] festzustellen sein. Ein solcher könnte im gezahlten Urlaubsentgelt liegen.

Urlaubsentgelt	Urlaubsgeld	Urlaubsabgeltung
Das Urlaubsentgelt ist das während des Urlaubs fortzuzahlende Arbeitsentgelt, § 611a Abs. 2 BGB. Die Höhe richtet sich nach § 11 BUrlG. Entscheidend ist der Durchschnittsverdienst der letzten 13 Wochen vor Urlaubsbeginn.	Das Urlaubsgeld ist eine zusätzlich zum Urlaubsentgelt gewährte Gratifikation, die im Arbeitsvertrag, Tarifvertrag oder in einer Betriebsvereinbarung geregelt sein kann.	Der Abgeltungsanspruch ist ein Zahlungsanspruch, wenn der Urlaub wegen Beendigung des Arbeitsverhältnisses nicht mehr gewährt werden kann, § 7 Abs. 4 BUrlG.

Für die Zahlung des Urlaubsentgelts ist jedoch nicht die Pflichtverletzung ursächlich, sondern der Arbeitgeber ist hierzu nach § 1 BUrlG, § 611a Abs. 2 BGB verpflichtet.[53] Die Gewährung des Urlaubsentgelts stellt damit keinen adäquaten Schaden dar. Kausalität ist nicht gegeben. Für anderweitige Schadenspositionen fehlen entsprechende Anhaltspunkte.

> **Keine Kausalität**

Ein Anspruch des T aus §§ 280 Abs. 1, 241 Abs. 2 BGB besteht somit nicht.

II. Anspruch nach § 812 Abs. 1 S. 2 Alt. 2 BGB

Ein Anspruch des T gegen D auf Rückzahlung des gesamten Urlaubsentgelts könnte sich aus § 812 Abs. 1 S. 2 Alt. 2 BGB ergeben.

T müsste etwas erlangt haben. Erlangtes Etwas ist das Urlaubsentgelt, welches als Vermögensvorteil anzusehen ist. Dieses wurde durch bewusste und zweckgerichtete Mehrung fremden Vermögens seitens des T, mithin durch Leistung erlangt.

> **Problem**
> Dem Urlaubszweck widersprechende Erwerbstätigkeit als Nichteintritt des mit der Leistung bezweckten Erfolges

Zudem dürfte der mit der Leistung **bezweckte Erfolg** nicht eingetreten sein. Dies könnte deshalb der Fall sein, weil D gegen Entgelt während ihres Urlaubes ganztags im Café gearbeitet hat.

1. Gesetzlicher Mindesturlaub

D könnte somit gegen § 8 BUrlG verstoßen haben, indem sie eine dem Urlaubszweck widersprechende Erwerbstätigkeit ausgeübt hat. Eine entsprechende Betätigung widerspricht möglicherweise dem (gesetzlichen) Urlaubszweck, wenn sie die für die Fortsetzung des Arbeitsverhältnisses erforderliche Auffrischung der Arbeitskraft des Arbeitnehmers verhindert; dies bestimmt sich gegebenenfalls nach Art, Umfang, Schwere und Dauer der Erwerbstätigkeit.[54]

Für § 812 Abs. 1 S. 2 Alt. 2 BGB (condictio ob rem oder condictio causa data causa non secuta) ist es notwendig, dass über den mit jeder Leistung typischerweise verfolgten Zweck hinaus ein bestimmter zukünftig eintretender Erfolg rechtlicher

---
52 Zu den Kausalitätstheorien vgl. Fall 12, S. 296.
53 HK-ArbR/*Holthaus*, § 8 BUrlG Rn. 7; ErfK/*Gallner*, § 8 BUrlG Rn. 4; BAG NZA 1988, 608.
54 ErfK/*Gallner*, § 8 BUrlG Rn. 2; *Hunold*, NZA-RR 2002, 505, 511.

oder tatsächlicher Art nach dem Inhalt des Rechtsgeschäfts von den Beteiligten vorausgesetzt, aber nicht eingetreten ist.[55] Ob eine Erwerbstätigkeit während des Urlaubs dazu führt, dass das Urlaubsentgelt in diesem Sinne zweckwidrig gewährt worden ist, war lange Zeit umstritten.

Meinungsstreit über einen Verstoß gegen § 8 BUrlG	
Rückforderung	**Keine Rückforderung (hM)**
Nach der früheren Rechtsprechung steht dem Arbeitgeber ein Anspruch aus § 812 Abs. 1 S. 2 Alt. 2 BGB zu, weil bei einem Verstoß gegen § 8 BUrlG die Erholung des Arbeitnehmers als Urlaubszweck nicht erreicht werden kann.	Nach der heutigen Rechtsprechung kommt keine Rückforderung in Betracht. Ein Anspruch aus § 812 Abs. 1 S. 2 Alt. 2 BGB scheitert bereits an der fehlenden tatsächlichen Willensübereinstimmung der Beteiligten über den verfolgten Zweck. Allerdings können dem Arbeitgeber Ansprüche auf Unterlassung zustehen.

Keine Rückforderung beim gesetzlichen Mindesturlaub

Die frühere Rechtsprechung[56] ging davon aus, dass der Urlaubsanspruch aus einer untrennbaren Verbindung von Freizeitgewährung und Vergütung während des Urlaubs besteht. Daher sei bei Ausübung einer Erwerbstätigkeit der Urlaubszweck nicht erreichbar und die Rückforderung des Urlaubsentgelts gerechtfertigt. Diese Auffassung übersieht jedoch, dass die Erholung kein Zweck im Sinne von § 812 Abs. 1 S. 2 Alt. 2 BGB ist, weil es an der Zweckvereinbarung in Form einer tatsächlichen Willensübereinstimmung mangelt.[57] Auch der mit § 8 BUrlG verfolgte gesetzgeberische Zweck kann nur darin gesehen werden, den Arbeitnehmer dazu anzuhalten, die durch die Befreiung von der Arbeitspflicht erlangte Freizeit nicht zu anderweitiger Erwerbstätigkeit zu nutzen.[58] Ob er sich daran tatsächlich hält, ist unbeachtlich.

Hinsichtlich des **gesetzlichen Mindesturlaubs** (20 Tage bei einer 5-Tage-Woche) fehlt es am Nichteintritt des bezweckten Erfolgs. Insoweit sind die Voraussetzungen der condictio ob rem[59] nicht erfüllt.

2. Tarifvertraglicher Mehrurlaub

Anders könnte dies aber bei dem **tariflichvertraglich vereinbarten Mehrurlaub** von zehn Tagen zu beurteilen sein. Insofern ist eine besondere Zweckvereinbarung denkbar.

Tarifvertrag
Ein Tarifvertrag ist ein schriftlicher Vertrag zwischen einer Gewerkschaft und einem Arbeitgeberverband bzw. einem einzelnen Arbeitgeber. Darin sind einerseits die Rechte und Pflichten der Tarifvertragsparteien (schuldrechtlicher Teil) geregelt, andererseits sind Rechtsnormen enthalten, die sich mit Inhalt, Abschluss und Beendigung von Arbeitsverhältnissen sowie mit betrieblichen und betriebsverfassungsrechtlichen Fragen (normativer Teil) befassen, § 1 Abs. 1 TVG.

---

55 PWW/*Prütting*, § 812 Rn. 45; Palandt/*Sprau*, § 812 Rn. 30; vgl. auch Fall 14, S. 354.
56 BAG NJW 1973, 1995.
57 BAG NZA 1988, 607, 608.
58 BAG NZA 1988, 607, 608.
59 Näher zu § 812 Abs. 1 S. 2 Alt. 2 BGB bei Fall 14, S. 353 ff.

9. Arbeitnehmer- und Arbeitgeberhaftung, Leistungsstörungen im Arbeitsverhältnis, Eventualaufrechnung | 235

Tarifvertrag *(Fortsetzung)*
Der wirksame Abschluss eines Tarifvertrages setzt Folgendes voraus: • Tariffähigkeit, § 2 Abs. 1 TVG • Tarifwilligkeit • soziale Mächtigkeit (streitig, vgl. ErfK/*Franzen*, § 2 TVG Rn. 11 ff.). Der Tarifvertrag gilt nach § 4 Abs. 1 S. 1 TVG unmittelbar und zwingend zwischen den Tarifvertragsparteien. Jedoch steht es den Parteien des Arbeitsverhältnisses frei, bessere Arbeitsbedingungen zu vereinbaren, sogenanntes Günstigkeitsprinzip, § 4 Abs. 3 TVG.

Das BUrlG trifft nur Regelungen hinsichtlich des gesetzlichen Mindesturlaubs. Eine Abweichung beim tariflich vereinbarten Mehrurlaub ist zulässig und verstößt nicht gegen § 13 Abs. 1 BUrlG. Die Tarifvertragsparteien sind nicht gehindert, bei einem tariflichen Mehrurlaub Urlaubsansprüche inhaltlich abweichend von der gesetzlichen Regelung auszugestalten. Dabei kann für einen tariflichen Urlaubsanspruch der Wegfall des Entgeltanspruches vorgesehen werden, wenn der Arbeitnehmer ohne Zustimmung des Arbeitgebers während des Urlaubs erwerbstätig wird.[60] Nachdem eine solche Regelung im Tarifvertrag enthalten ist und D dagegen verstoßen hat, ergibt sich ein Anspruch auf Rückzahlung in Höhe des Entgelts für die zehn zusätzlich tariflich gewährten Tage aus § 812 Abs. 1 S. 2 Alt. 2 BGB.[61] Nach Art, Dauer und Umfang der Tätigkeit im Café ist hier von einer entsprechenden Zweckwidrigkeit auszugehen.

> Rückforderung bei tarifvertraglicher Grundlage

In Bezug auf den **tarifvertraglichen Mehrurlaub** sind die Voraussetzungen der condictio ob rem gegeben.

Ergebnis

Ein Anspruch auf Rückzahlung in Höhe des Bruttoentgelts für die zehn nach dem Tarifvertrag zusätzlich eingeräumten Urlaubstage steht T gegen D gemäß § 812 Abs. 1 S. 2 Alt. 2 BGB zu.[62]

---

60 BAG NZA 1988, 607, 609; *Hunold*, NZA-RR 2002, 505, 511.
61 Je nach Ausgestaltung kann sich der Anspruch (zusätzlich auch) aus dem Tarifvertrag selbst ergeben.
62 Vertretbar erscheint es auch, den Rückzahlungsanspruch auf § 812 Abs. 1 S. 2 Alt. 1 BGB zu stützen. Allerdings scheidet ein solcher Anspruch hinsichtlich des gesetzlichen Mindesturlaubs ebenfalls aus, nachdem ein Verstoß gegen § 8 BUrlG nicht zur Rechtsgrundlosigkeit des Urlaubsentgeltanspruches (§§ 1, 3 BUrlG, § 611 BGB) führt, vgl. BAG NZA 1988, 607, 609.

10. Kündigung eines Arbeitsverhältnisses, freiwillige Sonderleistung, arbeitsgerichtliches Urteilsverfahren

Sachverhalt

Bernd Bergmann (B) ist seit mehreren Jahren als Arbeiter bei der Waldbauer Klimatechnik GmbH (W) in München tätig; er ist Mitglied der entsprechenden Gewerkschaft. Das Unternehmen beschäftigt 37 Vollzeitarbeitskräfte. Aufgrund zahlreicher Diskothekenbesuche fällt Bergmann das morgendliche Aufstehen ungeheuer schwer. Er kommt deshalb an manchen Tagen einige Minuten zu spät zur Arbeit. Im April und Mai häufen sich diese Vorkommnisse; Bergmann erscheint mehrmals fünf bis zehn Minuten nach Arbeitsbeginn auf dem Betriebsgelände. Der Geschäftsführer der Waldbauer Klimatechnik GmbH, Theobald Tietz (T), listet im Schreiben vom 21. Mai diese Verspätungen auf, erinnert Bergmann an die genaue Einhaltung der Arbeitszeit und droht bei zukünftiger Unpünktlichkeit mit der Entlassung.

Vier Jahre später kommt Bergmann in den Sommermonaten wegen häufiger Biergartenbesuche wieder mehrmals einige Minuten zu spät zur Arbeit. Der Geschäftsführer Tietz entschließt sich deshalb am 29. Juli, Bergmann ordentlich zu kündigen. Nachdem Theobald Tietz am 29. Juli den Betriebsrat angehört und dieser nach Beratung sowie Rücksprache mit Bergmann der Kündigung frist- und formgerecht widersprochen hatte, sendet er Bergmann das Entlassungsschreiben. Der Brief geht Bergmann am 1. August zu. Bergmann, vertreten von dem örtlichen Gewerkschaftsmitarbeiter Eduard Egger (E), erhebt am 18. August vor dem Arbeitsgericht München Klage auf Feststellung, dass das Arbeitsverhältnis 1. durch die Kündigung der Waldbauer Klimatechnik GmbH vom 29. Juli nicht aufgelöst wurde und 2. darüber hinaus fortbesteht. In der Klagebegründung finden sich lediglich Äußerungen dazu, dass es unverhältnismäßig sei, einem Arbeitnehmer wegen Verspätungen von einigen Minuten zu kündigen; das Arbeitnehmerschutzprinzip lasse das nicht zu. Daneben enthält die Klage einen Antrag auf Zahlung von 400 EUR, weil die Waldbauer Klimatechnik GmbH durch Aushang mitgeteilt hatte, erstmals eine Sonderzahlung in Höhe von 400 EUR an alle Mitarbeiter zu zahlen, die im vorangegangenen Jahr in dem Unternehmen beschäftigt waren und in diesem Jahr am 31. Oktober in einem ungekündigten Arbeitsverhältnis stehen. Bergmann hatte die Zahlung nicht erhalten.

Im Laufe der nächsten Wochen entschließt sich die Geschäftsführung der Waldbauer Klimatechnik GmbH zu betrieblichen Umstrukturierungen, in deren Folge der Arbeitsplatz des Bergmann ersatzlos wegfällt. Der Geschäftsführer Tietz erklärt daher mit Einverständnis des Betriebsrates am 21. September Bergmann schriftlich eine betriebsbedingte Kündigung. Bergmann hält auch diese Kündigung für ungerechtfertigt und wendet sich an Eduard Egger. Nach vier Wochen präzisiert Egger in einem Schriftsatz das Kündigungsschutzbegehren. Im Kammertermin am 4. Dezember führt die Waldbauer Klimatechnik GmbH, vertreten durch Tietz, einen neuen, unstreitigen Sachverhalt hinsichtlich der Kündigung vom 29. Juli in den Prozess ein, den Tietz am 11. November erfahren hatte: Bergmann hatte Anfang Juli von einem Lieferanten der Waldbauer Klimatechnik GmbH eine Wochenendreise in die Wachau geschenkt erhalten und dem Lieferanten dafür unübliche Sonderkonditionen eingeräumt.

1. Welche Überlegungen wird das Arbeitsgericht hinsichtlich der Klageanträge anstellen, wenn die Sozialauswahl ordnungsgemäß vorgenommen wurde?
2. Beschreiben Sie bitte kurz die wesentlichen Besonderheiten des arbeitsgerichtlichen Urteilsverfahrens.

Gliederung

Frage 1: Kündigungsschutz- und Zahlungsklage

A. Zulässigkeit 239
    I. Anträge auf Kündigungsschutz 239
        Problem: Punktueller und erweiterter Streitgegenstand 241
    II. Zahlungsantrag 243

B. Objektive Klagehäufung, § 260 ZPO iVm § 46 Abs. 2 S. 1 ArbGG, § 495 ZPO 244

C. Begründetheit 245
    I. Anträge auf Kündigungsschutz 245
        1. Kündigung vom 29. Juli/Erster Kündigungsschutzantrag 245
            a) Kündigungserklärung 245
                aa) Bestimmtheit und Inhalt 245
                bb) Form 245
                cc) Berechtigung 246
                dd) Zugang 247
                ee) Keine allgemeinen und besonderen Unwirksamkeitsgründe .. 247
            b) Ordnungsgemäße Anhörung des Betriebsrates 248
                aa) Anwendbarkeit des § 102 BetrVG 248
                bb) Anhörung vor der Kündigung 248
                cc) Ordnungsmäßigkeit der Anhörung 249
                    Problem: Nachschieben von Kündigungsgründen 249
                dd) Widerspruch des Betriebsrates 250
            c) Sozialwidrigkeit der Kündigung 251
                Problem: Voraussetzungen einer verhaltensbedingten Kündigung 253
        2. Kündigung vom 21. September/Zweiter Kündigungsschutzantrag ... 254
            a) Kündigungserklärung 254
            b) Anhörung des Betriebsrates 254
            c) Anwendbarkeit des Kündigungsschutzgesetzes 254
            d) Soziale Rechtfertigung 254
                Problem: Voraussetzungen einer betriebsbedingten Kündigung ... 255
    II. Zahlungsantrag 256
        1. Arbeitsvertrag iVm Gesamtzusage 256
        2. Arbeitsvertrag iVm Gleichbehandlungsgrundsatz 256
            Problem: Bestehen eines sachlichen Grundes 257
        3. Arbeitsvertrag iVm betrieblicher Übung 257
        4. Arbeitsvertrag iVm §§ 162, 226, 242 BGB 258

Frage 2: Arbeitsgerichtliches Urteilsverfahren

    I. Allgemeines 259
        1. Rechtsweg und Verfahrensarten 259
        2. Zuständigkeit 260
        3. Organisation der Arbeitsgerichtsbarkeit 260
        4. Anwendbare Vorschriften 261
        5. Parteifähigkeit 261
        6. Prozessfähigkeit 261
    II. Verfahrensablauf 261
    III. Urteil im Arbeitsgerichtsprozess 262

Lösungshinweise

Frage 1: Kündigungsschutz- und Zahlungsklage

Das Arbeitsgericht wird die Zulässigkeit und Begründetheit der Klage vom 18. August prüfen. Dabei sind jeweils der Kündigungsschutzantrag und der Zahlungsantrag zu trennen.

A. Zulässigkeit

I. Anträge auf Kündigungsschutz

1. Rechtswegzuständigkeit

Für die von B gestellten Anträge müsste der Rechtsweg zum Arbeitsgericht (vgl. § 8 Abs. 1 ArbGG) eröffnet sein. Die Rechtswegzuständigkeit könnte sich aus § 2 Abs. 1 Nr. 3b ArbGG ergeben.

In den in § 2 Abs. 1 Nr. 3a-e ArbGG genannten Fällen ist das Arbeitsgericht für bürgerliche Rechtsstreitigkeiten zwischen Arbeitnehmern (vgl. § 5 ArbGG) und Arbeitgebern ausschließlich zuständig. Arbeitgeber ist, wer einen Arbeitnehmer beschäftigt. Für die Zuständigkeit des Arbeitsgerichts kommt es demnach auf die **Arbeitnehmereigenschaft** an. Arbeitnehmer ist, wer aufgrund eines privatrechtlichen Vertrages iSd § 611a BGB für einen anderen fremdbestimmte, unselbständige Dienste leistet. Wie sich dem am 1. April 2017 in Kraft getretenen § 611a BGB entnehmen lässt, kommt es auf die persönliche Abhängigkeit des Arbeitnehmers vom Arbeitgeber an, die anhand einer Gesamtwürdigung aller Einzelfallumstände zu bestimmen ist. Dabei ist auf die tatsächliche Gestaltung der Vertragsbeziehungen und nicht auf die von den Parteien gewählte Bezeichnung oder Vertragsform abzustellen. Maßgebliches Indiz ist die umfassende **Weisungsgebundenheit**[1] des Beschäftigten, von der hier bei B auszugehen ist. B ist Arbeitnehmer bei W.

> **Rechtswegzuständigkeit bei unklarer Arbeitnehmereigenschaft**
>
> Das Arbeitsgericht prüft seine Zuständigkeit von Amts wegen. Ist die Arbeitnehmereigenschaft des Klägers unklar, gehen die Meinungen darüber auseinander, ob allein auf ein schlüssiges Klägervorbringen abzustellen ist oder ob über die zuständigkeitserheblichen Tatsachen Beweis zu erheben ist (vgl. Schwab/Weth/*Walker*, ArbGG, § 2 Rn. 232 f.; ErfK/*Koch*, § 2 ArbGG Rn. 36).
> In der Praxis hat sich eine vermittelnde Vorgehensweise durchgesetzt. Die Rechtsprechung (BAG NZA 2001, 285ff., 341ff., NZA 1997, 509; LAG Köln NZA-RR 2007, 661, 662) unterscheidet zwischen aut-aut-, et-et- und sic-non-Fällen.

> **Aufbauschema Zulässigkeit einer Kündigungsschutzklage**
> 1. Rechtswegzuständigkeit
> 2. Örtliche Zuständigkeit
> 3. Ordnungsgemäße Klageerhebung
> 4. Klagegegenstand und Feststellungsinteresse
> 5. Partei- und Prozessfähigkeit
> 6. Postulationsfähigkeit

> **Kriterien Arbeitnehmereigenschaft**
> - Persönliche Abhängigkeit
> - Weisungsgebundenheit
> - Enge Einbindung in die betriebliche Organisation
> - Eingeschränkte freie Zeitdisposition
> - Vollständige Zurverfügungstellung der Arbeitskraft
> - Arbeitnehmertypische Abreden wie Urlaub, Entgeltfortzahlung im Krankheitsfall

---

[1] So die hM, BAG NZA 2002, 963f.; NZA 1996, 33f., 477f.; NZA 1994, 169f.; *Dütz/Thüsing*, Arbeitsrecht, Rn. 33ff.; ErfK/*Preis*, § 611a Rn. 32; AR/*Kolbe*, § 6 GewO Rn. 21ff.; MüKoBGB/*Müller-Glöge*, § 611 Rn. 174ff. Anders insbesondere *Wank* (Arbeitnehmer und Selbstständige, 1988, S. 122ff.; DB 1992, 90f.), der im Rahmen der Gesamtwürdigung das Kriterium des Unternehmerrisikos betont: Kein Arbeitnehmer sei, wer freiwillig das Unternehmerrisiko übernommen habe, am Markt auftrete und dessen unternehmerische Chancen und Risiken ausgewogen seien; entscheidend seien wirtschaftliche Gesichtspunkte.

> **Rechtswegzuständigkeit bei unklarer Arbeitnehmereigenschaft** *(Fortsetzung)*
>
> Bei den **aut-aut-Fällen** kann das Klagebegehren entweder auf eine arbeitsrechtliche oder eine bürgerlich-rechtliche Anspruchsgrundlage gestützt werden, wobei sich diese Anspruchsgrundlagen gegenseitig ausschließen. Bei den **et-et-Fällen** lässt sich das Klagebegehren mit arbeitsrechtlichen und bürgerlich-rechtlichen Anspruchsgrundlagen rechtfertigen, die allerdings nebeneinander anwendbar sind und sich nicht gegenseitig ausschließen. In diesen beiden Fallgruppen (aut-aut und et-et) ist eine **Beweiserhebung** über das Bestehen eines Arbeitsverhältnisses erforderlich, weil allein die Berücksichtigung des Klägervorbringens dazu führen könnte, dass das Arbeitsgericht über eine rechtswegfremde Forderung entscheidet.
>
> Anders liegt es bei den **sic-non-Fällen**. Hier kann das Klagebegehren allein auf eine arbeitsrechtliche Anspruchsgrundlage gestützt werden. Es handelt sich bei der Arbeitnehmereigenschaft also um eine für Zulässigkeit und Begründetheit doppelrelevante Tatsache. Für die Zulässigkeitsprüfung genügt die **schlüssige Behauptung** eines Arbeitsverhältnisses durch den Kläger.

Die Rechtswegzuständigkeit nach § 2 Abs. 1 ArbGG ist **ausschließlich**, dh, eine andere Gerichtsbarkeit kann weder vereinbart noch im Wege rügeloser Einlassung begründet werden. Wird ein Gericht eines anderen Rechtweges mit einer von §§ 2, 2a, 3 ArbGG umfassten Rechtsstreitigkeit befasst, so hat dieses Gericht gemäß § 48 Abs. 1 ArbGG iVm § 17a Abs. 2 GVG den Rechtsstreit an das zuständige Arbeitsgericht zu verweisen.

Für die Kündigungsschutzanträge des B ist der Rechtsweg zum Arbeitsgericht (§ 8 Abs. 1 ArbGG) nach § 2 Abs. 1 Nr. 3b ArbGG eröffnet.

2. Örtliche Zuständigkeit

Örtlich zuständig ist nach §§ 12, 17 Abs. 1 S. 1 ZPO iVm § 46 Abs. 2 S. 1 ArbGG, § 495 ZPO das Arbeitsgericht München, vgl. Art. 2 Abs. 1 S. 1 Nr. 5 BayArbGOrgG. Die örtliche Zuständigkeit ergibt sich wahlweise (vgl. § 35 ZPO iVm § 46 Abs. 2 S. 1 ArbGG) gleichfalls aus § 29 Abs. 1 ZPO iVm § 46 Abs. 2 S. 1 ArbGG sowie § 48 Abs. 1a S. 1 ArbGG; gemeinsamer Erfüllungsort für die beiderseitigen Leistungspflichten ist der wirtschaftliche Mittelpunkt des Arbeitsverhältnisses, also in der Regel der Betriebssitz.[2]

3. Ordnungsgemäße Klageerhebung

Die Klageerhebung muss den Anforderungen nach § 46 Abs. 2 S. 1 ArbGG iVm §§ 253, 495 ZPO genügen. Dazu zählt insbesondere ein hinreichend bestimmter Antrag. Entgegenstehende Anhaltspunkte sind hier nicht ersichtlich.

4. Klagegegenstand und Feststellungsinteresse

Kündigungsschutzklage mit zwei Streitgegenständen

B wendet sich gegen die Kündigung mit einer **Feststellungsklage** nach § 256 Abs. 1 ZPO iVm § 46 Abs. 2 S. 1 ArbGG, § 495 ZPO. Zu beachten ist, dass die Kündigungsschutzklage hier **zwei Streitgegenstände** umfasst. B hat zwei Anträge gestellt, zum einen, dass das Arbeitsverhältnis durch die Kündigung vom 29. Juli nicht beendet wurde, zum anderen, dass das Arbeitsverhältnis über diesen Zeitpunkt hinaus fortbesteht. Wie ein solcher Antrag in der Klageschrift zu formulieren ist, ergibt sich aus der Streitgegenstandslehre.[3]

---

2 Zur örtlichen Zuständigkeit siehe auch Fall 2, S. 54 f. und Fall 10, S. 260.
3 Überblick und Nachweise bei *Musielak/Voit*, GK ZPO, Rn. 283; Thomas/Putzo/*Reichold*, Einl. II Rn. 1 ff.; Zöller/*Vollkommer*, Einl. Rn. 60 ff.; BGH NJW 1996, 3151, 3152; NJW 1995, 1757.

10. Kündigung eines Arbeitsverhältnisses, freiwillige Sonderleistung, arbeitsgerichtliches Urteilsverfahren

Meinungsstreit zum Streitgegenstandsbegriff		
Materiellrechtlicher Ansatz	**Eingliedriger Streitgegenstandsbegriff**	**Zweigliedriger Streitgegenstandsbegriff (hM)**
Der materiell-rechtliche Anspruch beschreibt den Streitgegenstand, wobei nicht jede Anspruchsgrundlage für sich einen solchen bildet, vielmehr handelt es sich dann um einen Streitgegenstand, wenn ein Lebenssachverhalt den Tatbestand mehrerer Anspruchsnormen verwirklicht, deren Rechtsfolgen gleich sind.	Maßgeblich ist danach der Antrag des Klägers. Auf die Klagebegründung kann hilfsweise nur dann zurückgegriffen werden, wenn der Klageantrag den Streitgegenstand nicht ausreichend begrenzt; die Klagebegründung ist bloße Auslegungshilfe für den Klageantrag.	Nach dieser Sichtweise wird der Streitgegenstand gleichermaßen vom Antrag des Klägers und von den zu seiner Begründung vorgetragenen Tatsachen, dem Lebenssachverhalt, bestimmt. Danach handelt es sich um zwei Streitgegenstände, wenn der Kläger zwar nur einen Antrag stellt, diesen aber mit verschiedenen Lebenssachverhalten begründet.

Mit der Formulierung „dass das Arbeitsverhältnis 1. nicht durch die Kündigung vom 29. Juli aufgelöst wurde und 2. darüber hinaus fortbesteht" wird ein aus zwei selbstständigen Streitgegenständen **kombinierter Kündigungsschutzantrag** gestellt. Der erste Teil des Antrags wendet sich gegen eine punktuelle Kündigung und verhindert eine Präklusion gemäß §§ 4, 7 KSchG, der zweite Teil bezieht alle Beendigungstatbestände bis zur letzten mündlichen Verhandlung in den Prozess ein (sog. Schleppnetzantrag). Bei der Erörterung ist deshalb zwischen den beiden Anträgen der Kündigungsschutzklage zu trennen.

Kombination von punktuellem Streitgegenstand und Schleppnetzantrag

a) Erster Antrag (keine Auflösung des Arbeitsverhältnisses durch die Kündigung vom 29. Juli)

Der erste, allein auf die Kündigung vom 29. Juli bezogene Antrag beschreibt einen punktuellen Streitgegenstand. Zur Entscheidung gestellt sind nach § 4 S. 1 KSchG die Wirksamkeit einer bestimmten Kündigung und der Zeitpunkt, zu dem die Kündigung wirkt.

Punktueller Streitgegenstand

Nach § 256 Abs. 1 ZPO iVm § 46 Abs. 2 S. 1 ArbGG, § 495 ZPO ist ein derartiger Feststellungsantrag nur zulässig, wenn der Kläger ein rechtliches Interesse an der Feststellung hat. Ein rechtliches Interesse ist anzunehmen, wenn einer klägerischen Rechtsposition dadurch eine gegenwärtige Gefahr der Unsicherheit droht, dass der Beklagte ein Recht des Klägers ernstlich bestreitet oder er sich eines Rechts gegen den Kläger berühmt, und wenn ein entsprechendes Feststellungsurteil aufgrund seiner Wirkungen in der Lage ist, diese Gefahr zu beseitigen.[4] Da hier gemäß §§ 1 Abs. 1, 23 Abs. 1 S. 2 KSchG das Kündigungsschutzgesetz anzuwenden ist, ergibt sich das Feststellungsinteresse bereits aus den gesetzlichen Vorgaben: Die Klageerhebung ist notwendig, um den Ablauf der dreiwöchigen materiellrechtlichen Ausschlussfrist nach § 7 KSchG iVm § 4 S. 1 KSchG zu verhindern.

Feststellungsinteresse

---

4 Zöller/*Greger*, § 256 Rn. 7; Thomas/Putzo/*Reichold*, § 256 Rn. 13 ff.

In Bezug auf den ersten Antrag sind die Voraussetzungen des § 256 Abs. 1 ZPO deshalb erfüllt.

b) Zweiter Antrag (Fortbestehen des Arbeitsverhältnisses bis zur letzten mündlichen Verhandlung)

Schleppnetzantrag

Mit dem zweiten Antrag will der Kläger feststellen, dass das Arbeitsverhältnis bis zum Ende der letzten mündlichen Verhandlung in der Tatsacheninstanz nicht aufgelöst wurde.

Dieser Streitgegenstand erfasst sämtliche Beendigungstatbestände zwischen der konkreten Kündigung vom 29. Juli und der letzten mündlichen Verhandlung. Durch diesen allgemeinen Antrag „festzustellen, dass das Arbeitsverhältnis über den ... hinaus fortbesteht" werden alle weiteren Kündigungen und sonstigen Beendigungstatbestände (zB Anfechtung, Aufhebungsvertrag) bis zur letzten mündlichen Verhandlung gerichtlich überprüft. Der **allgemeine Feststellungsantrag** wahrt mithin für sämtliche nachfolgenden Kündigungen die Frist des § 4 KSchG.[5]

Feststellungsinteresse

Die Zulässigkeit der allgemeinen Feststellungsklage ist nach § 256 Abs. 1 ZPO (§ 46 Abs. 2 S. 1 ArbGG, § 495 ZPO) ebenfalls von einem rechtlichen Interesse des Klägers abhängig. Ein lediglich floskelartig gestellter allgemeiner Feststellungsantrag ist unzulässig.[6] In der Klagebegründung ist das rechtliche Interesse ausdrücklich und konkret darzulegen.[7] Erforderlich ist, dass eine Unsicherheit über den Fortbestand des Arbeitsverhältnisses besteht, die nicht aus der nach § 4 KSchG angegriffenen Kündigung resultiert. In der Klageschrift vom 18. August fehlt eine derartige Substantiierung; sie enthält nur Ausführungen zur Verhältnismäßigkeit der Kündigung. Danach wäre der zweite Antrag der Kündigungsschutzklage des B unzulässig.

Nachträgliche Begründung des Feststellungsinteresses ist möglich.

Zu berücksichtigen ist allerdings, dass hier am 21. September tatsächlich eine weitere Kündigung erfolgt ist. Dieser Umstand rechtfertigt den allgemeinen Feststellungsantrag und begründet das rechtliche Interesse iSd § 256 Abs. 1 ZPO. Der zur Begründung des besonderen Feststellungsinteresses notwendige Sachvortrag ist im Falle eines ursprünglich mangels näherer Begründung unzulässigen Antrags auch nach Ablauf der Dreiwochenfrist des § 4 S. 1 KSchG nachholbar und ergänzbar.[8] Die nachträgliche Begründung ist unschädlich, weil die Prozessvoraussetzungen erst bei Schluss der mündlichen Verhandlung vorliegen müssen. Der zweite Antrag ist damit ebenfalls zulässig.

Umstellung des allgemeinen auf einen konkreten Kündigungsschutzantrag

Nach Ansicht der Rechtsprechung ist in dem Fall, dass während des Prozesses eine weitere Kündigung ausgesprochen wurde, der allgemeine Feststellungsantrag in der Weise zu präzisieren, dass nunmehr die zweite Kündigung punktuell erfasst ist.[9] Der Kläger hat also im Prozess einen dem § 4 S. 1 KSchG entsprechenden konkreten Antrag zu stellen. Diese Umstellung kann ebenfalls nach Ablauf der Dreiwochenfrist des § 4 S. 1 KSchG erfolgen. Dadurch, dass zunächst ein allge-

---

[5] Zu dem sog Schleppnetzantrag *Stenslik*, JuS 2011, 15, 16; *Lingemann/Groneberg*, NJW 2013, 2809, 2810; zur Frage, wann ein Schleppnetzantrag aufgrund der Rspr. des BAG zum erweiterten punktuellen Streitgegenstand überflüssig sein kann *Feldmann/Schuhmann*, JuS 2017, 214; siehe hierzu BAG NZA 2015, 635.

[6] Zur Abgrenzung des Schleppnetzantrags von der bloßen unselbstständigen Bekräftigung des Antrags nach § 4 S. 1 KSchG BAG NZA 2015, 635; *Feldmann/Schuhmann*, JuS 2017, 214, 215.

[7] BAG NZA 1994, 812, 866; Musielak/Voit/*Foerste*, § 256 Rn. 7 ff.; MüKoBGB/*Hergenröder*, § 4 KSchG Rn. 89; Schaub ArbR-HdB/*Linck*, § 138 Rn. 13.

[8] BAG NZA 1997, 844.

[9] BAG NJW 1998, 699; NJW 2006, 396; *Lingemann/Groneberg*, NJW 2013, 2809, 2811.

meiner Antrag nach § 256 Abs. 1 ZPO gestellt wurde, ist die Frist in entsprechender Anwendung des § 6 KSchG eingehalten.[10] Den Antrag hat E im Schriftsatz umgestellt.[11]

Folglich genügt auch der zweite Kündigungsschutzantrag den Anforderungen des § 256 Abs. 1 ZPO.

5. Partei- und Prozessfähigkeit

Die Partei- und Prozessfähigkeit ergibt sich für B und – unter Berücksichtigung der §§ 13 Abs. 1, 35 Abs. 1 S. 1 GmbHG – für die W-GmbH aus §§ 50 Abs. 1, 51, 52 ZPO iVm § 46 Abs. 2 S. 1 ArbGG, § 495 ZPO.[12]

6. Postulationsfähigkeit

Die Parteien müssen postulationsfähig sein. Beim arbeitsgerichtlichen Verfahren erster Instanz[13] handelt es sich gemäß § 11 Abs. 1 S. 1 ArbGG um einen Parteiprozess, dh die Partei kann den Prozess selbst führen. Ferner kann Rechtsanwälten, Verbandsvertretern und den weiteren in § 11 Abs. 2 ArbGG genannten Personen Vollmacht erteilt werden.[14]

Die GmbH ist gemäß § 11 Abs. 1 S. 1 ArbGG postulationsfähig; sie wird nach § 35 Abs. 1 S. 1 GmbHG von ihrem Geschäftsführer vertreten.

Im Hinblick auf B resultiert die Postulationsfähigkeit aus § 11 Abs. 1 S. 1 ArbGG. Nach § 11 Abs. 2 S. 2 Nr. 4 ArbGG kann ein Verbandsmitarbeiter die Vertretung der Prozesspartei dann übernehmen, wenn diese Mitglied in der entsprechenden Vereinigung und daher tarifgebunden ist.[15] B ist Mitglied der entsprechenden Gewerkschaft und kann daher von E vertreten werden.

Ergebnis

Die Kündigungsschutzklage ist sowohl hinsichtlich des ersten Antrags als auch hinsichtlich des zweiten Antrags auf Kündigungsschutz zulässig.

> **Postulationsfähigkeit** meint die Fähigkeit, vor Gericht aufzutreten und Prozesshandlungen vorzunehmen. Im Anwaltsprozess fehlt der Partei die Postulationsfähigkeit. Erscheint sie ohne Anwalt in der mündlichen Verhandlung, handelt es sich um Säumnis iSd §§ 330 ff. ZPO.

II. Zahlungsantrag

1. Rechtswegzuständigkeit

Der Rechtsweg zum Arbeitsgericht ergibt sich aus § 2 Abs. 1 Nr. 3a ArbGG.

2. Örtliche Zuständigkeit

Örtlich zuständig ist nach §§ 12, 17 Abs. 1 S. 1, 29 Abs. 1 ZPO iVm § 46 Abs. 2 S. 1 ArbGG, § 495 ZPO bzw. § 48 Abs. 1a S. 1 ArbGG das Arbeitsgericht in München.

---

10 BAG DB 1997, 1418; NZA 1996, 334; *Lingemann/Groneberg*, NJW 2013, 2809, 2811.
11 Bei fehlender Umstellung des Antrags wird das Arbeitsgericht nach § 139 ZPO iVm § 46 Abs. 2 S. 1 ArbGG auf eine entsprechende zusätzliche Antragstellung hinweisen.
12 Sonderfälle der Parteifähigkeit regelt § 10 ArbGG. Allgemein zur Partei- und Prozessfähigkeit siehe *Musielak/Voit*, GK ZPO, Rn. 309 ff.
13 § 11a ArbGG regelt die Beiordnung eines Rechtsanwalts und die Prozesskostenhilfe. § 11 Abs. 2 ArbGG beschreibt die Postulationsfähigkeit vor den Landesarbeitsgerichten und vor dem Bundesarbeitsgericht.
14 § 11 Abs. 2 ArbGG nennt enumerativ die zur Vertretung befugten Bevollmächtigten, vgl. ErfK/*Koch*, § 11 ArbGG Rn. 2 ff.
15 BAG NZA 1993, 379; NZA 1990, 666; ErfK/*Koch*, § 11 ArbGG Rn. 5; HK-ArbR/*Roos*, § 11 ArbGG Rn. 8.

3. Statthafte Klageart

Statthaft ist die Leistungsklage; sie ist ordnungsgemäß erhoben iSd § 253 ZPO iVm § 46 Abs. 2 S. 1 ArbGG, § 495 ZPO.

Arbeitsrechtliche Zahlungsklagen

Bei Lohnzahlungsklagen ist im Klageantrag der **Bruttolohn** konkret anzugeben. Wird der Arbeitgeber zur Zahlung verurteilt, sind der Nettolohn an den Arbeitnehmer auszuzahlen und die Abzüge (Steuer, Sozialversicherung) an die entsprechenden Stellen abzuführen. Verzugszinsen wegen verspäteter Auszahlung sind nach hM aus dem Bruttolohn zu errechnen (BAG GS NZA 2001, 1195; ErfK/*Koch*, § 46 ArbGG Rn. 19; GMP/*Germelmann*, § 46 Rn. 58).
Eine Nettolohnklage widerspricht also grundsätzlich dem Bestimmtheitserfordernis des § 253 Abs. 2 Nr. 2 ZPO. Etwas anderes gilt ausnahmsweise dann, wenn eine Nettolohnvereinbarung besteht oder unstreitig die Abzüge (Steuer, Sozialversicherung) vom Arbeitgeber bereits abgeführt wurden (ErfK/*Koch*, § 46 ArbGG Rn. 14 f.).

---

4. Partei- und Prozessfähigkeit

Partei- und Prozessfähigkeit gemäß §§ 50, 56 und §§ 51, 52 ZPO iVm § 46 Abs. 2 S. 1 ArbGG sowie die Postulationsfähigkeit gemäß § 11 ArbGG sind gegeben.

Ergebnis

Die Leistungsklage ist zulässig.

B. Objektive Klagehäufung, § 260 ZPO iVm § 46 Abs. 2 S. 1 ArbGG, § 495 ZPO

Der Kläger B verbindet in der Klage vom 18. August verschiedene Streitgegenstände. Eine derartige objektive Klagehäufung ist gemäß § 260 ZPO zulässig bei Identität der Parteien, gleicher Prozessart, der Zuständigkeit des angerufenen Gerichts für alle Ansprüche und der Abwesenheit eines Verbindungsverbotes. Diese Voraussetzungen sind hier erfüllt; die kumulative Klagehäufung ist zulässig.

Kumulative Klagehäufung

Bei der **kumulativen Klagehäufung** werden mehrere selbständige Ansprüche in einem Verfahren zusammengefasst, um verschiedene Prozesse zwischen denselben Parteien zu vermeiden (Prozessökonomie). Der Streitwert berechnet sich nach § 5 ZPO (§ 12 Abs. 1 GKG, § 42 Abs. 3 GKG, §§ 32, 33 RVG) durch Addition der Einzelansprüche.
Sind die Voraussetzungen des § 260 ZPO nicht erfüllt, kommt es zur Abtrennung (§ 145 ZPO) und Verweisung (§ 281 ZPO).

C. Begründetheit

I. Anträge auf Kündigungsschutz

Die Klage des B ist insoweit in vollem Umfang begründet, wenn die Kündigung vom 29. Juli und die Kündigung vom 21. September unwirksam sind.

1. Kündigung vom 29. Juli/Erster Kündigungsschutzantrag

Es kommt mithin darauf an, ob die W-GmbH ihrem Arbeitnehmer B mit dem Schreiben vom 29. Juli wirksam gekündigt hat.

a) Kündigungserklärung

aa) Bestimmtheit und Inhalt

Das Schreiben vom 29. Juli könnte eine ordentliche Kündigungserklärung darstellen.

Die Kündigung als einseitige, empfangsbedürftige, rechtsgestaltende Willenserklärung muss dem **Bestimmtheitserfordernis** genügen. Die Formulierung „Kündigung" ist nicht erforderlich. Die Erklärung muss durch Auslegung (§§ 133, 157 BGB) für den Adressaten deutlich und zweifelsfrei erkennen lassen, dass mit der Erklärung die Beendigung des Arbeitsverhältnisses erstrebt ist (Beendigungswille).[16] Der Willenserklärung muss außerdem zu entnehmen sein, welche Kündigungsart (außerordentliche oder ordentliche Kündigung) gewollt ist.[17]

Eine Umdeutung der außerordentlichen in eine ordentliche Kündigung lässt § 140 BGB zu, weil eine außerordentliche Kündigung grundsätzlich eine ordentliche Kündigung mitumfasst (argumentum a maiore ad minus). Die **Umdeutung nach § 140 BGB** (Konversion) setzt aber voraus, dass die außerordentliche Kündigung unwirksam ist und der (mutmaßliche) Wille des Kündigenden, das Arbeitsverhältnis notfalls auch durch eine ordentliche Kündigung zu beenden, für den Erklärungsempfänger eindeutig zu erkennen ist. Davon wird regelmäßig auszugehen sein, wenn sich der Arbeitgeber von dem Arbeitnehmer auf jeden Fall trennen möchte.[18]

Die Kündigung ist **bedingungsfeindlich**; dem Kündigungsempfänger ist es nicht zumutbar, über die Wirksamkeit der Kündigung im Unklaren gelassen zu werden. Eine Ausnahme gilt für Potestativbedingungen: Kann der Kündigungsempfänger durch einseitige, sofort zu treffende Erklärung den Eintritt der Bedingung herbeiführen, fehlt es an einem dem Empfänger unzumutbaren Schwebezustand; Beispiel für eine derartige Potestativbedingung ist die Änderungskündigung nach § 2 KSchG.

Die W-GmbH hat am 29. Juli dem B ordentlich gekündigt.

bb) Form

Die Kündigung ist gemäß § 623 BGB schriftlich (§ 126 BGB) zu erklären, damit sie nicht nach § 125 S. 1 BGB nichtig ist.

> **Aufbauschema Ordentliche Kündigung nach dem KSchG**
> 1. Kündigungserklärung
>   a) Bestimmtheit, Inhalt
>   b) Form, § 623 BGB
>   c) Berechtigung, §§ 164ff. BGB
>   d) Zugang, § 130 BGB
>   e) Keine Unwirksamkeitsgründe
> 2. Anhörung Betriebsrat, § 102 BetrVG
> 3. Kündigungsschutz
>   a) Anwendbarkeit, §§ 1, 14, 23 KSchG
>   b) Fristgemäße Erhebung der Kündigungsschutzklage, §§ 4, 7 KSchG
>   c) Soziale Rechtfertigung der Kündigung, § 1 Abs. 2 KSchG

> Umdeutung (§ 140 BGB) einer außerordentlichen in eine ordentliche Kündigung ist möglich.

---

16 BAG NZA 1992, 452; ErfK/*Müller-Glöge*, § 620 BGB Rn. 18; Erman/*Belling/Riesenhuber*, § 620 Rn. 125; Palandt/*Weidenkaff*, Vorb. v. § 620 Rn. 32.
17 BAG DB 1982, 2577; Schaub ArbR-HdB/*Linck*, § 123 Rn. 2; MüKoBGB/*Henssler*, § 626 Rn. 335.
18 BAG NJW 2002, 2972; *v. Hoyningen-Huene*/Linck, § 13 KSchG Rn. 42ff.; PWW/*Ahrens*, § 140 Rn. 13; Palandt/*Ellenberger*, § 140 Rn. 9; Erman/*Arnold*, § 140 Rn. 20.

> Im **Prozessrecht** kann ein unterschriebener Schriftsatz nach § 130 Nr. 6 ZPO per Fax eingereicht werden. Zulässig ist nach hM überdies ein Computerfax mit eingescannter Unterschrift.

Das **konstitutive Schriftformerfordernis des § 623 BGB** gilt für jede (Beendigungs- und Änderungs-) Kündigung und jeden Auflösungsvertrag eines Arbeitsverhältnisses. Notwendig ist nach § 126 BGB die eigenhändige Unterschrift[19] des Ausstellers unter der Urkunde.[20] Kopie oder Fax genügen nicht.[21] Die wegen § 126a BGB grundsätzlich mögliche elektronische Form wird durch § 623 Hs. 2 BGB als arbeitsrechtliche Sondervorschrift ausgeschlossen. § 623 BGB ist zwingend, dh eine Abbedingung durch Arbeits- oder Tarifvertrag scheidet aus.
B ist die Kündigung vom 29. Juli schriftlich mitgeteilt worden.

cc) Berechtigung

Die Kündigung muss von einem Berechtigten erklärt und unterschrieben sein. Stellvertretung nach §§ 164 ff. BGB ist möglich. Dabei kommt es darauf an, ob der Kündigende mit oder ohne Vollmacht gehandelt hat.

Kündigung durch Stellvertreter

Kündigender mit Vollmacht	Kündigender ohne Vollmacht
Ist eine Vollmacht wirksam erteilt, diese jedoch nicht im Original vorzeigbar, ist die Kündigungserklärung gemäß **§ 174 S. 1 BGB** unwirksam, wenn die Kündigung aus diesem Grund unverzüglich zurückgewiesen wird. Nach § 174 S. 2 BGB gilt das nicht bei Kenntnis von der Vollmacht. Kenntnis ist bei einer in das Handelsregister eingetragenen und öffentlich bekanntgemachten Prokuristenstellung anzunehmen (vgl. § 15 Abs. 2 HGB). Gleiches gilt bei einer Kündigungserklärung durch einen Personalchef, der regelmäßig Kündigungen ausgesprochen hat (BAG NZA 1997, 655 f.; NZA 1996, 649 f.; NJW 1993, 1286; NZA 1992, 449).	Ist der Kündigende nicht bevollmächtigt, hängt die Wirksamkeit der Kündigungserklärung gemäß § 177 Abs. 1 BGB von der Genehmigung ab. Nicht genehmigungsfähig und deshalb nach **§ 180 S. 1 BGB** unwirksam ist eine Erklärung, wenn der Empfänger die behauptete Vertretungsmacht nach § 180 S. 2 BGB beanstandet. Beanstanden ist gleichbedeutend mit unverzüglichem Zurückweisen iSd § 174 S. 1 BGB. Bei einer außerordentlichen Kündigung kann die Genehmigung nur innerhalb der Zwei-Wochen-Frist des § 626 Abs. 2 BGB erklärt werden; nur so wird verhindert, dass die Frist des § 626 Abs. 2 BGB über den Umweg der Genehmigung unterlaufen wird.

Die Kündigung hat hier T erklärt, der als Geschäftsführer der W-GmbH nach § 35 Abs. 1 S. 1 GmbHG entsprechende Vertretungsmacht besaß.

---

19 Entscheidend ist, dass die Person des Unterzeichnenden erkennbar ist (Identitätsfunktion); in der Regel ist mit dem Nachnamen zu unterzeichnen. Initialen und Namenskürzel genügen mangels individueller Unterscheidbarkeit in der Regel nicht. Die Unterzeichnung mit einem Handzeichen bedarf der notariellen Beglaubigung. Zu Einzelheiten MüKoBGB/*Einsele*, § 126 Rn. 14 ff.; HK-ArbR/*Schmitt*, § 623 BGB Rn. 30 ff.; ErfK/*Müller-Glöge*, § 623 BGB Rn. 13.

20 Die Unterschrift muss den Text räumlich abschließen (Abschlussfunktion), kann aber zeitlich vor Abfassung des Textes erfolgen, so dass eine Blankounterschrift auf einem von einem Dritten ausgefüllten Blatt ausreicht. Zu Einzelheiten MüKoBGB/*Einsele*, § 126 Rn. 10 f.; HWK/*Bittner*, § 623 Rn. 31 ff.

21 Palandt/*Ellenberger*, § 126 Rn. 8, 12; PWW/*Ahrens*, § 126 Rn. 13; ErfK/*Müller-Glöge*, § 623 BGB Rn. 14; Erman/*Arnold*, § 126 Rn. 15. Anders ist es im Prozessrecht, vgl. Musielak/Voit/*Stadler*, § 129 Rn. 11.

dd) Zugang

B müsste das Kündigungsschreiben iSd § 130 Abs. 1 S. 1 BGB zugegangen sein.

Wie jede empfangsbedürftige Willenserklärung muss auch eine Kündigung dem Empfänger nach § 130 Abs. 1 S. 1 BGB zugehen. Verkörperte Willenserklärungen gehen dann zu, wenn sie derart in den Machtbereich des Empfängers gelangt sind, dass unter gewöhnlichen Umständen ihre Kenntnisnahme zu erwarten ist. Folglich gehen mit der Post versandte Kündigungen nach dem Einwurf in den Briefkasten des Arbeitnehmers zu, sobald nach der Verkehrsanschauung üblicherweise mit der Entnahme der Post durch den Empfänger zu rechnen ist.[22] Ob der Arbeitnehmer tatsächlich Kenntnis nimmt oder ob er durch Krankheit, Urlaub oder Haft an der Kenntnisnahme gehindert wird, ist für den Zugang nach § 130 Abs. 1 S. 1 BGB unerheblich.[23] Dies gilt selbst dann, wenn dem Arbeitgeber bekannt ist, dass der Arbeitnehmer während seines Urlaubs verreist ist, und er gleichwohl die Kündigung an die Heimatadresse schickt.[24]

Zugang der Kündigung

Vereitelt der Arbeitnehmer den Zugang der Kündigung, sind folgende Fallgruppen zu unterscheiden:[25]

Zugangsvereitelung von Kündigungsschreiben

| Verweigert der Arbeitnehmer vorsätzlich und ohne Rechtfertigungsgrund die Annahme, ist mittels § 242 BGB Zugang zum Zeitpunkt der Annahmeverweigerung anzunehmen. | Geht die Kündigung nicht zu, weil der Arbeitnehmer keine entsprechenden Vorkehrungen getroffen hat (zB wegen Umzugs), so muss sich der Arbeitnehmer nach Treu und Glauben so behandeln lassen, als sei die Kündigung rechtzeitig zugegangen. | Verweigert der Arbeitnehmer berechtigterweise die Annahme der Erklärung, weil beispielsweise die Frankierung unzureichend ist, geht das zu Lasten des Erklärenden; ein Zugang ist nicht erfolgt. | Scheitert der Zugang aufgrund eines beiderseitigen Fehlverhaltens, ist zu erörtern, ob über § 280 Abs. 1 BGB iVm § 254 BGB eine Schadensquotelung vorzunehmen ist. |

Hier ist die Kündigung dem B am 1. August iSd § 130 Abs. 1 S. 1 BGB zugegangen.

ee) Keine allgemeinen und besonderen Unwirksamkeitsgründe

Die Kündigungserklärung darf weder aufgrund allgemeiner bürgerlich-rechtlicher noch wegen besonderer arbeitsrechtlicher Gründe unwirksam sein.

Die Kündigung unterfällt als Willenserklärung den allgemeinen Vorgaben, insbesondere den §§ 104ff., §§ 119ff., §§ 142ff. und § 138 BGB.[26] Besondere arbeits-

---

22 Zum Zugang nach § 130 BGB siehe auch Fall 2, S. 50 und Fall 3, S. 61f.
23 BAG NZA 1988, 875 (Urlaub); BAG NJW 1989, 2213 (Haft); den notwendigen Arbeitnehmerschutz bei Fristversäumungen gewährleistet § 5 KSchG.
24 BAG NZA 1989, 635. Bei Verfristung kann nach § 5 KSchG die Kündigungsschutzklage nachträglich zugelassen werden; vgl. HK-ArbR/*Fiebig/Bufalica*, Vor §§ 1ff. KSchG Rn. 28; LAG Köln NZA-RR 2005, 215; LAG Berlin NZA-RR 2002, 355; *Stenslik*, JuS 2011, 15, 17f.
25 Erman/*Arnold*, § 130 Rn. 27ff.; BRHP/*Wendtland*, § 130 Rn. 20ff.; PWW/*Ahrens*, § 130 Rn. 26ff.
26 Vgl. *Heinrich*, JuS 1998, 100; BAG JuS 2001, 1133.

rechtliche Kündigungsbeschränkungen können sich aus Arbeits- und Tarifverträgen sowie kraft Gesetzes ergeben.[27]

Wegen eines Verstoßes gegen ein gesetzliches Verbot iSd § 134 BGB nichtig ist eine Kündigung während einer Schwangerschaft und bis zum Ablauf einer viermonatigen Frist nach der Entbindung (§ 9 Abs. 1 S. 1 MuSchG) sowie während der Elternzeit (§ 18 Abs. 1 S. 3 BEEG). Genauso liegt es bei Kündigungen, die einen Arbeitnehmer wegen seiner Rasse, ethnischen Herkunft, des Geschlechts, der Religion oder Weltanschauung, einer Behinderung, des Alters oder der sexuellen Identität benachteiligen (§§ 1 ff. AGG) oder wegen einer zulässigen Ausübung seiner Rechte maßregeln (§ 612a BGB). Zustimmungserfordernisse regeln §§ 103 BetrVG, 15 KSchG für Betriebsräte, § 9 MuSchG für Schwangere sowie §§ 85 ff. SGB IX für Schwerbehinderte.

Gesetzliche Kündigungsverbote, Zustimmungs- oder Anzeigeerfordernisse sind hier nicht ersichtlich. Allgemeine Nichtigkeitsgründe greifen ebenfalls nicht ein. Die Kündigungserklärung ist wirksam abgegeben und dem B zugegangen.

b) Ordnungsgemäße Anhörung des Betriebsrates

> **Anhörung des Betriebsrates nach § 102 BetrVG**
> 1. Anwendbarkeit
>   a) Sachlich, §§ 1, 118 Abs. 2, 130 BetrVG
>   b) Persönlich, § 5 Abs. 3 BetrVG
> 2. Anhörung vor der Kündigung
> 3. Ordnungsmäßigkeit der Anhörung

Nach § 102 Abs. 1 S. 1 BetrVG müsste der Betriebsrat der W-GmbH vor der Kündigung des B angehört worden sein. Denn bei einer nicht oder nicht ordnungsgemäß durchgeführten Anhörung könnte die Kündigung des B gemäß § 102 Abs. 1 S. 3 BetrVG unwirksam sein.

aa) Anwendbarkeit des § 102 BetrVG

Erforderlich ist zunächst, dass § 102 BetrVG anwendbar ist. **Sachlich** setzt die Norm die Betriebsratsfähigkeit voraus, dh nach § 1 Abs. 1 BetrVG müssen in dem Betrieb mindestens fünf Arbeitnehmer beschäftigt sein und es darf sich nicht iSd § 118 Abs. 2 BetrVG um eine Religionsgemeinschaft oder deren karitative oder erzieherische Einrichtungen handeln. Zudem muss im Zeitpunkt der Kündigung tatsächlich ein Betriebsrat bestehen, vgl. § 21 BetrVG.

Der **persönliche Anwendungsbereich** ist für Arbeitnehmer eröffnet, die nicht leitende Angestellte sind, § 5 Abs. 3 BetrVG.[28]

§ 102 BetrVG ist hier anwendbar; es besteht ein Betriebsrat und B ist Arbeitnehmer.

bb) Anhörung vor der Kündigung

> Äußert sich der Betriebsrat nicht innerhalb einer Woche, fingiert § 102 Abs. 2 S. 2 BetrVG die Zustimmung.

Die **Anhörung des Betriebsrates** hat nach § 102 Abs. 1 S. 1 BetrVG vor Abgabe der Kündigungserklärung zu erfolgen. Eine nachträgliche Anhörung genügt nicht. Die Kündigung darf nicht erfolgen, bevor das Anhörungsverfahren durch Stellungnahme des Betriebsrates oder durch Ablauf der Wochenfrist des § 102 Abs. 2 BetrVG beendet ist. Dabei kommt es auf die Abgabe und nicht auf den Zugang der Kündigungserklärung an, weil bereits mit der Abgabe der Kündigungserklärung die Äußerung des Betriebsrates wirkungslos wäre.[29] Unschädlich ist es, wenn die Kündigung durch den Arbeitgeber bereits vor der Anhörung formuliert wurde. Anzu-

---

[27] Siehe Palandt/*Weidenkaff*, Vorb. v. § 620 Rn. 46 ff., 75 ff.; v. Hoyningen-Huene/Linck/*Krause*, § 1 Rn. 9; HK-KSchR/*Mayer*, § 1 Rn. 8 f.; *Lingemann/Groneberg*, NJW 2013, 2809, 2811.
[28] Besteht ein Sprecherausschuss für leitende Angestellte, regelt § 31 Abs. 2 SprAuG eine vergleichbare Anhörungspflicht.
[29] BAG NZA 2003, 961; HWK/*Ricken*, § 102 BetrVG Rn. 20; ErfK/*Kania*, § 102 BetrVG Rn. 3.

hören ist der Betriebsrat als Gremium, das seine Entscheidungen in einem ordnungsgemäßen Beschluss trifft; die bloße Einbeziehung des Vorsitzenden genügt nicht.[30]

Der Betriebsrat der W-GmbH wurde rechtzeitig angehört.

cc) Ordnungsmäßigkeit der Anhörung

Der Arbeitgeber hat dem Betriebsrat nach § 102 Abs. 1 S. 2 BetrVG die **Gründe** (Person, Kündigungsart, Kündigungssachverhalt, Frist) mitzuteilen, die aus seiner subjektiven Sicht die Kündigung rechtfertigen und für seinen Kündigungsentschluss entscheidend sind.[31] Der Sachverhalt ist so zu beschreiben, dass der Betriebsrat ohne eigene Nachforschungen in die Lage versetzt wird, die Stichhaltigkeit der Kündigungsgründe zu prüfen, es sei denn, dass der Betriebsrat bereits über den erforderlichen Kenntnisstand verfügt.[32]

Subjektive Determination
Der Arbeitgeber hat die aus seiner subjektiven Sicht maßgeblichen Umstände mitzuteilen.

Hier wurde der Betriebsrat hinsichtlich der Kündigung vom 29. Juli allein zum **Verspätungstatbestand**, nicht aber zur **unrechtmäßigen Gewährung von Sonderkonditionen** angehört. Es kommt mithin darauf an, ob ein Nachschieben von Kündigungsgründen möglich ist und welche Auswirkungen es auf einen Kündigungsschutzprozess hat.[33]

Nachschieben von Kündigungsgründen

Nachschieben von Kündigungsgründen

Individualrechtlich	Kollektivrechtlich	Prozessrechtlich
Die Wirksamkeit der Kündigung setzt grundsätzlich keine Angabe der Gründe voraus. ▶ **Bei Zugang** objektiv vorliegende Gründe können nachgeschoben werden. ▶ Gründe, die erst **nach Zugang** entstanden sind, können nicht nachgeschoben werden. Erforderlich ist eine neue Kündigung. Vermieden werden soll, dass eine ursprünglich unbegründete Kündigung rückwirkend zu einer begründeten wird, indem der Arbeitgeber nachträgliche Kündigungsgründe provoziert.	Die Wirksamkeit der Kündigung erfordert nach § 102 Abs. 1 S. 3 BetrVG die vorherige Anhörung des Betriebsrates. ▶ **Bei Zugang** objektiv vorliegende Gründe: • **Kenntnis** des Arbeitgebers: kein Nachschieben möglich. • **Keine Kenntnis** des Arbeitgebers: Nachschieben möglich, falls der Betriebsrat analog § 102 BetrVG nachträglich angehört wird. ▶ **Nach Zugang** entstandene Gründe bedürfen einer neuen Kündigung mit einer neuen Anhörung; ein Nachschieben scheidet aus.	Prozessrechtlich kann neuer Tatsachenvortrag nur nachgeschoben werden, wenn nicht gegen Präklusionsvorschriften (§§ 56, 61a, 67 ArbGG) verstoßen wird. In der Revisionsinstanz ist neuer Tatsachenvortrag ausgeschlossen, § 72 Abs. 5 ArbGG iVm § 559 ZPO. Zu Einzelheiten siehe ErfK/*Koch*, § 56 ArbGG Rn. 7 ff.

---

30 BAG DB 1997, 1285; HK-KSchR/*Nägele*, § 102 BetrVG Rn. 117; HWK/*Ricken*, § 102 BetrVG Rn. 50.
31 BAG DB 2000, 1420; DB 1994, 381; HWK/*Ricken*, § 102 BetrVG Rn. 28; ErfK/*Kania*, § 102 BetrVG Rn. 6.
32 BAG NZA 1986, 426; ErfK/*Kania*, § 102 BetrVG Rn. 6; HK-KSchR/*Nägele*, § 102 BetrVG Rn. 76.
33 BAG NZA 2004, 1037; NZA 1986, 674; ErfK/*Kania*, § 102 BetrVG Rn. 27; HWK/*Ricken*, § 102 BetrVG Rn. 40 ff.

Kollektivrechtlich ist gemäß § 102 Abs. 1 S. 2 BetrVG erforderlich, dass der Betriebsrat auch zum nachgeschobenen Kündigungssachverhalt angehört wird. Der Anhörung bedarf es allerdings nicht, wenn kein neuer Kündigungsgrund eingeführt wird, sondern der ursprüngliche Grund lediglich näher erläutert und ergänzt wird.

> **Abgrenzung**
> Konkretisierung des alten oder Einführung eines neuen Kündigungsgrundes

Bei dem Vortrag der unrechtmäßigen Gewährung von Sonderkonditionen handelt es sich nicht um eine bloße Konkretisierung des ursprünglichen Vortrages, sondern um die Einführung eines neuen Kündigungsgrundes. Dieser Kündigungsgrund lag bei Zugang der Kündigung vom 29. Juli bereits vor, war aber dem Arbeitgeber zu diesem Zeitpunkt unbekannt. Ein Nachschieben dieses Kündigungssachverhaltes ist daher nur möglich, wenn in Analogie zu § 102 Abs. 1, 2 BetrVG die Anhörung nachgeholt wurde. Daran fehlt es hier.

Folglich ist die auf eine unrechtmäßige Gewährung von Sonderkonditionen gestützte Kündigung gemäß § 102 Abs. 1 S. 3 BetrVG unwirksam. Ordnungsgemäß angehört wurde der Betriebsrat bei der Kündigung vom 29. Juli lediglich in Bezug auf den Verspätungstatbestand, so dass im Folgenden nur noch auf den Verspätungssachverhalt abzustellen ist.

dd) Widerspruch des Betriebsrates

> Ein Widerspruch nach § 102 Abs. 3 BetrVG führt nicht zur Unwirksamkeit der Kündigung, sondern begründet einen Weiterbeschäftigungsanspruch.

Der mit häufigen Verspätungen begründeten Kündigung vom 29. Juli hat der Betriebsrat gemäß **§ 102 Abs. 3 BetrVG** widersprochen. Ein derartiger **Widerspruch** steht der Wirksamkeit einer Kündigung nicht entgegen. Rechtsfolge eines frist- und formgerecht erhobenen Widerspruchs ist der Anspruch des Arbeitnehmers, ihn nach Erhebung der Kündigungsschutzklage auf Verlangen bei unveränderten Arbeitsbedingungen bis zum rechtskräftigen Abschluss des Kündigungsschutzverfahrens weiterzubeschäftigen, sofern nicht das Arbeitsgericht den Arbeitgeber wegen eines Ausschlusstatbestandes des Satzes 2 von der Weiterbeschäftigungspflicht iSd § 102 Abs. 5 S. 1 BetrVG entbindet.[34]

Weiterbeschäftigungsanspruch	
Beschäftigung des Arbeitnehmers, obgleich diesem gekündigt wurde und die Kündigungsfrist abgelaufen ist bzw. bei fristloser Kündigung nach deren Zugang.	
Allgemeiner Weiterbeschäftigungsanspruch	**Betriebsverfassungsrechtlicher Weiterbeschäftigungsanspruch**
Abgeleitet aus §§ 611, 613, 242 BGB iVm Art. 1, 2 GG und besteht bei • offensichtlicher Unwirksamkeit der Kündigung, zB bei Schwangerschaft, oder bei • Obsiegen des Arbeitnehmers in erster Instanz für die weitere Prozessdauer, sofern keine überwiegenden Interessen des Arbeitgebers bestehen. Lohnansprüche ergeben sich aus § 812 BGB, falls endgültig die Wirksamkeit der Kündigung festgestellt wird.	Ergibt sich aus § 102 Abs. 5 S. 1 BetrVG auf Verlangen des Arbeitnehmers bei frist- und ordnungsgemäßem Widerspruch des Betriebsrates aus den in § 102 Abs. 3 BetrVG genannten Gründen und wenn die Kündigungsschutzklage fristgerecht erhoben ist. Das bisherige Arbeitsverhältnis besteht fort, so dass sich die Lohnzahlungspflicht aus dem Arbeitsvertrag ergibt.

---

34 Zum Weiterbeschäftigungsanspruch BAG GS NJW 1985, 2968; *Dütz/Thüsing*, Arbeitsrecht, Rn. 450 ff.; HWK/*Ricken*, § 102 BetrVG Rn. 72 ff.; ErfK/*Kania*, § 102 BetrVG Rn. 31 ff.; *Lingemann/Steinhauser*, NJW 2014, 2165, 2167.

Hinsichtlich der Kündigung vom 29. Juli wurde der Betriebsrat allein in Bezug auf den Kündigungssachverhalt der wiederholten Verspätungen ordnungsgemäß iSd § 102 Abs. 1 BetrVG angehört. Nur insoweit kommt es mithin darauf an, ob die Kündigung vom 29. Juli sozialwidrig nach § 1 Abs. 2 KSchG ist.

c) Sozialwidrigkeit der Kündigung

Die Kündigung vom 29. Juli könnte nach § 1 Abs. 2 S. 1 KSchG sozial ungerechtfertigt und somit unwirksam sein.

aa) Anwendbarkeit des Kündigungsschutzgesetzes

Das Kündigungsschutzgesetz ist anzuwenden, wenn der Arbeitnehmer in dem Betrieb länger als sechs Monate[35] tätig war (§ 1 Abs. 1 KSchG) und in dem Betrieb in der Regel mehr als zehn Arbeitnehmer ausschließlich der Auszubildenden beschäftigt sind (§ 23 Abs. 1 KSchG).[36]

Für B ist das Kündigungsschutzgesetz in persönlicher und in sachlicher Hinsicht anwendbar. B ist seit mehreren Jahren bei W beschäftigt; bei W arbeiten derzeit 37 Vollzeitarbeitskräfte.

bb) Ausschlussfrist

Die Dreiwochenfrist des § 4 S. 1 KSchG zur Klageerhebung ist eingehalten.

§ 4 S. 1 KSchG beschreibt eine materiellrechtliche Ausschlussfrist; eine verspätete Klage ist deshalb nicht als unzulässig, sondern als unbegründet abzuweisen, es sei denn, die Kündigung ist gemäß § 13 Abs. 3 KSchG aus anderen Gründen unwirksam. Nach Ablauf der dreiwöchigen Frist wird unwiderleglich vermutet, dass die Kündigung von Anfang an rechtswirksam war. Nach dieser Regelung in § 7 KSchG gilt im Falle einer Fristversäumung die ordentliche Kündigung als sozial gerechtfertigt, die außerordentliche Kündigung gilt als aus wichtigem Grund erklärt. Eine verspätete Klage kann gemäß § 5 KSchG allerdings nachträglich durch Beschluss zugelassen werden.

cc) Soziale Rechtfertigung

Nach § 1 Abs. 2 S. 1 KSchG ist eine Kündigung sozial gerechtfertigt und insoweit wirksam, wenn sie aus personen-, verhaltens- oder betriebsbedingten Gründen ausgesprochen wird.[37]

> **Anwendbarkeit des KSchG**
> 1. Sachlicher Anwendungsbereich
> a) nur Kündigungen des Arbeitnehmers durch den Arbeitgeber, § 1 Abs. 1 KSchG
> b) Betrieb mit mehr als 10 Arbeitnehmern, § 23 Abs. 1 KSchG
> 2. Persönlicher Anwendungsbereich
> a) mehr als 6 Monate bestehendes Arbeitsverhältnis
> b) kein vertretungsbefugter leitender Angestellter, § 14 Abs. 1 KSchG

> **§ 4 KSchG** beschreibt eine **materiellrechtliche Ausschlussfrist**, die in der Begründetheit zu prüfen ist. Bei Fristversäumung wird eine etwaige Sozialwidrigkeit gemäß § 7 KSchG geheilt.

---

[35] Auf die 6-Monatsfrist werden frühere Arbeitsverhältnisse angerechnet, wenn sie in einem engen sachlichen Zusammenhang zum aktuellen Arbeitsverhältnis stehen, BAG NZA 2012, 148; DB 2000, 1871; HK-KSchR/*Mayer*, § 1 Rn. 59 f.; MüKoBGB/*Hergenröder*, § 1 KSchG Rn. 34; anders bei Leiharbeitnehmern LAG Niedersachsen NZA-RR 2013, 465.
[36] Dieser Schwellenwert für Kleinbetriebe gilt für nach dem 1.1.2004 im Betrieb Beschäftigte. Für bereits vorher Beschäftigte besteht Bestandsschutz, dh der Kündigungsschutz greift ab einem Betrieb mit mehr als 5 Mitarbeitern. Vgl. ErfK/*Kiel*, § 23 KSchG Rn. 10.
[37] Einzelheiten bei *Dütz/Thüsing*, Arbeitsrecht, Rn. 399 ff.; ErfK/*Oetker*, § 1 KSchG Rn. 61 ff.; HK-KSchR/*Pfeiffer*, § 1 Rn. 170 ff.; *Hanau/Adomeit*, Arbeitsrecht, Rn. 926 ff.; *Löwisch/Caspers/Klumpp*, Arbeitsrecht, Rn. 700 ff.

Kündigungsgründe nach § 1 Abs. 2 KSchG

Personenbedingte Kündigung	Verhaltensbedingte Kündigung	Betriebsbedingte Kündigung
Beispiele: Mangelnde körperliche Eignung, Krankheit, altersbedingter Leistungsabfall, Alkohol- und Drogenabhängigkeit	**Beispiele:** Eigenmächtiges Fernbleiben, Schlechtleistung der Arbeit, Nichteinhaltung von Sicherheits- und Ordnungsvorschriften, Störung des Betriebsfriedens	**Beispiele:** Rationalisierungsmaßnahmen, Produktionsumstellung, Auftragsmangel, Absatzrückgang, Stilllegung
Voraussetzungen: 1. **Kündigungsgrund:** dem Arbeitnehmer nicht vorwerfbare Störung des Äquivalenzverhältnisses, zB durch Langzeiterkrankung oder durch wiederholte Kurzerkrankungen. 2. **Negative Prognose:** Zum Zeitpunkt der Kündigung bestehen objektive Umstände, welche die Besorgnis weiterer Erkrankungen, etc. begründen. 3. **Ultima ratio:** Die bisherigen und die prognostizierten Auswirkungen führen zu einer erheblichen Beeinträchtigung der betrieblichen Interessen, die auch durch andere Möglichkeiten, wie zB einer Versetzung, nicht beseitigt werden können. 4. **Interessenabwägung:** Prüfung, ob die betrieblichen Beeinträchtigungen aufgrund der Besonderheiten des Einzelfalles (Alter, Familienstand, Krankheitsursache, etc.) vom Arbeitgeber noch hinzunehmen oder unzumutbar sind.	**Voraussetzungen:** 1. **Kündigungsgrund:** dem Arbeitnehmer vorwerfbares vertragswidriges Verhalten. 2. **Ultima ratio:** Ein Abmahnungserfordernis besteht, wenn die Handlung dem steuerbaren Verhalten, also in der Regel dem Leistungsbereich (zB fortgesetztes Zuspätkommen) zuzuordnen ist. Bei Pflichtverletzungen im Vertrauensbereich (zB Konkurrenztätigkeit, Straftat gegenüber dem Arbeitgeber) ist eine Abmahnung regelmäßig entbehrlich. 3. **Interessenabwägung:** Umfassende, auf den konkreten Einzelfall bezogene Gegenüberstellung der Interessen.	**Voraussetzungen:** 1. **Kündigungsgrund:** unternehmerische Entscheidung, die zu einem verringerten Personalbedarf führt. Die betrieblich-organisatorische Unternehmerentscheidung unterliegt nur einer gerichtlichen Willkürkontrolle. 2. **Ultima ratio:** Die betriebsbedingten Gründe sind dringend, wenn der Arbeitgeber die Entlassung nicht durch andere organisatorische Maßnahmen (zB Abbau von Überstunden) abwenden und er den Arbeitnehmer nicht an einem anderen Arbeitsplatz zumutbar beschäftigen kann. 3. **Sozialauswahl:** Nach § 1 Abs. 3 KSchG ist der Arbeitnehmer zu ermitteln, der aufgrund sozialer Gesichtspunkte am wenigsten auf die Erhaltung des Arbeitsplatzes angewiesen ist. Die Sozialauswahl beschränkt sich auf die miteinander vergleichbaren Arbeitnehmer (horizontale Vergleichbarkeit).

10. Kündigung eines Arbeitsverhältnisses, freiwillige Sonderleistung, arbeitsgerichtliches Urteilsverfahren

Dem B wurde von W aufgrund häufiger Verspätungen verhaltensbedingt gekündigt, so dass es darauf ankommt, ob diese verhaltensbedingte Kündigung den Anforderungen des § 1 Abs. 2 S. 1 Alt. 2 KSchG genügt.

Verhaltensbedingte Kündigung

**Prüfungsschema
Verhaltensbedingte Kündigung**

1. Vertragswidriges Verhalten mit negativer Prognose
Erforderlich ist ein Verstoß gegen arbeitsvertragliche Pflichten, wodurch eine konkrete Beeinträchtigung des Arbeitsverhältnisses verursacht wird. Dabei muss mit weiteren Vertragsverletzungen zu rechnen oder die eingetretene Vertragsstörung so schwerwiegend sein, dass eine vertrauensvolle Fortführung des Arbeitsverhältnisses ausgeschlossen ist (negative Prognose).

2. Ultima ratio-Grundsatz
Die Kündigung des Arbeitsvertrages hat verhältnismäßig zu sein, mithin das mildeste mögliche Mittel darzustellen. Es kommt also darauf an, ob nicht bereits eine Abmahnung genügt, um den Arbeitnehmer zur ordentlichen Erfüllung des Arbeitsvertrages anzuhalten. Eine Abmahnung ist grundsätzlich bei jedem steuerbaren Verhalten notwendig, es sei denn, es handelt sich um eine schwerwiegende Störung des Vertrauensbereichs.

3. Interessenabwägung
Die verhaltensbedingte Kündigung ist sozial gerechtfertigt bei Umständen, die es bei gewissenhafter Abwägung der beiderseitigen Interessen einem verständig urteilenden Arbeitgeber unzumutbar machen, das Arbeitsverhältnis fortzusetzen. Entscheidend ist die Abwägung der im Einzelfall maßgeblichen Gegebenheiten.

Durch die **wiederholte Unpünktlichkeit** hat B seine Arbeitspflicht vorwerfbar verletzt sowie das Verhältnis von Leistung und Gegenleistung beeinträchtigt. Es handelt sich um ein **steuerbares Verhalten**, bei dem erwartet werden kann, dass die Leistung wieder ordnungsgemäß erbracht wird. Das Verhalten des B ist dem Leistungsbereich zuzuordnen und kann eine Kündigung wegen des Ultima ratio-Prinzips nur rechtfertigen, wenn ihm als Konsequenz seines Verhaltens die Gefährdung des Arbeitsplatzes verdeutlicht wurde. Der Grundsatz der Verhältnismäßigkeit erfordert eine **Abmahnung**. Entsprechend dem der Abmahnung innewohnenden Warn- und Ankündigungszweck hat der Arbeitgeber in einer für den Arbeitnehmer deutlich erkennbaren Art und Weise das vertragswidrige Verhalten zu beanstanden und damit den Hinweis zu verbinden, dass im Wiederholungsfall der Bestand des Arbeitsverhältnisses gefährdet ist.

Abmahnung
Der Arbeitnehmer soll auf seine konkrete Verfehlung hingewiesen, zu einem pflichtgemäßen Verhalten aufgefordert und für den Wiederholungsfall vor der Kündigung gewarnt werden. Die Kündigung ist nur möglich, wenn im Wiederholungsfall eine gleichartige Pflichtverletzung vorzuwerfen ist. Eine zu Unrecht erfolgte Abmahnung ist nach § 1004 BGB analog zurückzunehmen und aus der Personalakte zu entfernen.

Das Schreiben der W-GmbH vom 21. Mai stellt inhaltlich eine Abmahnung dar, weil B mitgeteilt wurde, dass sein konkret bezeichnetes Fehlverhalten als vertragswidrig angesehen und zukünftig nicht mehr sanktionslos hingenommen wird (Rüge- und Warnfunktion). Zu berücksichtigen ist allerdings, dass die Abmahnung **vor mehr als vier Jahren** erklärt wurde. Die Abmahnung soll den Arbeitnehmer vor der Gefährdung des Arbeitsverhältnisses durch ein bestimmtes Verhalten warnen. Mit der Zeit verliert die Warnfunktion an Bedeutung; der Verhältnismäßigkeitsgrundsatz erfordert dann vor der Kündigung eine erneute Abmahnung. Auseinander gehen die Meinungen, in welchem Zeitraum eine Abmahnung ihre Wirksamkeit verliert. Teilweise wird aus Rechtssicherheitsgründen eine feste Frist von zwei oder drei Jahren angenommen,[38] während die Gegenauffassung den

---

38 *Brill*, NZA 1985, 109, 110; *Conze*, DB 1987, 889, 890; LAG Hamm NZA 1987, 26.

Zeitrahmen nach den konkreten Umständen des Einzelfalles bemisst.[39] Hier kommt es auf die unterschiedlichen Standpunkte nicht an, weil nach vier Jahren ohne Unpünktlichkeit der Abmahnung nach beiden Auffassungen keine kündigungsrelevante Bedeutung zuzuordnen ist.

| Verwirkung der Abmahnung durch Zeitablauf |

Die Abmahnung vom 21. Mai hat nach vier Jahren ihre Wirkung verloren. Ohne vorangegangene wirksame Abmahnung ist die verhaltensbedingte Kündigung vom 29. Juli aber wegen eines Verstoßes gegen den Ultima ratio-Grundsatz unwirksam.

Die Verspätungen rechtfertigen keine verhaltensbedingte Kündigung gemäß § 1 Abs. 2 S. 1 Alt. 2 KSchG.

Ergebnis

Die verhaltensbedingte Kündigung vom 29. Juli wird auf die unrechtmäßige Gewährung von Sonderkonditionen und auf wiederholte Verspätungen gestützt. Bezüglich Ersterem ist die Kündigung mangels Anhörung des Betriebsrates gemäß § 102 Abs. 1 S. 3 BetrVG und bezüglich Letzterem mangels Abmahnung nach § 1 Abs. 1, 2 KSchG unwirksam. Im Hinblick auf den ersten Kündigungsschutzantrag (punktueller Streitgegenstand) ist die Kündigungsschutzklage des B daher zulässig und begründet. Die Kündigungsschutzklage ist hinsichtlich der verhaltensbedingten Kündigung vom 29. Juli also erfolgreich.

2. Kündigung vom 21. September/Zweiter Kündigungsschutzantrag

a) Kündigungserklärung

| Betriebsbedingte Kündigung |

Die betriebsbedingte Kündigung wurde von T als Geschäftsführer der W-GmbH (§ 35 Abs. 1 S. 1 GmbHG) wirksam (§ 623 BGB) erklärt und ist B iSd § 130 Abs. 1 S. 1 BGB zugegangen.

b) Anhörung des Betriebsrates

Der Betriebsrat der W ist nach § 102 Abs. 1 BetrVG ordnungsgemäß angehört worden.

c) Anwendbarkeit des Kündigungsschutzgesetzes

Das Kündigungsschutzgesetz ist sachlich und persönlich anwendbar, §§ 1 Abs. 1, 23 Abs. 1 KSchG. Der Umstand, dass sich E erst nach vier Wochen zu der betriebsbedingten Kündigung geäußert hat, begründet keinen Verstoß gegen die Dreiwochenfrist des § 4 S. 1 KSchG, weil die materiellrechtliche Ausschlussfrist durch den allgemeinen Feststellungsantrag gewahrt wird. Der allgemeine Feststellungsantrag nach § 256 Abs. 1 ZPO („dass das Arbeitsverhältnis weiterhin fortbesteht") verhindert die materielle Präklusion gemäß §§ 4, 7 KSchG und bezieht sämtliche Beendigungstatbestände bis zur letzten mündlichen Verhandlung in den Kündigungsschutzprozess ein.

d) Soziale Rechtfertigung

Die betriebsbedingte Kündigung des B könnte nach **§ 1 Abs. 3 KSchG** sozial gerechtfertigt sein.

---

39 *v. Hoyningen-Huene*, RdA 1990, 193, 210; *Schaub*, NJW 1990, 872, 874; BAG DB 1987, 2367; ausführlich *Schrader*, NZA 2011, 180 ff.; *Schrader*, NJW 2012, 342 ff.

Prüfungsschema
Betriebsbedingte Kündigung

1. Unternehmerische Entscheidung mit negativer Prognose

Eine freie Unternehmerentscheidung führt zum Wegfall der Beschäftigungsmöglichkeit aufgrund außerbetrieblicher (zB Auftrags- oder Absatzmangel) oder innerbetrieblicher (zB Rationalisierung, Stilllegung) Ursachen. Die unternehmerische Entscheidung kann nicht auf ihre Zweckmäßigkeit oder Notwendigkeit, sondern nur auf Unsachlichkeit oder Willkür überprüft werden.

2. Ultima ratio-Grundsatz

Die Kündigung muss das letzte mögliche Mittel sein. Eine zumutbare anderweitige Weiterbeschäftigungsmöglichkeit macht die Kündigung unverhältnismäßig. Dies ist anzunehmen, wenn der Arbeitnehmer an einem anderen Arbeitsplatz oder zu geänderten Arbeitsbedingungen bzw. nach Umschulungs- oder Fortbildungsmaßnahmen weiterbeschäftigt werden kann. Unzulässig sind Austausch- und Vorratskündigung.

3. Sozialauswahl

Bei der Auswahl des zu kündigenden Arbeitnehmers sind anhand folgender Kriterien soziale Gesichtspunkte zu berücksichtigen:

a) Vergleichbarkeit

Zunächst sind die im Betrieb zu vergleichenden Arbeitnehmer zu bestimmen. Maßgeblich ist die Austauschbarkeit der Arbeitnehmer auf derselben Hierarchieebene (horizontale Vergleichbarkeit). Auf eine vertikale Vergleichbarkeit, also die Austauschbarkeit hinsichtlich einer höheren oder niedrigeren Hierarchieebene kommt es nicht an.

b) Herausnahme von Leistungsträgern

Gemäß § 1 Abs. 3 S. 2 KSchG sind die Arbeitnehmer nicht einzubeziehen, deren Weiterbeschäftigung insbesondere wegen ihrer Kenntnisse, Fähigkeiten und Leistungen oder zur Sicherung einer ausgewogenen Personalstruktur des Betriebes im berechtigten betrieblichen Interesse liegt.

c) Ordnungsgemäße Auswahl

Anhand der vier Sozialdaten Dauer der Betriebszugehörigkeit, Lebensalter und Unterhaltspflichten (§ 1 Abs. 3 S. 1 KSchG) sowie Schwerbehinderung (§ 2 SGB IX) ist der Arbeitnehmer auszuwählen, der von einer Kündigung am wenigsten hart betroffen ist.

Nach den Angaben im Sachverhalt sind die Voraussetzungen einer betriebsbedingten Kündigung erfüllt, insbesondere ist die Sozialauswahl gemäß § 1 Abs. 3 KSchG ordnungsgemäß durchgeführt worden. Umstände, welche die Kündigung vom 21. September iSd § 1 Abs. 2 S. 1 Alt. 3 KSchG als sozialwidrig erscheinen lassen, bestehen nicht. Die betriebsbedingte Kündigung ist folglich sozial gerechtfertigt und wirksam.

Ergebnis

Die gegen die Kündigung vom 21. September gerichtete Kündigungsschutzklage (zweiter Kündigungsschutzantrag mit erweitertem Streitgegenstand) ist zwar zulässig, aber unbegründet. Insoweit wird das Arbeitsgericht die Klage abweisen. Die Kündigungsschutzklage des B gegen W ist hinsichtlich der betriebsbedingten Kündigung nicht erfolgreich.

Endergebnis

Die Kündigungsschutzklage gegen die verhaltensbedingte Kündigung vom 29. Juli ist erfolgreich. Die Kündigungsschutzklage gegen die betriebsbedingte Kündigung vom 21. September ist als unbegründet abzuweisen.

II. Zahlungsantrag

1. Arbeitsvertrag iVm Gesamtzusage

Gesamtzusage
Durch Willenserklärung verspricht der Arbeitgeber der Belegschaft einen Vorteil, wie zB Betriebsrente, Weihnachtsgratifikation.

Ein Anspruch auf die Sonderzahlung[40] in Höhe von 400 EUR könnte sich für B aus dem Arbeitsvertrag (§ 611a Abs. 2 BGB) iVm einer Gesamtzusage ergeben.

Bei einer Gesamtzusage handelt es sich um eine die Arbeitnehmer begünstigende Zusage des Arbeitgebers, die dieser der gesamten Belegschaft oder einem Teil der Arbeitnehmer durch allgemeine förmliche Bekanntgabe macht. Die Bekanntgabe stellt ein Angebot iSd § 145 BGB dar, das die Arbeitnehmer stillschweigend annehmen. Auf den Zugang der Annahmeerklärung hat der Arbeitgeber nach § 151 S. 1 BGB verzichtet.[41] Beispiele für eine Gesamtzusage sind Rundschreiben oder Aushänge.

Demnach handelt es sich bei der von W angekündigten Sonderzahlung zwar um eine Gesamtzusage, die hier von B angenommen wurde. Die Anspruchsvoraussetzungen richten sich aber nach dem Inhalt der Gesamtzusage. Nach dem Wortlaut der Erklärung steht B ein Zahlungsanspruch nicht zu, weil er sich am Stichtag, dem 31. Oktober, nicht mehr in einem ungekündigten Arbeitsverhältnis befand. Die sachlichen Voraussetzungen für die Gewährung einer freiwilligen Sonderleistung werden von B nicht erfüllt.

Ergebnis

B kann von W die Zahlung von 400 EUR nicht aufgrund des Arbeitsvertrages iVm einer Gesamtzusage verlangen.

2. Arbeitsvertrag iVm Gleichbehandlungsgrundsatz

Gleichbehandlungsgrundsatz
Dem Arbeitgeber ist es verwehrt, bei einer abstrakt generalisierenden Regelung einzelne Arbeitnehmer ohne sachlichen Grund schlechter zu stellen als andere.

Möglicherweise ist das Zahlungsbegehren des B aber begründet, weil der arbeitsvertragliche Gleichbehandlungsgrundsatz verletzt ist.

Der gesetzlich in einzelnen Vorschriften (§ 75 BetrVG, § 612a BGB, § 1b Abs. 1 S. 4 BetrAVG) erwähnte einfachrechtliche Grundsatz wird aus der Fürsorgepflicht des Arbeitgebers abgeleitet[42] und ist mittlerweile gewohnheitsrechtlich anerkannt.[43]

Die Anwendung des Gleichbehandlungsgrundsatzes setzt folgendes voraus:[44]

Prüfungsschema Gleichbehandlungsgrundsatz

- Zwischen Arbeitgeber und Arbeitnehmer muss eine Rechtsbeziehung bestehen, in der Regel also ein Arbeitsverhältnis, wobei ein Ruhestandsverhältnis genügen kann.
- Die Pflicht zur Gleichbehandlung ist betriebsbezogen und erfordert einen kollektiven Bezug. Die Gruppenbildung vergleichbarer Arbeitnehmer muss möglich sein.

---

40 Näher zu den Vergütungsformen bei Fall 9, S. 219.
41 BAG DB 1975, 1563, 1564; AR/*Löwisch*, § 151 BGB Rn. 1; *Hanau/Adomeit*, Arbeitsrecht, Rn. 64; nach aA ergibt sich die Bindungswirkung der Gesamtzusage aus Gewohnheitsrecht, vgl. Schaub ArbR-HdB/*Koch*, § 111 Rn. 2.
42 So die hM, vgl. *Dütz/Thüsing*, Arbeitsrecht, Rn. 58; Kasseler Handbuch/*Künzel*, 2.1. Rn. 853; teilweise wird daneben auf Treu und Glauben (§ 242 BGB) oder die Billigkeit (§ 315 BGB) abgestellt, vgl. dazu auch Schaub ArbR-HdB/*Linck*, § 112 Rn. 1 ff.
43 ErfK/*Preis*, § 611 BGB Rn. 615; HWK/*Thüsing*, § 611a Rn. 331.
44 Vgl. BAG DB 1999, 1118; NZA 1997, 1177; NZA 1996, 1027; *Löwisch/Caspers/Klumpp*, Arbeitsrecht, Rn. 146; Erman/*Edenfeld*, § 611 Rn. 219 ff.; AR/*Kamanabrou*, § 611a Rn. 289 ff.; HWK/*Thüsing*, § 611a Rn. 331.

- Der Arbeitgeber muss Leistungen nach einem bestimmten, erkennbaren und **abstrakt-generalisierenden Prinzip** gewähren. Es ist dem Arbeitgeber unbenommen, mit einzelnen Arbeitnehmern individuell unterschiedliche Vertragsgestaltungen zu vereinbaren; individuelle Abreden mit konkreten Arbeitnehmern sind im Rahmen der Vertragsfreiheit möglich, ohne dass die übrigen Arbeitnehmer aus Gleichheitsgründen identisch zu behandeln sind. Der allgemeine Gleichbehandlungsgrundsatz ist nur betroffen, wenn bestimmte Arbeitnehmer pauschal und losgelöst von der konkreten Person unterschiedlich behandelt werden (abstrakte Gruppenbildung).
- Der Gleichbehandlungsgrundsatz ist verletzt, wenn der Arbeitgeber Arbeitnehmer **ohne sachlichen Grund** von allgemein begünstigenden Regelungen des Arbeitsverhältnisses ausnimmt und schlechter stellt als andere Arbeitnehmer in vergleichbarer Lage. Verboten ist also nur eine willkürliche Ungleichbehandlung. Sachliche Differenzierungsgründe muss der Arbeitgeber spätestens dann offen legen, wenn ein Arbeitnehmer seine Gleichbehandlung verlangt.
- Fehlen ausreichende sachliche Gründe, hat die benachteiligte Arbeitnehmergruppe Anspruch auf die gleichen Leistungen, sofern sie bereits gewährt wurden. Für die Zukunft bleibt es dem Arbeitgeber überlassen, wie er die Ungleichbehandlung beseitigt. Ein Anspruch auf Gleichbehandlung im Unrecht oder im Rechtsirrtum besteht nicht.

Hier kommt es darauf an, ob es einen **sachlichen Grund** bildet, eine freiwillige Sonderleistung nur den Arbeitnehmern zu gewähren, die an einem bestimmten Tag in einem ungekündigten Arbeitsverhältnis stehen. Die sachliche Rechtfertigung einer Differenzierung ist am Zweck der freiwilligen Leistung zu messen. Eine Sonderzahlung kann eine zusätzliche Vergütung für die im Bezugsjahr geleistete Arbeit, ein Entgelt für die in der Vergangenheit erbrachte Betriebstreue und einen Anreiz für zukünftige Betriebstreue darstellen. Diese Zwecke können einzeln oder gemeinsam einer Sonderzahlung zugrunde liegen. Die Angabe eines Stichtages für ein ungekündigtes Arbeitsverhältnis deutet darauf hin, dass die Sonderzahlung nicht nur als Belohnung bisheriger Dienste, sondern auch in Erwartung zukünftiger Betriebstreue gezahlt wird. Eine derartige Zielrichtung ist rechtmäßig und stellt einen sachlichen Differenzierungsgrund dar.[45] Die W-GmbH konnte deshalb die Zahlung der Sonderleistung von dem Bestand eines ungekündigten Arbeitsverhältnisses zu einem bestimmten Stichtag abhängig machen. Der Gleichbehandlungsgrundsatz ist nicht verletzt.

Ergebnis

B kann einen Anspruch auf Zahlung von 400 EUR nicht aus dem Arbeitsvertrag iVm dem Gleichbehandlungsgrundsatz ableiten.

3. Arbeitsvertrag iVm betrieblicher Übung

Der Anspruch des B gegen W auf 400 EUR könnte sich aus dem Arbeitsvertrag (§ 611a Abs. 2 BGB) iVm betrieblicher Übung ergeben.

Die dogmatische Grundlage der betrieblichen Übung ist streitig.[46]

> **Betriebliche Übung**
> Arbeitgeber wiederholt bestimmte Verhaltensweisen, aus denen die Arbeitnehmer schließen, dass die Vergünstigung von Dauer sei.

---

45 Vgl. BAG NZA 1996, 417f.; NZA 1993, 353f.; NZA 1991, 763ff.
46 Vgl. einerseits (Vertrauenstheorie) *Mertens/Schwartz*, DB 2001, 646; *Kettler*, NZA 2001, 928; *Zöllner/Loritz/Hergenröder*, Arbeitsrecht, § 7 Rn. 25ff.; andererseits (Vertragstheorie) BAG NZA 2001, 24; NZA 2000, 49; NZA 1999, 606.

Meinungsstreit zur betrieblichen Übung

Vertrauenstheorie (Lit.)
Das wiederholte Verhalten begründe einen Vertrauenstatbestand, der den Arbeitgeber nach Treu und Glauben auch für die Zukunft binde. Es handele sich um einen Fall der Erwirkung.

Vertragstheorie (BAG)
Das wiederholte Verhalten des Arbeitgebers enthalte ein stillschweigendes Angebot auf Fortsetzung des Verhaltens, das die Arbeitnehmer mittels § 151 BGB annehmen.

Prüfungsschema Betriebliche Übung

Voraussetzungen einer betrieblichen Übung sind folgende Punkte:[47]

- Erforderlich ist zunächst eine bestimmte Verhaltensweise des Arbeitgebers, die dieser regelmäßig wiederholt hat. Bei freiwilligen Sonderleistungen wie zB einer Weihnachtsgratifikation genügt die dreimalige Gewährung.
- Die Leistung muss vorbehaltlos erfolgen. Mit einem (klar und deutlich formulierten) **Freiwilligkeitsvorbehalt** bringt ein Arbeitgeber zum Ausdruck, dass er sich nicht binden und in den Folgejahren neu entscheiden möchte.[48]
- Folgt man der **Vertrauenstheorie** kommt es weiterhin darauf an, dass sich bei den Arbeitnehmern ein rechtlich geschütztes Vertrauen auf die Fortführung des Arbeitgeberverhaltens entwickelt hat. An diesen Vertrauenstatbestand ist der Arbeitgeber sodann nach § 242 BGB gebunden.
Nach der **Vertragstheorie** setzt eine betriebliche Übung eine konkludente Willenserklärung voraus, die aus einer objektiven Arbeitnehmersicht auf einen Bindungswillen für die Zukunft schließen lässt. Der Arbeitgeber ist an einen solchen Vertrag gebunden.
- Die betriebliche Übung darf keinen **Widerrufsvorbehalt**[49] enthalten. Der Widerrufsvorbehalt muss klar und unmissverständlich kundgetan sein und erkennen lassen, aus welchen Gründen ein Widerruf erfolgen kann. Der Widerruf darf nur nach billigem Ermessen erfolgen.[50]

W hat die freiwillige Sonderleistung hier erstmals gewährt. Es fehlt mithin an einer regelmäßig wiederholten Verhaltensweise. Eine betriebliche Übung scheidet aus.

Ergebnis

B steht gegen W kein Anspruch gemäß § 611a Abs. 2 BGB iVm betrieblicher Übung zu.

4. Arbeitsvertrag iVm §§ 162, 226, 242 BGB

Ein Anspruch auf Zahlung von 400 EUR könnte gemäß § 611a Abs. 2 BGB aus dem Arbeitsvertrag iVm §§ 162, 226, 242 BGB herzuleiten sein.

Dies würde voraussetzen, dass die W die Gesamtzusage bewusst so formuliert oder den Kündigungszeitpunkt absichtlich so gewählt hat, um den B von der Zahlung der Sonderleistung auszunehmen. Dafür bestehen hier keine Anhaltspunkte.

---

47 Palandt/*Weidenkaff*, Einf. v. § 611 Rn. 76; PWW/*Lingemann*, § 611 Rn. 43 ff.; Erman/*Edenfeld*, § 611 Rn. 274 ff.
48 BAG NZA 2000, 944; PWW/*Lingemann*, § 611 Rn. 43; Erman/*Edenfeld*, § 611 Rn. 275.
49 Zu den Gestaltungsmöglichkeiten ErfK/*Preis*, § 310 BGB Rn. 71a ff.
50 BAG NZA 2001, 24; NZA 1995, 1097; *Dütz/Thüsing*, Arbeitsrecht, Rn. 281 f.; *Zöllner/Loritz/Hergenröder*, Arbeitsrecht, § 7 Rn. 29.

Ergebnis

Auch im Hinblick auf §§ 162, 226, 242 BGB lässt sich aus dem Arbeitsvertrag ein Anspruch nicht ableiten.

Endergebnis

B steht gegen die W-GmbH kein Zahlungsanspruch zu. Die Klage auf Zahlung von 400 EUR ist zulässig, aber unbegründet. Der Zahlungsanspruch ist abzuweisen.

Frage 2: Arbeitsgerichtliches Urteilsverfahren

I. Allgemeines

1. Rechtsweg und Verfahrensarten

Die Arbeitsgerichtsbarkeit stellt neben den anderen Gerichtszweigen (vgl. Art. 95 Abs. 1 GG) einen eigenen Rechtsweg dar, §§ 17, 17a, b GVG iVm § 48 Abs. 1 ArbGG. Bei den arbeitsgerichtlichen Verfahren sind das Urteils- und das Beschlussverfahren zu unterscheiden.

> **Arbeitsgerichtliches Beschlussverfahren**
>
> Die ausschließliche Rechtswegzuständigkeit für das Beschlussverfahren regelt § 2a ArbGG. Das Beschlussverfahren (§§ 80 ff. ArbGG) umfasst kollektivrechtliche Angelegenheiten insbesondere aus dem Betriebsverfassungsgesetz, beispielsweise Streitigkeiten über die Errichtung eines Betriebsrats, die Betriebsratswahl und über Mitbestimmungsrechte des Betriebsrats.
> Im Gegensatz zum Urteilsverfahren gilt der Untersuchungsgrundsatz (§ 83 Abs. 1 ArbGG). Das Beschlussverfahren wird nicht durch Klage, sondern mittels Antrags eingeleitet (§ 81 Abs. 1 ArbGG) und nicht durch Urteil, sondern durch Beschluss entschieden (§ 84 ArbGG), gegen den beim Landesarbeitsgericht Beschwerde eingelegt werden kann (§ 87 ArbGG).

Das **Urteilsverfahren**[51] findet nach § 46 Abs. 1 ArbGG in den in § 2 Abs. 1–4 ArbGG aufgeführten bürgerlich-rechtlichen Streitigkeiten statt. Das Gesetz kennt eine ausschließliche und eine fakultative Zuständigkeit.

Die **ausschließliche Rechtswegzuständigkeit** ist in § 2 Abs. 1 Nr. 1–10 ArbGG enumerativ geregelt. Bei einer **Widerklage** (§ 33 ZPO) richtet sich die Zuständigkeit der Arbeitsgerichte nach den allgemeinen Bestimmungen: Über eine Widerklage kann nur dann sachlich entschieden werden, wenn das Gericht für eine entsprechende Klage zuständig wäre. Die Widerklageforderung muss also in die Zuständigkeit der Gerichte für Arbeitssachen fallen, wobei es genügt, dass die Voraussetzungen einer Zusammenhangsklage nach § 2 Abs. 3 ArbGG gegeben sind.[52]

Ist eine ausschließliche Rechtswegzuständigkeit nicht begründet, kann ein entsprechender Anspruch gemäß § 2 Abs. 3 ArbGG (Zusammenhangsklage) gleich-

> **Verweisung**
> Rechtsweg- und örtliche Zuständigkeit prüft das Gericht von Amts wegen und verweist gegebenenfalls durch Beschluss (§ 48 Abs. 1 ArbGG iVm §§ 17 ff. GVG). § 281 ZPO findet keine Anwendung. Das Adressatengericht ist an den Verweisungsbeschluss gebunden (§ 17a Abs. 2 S. 3 GVG), es sei denn, es handelt sich um offensichtliche Rechtswidrigkeit oder Willkür.

---

51 Die Besonderheiten des Kündigungsschutzprozesses (punktueller und erweiterter Streitgegenstand, etc.) sind bei der Bearbeitung des Falles dargestellt; vgl. S. 239 ff.
52 ErfK/*Koch*, § 2 ArbGG Rn. 33; *Lansnicker*, Prozesse in Arbeitssachen, § 2 Rn. 47.

wohl vor dem Arbeitsgericht verfolgt werden, wenn mit einem vor dem Arbeitsgericht bereits anhängigen oder anhängig werdenden arbeitsrechtlichen Rechtsstreit ein rechtlicher oder wirtschaftlicher Zusammenhang besteht und für die Geltendmachung dieses Anspruchs nicht die ausschließliche Zuständigkeit eines anderen Gerichts gegeben ist (**fakultative Rechtswegzuständigkeit**).

2. Zuständigkeit

Die **sachliche Zuständigkeit** regelt § 8 ArbGG. Für die Bestimmung der **örtlichen Zuständigkeit** ist gemäß § 46 Abs. 2 S. 1 ArbGG, § 495 ZPO auf die §§ 12 ff. ZPO zurückzugreifen. Einschlägig ist regelmäßig der Gerichtsstand des Erfüllungsorts nach § 29 ZPO.[53]

> **Gerichtsstand des Erfüllungsorts (§ 29 ZPO) im Arbeitsrecht**
>
> Bei Arbeitsverhältnissen ist regelmäßig von einem einheitlichen, gemeinsamen Erfüllungsort für Leistung und Gegenleistung auszugehen. Maßgebend ist der wirtschaftliche bzw. technische Mittelpunkt des Arbeitsverhältnisses. Bei der Bestimmung des Erfüllungsorts ist deshalb grundsätzlich auf den Beschäftigungsort abzustellen, an dem der Arbeitnehmer die Arbeitsleistung zu erbringen hat (BAG NZA 2005, 297); in der Praxis wird das regelmäßig der Betriebssitz sein. Dieser Gerichtsstand des Erfüllungsorts gilt für alle Streitigkeiten aus dem Arbeitsverhältnis.

Daneben normiert § 48 Abs. 1a ArbGG einen besonderen Gerichtsstand des Arbeitsortes. Dieser ist vor allem für Außendienstmitarbeiter von Bedeutung, die ihre Arbeitsleistung üblicherweise nicht am Sitz des Arbeitgebers erbringen.[54]

3. Organisation der Arbeitsgerichtsbarkeit

Die Arbeitsgerichtsbarkeit ist unabhängig vom Streitwert dreistufig organisiert: Kammern der **Arbeitsgerichte** (§§ 14 ff. ArbGG; Vorsitzender und je ein ehrenamtlicher Richter aus den Kreisen der Arbeitgeber und Arbeitnehmer), Kammern der **Landesarbeitsgerichte** (§§ 33 ff. ArbGG; Vorsitzender und je ein ehrenamtlicher Richter aus den Kreisen der Arbeitgeber und Arbeitnehmer), Senate am **Bundesarbeitsgericht**[55] (§§ 40 ff. ArbGG; Vorsitzender, zwei berufsrichterliche Beisitzer und je ein ehrenamtlicher Richter aus den Kreisen der Arbeitgeber und Arbeitnehmer[56]). Die ehrenamtlichen Richter stammen je zur Hälfte aus den Kreisen der Arbeitgeber sowie Arbeitnehmer (paritätische Besetzung) und werden von den jeweiligen Verbänden (§§ 6, 16, 20 ff. ArbGG) vorgeschlagen.

Rechtsmittel im Urteilsverfahren sind Berufung (§§ 64 ff. ArbGG) und Revision (§§ 72 ff. ArbGG), wobei das Berufungsverfahren wegen § 67 ArbGG (anders als im Zivilprozess) eine weitere Tatsacheninstanz ist.

---

53 Musielak/Voit/*Heinrich*, § 29 Rn. 20; siehe auch Zöller/*Vollkommer*, § 29 Rn. 25; MüKoZPO/*Patzina*, § 29 Rn. 27. Allgemein zur örtlichen Zuständigkeit Fall 2, S. 54 ff.
54 Vgl. ErfK/*Koch*, § 48 ArbGG Rn. 20.
55 Das Bundesarbeitsgericht hat seinen Sitz in Erfurt.
56 In den Fällen der §§ 72a Abs. 5, 74 Abs. 2 S. 3, 77 S. 3, 94 Abs. 2 S. 3 ArbGG entscheidet der Senat ohne Mitwirkung der ehrenamtlichen Richter (Kleiner Senat). Neben dem Senat und dem Kleinen Senat besteht ein Großer Senat (§ 45 ArbGG), der für Abweichungen zwischen den Senaten und für Fragen von grundsätzlicher Bedeutung zuständig ist.

4. Anwendbare Vorschriften

Für das arbeitsgerichtliche Urteilsverfahren gelten die Vorschriften der ZPO zum Verfahren vor dem Amtsgericht (§§ 495 ff. ZPO), soweit die §§ 46 ff., 64 ff., 72 ff. ArbGG nichts anderes bestimmen, §§ 46 Abs. 2 S. 1, 64 Abs. 6 S. 1, 72 Abs. 5 ArbGG. Das **Vollstreckungsverfahren** aus Titeln, die sich auf einen arbeitsrechtlichen Anspruch beziehen, ist Teil des arbeitsgerichtlichen Verfahrens, so dass die Gerichte für Arbeitssachen auch insoweit zuständig sind. Nach § 62 Abs. 2 ArbGG finden die §§ 704 ff. ZPO Anwendung. Die Gerichte für Arbeitssachen sind also insoweit zuständig, als eine Aufgabe den Prozessgerichten zugewiesen ist. Ist dagegen das Vollstreckungsgericht zuständig, bleibt es bei der Zuständigkeit des Amtsgerichts, § 764 Abs. 1 ZPO.

5. Parteifähigkeit

Die **Parteifähigkeit** bestimmt sich nach §§ 50, 56 ZPO iVm § 46 Abs. 2 S. 1 ArbGG. Die (im Zivilprozess streitige) Frage, ob Gewerkschaften als nichtrechtsfähige Vereine trotz § 50 Abs. 2 ZPO aufgrund der historischen Entwicklung und ihrer grundrechtlich garantierten Stellung (Art. 9 Abs. 3 GG) auch für Aktivprozesse parteifähig sind,[57] ist für das Arbeitsgerichtsverfahren in § 10 ArbGG geregelt.

6. Prozessfähigkeit

Die **Prozessfähigkeit** richtet sich nach §§ 51, 52 ZPO iVm §§ 46 Abs. 2 S. 1 ArbGG, wobei im Arbeitsrecht besonders die §§ 112, 113 BGB zu beachten sind. Eine Sonderregel zur **Postulationsfähigkeit** (vgl. §§ 78, 79 ZPO) enthält § 11 ArbGG; vor dem Arbeitsgericht können die Parteien also selbst auftreten. Vor dem Landesarbeitsgericht bedarf es der Vertretung durch einen Rechtsanwalt oder durch einen Verbandsvertreter; vor dem Bundesarbeitsgericht besteht Anwaltszwang.

II. Verfahrensablauf

Der Vorsitzende (§ 53 ArbGG) hat nach Eingang der Klage einen Termin zur **Güteverhandlung** festzusetzen. Kündigungsverfahren sind gemäß § 61a Abs. 1 ArbGG vorrangig zu behandeln. Aus diesem Grund soll in Kündigungsverfahren die Güteverhandlung nach § 61a Abs. 2 ArbGG auch innerhalb von zwei Wochen stattfinden. Ladungs- und Einlassungsfristen sind einzuhalten, § 47 Abs. 1 ArbGG, §§ 217, 274 Abs. 3 ZPO; die Einlassungsfrist beträgt im Arbeitsgerichtsverfahren nur mindestens eine Woche (gegenüber zwei Wochen im allgemeinen Zivilprozess). Nach § 47 Abs. 2 ArbGG ergeht keine Aufforderung an den Beklagten, sich zur Klageschrift zu äußern (anders §§ 275 Abs. 1, 276 Abs. 1 ZPO).[58] Im arbeitsgerichtlichen Verfahren gilt der Mündlichkeitsgrundsatz; ein schriftliches Verfahren schließt § 46 Abs. 2 S. 2 ArbGG aus.

> Güteverhandlung § 54 ArbGG

Die Güteverhandlung wird von dem Vorsitzenden allein durchgeführt, vgl. § 54 Abs. 1 S. 1 ArbGG. Ihr Zweck ist die Förderung einer gütlichen Einigung und unter Umständen die Vorbereitung einer streitigen Verhandlung. Die gütliche Einigung der Parteien kann durch Prozessvergleich, Erledigungserklärung, Klagerücknahme

---

57 Vgl. Musielak/Voit/*Weth*, § 50 Rn. 25, 27 mwN.
58 ErfK/*Koch*, § 47 ArbGG Rn. 2; HK-ArbR/*Schmitt*, § 47 Rn. 5.

(§ 54 Abs. 2 S. 1 ArbGG, § 269 ZPO), Verzicht (§ 306 ZPO) oder Anerkenntnis (§ 307 ZPO) erfolgen.[59]

Erscheinen und verhandeln beide Parteien im Gütetermin, ist die Güteverhandlung aber erfolglos, weil es nicht zu einer gütlichen Beilegung des Rechtsstreits kommt, so schließt sich die **streitige Verhandlung** – soweit es möglich ist – unmittelbar an die Güteverhandlung an, § 54 Abs. 4 ArbGG. Da die ehrenamtlichen Richter in der Regel nicht zur Verfügung stehen, kommt in der Praxis nur eine Verhandlung vor dem Vorsitzenden in Betracht, die aber gemäß § 55 Abs. 3 ArbGG voraussetzt, dass die Sache entscheidungsreif ist und beide Parteien eine Entscheidung durch den Vorsitzenden beantragen. Sind diese Erfordernisse nicht erfüllt, bestimmt der Vorsitzende Termin zur streitigen Verhandlung vor der Kammer, § 54 Abs. 4 ArbGG.[60]

Erscheint oder verhandelt eine Partei im Gütetermin nicht, schließt sich die streitige Verhandlung unmittelbar an. Wegen § 55 Abs. 1 Nr. 4 ArbGG erlässt der Vorsitzende allein ein **Versäumnisurteil**, sofern die Voraussetzungen der §§ 330, 331, 333, 335 und 337 ZPO gegeben sind. Hinsichtlich der Zulässigkeit des Einspruchs enthält § 59 ArbGG Sonderregeln. Insbesondere wird die zweiwöchige Einspruchsfrist des § 338 ZPO durch § 59 S. 1 ArbGG auf eine Woche verkürzt.[61]

Erscheinen beide Parteien nicht in der Güteverhandlung oder verhandeln nicht zur Sache, ist nach § 54 Abs. 5 ArbGG das Ruhen des Verfahrens anzuordnen. Auf Antrag der Parteien ist nach Satz 2 des § 54 Abs. 5 ArbGG Termin zur streitigen Verhandlung zu bestimmen.[62]

III. Urteil im Arbeitsgerichtsprozess

Aufbau und Gestaltung des arbeitsgerichtlichen Urteils (Tenor, Tatbestand, Entscheidungsgründe) orientieren sich grundsätzlich an den zivilprozessualen Gepflogenheiten.[63] Der Tenor im Kündigungsschutzprozess entspricht dem eines zivilprozessualen Feststellungsurteils.[64] Beispielsweise würde der Tenor des Kündigungsschutzverfahrens zwischen B und der W-GmbH folgendermaßen lauten:

I. Es wird festgestellt, dass das Arbeitsverhältnis der Parteien durch die Kündigung der Beklagten vom 29. Juli nicht aufgelöst worden ist.
II. Im Übrigen wird die Klage abgewiesen.
III. Von den Kosten des Rechtsstreits tragen Kläger und Beklagte je die Hälfte.
IV. Der Wert des Streitgegenstandes wird auf ..... EUR festgesetzt.

Abweichend vom Urteil im allgemeinen Zivilprozess ist bei Urteilen in Arbeitssachen ein besonderer Ausspruch zur **vorläufigen Vollstreckbarkeit** wegen § 62 Abs. 1 ArbGG nicht notwendig. Vollstreckungsfähige Urteile in der ersten und zweiten Instanz sind nach § 62 Abs. 1 S. 1 ArbGG kraft Gesetzes ohne Sicherheitsleistung vorläufig vollstreckbar. Diese vorläufige Vollstreckbarkeit kann gemäß § 62 Abs. 1 S. 2 ArbGG ausgeschlossen werden.

---

59 ErfK/*Koch*, § 54 ArbGG Rn. 6 ff.; HWK/*Ziemann*, § 54 ArbGG Rn. 28 ff.
60 HK-ArbR/*Schmitt*, § 54 ArbGG Rn. 14; ErfK/*Koch*, § 54 ArbGG Rn. 5.
61 Einzelheiten bei *Heinrich*, Säumnis, Rn. 118 ff.; ErfK/*Koch*, § 59 ArbGG Rn. 9.
62 Vgl. HWK/*Ziemann*, § 54 ArbGG Rn. 42 ff.
63 Vgl. allgemein *Knöringer*, Assessorklausur, § 2 Rn. 1 ff.; zum Arbeitsrecht *Lüke*, NZA 1996, 561.
64 Mit zahlreichen Tenorierungsbeispielen *Wallisch/Spinner*, JuS 2007, 532 ff.

Nach § 61 Abs. 1 ArbGG hat im Urteil eine **Streitwertfestsetzung** zu erfolgen, die gemäß § 46 Abs. 2 S. 1 ArbGG nach §§ 3 bis 9 ZPO, §§ 39 ff. GKG vorgenommen wird.[65]

Die **Kostenverteilung** ist im arbeitsgerichtlichen Urteilsverfahren nach §§ 91 ff. ZPO vorzunehmen, wobei nach §§ 12, 12a ArbGG das Kostenrisiko des Klägers in der ersten Instanz verringert ist: Vor dem Arbeitsgericht steht – abweichend von § 91 ZPO – der obsiegenden Partei kein Anspruch auf Erstattung von Kosten wegen Zeitversäumnis und wegen Beauftragung eines Prozessbevollmächtigten zu, § 12a Abs. 1 S. 1 ArbGG. Erstinstanzlich hat somit auch derjenige, der obsiegt, die Kosten seines Rechtsanwalts selbst zu bezahlen.[66]

Nach § 64 Abs. 3a ArbGG ist die Entscheidung über die **Berufungszulassung** grundsätzlich in den Urteilstenor aufzunehmen. Angesichts der Regelung des § 64 Abs. 2c) ArbGG ist dies hier aber nicht notwendig, weil in Bestandsstreitigkeiten – wie einer Kündigungsschutzsache – die Berufung ohnehin kraft Gesetzes statthaft ist.

Das arbeitsgerichtliche Urteil erster Instanz wird nach § 60 Abs. 4 S. 1 ArbGG allein vom Vorsitzenden **unterschrieben**[67] und enthält gemäß § 9 Abs. 5 S. 1 ArbGG eine Rechtsmittelbelehrung.

---

65 ErfK/*Koch*, § 61 ArbGG Rn. 2.
66 Der materiellrechtliche Kostenerstattungsanspruch ist ebenfalls mittels § 12a ArbGG ausgeschlossen. Nach § 12a Abs. 1 S. 2 ArbGG hat der Rechtsanwalt den Mandanten auf die Kostentragungspflicht hinzuweisen.
67 LAG- und BAG-Urteile werden nach §§ 69 Abs. 1 S. 1, 75 Abs. 2 ArbGG auch von den ehrenamtlichen Richtern unterzeichnet.

11. Bürgschaft, Allgemeine Geschäftsbedingungen, Sittenwidrigkeit, Wettlauf der Sicherungsgeber

Sachverhalt

Die Altmann GmbH & Co. KG (A) besteht aus der Grabinger GmbH, deren Geschäftsführerin Gertrud Grabinger (G) ist, und dem Kommanditisten Norbert Neulinger (N). Neulinger soll entsprechend der Eintragung im Handelsregister nach außen nur in Höhe von 10.000 EUR haften. An die KG ist von ihm nach dem Gesellschaftsvertrag eine Einlage von 20.000 EUR zu erbringen. Neulinger übereignet der KG einen Pkw im objektiven Wert von 8.000 EUR als Einlage, der auf seinem Einlagenkonto mit 10.000 EUR gutgeschrieben wird. Die Altmann GmbH & Co. KG ist in Heidelberg mit mehreren Bauvorhaben befasst.

In der Stadtmitte Heidelbergs errichtet die Altmann GmbH & Co. KG ein Geschäftsgebäude. Als Subunternehmen soll der Handwerksbetrieb des Bastian Brisko (B) den Rohbau fertigen. Brisko unterschreibt den vorgefertigten Vertrag auf dem üblichen Formular der Altmann GmbH & Co. KG, der folgende Sicherungsabrede enthält: „Zur Sicherung etwaiger Gewährleistungsansprüche werden fünf Prozent der Abrechnungssumme für die Dauer von vier Jahren einbehalten. Der Subunternehmer ist berechtigt, diesen Einbehalt durch Bürgschaft auf erstes Anfordern in gleicher Höhe abzulösen." Die Sparkasse Heidelberg (S) erteilt eine entsprechende Bürgschaft über 50.000 EUR für Bastian Brisko in Form einer schriftlichen Individualabrede mit der Altmann GmbH & Co. KG. Als Gertrud Grabinger an dem Rohbau Mängel im Wert von 10.000 EUR entdeckt, fordert sie von der Sparkasse Heidelberg Zahlung. Die Sparkasse verweigert die Leistung, weil sie von Bastian Brisko erfahren hat, dass über die ordnungsgemäße Bauausführung Meinungsverschiedenheiten bestehen.

Auf einer weiteren Baustelle renoviert die Altmann GmbH & Co. KG für Rudolf Raab (R) eine Altbauwohnung. Raab unterzeichnet ebenfalls die vorgefertigte Verpflichtung, als Sicherheit für den Zahlungsanspruch eine Bürgschaft beizubringen. Raab bittet seine Mutter Maria Raab (M), eine Rentnerin, die Bürgschaft auf erstes Anfordern bis zu einem Höchstbetrag von 60.000 EUR zu übernehmen. Maria Raab, der ein selbst bewohntes Einfamilienhaus gehört, unterschreibt das Bürgschaftsformular der Altmann GmbH & Co. KG, wobei Raab seine Mutter vorab auf seine angespannte finanzielle Lage hingewiesen hatte. Raab zahlt bei der Abnahme lediglich einen Teilbetrag der Renovierungskosten; eine Restsumme von 15.000 EUR bleibt offen. Nachdem Rudolf Raab trotz mehrerer Mahnungen nicht zahlt, erhebt die Altmann GmbH & Co. KG Klage vor dem Landgericht Heidelberg. Da Rudolf Raab an der mündlichen Verhandlung nicht teilnimmt, erlässt das Landgericht ein Versäumnisurteil, das rechtskräftig wird. Drei Wochen später rechnet Rudolf Raab mit einer Schadensersatzforderung über 5.000 EUR auf, weil Arbeiter der Altmann GmbH & Co. KG bei den Sanierungsarbeiten entsprechende Schäden an der Heizungsanlage angerichtet haben. Gertrud Grabinger bezweifelt zwar die Schadensverursachung, sieht aber wegen der schlechten finanziellen Lage des Rudolf Raab von einer Zwangsvollstreckung ab und macht den Bürgschaftsanspruch geltend. Maria Raab verweigert die Zahlung.

Am Bismarckplatz in Heidelberg errichtet die Altmann GmbH & Co. KG ein weiteres Gebäude. Um dem für dieses Bauprojekt unentbehrlichen Handwerker Hans Heubert (H) einen Kredit über 25.000 EUR bei der Volksbank (V) zu ermöglichen, übernimmt Grabinger im Namen der Altmann GmbH & Co. KG eine Bürgschaft gegenüber der Volksbank. Für dieselbe Darlehensforderung der Volksbank gegen Heubert bestellt dessen Schwester, Elisabeth Heubert (E), eine Hypothek an ihrem Grundstück. Als die Volksbank die Rückzahlung des Darlehens fordert, ist Hans Heubert zahlungsunfähig. Daraufhin begleicht Elisabeth Heubert die Bankschulden. Als sie dabei von der Bank erfährt, dass die Altmann GmbH & Co. KG eine Bürgschaft für das Darlehen übernommen hat, fordert sie von Norbert Neulinger persönlich die Zahlung von 12.500 EUR. Neulinger weigert sich, weil er als Kommanditist der Altmann GmbH & Co. KG in deren Geschäfte persönlich nicht einbezogen sei.

In einem Gutachten ist zu klären, ob die Sparkasse Heidelberg und Maria Raab von der Altmann GmbH & Co. KG aus der Bürgschaft in Anspruch genommen werden können und ob Norbert Neulinger an Elisabeth Heubert eine Zahlung zu leisten hat.

Gliederung

A. Anspruch der A-GmbH & Co. KG gegen die Sparkasse S 268
    I. Entstehen eines Bürgschaftsanspruchs 268
        1. Vertragsschluss 268
        2. Keine Unwirksamkeitsgründe 269
            a) Verstoß gegen § 766 BGB 269
            b) Verstoß gegen § 307 Abs. 1 S. 1, Abs. 2 BGB 270
        3. Akzessorietät (Bestehen der Hauptschuld) 271
        4. Bestimmtheit der Hauptschuld 271
        5. Sonderabreden 272
    II. Einrede aus § 242 BGB 274
        1. Mängel am Rohbau 274
        2. Unwirksamkeit der Sicherungsabrede 274
            Problem: Bürgschaft auf erstes Anfordern 275

B. Anspruch der A-GmbH & Co. KG gegen M 277
    I. Wirksamer Bürgschaftsvertrag 277
        1. Abschluss des Bürgschaftsvertrages 277
        2. Unwirksamkeitsgründe 277
            a) Verstoß gegen § 138 Abs. 1 BGB 277
                Problem: Sittenwidrigkeit einer Bürgschaft 278
            b) Verstoß gegen § 307 Abs. 1 S. 1 BGB 279
    II. Akzessorietät der Bürgschaft 280
        1. Entstehen des Werklohnanspruchs 280
        2. Erlöschen des Werklohnanspruchs 280
            a) Zahlung eines Teilbetrages durch R 280
            b) Aufrechnung durch R 280
                aa) Rechtskraft des Versäumnisurteils 281
                bb) Präklusion nach § 767 Abs. 2 ZPO 281
                    Problem: Maßgeblicher Zeitpunkt bei Gestaltungsrechten 282
    III. Durchsetzbarkeit 282
        1. Einrede nach § 770 Abs. 2 BGB 282
        2. Zurückbehaltungsrecht der M 283
            Problem: Wirkung des Versäumnisurteils gegen den Hauptschuldner gegenüber einem Bürgen 283

C. Anspruch der E gegen den Kommanditisten N 285
    I. Gesellschaftsverbindlichkeit 285
        1. Bestehen einer Kommanditgesellschaft, § 161 Abs. 1 HGB 285
        2. Verbindlichkeit der Kommanditgesellschaft 285
            Problem: Wettlauf der Sicherungsgeber 287
    II. Gesellschafterstellung des N 288
    III. Besonderheiten der Kommanditistenhaftung 288

Lösungshinweise

A. Anspruch der A-GmbH & Co. KG gegen die Sparkasse S

Ein Anspruch der A gegen S auf Zahlung von 10.000 EUR könnte sich aus § 765 Abs. 1 BGB ergeben.

I. Entstehen eines Bürgschaftsanspruchs

Dazu müsste S eine Bürgschaft übernommen haben. Die Bürgschaft kommt durch einen Vertrag zwischen Gläubiger und Bürgen zustande. Durch den Bürgschaftsvertrag verpflichtet sich der Bürge gegenüber dem Gläubiger eines Dritten, für die Erfüllung der Verbindlichkeit dieses Dritten (Hauptschuldner) einzustehen.

1. Vertragsschluss

Die Einigung von Gläubiger und Bürgen erfolgt durch übereinstimmende Willenserklärungen im Sinne der §§ 145 ff. BGB (Angebot und Annahme). Die Bürgschaftserklärung muss eine vom Hauptschuldner verschiedene Person abgeben. Die Willenserklärungen müssen darauf zielen, dass der Bürge für eine fremde Schuld einsteht. Ein Bürge macht seine Haftung abhängig von der Haftung des Hauptschuldners für seine Verbindlichkeit. Notwendiger Inhalt eines Bürgschaftsvertrages ist deshalb neben dem Verbürgungswillen die Bezeichnung der gesicherten Forderung, die Angabe des Gläubigers und des Schuldners.

Hier haben S und A eine ausdrückliche Bürgschaftsabrede mit den wesentlichen Vertragsbestandteilen (essentialia negotii) getroffen. Abgrenzungsschwierigkeiten zu anderen Personalsicherheiten treten nicht auf.[1]

> **Aufbauschema § 765 Abs. 1 BGB**
> **I. Entstehen**
> 1. Wirksamer Bürgschaftsvertrag
> 2. Keine Unwirksamkeitsgründe
> 3. Akzessorietät (Bestehen der Hauptschuld)
> 4. Bestimmtheit der Hauptschuld
> 5. Sonderabreden
>
> **II. Erlöschen**
> 1. Erlöschen der Hauptschuld, § 767 Abs. 1 S. 1 BGB
> 2. Gläubiger gibt Sicherung auf, § 776 BGB
> 3. Übernahme der Hauptschuld durch neuen Gläubiger, § 418 Abs. 1 S. 1 BGB
>
> **III. Durchsetzbarkeit**
> 1. Einreden des Bürgen persönlich
> 2. Einreden des Hauptschuldners gegen die gesicherte Forderung
> 3. Einrede aus § 242 BGB

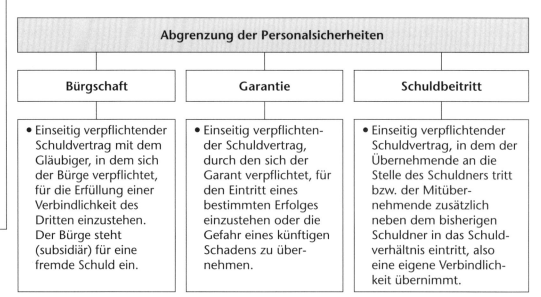

---

[1] Zu den Abgrenzungskriterien und weiteren Personalsicherheiten wie der Patronatserklärung vgl. PWW/*Brödermann*, Vor §§ 765 ff. Rn. 51 ff.; Erman/*Zetzsche*, § 765 Rn. 20 ff.; Palandt/*Sprau*, Einf. v. § 765 Rn. 15 ff.; MüKoBGB/*Habersack*, Vor § 765 Rn. 10 ff.; siehe auch Fall 6, S. 137.

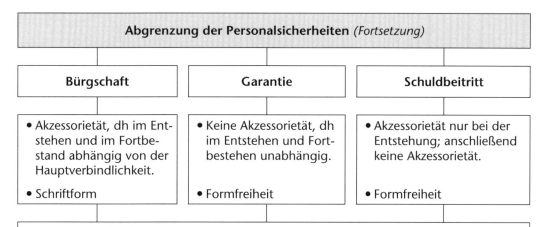

Im Zweifel ist durch Auslegung zu ermitteln, welche Personalsicherheit im Einzelfall gewollt ist. Dabei kann eine formnichtige Bürgschaftserklärung nicht ohne Weiteres als ein (formfrei gültiger) Garantievertrag oder Schuldbeitritt ausgelegt werden; als Auslegungskriterium wird für die beiden Kreditsicherheiten regelmäßig ein eigenes wirtschaftliches Interesse des Garanten oder Übernehmenden an der Erfüllung der Verbindlichkeit gefordert. Bleiben Zweifel, ist von Bürgschaft auszugehen, weil sie der gesetzlich geregelte, typische Fall einer Personalsicherheit ist, vgl. BGH NJW 1986, 580; OLG Hamm NJW 1993, 2625; *Tiedtke*, NJW 2005, 2498; MüKoBGB/*Habersack*, Vor § 765 Rn. 10 ff.

2. Keine Unwirksamkeitsgründe

a) Verstoß gegen § 766 BGB

Die Bürgschaftserklärung könnte gemäß **§ 125 S. 1 BGB** nichtig sein, wenn die Willenserklärung des Bürgen nicht der gesetzlich in § 766 S. 1 BGB vorgegebenen Schriftform (§ 126 Abs. 1 BGB) entspricht.

§ 766 S. 1 BGB bezieht sich allein auf die Erklärung des Bürgen; die Willenserklärung des Gläubigers ist nicht formgebunden. Das Formerfordernis hat Warnfunktion und ist deshalb zwingendes Recht. Der Warnfunktion ist nur dann Genüge getan, wenn alle wesentlichen Bestandteile der Bürgschaftserklärung (Hauptforderung, Gläubiger, Schuldner, Verbürgungswille) von der eigenhändigen Unterschrift gedeckt sind.[2] Daran fehlt es beispielsweise, wenn sich der Verbürgungswille nicht aus der Bürgschaftsurkunde, sondern ausschließlich aus einer darin in Bezug genommenen anderen Urkunde ergibt.[3] Die schriftliche Bürgenerklärung ist dem Gläubiger (zumindest vorübergehend) im Original zur Verfügung zu stellen. Eine Kopie oder ein Telefax genügt daher dem Formerfordernis nicht.[4]

Schriftform und Stellvertretung
Die Erteilung einer (widerruflichen oder unwiderruflichen) Vollmacht bedarf zur Wahrung der Warnfunktion der Schriftform (§ 766 S. 1 BGB); § 167 Abs. 2 BGB ist nicht anwendbar (BGH WM 1996, 762, 764).

Der Formmangel des Bürgschaftsversprechens wird gemäß § 766 S. 3 BGB geheilt, soweit der Bürge (oder ein Dritter, § 267 Abs. 1 BGB) die Bürgschaftsschuld iSd §§ 362 ff. BGB erfüllt. Die Heilung setzt dabei keine Kenntnis des Bürgen vom Formverstoß voraus. Bei einer Teilleistung auf die Bürgschaftsschuld wird der Formmangel nur in Bezug auf diese Teilzahlung geheilt.[5]

---

2 BGH WM 2000, 514; MüKoBGB/*Habersack*, § 766 Rn. 8; Staudinger/*Horn*, § 766 Rn. 18.
3 BGH NJW 1992, 1448 f.; NJW 1989, 1484 (Anhaltspunkte für den Bürgschaftswillen müssen sich aus der Urkunde selbst ergeben.).
4 Palandt/*Sprau*, § 766 Rn. 3; BGH NJW 1993, 1126; OLG Düsseldorf NJW-RR 1995, 93.
5 MüKoBGB/*Habersack*, § 766 Rn. 29.

Schriftform und Blankobürgschaft
Der Bürge kann eine inhaltlich unvollständige Bürgschaftserklärung unterzeichnen und einen Dritten ermächtigen, die Urkunde auszufüllen. Diese Ermächtigung hat wegen der Warnfunktion des § 766 S. 1 BGB schriftlich zu erfolgen (BGH NJW 2000, 1179). Wird die Blankoerklärung ohne formgültige Ermächtigung oder abredewidrig ausgefüllt und dem gutgläubigen Gläubiger ausgehändigt, haftet der Bürge aufgrund § 172 Abs. 2 BGB analog (BGH NJW 1996, 1467, 1469).

Ausnahmen zum Schriftformerfordernis bei § 766 BGB
Auf die Einhaltung der Schriftform (§ 766 S. 1 BGB) kommt es nur in Ausnahmefällen nicht an: • Die Schriftform des § 766 S. 1 BGB ist von Kaufleuten (§§ 1 ff. HGB) bei der Abgabe des Bürgschaftsversprechens wegen § 350 HGB nicht einzuhalten, wenn die Übernahme der Bürgschaft für den Kaufmann ein Handelsgeschäft (§ 343 HGB) darstellt. Nach § 344 Abs. 1 HGB gelten Rechtsgeschäfte eines Kaufmanns im Zweifel als Handelsgeschäfte. Ein Kaufmann kann daher auch mündlich ein Bürgschaftsversprechen abgeben. • Da § 766 S. 1 BGB allein den Schutz des Bürgen bezweckt, bedürfen die Nebenabreden der Bürgschaftserklärung keiner Schriftform, die für den Bürgen rechtlich günstig sind. So kann die Bürgenhaftung formlos auf einen Höchstbetrag beschränkt oder eine Befristung vereinbart werden. Nebenabreden, die für den Bürgen belastend sind, unterliegen demgegenüber der Schriftform. • Auf die Formnichtigkeit nach § 125 S. 1 BGB kann dann nicht abgestellt werden, wenn gegen den Grundsatz von Treu und Glauben (§ 242 BGB) verstoßen wird. § 242 BGB führt in einem solchen Fall zu einer unzulässigen Rechtsausübung. Es handelt sich hier vor allem um Tatbestände des widersprüchlichen Verhaltens (venire contra factum proprium). Das kann anzunehmen sein, wenn der Bürge den Versprechensempfänger arglistig über die Formbedürftigkeit getäuscht hat oder die Bürgschaft als formwirksam behandelt wurde. Beispielsweise kann sich ein Bürge, der als Gesellschafter des Hauptschuldners mehrere Jahre lang mittelbar Vorteile aus der Bürgschaft erlangt hat, nicht auf die Formnichtigkeit berufen.

Die Sparkasse hat die Bürgschaftserklärung schriftlich abgegeben. Die Schriftform des § 766 S. 1 BGB ist gewahrt. Darauf, dass auf die Erklärung einer Bank § 350 HGB anzuwenden ist, kommt es hier deshalb nicht an.

b) Verstoß gegen § 307 Abs. 1 S. 1, Abs. 2 BGB

Die Klausel „auf erstes Anfordern" im Bürgschaftsvertrag könnte als allgemeine Geschäftsbedingung gemäß § 307 Abs. 1 S. 1, Abs. 2 BGB nicht wirksam vereinbart sein.

Bei der Sparkasse handelt es sich um eine Unternehmerin im Sinne des § 14 Abs. 1 BGB, auf die nach § 310 Abs. 1 BGB insbesondere § 307 BGB anzuwenden ist, sofern allgemeine Geschäftsbedingungen verwendet werden. **Allgemeine Geschäftsbedingungen** sind gemäß § 305 Abs. 1 BGB von einer Partei für eine Vielzahl von Fällen vorformulierte Bedingungen, die eine Partei der anderen Vertragsseite stellt, ohne dass über den Inhalt dieser Bedingungen zwischen den Vertragsparteien verhandelt wurde.

Die Bedingungen der Bürgschaft sind hier im Wege einer Individualabrede zwischen A und S vereinbart worden. Nach § 305 Abs. 1 S. 3 BGB liegen Allgemeine Geschäftsbedingungen nicht vor, falls die entsprechenden Klauseln individuell ausgehandelt sind.

> **Abgrenzung von Allgemeiner Geschäftsbedingung und Individualabrede**
>
> Im Einzelnen ausgehandelte Klauseln stellen gemäß § 305 Abs. 1 S. 3 BGB keine Allgemeinen Geschäftsbedingungen dar. Für jede Klausel („soweit") ist gesondert zu prüfen, ob sie individuell ausgehandelt wurde. Maßgeblich ist, ob ihr Inhalt vom Verwender und vom Vertragspartner in deren rechtsgeschäftlichen Gestaltungswillen aufgenommen und somit Ausdruck ihrer Selbstbestimmung sowie Selbstverantwortung ist. Die Regelung muss ernsthaft zur Disposition gestellt und dem Vertragspartner Gestaltungsfreiheit zur Wahrung eigener Interessen eingeräumt sein. Dabei kommt es auf die tatsächliche Möglichkeit an, den Inhalt der Vertragsbedingungen zu beeinflussen. Eine unverändert gebliebene Klausel kann individuell vereinbart sein, wenn eine ernst gemeinte Verhandlungsbereitschaft bestand und der Vertragspartner gleichwohl einverstanden ist. Vgl. BGH NJW 2005, 2543; NJW 2013, 856; MüKoBGB/*Basedow*, § 305 Rn. 34 ff.; BRHP/*Becker*, § 305 Rn. 34.

Die Bürgschaft auf erstes Anfordern ist folglich keiner Angemessenheitskontrolle anhand § 307 BGB zu unterziehen.[6]

3. Akzessorietät (Bestehen der Hauptschuld)

Eine Bürgschaft ist im Bestand und im Umfang grundsätzlich von der Hauptschuld abhängig (vgl. § 767 Abs. 1 S. 1 BGB); die Bürgschaft ist eine akzessorische Verpflichtung. Als Hauptschuld ist jede schuldrechtliche Verbindlichkeit möglich, es muss sich also nicht um eine Geldschuld handeln. Die Bürgenschuld entsteht nur, wenn auch die Hauptschuld entstanden ist. Wird beispielsweise ein Darlehen nicht an den Hauptschuldner ausgezahlt, entstehen weder Haupt- noch Bürgenschuld. Die Akzessorietät führt ferner dazu, dass Veränderungen der Hauptschuld **zugunsten des Hauptschuldners** (Erfüllung, Herabsetzung, Stundung, etc.) auch für den Bürgen wirken. Veränderungen **zu Lasten des Hauptschuldners**, also insbesondere die Erhöhung der Hauptschuld, sind dem Bürgen gegenüber wirkungslos, es sei denn die nachteilige Veränderung beruht auf Verschulden oder Verzug des Hauptschuldners, § 767 Abs. 1 S. 2 BGB.[7] Außerdem bewirkt die Akzessorietät, dass die Abtretung der Hauptforderung (§ 398 BGB) zur Folge hat, dass die Bürgschaft gemäß § 401 Abs. 1 BGB übergeht.[8]

> **Akzessorietät**
> Die Bürgschaft ist in ihrem Entstehen, Inhalt, Fortbestehen und in ihrer Durchsetzbarkeit von der Hauptschuld abhängig.

Die zu sichernde Hauptforderung ist der Gewährleistungsanspruch.

4. Bestimmtheit der Hauptschuld

Die Abhängigkeit der Bürgschaft von der Hauptschuld führt dazu, dass nur eine Bürgschaftserklärung wirksam ist, die sich auf eine bestimmte oder zumindest bestimmbare Hauptschuld bezieht. Ist unklar, auf welche Verpflichtung sich die Bürgschaft bezieht, kommt eine Bürgschaft nicht zustande. Die Bestimmbarkeit der Forderung genügt allerdings. Es ist ausreichend, wenn eine sachliche Begren-

> **Bestimmtheit**
> Die Schuld, für die gebürgt werden soll, ist in einer individuell zumindest bestimmbaren Weise zu bezeichnen.

---

6 Eine als Allgemeine Geschäftsbedingung vereinbarte Bürgschaft auf erstes Anfordern ist regelmäßig unwirksam, weil es sich aufgrund der gelockerten Akzessorietät um eine unangemessene Benachteiligung iSd § 307 Abs. 2 Nr. 1 BGB handelt, BGH NJW-RR 2008, 830; NJW-RR 2004, 880; MüKoBGB/*Habersack*, § 765 Rn. 101; siehe dazu auch *Karst*, NJW 2004, 2059.

7 Entsteht wegen der Nichtigkeit der Hauptschuld ein Anspruch aus Bereicherungsrecht, ist bei insoweit fehlender Abrede durch Auslegung zu ermitteln, ob die Bürgschaft sich hierauf bezieht.

8 Schließen Zedent und Zessionar den Übergang der Bürgschaft nach § 401 Abs. 1 BGB aus, kann die Bürgschaft als akzessorische Verpflichtung nicht isoliert bestehen bleiben. Die Bürgschaft erlischt dem Rechtsgedanken des § 1250 Abs. 2 BGB folgend, vgl. BGH WM 1991, 1869.

zung angegeben wird, also zum Beispiel eine Bürgschaft für alle Verbindlichkeiten aus einer konkreten Geschäftsverbindung übernommen wird.[9] Die wesentlichen Elemente des übernommenen Risikos, die Person des Schuldners und die des Gläubigers müssen erkennbar sein. Entscheidend ist die Auslegung der Bürgenverpflichtung nach §§ 133, 157 BGB.

§ 765 Abs. 2 BGB stellt klar, dass auch für künftige oder bedingte bzw. befristete (vgl. § 163 BGB) Forderungen eine Bürgschaft übernommen werden kann. Die Bürgschaft für eine künftige Forderung ist bis zur Entstehung der Hauptschuld schwebend unwirksam. Auch die künftige Forderung muss zum Zeitpunkt des Abschlusses des Bürgschaftsvertrages bestimmbar sein. Überschreitet die nachfolgend tatsächlich begründete Schuld den übernommenen Risikorahmen, haftet der Bürge nach § 767 Abs. 1 S. 3 BGB analog nur bis zur Höhe des erkennbaren Risikos. Bei einer bedingten Hauptschuld richtet sich die Bürgschaft danach, ob es sich um eine aufschiebende (§ 158 Abs. 1 BGB) oder eine auflösende (§ 158 Abs. 2 BGB) Bedingung handelt. Infolge der Akzessorietät wird die Bürgschaft bei der aufschiebenden Bedingung mit Bedingungseintritt wirksam, während sie bei der auflösenden Bedingung mit Bedingungsverwirklichung unwirksam wird.

Die Bürgschaft ist hier für künftige Gewährleistungsansprüche bei einem konkreten Bauvorhaben übernommen worden und genügt damit den Bestimmtheitserfordernissen.

5. Sonderabreden

Der Bürgschaftsvertrag unterliegt der Vertragsfreiheit. Die Parteien können deshalb zusätzlich individuelle Abreden treffen. Einzelne Sonderformen der Bürgschaft sieht bereits das Gesetz vor, andere haben sich in der Praxis herausgebildet. Kombinationen der unterschiedlichen Bürgschaftsarten sind möglich.

Sonderformen der Bürgschaft

Selbstschuldnerische Bürgschaft

Grundsätzlich haftet der Bürge subsidiär, dh nur dann, wenn ein Zwangsvollstreckungsversuch des Gläubigers gegen den Schuldner erfolglos blieb, § 771 BGB.
Bei der selbstschuldnerischen Bürgschaft verzichtet der Bürge auf diese Einrede der Vorausklage (§ 773 Abs. 1 Nr. 1 BGB). Der Gläubiger kann sogleich den Bürgen nach § 765 Abs. 1 BGB in Haftung nehmen.
Kaufleute haften im Rahmen eines Handelsgeschäfts wegen § 349 S. 1 HGB stets selbstschuldnerisch.

Bürgschaft auf erstes Anfordern

Hier verzichtet der Bürge nicht nur auf die Einrede der Vorausklage nach § 771 BGB, sondern grundsätzlich auf sämtliche Einreden und Einwendungen aus dem Grundverhältnis zwischen Gläubiger und Hauptschuldner.
Der Bürge hat auf erste Anforderung des Gläubigers zu leisten; eine schlüssige Darlegung der verbürgten Hauptforderung ist nicht erforderlich. Die Berechtigung der Inanspruchnahme kann der Bürge erst in einem Rückforderungsprozess (mittels § 812 Abs. 1 S. 1 Alt. 1 BGB) klären; nur hier können etwaige Einreden oder Einwendungen geltend gemacht werden. Die Akzessorietät von Hauptforderung und Bürgschaft ist mithin gelockert.

---

9 BGHZ 130, 19; Palandt/*Sprau*, § 765 Rn. 6; aA *Reinicke/Tiedtke*, DB 1995, 2301.

Sonderformen der Bürgschaft *(Fortsetzung)*

Mitbürgschaft
Die in § 769 BGB geregelte Mitbürgschaft bezeichnet die Verbürgung mehrerer Personen nebeneinander für eine Hauptschuld, wobei es auf eine gemeinschaftliche Übernahme der Bürgschaft nicht ankommt. Die Mitbürgen sind Gesamtschuldner iSd § 421 BGB. Der Gläubiger kann folglich von jedem Mitbürgen die gesamte Leistung fordern. Die Ausgleichspflicht im Innenverhältnis regelt § 426 BGB.

Höchstbetragsbürgschaft
Wird eine Bürgschaft für künftige Verbindlichkeiten aus einer bestimmten Geschäftsverbindung übernommen, kann das Haftungsrisiko des Bürgen durch die Vereinbarung eines Höchstbetrages begrenzt werden. Der Bürge kann dann zwar nur bis zu dieser Summe in Anspruch genommen werden, das ändert aber nichts an der Akzessorietät der Bürgschaft. Die Bürgenschuld bezieht sich auf den gesamten Umfang der Hauptschuld. Gläubiger und Hauptschuldner können daher vereinbaren, dass Leistungen des Schuldners auf den von der Bürgschaft nicht gedeckten Teil der Forderung angerechnet werden. Fehlt eine entsprechende Abrede, ist wegen § 366 Abs. 2 BGB (analog) sogar davon auszugehen, dass sich die Bürgschaft auf den Restbetrag bezieht.

Ausfallbürgschaft
Der Ausfallbürge tritt nur für die Verbindlichkeiten ein, die der Gläubiger weder beim Schuldner noch durch andere Sicherheiten zu decken vermag. Die Haftung des Bürgen beschränkt sich auf die Summe, die der Gläubiger trotz Zwangsvollstreckung in das gesamte Vermögen des Hauptschuldners und Verwertung aller sonstiger Sicherheiten nachweislich nicht beitreiben kann.

Nachbürgschaft
Der Nachbürge steht dafür ein, dass der Haupt- oder Vorbürge seine Bürgschaftsverpflichtung gegenüber dem Gläubiger erfüllt. Akzessorisch gesichert wird also die Forderung des Gläubigers gegen den Hauptbürgen. Da die Hauptbürgschaft zur Verbindlichkeit des Schuldners akzessorisch ist, hängt die Haftung des Nachbürgen mittelbar von der des Hauptschuldners ab.
Der Nachbürge kann die Einwendungen des Hauptschuldners und des Vorbürgen geltend machen. Leistet der Nachbürge an den Gläubiger, geht gemäß § 774 Abs. 1 S. 1 BGB nicht nur die Forderung des Gläubigers gegen den Vorbürgen, sondern auch die Forderung gegen den Hauptschuldner über. Auseinander gehen die Meinungen darüber, ob dem Hauptschuldner gegenüber dem Nachbürgen entsprechend § 774 Abs. 1 S. 3 BGB außer seinen eigenen Einwendungen auch die Einwendungen aus dem Verhältnis zum Vorbürgen zustehen. Die wohl hM bejaht das (näher MüKoBGB/*Habersack*, § 765 Rn. 117).

Rückbürgschaft
Nach § 774 Abs. 1 S. 1 BGB geht die Forderung des Gläubigers gegen den Hauptschuldner kraft Gesetzes auf den Bürgen über, wenn der Bürge an den Gläubiger leistet. Der Fall, dass ein Bürge für diesen Anspruch des Bürgen gegen den Hauptschuldner eintritt, wird als Rückbürgschaft bezeichnet. Leistet der Rückbürge an den vom Gläubiger in Anspruch genommenen Hauptbürgen, geht nach hM der Anspruch gegen den Schuldner, den der Hauptbürge nach § 774 Abs. 1 S. 1 BGB vom Gläubiger erworben hat, gemäß § 774 Abs. 1 S. 1 BGB auf den Rückbürgen über. Die Gegenauffassung hält eine Abtretung für erforderlich, weil es bei einer Rückbürgschaft an einer unmittelbaren Beziehung zur Hauptforderung fehle (vgl. Staudinger/*Horn*, Vorb. zu §§ 765 ff. Rn. 62).

> **Sonderformen der Bürgschaft** *(Fortsetzung)*
>
> **Zeitbürgschaft**
>
> Der Zeitbürge haftet gemäß § 777 Abs. 1 BGB nur innerhalb eines bestimmten Zeitraumes. Die Bürgschaftsverpflichtung ist also zeitlich begrenzt. Der Bürge wird nach dem Zeitablauf frei, es sei denn der Gläubiger betreibt unverzüglich die Einziehung der Forderung und macht dem Bürgen nach Verfahrensbeendigung unverzüglich von der Inanspruchnahme Mitteilung.

Die A und S haben hier eine Bürgschaft auf erstes Anfordern vereinbart. Der Bürgschaft auf erstes Anfordern könnten allerdings Einwendungen entgegenstehen.

II. Einrede aus § 242 BGB („dolo agit, qui petit, quod statim redditurus est")

> **Gegenrechte des Bürgen**
> 1. Eigene Einreden des Bürgen aus dem Bürgschaftsvertrag oder kraft Gesetzes, §§ 771, 772 BGB
> 2. Einreden des Schuldners gemäß § 768 BGB bzw. Einreden aufgrund eines Gestaltungsrechts gemäß § 770 BGB
> 3. Einrede aus § 242 BGB

Die Bürgschaft auf erstes Anfordern verlagert die Geltendmachung von Einwendungen und Einreden zwar auf den Rückforderungsprozess des Bürgen gegen den Gläubiger, von diesem Grundsatz ist aber dann eine Ausnahme zu machen, wenn die Gegenrechte offensichtlich begründet sind.[10] Denn es ist nicht der Zweck einer Bürgschaft auf erstes Anfordern, dem Gläubiger eine Leistung zu gewähren, die er sofort wieder zurückgewähren muss: Dolo agit, qui petit, quod statim redditurus est. Dem Gläubiger ist es verwehrt, seine formale Rechtsstellung in missbräuchlicher Weise (§ 242 BGB) auszunutzen.[11]

Es kommt daher darauf an, ob sich hier für S Gesichtspunkte ergeben, die eindeutig eine Rückzahlungspflicht begründen.

1. Mängel am Rohbau

Es ist gerade der Zweck einer derartigen Bürgschaft, dem Gläubiger den Streit und möglicherweise zeitraubende Beweisaufnahmen über den Umfang der Hauptschuld zu ersparen und ihm sofort liquide Mittel zur Verfügung zu stellen. Die spätere materielle Prüfung der Mangelhaftigkeit des Werkes ist der typische Gegenstand des Rückforderungsanspruchs im Folgeprozess. Zweifelsfragen rechtlicher oder tatsächlicher Art erlauben keinen Rückschluss auf Rechtsmissbrauch.[12] Auf die streitigen Mängel der Bauausführung ist daher nicht abzustellen.

2. Unwirksamkeit der Sicherungsabrede

A hat die Bürgschaft zur Ablöse eines Gewährleistungseinbehalts verwendet. Die Ablösevereinbarung zwischen A und B könnte unwirksam sein. Auf der Grundlage des Akzessorietätsprinzips nach § 767 Abs. 1 S. 1 BGB ergibt sich aus **§ 768 BGB**, dass auch ein Bürge die fehlende Rechtsgrundlage für die Gewährung der Sicherheit gegenüber dem Gläubiger geltend machen kann. Dem Hauptschuldner steht in einem solchen Fall nämlich ein Anspruch auf Rückgabe der Bürgschaftsurkunde nach § 812 Abs. 1 S. 1 Alt. 1 BGB zu; der Gläubiger ist um die Bürgschaft ungerechtfertigt bereichert. Es kommt hier mithin darauf an, ob im Verhältnis des

---

10 Palandt/*Sprau*, Einf. v. § 765 Rn. 14b; MüKoBGB/*Habersack*, § 765 Rn. 103.
11 BGH ZIP 2001, 833; Staudinger/*Horn*, Vorb. zu §§ 765 ff. Rn. 32; MüKoBGB/*Habersack*, § 765 Rn. 103.
12 Vgl. BGH NJW 1988, 2610.

Gläubigers zum Hauptschuldner das Ablöserecht des Sicherungseinbehalts durch Bürgschaft auf erstes Anfordern wirksam vereinbart wurde.

Bei der Sicherungsabrede handelt es sich um eine **Allgemeine Geschäftsbedingung** nach § 305 Abs. 1 S. 1 BGB; sie bildet eine von A für eine Vielzahl von Verträgen gestellte und vorformulierte Bedingung. Nach § 305 Abs. 2 BGB werden Allgemeine Geschäftsbedingungen nur unter bestimmten Voraussetzungen Bestandteil des Vertrages.[13] Auf diese Vorschrift kommt es nach § 310 Abs. 1 S. 1 BGB nicht an, wenn die Klauseln – wie hier – gegenüber einem Unternehmer (§ 14 Abs. 1 BGB) verwendet werden. Die Aufnahme in den Vertrag ist dann anhand der §§ 145 ff. BGB zu beurteilen, deren Erfordernisse hier gewahrt sind.

Als Allgemeine Geschäftsbedingung ist die Sicherungsabrede einer Angemessenheitskontrolle mittels § 307 BGB zu unterziehen.

Kontrolle anhand der Generalklausel des § 307 BGB

§ 307 Abs. 1 S. 1 BGB
Unangemessene Benachteiligung entgegen Treu und Glauben

Die Unangemessenheit der Benachteiligung des Vertragspartners ist durch wertende Abwägung der beiderseitigen Interessen zu ermitteln. Maßgeblicher Zeitpunkt ist der Vertragsabschluss. Bei der Abwägung ist ein **generell-typisierender Maßstab** anzulegen; spezielle Interessen eines Vertragspartners, konkrete Belange oder außergewöhnliche Vertragssituationen bleiben außer Betracht (BRHP/*Schmidt*, § 307 Rn. 29). § 307 Abs. 2 BGB stellt Regelbeispiele auf, an die eine gesetzliche Vermutung („im Zweifel") anknüpft. Zweckmäßigerweise ist deshalb die Prüfung mit den Regelbeispielen zu beginnen.

§ 307 Abs. 1 S. 2 BGB	§ 307 Abs. 2 Nr. 1 BGB	§ 307 Abs. 2 Nr. 2 BGB
Auch bei unklarer und nicht verständlicher Bestimmung (Transparenzgebot)	Im Zweifel bei Abweichung von wesentlichen Grundgedanken der gesetzlichen Regelung	Im Zweifel bei Gefährdung des Vertragszwecks durch Einschränkung wesentlicher Rechte oder Pflichten

---

In Betracht kommt ein Verstoß gegen **§ 307 Abs. 1 S. 1 BGB**. Eine formularmäßige Vertragsbestimmung ist unangemessen, wenn der Verwender missbräuchlich eigene Interessen auf Kosten des Vertragspartners durchsetzt, ohne dessen Interessen hinreichend zu berücksichtigen und ihm einen angemessenen Ausgleich zuzugestehen.[14] Die Abrede eines Sicherungseinbehalts entspricht allein dem Interesse des Auftraggebers. In Anbetracht dessen, dass das Werkvertragsrecht die volle Vergütung bei Abnahme des Werkes vorsieht, handelt es sich bei einem Einbehalt über vier Jahre um eine einseitige Bevorzugung, die nur dann die Interessen des Auftragnehmers berücksichtigt, wenn ihm ein angemessenes Ablösungsrecht zugestanden wird. Die Bürgschaft auf erstes Anfordern stellt keine angemessene Rücksichtnahme auf den Auftragnehmer dar. Während der Auftraggeber im Bürgschaftsfall sofort über liquide Mittel verfügt, sind Bürge und Auftragnehmer auf

---

13 MüKoBGB/*Basedow*, § 305 Rn. 54; BRHP/*Becker*, § 305 Rn. 45; Palandt/*Grüneberg*, § 305 Rn. 24 ff.
14 BGH NJW 2010, 3431 mwN; BRHP/*Schmidt*, § 307 Rn. 29; Erman/*Roloff*, § 307 Rn. 9.

langwierige Prozesse angewiesen, währenddessen sie das Bonitätsrisiko des Auftraggebers tragen müssen. Das auf eine Bürgschaft auf erstes Anfordern beschränkte Ablösungsrecht widerspricht deshalb als unangemessene Regelung dem Grundsatz von Treu und Glauben.

Die Klausel ist nach § 307 Abs. 1 S. 1 BGB unwirksam.[15]

Rechtsfolgen einer nach §§ 307 ff. BGB unwirksamen Klausel		
§ 306 Abs. 1 BGB	**§ 306 Abs. 2 BGB**	**§ 306 Abs. 3 BGB**
Die gegen §§ 307 ff. BGB verstoßende Klausel ist im Ganzen unwirksam. Vertrag und andere AGB-Klauseln bleiben wirksam.	An die Stelle der unwirksamen Klausel tritt dispositives Recht.	Bei einer unzumutbaren Härte ist der gesamte Vertrag unwirksam, wobei auf den Zeitpunkt der Anspruchsstellung abzustellen ist.
Eine geltungserhaltende Reduktion der Klausel auf das gerade noch zulässige Maß oder eine Aufteilung der Klausel ist nicht möglich.	Fehlen entsprechende dispositive Normen, kann die Klausel ersatzlos gestrichen werden. Ist dies nicht interessengerecht, ist die Lücke durch ergänzende Vertragsauslegung zu schließen. An die Stelle der Klausel tritt die Regelung, welche die Parteien bei sachgerechter Abwägung der beiderseitigen Interessen gewählt hätten, wenn ihnen die Unwirksamkeit bewusst gewesen wäre.	Rechtsfolge ist die Rückabwicklung des Vertrages nach den allgemeinen Regeln.
Eine Ausnahme gilt bei sprachlich und inhaltlich teilbaren Klauseln. Eine derartige Teilbarkeit ist anzunehmen, wenn zwischen zulässigem und unzulässigem Teil eine deutliche Trennung möglich ist und die zulässigen Teile einzeln auch dann noch verständlich bleiben, wenn die unwirksame Bestimmung einfach gestrichen wird, sog „blue-pencil-test".	Beispielsweise bleibt die formularmäßig auf alle bestehenden und künftigen Verbindlichkeiten des Hauptschuldners ausgedehnte und gegen §§ 305c Abs. 1, 307 Abs. 1 BGB verstoßende Bürgschaft bezüglich der Forderung wirksam, die Anlass zur Bürgschaft war.	Die Verwendung unwirksamer Klauseln verstößt gegen die bei Vertragsverhandlungen bestehende Pflicht zur gegenseitigen Rücksichtnahme und verpflichtet im Verschuldensfalle gemäß § 311 Abs. 2 BGB (c.i.c.) zum Schadensersatz.

---

15 Ständige Rechtsprechung, vgl. nur BGHZ 136, 27, 32 f.; BGH NJW 1994, 380; MDR 2007, 1127; BauR 2006, 374; NJW 2011, 2195.

Diese Einrede aus § 242 BGB kann der Bürge bereits im Erstprozess geltend machen. Der Verstoß gegen die Generalklausel ist offensichtlich, weil die Beschränkung der Rechte rechtlich und tatsächlich unzweifelhaft ist und ohne Weiteres den Schluss auf einen Rechtsmissbrauch erlaubt.[16]

Ergebnis

A hatte keinen Anspruch auf eine Bürgschaft auf erstes Anfordern, weil die entsprechende Klausel in den allgemeinen Geschäftsbedingungen der Inhaltskontrolle (§ 307 Abs. 1 S. 1 BGB) nicht standgehalten hat. A ist um die Bürgschaft ungerechtfertigt bereichert. Diesen Einwand kann die S einem Zahlungsbegehren aus § 765 Abs. 1 BGB gemäß § 242 BGB entgegenhalten. Der Zahlungsaufforderung steht der Einwand des Rechtsmissbrauchs entgegen.

B. Anspruch der A-GmbH & Co. KG gegen M

Für die A könnte sich gegen M ein Anspruch auf Zahlung von 15.000 EUR aus § 765 Abs. 1 BGB ergeben.

I. Wirksamer Bürgschaftsvertrag

1. Abschluss des Bürgschaftsvertrages

Zwischen der A und der M ist im Sinne der §§ 145 ff. BGB durch übereinstimmende Willenserklärungen ein Bürgschaftsvertrag zustande gekommen. Die Bürgin M hat ihre Verpflichtungserklärung schriftlich nach § 766 S. 1 BGB abgegeben.

2. Unwirksamkeitsgründe

a) Verstoß gegen § 138 Abs. 1 BGB

Der Bürgschaftsvertrag ist nichtig, wenn er gemäß § 138 Abs. 1 BGB gegen die guten Sitten verstößt. Diese Norm bezieht sich auf Rechtsgeschäfte, die dem „Anstandsgefühl aller billig und gerecht Denkenden" – so die übliche Formel[17] – widersprechen. Die Generalklausel inkorporiert neben grundlegenden Wertungen der Rechtsordnung auch außerrechtliche Grundsätze in das Privatrecht, erfasst also die „herrschende Rechts- und Sozialmoral".[18] Bei der Bestimmung des Wertungsrahmens der Sittenwidrigkeit sind mithin gesetzliche und außergesetzliche Maßstäbe zu berücksichtigen. Zu ersteren zählen neben verfassungs- und europarechtlichen Gesichtspunkten vor allem die grundlegenden Wertentscheidungen der Rechtsordnung. Letzterer Maßstab zielt auf eine objektivierbare herrschende Sozialmoral. Die Sittenwidrigkeit eines Vertrages ist grundsätzlich nach den Verhältnissen im Zeitpunkt des Vertragsschlusses zu beurteilen; auf den Zeitpunkt der Rechtswirkungen kommt es nicht an. Bei der Prüfung der Sittenwidrigkeit ist nach überwiegender Auffassung zwischen objektivem und subjektivem Sittenverstoß zu unterscheiden:[19]

> **Fallgruppen zur Sittenwidrigkeit**
> - Übersicherung, dh wenn für eine Forderung eine erheblich überhöhte Sicherung vereinbart wird.
> - Knebelung, dh wenn die wirtschaftliche Freiheit unangemessen eingeschränkt wird.
> - Standeswidrigkeit, dh wenn gegen anerkannte Regeln des Berufsethos verstoßen wird.
> - Schädigung Dritter, dh wenn die Vertragspartner die Schädigung eines Dritten bezwecken.

---

16 BGH ZIP 2001, 833.
17 Die Wendung geht zurück auf eine Formulierung in den Motiven zu § 826 BGB (Motive II, S. 727: „... ein Missbrauch ist es aber, wenn seine Handlungsweise den in den guten Sitten sich ausprägenden Auffassungen und dem Anstandsgefühle aller billig und gerecht Denkenden widerspricht.") und wird seit RGZ 48, 114, 124; 80, 219, 221 in der Rechtsprechung verwendet. Kritik an dieser Wendung zB bei *Haberstumpf*, Die Formel vom Anstandsgefühl aller billig und gerecht Denkenden in der Rechtsprechung des BGH, 1976, S. 74 f.
18 BGHZ 106, 336, 338; 80, 153, 158.
19 BRHP/*Wendtland*, § 138 Rn. 19 ff., 22 ff.; Palandt/*Ellenberger*, § 138 Rn. 8.

Krasse finanzielle Überforderung
Bei Vertragsschluss ist erkennbar, dass der Bürge die laufenden Zinsen der Hauptschuld dauerhaft nicht aus seinem pfändbaren Einkommen begleichen kann bzw. das Vermögen nicht ausreichend ist. Vgl. *Tonner*, JuS 2003, 325.

Inhaltssittenwidrigkeit/Objektiver Sittenverstoß
Widerspricht ein Rechtsgeschäft bereits inhaltlich den guten Sitten, ist es allein wegen dieses objektiven Verstoßes nichtig. Auf das Rechtsgeschäft begleitende Umstände, insbesondere ob die Beteiligten gutgläubig sind, kommt es nicht an. Allein der Inhalt des Rechtsgeschäftes begründet die Sittenwidrigkeit nach § 138 Abs. 1 BGB, zB Abrede, strafbare Handlungen zu begehen.

Begründet allein die inhaltliche Ausgestaltung keine Sittenwidrigkeit, kommt es zusätzlich auch auf subjektive Umstände an.

Umstandssittenwidrigkeit/Subjektiver Sittenverstoß
Lässt sich Sittenwidrigkeit nicht bereits aus dem Inhalt ableiten, erfordert § 138 Abs. 1 BGB neben einem objektiven Umstand auch ein subjektives Element. Es kommt auf den Gesamtcharakter des Rechtsgeschäftes an. Die subjektive Vorwerfbarkeit kann sich aus Beweggrund oder Zweck des Geschäfts ergeben. Bewusstsein der Sittenwidrigkeit ist nicht notwendig, es genügt die Kenntnis der Tatsachen, welche die Sittenwidrigkeit begründen.

Kriterien für Sittenwidrigkeit einer Bürgschaft
• Finanzielle Überforderung des Bürgen und zusätzlich: • verwerfliche Einwirkung auf Entscheidungsfreiheit des Bürgen oder • emotionale Verbundenheit zwischen Bürge und Hauptschuldner oder • fehlendes eigenes Interesse an der Kreditaufnahme

Bei der Sittenwidrigkeit von Bürgschaften kommt es auf eine Gesamtbeurteilung aller Umstände an (sog Umstandssittenwidrigkeit). Ein Bürgschaftsvertrag ist unwirksam, wenn er erkennbar Ausdruck einer strukturellen Unterlegenheit des Bürgen ist und eine für ihn nicht hinnehmbare, mit seinen Vermögensverhältnissen unvereinbare Belastung darstellt.[20] Abzuwägen sind objektive und subjektive Umstände des Einzelfalles.[21] Für die Fallgruppe der Bürgschaft ist bei der Prüfung des § 138 Abs. 1 BGB auf objektiver Seite danach zu fragen, ob die konkrete Bürgschaftsverpflichtung die finanzielle Leistungsfähigkeit des Bürgen erheblich übersteigt. Eine **erhebliche finanzielle Überforderung** ist in der Regel anzunehmen, wenn ein krasses Missverhältnis zwischen Haftungsverpflichtung und wirtschaftlicher Leistungsfähigkeit besteht. Dies ist dann zu bejahen, wenn der Bürge bei Eintritt des Sicherungsfalles voraussichtlich nicht einmal die Zinslast der Hauptschuld aus seinem pfändbaren Vermögen dauerhaft abzudecken vermag. Eine derartige krasse finanzielle Überforderung scheidet hingegen aus, wenn ein zwar einkommensschwacher Bürge die Bürgschaftsschuld aber durch Verwertung von anderem Vermögen, zum Beispiel durch ein (auch von ihm selbst bewohntes) Eigenheim zu tilgen vermag.

Ist eine finanzielle Überforderung zu bejahen, genügt das allein zur Begründung von Sittenwidrigkeit noch nicht, weil die Vertragsfreiheit auch eine Überschuldung erlaubt.[22] Hinzu kommen muss ein **weiterer Umstand**, nämlich

- eine wesentliche Beeinträchtigung der Entscheidungsfreiheit des Bürgen, beispielsweise, wenn der Schuldner in vorwerfbarer Weise von ihm abhängige

---

20 BGH NJW 2001, 815.
21 Zu den Abwägungskriterien vgl. BGH NJW 2001, 815; NJW 1998, 597; NJW 1997, 1003, 3372; NJW 1996, 2088; NJW 1994, 1278.
22 Selbst wenn die vom Schuldner zu leistenden Zahlungen höher sind als sein pfändbares Einkommen, begründet allein dies keine Sittenwidrigkeit. Denn die Pfändungsschutznormen schützen vor Vollstreckungszugriffen und begrenzen nicht die Vertragsfreiheit (BGH NJW 1989, 1666).

Familienangehörige zur Bürgschaft veranlasst oder wenn der Gläubiger Umfang und Tragweite der Haftung verharmlost; oder

- eine enge emotionale Verbundenheit zwischen Bürge und Hauptschuldner, weil die Stellung als Ehepartner, Verlobter oder Kind im allgemeinen zu einer schwächeren Verhandlungsposition des Bürgen gegenüber dem Gläubiger führt; oder
- mangelndes eigenes persönliches oder wirtschaftliches Interesse des Bürgen an der Kreditaufnahme.

Bei einer Beeinträchtigung der Entscheidungsfreiheit kann die Sittenwidrigkeit nicht durch besondere Interessen des Gläubigers ausgeglichen werden. Anders liegt es bei den objektiven Umständen der emotionalen Verbundenheit und des fehlenden Eigeninteresses. Insoweit ist eine Kompensation durch anerkennenswerte Gläubigerinteressen möglich. Das Interesse des Gläubigers, sich gegen Vermögensverlagerungen auf Verwandte zu schützen oder auf einen erwarteten Vermögensanfall zuzugreifen, ist nur dann zu berücksichtigen, wenn es im Bürgschaftsvertrag enthalten ist.[23]

Sind die objektiven Voraussetzungen der Sittenwidrigkeit erfüllt, begründen diese noch keine Sittenwidrigkeit nach § 138 Abs. 1 BGB. Erforderlich ist zusätzlich ein **subjektiver Sittenverstoß**. Der Gläubiger muss die Tatsachen, welche die Sittenwidrigkeit der Bürgschaft objektiv begründen, kennen und ausnutzen oder sich den Umständen bewusst verschließen.

> **Subjektiver Tatbestand des § 138 BGB**
> - Kenntnis der die Sittenwidrigkeit begründenden Umstände oder
> - bewusstes Sichverschließen

Die Abwägung aller Umstände des Einzelfalles spricht hier weder aus objektiven noch aus subjektiven Gründen für eine Sittenwidrigkeit der Bürgschaft. Die Bürgschaft ist auf 60.000 EUR begrenzt. Da M über ein eigenes Haus verfügt, überfordert ein solcher Bürgschaftsvertrag ihre finanzielle Leistungsfähigkeit nicht. Auf die Höhe der Rente von M kommt es nicht an, weil die Immobilie die Hauptsumme der Bürgschaft abdeckt. Ein krasses Missverhältnis zwischen Verpflichtungsumfang und Leistungsfähigkeit lässt sich auch nicht aus dem etwaigen Verlust der Wohnungsmöglichkeit ableiten. § 138 Abs. 1 BGB hat grundsätzlich nicht den Zweck, das Eigenheim eines Bürgen zu schützen. In der Regel ist es dem Bürgen zumutbar, auch ein selbst bewohntes Eigenheim zur Befriedigung des Gläubigers einzusetzen; die zum Zeitpunkt des Abschlusses des Bürgschaftsvertrages bestehenden dinglichen Belastungen sind bei der Beurteilung der Leistungsfähigkeit zu berücksichtigen.[24] Hinzu kommt, dass M hier von ihrem Sohn über dessen angespannte finanzielle Lage aufgeklärt wurde.

Im Ergebnis ist daher die Anwendung des § 138 Abs. 1 BGB zu verneinen; der Bürgschaftsvertrag ist nicht wegen Sittenwidrigkeit nichtig.[25]

b) Verstoß gegen § 307 Abs. 1 S. 1 BGB

Das von M unterschriebene Formular enthält Allgemeine Geschäftsbedingungen nach § 305 Abs. 1 BGB. Anhaltspunkte dafür, dass die Geschäftsbedingungen nicht gemäß § 305 Abs. 2 BGB Vertragsbestandteil geworden sind, sind nicht erkennbar. Damit kommt es darauf an, ob die Allgemeinen Geschäftsbedingungen der A die M entgegen den Geboten von Treu und Glauben nach § 307 Abs. 1 S. 1 BGB unangemessen benachteiligen.

---
23 BGH NJW 1999, 58.
24 BGH NJW 2002, 2228; NJW 2001, 2466.
25 Ebenso der BGH in einem ähnlich gelagerten Fall, NJW 2001, 2466, 2467.

Aufbauschema **Überprüfung Allgemeiner Geschäftsbedingungen**
1. Allgemeine Geschäftsbedingung, § 305 Abs. 1 BGB
2. Sachlicher und persönlicher Anwendungsbereich, § 310 BGB
3. Vertragsbestandteil, § 305 Abs. 2 BGB
4. Vorrang einer Individualabrede, § 305b BGB
5. Überraschende oder unklare Klausel, § 305c BGB
6. Unwirksamkeit nach §§ 308, 309 BGB
7. Unwirksamkeit aufgrund der Generalklausel in § 307 BGB

Die Allgemeinen Geschäftsbedingungen begründen eine Bürgschaft auf erstes Anfordern. Eine Bürgschaft auf erstes Anfordern kann formularmäßig nicht mit Privatpersonen vereinbart werden, weil die Akzessorietätslockerung vom gesetzlichen Leitbild einer Bürgschaft derart umfangreich abweicht, dass eine mit einer Privatperson geschlossene Bürgschaft auf erstes Anfordern dem Treu und Glauben-Grundsatz widerspricht.[26] Der Tatbestand des § 307 Abs. 1 S. 1 BGB ist erfüllt; die Vereinbarung einer Bürgschaft auf erstes Anfordern ist unwirksam.

Rechtsfolge eines Verstoßes gegen die Generalklausel des § 307 Abs. 1 BGB ist jedoch nicht die Unwirksamkeit der gesamten Bürgschaftsabrede. Nach § 306 Abs. 1 BGB bleibt der Vertrag (entgegen § 139 BGB)[27] bestehen, unwirksam ist lediglich die betroffene Klausel. Betroffen ist hier allein die Klausel über das erste Anfordern. An ihre Stelle treten gemäß § 306 Abs. 2 BGB die gesetzlichen Vorschriften. M hat somit einen (gewöhnlichen) Bürgschaftsvertrag im Sinne der §§ 765 ff. BGB geschlossen.

II. Akzessorietät der Bürgschaft

Nach § 767 Abs. 1 S. 1 BGB hängen Bestand und Umfang der Bürgschaft von Bestand und Umfang der **Hauptverbindlichkeit** ab. Damit kommt es für die Haftung der M aus § 765 Abs. 1 BGB darauf an, in welcher Höhe der A gegen R ein Anspruch auf Werklohn gemäß § 631 Abs. 1 BGB zusteht.

1. Entstehen des Werklohnanspruchs

Zwischen R und der A ist im Sinne der §§ 145 ff. BGB ein Werkvertrag (§ 631 BGB) über die Renovierung einer Altbauwohnung geschlossen worden. Der Anspruch auf den Werklohn ist mit der Abnahme (§ 640 Abs. 1 BGB) der Renovierungsleistung fällig, § 641 Abs. 1 BGB.[28]

2. Erlöschen des Werklohnanspruchs

a) Zahlung eines Teilbetrages durch R

Zwar ist R nach § 266 BGB zu einer Teilleistung nicht berechtigt, wird eine solche jedoch gleichwohl vom Gläubiger angenommen, ist in entsprechender Höhe Erfüllung im Sinne des **§ 362 Abs. 1 BGB** eingetreten. Die Hauptverbindlichkeit beläuft sich damit nur noch auf 15.000 EUR.

b) Aufrechnung durch R

Die verbleibende Forderung der A aus § 631 Abs. 1 BGB über 15.000 EUR könnte in Höhe von 5.000 EUR durch Aufrechnung nach **§ 389 BGB** erloschen sein.

R hat die Aufrechnung ausdrücklich erklärt, § 388 S. 1 BGB. Die Gegenforderung könnte sich aus § 280 Abs. 1 BGB ergeben, weil die A bei der Renovierung des Altbaus möglicherweise Schäden an der Heizungsanlage verursacht hat.

Die Voraussetzungen eines Schadensersatzanspruchs wären im Grundsatz ebenso erfüllt wie die Erfordernisse der Aufrechnung iSd §§ 387 ff. BGB. Zweifelhaft und zwischen den Beteiligten streitig ist allerdings die Schadensverursachung durch die Mitarbeiter der A.

Aufbauschema **Aufrechnung § 389 BGB**
1. Aufrechnungserklärung, § 388 S. 1 BGB
2. Gegenseitigkeit der Forderungen, § 387 BGB
3. Gleichartigkeit der einander geschuldeten Leistungen, § 387 BGB
4. Fälligkeit und Einredefreiheit der Gegenforderung
5. Erfüllbarkeit der Hauptforderung
6. Kein Aufrechnungsverbot, zB § 393 BGB

---

26 Näher oben; siehe auch BGH ZIP 2001, 833 mwN.
27 § 306 Abs. 1 BGB ist lex specialis zu § 139 BGB; vgl. Übersicht S. 276.
28 Zum Werkvertrag Fall 8, S. 191 ff.

Auf den Beweis der Kausalität bzw. auf eine Beweislastentscheidung kommt es jedoch dann nicht an, wenn die Aufrechnung ohnehin wegen des rechtskräftigen Versäumnisurteils des Landgerichts Heidelberg ausgeschlossen ist. Das materielle Recht kennt keinen entsprechenden Ausschlustatbestand, so dass die Aufrechnung nur aus verfahrensrechtlichen Gründen ausgeschlossen sein könnte:

Ausschluss der Aufrechnung aus verfahrensrechtlichen Gründen

aa) Rechtskraft des Versäumnisurteils

Das Versäumnisurteil[29] gegen den Beklagten R (§ 331 Abs. 1 S. 1 ZPO) ist formell (§ 705 ZPO) und materiell (§ 322 ZPO) rechtskräftig.

Formelle und materielle Rechtskraft

Formelle Rechtskraft (§ 705 ZPO) besagt, dass eine Entscheidung unangreifbar ist. Der Rechtsstreit ist abgeschlossen; Rechtsmittel sind unzulässig. Die formelle Rechtskraft ist Voraussetzung für die materielle Rechtskraft.
Materielle Rechtskraft (§ 322 ZPO) bedeutet, dass die Entscheidung inhaltlich für die Parteien und ein anderes angerufenes Gericht – die Bindungswirkung für das entscheidende Gericht regelt § 318 ZPO – maßgeblich ist, soweit es in einem späteren Verfahren um dieselbe Rechtsfolge geht. Über die rechtstheoretische Herleitung dieser Wirkung wird diskutiert. Während die materiell-rechtliche Rechtskrafttheorie von einer (neuen) Begründung der Rechtsgrundlage durch das Urteil ausgeht, nimmt die herrschende prozessuale Theorie lediglich eine Bindungswirkung (ne bis in idem) an. Näher MüKoZPO/*Gottwald*, § 322 Rn. 7 ff.; BLAH/*Hartmann*, Einf. v. §§ 322–327 Rn. 4 ff.

Die materielle Rechtskraft schließt grundsätzlich eine neue Verhandlung und Entscheidung über die rechtskräftig festgestellte Rechtsfolge aus. Der Umfang der materiellen Rechtskraft richtet sich nach dem Streitgegenstand. Nach der herrschenden Lehre des zweigliedrigen Streitgegenstands[30] bestimmen der klägerische Antrag und der von ihm zur Begründung vorgetragene Lebenssachverhalt (Tatsachenkomplex) den Streitgegenstand. Da hier lediglich über den Zahlungsantrag entschieden wurde, ist damit nicht über Gegenrechte, Einwendungen und Einreden entschieden worden.

Die Rechtskraft des Versäumnisurteils steht folglich der Aufrechnung nicht entgegen.

bb) Präklusion nach § 767 Abs. 2 ZPO

Verfahrensrechtliche Bedenken gegen eine Berücksichtigung der Aufrechnung könnten sich ferner aus § 767 Abs. 2 ZPO[31] ergeben. Nach dieser Vorschrift können Einwendungen nur zugelassen werden, wenn die Gründe, auf denen sie beruhen, nach dem Schluss der letzten mündlichen Verhandlung, in der Einwendungen nach den verfahrensrechtlichen Vorgaben spätestens geltend zu machen waren, entstanden sind und durch Einspruch (§ 338 ZPO) nicht mehr geltend gemacht werden können. Die Aufrechnung des R ist also wirksam, wenn die Aufrechnung erst nach dem Schluss der letzten mündlichen Verhandlung entstanden ist und durch Einspruch nicht mehr geltend gemacht werden konnte. Bei Gestaltungsrechten ist die Präklusion durch § 767 Abs. 2 ZPO davon abhängig, ob auf

Sinn und Zweck des § 767 Abs. 2 ZPO ist es zu verhindern, dass der Vollstreckungsschuldner mit Hilfe der Vollstreckungsabwehrklage im Nachhinein Einwendungen vorbringt, deren Geltendmachung er im Erkenntnisverfahren versäumt hat.

---

29 Einzelheiten zum Versäumnisurteil bei Fall 8, S. 188 ff.
30 Vgl. zum Streitgegenstandsbegriff Fall 10, S. 241.
31 Zur Vollstreckungsabwehrklage nach § 767 ZPO siehe Fall 20, S. 518.

den Zeitpunkt des Bestehens der Aufrechnungsmöglichkeit oder den Zeitpunkt der Ausübung des Gestaltungsrechts abzustellen ist.

Bei der Anwendung des § 767 Abs. 2 ZPO ist der maßgebliche Zeitpunkt streitig, wenn das Gestaltungsrecht (Anfechtung, Aufrechnung, Rücktritt) zur Zeit der letzten mündlichen Verhandlung bereits bestand, aber erst nach Schluss der mündlichen Verhandlung und nach der letzten Einspruchsmöglichkeit ausgeübt wurde.[32]

Meinungsstreit über die Anwendung des § 767 Abs. 2 ZPO bei Gestaltungsrechten	
Tatsächliche Ausübung des Gestaltungsrechts	**Erste objektive Möglichkeit der Ausübung** (hM)
Da nach dem materiellen Recht eine Rechtsänderung erst mit der Ausübung des Gestaltungsrechts eintritt, entstehe die Einwendung erst mit der Ausübung.	Rechtskraft und Vollstreckbarkeit von Titeln beschränkten die materielle Entscheidungsfreiheit; Rechtsklarheit erfordere ein Abstellen auf die erste objektive Gelegenheit zur Ausübung.

Soll die Präklusion nach § 767 Abs. 2 ZPO nicht vom Willen des Schuldners abhängen, ist zutreffenderweise darauf abzustellen, wann aus objektiver Sicht die erste Möglichkeit zur Geltendmachung des Gestaltungsrechts bestand. Demzufolge kommt es grundsätzlich auf die Aufrechnungslage und nicht auf den Zeitpunkt der Aufrechnungserklärung an. R hätte hier die Aufrechnung in der mündlichen Verhandlung oder in einem Einspruchstermin geltend machen können. Die Voraussetzungen der Präklusion gemäß § 767 Abs. 2 ZPO sind erfüllt.

Die Aufrechnungserklärung des R kann deshalb hinsichtlich der Existenz der Hauptverbindlichkeit aus § 631 Abs. 1 BGB nicht berücksichtigt werden. Auf das Bestehen der Gegenforderung nach § 280 Abs. 1 BGB kommt es daher hier nicht an. Die Beweisbarkeit der Schadensverursachung durch Arbeitnehmer der A ist insoweit ohne Bedeutung. Die Hauptverbindlichkeit besteht in Höhe von 15.000 EUR.

Zugunsten der A ist ein Anspruch gemäß § 765 Abs. 1 BGB gegen M über 15.000 EUR entstanden.

III. Durchsetzbarkeit

1. Einrede nach § 770 Abs. 2 BGB

§ 770 Abs. 2 BGB umfasst nur die Fälle, in denen sich der Gläubiger durch Aufrechnung befriedigen kann. Bei einer solchen Aufrechnungslage kann der Bürge die Leistung verweigern und den Gläubiger auf seine Aufrechnungsmöglichkeit verweisen. Besteht das Aufrechnungsrecht zugunsten des Schuldners, ist die Berufung des Bürgen auf sein Leistungsverweigerungsrecht rechtsmissbräuchlich.[33] Er trägt das Risiko nicht erklärter Aufrechnung trotz der Möglichkeit hierzu ebenso wie das mangelnder Erfüllung der Hauptverbindlichkeit. Eine analoge Anwendung

---

32 Musielak/Voit/*Lackmann*, § 767 Rn. 34 ff.; Zöller/*Herget*, § 767 Rn. 14; Thomas/Putzo/*Seiler*, § 767 Rn. 22a.
33 BGH NJW 1966, 2009; BRHP/*Rohe*, § 770 Rn. 7; Palandt/*Sprau*, § 770 Rn. 3.

des § 770 Abs. 2 BGB auf diese Fälle wird von der überwiegenden Auffassung mangels planwidriger Regelungslücke des Gesetzes abgelehnt.³⁴

§ 770 Abs. 2 BGB steht dem Anspruch der A nicht entgegen.

2. Zurückbehaltungsrecht der M

M könnte wegen des möglicherweise bestehenden Schadensersatzanspruches des R aus § 280 Abs. 1 BGB ein Zurückbehaltungsrecht innehaben, § 768 Abs. 1 S. 1 iVm §§ 273, 274 BGB.

Der Bürge kann nach § 768 BGB die dem Schuldner zustehenden Einreden auch dann geltend machen, wenn der Hauptschuldner sie nicht erhoben oder auf sie verzichtet hat. Denn aus dem Akzessorietätsprinzip folgt, dass der Bürge vom Gläubiger nicht mit Erfolg in Anspruch genommen werden soll, wenn der Schuldner dem Gläubiger nicht zu leisten braucht. Hier könnte sich ein Leistungsverweigerungsrecht mithin daraus ergeben, dass R unter Umständen von A Schadensersatz wegen der Schäden an der Heizungsanlage fordern kann. Damit käme es hier auf die streitige Frage der Schadensverursachung an, es sei denn das rechtskräftige Versäumnisurteil würde auch in Bezug auf die Einrede der Bürgin M Wirkungen entfalten.

> **§ 768 BGB**
> Die Einreden des Schuldners kann auch der Bürge gegenüber dem Gläubiger geltend machen.

a) Unmittelbare prozessuale Wirkungen sind wegen der Grenzen der materiellen Rechtskraft aus dem Versäumnisurteil nicht abzuleiten.

Grenzen der materiellen Rechtskraft, § 322 ZPO

Zeitliche Grenzen	Objektive Grenzen	Subjektive Grenzen
Maßgeblicher Zeitpunkt ist der Schluss der letzten mündlichen Tatsachenverhandlung, weil bis dahin die Parteien in der Lage sind, alle entscheidungserheblichen Tatsachen vorzutragen. Nachträglich entstandene Tatsachen sind nicht erfasst, dh eine mangels Fälligkeit abgewiesene Klage kann erneut erhoben werden mit der Behauptung, Fälligkeit sei nunmehr eingetreten.	In Rechtskraft erwächst nur die gerichtlich festgestellte Rechtsfolge, also der im Urteilstenor niedergelegte Entscheidungsausspruch. Mit der Entscheidung über eine Rechtsfolge wird zugleich über das mit der Rechtsfolge unvereinbare (kontradiktorische) Gegenteil entschieden; eine neue Klage ist ausgeschlossen. Nicht von der Rechtskraft erfasst sind präjudizielle Rechtsverhältnisse (vgl. aber § 256 Abs. 2 ZPO).	Die Rechtskraft wirkt nur zwischen den Parteien (inter partes), die den Prozess geführt haben. Nur in Ausnahmefällen wirkt ein Urteil gegen Dritte, vgl. §§ 325 ff. ZPO. Beispielsweise wirkt nach § 325 Abs. 1 ZPO ein rechtskräftiges Urteil gegenüber dem Rechtsnachfolger der Parteien, wenn die Rechtsnachfolge nach Eintritt der Rechtshängigkeit vollzogen wurde, es sei denn, es handelt sich um einen Fall des § 325 Abs. 2 ZPO.

---

34 Staudinger/*Horn*, § 770 Rn. 9; Palandt/*Sprau*, § 770 Rn. 3; HK-BGB/*Staudinger*, § 770 Rn. 5; *Primaczenko*, JA 2007, 173; *Kiehnle*, AcP 208 (2008), 635, 674 f.; aA MüKoBGB/*Habersack*, § 770 Rn. 8, 10; differenzierend PWW/*Brödermann*, § 770 Rn. 11.

M war am Prozess vor dem Landgericht Heidelberg nicht beteiligt. Aufgrund der subjektiven Grenzen der Rechtskraft wirkt sich das Versäumnisurteil der A gegen R auf die Bürgin M nicht aus. M könnte sich mittels § 768 Abs. 1 S. 1 iVm § 273 Abs. 1 BGB auf den gegebenenfalls bestehenden Schadensersatzanspruch des R berufen.

b) Fraglich ist, ob wegen der Akzessorietät der Bürgschaftsforderung aus materiellrechtlichen Gründen die verfahrensrechtliche Präklusion (§ 767 Abs. 2 ZPO) bei der Hauptforderung auch auf die Bürgenhaftung zu übertragen ist. Materiellrechtlich ergeben sich zwei unterschiedliche Anknüpfungspunkte:

Einerseits zeigen § 767 Abs. 1 Sätze 1 und 2 BGB, dass Veränderungen der Hauptschuld auch zu Lasten des Bürgen wirken, andererseits verliert der Bürge gemäß § 768 Abs. 2 BGB eine Einrede nicht dadurch, dass der Hauptschuldner auf sie verzichtet. Es kommt hier also darauf an, ob die rechtskräftige Entscheidung über den Anspruch eher mit § 767 Abs. 1 S. 1, 2 BGB oder mit § 768 Abs. 2 BGB vergleichbar ist. Das wird unterschiedlich beurteilt.

Meinungsstreit über die Reichweite des § 768 Abs. 2 BGB	Teilweise wird eine Parallele zum rechtsgeschäftlichen Verzicht gezogen und auf den Rechtsgedanken des § 768 Abs. 2 BGB abgestellt. Die Prozessführung des Hauptschuldners sei jedenfalls dann als Rechtsgeschäft einzuschätzen, wenn sie auf einer Willensentscheidung des Hauptschuldners beruht, also bei einem Anerkenntnis, Geständnis oder auch einem nicht eingelegten Einspruch im Säumnisverfahren.[35] Demnach wäre hier auf den Rechtsgedanken des § 768 BGB zurückzugreifen und die Bürgin M könnte sich auf die Schadensersatzforderung aus § 280 Abs. 1 BGB berufen, falls der Kausalitätsbeweis gelingt.

Die Gegenauffassung differenziert nach dem Sinn und Zweck der Einrede. Funktion des Zurückbehaltungsrechts ist es, als unselbständige Einrede mittelbar die Durchsetzung des Schuldneranspruchs zu fördern. Demzufolge müsse dem Bürgen eine Einrede versagt werden, die auch der Hauptschuldner verloren hat, weil ansonsten der Bürge mittelbar die Leistung an den Hauptschuldner erzwingen würde. Verweigert die Rechtsordnung mittels § 767 Abs. 2 ZPO die Berufung auf einen Gegenanspruch, dann ist dieser auch dem Bürgen zu versagen.[36]

Die zuletzt genannte Ansicht überzeugt. Der hohe Stellenwert der Rechtskraft spricht dagegen, dass der Bürge sich mittels § 768 Abs. 2 BGB auf einen Anspruch berufen kann, dessen Geltendmachung dem Hauptschuldner wegen § 767 Abs. 2 ZPO verwehrt ist.

Folgt man der hier vertretenen Auffassung, kommt es auf den Schadensersatzanspruch nach § 280 Abs. 1 BGB und die Beweisbarkeit der Kausalität nicht an. Ein Zurückbehaltungsrecht der M besteht nicht.

Ergebnis

Das Zahlungsbegehren der A-GmbH & Co. KG gegen M gemäß § 765 Abs. 1 BGB ist in Höhe von 15.000 EUR begründet.

---

35 Palandt/*Sprau*, § 768 Rn. 9; PWW/*Brödermann*, § 768 Rn. 14; MüKoBGB/*Habersack*, § 768 Rn. 8.
36 MüKoBGB/*Habersack*, § 768 Rn. 9; wohl auch BRHP/*Rohe*, § 768 Rn. 6.

C. Anspruch der E gegen den Kommanditisten N

Ein Anspruch der E gegen N auf Zahlung von 12.500 EUR könnte sich aus § 765 Abs. 1 BGB iVm §§ 1143 Abs. 1, 412, 401 Abs. 1 BGB, § 171 Abs. 1 HGB ergeben.

I. Gesellschaftsverbindlichkeit

1. Bestehen einer Kommanditgesellschaft, § 161 Abs. 1 HGB

Bei einer GmbH & Co. KG handelt es sich um eine Kommanditgesellschaft iSd §§ 161 ff. HGB. Die KG als Personengesellschaft besteht aus einer GmbH als unbeschränkt haftender Gesellschafterin (Komplementär) und N als beschränkt haftendem Gesellschafter (Kommanditist). Die Gesellschaft betreibt im Sinne des § 1 HGB ein Handelsgewerbe und ist Formkaufmann nach § 6 Abs. 1 HGB.[37]

2. Verbindlichkeit der Kommanditgesellschaft

Eine Haftung des Kommanditisten N erfordert eine Verbindlichkeit der Gesellschaft, § 161 Abs. 2 iVm §§ 124, 171 Abs. 1 HGB. In Betracht kommt eine Haftung der A als Bürge gemäß § 765 Abs. 1 iVm §§ 1143 Abs. 1, 412, 401 Abs. 1 BGB.

a) Voraussetzungen des Anspruchs aus § 765 Abs. 1 BGB

Dazu müsste zwischen der A-GmbH & Co. KG und der Bank V ein Bürgschaftsvertrag geschlossen worden sein. Die A-GmbH & Co. KG hat selbst keine Willenserklärung zum Abschluss eines Bürgschaftsvertrages abgegeben, sie könnte aber von G nach § 164 Abs. 1 BGB vertreten worden sein. Vertretungsberechtigt ist bei einer KG nach § 125 Abs. 1 iVm § 161 Abs. 2 HGB der Komplementär (nicht der Kommanditist, § 170 HGB) der Gesellschaft. Das ist hier die GmbH. Gemäß § 35 Abs. 1 S. 1 GmbHG wird die GmbH von ihrem Geschäftsführer vertreten. Somit hat G mit Vertretungsmacht gehandelt. Da G überdies im Namen der KG aufgetreten ist, sind die Voraussetzungen der Stellvertretung erfüllt.

> **Aufbauschema Haftung des Kommanditisten nach § 171 Abs. 1 HGB**
> I. Gesellschaftsverbindlichkeit
> 1. Bestehen einer KG
> 2. Verbindlichkeit der KG
> II. Stellung als Kommanditist
> III. Besonderheiten der Kommanditistenhaftung, insbesondere Haftungsausschluss nach § 171 Abs. 1 Hs. 2 HGB durch Leistung der Einlage

---

Vertretung im Gesellschaftsrecht

Personengesellschaften

Die **Gesellschaft bürgerlichen Rechts** (GbR, §§ 705 ff. BGB) wird nach außen grundsätzlich durch die geschäftsführungsbefugten Gesellschafter vertreten, §§ 714, 709 BGB. Im Gesellschaftsvertrag kann auch zur Einzelvertretung eines Gesellschafters ermächtigt werden, §§ 714, 710 BGB.
Bei der **offenen Handelsgesellschaft** (OHG, §§ 105 ff. HGB) ist jeder Gesellschafter einzelvertretungsbefugt, § 125 Abs. 1 HGB. Davon kann gesellschaftsvertraglich in Form der Gesamtvertretung abgewichen werden, § 125 Abs. 2 HGB.
Die **Kommanditgesellschaft** (KG, §§ 161 ff. HGB) wird nur durch den Komplementär vertreten, der Kommanditist ist nicht vertretungsbefugt, § 170 HGB, wobei dies nach überwiegender Auffassung nicht wie § 164 HGB abdingbar ist.

---

[37] Zum Kaufmannsbegriff siehe Fall 2, S. 46. Überblick bei Fall 22, S. 566.

Vertretung im Gesellschaftsrecht *(Fortsetzung)*

Verein/Kapitalgesellschaften
Ein **Verein** (§§ 21 ff. BGB) wird durch den Vorstand gemäß § 26 Abs. 1 S. 2 BGB vertreten. Seine Vertretungsmacht ist durch die Satzung mit Wirkung gegenüber Dritten beschränkbar, § 26 Abs. 1 S. 3 BGB, was zur Wirksamkeit diesen gegenüber in das Vereinsregister einzutragen ist, §§ 68, 70 BGB. Bei der **Gesellschaft mit beschränkter Haftung** (GmbH) erfolgt die Vertretung durch den/die Geschäftsführer, § 35 Abs. 1 S. 1 GmbHG, bei mehreren Geschäftsführern besteht grundsätzlich Gesamtvertretungsmacht, § 35 Abs. 2 S. 1 GmbHG. Die Vereinbarung einer hiervon abweichenden Regelung ist möglich, muss aber nach § 39 GmbHG in das Handelsregister eingetragen werden. Die Vertretungsmacht gemäß § 37 Abs. 2 GmbHG ist allerdings nicht beschränkbar. Die **Aktiengesellschaft** (AG) wird durch den geschäftsführenden Vorstand gemäß § 78 Abs. 1 S. 1 AktG vertreten. Bei mehreren Vorstandsmitgliedern gilt der Grundsatz der Gesamtvertretung; eine abweichende Regelung ist zulässig.

Die Schriftform für das Bürgschaftsversprechen gemäß § 766 S. 1 BGB muss nach § 350 HGB nicht eingehalten werden, wenn der Bürge ein Kaufmann (§§ 1 ff. HGB) ist und die Übernahme der Bürgschaft für ihn ein Handelsgeschäft (§ 343 HGB) darstellt.[38]

Handelsgeschäfte, §§ 343 ff. HGB
Handelsgeschäfte sind nach § 343 HGB die Geschäfte eines Kaufmanns, welche zum Betrieb seines Handelsgewerbes zählen, also in einem zweckgerichteten betrieblichen Zusammenhang stehen oder zur betrieblichen Sphäre zu rechnen sind. Im Zweifel ist gemäß § 344 Abs. 1 HGB von einem Handelsgeschäft auszugehen; die Vermutung ist widerlegt bei eindeutig privaten Geschäften. Ist nur ein Kaufmann beteiligt, spricht man von einem einseitigen Handelsgeschäft; stehen auf beiden Seiten Kaufleute, liegt ein zweiseitiges Handelsgeschäft vor. § 345 HGB ordnet an, dass bei einseitigen Handelsgeschäften für beide Teile die Vorschriften über Handelsgeschäfte anzuwenden sind, sofern das Gesetz (zB in §§ 346, 352, 369, 377 HGB) nichts anderes regelt. **§ 346 HGB** beschreibt den Handelsbrauch zwischen Kaufleuten, der insbesondere bei der Vertragsauslegung zu berücksichtigen ist. Zu nennen sind Klauseln wie „ohne Obligo" (invitatio ad offerendum), „wie besichtigt" (Ausschluss der Mängelhaftung für Fehler, die bei Besichtigung erkennbar waren) oder F.O.B. (free on board), vgl. *Kindler*, GK Handels- und Gesellschaftsrecht, § 7 Rn. 67 ff. **§ 347 HGB** gibt für die kaufmännische Sorgfaltspflicht einen strengeren Maßstab vor. Auch die Erfüllungsgehilfen (§ 278 BGB) des Kaufmanns haben für die Sorgfalt eines ordentlichen Kaufmanns einzustehen (*Brox/Henssler*, Handelsrecht, Rn. 371 ff.). **§ 349 HGB** schließt für den Bürgen die Einrede der Vorausklage aus, wenn die Bürgschaft für ihn ein Handelsgeschäft ist. **§ 350 HGB** befreit vom Schriftformerfordernis bei Bürgschaft, Schuldversprechen und Schuldanerkenntnis. **§ 366 HGB** erweitert den Erwerb vom Nichtberechtigten um den guten Glauben an die Verfügungsbefugnis. Typischer Fall ist die Verkaufskommission; der Erwerber glaubt zwar nicht an das Eigentum, dafür aber an die Verfügungsbefugnis des Verkäufers.

---

38 Siehe EBJS/*Hakenberg*, § 350 Rn. 9 ff.; Baumbach/*Hopt*, § 350 Rn. 7.

> **Handelsgeschäfte, §§ 343 ff. HGB** *(Fortsetzung)*
>
> **§ 377 HGB** gibt dem Käufer bei einem beiderseitigen Handelsgeschäft strenge Untersuchungs- und Rügeobliegenheiten auf. Unterlässt er die unverzügliche Untersuchung oder unverzügliche Rüge, verliert er seine Sachmängelansprüche (§§ 434 ff. BGB) sowie etwaige Erfüllungsansprüche und Rückgriffsrechte (§ 445a Abs. 4 BGB). § 377 HGB bezieht sich auf mangelhafte Ware, eine Falschlieferung und auf Quantitätsmängel. Wird also zum Beispiel eine zu geringe Menge geliefert, hat der Käufer gleichwohl den vollen Kaufpreis zu entrichten. Unverzüglich bedeutet nach § 121 Abs. 1 S. 1 BGB ohne schuldhaftes Zögern. Die Rüge hat inhaltlich Art und Umfang des Mangels konkret zu beschreiben; allgemeine Aussagen wie ein bloßer Hinweis auf fehlerhafte Ware genügen nicht. Näher BGH BeckRS 2014, 12900; *Kindler*, GK Handels- und Gesellschaftsrecht, § 8 Rn. 55 ff.; *Petersen*, JURA 2012, 796.

Entgegen § 766 S. 1 BGB musste die A-GmbH & Co. KG die Schriftform also nicht einhalten, für sie als KG und damit als Kaufmann (§§ 1, 6 Abs. 1 HGB) ist das Formerfordernis nach **§ 350 HGB** entfallen.

Als Hauptforderung besteht ein Darlehen (§ 488 BGB) zwischen der Bank V und dem Handwerker H, das durch die Bürgschaft gesichert wird.

Der Bürgschaftsanspruch aus § 765 Abs. 1 BGB ist zwischen der Bank V und der A-GmbH & Co. KG entstanden.

b) Voraussetzungen des Anspruchsübergangs nach §§ 1143 Abs. 1, 412, 401 BGB

Der Bürgschaftsanspruch der Bank V könnte gemäß **§§ 1143 Abs. 1, 412, 401 BGB** auf die E übergegangen sein.

E hatte zur Sicherung des Darlehens (§ 488 BGB) der Bank V gegenüber H eine Hypothek (§ 1113 BGB) an ihrem Grundstück bestellt. Um die Zwangsvollstreckung in ihr Grundstück abzuwehren (vgl. § 1147 BGB), hat E im Sinne des § 1142 Abs. 1 BGB die Darlehensschuld des H bei der Bank V getilgt, § 362 Abs. 1 BGB. Nach § 1143 Abs. 1 BGB geht die Darlehensforderung der Bank auf E über; gemäß §§ 412, 401 BGB gehen ebenfalls die Kreditsicherheiten auf den Grundstückseigentümer über.

Damit steht der E gegen die A-GmbH & Co. KG kraft gesetzlichen Forderungsübergangs (cessio legis) ein Anspruch aus § 765 Abs. 1 BGB zu.

c) Höhe des Bürgschaftsanspruchs

§ 767 Abs. 1 S. 1 BGB gibt vor, dass der Umfang der Bürgschaft von der Höhe der Hauptverbindlichkeit bestimmt wird (Akzessorietät). Damit würde sich die Bürgschaft auf 25.000 EUR belaufen.

Werden als Kreditsicherung eine Bürgschaft und von einer weiteren Person eine Hypothek bestellt, ergibt sich die Situation, dass der den Gläubiger zuerst befriedigende Sicherungsgeber wegen seiner Regressforderung gegen den Hauptschuldner kraft gesetzlichen Sicherungsübergangs den zweiten Sicherungsgeber in Anspruch nehmen kann, vgl. **§ 774 BGB**, § 1143 BGB, § 1225 BGB iVm §§ 412, 401 BGB. Das Ausfallrisiko hätte nach dem gesetzlichen Modell also der Sicherungsgeber zu tragen, dem es nicht gelingt, den Gläubiger zuerst zu befriedigen; es käme mithin zu einem Wettlauf der Sicherungsgeber.

Die Lösung dieser Konstellation ist umstritten:[39]

---

39 Palandt/*Sprau*, § 774 Rn. 13; BGHZ 108, 179; BGH NJW 1992, 3228. Einzelheiten und weitere Auffassungen bei MüKoBGB/*Habersack*, § 774 Rn. 29 ff.; PWW/*Brödermann*, § 774 Rn. 32 ff.

> **§ 1143 BGB**
>
> Leistet der Eigentümer an den Gläubiger, geht dessen Forderung gegen den Schuldner nach § 1143 Abs. 1 S. 1 BGB auf den Eigentümer über. Mit dem gesetzlichen Forderungsübergang (cessio legis) gehen Nebenrechte mit über, §§ 412, 401 BGB.

> **§ 774 BGB**
>
> Erfüllt der Bürge seine Verpflichtung aus dem Bürgschaftsvertrag, geht nach § 774 Abs. 1 S. 1 BGB die Forderung des Gläubigers gegen den Hauptschuldner auf den Bürgen über. Mit dem gesetzlichen Forderungsübergang (cessio legis) gehen Nebenrechte mit über, §§ 412, 401 BGB.

Wettlauf der Sicherungsgeber			
Prioritätslösung	**Bevorzugung des Bürgen**	**Ausschluss des Sicherungsübergangs**	**Gesamtschuldnerischer Ausgleich** (hM)
Dem den Gläubiger zuerst befriedigenden Sicherungsgeber stehe der Anspruch gegen den zweiten Sicherungsgeber zu. Ein Wettlauf der Sicherungsgeber sei der zutreffende Ansatz, weil auf diese Weise dem gesetzgeberischen Willen zu einer raschen Befriedigung des Gläubigers Rechnung getragen werde.	Da der Bürge persönlich mit seinem gesamten Vermögen und nicht nur mit dem Grundstück haftet, sei er dadurch zu privilegieren, dass die Bürgschaft erlischt, wenn der dingliche Schuldner in Anspruch genommen wird. Die Bevorzugung des Bürgen ergebe sich aus § 776 BGB.	Da der gesetzliche Sicherungsübergang zu nicht sachgerechten Ergebnissen führe, sei er bei einem Zusammentreffen von Personal- und Realsicherheiten kraft teleologischer Reduktion der §§ 412, 401 BGB nicht anzuwenden.	Die Sicherungsgeber stehen gleichrangig nebeneinander. Deshalb sei ein Ausgleich wie unter Gesamtschuldnern vorzunehmen. Begründet wird dies mit einer Analogie zu § 426 Abs. 1, § 774 Abs. 2, § 769 BGB.

Fehlen vertragliche Absprachen zwischen Personal- und Realsicherungsgeber, ist es angebracht, beide als gleichrangig zu behandeln. Es hat ein Ausgleich wie bei Gesamtschuldnern stattzufinden. Demzufolge ist das Ausfallrisiko hier von der A-GmbH & Co. KG und der E je zur Hälfte zu tragen.

Die Bürgenhaftung der A-GmbH & Co. KG nach § 765 Abs. 1 BGB besteht in Höhe von 12.500 EUR. Zu erörtern bleibt, ob und in welcher Höhe der Kommanditist N für diese Verbindlichkeit einzustehen hat.

II. Gesellschafterstellung des N

Weiterhin setzt eine Haftung des N für diese Schuld voraus, dass er zum Zeitpunkt des Entstehens der Gesellschaftsverbindlichkeit Gesellschafter der A-GmbH & Co. KG war. Das ist der Fall; N war bei Abschluss des Bürgschaftsvertrages Kommanditist der KG.

III. Besonderheiten der Kommanditistenhaftung

Ein Kommanditist haftet gemäß § 171 Abs. 1 Hs. 1, § 172 HGB persönlich und unmittelbar in Höhe der vereinbarten, in das Handelsregister eingetragenen Haftsumme. Gemäß § 171 Abs. 1 Hs. 2 HGB wird diese persönliche Haftung durch die Leistung der Einlage ausgeschlossen. § 171 Abs. 1 Hs. 2 HGB meint die im Handelsregister vorgesehene **Hafteinlage**, also die im Außenverhältnis zu erbringende Summe. Auf die im Innenverhältnis nach dem Gesellschaftsvertrag zu leistende **Pflichteinlage** (hier 20.000 EUR) kommt es bei § 171 Abs. 1 HGB nicht an.

Entscheidend für den Haftungsumfang des N ist hier also die Hafteinlage von 10.000 EUR. Diese Hafteinlage kann durch Geld oder mittels Sachleistungen erbracht werden. N hat hier einen Pkw eingebracht. Für die Höhe der Anrechnung ist im Außenverhältnis auf den objektiven Wert abzustellen, vgl. § 172 Abs. 1 HGB. N hat also eine Sacheinlage in Höhe von 8.000 EUR geleistet. Die persönliche Haftung ist nach § 171 Abs. 1 Hs. 2 HGB in Höhe von 8.000 EUR ausgeschlossen.

Für die Differenz zwischen Hafteinlage (10.000 EUR) und tatsächlich erbrachter Einlage (8.000 EUR) bleibt N persönlich und unmittelbar verantwortlich. Die persönliche Haftung des N bezieht sich auf 2.000 EUR.

Ergebnis

E steht gegen N persönlich ein Anspruch gemäß § 765 Abs. 1 BGB iVm §§ 1143 Abs. 1, 412, 401 Abs. 1 BGB, § 171 Abs. 1 HGB auf Zahlung von 2.000 EUR zu.

12. Unerlaubte Handlungen, Gesamtschuldnerausgleich, Zurechnung und Schadensumfang

Sachverhalt

Das Ehepaar Nora und Nils Naumann aus Hamburg ist mit seinen Kindern Norbert und Nathalie unterwegs nach München, um das Oktoberfest zu besuchen.

Am Festplatz angekommen schleicht sich plötzlich Dietrich Daume (D) von hinten an Nora Naumann an, greift sich ihre Handtasche mit Geldbörse und weiteren persönlichen Sachen und läuft sofort davon. Geistesgegenwärtig nimmt Nils Naumann (N) die Verfolgung auf. Daume flüchtet durch ein Festzelt, sprintet über mehrere Bierbänke auf die Bühne zu, wo gerade eine Blaskapelle spielt. Die Musikgruppe hält erschrocken inne und wie durch ein Wunder gelingt es Daume, ohne etwas zu beschädigen, sich durch die Musiker zu schlängeln, auf der Rückseite des Podests herab zu springen und durch den Hinterausgang des Zeltes zu entkommen. Naumann nimmt denselben Weg und stößt dabei einen Stuhl um, der gegen die hochwertige Tuba, Typ Ventus B, des Torsten Telert (T) fällt. Diese wird dabei irreparabel beschädigt. Anschließend springt Naumann ebenfalls von der Bühne. Da er nicht gesehen hat, dass in diesem Bereich mehrere defekte Bierbänke abgelegt waren, stürzt er, knickt mit dem Fuß um und zieht sich einen schmerzhaften Kreuzbandriss zu. Infolgedessen muss er sich operieren lassen und ist für 6 Wochen arbeitsunfähig. Zudem muss er über einen längeren Zeitraum umfangreiche Physiotherapiebehandlungen in Anspruch nehmen; bis zur völligen Ausheilung vergehen insgesamt 6 Monate.

Zwischenzeitlich rannte Daume weiter und stieß bei seiner Flucht versehentlich mit den drei stadtbekannten Münchener Festbesuchern Fritz (F), Bernhard (B) und Willi (W) zusammen, die sich dadurch provoziert fühlten und wie schon häufiger ein Gerangel anzettelten. Daraus entstand eine Schlägerei, bei der Daume einen Schlag mit der flachen Hand ins Gesicht erhielt, wobei unklar ist, von wem. Er erleidet einen Kieferbruch. Die dadurch notwendigen ärztlichen Behandlungskosten belaufen sich auf 2.400 EUR. Nachdem zwischenzeitlich einige Passanten die Polizei gerufen hatten und diese wenig später eintrifft, werden die Beteiligten festgenommen und erkennungsdienstlich behandelt.

Telert fordert von Naumann Schadensersatz in Geld für die Beschädigung der Tuba, während Naumann den Ausgleich seiner Schäden von Daume verlangt. Dietrich Daume möchte Schadensersatz von Fritz, Bernhard und Willi für seine privat abgerechneten Behandlungskosten sowie Schmerzensgeld. Außerdem möchte Daume wissen, wie er einen etwaigen Anspruch gerichtlich geltend machen kann.

In einem Gutachten sind die aufgeworfenen Rechtsfragen zu beantworten.

Gliederung

A. Anspruch des T gegen N aus § 823 Abs. 1 BGB 293
    I. Handlung 293
    II. Rechtsgutverletzung 294
    III. Haftungsbegründende Kausalität 295
    IV. Rechtswidrigkeit 296
        1. Handlungs- und Erfolgsunrecht 296
        2. Rechtfertigungsgründe 298
            a) Notwehr 298
            b) Notstand 298
                Problem: Angriffsnotstand 298
    V. Verschulden 299
    VI. Schaden und haftungsausfüllende Kausalität 299

B. Anspruch des N gegen D auf Schadensersatz 299
    I. Anspruch auf Freistellung von der Schadensersatzpflicht des N gegenüber T 299
        1. Anspruch aus § 823 Abs. 1 BGB 299
        2. Anspruch gemäß §§ 421 S. 1, 426 Abs. 1 S. 1, 830 Abs. 1 S. 2 BGB ... 300
        3. Anspruch nach §§ 421 S. 1, 426 Abs. 1 S. 1, 840 Abs. 1 BGB 301
            a) Anspruch des T gegen D gemäß § 823 Abs. 1 BGB 301
                Problem: Rechtliche Einordnung eines Herausforderungsfalles 301
            b) Innenausgleich zwischen D und N gemäß § 426 Abs. 1 BGB 302
                Problem: Gesamtschuldnerausgleich und Verantwortungszurechnung 303
    II. Anspruch auf Schadensersatz gemäß § 823 Abs. 1 BGB aufgrund des Kreuzbandrisses 305
        1. Entstehen des Anspruchs 305
        2. Schadensumfang 305
            a) Heilbehandlung 309
            b) Schmerzensgeld 310
            c) Arbeitsausfall 311

C. Anspruch des D gegen F, B und W 311
    I. Anspruch des D gemäß § 823 Abs. 1 BGB 311
    II. Anspruch des D gemäß § 830 Abs. 1 S. 1 BGB 311
        1. Unerlaubte Handlung 311
        2. Gemeinschaftliche Begehung 311
        3. Vorsatz der Beteiligten 312
        4. Rechtswidrigkeit 313
        5. Schaden 313
    III. Prozessuale Geltendmachung des Anspruchs 313
        Problem: Streitgenossenschaft 314

Lösungshinweise

A. Anspruch des T gegen N aus § 823 Abs. 1 BGB

Fraglich ist, ob T gegen N ein Anspruch auf Schadensersatz gemäß § 823 Abs. 1 BGB zusteht.

Bedeutung und System des Deliktsrechts
Das Recht der unerlaubten Handlungen folgt aus dem Grundsatz des neminem laedere und dient vor allem dem Ausgleich zwischen Schädiger und Geschädigtem. Neben dieser **Ausgleichsfunktion** kommt dem Deliktsrecht eine **Präventivfunktion** zu, wonach das Bestreben, eine Ersatzpflicht zu vermeiden, zu einem möglichst sorgfältigen Verhalten führt (vgl. *Fuchs/Pauker*, Delikts- und Schadensersatzrecht, S. 6 f.). Umstritten ist, ob bzw. inwieweit dem Deliktsrecht auch eine **Straffunktion** zukommt (PWW/*Schaub*, Vor §§ 823 ff. Rn. 5).
Das Deliktsrecht knüpft an die individuelle Verantwortung an und gewährt Schadensersatz grundsätzlich nur bei verschuldeter Verwirklichung des haftungsbegründenden Tatbestandes. Als Ausnahme vom **Verschuldensprinzip** besteht eine verschuldensunabhängige Gefährdungshaftung, die an der Verwirklichung einer Gefahr anknüpft, deren Quelle bzw. Beherrschung im Einflussbereich des Ersatzpflichtigen liegt. Damit stellt sich das System der deliktischen Haftung wie folgt dar:

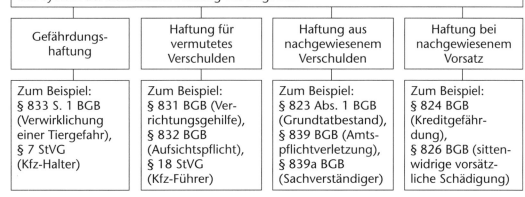

I. Handlung

N hat nur für Schäden einzustehen, welche aufgrund einer von ihm willentlich steuer- und beherrschbaren Handlung entstanden sind.

Handlung durch Tun oder Unterlassen
Das schädigende Verhalten kann sowohl in einem aktiven, positiven Tun als auch in einem Unterlassen bestehen. Da keine allgemeine Rechtspflicht existiert, andere vor Schäden zu bewahren, bedarf es zur Haftung für ein Unterlassen einer Handlungspflicht. Eine derartige Erfolgsabwendungs- bzw. Garantenpflicht kann sich aus Gesetz, vertraglicher Verpflichtung oder aus pflichtwidrigem vorangegangenem Tun (Ingerenz) sowie Verkehrssicherungspflichten ergeben (vgl. *Fuchs/Pauker*, Delikts- und Schadensersatzrecht, S. 105 ff.; BRHP/*Förster*, § 823 Rn. 100 ff.). **Verkehrssicherungspflichten** begründen eine Unterlassungshaftung, wenn derjenige, der eine Gefahrenquelle schafft oder eine Gefahrenlage in seinem Verantwortungsbereich andauern lässt, nicht alle erforderlichen Maßnahmen getroffen hat, damit die Gefahr sich nicht verwirklicht (zu den einzelnen Fallgruppen siehe MüKoBGB/*Wagner*, § 823 Rn. 397 ff.; Erman/*Wilhelmi*, § 823 Rn. 75 ff.; vgl. auch Fall 1, S. 22).

> Aufbauschema
> **§ 823 Abs. 1 BGB**
> 1. Handlung
> 2. Rechtsgutverletzung
> 3. Haftungsbegründende Kausalität
> 4. Rechtswidrigkeit
> 5. Verschulden
> 6. Schaden
> 7. Haftungsausfüllende Kausalität

N hat den Stuhl umgeworfen und somit aktiv gehandelt.

II. Rechtsgutverletzung

Weitere Voraussetzung ist die Verletzung eines der in § 823 Abs. 1 BGB genannten absoluten Rechtsgüter.[1]

Ausdrücklich genannte Rechtsgüter des § 823 Abs. 1 BGB			
Leben	**Körper und Gesundheit**	**Freiheit**	**Eigentum**
Das Schutzgut Leben wird durch die **Tötung des Betroffenen** verletzt. Das Lebensende tritt mit dem Hirntod ein. Der Lebensanfang wird nicht einheitlich beurteilt, die wohl hM geht davon aus, dass zwar gemäß § 1 BGB die Rechtsfähigkeit des Menschen mit der Vollendung seiner Geburt beginnt, bezieht aber den Embryo mit ein. Dem Betroffenen stehen keine Ersatzansprüche zu, es kommen aber Ansprüche Dritter, insbesondere der Hinterbliebenen in Betracht, vgl. §§ 844 ff. BGB.	Eine **Körperverletzung** erfolgt durch den Eingriff in die körperliche Integrität. Ob der ärztliche Heileingriff eine Schadensersatzpflicht auslöst, bemisst sich nach der Wirksamkeit einer erteilten Einwilligung des Betroffenen, welche die Rechtswidrigkeit entfallen lässt. **Gesundheitsverletzung** meint die Verursachung einer Krankheit, dh einer Störung der physischen, psychischen oder mentalen Befindlichkeit, die Krankheitscharakter hat. Schockzustände werden anerkannt, wenn Trauer, seelischer Schmerz oder Schrecken den Grad einer Krankheit erreichen und eine (personale) Sonderbeziehung zwischen Geschädigtem und Ereignis besteht.	Freiheit meint die persönliche körperliche **Fortbewegungsfreiheit**, bezieht also nicht die Willens- und Handlungsfreiheit mit ein. Geschützt wird dabei sowohl vor Beschränkungen als auch dem vollständigen Entzug der Freiheit. Der Tatbestand ist erfüllt, wenn der Betroffene gehindert wird, seinen aktuellen Aufenthaltsort zu verlassen, nicht geschützt wird aber die Möglichkeit, an einen bestimmten Ort zu gelangen. Zudem darf die Beschränkung nicht gegenstandsbezogen sein, weshalb etwa das Zuparken eines Pkw nicht ausreicht.	Erfasst ist das Eigentum als **umfassendes Herrschaftsrecht** iSd § 903 S. 1 BGB, dh in seiner Ausprägung als dingliches, gegenüber jedermann geltendes (absolutes) Recht an einem körperlichen Gegenstand. Unterschieden wird in Entziehung oder Belastung des Eigentumsrechts, Substanzverletzung oder Besitzentzug und schließlich **Gebrauchsbeeinträchtigung**. Zur sachgerechten Abgrenzung von reinen Vermögensschäden beschränkt sich letztere auf Positionen, die vom Zuweisungsgehalt des Eigentums umfasst sind. Zudem wird lediglich der Schutz des **Integritätsinteresses** gewährt.

---

[1] MüKoBGB/*Wagner*, § 823 Rn. 165 ff.; Palandt/*Sprau*, § 823 Rn. 2; Erman/*Wilhelmi*, § 823 Rn. 12. Überblick bei *Lorenz*, JuS 2019, 852 ff.

Sonstige Rechte nach § 823 Abs. 1 BGB

Eigentumsähnliche Rechte, die durch eine Nutzungs- und Ausschlussfunktion gekennzeichnet sind.

- **Beschränkt dingliche Rechte**
  zB Nießbrauch, Dienstbarkeiten, Pfandrechte

- **Immaterialgüterrechte**
  zB Patent-, Urheber- sowie Marken- und Designrechte

- **Aneignungsrechte**
  zB Jagd- und Fischereirecht

- **Berechtigter Besitz**
  zB der rechtmäßige Besitz des Mieters, Pächters, Entleihers

- **Anwartschaftsrecht**
  zB bei aufschiebend bedingter Übereignung (Eigentumsvorbehalt), Anwartschaftsrecht des Nacherben beim Erbfall

Rahmenrechte, dh eigentumsähnliche Rechte, deren tatbestandliche Ausformung bei der konkreten Rechtsanwendung erfolgt.

- **Familiennahbereich**
  Umfasst das Innenverhältnis unter Eheleuten bzw. zwischen Eltern und Kind. Geschützt sind zB der räumlich gegenständliche Bereich der Ehe, das elterliche Sorgerecht und das Umgangsrecht.

- **Eingerichteter und ausgeübter Gewerbebetrieb**
  Geschützt wird die wirtschaftliche Gesamtheit des Betriebes und der ihn verkörpernden Gegenstände gegen unmittelbar betriebsbezogene Eingriffe, zB die betriebliche Organisationsstruktur oder die Entscheidungsfreiheit des Unternehmers.

- **Allgemeines Persönlichkeitsrecht**
  Rahmenrecht iVm Art. 1 Abs. 1, Art. 2 Abs. 1 GG, dessen Verletzung Anspruch auf Ersatz des Vermögensschadens und daneben nach hM auch Schmerzensgeld gewährt.

In Betracht kommt hier die Verletzung des Eigentums des T. N hat den Stuhl umgeworfen, welcher gegen die Tuba des T gestoßen ist, diese beschädigt und damit in ihrer Substanz beeinträchtigt; N hat das Eigentum des T verletzt.

III. Haftungsbegründende Kausalität

Die haftungsbegründende Kausalität beschreibt den ursächlichen Zusammenhang zwischen der Verletzungshandlung und dem Verletzungserfolg.

Ausgehend von der weitreichenden naturwissenschaftlichen Ursächlichkeit als Grundlage wird die haftungsrechtliche Erheblichkeit des Verhaltens anhand wertender Betrachtung sowie der Schutzrichtung der Norm bestimmt.[2]

---

[2] MüKoBGB/*Wagner*, § 823 Rn. 67 ff.; MüKoBGB/*Oetker*, § 249 Rn. 103 ff.; PWW/*Schaub*, § 823 Rn. 7; Erman/*Wilhelmi*, Vor § 823 Rn. 19; Jauernig/*Teichmann*, § 823 Rn. 20 ff.; Palandt/*Grüneberg*, Vorb. v. § 249 Rn. 24 ff.

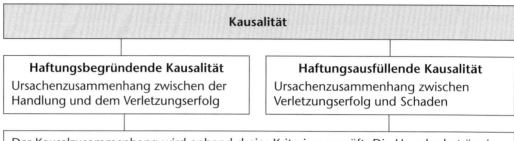

N hat den Stuhl umgestoßen und dadurch äquivalent und adäquat kausal die Tuba des T beschädigt. Der Zweck des § 823 Abs. 1 BGB zielt darauf ab, vor derartigen Eigentumsbeeinträchtigungen zu schützen. Dass N bei der Verfolgung des D, also zur Wahrung seiner Interessen den Stuhl umgeworfen hat, ist an dieser Stelle unbeachtlich.

IV. Rechtswidrigkeit

1. Handlungs- und Erfolgsunrecht

Die durch das Umstoßen des Stuhls herbeigeführte Beschädigung der Tuba könnte rechtswidrig gewesen sein. Ob das Merkmal der Widerrechtlichkeit erfolgsbezogen[3] oder handlungsbezogen[4] zu bestimmen ist, wird unterschiedlich beurteilt. Erforderlich ist zumindest ein Verstoß gegen die Rechtsordnung, wobei für den Fall eines aktiven Tuns ein Verbot und bei einem Unterlassen ein Gebot missachtet wird.

---

[3] BGH NJW 1996, 3205, 3207; 1957, 785; BRHP/*Förster*, § 823 Rn. 18; Palandt/*Sprau*, § 823 Rn. 24; MüKoBGB/*Wagner*, § 823 Rn. 4 ff.; vgl. PWW/*Schaub*, § 823 Rn. 10 ff.; Jauernig/*Teichmann*, § 823 Rn. 48 mwN.

[4] *Nipperdey*, NJW 1967, 1991; *v. Caemmerer*, Festschrift zum hundertjährigen Bestehen des Deutschen Juristentages, 1960, S. 49 ff. mwN; *Brüggemeier*, Deliktsrecht, 1986, Rn. 95 f.

Rechtswidrigkeit (Widerrechtlichkeit)

Verstoß gegen die Rechtsordnung, also gegen ein geschriebenes oder ungeschriebenes, vertragliches oder gesetzliches Verbot (Tun) oder Gebot (Unterlassen).

Lehre vom Handlungsunrecht

Bei fahrlässigem Herbeiführen eines Verletzungserfolges kommt es zusätzlich darauf an, ob gegen spezielle Verhaltensregeln oder infolge der Verkehrsanschauung obliegende Sorgfaltspflichten verstoßen worden ist.

Bei vorsätzlichem Verhalten ist der tatbestandsmäßige Eingriff in die Rechtsposition eines anderen gleichermaßen wie bei der Lehre vom Erfolgsunrecht rechtswidrig, wenn und soweit nicht ein Rechtfertigungsgrund eingreift.

Lehre vom Erfolgsunrecht (hM)

Entscheidend ist die bloße Beeinträchtigung einer rechtlich geschützten Rechtsposition, also der Verletzungserfolg des Verhaltens, kurz:

Die Tatbestandsmäßigkeit indiziert die Rechtswidrigkeit. Die Widerrechtlichkeit ist jedoch dann ausgeschlossen, wenn und soweit ein Rechtfertigungsgrund eingreift.

Ausnahmen

Ist der fragliche Tatbestand nicht genügend konkretisiert (zB **offene Tatbestände**, wie der Eingriff in den eingerichteten, ausgeübten Gewerbebetrieb oder Persönlichkeitsrechtsverletzungen) ist häufig eine Interessenabwägung erforderlich, anhand derer geklärt wird, ob anders hätte gehandelt werden müssen. Ebenso ist bei **Unterlassungstatbeständen** festzustellen, ob eine Pflicht zum Tätigwerden bestand (Verkehrspflicht), die den Verletzungserfolg verhindert hätte.
Es ist insofern wie bei der Handlungsunrechtslehre der Verstoß gegen ein Verhaltensgebot zu prüfen.

Da bei der Lehre vom Handlungsunrecht mit der Frage nach einem speziellen Sorgfaltspflichtverstoß ein Merkmal des Verschuldens zur Rechtswidrigkeitsprüfung gezogen und damit dem gesetzlichen vorgesehenen dreiteiligen Deliktsaufbau widersprochen wird, ist der herrschenden Auffassung zu folgen. Lediglich für offene Tatbestände sowie im Fall des Unterlassens ist eine Korrektur der Theorie vom Erfolgsunrecht dergestalt erforderlich, dass ein Verstoß des Schädigers gegen eine konkrete Verhaltenspflicht festzustellen ist. Soweit die absoluten Rechte des § 823 BGB in Rede stehen, tritt durch deren aktive Beeinträchtigung die Rechtswidrigkeit von selbst ein;[5] die Tatbestandsmäßigkeit indiziert die Rechtswidrigkeit. Das Indiz wird widerlegt, wenn zugunsten des Schädigers ein Rechtfertigungsgrund eingreift.

N hat durch das Umstoßen des Stuhls, also aktives Tun, die Tuba beschädigt. Damit hätte er widerrechtlich gehandelt.

Unterlassen
Geht es um ein Unterlassen, ist zu klären, ob eine gesetzliche bzw. vertragliche Verpflichtung oder eine Verkehrspflicht außer Acht gelassen wurde oder eine konkrete personenrechtliche Lebensgemeinschaft bzw. ein vorheriges (gefahrbegründendes) Tun eine Pflichtübernahme ausgelöst hat.

---

5 Ausführlich *Fikentscher/Heinemann*, Schuldrecht, Rn. 638.

2. Rechtfertigungsgründe

Möglicherweise kann sich N allerdings auf einen Rechtfertigungsgrund[6] berufen.

Rechtfertigungsgründe
Notwehr, § 227 BGB, § 32 StGB Bei einem gegenwärtigen rechtswidrigen Angriff (Notwehrlage), also der unmittelbar drohenden Verletzung rechtlich geschützter Interessen durch einen anderen Menschen, darf sich der Betroffene mit der objektiv erforderlichen Verteidigungshandlung zur Wehr setzen; lediglich bezüglich der Rechtsgüter des Angreifers ist die Notwehrhandlung gerechtfertigt.
Notstand, § 228, § 904 BGB Bei einer Notstandslage, also der drohenden Gefahr für ein Recht oder Rechtsgut des Handelnden (Notstand) oder eines Dritten (Nothilfe) darf zur Abwehr auf eine fremde Sache, von der die Gefahr nicht ausgeht (§ 904 BGB), bzw. auf die fremde, gefahrbringende Sache (§ 228 BGB) eingewirkt werden (Benutzung, Beschädigung, Zerstörung).
Selbsthilfe, §§ 229 ff. BGB Zur Durchsetzung bzw. Sicherung seines Anspruchs dem Handelnden ausnahmsweise erlaubte private Gewaltanwendung gegen den Schuldner oder dessen Sache, wenn staatlicher Rechtsschutz nicht rechtzeitig erlangt werden kann und sonst eine wesentliche Erschwerung der Rechtsdurchsetzung droht.
Einwilligung Vor allem für medizinische Behandlungen erfolgte vorherige Gestattung eines Eingriffs in die körperliche Unversehrtheit bei Kenntnis über die wesentlichen Risiken. Es handelt sich nach überwiegender Einschätzung um eine rechtsgeschäftsähnliche Erklärung, weshalb bei Minderjährigen lediglich nach der Einsichts- und Urteilsfähigkeit hinsichtlich der Bedeutung des Eingriffs gefragt wird (Palandt/*Sprau*, § 823 Rn. 38f.).

a) Notwehr

Zweifelhaft erscheint bereits, ob es sich bei der Flucht des D noch um einen gegenwärtigen Angriff nach § 227 Abs. 2 BGB im Sinne einer unmittelbar drohenden Verletzung rechtlich geschützter Interessen handelt. Jedenfalls steht die Tuba im Eigentum des T. Der Beschädigung derselben kommt eine rechtfertigende Wirkung als Notwehrhandlung deshalb nicht zu.

b) Notstand

In Betracht kommt der Rechtfertigungsgrund eines Angriffsnotstandes gemäß **§ 904 BGB**.

aa) Notstandslage

Zunächst bedarf es einer Notstandslage. Dazu müsste für ein eigenes oder fremdes Rechtsgut eine gegenwärtige Gefahr bestehen. Eine solche wird angenommen,

---

[6] Im Einzelnen zu den Rechtfertigungsgründen des BGB *Schreiber*, JURA 1997, 29 ff.; BRHP/*Förster*, § 823 Rn. 27 ff. Zur Selbsthilfe *Duchstein*, JuS 2015, 105 ff.

wenn zur Schadensabwendung sofortige Abhilfe erforderlich ist. Hier droht der unwiederbringliche Verlust der Handtasche mit Geldbörse und weiteren Sachen von Nora Naumann, wenn D unerkannt entkommt. Es besteht also eine Gefahr für deren Eigentum.

bb) Notstandshandlung

Zudem müsste das zu rechtfertigende Verhalten als Notstandshandlung zu qualifizieren sein. Danach muss die Einwirkung auf die fremde Sache zur Abwehr der Gefahr objektiv notwendig und der drohende Schaden gegenüber dem aus der Einwirkung unverhältnismäßig hoch sein. Die Beschädigung der Tuba ist nach objektiven Gesichtspunkten nicht erforderlich, um D zu verfolgen, und zudem ist der Wert der Tuba unter Zugrundelegung verkehrsüblicher Verhältnisse wohl um ein Vielfaches höher einzuschätzen als derjenige der Geldbörse. Damit stellt die Beschädigung der Tuba keine taugliche Notstandshandlung iSd § 904 BGB dar.

Die Beschädigung der Tuba durch N ist nicht gerechtfertigt und mithin rechtswidrig.

V. Verschulden

N handelte fahrlässig iSd § 276 Abs. 2 BGB.

VI. Schaden und haftungsausfüllende Kausalität

Der durch die Beschädigung der Tuba eingetretene Schaden ist zu ersetzen. Nach dem Grundsatz des § 249 Abs. 1 BGB ist der Ausgleich im Wege der Naturalrestitution vorzunehmen. Für den Fall der Beschädigung einer Sache ist dabei deren Reparatur oder die Anschaffung eines gleichwertigen Ersatzgegenstandes denkbar.[7] § 249 Abs. 2 S. 1 BGB begründet für den Geschädigten eine Ersetzungsbefugnis; statt der Naturalrestitution kann Geldersatz in der Höhe verlangt werden, die zur Herstellung des Zustandes erforderlich ist, der ohne das schädigende Ereignis bestünde. Kausalität zwischen Verletzungserfolg und Schaden ist gegeben.

Ergebnis

T steht gegen N für die Zerstörung der Tuba ein Anspruch auf Schadensersatz in Geld nach § 823 Abs. 1 iVm § 249 Abs. 2 S. 1 BGB zu.

B. Anspruch des N gegen D auf Schadensersatz

I. Anspruch auf Freistellung von der Schadensersatzpflicht des N gegenüber T

1. Anspruch aus § 823 Abs. 1 BGB

Für N könnte sich ein Anspruch auf Freistellung von der Verpflichtung zu Schadensersatz gegenüber T möglicherweise aus § 823 Abs. 1 BGB ergeben.

Allerdings fehlt es bei N an der Verletzung eines absoluten Rechts. Die Verpflichtung zum Schadensersatz gegenüber T stellt für ihn einen bloßen Vermögensschaden dar; ein solcher wird von § 823 Abs. 1 BGB nicht erfasst.[8]

> **Notstand § 904 BGB**
> - Notstandslage: Für eigene oder fremde Rechtsgüter besteht eine gegenwärtige Gefahr, so dass zur Schadensabwendung sofortige Abhilfe nötig ist.
> - Notstandshandlung: Die Einwirkung auf die fremde Sache, von der die Gefahr nicht ausgeht, muss objektiv zur Gefahrenabwehr notwendig sein und der drohende Schaden muss gegenüber dem aus der Einwirkung wesentlich größer sein.
> - Rechtsfolge: Gegenüber dem Eigentümer bzw. Besitzer der Sache ist die Einwirkung rechtmäßig.

> Bloße Vermögensschäden werden von § 823 Abs. 1 BGB nicht erfasst.

---

[7] Siehe Palandt/*Grüneberg*, § 249 Rn. 22 ff.; *Fikentscher/Heinemann*, Schuldrecht, Rn. 671; vgl. BGH NJW-RR 2003, 1042; SVR 2010, 19; BRHP/*Flume*, § 249 Rn. 181.

[8] Vgl. BGH NJW 1952, 1249, 1250; OLG Koblenz NJOZ 2006, 4530, 4535; OLG Hamm MDR 2013, 609; Palandt/*Sprau*, § 823 Rn. 11; *Medicus/Lorenz*, Schuldrecht II, § 74 Rn. 15; PWW/ *Schaub*, § 823 Rn. 55.

2. Anspruch gemäß §§ 421 S. 1, 426 Abs. 1 S. 1, 830 Abs. 1 S. 2 BGB

Denkbar ist, dass N im Wege des Gesamtschuldnerausgleichs nach §§ 421, 426 BGB iVm § 830 Abs. 1 S. 2 BGB einen Anspruch auf Freistellung von seiner Schadensersatzverpflichtung gegenüber T hat. Dies setzt voraus, dass es sich bei der Beschädigung der Tuba um eine durch mehrere Beteiligte erfolgte unerlaubte Handlung gemäß § 830 Abs. 1 S. 2 BGB handelt.

Aufbauschema § 830 Abs. 1 S. 2 BGB
1. Unerlaubte Handlung mehrerer
2. Ausschluss von § 830 Abs. 1 S. 1, Abs. 2 BGB
3. Tatbestandsmäßiges Verhalten eines jeden Beteiligten
4. Zumindest einer der Beteiligten hat den Schaden verursacht.
5. Unklarheit, wer genau Rechtsgutverletzung und Schaden herbeigeführt hat.
6. Schaden

Verantwortlichkeit mehrerer Beteiligter gemäß § 830 BGB

Gemeinschaftliche Tatbegehung durch Täter und Teilnehmer, § 830 Abs. 1 S. 1, Abs. 2 BGB (Anspruchsgrundlage)	Solidarhaftung mehrerer beteiligter Personen iSd § 830 Abs. 1 S. 2 BGB (Anspruchsgrundlage)
Mehrere Personen wirken gemeinschaftlich rechtswidrig und schuldhaft an einer unerlaubten Handlung mit, entweder als • Mittäter iSd § 25 Abs. 2 StGB oder • Anstifter gemäß § 26 StGB oder • Gehilfe nach § 27 StGB. Erforderlich ist ein bewusstes und gewolltes Zusammenwirken im Hinblick auf die Verwirklichung des haftungsbegründenden Tatbestandes. Der Umfang des persönlichen Tatbeitrages am Gesamtgeschehen ist unerheblich, jedoch haftet ein Mittäter nicht für den Exzess des unterstützten Täters.	Es lässt sich nicht ermitteln, wer von mehreren potentiellen Tätern den Schaden durch seine Handlung kausal verursacht hat. Erforderlich ist, dass • bei jedem Täter ein anspruchsbegründendes Verhalten besteht, • eine der Personen den Schaden verursacht hat und • es nicht feststellbar ist, wer von ihnen den Schaden tatsächlich (ganz oder teilweise) verursacht hat. Der Verursachungsbeitrag eines jeden Beteiligten muss geeignet sein, den Schaden herbeizuführen.

Rechtsfolge: Haftung als Gesamtschuldner iSd §§ 421, 426 BGB

§ 830 Abs. 1 S. 2 BGB führt zwar zu einer gesamtschuldnerischen Haftung iSd § 421 BGB, kommt aber lediglich dann zur Anwendung, wenn sich nicht ermitteln lässt, wer von mehreren Beteiligten den Schaden verursacht hat. Die Regelung erfasst nur die Fälle, bei denen mehrere unabhängig voneinander unerlaubte Handlungen begangen haben, die jede für sich zwar den Schaden allein verursacht haben könnte, aber die konkrete Kausalität nicht feststellbar ist. Dabei sind zwei Fallgruppen zu unterscheiden, zum einen Zweifel hinsichtlich der **Urheberschaft** (alternative Kausalität), zum anderen solche in Bezug auf den **Anteilsumfang** (kumulative Kausalität). Die fehlende Kausalität wird ersetzt durch die bestimmte Schadenseignung des Verhaltens der Beteiligten.[9]

Hier steht fest, dass N durch das Umstoßen des Stuhls die Tuba beschädigt hat. Der Anwendungsbereich des § 830 Abs. 1 S. 2 BGB ist nicht eröffnet; ein Anspruch scheidet aus.

---

[9] Vgl. BGH NJW 2001, 2538 f.; PWW/*Schaub*, § 830 Rn. 1 f. Der Anspruch aus § 830 Abs. 1 S. 2 BGB ist subsidiär zu dem nach § 830 Abs. 1 S. 1, Abs. 2 BGB.

3. Anspruch nach §§ 421 S. 1, 426 Abs. 1 S. 1, 840 Abs. 1 BGB

Ein Anspruch aus einem Gesamtschuldverhältnis gemäß §§ 421, 426 BGB könnte sich aufgrund des § 840 Abs. 1 BGB ergeben.

> **Aufbauschema § 840 Abs. 1 BGB**
> 1. Durch unerlaubte Handlung entstandener Schaden
> 2. Nebeneinander bestehende Verantwortlichkeit mehrerer
> ➡ Rechtsfolge: gesamtschuldnerische Haftung, §§ 421, 426 BGB

> **Haftung mehrerer nach § 840 BGB**
>
> Die Vorschrift ist nach herrschender Auffassung (Palandt/*Sprau*, § 840 Rn. 1; MüKoBGB/*Wagner*, § 840 Rn. 1; BGH NJW 1979, 544) keine Anspruchsgrundlage, sondern ordnet lediglich die gesamtschuldnerische Haftung mehrerer Täter an, die nebeneinander verantwortlich sind. Erfasst werden dabei
> - Mittäter, Anstifter und Gehilfen gemäß § 830 Abs. 1 S. 1, Abs. 2 BGB,
> - Beteiligte nach § 830 Abs. 1 S. 2 BGB,
> - sonstige Nebentäter.
>
> Das Merkmal der unerlaubten Handlung schließt sämtliche deliktischen Tatbestände ein, auch solche der Gefährdungshaftung. Zudem bezieht die Rechtsprechung Haftungstatbestände aus dem Vertragsrecht ein (zB BGH NJW 1990, 2882, 2883 f.). Die gesamtschuldnerische Haftung führt im Innenverhältnis gemäß § 426 Abs. 1 S. 1 BGB zu einer anteilsmäßigen Einstandspflicht. Eine alleinige Haftung eines Schädigers im Verhältnis zu den übrigen ergibt sich aus § 840 Abs. 2, 3 BGB.

Nach dieser Vorschrift müssten D und N **nebeneinander** für die Beschädigung der Tuba **verantwortlich** sein. Zu klären ist deshalb, ob auch D die Beschädigung der Tuba im Rahmen einer unerlaubten Handlung zugerechnet werden kann und deshalb T ein entsprechender Schadensersatzanspruch gegen diesen zusteht.

a) Anspruch des T gegen D gemäß § 823 Abs. 1 BGB

Bei der Beschädigung der Tuba handelt es sich um eine Eigentumsverletzung. Fraglich ist, ob sich D haftungsbegründend kausal verhalten hat.

In Betracht kommt hierbei die Haftung in Anlehnung an die sogenannten **Herausforderungs- oder auch Verfolgerfälle**.[10] Danach kann jemand nach § 823 Abs. 1 BGB in Anspruch genommen werden, wenn er durch vorwerfbares Tun einen anderen zu selbstgefährdendem Verhalten herausfordert. Dabei muss die Selbstgefährdung auf einer mindestens im Ansatz billigenswerten Motivation beruhen und der Schaden aufgrund des durch die Verfolgung erhöhten Risikos entstanden sein.

> **Herausforderungsfälle**
> Merkmale:
> - Vorwerfbares Tun des Schädigers, welches den Geschädigten zu selbstgefährdendem Verhalten veranlasst.
> - Willensentschluss des Geschädigten zur Verfolgung beruht auf einer mindestens im Ansatz billigenswerten Motivation.
> - Zurechenbar ist der Schaden, der infolge des durch die Herausforderung gesteigerten Risikos entstanden ist.

aa) Vorwerfbares Tun

D hat die Handtasche weggenommen und ist anschließend davon gelaufen. Der Diebstahl des Eigentums als vorwerfbares Tun hat N zur Verfolgung herausgefordert.

bb) Billigenswerte Motivation

Für die Zurechnung ist es nicht ausreichend, dass sich der Verletzte „tatsächlich" zum Nacheilen veranlasst fühlte. Erforderlich ist vielmehr, dass er sich zum Eingreifen herausgefordert fühlen „durfte",[11] dass also seine Motivation billigenswert ist.

---

10 BGH NJW 1996, 1533; 2002, 2232; *Looschelders*, Schuldrecht BT, § 60 Rn. 27; *Fuchs/Pauker*, Delikts- und Schadensersatzrecht, S. 87 ff.; *Deutsch*, Allgemeines Haftungsrecht, 2. Aufl. 1996, Rn. 156; vgl. *Althammer*, JA 2006, 697, 699; Erman/*Ebert*, Vor §§ 249–253 Rn. 57 f.; *Medicus*, JuS 2005, 289, 291 f.; PWW/*Luckey*, § 249 Rn. 57.
11 BGH NJW 1971, 1980; NJW 1996, 1533; OLG Düsseldorf, NZV 1995, 280.

Hierfür ist zu klären, ob ein angemessenes Verhältnis zwischen dem Zweck der Verfolgung und deren erkennbaren Risiko besteht. So wird vermieden, dass das mit einer Flucht verknüpfte Haftungsrisiko unermesslich gesteigert wird. Dies wird grundsätzlich nur dann angenommen, wenn der Verfolgte nicht mit der Verfolgung und deren konkreter Durchführung rechnen konnte und musste.[12] In den übrigen Fällen wird eine unangemessene Risikoverteilung über § 254 BGB berücksichtigt.

Dem Umstand, dass D unmittelbar nach dem Ergreifen der Handtasche davonrennt, lässt sich entnehmen, dass er mit einer Verfolgung rechnete. Zudem war nach der allgemeinen Lebenserwartung ein derartiges Verhalten zu erwarten.

Aus Sicht des N war im bloßen Nachlaufen über das Festgelände an sich objektiv kein übermäßig gesteigertes Risiko erkennbar. Hinzu kommt, dass das Ehepaar Naumann keine genaueren Kenntnisse über D hatte, also insbesondere weder Namen noch Adresse wusste und aufgrund der Plötzlichkeit der Wegnahme auch keine genauere Personenbeschreibung hätte abgeben können. Ein Auffinden des Täters im Wege polizeilicher bzw. staatsanwaltlicher Ermittlungen wäre insofern eher unwahrscheinlich gewesen, persönliche Dokumente aus der Handtasche unwiederbringlich verloren bzw. nur mit erhöhten Aufwand ersetzbar. Schließlich räumt § 127 StPO ein Festnahmerecht ein, wenn jemand auf frischer Tat betroffen wird, wobei gemäß § 127 Abs. 3 StPO die Festnahme auch bei Antragsdelikten wie einem einfachen Diebstahl zulässig ist. Insgesamt ist deshalb von einem ausreichenden Anlass bei überschaubarem Risiko und damit einem billigenswerten Beweggrund für die Verfolgung auszugehen.[13]

cc) Schäden eines Dritten und gesteigertes Risiko

Der Schaden ist allerdings nicht an Rechtsgütern des Verfolgers N, sondern am Eigentum des unbeteiligten T eingetreten. Die Behandlung der Verfolgungs- und Herausforderungsfälle ist jedoch allgemein gültiger Ausdruck eines auf rechtlichen Wertungen beruhenden Zurechnungsverständnisses.[14] Die besondere Art der mittelbaren Verletzungshandlung bei einer Verfolgung trägt auch das Risiko der Beeinträchtigung der Rechtsgüter und Rechte Dritter in sich. Folglich kann es für die haftungsrechtliche Zurechnung einer vom Verfolgten adäquat-kausal herbeigeführten Rechtsverletzung nicht entscheidend darauf ankommen, ob er selbst oder ein Dritter betroffen ist.[15]

Die Beschädigung der Tuba erfolgte im Rahmen der Flucht über die Bühne und beruht damit auf einem verfolgungsbedingt erhöhten Risiko.

T steht auch gegen D ein Anspruch auf Schadensersatz gemäß § 823 Abs. 1 BGB zu.

b) Innenausgleich zwischen D und N gemäß § 426 Abs. 1 BGB

§ 840 Abs. 1 BGB legt die gesamtschuldnerische Haftung der nebeneinander Verantwortlichen fest. Daraus folgt die Anwendung der §§ 421 ff. BGB; das heißt, jeder Schädiger ist gegenüber dem Geschädigten zum Ersatz des gesamten Schadens verpflichtet, wobei dieser nur einmal Schadensersatz fordern darf.

---

[12] BGH NJW 1975, 168, 169; 1996, 1533 mwN; MüKoBGB/*Oetker*, § 249 Rn. 174.
[13] Vgl. BGH NJW 2012, 1951, 1952; 1975, 168 f.; BGHZ 70, 374, 376; 132, 164, 166; Palandt/*Grüneberg*, Vorb. v. § 249 Rn. 43; Erman/*Ebert*, Vor §§ 249–253 Rn. 57.
[14] BGH NJW 2002, 2232, 2233; OLG Koblenz NJOZ 4530, 4535; BRHP/*Förster*, § 823 Rn. 259.
[15] Vgl. BGH NJW 2012, 1951.

12. Unerlaubte Handlungen, Gesamtschuldnerausgleich, Zurechnung und Schadensumfang

Gesamtschuldner, §§ 421 ff. BGB

Gesamtschuldnerschaft bezeichnet eine Schuldnermehrheit, bei der mehrere eine Leistung in der Weise schulden, dass jeder die Leistung bewirken muss, während der Gläubiger berechtigt ist, die Leistung (lediglich einmal) nach seinem Belieben von jedem Schuldner insgesamt oder teilweise zu fordern, § 421 S. 1 BGB. Der Gläubiger steht damit günstiger, weil er bei Befriedigung durch einen (leistungsfähigen) Schuldner vom Ausfallrisiko bei den übrigen Schuldnern verschont bleibt.

Die Erfüllung durch einen Schuldner bewirkt, dass auch die übrigen frei werden, § 422 Abs. 1 S. 1 BGB. Die Ansprüche gegen die einzelnen Schuldner können dabei auf unterschiedlichen Rechtsgründen beruhen und müssen nicht den identischen Leistungsinhalt haben. Notwendig ist jedoch, dass es um die Befriedigung desselben Leistungsinteresses des Gläubigers geht und nach hM die Verpflichtungen der Schuldner gleichstufig sind (*Looschelders*, Schuldrecht AT, Rn. 1279 f.; MüKoBGB/*Heinemeyer*, § 421 Rn. 5 ff.; Palandt/*Grüneberg*, § 421 Rn. 6 ff.).

Außenverhältnis

Die Forderungen gegen die einzelnen Schuldner bleiben grundsätzlich selbständig. Durch § 422 Abs. 1, S. 1, 2 BGB wird jedoch eine Gesamtwirkung angeordnet, die sich auf Erfüllungssurrogate bezieht; zudem wirkt der Verzug des Gläubigers nach § 424 BGB gegenüber allen Schuldnern.

Beim Erlassvertrag ist nach §§ 133, 157 BGB auszulegen, ob dieser eine entsprechende Gesamtwirkung entfalten soll, § 423 BGB. Im Übrigen gilt § 425 BGB; sonstige Tatsachen haben Einzelwirkung im Verhältnis zum jeweiligen Schuldner.

Innenverhältnis

§ 426 BGB regelt in Abs. 1 S. 1 einen Ausgleichsanspruch der Gesamtschuldner untereinander zu gleichen Anteilen und einen gesetzlichen Forderungsübergang, Abs. 2 S. 1. Infolge abweichender vertraglicher oder gesetzlicher Bestimmungen (zB § 840 Abs. 2 BGB) bzw. nach dem Maß der Verantwortlichkeit iSd § 254 BGB erfolgt regelmäßig eine andere Verteilung der Beiträge. Die auf den erfüllenden Schuldner übergehende Gläubigerforderung ist zu seinem Ausgleichsanspruch akzessorisch; zudem gelten §§ 401, 412 BGB.

Gestörtes Gesamtschuldverhältnis

Kann sich einer der Gesamtschuldner auf eine vertragliche oder gesetzliche Haftungsprivilegierung gegenüber dem Gläubiger berufen, die den übrigen Schuldnern nicht zusteht, wird von einer gestörten Gesamtschuld gesprochen. Die Behandlung einer solchen Konstellation ist umstritten. Vertreten werden **verschiedene Sichtweisen** (vgl. *Looschelders*, Schuldrecht AT, § 54, Rn. 33 ff.; MüKoBGB/*Heinemeyer*, § 426 Rn. 8 ff.; Palandt/*Grüneberg*, § 426 Rn. 18 ff.).

Der privilegierte Schuldner ist von der Haftung gegenüber dem Gläubiger frei. Es besteht kein Gesamtschuldverhältnis zu den übrigen Schuldnern;	Trotz des Haftungsausschlusses wird ein Gesamtschuldverhältnis des privilegierten zu den übrigen Schuldnern iSd § 421 BGB	Bezüglich des privilegierten Schuldners wird zwar ein Gesamtschuldverhältnis angenommen und damit auch ein Ausgleichsanspruch der	Der privilegierte Schuldner ist von der Haftung gegenüber dem Gläubiger befreit. Der Anspruch des Gläubigers gegen die übrigen Schuldner ist aber

Gestörtes Gesamtschuldverhältnis *(Fortsetzung)*			
diesen steht kein Ausgleichsanspruch gemäß § 426 Abs. 1 BGB gegen den privilegierten Schuldner zu.	angenommen und gegen den an sich privilegierten Schuldner ein Ausgleichsanspruch nach § 426 Abs. 1 BGB befürwortet.	anderen Schuldner befürwortet, aber ersterer erlangt dafür einen Rückgriffsanspruch gegen den Gläubiger.	von vornherein um den Anteil des privilegierten Schuldners (nach seiner Verantwortlichkeit) zu kürzen.

Die überwiegende Meinung unterscheidet nach der Art der Haftungsprivilegierung des Erstschädigers:

Vertragliche Haftungsbefreiung	Gesetzliche Haftungsprivilegierung
Bei einer zwischen Gläubiger und Erstschuldner vereinbarten Haftungsfreistellung kommt eine volle Haftung der übrigen Schuldner als (unzulässiger) Vertrag zu Lasten Dritter nicht in Betracht. Nach der Rechtsprechung (BGHZ 12, 213, 215) ist deshalb den übrigen Schuldnern gegen den privilegierten ein Ausgleichsanspruch zuzugestehen. Wegen der auf diese Weise eintretenden Entwertung der Privilegierung befürwortet die überwiegende Literatur (*Brox/Walker*, Allgemeines Schuldrecht, § 37 Rn. 23f.; *Hager*, NJW 1989, 1642; *Looschelders*, Schuldrecht AT, § 54 Rn. 37) hingegen eine Kürzung des Ersatzanspruchs des Gläubigers gegen die übrigen Schuldner um den Verantwortungsanteil des privilegierten Schuldners. Damit treffen die Folgen der Privilegierung denjenigen, der sie zu seinen Lasten vereinbart hat.	Im Hinblick auf eine gesetzliche Haftungsfreistellung wird nach Sinn und Zweck der Vorschrift unterschieden, wobei in der Regel auch hier gilt, dass die Privilegierung nicht zu Lasten der übrigen Schuldner gehen soll. Der Gläubiger hat deshalb einen um den Verantwortungsteil des freigestellten Schädigers verringerten Anspruch gegen die übrigen Schuldner (*Looschelders*, Schuldrecht AT, § 54 Rn. 38). Ausnahmen werden zB bei familienrechtlichen Ansprüchen (§§ 1359, 1664 BGB) zum Schutz der Haftungs- und Schicksalsgemeinschaft angenommen; danach haftet der Mitschädiger gegenüber dem Gläubiger auf den vollen Betrag und hat keinen Ausgleichsanspruch gegen den privilegierten Schuldner (meist die Eltern), vgl. BGH NJW 2004, 2892; *Medicus/Petersen*, Bürgerliches Recht, Rn. 932.

Im Innenverhältnis der Schädiger ist ein Ausgleich nach § 426 Abs. 1 S. 1 BGB vorzunehmen, dh dem Schuldner, der den Gläubiger vollständig befriedigt hat, steht im Innenverhältnis zu dem Zweitschuldner ein Anspruch auf anteiligen Ausgleich seiner an den Gläubiger erbrachten Schadensersatzleistung zu. Fraglich ist hier folglich, ob N gegen D einen entsprechenden Ausgleichsanspruch nach dieser Vorschrift hat. Grundsätzlich ist von einer Verteilung zu gleichen Anteilen auszugehen, es sei denn, dass sich aus dem Gesetz, einem zwischen den Beteiligten bestehenden Rechtsverhältnis oder der Natur der Sache etwas anderes ergibt.

Hier greift aufgrund der eigenen Charakteristik von Verfolgungsfällen eine unterschiedliche Verteilung der Verantwortlichkeit für die Beschädigung der Tuba entsprechend § 254 BGB ein. Danach ist im Wege der Gesamtabwägung der Umstände des Schadenshergangs davon auszugehen, dass der wesentliche Verursachungsanteil bei D liegt. Der Diebstahl der Handtasche und die anschließende Flucht über die Bühne durch die Blaskapelle begründen ein besonderes Risiko der Beschädigung der auf der Bühne befindlichen Musikinstrumente. Lediglich einem Zufall ist es zu verdanken, dass D nicht schon selbst etwas unmittelbar beschädigt hat. Folglich war es naheliegend, dass es bei der Verfolgung zu entsprechenden Beeinträchtigungen kommt; N kann deshalb kein Vorwurf gemacht werden. Er hatte nicht genügend Zeit zum Überlegen und war nicht in der Lage, einen anderen Weg zu wählen, wenn er D nicht aus den Augen verlieren wollte. Die Beschädigung der Tuba ist deshalb ausschließlich D zuzurechnen, weshalb er im Innenverhältnis den Schaden in vollem Umfang zu ersetzen hat.

> Gesamtabwägung der Umstände

Ergebnis

N steht gegen D ein Anspruch auf Freistellung nach §§ 421 S. 1, 426 Abs. 1 S. 1, 840 Abs. 1 BGB zu.

II. Anspruch auf Schadensersatz gemäß § 823 Abs. 1 BGB aufgrund des Kreuzbandrisses

N könnte ein Anspruch auf Schadensersatz gegen D wegen des erlittenen Kreuzbandrisses gemäß § 823 Abs. 1 BGB zustehen.

1. Entstehen des Anspruchs

D ist auch für die Gesundheitsbeeinträchtigung infolge des Kreuzbandrisses bei N gemäß § 823 Abs. 1 BGB haftungsbegründend kausal verantwortlich, weil es sich um einen Herausforderungsfall handelt. Die durch die Verfolgung hervorgerufene Selbstgefährdung seitens N beruht auf einer billigenswerten Motivation und die Beeinträchtigung ist aufgrund des durch die Verfolgung erhöhten Risikos entstanden.

2. Schadensumfang

Nach § 823 Abs. 1 BGB wird Ersatz des haftungsausfüllend aus der Rechtsgutverletzung entstandenen Schadens[16] geschuldet. Zu klären ist, welche Schadenspositionen N ersetzt verlangen kann.

Schaden
Ausgangspunkt ist der sogenannte natürliche Schadensbegriff, wonach Schaden jegliche Einbuße ist, die jemand aufgrund eines bestimmten Ereignisses an seinen Rechten, Rechtsgütern oder Interessen erleidet.

Vermögensschaden/ Nichtvermögensschaden	Normativer Schaden
Ersterer wird auch materieller Schaden genannt und ist die in Geld messbare Einbuße.	Ein natürliches Schadensverständnis sei als außerrechtlich abzulehnen und führe zu unbilligen Ergebnissen.

---

16 Ausführlich zum Schadensbegriff Jauernig/*Teichmann*, Vorb. §§ 249–253 Rn. 3 ff.; *Fikentscher/Heinemann*, Schuldrecht, Rn. 600 ff.; Palandt/*Grüneberg*, Vorb. v. § 249 Rn. 9 ff.; NK-BGB/*Magnus*, Vorb. zu §§ 249–255 Rn. 17 ff.; Erman/*Ebert*, Vor §§ 249–253 Rn. 14; MüKoBGB/*Oetker*, § 249 Rn. 16 ff. mwN.

Schaden *(Fortsetzung)*

Vermögensschaden/ Nichtvermögensschaden

Zum Teil werden dabei der Vermögensschaden ieS und die Verletzung absolut geschützter Rechtsgüter unterschieden. Insbesondere im Deliktsrecht dient dies zur Abgrenzung vom (idR nicht ersetzbaren) bloßen Vermögensschaden.
Der (immaterielle) Nichtvermögensschaden umschreibt die nicht monetär messbare Beeinträchtigung von Rechtsgütern bzw. Interessen (zB Gesundheitsverletzung mit Schmerzen). In der Folge können weitere (materielle) Schäden (zB Arztkosten) entstehen.

Normativer Schaden

ZB würde bei freiwilligen Leistungen Dritter an den Geschädigten der Schaden insoweit entfallen und der Schädiger ungerechtfertigt entlastet.
Im Vordergrund stünde deshalb, inwieweit die Rechtsordnung eine Beeinträchtigung als ausgleichswürdig ansieht.
Der normative Schaden ist danach ein rechtlich geformtes Tatbestandsmerkmal. Zur Bestimmung desselben ist auf die Wertungen abzustellen, die sich aus Sinn und Zweck der konkret anzuwendenden Normen ergeben.

Differenzhypothese

Zur Feststellung des Vermögensschadens wird die **Differenzhypothese** herangezogen. Dazu wird das Vermögen nach dem schädigenden Ereignis mit der (hypothetischen) Güterlage verglichen, die ohne das schadensersatzauslösende Geschehnis bestünde.
Die dabei errechnete Differenz bildet den zu ersetzenden Schaden.
Besonderer Ausdruck dieses Prinzips ist das **Bereicherungsverbot**, wonach der Geschädigte durch den Schadensfall nicht besser stehen darf.

Dualistischer Schadensbegriff

Im Grundsatz ist nach hM an der Differenzhypothese festzuhalten. Auf deren Grundlage ist in bestimmten Fallgruppen der Schaden anhand wirtschaftlicher und normativer Wertungen, die sich insbesondere aus der anzuwendenden Norm ergeben, zu ermittelten.
Gegebenenfalls bedarf es zudem einer Korrektur aufgrund des Prinzips von Treu und Glauben gemäß § 242 BGB.

Weitere Schadensdifferenzierungen

Unmittelbarer Schaden:	nachteilige Änderung am verletzten Recht bzw. Rechtsgut selbst.
Mittelbarer Schaden:	durch das schädigende Ereignis verursachte sonstige Einbußen.
Nichterfüllungsschaden:	das (positive) Erfüllungsinteresse im Hinblick auf ein Schuldverhältnis.
Vertrauensschaden:	(negatives) Interesse; Schaden durch das Vertrauen auf die Gültigkeit des Vertrages.
Frustrierungsschaden:	vor dem schädigenden Ereignis erfolgte (nunmehr) nutzlose Aufwendungen.

Der infolge des Diebstahls der Handtasche und der anschließenden Verfolgung erfolgte Sturz des N bewirkte als unmittelbarer (Nichtvermögens-)Schaden eine Gesundheitsbeeinträchtigung mit Schmerzen und Arbeitsunfähigkeit. Hinsichtlich der Art und des Umfangs des Ersatzes des haftungsausfüllend entstandenen Schadens greifen die §§ 249 ff. BGB ein.[17]

---

[17] Siehe dazu *Wandt*, Gesetzliche Schuldverhältnisse, § 23 Rn. 2 ff.; BGH NJW 2009, 3713; *Thole*, NZV 2010, 425; vgl. auch Fall 13, S. 327 f.

Inhalt und Umfang des Schadensersatzes, §§ 249 ff. BGB

Grundsatz der Totalreparation
Der Schaden ist vollständig, dh ohne jegliche Abzüge zu ersetzen, so dass beim Geschädigten umfänglich der hypothetische schadensfreie Zustand hergestellt wird. Dazu gehört auch entgangener Gewinn, § 252 BGB.

Grundsatz der Naturalrestitution
Der Schaden ist idR durch Herstellung des gleichen wirtschaftlichen Zustandes in Natur auszugleichen, der ohne Schadensereignis bestünde. Dabei gilt das **Wirtschaftlichkeitsgebot** (kostengünstige Wiederherstellung).

Bereicherungsverbot
Der Schadenersatzanspruch findet seine Schranke in dem Verbot, dass der Geschädigte sich dadurch bereichert. Auch wenn er vollen Ersatz verlangen kann, soll er durch den Schadensfall nicht besser gestellt werden.

§§ 249, 250 BGB
Diese Regelungen setzen voraus, dass die **Wiederherstellung** für den Ersatzpflichtigen **möglich** ist.
§ 249 Abs. 1 BGB ist Ausdruck des Grundsatzes der Naturalrestitution, während Abs. 2 dem Geschädigten eine Ersetzungsbefugnis einräumt, indem er den zur Herstellung erforderlichen Betrag verlangen kann. Geldersatz kann zudem verlangt werden, wenn eine angemessene Frist fruchtlos abgelaufen ist, § 250 BGB.

§ 251 BGB
Soweit die **Wiederherstellung unmöglich oder ungenügend** ist, hat der Gläubiger einen Anspruch auf Geldersatz, § 251 Abs. 1 BGB.
Soweit die Herstellung für den Ersatzpflichtigen **unverhältnismäßig** ist, darf er nach Abs. 2 den Gläubiger in Geld entschädigen. Bei der Heilbehandlung eines Tieres liegt Unverhältnismäßigkeit nicht schon dann vor, wenn die erforderlichen Kosten dessen Wert übersteigen.

§ 253 BGB
§ 253 Abs. 1 BGB enthält den bürgerlich-rechtlichen **Grundsatz**, dass wegen **immaterieller Schäden** Entschädigung nur in gesetzlich bestimmten Fällen verlangt werden kann.
Abs. 2 legt unabhängig vom Haftungsgrund fest, dass wegen der Verletzung der dort genannten **absoluten Rechte** eine billige Entschädigung in Geld (sog Schmerzensgeld) gefordert werden kann (ähnlich § 651 f Abs. 2 BGB für nutzlos aufgewendete Urlaubszeit).

Mitverschulden, § 254 BGB

§ 254 BGB enthält in Abweichung vom Prinzip der Totalreparation bei einer Mitverursachung des Schadens durch den Geschädigten in Abs. 1 zwei grundlegende Vorgaben (vgl. Jauernig/*Teichmann*, § 254 Rn. 5 ff.; MüKoBGB/*Oetker*, § 254 Rn. 29 ff.; *Fuchs/Pauker*, Delikts- und Schadensersatzrecht, S. 453 ff.):

1. Die Verpflichtung zum Schadensersatz sowie dessen Umfang hängen davon ab, ob den Geschädigten hinsichtlich seines Verursachungsbeitrages ein Verschulden trifft. Folglich gilt auch insoweit das Verschuldensprinzip, was zu einer grundsätzlichen Gleichbehandlung zwischen Schädiger und Geschädigtem führt.
2. Der Umfang der Pflicht zur Schadenstragung bestimmt sich nach dem Maß der jeweiligen Verantwortlichkeit. Dabei gelten grundsätzlich dieselben Zurechnungskriterien für den Schädiger wie für den Geschädigten.

Anwendungsbereich

- Soweit keine Sonderregelungen eingreifen (zB § 17 StVG, § 425 Abs. 2 HGB), ist § 254 bei **sämtlichen Schadensersatzansprüchen** rechtsgeschäftlicher oder gesetzlicher Art anwendbar. Dabei ist unbeachtlich, ob auf Seiten des Schädigers der Tatbestand an Verschulden anknüpft; die Vorschrift gilt auch bei Ansprüchen aus Garantie- oder Gefährdungshaftung.
- Zudem findet die Vorschrift (analog) bei **Beseitigungs- und Unterlassungsansprüchen** iSd § 1004 BGB Anwendung, während Erfüllungsansprüche ausgenommen sind.
- Schließlich wendet die hM die Vorschrift ebenfalls in den Fällen des sog. **Handelns auf eigene Gefahr**, also bei einer bewussten Selbstgefährdung an. Insbesondere bei der Teilnahme des Geschädigten an gefährlichen Pkw-Fahrten (zB fahruntüchtiger Fahrer, illegale Autorennen) oder Sportarten (zB Boxen, Gleitschirmfliegen) ist § 254 BGB heranzuziehen.

Voraussetzungen

- Nach § 254 Abs. 1 BGB ist erforderlich, dass bei Entstehung des Schadens der Geschädigte **schuldhaft mitgewirkt** hat. Verschulden meint dabei analog § 276 Abs. 1 BGB alle Formen von **Vorsatz und Fahrlässigkeit**, bezogen auf den Schutz der **eigenen Rechtsgütersphäre**. Das **mitursächliche Verhalten** umfasst sowohl **Tun** als auch **Unterlassen** bei oder nach Eintritt des schädigenden Ereignisses.
- Absatz 2 beschreibt beispielhaft zwei Formen des schuldhaften Unterlassens des Geschädigten:
  – Er hat den Schädiger nicht auf die Gefahr eines ungewöhnlich hohen Schadens aufmerksam gemacht oder
  – er hat es unterlassen, den Schaden abzuwenden bzw. zu mindern.

Mit der hM ist zudem ein Mitverschulden anzunehmen, wenn der Geschädigte zwar nicht schuldhaft handelte, ihm aber ein besonderer Gefährdungstatbestand zuzurechnen ist.

Rechtsfolge

- Die Schadenstragung erfolgt nach dem **Maß der jeweiligen Verantwortlichkeit** des Schädigers sowie des Geschädigten und wird im Rahmen eines Abwägungsvorganges ermittelt.
- Die Verteilung bestimmt sich anhand des **Gewichts der Mitverursachung**, mit welchem Grad an Wahrscheinlichkeit also das jeweilige Verhalten die Rechtsgutverletzung herbeigeführt hat.
- Zudem sind das Verschulden bzw. die Sach- und Betriebsgefahr insofern einzubeziehen, wie sie sich in dem schädigenden Ereignis realisiert haben.
- **Grundsätzlich** führt die Bewertung zu einer **anteiligen Schadenstragung** zwischen Schädiger und Geschädigten; im **Ausnahmefall** kann die Verantwortlichkeit eines der Beteiligten jedoch so stark überwiegen, dass er voll haftet, während der Beitrag des anderen unberücksichtigt bleibt (zB bei Vorsatz des Schädigers und Fahrlässigkeit des Geschädigten).

a) Heilbehandlung

aa) Anspruch des N

Hinsichtlich der zur Behandlung des Kreuzbandrisses erforderlichen Kosten ist von einem unmittelbaren Schaden auszugehen.[18] Bei Personenschäden stellt die ärztliche Versorgung und Heilbehandlung die Naturalrestitution dar, wobei sich das Maß des Geschuldeten nach dem medizinisch Gebotenen richtet.[19] Auf den Erfolg der Behandlung kommt es nach überwiegender Auffassung nicht an; ausreichend ist, dass objektiv hinreichende Aussicht auf Linderung und Heilung besteht.[20] Danach hätte N einen Anspruch auf Ersatz der Heilbehandlungskosten iSd § 249 Abs. 2 S. 1 BGB.

Bei Personenschäden ist die Heilbehandlung Naturalrestitution.

bb) Gesetzlicher Forderungsübergang nach § 116 Abs. 1 SGB X

Zu berücksichtigen ist jedoch, dass der gesetzliche Sozialversicherungsträger ebenfalls zur Leistung verpflichtet ist und die Kostenübernahme für die Heilbehandlung schuldet (vgl. zB § 2 SGB V). Deshalb legt § 116 Abs. 1 SGB X fest, dass der Ersatzanspruch des Geschädigten auf den Versicherungsträger übergeht. So kann vermieden werden, dass der Schädiger nicht dadurch entlastet wird, dass ein Dritter ebenfalls für den Schaden einzustehen hat. Es kommt insofern also nicht zum Vorteilsausgleich.[21]

Gesetzlicher Forderungsübergang, § 116 Abs. 1 SGB X

Vorteilsausgleichung

Nach dem Bereicherungsverbot soll der Geschädigte infolge des Schadensereignisses nicht bessergestellt werden, als er ohne dasselbe stünde. Deshalb können entsprechend dem Grundsatz von Treu und Glauben (§ 242 BGB) Vorteile, die er infolge des Schadensfalls erlangt, auszugleichen sein.

Die frühere Rechtsprechung sah jeden Vorteil als anrechenbar an, der mit dem schädigenden Ereignis in einem adäquaten Kausalzusammenhang steht (RGZ 130, 258, 261; 148, 154, 164). Das führte zu unbilligen Ergebnissen. Nach herrschender Sichtweise (BGH NJW 1997, 2378; NJW 2007, 3130) sind deshalb auf den Schadensersatzanspruch Vorteile anzurechnen, wenn

1. zwischen dem schädigenden Ereignis und dem Vorteil ein adäquater Kausalzusammenhang besteht und
2. die Anrechnung des Vorteils dem Zweck der Anspruchsnorm entspricht (keine unzumutbare Belastung des Geschädigten und keine unbillige Begünstigung des Schädigers).

---

18 Palandt/*Grüneberg*, Vorb. v. § 249 Rn. 15; MüKoBGB/*Oetker*, § 249 Rn. 101.
19 MüKoBGB/*Oetker*, § 249 Rn. 336; PWW/*Luckey*, § 249 Rn. 3, 24; BGH NJW 1986, 1538; NJW 2013, 3634.
20 MüKoBGB/*Oetker*, § 249 Rn. 339; OLG Karlsruhe NZV 1999, 210; ähnlich Geigel/*Pardey*, Kap. 4 Rn. 30.
21 BGH NJW-RR 2010, 839, 841f.; MüKoBGB/*Oetker*, § 249 Rn. 516. Zum Vorteilsausgleich ausführlich *Fikentscher/Heinemann*, Schuldrecht, Rn. 703ff.; Palandt/*Grüneberg*, Vorb. v. § 249 Rn. 85ff.; BRHP/*Flume*, § 249 Rn. 345ff.; PWW/*Luckey*, § 249 Rn. 80ff.; Erman/*Ebert*, Vor §§ 249–253 Rn. 82ff.

> **Vorteilsausgleichung** *(Fortsetzung)*
>
> Zur Klärung, ob der erlangte Vorteil anzurechnen ist, bedarf es einer wertenden Betrachtung der normbezogenen Verknüpfung von Schadensereignis und eingetretenen Vorteil im Sinne einer rechtlichen Einheit. Wertungsleitende Gesichtspunkte sind insbesondere:
> - Nach Abschluss des Schadensereignisses eintretende Vorteile sind grundsätzlich nicht zu berücksichtigen.
> - Anzurechnen sind nur endgültig dem Geschädigten zustehende Vorteile, deren Erlangung nicht zugleich eine Vermögensminderung bewirkt.
> - Rechtsgedanke des § 843 Abs. 4 BGB
> - Durch eigene Maßnahmen des Geschädigten erlangte Vorteile sind, soweit sie sich im Rahmen der Schadensminderungspflicht bewegen, entsprechend dem Rechtsgedanken des § 254 Abs. 2 BGB anzurechnen.
> - Ein Sonderfall der gesetzlichen Vorteilsausgleichung ist § 255 BGB.

Ergebnis

N steht aufgrund des gesetzlichen Forderungsübergangs gemäß § 116 Abs. 1 SGB X kein Ersatz der Heilbehandlungskosten zu. D schuldet hingegen dem Sozialversicherungsträger Schadensersatz.

b) Schmerzensgeld

Die infolge der verursachten Körperverletzung erlittenen Schmerzen als ein mittelbarer (Nichtvermögens-)Schaden können gemäß § 253 Abs. 2 BGB[22] durch eine billige Entschädigung in Geld ausgeglichen werden.

[Randnotiz: Schmerzensgeld hat Ausgleichs- und Genugtuungsfunktion.]

Das Schmerzensgeld zielt darauf ab, dem Geschädigten die verletzungsbedingten Unannehmlichkeiten und Beeinträchtigungen auszugleichen (Ausgleichsfunktion) sowie Genugtuung zu verschaffen (Genugtuungsfunktion).[23] Es ist eine billige Entschädigung zu bestimmen. Die Schmerzensgeldhöhe ist daher unter umfassender Berücksichtigung aller für die Bemessung maßgeblichen Umstände festzusetzen.[24]

> **Schmerzensgeld**
>
> Die Verpflichtung zur Schmerzensgeldzahlung kann sich ergeben bei Schadensersatzansprüchen aus (vor-)vertraglichem Rechtsverhältnis, Delikt sowie Gefährdungshaftung bei Verletzung eines der in § 253 Abs. 2 BGB genannten Lebensgüter. Daneben wird bei einer schwerwiegenden Verletzung des allgemeinen Persönlichkeitsrechts gemäß § 823 BGB iVm Art. 1 Abs. 1, Art. 2 Abs. 1 GG ein Anspruch auf billige Entschädigung anerkannt.
> Über die Bestimmung der Schmerzensgeldhöhe entscheiden die Umstände des Einzelfalls. In der Praxis werden regelmäßig Schmerzensgeldtabellen herangezogen. Bemessungskriterien können ua sein:

---

[22] Die Norm ist nach hM keine selbstständige Anspruchsgrundlage, *Looschelders*, Schuldrecht AT, Rn. 1051; MüKoBGB/*Oetker*, § 249 Rn. 1 f.; *Diederichsen*, VersR 2005, 433, 435. Vgl. auch Fall 13, S. 343.

[23] BGH NJW 1955, 1675; 1995, 781; *Fikentscher/Heinmann*, Schuldrecht, Rn. 681; Palandt/*Grüneberg*, § 253 Rn. 4; PWW/*Luckey*, § 253 Rn. 11 f. Insbesondere bei einer Verletzung des Persönlichkeitsrechts wird auch auf den Präventionsaspekt abgestellt, BGH NJW 1995, 861; NJW 1996, 984; BRHP/*Spindler*, § 253 Rn. 16 ff.

[24] Jauernig/*Teichmann*, § 253 Rn. 5 ff.; Palandt/*Grüneberg*, § 253 Rn. 15; Erman/*Ebert*, § 253 Rn. 20.

Schmerzensgeld *(Fortsetzung)*
• Art, Dauer und Schwere der Verletzung sowie Schmerzempfinden • Schwere des Schuldvorwurfs, Mitverschulden des Geschädigten • besondere Auswirkungen für den Geschädigten sowie bleibende Folgen • evtl. beiderseitige Vermögensverhältnisse (str.) • Zahlungsweise (einmalig oder Rentenzahlung)

Durch das Schadensereignis ist die Gesundheit von N für einen Zeitraum von insgesamt 6 Monaten beeinträchtigt gewesen. Neben dem operativen Eingriff mussten zudem weitere ambulante Behandlungsmaßnahmen durchgeführt werden. N steht Schmerzensgeld zu.[25]

c) Arbeitsausfall

Dem Grunde nach steht N auch Ersatz seines Verdienstausfalls gemäß § 823 Abs. 1 BGB zu. Der Arbeitgeber bleibt aber gemäß § 3 EFZG zur Entgeltfortzahlung im Krankheitsfalle des Arbeitnehmers für einen Zeitraum von 6 Wochen verpflichtet.[26] Folglich hat N durch das erkrankungsbedingte Fernbleiben von seinem Arbeitsplatz keine Beeinträchtigung erlitten.

C. Anspruch des D gegen F, B und W

I. Anspruch des D gemäß § 823 Abs. 1 BGB

Fraglich ist, ob D ein Anspruch nach § 823 Abs. 1 BGB zusteht, weil er durch den Schlag eine Körper- und Gesundheitsbeeinträchtigung, erlitten hat. Problematisch ist nämlich, dass ungeklärt ist, durch welche der drei Personen – F, B oder W – der Schlag ausgeführt wurde. Es fehlt damit an einem dem konkreten Anspruchsgegner zurechenbaren Verhalten, welches für die Körper- und Gesundheitsbeeinträchtigung kausal gewesen ist.

Ein Anspruch des D gemäß § 823 Abs. 1 BGB scheidet aus.

II. Anspruch des D gemäß § 830 Abs. 1 S. 1 BGB

Möglicherweise ergibt sich für D gemäß § 830 Abs. 1 S. 1, Abs. 2 BGB gegen F, B und W ein Anspruch auf Ersatz der Behandlungskosten in Höhe von 2.400 EUR und Schmerzensgeld.

Aufbauschema **§ 830 Abs. 1 S. 1, Abs. 2 BGB**

1. Unerlaubte Handlung
2. Gemeinschaftliche Begehung als
  – Mittäter,
    § 25 Abs. 2 StGB
  – Anstifter,
    § 26 StGB
  – Gehilfe,
    § 27 StGB
3. Vorsatz
4. Rechtswidrigkeit
5. Schaden

1. Unerlaubte Handlung

Beim Schlag mit der flachen Hand ins Gesicht des D und dem dadurch eingetretenen Kieferbruch handelt es sich um eine unerlaubte Handlung iSd §§ 823 ff. BGB.

2. Gemeinschaftliche Begehung

Erforderlich ist, dass die Beteiligten vorsätzlich gemeinschaftlich an der unerlaubten Handlung mitgewirkt haben. Die von der Vorschrift in Bezug genommenen

---

25 Vgl. OLG Brandenburg BeckRS 2008, 07466; Palandt/*Grüneberg*, § 253 Rn. 15 ff.
26 Vgl. näher ErfK/*Reinhard*, § 3 EFZG Rn. 45; zur Entgeltfortzahlung im Krankheitsfall siehe auch Fall 9, S. 220.

Beteiligten sind nach herrschender Auffassung in Übereinstimmung mit der Strafrechtsdogmatik zu Täterschaft und Teilnahme zu interpretieren.[27] Hier kommt eine Begehung als Mittäter iSd § 25 Abs. 2 StGB in Betracht.

Voraussetzung für eine Mittäterschaft von F, B und W ist nach der Lehre von der funktionalen Tatherrschaft,[28] dass sie auf der Grundlage eines gemeinschaftlichen Tatentschlusses in arbeitsteiligem Zusammenwirken, dh durch wesentliche Tatbeiträge den Tatbestand erfüllt haben. Dabei ist es aufgrund der wechselseitigen Zurechnung nicht notwendig, dass ein jeder der Tatbeiträge kausal gewesen ist. Vielmehr muss der jeweilige Beitrag so in die gemeinschaftliche Tat eingefügt sein, dass er als Teil der Tätigkeit des anderen Mittäters und umgekehrt dessen Tun als Ergänzung des eigenen Tatanteils erscheint.[29] Hier ist seitens F, B und W als Gruppe zunächst eine Rangelei mit D angezettelt worden, die schließlich in einer Schlägerei der Beteiligten endete. Es kann zwar nicht festgestellt werden, wer den Schlag gegen D ausgeführt hat. Aber durch das Auftreten in der Gruppe und die Rangelei bis hin zur Schlägerei, ist der Stoß, der zum Kieferbruch führte, wechselseitig allen drei Beteiligten zuzurechnen.

Im Hinblick auf den gemeinschaftlichen Tatentschluss ist es erforderlich, dass ausdrücklich oder konkludent[30] das Einvernehmen besteht, gemeinsam ein deliktisches Ziel zu verfolgen. Anhand der Umstände der Entstehung sowie daraus, dass F, B und W schon häufiger solche Rangeleien angezettelt hatten, ist erkennbar, dass sie konkludent gemeinsam den Willen gefasst haben, sich mit dem D derart auseinanderzusetzen und ihn zu schlagen.

F, B und W haben deshalb als Mittäter eine Körperverletzung des D herbeigeführt, mithin gemeinschaftlich eine unerlaubte Handlung begangen.

3. Vorsatz der Beteiligten

> Doppelvorsatz bezüglich Haupttat und Beteiligung

Im Rahmen des § 830 Abs. 1 S. 1 BGB ist es zudem erforderlich, dass die Beteiligten vorsätzlich bezüglich der Haupttat und der Beteiligung gehandelt haben (Doppelvorsatz). Nach herrschender Auffassung ist dabei Kenntnis von den Tatumständen und zumindest in groben Zügen der Wille jedes einzelnen Beteiligten erforderlich, diese auszuführen bzw. sie als fremde Tat zu fördern.[31]

Der Entschluss, gemeinschaftlich als Mittäter zusammenzuwirken, erstreckt sich hier zugleich darauf, den Verletzungserfolg herbeizuführen. Es ist davon auszugehen, dass es ihnen von der inneren Einstellung her einerlei war, wer genau welchen Schlag und wie viele davon ausführt. Unerheblich ist zudem das fehlende Bewusstsein darüber, in welchem konkreten Umfang eine Gesundheits- bzw. Körperbeeinträchtigung erfolgt.[32] Ausgeschlossen von der Zurechnung wären ledig-

---

[27] MüKoBGB/*Wagner*, § 830 Rn. 16; Erman/*Wilhelmi*, § 830 Rn. 3; BGHZ 184, 365; BGH VersR 2012, 1038.
[28] Schönke/Schröder/*Heine/Weißer*, Strafgesetzbuch, 30. Aufl. 2019, § 25 Rn. 64; Lackner/*Kühl*, StGB, 29. Aufl. 2018, § 25 Rn. 9 ff.; *Geppert*, JURA 2011, 30 ff.
[29] *Roxin*, Strafrecht Allgemeiner Teil, Band II: Besondere Erscheinungsformen der Straftat, 2003, § 25 Rn. 213; BGH wistra 2005, 380.
[30] BGH NJW 1991, 1068; NStZ 1994, 349; NStZ 2003, 85; NJW-RR 2011, 1193; aA *Puppe*, NStZ 1991, 571, 573.
[31] MüKoBGB/*Wagner*, § 830 Rn. 37; Jauernig/*Teichmann*, § 830 Rn. 4 f.; BGH NJW-RR 2011, 551; Palandt/*Sprau*, § 830 Rn. 2; PWW/*Schaub*, § 830 Rn. 4.
[32] MüKoBGB/*Wagner*, § 830 Rn. 37; BGH NJW-RR 2011, 1193; BGHZ 177, 150.

lich Exzesshandlungen eines der Beteiligten,³³ zu denen es hier jedoch nicht gekommen ist.

> Keine wechselseitige Zurechnung von Exzesshandlungen

4. Rechtswidrigkeit

F, B und W haben in Mittäterschaft eine Körperverletzung gegenüber D und damit zugleich gemeinschaftlich eine unerlaubte Handlung iSd § 823 BGB begangen. Die Tatbestandsmäßigkeit indiziert die Rechtswidrigkeit. Rechtfertigungsgründe sind nicht ersichtlich. Insbesondere stellt das versehentliche Zusammenstoßen des D mit F, B und W weder einen gegenwärtigen rechtswidrigen Angriff nach § 227 BGB, § 27 StGB, noch sonst eine drohende Gefahr für ein Recht oder Rechtsgut gemäß §§ 228, 904 BGB dar, welche ein Körperverletzung rechtfertigen würde.

5. Schaden

Inhalt und Umfang des Schadensersatzes richten sich nach §§ 249 ff. BGB. Hier kommt § 249 Abs. 2 S. 1 BGB zum Tragen. Da D die Behandlungskosten privat abgerechnet hat, fehlt es an einem gesetzlichen Übergang seines Schadensersatzanspruches iSd § 116 Abs. 1 SGB X. Ihm steht der Anspruch deshalb selbst zu.

Schmerzensgeld für die Körperverletzung kann nach § 253 Abs. 2 BGB verlangt werden. Die Gesundheit des D ist durch den Kieferbruch erheblich beeinträchtigt worden.³⁴

Ergebnis

F, B und W haben nach § 830 Abs. 1 S. 1 BGB gemeinschaftlich eine unerlaubte Handlung begangen und sind damit als Gesamtschuldner gegenüber D zum Schadensersatz verpflichtet.

III. Prozessuale Geltendmachung des Anspruchs

D hat gegen F, B und W als Gesamtschuldner einen Anspruch auf Schadensersatz. Er kann die Leistung gemäß § 421 S. 1 BGB nach seinem Belieben von allen drei Schuldnern fordern. Damit steht es dem D frei, seinen Anspruch entweder getrennt gegen einzelne Gesamtschuldner gerichtlich durchzusetzen oder sie gemeinsam auf Schadensersatz zu verklagen.

Bei getrennten Prozessen gegen einzelne Schuldner besteht jedoch – wegen der prozessualen Unabhängigkeit – die Gefahr widersprüchlicher Sachentscheidungen. Außerdem würden deutlich höhere Kosten entstehen, weil diese für jedes Verfahren einzeln anfallen würden.

Aus Gründen der Prozessökonomie, der Kostenersparnis sowie der Rechtssicherheit ist es für D vorteilhafter, ein einziges Verfahren gegen alle drei Gesamtschuldner zu führen. Das ist dann möglich, wenn für F, B und W als Beklagte die Voraussetzungen einer Streitgenossenschaft erfüllt sind.³⁵

> **Beteiligung Dritter am Rechtsstreit**
> Die Parteien werden im Gegensatz zur Streitgenossenschaft **nicht selbst Partei** des Prozesses:
> 1. **Nebenintervention** (Streithilfe), §§ 66 ff. ZPO
> 2. **Streitverkündung**, §§ 72 ff. ZPO
> 3. **Notwendige Beiladung**, § 856 Abs. 3 ZPO

---

33 *Benicke*, JURA 1996, 127; Jauernig/*Teichmann*, § 830 Rn. 4 f.; Schönke/Schröder/*Heine/Weißer*, Strafgesetzbuch, 30. Aufl. 2019, § 25 Rn. 95; Palandt/*Sprau*, § 830 Rn. 3; BGH NJW 1984, 1226; NJW 1975, 49; OLG Koblenz MDR 2011.
34 Vgl. OLG Karlsruhe BeckRS 2009, 26308; Palandt/*Grüneberg*, § 253 Rn. 15 f.
35 Jauernig/*Hess*, Zivilprozessrecht, § 81 Rn. 1 ff.; Musielak/Voit/*Weth*, § 60 Rn. 2 ff., § 61 Rn. 2 ff.; MüKoZPO/*Schultes*, § 59 Rn. 3 ff.

Streitgenossenschaft, §§ 59 ff. ZPO

Bei der Streitgenossenschaft handelt es sich um eine subjektive Klagehäufung. Hierfür müssen auf mindestens einer Parteiseite mehrere Personen stehen, die zugleich auch selbstständige Hauptparteien sein können, also nicht lediglich Vertreter einer Partei sind. Bei mehreren Klägerparteien in einem Verfahren spricht man von aktiver, bei mehreren Beklagten von passiver Streitgenossenschaft. Gewöhnlich besteht sie bereits von Beginn des Verfahrens an durch gemeinschaftliche Klageerhebung bzw. Antragstellung, sie kann aber auch erst im Laufe des Prozesses durch nachträgliche Parteierweiterung oder gerichtliche Verbindung gemäß § 147 ZPO entstehen.

Einfache Streitgenossenschaft

§§ 59 f. ZPO
Es handelt sich um selbstständige Prozessrechtsverhältnisse, es gibt allenfalls materiell-rechtliche oder prozessuale Auswirkungen, zB in Fällen der Parteimehrheit bei Gesamtschuldnern, §§ 421 ff. BGB oder Aktivprozessen von Miterben, § 2039 S. 2 BGB.

Notwendige Streitgenossenschaft

Prozessual notwendige, § 62 Abs. 1 Alt. 1 ZPO
Eine einheitliche Sachentscheidung bei mehreren Streitgenossen ist aus prozessualen Gründen erforderlich, zB im Fall gesetzlich angeordneter Rechtskrafterstreckung bei Vorerbe und Nacherbe, § 326 ZPO.

Materiell-rechtlich notwendige, § 62 Abs. 1 Alt. 2 ZPO
Die Klage muss aus materiellen Gründen notwendig gemeinschaftlich geführt werden, zB bei der Gesamthandsklage gegen die Miterbengemeinschaft, § 2059 Abs. 2 BGB.

Wirkung der Streitgenossenschaft

Handelt es sich um eine (notwendige oder einfache) Streitgenossenschaft, werden die Klagen der bzw. gegen die einzelnen Personen zu gemeinschaftlicher Verhandlung und Beweisaufnahme zusammengefasst. Dabei führt jeder Streitgenosse seinen Prozess selbstständig. Sämtliche Prozesshandlungen kann er nur mit Wirkung für sein eigenes Prozessrechtsverhältnis vornehmen, die Fristen laufen für jeden Streitgenossen mit Zustellung bei ihm gesondert. Rechtsmittel kann jeder Streitgenosse ebenfalls nur für sich selbst einlegen. Im Einzelnen treten folgende Wirkungen ein:

Einfache Streitgenossenschaft
- Einzelklagen sind **zulässig**.
- Jeder Streitgenosse handelt selbstständig, die Wirkungen seines Handelns treffen nur ihn selbst, § 61 ZPO.
- Sachentscheidungen **können abweichen**.
- Erscheint ein Streitgenosse nicht zur mündlichen Verhandlung, kann ein Versäumnisurteil gegen ihn ergehen, er gilt nicht durch die anderen vertreten.

Prozessual notwendige Streitgenossenschaft
- Einzelklagen sind **zulässig**.
- Abweisung einzelner Klagen als unzulässig möglich.
- Soweit eine Sachentscheidung ergeht, muss diese **einheitlich** sein.
- Säumiger Streitgenosse gilt als vertreten, § 62 ZPO.

Materiell-rechtlich notwendige Streitgenossenschaft
- Einzelklagen sind wegen fehlender Prozessführungsbefugnis **unzulässig**
- Unzulässigkeit einer Klage führt zur Unzulässigkeit aller Klagen.
- Sachentscheidung muss für alle **einheitlich** ergehen.
- Säumiger Streitgenosse gilt als vertreten, § 62 ZPO.

Eine Klage gegen mehrere Gesamtschuldner ist in der Regel kein Fall der notwendigen Streitgenossenschaft,[36] in Betracht kommt allenfalls eine Klage gegen F, B und W als einfache Streitgenossen. Hierfür muss neben der Klage auch die Streitgenossenschaft zulässig sein.

1. Zulässigkeit der Klage

Wegen der Unabhängigkeit der Prozessrechtsverhältnisse müssen die Prozessvoraussetzungen bei jedem Streitgenossen einzeln vorliegen und sind daher für jeden gesondert zu prüfen.[37] Jeder der drei Beklagten, F, B und W, müsste daher partei- und prozessfähig gemäß §§ 50 ff. ZPO sein.

Für die Klage sachlich und örtlich zuständig wäre das Amtsgericht München. Die örtliche Zuständigkeit ergibt sich sowohl aufgrund des Wohnsitzes aller Beklagten aus §§ 12, 13 ZPO iVm § 7 Abs. 1 BGB als auch aus § 32 ZPO.[38]

D müsste eine Leistungsklage erheben, die er hinsichtlich des Schmerzensgeldantrages – trotz des Bestimmtheitsgebotes des § 253 Abs. 2 Nr. 2 ZPO – ausnahmsweise mit einem unbezifferten Klageantrag[39] stellen und die Höhe des Schmerzensgeldes damit in das Ermessen des Gerichtes legen kann.[40]

2. Zulässigkeit der Streitgenossenschaft

Weiterhin müssen die Voraussetzungen einer Streitgenossenschaft erfüllt sein.[41]

a) Zweckmäßigkeit der gemeinsamen Verhandlung und Entscheidung

Die Streitgenossenschaft ist nach überwiegender Ansicht zulässig, wenn eine gemeinsame Verhandlung und Entscheidung zweckmäßig ist.[42] Die Fallgruppen der §§ 59, 60 ZPO geben danach Anhaltspunkte für die Auslegung des Begriffes der Zweckmäßigkeit.

> **Zulässigkeit Einfache Streitgenossenschaft**
> 1. Rechtsgemeinschaft, § 59 Alt. 1 ZPO
> 2. Derselbe Grund, § 59 Alt. 2 ZPO
> 3. Gleichartigkeit, § 60 ZPO
> 4. Objektive Klagehäufung, § 260 ZPO analog

---

36 Palandt/*Grüneberg*, § 421 Rn. 13; MüKoBGB/*Heinemeyer*, § 421 Rn. 73; Jauernig/*Stürner*, § 421 Rn. 11; nur ausnahmsweise ist auch hier eine Rechtskrafterstreckung möglich, vgl. MüKoBGB/*Heinemeyer*, § 425 Rn. 25.
37 BLAH/*Hartmann*, Übers. § 59 Rn. 8; Musielak/Voit/*Weth*, § 61 Rn. 17; zu den Zulässigkeitsvoraussetzungen einer Klage vgl. auch Fall 13, S. 333.
38 Vgl. zum besonderen Gerichtsstand der unerlaubten Handlung ausführlich Fall 13, S. 333 f. Liegt kein besonderer Gerichtsstand vor und haben die Beklagten ihren allgemeinen Gerichtsstand an unterschiedlichen Gerichten, bestimmt diesen das höhere Gericht nach § 36 Abs. 1 Nr. 1 ZPO, Musielak/Voit/*Weth*, § 61 Rn. 4.
39 Der Kläger muss jedoch die ungefähre Größenordnung seines Antrages mitteilen oder zumindest einen Mindestbetrag angeben; das Gericht ist bei der Festlegung der Höhe des Schmerzensgeldes dadurch aber nicht nach oben begrenzt, BLAH/*Hartmann*, § 253 Rn. 57 f.; PWW/*Luckey*, § 253 Rn. 22.
40 MüKoZPO/*Becker-Eberhard*, § 253 Rn. 122; Musielak/Voit/*Foerste*, § 253 Rn. 35.
41 Bei der Streitgenossenschaft handelt es sich nicht um eine echte Zulässigkeitsvoraussetzung der Klage. Sind die Erfordernisse einer Streitgenossenschaft nicht gegeben, erfolgt eine gerichtliche Trennung des Verfahrens nach § 145 Abs. 1 ZPO.
42 Vgl. zum Meinungsstand Musielak/Voit/*Weth*, § 60 Rn. 7.

Zulässigkeit der einfachen Streitgenossenschaft – Fallgruppen		
§ 59 Alt. 1 ZPO **Rechtsgemeinschaft** mehrerer Personen hinsichtlich des Streitgegenstandes, zB Gesamtschuldner, Miterben	**§ 59 Alt. 2 ZPO** **Identität** des tatsächlichen und rechtlichen Grundes, zB Anspruch aus gemeinsamem Vertrag oder aus derselben deliktischen Handlung	**§ 60 ZPO** **Gleichartigkeit** von Ansprüchen aufgrund eines im Wesentlichen gleichartigen tatsächlichen und rechtlichen Grundes, zB Vermieter gegen mehrere Mieter aus gleichem Anlass

Hier ist wegen der Gesamtschuldnerschaft der drei Beklagten bereits die erste Fallgruppe der Rechtsgemeinschaft hinsichtlich des Streitgegenstandes nach § 59 Alt. 1 ZPO zu bejahen sowie damit die Zweckmäßigkeit einer gemeinsamen Verhandlung und Entscheidung anzunehmen.

b) § 260 ZPO analog

Eine Streitgenossenschaft und damit eine subjektive Klagehäufung bedeutet zugleich auch immer eine objektive Klagehäufung, weil der Streitgegenstand aller einzelnen Prozessrechtsverhältnisse unterschiedlich ist. Daher ist hier auch die Zulässigkeit einer objektiven Klagehäufung[43] zu prüfen. § 260 ZPO ist allerdings analog anzuwenden, da die Vorschrift nur mehrere Ansprüche eines Klägers gegen denselben Beklagten betrifft. Demnach muss das Prozessgericht für sämtliche Klagen zuständig und dieselbe Prozessart zulässig sowie gewählt sein. Es darf auch kein Verbindungsverbot bestehen. So liegt es hier.

Ergebnis

Für D empfiehlt es sich, seinen Anspruch gegen F, B und W im Wege der einfachen Streitgenossenschaft geltend zu machen.

---

43 Vgl. zur objektiven Klagehäufung auch Fall 9, S. 211, Fall 10, S. 244 und Fall 13, S. 334.

13. Haftung nach dem StVG, Schadensberechnung, Geschäftsführung ohne Auftrag, Erledigungserklärung

Sachverhalt

Bastian Brisko (B) nimmt als begeisterter Motorradfahrer am „Elefanten"-Treffen im Bayerischen Wald teil. Als er mit seinem BMW Motorrad auf einer geraden, gut einsehbaren Strecke durch Roding fährt, wird der Fußgänger Florian Fuchs (F) von einem unbekannten Inline-Skater plötzlich und nicht voraussehbar unmittelbar vor Brisko auf die Straße gestoßen. Brisko vermeidet einen Unfall, indem er auf die Gegenfahrbahn ausweicht. Dort befindet sich zu diesem Zeitpunkt kein Fahrzeug. Unvorhersehbar kommt kurz darauf Doris Dreher (D) mit ihrem Audi aus einer Hotelzufahrt und stößt mit dem Motorrad zusammen. Hätte Brisko den Fußgänger Fuchs angefahren, wäre zwar an seinem Motorrad kein Schaden entstanden, Fuchs aber erheblich verletzt worden. Bastian Brisko verlangt von Florian Fuchs, einem Einwohner von Cham, den Ersatz seines Schadens an dem Motorrad in Höhe von 3.500 EUR, Nutzungsausfall in Höhe von 180 EUR sowie eine Auslagenpauschale von 20 EUR. Fuchs verweigert die Zahlung, weil ihn an dem Unfall keine Schuld treffe. Die Rechtsanwältin des Bastian Brisko, Mathilde Muthmann (M), reicht ordnungsgemäß gegen Fuchs eine Zahlungsklage über 3.700 EUR bei dem Amtsgericht Cham ein, welche Fuchs zugestellt wird. Nunmehr überweist Fuchs den Betrag. Brisko kommt es darauf an, auch die Prozesskosten von Fuchs zu erhalten. Die Rechtsanwältin Muthmann stellt deshalb den hierzu erforderlichen Antrag; Fuchs verwahrt sich gegen die Kosten.

Auf dem Weg vom Gericht zu ihrer Kanzlei fährt Mathilde Muthmann durch Cham. Als sie bei einer Kreuzung vorschriftsgemäß auf die bevorrechtigte Hauptstraße abbiegt, kollidiert ihr VW Golf innerorts mit dem Geländewagen des Peter Pflaume (P), einem Urlaubsgast aus Hannover. Mathilde Muthmann wird leicht verletzt und unter anderem wegen ihres HWS-Syndroms ambulant behandelt. Die Reparaturkosten für den VW Golf betragen nach dem Sachverständigengutachten 2.800 EUR; die Reparatur dauert drei Tage. Da Muthmann aus beruflichen Gründen auf ein Fahrzeug angewiesen ist, mietet sie bei dem örtlichen VW-Händler Volker Vogl (V) für drei Werktage einen VW Polo. Dem Mietvertrag liegt der Unfallersatztarif des Vogl zugrunde, nach dem täglich 130 EUR zu bezahlen sind, während der Normaltarif 60 EUR pro Tag vorsieht.

Die Ermittlungen der Polizei ergeben, dass Peter Pflaume zum Unfallzeitpunkt infolge alkoholbedingter Ausfallerscheinungen mit einer Geschwindigkeit von 78 km/h den Mittelstreifen überfahren hat. Mathilde Muthmann erhebt beim Landgericht Regensburg gegen Pflaume ordnungsgemäß Klage über den Reparaturaufwand (2.800 EUR), die Mietwagenkosten (390 EUR), das Sachverständigengutachten (900 EUR), den merkantilen Minderwert (800 EUR) und ein Schmerzensgeld von 250 EUR. Pflaume verweigert die Zahlung, weil schließlich er vorfahrtsberechtigt war und Muthmann sich die Betriebsgefahr ihres PKW zurechnen lassen müsse. Nach Zustellung der Klage überweist die Versicherung des Pflaume 4.500 EUR für die Reparaturkosten, das Sachverständigengutachten und den merkantilen Minderwert. Rechtsanwältin Muthmann erklärt deshalb insoweit die Klage für erledigt. Pflaume, ordnungsgemäß von seinem Rechtsanwalt vertreten, widersetzt sich, weil er für den Unfall in keiner Weise verantwortlich sei.

Die Entscheidungen der Gerichte sind gutachtlich vorzubereiten, wobei auch der Tenor zu formulieren ist. Es ist davon auszugehen, dass die einzelnen Schadensposten der Höhe nach zutreffend angegeben sind. Versicherungsrechtliche Gesichtspunkte sind bei der Lösung nicht zu berücksichtigen.

Gliederung

A. Entscheidung des Gerichts über die Klage des B 319
   I. Beiderseitige Erledigungserklärung 319
      Problem: Voraussetzungen und Wirkung einer übereinstimmenden Erledigungserklärung 320
   II. Beschluss über die Kosten 321
      1. Entscheidungsgrundlage 321
      2. Zulässigkeit der Klage des B 321
      3. Begründetheit der Klage des B 322
         a) Anspruch gemäß §§ 670, 683 S. 1, 677 BGB 322
            Problem: Fremdgeschäft („für einen anderen") 323
            (1) Anspruch des F gegen B aus § 823 Abs. 1 BGB 323
            (2) Anspruch des F gegen B aus § 18 Abs. 1 S. 1 StVG 323
            (3) Anspruch des F gegen B nach § 7 Abs. 1 StVG 324
               Problem: Höhere Gewalt 324
               Problem: Ersatz von Schäden im Rahmen von § 670 BGB 326
         b) Anspruch des B gegen F gemäß § 904 S. 2 BGB (analog) 330
         c) Anspruch des B gegen F nach § 823 Abs. 1 BGB 330
         d) Anspruch des B gegen F aus § 812 Abs. 1 S. 1 Alt. 2 BGB 330

B. Entscheidung des Gerichts über die Klage der M 331
   I. Zulässigkeit der Klagen 331
      1. Feststellungsantrag hinsichtlich 4.500 EUR 331
         a) Wirksamkeit und Rechtsnatur der einseitigen Erledigungserklärung 331
         b) Zulässigkeit des Feststellungsantrages 332
      2. Leistungsantrag über 640 EUR 333
      3. Allgemeine Zulässigkeitsvoraussetzungen 333
   II. Objektive Klagehäufung, § 260 ZPO 334
   III. Begründetheit der Klagen 334
      1. Begründetheit des Feststellungsantrages 334
         a) Ursprüngliche Zulässigkeit der Klage 335
         b) Ursprüngliche Begründetheit der Klage 335
            aa) Bestehen eines Anspruchs dem Grunde nach 335
               (1) Anspruch gemäß § 7 Abs. 1 StVG 335
               (2) Anspruch gemäß § 18 Abs. 1 S. 1 StVG 337
               (3) Anspruch nach § 823 Abs. 1 BGB 337
            bb) Höhe des Anspruchs 337
               (1) Reparaturkosten 337
               (2) Merkantiler Minderwert 338
               (3) Sachverständigengutachten 339
            cc) Mitverschulden und Betriebsgefahr 339
               Problem: Bestimmung der Haftungsquoten 340
         c) Eintritt des Erledigungsereignisses nach Rechtshängigkeit 341
      2. Begründetheit des Leistungsantrages 341
         Problem: Erstattungsfähigkeit eines Unfallersatztarifs 342

Lösungshinweise

A. Entscheidung des Gerichts über die Klage des B

Das Gericht wird gemäß § 91a Abs. 1 S. 1 ZPO einen Beschluss über die Kosten des Rechtsstreits erlassen, wenn B und F den Rechtsstreit übereinstimmend für erledigt erklärt haben.

> Beiderseitige Erledigungserklärung

I. Beiderseitige Erledigungserklärung

1. Abgabe der Erklärungen bei Rechtshängigkeit

Dazu müssen B und F dem Gericht während der Rechtshängigkeit des Verfahrens ausdrücklich oder konkludent mitgeteilt haben, dass eine Fortsetzung dieses Verfahrens sowie eine Entscheidung in der Hauptsache nicht mehr erfolgen sollen und nur noch eine Entscheidung über die Kosten erstrebt ist. Auf die Reihenfolge der Erledigungserklärungen kommt es dabei nicht an.

Die Erledigungserklärung des Klägers B liegt in der Äußerung, dass der Rechtsstreit ohne Entscheidung über den Streitgegenstand und nur noch mit einer Kostenregelung beendet werden soll. Eine Auslegung dieser Erklärung als Klagerücknahme (§ 269 ZPO) oder Klageverzicht (§ 306 ZPO) scheidet aus, weil sie die zwingende Kostenpflicht des Klägers zur Folge hätte.

Eine ausdrückliche Erledigungserklärung des Beklagten F fehlt. Sie ist auch nicht notwendig. Ein schlüssiges Handeln oder Unterlassen genügt, sofern es erkennen lässt, dass der Rechtsstreit ohne Entscheidung über den Streitgegenstand und nur noch mit einer Kostenregelung beendet werden soll. Von einer schlüssigen Erledigungserklärung ist insbesondere auszugehen, wenn der Beklagte die Erledigungserklärung des Klägers hinnimmt oder wenn nur noch widerstreitende Kostenanträge gestellt werden.[1] Da sich F nur gegen die Auferlegung der Kosten verwahrt, hat er der Erledigung hinsichtlich der Hauptsache konkludent zugestimmt.

Es handelt sich um einen Fall der beiderseitigen Erledigungserklärung iSd § 91a Abs. 1 ZPO.

> Aufbauschema **Beschluss über die Kosten bei beiderseitiger Erledigungserklärung nach § 91a ZPO**
> 1. Rechtshängiges Verfahren
> 2. Übereinstimmende Erledigungserklärungen der Parteien
> 3. Allgemeine Prozesshandlungsvoraussetzungen

2. Allgemeine Prozesshandlungsvoraussetzungen

Erledigungserklärungen stellen Prozesshandlungen dar. Dementsprechend müssen Partei- und Prozessfähigkeit gemäß §§ 50 ff. ZPO gegeben sein.[2] Auf die Zuständigkeit des Gerichts kommt es für die Wirksamkeit der Erklärungen nicht an; ein unzuständiges Gericht kann nach beiderseitiger Erledigungserklärung nicht mehr nach § 281 Abs. 1 ZPO verweisen, es hat vielmehr über die Kosten zu entscheiden.[3] Die Erledigungserklärungen können in der mündlichen Verhandlung, durch Einreichung eines Schriftsatzes oder zu Protokoll der Geschäftsstelle abgegeben werden. Wird die

> Nach § 91a Abs. 1 S. 2 ZPO wird die Zustimmung des Beklagten fingiert, wenn er auf eine zugestellte Erledigungserklärung des Klägers trotz eines Hinweises auf die Folgen nicht binnen zwei Wochen reagiert.

---

[1] Zöller/*Althammer*, § 91a Rn. 10; Musielak/Voit/*Flockenhaus*, § 91a Rn. 13; BGHZ 21, 298, 299; BayObLG NJW-RR 1999, 1687.
[2] Zu den Prozesshandlungsvoraussetzungen auf S. 333 sowie bei Fall 20, S. 520 f.
[3] Vgl. MüKoZPO/*Schulz*, § 91a Rn. 57; Musielak/Voit/*Flockenhaus*, § 91a Rn. 11, 17; AG Schöneberg MDR 1994, 202; OLG Stuttgart MDR 1989, 1000; im Einzelnen streitig, vgl. Zöller/*Althammer*, § 91a Rn. 58 Verweisung.

Erledigung in einer mündlichen Verhandlung vor einem Gericht mit Anwaltszwang erklärt, wird gleichwohl überwiegend kein Anwaltszwang angenommen.[4]

Als Prozesshandlung kann die Erklärung ab Anhängigkeit des Verfahrens, also ab Einreichung der Klage bei Gericht, abgegeben werden. Wirksam wird die übereinstimmende Erledigterklärung hingegen erst mit Rechtshängigkeit, dh mit Zustellung der Klage an den Beklagten (§§ 261 Abs. 1, 253 Abs. 1 ZPO), weil ein Rechtsstreit nur dann für erledigt erklärt werden kann, wenn ein Prozessrechtsverhältnis entstanden ist und ein solches entsteht erst mit Zustellung.[5] Bis zur Zustimmung des Gegners kann der Ersterklärende seine Erledigungserklärung widerrufen. Mit Zustimmung gestaltet die übereinstimmende Erledigungserklärung das Prozessrechtsverhältnis um. Die beiderseitige Erledigterklärung ist deshalb im Grundsatz unwiderruflich und nicht anfechtbar, es sei denn, es liegt ein Restitutionsgrund gemäß § 580 ZPO vor.[6]

Die Erledigungserklärungen von B und F wurden während eines rechtshängigen Verfahrens vor dem Amtsgericht Cham ordnungsgemäß abgegeben. Die allgemeinen Prozesshandlungsvoraussetzungen sind gewahrt.

3. Rechtsnatur der beiderseitigen Erledigungserklärung

Der Streit über die Rechtsnatur einer übereinstimmenden Erledigterklärung ist (für die Praxis und die Fallbearbeitung) weitgehend ohne große Bedeutung. Folgende Ansichten werden im Schrifttum vertreten.[7]

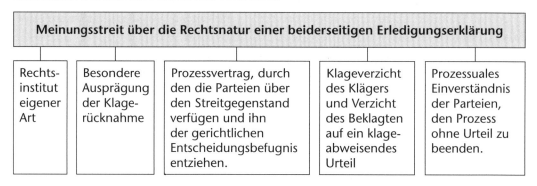

Auf die Rechtsnatur der beiderseitigen Erledigungserklärung kommt es hier nicht an, so dass eine Entscheidung zwischen den unterschiedlichen Auffassungen dahingestellt bleiben kann.

4. Wirkungen einer übereinstimmenden Erledigungserklärung

Aufgrund der Dispositionsmaxime (Verfügungsgrundsatz) beenden die beiderseitigen Erledigungserklärungen die Rechtshängigkeit des Streitgegenstandes. Das Gericht ist an die Entscheidung der Parteien gebunden, vgl. § 308 Abs. 1 ZPO („nemo judex sine actore").

> Nach dem **Dispositions- oder Verfügungsgrundsatz** sind die Parteien die Herren des Verfahrens, dh sie bestimmen den Streitgegenstand und verfügen über ihn auch während des Verfahrens.

---

4 Zöller/*Vollkommer*, § 91a Rn. 10; Musielak/Voit/*Flockenhaus*, § 91a Rn. 12; MüKoZPO/*Schulz*, § 91a Rn. 35; OLG Schleswig MDR 1999, 252; aA *Bergerfurth*, NJW 1992, 1655, 1657.
5 HM, vgl. nur Musielak/Voit/*Flockenhaus*, § 91a Rn. 15; Zöller/*Althammer*, § 91a Rn. 17; OLG Brandenburg NJW-RR 2001, 1436f.; aA *Bergerfurth*, NJW 1992, 1655, 1657 (Wirksamkeit ab Anhängigkeit).
6 Im Einzelnen sind diese Fragen sehr streitig, vgl. Stein/Jonas/*Bork*, § 91a Rn. 22; Musielak/Voit/*Flockenhaus*, § 91a Rn. 16; Zöller/*Vollkommer*, § 91a Rn. 11; MüKoZPO/*Schulz*, § 91a Rn. 38.
7 Näher Stein/Jonas/*Bork*, § 91a Rn. 17; MüKoZPO/*Schulz*, § 91a Rn. 26f.; *Rosenberg/Schwab/Gottwald*, Zivilprozessrecht, § 132 Rn. 8.

Dem Gericht ist es deshalb verwehrt zu prüfen, ob sich der Rechtsstreit tatsächlich erledigt hat oder zu welchem Zeitpunkt die Erledigung erfolgt ist. Anders als bei der einseitigen Erledigungserklärung ist es unerheblich, ob das erledigende Ereignis vor oder nach Eintritt der Rechtshängigkeit eingetreten ist. Bereits ergangene, noch nicht rechtskräftige Entscheidungen werden entsprechend dem Rechtsgedanken des § 269 Abs. 3 S. 1 ZPO wirkungslos, ohne dass es einer ausdrücklichen Aufhebung bedarf; eine deklaratorische Feststellung der Wirkungslosigkeit bleibt unbenommen. Rechtskräftige Entscheidungen behalten ihre Wirksamkeit.

Da der Beschluss gemäß § 91a ZPO keine Entscheidung zum erledigt erklärten Streitgegenstand trifft, wird über diesen Streitgegenstand keine rechtskräftige Entscheidung getroffen, die einer erneuten Klage entgegenstünde. Eine erneute Klage ist deshalb bei einer beiderseitigen Erledigungserklärung grundsätzlich zulässig. Bei einer Zweitklage ist allerdings zu prüfen, ob angesichts der Erledigungserklärungen im konkreten Einzelfall ein Rechtsschutzbedürfnis besteht oder § 242 BGB einer erneuten Klage entgegensteht.[8]

> **Wirkungen der beiderseitigen Erledigungserklärung**
> - Beendigung der Rechtshängigkeit der Streitsache
> - Beschluss über die Kostenverteilung

II. Beschluss über die Kosten

1. Entscheidungsgrundlage

Das Gericht hat bei einer übereinstimmenden Erledigungserklärung gemäß §§ 91a Abs. 1 S. 1, 308 Abs. 2 ZPO hinsichtlich der Kostentragung durch Beschluss eine Regelung zu treffen, sofern sich die Parteien nicht insoweit ebenfalls geeinigt haben. Die Parteien können einen Prozessvergleich über die Kosten des Rechtsstreits schließen, gemeinsam auf die Kostenentscheidung verzichten, eine außergerichtliche Kostenregelung treffen oder die Kosten können einseitig von einer Partei entsprechend § 307 ZPO anerkannt werden. Fehlt – wie hier – eine derartige Kostenregelung, ergeht von Amts wegen ein Kostenbeschluss.

Das Gericht verteilt gemäß § 91a Abs. 1 S. 1 ZPO die Kosten nach billigem Ermessen unter Berücksichtigung des bisherigen Sach- und Streitstandes. Nach billigem Ermessen sind der Partei die Kosten aufzuerlegen, die sie bei Fortführung des Verfahrens gemäß §§ 91 ff. ZPO zu tragen gehabt hätte. Grundsätzlich trifft folglich nach § 91 Abs. 1 S. 1 ZPO die Partei die Kostenlast, die ohne Erledigung voraussichtlich den Prozess verloren hätte. Zu prüfen ist deshalb der hypothetische Ausgang des Prozesses (Zulässigkeit und Begründetheit der Klage), wobei sich das Gericht aus prozessökonomischen Gründen mit einer **summarischen Prüfung** des bisherigen Sach- und Streitstandes sowie der **Erfolgsaussichten** begnügt. Daraus folgt, dass neue Tatsachen und neue Beweise nicht heranzuziehen sind, es sei denn, es handelt sich um unstreitigen Vortrag oder präsente Beweismittel wie Urkunden.[9]

> **Kostenbeschluss nach § 91a Abs. 1 S. 1 ZPO**
> Die Kosten sind nach billigem Ermessen danach zu verteilen, wie der Prozess ohne das erledigende Ereignis ausgegangen wäre. Zu prüfen sind daher
> - Zulässigkeit der Klage
> - Begründetheit der Klage

Ob die Kosten des Prozesses B oder F aufzuerlegen sind, hängt somit von der (hypothetischen) Zulässigkeit und Begründetheit der Klage des B ab.

2. Zulässigkeit der Klage des B

B hat eine Leistungsklage über 3.700 EUR erhoben. Sachlich zuständig ist das Amtsgericht gemäß §§ 23 Nr. 1, 71 Abs. 1 GVG, weil der Streitwert 5.000 EUR

---

8 Vgl. Musielak/Voit/*Flockenhaus*, § 91a Rn. 19; Zöller/*Vollkommer*, § 91a Rn. 12 ff.
9 Im Einzelnen ist streitig, ob bzw. in welchem Umfang nach einer beiderseitigen Erledigungserklärung eine (weitere) Sachverhaltsaufklärung gestattet ist. Ähnlich wie hier Musielak/Voit/ *Flockenhaus*, § 91a Rn. 22; Zöller/*Vollkommer*, § 91a Rn. 26; restriktiver BLAH/*Hartmann*, § 91a Rn. 112; OLG Karlsruhe NJW-RR 1990, 978.

nicht übersteigt. Die örtliche Zuständigkeit des Amtsgerichts Cham (vgl. Art. 6 Abs. 2 Nr. 11 BayGerOrgG) ergibt sich aus §§ 12, 13 ZPO iVm § 7 Abs. 1 BGB, weil der Beklagte F seinen allgemeinen Wohnsitz in Cham hat. Anhaltspunkte, die gegen die Parteifähigkeit (§ 50 ZPO) oder die Prozessfähigkeit (§ 52 ZPO) der Parteien bzw. gegen sonstige Zulässigkeitsvoraussetzungen sprechen, sind nicht ersichtlich. Vor dem Amtsgericht besteht kein Anwaltszwang (vgl. § 78 ZPO), so dass F keiner anwaltlichen Vertretung bedurfte.

Die Klage des B war zulässig.

3. Begründetheit der Klage des B

Die Klage des B ist begründet, wenn ihm ein Anspruch gegen F auf Zahlung von 3.700 EUR zusteht.

a) Anspruch gemäß §§ 670, 683 S. 1, 677 BGB

B könnte gegen F wegen des ihm entstandenen Schadens einen Anspruch aus berechtigter Geschäftsführung ohne Auftrag gemäß §§ 670, 683 S. 1, 677 BGB innehaben.

Anspruchsstruktur der echten Geschäftsführung ohne Auftrag, § 677 BGB Geschäftsführer handelt mit Fremdgeschäftsführungswillen.			
Berechtigte GoA Geschäftsübernahme entspricht dem Interesse und Willen des Geschäftsherrn.		**Unberechtigte GoA** Geschäftsübernahme liegt nicht im Interesse und Willen des Geschäftsherrn.	
§§ 667, 681 S. 2 BGB Anspruch des Geschäftsherrn auf Herausgabe des Erlangten **§ 280 Abs. 1 BGB** Schadensersatz bei Ausführungsverschulden	**§§ 670, 683 S. 1 BGB** Anspruch des Geschäftsführers auf Aufwendungsersatz; nach § 257 BGB auch auf Befreiung von einer Verbindlichkeit	**§ 678 BGB** Anspruch des Geschäftsherrn auf Schadensersatz bei Kennenmüssen der mangelnden Berechtigung (Übernahmeverschulden)	**§§ 684 S. 1, 812 ff. BGB** Anspruch des Geschäftsführers auf Herausgabe des Erlangten nach Bereicherungsrecht (Rechtsfolgenverweisung)

Anspruchsstruktur der unechten Geschäftsführung ohne Auftrag, § 687 BGB Geschäftsführer hat keinen Fremdgeschäftsführungswillen.	
Vermeintliche Eigengeschäftsführung Fremdes Geschäft wird irrtümlich als eigenes geführt.	**Angemaßte Geschäftsführung** Fremdes Geschäft wird absichtlich als eigenes geführt.
§ 687 Abs. 1 BGB Vorschriften der GoA sind nicht anwendbar. Ansprüche ergeben sich aus allgemeinen Regeln, §§ 987 ff., 823 ff., 812 ff. BGB.	**§ 687 Abs. 2 BGB** Ansprüche ergeben sich aus GoA und nach allgemeinen Regeln, also §§ 987 ff., 823 ff., 812 ff. BGB.

aa) Geschäftsbesorgung

Dieser Begriff ist weit zu fassen und umfasst Tätigkeiten aller Art, also Rechtsgeschäfte in gleicher Weise wie tatsächliche Handlungen. Erforderlich ist aktives Tun; ein bloßes Dulden oder Unterlassen begründet keine Geschäftsbesorgung.[10]

Das Ausweichen des B zur Vermeidung eines Unfalls ist eine tatsächliche Handlung und damit eine Geschäftsbesorgung iSd § 677 BGB.

bb) Fremdgeschäft („für einen anderen")

Für B müsste das Ausweichmanöver ein objektiv fremdes Geschäft gemäß § 677 BGB gewesen sein. Für einen anderen wird tätig, wer ein Geschäft nicht nur als eigenes, sondern zumindest **auch als fremdes** besorgt. Es ist deshalb unerheblich, wenn der Geschäftsführer auch eigene Interessen verfolgt oder auch eigene Verpflichtungen erfüllt, sofern er jedenfalls auch im Interesse des Geschäftsherrn tätig ist.[11] Es kommt hier also darauf an, ob das Ausweichen allein in den eigenen Rechts- und Interessenkreis des B fällt oder ob (auch) ein Bezug zum Rechts- und Interessenkreis eines anderen besteht.

Von einem bloßen Eigengeschäft des B ist auszugehen, wenn B durch einen Unfall mit F schadensersatzpflichtig geworden wäre und er durch das Ausweichmanöver nur seine eigene Haftung vermeidet. Um ein fremdes Geschäft handelt es sich, wenn B auch bei einem Unfall nicht gehaftet hätte. Entscheidend ist also, ob im Falle eines Zusammenstoßes mit F allein B Schadensersatzansprüchen ausgesetzt gewesen wäre und B damit nicht „für einen anderen" gehandelt hätte. Mithin ist (hypothetisch) zu prüfen, ob F im Falle eines Unfalls gegen B ein Anspruch auf Schadensersatz zustehen würde.

> **Aufbauschema Anspruch aus §§ 670, 683 S. 1, 677 BGB**
> 1. Geschäftsbesorgung
> 2. Fremdgeschäft, § 677 BGB
> 3. Fremdgeschäftsführungswillen
> 4. Ohne Auftrag oder sonstige Berechtigung, § 677 BGB
> 5. Im Interesse und Willen des Geschäftsherrn, § 683 BGB
> 6. Aufwendung iSd § 670 BGB

> Abgrenzung Eigen- und Fremdgeschäft

(1) Anspruch des F gegen B aus § 823 Abs. 1 BGB

Ein Anspruch des F könnte gemäß § 823 Abs. 1 BGB bestehen. Der objektive Tatbestand und die Rechtswidrigkeit wären bei einem Unfall gegeben. Fraglich ist jedoch ein Verschulden des B, wozu bei § 823 Abs. 1 BGB schon leichte Fahrlässigkeit ausreicht.

B hätte nach § 276 Abs. 2 BGB fahrlässig gehandelt, wenn er die im Verkehr erforderliche Sorgfalt außer Acht gelassen hat. Er fuhr auf einer geraden, übersichtlichen Strecke und musste nicht damit rechnen, dass F plötzlich auf die Straße gestoßen wurde. Da dies unvorhersehbar unmittelbar vor B passierte, lag ein Ausweichmanöver nicht mehr im Rahmen der im Verkehr erforderlichen Sorgfalt. Demnach hat er nicht fahrlässig gehandelt und ein Verschulden ist nicht feststellbar.

Ergebnis

F steht gegen B kein Anspruch aus § 823 Abs. 1 BGB zu.

(2) Anspruch des F gegen B aus § 18 Abs. 1 S. 1 StVG

Möglicherweise ergibt sich ein Anspruch des F gegen den B als Fahrer des Fahrzeugs nach § 18 Abs. 1 S. 1 StVG.

---

10 HM, PWW/*Fehrenbacher*, § 677 Rn. 10; Palandt/*Sprau*, § 677 Rn. 2; MüKoBGB/*Schäfer*, § 662 Rn. 20; BRHP/*Gehrlein*, § 677 Rn. 10; OLG Köln VersR 2004, 189.
11 Palandt/*Sprau*, § 677 Rn. 3; PWW/*Fehrenbacher*, § 677 Rn. 14; BGH NJW 2000, 72, 73 mwN.

> **Aufbauschema Anspruch nach § 18 Abs. 1 StVG**
> 1. Fahrer
> 2. Rechtsgutverletzung
> 3. Kfz
> 4. Beim Betrieb
> 5. Keine Exkulpation
> 6. Kausalität
> 7. Schaden

Bei der Ersatzpflicht des Fahrzeugführers handelt es sich – wie bei §§ 831, 836 BGB – um eine Haftung für vermutetes Verschulden. Gemäß § 18 Abs. 1 S. 2 StVG kann sich der Fahrer mit dem Nachweis fehlenden Verschuldens exkulpieren. Da hier feststeht, dass B nicht damit rechnen musste, F unvermittelt auf der Straße vorzufinden, gelingt die Exkulpation.

Ergebnis

Aus § 18 Abs. 1 S. 1 StVG ist ein Anspruch auf Schadensersatz nicht abzuleiten.

(3) Anspruch des F gegen B nach § 7 Abs. 1 StVG

F könnte gegen B einen Anspruch gemäß § 7 Abs. 1 StVG innehaben.

Die Gefährdungshaftung nach § 7 Abs. 1 StVG ist verschuldensunabhängig. Jedoch bestimmt § 7 Abs. 2 StVG, dass eine Haftung bei höherer Gewalt ausgeschlossen ist.

> **Aufbauschema Anspruch nach § 7 Abs. 1 StVG**
> 1. Halter
> 2. Rechtsgutverletzung
> 3. Kfz
> 4. Beim Betrieb
> 5. Keine höhere Gewalt
> 6. Kausalität
> 7. Schaden

Bei **höherer Gewalt iSd § 7 Abs. 2 StVG** handelt es sich um ein außergewöhnliches, betriebsfremdes, von außen durch elementare Naturkräfte oder durch Handlungen dritter Personen herbeigeführtes sowie nach menschlicher Einsicht und Erfahrung unvorhersehbares Ereignis, das auch bei äußerster, vernünftigerweise zu erwartender Sorgfalt nicht verhütet werden kann und mit dem wegen seiner Seltenheit ebenfalls nicht zu rechnen ist.[12]

F ist vollkommen unerwartet und nicht vorhersehbar von einem Dritten auf die Fahrbahn gestoßen worden. Ein Unfall wäre also durch eine Handlung einer dritten Person von außen verursacht worden. Dabei handelt es sich auch um ein außergewöhnliches betriebsfremdes Ereignis. Da F überraschend unmittelbar vor dem Fahrzeug auf die Straße geriet, hätte ein Unfall auch nicht durch sofortiges Bremsen abgewendet werden können. Ein Zusammenstoß wäre mithin auch bei äußerster Sorgfalt nicht zu vermeiden gewesen. Der Umstand, dass ein Fußgänger von einem anderen Verkehrsteilnehmer plötzlich und ohne darauf hinweisende Begleiterscheinungen (zB spielende Kinder am Straßenrand) auf die Straße gestoßen wird, stellt höhere Gewalt dar.

> **§ 7 Abs. 2 StVG Höhere Gewalt**
> Höhere Gewalt sind zB unvorhersehbare Naturereignisse wie Erdbeben, Blitz oder Lawine. Übliche Witterungseinflüsse wie Schnee oder Regen zählen nicht hierzu.
> Keine höhere Gewalt sind das überraschende Hervortreten eines Kindes zwischen parkenden Fahrzeugen, Wildwechsel oder auf der Fahrbahn liegende Gegenstände.

Damit wäre ein Unfall des B mit F höhere Gewalt iSd § 7 Abs. 2 StVG gewesen. Dieser rechtlichen Einschätzung steht nicht entgegen, dass B den Unfall tatsächlich vermieden hat, weil höhere Gewalt nicht konkrete tatsächliche Unvermeidbarkeit bedeutet.[13]

Ergebnis

F hat gegen B keinen Anspruch aus § 7 Abs. 1 StVG.

B hätte bei einem Zusammenstoß mit F nicht gehaftet. Es handelt sich also nicht um eine bloße Eigengeschäftsführung. Bei dem Ausweichmanöver handelt es sich um ein objektiv fremdes Geschäft iSd § 677 BGB.

cc) Fremdgeschäftsführungswillen

Weiterhin ist ein Fremdgeschäftsführungswille erforderlich. Der Geschäftsführer muss das Bewusstsein der Fremdheit und den Willen haben, das Geschäft für einen anderen zu tätigen. Auf eine Kenntnis der Person des Geschäftsherrn kommt es nicht an, weil gemäß § 686 BGB aus der Geschäftsführung ohnehin nur der wirkliche Geschäftsherr berechtigt und verpflichtet wird.

---

12 HKD/*König*, § 7 StVG Rn. 32; BHHJ/*König*, § 17 StVG Rn. 30 ff.
13 BGH NJW 1973, 44, 45.

Bei einem (auch) objektiv fremden Geschäft besteht eine widerlegbare Vermutung für den Willen zur Fremdgeschäftsführung, während ein neutrales Geschäft seinen Fremdbezug erst durch einen äußerlich erkennbaren Fremdgeschäftsführungswillen erlangt. Denn ein neutrales Geschäft wird erst durch den Fremdgeschäftswillen zu einem subjektiv fremden Geschäft.[14]

Da hier ein objektiv fremdes Geschäft zu beurteilen ist, ist von einem Fremdgeschäftsführungswillen des B auszugehen.

> Streitig ist, ob bei einem **auch fremden Geschäft** die Vermutungsregel greift. Während die Rechtsprechung dies annimmt, fordert die Literatur einen tatsächlich äußerlich erkennbaren Fremdgeschäftsführungswillen.

dd) Ohne Auftrag oder sonstige Berechtigung

Ohne Auftrag handelt, wer dem Geschäftsherrn gegenüber weder aus Vertrag noch kraft Gesetzes verpflichtet ist. Eine sonstige Berechtigung kann sich aus einer familienrechtlichen Beziehung (Eltern) oder aus einer Amtsstellung ergeben.

Meinungsstreit zur Anwendbarkeit der GoA bei Vertragsnichtigkeit

Streitig ist, ob die §§ 677 ff. BGB auch dann anwendbar sind, wenn ein Vertrag nichtig ist. Die **Rechtsprechung** befürwortet eine Anwendung, weil derjenige, welcher aufgrund eines nichtigen Vertrages gehandelt hat, nicht schlechter zu stellen sei als jemand, der unabhängig von einem nichtigen Vertrag tätig wurde (BGH NJW 1997, 47, 48; NJW-RR 1993, 200). Die **Literatur** sieht darin einen Wertungswiderspruch zu den speziellen Regelungen für die Rückabwicklung rechtsgrundloser Leistungen in §§ 812 ff. BGB und lehnt deshalb eine Anwendung der §§ 677 ff. BGB bei Vertragsnichtigkeit stets ab (MüKoBGB/*Mansel*, § 677 Rn. 6) bzw. zumindest dann, wenn der Geschäftsführer die Unwirksamkeit kannte (Palandt/*Sprau*, § 677 Rn. 11).

Da F keinen Auftrag an B erteilt hatte oder dieser eine sonstige Berechtigung besaß, die nach § 677 BGB eine Geschäftsführung ohne Auftrag ausschließen würde, ist auch dieses Erfordernis erfüllt.

ee) Im Interesse und Willen des Geschäftsherrn

Die Geschäftsübernahme müsste im Interesse und im (wirklichen oder mutmaßlichen) Willen des Geschäftsherrn geschehen sein, § 683 S. 1 BGB.
Anhand dieses Kriteriums ist die berechtigte (§ 683 BGB) von der unberechtigten (vgl. § 684 BGB) Geschäftsführung ohne Auftrag abzugrenzen.

> Abgrenzung Berechtigte und unberechtigte GoA

Eine Geschäftsführung ist berechtigt, wenn
- sie dem objektiven Interesse und dem wirklichen oder mutmaßlichen Willen des Geschäftsherrn entspricht (§ 683 S. 1 BGB) oder
- sie der Geschäftsherr genehmigt (§ 684 S. 2 BGB) oder
- sie der Erfüllung einer im öffentlichen Interesse liegenden Pflicht oder der Erfüllung einer gesetzlichen Unterhaltspflicht (§ 679 BGB) dient.

Dem **Interesse** des Geschäftsherrn dient die Geschäftsführung, wenn sie für ihn im Zeitpunkt der Vornahme objektiv vorteilhaft ist, dem **Willen** entspricht sie, wenn sich der Geschäftsherr mit der Geschäftsführung ausdrücklich oder stillschweigend einverstanden erklärt. Dabei ist in erster Linie auf den tatsächlichen Willen und – ist ein solcher nicht feststellbar – subsidiär auf den mutmaßlichen Willen abzustellen. Das ist der Wille, den der Geschäftsherr bei objektiver Beurteilung aller Umstände gebildet hätte.[15]

---

14 Palandt/*Sprau*, § 677 Rn. 4 ff.; PWW/*Fehrenbacher*, § 677 Rn. 13; BGHZ 143, 9; 98, 235; BRHP/*Gehrlein*, § 677 Rn. 15 f.
15 MüKoBGB/*Schäfer*, § 683 Rn. 8; PWW/*Fehrenbacher*, § 683 Rn. 3 ff.; Palandt/*Sprau*, § 683 Rn. 4 ff.

> **Auseinanderfallen von Interesse und Wille**
>
> Fallen objektives Interesse und wirklicher Wille des Geschäftsherrn auseinander, wird für eine berechtigte Geschäftsführung ohne Auftrag wegen der überragenden Bedeutung der Privatautonomie für ausreichend gehalten, dass das Geschäft dem wirklichen Willen entspricht.
>
> Gemäß **§ 679 BGB** ist der entgegenstehende Wille des Geschäftsherrn allerdings unbeachtlich, wenn ohne die Geschäftsführung eine Pflicht im öffentlichen Interesse (zB Brandbekämpfung, Beseitigung verkehrsgefährdender Umstände) oder eine gesetzliche Unterhaltspflicht des Erbrechts (zB § 1969 BGB) bzw. des Familienrechts (zB §§ 1360 ff., 1601 ff. BGB) nicht rechtzeitig erfüllt würde. Allgemeine Hilfspflichten (zB § 323c StGB) genügen für die Unbeachtlichkeit des entgegenstehenden Willens nicht.
>
> § 679 BGB ist mangels einer Rechtspflicht bei einem **Suizidversuch** nicht anwendbar. Gleichwohl geht die überwiegende Auffassung zu Recht davon aus, dass der entgegenstehende Wille eines Selbstmörders unbeachtlich ist, sofern den Rettungsmaßnahmen nicht bereits nach § 684 S. 2 BGB nachträglich zugestimmt wird. Teilweise wird § 679 BGB analog angewendet, teilweise werden §§ 134, 138 BGB oder §§ 104 Nr. 2, 105 BGB herangezogen.

Da F durch das Ausweichmanöver des B unverletzt blieb, war die Geschäftsübernahme für den Geschäftsherrn in seiner konkreten Situation objektiv von Interesse und entsprach auch seinem mutmaßlichen Willen.

Es handelt sich um eine berechtigte Geschäftsführung ohne Auftrag.

ff) Aufwendung iSd § 670 BGB

> *Aufwendungen iSd § 670 BGB sind freiwillige Vermögensopfer.*

Bei einer berechtigten Geschäftsführung ohne Auftrag sind dem Geschäftsführer nach § 670 iVm § 683 S. 1 BGB dessen Aufwendungen zu ersetzen. Aufwendungen sind freiwillige Vermögensopfer, die der Geschäftsführer zum Zwecke der Ausführung des Geschäfts erbracht hat. B ist nicht freiwillig mit dem Pkw der D zusammengestoßen. Daher stellt der Schaden des B eine unfreiwillige Vermögenseinbuße dar und würde demnach nicht unter § 670 BGB fallen.

> *Problem: Schaden als Aufwendung*

Da die mangelnde Ersatzfähigkeit von Schäden bei § 670 BGB in vielen Fällen als unbillig empfunden wird, besteht weitgehende Einigkeit, dass dem Geschäftsführer auch Zufallsschäden zu ersetzen sind. Ungeklärt ist allerdings die rechtliche Vorgehensweise.[16]

Meinungsstreit zum Ersatz von Schäden mittels § 670 BGB	
Grundsatz der Risikozurechnung	**Extensive Auslegung von § 670 BGB bzw. § 670 BGB analog (hM)**
Anzuwenden sei der Grundsatz der Risikozurechnung bei Handeln in fremdem Interesse, wie er in § 110 Abs. 1 HGB und im Arbeitsrecht ausgeprägt ist. Dabei handele es sich um einen Schadensersatzanspruch, so dass die Schadensvorschriften, insbesondere §§ 249 ff. BGB anzuwenden sind.	Der Aufwendungsersatz sei weit zu bestimmen, so dass auch ein mit der Geschäftsführung verbundener tätigkeitstypischer Schaden erfasst ist. Da es sich danach um einen Aufwendungsersatzanspruch handelt, ist die Anwendung von Schadensnormen, insbesondere §§ 249 ff. BGB zweifelhaft.

---

16 Vgl. PWW/*Fehrenbacher*, § 670 Rn. 6; Palandt/*Sprau*, § 670 Rn. 8 ff.; MüKoBGB/*Schäfer*, § 670 Rn. 14; Staudinger/*Martinek*, § 670 Rn. 17 ff.; BGH NJW 1984, 789, 790; BGHZ 38, 270, 277; 33, 251, 257.

Nach beiden Ansätzen sind unfreiwillige Vermögensopfer jedenfalls dann zu ersetzen, wenn es sich um risikotypische Schäden handelt, also – wie hier – um Schäden, die mit der Besorgung eines gefahrbehafteten Geschäfts erkennbar verbunden sind. Schließt man sich der überwiegend vertretenen Auffassung an, sind die Voraussetzungen eines Anspruchs gemäß § 670 iVm §§ 683 S. 1, 677 BGB erfüllt.

gg) Anspruchsumfang

Zunächst ist zu klären, anhand welcher Rechtsgrundlagen der Anspruchsumfang festzulegen ist. Dies ist umstritten, wenn mit einem Aufwendungsersatzanspruch (§ 670 BGB) ein Schaden geltend gemacht wird.[17] Teilweise wird auf die Grundsätze der Aufwendungsbestimmung zurückgegriffen, also auf §§ 256, 257 BGB sowie die Erforderlichkeit und Angemessenheit abgestellt. Die herrschende Meinung lehnt diese Sichtweise als inkonsequent ab und tritt dafür ein, den Umfang des Anspruchs aus § 670 BGB bei Schäden nach den §§ 249 ff. BGB zu bestimmen. Diese Auffassung überzeugt. Denn wenn § 670 BGB schon auf Schäden erstreckt wird, sind folgerichtig auch die §§ 249 ff. BGB heranzuziehen.

> Erstreckt sich § 670 BGB auf Schadensersatz, ist der Haftungsumfang nach hM anhand §§ 249 ff. BGB zu bestimmen.

Demnach kommt es darauf an, ob der von B geltend gemachte Schaden in Höhe von 3.700 EUR nach **§§ 249 ff. BGB** ersatzfähig ist.

Grundlage der Schadensberechnung ist die Differenzhypothese. Ein Vermögensschaden ist durch einen Vergleich der tatsächlichen Vermögenssituation des Ersatzberechtigten nach dem Schadensereignis mit der hypothetischen Vermögenssituation ohne dem schädigenden Ereignis zu bestimmen. Zusätzlich sind bei der Schadensbestimmung wirtschaftliche und normative Wertungen zu beachten (normativer Schadensbegriff). Notwendig ist eine wertende Beurteilung im Einzelfall.[18]

> Schadensberechnung gemäß §§ 249 ff. BGB

Dabei geben die §§ 249 ff. BGB folgende Grundstruktur vor.[19]

Schadensbestimmung nach §§ 249 ff. BGB			
§ 249 BGB	**§§ 250, 251 BGB**	**§ 252 BGB**	**§ 253 BGB**
§ 249 BGB begründet das Prinzip der Naturalrestitution. Danach ist der Zustand wiederherzustellen, der ohne das schädigende Ereignis bestehen würde.	Diese Normen erlauben den Übergang von der Naturalherstellung zur Kompensation in Geld. § 250 BGB macht das vom fruchtlosen Ablauf einer Frist zur Herstellung abhängig.	§ 252 S. 1 BGB stellt klar, dass auch der entgangene Gewinn zu ersetzen ist, also der Vorteil, dessen Zufluss durch das Schadensereignis verhindert wurde.	Gemäß § 253 Abs. 1 BGB ist ein Nichtvermögensschaden (zB Affektionsinteresse) nur in den gesetzlich vorgesehenen Fällen möglich.

---

17 Vgl. PWW/*Fehrenbacher*, § 683 Rn. 9; Palandt/*Sprau*, § 670 Rn. 13; Erman/*Berger*, § 670 Rn. 18 ff.; MüKoBGB/*Schäfer*, § 683 Rn. 25; Soergel/*Beuthien*, § 683 Rn. 7; Staudinger/*Bergmann*, § 683 Rn. 69.
18 Dazu näher bei Palandt/*Grüneberg*, Vorb. v. § 249 Rn. 9 ff.
19 Siehe auch Fall 12, S. 307; *Naczinsky,* JA 2019, 575 ff.

Schadensbestimmung nach §§ 249 ff. BGB *(Fortsetzung)*			
Dies kann nach § 249 Abs. 1 BGB durch den Ersatzpflichtigen selbst oder nach § 249 Abs. 2 BGB durch den Geschädigten geschehen, dem dann die dazu erforderlichen Kosten zu ersetzen sind.	Nach § 251 Abs. 1 BGB besteht im Geschädigteninteresse ein Geldanspruch, wenn die Naturalrestitution nicht möglich oder nicht genügend ist. § 251 Abs. 2 BGB begünstigt den Schädiger, indem er die Naturalrestitution bei Unverhältnismäßigkeit der Herstellung ablehnen kann.	§ 252 S. 2 BGB enthält eine widerlegbare Vermutung. Danach hat der Geschädigte nur die Umstände darzulegen (und nach § 287 ZPO zu beweisen), aus denen sich nach dem gewöhnlichen Verlauf der Dinge oder den besonderen Umständen des Falles die Wahrscheinlichkeit des Gewinns ergibt.	§ 253 Abs. 2 BGB gewährt den Nichtvermögensschaden bei Verletzung des Körpers, der Gesundheit, der Freiheit und der sexuellen Selbstbestimmung. Hauptanwendungsfall ist das Schmerzensgeld.

Fiktive Reparaturkosten

Nach § 249 Abs. 2 S. 1 BGB bekommt B den **Schaden am Motorrad** in Höhe von 3.500 EUR von F ersetzt. Dabei ist es unerheblich, ob B das Motorrad tatsächlich repariert hat (tatsächliche oder konkrete Kosten) oder ob es sich bei dem Schadensposten um die von einem Sachverständigen geschätzten Reparaturkosten (fiktive oder abstrakte Kosten) handelt. Denn ein Geschädigter erhält die nach dem Aufwand einer Markenwerkstatt geschätzten Herstellungskosten auch dann erstattet, wenn die Reparatur von einer unabhängigen oder ausländischen Werkstatt, in Schwarzarbeit oder Heimarbeit oder auch überhaupt nicht ausgeführt wurde, sofern er das Fahrzeug mindestens sechs Monate nutzt.[20] Die Umsatzsteuer kann nach § 249 Abs. 2 S. 2 BGB allerdings nur verlangt werden, soweit sie tatsächlich angefallen ist.

Wirtschaftlicher Totalschaden

Die (tatsächlichen oder fiktiven) Reparaturkosten können allerdings nicht in beliebiger Höhe geltend gemacht werden. Nach § 251 Abs. 2 BGB ist der Ersatz von Herstellungskosten bei einem wirtschaftlichen Totalschaden ausgeschlossen. Das ist der Fall, wenn die Wiederherstellung des ursprünglichen Zustands zwar technisch möglich, aber wirtschaftlich unsinnig ist. In der Regel ist das anzunehmen, wenn die bei einer Reparatur zu begleichende Summe um mehr als 30 Prozent über dem Wiederbeschaffungswert liegt.[21]

Reparaturkosten und Wartefrist
Bei einer nachgewiesenen vollständigen **Fachwerkstattreparatur** sind bis zur Höhe des Wiederbeschaffungswerts (100 Prozent-Grenze) die Reparaturkosten unabhängig von einer weiteren Nutzung des Kfz zu erstatten.

---

20 HKD/*König*, § 12 StVG Rn. 6; PWW/*Luckey*, § 249 Rn. 29; Palandt/*Grüneberg*, § 249 Rn. 14; Erman/*Ebert*, § 249 Rn. 77 ff.; BGH NJW 2006, 2179; NJW 2003, 2085; NJW 1989, 3009; näher zur fiktiven Abrechnung bei Markenwerkstätten BGH NJW 2016, 314.

21 BGH NJW 2003, 2085; NJW 1999, 500; NJW 1992, 302, 1618. Soweit der Ersatz von Reparaturkosten in Höhe von 130 Prozent des Wiederbeschaffungswertes anerkannt wird, gilt dies nur bei tatsächlicher Reparatur, vgl. HKD/*König*, § 12 StVG Rn. 20.

Reparaturkosten und Wartefrist *(Fortsetzung)*
Übersteigen die tatsächlichen Reparaturkosten den Wiederbeschaffungswert um bis zu 30 Prozent (130 Prozent-Grenze), sind die Reparaturkosten nur zu bezahlen, wenn das Fahrzeug noch sechs Monate genutzt wird. Verkauft der Geschädigte das Kfz vor Ablauf von sechs Monaten, wird die Totalschadensabrechnung (Wiederbeschaffungswert abzüglich Restwert) angewendet (BGH NJW 2008, 2183).   Werden **fiktiv** die geschätzten Reparaturkosten abgerechnet oder erfolgt die Reparatur in **Eigenregie** (also nicht in einer Fachwerkstatt), kommt es stets, dh bis zur 130 Prozent-Grenze darauf an, dass die sechsmonatige Wartefrist eingehalten wird (BGH NJW 2008, 1941).

Bei praktisch neuen Fahrzeugen (grundsätzlich nicht älter als 1 Monat und keine höhere Laufleistung als 1.000 km) ist bei der Schadensbemessung vom Neupreis auszugehen.[22]

> Neuwagenabrechnung

Hier bestehen weder für einen wirtschaftlichen Totalschaden noch für eine Abrechnung als Neufahrzeug Anhaltspunkte. Der Schaden an dem Motorrad ist in Höhe von 3.500 EUR erstattungsfähig.

B macht gegenüber F weiterhin einen **Nutzungsausfall** von 180 EUR geltend.

> Nutzungsausfall

Die Rechtsprechung gewährt Schadensersatz für den Verlust von Gebrauchsvorteilen bei Wirtschaftsgütern, auf deren ständige Verfügbarkeit der Berechtigte für die eigenwirtschaftliche Lebensführung typischerweise notwendig angewiesen ist (Kommerzialisierungsgedanke).[23] Dazu zählen beispielsweise die Wohnung[24], die Küche[25], das Fernsehgerät[26], der Pkw[27], das Motorrad[28] und auch das Fahrrad.[29]

Für die Ersatzfähigkeit von Nutzungsausfall ist es im konkreten Fall erforderlich, dass für den Geschädigten die **Notwendigkeit zur Nutzung** besteht. Sie fehlt, wenn zum Beispiel ein Zweitwagen uneingeschränkt zur Verfügung steht.[30] Weiterhin bedarf es für eine fühlbare Beeinträchtigung einer **Nutzungsmöglichkeit**. An ihr fehlt es, wenn der Geschädigte das Fahrzeug wegen Krankheit oder unfallbedingten Verletzungen nicht führen konnte, es sei denn, dass der Wagen von einem Dritten gefahren worden wäre.[31] Der Anspruch auf Nutzungsausfall entfällt bei mangelndem **Nutzungswillen** wie beispielsweise, wenn die Durchführung der Reparatur monatelang verzögert wird.[32]

> Keinen Nutzungsausfall gibt es bei Gegenständen, die nicht zum notwendigen Lebensbedarf zählen wie Schwimmbad, Motorboot oder Reitpferd.

---

22 BGH NJW 1982, 433; OLG Nürnberg NJW-RR 1995, 919; OLG Karlsruhe NJW-RR 1986, 254. Streitig ist, ob der Geschädigte wieder einen Neuwagen erwerben muss, vgl. HKD/*König*, § 12 StVG Rn. 11; Palandt/*Grüneberg*, § 249 Rn. 18.
23 Großer Zivilsenat BGHZ 98, 212 ff.
24 Vgl. BGH NJW 1992, 1500; NJW 1987, 50; NZBau 2014, 280; OLG Stuttgart NJOZ 2014, 801; OLG Düsseldorf MDR 2000, 389.
25 LG Osnabrück NJW-RR 1999, 349; LG Kiel NJW-RR 1996, 559.
26 AG Frankfurt a. M. NJW 1993, 137; OLG München VersR 2010, 814.
27 Ständige Rechtsprechung, vgl. die Nachweise bei HKD/*König*, § 12 StVG Rn. 40 ff.
28 OLG Saarbrücken NZV 1990, 312; LG München DAR 2004, 155; LG Dortmund NZV 2014, 41.
29 KG NZV 1994, 393; AG Lörrach DAR 1994, 501; aA LG Hamburg NZV 1993, 33; differenzierend OLG Stuttgart NJW-RR 2014, 590.
30 OLG Jena NJW-RR 2004, 1030; OLG Düsseldorf NJW-RR 2012, 545; näher HKD/*König*, § 12 StVG Rn. 40.
31 BGH NJW 1975, 922; NJW 1974, 33; OLG Koblenz NJW-RR 2004, 474.
32 Vgl. OLG Köln MDR 2004, 1114; OLG Hamm NJW-RR 1995, 1230.

Demnach steht B hier Nutzungsausfall zu. Die Höhe bemisst sich nach den Vorhaltekosten (gebrauchsunabhängige Gemeinkosten) zuzüglich eines angemessenen Aufschlages.[33] Danach sind 180 EUR zu bezahlen.

Auslagenpauschale

Zur Abgeltung der mit der Unfallabwicklung entstandenen Kosten (Porto, Telefon, usw.) steht B eine **Unkostenpauschale** von 20 EUR[34] zu.

Ergebnis

B steht gegen F ein Anspruch auf Zahlung von 3.700 EUR aus berechtigter Geschäftsführung ohne Auftrag gemäß § 670 iVm §§ 683 S. 1, 677 BGB zu. Anhaltspunkte für ein Mitverschulden des B im Sinne des § 254 BGB sind nicht erkennbar. Zwar ist bei Ausweichmanövern nach dem Prinzip der Vorteilsausgleichung der hypothetische Eigenschaden, der bei einem Unfall mit dem Geschäftsherrn entstanden wäre, von dem Anspruch nach § 670 BGB abzuziehen.[35] Da B aber bei einem Zusammenstoß mit F kein Schaden an dem Motorrad entstanden wäre, ist der Anspruch auf Zahlung von 3.700 EUR auch nach dem Grundsatz der Vorteilsausgleichung nicht zu kürzen.

b) Anspruch des B gegen F gemäß § 904 S. 2 BGB (analog)

§ 904 BGB setzt die Einwirkung auf das Eigentum eines anderen voraus. Da F auf das Eigentum des B nicht eingewirkt hat, kommt eine unmittelbare Anwendung des Anspruchs nach § 904 S. 2 BGB nicht in Betracht. Möglich ist allenfalls eine Analogie. Eine Analogie setzt das Bestehen einer planwidrigen Gesetzeslücke voraus. Hier sind §§ 670, 683 S. 1, 677 BGB anzuwenden. Es fehlt mithin an einer Regelungslücke. Eine Analogie scheidet also ebenfalls aus.[36]

c) Anspruch des B gegen F nach § 823 Abs. 1 BGB

Ein Anspruch aus § 823 Abs. 1 BGB kann nicht entstehen, denn es fehlt an einer Verletzungshandlung des F im Hinblick auf das Eigentum des B. Haftungsbegründend ist nämlich nur das menschliche Tun oder Unterlassen, das der Bewusstseinskontrolle und der Willenssteuerung unterliegt. Reflexbewegungen oder Bewegungen, die durch unwiderstehliche Gewalt (vis absoluta) hervorgerufen werden, stellen keine zurechenbare Handlung dar. Da F ohne Möglichkeit der eigenen Einflussnahme durch unwiderstehliche Gewalt auf die Straße gelangt ist, sind eine Handlung und damit ein Anspruch nach § 823 Abs. 1 BGB zu verneinen.

d) Anspruch des B gegen F aus § 812 Abs. 1 S. 1 Alt. 2 BGB

Ein Bereicherungsanspruch aus § 812 Abs. 1 S. 1 Alt. 2 BGB scheitert bereits daran, dass die berechtigte Geschäftsführung ohne Auftrag im Verhältnis von B zu F einen Rechtsgrund bildet.[37] Die berechtigte Geschäftsführung ohne Auftrag bildet ein gesetzliches Schuldverhältnis.

---

33 BGH NJW 1971, 1692; OLG Karlsruhe MDR 1998, 1285. In der Praxis wird auf die Entschädigungstabelle von *Sanden/Danner* zurückgegriffen, die für jeden Fahrzeugtyp einen entsprechenden Tagessatz angibt, vgl. *Küppersbusch/Seifert/Kuhn*, NJW 2004, 730.
34 In der Praxis wird eine Unkosten- bzw. Auslagenpauschale von 20 bis 30 EUR anerkannt, vgl. OLG Hamm NJW-RR 1995, 224; OLG Stuttgart ZfS 1985, 267.
35 Vgl. MüKoBGB/*Schäfer*, § 683 Rn. 23; Soergel/*Beuthien*, § 683 Rn. 9; OLG Oldenburg VersR 1972, 1178, 1180; Erman/*Dornis*, § 677 Rn. 34; siehe auch Fall 12, S. 309 f.
36 HM, vgl. Soergel/*Baur*, § 904 Rn. 24; PWW/*Lemke*, § 904 Rn. 23; MüKoBGB/*Brückner*, § 904 Rn. 27; Jauernig/*Berger*, § 904 Rn. 1; Staudinger/*Seiler*, § 904 Rn. 47 ff.; BGHZ 38, 270, 274 ff.
37 Palandt/*Sprau*, Einf. v. § 677 Rn. 10; BGH NJW 2012, 523.

Ergebnis

B kann von F die Zahlung der 3.700 EUR nur nach §§ 670, 683 S. 1, 677 BGB erhalten. Das Gericht wird bei seiner summarischen Prüfung folglich feststellen, dass die Klage des B gegen F zulässig und in vollem Umfang begründet war. Durch die übereinstimmenden Erledigungserklärungen endet die Rechtshängigkeit automatisch und dem Gericht ist daher ein Urteil über die Hauptsache verwehrt. Eine Entscheidung des Gerichts über die beiderseitige Erledigungserklärung ist nicht erforderlich.[38] Dem Gericht bleibt es nur, durch Beschluss über die Kosten nach billigem Ermessen zu entscheiden. Ohne die Erledigungserklärung hätte F gemäß § 91 Abs. 1 ZPO die Kosten zu tragen gehabt. Deshalb wird das Amtsgericht in seinem Beschluss nach § 91a Abs. 1 S. 1 ZPO dem F die Kosten in vollem Umfang auferlegen.

Ergebnis zur Klage des B

Kostenbeschluss bei der übereinstimmenden Erledigungserklärung

Der Tenor wird folgendermaßen lauten:[39]

Beschluss
Der Beklagte hat die Kosten des Rechtsstreits zu tragen.

Der Tenor enthält keinen Ausspruch über die vorläufige Vollstreckbarkeit, weil die §§ 708 ff. ZPO nur für Urteile gelten. Der Kostenbeschluss ist Vollstreckungstitel nach § 794 Abs. 1 Nr. 3 ZPO. Gegen den Kostenbeschluss ist nach § 91a Abs. 2 S. 1 ZPO die sofortige Beschwerde statthaft. Sie ist zulässig, wenn die Kostenbeschwer 200 EUR übersteigt (§ 567 Abs. 2 ZPO) und die erledigte Hauptsache über dem Berufungswert von 600 EUR (§ 511 Abs. 2 Nr. 1 ZPO) lag, weil die Kostenentscheidung gemäß § 91a Abs. 2 S. 2 ZPO nur dann anfechtbar ist, wenn es auch die Hauptsache gewesen wäre.

B. Entscheidung des Gerichts über die Klage der M

Die Klage der M gegen P ist erfolgreich, wenn sie zulässig und begründet ist.

I. Zulässigkeit der Klagen

M hat ursprünglich insgesamt 5.140 EUR eingeklagt, wovon während des Verfahrens 4.500 EUR getilgt wurden. In Höhe von 4.500 EUR hat M die Klage daher für erledigt erklärt, bezüglich der restlichen 640 EUR bleibt der Leistungsantrag bestehen.

1. Feststellungsantrag hinsichtlich 4.500 EUR

a) Wirksamkeit und Rechtsnatur der einseitigen Erledigungserklärung

Hinsichtlich der bereits gezahlten 4.500 EUR handelt es sich um eine einseitige (Teil)Erledigungserklärung der Klägerin M, weil der Beklagte P der Erledigung widersprochen und sein Klageabweisungsbegehren aufrechterhalten hat. Die einseitige Erledigungserklärung ist als Prozesshandlung nur wirksam, wenn die Prozesshandlungsvoraussetzungen erfüllt sind. Hierzu zählt auch die Postulationsfähig-

Einseitige Erledigungserklärung

---

38 Eine deklaratorische Feststellung der übereinstimmenden Erledigung ist zwar nicht ausgeschlossen, sie sollte aber regelmäßig unterbleiben, um eine Abgrenzung zur einseitigen Erledigungserklärung zu ermöglichen. Vgl. Musielak/Voit/*Flockenhaus*, § 91a Rn. 21; BGH NJW 1989, 2886; NJW 1982, 1598.
39 Zur Tenorierung siehe *Anders/Gehle*, Assessorexamen, B. Rn. 60 ff.; *Knöringer*, Assessorklausur, § 11 Rn. 5.

keit, die den Parteien im Anwaltsprozess (vgl. § 78 ZPO) grundsätzlich fehlt. Nach § 78 Abs. 4 ZPO kann sich ein zugelassener Rechtsanwalt in eigenen Angelegenheiten selbst vertreten. Rechtsanwältin M hat folglich die einseitige Erledigungserklärung wirksam abgegeben.

Die einseitige Erledigung der Hauptsache ist gesetzlich nicht geregelt. Wie eine einseitige Erledigungserklärung rechtlich einzuordnen ist, wird daher kontrovers diskutiert:[40]

Meinungsstreit über die Rechtsnatur einer einseitigen Erledigungserklärung

Besondere Form der Klagerücknahme, die ohne Zustimmung des Beklagten und ohne Kostentragung des Klägers möglich ist.	Besondere Form des Verzichts, wobei der Kläger nicht zur Kostentragung zu verurteilen ist.	Rechtsinstitut eigener Art	Klageänderung in einen Feststellungsantrag, sog Klageänderungstheorie (hM)

Die gesetzlich nicht geregelte einseitige Erledigungserklärung ist richtigerweise als **Klageänderung in einen Feststellungsantrag** einzuordnen, weil nur dies dem Parteiwillen entspricht. Durch die einseitige Erledigungserklärung möchte der Kläger vermeiden, dass eine ursprünglich zulässige und begründete Klage durch ein Ereignis nach Rechtshängigkeit unzulässig oder unbegründet wird und er deshalb nach § 91 Abs. 1 ZPO mit den Kosten belastet wird. Dem Kläger kommt es darauf an, den ursprünglichen Klageantrag aufrechtzuerhalten und lediglich der neuen Prozesslage anzupassen. Diesem Zweck der einseitigen Erledigungserklärung trägt die Klageänderungstheorie Rechnung. Der Feststellungsantrag tritt an die Stelle des ursprünglichen Leistungsantrags; statt der Zahlung wird nunmehr die Feststellung begehrt, dass sich der ursprünglich zulässige und begründete Leistungsantrag nach der Rechtshängigkeit erledigt hat und die Kosten des Rechtsstreits deshalb dem Beklagten aufzuerlegen sind.[41]

Die Erledigterklärung der M ist demnach als Feststellungsantrag iSd § 256 Abs. 1 ZPO auszulegen.

b) Zulässigkeit des Feststellungsantrages

Der Übergang von der Leistungs- zur Feststellungsklage ist nach **§ 264 Nr. 2 ZPO** zulässig.[42] Ob sich durch die Klageumstellung der Streitwert geändert hat, ist für den Zuständigkeitsstreitwert ohne Belang, weil es gemäß **§ 261 Abs. 3 Nr. 2 ZPO** insofern nur auf den Wert der ursprünglichen Leistungsklage ankommt.[43] Das Feststellungsinteresse nach **§ 256 Abs. 1 ZPO** ergibt sich daraus, dass die Parteien über die Erledigung der Hauptsache und die Kostentragung uneinig sind. Die einseitige Erledigungserklärung ist Prozesshandlung; ihre Wirksamkeit hängt von der Partei-, Prozess- und Postulationsfähigkeit des Erklärenden ab. Bis zur Entscheidung durch das Gericht kann der Kläger die einseitige Erledigungserklärung widerrufen.

Der Übergang von der Leistungs- zur Feststellungsklage ist wirksam.

Aufbauschema
Einseitige Erledigungserklärung
1. Zulässigkeit der Feststellungsklage
   a) Einseitige Erledigungserklärung
   b) Klageänderung, § 264 Nr. 2 ZPO
   c) Zuständigkeit, § 261 Abs. 3 Nr. 2 ZPO
   d) Feststellungsinteresse, § 256 Abs. 1 ZPO
2. Begründetheit der Feststellungsklage
   a) Ursprüngliche Zulässigkeit der Leistungsklage
   b) Ursprüngliche Begründetheit der Leistungsklage
   c) Erledigung der Hauptsache nach Rechtshängigkeit

---

40 Dazu Zöller/*Althammer*, § 91a Rn. 34; MüKoZPO/*Schulz*, § 91a Rn. 79 ff.; *Rosenberg/Schwab/Gottwald*, Zivilprozessrecht, § 132 Rn. 21 ff.; Stein/Jonas/*Bork*, § 91a Rn. 47.
41 BGH NJW 2002, 442; NJW 1994, 2363 f.; OLG Düsseldorf NJW-RR 1997, 1566.
42 Zur Klageänderung bei Fall 14, S. 369.
43 HM, sehr umstritten sind hingegen der Rechtsmittel- und der Kostenstreitwert, vgl. Zöller/*Vollkommer*, § 91a Rn. 48 f.; Musielak/Voit/*Flockenhaus*, § 91a Rn. 47.

2. Leistungsantrag über 640 EUR

M hat den Rechtsstreit nur teilweise für erledigt erklärt. Der ursprüngliche Leistungsantrag bleibt im Übrigen, also in Bezug auf das Schmerzensgeld (250 EUR) und die Mietwagenkosten (390 EUR) bestehen. Die Leistungsklage ist iSd § 253 Abs. 2 ZPO ordnungsgemäß erhoben. Obgleich der Streitwert der Leistungsklage nunmehr nur noch 640 EUR beträgt, bleibt das Landgericht wegen § 261 Abs. 3 Nr. 2 ZPO sachlich zuständig.

3. Allgemeine Zulässigkeitsvoraussetzungen[44]

Sowohl für die Feststellungs- als auch für die Leistungsklage müssen die allgemeinen Zulässigkeitsvoraussetzungen erfüllt sein. M und P sind partei- und prozessfähig und wurden ordnungsgemäß anwaltlich vertreten (§ 78 Abs. 1 S. 1, Abs. 4 ZPO). Die sachliche Zuständigkeit des Landgerichts resultiert aus §§ 71 Abs. 1, 23 Nr. 1 GVG, wobei wegen § 261 Abs. 3 Nr. 2 ZPO der ursprüngliche Streitwert in Höhe von 5.140 EUR maßgebend ist.

Örtlich zuständig könnte das Landgericht Regensburg sein. Die örtliche Zuständigkeit ergibt sich nicht aus dem allgemeinen Gerichtsstand nach §§ 12, 13 ZPO iVm § 7 Abs. 1 BGB, weil der Beklagte P seinen Wohnsitz in Hannover hat. Möglicherweise begründet § 32 ZPO den Gerichtsstand Regensburg (vgl. Art. 3, 2 Nr. 3, 4, Art. 5 Nr. 57 BayGerOrgG).

Besonderer Gerichtsstand der unerlaubten Handlung, § 32 ZPO

§ 32 ZPO beruht auf dem Gedanken der Sachnähe; am Begehungsort sind Sachaufklärung und Beweiserhebung erleichtert. Der Wahlgerichtsstand (vgl. § 35 ZPO) bezieht sich insbesondere auf alle von §§ 823 bis 826, 829, 831, 833 bis 838 BGB, Art. 34 GG iVm § 839 BGB und von §§ 989, 990, 992 BGB sowie von außerhalb des BGB geregelten Delikts- oder Gefährdungshaftungstatbeständen erfasste Sachverhalte. Ausschlaggebend ist, dass die Begründung der Haftung nicht auf der Verletzung eines Vertrags beruht.
Zur Begründung der örtlichen Zuständigkeit genügt es, wenn der Kläger schlüssig Tatsachen behauptet, aus denen sich ergibt, dass im Gerichtsbezirk eine unerlaubte Handlung begangen wurde. Im Rahmen der Zulässigkeitsprüfung ist die Richtigkeit des Klägervorbringens zu unterstellen (Grundsatz der doppelrelevanten Tatsachen). Erweist sich dieser Vortrag im Verlauf des Prozesses nicht als wahr, macht das die Klage nicht unzulässig; sie ist als unbegründet abzuweisen.
Für die Anwendung des § 32 ZPO ist es unerheblich, welches prozessuale Begehren (Leistungs-, Feststellungsklage) aus der unerlaubten Handlung abgeleitet wird. Nach hM können sowohl die vorbeugende als auch die negatorische Unterlassungsklage ebenfalls auf § 32 ZPO gestützt werden.
Seit der Neufassung des § 17 Abs. 2 GVG wird überwiegend die Auffassung vertreten, dass das Gericht des § 32 ZPO auch über Ansprüche nichtdeliktischer Art entscheiden kann. Nach hM kann also das nach § 32 ZPO örtlich zuständige Gericht den Rechtsstreit anhand aller in Betracht kommenden Anspruchsgrundlagen umfassend beurteilen.

> **Grundschema Zulässigkeit einer Klage**
> 1. Deutsche Gerichtsbarkeit
> 2. Zulässigkeit des Rechtswegs, § 13 GVG
> 3. Ordnungsgemäße Klageerhebung, § 253 ZPO (evtl. außergerichtliches Güteverfahren, § 15a EGZPO)
> 4. Sachliche Zuständigkeit, §§ 23 ff., 71 GVG
> 5. Örtliche Zuständigkeit, §§ 12 ff. ZPO
> 6. Funktionelle Zuständigkeit, §§ 93 ff. GVG, RpflG
> 7. Parteifähigkeit, § 50 ZPO
> 8. Prozessfähigkeit, § 52 ZPO
> 9. Prozessführungsbefugnis, § 51 ZPO
> 10. Postulationsfähigkeit, §§ 78 ff. ZPO
> 11. Keine anderweitige Rechtshängigkeit
> 12. Fehlende rechtskräftige Entscheidung
> 13. Rechtsschutzbedürfnis
> 14. Keine Prozesshindernisse (zB Einrede der Schiedsgerichtsklausel)

---

44 Bei der Prüfung der Zulässigkeitsvoraussetzungen einer Klage sind nur die im konkreten Fall wesentlichen Punkte anzusprechen, also insbesondere diejenigen, welche zweifelhaft erscheinen. Eine zwingend vorgegebene Reihenfolge der einzelnen Voraussetzungen besteht nicht. Ist eine Klage unzulässig, ist sie durch Prozessurteil abzuweisen. Zur Zulässigkeitsprüfung Thomas/Putzo/*Reichold*, Vorb. § 253 Rn. 8 ff.; zur örtlichen Zuständigkeit Fall 2, S. 54 ff.

> **Besonderer Gerichtsstand der unerlaubten Handlung, § 32 ZPO** *(Fortsetzung)*
>
> Denn wenn schon das Gericht eines anderen Gerichtsbarkeitszweigs den Rechtsstreit unter allen in Betracht kommenden rechtlichen Gesichtspunkten prüft, müsse erst recht ein im besonderen Gerichtsstand angerufenes Zivilgericht zur Entscheidung über alle zivilrechtlichen Anspruchsgrundlagen befugt sein, vgl. BGH NJW 2003, 828; Musielak/Voit/*Heinrich*, § 32 Rn. 11.

Hier hat die Klägerin M schlüssig Tatsachen vorgetragen, wonach es im Bezirk des Landgerichts Regensburg zu einer unerlaubten Handlung gekommen ist. Die Voraussetzungen des § 32 ZPO sind erfüllt. Das Landgericht Regensburg ist örtlich zuständig. Für etwaige Ansprüche aus dem StVG ergibt sich die Zuständigkeit des Landgerichts Regensburg auch aus § 20 StVG.

Ergebnis

Feststellungs- und Leistungsklage der M gegen P sind zulässig.

II. Objektive Klagehäufung, § 260 ZPO

Die Voraussetzungen der kumulativen[45] Klagehäufung (Identität der Parteien, Zuständigkeit des Gerichts, gleiche Verfahrensart, kein Verbindungsverbot) sind erfüllt. Leistungs- und Feststellungsklage können in einer Klage verbunden werden.

> **§ 260 ZPO**
>
> Es handelt sich um eine **kumulative Klagehäufung**, wenn der Kläger mehrere Streitgegenstände gleichwertig nebeneinander geltend macht. Die Voraussetzungen der kumulativen Klagehäufung sind in einem gesonderten Punkt zu prüfen, weil sie weder die Zulässigkeit noch die Begründetheit der Klage betreffen. Sind die Voraussetzungen der Klagehäufung nicht erfüllt, ist nach § 145 Abs. 1 ZPO über die Streitgegenstände getrennt zu verhandeln.

III. Begründetheit der Klagen

> **Aufbauschema Begründetheit des Feststellungsantrags bei einseitiger Erledigungserklärung**
> 1. Ursprüngliche Zulässigkeit der Klage
> 2. Ursprüngliche Begründetheit der Klage
> 3. Erledigung nach Rechtshängigkeit

Bei der Begründetheit der Klage ist ebenfalls zwischen Feststellungs- und Leistungsantrag zu unterscheiden. Der Feststellungsantrag umfasst die Reparaturkosten (2.800 EUR), das Sachverständigengutachten (900 EUR) und den merkantilen Minderwert (800 EUR), während sich der Leistungsantrag auf die Mietwagenkosten (390 EUR) und das Schmerzensgeld (250 EUR) bezieht.

1. Begründetheit des Feststellungsantrages

Der Feststellungsantrag ist begründet, wenn die ursprünglich zulässige und begründete Klage infolge eines Erledigungsereignisses nach Rechtshängigkeit unbe-

---

45 Von der kumulativen Klagehäufung ist die eventuelle Klagehäufung zu unterscheiden. Bei ihr macht der Kläger verschiedene Streitgegenstände in einer bestimmten, das Gericht bindenden Reihenfolge geltend, er stellt einen unbedingten Hauptantrag sowie einen oder mehrere Hilfsanträge, vgl. Musielak/Voit/*Foerste*, § 260 Rn. 4; Zöller/*Greger*, § 260 Rn. 4 sowie Fall 10, S. 244.

gründet geworden ist. Es ist also zu prüfen, ob die ursprüngliche Leistungsklage zulässig sowie begründet war und nunmehr durch ein Ereignis mit Erledigungswirkung nach Rechtshängigkeit unzulässig oder unbegründet geworden ist.

a) Ursprüngliche Zulässigkeit der Klage

Gegenüber der ursprünglichen Zulässigkeit der Klage bestehen keine Bedenken.

b) Ursprüngliche Begründetheit der Klage

Die Zahlungsklage war ursprünglich begründet, wenn der M gegen P zum Zeitpunkt des Erledigungsereignisses ein Anspruch auf Reparaturkosten, das Sachverständigengutachten und den merkantilen Minderwert zustand.

aa) Bestehen eines Anspruchs[46] dem Grunde nach

(1) Anspruch gemäß § 7 Abs. 1 StVG

M könnte gegen P einen Anspruch auf Schadensersatz nach § 7 Abs. 1 StVG innehaben.

§ 7 Abs. 1 StVG ist nur gegenüber dem Halter eines Kraftfahrzeuges anwendbar. Halter ist derjenige, welcher das Fahrzeug zur Unfallzeit nicht nur ganz vorübergehend für eigene Rechnung in Gebrauch hat und die Verfügungsgewalt ausübt. Auf das Eigentum, die Zulassung oder die Versicherung des Kfz kommt es dabei nicht an.[47]

> Die Haftpflichtversicherung haftet als Gesamtschuldnerin (§ 421 BGB) gemäß § 115 Abs. 1 S. 4, Abs. 1 S. 1 Nr. 1 VVG iVm § 1 PflVG.

> Halter
> § 7 Abs. 1 StVG

Halter gemäß § 7 Abs. 1 StVG

Da es auf die eigene Nutzung und die Verfügungsgewalt über das Kfz (oder den Anhänger, § 7 Abs. 3 S. 3 StVG) ankommt, können auch mehrere Personen zugleich Halter sein. So liegt es beispielsweise bei Leihe und Miete, wenn auch der Entleiher/Mieter das Fahrzeug für längere Zeit auf eigene Rechnung mit Verfügungsgewalt nutzt; eine kurzfristige Überlassung zu einem bestimmten Zweck (zB Urlaubsfahrt) begründet keine Haltereigenschaft. Der Verleiher/Vermieter verliert die Halterfunktion, wenn das Fahrzeug seinem Einfluss völlig entzogen wird.
Bei einer OHG oder einer Gesellschaft bürgerlichen Rechts ist grundsätzlich jeder Gesellschafter Halter des Kfz; gleiches gilt beim Car-Sharing (BHHJ/*Burmann*, § 7 StVG Rn. 6). Beide Ehepartner sind regelmäßig dann Halter, wenn der Wagen gemeinsam genutzt wird.
Bei Leasingverträgen ist in der Regel der Leasingnehmer der alleinige Halter, weil nur er über den Einsatz des Wagens entscheidet und die Betriebskosten trägt. Demnach muss sich der Leasinggeber bei Geltendmachung eines Schadensersatzanspruchs nach § 823 BGB wegen Verletzung seines Eigentums am Leasingfahrzeug weder ein Mitverschulden des Leasingnehmers noch des Fahrers des Pkw anspruchsmindernd zurechnen lassen, vgl. BGH NJW 2007, 3120.
Wer durch Straftaten ein Kfz an sich bringt, wird Halter, falls er eine eigene dauerhafte und ungestörte Verfügungsgewalt begründet hat.

Hier ist davon auszugehen, dass P der Halter des Geländewagens ist.

---

46 Eine feste Prüfungsreihenfolge der Ansprüche nach § 7 Abs. 1, § 18 Abs. 1 S. 1 StVG, § 823 Abs. 1, 2 BGB besteht nicht. Je nach Sachlage kann es sinnvoll sein, mit einem bestimmten Anspruch zu beginnen; vgl. *Weber*, JuS 2014, 987, 988.
47 Vgl. BGH NJW 1997, 660; NJW 1992, 900; NJW 1983, 1492; BHHJ/*Burmann*, § 7 StVG Rn. 5 f.; HKD/*König*, § 7 StVG Rn. 14. Überblick bei *Schulz-Merkel/Meier*, JuS 2015, 201 ff.

Weiterhin ist eine Rechtsgutverletzung iSd § 7 Abs. 1 StVG erforderlich. P hat den Körper und die Gesundheit der M sowie deren Eigentum verletzt.

[Kraftfahrzeug § 1 Abs. 2 StVG]

[Beim Betrieb]

Die Rechtsgutverletzung muss beim Betrieb eines Kraftfahrzeugs erfolgt sein. Bei dem Geländewagen des P handelt es sich nach § 1 Abs. 2 StVG um ein Kraftfahrzeug. Der Betrieb des Kraftfahrzeugs ist anzunehmen, wenn sich eine Gefahr verwirklicht, die mit dem Fahrzeug als Verkehrsmittel verbunden ist.[48]

Betrieb eines Kraftfahrzeugs

Das Tatbestandsmerkmal „bei dem Betrieb" ist weit auszulegen, wobei nach überwiegender Sichtweise die **verkehrstechnische Auffassung** zugrunde zu legen ist. Danach ist ein Fahrzeug in Betrieb, wenn es sich innerhalb des öffentlichen Verkehrsbereichs bewegt oder in verkehrstypischer Weise ruht (aA die maschinentechnische Einschätzung, die darauf abstellt, ob der Motor das Kfz bewegt).
Nach der verkehrstechnischen Auffassung unterbricht ein vorübergehendes Abstellen den Betrieb nicht, so dass parkende, liegengebliebene oder unfallbeschädigte Kfz im Betrieb sind, solange sie sich auf öffentlichen Verkehrsflächen befinden. Be- und Entladen ist dann zum Betrieb zu rechnen, wenn ein innerer Zusammenhang mit dem Zweck des Fahrzeugs als Verkehrsmittel besteht. Schäden, die während der Fahrt durch die Ladung oder die Insassen verursacht werden, zählen zum Betrieb.
Kein Betrieb ist anzunehmen bei einem in der Garage abgestellten Fahrzeug, bei dem auslaufendes Benzin Schäden verursacht, oder bei einem Kraftfahrzeug, das ausschließlich als Arbeitsmaschine eingesetzt wird. Vgl. zum Ganzen BHHJ/*Burmann*, § 7 StVG Rn. 9.

Der Geländewagen des P ist bei seinem Betrieb mit dem Fahrzeug der M zusammengestoßen.

Nach § 7 Abs. 2 StVG ist die Haftung des Halters ausgeschlossen, wenn der Unfall durch höhere Gewalt verursacht wurde. Für höhere Gewalt bedarf es eines von außen einwirkenden, außergewöhnlichen und nicht abwendbaren Ereignisses. So liegt es hier nicht.

[Kausalität]

Der Fahrzeugbetrieb muss den Schaden adäquat verursacht haben. Bei der Haftung nach dem StVG kommt es maßgeblich auf den Schutzzweck der Norm an.[49] Es ist danach zu fragen, ob § 7 StVG bzw. § 18 StVG gerade auf die Verhinderung des eingetretenen Schadens abzielt. Die Ansprüche nach dem StVG gelten für jeden mit dem Fahrzeugbetrieb zusammenhängenden Unfall. Der Zurechnungszusammenhang entfällt bei Schäden, bei denen sich ein gegenüber der Betriebsgefahr eigenständiges Risiko verwirklicht hat. Der Schutzzweck des StVG ist also nicht betroffen, wenn sich das Fahrzeug beim Reifenwechsel in der Werkstatt befindet oder es vorsätzlich in Brand gesetzt wird.[50]

Durch den Betrieb des Geländewagens ist ein Personen- und Sachschaden verursacht worden.

Ergebnis

Die Haftung des P nach § 7 Abs. 1 StVG ist dem Grunde nach gegeben.

---

48 BGH NJW 1993, 2740; NJW 1991, 2568; NJW 1983, 1326; MDR 1995, 365; BHHJ/*Burmann*, § 7 StVG Rn. 7 ff.; HKD/*König*, § 7 StVG Rn. 4 ff.
49 Einzelheiten zur Kausalitätsbestimmung bei Fall 12, S. 296.
50 Vgl. HKD/*König*, § 7 StVG Rn. 10 ff.; BHHJ/*Burmann*, § 7 StVG Rn. 13 ff.

(2) Anspruch gemäß § 18 Abs. 1 S. 1 StVG

Weiterhin könnte M gegen P ein Anspruch auf Schadensersatz nach § 18 Abs. 1 S. 1 StVG zustehen.

§ 18 Abs. 1 StVG gewinnt an Bedeutung, wenn ein vom Halter des Fahrzeugs verschiedener Fahrer das Fahrzeug geführt hat, indem die Norm für den Fahrzeugführer eine Haftung mit der Möglichkeit des Entlastungsbeweises anordnet.

> Fahrzeugführer
> § 18 Abs. 1 StVG

Fahrzeugführer (vgl. § 2 StVG, § 23 StVO) iSd § 18 StVG ist derjenige, der zur Zeit des Unfalls das **Fahrzeug lenkt** und die **tatsächliche Gewalt** über das Steuer hat. Bei Übungsfahrten ist nur der Fahrlehrer, nicht der Schüler Fahrzeugführer.[51]

Führer des Kraftfahrzeugs war P.

Hinsichtlich der übrigen Tatbestandsmerkmale verweist § 18 Abs. 1 S. 1 StVG auf § 7 Abs. 1 StVG, dessen Voraussetzungen nach obiger Prüfung hier erfüllt sind. Da § 18 Abs. 1 StVG eine Haftung für vermutetes Verschulden darstellt, entgeht der Fahrzeugführer der Haftung nur, wenn er fehlendes Verschulden nachweist. Dieser Entlastungsbeweis gelingt P nicht, weil er alkoholisiert und mit einer Geschwindigkeit von 78 km/h den Mittelstreifen überfahren und damit schuldhaft gegen § 3 Abs. 1, 3 Nr. 1 StVO und gegen § 2 Abs. 2 StVO verstoßen hat.

Ergebnis

M hat gegen P dem Grunde nach auch einen Anspruch nach § 18 Abs. 1 S. 1 StVG.

(3) Anspruch nach § 823 Abs. 1 BGB

Für M könnte sich ein Anspruch gegen P auch aus § 823 Abs. 1 BGB ergeben.

Nach § 16 StVG bleiben neben der Haftung aus dem StVG die Tatbestände der unerlaubten Handlung, insbesondere also die Ansprüche nach § 823 Abs. 1 BGB und gemäß § 823 Abs. 2 BGB iVm einem Schutzgesetz (StVO, StVZO, StGB, etc.)[52] anwendbar. Für diese Ansprüche besteht keine Beschränkung der Haftungshöhe gemäß §§ 12 f. StVG.

Die Voraussetzungen eines Anspruchs aus § 823 Abs. 1 BGB sind hier erfüllt. P hat schuldhaft, rechtswidrig und kausal die Gesundheit und das Eigentum der M verletzt.

Ergebnis

M steht gegen P deshalb auch gemäß § 823 Abs. 1 BGB ein Schadensersatzanspruch zu.

bb) Höhe des Anspruchs

Dem Grunde nach steht der M gegen P ein Anspruch auf Schadensersatz zu. Zu prüfen bleibt der Haftungsumfang.

(1) Reparaturkosten

Die Reparaturkosten in Höhe von 2.800 EUR könnten nach § 249 Abs. 2 S. 1 BGB zu leisten sein.

---

51 HKD/*König*, § 18 StVG Rn. 2; BHHJ/*Heß*, § 18 StVG Rn. 3.
52 Zur Schutzgesetzverletzung bei Fall 1, S. 16.

Die Naturalrestitution gemäß § 249 BGB schützt das Integritätsinteresse und bezweckt, den tatsächlichen Zustand wieder herzustellen, welcher der ohne das Schadensereignis bestehenden Lage entspricht. Die Kosten der Schadensbehebung sind nur zu erstatten, sofern die Wiederherstellung objektiv möglich und der Betrag dazu erforderlich ist. Die Erforderlichkeitsgrenze ist nach dem Wirtschaftlichkeitsgebot zu bestimmen, so dass lediglich die Kosten zu ersetzen sind, die vom Standpunkt eines vernünftigen und wirtschaftlich denkenden Menschen zur Behebung des Schadens zweckmäßig und angemessen sind.[53]

Vorteilsausgleich Abzug Neu für Alt

Der Geschädigte darf durch den Schadensersatz allerdings auch keine ungerechtfertigten Vorteile erlangen. Im Wege des Vorteilsausgleichs sind nach dem Grundsatz „Neu für Alt" Abzüge von der Schadenssumme vorzunehmen, wenn es sich um eine messbare Vermögensvermehrung handelt, die Anrechnung dem Sinn der Ersatzpflicht entspricht und dem Geschädigten nach § 242 BGB zumutbar ist.[54] Kfz-Teile, die typischerweise während der Fahrzeugnutzung nicht ersetzt werden (zB Fahrzeugtür, Kotflügel, Scheiben), wirken sich für den Geschädigten wirtschaftlich nicht günstig aus; ein Abzug Neu für Alt scheidet aus. Etwas anderes gilt beim Ersatz von Verschleißteilen (zB Reifen, Stoßdämpfer, Bremsbeläge); hier ist die Werterhöhung auszugleichen, weil sich die Nutzungsdauer des Fahrzeugs erhöht und der Erneuerungsbedarf erst später auftritt.[55]

Umstände, die einen Abzug von den Reparaturkosten des VW Golf rechtfertigen würden, sind nicht dargetan. Die Reparaturkosten von 2.800 EUR sind folglich in voller Höhe nach § 249 Abs. 2 S. 1 BGB zu zahlen.

(2) Merkantiler Minderwert

Der errechnete merkantile Minderwert von 800 EUR ist möglicherweise gemäß § 251 Abs. 1 Alt. 2 BGB von P an M zu erstatten.

Merkantiler Minderwert

Die Naturalrestitution nach § 249 Abs. 2 S. 1 BGB ist in zwei Varianten möglich. Der Geschädigte kann sich einen gleichwertigen Gegenstand anschaffen und den Wiederbeschaffungsaufwand, dh die Wiederbeschaffungskosten abzüglich des Restwerts der beschädigten Sache fordern oder er kann die Reparaturkosten und den merkantilen Minderwert verlangen.

M hat sich hier für eine Entschädigung auf Basis der Reparaturkosten entschieden. Soweit die Reparatur (§ 249 Abs. 2 S. 1 BGB) nicht genügend ist und ein Minderwert verbleibt, ist dieser nach § 251 Abs. 1 Alt. 2 BGB auszugleichen. Das gilt unabhängig davon, ob der Geschädigte den Gegenstand behält oder veräußert. Der merkantile Minderwert bei Kraftfahrzeugen beruht darauf, dass Fahrzeuge mit erheblichen Unfallschäden (idR kein Minderwert bei bloßen Bagatellschäden) trotz deren Reparatur einen geringeren Marktwert aufweisen als ein unfallfreies.[56]

Daher hat P der M den mit 800 EUR veranschlagten merkantilen Minderwert nach § 251 Abs. 1 Alt. 2 BGB zu ersetzen.

---

53 BGH NJW 1992, 302; Erman/*Ebert*, § 249 Rn. 77 ff.; PWW/*Luckey*, § 249 Rn. 34.
54 BGHZ 30, 29 ff.; BGH NJW 2004, 2526, 2528; PWW/*Luckey*, § 249 Rn. 94 ff.; Erman/*Ebert*, Vor §§ 249–253 Rn. 82 ff.; Palandt/*Grüneberg*, Vorb. v. § 249 Rn. 19, Rn. 97 ff.
55 BGH NJW 1996, 584; HKD/*König*, § 12 StVG Rn. 27; Palandt/*Grüneberg*, Vorb. v. § 249 Rn. 98 f.
56 Einzelheiten, auch zur Berechnung des merkantilen Minderwerts (Berechnung nach *Ruhkopf/Sahm*, DEKRA-Methode nach *Halbgewachs*, Hamburger Modell des 13. Verkehrsgerichtstages) bei HKD/*König*, § 12 StVG Rn. 25 f.; Palandt/*Grüneberg*, § 251 Rn. 14 ff.; PWW/*Luckey*, § 249 Rn. 10; Erman/*Ebert*, § 251 Rn. 5 ff.; MüKoBGB/*Oetker*, § 249 Rn. 53 ff.

(3) Sachverständigengutachten

Die Erstattungsfähigkeit der Sachverständigenkosten in Höhe von 900 EUR rechtfertigt sich gegebenenfalls aus § 249 Abs. 2 S. 1 BGB.

> Beweissicherungskosten

Kosten für ein vorprozessual vom Geschädigten eingeholtes Sachverständigengutachten sind Teil des ersatzfähigen Schadens, sofern ein Gutachten nach den konkreten Umständen des Einzelfalls notwendig ist. Das ist grundsätzlich bei Schäden ab einem Richtwert von rund 500 bis 700 EUR anzunehmen.[57] Auf die Richtigkeit oder Nachvollziehbarkeit des Gutachtens kommt es bei der Erstattungspflicht ebenso nicht an wie auf die Höhe der Gutachterkosten. Auch überhöhte Gutachterkosten sind zu bezahlen, wenn der Geschädigte dem Schädiger etwaige Ansprüche gegen den Sachverständigen abtritt.[58] Keine Ersatzpflicht besteht, wenn das Gutachten wegen falscher Angaben des Geschädigten nicht verwendbar ist oder er aus anderen Gründen die Unbrauchbarkeit des Gutachtens zu vertreten hat.[59]

> Ordnungsgemäße Sachverständigengutachten genügen idR für die Schadensschätzung durch den Tatrichter nach § 287 ZPO.

Die Sachverständigenkosten der M sind von P gemäß § 249 Abs. 2 S. 1 BGB zu begleichen.

cc) Mitverschulden und Betriebsgefahr

Die im Rahmen des Feststellungsantrags geltend gemachten Schadensposten sind grundsätzlich erstattungsfähig. Fraglich ist, ob M sich ein Mitverschulden oder die Betriebsgefahr ihres Kraftfahrzeuges anrechnen lassen muss.[60]

(1) Mitverschulden und erhöhte Betriebsgefahr

M könnte als Geschädigte ein Mitverschulden bei dem Unfall mit P anzurechnen sein, so dass es zu einer Schadensteilung kommt und M nur eine bestimmte Quote ihres geltend gemachten Schadensumfangs von P ersetzt erhält.

Einem Geschädigten steht insoweit kein Anspruch auf Schadensersatz zu, als aus seinem Gefahren- und Verantwortungsbereich nicht unerhebliche Ursachen für den Schaden hervorgegangen sind. Der Geschädigte erhält nur einen Teil des Schadens, wenn er selbst an dessen Entstehung zurechenbar mitgewirkt hat.

> Mitverschulden

Bei Unfällen mit Beteiligung von Kraftfahrzeugen sind die Grundsätze des Mitverschuldens in verschiedenen Normen mit unterschiedlichem Anwendungsbereich verortet.

Mitverschulden bei der Haftung nach dem StVG		
§ 254 BGB	**§ 9 StVG iVm § 254 BGB**	**§ 17 Abs. 2 StVG**
Anwendbar bei Schadensersatzansprüchen aus dem BGB.	Anwendbar bei Ansprüchen gemäß §§ 7, 18 StVG, sofern der Geschädigte nicht auch selbst als Halter oder Fahrer betroffen ist, sondern als Fußgänger oder Radfahrer.	Anwendbar, wenn Schädiger und Geschädigter beide Halter oder Fahrer eines unfallbeteiligten Fahrzeugs sind. § 17 Abs. 2 StVG verdrängt als Spezialvorschrift nach hM § 254 BGB und § 9 StVG.

---

57 BGH NJW 2004, 3042; OLG Stuttgart NJW-RR 1996, 255; LG Bremen NJW 2013, 703; vgl. BGH SVR 2014, 181; *Walter*, SVR 2006, 168; HKD/*König*, § 12 StVG Rn. 50; Palandt/*Grüneberg*, § 249 Rn. 58.
58 Erman/*Ebert*, § 249 Rn. 99; Palandt/*Grüneberg*, § 249 Rn. 58; *Grunsky*, NZV 2000, 4; OLG Nürnberg NVwZ-RR 2001, 711.
59 OLG Köln VersR 2012, 1008; HKD/*König*, § 12 StVG Rn. 50; Palandt/*Grüneberg*, § 249 Rn. 58.
60 Vgl. *Rebler*, RAW 2014, 119; 123.

Da hier die Mitverschuldensquote zwischen mehreren unfallbeteiligten Fahrzeugführern zu bestimmen ist, kommt für die Beurteilung des Mitverschuldens **§ 17 Abs. 2 StVG** als Sondervorschrift bei sämtlichen Anspruchsgrundlagen[61] zur Anwendung.

> **Bestimmung der Haftungsquote**
> 1. Verschulden
> 2. Erhöhte Betriebsgefahr
> 3. Einfache Betriebsgefahr

Bei der Ermittlung der Haftungsquote ist zunächst der Verursachungsbeitrag der jeweiligen Fahrer zu ermitteln, wobei nur feststehende bzw. nachgewiesene Umstände zu berücksichtigen sind. Allerdings sind nur die Umstände bedeutsam, soweit ein Zurechnungszusammenhang besteht, dh sich das Fehlverhalten im Unfallgeschehen gefahrerhöhend ausgewirkt hat. Die Verursachungsbeiträge sind dann zueinander ins Verhältnis zu setzen, so dass sie gemeinsam 100 Prozent ergeben. Sind keine Beitragsunterschiede bzw. jeweils kein Verschulden feststellbar, ist eine Haftungsquote von 50 Prozent anzunehmen.[62]

> **Erhöhte Betriebsgefahr**

Bei der Bestimmung der Haftungsbeiträge sind folgende Gesichtspunkte zu berücksichtigen. Zunächst ist danach zu fragen, ob bzw. inwieweit die Beteiligten vorsätzlich oder fahrlässig zum Unfallgeschehen beigetragen haben. Sodann kommt es darauf an, ob eine erhöhte Betriebsgefahr festzustellen ist. Erhöht ist die Betriebsgefahr, wenn die mit dem Betrieb eines Fahrzeugs normalerweise verbundene Betriebsgefahr aufgrund besonderer Umstände (hohe Geschwindigkeit, gefährliches Fahrmanöver, technische Mängel, etc.) vergrößert ist und sich diese (erhöhte) Betriebsgefahr unfallursächlich ausgewirkt hat. Die Haftungsquote ist je nach Verschulden und erhöhter Betriebsgefahr zu bestimmen; Vorsatz führt grundsätzlich zur vollständigen Haftung.[63]

M war beim Einfahren in die bevorrechtigte Hauptstraße nach § 8 Abs. 2 StVO wartepflichtig. Durch das Abbiegen hat sie zwar eine Ursache für den Unfall mit P gesetzt, die ihr aber nicht vorwerfbar ist. M ist vorschriftsgemäß in die Kreuzung eingefahren. P hat die Kollision durch das Überfahren der Mittellinie herbeigeführt. Anhaltspunkte für ein Mitverschulden oder eine erhöhte Betriebsgefahr sind auf Seiten der M nicht erkennbar.

(2) Einfache Betriebsgefahr

Möglicherweise ist bei M nach § 17 Abs. 2 StVG die sogenannte einfache Betriebsgefahr zu berücksichtigen.

> **Einfache Betriebsgefahr**

Einfache Betriebsgefahr meint das typischerweise mit dem Betrieb eines Kraftfahrzeugs einhergehende normale Unfallrisiko. Üblicherweise wird die einfache Betriebsgefahr mit 20 bis 25 Prozent angesetzt und regelmäßig bei unverschuldeten Unfällen auf der Seite des Geschädigten berücksichtigt, sofern ein unmittelbarer, zeitlicher und örtlicher Zusammenhang mit dem Betrieb des Kfz und dessen typischer Gefahr besteht.[64]

In Ausnahmefällen ist beim Geschädigten die einfache Betriebsgefahr allerdings nicht zu beachten. Dies ist insbesondere dann gerechtfertigt, wenn dem Schädiger ein grobes Verschulden oder ein schwerer Verkehrsverstoß vorzuwerfen ist. Entscheidend sind stets die konkreten Umstände des Einzelfalls; eine schematische Quotenbildung scheidet aus.

---

61 Vgl. *Kirchhoff*, MDR 1998, 12 ff.; BHHJ/*Heß*, § 17 StVG Rn. 3 ff.
62 BGH NJW 1996, 1405; BHHJ/*Heß*, § 17 StVG Rn. 17 ff.; HKD/*König*, § 17 StVG Rn. 4 ff.
63 Vgl. Erman/*Ebert*, § 254 Rn. 83 ff.; HKD/*König*, § 17 StVG Rn. 4 ff.; BHHJ/*Heß*, § 17 StVG Rn. 17.
64 BHHJ/*Heß*, § 17 StVG Rn. 20; BGH NJW 2005, 2081; NJW 2004, 1375; NZV 1996, 272, 273; OLG München BeckRS 2009, 26393.

Die Überschreitung der zulässigen Geschwindigkeit und die Alkoholisierung des P sowie das Überfahren der Mittellinie rechtfertigen es aufgrund ihrer Kausalität,[65] ein grob verkehrswidriges Verhalten des P anzunehmen und dem Schädiger 100 Prozent des Schadens aufzuerlegen. Die Betriebsgefahr des Kraftfahrzeugs der M tritt demgegenüber (ausnahmsweise) zurück. Da auch die einfache Betriebsgefahr zu keinem Haftungsbeitrag der M führt, sind die Schadensposten in voller Höhe zu ersetzen.

Die Klage der M gegen den P war ursprünglich in vollem Umfang begründet.

c) Eintritt des Erledigungsereignisses nach Rechtshängigkeit

Da vor Rechtshängigkeit noch kein Prozessrechtsverhältnis bestanden hat, kommt es für die Begründetheit des Feststellungsantrags bei einer einseitigen Erledigungserklärung darauf an, dass sich die Hauptsache nach Rechtshängigkeit (§§ 253 Abs. 1, 261 Abs. 1 ZPO) erledigt hat.[66]

> **Erledigung zwischen Anhängigkeit und Rechtshängigkeit**
>
> Streitig ist, wie eine Erledigung zwischen Anhängigkeit (Einreichung der Klage bei Gericht) und Rechtshängigkeit (Zustellung der Klage an den Beklagten) zu behandeln ist. Die herrschende Auffassung verneint hier eine Erledigung im Rechtssinne, weil erst die Zustellung der Klage das Prozessrechtsverhältnis, den Streitgegenstand und die Parteien bestimmt. Für die Kostenentscheidung werden unterschiedliche Vorgehensweisen diskutiert. Teilweise wird die reziproke Anwendung des § 93 ZPO befürwortet, teilweise § 269 Abs. 3 S. 3 ZPO angewendet, vgl. Musielak/Voit/*Flockenhaus*, § 91a Rn. 45; Zöller/*Vollkommer*, § 91a Rn. 47.

Hier hat die Versicherung nach Zustellung der Klage an den Beklagten erfüllt. Das Erledigungsereignis war ursächlich dafür, dass die Klage nach Rechtshängigkeit durch die Erfüllung (teilweise) unbegründet geworden ist. Die Erledigung ist nach Eintritt der Rechtshängigkeit erfolgt.

Ergebnis

Der Feststellungsantrag ist begründet. Hinsichtlich der einseitigen Erledigungserklärung hat die Kosten des Rechtsstreits nach § 91 Abs. 1 S. 1 ZPO der Beklagte P zu tragen.

2. Begründetheit des Leistungsantrages

Soweit die Klage nicht für erledigt erklärt wurde, ist über den Leistungsantrag der Klägerin zu entscheiden. Der Leistungsantrag bezieht sich mithin auf die Mietwagenkosten von 390 EUR und das Schmerzensgeld in Höhe von 250 EUR.

---

65 Vgl. zu den einzelnen Kriterien OLG Hamm NJW-RR 2005, 817, 818; OLG Köln VersR 1976, 1095; LG Berlin VersR 2004, 1149; BGH NJW 1995, 1029; HKD/*König*, § 17 StVG Rn. 16 ff.; BHHJ/*Heß*, § 17 StVG Rn. 20 ff.; *Brüseken/Krumbholz/Thiermann*, NZV 2000, 441, 442; *Garbe/Hagedorn*, JuS 2004, 287, 292.

66 Hat sich der Rechtsstreit vor Anhängigkeit (also vor Einreichung der Klageschrift bei Gericht) erledigt und stimmt der Beklagte der Erledigungserklärung des Klägers nicht zu, wird der Feststellungsantrag des Klägers kostenpflichtig abgewiesen. Dem Kläger steht jedoch in der Regel ein materiellrechtlicher Kostenerstattungsanspruch aus Verzug oder pFV zu, den er in einem neuen Prozess oder durch Klageänderung auf Feststellung der Kostenpflicht des Beklagten nach § 263 ZPO geltend machen kann. Vgl. Musielak/Voit/*Flockenhaus*, Vor § 91 Rn. 15, § 91a Rn. 47; Zöller/*Greger*, § 269 Rn. 18a.

a) Mietwagenkosten

Dem Grunde nach ergibt sich der Schadensersatzanspruch der M gegen P aus § 7 Abs. 1, § 18 Abs. 1 S. 1 StVG sowie aus § 823 Abs. 1 BGB.

> **Mietwagenkosten**

Mietwagenkosten sind nach § 249 Abs. 2 S. 1 BGB grundsätzlich erstattungsfähig. Fraglich ist, ob die Mietwagenkosten hier in voller Höhe zu ersetzen sind, weil M den Wagen zum **Unfallersatztarif** und nicht zum günstigeren Normaltarif angemietet hat. § 249 Abs. 2 S. 1 BGB rechtfertigt nämlich nur den Ersatz des erforderlichen Herstellungsaufwandes.

> **Normaltarif** ist der Preis, zu dem der Selbstzahler üblicherweise das Fahrzeug anmieten kann. Er kann vom Tatrichter nach § 287 ZPO auf der Grundlage des Schwacke-Mietpreisspiegels (ggf. unter Zuziehung eines Sachverständigen) ermittelt werden.

Der gegenüber dem Normaltarif erhöhte Unfallersatztarif ist in zwei Fallgruppen **erforderlich im Sinne des § 249 Abs. 2 S. 1 BGB**, bei objektiver oder bei subjektiver Rechtfertigung.[67]

aa) Objektive Erforderlichkeit iSd § 249 Abs. 2 S. 1 BGB

Ein Unfallersatztarif ist objektiv gerechtfertigt, wenn dem Kostenzuschlag in seiner konkreten Höhe aus betriebswirtschaftlicher Sicht besondere Leistungen gegenüberstehen. Als preiserhöhende zusätzliche Leistungen des Vermieters kommen unter anderem der Verzicht auf Sicherheitsleistungen, die Vorfinanzierung und eine Vollkaskoversicherung in Betracht. Dabei ist nicht die Kalkulation des konkreten Vermieters nachzuprüfen, sondern nur, ob spezifische Leistungen bei der Vermietung an Unfallgeschädigte allgemein den Mehrpreis rechtfertigen.

> **Erstattungsfähigkeit des Unfallersatztarifs**
> 1. Objektive Erforderlichkeit bei betriebswirtschaftlicher Angemessenheit aufgrund Mehrleistung
> 2. Subjektive Erforderlichkeit bei konkreter Unzugänglichkeit eines günstigeren Mietpreises

Da die Geschädigte M nicht unter Beweisantritt zu den betriebswirtschaftlichen Gesichtspunkten vorgetragen hat, scheidet hier eine objektive Erforderlichkeit aus.

bb) Subjektive Erforderlichkeit iSd § 249 Abs. 2 S. 1 BGB

Der Geschädigte hat darzulegen und zu beweisen, dass ihm unter Berücksichtigung seiner individuellen Erkenntnis- und Einflussmöglichkeiten sowie der für ihn konkret bestehenden Schwierigkeiten in der bestimmten Situation unter zumutbaren Anstrengungen kein wesentlich günstigerer Tarif auf dem zeitlich und örtlich beschränkten Markt zugänglich war. Dabei kommt es für die Erkennbarkeit der Tarifunterschiede durch den Geschädigten darauf an, ob ein vernünftig und wirtschaftlich Denkender nach dem Wirtschaftlichkeitsgebot zu einer Nachfrage nach einem günstigeren Mietpreis gehalten gewesen wäre.

M hat hier ohne weitere Erkundigungen den überhöhten Unfallersatztarif akzeptiert. Auch wenn M aus beruflichen Gründen auf ein Ersatzfahrzeug angewiesen war, wäre es ihr nach der Lage des Einzelfalls zumutbar gewesen, sich bei V nach anderen Tarifen zu erkundigen oder Konkurrenzangebote einzuholen. Es fehlt an schlüssigem, die Nichtzugänglichkeit eines Normaltarifs hinreichend stützenden Vortrag der Klägerin, so dass die Erforderlichkeit gemäß § 249 Abs. 2 S. 1 BGB zu verneinen ist.

Der Leistungsantrag ist im Hinblick auf die Mietwagenkosten lediglich in Höhe des Normaltarifs begründet und im Übrigen abzuweisen. M stehen für die drei Tage somit lediglich 180 EUR zu.

---

[67] BGH NZV 2010, 239; NJW 2008, 2910; NJW 2007, 1122, 1123, 1124; NJW 2006, 2621, 2106, 1506, 360; *Haertlein*, JZ 2007, 68; *Herrler*, JuS 2007, 103; *Wagner*, NJW 2006, 2289; *Richter*, SVR 2008, 408. Gegen den Autovermieter kann unter Umständen ein Anspruch gemäß § 280 Abs. 1 BGB wegen mangelhafter Aufklärung in Betracht kommen, mit dem je nach Sachlage aufgerechnet werden kann; vgl. HKD/*König*, § 12 StVG Rn. 35; OLG Hamm NJW-RR 1994, 923; LG Frankfurt NZV 2009, 182.

b) Schmerzensgeld

Ein Anspruch auf Schmerzensgeld könnte sich für M aus § 7 Abs. 1, § 18 Abs. 1 S. 1 StVG, § 823 Abs. 1 BGB iVm § 253 Abs. 2 BGB ergeben.[68]

Schmerzensgeld

Nach § 253 Abs. 1 BGB kann ein immaterieller Schaden nur in den gesetzlich bestimmten Fällen (zB § 651n Abs. 2 BGB, § 15 Abs. 2 S. 1, § 21 Abs. 2 S. 3 AGG, § 11 S. 2 StVG) geltend gemacht werden. Ein solcher im Gesetz vorgesehener Fall ist gemäß § 253 Abs. 2 BGB ein allgemeiner Anspruch auf Schmerzensgeld bei Verletzung von Körper, Gesundheit, Freiheit und sexueller Selbstbestimmung. Er folgt einem doppelten Zweck. Zum einen soll dem Geschädigten ein angemessener Ausgleich für die nichtvermögensrechtlichen Schäden gewährt werden (**Ausgleichsfunktion**), wobei insoweit Intensität und Dauer der erlittenen Beeinträchtigung sowie der Verlust an Lebensfreude beachtet werden. Zum anderen soll das Schmerzensgeld dem Geschädigten eine Genugtuung verschaffen (**Genugtuungsfunktion**), indem auf den Grad des Verschuldens beim Schädiger, den Anlass der Schädigung und die wirtschaftlichen Verhältnisse der Beteiligten abgestellt wird.[69] Unter Berücksichtigung der Schmerzensgeldfunktionen und aller Umstände des konkreten Einzelfalles ist die Höhe des Anspruchs angemessen mittels § 287 ZPO zu bestimmen.[70]

Bemessung des Schmerzensgeldes anhand
- *Ausgleichsfunktion*
- *Genugtuungsfunktion*

Für die Verletzung ihrer Gesundheit steht der M nach § 253 Abs. 2 BGB ein angemessenes Schmerzensgeld in Höhe von 250 EUR zu. Insoweit ist der Leistungsantrag begründet.

Ergebnis

Bei der einseitigen Erledigungserklärung handelt es sich – nach herrschender Einschätzung – um eine Klageänderung in einen Feststellungsantrag, über den durch Endurteil zu entscheiden ist. Hauptsache-, Kosten- und Vollstreckbarkeitsentscheidung ergehen nach den allgemeinen Grundsätzen. Ist der Feststellungsantrag wie hier begründet, stellt das Gericht fest, dass die Hauptsache erledigt ist.

Ergebnis zur Klage der M

Während die Feststellungsklage in vollem Umfang begründet ist, gilt dies für die Leistungsklage nur hinsichtlich eines Teilbetrages von insgesamt 430 EUR (180 EUR Mietwagenkosten und 250 EUR Schmerzensgeld). Im Übrigen, also bezüglich des Unfallersatztarifs (210 EUR), ist die Leistungsklage abzuweisen.

Die Kosten der Feststellungsklage hat gemäß § 91 Abs. 1 S. 1 ZPO der unterliegende Beklagte zu tragen; die Kosten des Leistungsantrages sind nach § 92 Abs. 1 S. 1 ZPO verhältnismäßig zwischen der Klägerin und dem Beklagten aufzuteilen.[71] Der

Endurteil bei der einseitigen Erledigungserklärung

---

68 Streitig ist, ob § 253 Abs. 2 BGB eine eigenständige Anspruchsgrundlage (Palandt/*Grüneberg*, § 253 Rn. 5; PWW/*Luckey*, § 253 Rn. 9) oder ob das Schmerzensgeld ein bloßer Rechnungsposten bei der Schadensberechnung (hM, MüKoBGB/*Oetker*, § 253 Rn. 15 f.; BRHP/*Spindler*, § 253 Rn. 8, 9) ist. Für die Qualifikation als Anspruchsgrundlage spricht insbesondere der Wortlaut der Norm, während die systematische Stellung im Gesetz die Einordnung als bloßen Schadensposten nahelegt. Siehe auch Fall 12, S. 310 f.
69 Vgl. MüKoBGB/*Oetker*, § 253 Rn. 10 ff.; PWW/*Luckey*, § 253 Rn. 11 f.; BRHP/*Spindler*, § 253 Rn. 13 ff.
70 In der Praxis werden für die Bemessung des Schmerzensgeldes die Tabellen von *Jaeger/Luckey*, *Hacke/Rings/Böhmer* und *Slizyk/Schlindtwein* herangezogen.
71 Es ergeht eine einheitliche Kostenentscheidung, wobei hier auch die Möglichkeit besteht, dem Beklagten gemäß § 92 Abs. 2 Nr. 1 ZPO die gesamten Prozesskosten aufzuerlegen; vgl. Thomas/Putzo/*Hüßtege*, § 92 Rn. 8. Allgemein zur Kostenentscheidung siehe *Knöringer*, Assessorklausur, § 3 Rn. 11 ff.; *Anders/Gehle*, Assessorexamen, A. Rn. 172 ff.

Ausspruch über die vorläufige Vollstreckbarkeit folgt aus §§ 708 Nr. 11, 709, 711 ZPO.

Der Tenor für die Feststellungs- und Leistungsklage wird demnach folgendermaßen lauten:[72]

Endurteil

I. Der Beklagte wird verurteilt, an die Klägerin 430 EUR zu zahlen. In Höhe von 4.500 EUR ist der Rechtsstreit in der Hauptsache erledigt. Im Übrigen wird die Klage abgewiesen.

II. Von den Kosten des Rechtsstreits hat der Beklagte 19/20, die Klägerin 1/20 zu tragen.

III. Das Urteil ist für die Klägerin gegen Sicherheitsleistung in Höhe von 110 Prozent des jeweils zu vollstreckenden Betrags vorläufig vollstreckbar. Das Urteil ist für den Beklagten hinsichtlich der Kosten vorläufig vollstreckbar. Die Klägerin kann die Vollstreckung durch Sicherheitsleistung in Höhe von 110 Prozent des aufgrund des Urteils vollstreckbaren Betrags abwenden, wenn nicht der Beklagte vor der Vollstreckung Sicherheit in Höhe von 110 Prozent des jeweils zu vollstreckenden Betrages leistet.

---

[72] Möglich ist auch folgender Tenor: Der Beklagte wird verurteilt, an die Klägerin 430 EUR zu zahlen. In Höhe von 210 EUR wird die Klage abgewiesen. Im Übrigen ist die Hauptsache erledigt. Einzelheiten zur Tenorierung bei *Knöringer*, Assessorklausur, § 11 Rn. 6 ff.; *Anders/Gehle*, Assessorexamen, A. Rn. 163 ff.

14. Bereicherungsrecht, Prozessvergleich, Veräußerung der streitbefangenen Sache

Sachverhalt

Im März nimmt Bernd Bergmann (B) an einem Klassentreffen in Leipzig teil. Bei einem Spaziergang durch die Altstadt findet er einen Brillant-Ring im Wert von 2.500 EUR. Bergmann gibt den Ring in dem nahe gelegenen Juwelierladen der Goldschmiedin Gudrun Geier (G) ab und hinterlässt seine Adresse für den Fall, dass sich der Eigentümer nicht meldet. Geier verspricht, den Ring aufzubewahren, legt ihn sowie die Anschrift des B in ihren Schrank und informiert sogleich die örtliche Fundbehörde.

Anlässlich des Klassentreffens kommt Bernd Bergmann mit Lukas Lehmann (L) aus Leipzig ins Gespräch. Bergmann erzählt, dass er von einer technikbegeisterten Tante einen MP3-Player im Wert von 300 EUR geschenkt erhalten hat, mit dem Gerät aber mangels Internetanschlusses nichts anzufangen weiß. Lehmann erklärt sich bereit, den MP3-Spieler in seinem Bekanntenkreis zu einem angemessenen Preis für ihn zu veräußern; Bergmann ist einverstanden. Auf einen Aushang des Lehmann in seiner Firma melden sich Dorothee Dichte (D), die 100 EUR bietet, und Albert Adler (A), der 300 EUR zahlen würde. Dichte legt Lehmann schweigend ein Kuvert mit 50 EUR auf den Schreibtisch, um ihn zum Verkauf zu bewegen. Lehmann verkauft ihr daraufhin im Namen des Bergmann das Gerät für 100 EUR. Als sich Dichte zu Bergmann begibt, um das Gerät abzuholen, verspricht sie sich, so dass die Umstände des Vertragsabschlusses aufgedeckt werden. Bergmann ist deshalb zur Herausgabe des MP3-Players nur gegen Zahlung von 300 EUR bereit. Dichte zahlt den geforderten Betrag und erhält das Gerät. Von Lehmann fordert sie die 50 EUR zurück. Lehmann meint, ihm stehe das Geld zu, schließlich habe er sein Versprechen erfüllt und das Gerät im Namen des Bergmann für 100 EUR an sie verkauft. Im Mai kommt es deshalb zu einem Prozess vor dem Amtsgericht Leipzig, in dessen Verlauf ordnungsgemäß ein Vergleich über die Zahlung von 30 EUR geschlossen wird. Hinsichtlich der Kosten kommt es hingegen zum Streit zwischen den Parteien. Dichte und Lehmann stellen gegensätzliche Kostenanträge.

Nachdem sich bis Oktober der Eigentümer des Rings nicht gemeldet hat, verlangt Bergmann den Ring von Geier heraus. Als Geier sich weigert, erhebt Bergmann ordnungsgemäß Klage vor dem Amtsgericht auf Herausgabe des Brillant-Rings. Die Klage wird Anfang November zugestellt. Im frühen ersten Termin beruft sich Geier darauf, dass sie zu Unrecht auf Herausgabe verklagt sei, weil sie den Ring Mitte November an eine Kundin für 2.000 EUR veräußert habe. Bergmann wendet sich nunmehr an die Rechtsanwältin Dr. Kunigunde Kundig (K) und bittet sie, den Prozess erfolgreich zu beenden.

1. Was wird das Gericht in Bezug auf die gegensätzlichen Kostenanträge unternehmen?

2. Welche Überlegungen wird Rechtsanwältin Dr. Kundig anstellen, wenn sich der Name der Kundin nicht feststellen lässt?

Gliederung

Frage 1: Entscheidung des Gerichts über die Kosten

    I. Bedeutung des Prozessvergleichs 347
        1. Rechtsnatur 347
        2. Voraussetzungen 348
        3. Rechtsfolgen des Prozessvergleichs 349
    II. Kostenregelung 350
        Problem: Anwendbarkeit von § 98 ZPO bzw. § 91a Abs. 1 S. 1 ZPO 350
        1. Zulässigkeit der Klage der D gegen L 351
        2. Begründetheit der Klage der D gegen L 351
            a) Anspruch aus § 812 Abs. 1 S. 1 Alt. 1 BGB 351
            b) Anspruch nach § 812 Abs. 1 S. 2 Alt. 2 BGB 353
                Problem: Sittenwidrigkeit des Kaufvertrages wegen Kollusion 355
            c) Anspruch gemäß § 817 S. 1 BGB 356

Frage 2: Überlegungen der Rechtsanwältin

    I. Materiell-rechtliche Lage 358
        1. Herausgabe des Brillant-Ringes 358
            a) Anspruch aus § 695 S. 1 BGB 358
            b) Anspruch gemäß § 985 BGB 359
                Problem: Eigentumserwerb nach § 973 Abs. 1 BGB 359
        2. Schadensersatz in Höhe von 2.500 EUR 360
            a) Anspruch aus § 280 Abs. 1, 3 iVm § 283 BGB 360
            b) Anspruch gemäß § 678 iVm §§ 687 Abs. 2 BGB 361
            c) Anspruch nach § 989 BGB 361
            d) Anspruch gemäß § 823 Abs. 1 BGB 361
        3. Veräußerungserlös in Höhe von 2.000 EUR 361
            a) Anspruch aus § 285 Abs. 1 BGB 361
                Problem: Anwendbarkeit von § 285 BGB bei § 985 BGB 362
            b) Anspruch gemäß § 816 Abs. 1 S. 1 BGB 363
    II. Prozessuale Vorgehensweise 367
        1. Veräußerung der streitbefangenen Sache, § 265 ZPO 367
        2. Erledigungserklärung 368
        3. Klagerücknahme, § 269 ZPO 369
        4. Klageänderung, § 264 Nr. 3 ZPO 369

Lösungshinweise

Frage 1: Entscheidung des Gerichts über die Kosten

Das Amtsgericht wird nach § 91a Abs. 1 S. 1 ZPO durch Beschluss über die Kosten des Rechtsstreits entscheiden, wenn wirksam ein Prozessvergleich geschlossen wurde und § 98 ZPO keine Anwendung findet.

I. Bedeutung des Prozessvergleichs

1. Rechtsnatur

Die Parteien haben einen Prozessvergleich geschlossen. Dies entspricht den Vorstellungen des Gesetzes, das in § 278 Abs. 1 ZPO dem Gericht aufgibt, in jeder Lage des Verfahrens auf eine gütliche Beilegung des Rechtsstreits hinzuwirken. Über die Zulässigkeit eines Prozessvergleichs herrscht angesichts der gesetzlichen Vorgaben in § 160 Abs. 3 Nr. 1 und § 794 Abs. 1 Nr. 1 ZPO Einigkeit. Umstritten ist hingegen, welche Rechtsnatur der Prozessvergleich innehat.[1]

Rechtsnatur des Prozessvergleichs		
Isolierte Sichtweisen	**Trennungstheorie**	**Theorie von der Doppelnatur** (hM)
Sie wird in zwei Spielarten vertreten. Nach einer Ansicht ist der Prozessvergleich allein ein prozessualer Tatbestand, so dass es auf ein materiell-rechtliches Nachgeben nicht ankomme. Die andere isolierte Betrachtung kommt dagegen zu dem Ergebnis, dass der Prozessvergleich ein privatrechtlicher Vertrag sei, der nur eine prozessuale Wirkung habe.	Diese Meinung geht davon aus, dass unabhängig voneinander ein Prozessbeendigungsvertrag und eine materiell-rechtliche Abrede abgeschlossen werden. Die Prozessbeendigung sei ein abstrakter Vorgang, der von dem privatrechtlichen zu trennen sei.	Danach handelt es sich bei einem Prozessvergleich um einen doppelfunktionellen Tatbestand. Der Prozessvergleich sei zugleich privatrechtlicher Vertrag iSd § 779 BGB und ein Prozessvertrag.

Überzeugend ist die Lehre von der Doppelnatur des Prozessvergleichs, weil sie den Vorstellungen der Parteien entspricht. Den Parteien kommt es darauf an, den Prozess zu beenden und ein materiell-rechtliches Rechtsverhältnis zu klären. Beide Aspekte sind deshalb Bestandteile eines Prozessvergleichs. Sie stehen jedoch nicht isoliert nebeneinander; Prozessbeendigung und materiell-rechtliche Regelung sind

---

1 Vgl. dazu *Rosenberg/Schwab/Gottwald*, Zivilprozessrecht, § 131 Rn. 33 ff.; MüKoZPO/*Wolfsteiner*, § 794 Rn. 10 ff.; Wieczorek/Schütze/*Paulus*, § 794 Rn. 12; *Schultheiß*, JuS 2015, 318.

nach dem Willen der Parteien eng miteinander verbunden. Der Prozess wird nur aus dem Grund beendet, weil sich die Parteien über einen konkreten materiell-rechtlichen Tatbestand geeinigt haben.

2. Voraussetzungen

Aus der **Doppelnatur des Prozessvergleichs** sind dessen Voraussetzungen abzuleiten; er muss als Prozesshandlung und als Vergleich nach § 779 BGB wirksam sein.

a) Materiell-rechtliche Anforderungen

Materiell-rechtlich erfordert der Prozessvergleich demnach korrespondierende Willenserklärungen, die grundsätzlich keiner besonderen Form bedürfen. Anderes gilt, wenn der Vergleich ein formbedürftiges Verpflichtungs- oder Verfügungsgeschäft beinhaltet (zB § 311b Abs. 1, 3 BGB); die Wahrung der prozessualen Form ersetzt nach § 127a BGB die materiell-rechtliche Form. Inhaltlich ist gemäß § 779 Abs. 1 BGB notwendig, dass der Vertrag einen Streit oder eine Ungewissheit über ein Rechtsverhältnis im Wege gegenseitigen Nachgebens beilegt. Ein **gegenseitiges Nachgeben** ist anzunehmen, wenn jede Seite – zumindest aus subjektiver Sicht – von ursprünglichen Positionen abrückt, wobei sich das Nachgeben nicht notwendigerweise auf das streitige Rechtsverhältnis beziehen muss. Das Kriterium des Nachgebens wird großzügig interpretiert; es genügt nicht nur ein Nachgeben beispielsweise hinsichtlich der Fälligkeit oder Zinsen, sondern auch ein prozessuales Zugeständnis beispielsweise über die Kosten des Rechtsstreits.[2] Der Prozessvergleich darf inhaltlich nicht gegen §§ 134, 138 BGB verstoßen. Eine bloße Zahlungsabrede im Vergleich widerspricht an sich weder § 134 BGB noch § 138 BGB. Ein Vergleich kann deshalb auch dann wirksam geschlossen werden, wenn im Prozess über die Sittenwidrigkeit eines Vertrages gestritten wird.

b) Verfahrensrechtliche Erfordernisse

Verfahrensrechtlich setzt ein Prozessvergleich als Prozesshandlung voraus, dass er in einem **anhängigen Streitverfahren** vor einem Gericht getroffen wird. Der Prozessvergleich muss zwischen den am kontradiktorischen Verfahren beteiligten Parteien in einer **mündlichen Verhandlung** geschlossen sein; Dritte können in den Vergleich eingeschlossen werden. Die Parteien müssen über den Streitgegenstand **dispositionsbefugt** sein. Der Prozessvergleich muss den Streitgegenstand betreffen und ganz oder teilweise erledigen.

Aufbauschema Prozessvergleich
I. **Materiell-rechtlich**
1. Willenserklärungen der Parteien
2. Gegenseitiges Nachgeben gegenüber dem Prozessbegehren, § 779 BGB
3. Allgemeine Vorgaben, §§ 104 ff., 145 ff. BGB

II. **Verfahrensrechtlich**
1. Prozesshandlungen der Parteien
2. Vor einem deutschen Gericht während eines anhängigen Verfahrens, § 794 Abs. 1 Nr. 1 ZPO
3. Dispositionsbefugnis der Parteien über den Streitgegenstand
4. Prozessvergleich muss den Streitgegenstand betreffen und diesen zumindest teilweise erledigen.
5. Protokollierung des Vergleichs, § 160 Abs. 3 Nr. 1, Abs. 5 ZPO
6. Allgemeine Voraussetzungen, §§ 50 ff., 78 ZPO

> **Außergerichtlicher Vergleich**
>
> Ein Prozessvergleich kann nur vor einem Gericht in einem anhängigen Verfahren geschlossen werden, § 794 Abs. 1 Nr. 1 ZPO. Vereinbaren die Parteien während eines Rechtsstreits außergerichtlich einen Vergleich über den anhängigen Streitgegenstand, hat diese Abrede keine unmittelbare Wirkung auf den Prozess.
> Umfasst der außergerichtliche Vergleich den gesamten Streitgegenstand, kann dies zur Erledigung der Hauptsache führen. Enthält der Vergleich eine Verpflichtung zur Klagerücknahme, bildet ein Festhalten an der Klage ein Prozesshindernis mit der Folge, dass die Klage als unzulässig abzuweisen ist. Einem außergerichtlichen Vergleich fehlt die Vollstreckbarkeit, sofern er nicht als Anwaltsvergleich (§§ 796a ff. ZPO) geschlossen wird.

---

2 Nach hM soll sogar der Verzicht auf das Recht, ein Urteil zu erhalten, ausreichen; vgl. BGHZ 39, 60, 63; Musielak/Voit/*Lackmann*, § 794 Rn. 9; skeptisch BLAH/*Hartmann*, Anh. § 307 Rn. 6.

Des Weiteren müssen die Prozesshandlungsvoraussetzungen erfüllt sein, dh die Parteien müssen partei- und prozessfähig sein, weil nur dann das Verfahren beendet werden kann. Im Hinblick auf die Postulationsfähigkeit ist zu unterscheiden: Vor dem Amtsgericht besteht kein Anwaltszwang. Ein Vergleichsabschluss vor dem Landgericht unterfällt nach § 78 Abs. 1 ZPO dem Anwaltszwang. Wegen §§ 78 Abs. 3, 278 Abs. 5 ZPO bedarf es in landgerichtlichen Streitigkeiten keiner anwaltlichen Vertretung vor einem beauftragten oder ersuchten Richter.

Zwingende Wirksamkeitsvoraussetzung ist nach § 160 Abs. 3 Nr. 1 ZPO die vollständige Aufnahme des Vergleichs in das **Protokoll**. Er muss vorgelesen oder vorgelegt und von den Parteien genehmigt werden; dies ist gemäß § 162 Abs. 1 S. 3 ZPO im Protokoll zu vermerken. Nach § 163 Abs. 1 S. 1 ZPO ist das Protokoll von dem Vorsitzenden und von dem Urkundsbeamten der Geschäftsstelle zu unterschreiben. Sind diese prozessualen Erfordernisse nicht eingehalten, ist der Prozessvergleich nichtig, bei einem entsprechenden Parteiwillen kann allerdings ein materiell-rechtlicher Vergleich wirksam zustande gekommen sein.[3]

> **Widerruf des Prozessvergleichs**
>
> In das gerichtliche Protokoll wird teilweise ein Widerrufsvorbehalt aufgenommen. Der Vorbehalt, den Vergleich bis zum Ablauf einer bestimmten Frist widerrufen zu können, ist trotz der Bedingungsfeindlichkeit von Prozesshandlungen zulässig und stellt eine **aufschiebende Bedingung** iSd § 158 Abs. 1 BGB dar. Erst mit Ablauf der Widerrufsfrist entstehen die Rechtswirkungen des Prozessvergleichs.
> Ist der Empfänger der Widerrufserklärung im Vergleich nicht benannt, gehen die Auffassungen über den zutreffenden Adressaten ebenso auseinander wie über die Anforderungen an eine Verlängerung der Widerrufsfrist. Beide Streitfragen lassen sich anhand der Doppelnatur des Prozessvergleichs klären. Daher kann der Widerruf entweder dem Gericht oder dem Gegner gegenüber erklärt werden. Eine Verlängerung der Widerrufsfrist bedarf der Zustimmung des Gerichts. Ändern allein die Parteien die Frist (oder den sonstigen Inhalt des Vergleichs), handelt es sich insoweit um einen bloßen außergerichtlichen Vergleich (näher MüKoZPO/*Wolfsteiner*, § 794 Rn. 60 ff.)

Hier ist davon auszugehen, dass materiell- wie verfahrensrechtliche Voraussetzungen eines Prozessvergleichs erfüllt sind. Der Prozessvergleich ist wirksam.

3. Rechtsfolgen des Prozessvergleichs

Ein wirksamer Prozessvergleich entfaltet wegen seiner Doppelnatur prozessrechtliche und materiell-rechtliche Wirkungen. Er beendet die Rechtshängigkeit des Verfahrens, soweit der Streitgegenstand erfasst ist. Der Prozessvergleich erlangt keine Rechtskraft. Mit seinem vollstreckungsfähigen Inhalt bildet der Prozessvergleich nach § 794 Abs. 1 Nr. 1 ZPO einen **Vollstreckungstitel**. Die Zwangsvollstreckung aus dem Vergleich erfolgt gemäß § 795 ZPO. Materiell-rechtlich bewirkt der Vergleich eine Neuordnung des Rechtsverhältnisses im Sinne des Vergleichsinhalts, § 779 BGB.

Prozess- und materiell-rechtliche Wirkungen eines Prozessvergleichs

---

3 Thomas/Putzo/*Seiler*, § 794 Rn. 9 f.; Musielak/Voit/*Lackmann*, § 794 Rn. 10, 20.

> **Unwirksamkeit des Prozessvergleichs**
>
> Da ein Prozessvergleich aus einem Prozessvertrag und einem materiellen Rechtsgeschäft besteht (Doppelnatur), kann er aus verfahrensrechtlichen und materiell-rechtlichen Gründen unwirksam sein. Für den weiteren Fortgang des Rechtsstreits ist es entscheidend, ob die Unwirksamkeit von Anfang an bestand oder nachträglich herbeigeführt wurde.
>
> - Ist der Prozessvergleich zB wegen Anfechtung oder Ausübung des Widerrufsvorbehalts **von Anfang an unwirksam**, ist die Unwirksamkeit im laufenden Prozess geltend zu machen und dieser fortzuführen. Denn wegen der ursprünglichen Unwirksamkeit konnte der Prozessvergleich nicht prozessbeendend wirken (BGH NJW 1999, 2903).
> - Ist der Prozessvergleich ursprünglich wirksam und wird erst **nachträglich beseitigt**, zB durch Rücktritt, Parteivereinbarung, hat der Prozessvergleich seine prozessbeendende Wirkung bereits entfaltet, so dass das alte Verfahren nicht mehr fortgeführt werden kann. In Betracht kommt ein neuer Prozess (streitig, BGH NJW 1986, 1348; aA BAG NJW 1983, 2212, 2213f.; näher Musielak/Voit/*Lackmann*, § 794 Rn. 24; Zöller/*Stöber*, § 794 Rn. 15c).

Der Vergleich zwischen D und L ist wirksam und beendet deshalb den vor dem Amtsgericht geführten Prozess.

II. Kostenregelung

Kostenaufhebung nach § 98 ZPO

§ 98 ZPO sieht bei einem Prozessvergleich eine Kostenaufhebung vor. Kostenaufhebung bedeutet, dass die Gerichtskosten geteilt werden (vgl. § 92 Abs. 1 S. 2 ZPO) und jede Partei ihre außergerichtlichen Kosten, insbesondere also die Rechtsanwaltskosten selbst trägt. Eine Kostenaufhebung kommt nach § 98 ZPO nur in Betracht, wenn die Parteien nichts anderes vereinbart haben. Haben sich die Parteien über die Verteilung der Kosten geeinigt, bedarf es keiner gerichtlichen Entscheidung. Eine § 98 ZPO verdrängende Abrede der Parteien kann auch darin liegen, dass die Parteien die Kostenverteilung dem Gericht überlassen.[4] Das kann ausdrücklich oder stillschweigend geschehen.

Hier sind die **gegensätzlichen Kostenanträge** von D und L deshalb als negative Kostenregelung der Parteien auszulegen; § 98 ZPO ist nicht anwendbar. Die Kostenverteilung ist dem Gericht aufgegeben.

Kostenbeschluss nach § 91a Abs. 1 S. 1 ZPO

Der Prozessvergleich ist inhaltlich auf die Hauptsache beschränkt. Da diese durch den Prozessvergleich übereinstimmend erledigt ist, hat das Gericht über die Kosten gemäß **§ 91a Abs. 1 S. 1 ZPO** durch Beschluss zu entscheiden.[5] Die Kosten sind unter Berücksichtigung des bisherigen Sach- und Streitstandes nach billigem Ermessen zu verteilen. Billigerweise sind der Partei die Kosten aufzuerlegen, die sie nach §§ 91ff. ZPO zu tragen gehabt hätte, wenn es nicht zu einem Prozessvergleich gekommen wäre. Bei einer Entscheidung nach § 91a Abs. 1 S. 1 ZPO wird das Gericht also eine **summarische Prüfung der Erfolgsaussichten der Klage** nach dem bisherigen Sach- und Streitstand vornehmen. Die Kostenverteilung hängt folglich davon ab, ob die Klage der D gegen L auf Rückzahlung von 50 EUR zulässig und begründet war.

---

4 Musielak/Voit/*Flockenhaus*, § 98 Rn. 3; Zöller/*Herget*, § 98 Rn. 3.
5 HM, BGH NJW-RR 2006, 1000, 1001; OLG Köln FamRZ 2007, 66; OLG Oldenburg NJW-RR 1992, 1466; OLG Hamm JurBüro 1992, 493; OLG München MDR 1990, 344; Thomas/Putzo/*Hüßtege*, § 98 Rn. 4.

1. Zulässigkeit der Klage der D gegen L

Die sachliche Zuständigkeit des Amtsgerichts beruht auf § 23 Nr. 1 GVG. Örtlich zuständig ist gemäß §§ 12, 13 ZPO iVm § 7 Abs. 1 BGB das Amtsgericht in Leipzig. D und L sind iSd § 50 Abs. 1 ZPO parteifähig und iSd §§ 51, 52 ZPO prozessfähig. Anwaltszwang besteht gemäß § 78 Abs. 1 ZPO nicht.
Die Klage der D war zulässig.

2. Begründetheit der Klage der D gegen L

a) Anspruch aus § 812 Abs. 1 S. 1 Alt. 1 BGB

Ein Anspruch der D gegen L auf Zahlung von 50 EUR könnte sich aus § 812 Abs. 1 S. 1 Alt. 1 BGB ergeben.

> **Leistungs- und Nichtleistungskondiktion**
>
> Zu unterscheiden sind Bereicherungsansprüche, die auf der Leistung einer Person beruhen (Überblick unten), und leistungsunabhängige (Überblick auf S. 363). Im Wesentlichen gilt also die Trennungslehre (MüKoBGB/*Schwab*, § 812 Rn. 43).
> Leistungs- und Nichtleistungskondiktion schließen einander aus. Aus der Subsidiarität der Nichtleistungskondiktion folgt, dass sich bei Dreipersonenverhältnissen die Rückabwicklung vorrangig innerhalb der jeweiligen Kausalverhältnisse vollzieht (zum Bereicherungsausgleich im Mehrpersonenverhältnis *Musielak/Hau*, EK BGB, Rn. 244 ff.; *Hauck*, JuS 2014, 1066 f.).

> **Aufbauschema Kostenbeschluss nach § 91a ZPO**
> Das Gericht entscheidet aufgrund einer summarischen Prüfung der Erfolgsaussichten der Klage, so dass
> 1. Zulässigkeit der Klage
> 2. Begründetheit der Klage
> zu prüfen sind. Maßgeblich ist der voraussichtliche Ausgang des Prozesses nach dem bisherigen Sach- und Streitstand.

Anspruchssystem der Leistungskondiktion

§ 812 Abs. 1 S. 1 Alt. 1 BGB	§ 812 Abs. 1 S. 2 Alt. 1 BGB	§ 812 Abs. 1 S. 2 Alt. 2 BGB	§ 817 S. 1 BGB
condictio indebiti	condictio ob causam finitam	condictio ob rem	condictio ob turpem vel iniustam causam
Von Anfang an besteht kein rechtlicher Grund für die Leistung bzw. dem Anspruch des Gläubigers steht iSd § 813 BGB eine dauernde Einrede entgegen.	Der zunächst bestehende rechtliche Grund für die Leistung fällt nachträglich weg.	Der mit einer Leistung nach dem Inhalt des Rechtsgeschäfts bezweckte Erfolg tritt nicht ein.	Durch die Annahme der Leistung wird gegen ein Gesetz oder gegen die guten Sitten verstoßen.

aa) Etwas erlangt

Die Leistungskondiktion (condictio indebiti) setzt zunächst voraus, dass etwas erlangt wurde. „Etwas erlangt" wird überwiegend als **jeder Vermögensvorteil** definiert, während eine andere Auffassung eine Verbesserung der Vermögenslage nicht für erforderlich hält, vielmehr alles genügen lässt, das nach dem Parteiwillen Gegenstand des Austausches ist.[6] Jedenfalls stimmen beide Auffassungen überein, dass das Erlangte im Erwerb einer Rechtsposition (zB Eigentum, Anwartschaftsrecht, Forderung, Grundbucheintragung), der Befreiung von Verbindlichkeiten sowie im Erwerb von Gebrauchsvorteilen und Dienstleistungen liegen kann.[7]

---

[6] Näher Staudinger/*Lorenz*, § 812 Rn. 65; MüKoBGB/*Schwab*, § 812 Rn. 3.
[7] Palandt/*Sprau*, § 812 Rn. 8 ff.; zu den Nutzungsfällen vgl. Erman/*Buck-Heeb*, § 812 Rn. 8; BRHP/*Wendehorst*, § 812 Rn. 57; PWW/*Prütting*, § 812 Rn. 28 f.

> **Meinungsstreit bei den Nutzungsfällen**
>
> Auseinander gehen die Auffassungen über die rechtliche Behandlung der Fälle, bei denen der Empfänger rechtsgrundlos eigenen Nutzen aus Dienst- und Werkvertragsverhältnissen sowie Sachen zieht (zB erschlichene Flugreise, BGHZ 55, 128 ff.). Während teilweise auf den Wert der Aufwendungen abgestellt wird, die der Empfänger durch die unberechtigte Nutzung erspart hat, sieht die herrschende Meinung die Gebrauchsvorteile selbst als den Vermögensvorteil an, so dass iSd § 818 Abs. 2 BGB der für die Dauer der Nutzungsmöglichkeit kapitalisierte Wert zu erstatten ist.

> **Aufbauschema § 812 Abs. 1 S. 1 Alt. 1 BGB**
> 1. Etwas erlangt
> 2. Durch Leistung
> 3. Ohne rechtlichen Grund
> 4. Kein Ausschluss gemäß §§ 814, 817 S. 2 BGB

Hier hat L als Vermögensvorteil Besitz und Eigentum an 50 EUR erlangt. Mit der Aushändigung des Umschlages ging die stillschweigende Einigung über den Eigentumsübergang iSd § 929 S. 1 BGB einher.

bb) Durch Leistung

Notwendig ist überdies eine Leistung. Darunter ist eine **bewusste und zweckgerichtete Mehrung fremden Vermögens** zu verstehen (sog finaler Leistungsbegriff).[8] Mit einer Leistung können unterschiedliche Zwecke verfolgt werden:

Leistung obligandi causa	Leistung solvendi causa	Leistung donandi causa	Leistung ob rem
Zweck ist die Begründung eines Schuldverhältnisses.	Zweck ist die Erfüllung einer (vermeintlich) bestehenden Verpflichtung.	Zweck ist die schuld- und sachenrechtliche Abwicklung einer Schenkung.	Zweck ist, den Empfänger zu einem Verhalten zu veranlassen, auf das der Leistende keinen Anspruch hat.

§ 812 Abs. 1 S. 1 Alt. 1 BGB bezieht sich jedenfalls auf die Leistung obligandi causa, solvendi causa und donandi causa. Inwieweit die condictio indebiti auch Fälle der Leistung ob rem umfasst, wird kontrovers diskutiert; die Abgrenzung des § 812 Abs. 1 S. 1 Alt. 1 BGB (condictio indebiti) von § 812 Abs. 1 S. 2 Alt. 2 BGB (condictio ob rem oder condictio causa data non secuta) ist streitig.[9]

> **Verhältnis von Leistungs- und Zweckkondiktion**
>
> | Weite Sichtweise | Enge Sichtweise (hM) |
> |---|---|
> | Teilweise wird vertreten, die condictio indebiti erfasse auch die Fälle, bei denen irgendein Zweck mit der Leistung verbunden sei, der von vornherein nicht erreicht werde, während der Anwendungsbereich der condictio ob rem auf die Fälle beschränkt sei, wo neben dem mit der Leistung verfolgten Zweck ein weiterer besonderer Zweck Gegenstand des Rechtsgeschäftes sei. | Die hM lehnt diese Differenzierung zwischen allgemeinen und besonderen Zwecken ab. Die Formulierung „ohne rechtlichen Grund" in § 812 Abs. 1 S. 1 Alt. 1 BGB zeige, dass die condictio indebiti nur Zwecke betreffe, die auf die Erfüllung oder Begründung einer Verbindlichkeit zielen, weil die Formulierung Rechtsgrund mit Verbindlichkeit gleichzusetzen sei. |

---

8 HM, siehe nur Palandt/*Sprau*, § 812 Rn. 3, 14; MüKoBGB/*Schwab*, § 812 Rn. 38, Einzelheiten zu den unterschiedlichen Ausprägungen in Rn. 39 ff.; zusammenfassend *Kamionka*, JuS 1992, 845 ff., 929 ff.

9 Vgl. MüKoBGB/*Schwab*, § 812 Rn. 460; BRHP/*Wendehorst*, § 812 Rn. 66 ff.

Verhältnis von Leistungs- und Zweckkondiktion *(Fortsetzung)*	
Weite Sichtweise	**Enge Sichtweise** (hM)
Der Zweck einer Leistung werde von den Parteien bestimmt, denen es offen steht, neben dem Zweck der Erfüllung irgendeinen anderen Leistungszweck zu vereinbaren. „Ohne rechtlichen Grund" könne deshalb eine Leistung auch dann erbracht sein, wenn irgendein rechtsgeschäftlich vereinbarter Zweck von vorneherein nicht erreicht wird.	Das Instrument der Leistungskondiktion sei auf die Verfehlung weitergehender Leistungszwecke nicht ausdehnbar. Dies bestätige die historische Interpretation: § 812 Abs. 1 S. 2 Alt. 2 BGB sei der römisch-rechtlichen condictio ob rem datorum nachgebildet, nach der die Leistung nur dann zurückgefordert werden konnte, wenn nicht im Zusammenhang mit einem Verpflichtungsgeschäft geleistet wurde.

§ 812 Abs. 1 S. 1 Alt. 1 BGB umfasst Leistungen „ohne rechtlichen Grund". Die condictio ob rem kann demnach lediglich die Leistungen erfassen, die nicht auf eine eigene oder fremde Verbindlichkeit hin erbracht werden. Die condictio indebiti meint hingegen die Leistungen, die der Begründung oder Erfüllung einer Verbindlichkeit dienen. Diese Zuordnung bestätigt das System der §§ 813, 814 BGB, die sich nur auf die condictio indebiti beziehen und nur Tatbestände zum Gegenstand haben, die Verbindlichkeiten betreffen. Zutreffend ist mithin die enge Sichtweise, wonach § 812 Abs. 1 S. 1 Alt. 1 BGB lediglich die auf die Erfüllung oder Begründung einer Verbindlichkeit ausgerichteten Zwecke erfasst.

Hier wollte D durch die Übereignung der 50 EUR weder einen Vertrag begründen, noch eine Verbindlichkeit erfüllen. D und L haben keine schuldrechtliche Abrede getroffen. Entsprechende korrespondierende Willenserklärungen fehlen.[10] Mangels einer entsprechenden Leistungsbeziehung handelt es sich um keinen Anwendungsfall der condictio indebiti.

Ergebnis

Nach § 812 Abs. 1 S. 1 Alt. 1 BGB kann D von L nicht die Zahlung von 50 EUR verlangen.

b) Anspruch nach § 812 Abs. 1 S. 2 Alt. 2 BGB

D könnte gegen L ein Anspruch auf Zahlung von 50 EUR gemäß § 812 Abs. 1 S. 2 Alt. 2 BGB wegen Nichteintritt des bezweckten Erfolges zustehen.

aa) Etwas erlangt

L hat von D Eigentum und Besitz an 50 EUR erlangt.

bb) Durch Leistung

Der Vermögensvorteil muss durch Leistung erlangt worden sein; erforderlich ist also eine bewusste und zweckgerichtete Mehrung fremden Vermögens. In Abgrenzung zur condictio indebiti muss bei der condictio ob rem die Herbeiführung eines

> Aufbauschema
> **§ 812 Abs. 1 S. 2 Alt. 2 BGB**
> 1. Etwas erlangt
> 2. Durch Leistung, die einen anderen oder einen weitergehenden Zweck als die Erfüllung einer Verbindlichkeit verfolgt
> 3. Verständigung der Beteiligten über diesen Zweck
> 4. Nichteintritt des bezweckten Erfolgs
> 5. Kein Ausschluss nach §§ 815, 817 S. 2 BGB

---

10 Ein Erklärungsbewusstsein zum Abschluss eines Bestechungsvertrages lässt sich dem Sachverhalt nicht entnehmen. Eine Schmiergeldabrede wäre nach § 138 Abs. 1 BGB sittenwidrig gewesen, BGH NJW 1991, 1819, 1820.

besonderen Erfolgs und nicht lediglich die Erfüllung einer Verbindlichkeit bezweckt sein.

D hat an L nicht zur Begründung oder Erfüllung einer Verbindlichkeit geleistet, sondern um L zum Abschluss eines Kaufvertrages im Namen des B zu veranlassen.

cc) Zweckvereinbarung

§ 812 Abs. 1 S. 2 Alt. 2 BGB ist anwendbar, wenn die Leistung nicht der Erfüllung einer Verpflichtung dient und ein nicht geschuldetes Tun oder Unterlassen des Empfängers bezweckt ist.

Der mit der Leistung verbundene Zweck darf einerseits nicht bloßes Motiv bzw. einseitige Erwartung des Leistenden geblieben und andererseits nicht Vertragsgegenstand oder Bedingung des Rechtsgeschäfts geworden sein. Notwendig ist eine tatsächliche Willensübereinstimmung über den bezweckten Erfolg. Zwischen der Leistung und dem erwarteten Erfolg muss ein derartiger innerer Zusammenhang bestehen, dass nach dem Willen der Parteien die Leistung von der Zweckerreichung abhängig ist. Dazu ist erforderlich, dass der Leistungsempfänger die Erwartung des Leistenden kennt und – zumindest durch die Annahme der Leistung – zu erkennen gibt, dass er die Zweckbestimmung billigt.[11]

Zweckvereinbarung meint eine tatsächliche Willensübereinstimmung, dass Leistung und Zweck miteinander verknüpft sind.

Meinungsstreit zur Zweckvereinbarung
Kontrovers diskutiert wird, ob Leistung und Zweck ursächlich miteinander verknüpft sein müssen oder ob es ausreicht, wenn mit dem Erfolgseintritt auch ohne die Leistung zu rechnen oder dieser vom Empfänger in Aussicht gestellt war. Die überwiegende Auffassung lässt angesichts der Formulierungen in § 815 und § 820 Abs. 1 BGB auch einen bezweckten Erfolg zu, dessen Eintritt nicht vom Willen oder Einfluss des Empfängers abhängt (BRHP/*Wendehorst*, § 812 Rn. 45). Überdies ist streitig, ob bei § 812 Abs. 1 S. 2 Alt. 2 BGB neben der Zweckerreichung auch eine Verbindlichkeit erfüllt werden kann oder ob dieser zusätzliche Umstand die Anwendbarkeit der condictio ob rem entfallen lässt. Nach überwiegender Einschätzung ist für die condictio ob rem jedenfalls dann kein Raum, wenn ein entgeltlicher Vertrag besteht (vgl. PWW/*Prütting*, § 812 Rn. 42; MüKoBGB/*Schwab*, § 812 Rn. 378f.; BGH NJW 1992, 2690). Insoweit kommt die Anwendung des Leistungsstörungsrechts, insbesondere des § 313 BGB in Betracht.

So liegt es hier; L war der Sinn der wortlos übergebenen 50 EUR bekannt. Die Geldsumme sollte ihn dazu bewegen, stellvertretend für B einen wirksamen Kaufvertrag über 100 EUR abzuschließen. Durch die Annahme des Geldes hat er sich mit dem Zweck einverstanden erklärt.

dd) Nichteintritt des Erfolges

Voraussetzung der condictio ob rem ist, dass der bezweckte Erfolg nicht eingetreten ist. Der Bereicherungsanspruch entsteht zu dem Zeitpunkt, in dem der Nichteintritt des Erfolges endgültig feststeht.[12] Der Zweck der Übereignung des Bestechungsgeldes war die Begründung eines Übereignungsanspruches der D gegen B nach **§ 433 Abs. 1 S. 1 BGB**. Der Nichteintritt des Erfolges ist hier deshalb vom Bestand eines Anspruchs aus dem Kaufvertrag abhängig. Dazu müsste im Wege übereinstimmender Willenserklärungen ein **Kaufvertrag über 100 EUR** zwischen D und B zustande gekommen sein. Entscheidend ist mithin der Abschluss eines Kaufvertrages.

---

[11] Erman/*Buck-Heeb*, § 812 Rn. 50 ff.; Palandt/*Sprau*, § 812 Rn. 30; BRHP/*Wendehorst*, § 812 Rn. 87 ff.
[12] Palandt/*Sprau*, § 812 Rn. 93 ff.; BGH NJW 1989, 2745, 2746 f.

B selbst hat keine Willenserklärung abgegeben; er könnte jedoch von L gemäß § 164 Abs. 1 S. 1 BGB vertreten worden sein: L hat im Namen des B gehandelt; das Offenkundigkeitsprinzip ist gewahrt. Die Vertretungsmacht wurde durch Rechtsgeschäft iSd § 167 Abs. 1 BGB erteilt; L besitzt Innenvollmacht. Der Umfang der Vollmacht geht dahin, das MP3-Gerät zu verkaufen. Eine Einschränkung der Vollmacht ist nicht vereinbart. L hat mit dem Verkauf zu 100 EUR seine Vertretungsmacht nicht überschritten.

Abschluss eines Kaufvertrages

L hat als Stellvertreter (§ 164 Abs. 1 S. 1 BGB) des B das Gerät an D verkauft. Zwischen D und L ist ein Kaufvertrag über 100 EUR zustande gekommen.

Der Kaufvertrag könnte aber nach **§ 138 Abs. 1 BGB** wegen Sittenwidrigkeit nichtig sein. Ein Rechtsgeschäft verstößt gegen die guten Sitten, wenn es dem „Anstandsgefühl aller billig und gerecht Denkenden"[13] widerspricht. Die Sittenwidrigkeit ist anhand einer Gesamtwürdigung des Rechtsgeschäfts zu bestimmen. Die Bewertungskriterien sind – soweit dies möglich ist – der Rechtsordnung selbst, insbesondere auch dem Wertesystem des Grundgesetzes (sog mittelbare Drittwirkung von Grundrechten) zu entnehmen. Lassen sich aus der Rechtsordnung selbst keine Maßstäbe ableiten, ist auf die allgemeinen gesellschaftlichen Verhaltensmaßstäbe abzustellen.[14] Ist ein Rechtsgeschäft seinem Inhalt nach sittenwidrig, genügt der objektive Verstoß, auf eine Kenntnis oder ein Kennenmüssen der die Sittenwidrigkeit begründenden Umstände kommt es nicht an. Begründet hingegen erst das Motiv oder der Zweck die Sittenwidrigkeit des Rechtsgeschäfts, ist ein subjektiver Tatbestand notwendig; maßgebend ist die Kenntnis oder grob fahrlässige Unkenntnis derjenigen Umstände, aus denen sich objektiv die Sittenwidrigkeit ergibt. Die Rechtsprechung hat für die Anwendung des § 138 Abs. 1 BGB Fallgruppen gebildet.[15]

Sittenwidrigkeit des Kaufvertrages wegen Kollusion

Ein typischer Anwendungsfall des § 138 Abs. 1 BGB ist die **Kollusion**, also das unerlaubte Zusammenwirken mehrerer Personen zum Nachteil eines Dritten.[16] Dazu zählt auch die Konstellation, dass Vertreter und Vertragspartner einverständlich zusammenwirken, um den Vertretenen zu schädigen. Ein derartiges bewusstes, auf die Schädigung des Vertretenen abzielendes Verhalten begründet einen Sittenverstoß. Das vom Stellvertreter treuwidrig eingegangene Rechtsverhältnis ist nichtig.[17]

Kollusion meint insbesondere das bewusste und gewollte Zusammenwirken eines Vertreters mit einem Dritten zum Nachteil des Vertretenen.

Der Kaufvertrag über 100 EUR ist demnach gemäß § 138 Abs. 1 BGB nichtig; B wird aus diesem Geschäft nicht verpflichtet.

D steht gegen B kein Anspruch aus § 433 Abs. 1 S. 1 BGB auf Übergabe und Übereignung des MP3-Players zu einem Preis von 100 EUR zu. Der Zweck, der mit der Übereignung der 50 EUR an L verfolgt wurde, ist nicht eingetreten. Die Voraussetzungen des § 812 Abs. 1 S. 2 Alt. 2 BGB sind erfüllt. D steht grundsätzlich ein Anspruch auf 50 EUR zu.

---

13 Motive II, S. 727.
14 *Heinrich*, Formale Freiheit und materiale Gerechtigkeit, S. 296 f.; BRHP/*Wendtland*, § 138 Rn. 21.
15 Überblick bei Palandt/*Ellenberger*, § 138 Rn. 24 ff.; PWW/*Ahrens*, § 138 Rn. 67 ff.; Soergel/*Hefermehl*, 12. Aufl. 1987, § 138 Rn. 116 ff.; siehe auch Fall 11, S. 277 ff.
16 Vgl. Erman/*Schmidt-Räntsch*, § 138 Rn. 78; PWW/*Ahrens*, § 138 Rn. 124; Palandt/*Ellenberger*, § 138 Rn. 61, § 164 Rn. 13.
17 BGH NJW 1989, 26, 27; OLG Düsseldorf NJW-RR 1997, 737, 738.

ee) Kein Ausschluss

> **§ 815 Alt. 1 BGB**
> Positive Kenntnis von der Unmöglichkeit des Erfolgseintritts meint Kenntnis der Rechtslage, wobei eine Parallelwertung in der Laiensphäre genügt.

Der condictio ob rem könnte § 815 BGB entgegenstehen. Der Ausschlusstatbestand ist ausschließlich bei § 812 Abs. 1 S. 2 Alt. 2 BGB anwendbar. Dem Rückforderungsrecht, das die condictio ob rem gewährt, steht der § 815 BGB in zwei Fällen entgenen, zum einen, wenn der Leistungserfolg von Anfang an unmöglich war und der Leistende dies positiv gewusst hat, zum anderen, wenn der Leistende den Eintritt des Erfolges wider Treu und Glauben verhindert hat.

Die erste Alternative des § 815 BGB ist hier verwirklicht. Der Eintritt des Erfolges, ein Übereignungsanspruch gemäß § 433 Abs. 1 S. 1 BGB zu 100 EUR, ließ sich von Anfang an wegen § 138 Abs. 1 BGB nicht durch ein einverständliches Zusammenwirken verwirklichen. Der Eintritt des mit der Leistung bezweckten Erfolgs war von Anfang an **unmöglich**. D kannte die Unmöglichkeit des Erfolgseintritts bei dieser übereinstimmenden Schädigungshandlung. Zwar besteht **positive Kenntnis** nicht bereits dann, wenn der Leistende die tatsächlichen Umstände seiner Nichtschuld kennt, sondern erforderlich ist, dass er aus diesen Umständen subjektiv den zutreffenden rechtlichen Schluss zieht. Für diese rechtliche Beurteilung genügt aber eine **Parallelwertung in der Laiensphäre**, weil Rechtskenntnisse nicht verlangt werden können.[18] Eine entsprechende Parallelwertung ist bei der Übergabe von Bestechungsgeld gegeben.

Ergebnis

Der Anspruch aus § 812 Abs. 1 S. 2 Alt. 2 BGB wird von § 815 Alt. 1 BGB ausgeschlossen. D steht gegen L kein Anspruch aus der condictio ob rem auf Zahlung von 50 EUR zu.

c) Anspruch gemäß § 817 S. 1 BGB

> **Aufbauschema § 817 S. 1 BGB**
> 1. Etwas erlangt
> 2. Durch Leistung
> 3. Gesetzes- oder Sittenverstoß bei Annahme
> 4. Kein Ausschluss gemäß § 817 S. 2 BGB

Für D könnte sich ein Zahlungsanspruch gegen L aus § 817 S. 1 BGB ableiten lassen.

aa) Etwas erlangt durch Leistung

Durch eine bewusste und zweckgerichtete Mehrung fremden Vermögens durch D hat L einen Vermögensvorteil, nämlich Eigentum und Besitz an 50 EUR erlangt.

bb) Gesetzes- oder Sittenverstoß bei Annahme

Die condictio ob turpem vel iniustam causam begründet als Unterfall der Leistungskondiktion ein Rückforderungsrecht, wenn der Empfänger mit der zweckentsprechenden Leistungsannahme gegen ein gesetzliches Verbot oder die guten Sitten verstößt.

> Meinungsstreit über die subjektiven Voraussetzungen des § 817 S. 1 BGB

Uneinig sind sich die Rechtsprechung und die Literatur über die Notwendigkeit eines subjektiven Elements bei § 817 S. 1 BGB. Während die Rechtsprechung positive Kenntnis von dem Gesetzesverstoß oder der Sittenwidrigkeit fordert,[19] lässt das Schrifttum einen objektiven Verstoß genügen.[20] Die letztgenannte Sichtweise erscheint vorzugswürdig, weil Sinn und Zweck des § 817 S. 1 BGB die Wiederher-

---

[18] BGH NJW 2003, 2601, 2603; NJW 1997, 2381, 2382.
[19] BGH NJW 1989, 3217; NJW 1980, 452; OLG Koblenz MDR 1999, 537; OLG Celle NJW 1996, 2660. Es reiche aus, wenn sich der Empfänger der Einsicht in den Gesetzes- oder Sittenverstoß leichtfertig verschlossen hat.
[20] PWW/*Prütting*, § 817 Rn. 6; BRHP/*Wendehorst*, § 817 Rn. 9.

stellung der materiell richtigen Güterzuordnung ist. Da L bei der Annahme des Geldes ein entsprechendes Bewusstsein hatte, kommt es auf die Entscheidung des Meinungsstreits hier jedoch nicht an.

Mit der Entgegennahme der 50 EUR hat L sittenwidrig gehandelt. Der Tatbestand des § 817 S. 1 BGB ist erfüllt.

cc) Kein Ausschluss

Der Rückforderungsanspruch könnte nach § 817 S. 2 BGB ausgeschlossen sein. Der Ausschlusstatbestand gilt für alle Fälle der Leistungskondiktion. Wird § 817 S. 2 BGB auf andere Leistungskondiktionsansprüche wie § 817 S. 1 BGB angewendet, ist es entgegen des Wortlautes des § 817 S. 2 BGB („gleichfalls") ausreichend, dass nur der Leistende gesetzes- oder sittenwidrig gehandelt hat. Nur durch diese einschränkende Auslegung des § 817 S. 2 BGB lässt sich verhindern, dass der sittenwidrig handelnde Empfänger, der einem Anspruch aus § 817 S. 1 BGB ausgesetzt ist, die Leistung wegen § 817 S. 2 BGB behalten kann, während der nicht sittenwidrig handelnde Empfänger die Leistung beispielsweise nach § 812 Abs. 1 S. 1 Alt. 1 BGB herausgeben müsste, wenn § 817 S. 2 BGB nicht gelten würde, weil die Vorschrift wortlautgetreu („gleichfalls") angewendet würde. Über die Anwendbarkeit des § 817 S. 2 BGB auf alle Fälle der Leistungskondiktion und die restriktive Auslegung des Wortlauts besteht weitgehend Einigkeit;[21] auseinander gehen die Auffassungen darüber, ob § 817 S. 2 BGB analog auf andere Ansprüche außerhalb des Bereicherungsrechts anwendbar ist.[22]

> Anwendungsbereich des § 817 S. 2 BGB

Meinungsstreit über den Anwendungsbereich des § 817 S. 2 BGB

Allgemeine Anwendbarkeit	Beschränkung auf Leistungskondiktionen
§ 817 S. 2 BGB stelle eine allgemeine Rechtsschutzversagung dar, die auf sämtliche Rückforderungsansprüche anzuwenden sei, zu deren Begründung sich der Gläubiger auf eigenes gesetzes- oder sittenwidriges Verhalten berufen müsse (Teile der Lit.).	Der Wortlaut des § 817 S. 2 BGB beziehe sich eindeutig nur auf die Leistungskondiktion. Bei allen übrigen Ansprüchen sei die Vorschrift deshalb nicht anzuwenden. Der enge Anwendungsbereich werde durch die systematische Stellung im Bereicherungsrecht bestätigt; wegen des Ausnahmecharakters könne § 817 S. 2 BGB außerhalb der Leistungskondiktionsfälle keine Bedeutung haben (BGH).

Da hier ein Leistungskondiktionsanspruch zu beurteilen ist, kommt es auf den Meinungsstreit nicht an; der Anwendungsbereich des § 817 S. 2 BGB ist eröffnet.

Der Ausschluss des Anspruchs aus § 817 S. 1 BGB setzt nach § 817 S. 2 BGB voraus, dass der Leistende gesetzes- oder sittenwidrig gehandelt hat. Anders als bei § 817 S. 1 BGB kommt es bei Satz 2 darauf an, dass die Gesetzes- oder Sittenordnung bewusst verletzt wurde. Nur der subjektiv realisierte Verstoß rechtfertigt den Ausschluss eines Rückforderungsanspruches, weil § 817 S. 2 BGB Sanktionscharakter hat und einen an sich gerechtfertigten Rückübereignungsanspruch ausschließt. Streitig ist, welcher Maßstab an das **subjektive Element** anzulegen ist. Der BGH lässt ein leichtfertiges

> § 817 S. 2 BGB erfordert subjektive Kenntnis von dem Gesetzes- oder Sittenverstoß. Streitig ist der anzulegende Maßstab.

---

21 Näher (auch zur Gegenansicht) MüKoBGB/*Schwab*, § 817 Rn. 11 ff.
22 Einzelheiten und Nachweise bei Staudinger/*Lorenz*, § 817 Rn. 10 ff.; MüKoBGB/*Schwab*, § 817 Rn. 15 ff.

Verhalten genügen, weil derjenige, der sich leichtfertig der Einsicht in die Gesetzes- oder Sittenwidrigkeit verschließe, einem vorsätzlich Handelnden gleichzustellen sei; das Schrifttum legt teilweise einen strengeren Maßstab an.[23]

D hat L bewusst zu einem Treuebruch gegenüber B veranlasst und deshalb ebenfalls sittenwidrig gehandelt. Die Voraussetzungen des § 817 S. 2 BGB sind gegeben. Der Anspruch gemäß § 817 S. 1 BGB wird durch § 817 S. 2 BGB ausgeschlossen.

Ergebnis

Nach § 817 S. 1 BGB ist L nicht verpflichtet, der D 50 EUR zu zahlen.

Endergebnis

D steht gegen L kein Anspruch auf Rückzahlung der Bestechungssumme von 50 EUR zu. Die Klage der D war unbegründet. Nach § 91 Abs. 1 S. 1 ZPO sind die Kosten vom Verlierer des Prozesses zu tragen: Unter Berücksichtigung des derzeitigen Sach- und Streitstandes sind die Kosten deshalb der D aufzuerlegen. Der Kostenbeschluss nach § 91a Abs. 1 S. 1 ZPO wird folgendermaßen lauten: „Die Kosten des Rechtsstreits trägt die Klägerin."

Frage 2: Überlegungen der Rechtsanwältin

> **Aufbauschema Anwaltsberatung**
> 1. Materiell-rechtliche Lage, insbesondere Anspruchsprüfung
> 2. Verfahrensrechtliche Vorgehensweise

Rechtsanwältin K wird zunächst die materiell-rechtliche Lage eingehend prüfen und sich sodann Gedanken über die Möglichkeiten einer prozessualen Umsetzung der materiell-rechtlichen Ansprüche machen. Denn erst, wenn die materiell-rechtliche Erfolgsaussicht eines Begehrens geklärt ist, steht fest, welche Ansprüche sich gegen welchen Anspruchsgegner verwirklichen lassen. Nach der umfassenden Anspruchsprüfung sind in einem zweiten Schritt mögliche verfahrensrechtliche Vorgehensweisen und deren Zulässigkeit zu erörtern.[24]

I. Materiell-rechtliche Lage

1. Herausgabe des Brillant-Ringes

a) Anspruch aus § 695 S. 1 BGB

B könnte gegen G ein Anspruch auf Rückgabe des Ringes gemäß § 695 S. 1 BGB zustehen.

B und G haben im März einen Verwahrungsvertrag iSd § 688 BGB geschlossen. Sie haben sich darüber geeinigt, dass G den Ring, eine bewegliche Sache (§ 90 BGB), in räumliche Obhut nimmt. Der Ring wurde G übergeben, so dass es auf die Streitfrage, ob der Verwahrungsvertrag ein Realvertrag oder – so die überwiegende Ansicht – ein Konsensualvertrag ist, nicht ankommt. Charakteristikum des Verwahrungsvertrages ist nach § 695 BGB, dass der Hinterleger die hinterlegte Sache jederzeit vom Verwahrer herausverlangen kann.

B steht gegen G ein Herausgabeanspruch nach § 695 S. 1 BGB zu.

---

23 Vgl. BGH NJW 2005, 490; NJW 2000, 1560, 1562; Palandt/*Sprau*, § 817 Rn. 17; PWW/*Prütting*, § 817 Rn. 10; BRHP/*Wendehorst*, § 817 Rn. 16.
24 *Medicus/Petersen*, Bürgerliches Recht, Rn. 23. Anders bei der sogenannten Richterklausur oder bei einer Anwaltsklausur aus Beklagtensicht, bei der zunächst die Zulässigkeit eines Rechtsmittels und erst anschließend die Begründetheit zu prüfen ist; siehe S. 1 f.

b) Anspruch gemäß § 985 BGB

Für B könnte sich gegen G des Weiteren ein rei vindicatio-Anspruch aus § 985 BGB ergeben.

aa) Anwendbarkeit

Dies setzt zunächst voraus, dass § 985 BGB neben vertraglich begründeten Herausgabeansprüchen anwendbar ist. Die Meinungen hierzu sind geteilt.[25]

Anwendbarkeit des § 985 BGB neben vertraglichen Ansprüchen	
Vorrang des Vertragsverhältnisses	**Gleichberechtigte Anwendbarkeit (hM)**
§ 985 BGB sei gegenüber Herausgabeansprüchen aus vertraglichen oder gesetzlichen Schuldverhältnissen subsidiär. Das Schuldverhältnis als relative Beziehung gehe dem allgemeinen Anspruch aus § 985 BGB vor. § 986 BGB zeige, dass die schuldrechtliche Bindung Vorrang habe.	Die hM geht von Anspruchskonkurrenz aus, dh § 985 BGB und Herausgabeansprüche aus vertraglichen oder gesetzlichen Schuldverhältnissen sind nebeneinander anwendbar. Eigentum könne als absolutes Recht nicht von schuldrechtlichen Regelungen beeinträchtigt werden (Trennungs- und Abstraktionsprinzip).

§ 985 BGB ist neben vertraglichen Rückgabeansprüchen anwendbar. Denn nur der dingliche Herausgabeanspruch eröffnet in der Insolvenz ein Aussonderungsrecht (§ 47 InsO).

bb) Besitz des Anspruchsgegners

G ist zur Zeit der Klageerhebung Besitzerin (§ 854 Abs. 1 BGB) des Ringes (§ 90 BGB).

cc) Eigentum des Anspruchstellers

B müsste Eigentümer sein. Er könnte das Eigentum nach § 973 Abs. 1 S. 1 BGB erworben haben. § 973 Abs. 1 BGB regelt den originären, lastenfreien Eigentumserwerb des Finders nach dem Fristablauf mit Wirkung ex nunc.[26] **Finder** ist, wer eine verlorene Sache nach der Entdeckung in Besitz nimmt; ein Besitzdiener (§ 855 BGB) findet für den Besitzherren. Verloren ist eine Sache, wenn sie nach dem Besitzrecht besitzlos, aber nicht herrenlos ist. Demnach ist B Finder, weil er den Ring nach Entdeckung in die tatsächliche Sachherrschaft genommen hat. Nach § 965 BGB ist der Fund einem Empfangsberechtigten oder – ist ein solcher unbekannt – der zuständigen Behörde anzuzeigen. Die Anzeige hat hier G und nicht der Finder B getätigt. Das ist für einen Eigentumserwerb des Finders nach § 973 Abs. 1 S. 1 BGB unschädlich, weil Sinn und Zweck des § 965 Abs. 2 BGB nicht die Identitätsfeststellung des Finders, sondern die Registrierung der Fundsachen ist, um dem Verlierer die Möglichkeit der Rückgewähr zu eröffnen.

Eigentumserwerb durch Fund nach § 973 Abs. 1 BGB

Die 6-Monatsfrist des § 973 Abs. 1 S. 1 BGB ist gemäß §§ 187 Abs. 1, 188 Abs. 2 BGB im September abgelaufen.[27] Fraglich ist allerdings, ob der Eigentumserwerb

---

[25] MüKoBGB/*Baldus*, § 985 Rn. 128 f.; BRHP/*Fritzsche*, § 985 Rn. 55 f.; siehe auch Fall 7, S. 169.
[26] HM, MüKoBGB/*Oechsler*, § 973 Rn. 4; BRHP/*Kindl*, § 973 Rn. 4; Palandt/*Herrler*, § 973 Rn. 1.
[27] Vor Fristablauf hat der Finder nach hM ein übertragbares und vererbliches Anwartschaftsrecht, vgl. MüKoBGB/*Oechsler*, § 973 Rn. 5; Palandt/*Herrler*, § 973 Rn. 1; aA Staudinger/*Gursky*, § 973 Rn. 7.

nur dann möglich ist, wenn der Finder während des gesamten Fristlaufs oder zumindest am Ende der 6-Monatsfrist Besitzer ist, oder ob ein Besitzverlust nach dem Fund einen Eigentumserwerb nach § 973 Abs. 1 S. 1 BGB nicht hindert.[28] Auf diesen Meinungsstreit kommt es hier nicht an, weil B während des gesamten Fristlaufs mittelbarer Besitzer des Ringes war. B und D haben iSd § 868 BGB ein Besitzmittlungsverhältnis, nämlich eine Verwahrung nach § 688 BGB, begründet. Das Besitzmittlungsverhältnis wurde während des Laufs der 6-Monatsfrist nicht beendet; erst nach Ablauf der Frist hat G durch die Verweigerung der Herausgabe stillschweigend das Besitzmittlungsverhältnis aufgelöst. Ein Verlust des mittelbaren Besitzes ist nämlich auf drei Wegen möglich, von denen hier seitens G zwischen März und September keiner verwirklicht wurde.

Verlust des mittelbaren Besitzes		
Beendigung des Besitzmittlungswillens des unmittelbaren Besitzers; eine bloß innerliche Willensänderung genügt nicht (vgl. § 116 S. 1 BGB), erforderlich ist eine bestimmte, äußerlich feststellbare Handlung.	Beendigung des unmittelbaren Besitzes, unabhängig davon, ob der unmittelbare Besitz des Besitzmittlers mit oder ohne seinen Willen endet; maßgeblich ist, dass ein Dritter unmittelbaren Besitz erwirbt.	Übereinstimmende Auflösung des Besitzmittlungsverhältnisses bei gleichzeitigem Erlöschen des aus dem Rechtsverhältnis abgeleiteten Herausgabeanspruches.

Die Voraussetzungen des § 973 Abs. 1 S. 1 BGB sind erfüllt; B ist Eigentümer des Ringes. Der Herausgabeanspruch nach § 985 BGB ist im Zeitpunkt der Klageerhebung gegeben.

Ergebnis

Die von B gegen G erhobene Klage auf Herausgabe des Ringes war gemäß § 695 BGB und § 985 BGB begründet. Da G den Ring während des laufenden Prozesses an eine unbekannte Kundin veräußert hat, wird die Rechtsanwältin K weiterhin prüfen, ob sich aufgrund dieses Vorganges andere materiell-rechtliche Ansprüche (Schadensersatz, Veräußerungserlös) ergeben.

2. Schadensersatz in Höhe von 2.500 EUR

a) Anspruch aus § 280 Abs. 1, 3 iVm § 283 BGB

B könnte gegen G ein Anspruch auf Schadensersatz in Höhe von 2.500 EUR nach § 280 Abs. 1, 3 iVm § 283 BGB zustehen.

B kann von G Schadensersatz statt der Leistung verlangen, soweit G gemäß § 275 Abs. 1 BGB von der Leistungspflicht frei geworden ist. Die Rückgabepflicht aus § 695 BGB ist nach Abschluss des Verwahrungsvertrages (§ 688 BGB) durch die Veräußerung unmöglich geworden. Die Voraussetzungen des § 275 Abs. 1 BGB sind erfüllt. G kann sich auch nicht nach § 280 Abs. 1 S. 2 BGB entlasten. Die Rechtsfolge ist ein Schadensersatzanspruch auf das positive Interesse. Nach § 251 Abs. 1 BGB ist die

---

[28] Die hM setzt für den Eigentumserwerb voraus, dass sich die Sache bei Fristablauf noch im Besitz des Finders oder der zuständigen Behörde befindet, vgl. BRHP/*Kindl*, § 973 Rn. 2; Staudinger/*Gursky*, § 973 Rn. 1; MüKoBGB/*Oechsler*, § 973 Rn. 2.

Differenz zwischen dem Wert des Vermögens, wie er sich bei der Rückgabe der Sache darstellen würde, und dem bei fehlender Rückgabe zu ersetzen. Der Ersatzanspruch bemisst sich nach dem Verkehrswert, der hier 2.500 EUR beträgt.

B steht gegen G nach §§ 280 Abs. 1, 3, 283 BGB ein Schadensersatzanspruch über 2.500 EUR zu.

b) Anspruch gemäß § 678 iVm § 687 Abs. 2 BGB

Möglicherweise hat B gegen G einen Anspruch aus § 678 iVm § 687 Abs. 2 BGB. Nach der Klageerhebung wusste G, dass sie zur Veräußerung des streitgegenständlichen Ringes nicht befugt ist. Gleichwohl hat sie das objektiv fremde Geschäft als eigenes geführt. Der Tatbestand der angemaßten Eigengeschäftsführung nach § 687 Abs. 2 BGB ist deshalb erfüllt.[29] Als Rechtsfolge steht dem Geschäftsherrn gemäß § 678 BGB ein Schadensersatzanspruch zu, dessen Umfang § 251 Abs. 1 BGB vorgibt; danach ist der objektive Wert des Brillant-Ringes zu ersetzen.

B kann von G nach § 678 iVm § 687 Abs. 2 BGB Schadensersatz in Höhe von 2.500 EUR fordern.

c) Anspruch nach § 989 BGB

Ein Schadensersatzanspruch könnte sich für B auch aus § 989 BGB ergeben.

G ist gegenüber B nicht berechtigte Besitzerin, die auf Herausgabe verklagt ist. Die Herausgabeklage ist seit Anfang November rechtshängig (§§ 253 Abs. 1, 261 Abs. 1 ZPO). Nach Rechtshängigkeit hat G es durch die Veräußerung des Ringes verursacht, dass der Ring nicht mehr herausgegeben werden kann. Dies geschah schuldhaft iSd § 276 Abs. 1 S. 1 BGB, so dass nach § 989 BGB Schadensersatz (§ 251 Abs. 1 BGB) zu leisten ist.[30]

G hat an B aus § 989 BGB Schadensersatz von 2.500 EUR zu zahlen.

d) Anspruch gemäß § 823 Abs. 1 BGB

Aufgrund der Regelung des § 993 Abs. 1 aE BGB geben die §§ 987 ff. BGB innerhalb ihres sachlichen Anwendungsbereiches eine abschließende Regelung vor. Dementsprechend verdrängt § 989 BGB einen Schadensersatzanspruch nach § 823 Abs. 1 BGB, soweit sich wegen § 992 BGB nichts anderes ergibt. Da § 992 BGB hier mangels verbotener Eigenmacht oder Straftat nicht eingreift, scheidet ein Schadensersatzanspruch gemäß § 823 Abs. 1 BGB aus.

Ergebnis

Die Veräußerung des Brillant-Ringes begründet einen Schadensersatzanspruch des B gegen G aus §§ 280 Abs. 1, 3, 283 BGB sowie Ansprüche nach § 678 iVm § 687 Abs. 2 BGB und aus § 989 BGB in Höhe des Verkehrswertes von 2.500 EUR.

3. Veräußerungserlös in Höhe von 2.000 EUR

a) Anspruch aus § 285 Abs. 1 BGB

B könnte gegen G einen Anspruch auf Herausgabe des Veräußerungserlöses in Höhe von 2.000 EUR nach § 285 Abs. 1 BGB innehaben.

---

29 Näher zur Geschäftsführung ohne Auftrag bei Fall 13, S. 322f.
30 Zum Eigentümer-Besitzer-Verhältnis siehe Fall 17, S. 429ff.

Das stellvertretende commodum iSd § 285 BGB

§ 285 Abs. 1 BGB bildet eine eigenständige Anspruchsgrundlage für den Fall, dass die Primärleistungspflicht nach § 275 Abs. 1–3 BGB entfällt. Voraussetzung ist außerdem, dass der Schuldner ein stellvertretendes commodum erhalten hat. Die Herausgabepflicht umfasst das **commodum ex re**, also den Ersatz, welchen der Schuldner anstelle der zerstörten Sache erlangt (zB Versicherungsleistung), sowie das **commodum ex negotiatione**, mithin das Entgelt, welches der Schuldner erzielt hat (zB Veräußerungserlös).

Die Pflicht zur Herausgabe des Surrogats bezieht sich auf das **tatsächlich Zugeflossene**, dh auch auf die Zinsen und auf einen vom Schuldner etwaig erzielten höheren Preis, der das Erfüllungsinteresse des Gläubigers übersteigt. Bei § 285 Abs. 1 BGB handelt es sich um einen Fall der schuldrechtlichen Surrogation, bei welcher der Schuldner mittels Rechtsgeschäft, Forderungsabtretung oder Übereignung erfüllt, und nicht um einen Fall der dinglichen Surrogation mit einem unmittelbaren Übergang.

§ 285 Abs. 1 BGB beschreibt einen Fall **schuldrechtlicher Surrogation** und ist im Grundsatz auf sämtliche schuldrechtliche Ansprüche anwendbar. Ob § 285 Abs. 1 BGB auch auf den dinglichen Herausgabeanspruch des Eigentümers gegen den Besitzer nach § 985 BGB anwendbar ist, wird gegensätzlich gesehen.[31]

Meinungsstreit zur Anwendbarkeit des § 285 BGB bei § 985 BGB

Uneingeschränkte Anwendbarkeit	Eingeschränkte Anwendbarkeit	Keine Anwendbarkeit (hM)
§ 285 Abs. 1 BGB sei auf § 985 BGB uneingeschränkt anwendbar, weil § 285 Abs. 1 BGB Ausdruck eines allgemeinen, für das gesamte Vermögensrecht geltenden Surrogationsprinzips sei.	§ 285 Abs. 1 BGB sei nur in Ausnahmefällen bei § 985 BGB anwendbar, so vor allem beim zufälligen Untergang der Sache beim Besitzer. Denn hier bestehe eine Lücke im Gesetz, weil § 816 BGB mangels Verfügung nicht eingreife und §§ 985 ff. BGB wegen des zufälligen Untergangs nicht anwendbar seien.	§ 285 Abs. 1 BGB sei weder unmittelbar noch analog auf § 985 BGB anzuwenden. § 285 Abs. 1 BGB könne als schuldrechtliche Norm nicht herangezogen werden. § 285 BGB schütze das Vermögen, § 985 BGB die tatsächliche Sachherrschaft über eine Sache. Der Vindikationsschuldner habe nur den Besitz herauszugeben; würde § 285 BGB angewendet, würde der Vermögenserlös zum Besitzsurrogat gemacht werden.

Die Streitfrage kann hier unentschieden bleiben, weil – neben § 985 BGB – ein schuldrechtlicher Herausgabeanspruch aus § 695 BGB besteht. § 285 Abs. 1 BGB ist folglich anwendbar. Die Voraussetzungen sind erfüllt; G hat infolge der Unmöglichkeit (§ 275 Abs. 1 BGB) Ersatz in Höhe von 2.000 EUR erhalten. Das durch den Kauf erzielte Entgelt (commodum ex negotiatione) unterfällt § 285 Abs. 1 BGB. Der Anspruch auf das stellvertretende commodum ist gegeben.

---

31 PWW/*Schmidt-Kessel/Kramme*, § 285 Rn. 2; Erman/*Westermann*, § 285 Rn. 2; Soergel/*Mühl*, 12. Aufl. 1990, § 985 Rn. 20; Palandt/*Herrler*, § 985 Rn. 13; MüKoBGB/*Baldus*, § 985 Rn. 154 f.

Steht dem Gläubiger – wie hier – neben § 285 Abs. 1 BGB ein Schadensersatzanspruch aus §§ 280 Abs. 1, 3, 283 BGB zu, hat er ein Wahlrecht, sog elektive Konkurrenz. Anders als bei einer Wahlschuld (vgl. § 262 BGB), bei der nur eine Forderung mit alternativem Inhalt existiert, stehen dem Gläubiger bei elektiver Konkurrenz wahlweise mehrere, inhaltlich verschiedene Rechte zu. Die sachliche Verschiedenheit von Schadensersatz und stellvertretendem commodum begründet ein ius variandi: Selbst dann, wenn der Gläubiger ein rechtskräftiges Urteil über Schadensersatz erstritten hat, kann er den schuldrechtlichen Surrogatsanspruch nach § 285 Abs. 1 BGB geltend machen. § 285 Abs. 2 BGB regelt die Anrechnung des stellvertretenden commodum auf den Schadensersatz und verhindert auf diese Weise eine ungerechtfertigte Besserstellung des Gläubigers.

> Wahlrecht
> Elektive Konkurrenz

B steht gegen G ein Anspruch auf 2.000 EUR gemäß § 285 Abs. 1 BGB zu.

b) Anspruch gemäß § 816 Abs. 1 S. 1 BGB

Ein weiterer Anspruch des B gegen G auf Herausgabe des Veräußerungserlöses von 2.000 EUR könnte sich aus § 816 Abs. 1 S. 1 BGB ergeben.

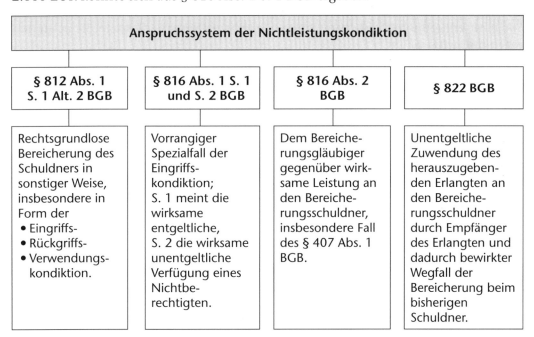

aa) Voraussetzungen

§ 816 Abs. 1 S. 1 BGB regelt einen Fall der Eingriffskondiktion und setzt zunächst eine **Verfügung** voraus. **Verfügungen** sind Rechtsgeschäfte, die unmittelbar darauf gerichtet sind, auf ein bestehendes Recht einzuwirken, es umzugestalten, zu übertragen oder aufzuheben. Hierzu gehören insbesondere die Übertragung von Eigentum (§§ 929 ff. BGB), die Pfandrechtsbestellung (§§ 1204 ff. BGB) und die Forderungsabtretung (§§ 398 ff. BGB).

> Aufbauschema
> § 816 Abs. 1
> S. 1 BGB
> 1. Verfügung
> 2. Durch Nichtberechtigten
> 3. Wirksamkeit der Verfügung gegenüber dem Berechtigten
> 4. Entgeltlichkeit der Verfügung

Die Verfügung müsste als **Nichtberechtigter** vorgenommen worden sein. Nichtberechtigter ist, wer weder Rechtsinhaber noch zur Verfügung über das Recht Ermächtigter ist.

Die Verfügung muss **gegenüber dem Berechtigten wirksam** sein. Wirksam ist eine Verfügung eines Nichtberechtigten insbesondere in folgenden Fällen:

Wirksamkeit der Verfügung gegenüber dem Berechtigten		
Einwilligung des Berechtigten iSd § 185 Abs. 1 BGB	Genehmigung des Berechtigten iSd § 184 Abs. 1 BGB	Gutgläubiger Eigentumserwerb nach §§ 932 ff., 892, 2366 ff. BGB, §§ 366 ff. HGB

Außerdem hat bei § 816 Abs. 1 S. 1 BGB die Verfügung des Nichtberechtigten **entgeltlich** zu sein; bei Unentgeltlichkeit kommt § 816 Abs. 1 S. 2 BGB zur Anwendung.

Die Kundin der G hat Eigentum hier nach §§ 929 S. 1, 932 Abs. 1 S. 1 BGB[32] erworben. G und die Kundin waren sich einig über den Eigentumsübergang und G hat ihr den Ring übergeben. Zwar handelte G als Nichtberechtigte, die Kundin war aber gutgläubig iSd § 932 Abs. 2 BGB; für die Berechtigung der G sprach die Vermutung des § 1006 Abs. 1 S. 1 BGB. Der Ring war nicht nach § 935 Abs. 1 S. 1 BGB abhandengekommen; B hat den Ring willentlich der G überlassen. Es handelt sich um eine entgeltliche Verfügung eines Nichtberechtigten, die dem Berechtigten gegenüber wirksam ist.

Die Voraussetzungen des § 816 Abs. 1 S. 1 BGB sind erfüllt.

bb) Umfang

§ 818 Abs. 1 BGB Herausgabe
↓
§ 818 Abs. 2 BGB Wertersatz
↑
§ 818 Abs. 3 BGB Entreicherung
↑
§§ 818 Abs. 4, 819, 820 BGB Verschärfte Haftung

Das durch die Verfügung Erlangte ist herauszugeben. Dies sehen sämtliche Bereicherungsregelungen vor, vgl. §§ 812 Abs. 1, 816, 817 S. 1, 818 Abs. 1 BGB. Sofern die Herausgabe nicht möglich ist, hat der Bereicherungsschuldner Wertersatz nach § 818 Abs. 2 BGB zu leisten. Die Verpflichtung zur Herausgabe und zum Wertersatz ist gemäß § 818 Abs. 3 BGB ausgeschlossen, soweit der Empfänger nicht oder nicht mehr bereichert ist. Eine Berufung auf den Wegfall der Bereicherung scheidet in den Fällen der verschärften Haftung (§§ 818 Abs. 4, 819, 820 BGB) aus.[33]

Umfang des Bereicherungsanspruchs, §§ 818 ff. BGB

1. Herausgabe, § 818 Abs. 1 BGB

Das Erlangte ist in natura herauszugeben (Ausnahme § 951 Abs. 1 BGB) und zwar einschließlich der gezogenen Nutzungen iSd § 100 BGB, also der Früchte und Gebrauchsvorteile. Das sind beispielsweise erlangte Zinsen (BGH NJW 2000, 1637, 1638), aber auch ersparte Kreditzinsen (BGH NJW 1999, 2890, 2891).
Gegenstände, die an die Stelle des Erlangten getreten sind, die sogenannten **Surrogate**, sind von der Herausgabepflicht ebenfalls erfasst. Nach herrschender Meinung (BGH NJW 2006, 2323, 2325 f.; NJW 2004, 1314; BRHP/*Wendehorst*, § 818 Rn. 9) gehören allerdings Gegenstände, die der Bereicherungsschuldner durch ein von ihm abgeschlossenes Rechtsgeschäft anstelle der kondizierbaren Sache erlangt hat, nicht zu den Surrogaten. Der Veräußerungserlös unterfällt also nicht § 818 Abs. 1 BGB; in einem derartigen Veräußerungsfall ist mithin Wertersatz nach § 818 Abs. 2 BGB zu leisten. Anders liegt es bei § 816 Abs. 1 S. 1 BGB, hier ist der Gegenwert herauszugeben, der dem Nichtberechtigten aufgrund des seiner Verfügung zugrundeliegenden Rechtsgeschäfts zugeflossen ist.

---

32 Dazu Fall 16, S. 404 f.
33 Vgl. zum Ganzen *Lorenz*, JuS 2018, 938 f.; *Musielak*, JA 2017, 2 ff.; *Halfmeier*, JA 2007, 492.

Umfang des Bereicherungsanspruchs, §§ 818ff. BGB *(Fortsetzung)*

2. Wertersatz, § 818 Abs. 2 BGB

Nach § 818 Abs. 2 BGB ist Wertersatz zu leisten, wenn die Herausgabe des Erlangten einschließlich der Nutzungen und Surrogate unmöglich oder der Empfänger aus anderen Gründen zur Herausgabe außerstande ist. Bei der Wertberechnung ist streitig, ob auf den **objektiven Verkehrswert** oder auf den individuellen subjektiven Wert abzustellen ist. Die herrschende Sichtweise befürwortet den objektiven Wertbegriff und lehnt – im Gegensatz zu § 816 Abs. 1 BGB – auch eine Einbeziehung des Gewinns ab (BGHZ 132, 198; Palandt/*Sprau*, § 818 Rn. 19). Ebenfalls auseinander gehen die Auffassungen über den maßgeblichen Berechnungszeitpunkt. Die überwiegende Auffassung tritt für die **Entstehung des Bereicherungsanspruchs** ein und stellt nur in den Fällen eines subjektiven Unvermögens auf den Zeitpunkt der Entstehung des Wertersatzanspruchs ab (BGH NJW 2006, 2847, 2852; NJW 1995, 53, 55; PWW/*Prütting*, § 818 Rn. 14; Staudinger/*Lorenz*, § 818 Rn. 31).

3. Entreicherung, § 818 Abs. 3 BGB

Gemäß § 818 Abs. 3 BGB ist ein Anspruch auf Herausgabe oder Wertersatz ausgeschlossen, wenn ein gutgläubiger Bereicherungsschuldner nicht mehr bereichert ist. Entreicherung tritt ein, soweit das Erlangte ersatzlos weggefallen oder zwar noch vorhanden ist, die Bereicherung aber dadurch entfallen ist, dass der Bereicherte sonstige Vermögensnachteile erlitten hat. Streitig ist, in welchem Zusammenhang die **sonstigen Vermögensnachteile** (zB Vertragskosten, Aufwendungen) mit der Bereicherung stehen müssen. Die Rechtsprechung nimmt eine wertende Betrachtung des konkreten Einzelfalls (Risikoanalyse) vor, das Schrifttum stellt auf den Vertrauensschutz ab und berücksichtigt nur Vermögensnachteile, die dem Empfänger wegen seines Vertrauens auf die Endgültigkeit des Erwerbs entstanden sind (vgl. MüKoBGB/*Schwab*, § 818 Rn. 111 ff.).

Demnach ist § 818 Abs. 3 BGB insbesondere dann anzuwenden, wenn das Erlangte zerstört, gestohlen, verbraucht oder verschenkt wurde. Zu einer Entreicherung iSd § 818 Abs. 3 BGB kommt es allerdings dann nicht, wenn der Schuldner stattdessen einen anderen wirtschaftlichen Vorteil erlangt hat. Das ist anzunehmen, wenn **eigene Aufwendungen erspart** wurden, die auch ohne Bereicherung getätigt worden wären, es sich also um keine Luxusaufwendungen handelt. Bei **verbrauchten Zahlungen** ist die Bereicherung nur weggefallen, soweit sich der Bereicherungsschuldner nicht eigene Vermögensvorteile geschaffen hat (BGH NJW 2000, 740). Daher führt die Schuldentilgung regelmäßig nicht zu einer Entreicherung, weil die Befreiung von einer Verbindlichkeit eine fortbestehende Bereicherung bildet (BGH NJW 1996, 926). Anders liegt es, wenn beispielsweise überzahltes Gehalt restlos für laufende Lebensbedürfnisse verbraucht wurde (BAG NJW 1996, 411, 412).

Schwierigkeiten bereitet die Anwendung des § 818 Abs. 3 BGB beim **gegenseitigen Vertrag**, weil die Regelung auf den Fall einer einseitigen Bereicherung abstellt. Streitig ist insbesondere, ob bei der Kondiktion der eigenen Leistung die empfangene Gegenleistung zu berücksichtigen ist. Vertreten werden im Wesentlichen drei Lösungsansätze (vgl. BRHP/*Wendehorst*, § 818 Rn. 103ff.; *Lorenz*, JuS 2015, 109ff.):

Bereicherungsausgleich bei unwirksamen Austauschverträgen

Zweikondiktionenlehre	Modifizierte Zweikondiktionenlehre	Saldotheorie (hM)
Danach entstehen zwei selbstständige unabhängige Bereicherungsansprüche, die allenfalls mittels § 273 oder § 389 BGB zusammenhängen.	Grundsätzlich bleibe es bei zwei unabhängigen Ansprüchen, jedoch sei § 818 Abs. 3 BGB restriktiv anzuwenden, so dass derjenige, der eine Sache bewusst in sein Vermögen einordnet, auch das Risiko der Verschlechterung trägt.	Jeder Beteiligte könne nur so viel zurückverlangen, wie er seinerseits zurückgewähren kann. Leistung und Gegenleistung werden verrechnet; es kann nur der kondizieren, zu dessen Gunsten sich ein positiver Saldo ergibt.

Umfang des Bereicherungsanspruchs, §§ 818 ff. BGB *(Fortsetzung)*
Die herrschende Sichtweise, insbesondere die Rechtsprechung (BGH NJW 2005, 884, 887; NJW 1998, 1951) wendet die Saldotheorie an. Bereicherungsgläubiger bei unwirksamen synallagmatischen Verträgen ist danach derjenige, zu dessen Gunsten sich aus der Leistung und Gegenleistung bei einer umfassenden Saldierung der Aktiv- und Passivposten ein Überschuss ergibt. **Ausnahmen von der Saldotheorie** lässt die Rechtsprechung zu, wenn der Bereicherungsgläubiger nicht voll geschäftsfähig ist oder mittels arglistiger Täuschung bzw. widerrechtlicher Drohung zum Vertragsabschluss bestimmt wurde. Gleiches gilt bei § 138 BGB und angesichts der Regelung in § 346 Abs. 3 S. 1 Nr. 3 BGB bei den Vorleistungsfällen.
4. Verschärfte Haftung
Eine Berufung auf den Wegfall der Bereicherung nach § 818 Abs. 3 BGB scheidet aus, wenn der Bereicherungsschuldner nicht schutzwürdig ist. Das ist nach **§ 818 Abs. 4 BGB** bei Rechtshängigkeit (vgl. §§ 261 Abs. 1, 696 Abs. 3 ZPO) sowie nach **§ 819 Abs. 1 BGB** bei positiver Kenntnis der Rechtsgrundlosigkeit anzunehmen, wobei in letzterem Fall Kenntnis der Tatsachen ausreicht, wenn sich der Empfänger der Einsicht in die Unwirksamkeit des Verpflichtungsgeschäfts bewusst verschließt. Außerdem kommt es gemäß **§ 819 Abs. 2 BGB** zu einer verschärften Haftung, wenn der Bereicherte durch die Annahme der Leistung gegen ein gesetzliches Verbot oder gegen die guten Sitten verstoßen hat. Gleiches ergibt sich aus **§ 820 Abs. 1 BGB** bei ungewissem Erfolgseintritt oder für möglich gehaltenem Wegfall des Rechtsgrundes.

§ 816 Abs. 1 S. 1 BGB bezieht sich auf den tatsächlichen Gegenwert der Verfügung und erlaubt es deshalb **nicht**, einen unter Umständen **höher liegenden objektiven Verkehrswert** mittels § 816 Abs. 1 S. 1 BGB herauszuverlangen. § 818 Abs. 2 BGB ist insoweit durch den Wortlaut des § 816 Abs. 1 S. 1 BGB als vorrangige Regelung ausgeschlossen.[34] Streitig ist zwar ob mittels § 816 Abs. 1 S. 1 BGB auch ein den objektiven Wert übersteigender Gewinn herauszuverlangen ist.[35]

Meinungsstreit über das Erlangte iSd § 816 Abs. 1 BGB	
Enge Auffassung	**Weite Sichtweise** (hM)
§ 816 Abs. 1 S. 1 BGB erfasse nicht den Gewinn; der Verkehrswert begrenze die Herausgabepflicht nach oben. Der Übererlös beruhe auf besonderen Bemühungen des Veräußerers und stehe deshalb diesem zu. § 816 Abs. 1 S. 1 BGB sei im Zusammenhang mit § 816 Abs. 2 BGB zu sehen, der sich auf den Wert des Objektes bezieht.	Mittels § 816 Abs. 1 S. 1 BGB könne auch der Gewinn herausverlangt werden; § 816 Abs. 1 S. 1 BGB erfasse das commodum ex negotiatione cum re. Der Wortlaut der Norm ordne die Herausgabe des Erlangten ohne Beschränkung an. Wenn der Berechtigte das Risiko einer Veräußerung unter Wert trage, müsse ihm auch die Chance einer Veräußerung über Wert zustehen.

---

34 Vgl. Palandt/*Sprau*, § 816 Rn. 10; Erman/*Buck-Heeb*, § 816 Rn. 20; OLG Hamm NJW-RR 1995, 1010.
35 MüKoBGB/*Schwab*, § 816 Rn. 39 ff.; Staudinger/*Lorenz*, § 816 Rn. 23 ff.; siehe auch Fall 16, S. 411.

Hier hat G mit der Veräußerung aber keinen Gewinn erzielt, so dass sich diese Frage nicht stellt. B kann über § 816 Abs. 1 S. 1 BGB nur den Kaufpreis in Höhe von 2.000 EUR von D erhalten.

Ergebnis

Den Kauferlös von 2.000 EUR kann B von G gemäß § 285 Abs. 1 BGB und nach § 816 Abs. 1 S. 1 BGB herausverlangen.

II. Prozessuale Vorgehensweise

1. Veräußerung der streitbefangenen Sache

Die Herausgabeklage des B war ursprünglich begründet. Aufgrund der Veräußerung des streitbefangenen Ringes während des laufenden Verfahrens müsste die Herausgabeklage nach den allgemeinen Regeln im Grunde nunmehr als unbegründet abgewiesen werden, weil die Beklagte G nicht mehr Besitzerin des Ringes ist. Allerdings kommt in einem solchen Fall § 265 ZPO zur Anwendung.

Die Rechtshängigkeit (§§ 253 Abs. 1, 261 Abs. 1 ZPO) schließt eine Veräußerung des Streitobjektes oder Abtretung des Anspruchs nicht aus; das stellt § 265 Abs. 1 ZPO klar. **§ 265 Abs. 2 S. 1 ZPO** bestimmt für diesen Fall, dass der Prozess zwischen den Parteien so fortgeführt werden kann, als hätte es keine Veräußerung (oder Abtretung) gegeben. Der Veräußerer führt den Prozess nach dem Verlust der Sachlegitimation in gesetzlicher Prozessstandschaft, also in eigenem Namen für fremdes Recht. Aufgrund der gesetzlichen Prozessstandschaft steht die alleinige Prozessführungsbefugnis dem Veräußerer zu; dem Rechtsnachfolger fehlt sie, obgleich er nunmehr Inhaber des streitbefangenen Gegenstandes oder Rechts ist. Eine Übernahme des Prozesses durch den Rechtsnachfolger erfordert grundsätzlich die Einwilligung der ausscheidenden Partei nach § 269 Abs. 1 ZPO analog sowie gemäß § 265 Abs. 2 S. 2 ZPO die Zustimmung der Gegenseite, es sei denn, es handelt sich um einen Fall des § 266 ZPO. Im Einzelnen ist zu unterscheiden, ob der Kläger oder der Beklagte veräußert hat.[36]

Gesetzliche Prozessstandschaft § 265 ZPO

Veräußerung der Streitsache iSd § 265 ZPO	
Veräußerung durch den Kläger	**Veräußerung durch den Beklagten**
a) Der Kläger bleibt zwar nach § 265 Abs. 2 S. 1 ZPO kraft gesetzlicher Prozessstandschaft prozessführungsbefugt, der veränderten materiellen Rechtslage ist aber dadurch Rechnung zu tragen, dass der Klageantrag umgestellt wird und die Leistung nicht mehr an den Kläger, sondern an den Rechtsnachfolger verlangt wird. Die Klageänderung ist nach §§ 263, 264 Nr. 2 ZPO zu beurteilen. Erfolgt keine Antragsumstellung, ist die Klage nach hM wegen Unbegründetheit abzuweisen.	a) Trotz Wegfalls der Passivlegitimation kann der Prozess wegen § 265 Abs. 2 S. 1 ZPO zwischen den bisherigen Parteien weitergeführt werden. § 265 Abs. 3 ZPO gilt bei der Veräußerung auf der Beklagtenseite nicht; einer Umstellung des Klageantrags bedarf es nicht. b) Eine Rechtskrafterstreckung auf den Rechtsnachfolger des Beklagten orientiert sich an den Vorgaben des § 325 ZPO: Unabhängig von Gut- oder Bösgläubigkeit des Rechtsnachfolgers wirkt ein Urteil nach § 325 Abs. 1 ZPO für den Rechtsnachfolger.

---

36 Einzelheiten bei Musielak/Voit/*Foerste*, § 265 Rn. 3 ff.; Musielak/Voit/*Musielak*, § 325 Rn. 5 ff.; Zöller/*Greger*, § 265 Rn. 3 ff.; Zöller/*Vollkommer*, § 325 Rn. 13 ff.; *Grunsky/Jacoby*, Rn. 310 f.

Veräußerung der Streitsache iSd § 265 ZPO *(Fortsetzung)*	
b) Nach § 265 Abs. 3 ZPO besitzt der Kläger aber nur dann die Prozessführungsbefugnis, wenn das Urteil gegen den Rechtsnachfolger wirksam ist. Das beurteilt sich gemäß § 325 ZPO. c) Ein Urteil wirkt wegen § 325 Abs. 1 ZPO jedenfalls für den Rechtsnachfolger. Ob es nicht nur für, sondern auch gegen den Rechtsnachfolger wirkt, hängt von § 325 Abs. 2 ZPO ab. § 325 Abs. 2 ZPO erklärt die Vorschriften des BGB über den Gutglaubenserwerb für anwendbar. Die Norm bezieht sich deshalb nach hM auf Fälle des Rechtserwerbs vom Nichtberechtigten. Die Rechtskrafterstreckung auf den Rechtsnachfolger ist nach § 325 Abs. 2 ZPO nur bei doppelter Gutgläubigkeit ausgeschlossen: Der Rechtsnachfolger muss gutgläubig hinsichtlich des Eigentumserwerbs, beispielsweise gemäß §§ 932 ff. BGB, und in Bezug auf die fehlende Rechtshängigkeit sein. Sind die Voraussetzungen des § 265 Abs. 2 ZPO erfüllt, fehlt dem Kläger nach § 265 Abs. 3 ZPO die Aktivlegitimation; die Klage wird nach hM als unbegründet (aA unzulässig) abgewiesen.	Gegen den Rechtsnachfolger des Beklagten wirkt ein rechtskräftiges Urteil nur, wenn § 325 Abs. 2 ZPO nicht anwendbar ist. § 325 Abs. 2 ZPO erfordert nach hM einen doppelten guten Glauben an die materiell-rechtliche Berechtigung des Rechtsvorgängers und an das Fehlen der Rechtshängigkeit. Die Anforderungen, die an den guten Glauben hinsichtlich fehlender Rechtshängigkeit zu stellen sind, ergeben sich aus den jeweils einschlägigen Vorgaben des materiellen Rechts. Hiernach beurteilt sich, ob lediglich positive Kenntnis (zB § 892 BGB) oder bereits grobe Fahrlässigkeit (zB § 932 BGB) der Gutgläubigkeit entgegensteht. c) Sind die Voraussetzungen des § 325 Abs. 2 ZPO nicht erfüllt und kommt es deshalb zur Rechtskrafterstreckung auf den Erwerber der streitbefangenen Sache, ist eine Titelumschreibung nach §§ 727, 731 ZPO möglich. Obsiegt der Kläger gegen den Beklagten und wird der Titel umgeschrieben, kann gegen den (am Prozess beteiligten) Rechtsnachfolger vollstreckt werden.

Hier hat die Beklagte G den streitbefangenen Ring nach Rechtshängigkeit veräußert. Gemäß § 265 Abs. 2 S. 1 ZPO könnte B den Prozess gegen G fortsetzen, obgleich die Beklagte ihre Passivlegitimation verloren hat. Da die Herausgabeklage vor der Veräußerung des Ringes begründet war, würde G bei einer Weiterführung des Prozesses zur Herausgabe verurteilt werden. Die Fortsetzung des Herausgabeverfahrens macht nur Sinn, wenn aufgrund einer Rechtskrafterstreckung nach § 325 Abs. 1 ZPO und einer Titelumschreibung gemäß § 727 ZPO bzw. § 731 ZPO gegen die Kundin der G vollstreckt werden kann. Eine Vollstreckung gegen die Kundin scheitert hier tatsächlich daran, dass die Identität der Kundin unbekannt ist. Rechtlich verspricht eine Fortführung der Herausgabeklage keinen Erfolg, weil von der Gutgläubigkeit der Kundin sowohl hinsichtlich der materiellen Berechtigung der G als auch in Bezug auf eine fehlende Rechtshängigkeit iSd § 325 Abs. 2 ZPO auszugehen ist. Eine Rechtskrafterstreckung nach § 325 Abs. 1 ZPO scheidet aus.

Die Rechtsanwältin K wird nicht nach § 265 Abs. 2 S. 1 ZPO vorgehen, weil sich eine Herausgabevollstreckung verfahrensrechtlich nicht realisieren lässt.

2. Erledigungserklärung

Weiter hätte B die prozessuale Möglichkeit, die Hauptsache für erledigt zu erklären und den Prozess wegen der Kosten fortzusetzen.[37] Nachdem B jedoch gerade an

---

37 Näher zur Erledigungserklärung bei Fall 13, S. 319 ff., 331 f.

einer Beendigung des Prozesses gelegen ist, kommt diese Vorgehensweise nicht in Betracht.

3. Klagerücknahme

Eine Klagerücknahme gemäß § 269 ZPO in Verbindung mit einer Klageerhebung gegen die Erwerberin des Ringes scheidet aus.

Klagerücknahme gemäß § 269 ZPO

Bis zum Beginn der mündlichen Verhandlung kann der Kläger ohne Mitwirkung des Beklagten die Klage jederzeit zurücknehmen. Mit Beginn der mündlichen Verhandlung bedarf es der **Zustimmung des Beklagten**, die auch schlüssig (zB durch den typischen Kostenantrag) erklärt werden kann. Nach § 269 Abs. 2 S. 4 ZPO wird die Zustimmung des Beklagten fingiert, sofern ihm die Klagerücknahme mit entsprechender Belehrung zugestellt wurde und er dieser Folge nicht binnen zwei Wochen widerspricht.
Bereits ergangene, aber noch nicht rechtskräftige Entscheidungen werden mit der Klagerücknahme gegenstandslos, § 269 Abs. 3 S. 1 Hs. 2 ZPO. Die Klagerücknahme hat gemäß § 269 Abs. 3 S. 2 ZPO zur Folge, dass der Kläger die **Kosten des Rechtsstreits** zu tragen hat. Auf Antrag ergeht nach § 269 Abs. 4 ZPO ein entsprechender Beschluss, gegen den die sofortige Beschwerde möglich ist, § 269 Abs. 5 ZPO.
Mit der Klagerücknahme entfällt die Rechtshängigkeit von Anfang an, so dass es dem Kläger unbenommen bleibt, mit dem (identischen) Streitgegenstand erneut Klage zu erheben. Für die Verjährungshemmung gilt § 204 Abs. 2 S. 1 BGB. Das Risiko einer erneuten Klage lässt sich durch ein Verzichtsurteil nach § 306 ZPO vermeiden.

Unabhängig von der erforderlichen Einwilligung der Beklagten (§ 269 Abs. 1 ZPO) und der negativen Kostentragungspflicht gemäß § 269 Abs. 3 S. 2 ZPO lässt sich der Name der Erwerberin des Ringes nicht feststellen. Eine Klagerücknahme verbunden mit einer neuen Klage gegen die Käuferin macht demnach keinen Sinn.

4. Klageänderung

Materiell-rechtlich kann B von G Schadensersatz in Höhe von 2.500 EUR oder den Veräußerungserlös in Höhe von 2.000 EUR fordern. Da der Veräußerungserlös niedriger ist als der Verkehrswert des Ringes, wird die Rechtsanwältin nach einem prozessual günstigen Weg suchen, den Anspruch auf Schadensersatz über 2.500 EUR gerichtlich durchzusetzen. Möglich wäre eine Klagerücknahme (vgl. § 269 ZPO) oder eine Erledigungserklärung und eine neue Klage auf Schadensersatz; beide Vorgehensweisen sind aber nicht prozessökonomisch. Anzuraten ist vielmehr eine **Klageänderung auf Schadensersatz**. Rechtsanwältin K wird die Klage des B deshalb umstellen und Schadensersatz fordern.

> Aufbauschema
> **Zulässigkeit einer Klageänderung**
> 1. Gesetzliche Zulässigkeit gemäß § 264 ZPO
> 2. Einwilligung des Beklagten bzw. deren Fiktion nach §§ 263 Alt. 1, 267 ZPO oder
> 3. Sachdienlichkeit der Klageänderung gemäß § 263 Alt. 2 ZPO

Die Umstellung des ursprünglichen Herausgabeantrages stellt – nach allen Streitgegenstandstheorien[38] – eine Änderung des Streitgegenstandes dar. Nach Rechtshängigkeit, also nach Zustellung der Klageschrift (§§ 253 Abs. 1, 261 Abs. 1 ZPO), kann eine Klage gemäß § 263 ZPO nur noch geändert werden, wenn der Beklagte einwilligt oder das Gericht die Klageänderung für sachdienlich hält. Abweichendes gilt in den in § 264 ZPO genannten Fällen: § 264 Nr. 1 ZPO hat lediglich klarstellende Funktion; bei den in Nr. 1 aufgeführten Sachverhalten handelt es sich

---

38 Dazu bei Fall 10, S. 241.

nicht um eine Änderung des Streitgegenstandes und damit nicht um eine Klageänderung. § 264 Nr. 2, 3 ZPO betreffen Klageänderungen, die von den Zulässigkeitsanforderungen des § 263 ZPO ausgenommen sind.

Hier kommt **§ 264 Nr. 3 ZPO** zur Anwendung; danach kann der Kläger statt des von ihm ursprünglich geforderten Gegenstandes Schadensersatz verlangen, wenn eine nach Erhebung der Klage eintretende Veränderung der tatsächlichen Verhältnisse dazu Veranlassung gibt. § 264 Nr. 3 ZPO erlaubt demnach hier die Umstellung der Herausgabeklage auf eine Schadensersatzklage.

Ergebnis

Rechtsanwältin K wird die Klage gemäß § 264 Nr. 3 ZPO auf Schadensersatz umstellen. Da B gegen G Schadensersatzansprüche über 2.500 EUR zustehen, gelingt es Rechtsanwältin K auf diese Weise, den Prozess erfolgreich zu beenden.

15. Besitzschutz, Übereignung beweglicher Sachen, Erbschein, Drittwiderspruchsklage

Sachverhalt

Sebastian Seidel (S) wird aufgrund eines Testaments ein Erbschein als Alleinerbe der Edith Eder (E) erteilt. Im Nachlass findet Seidel eine Stereoanlage und veräußert diese unter Hinweis auf sein Erbe für 4.250 EUR an Bernd Bergmann (B). Zur Finanzierung des Kaufs nimmt Bergmann bei der Krösus-Bank (K) einen Kredit über 2.500 EUR auf. Als Sicherheit übereignet Bergmann seinen VW Käfer im Wert von 2.000 EUR an die Bank. Der Darlehens- und Sicherungsübereignungsvertrag enthält die Abreden, dass die Krösus-Bank nach Tilgung des Darlehens das Eigentum zurückzuübertragen hat und den Wagen gegen Zahlung des Restbetrages an einen Dritten übereignen kann, falls Bergmann seinen Zahlungspflichten nicht nachkommt.

Im März, April und im Mai ist Bergmann nicht in der Lage, die letzten drei Raten von je 125 EUR zu bezahlen, weil er sein Geld für zahlreiche Urlaubsfahrten in die Toskana ausgibt. Günter Groß (G), der gegen Bergmann eine rechtskräftige Forderung über 1.850 EUR hat, löst im Juli die Restschuld des Bergmann bei der Krösus-Bank ab und erhält von der Bank die Forderungsrechte und das Eigentum am VW Käfer. Bergmann setzt sich mit Groß in Verbindung und bittet ihn um Zahlungsaufschub.

Dorothee Duftig (D) ist eine Forderung über 2.400 EUR gegen Bergmann rechtskräftig zuerkannt. Sie lässt im August das Fahrzeug in Passau pfänden. Als Groß davon erfährt, informiert er Duftig über die Zusammenhänge, insbesondere über seine Eigentumsübernahme. Anfang September erwirkt Duftig einen Pfändungs- und Überweisungsbeschluss des Amtsgerichts Passau, durch den der Anspruch des Bergmann gegen Groß aus dem Darlehens- und Sicherungsübereignungsvertrag auf Rückübereignung gepfändet und Duftig zur Einziehung überwiesen wird. Ende September bietet Duftig dem Groß den von Bergmann geschuldeten Restbetrag zur Ablösung des VW Käfer an. Groß verweigert die Annahme des Betrages. Groß beabsichtigt, gegen Duftig Klage zu erheben, weil sie seiner Aufforderung, die Pfändung aufheben zu lassen, nicht gefolgt ist. Er wendet sich an die Studentin Waltraud Weise (W) mit der Bitte, ein Gutachten dazu anzufertigen, ob eine entsprechende Klage bei Gericht Erfolg hätte.

Jetzt stellt sich heraus, dass Manfred Masig (M) die Stereoanlage der Edith Eder zur Verwahrung gegeben hatte. Bernd Bergmann wendet sich deshalb an Sebastian Seidel und verlangt die Rücknahme der Stereoanlage und die Rückerstattung des Kaufpreises. Seidel ist einverstanden, ohne die Umstände zu kennen; Stereoanlage und Kaufpreis werden zurückgegeben. Nunmehr wird ein neues Testament entdeckt, aus dem sich ergibt, dass der wahre Alleinerbe der Edith Eder Rudolf Rosig (R) ist. Auch Manfred Masig wendet sich an die Studentin Waltraud Weise; er bittet um Auskunft, ob er die Stereoanlage von Sebastian Seidel zurückerhalten kann.

Die beiden Gutachten der Studentin sind zu entwerfen.

Gliederung

Teil 1: Erfolgsaussichten einer Drittwiderspruchsklage
- I. Zulässigkeit 373
  - 1. Statthaftigkeit 373
  - 2. Zuständigkeit 374
  - 3. Ordnungsgemäßer Klageantrag, § 253 Abs. 2 ZPO 374
  - 4. Rechtsschutzinteresse 374
  - 5. Weitere Zulässigkeitsvoraussetzungen 375
- II. Begründetheit 375
  - 1. Ein die Veräußerung hinderndes Recht 375
    - a) Sicherungseigentum als ein die Veräußerung hinderndes Recht .. 376
    - b) Eigentümerstellung des G 377
  - 2. Gegenrechte 377
    - Problem: Annahmeverzug als Anwendungsfall von § 242 BGB 378
    - a) Leistungsfähigkeit und -berechtigung 379
    - b) Ordnungsgemäßes Angebot der Leistung 379
    - c) Annahme- bzw. Mitwirkungsverweigerung 379

Teil 2: Rückgabe der Stereoanlage
A. Unmittelbare Ansprüche des M gegen S 380
- I. Anspruch gemäß § 695 BGB 380
- II. Anspruch nach §§ 861 Abs. 1, 869 S. 1 BGB 380
  - 1. Besitz des Anspruchstellers M 381
  - 2. Anwendbarkeit des § 861 BGB bei mittelbarem Besitz 381
  - 3. Verbotene Eigenmacht 382
  - 4. Fehlerhafter Besitz des Anspruchsgegners S 382
- III. Sonstige Besitzschutzansprüche 383
- IV. Anspruch aus § 985 BGB 384
  - 1. Besitz des Anspruchsgegners 384
  - 2. Eigentum des Anspruchstellers 384
    - a) Ursprüngliche Eigentümerstellung 384
    - b) Rechtsgeschäft zwischen S und B nach §§ 929 S.1, 932 Abs. 1 S. 1 BGB 384
      - Problem: Abhandenkommen gemäß § 935 Abs. 1 BGB 385
    - c) Rechtsgeschäft zwischen S und B nach §§ 929 S. 1, 932 Abs. 1 S. 1, 2365, 2366 BGB 385
    - d) Rückübereignung des Erwerbsgegenstandes 388
      - Problem: Eigentumserwerb des Nichtberechtigten bei Rückübertragung des Eigentums 388
- V. Anspruch aus § 812 Abs. 1 S. 1 Alt. 2 BGB 391

B. Mittelbarer Anspruch des M gegen S nach § 285 Abs. 1 iVm § 2019 Abs. 1 BGB 391
- I. Voraussetzungen des § 285 Abs. 1 BGB 391
  - 1. Schuldverhältnis 391
  - 2. Unmöglichkeit, § 275 Abs. 1 BGB 391
- II. Bestehen eines Ersatzanspruchs 392
  - 1. § 2018 BGB 393
  - 2. § 2018 iVm § 2019 Abs. 1 BGB 393
    - Problem: Kettensurrogation 393

Lösungshinweise

Teil 1: Erfolgsaussichten der Klage

Die Drittwiderspruchsklage[1] des G gegen D gemäß § 771 Abs. 1 ZPO ist erfolgreich, wenn sie zulässig und begründet ist.

I. Zulässigkeit

1. Statthaftigkeit

Im Vollstreckungsverfahren sind Rechtsbehelfe mit formellem und mit materiellem Bezug zu unterscheiden:[2]

Rechtsbehelfe im Zwangsvollstreckungsverfahren				
mit formellem Bezug		**mit materiellem Bezug**		
zulässig von Gläubiger, Schuldner und Drittem		des Schuldners	des Dritten	
• Maßnahmen des Gerichtsvollziehers • Maßnahmen des Vollstreckungsgerichts ohne rechtliches Gehör	• Maßnahmen des Prozessgerichts als Vollstreckungsorgan • Maßnahmen des Vollstreckungsgerichts, Gewährung rechtlichen Gehörs	gegen den titulierten Anspruch, weil materielle Einwendungen bestehen.	gegen die Vollstreckungsmaßnahme, weil dem Dritten ein die Veräußerung hinderndes Recht zusteht.	wegen eines Rechts auf Vorwegbefriedigung, weil ein Pfandrecht besteht.
§ 766 ZPO Vollstreckungserinnerung	§ 793 ZPO sofortige Beschwerde (§ 11 RPflG)	§ 767 ZPO Vollstreckungsgegenklage	§ 771 ZPO Drittwiderspruchsklage	§ 805 ZPO Klage auf vorzugsweise Befriedigung

> **Aufbauschema Drittwiderspruchsklage § 771 Abs. 1 ZPO**
> I. Zulässigkeit
> 1. Statthaftigkeit
> 2. Zuständigkeit
>   a) Sachlich (§§ 23, 71 GVG)
>   b) Örtlich (§ 802 ZPO)
> 3. Ordnungsgemäßer Klageantrag
> 4. Rechtsschutzinteresse
> 5. Allgemeine Zulässigkeitsvoraussetzungen
>
> II. Begründetheit
> 1. Ein die Veräußerung hinderndes Recht
> 2. Keine Gegenrechte

Ein Dritter behauptet hier, ein die Veräußerung hinderndes Recht an einem bestimmten gepfändeten Gegenstand zu haben. Ziel der Klage ist es, die Vollstreckung in eine bestimmte Sache für unzulässig zu erklären.

---

1 Dazu eingehend *Leyendecker*, JA 2010, 725, 879; *Staufenbiel*, JA 2005, 796.
2 Einzelheiten zur Abgrenzung der Rechtsbehelfe bei Musielak/Voit/*Lackmann*, § 771 Rn. 2 ff.; MüKoZPO/*Schmidt/Brinkmann*, § 767 Rn. 4 ff.; ausführliche Übersicht bei Fall 20, S. 517 f.

Statthaft ist deshalb die Klage nach § 771 Abs. 1 ZPO. Mit der Drittwiderspruchsklage (Interventionsklage) kann sich ein Dritter gegen jede Art der Zwangsvollstreckung wenden, gleichgültig ob in eine bewegliche oder unbewegliche Sache, eine Forderung oder ein sonstiges Recht vollstreckt wird. Sie ist nach überwiegender Auffassung eine prozessuale Gestaltungsklage.[3] Ist die Drittwiderspruchsklage erfolgreich, wird die von dem Beklagten betriebene, formell rechtmäßige Vollstreckung in den Gegenstand, an welchem dem Kläger ein materielles Recht zusteht, für unzulässig erklärt.[4] Streitgegenstand ist die Unzulässigkeit einer konkreten Zwangsvollstreckungsmaßnahme in einen bestimmten Gegenstand und nicht wie bei der Vollstreckungsabwehrklage gemäß § 767 ZPO die Unzulässigkeit der Zwangsvollstreckung aus dem Titel schlechthin.[5]

2. Zuständigkeit

> Bei § 767 ZPO sind sachliche und örtliche Zuständigkeit ausschließlich, während bei § 771 ZPO nur die örtliche Zuständigkeit eine ausschließliche ist.

a) Die **sachliche Zuständigkeit** bei einer Drittwiderspruchsklage richtet sich nach dem Streitwert und liegt gemäß §§ 23 Nr. 1, 71 Abs. 1 GVG hier bei einem Amtsgericht.

b) **Örtlich** ergibt sich die **ausschließliche Zuständigkeit** aus §§ 771 Abs. 1, 802 ZPO (Art. 5 Abs. 1, 4 Nr. 17 BayGerOrgG) für Passau. Mithin ist das Amtsgericht Passau zuständig.

3. Ordnungsgemäßer Klageantrag, § 253 Abs. 2 ZPO

Der Klageantrag ist dahin zu formulieren, dass die bestimmte Vollstreckungsmaßnahme aus dem genau bezeichneten Titel in den konkret benannten Gegenstand für unzulässig erklärt wird. Weiterhin ist die Behauptung eines die Veräußerung hindernden Rechts erforderlich. Bei unzureichenden Anträgen wirkt das Gericht gemäß § 139 Abs. 1 S. 2 ZPO auf eine sachgerechte Antragstellung hin.

4. Rechtsschutzinteresse

Ein Rechtsschutzinteresse besteht grundsätzlich in der Zeit zwischen dem (ersten) Vollstreckungsakt in den streitigen Gegenstand bis zur vollständigen Beendigung der Zwangsvollstreckung.

Nach der Beendigung der Zwangsvollstreckung (Auskehr des Erlöses, Zahlung des Drittschuldners) ist eine Klage nach § 771 ZPO unzulässig, weil dem Kläger damit, dass die bereits beendete Zwangsvollstreckung für unzulässig erklärt wird, nicht mehr geholfen werden kann.[6]

---

[3] Musielak/Voit/*Lackmann*, § 771 Rn. 1; Thomas/Putzo/*Seiler*, § 771 Rn. 1. Nach aA handelt es sich um eine Klage eigener Art, vgl. *Prütting/Weth*, JuS 1988, 505.

[4] Der Tenor lautet beispielsweise „Die vom Gerichtsvollzieher ... aufgrund des Urteils des Amtsgerichts Passau vom ... Aktenzeichen ... am ... bei ... vorgenommene Pfändung eines ... wird für unzulässig erklärt." Näher *Huber*, Das Zivilurteil, Rn. 607 ff.; Musielak/Voit/*Lackmann*, § 771 Rn. 35 ff.

[5] Vgl. Fall 20, S. 518.

[6] Vgl. Zöller/*Herget*, § 771 Rn. 5; Musielak/Voit/*Lackmann*, § 771 Rn. 9; Thomas/Putzo/*Seiler*, § 771 Rn. 10.

Vorgehen bei fehlendem Rechtsschutzinteresse

§ 771 ZPO bildet einen vorrangigen, speziellen Rechtsbehelf und schließt als solcher allgemeine Klagen gegen den Gläubiger, beispielsweise nach §§ 823, 985 oder § 1004 BGB aus; sie sind unzulässig, solange bis die Zwangsvollstreckung beendet ist.
Mit Beendigung der Zwangsvollstreckung ist die Klage aus § 771 ZPO mangels Rechtsschutzinteresses als unzulässig abzuweisen. Um die Klageabweisung zu vermeiden, bleibt dem Kläger allerdings die Möglichkeit, die Drittwiderspruchsklage gemäß § 264 Nr. 3 ZPO auf eine Leistungsklage umzustellen (sog. **verlängerte Drittwiderspruchsklage**). Dem Kläger steht im Falle der Begründetheit gegen den Beklagten ein Anspruch aus § 812 Abs. 1 S. 1 Alt. 2 BGB (hM, aA § 816 Abs. 1 S. 1 BGB) auf den Erlös der Zwangsversteigerung zu.

5. Weitere Zulässigkeitsvoraussetzungen

Im Hinblick auf die allgemeinen Zulässigkeitsvoraussetzungen (Partei- und Prozessführungsbefugnis, fehlende Rechtshängigkeit, etc.)[7] bestehen keine Bedenken.

Ergebnis

Die Drittwiderspruchsklage nach § 771 Abs. 1 ZPO des G gegen D ist zulässig.

II. Begründetheit

Die Drittwiderspruchsklage ist begründet, wenn dem Kläger **ein die Veräußerung hinderndes Recht** zusteht, dessen Geltendmachung nicht durch Gegenrechte ausgeschlossen ist. Der Kläger muss Dritter, dh weder Gläubiger noch Vollstreckungsschuldner sein.

1. Ein die Veräußerung hinderndes Recht

Ein Recht iSd § 771 Abs. 1 ZPO wird angenommen, wenn der Schuldner selbst, veräußerte er den Vollstreckungsgegenstand, widerrechtlich in den Rechtskreis des Dritten eingreifen würde und deshalb der Dritte den Schuldner daran hindern könnte, den Vollstreckungsgegenstand zu veräußern.[8]

Die Veräußerung hindernde Rechte

Die Veräußerung hindernde Rechte sind dingliche Rechte wie Eigentum, Mit- und Gesamthandseigentum, Grundpfandrechte, dingliche Wohnrechte und Nießbrauch. Streitig ist die Einordnung beim **Eigentumsvorbehalt**: Die hM gesteht dem Vorbehaltsverkäufer die Klage nach § 771 ZPO zu, während ihn die Gegenauffassung auf die Klage nach § 805 ZPO verweist. Dem Vorbehaltskäufer steht nach hM wegen seines Anwartschaftsrechts die Drittwiderspruchsklage offen, wobei der Vorbehaltskäufer nur der Verwertung, nicht aber der Pfändung widersprechen kann.
Der unmittelbar oder mittelbar besitzende **Pfandrecht**sinhaber kann sich auf § 771 ZPO berufen; § 805 ZPO ist bei besitzlosen Pfandrechten an beweglichen Sachen anzuwenden.

---

7 Allgemein zur Zulässigkeitsprüfung einer Klage bei Fall 13, S. 333 mwN.
8 BGHZ 72, 141, 145; 55, 20, 26. Zur Einordnung als ein die Veräußerung hinderndes Recht siehe Musielak/Voit/*Lackmann*, § 771 Rn. 15 ff.; Zöller/*Herget*, § 771 Rn. 14.

> **Die Veräußerung hindernde Rechte** *(Fortsetzung)*
>
> **Besitz** stellt kein Interventionsrecht dar (streitig), weil er ein bloß tatsächliches Verhältnis ausdrückt und nicht, dass die Sache nicht zum Vermögen des Schuldners gehört. Der Gewahrsam eines Dritten ist nach hM ausreichend mittels §§ 766, 809 ZPO geschützt.
>
> Schuldrechtliche Verschaffungsansprüche wie zB § 433 Abs. 1 BGB begründen keine Drittwiderspruchsklage, während **schuldrechtliche Herausgabeansprüche** wie zB § 546, § 604 BGB die Klage gemäß § 771 ZPO eröffnen.
>
> Kontrovers diskutiert wird über die Zuordnung der **Anfechtungsrechte nach AnfG und InsO**. Während die Rechtsprechung die Anwendbarkeit des § 771 ZPO verneint, lässt das Schrifttum die Drittwiderspruchsklage zu.

Als Interventionsrecht kommt für G ein etwaiges **Sicherungseigentum** am Fahrzeug in Betracht. Dazu müsste das Sicherungseigentum ein die Veräußerung hinderndes Recht und G Eigentümer des VW Käfer sein.

a) Sicherungseigentum als ein die Veräußerung hinderndes Recht

Umstritten ist, ob das Sicherungseigentum ein die Veräußerung hinderndes Recht iSd § 771 Abs. 1 ZPO darstellt.[9]

> **Meinungsstreit über die Anwendbarkeit des § 771 ZPO bei Sicherungseigentum**
>
> | | |
> |---|---|
> | Das Sicherungseigentum sei kein die Veräußerung hinderndes Recht iSd § 771 Abs. 1 ZPO. Möglich sei nur die Klage nach § 805 ZPO. | Das Sicherungseigentum sei ein die Veräußerung hinderndes Recht iSd § 771 Abs. 1 ZPO (hM). |
> | Das Sicherungseigentum gleiche wirtschaftlich einem besitzlosen Pfandrecht; es werde in der Insolvenz gemäß § 51 Nr. 1 InsO wie ein Pfandrecht behandelt, das nicht zur Aussonderung, sondern zur Absonderung berechtige. | Das Sicherungseigentum ist formell und materiell voll wirksames Eigentum; die insolvenzrechtliche Einordnung erkläre sich daraus, dass in der Insolvenz eine Gesamtverwertung des Vermögens des Sicherungsgebers stattfindet, während es sich bei § 771 Abs. 1 ZPO um eine konkrete Einzelvollstreckung handelt. |

Vorzugswürdig ist es, das **Sicherungseigentum als ein die Veräußerung hinderndes Recht** iSd § 771 Abs. 1 ZPO anzusehen. Nach §§ 929 S. 1, 930 BGB wird vollwertiges Eigentum übertragen; Eigentum unterschiedlicher Wertigkeit ist im BGB nicht vorgesehen. Auch ist die Interessenlage bei Insolvenz und Einzelvollstreckung verschieden.

Sicherungseigentum stellt daher ein die Veräußerung hinderndes Recht dar und begründet ein Interventionsrecht gemäß § 771 Abs. 1 ZPO.

---

9 Zum Streitstand siehe Musielak/Voit/*Lackmann*, § 771 Rn. 18 f.; BLAH/*Hartmann*, § 771 Rn. 24 ff.; BGH NJW-RR 2007, 781.

b) Eigentümerstellung des G

aa) Ursprünglicher Eigentümer war B.

bb) B könnte sein Eigentum jedoch nach §§ 929 S. 1, 930 BGB an die K-Bank verloren haben. B und die K-Bank haben sich gemäß § 929 S. 1 BGB geeinigt. Die tatsächliche Übergabe der Sache ist durch Vereinbarung eines Besitzmittlungsverhältnisses gemäß § 930 BGB entbehrlich. Bei einer Sicherungsübereignung enthält die Sicherungsabrede auch ohne nähere Regelung ein ausreichendes Besitzmittlungsverhältnis iSd § 868 BGB.[10] Die K-Bank ist mittelbare Besitzerin gemäß § 868 BGB. B ist nur noch Besitzmittler. B als Eigentümer war zur Eigentumsübertragung gemäß §§ 929 S. 1, 930 BGB auch berechtigt. Mithin ist die K-Bank Eigentümerin des VW Käfers geworden.

> **Aufbauschema Übereignung nach §§ 929 S. 1, 930 BGB**
> 1. Einigung
> 2. Besitzmittlungsverhältnis, § 868 BGB
> 3. Berechtigung

cc) G könnte das Eigentum am VW Käfer durch die K-Bank nach §§ 929 S. 1, 931 BGB übertragen worden sein. Die Einigung gemäß § 929 S. 1 BGB hat stattgefunden. Die Übergabe wurde gemäß § 931 BGB dadurch ersetzt, dass die K-Bank als Eigentümerin des VW Käfers den Herausgabeanspruch gegen B an den Erwerber G nach § 398 BGB abgetreten hat. Die K-Bank handelte aus ihrer Eigentümerstellung heraus mit Berechtigung. Somit hat die K-Bank gemäß §§ 929 S. 1, 931 BGB wirksam an G verfügt. G ist Eigentümer des Pkw.

> **Aufbauschema Übereignung nach §§ 929 S. 1, 931 BGB**
> 1. Einigung
> 2. Abtretung des Herausgabeanspruchs, § 398 BGB
> 3. Berechtigung

Das Sicherungseigentum besteht auch noch. Für den Fall der Erfüllung der gesicherten Forderung ist lediglich ein schuldrechtlicher Rückübereignungsanspruch vereinbart, keine auflösende Bedingung.[11]

2. Gegenrechte

Ein die Veräußerung hinderndes Recht begründet allerdings dann keine Drittwiderspruchsklage, wenn Gegenrechte bestehen, die es dem Kläger verwehren, sich auf das Sicherungseigentum zu berufen. In Betracht kommt insbesondere der Einwand der unzulässigen Rechtsausübung nach § 242 BGB.[12]

> Einwendungen des Beklagten

Der Einwand der unzulässigen Rechtsausübung kann einer Klage deshalb entgegenstehen,

| ➜ weil der **Kläger** materiell-rechtlich **selbst** für die Forderung **haftet**, die dem Titel zugrunde liegt, zB Haftung als persönlich haftender Gesellschafter (§§ 128, 161 Abs. 2 HGB), als Bürge (§ 765 Abs. 1 BGB), als Gesamtschuldner (§ 421 BGB). | ➜ weil dem **Beklagten** ein **besseres Recht** zusteht als dem Kläger (zB Nachrangigkeit eines Nießbrauchsrechts gegenüber der Hypothek des Beklagten oder der Erwerb einer mit einem Pfandrecht belasteten Sache). | ➜ weil der **Kläger** sich mit der Annahme der Leistung, die der Schuldner aufgrund der durch das Sicherungseigentum gesicherten Forderung schuldet, im **Annahmeverzug** (§§ 293 ff. BGB) befindet. |

---

10 Vgl. BGH WM 1998, 2294 f.; NJW 1989, 2542 f. Dies gilt unabhängig davon, ob die Sicherungsabrede wirksam ist, BGH NJW 1986, 2438.
11 Zur Ausgestaltung des Sicherungseigentums siehe bei Fall 7, S. 157.
12 Vgl. Musielak/Voit/*Lackmann*, § 771 Rn. 33; BLAH/*Hartmann*, § 771 Rn. 10; Thomas/Putzo/*Seiler*, § 771 Rn. 14a.

Annahmeverzug als Anwendungsfall des § 242 BGB

Hier kommt als Anwendungsfall des § 242 BGB der **Annahmeverzug gemäß §§ 293 ff. BGB** in Betracht.

Nach dem Sicherungsvertrag ist der Wagen zurückzuübereignen (schuldrechtlicher Rückübertragungsanspruch), wenn die Kreditraten vollständig bezahlt sind. Diese Verpflichtung der K-Bank hat G nach §§ 414, 415 BGB übernommen, wobei die nach § 415 Abs. 1 S. 1 BGB erforderliche Genehmigung des B nach §§ 133, 157 BGB in der Bitte um Zahlungsaufschub liegt. Damit hat B zum Ausdruck gebracht, dass er G als Gläubiger anerkennt. Ist G aufgrund der Zahlung des Restbetrages verpflichtet, Zug um Zug zurückzuübereignen, erscheint es treuwidrig, wenn G die Annahme der Restzahlung verweigert, damit auch die Rückübertragung des Eigentums verweigert und so – entgegen seiner Verpflichtung – ein die Veräußerung hinderndes Recht erhält.

Entscheidend ist also, ob sich G hinsichtlich des Restbetrages von insgesamt 375 EUR (drei Raten zu 125 EUR) im Annahmeverzug (§§ 293 ff. BGB)[13] befindet.

Gläubigerverzug, §§ 293 ff. BGB

I. Voraussetzungen

1. Leistungsfähigkeit und -berechtigung

Leistungsfähigkeit meint, dass der Schuldner zur Leistung bereit und imstande ist, es sich also nicht um Unmöglichkeit (§ 275 BGB) handelt. Wird die Leistung erst unmöglich, nachdem der Gläubiger in Verzug geraten ist, endet der Annahmeverzug mit dem Eintritt der Unmöglichkeit.

Abgrenzungskriterium von Unmöglichkeit und Annahmeverzug ist die Nachholbarkeit. Bleibt die Leistung trotz einer fehlenden Mitwirkung des Gläubigers nachholbar, sind die §§ 293 ff. BGB anwendbar; ist hingegen der Gläubiger zu Mitwirkung dauernd außerstande, handelt es sich um Unmöglichkeit.

Leistungsberechtigt ist der Schuldner, sein Stellvertreter und sein Erfüllungsgehilfe. Die Leistungsberechtigung Dritter orientiert sich an § 267 BGB.

2. Ordnungsgemäßes Angebot der Leistung

§ 294 BGB schreibt grundsätzlich ein tatsächliches Angebot vor. Bei einer erforderlichen Mitwirkung des Gläubigers (zB einer Holschuld) oder einer Nichtannahmeerklärung des Gläubigers genügt gemäß § 295 BGB ein wörtliches Angebot. Nach § 296 BGB ist kein Angebot notwendig, wenn eine zu einem bestimmten Zeitpunkt vorzunehmende Mitwirkungshandlung unterbleibt.

Das Angebot muss zur rechten Zeit, am rechten Ort sowie in der richtigen Menge und Beschaffenheit erfolgen. Ergibt sich die **Leistungszeit** weder aus der Parteivereinbarung noch aus den Umständen des Rechtsverhältnisses, kann der Schuldner nach § 271 Abs. 1 BGB sofort bewirken; § 271 Abs. 2 BGB gestattet es dem Schuldner, im Zweifel vor Fälligkeit zu leisten. In diesen Fällen kommt der Gläubiger wegen § 299 BGB nicht in Annahmeverzug, wenn ihm die Leistung nicht eine angemessene Zeit vorher angekündigt wurde.

Lässt sich der **Leistungsort** nicht aus dem Gesetz, der Parteivereinbarung oder den Umständen des Rechtsverhältnisses ableiten, ist gemäß § 269 Abs. 1 BGB am Wohnsitz des Schuldners zur Zeit der Entstehung des Schuldverhältnisses zu leisten. Für Geldschulden gilt § 270 BGB.

Den **Leistungsgegenstand** beschreibt die Parteivereinbarung. Bei einer Gattungsschuld sind nach § 243 Abs. 1 BGB Sachen mittlerer Art und Güte auszuwählen, also solche von zumindest durchschnittlicher Qualität in fehlerfreier Beschaffenheit. Nach § 266 BGB ist der Schuldner zur Teilleistung nicht berechtigt.

---

[13] Zum Annahmeverzug im Arbeitsrecht siehe Fall 9, S. 221 f.

15. Besitzschutz, Übereignung beweglicher Sachen, Erbschein, Drittwiderspruchsklage | 379

Gläubigerverzug, §§ 293 ff. BGB *(Fortsetzung)*

II. Rechtsfolgen

§ 304 BGB	§ 300 Abs. 1 BGB	§ 300 Abs. 2 BGB	§ 326 Abs. 2 BGB
Anspruchsgrundlage	**Haftungsprivilegierung**	**Übergang der Leistungsgefahr**	**Übergang der Preisgefahr**
Anspruch auf Ersatz von Mehraufwendungen, die dem Schuldner durch den Annahmeverzug entstanden sind.	Während des Gläubigerverzugs beschränkt sich die Haftung des Schuldners auf Vorsatz und grobe Fahrlässigkeit, dh bei leicht fahrlässigem Verhalten ist kein Schadensersatz nach § 280 Abs. 1 BGB zu leisten.	Bei Gattungsschulden geht die Leistungsgefahr auf den Gläubiger über, falls er die konkret angebotene Sache nicht annimmt, dh der Schuldner wird auch bei fehlender Konkretisierung nach § 275 BGB frei.	Bei einem gegenseitigen Vertrag bewirkt der Annahmeverzug, dass die Preisgefahr, die nach § 326 Abs. 1 BGB der Schuldner trägt, auf den Gläubiger übergeht.

a) Leistungsfähigkeit und -berechtigung

D müsste zur Leistung imstande (vgl. § 297 BGB) und berechtigt sein. Leistungsfähigkeit besteht; Schuldner und somit Leistungsberechtigter ist B. G ist die Leistung jedoch von dritter Seite, D, angeboten worden. Gemäß § 267 Abs. 1 S. 1 BGB kann auch ein Dritter die Leistung bewirken. Ein Widerspruch des B iSd § 267 Abs. 2 BGB ist nicht erfolgt. D ist leistungsberechtigt.

b) Ordnungsgemäßes Angebot der Leistung

Der Schuldner hat dem Gläubiger die Leistung so anzubieten, wie sie zu bewirken ist. Indem D dem G Ende September die Zahlung der Restschuld anbot, machte D ein tatsächliches Angebot am rechten Ort, zur rechten Zeit und in der rechten Weise gemäß § 294 BGB.

c) Annahme- bzw. Mitwirkungsverweigerung

G verweigerte die Annahme.

Ein Annahmeverzug iSd §§ 293 ff. BGB besteht.

Ergebnis

Da sich G im Gläubigerverzug befindet, ist es ihm gemäß § 242 BGB verwehrt, sich auf das Sicherungseigentum zu berufen.

Neben dem Sicherungseigentum als Interventionsrecht ist daran zu denken, ein die Veräußerung hinderndes Recht unter Umständen aus einem schuldrechtlichen

> **Aufbauschema Gläubigerverzug nach §§ 293 ff. BGB**
> 1. Leistungsfähigkeit und -berechtigung
> 2. Ordnungsgemäßes Angebot der Leistung
> 3. Annahme- bzw. Mitwirkungsverweigerung

Herausgabeanspruch des Klägers G oder aus einem mittelbaren Besitz des G abzuleiten. Beides scheitert jedoch – unabhängig von der Frage,[14] inwieweit diese Rechtspositionen als Interventionsrecht iSd § 771 Abs. 1 ZPO anzuerkennen sind – jedenfalls an § 242 BGB, weil sich der Kläger G mit der Annahme der Leistung, die der Schuldner aufgrund der durch das Sicherungseigentum gesicherten Forderung zu erbringen hat, ebenfalls im Annahmeverzug nach §§ 293 ff. BGB befindet. Auch insoweit würde einer Klage gemäß § 771 Abs. 1 ZPO der Einwand der unzulässigen Rechtsausübung nach § 242 BGB entgegenstehen.

G kann sich nicht auf ein die Veräußerung hinderndes Recht berufen.

Die Klage gemäß § 771 Abs. 1 ZPO ist zwar zulässig, aber unbegründet. Eine Drittwiderspruchsklage hätte bei Gericht keinen Erfolg.

Teil 2: Rückgabe der Stereoanlage

A. Unmittelbare[15] Ansprüche des M gegen S

I. Anspruch gemäß § 695 BGB

M könnte gegen S ein Anspruch auf Rückgabe der Stereoanlage aus § 695 BGB zustehen.

Nach § 695 BGB kann der Hinterleger M die in Verwahrung gegebene Stereoanlage jederzeit zurückfordern. Der Anspruch besteht aber nur gegenüber dem Vertragspartner des Verwahrungsvertrages nach § 688 BGB. Einen Verwahrungsvertrag, bei dem es sich nach herrschender Auffassung um einen Konsensualvertrag handelt, der mit der Einigung zustande kommt und mit der Übergabe der Sache in Vollzug gesetzt wird,[16] hat M mit E abgeschlossen. Zwar tritt nach §§ 1922 Abs. 1, 1967 Abs. 1 BGB der Erbe in die Rechtsposition des Erblassers ein (Universalsukzession);[17] S ist aber nicht Erbe der E, so dass ein vertraglicher Rückgabeanspruch ausscheidet. Der Erbschein ändert daran nichts; der öffentliche Glaube des Erbscheins nach §§ 2365 ff. BGB führt nicht dazu, dass S in die Vertragsposition der E eintritt.

Ergebnis

M steht gegen S kein Anspruch aus § 695 BGB auf Rückgabe der Stereoanlage zu.

II. Anspruch nach §§ 861 Abs. 1, 869 S. 1 BGB

Für M könnte sich aus § 861 Abs. 1 BGB ein Anspruch auf Wiedereinräumung des Besitzes an der Stereoanlage gegen S ergeben. In Betracht kommt mithin ein auf den Schutz des Besitzes gerichteter Anspruch.

---

14 Thomas/Putzo/*Seiler*, § 771 Rn. 18, 21; Musielak/Voit/*Lackmann*, § 771 Rn. 25 f.; Zöller/*Herget*, § 771 Rn. 14; BLAH/*Hartmann*, § 771 Rn. 15, 20.

15 Die Trennung in unmittelbare und mittelbare Ansprüche ist aus Gründen der Übersichtlichkeit vorgenommen worden. Der unter B. dargestellte Anspruch kann auch in die allgemeine Prüfung aufgenommen werden; er wäre dann nach § 695 BGB zu erörtern.

16 PWW/*Fehrenbacher*, § 688 Rn. 3; Palandt/*Sprau*, § 688 Rn. 3; Einzelheiten bei MüKoBGB/*Henssler*, § 688 Rn. 6.

17 Zur gesetzlichen und gewillkürten Erbfolge sowie zu deren Rechtswirkungen bei Fall 22, S. 559 f., 562 ff.

Bedeutung des Besitzes

Erhaltungsfunktion	Publizitätsfunktion	Schutzfunktion
Das Interesse des Besitzers an der Kontinuität seines Besitzes wird rechtlich anerkannt, vgl. § 986 BGB.	Besitz bildet das Indiz für das Bestehen einer berechtigten dinglichen Rechtsposition, vgl. § 1006 BGB. Folge ist eine Rechtsscheinswirkung.	Die Rechtsstellung des Besitzes wird in der Rechtsordnung vor Beeinträchtigungen geschützt, vgl. Übersicht S. 383 f.

> **Aufbauschema Anspruch gemäß § 861 Abs. 1 BGB**
> 1. Besitz des Anspruchstellers
> 2. Ggf. Anwendbarkeit des § 861 BGB bei mittelbarem Besitz nach § 869 S. 1 BGB
> 3. Verbotene Eigenmacht
> 4. Fehlerhafter Besitz des Anspruchsgegners, § 858 Abs. 2 BGB

1. Besitz des Anspruchstellers M

a) Den unmittelbaren Besitz an der Stereoanlage hat M seit der Übergabe an E verloren.

b) E hatte jedoch als Verwahrerin dem M den Besitz gemäß § 868 iVm § 688 BGB gemittelt. Der Hinterleger ist mittelbarer Besitzer der Stereoanlage.

Formen des Besitzes

Sachnähe	Willensrichtung	Umfang
Unmittelbarer Besitz = tatsächliche Einwirkungsmöglichkeit auf die Sache iSd § 854 Abs. 1 BGB. **Mittelbarer Besitz** = keine Ausübung der tatsächlichen Sachherrschaft, vgl. § 868 BGB. Dem mittelbaren Besitzer wird Besitz von einem anderen vermittelt.	**Eigenbesitzer** = Besitzer, der die Sache wie ein Eigentümer besitzen will, § 872 BGB. **Fremdbesitzer** = Besitzer, der die Sache für einen anderen besitzt.	**Alleinbesitz** = Besitz steht einer Person allein in vollem Umfang zu. **Teilbesitz** = alleiniger Besitz an einem abgrenzbaren Teil einer Sache, § 865 BGB. **Mitbesitz** = gemeinschaftlicher Besitz mehrerer an einer Sache, § 866 BGB.

c) Mit dem Tod der E geht nach **§ 857 BGB** die Besitzstellung, die der Erblasser zur Zeit des Erbfalls innehatte, ohne besonderen Besitzergreifungsakt auf den (wahren) Erben über. Nach §§ 1922 Abs. 1, 1967 Abs. 1 BGB wird R zudem Verwahrer iSd §§ 868, 688 BGB. R als Erbe der E hat deshalb zum Zeitpunkt der Besitzentziehung als unmittelbarer Besitzer dem M den Besitz an der Stereoanlage gemittelt. M war zu dem für § 861 Abs. 1 BGB entscheidenden Zeitpunkt **mittelbarer Besitzer**.

> **Erbenbesitz § 857 BGB**
> Voraussetzungen sind die Erbenstellung und der Besitz des Erblassers zur Zeit des Erbfalls. Rechtsfolge ist der Erbenbesitz und zwar unabhängig von der Kenntnis des Erben. Ihm stehen die Besitzschutzansprüche zu; § 935 BGB ist ebenso wie § 1006 BGB anwendbar.

2. Anwendbarkeit des § 861 BGB bei mittelbarem Besitz

Gemäß **§ 869 S. 1 BGB** steht dem mittelbaren Besitzer das Recht aus § 861 Abs. 1 BGB zu, wenn gegen den unmittelbaren Besitzer verbotene Eigenmacht verübt wird. Es kommt hier also darauf an, ob S gegenüber R verbotene Eigenmacht geübt hat.

3. Verbotene Eigenmacht

a) Nach der Legaldefinition in § 858 Abs. 1 BGB ist verbotene Eigenmacht jede **ohne den Willen des Besitzers** vorgenommene Beeinträchtigung (Entziehung, Störung) der tatsächlichen Gewalt des unmittelbaren Besitzers. S hat ohne Zustimmung des R die Stereoanlage an sich genommen, sich dadurch zum unmittelbaren Eigenbesitzer iSd § 854 Abs. 1 BGB gemacht und damit dem R den ererbten Besitz (§ 857 BGB) ohne dessen Willen entzogen.

b) Die Besitzentziehung muss **widerrechtlich** sein. An der Widerrechtlichkeit fehlt es, wenn die Besitzentziehung (oder Störung) kraft Gesetzes gestattet ist. So liegt es zum Beispiel bei §§ 227ff., 562b Abs. 1, 581 Abs. 2, 859, 910, 962 BGB oder bei §§ 758, 808ff., 883ff., 892 ZPO oder bei einer Duldungspflicht nach §§ 904, 906 BGB.[18] Damit bleibt die Frage zu beantworten, ob der an S erteilte Erbschein der Widerrechtlichkeit entgegensteht.

Wegen des unrichtigen Erbscheins bestand nach § 2365 BGB die Vermutung, dass S Erbe war. Die Rechtsvermutung bezieht sich nur darauf, dass dem in der Urkunde angegebenen Erben das bezeugte Erbrecht zusteht. §§ 2365ff. BGB rechtfertigen es deshalb nicht, wenn der Erbscheinsinhaber dem wahren Erben den Besitz entzieht. Es handelt sich nicht um eine gesetzliche Gestattungsnorm. Widerrechtlichkeit ist gegeben.

c) Verbotene Eigenmacht iSd § 858 Abs. 1 BGB erfordert kein subjektives Element.[19] Eine etwaige Überzeugung des S, rechtmäßig zu handeln, steht der Annahme verbotener Eigenmacht nicht entgegen.

Die Voraussetzungen der verbotenen Eigenmacht sind erfüllt.

4. Fehlerhafter Besitz des Anspruchsgegners S

Weiterhin erfordert der Besitzschutzanspruch aus § 861 Abs. 1 BGB, dass der Anspruchsgegner fehlerhaft besitzt. Die Fehlerhaftigkeit des Besitzes wird in § 858 Abs. 2 BGB geregelt; drei Fälle sind zu unterscheiden:

a) **§ 858 Abs. 2 S. 1 BGB**: Der durch verbotene Eigenmacht erlangte Besitz ist fehlerhaft. S hat den Besitz an der Stereoanlage zuletzt von B erlangt. Die Rückgabe geschah mit dem Willen des B; S übte bei dieser Besitzerlangung keine verbotene Eigenmacht aus.

b) **§ 858 Abs. 2 S. 2 Alt. 1 BGB**: Der Makel der Fehlerhaftigkeit geht auf den Besitznachfolger über. Bei der Erbfolge kommt es auf die Kenntnis der Fehlerhaftigkeit nicht an. Voraussetzung ist lediglich, dass der Erbe als Erbe Besitz erlangt und nicht bereits vor dem Erbfall Besitzer geworden ist. S ist nicht Erbe des B; § 858 Abs. 2 S. 2 Alt. 1 BGB kommt nicht zur Anwendung.

c) **§ 858 Abs. 2 S. 2 Alt. 2 BGB**: Der Besitznachfolger muss bei Erwerb des Besitzes die Fehlerhaftigkeit kennen. Ein nachträgliches Erkennen genügt ebenso nicht wie fahrlässige Unkenntnis. Hier kommt es deshalb darauf an, ob B fehlerhaft besaß und S Kenntnis davon hatte. B bekam den Besitz von S. B erwarb selbst nicht

---

Verbotene Eigenmacht meint die widerrechtliche Beeinträchtigung des Besitzes ohne Willen des Besitzers.

§ 858 Abs. 1 BGB Die **Widerrechtlichkeit** entfällt nicht bei bloß schuldrechtlichen oder dinglichen Ansprüchen des Störers gegen den Besitzer auf Besitzeinräumung. Eingriffsrechte sind nur auf Gesetz begründete Akte sowie Notwehr- und Selbsthilferechte.

Bei mehrfacher Besitznachfolge wirkt Fehlerhaftigkeit fort, wenn bei allen Vorbesitzern Fehlerhaftigkeit bestand und der derzeitige Besitzer entsprechende Kenntnis hat.

---

[18] Kein gesetzliches Gestattungsrecht geben die mittels Prozess zu verfolgenden Rechte aus §§ 258 S. 2, 856, 1005, 1422, 2205 BGB, vgl. Palandt/*Herrler*, § 858 Rn. 6.
[19] Erman/*Lorenz*, § 858 Rn. 10; PWW/*Prütting*, § 858 Rn. 2.

durch verbotene Eigenmacht iSd § 858 Abs. 2 S. 1 BGB. Damit bleibt in Bezug auf B auch nur § 858 Abs. 2 S. 2 BGB. B ist nicht Erbe des S; B wusste bei Erwerb des Besitzes von S auch nicht von der verbotenen Eigenmacht des S. Der Besitz des B war nicht fehlerhaft. Infolgedessen ist auch der durch die Rückgabe von B erworbene Besitz des S nicht fehlerhaft.

Ergebnis

S besitzt nicht fehlerhaft. M steht deshalb gegen S kein Anspruch gemäß §§ 861 Abs. 1, 869 S. 1 BGB auf Wiedereinräumung des Besitzes zu.

III. Sonstige Besitzschutzansprüche

Weitere Ansprüche aus dem Bereich des Besitzschutzes bestehen nicht. Anhaltspunkte für eine Prüfung von sonstigen Ansprüchen aus dem System des Besitzschutzes sind im Sachverhalt nicht ersichtlich. S war bei Besitzerwerb gutgläubig, weil er die Hintergründe nicht kannte.

System der Besitzschutzansprüche	
§ 859 Abs. 1 BGB Besitzwehr	Der Besitzer darf sich verbotener Eigenmacht (§ 858 Abs. 1 BGB) mit Gewalt erwehren.
§ 859 Abs. 2, 3 BGB Besitzkehr	Der Besitzer, dem der Besitz durch verbotene Eigenmacht (§ 858 Abs. 1 BGB) entzogen ist, kann sich die Sache im Wege der Selbsthilfe wiederbeschaffen. Bei den Voraussetzungen ist zwischen beweglichen (§ 859 Abs. 2 BGB) und unbeweglichen (§ 858 Abs. 3 BGB) Sachen zu unterscheiden.
§ 861 Abs. 1 BGB Wiedereinräumung des Besitzes	Voraussetzungen des Anspruchs sind die Besitzentziehung durch verbotene Eigenmacht (§ 858 Abs. 1 BGB) und fehlerhafter Besitz des Anspruchsgegners iSd § 858 Abs. 2 BGB; der Anspruch ist ausgeschlossen, wenn ein Fall des § 861 Abs. 2 BGB oder § 864 BGB vorliegt.
§ 862 Abs. 1 BGB Beseitigung und Unterlassung	Bei einer Störung des Besitzes durch verbotene Eigenmacht (§ 858 Abs. 1 BGB) kann der Besitzer vom Störer die Beseitigung der Störung verlangen, § 862 Abs. 1 S. 1 BGB. Störer ist derjenige, mit dessen Willen der beeinträchtigende Zustand besteht oder von dessen Willen die Beseitigung der Störung abhängt. § 862 Abs. 1 S. 2 BGB gibt einen Anspruch auf Unterlassung, wenn neben den genannten Voraussetzungen Umstände bestehen, die für die Wahrscheinlichkeit weiterer Störungen sprechen.

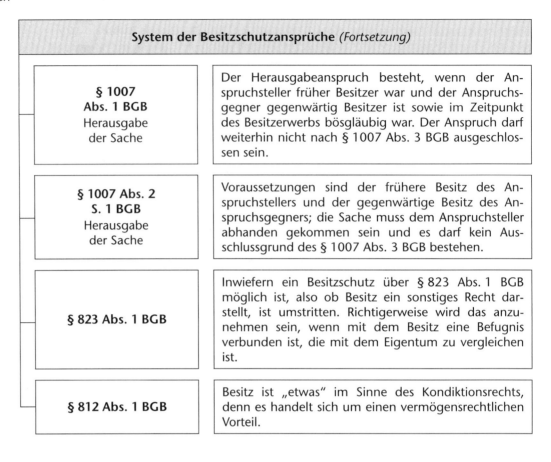

IV. Anspruch aus § 985 BGB

Für M könnte sich ein Anspruch auf Herausgabe der Stereoanlage von S überdies aus § 985 BGB ergeben. Dies erfordert eine Vindikationslage.

Aufbauschema
**Vindikationslage
§ 985 BGB**
1. Besitz des Anspruchsgegners
2. Eigentum des Anspruchstellers
3. Kein Recht zum Besitz, § 986 BGB

1. Besitz des Anspruchsgegners

Besitzer der Stereoanlage (§ 90 BGB) ist derzeit S; er übt die tatsächliche Sachherrschaft (§ 854 Abs. 1 BGB) aus.

2. Eigentum des Anspruchstellers

M als Anspruchsteller müsste Eigentümer der Stereoanlage sein.

a) Ursprüngliche Eigentümerstellung

Ursprünglicher Eigentümer war M.

b) Rechtsgeschäft zwischen S und B nach §§ 929 S. 1, 932 Abs. 1 S. 1 BGB

M könnte sein Eigentum jedoch durch das Rechtsgeschäft zwischen S und B nach §§ 929 S. 1, 932 Abs. 1 S. 1 BGB verloren haben.

aa) Die Einigung iSd § 929 S. 1 BGB stellt einen dinglichen Vertrag dar, der durch Angebot und Annahme (§§ 145 ff. BGB) zustande kommt. S hat seinen Eigentumsübertragungswillen, B seinen Eigentumserwerbswillen ausgedrückt. Die Einigung bezieht sich auf einen konkreten Gegenstand.

bb) Die Übergabe iSd § 929 S. 1 BGB ist erfolgt, wenn der Erwerber (oder dessen Geheißperson) auf Veranlassung des Veräußerers zum Zweck der Eigentumsübertragung den – unmittelbaren oder mittelbaren – Besitz erlangt und der Veräußerer jede besitzrechtliche Position aufgegeben hat.[20] Die Übergabe ist (mit der Ausnahme des in § 854 Abs. 2 BGB geregelten Falles) ein tatsächlicher Akt.
S hat die Stereoanlage an B übergeben.

cc) S war zur Übereignung nicht berechtigt; wahrer Eigentümer der Anlage war zum Übereignungszeitpunkt M. Möglicherweise hat aber B gutgläubig Eigentum nach § 932 Abs. 1 S. 1 BGB erworben. Dazu müsste B im Zeitpunkt der Besitzerlangung[21] gutgläubig gewesen sein. Das Gesetz umschreibt Gutgläubigkeit in § 932 Abs. 2 BGB negativ: Bösgläubig ist derjenige, der positive Kenntnis oder grob fahrlässige Unkenntnis vom fehlenden Eigentum des Veräußerers hat. **Grob fahrlässige Unkenntnis** ist anzunehmen, wenn der Erwerber die im Verkehr erforderliche Sorgfalt in ungewöhnlich hohem Maße verletzt und Nachforschungen unterlässt, die jedem hätten einleuchten müssen; für den Erwerber besteht keine allgemeine Nachforschungspflicht, sondern Nachforschungen sind dann angezeigt, wenn sich dem Erwerber Verdachtsgründe aufdrängen. Daran fehlt es hier. Für B bestanden keine Anhaltspunkte dafür, am Eigentum des S zu zweifeln, zumal für S die Vermutung des § 1006 Abs. 1 S. 1 BGB sprach. B war gutgläubig.

dd) Der gutgläubige Eigentumserwerb nach §§ 929 S. 1, 932 Abs. 1 S. 1 BGB ist nach **§ 935 Abs. 1 S. 1 BGB** ausgeschlossen, wenn der fragliche Gegenstand dem Eigentümer abhanden gekommen ist. Abhanden gekommen ist eine Sache, wenn der Eigentümer **ohne seinen Willen** den Besitz verloren hat.[22] Für ein Abhandenkommen ist es nicht erforderlich, dass es zum Besitzverlust gegen den Willen des Eigentümers gekommen ist. So ist es hier nicht; M hat die Stereoanlage der E willentlich zur Verwahrung überlassen.

Ein Abhandenkommen ist gemäß § 935 Abs. 1 S. 2 BGB aber ebenfalls dann anzunehmen, wenn ein Besitzmittler des Eigentümers den unmittelbaren Besitz ohne seinen Willen verliert. Nach dem Tod der E ist – wie oben ausgeführt – der R nach §§ 857, 1922 BGB Besitzmittler des M. R verlor diesen mittelbaren Besitz ohne seinen Willen gemäß § 856 Abs. 1 Fall 2 BGB an S. Damit ist die Stereoanlage nach § 935 Abs. 1 S. 2 BGB abhanden gekommen.
B hat wegen § 935 Abs. 1 S. 2 BGB kein Eigentum gemäß §§ 929 S. 1, 932 Abs. 1 S. 1 BGB erworben.

c) Rechtsgeschäft zwischen S und B nach §§ 929 S. 1, 932 Abs. 1, 2365, 2366 BGB

M könnte sein Eigentum durch das Rechtsgeschäft zwischen S und B weiterhin nach §§ 929 S. 1, 932 Abs. 1 S. 1, 2365, 2366 BGB verloren haben.

S wurde über seine Stellung als Alleinerbe vom Nachlassgericht ein Erbschein erteilt. Der Erbschein wurde nicht nach § 2361 S. 1 BGB eingezogen und hierdurch kraftlos, § 2361 S. 2 BGB.[23]

Aufbauschema **Gutgläubiger Eigentumserwerb nach §§ 929 S. 1, 932 Abs. 1 BGB**
1. Einigung als dinglicher Vertrag iSd §§ 145 ff. BGB
2. Übergabe, dh Übertragung des Besitzes
3. Einigsein im Zeitpunkt der Übergabe
4. Gutgläubigkeit nach § 932 Abs. 2 BGB
5. Kein Abhandenkommen, § 935 BGB

Eigentumsvermutung für den Besitzer nach § 1006 Abs. 1 S. 1 BGB

Abhandenkommen gemäß § 935 Abs. 1 BGB

---

20 Palandt/*Herrler*, § 929 Rn. 11 ff.; BRHP/*Kindl*, § 929 Rn. 24 ff.
21 Maßgebender Zeitpunkt für die Gutgläubigkeit bei der Übereignung nach §§ 929 S. 1, 932 Abs. 1 S. 1 BGB ist der Besitzerwerb; bei §§ 929 S. 2, 932 Abs. 1 S. 2 BGB kommt es auf die Einigung an.
22 MüKoBGB/*Oechsler*, § 935 Rn. 6; PWW/*Prütting*, § 935 Rn. 3; vgl. auch Fall 16, S. 406.
23 Die Gutglaubensvorschriften §§ 2366, 2367 BGB setzen voraus, dass der Erbschein erteilt wurde und wirksam ist. Die bloße Ausfertigung eines die Erteilung ankündigenden bzw. anordnenden Beschlusses genügt nicht; vgl. PWW/*Deppenkemper*, § 2366 Rn. 2.

Erbschein, §§ 2353 ff. BGB

I. Allgemeines
Der Erbschein stellt ein **amtliches Zeugnis** des Nachlassgerichts **über die Erbenstellung** dar und dient dem Erben als Nachweis seines Erbrechts im Rechtsverkehr.

II. Verfahrensfragen
Verfahrensfragen regeln vor allem § 2353 BGB sowie §§ 352ff. FamFG. Verfahren, die Erbscheine betreffen, sind Nachlasssachen (§ 342 Abs. 1 Nr. 6 FamFG). Ein Erbschein wird gemäß § 2353 BGB nur auf einen formfreien, aber iSd §§ 352f. FamFG begründeten **Antrag** hin erteilt. Antragsberechtigt sind insbesondere der Allein- bzw. Miterbe, hingegen nicht der Vermächtnisnehmer und der Pflichtteilsberechtigte. Zuständig ist das **Amtsgericht** als Nachlassgericht (§ 2353 BGB, § 23a Abs. 1 S. 1 Nr. 2, Abs. 2 Nr. 2 GVG – in Baden-Württemberg tritt das staatliche Notariat an die Stelle der Amtsgerichte). Die örtliche Zuständigkeit regelt § 343 FamFG. Die funktionelle Zuständigkeit liegt beim Rechtspfleger, soweit ein Erbschein aufgrund gesetzlicher Erbfolge erteilt wird. Liegt eine wirksame oder unwirksame Verfügung von Todes wegen vor, wird der Erbschein durch den Richter erteilt (§§ 3 Nr. 2c, 16 Abs. 1 Nr. 6 RPflG).
Das Nachlassgericht hat von Amts wegen die Feststellung der Tatsachen notwendigen Ermittlungen durchzuführen (§ 26 FamFG); es gilt also nicht der Verhandlungs-, sondern der Untersuchungsgrundsatz. Die Beteiligten treffen Mitwirkungspflichten (§§ 27, 352 FamFG).
Da das Nachlassgericht an den Antrag gebunden ist, kann es dem Antrag nur in vollem Umfang stattgeben oder ihn als unzulässig bzw. unbegründet zurückweisen. Eine Teilabweisung – wie in Verfahren nach der ZPO – gibt es nicht. Das Nachlassgericht entscheidet dabei stets durch **Beschluss** (§ 38 FamFG).
Grundsätzlich ist im Nachlassverfahren die **Beschwerde** das statthafte Rechtsmittel (§ 58 FamFG). Die Beschwerde ist befristet (1 Monat; § 63 Abs. 1 FamFG). Das Beschwerdegericht ist das Oberlandesgericht (§ 119 Abs. 1 Nr. 1b GVG). Aufgrund der Publizitätswirkung des Erbscheins (§§ 2365, 2366, 2367 BGB) während seines Bestandes besteht ein Bedürfnis für die Möglichkeit des Rechtsschutzes bereits vor Erlass eines Erbscheins. Der früher allgemein anerkannte Vorbescheid (BayObLG NJW-RR 2003, 1587) ist mit Einführung des FamFG entfallen. An seine Stelle ist der **Feststellungsbeschluss** getreten. Sind die erforderlichen Tatsachen ausreichend festgestellt (§ 352c FamFG) und hat kein Beteiligter dem Erbscheinsantrag widersprochen, so ergeht ein Feststellungsbeschluss, der mit Erlass wirksam wird und einer Bekanntgabe nicht bedarf (§ 352e Abs. 1 FamFG). Er wird sogleich vollzogen, dh der Erbschein wird erteilt (ausgehändigt). Widerspricht dagegen der Erbschein dem erklärten Willen eines Beteiligten, wird die sofortige Wirksamkeit des Beschlusses ausgesetzt und die Erteilung des Erbscheins bis zur Rechtskraft des Feststellungsbeschlusses zurückgestellt (§ 352e Abs. 2 FamFG). Das Nachlassgericht wartet sodann den Ablauf der Beschwerdefrist ab. Wird keine Beschwerde eingelegt, kann der Erbschein entsprechend dem Feststellungsbeschluss erteilt werden. Wird eine Beschwerde eingereicht, wird die Entscheidung des Beschwerdegerichts abgewartet.

III. Materiell-rechtliche Wirkungen
Der Erbschein dient der Legitimation des Erben gegenüber Dritten im Rechtsverkehr. Gemäß **§ 2365 BGB** kommt dem Erbschein eine doppelte **Vermutungswirkung** zu. Er begründet positiv die gesetzliche Vermutung, dass dem als Erben Bezeichneten das angegebene Erbrecht, bei mehreren Erben in dem angegebenen Umfang zusteht, und negativ, dass das Erbrecht nicht durch im Erbschein fehlende Anordnungen (zB Nacherbschaft, Testamentsvollstreckung) beschränkt ist.

> **Erbschein, §§ 2353 ff. BGB** *(Fortsetzung)*
>
> Wie §§ 892, 932 ff. BGB erlaubt **§ 2366 BGB** den gutgläubigen Erwerb vom Nichtberechtigten. Der Erbschein genießt **öffentlichen Glauben**. Gegenüber einem Dritten, der mit dem im Erbschein Bezeichneten ein dingliches Rechtsgeschäft über einen Erbschaftsgegenstand abschließt, wird die Richtigkeit des Erbscheins fingiert, sofern er keine positive Kenntnis von der Unrichtigkeit des Erbscheins oder von dem Rückgabeverlangen des Nachlassgerichts hat.
> **§ 2367 BGB** befreit einen gutgläubigen Dritten von seiner Verpflichtung, wenn er an den Erbscheininhaber wegen eines zur Erbschaft gehörenden Rechts eine Leistung bewirkt, beispielsweise eine Forderung erfüllt. Gleiches gilt bei der Vornahme sonstiger nicht von § 2366 BGB erfasster Verfügungsgeschäfte, die in Ansehung eines zur Erbschaft gehörenden Rechts vorgenommen werden.

Nach § 2365 BGB wird vermutet, dass dem in einem Erbschein bezeichneten Erben das angegebene Erbrecht in der bezeugten Höhe zusteht und der Erbe nicht durch andere als die im Erbschein aufgeführten Anordnungen beschränkt ist. § 2366 BGB begründet einen öffentlichen Glauben des Erbscheins und ermöglicht auf diese Weise einen gutgläubigen Erwerb vom Nichterben.[24] Der **Schutz des guten Glaubens** bezieht sich nur auf die **Erbenstellung**. Der gutgläubige Erwerber wird nach § 2366 BGB so gestellt, wie wenn er vom wahren Erben erworben hätte. Nicht vom guten Glauben erfasst ist, ob ein bestimmter Gegenstand zum Nachlass zählt. Insofern bleiben die §§ 932 ff. BGB anwendbar. Demnach würde hier die Fiktion der Erbenstellung durch § 2366 BGB nicht weiterhelfen, denn um die fehlende Berechtigung zu überwinden, käme es auf §§ 932 ff. BGB und damit auch auf § 935 Abs. 1 S. 2 BGB an. Der Besitz allein ist kein Erbschaftsgegenstand. Der Anwendungsbereich des § 2366 BGB wird jedoch auf die Besitzstellung des Erblassers ausgeweitet, soweit dies für einen Rechtserwerb erforderlich ist.[25] Auch wenn der Gegenstand dem wahren Erben abhanden gekommen ist, wird der Erwerber durch § 2366 BGB geschützt.[26]

> Aufbauschema
> **Gutgläubiger Erwerb nach § 2366 BGB**
> 1. Wirksamer Erbschein
> 2. Rechtsgeschäftlicher Erwerb eines Erbschaftsgegenstandes
> 3. Bewusstsein des Erwerbers, dass es sich um einen Erbschaftsgegenstand handelt
> 4. Gutgläubigkeit des Erwerbers

Folgende Konstellationen sind in diesem Zusammenhang zu unterscheiden:[27]

Anwendungsbereich des § 2366 BGB		
Erblasser war **Eigentümer** einer beweglichen Sache.	Erblasser war **nicht Eigentümer**; er hatte sich die bewegliche Sache vom Eigentümer **geliehen**.	Erblasser war **nicht Eigentümer**; die bewegliche Sache ist dem Eigentümer **abhanden gekommen**.

---

24 Der öffentliche Glaube gilt nur für den Erwerb durch Rechtsgeschäft. Derjenige, der kraft Gesetzes (zB im Erbfall oder bei Verbindung, Vermischung) oder kraft Hoheitsakt (Zwangsvollstreckung, Arrestvollziehung) erwirbt, kann sich nicht auf § 2366 BGB berufen. § 2366 BGB bezieht sich auch nur auf Verkehrsgeschäfte und ist deshalb zum Beispiel nicht bei der Erbauseinandersetzung von Miterben anzuwenden, vgl. PWW/*Deppenkemper*, § 2366 Rn. 1 f.
25 Allgemeine Meinung, vgl. Palandt/*Weidlich*, § 2366 Rn. 6; MüKoBGB/*Grziwotz*, § 2366 Rn. 16, 40 mwN.
26 § 2366 BGB hilft dann nicht weiter, wenn die Sache dem Eigentümer abhanden gekommen ist; vgl. die Darstellung in der Übersicht.
27 Vgl. *Frank/Helms*, Erbrecht, § 16 Rn. 7 ff.; *Leipold*, Erbrecht, Rn. 656 ff.; *Schlinker/Zickgraf*, JuS 2013, 876.

Anwendungsbereich des § 2366 BGB *(Fortsetzung)*		
Erbscheinsinhaber veräußert an D; wahrer Erbe ist W.	Erbscheinsinhaber veräußert an D; wahrer Erbe ist W.	Erbscheinsinhaber veräußert an D; wahrer Erbe ist W.
D erwirbt Eigentum nach §§ 929 S. 1, 2366 BGB. § 2366 BGB fingiert die Erbenstellung, so dass D vom Berechtigten Eigentum erwirbt.	D erwirbt Eigentum nach §§ 929 S. 1, 932 Abs. 1, 2366 BGB. § 2366 BGB fingiert die Erbenstellung des Erbscheinsinhabers und § 932 Abs. 1 BGB hilft über die Nichtberechtigung hinweg.	D erwirbt kein Eigentum. §§ 2366, 932 Abs. 1 BGB helfen hier nicht weiter, denn auch der wahre Erbe würde als Nichtberechtigter wegen § 935 Abs. 1 BGB kein Eigentum übertragen können.

Hier überwindet mithin **§ 932 Abs. 1 S. 1 BGB** die fehlende Berechtigung des S zur Eigentumsübertragung und **§ 2366 BGB** hilft darüber hinweg, dass die Stereoanlage dem wahren Erben nach § 935 Abs. 1 S. 2 BGB abhanden gekommen ist.

Die weiteren Voraussetzungen des § 2366 BGB sind hier erfüllt. Es handelt sich um den rechtsgeschäftlichen Erwerb eines Erbschaftsgegenstandes.[28] B ist schutzwürdig, weil er sich bewusst war, einen Erbschaftsgegenstand zu erwerben,[29] und er keine Kenntnis von der Unrichtigkeit des Erbscheins hatte.

Darauf, ob der Erwerber von der Existenz eines Erbscheins weiß, kommt es bei der Anwendung des § 2366 BGB nicht an.

M hat das Eigentum an der Stereoanlage nach §§ 929 S. 1, 932 Abs. 1 S. 1, 2366 BGB an B verloren.

d) Rückübereignung des Erwerbsgegenstandes

Problem
Eigentumserwerb des Nichtberechtigten bei der Rückübertragung des Eigentums

Zu erörtern bleibt, wie sich die Rückgabe von B an S auf die Eigentumslage auswirkt.

Die Rückgabe bedeutet nicht nur eine Übergabe, sondern drückt zugleich stillschweigend (§§ 133, 157 BGB) eine Einigung iSd § 929 S. 1 BGB über den Eigentumswechsel an der Stereoanlage aus. Da B als Eigentümer und damit als Berechtigter gehandelt hat, hätte S durch die Rückübereignung nach § 929 S. 1 BGB Eigentum vom Berechtigten erworben. Dieses Ergebnis befremdet, weil durch den Rückerwerb ein Nichtberechtigter auch dann Eigentum erwirbt, wenn er bösgläubig ist; beim Erwerb vom Berechtigten kommt es auf guten oder bösen Glauben nicht an. Ob im Falle des Rückerwerbs der Nichtberechtigte Eigentum erwirbt oder

---

28 Ein Erwerb durch den Kauf einer Erbschaft im Ganzen oder eines Erbteils (§ 2371 BGB) fällt nicht unter § 2366 BGB; vgl. Palandt/*Weidlich*, § 2366 Rn. 2.
29 Da § 2366 BGB den guten Glauben an die Erbenposition schützt, muss sich der Erwerber nach hM bewusst sein, dass es sich um einen Erbschaftsgegenstand handelt; vgl. Staudinger/*Schilken*, § 2366 Rn. 2; BRHP/*Siegmann/Höger*, § 2366 Rn. 10; Palandt/*Weidlich*, § 2366 Rn. 2; PWW/*Deppenkemper*, § 2366 Rn. 2. Kenntnis von der Erteilung des Erbscheins ist unerheblich.

vielmehr das Eigentum an den ursprünglichen Eigentümer zurückfällt, ist umstritten:[30]

Meinungsstreit zum Eigentumserwerb des Nichtberechtigten bei Rückübertragung		
Eigentumserwerb des Nichtberechtigten, dh kein automatischer Rückfall an den ursprünglichen Eigentümer	Kein Eigentumserwerb des Nichtberechtigten, dh automatischer Rückfall an den ursprünglichen Eigentümer	Differenzierende Sichtweise, dh im Grundsatz Eigentumserwerb des Nichtberechtigten und in Sonderfällen automatischer Rückfall an den ursprünglichen Eigentümer (wohl hM)
Der ursprüngliche Eigentümer habe eine bloße schuldrechtliche Position; es erfolge kein automatischer Eigentumsrückfall. Vielmehr sei der Nichtberechtigte zwar zunächst wirksam Eigentümer, jedoch bestehe nach pFV, § 823 Abs. 1, §§ 812 ff. BGB die Pflicht zur Rückübereignung bzw. eine Schadensersatzpflicht.	Durch eine teleologische Reduktion der §§ 932 ff., 892 BGB falle das Eigentum automatisch an den ursprünglichen Eigentümer zurück. Die §§ 932 ff., 892 BGB kommen nicht zur Anwendung, so dass die ursprüngliche Eigentumslage wieder auflebe.	Ein automatischer Rückfall des Eigentums komme nur dann in Betracht, • wenn der Nichtberechtigte die Sache böswillig deshalb an einen gutgläubigen Dritten übereignet, um sie anschließend von diesem zurück zu erwerben, oder dann • wenn sich der Rückerwerb als Rückabwicklung des Rechtsverhältnisses zwischen dem Nichtberechtigten und dem gutgläubigen Erwerber darstellt.
Ein automatischer Rückfall wäre contra legem, er entspräche nicht den gesetzlichen Vorgaben. Schuldrechtliche und sachenrechtliche Position des Eigentümers seien nach dem Trennungs- und Abstraktionsprinzip unabhängig voneinander zu beurteilen.	Das Eigentum müsse stets zurückfallen, denn würde der automatische Rückfall nur in bestimmten Fallgruppen zugelassen, wäre die sachenrechtliche Lage von schuldrechtlichen Umständen abhängig, was einen Verstoß gegen das Trennungs- und Abstraktionsprinzip bedeuten würde.	Schutzwürdige Interessen des Alteigentümers erfordern einen Rückfall des Eigentums, da andernfalls die Gläubiger des Nichtberechtigten auf den Gegenstand zugreifen könnten und der Eigentümer das Insolvenzrisiko tragen würde.

---

30 Für einen Eigentumserwerb des Nichtberechtigten Palandt/*Herrler*, § 932 Rn. 17; MüKoBGB/*Oechsler*, § 932 Rn. 68 f.; RGRK/*Pikart*, § 932 Rn. 34 ff.; *Wiegand*, JuS 1971, 62 ff. Für einen automatischen Rückfall des Eigentums an den ursprünglichen Eigentümer *Baur/Stürner*, Sachenrecht, § 52 Rn. 34; *Schmidt*, Aktionsberechtigung und Vermögensberechtigung, 1969, S. 145 ff. Für eine differenzierende Sichtweise PWW/*Prütting*, § 932 Rn. 6; Erman/*Bayer*, § 932 Rn. 26; MüKoBGB/*Kohler*, § 892 Rn. 39; *Wieling*, Sachenrecht, § 10 V, 2. Überblick zum Meinungsstand bei *Vieweg/Werner*, Sachenrecht, § 5 Rn. 14.

Meinungsstreit zum Eigentumserwerb des Nichtberechtigten bei Rückübertragung *(Fortsetzung)*		
Den Interessen des ursprünglichen Eigentümers genüge ein Rückübereignungsanspruch, denn er hätte dann, wenn es nicht zum Rückerwerb gekommen wäre, sein Eigentum ohnehin verloren.	Ein automatischer Rückfall des Eigentums an den ursprünglichen Eigentümer sei nach dem Sinn und Zweck der Gutglaubensvorschriften anzunehmen, wenn es tatsächlich nicht zu einem Eigentumserwerb des Nichtberechtigten komme.	Die Vorschriften über den Gutglaubenserwerb beziehen sich auf Verkehrsgeschäfte; um ein solches handele es sich nicht, wenn der gutgläubige Erwerber den Gegenstand an den nichtberechtigt Verfügenden in Rückabwicklung des Erwerbsgeschäfts zurückübereignet. Bei einem engen sachlichen Zusammenhang zwischen der Übereignung an den Gutgläubigen und der Rückübereignung an den Nichtberechtigten seien die Gutglaubensnormen nicht anwendbar.

Teleologische Reduktion der §§ 892, 932 ff. BGB beim Rückerwerb des Nichtberechtigten

Die Vorschriften über den gutgläubigen Eigentumserwerb (§§ 892, 932 ff. BGB) dienen der Verkehrssicherheit, indem sie eine verlässliche und bestandssichere Abwicklung der sachenrechtlichen Geschäfte ermöglichen. Kommt es zur Rückabwicklung des Geschäfts, handelt es sich im Ergebnis um keine Neuzuordnung des Eigentums; es soll lediglich der frühere Rechtszustand wiederhergestellt werden. Eine im Verkehrsinteresse zu schützende Vermögensverfügung findet nicht statt. Würden bei einer derartigen Konstellation die §§ 892, 932 ff. BGB angewendet, käme der Gutglaubensschutz nicht dem Rechtsverkehr, sondern dem Nichtberechtigten zugute. Es ist deshalb angezeigt, die Gutglaubensvorschriften aufgrund teleologischer Reduktion in diesem Fall nicht anzuwenden. Die Beschränkung des Anwendungsbereiches gilt jedoch nur für ein absichtliches Handeln des Nichtberechtigten und für eine Rückabwicklung des Erwerbsgeschäfts. Erwirbt der Nichtberechtigte die Sache zufällig, dh ohne jeden Zusammenhang mit dem Eigentumserwerb des Gutgläubigen, tritt er wie ein beliebiger Dritter auf. Hier sind die Gutglaubensvorschriften ihrem Sinn und Zweck nach anzuwenden; eine teleologische Reduktion findet insoweit nicht statt.

Es handelt sich hier um eine Rückabwicklung des ursprünglichen Erwerbsgeschäftes, so dass die nach §§ 929 S. 1, 932 Abs. 1 S. 1, 2366 BGB erworbene Rechtsposition rückwirkend entfällt. Die Rückübereignung führt zu einem (automatischen) Rückfall des Eigentums an den ursprünglich Berechtigten. Das Eigentum an der Stereoanlage fällt an M zurück.

Ergebnis

Da M – nach der hier vertretenen Auffassung – Eigentümer der Stereoanlage ist, kann er sie von dem Besitzer S nach § 985 BGB herausverlangen. Ein Recht zum Besitz (§ 986 BGB) oder ein Zurückbehaltungsrecht steht S nicht zu.

V. Anspruch aus § 812 Abs. 1 S. 1 Alt. 2 BGB

Ein Anspruch des M gegen S auf Besitzüberlassung kann sich aus Nichtleistungskondiktion[31] gemäß § 812 Abs. 1 S. 1 Alt. 2 BGB ergeben.

Die Eingriffskondiktion wird hier (jedenfalls) durch die spezielleren Regeln des Besitzschutzes verdrängt. § 861 BGB beschreibt, wann eine erlangte Besitzposition zugunsten des Vorbesitzers aufzugeben ist. Wäre hier neben § 861 BGB das Kondiktionsrecht anwendbar, ließen sich die im Verhältnis zum Bereicherungsrecht engeren Voraussetzungen des § 861 BGB umgehen.[32] Der Anwendungsbereich der Nichtleistungskondiktion ist bei dieser Konstellation nicht eröffnet.

Ergebnis

M steht kein Anspruch nach § 812 Abs. 1 S. 1 Alt. 2 BGB zu.

B. Mittelbarer Anspruch des M gegen S nach § 285 Abs. 1 iVm § 2019 Abs. 1 BGB

M könnte gegen R ein Anspruch gemäß § 285 Abs. 1 BGB auf Abtretung eines Surrogationsanspruchs des R gegen S aus § 2019 Abs. 1 BGB zustehen. Nach Abtretung (§ 398 BGB) könnte M von S sodann Besitzüberlassung fordern.

I. Voraussetzungen des § 285 Abs. 1 BGB

Dies setzt zunächst voraus, dass im Verhältnis von M und R die Voraussetzungen des § 285 Abs. 1 BGB[33] erfüllt sind.

1. Schuldverhältnis

Zwischen M und E bestand ein Verwahrungsvertrag, § 688 BGB. Mit dem Tod der E ist R als wahrer Erbe in die Rechtsposition eingetreten, §§ 1922 Abs. 1, 1967 Abs. 1 BGB (Universalsukzession).

2. Unmöglichkeit, § 275 Abs. 1 BGB

Nach § 695 BGB kann der Hinterleger den Gegenstand jederzeit zurückfordern. Durch die Besitzergreifung des S wurde R die nach § 857 BGB erbte Besitzposition entzogen. Die Herausgabe der Stereoanlage ist dem Schuldner R folglich iSd § 275 Abs. 1 BGB unmöglich.[34]

Die Voraussetzungen des § 285 Abs. 1 BGB sind erfüllt. Daher kann M von R verlangen, dass R Ersatzansprüche, die er wegen des Besitzverlustes erlangt hat, an ihn abtritt.

> **Anspruch auf Abtretung eines Surrogationsanspruchs nach § 285 Abs. 1 iVm § 2019 Abs. 1 BGB**
> 1. Voraussetzungen des § 285 Abs. 1 BGB
>   a) Schuldverhältnis
>   b) Unmöglichkeit
> 2. Bestehen eines Ersatzanspruchs nach § 2019 Abs. 1 BGB

---

31 M hat das Vermögen des S nicht bewusst und zweckgerichtet gemehrt, so dass eine Leistungskondiktion nach § 812 Abs. 1 S. 1 Alt. 1 BGB nicht in Betracht kommt.
32 So zumindest im Grundsatz; anders kann es sein, wenn ein Recht zum Besitz besteht. Einzelheiten sind streitig, vgl. BRHP/*Fritzsche*, § 861 Rn. 14; Palandt/*Herrler*, § 861 Rn. 2; Erman/*Buck-Heeb*, § 812 Rn. 7.
33 Näher zu § 285 BGB BRHP/*Lorenz*, § 285 Rn. 7 ff.; *Lehman/Zschache*, JuS 2006, 502; siehe auch Fall 14, S. 362.
34 Allgemein zur Unmöglichkeit bei Fall 3, S. 67 f.

II. Bestehen eines Ersatzanspruchs

Damit kommt es darauf an, ob R gegen S ein Ersatzanspruch zusteht. In Betracht kommt ein Anspruch gemäß § 2018 BGB.[35]

Erbschaftsanspruch, §§ 2018 ff. BGB

I. Allgemeines

Auf den Erben geht im Wege der Gesamtrechtsnachfolge (Universalsukzession, § 1922 Abs. 1 BGB) das Vermögen des Erblassers als Ganzes über und er tritt nach § 857 BGB in die Besitzstellung des Erblassers ein. Demnach stehen dem Erben sämtliche **Einzelansprüche**, beispielsweise aus §§ 812 ff., 823 ff., 861, 985, 1007 BGB zu. Um den Erben von der Geltendmachung und dem Beweis der einzelnen Ansprüche zu entlasten, eröffnet § 2018 BGB dem Erben **zusätzlich** einen **Gesamtanspruch**.

Im Klageantrag müssen die herauszugebenden Gegenstände (wegen der Vollstreckbarkeit) einzeln und konkret bestimmt sein, § 253 Abs. 2 Nr. 2 ZPO. Bei der örtlichen Zuständigkeit ist § 27 ZPO zu berücksichtigen. Nach § 254 ZPO können Auskunfts- (§ 2027 Abs. 1 BGB) und Herausgabeanspruch mit der Stufenklage miteinander verbunden werden.

II. Voraussetzungen

1. Anspruchsberechtigt ist der **Erbe**, wobei sowohl der Allein- als auch der Miterbe (§ 2039 BGB), der Vor- und der Nacherbe (§ 2139 BGB) in Betracht kommen.

2. Anspruchsgegner ist der **Erbschaftsbesitzer**, also derjenige, welcher sich ein angebliches Erbrecht anmaßt, zB den Nachlass aufgrund eines unwirksamen Testaments übernommen hat. Kein Erbschaftsbesitzer ist, wer den Gegenstand aus anderen Gründen an sich genommen hat; so liegt es beim Vermächtnisnehmer oder dem vorläufigen Erben, der die Erbschaft iSd § 1953 BGB ausgeschlagen hat, § 1959 BGB.

3. Der Erbschaftsbesitzer kann sämtliche **Erbschaftsgegenstände** herausverlangen. Dazu zählen insbesondere der Besitz beweglicher und unbeweglicher Sachen sowie eine unrichtige Grundbuchposition. § 2019 Abs. 1 BGB erstreckt die Herausgabepflicht auf das rechtsgeschäftlich mit Mitteln der Erbschaft Erlangte, ordnet mithin **dingliche Surrogation** an. Schwierigkeiten wirft die Frage auf, ob nur ein wirksames Rechtsgeschäft die Surrogation erlaubt oder ob bereits die bloße Weggabe des Besitzes genügt. Die hM behilft sich damit, in der Annahme des Surrogats eine konkludente Genehmigung (§ 185 Abs. 2 S. 1 BGB) der Veräußerung durch den Erben zu sehen, vgl. Palandt/*Weidlich*, § 2019 Rn. 2.

III. Rechtsfolgen

Dem Erben stehen gemäß § 2020 BGB auch die gezogenen Nutzungen zu. Demgegenüber erhält der Erbschaftsbesitzer seine Verwendungen nach § 2022 BGB ersetzt. Soweit die Herausgabe nicht mehr möglich ist, haftet der Erbschaftsbesitzer iSd § 2021 BGB nach Bereicherungsrecht. Die strengere Haftung gemäß §§ 987 ff. BGB tritt bei Rechtshängigkeit des Erbschaftsgegenstands (§ 2023 BGB) oder Bösgläubigkeit des Erbschaftsbesitzers (§ 2024 BGB) ein.

---

35 Zum Erbschaftsanspruch Palandt/*Weidlich*, § 2018 Rn. 1 ff.; PWW/*Zimmer*, § 2018 Rn. 1 ff.; Erman/*Horn*, Vor § 2018 Rn. 1 ff.; *Olzen*, JURA 2001, 223 ff.; *Prütting*, JuS 2015, 205 ff.

1. § 2018 BGB

Der Anspruch aus § 2018 BGB setzt voraus, dass der Anspruchsteller Erbe und der Anspruchsgegner Erbschaftsbesitzer ist. Wahrer Erbe der E ist R. **Erbschaftsbesitzer** ist derjenige, der etwas aus dem Nachlass aufgrund eines ihm in Wirklichkeit nicht zustehenden Erbrechts erlangt hat. S hat hier den Besitz zuletzt aufgrund der Rückabwicklung des Geschäfts mit B erlangt, er ist deshalb kein Erbschaftsbesitzer. R steht folglich gegen S kein Anspruch gemäß § 2018 BGB zu.

2. § 2018 iVm § 2019 Abs. 1 BGB

S könnte den Besitz an der Stereoanlage im Wege **dinglicher Surrogation** erlangt haben.

Notwendig ist ein rechtsgeschäftlicher Erwerb des Ersatzgegenstandes mit Mitteln der Erbschaft. Eine Verfügung über Erbschaftsmittel liegt in der Veräußerung der Stereoanlage an B, weil an der Anlage ein zur Erbschaft gehörendes Besitzrecht bestand. Dingliche Surrogation nach § 2019 Abs. 1 BGB trat daher an den 4.250 EUR ein, die S von B für die Anlage erhalten hat. Damit fällt die Gegenleistung in den Nachlass. Diese Erbschaftsmittel waren wiederum Gegenstand der Rückabwicklung des Geschäfts mit B. S hat also mit Erbschaftsmitteln den Besitz an der Stereoanlage erhalten; die 4.250 EUR wurden wieder durch den Besitz ersetzt. Es handelt sich hier um einen Fall der sogenannten **Kettensurrogation**.[36]

R hat deshalb einen Anspruch gemäß § 2018 iVm § 2019 Abs. 1 BGB inne. Der wahre Erbe R kann von S die Verschaffung des Besitzes an der Stereoanlage fordern.

M steht gegen R ein Anspruch aus § 285 Abs. 1 BGB auf Abtretung (§ 398 S. 1 BGB) des Anspruchs zu, den R gemäß § 2018 iVm § 2019 Abs. 1 BGB gegen S innehat.

Ergebnis

Nach Abtretung kann M von S Einräumung des Besitzes an der Stereoanlage nach § 285 Abs. 1 iVm § 2019 Abs. 1 BGB verlangen.

---

36 Vgl. MüKoBGB/*Helms*, § 2019 Rn. 3; PWW/*Zimmer*, § 2019 Rn. 7.

> Aufbauschema **Erbschaftsanspruch nach § 2018 BGB**
> 1. Erbe als Anspruchsteller
> 2. Erbschaftsbesitzer als Anspruchsgegner
> 3. Erbschaftsgegenstand bzw. §§ 2019, 2020 BGB

> Dingliche Surrogation wirkt ipso iure, dh der Erbe wird unmittelbar ohne Zwischenerwerb des Erbschaftsbesitzers Inhaber der entsprechenden Rechtsposition.

> **§ 2019 BGB** umfasst auch aufeinanderfolgende Ersetzungsvorgänge, also eine Kettensurrogation.

16. Herausgabeanspruch, Übereignung beweglicher Sachen, Unmöglichkeit, Drittschadensliquidation

Sachverhalt

Die 16-jährige Hanna Huber (H) aus Erlangen möchte den 18-jährigen Bernd Bergmann (B) kennen lernen. Da sie weiß, dass er ein begeisterter Ski-Fahrer ist und am Wochenende eine Skitour im Bayerischen Wald unternimmt, leiht sie sich mit dem Einverständnis der Eltern von dem mit ihren Eltern bekannten Sven Schmidt (S) Ski im Wert von 400 EUR. Nach Ankunft im Bayerischen Wald stellt sie fest, dass Bernd Bergmann an diesem Wochenende einen Snowboardkurs belegt. Daraufhin wendet sie sich an den örtlichen Sportartikelhändler Ulrich Ubermann (U), der Hanna Huber für volljährig hält, und tauscht bei ihm die Ski gegen ein Snowboard im Wert von 410 EUR. Als Hanna Huber bei der Rückkehr ihren Eltern das Snowboard zeigt und ihnen von dem Tauschgeschäft erzählt, befürchten diese Ärger mit Sven Schmidt und verweigern ihr Einverständnis.

Bei dem Snowboardkurs haben sich Bernd Bergmann und Hanna Huber angefreundet. Nunmehr ergreift Bergmann die Initiative und bestellt bei Torsten Tucher (T) ein romantisches Abendessen zum Preis von 140 EUR. Das mehrgängige Menü soll bei Hanna Huber um 19.30 Uhr angeliefert werden. Da zu dieser Zeit niemand anzutreffen ist, bittet Torsten Tucher – nach telefonischer Rücksprache mit Bergmann – die Nachbarin Edeltraud Emsig (E), das Essen gefälligkeitshalber im Backofen warm zu halten. Als Hanna Huber zurückkommt und ihr Emsig die Speisen aushändigt, stellt sich heraus, dass Emsig entgegen der eindringlichen Hinweise des Tucher den Temperaturregler des Backofens versehentlich zu hoch eingestellt hatte. Das Essen ist deshalb ungenießbar und muss weggeworfen werden.

1. Sven Schmidt möchte in erster Linie seine Ski zurück. Steht ihm gegen Ulrich Ubermann ein Herausgabeanspruch zu? Welche Ansprüche kann Sven Schmidt gegen Hanna Huber geltend machen, wenn Ubermann die Ski im Laufe der nächsten Tage an einen unbekannten Touristen veräußert hat?

2. Besteht für Bernd Bergmann eine Möglichkeit, Edeltraud Emsig für ihr Verhalten haftbar zu machen?

Gliederung

Frage 1

A. Anspruch des S gegen U auf Herausgabe der Ski 397
    I. § 604 Abs. 4 BGB 397
    II. § 985 BGB 397
        1. Besitz des Anspruchsgegners U 397
        2. Eigentum des Anspruchstellers S 398
        Eigentumsübergang durch das Rechtsgeschäft zwischen H und U
        nach §§ 929 S. 1, 932 Abs. 1 BGB 398
            a) Einigung zwischen H und U 399
            b) Übergabe 403
            c) Einigsein im Zeitpunkt der Übergabe 403
            d) Berechtigung bzw. gutgläubiger Eigentumserwerb 404
            e) Kein Abhandenkommen nach § 935 Abs. 1 BGB 405
            f) Sonderkonstellation: Eigentumsübertragung durch nicht-
                berechtigter Minderjährige 406
    III. § 861 Abs. 1 iVm § 869 S. 1 BGB 407
    IV. § 1007 BGB 407
    V. § 823 Abs. 1 BGB 408
    VI. § 812 Abs. 1 S. 1 Alt. 1 und Alt. 2 BGB 408
    VII. § 816 Abs. 1 S. 2 BGB analog 408
    Problem: Analoge Anwendbarkeit bei rechtsgrundlosem Erwerb 408

B. Ansprüche des S gegen H 410
    I. Herausgabe des Snowboards 410
        1. § 285 Abs. 1 BGB 410
            a) Schuldverhältnis zwischen S und H 410
            b) Unmöglichkeit der Leistung 410
            c) Ersatzanspruch infolge der Unmöglichkeit 410
                Problem: Umfang des Erlangten 410
        2. § 816 Abs. 1 S. 1 BGB 411
    II. Schadensersatz für die Ski 412
        1. §§ 280 Abs. 1, 3, 283 BGB 412
        2. § 678 iVm § 687 Abs. 2 S. 1 BGB 412
        3. §§ 989, 990 Abs. 1 BGB 412
            Problem: Umwandlung von rechtmäßigem Fremd- in unbe-
            rechtigten Eigenbesitz 413
        4. § 823 Abs. 1 BGB 413
        5. § 823 Abs. 2 BGB iVm § 246 Abs. 1 StGB 414

Frage 2
    I. Anspruch des B gegen E aus § 823 Abs. 1 BGB 414
    II. Anspruch des B gegen E aus § 823 Abs. 1 BGB iVm §§ 285 Abs. 1,
    398 BGB 414
        1. Voraussetzungen des § 285 Abs. 1 BGB 414
            a) Schuldverhältnis 415
            b) Unmöglichkeit der Leistung 415
            c) Ersatzanspruch infolge der Unmöglichkeit 416
                aa) Schaden des T 416
                bb) Drittschadensliquidation 417
        2. Abtretung des Schadensersatzanspruchs 419

Lösungshinweise

Frage 1

A. Anspruch des S gegen U auf Herausgabe der Ski

I. § 604 Abs. 4 BGB

Nach § 604 Abs. 4 BGB könnte der Verleiher S von dem Dritten U die Ski herausverlangen, wenn sie die Entleiherin H dem U zum Gebrauch überlassen hat. So ist es jedoch nicht; H hat U die Ski nicht zum Gebrauch überlassen, sondern veräußert.
Ein Anspruch gemäß § 604 Abs. 4 BGB besteht nicht.

II. § 985 BGB

S könnte gegen U ein Anspruch auf Herausgabe der Ski nach § 985 BGB[1] zustehen.

> **Vindikationsanspruch, § 985 BGB**
>
> Der Anspruch ist auf Herausgabe gerichtet, also auf ein aktives Tun des Besitzers. Bewegliche Sachen sind zu übergeben, bei unbeweglichen ist der ungehinderte Zugang zu ermöglichen. Nach dem sachenrechtlichen Prinzip der Bestimmtheit muss der Gegenstand eine individualisierte, konkrete Sache sein. Herauszugeben ist der Ist-Zustand. Die Herausgabe hat grundsätzlich an dem Ort zu erfolgen, an dem sich die Sache befindet. Anspruchsgläubiger ist der Eigentümer. Miteigentümer können die Einräumung von Mitbesitz oder die Herausgabe an alle beanspruchen. Anspruchsgegner ist der unmittelbare oder mittelbare Eigen- oder Fremdbesitzer unabhängig von der Art des Besitzerwerbs. Der Besitzdiener ist gemäß § 855 BGB nicht Besitzer; Anspruchsgegner ist daher der Besitzherr und nicht der Besitzdiener.
> Während Ansprüche auf die Herausgabe beweglicher Sachen nach § 197 Abs. 1 Nr. 2 BGB in 30 Jahren verjähren, ist die Verjährung bei unbeweglichen Sachen gemäß § 902 Abs. 1 S. 1 BGB ausgeschlossen, sofern das Eigentum im Grundbuch eingetragen ist.
> Eine Besonderheit regelt **§ 241a BGB**. Danach sind bei der Lieferung unbestellter Sachen von einem Unternehmer (§ 14 BGB) an einen Verbraucher (§ 13 BGB) Ansprüche gegen den Verbraucher ausgeschlossen. Unbestellt sind Waren, welche ohne aktives Verhalten des Verbrauchers zugeleitet werden. Der Anspruchsausschluss des § 241a Abs. 1 BGB bezieht sich auf vertragliche und (nach herrschender Einschätzung) auch auf gesetzliche Ansprüche, umfasst also §§ 985, 812 BGB. Eigentum und Besitz fallen somit dauerhaft auseinander. Inwieweit dem Unternehmer im Einzelfall mittels § 242 BGB eine Abholungsmöglichkeit zuzugestehen ist, hängt von den Umständen des jeweiligen Falles ab (vgl. PWW/*Englert*, § 985 Rn. 24).

> Zu unterscheiden sind allein aus dem entzogenen Besitz abgeleitete (possessorische) Ansprüche wie §§ 861, 862 BGB und auf das Eigentum gestützte (petitorische) wie § 985 BGB.

1. Besitz des Anspruchsgegners U

U hat die tatsächliche Sachherrschaft (§ 854 Abs. 1 BGB) über die Sache (§ 90 BGB) und ist deshalb Besitzer.

---

[1] Vgl. auch Fall 17, S. 423 ff.; näher BRHP/*Fritzsche*, § 985 Rn. 4 f.; MüKoBGB/*Baldus*, § 985 Rn. 3 f.; *Mylich*, JuS 2014, 298, 299 f.; *Magnus/Wais*, NJW 2014, 1270 ff.

2. Eigentum des Anspruchstellers S

S müsste Eigentümer der Ski sein. Ursprünglicher Eigentümer war S. Er könnte sein Eigentum durch das Geschäft zwischen H und U gemäß **§§ 929 S. 1, 932 Abs. 1 S. 1 BGB** verloren haben.

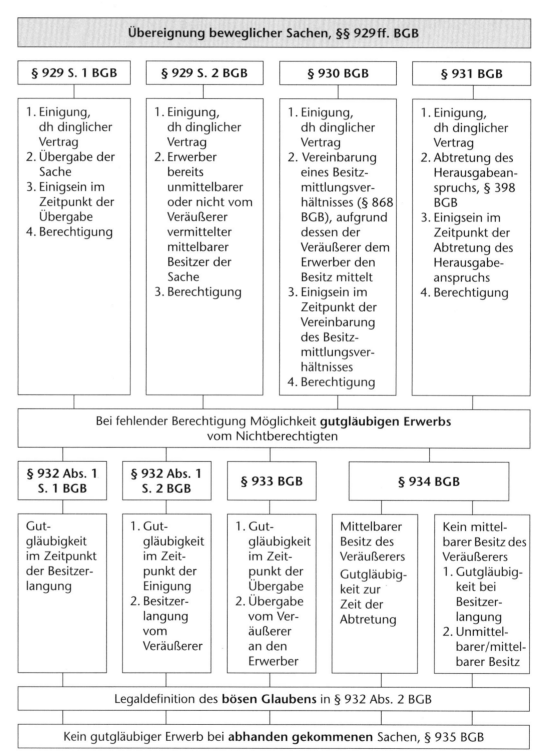

a) Einigung zwischen H und U

Für einen Eigentumsübergang nach §§ 929 S. 1, 932 Abs. 1 S. 1 BGB müssten H und U einen dinglichen Vertrag in Form von Angebot und Annahme iSd §§ 145 ff. BGB geschlossen haben.

Aufbauschema **Gutgläubiger Eigentumserwerb nach §§ 929 S. 1, 932 Abs. 1 BGB**
1. Einigung
2. Übergabe, dh Übertragung des Besitzes
3. Einigsein im Zeitpunkt der Übergabe
4. Gutgläubigkeit nach § 932 Abs. 2 BGB
5. Kein Abhandenkommen, § 935 BGB

Einigung iSd § 929 S. 1 BGB
Die Einigung nach § 929 S. 1 BGB ist ein dinglicher Vertrag, für den die allgemeinen Regeln über Rechtsgeschäfte gelten, also zB §§ 145 ff., 164 ff. BGB. Die Einigung muss sich auf eine konkrete Sache und einen bestimmten Erwerber beziehen. Der **Bestimmtheitsgrundsatz** ist gewahrt, wenn ein Dritter die zu übereignende Sache von anderen unterscheiden kann. Das ist der Fall, wenn sich die Einigung auf Waren einer bestimmten Gattung bezieht, die in einem bestimmten Raum lagern (Raumsicherungsklausel), oder bei in bestimmter Weise gekennzeichneten Waren (Markierungsklausel). Bei der vorweggenommenen (antizipierten) Einigung genügt es, wenn die Sache erst bei der Übergabe individualisiert wird.
Die dingliche Einigung bei beweglichen Sachen kann – anders als bei der Grundstücksauflassung – mit **Bedingungen** (§ 158 BGB) verknüpft werden; so ist es beispielsweise beim Eigentumsvorbehalt (vgl. Fall 18, S. 466 ff.). Mit Bedingungen verknüpft ist regelmäßig auch der Eigentumserwerb bei Automatengeschäften. Dementsprechend liegt in der Aufstellung eines Verkaufsautomaten ein stillschweigend abgegebenes Einigungsangebot ad incertas personas, das bedingt ist durch den Einwurf gültigen Geldes in einer bestimmten Höhe (BRHP/*Kindl*, § 929 Rn. 19). Auch bei Selbstbedienungstankstellen geht die hM davon aus, dass die an der Zapfsäule erfolgte dingliche Einigung mit der Bedingung der vollständigen Zahlung an der Kasse verknüpft ist (Erman/*Bayer*, § 929 Rn. 37; zum Zeitpunkt des Kaufvertragsabschlusses BGH NJW 2011, 2871).

Die Willenserklärung der 16-jährigen H könnte wegen ihrer **beschränkten Geschäftsfähigkeit** (§§ 2, 106 BGB) unwirksam sein.[2]

Beschränkte Geschäftsfähigkeit, §§ 106 ff. BGB
Beschränkt geschäftsfähig ist nach §§ 2, 106 BGB derjenige, der das siebente, nicht jedoch das achtzehnte Lebensjahr vollendet hat (ausführlich *Lorenz*, JuS 2010, 11 ff.).

I. Wirksamkeit der Rechtsgeschäfte des Minderjährigen
1. Rechtlich lediglich vorteilhafte und neutrale Geschäfte
Nach § 107 BGB können Minderjährige Willenserklärungen wirksam abgeben, durch die sie lediglich einen rechtlichen Vorteil erlangen. Ohne Bedeutung ist dabei, ob die Willenserklärung wirtschaftlich vorteilhaft ist (*Brox/Walker*, Allgemeiner Teil, § 12 Rn. 15; *Keller/Purnhagen*, JA 2006, 844, 847; *Coester-Waltjen*, JURA 1994, 668). So stellt auch ein Kauf zu einem günstigen Kaufpreis keinen rechtlichen Vorteil dar, weil auch dieser als rechtlichen Nachteil die Kaufpreisverpflichtung beinhaltet. Dasselbe gilt für alle weiteren gegenseitigen Verträge sowie für unvollkommen zweiseitig verpflichtende Verträge, auch wenn letztgenannte unentgeltlich sind (*Lorenz*, JuS 2010, 11, 12). Hiervon ausgenommen sind einseitig verpflichtende Verträge wie die Schenkung (§ 516 BGB), sofern der Minderjährige nicht der verpflichtete Vertragsteil ist und als Begünstigter frei von Auflagen bleibt (*Brox/Walker*, Allgemeiner Teil, § 12 Rn. 18).

---

2 *Brox/Walker*, Allgemeiner Teil, § 12 Rn. 1 ff.; Palandt/*Ellenberger*, § 107 Rn. 1 ff.; *Flume*, NZG 2014, 17 f. Zu nur anfänglich kostenlosen Verträgen *Latzel/Zöllner*, NJW 2019, 1031 ff.

Beschränkte Geschäftsfähigkeit, §§ 106 ff. BGB *(Fortsetzung)*

Neutrale Geschäfte beschränkt Geschäftsfähiger
- sind nach § 107 BGB analog zustimmungsfrei,
- weil Minderjährige insoweit nicht schutzbedürftig sind.

Beispiele:
– Rechtsgeschäfte, die der Minderjährige als Stellvertreter vornimmt, § 165 BGB
– Veräußerung einer fremden Sache
– Leistungsbestimmung, § 317 BGB

Verfügungsgeschäfte zugunsten des beschränkt Geschäftsfähigen sind dagegen rechtlich vorteilhaft. Dingliche Belastungen (zB Grundpfandrechte, Vorkaufsrecht) schaden nicht, weil sie sich auf die Sache beziehen und den Minderjährigen nicht persönlich belasten. Gleiches gilt für öffentliche Lasten (Steuern, Abgaben), weil diese sich typischerweise aus den laufenden Erträgen des Grundstücks decken lassen (vgl. BGH NJW 2005, 415f.; *Lamberz*, ZEV 2014, 187ff.).

Den rechtlich lediglich vorteilhaften Rechtsgeschäften werden solche, die weder Vorteil noch Nachteil bringen, gleichgestellt. Ein solches sogenanntes neutrales Geschäft ist die Willenserklärung als Stellvertreter, § 165 BGB.

2. Einwilligung und Genehmigung, §§ 107, 108 Abs. 1 BGB

Die Willenserklärungen des Minderjährigen, die diesem rechtliche Nachteile einbringen, sind nur mit der Einwilligung seines gesetzlichen Vertreters (das heißt seiner Eltern, §§ 1626ff. BGB, seines Vormunds §§ 1773ff. BGB oder Pflegers §§ 1909ff. BGB) wirksam. Einwilligung ist die vorherige Zustimmung, § 183 S. 1 BGB.

Ist das Geschäft für ihn nicht lediglich rechtlich vorteilhaft und fehlt zudem die Einwilligung des gesetzlichen Vertreters, ist der Vertrag nach § 108 Abs. 1 BGB zunächst schwebend unwirksam. Mit der Genehmigung (nachträgliche Zustimmung, § 184 Abs. 1 BGB) wird er wirksam. Nach § 184 Abs. 1 BGB wirkt die Genehmigung auf den Zeitpunkt der Vornahme des Rechtsgeschäfts zurück, so dass der Vertrag dann als von Anfang an (ex tunc) wirksam gilt. Eine Verweigerung dagegen hat die Unwirksamkeit des Vertrages zur Folge.

Gemäß § 182 Abs. 1 BGB kann die Zustimmung gegenüber dem beschränkt Geschäftsfähigen oder gegenüber dem Vertragspartner erklärt werden.

3. Eintritt der unbeschränkten Geschäftsfähigkeit, § 108 Abs. 3 BGB

Wird der Minderjährige in der Schwebezeit volljährig, kann er nach § 108 Abs. 3 BGB selbst die Genehmigung erteilen. Der schwebend unwirksame Vertrag wird nicht automatisch mit seiner Volljährigkeit wirksam. Eine konkludente Genehmigung ist dann anzunehmen, wenn er erkennbar an dem Vertrag festhalten will (PWW/*Völzmann-Stickelbrock*, § 108 Rn. 6).

4. Verkürzung der Schwebezeit durch Aufforderung, § 108 Abs. 2 BGB

Ein Anspruch gegen den gesetzlichen Vertreter auf Erteilung der Genehmigung steht weder dem Vertragspartner noch dem Minderjährigen zu (PWW/*Völzmann-Stickelbrock*, § 108 Rn. 4). Nach § 108 Abs. 2 BGB kann der Vertragspartner die Schwebezeit verkürzen, indem er den gesetzlichen Vertreter zur Erklärung über die Genehmigung auffordert. Kommt dieser der Aufforderung nicht binnen zwei Wochen nach, gilt die Genehmigung als verweigert, § 108 Abs. 2 S. 2 BGB.

Die Aufforderung ist eine einseitige empfangsbedürftige Erklärung, die formlos erfolgen kann; sie ist keine Willenserklärung, weil ihre Rechtsfolgen unabhängig vom Willen des Erklärenden kraft Gesetzes eintreten. Sie ist nur dann zulässig, wenn eine Genehmigung erforderlich ist. Ist der Vertragspartner nur im Zweifel darüber, ob der Minderjährige mit Einwilligung des gesetzlichen Vertreters nach § 107 BGB gehandelt hat, ist der Anwendungsbereich von § 108 Abs. 2 BGB nicht eröffnet (PWW/*Völzmann-Stickelbrock*, § 108 Rn. 4). Der gesetzliche Vertreter kann die Genehmigung oder ihre Verweigerung nur noch gegenüber dem Vertragspartner des Minderjährigen erklären, wenn die Aufforderung an ihn erfolgt ist.

5. Beendigung der Schwebezeit, § 109 BGB

Der Vertragspartner kann die Schwebezeit durch Widerruf auch gegenüber dem Minderjährigen beenden, solange die Genehmigung nicht erteilt wurde. Der Widerruf führt zur endgültigen Unwirksamkeit des Vertrages.

Beschränkte Geschäftsfähigkeit, §§ 106 ff. BGB *(Fortsetzung)*

Nach § 109 Abs. 2 BGB setzt der Widerruf voraus, dass der Vertragspartner keine Kenntnis von der Minderjährigkeit hatte; hat der Vertragspartner die Minderjährigkeit gekannt, ist ihm der Widerruf verwehrt. Maßgeblich ist positive Kenntnis; fahrlässige Unkenntnis steht einem Widerruf nicht entgegen. Der Vertragspartner ist nicht verpflichtet, Nachforschungen im Hinblick auf die Minderjährigkeit seines Gegenübers anzustellen (Palandt/*Ellenberger*, § 109 Rn. 4; MüKoBGB/*Spickhoff*, § 109 Rn. 5).

Zum Widerruf ist der Vertragspartner gemäß § 109 Abs. 2 Hs. 2 BGB hingegen nicht berechtigt, wenn ihm die Minderjährigkeit oder die Anordnung des Einwilligungsvorbehalts bekannt war. Das gilt aber dann nicht, wenn der Minderjährige wahrheitswidrig eine erforderliche Einwilligung behauptet hat und ihm die Unrichtigkeit dieser Behauptung bei Vertragsschluss nicht bekannt war.

6. Taschengeldparagraph, § 110 BGB

Eine besondere Einwilligungsform stellt der sogenannte Taschengeldparagraph (§ 110 BGB) dar (näher *Piras/Stieglmeier*, JA 2014, 893 ff.). Nach dieser Vorschrift gilt ein ohne Zustimmung des gesetzlichen Vertreters geschlossener Vertrag als wirksam, wenn der Minderjährige die vertragsgemäße Leistung mit Mitteln (Geld und andere Vermögensgegenstände) bewirkt, die ihm zur freien Verfügung oder zu einem bestimmen Zweck überlassen worden sind.

An eine bestimmte Form ist die Überlassung nicht gebunden (MüKoBGB/*Spickhoff*, § 110 Rn. 28). Zur freien Verfügung ist das Geld überlassen, wenn beispielsweise ein Taschengeldkonto besteht. Damit die **Erziehungsfunktion** des § 110 BGB nicht unterlaufen wird, bedarf es zusätzlich der Zustimmung des gesetzlichen Vertreters, wenn ein Dritter einem Minderjährigen Mittel zu einem bestimmten Zweck oder zur freien Verfügung überlassen will (Palandt/*Ellenberger*, § 110 Rn. 2; MüKoBGB/*Spickhoff*, § 110 Rn. 27).

Bewirkt ist das Geschäft, wenn der beschränkt Geschäftsfähige die ihm nach dem Vertrag obliegende Leistung vollständig erfüllt hat. Eine bloße Anzahlung genügt nicht (PWW/*Völzmann-Stickelbrock*, § 110 Rn. 2, 4; Palandt/*Ellenberger*, § 110 Rn. 4). Sind erst Teilleistungen erbracht, führt das nur dann zur Teilwirksamkeit des Vertrages, wenn Leistung und Gegenleistung teilbar sind; im Übrigen kommt es auf die Leistung der letzten Rate an.

Die Einwilligung des gesetzlichen Vertreters ist nach § 183 S. 1 BGB bis zur Erfüllung widerruflich. Dem anderen Teil steht in entsprechender Anwendung des § 109 BGB ebenfalls ein Widerrufsrecht zu (Palandt/*Ellenberger*, § 110 Rn. 4; MüKoBGB/*Spickhoff*, § 110 Rn. 35; aA Soergel/*Hefermehl*, § 110 Rn. 7).

II. Wirksamkeit von Willenserklärungen gegenüber einem Minderjährigen, § 131 Abs. 2 BGB

§ 131 Abs. 2 iVm Abs. 1 BGB regelt das Wirksamwerden von Willenserklärungen, die gegenüber einer beschränkt geschäftsfähigen Person abgegeben werden. Eine solche Erklärung wird wirksam, wenn sie dem gesetzlichen Vertreter zugeht (zur zufälligen Kenntnisnahme durch den gesetzlichen Vertreter siehe *Boemke/Schönfelder*, JuS 2013, 7, 9 f.). Geht die Erklärung dem Minderjährigen zu, wird sie nur dann wirksam, wenn diese ihm einen lediglich rechtlichen Vorteil bringt oder der gesetzliche Vertreter eingewilligt hat.

III. Teilgeschäftsfähigkeit

Für die in §§ 112, 113 BGB geregelten Rechtsgeschäfte sind Minderjährige voll geschäftsfähig (partiell unbeschränkte Geschäftsfähigkeit).

> **Beschränkte Geschäftsfähigkeit, §§ 106 ff. BGB** *(Fortsetzung)*
>
> **1. Betrieb eines Erwerbsgeschäfts, § 112 BGB**
>
> Mit Genehmigung des Familiengerichts kann der gesetzliche Vertreter den Minderjährigen zum selbständigen Betrieb eines Erwerbsgeschäfts ermächtigen. In diesem Fall ist dieser für Rechtsgeschäfte unbeschränkt geschäftsfähig, welche der Geschäftsbetrieb mit sich bringt, § 112 Abs. 1 S. 1 BGB. Der Zustimmung seines gesetzlichen Vertreters bedarf es dann nicht mehr; ebenso wenig kann der gesetzliche Vertreter fortan für ihn wirksam handeln. Allerdings gilt die Teilgeschäftsfähigkeit nicht für solche Rechtsgeschäfte, zu denen der Vertreter der Genehmigung des Familiengerichts bedarf, §§ 112 Abs. 1 S. 2, 1643, 1821 f. BGB.
>
> Nach § 112 Abs. 2 BGB kann der Vertreter die Ermächtigung nur mit Genehmigung des Familiengerichts zurücknehmen.
>
> **2. Dienst- oder Arbeitsverhältnis, § 113 BGB**
>
> Nach § 113 Abs. 1 S. 1 BGB kann der gesetzliche Vertreter den Minderjährigen ermächtigen, in Dienst oder Arbeit zu treten. Gemeint ist der Abschluss eines Dienst-, Arbeits- oder Werkvertrages. Nicht hierzu zählen Berufsausbildungsverträge und Praktikumsabreden, weil hier nicht der Erwerbs-, sondern der Ausbildungszweck im Mittelpunkt steht (Palandt/*Ellenberger*, § 113 Rn. 2).
>
> Umfasst sind die typischen Rechtsgeschäfte mit dem Arbeitgeber, also neben dem Vertragsabschluss beispielsweise Lohnabreden und Kündigungen. Auch Rechtsgeschäfte mit Dritten unterfallen § 113 Abs. 1 S. 1 BGB, sofern sie für das Arbeitsverhältnis typisch sind. Das sind beispielsweise die Eröffnung eines Lohn- und Gehaltskontos, der Gewerkschaftsbeitritt oder der Abschluss eines Beförderungsvertrages (im Einzelnen streitig, vgl. MüKoBGB/*Spickhoff*, § 113 Rn. 19 ff.).
>
> Die Ermächtigung kann von dem Vertreter zurückgenommen oder eingeschränkt werden. Gemäß der Auslegungsregel des § 113 Abs. 4 BGB berechtigt die für den Einzelfall erteilte Ermächtigung im Zweifel zur Eingehung von gleichartigen Beschäftigungsverhältnissen. Die Gleichartigkeit beurteilt sich nach der Verkehrsauffassung; nicht entscheidend ist die Rechtsnatur des Vertrages (MüKoBGB/*Spickhoff*, § 113 Rn. 35 f.).

Eine Zustimmung (Einwilligung nach § 107 BGB oder Genehmigung iSd § 108 Abs. 1 BGB) der gesetzlichen Vertreter, also der Eltern (§§ 1626 Abs. 1 S. 1, 1629 Abs. 1 S. 1 BGB), fehlt.

Die Willenserklärung könnte allerdings nach **§ 107 BGB** (ohne Zustimmung) wirksam sein, wenn das Rechtsgeschäft der H **lediglich einen rechtlichen Vorteil** bringt. Die Einigung nach § 929 S. 1 BGB bezieht sich auf die Eigentumsübertragung an U und bringt deshalb der H keinen rechtlichen Vorteil. Für H ist mit dem Rechtsgeschäft jedoch auch kein rechtlicher Nachteil verbunden, weil H nicht Eigentümerin der Ski ist und durch das Rechtsgeschäft keine eigene Rechtsposition aufgibt. Es handelt sich für H um ein **rechtlich neutrales Geschäft**.

Damit ist die Frage zu beantworten, ob eine Willenserklärung mit rechtlich neutralem Bezug nach § 107 BGB zustimmungsfrei ist. Möglich wäre eine analoge Anwendung der Privilegierungsvorschrift: Die Existenz neutraler Geschäfte ist vom Gesetzgeber übersehen worden (planwidrige Gesetzeslücke). Der Sinn und Zweck der §§ 106 ff. BGB, den Minderjährigen vor dem Verlust von Rechten oder der Begründung von Pflichten zu bewahren, entfällt bei neutralen Geschäften (Vergleich der Interessenlage), so dass eine Analogie gerechtfertigt ist. Neutrale, indifferente Geschäfte sind wie lediglich rechtlich vorteilhafte Geschäfte zu behandeln.[3] Die Willenserklärung der H ist demnach gemäß § 107 BGB analog wirksam.

H und U haben sich über den Eigentumsübergang gemäß § 929 S. 1 BGB geeinigt.

b) Übergabe

U müssten die Ski von H übergeben worden sein.

Übergabe iSd § 929 S. 1 BGB
Dem Traditionsprinzip folgend meint Übergabe die Übertragung des (unmittelbaren oder mittelbaren) Besitzes vom Veräußerer auf den Erwerber. Die Übergabe dient zudem der **Publizität** der dinglichen Rechtsänderung und bildet die Grundlage für die Eigentumsvermutung des **§ 1006 BGB**. Übergabe ist die Verschaffung der tatsächlichen Sachherrschaft über den Gegenstand iSd **§ 854 Abs. 1 BGB** und stellt daher einen Realakt dar. Nach § 854 Abs. 2 BGB genügt die Einigung über den Besitzerwerb, wenn der Erwerber in der Lage ist, die Gewalt über die Sache ohne weiteres auszuüben. Eine Übergabe gemäß § 929 S. 1 BGB ist von folgenden **Voraussetzungen** abhängig: 1. Dauerhafte Aufgabe jeglicher (unmittelbarer und mittelbarer) Besitzposition des Veräußerers 2. Besitzübertragung auf den Erwerber, wobei eine Übertragung auf Besitzdiener, Besitzmittler oder Geheißperson genügt. 3. Besitzwechsel mit Willen des Veräußerers Die Übergabe kann ersetzt werden durch **Übergabesurrogate**. Dazu zählen die Vereinbarung eines Besitzmittlungsverhältnisses (Besitzkonstitut) nach § 930 BGB sowie die Abtretung des Herausgabeanspruchs gemäß § 931 BGB.

Übergabe bedeutet die **Verschaffung der tatsächlichen Sachherrschaft** (§ 854 Abs. 1 BGB). Dieser Realakt ist unabhängig von der beschränkten Geschäftsfähigkeit iSd §§ 106 ff. BGB; für die Wirksamkeit genügt die natürliche Einsichtsfähigkeit.

H hat die Ski dem U ausgehändigt.

> Die Übergabe dient der Wahrung des Publizitätsprinzips und stellt einen Realakt dar. Geschäftsfähigkeit ist nicht erforderlich, es genügt der natürliche Wille.

c) Einigsein im Zeitpunkt der Übergabe

Zur Zeit der Vollendung des Rechtserwerbs müssten sich H und U über den Übergang des Eigentums an den Ski einig gewesen sein.

Einigsein iSd § 929 S. 1 BGB
Einigung und Übergabe können zeitlich auseinanderfallen. § 929 S. 1 BGB gibt für diesen Fall vor, dass sich Veräußerer und Erwerber bei der Vollendung des Rechtserwerbs, also beispielsweise einer nachfolgenden Übergabe noch einig sind. Auch zum Übergabezeitpunkt müssen demgemäß die rechtsgeschäftlichen Voraussetzungen für eine wirksame Einigung noch bestehen. Die **Einigung** ist bis zur Vollendung des Rechtserwerbs **nicht bindend**, wie sich aus einem Umkehrschluss aus § 873 Abs. 2 und § 956 Abs. 1 S. 2 BGB ergibt. Der Veräußerer kann seine Einigungserklärung bis zur Übergabe der Sache **widerrufen**, also insbesondere nachträglich einen Eigentumsvorbehalt veranlassen, indem er seine unbedingte Einigung widerruft und eine aufschiebend bedingte anbietet (vgl. Fall 18, S. 466 ff.).

---

3 HM, vgl. nur *Musielak/Hau*, GK BGB, Rn. 335 f.; Palandt/*Ellenberger*, § 107 Rn. 7; MüKoBGB/ *Spickhoff*, § 107 Rn. 54 ff., mwN; aA *Braun*, JURA 1993, 459, dessen Betonung eventueller Haftungsfolgen aber wegen deren Mittelbarkeit und vor allem wegen § 165 BGB nicht überzeugt.

H und U waren sich im Zeitpunkt der Übergabe einig über die Eigentumsübertragung.

d) Berechtigung bzw. gutgläubiger Eigentumserwerb

aa) Berechtigung

Außerdem erfordert ein Eigentumserwerb nach § 929 S. 1 BGB, dass der Veräußerer zur Eigentumsübertragung berechtigt ist.

Berechtigung iSd § 929 S. 1 BGB

Der Eigentumserwerb vom Berechtigten iSd §§ 929, 930, 931 BGB setzt die Verfügungsbefugnis des Veräußerers voraus. Verfügungsbefugt ist der Inhaber des dinglichen Rechts, mithin der **Eigentümer** der Sache oder dessen **Stellvertreter**. Zudem ist verfügungsberechtigt, wer gemäß **§ 185 BGB** mit Zustimmung des Berechtigten im eigenen Namen über die Sache verfügt. Die Berechtigung zur Eigentumsübertragung kann sich auch aus Gesetz ergeben, zB §§ 2205, 2211 BGB (Testamentsvollstrecker), §§ 80, 81 InsO (Insolvenzverwalter).
Die Verfügungsbefugnis des Berechtigten kann durch **absolute** (zB §§ 134, 1365, 1369 BGB) oder durch **relative** (zB §§ 135, 136, 161 BGB) **Verfügungsverbote** eingeschränkt sein. Bei absoluten Verfügungsverboten scheidet ein gutgläubiger Erwerb aus (absolute Unwirksamkeit), bei relativen finden die Vorschriften über den gutgläubigen Erwerb kraft gesetzlicher Verweisung entsprechende Anwendung (relative Unwirksamkeit).
Die Verfügungsbefugnis muss **bei Vollendung des Erwerbstatbestandes** bestehen. Verliert der Veräußerer die Verfügungsbefugnis vor der Übergabe, scheidet § 929 S. 1 BGB aus; möglich bleibt ein gutgläubiger Erwerb.

Die Berechtigung der H zur Übereignung fehlt. Sie ist weder Eigentümerin der Ski, noch nach §§ 164 ff. BGB oder § 185 Abs. 1 BGB zur Übereignung befugt.

bb) Gutgläubiger Eigentumserwerb

Möglich bleibt für U ein Eigentumserwerb kraft guten Glaubens gemäß §§ 929 S. 1, 932 Abs. 1 S. 1 BGB.

Guter Glaube iSd § 932 Abs. 2 BGB

Die Möglichkeit des gutgläubigen Eigentumserwerbs nach §§ 932 bis 934 BGB dient dem **Verkehrsschutzinteresse**. Voraussetzungen sind neben der fehlenden Berechtigung des Veräußerers das Bestehen eines Verkehrsgeschäfts und der gute Glaube des Erwerbers iSd § 932 Abs. 2 BGB.
Ein **Verkehrsgeschäft** erfordert ein Rechtsgeschäft, bei dem auf der Erwerberseite mindestens eine Person steht, die (auch bei wirtschaftlicher Sichtweise) nicht zugleich auch der Veräußererseite zuzurechnen ist. Ausgeschlossen sind danach zum einen gesetzliche Erwerbstatbestände und der Erwerb kraft Hoheitsakt sowie zum anderen Rechtsgeschäfte mit wirtschaftlicher Identität von Veräußerer und Erwerber. Letzteres wird beispielsweise angenommen, wenn der Alleingesellschafter einer Kapitalgesellschaft dieser unberechtigt eine Sache übereignet.
Gemäß **§ 932 Abs. 2 BGB** ist der Erwerber bösgläubig, wenn ihm bekannt oder infolge grober Fahrlässigkeit unbekannt ist, dass der Gegenstand nicht dem Veräußerer gehört. **Grob fahrlässig** handelt, wer die bei dem entsprechenden Erwerbsvorgang erforderliche Sorgfalt in ungewöhnlichem Maß verletzt und das unbeachtet lässt, welches im gegebenen Fall jedem hätte einleuchten müssen.

Guter Glaube iSd § 932 Abs. 2 BGB *(Fortsetzung)*
Es besteht keine allgemeine Informations- oder Prüfungspflicht; außergewöhnlichen Umständen und Verdachtsmomenten (zB auffällig niedrige Preise, Straßenverkauf hochwertiger Güter) hat der Erwerber aber nachzugehen. Grob fahrlässig handelt beispielsweise, wer sich beim Kauf eines Gebrauchtfahrzeugs nicht die Zulassungsbescheinigung Teil II (Kfz-Brief) vorlegen lässt (weitere Beispiele bei Palandt/*Herrler*, § 932 Rn. 11 ff.). Der gute Glaube muss zur Zeit der Vornahme des letzten Erwerbsaktes, also der **Vollendung des Rechtserwerbs** bestehen. Bei einer bedingten Einigung ist auf Einigung und Übergabe abzustellen; der gute Glaube muss nicht auch noch zur Zeit des Bedingungseintritts vorliegen. Bösgläubigkeit bei der Zahlung der letzten Rate schadet also beim Eigentumsvorbehalt beispielsweise nicht. Der Formulierung in § 932 Abs. 1 S. 1 BGB („es sei denn, dass") ist zu entnehmen (**Beweislastregel**), dass derjenige, welcher die Gutgläubigkeit bestreitet, die tatsächlichen Umstände, welche die Bösgläubigkeit des Erwerbers begründen, darzulegen und zu beweisen hat. **§ 366 Abs. 1 HGB** schützt den guten Glauben an die Verfügungsbefugnis eines unberechtigt verfügenden Kaufmanns. Der Erwerber weiß zwar, dass der Veräußerer nicht Eigentümer ist, glaubt aber an eine ihm eingeräumte Verfügungsbefugnis.

Nach der **Legaldefinition in § 932 Abs. 2 BGB** ist der Erwerber bösgläubig, wenn er weiß oder infolge grober Fahrlässigkeit nicht weiß, dass der Veräußerer nicht Eigentümer ist. Lassen sich die tatsächlichen Umstände nicht feststellen, ist auf die Vermutung des **§ 1006 Abs. 1 S. 1 BGB** zurückzugreifen.[4]

Gutgläubiger Eigentumserwerb nach §§ 929 S. 1, 932 Abs. 1 S. 1 BGB

Eigentumsvermutung nach § 1006 BGB
§ 1006 BGB gilt nur für bewegliche Sachen und begründet für den unmittelbaren Besitzer die widerlegliche Vermutung der Eigentümerstellung, sofern nicht gemäß § 1006 Abs. 3 BGB mittelbarer Besitz besteht. § 1006 Abs. 2 BGB erstreckt die Vermutung auch auf früheren Besitz. **Inhalt der Vermutung** ist, dass der Besitzer bei Erwerb des Besitzes Eigenbesitz und damit zugleich unbedingtes Eigentum begründete sowie dieses während der Besitzdauer behielt (BGH NJW 1994, 939, 940). Die Vermutung wirkt nur **zu Gunsten** des Besitzers, kann also nicht bei Ansprüchen gegen den Besitzer nachteilig angewendet werden. Die Vermutung ist **widerleglich**. Sie kann gegenüber einem früheren Besitzer nach § 1006 Abs. 1 S. 2 BGB durch den Beweis des Abhandenkommens widerlegt werden. Zudem ist der Beweis des Gegenteils iSd § 292 ZPO möglich.

Für U bestand angesichts des Besitzes der H (§ 1006 Abs. 1 S. 1 BGB) kein Anlass, an der Eigentümerstellung der H zu zweifeln, § 932 Abs. 2 BGB. U war gutgläubig.

e) Kein Abhandenkommen

Ein gutgläubiger Eigentumserwerb ist nur an Sachen möglich, die nicht gemäß § 935 Abs. 1 S. 1 BGB abhanden gekommen[5] sind, das heißt, S darf seinen Besitz an den Ski nicht ohne seinen Willen verloren haben.

---

4 Zur Anwendung der Vermutungsregeln in §§ 891, 1006, 2365 BGB bei der Fallbearbeitung siehe *Medicus/Petersen*, Bürgerliches Recht, Rn. 546.
5 Vgl. BRHP/*Kindl*, § 935 Rn. 3 ff.; PWW/*Prütting*, § 935 Rn. 3 ff.

> **Abhandenkommen iSd § 935 Abs. 1 BGB**
>
> Gutgläubiger Erwerb von Nichtberechtigten gemäß §§ 932 bis 934 BGB ist ausgeschlossen, wenn die Sache dem Eigentümer gestohlen worden, verloren gegangen oder sonst abhanden gekommen war, § 935 Abs. 1 S. 1 BGB. § 935 Abs. 2 BGB nimmt von dieser Regelung Geld und Inhaberpapiere sowie öffentlich versteigerte Gegenstände aus.
>
> Abhandengekommen ist eine Sache, wenn der Eigentümer oder sein Besitzmittler (§ 935 Abs. 1 S. 2 BGB) den unmittelbaren Besitz **ohne seinen Willen** (nicht notwendigerweise gegen seinen Willen) verloren hat. Der unfreiwillige Besitzverlust des Besitzmittlers ist allerdings unschädlich, wenn dies mit dem Willen des Eigentümers geschah.
>
> Maßgebend ist der **natürliche** und nicht der rechtsgeschäftliche **Wille**, so dass Irrtum, Täuschung oder Drohung nach hM an einer freiwilligen Weggabe nichts ändern (PWW/*Prütting*, § 935 Rn. 5; MüKoBGB/*Oechsler*, § 935 Rn. 7). Bei Geschäftsunfähigen ist stets § 935 Abs. 1 S. 1 BGB zu bejahen, bei beschränkt Geschäftsfähigen ist im konkreten Einzelfall zu prüfen, ob der Minderjährige über die natürliche Einsichtsfähigkeit in Bezug auf die Bedeutung der Weggabe verfügte.
>
> Unfreiwilliger Besitzverlust des Besitzherrn ist anzunehmen, wenn der **Besitzdiener** (§ 855 BGB) die Sache ohne den Willen des Besitzherrn sich selbst zueignet oder an einen Dritten weggibt. Letzteres gilt nach allgemeiner Auffassung jedenfalls dann, wenn die Weggabe aus dem Herrschaftsbereich des Eigentümers heraus (also zB von seinem Firmengelände) erfolgt und nach überwiegender Auffassung auch in den anderen Fällen (BRHP/*Kindl*, § 935 Rn. 6; MüKoBGB/*Oechsler*, § 935 Rn. 10). Die andere Ansicht betont zugunsten des Rechtsverkehrs den Willen des Besitzdieners, wenn er nach außen selbständig sowie unabhängig auftritt, und verneint in diesen Fällen ein Abhandenkommen (vgl. Staudinger/*Wiegand*, § 935 Rn. 14).

S hat den Besitz freiwillig auf H übertragen; § 935 Abs. 1 BGB steht einem Eigentumserwerb kraft guten Glaubens nicht entgegen.

f) Sonderkonstellation: Eigentumsübertragung durch nichtberechtigte Minderjährige

Die Voraussetzungen der §§ 929 S. 1, 932 Abs. 1 S. 1 BGB sind erfüllt. U hätte danach das Eigentum an den Ski erworben. Zweifelhaft erscheint dieses Ergebnis, weil die Eigentumsübertragung nur aufgrund der Nichtberechtigung der minderjährigen H erfolgreich ist. Wäre die Veräußerin selbst Eigentümerin gewesen, hätte die Übereignung fehlgeschlagen, weil die Eigentumsübertragung wegen des Rechtsverlustes nicht lediglich rechtlich vorteilhaft iSd § 107 BGB ist und die Eltern ihre Zustimmung verweigert haben.

Die rechtliche Behandlung dieser besonderen Konstellation ist streitig: Durch eine teleologische Reduktion kommt eine Ansicht[6] zu dem Ergebnis, dass die §§ 932 ff. BGB nicht anwendbar sind. Hingegen bejaht die herrschende Sichtweise[7] die Anwendbarkeit der §§ 932 ff. BGB mit dem Argument des Vorranges des Verkehrsschutzes.

---

6 *Medicus/Petersen*, Bürgerliches Recht, Rn. 542; BRHP/*Kindl*, § 932 Rn. 5; MüKoBGB/*Oechsler*, § 932 Rn. 11.
7 MüKoBGB/*Spickhoff*, § 107 Rn. 9; Erman/*Müller*, § 107 Rn. 10; Erman/*Bayer*, § 932 Rn. 1; PWW/*Völzmann-Stickelbrock*, § 107 Rn. 9.

Anwendung der §§ 932 ff. BGB bei unberechtigt verfügendem Minderjährigen	
Keine Anwendung	**Anwendbarkeit (hM)**
Sinn und Zweck der §§ 932 ff. BGB liegen darin, den Gutgläubigen so zu stellen, wie wenn der Veräußerer der Eigentümer wäre. Wäre der Minderjährige aber Eigentümer, würde der Erwerber kein Eigentum erwerben. Der Wertungsgehalt der §§ 932 ff. BGB verbiete also die Anwendung der Normen bei Fällen, in denen die Eigentümerfiktion im Ergebnis nicht zur Eigentumsübertragung führt.	Der Konflikt zwischen dem Erhaltungsinteresse des Berechtigten und dem Erwerbsinteresse des Rechtsverkehrs sei durch §§ 932 ff. BGB umfassend entschieden; unter den Bedingungen der §§ 932 ff. BGB werde dem Verkehrsschutz Vorrang eingeräumt.

Zutreffend ist eine teleologische Reduktion der §§ 932 ff. BGB abzulehnen. Denn sie würde zufällig den Eigentümer privilegieren, der sein Eigentum an einen beschränkt Geschäftsfähigen herausgibt. Diejenigen, die eine Sache aus der Hand geben und auf diese Weise den Rechtsschein für das Eigentum eines anderen setzen, sind gleichermaßen zu behandeln. Zu beachten ist allerdings, dass die §§ 932 ff. BGB den guten Glauben an ein wirksames Geschäft schützen; erkennt der Erwerber die Minderjährigkeit des Veräußerers und zweifelt er deshalb an der Wirksamkeit des Rechtsgeschäfts, scheidet ein gutgläubiger Erwerb aus. Mit dieser Einschränkung sind die §§ 932 ff. BGB auch auf einen unberechtigt verfügenden Minderjährigen anwendbar.

> Anwendbarkeit der §§ 932 ff. BGB bei mangelnder Kenntnis der Minderjährigkeit

U hielt H für volljährig; Anlass, die Wirksamkeit der Übereignung in Frage zu stellen, bestand nicht. Der Umstand, dass die Nichtberechtigung einer beschränkt Geschäftsfähigen die Ursache für den Eigentumserwerb bildet, hindert die Anwendung der §§ 929 S. 1, 932 Abs. 1 S. 1 BGB nicht.

Ergebnis

Die Voraussetzungen der §§ 929 S. 1, 932 Abs. 1 S. 1 BGB sind erfüllt. S hat sein Eigentum an den Ski an U verloren; er ist folglich nicht mehr Anspruchsinhaber. S kann von U keine Herausgabe gemäß § 985 BGB verlangen.

III. § 861 Abs. 1 iVm § 869 S. 1 BGB

S ist zwar mittelbarer Besitzer der Ski iSd § 868 BGB, der Anspruch aus § 861 BGB scheitert aber daran, dass U gegenüber H entgegen der Vorgabe in § 869 S. 1 BGB keine verbotene Eigenmacht (§ 858 Abs. 1 BGB) geübt hat.[8]

IV. § 1007 BGB

U war gutgläubig, so dass ein Rückgabebegehren nach § 1007 Abs. 1 BGB ausscheidet. Gleiches gilt für § 1007 Abs. 2 S. 1 BGB, weil die Ski dem S nicht abhanden gekommen sind.

---

8 Näher zu den Besitzschutzansprüchen bei Fall 15, S. 383 f.

V. § 823 Abs. 1 BGB

U hat durch seine Handlung, nämlich den Eigentumserwerb (Willenserklärung und Realakt) an den Ski, das Eigentum des S verletzt. Dies geschah aber weder rechtswidrig noch schuldhaft. Die gesetzliche Wertung der §§ 932ff. BGB erlaubt den Eigentumserwerb und schließt bei Gutgläubigkeit ein Verschulden aus (Gedanke der Einheit der Rechtsordnung). Ein Herausgabeanspruch gemäß §§ 823 Abs. 1, 249 Abs. 1 BGB (Naturalrestitution) besteht nicht.

VI. § 812 Abs. 1 S. 1 Alt. 1 und Alt. 2 BGB

Für eine Leistungskondiktion gemäß § 812 Abs. 1 S. 1 Alt. 1 BGB im Verhältnis von S zu U fehlt es an der bewussten und zweckgerichteten Mehrung des fremden (U) Vermögens durch S.

Die Nichtleistungskondiktion nach § 812 Abs. 1 S. 1 Alt. 2 BGB ist nur anwendbar, wenn die erlangte Sache nicht geleistet wurde (Subsidiarität der Nichtleistungskondiktion).[9] U hat aber Eigentum und Besitz von H durch Leistung (bewusste und zweckgerichtete Vermögensmehrung) erhalten; § 812 Abs. 1 S. 1 Alt. 2 BGB scheidet ebenfalls aus.

VII. § 816 Abs. 1 S. 2 BGB analog

> **Aufbauschema § 816 Abs. 1 S. 2 BGB**
> 1. Rechtsgeschäftliche Verfügung
> 2. Durch einen Nichtberechtigten
> 3. Wirksamkeit der Verfügung
> 4. Unentgeltlichkeit der Verfügung

> Meinungsstreit über die analoge Anwendung des § 816 Abs. 1 S. 2 BGB bei rechtsgrundlosem Erwerb

S könnte gegen U einen Anspruch auf Herausgabe der Ski entsprechend § 816 Abs. 1 S. 2 BGB zustehen.

Die direkte Anwendung des § 816 Abs. 1 S. 2 BGB erfordert eine unentgeltliche, dh nicht von einer Gegenleistung abhängige Verfügung. H und U haben einen Tauschvertrag (§ 480 BGB) geschlossen. Dabei handelt es sich um einen gegenseitigen Vertrag über den Umsatz eines individuellen Wertes gegen einen anderen, also um eine entgeltliche Leistung.

Der Tauschvertrag (§ 480 BGB) ist hier unwirksam. Der Wirksamkeit des Vertrages steht die beschränkte Geschäftsfähigkeit (§§ 2, 106 BGB) der H entgegen, weil der Vertrag als gegenseitige Abrede nicht lediglich rechtlich vorteilhaft ist und die gesetzlichen Vertreter (§§ 1626 Abs. 1 S. 1, 1629 Abs. 1 S. 1 BGB) weder eingewilligt (§ 107 BGB) noch genehmigt (§ 108 Abs. 1 BGB) haben. Ein derartiger rechtsgrundloser Erwerb könnte dem unentgeltlichen Erwerb gleichzusetzen und deshalb § 816 Abs. 1 S. 2 BGB analog anzuwenden sein. Damit ist die Frage aufgeworfen, ob ein (etwaiger) Herausgabeanspruch, unmittelbar dem Berechtigten (sog Einheitskondiktion) oder dem verfügenden Nichtberechtigten (sog Doppelkondiktion) zustehen soll. Die Frage wird unterschiedlich beantwortet.[10]

---

9 Vgl. Fall 14, S. 351.
10 Überblick zu dieser sehr umstrittenen Frage bei Palandt/*Sprau*, § 816 Rn. 15; BRHP/*Wendehorst*, § 816 Rn. 22, § 812 Rn. 265; Erman/*Buck-Heeb*, § 816 Rn. 10; Einzelheiten zum Meinungsstand bei Staudinger/*Lorenz*, § 816 Rn. 16; MüKoBGB/*Schwab*, § 816 Rn. 61 ff. Der BGH hat eine grundsätzliche Stellungnahme bisher vermieden, vgl. BGH BeckRS 2014, 14132.

Anwendung des § 816 Abs. 1 S. 2 BGB bei rechtsgrundlosem Erwerb	
Einheitskondiktion Direktanspruch mittels § 816 Abs. 1 S. 2 BGB analog	**Doppelkondiktion** (wohl hM) Kein Direktanspruch aus § 816 Abs. 1 S. 2 BGB analog
Begründung: • Parallele zu § 988 BGB • Unentgeltlich sei jede Leistung, mit der im Ergebnis keine Gegenleistungspflicht einhergehe; dies treffe auch bei einer rechtsgrundlosen Zuwendung zu, denn es bestehe hier gerade keine Pflicht zur Erbringung einer Gegenleistung. • Gleiche Interessenlage: Für den Empfänger sei der Unterschied unerheblich, denn er muss in beiden Fällen kein Entgelt bezahlen. • Wenn derjenige, der dinglich wirksam und mit Rechtsgrund unentgeltlich erworben hat, der Direktkondiktion ausgesetzt ist, dann müsse das erst recht für den gelten, der rechtsgrundlos erworben hat.	Begründung: • Vorrang der Leistungsbeziehung • Der Begriff der Unentgeltlichkeit sei abhängig von der konkret gewählten rechtlichen Gestaltung; sind sich die Parteien über die Unentgeltlichkeit nicht einig, sondern schließen einen gegenseitigen Vertrag ab, könne dieser, auch wenn er unwirksam ist, nicht als unentgeltlicher Vertrag gewertet werden. • Unterschiedliche Interessenlage: Der gutgläubige Erwerber sei bei einem unwirksamen entgeltlichen Geschäft wegen der von ihm erbrachten Gegenleistung zu schützen, während der unentgeltliche Erwerber, der nichts geleistet hat, keines Schutzes bedarf. • Das Insolvenzrisiko treffe zu Recht den ursprünglichen Eigentümer, der dem Nichtberechtigten sein Eigentum anvertraut.

Vorzugswürdig ist die Rückabwicklung über das Dreieck, weil bei der Direktkondiktion des ursprünglichen Eigentümers unberücksichtigt bleibt, dass der Empfänger die Sache durch Leistung vom Nichtberechtigten erhalten und dafür eine Gegenleistung erbracht hat, für die er unter Umständen Gegenrechte geltend machen kann. Die Eingriffskondiktion schneidet dem Erwerber seine Einwendungen gegen den Nichtberechtigten in Bezug auf die Gegenleistung oder aus den §§ 814, 815, 817 S. 2 BGB ab. Die Lehre von der Doppelkondiktion vermeidet diese Nachteile. § 816 Abs. 1 S. 2 BGB kann nicht analog angewendet werden.

Ergebnis

S kann die Ski nicht nach § 816 Abs. 1 S. 2 BGB analog von U herausverlangen.

Gesamtergebnis

S steht gegen U kein Anspruch auf Herausgabe der Ski zu.

B. Ansprüche des S gegen H

I. Herausgabe des Snowboards
1. § 285 Abs. 1 BGB

S könnte gegen H anstelle der Ski ein Anspruch auf Herausgabe des Snowboards nach § 285 Abs. 1 BGB[11] zustehen.

a) Schuldverhältnis zwischen S und H

Der Anspruch auf das stellvertretende commodum setzt gemäß § 285 Abs. 1 BGB zunächst ein Schuldverhältnis voraus. Der Leihvertrag (§ 598 BGB) zwischen S und H ist trotz der Minderjährigkeit der H (§§ 2, 106 BGB) aufgrund der Einwilligung (§ 107 BGB) der Eltern als gesetzliche Vertreter nach §§ 1626 Abs. 1 S. 1, 1629 Abs. 1 S. 1 BGB wirksam.

b) Unmöglichkeit der Leistung

Die schuldrechtliche – auf den sachenrechtlichen Anspruch aus § 985 BGB findet § 285 BGB keine Anwendung[12] – Rückgabepflicht aus § 604 Abs. 1 BGB in Bezug auf die Ski ist der H wegen des gutgläubigen Eigentumserwerbs des U nachträglich unmöglich (§ 275 Abs. 1 BGB) geworden. Auf einen etwaigen Rückübereignungsanspruch im Verhältnis zwischen H und U aus § 812 Abs. 1 S. 1 Alt. 1 BGB (condictio indebiti) kommt es nicht an, weil U die Ski an einen unbekannten Touristen übereignet hat.[13]

c) Ersatzanspruch infolge der Unmöglichkeit

Der Schuldner muss infolge des Umstandes, auf Grund dessen er die Leistung nach § 275 Abs. 1 BGB nicht zu erbringen braucht, Ersatz für den geschuldeten Gegenstand erlangt haben. Zwischen dem Ereignis und dem stellvertretenden commodum muss ein Ursachenzusammenhang bestehen, wobei Mitursächlichkeit genügt.

Kausalität ist beispielsweise anzunehmen bei Versicherungsansprüchen oder bei Schadensersatzansprüchen gegen Dritte wegen Beschädigung der Sache. Sind das Ereignis, das die Leistung unmöglich macht, und der Umstand, der den Ersatzanspruch begründet, nicht identisch, bleibt § 285 Abs. 1 BGB anwendbar, wenn beide als wirtschaftlich zusammengehörend anzusehen sind.[14] § 285 Abs. 1 BGB erfasst daher auch das durch Rechtsgeschäft, insbesondere durch Verkauf vom Schuldner erzielte Entgelt, das **commodum ex negotiatione**. Das Surrogat ist auch dann in voller Höhe herauszugeben, wenn es einen höheren Wert hat als die geschuldete Leistung. Da es sich um einen Fall der schuldrechtlichen Surrogation handelt, bleiben für § 285 Abs. 1 BGB Sicherungsrechte wie Bürgschaft oder Pfandrecht bestehen.

> Nach **§ 285 Abs. 1 BGB** gebührt dem Gläubiger, der den Anspruch auf die Leistung durch Unmöglichkeit verloren hat, als Ausgleich **das stellvertretende commodum**, das im Vermögen des Schuldners an die Stelle der Leistung getreten ist.
> Es handelt sich um einen Fall der schuldrechtlichen Surrogation.
> § 285 BGB ist auf schuldrechtliche und deliktische Ansprüche sowie auf die Geschäftsführung ohne Auftrag, hingegen nicht auf den dinglichen Herausgabeanspruch anzuwenden.

> Kausalität

---

11 Zu § 285 Abs. 1 BGB vgl. auch Fall 14, S. 362.
12 HM, vgl. MüKoBGB/*Emmerich*, § 285 Rn. 15; BRHP/*Lorenz*, § 285 Rn. 5.
13 Unterstellt man bei entsprechendem Rechercheaufwand die Identifizierbarkeit des Touristen, ist von einem unverhältnismäßigen Aufwand und damit der Einrede der praktischen Unmöglichkeit im Sinne des § 275 Abs. 2 BGB auszugehen; vgl. dazu bei Fall 3, S. 67 f.
14 Palandt/*Grüneberg*, § 285 Rn. 7; PWW/*Schmidt-Kessel/Kramme*, § 285 Rn. 7; MüKoBGB/*Emmerich*, § 285 Rn. 17 ff.

Als Ersatz hat H hier das Snowboard erhalten; die Voraussetzungen des § 285 Abs. 1 BGB sind erfüllt.

Ergebnis

S steht gegen H aus § 285 Abs. 1 BGB ein Anspruch auf Herausgabe des Snowboards zu.

2. § 816 Abs. 1 S. 1 BGB

Weiterhin könnte sich ein Anspruch des S gegen H auf Herausgabe des Snowboards nach § 816 Abs. 1 S. 1 BGB ergeben.

Die Nichtberechtigte H hat dem U das Eigentum an den Ski verschafft. Diese Verfügung ist – wie oben erörtert – dem berechtigten S gegenüber wirksam. S steht deshalb gemäß § 816 Abs. 1 S. 1 BGB gegenüber H ein Anspruch auf Herausgabe des Erlangten zu. Bei dem Erlangten iSd § 816 Abs. 1 S. 1 BGB handelt es sich um den Gegenstandswert, der dem Nichtberechtigten auf Grund des seiner Verfügung zugrunde liegenden Rechtsgeschäfts tatsächlich zugeflossen ist.[15] Hat der Nichtberechtigte den fremden Gegenstand unter dem objektiven Wert veräußert, hat er nach § 816 Abs. 1 S. 1 BGB nur diesen geringeren Wert herauszugeben.

> **Aufbauschema § 816 Abs. 1 S. 1 BGB**
> 1. Rechtsgeschäftliche Verfügung
> 2. Durch einen Nichtberechtigten
> 3. Wirksamkeit der Verfügung
> 4. Entgeltlichkeit der Verfügung

Streitig ist, was gemäß § 816 Abs. 1 S. 1 BGB herauszugeben ist, wenn – wie hier – das Erlangte den Wert des veräußerten Gutes übersteigt.[16]

Meinungsstreit zum Umfang des Erlangten bei § 816 Abs. 1 BGB	
Begrenzung auf den **objektiven Verkehrswert**	Herausgabe des **gesamten Gegenwertes** (hM)
Der Nichtberechtigte sei nur um das fremde Recht bereichert gewesen; die Gewinnerzielung sei Folge der unternehmerischen Fähigkeit des Bereicherten und falle nicht in den Zuweisungsgehalt des verletzten Rechts. § 816 Abs. 1 S. 1 BGB regele einen Sonderfall der Eingriffskondiktion und müsse daher den gleichen Anspruchsinhalt haben wie § 812 Abs. 1 S. 1 Alt. 2 BGB, bei dem § 818 Abs. 2 BGB als allgemeine Regelung keine Gewinnherausgabe vorsehe.	§ 816 Abs. 1 BGB beziehe sich nach seinem Wortlaut schlechthin auf das Erlangte. § 818 Abs. 2 BGB lasse sich nicht heranziehen, denn dieser betreffe den Fall, dass ein Bereicherungsanspruch bestanden habe und der eigentliche Bereicherungsgegenstand nicht mehr herausgegeben werden könne. § 816 Abs. 1 S. 1 BGB beziehe sich hingegen auf die Vereitelung eines dinglichen Anspruchs. Es sei sinnvoll, diesen umfassender auszugestalten. Wenn der Berechtigte das Risiko einer Unter-Wert-Veräußerung trage, müsse ihm auch die Chance einer Über-Wert-Veräußerung zugestanden werden.

Sinn und Zweck des Bereicherungsrechts ist es, rechtsgrundlos ausgetauschte Leistungen rückgängig zu machen. Dem nichtberechtigten Empfänger sollen aus dem

---

15 BGH NJW 1997, 190.
16 Vgl. zu diesem Meinungsstreit auch Fall 14, S. 366. Einzelheiten bei Staudinger/*Lorenz*, § 816 Rn. 23 ff.; MüKoBGB/*Schwab*, § 816 Rn. 39 ff.

unwirksamen Rechtsgeschäft keine Vorteile erwachsen. Dementsprechend ist auch ein Mehrwert herauszugeben; das Recht, einen Gegenstand gewinnbringend zu verwerten, steht nur dem Berechtigten zu. Ein Vergleich mit § 818 Abs. 2 BGB kann nicht gezogen werden, weil dort der Veräußerer über eine eigene, nur rechtsgrundlos erlangte Sache verfügt, wohingegen bei § 816 Abs. 1 S. 1 BGB über eine fremde Sache verfügt wird.

Ergebnis

H muss das Snowboard an S gemäß § 816 Abs. 1 S. 1 BGB herausgeben.

II. Schadensersatz für die Ski

1. §§ 280, Abs. 1, 3, 283 BGB

S könnte gegen H einen Anspruch auf Schadensersatz für die Ski in Höhe von 400 EUR aus §§ 280 Abs. 1, 3, 283 BGB innehaben

a) Schuldverhältnis

Ein derartiger Anspruch erfordert zunächst ein Schuldverhältnis zwischen S und H. S und H haben mit Einwilligung der Eltern der H (§§ 107, 1629 Abs. 1 S. 1, 1626 Abs. 1 S. 1 BGB) einen Leihvertrag (§ 598 BGB) geschlossen.

b) Unmöglichkeit

Die Rückgabepflicht aus § 604 Abs. 1 BGB ist H unmöglich geworden, sie braucht nicht mehr zu leisten (§ 275 Abs. 1 BGB). Der Anspruch der H gegen U aus § 812 Abs. 1 S. 1 Alt. 1 BGB wegen des unwirksamen Tauschvertrages lässt sich nicht realisieren, weil die Ski an einen unbekannten Touristen verkauft wurden.

c) Vertretenmüssen

Der Anspruch gemäß § 280 Abs. 1 BGB setzt ferner voraus, dass der Schuldner das Leistungshindernis iSd §§ 276, 277, 278, 287 BGB zu vertreten hat. Während der Gläubiger für die übrigen Voraussetzungen beweisbelastet ist, gilt für das Vertretenmüssen § 280 Abs. 1 S. 2 BGB. Danach wird das Vertretenmüssen widerleglich vermutet, so dass der Schuldner im Fall des Bestreitens das fehlende Vertretenmüssen zu beweisen hat. Für einen Entlastungsbeweis sind keine Anhaltspunkte ersichtlich. H hat die Unmöglichkeit nach § 280 Abs. 1 S. 2 iVm § 276 Abs. 1 S. 2, § 828 Abs. 3 BGB zu vertreten, weil davon auszugehen ist, dass sie bei dem Tausch die zur Erkenntnis ihrer Verantwortlichkeit erforderliche Einsicht hatte.

Ergebnis

S kann von H nach §§ 280 Abs. 1, 3, 283 BGB den Wert der Ski (§ 251 Abs. 1 BGB) in Höhe von 400 EUR verlangen.

2. § 678 iVm § 687 Abs. 2 S. 1 BGB

Nachdem H in ihrer Geschäftsfähigkeit beschränkt ist, scheitert ein Anspruch gemäß § 678 iVm § 687 Abs. 2 S. 1 BGB an § 682 BGB.

3. §§ 989, 990 Abs. 1 BGB

Für S könnte sich außerdem ein Schadensersatzanspruch gegen H aus §§ 989, 990 Abs. 1 BGB ergeben.

Aufbauschema §§ 280 Abs. 1, 3, 283 BGB
1. Schuldverhältnis
2. Unmöglichkeit, § 275 BGB
3. Vertretenmüssen, § 280 Abs. 1 S. 2 BGB
4. Schaden

Nach der **Grundregel der Beweislast,** der sog. Rosenbergschen Formel, hat der Anspruchsteller die Voraussetzungen der anspruchsbegründenden Norm und der Anspruchsgegner die Voraussetzungen der Einwendungen zu beweisen. Abweichungen von dieser Regel drückt das Gesetz mit Formulierungen wie „Dies gilt nicht, wenn" oder „es sei denn, dass" aus (Beweislastumkehr).

Ein Schadensersatzanspruch aus §§ 989, 990 Abs. 1 BGB setzt ein Eigentümer-Besitzer-Verhältnis[17] zwischen den Parteien voraus. Ob im Zeitpunkt der Veräußerung der Ski an U zwischen S und H ein Eigentümer-Besitzer-Verhältnis bestand, ist fraglich. H stand aufgrund des Leihvertrages (§ 598 BGB) ein Besitzrecht gemäß § 986 Abs. 1 S. 1 Alt. 1 BGB zu. Allerdings ist zu beachten, dass H sich im Moment der Veräußerung nicht mehr als Fremd-, sondern als Eigenbesitzerin geriert. Ob eine solche Umwandlung von berechtigten Fremdbesitz in unrechtmäßigen Eigenbesitz zur Annahme einer Vindikationslage führt, ist streitig.

Der BGH und ein Teil der Literatur befürworten eine Haftung nach den §§ 987 ff. BGB.[18] Nach verbreiteter Ansicht in der Literatur wird die Anwendung von §§ 987 ff. BGB abgelehnt.[19]

Umwandlung von rechtmäßigem Fremdbesitz in unrechtmäßigen Eigenbesitz	
Anwendbarkeit von §§ 987 ff. BGB	**Keine Anwendung (hM)**
Mit der Änderung des Besitzwillens liege eine unrechtmäßige Besitzbegründung vor, so dass die bisherige Besitzberechtigung entfalle. Fremd- und Eigenbesitz seien wesensverschieden; dies ergebe sich bereits aus der unterschiedlichen gesetzlichen Behandlung, vgl. §§ 927 Abs. 1 S. 1, 937, 955, 988 BGB.	Die §§ 987 ff. BGB beziehen sich auf den unberechtigten Ersterwerb von Fremd- oder Eigenbesitz. Durch die Umwandlung von Fremdbesitz in Eigenbesitz werde die Rechtmäßigkeit des Besitzes nicht berührt, es handele sich lediglich um eine Überschreitung des Besitzrechts. Gegen eine solche sei mit vertraglichen und deliktischen Ansprüchen vorzugehen.

Der Umstand, dass sich H im Moment der Veräußerung an U als Eigenbesitzerin ausgibt (ungerechtfertigte Umwandlung von rechtmäßigem Fremdbesitz in unrechtmäßigen Eigenbesitz), genügt nach vorzugswürdiger Ansicht nicht, um ein Eigentümer-Besitzer-Verhältnis zu begründen. Entscheidend ist, dass der Besitz bei Tatbestandsverwirklichung rechtmäßig war.[20] Die Verletzung eines Besitzmittlungsverhältnisses beseitigt grundsätzlich nicht dessen Rechtsgrund.

Zwischen S und H bestand im Zeitpunkt der Veräußerung der Ski an U kein Eigentümer-Besitzer-Verhältnis, weil H aufgrund des Leihvertrages (§§ 598, 107, 1629 Abs. 1 S. 1 BGB) ein Recht zum Besitz iSv § 986 Abs. 1 S. 1 Alt. 1 BGB hatte.

Ergebnis

S steht gegen H kein Schadensersatzanspruch gemäß §§ 989, 990 Abs. 1 BGB zu.

4. § 823 Abs. 1 BGB

S könnte ein Anspruch aus § 823 Abs. 1 BGB zustehen.

---

17 Näher zum Eigentümer-Besitzer-Verhältnis bei Fall 17, S. 423 ff., 429 ff.
18 BGHZ 31, 129, 133 ff.; Staudinger/*Gursky*, § 990 Rn. 29; *Ebenroth/Frank*, JuS 1996, 794, 801 f.; MüKoBGB/*Raff*, § 990 Rn. 13.
19 *Baur/Stürner*, Sachenrecht, § 11 Rn. 27; *Prütting*, Sachenrecht, Rn. 540; *Roth*, JuS 1997, 518, 521; Jauernig/*Berger*, Vor §§ 987–993 Rn. 7.
20 Vgl. Palandt/*Herrler*, Vorb. v. § 987 Rn. 3.

Da (nach hier vertretener Ansicht) kein Eigentümer-Besitzer-Verhältnis existiert, ist die Anwendbarkeit von § 823 Abs. 1 BGB nicht durch § 993 Abs. 1 aE BGB ausgeschlossen. Die Voraussetzungen (Handlung, Rechtsgutverletzung, haftungsbegründende Kausalität, Rechtswidrigkeit, Verschulden, Schaden, haftungsausfüllende Kausalität)[21] sind erfüllt. H hat durch ihr Verhalten das Eigentum des S vorsätzlich verletzt. Als 16-Jährige hat sie die erforderliche Einsichtsfähigkeit im Sinne des § 828 Abs. 3 BGB.

Ergebnis

S steht gegen H ein Anspruch auf Schadensersatz gemäß § 823 Abs. 1 BGB zu. H muss 400 EUR an S bezahlen, § 251 Abs. 1 BGB.

5. § 823 Abs. 2 BGB iVm § 246 Abs. 1 StGB

Weiterhin ist ein Anspruch des S gegen H auf Zahlung von 400 EUR nach § 823 Abs. 2 BGB iVm § 246 Abs. 1 StGB denkbar.

H hat sich einer Unterschlagung strafbar gemacht; § 246 StGB gilt auch für Jugendliche, §§ 1 Abs. 2, 3 S. 1 JGG, §§ 10, 19 StGB. Bei § 246 StGB handelt es sich um ein Schutzgesetz.[22] Die Voraussetzungen des § 823 Abs. 2 BGB sind erfüllt.

Ergebnis

S hat einen Anspruch gegen H auf Schadensersatz gemäß § 823 Abs. 2 BGB iVm § 246 Abs. 1 StGB, § 251 Abs. 1 BGB in Höhe von 400 EUR.

Gesamtergebnis

S steht ein Wahlrecht gegenüber H zu. Er kann von ihr entweder das Snowboard oder Schadensersatz verlangen.

Frage 2

I. Anspruch des B gegen E aus § 823 Abs. 1 BGB

B war nicht Eigentümer der Speisen. Es fehlt deshalb an einer Rechtsgutverletzung. Ein Anspruch aus § 823 Abs. 1 BGB besteht nicht.

II. Anspruch des B gegen E aus § 823 Abs. 1 BGB iVm §§ 285 Abs. 1, 398 BGB

B könnte gegen T gemäß § 285 Abs. 1 BGB einen Anspruch auf Abtretung (§ 398 S. 1 BGB) eines Schadensersatzanspruches des T gegen E aus § 823 Abs. 1 BGB haben, den B sodann gegen E im Wege der Drittschadensliquidation geltend machen könnte.

1. Voraussetzungen des § 285 Abs. 1 BGB

Dazu müssten zunächst im Verhältnis zwischen B und T die Voraussetzungen des § 285 Abs. 1 BGB erfüllt sein.

> Aufbauschema
> **§ 285 Abs. 1 BGB**
> 1. Schuldverhältnis
> 2. Unmöglichkeit der Leistung, § 275 BGB
> 3. Ersatzanspruch infolge der Unmöglichkeit

---

21 Siehe Fall 12, S. 293 ff.
22 Näher zu den Voraussetzungen einer Schutzgesetzverletzung iSd § 823 Abs. 2 BGB bei Fall 1, S. 16.

a) Schuldverhältnis

Zwischen B und T ist durch übereinstimmende Willenserklärungen (§§ 145 ff. BGB) ein **Werklieferungsvertrag iSd § 650 BGB** abgeschlossen worden. Nach § 650 S. 1 BGB ist auf Verträge über die Lieferung beweglicher Sachen, die erst herzustellen oder zu erzeugen sind, Kaufrecht anzuwenden. § 650 S. 2 BGB bezieht § 442 Abs. 1 S. 1 BGB auf die Verursachung des Fehlers durch einen vom Besteller für die Herstellung zugelieferten Stoff; nach § 650 S. 3 BGB sind bei einem Werklieferungsvertrag über nicht vertretbare Sachen neben dem Kaufvertragsrecht einige werkvertragliche Vorschriften heranzuziehen.[23] Bei dem von B bei T bestellten Menü handelt es sich um vertretbare Sachen; es kommt **Kaufvertragsrecht** zur Anwendung. Es ist hier demnach der Leistungsanspruch aus § 433 Abs. 1 S. 1 BGB zu beurteilen.

b) Unmöglichkeit der Leistung

Der Erfüllungsanspruch könnte nach § 275 Abs. 1 BGB[24] erloschen sein. Dazu müsste eine Stückschuld untergegangen sein. Vereinbart war hier eine **Gattungsschuld**. Hierbei kann Unmöglichkeit solange nicht eintreten, wie noch erfüllungstaugliche Stücke aus der entsprechenden Gattung vorhanden sind.[25]

Merkmale einer Gattungs- oder Genusschuld

Bei einer Gattungsschuld ist ein Gegenstand aus einer Sachgruppe mit bestimmten Merkmalen zu leisten. Die Art der Gattung können die Parteien durch Vereinbarung über Qualitätsmerkmale oder Eigenschaften festlegen; fehlt eine derartige Abrede, ist auf die Verkehrsanschauung (typische Merkmale) abzustellen. Ist die Leistungspflicht nach der Parteiabrede oder nach der Verkehrsanschauung auf einen Teil der Gattung oder einen bestimmten Vorrat beschränkt, spricht man von einer **Vorratsschuld** oder einer **beschränkten Gattungsschuld**. Das ist zum Beispiel grundsätzlich dann anzunehmen, wenn ein Hersteller Erzeugnisse aus eigener Produktion veräußert.
Der Schuldner hat aus der Gattung bzw. aus dem Vorrat eine Sache mittlerer Art und Güte (**§ 243 Abs. 1 BGB**, § 360 HGB) zu leisten. Bei einer Schlechtlieferung kann der Gläubiger die Sache zurückweisen und eine solche von mittlerer Art und Güte verlangen oder er kann die Sache annehmen und die Rechte aus § 437 BGB geltend machen.
Die Gattungsschuld begründet für den Schuldner eine Beschaffungspflicht, dh er wird von seiner Leistungspflicht nur dann nach § 275 BGB frei, wenn die gesamte Gattung untergeht, also Gegenstände der betreffenden Art am Markt nicht mehr verfügbar sind. Bei der beschränkten Gattungsschuld wird der Schuldner frei, wenn der gesamte Vorrat untergegangen ist. Unmöglichkeit tritt mithin nicht ein, solange noch Sachen aus der Gattung bzw. dem Vorrat verfügbar sind. Etwas anderes gilt dann, wenn die Leistungsgefahr nach **§ 300 Abs. 2 BGB** durch Annahmeverzug auf den Gläubiger übergegangen ist oder wenn sich nach **§ 243 Abs. 2 BGB** das Schuldverhältnis auf einen bestimmten Gegenstand konkretisiert hat und dieser untergeht.

Möglicherweise ist durch die Anlieferung eine **Konkretisierung** (§ 243 Abs. 2 BGB) von der Gattungs- zur Stückschuld erfolgt. Das Schuldverhältnis beschränkt sich gemäß § 243 Abs. 2 BGB auf einen konkreten Gegenstand, dh die Gattungsschuld wandelt sich zur Stückschuld, sobald der Schuldner das seinerseits Erforderliche

Konkretisierung nach § 243 Abs. 2 BGB

---

23 Zur Abgrenzung der einzelnen Vertragstypen siehe Fall 8, S. 192.
24 Einzelheiten zu § 275 BGB bei Fall 3, S. 67 f.
25 Palandt/*Grüneberg*, § 243 Rn. 2; Erman/*Westermann*, § 243 Rn. 7.

getan hat.[26] Dazu hat der Schuldner aus der Gattung einen Gegenstand der geschuldeten Qualität, also – vorbehaltlich einer abweichenden Vereinbarung – einen solchen von **mittlerer Art und Güte** (§ 243 Abs. 1 BGB) auszusondern. Welche weiteren Handlungen zur Herbeiführung der Konkretisierung nach § 243 Abs. 2 BGB notwendig sind, hängt davon ab, ob eine **Hol-, Schick- oder Bringschuld** Vertragsgegenstand ist. Ist kein Leistungsort vereinbart oder den Umständen zu entnehmen, handelt es sich gemäß § 269 BGB um eine Holschuld.[27]

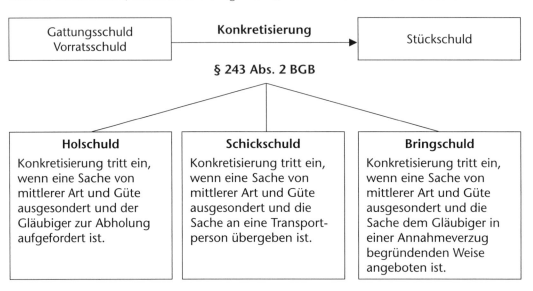

Hier handelt es sich um eine Bring- oder Schickschuld. Auf eine genaue Bestimmung des Schuldtyps kommt es nicht an, weil für beide Fälle Konkretisierung eingetreten ist: Bei einer Bringschuld ist die Leistung am vereinbarten Ort in verzugsbegründender Weise (vgl. § 294 BGB) anzubieten; bei einer Schickschuld ist die Absendung der Ware erforderlich. Beide Varianten sind hier erfüllt. Die Speisen waren auch von mittlerer Art und Güte, § 243 Abs. 1 BGB. T hat folglich das seinerseits Erforderliche getan. Die Gattungsschuld hat sich gemäß § 243 Abs. 2 BGB zur Stückschuld konkretisiert. Die Stückschuld ist untergegangen, der Anspruch des B auf Leistung gemäß § 275 Abs. 1 BGB ausgeschlossen.

c) Ersatzanspruch infolge der Unmöglichkeit

| Anspruch nach § 823 Abs. 1 BGB als stellvertretendes commodum |

§ 285 Abs. 1 BGB erfordert ferner, dass der Schuldner ein **stellvertretendes commodum**, also einen Ersatz oder Ersatzanspruch erhalten hat, wobei zwischen Leistungshindernis und Ersatzerlangung ein Kausalzusammenhang bestehen muss. Aufgrund des Untergangs des Essens könnte T gegen E einen **Schadensersatzanspruch aus § 823 Abs. 1 BGB** innehaben.

aa) Schaden des T

E hat fahrlässig (§ 276 Abs. 2 BGB) das Eigentum des T in rechtswidriger Weise verletzt; die Voraussetzungen des § 823 Abs. 1 BGB sind erfüllt. Fraglich ist, ob T ein Schaden iSd §§ 249 ff. BGB entstanden ist. Ein Schaden ist nämlich nur anzunehmen, wenn T keinen Zahlungsanspruch aus § 433 Abs. 2 BGB gegen B hat.

---

26 Zur Konkretisierung siehe auch Fall 3, S. 68.
27 Vgl. Erman/*Westermann*, § 243 Rn. 14 ff.; PWW/*Kramme*, § 243 Rn. 10 ff.; Palandt/*Grüneberg*, § 243 Rn. 5 ff.

Der Vergütungsanspruch könnte nach **§ 326 Abs. 1 S. 1 Hs. 1 BGB** erloschen sein. Die Leistung ist nach § 275 Abs. 1 BGB unmöglich geworden (siehe oben), T muss nicht mehr leisten. Dann entfiele auch der Anspruch des T auf die Gegenleistung. § 326 Abs. 1 S. 1 Hs. 1 BGB wäre grundsätzlich anwendbar. Die Gegenleistungsgefahr könnte aber nach **§ 326 Abs. 2 S. 1 Alt. 2 BGB** auf B übergegangen sein. Dazu müsste der Gläubiger B im Annahmeverzug (§§ 293 ff. BGB) sein. Zu der von B genannten Lieferzeit fand am vereinbarten Ort keine Entgegennahme der Leistung des B statt. Neben dem Gläubigerverzug setzt § 326 Abs. 2 BGB voraus, dass der Schuldner die Unmöglichkeit nicht zu vertreten hat. Die Erfordernisse des Annahmeverzugs (§§ 293 ff. BGB)[28] sind also erfüllt. Weitere Voraussetzung ist, dass der Schuldner die Unmöglichkeit nicht zu vertreten hat. Die Übergabe des Essens an E begründet angesichts der Rücksprache mit B kein Verschulden iSd § 276 Abs. 1 S. 1 BGB des T. Der Umstand, dass T die eingestellte Temperatur nicht persönlich überprüft hat, kann allenfalls als leichte Fahrlässigkeit (vgl. § 276 Abs. 2 BGB) eingestuft werden, die T während des Annahmeverzugs gemäß **§ 300 Abs. 1 BGB** nicht zu vertreten hat. T hat die Unmöglichkeit der Leistung nicht verschuldet. § 326 Abs. 2 S. 1 Alt. 2 BGB ist anzuwenden.

> Erlöschen des Gegenleistungsanspruchs gemäß § 326 Abs. 1 S. 1 BGB

> Anwendung des § 326 Abs. 2 BGB

> Nach § 300 Abs. 1 BGB hat der Schuldner während des Annahmeverzugs nur Vorsatz und grobe Fahrlässigkeit zu vertreten.

Der Vergütungsanspruch des T aus § 433 Abs. 2 BGB bleibt daher wegen § 326 Abs. 2 S. 1 Alt. 2 BGB bestehen. T hat keinen Schaden; er erhält von B 140 EUR.

bb) Drittschadensliquidation

Da T kein Schaden entstanden ist, steht ihm gegen E kein Anspruch gemäß § 823 Abs. 1 BGB zu. Damit ergibt sich die Konstellation, dass der Anspruchsinhaber (T) mangels Schadens und der wirtschaftlich Geschädigte (B) mangels Anspruchs beide keine Ansprüche gegen die Schädigerin (E) geltend machen könnten. Um eine ungerechtfertigte Begünstigung des Schädigers zu vermeiden, kann deshalb der Anspruchsinhaber den Schaden des Dritten in eigenem Namen geltend machen, sogenannte Drittschadensliquidation.[29]

> Drittschadensliquidation

Drittschadensliquidation

Der Inhaber eines Schadensersatzanspruchs kann grundsätzlich nur den selbst erlittenen Schaden geltend machen. Als Ausnahme von diesem Grundsatz ist die Schadensliquidation im Drittinteresse anerkannt. Während die dogmatische Herleitung streitig ist (MüKoBGB/*Oetker*, § 249 Rn. 296; BRHP/*J. Flume*, § 249 Rn. 368 ff.; *Büdenbender*, NJW 2000, 986, 987), herrscht über den Anwendungsbereich weitgehend Einigkeit. Neben einer entsprechenden Vereinbarung der Beteiligten sind die **Fallgruppen** mittelbare Stellvertretung, obligatorische Gefahrentlastung und Obhutsverhältnis anerkannt.
Gläubiger des Schadensersatzanspruchs ist bei der Drittschadensliquidation nicht der Geschädigte, sondern der unmittelbar Betroffene, also der Inhaber des verletzten Rechtsguts oder der Vertragspartner des Schädigers. Der Gläubiger kann Leistung an sich oder an den Geschädigten verlangen. Möglich ist ebenfalls eine Ermächtigung des Geschädigten, seinen Schaden im eigenen Namen geltend zu machen.

---

28 Näher zum Annahmeverzug bei Fall 15, S. 378 f. und im Arbeitsrecht Fall 9, S. 221 f.
29 Zum Vertrag mit Schutzwirkung für Dritte bei Fall 7, S. 178 ff.; zum Vertrag zugunsten Dritter bei Fall 22, S. 577 f. Ein Vertrag mit Schutzwirkung zugunsten Dritter scheidet mangels Rechtsbindungswillens der E aus (bloße Gefälligkeit); zur Sperrwirkung des fehlenden Rechtsbindungswillens auf die Vorschriften zur GoA *Mäsch*, JuS 2016, 70; BGH NJW 2015, 2880.

> **Drittschadensliquidation** *(Fortsetzung)*
>
> Sinn und Zweck der Drittschadensliquidation ist der Ausgleich einer vom Schädiger aus gesehenen zufälligen Verlagerung des Schadens. Dadurch unterscheidet sich die Drittschadensliquidation vom **Vertrag mit Schutzwirkung für Dritte**, bei dem der Schuldner nicht nur für Schäden des Gläubigers, sondern zusätzlich auch für Schäden der sich im Schutzbereich befindenden Dritten haftet. Im Gegensatz zur Drittschadensliquidation führt der Vertrag mit Schutzwirkung für Dritte also zu einer Vermehrung des Haftungsrisikos. Während beim Vertrag mit Schutzwirkung zugunsten Dritter die Anspruchsgrundlage zum Schaden gezogen wird, wird bei der Drittschadensliquidation der Schaden eines Dritten der Anspruchsgrundlage zugeordnet.

Die Drittschadensliquidation setzt dreierlei voraus:[30]

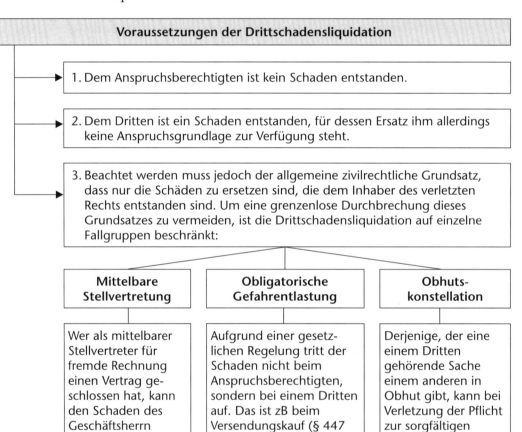

---

[30] BRHP/*J. Flume*, § 249 Rn. 369 ff.; PWW/*Luckey*, § 249 Rn. 99 ff.; Erman/*Ebert*, Vor §§ 249–253 Rn. 124 ff.; Palandt/*Grüneberg*, Vorb. v. § 249 Rn. 105 ff.; *Weiss*, JuS 2015, 8 ff.

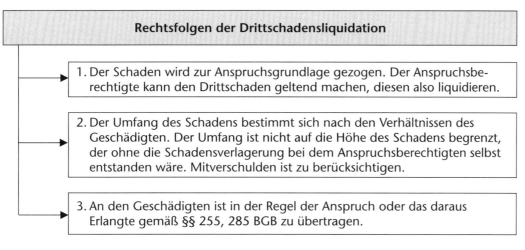

Sind diese Merkmale erfüllt, ist der Schaden in dem Umfang zu ersetzen, in dem er bei dem Dritten entstanden ist. Hier kommt ein Fall der **obligatorischen Gefahrentlastung durch § 326 Abs. 2 BGB** in Betracht. Der Geschädigte B hat keinen Anspruch gegen E, während der T keinen Schaden hat, weil er nach § 433 Abs. 2 iVm § 326 Abs. 2 BGB seinen Zahlungsanspruch gegen B behält. Durch § 326 Abs. 2 BGB kommt es also zu einer Gefahrentlastung. Mithin handelt es sich um den Fall, dass das durch den Vertrag geschützte Interesse infolge der rechtlichen Beziehungen zu einem Außenstehenden in der Weise auf diesen verlagert ist, dass der Schaden ihn und nicht den Gläubiger trifft. Die Voraussetzungen der Drittschadensliquidation sind gegeben. Damit wird der Schaden des B zu T gezogen. Sämtliche Erfordernisse eines Schadensersatzanspruches aus § 823 Abs. 1 BGB des T gegen E sind erfüllt.

T steht gegen E infolge der Unmöglichkeit ein Schadensersatzanspruch aus § 823 Abs. 1 BGB zu. Die Voraussetzungen des § 285 Abs. 1 BGB sind somit gegeben.

2. Abtretung des Schadensersatzanspruchs

T muss diesen Schadensersatzanspruch aus § 823 Abs. 1 BGB als stellvertretendes commodum iSd § 285 Abs. 1 BGB an B abtreten, § 398 S. 1 BGB.

Ergebnis

Für B besteht dann die Möglichkeit, E für seinen Schaden in Höhe von 140 EUR (§ 251 Abs. 1 BGB) haftbar zu machen, wenn er sich nach § 285 Abs. 1 BGB von T dessen Anspruch aus § 823 Abs. 1 BGB abtreten lässt.

17. Eigentümer-Besitzer-Verhältnis, Bereicherungsrecht, Zurückbehaltungsrechte

Sachverhalt

Albert Acker (A) erwirbt von Moritz Meise (M) ein unbebautes Grundstück gegen Barzahlung. Acker wird in das Grundbuch eingetragen. Moritz Meise leidet an einer nicht erkennbaren Geisteskrankheit, die ihn geschäftsunfähig macht. Acker baut ein Zweifamilienhaus auf das Grundstück und vermietet es. Danach wird die Krankheit des Meise erkannt; das Vormundschaftsgericht bestellt Bettina Bogner (B) zur Betreuerin. Bogner fordert von Acker Rückgabe des Grundstücks an Meise und Zahlung des Erlöses aus der Vermietung des Hauses, soweit dieser Betrag den von Acker bezahlten Kaufpreis für das Grundstück übersteigt. Acker will das Grundstück nur herausgeben, wenn ihm der Wert des darauf errichteten Hauses ersetzt und der von ihm für das Grundstück gezahlte Kaufpreis in voller Höhe erstattet wird.

Wie ist die Rechtslage?

Gliederung

A. Rückgabeanspruch des M vertreten durch B gegen A 423
    I. Anspruch gemäß § 985 BGB 423
        1. Entstehen des Anspruchs 423
            a) Anwendungsbereich 423
            b) Betreuung durch B 423
            c) Besitz des A 424
            d) Eigentum des M 424
        2. Gegenrechte 424
            a) Recht zum Besitz (§ 986 BGB) 424
                aa) Anwendbarkeit 424
                bb) Unmittelbare Besitzberechtigung 425
                cc) Mittelbare Besitzberechtigung 425
                    Problem: Zurückbehaltungsrechte als Recht zum Besitz 426
            b) Zurückbehaltungsrechte (§§ 273, 1000 BGB) 426
                aa) Rückzahlung des Kaufpreises 426
                    (1) Anspruch gemäß § 985 BGB 428
                    (2) Anspruch nach § 812 Abs. 1 S. 1 Alt. 2 iVm § 951 Abs. 1 S. 1 BGB 428
                bb) Ersatz des Hauswertes 429
                    (1) Anspruch gemäß § 994 Abs. 1 BGB 429
                    (2) Anspruch nach § 996 BGB 430
                        Problem: Reichweite des Verwendungsbegriffes 430
                    (3) Anspruch aus § 812 Abs. 1 S. 1 Alt. 2 iVm § 951 Abs. 1 S. 1 BGB 433
                        Problem: Anwendbarkeit neben Ansprüchen aus dem Eigentümer-Besitzer-Verhältnis 434
    II. Anspruch gemäß § 812 Abs. 1 S. 1 Alt. 1 BGB 436
        1. Entstehen des Anspruchs 436
            Problem: Leistungskondiktion bei Geschäftsunfähigkeit 436
        2. Inhalt und Umfang des Anspruchs 437
            a) Unmöglichkeit der Herausgabe nach § 818 Abs. 2 BGB 437
            b) Wegfall der Bereicherung gemäß § 818 Abs. 3 BGB 437
        3. Gegenrechte 438
    III. Sonstige Ansprüche 439

B. Anspruch des M vertreten durch B auf Zahlung des Mieterlöses 439
    I. Anspruch aus §§ 987 Abs. 1, 990 Abs. 1 BGB 439
    II. Anspruch gemäß § 988 BGB analog 440
        1. Eigentümer-Besitzer-Verhältnis 440
        2. Nutzungen 440
        3. Unentgeltliche Besitzüberlassung und Analogie 440
            Problem: Analoge Anwendung bei Rechtsgrundlosigkeit des Erwerbs ... 441
    III. Anspruch gemäß § 812 Abs. 1 S. 1 Alt. 1 BGB 442
        Problem: Anwendbarkeit neben Ansprüchen aus dem Eigentümer-Besitzer-Verhältnis 442
    IV. Anspruch aus § 816 Abs. 1 BGB analog 444

Lösungshinweise

A. Rückgabeanspruch des M vertreten durch B gegen A

I. Anspruch gemäß § 985 BGB

M könnte gegen A einen Anspruch auf Rückgabe des Grundstücks aus § 985 BGB innehaben.

1. Entstehen des Anspruchs

a) Anwendungsbereich

Zunächst ist zu erörtern, ob der Anwendungsbereich des rei vindicatio-Anspruchs eröffnet ist.

Teilweise wird die Anwendbarkeit des § 985 BGB im Rahmen von Leistungsbeziehungen verneint.[1] § 985 BGB sei (auch)[2] gegenüber Leistungskondiktionen subsidiär. Dieser These ist nicht zu folgen.[3] Der Vindikationsanspruch ist nicht nur auf Fälle unfreiwilligen Besitzverlustes beschränkt, denn ansonsten käme § 985 BGB im Vergleich zu § 1007 Abs. 2 BGB keine selbstständige Bedeutung zu. Nur der dingliche Herausgabeanspruch ermöglicht – nach herrschender Meinung[4] – eine Rechtskrafterstreckung gemäß §§ 265, 325 ZPO. Die Herausgabeklage führt nur dann zur Streitbefangenheit der Sache, wenn sie auf einen dinglichen Anspruch gestützt wird. Festzustellen ist im Ergebnis die Anwendbarkeit des § 985 BGB im Rahmen von (gescheiterten) Leistungsverhältnissen.

b) Betreuung durch B

B kann den möglichen Anspruch nach § 985 BGB nur geltend machen, wenn ihr als Betreuerin eine entsprechende Kompetenz zusteht.

> **Aufbauschema Anspruch aus § 985 BGB**
> 1. Besitz des Anspruchsgegners
> 2. Eigentum des Anspruchstellers
> 3. Kein Recht zum Besitz, § 986 BGB

Fürsorge für andere		
Vormundschaft §§ 1773 ff. BGB	**Betreuung §§ 1896 ff. BGB**	**Pflegschaft §§ 1909 ff. BGB**
Umfassende Sorge für Minderjährige als Ersatz für fehlende elterliche Personen- und Vermögenssorge.	Teilweise oder umfassende Vermögens- oder Personensorge für Volljährige, soweit sie aufgrund psychischer Krankheit, körperlicher, geistiger oder seelischer Behinderung dazu außerstande sind.	Fürsorgetätigkeit beschränkt auf einzelne bestimmte Bereiche; Sonderregelungen für Beistandschaft in §§ 1712 ff. BGB und für Nachlasspflegschaft in §§ 1960 f. BGB.

---

1 *Raiser*, JZ 1961, 529, 533; *Waltjen*, AcP 175 (1975), 109, 120 f.; *Schwerdtner*, JuS 1970, 64.
2 Auf die ebenfalls umstrittene Anwendbarkeit des § 985 BGB neben vertraglichen Herausgabeansprüchen kommt es hier nicht an. Maßgebend ist nur das Verhältnis zur Leistungskondiktion. Zur Anwendbarkeit bei vertraglichen Ansprüchen siehe Fall 14, S. 359.
3 Staudinger/*Gursky*, 12. Aufl. 1989, § 985 Rn. 18; MüKoBGB/*Baldus*, § 985 Rn. 72 f.; RGRK/*Pikart*, § 985 Rn. 61, jeweils mwN.
4 MüKoZPO/*Becker-Eberhard*, § 265 Rn. 26; aA *Rosenberg/Schwab/Gottwald*, Zivilprozessrecht, 15. Aufl. 1993, § 157 III 2a.

B als vom Vormundschaftsgericht bestellte Betreuerin (§§ 1896, 1897 BGB) des geschäftsunfähigen M vertritt diesen, § 1902 BGB. Damit ist zu präzisieren, dass B stellvertretend für M von A Rückgabe an M fordert. Ein Fall des § 1908i iVm §§ 1821, 1822 BGB ist nicht gegeben.

c) Besitz des A

A hat die tatsächliche Sachherrschaft über das Grundstück; er ist Besitzer iSd § 854 Abs. 1 BGB.

d) Eigentum des M

M müsste Eigentümer des Grundstücks sein.

aa) Ursprünglicher Eigentümer war M.

bb) Er könnte sein Eigentum jedoch durch das Geschäft mit A nach **§§ 873 Abs. 1, 925 Abs. 1 S. 1 BGB** verloren haben. Eine Auflassung bedarf übereinstimmender Willenserklärungen. Die Willenserklärung des M ist aber nach § 105 Abs. 1 BGB nichtig; M ist gemäß § 104 Nr. 2 BGB geschäftsunfähig.

Weiterhin kommt ein Eigentumsübergang gemäß §§ 873 Abs. 1, 925 Abs. 1, 892 Abs. 1 BGB in Betracht. Die Geschäftsunfähigkeit wird vom Gutglaubensschutz allerdings nicht erfasst. Dies ergibt sich aus Sinn und Zweck der Geschäftsunfähigkeitsnormen (Schutz des Geschäftsunfähigen).

M hat das Eigentum am Grundstück folglich nicht an A verloren. Dabei erstreckt sich dieses Eigentum nach §§ 946, 94 Abs. 1 S. 1, 93 BGB auch auf das Zweifamilienhaus.

Die Voraussetzungen des § 985 BGB sind erfüllt.[5]

2. Gegenrechte

Damit bleibt zu erörtern, ob die Rückgabe des Grundstücks von der Rückzahlung des Kaufpreises bzw. von einem Wertersatz des Hauses abhängig ist.

a) Recht zum Besitz

aa) Anwendbarkeit

Zu denken ist zunächst an ein Recht zum Besitz gemäß § 986 Abs. 1 S. 1 BGB. Darüber, ob § 986 Abs. 1 BGB als Einwendung oder als Einrede einzustufen ist, gehen die Auffassungen zwar auseinander,[6]

> **Einreden** hemmen die Durchsetzung eines Anspruchs auf Dauer (peremptorisch) oder vorübergehend (dilatorisch). Im Prozess werden Einreden vom Gericht nur berücksichtigt, wenn sich die Partei darauf beruft.
>
> **Einwendungen** sind rechtshindernd oder rechtsvernichtend und werden im Prozess berücksichtigt, ohne dass sich die Partei darauf beruft.

Meinungsstreit über den Rechtscharakter des § 986 Abs. 1 BGB	
Recht zum Besitz als Einrede	**Recht zum Besitz als Einwendung** (hM)
Es müsse dem Besitzer überlassen bleiben, ob er sich dem Eigentümer gegenüber auf sein Besitzrecht berufen wolle. Der Wortlaut („kann verweigern") spreche für diese Entscheidungsfreiheit des Besitzers. § 986 Abs. 1 BGB stelle deshalb eine Einrede dar.	§ 1007 Abs. 2 BGB, wonach dem aus älteren Recht Verklagten eine Einwendung zusteht, bestätige die Einordnung als Einwendung. Nur die Qualifizierung als Einwendung mache es überflüssig, dass der Besitzer unmittelbar nach erfolgreicher Vindikation seinen Anspruch auf Besitzüberlassung wieder geltend macht.

---

5 Selbst wenn A bereits in das Grundbuch eingetragen (vgl. § 891 BGB) ist, bedarf der Vindikationsanspruch nicht etwa einer vorausgehenden Grundbuchberichtigung iSd § 894 BGB. Der Herausgabeanspruch orientiert sich an der materiellen, nicht an der formellen Rechtslage.

6 Palandt/*Herrler*, § 986 Rn. 1; Erman/*Ebbing*, § 986 Rn. 41; BRHP/*Fritzsche*, § 986 Rn. 1; BGH NJW 1999, 3716, 3717.

auf eine Entscheidung dieses Meinungsstreits kommt es hier aber nicht an. Zum einen stellt sich die prozessuale Situation nicht, zum anderen beruft sich A jedenfalls auf seine Rechte, so dass § 986 BGB anwendbar ist.

bb) Unmittelbare Besitzberechtigung

Ein Recht zum Besitz gemäß § 986 Abs. 1 S. 1 BGB setzt eine dingliche oder eine schuldrechtliche Besitzberechtigung voraus.

Recht zum Besitz iSd § 986 BGB

Absolut	Relativ	Abgeleitet	Weitergeleitet
Dingliche Besitzrechte bestehen gegenüber jedermann. Beispiele sind das Pfandrecht und der Nießbrauch. Streitig ist, ob das **Anwartschaftsrecht** ein Recht zum Besitz gibt; die hM lehnt ein dingliches Besitzrecht ab.	Schuldrechtliche Besitzrechte wirken im Zweipersonenverhältnis und müssen dem Eigentümer gegenüber bestehen. Beispiele sind der Miet- und der Leihvertrag. Beim Kauf unter Eigentumsvorbehalt gibt der Vertrag ein Besitzrecht, solange er wirksam ist.	Bei einer Übertragung des Besitzes beruht das Besitzrecht des unmittelbaren Besitzers darauf, dass der mittelbare Besitzer, von dem sich sein Besitzrecht ableitet, dem Eigentümer gegenüber besitzbefugt ist und zur Besitzübertragung berechtigt war.	Bei der Übertragung des Eigentums an einen Dritten wirken **dingliche** Besitzrechte auch gegenüber dem Dritten, sofern kein gutgläubiger lastenfreier Erwerb nach § 936 BGB vorliegt. Für **schuldrechtliche** Besitzrechte ordnet § 986 Abs. 2 BGB eine Weitergeltung bei § 931 BGB an, bei § 930 BGB wird § 986 Abs. 2 BGB analog angewendet.

A steht weder eine dingliche noch eine schuldrechtliche Besitzberechtigung iSd § 986 Abs. 1 S. 1 BGB zu. Ein Recht zum Besitz aus Kaufvertrag scheidet wegen dessen Unwirksamkeit aus. M ist geschäftsunfähig, §§ 105 Abs. 1, 104 Nr. 2 BGB.

cc) Mittelbare Besitzberechtigung

Möglicherweise ergibt sich für A aufgrund eines Zurückbehaltungsrechts nach § 273 BGB ein Recht zum Besitz iSv § 986 Abs. 1 S. 1 BGB. Ob Zurückbehaltungsrechte ein solches Besitzrecht begründen, ist umstritten.[7]

---

[7] Zum Meinungsstand BRHP/*Fritzsche*, § 986 Rn. 17; PWW/*Englert*, § 986 Rn. 6; Erman/*Ebbing*, § 986 Rn. 17 ff. Vor allem die Rechtsprechung erkennt die Zurückbehaltungsrechte als Besitzrechte iSd § 986 BGB an (BGH NJW 2004, 3484, 3485; NJW 2002, 1050, 1052; NJW 1995, 2627, 2628; OLG Celle NJW-RR 2010, 484), während die Literatur dies ablehnt (*Medicus*, JZ 1996, 151, 153; MüKoBGB/*Krüger*, § 273 Rn. 92; Staudinger/*Bittner*, § 273 Rn. 122).

Meinungsstreit über Zurückbehaltungsrechte als Recht zum Besitz

Recht zum Besitz (Rspr.)	Kein Recht zum Besitz (Lit.)
Ein Zurückbehaltungsrecht gebe ein Recht zum Behalten und demnach auch ein solches zum Besitzen.	Die Existenz eines Besitzrechts führe zur Klageabweisung, die Ausübung eines Zurückbehaltungsrechts zur Zug-um-Zug-Verurteilung.

Für die Frage, ob etwaige Zurückbehaltungsrechte nach §§ 273, 1000 BGB ein Recht zum Besitz iSd § 986 Abs. 1 BGB geben oder selbständige Gegenrechte gewähren, erscheint letztere Lösung überzeugender. Dies ergibt sich zum einen aus der Verjährungsregelung: Ein gesetzliches Zurückbehaltungsrecht hemmt die Verjährung des Herausgabeanspruchs nicht (Umkehrschluss aus § 205 BGB), während bei § 986 BGB die Verjährungsfrist für einen Herausgabeanspruch noch nicht begonnen hat. Zum anderen würde ein Besitzrecht, das sich beispielsweise aus einer Verwendung ergibt, dazu führen, zukünftige **Verwendungen** mangels Eigentümer-Besitzer-Verhältnisses von der Erstattungsfähigkeit auszuschließen: ein „groteskes"[8] Ergebnis. Weiterhin wird durch § 986 BGB ein Recht zur Einwirkung auf die Sache gewährt, die Zurückbehaltungsrechte aus §§ 273, 1000 BGB gewähren dagegen nur ein Herausgabeverweigerungsrecht.

Etwaige Zurückbehaltungsrechte bilden kein Recht zum Besitz iSv § 986 Abs. 1 S. 1 BGB und stehen einer Vindikationslage daher nicht entgegen.[9] Zu prüfen bleibt, ob dem Anspruch des B aus § 985 BGB Zurückbehaltungsrechte entgegenzusetzen sind.

b) Zurückbehaltungsrechte

In Betracht kommen Zurückbehaltungsrechte nach **§ 273 bzw. § 1000 BGB** als **selbständige Gegenrechte** in Bezug auf die Rückzahlung des Kaufpreises und hinsichtlich des Ersatzes des Hauswertes.

aa) Rückzahlung des Kaufpreises

Zurückbehaltungsrecht wegen eines Anspruchs auf Rückzahlung des Kaufpreises für das Grundstück

Ein Zurückbehaltungsrecht könnte sich aus § 273 Abs. 1 und § 273 Abs. 2 BGB ergeben. **§ 273 BGB** ist auch bei § 985 BGB anwendbar; § 273 Abs. 1 und § 273 Abs. 2 BGB schließen einander nicht aus, sondern stehen nebeneinander.[10] Ebenso bleibt § 1000 BGB anwendbar.

---

8 Staudinger/*Gursky*, § 986 Rn. 28.
9 Die Rechtsprechung, nach deren Sichtweise § 273 BGB ein Recht zum Besitz iSd § 986 BGB gibt, geht davon aus, dass trotz einer mangelnden Vindikationslage die §§ 987 ff. BGB ergänzend analog heranzuziehen sind, falls keine anderweitigen Ersatzansprüche bestehen, vgl. BGH NJW 2002, 1050, 1052; NJW 1995, 2627, 2628. Beide Auffassungen kommen hier also insoweit zu einem identischen Ergebnis.
10 BGHZ 64, 122, 125; Erman/*Artz*, § 273 Rn. 30; Palandt/*Grüneberg*, § 273 Rn. 21.

Zurückbehaltungsrechte

I. Allgemeines

Zurückbehaltungsrechte (§§ 273, 320, 1000, 2022 BGB, §§ 369 ff. HGB) beruhen auf dem Gedanken, dass derjenige gegen Treu und Glauben verstößt, welcher aus einem einheitlichen Rechtsverhältnis die ihm gebührende Leistung fordert, ohne selbst die ihm obliegende Gegenleistung zu erbringen. Sie stellen ein Sicherungsmittel für den Schuldner dar, indem sie seine Gegenansprüche gewährleisten, und bilden ein Druckmittel, weil der Gläubiger leisten muss, um seine Forderung zu befriedigen.

II. Voraussetzungen

§ 273 Abs. 1 BGB

1. Anwendbarkeit

Schuldverhältnisse jeder Art, also auch dingliche, familien- und erbrechtliche

2. Gegenanspruch

Die Gegenforderung muss wirksam, fällig und durchsetzbar sein.

3. Gegenseitigkeit

Jedem der Beteiligten muss ein Anspruch gegen den anderen zustehen, jeder also zugleich Schuldner und Gläubiger sein.

4. Konnexität

Ein einheitliches rechtliches Verhältnis ist anzunehmen, wenn zwischen den Ansprüchen ein innerer natürlicher und wirtschaftlicher Zusammenhang besteht, so dass es gegen Treu und Glauben verstoßen würde, wenn der eine Anspruch ohne Rücksicht auf den anderen durchzusetzen wäre.

5. Kein Ausschluss

Das Zurückbehaltungsrecht darf weder durch Gesetz, Vereinbarung noch nach der Natur des Schuldverhältnisses oder gemäß § 242 BGB ausgeschlossen sein.

§ 320 Abs. 1 BGB

1. Anwendbarkeit

Gegenseitige Verträge (funktionelles Synallagma)

2. Gegenanspruch

Die Gegenforderung muss wirksam, fällig und durchsetzbar sein.

3. Gegenseitigkeit

Leistung und Gegenleistung müssen im Gegenseitigkeitsverhältnis stehen, also synallagmatisch miteinander verknüpft sein. Andere Pflichten erfasst § 273 BGB.

4. Nichterfüllung des Vertragspartners

Die Gegenleistung darf noch nicht bewirkt sein und auch nicht gleichzeitig bewirkt werden.

5. Kein Ausschluss

Das Leistungsverweigerungsrecht darf weder durch Gesetz, Vereinbarung noch nach der Natur des Schuldverhältnisses oder gemäß § 242 BGB ausgeschlossen sein. § 320 Abs. 2 BGB regelt dies für den Fall der Unverhältnismäßigkeit ausdrücklich.

III. Rechtsfolgen

Die Zurückbehaltungsrechte geben dem Schuldner eine **Einrede**, dh er muss sich im Prozess auf sie berufen, sie wird nicht von Amts wegen berücksichtigt. Die Einrede ist dilatorisch, also nur aufschiebend. Die Zurückbehaltungsrechte führen zu einer Zug-um-Zug-Verurteilung, §§ 274, 322 BGB.

A müsste ein **Gegenanspruch** auf Rückzahlung des Kaufpreises zustehen.

(1) Anspruch gemäß § 985 BGB

Ein Anspruch nach § 985 BGB setzt die Eigentümerstellung des A am bezahlten Kaufpreis voraus. Zwar hat A sein Eigentum am bar bezahlten Geld nicht gemäß § 929 S. 1 BGB verloren, weil die Einigung wegen der Geschäftsunfähigkeit des Empfängers M (§§ 104 Nr. 2, 105 Abs. 1 BGB) nichtig ist. Der Eigentumsverlust vollzog sich aber nach § 948 BGB (Vermischung). Es ist davon auszugehen, dass M nach der Barzahlung die fremden Geldwertzeichen zu eigenen Geldbeständen gefügt hat, so dass eine Trennung nicht mehr oder nur mit unverhältnismäßigen Kosten (§ 948 Abs. 2 BGB) möglich ist.

Streitig sind die Rechtsfolgen der Geldvermengung.[11]

Meinungsstreit zu den Rechtsfolgen der Geldvermengung		
Lehre von der Geldwertvindikation	**Lehre vom Miteigentum**	**Lehre des Alleineigentums** (hM)
Geld sei nicht als körperlicher Gegenstand, sondern als Wertträger zu bewerten; die Herausgabe von Geld könne deshalb verlangt werden, so lange der Wert noch im Besitz sei.	Geldvermengung führe iSd § 947 Abs. 1 BGB zu Miteigentum, das mittels Vertrag (§§ 749, 752 BGB) aufzulösen sei.	Bei der Geldvermengung sei § 947 Abs. 2 BGB anzuwenden. Der Empfänger des Geldes werde Eigentümer.

Die von Harry Westermann begründete[12] Lehre der Geldwertvindikation verstößt gegen den sachenrechtlichen Bestimmtheitsgrundsatz, führt zur ungerechtfertigten Privilegierung des Geldeigentümers und ist deshalb abzulehnen.[13] Die Lösung über das Miteigentum ist – selbst wenn dem besitzenden Miteigentümer bei unbestrittenen Quoten ein einseitiges Teilungsrecht zugebilligt wird[14] – wenig praktikabel und führt zu Schwierigkeiten bei der Bestimmung der Anteile.[15] Überzeugend ist es, vom Alleineigentum des Empfängers des Bargeldes im Falle der Vermischung (§ 948 BGB) auszugehen.[16]

Es besteht kein Anspruch aus § 985 BGB.

(2) Anspruch nach § 812 Abs. 1 S. 1 Alt. 2 iVm § 951 Abs. 1 S. 1 BGB

Zutreffenderweise ist von § 947 Abs. 2 BGB und damit von einem Bereicherungsanspruch nach §§ 951 Abs. 1 S. 1, 812 Abs. 1 S. 1 Alt. 2 BGB auszugehen. Die entsprechenden Voraussetzungen sind erfüllt. Somit ergibt sich für A ein Anspruch auf Rückzahlung des Kaufpreises aus **§ 812 Abs. 1 S. 1 Alt. 2 iVm § 951 Abs. 1 S. 1 BGB**.

---

11 Einzelheiten bei Staudinger/*Gursky*, § 985 Rn. 90 ff.; auf den Meinungsstreit kommt es nicht an, wenn Geldscheine und Münzen individualisierbar sind, wie es beispielsweise bei der Aufbewahrung in einem gesonderten Fach der Fall ist.
12 *Westermann*, Sachenrecht, 5. Aufl. 1966, § 30 V 3.
13 MüKoBGB/*Baldus*, § 985 Rn. 67 f.
14 RGRK/*Pikart*, § 948 Rn. 18 ff.
15 *Medicus*, JuS 1983, 897, 899.
16 BRHP/*Fritzsche*, § 985 Rn. 16; Palandt/*Herrler*, § 985 Rn. 8.

Der Anspruch beruht auf demselben rechtlichen Verhältnis (Konnexität), denn es handelt sich im Verhältnis zwischen A und M um die Rückabwicklung eines nichtigen Vertrages.[17] Der Anspruch ist durchsetzbar und fällig. Die Tatbestandsmerkmale des § 273 Abs. 1 BGB sind gegeben.

A steht damit ein Zurückbehaltungsrecht bis zur Rückzahlung des Kaufpreises zu, §§ 273 Abs. 1, 812 Abs. 1 S. 1 Alt. 2, 951 Abs. 1 S. 1 BGB.[18]

bb) Ersatz des Hauswertes

Hat A einen Anspruch auf Ersatz des Hauswertes, kann er diesen nach § 1000 S. 1 oder § 273 Abs. 1, 2 BGB dem Herausgabeanspruch aus § 985 BGB entgegensetzen.

Zurückbehaltungsrecht wegen eines Anspruchs auf Erstattung des Hauswertes

(1) Anspruch gemäß § 994 Abs. 1 BGB

Ein Anspruch des A auf Verwendungsersatz ergibt sich möglicherweise aus § 994 Abs. 1 BGB.

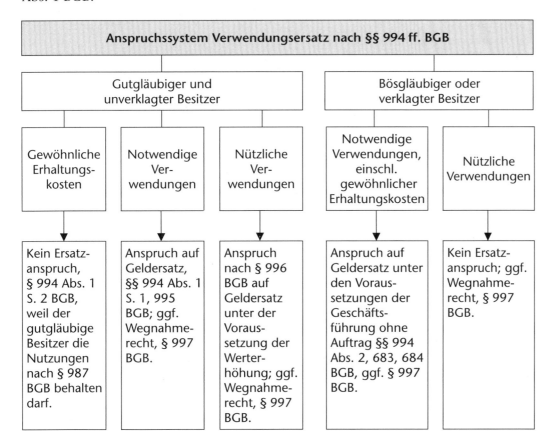

Ein Anspruch nach § 994 Abs. 1 BGB scheitert bereits daran, dass die Errichtung des Hauses keine **notwendige Verwendung** darstellt. Hierunter versteht man

---

17 Vgl. Palandt/*Grüneberg*, § 273 Rn. 10; BGH NJW-RR 1990, 847, 848.
18 Inwieweit es sich hierauf auswirkt, dass B als Vertreterin des M nur den den Kaufpreis überschießenden Mietanteil verlangt, soll erst später, dh nach der Darstellung des Mieterstattungsanspruchs erörtert werden. Prüft man hier bereits eine etwaige Aufrechnung, ergibt sich ein unübersichtlicher Schachtelaufbau.

Verwendungen, die zur Erhaltung der Sache objektiv erforderlich sind.[19] Der Bau des Zweifamilienhauses war für den Erhalt des Grundstücks nicht notwendig. Ein Anspruch gemäß § 994 Abs. 1 BGB scheidet aus.

(2) Anspruch nach § 996 BGB

Ein Verwendungsersatzanspruch könnte sich aus § 996 BGB ergeben.

Für einen solchen Anspruch bedarf es eines Eigentümer-Besitzer-Verhältnisses.[20]

Eigentümer-Besitzer-Verhältnis, §§ 987 ff. BGB
Das Eigentümer-Besitzer-Verhältnis ist das Rechtsverhältnis zwischen dem Eigentümer und dem Besitzer, der über kein Besitzrecht iSd § 986 BGB verfügt. Gemeint ist mithin eine Vindikationslage (§ 985 BGB). Die **Vindikationslage** muss zum Zeitpunkt der haftungsbegründenden Handlung bestanden haben, also bei Schadensersatz im Zeitpunkt des schadensbegründenden Ereignisses, bei Nutzungsersatz zur Zeit der Nutzungsziehung und bei Verwendungsersatz zur Zeit der Verwendungsvornahme. Zwischen Eigentümer und nichtberechtigten Besitzer besteht ein **gesetzliches Schuldverhältnis**, auf das beispielsweise § 254, § 278 oder § 300 Abs. 1 BGB anwendbar sind. Nicht anwendbar ist § 285 BGB. Die §§ 987 ff. BGB regeln die Ansprüche des Eigentümers gegen den nichtberechtigten Besitzer auf Herausgabe gezogener oder Ersatz versäumter Nutzungen sowie auf Schadensersatz wegen Verschlechterung der Sache oder Unmöglichkeit der Herausgabe; die §§ 994 ff. BGB normieren die Gegenansprüche des Besitzers hinsichtlich seiner Verwendungen. Die §§ 987 ff. BGB begründen ein **abgestuftes Haftungssystem**, bei dem zwischen redlichem und unredlichem, zwischen Prozess- und Deliktsbesitz zu unterscheiden ist. Ist der Anwendungsbereich der §§ 987 ff. BGB eröffnet, stellt sich die Frage der **Konkurrenz** zu anderen Ansprüchen, zB aus Bereicherungs- und Deliktsrecht. § 993 Abs. 1 Hs. 2 BGB ist zu entnehmen, dass die §§ 987 ff. BGB **im Grundsatz** eine **erschöpfende Sonderregelung** bilden, welche die Anwendung sonstiger Anspruchsgrundlagen ausschließt. Von diesem Grundsatz werden einzelne Ausnahmen zugelassen; die Einzelheiten sind äußerst streitig (vgl. Erman/*Ebbing*, Vor §§ 987–993 Rn. 72 ff.; Palandt/*Herrler*, Vorb. v. § 987 Rn. 15 ff.).

Eine Vindikationslage, das heißt eine fehlende Besitzberechtigung gegenüber dem Eigentümer M bestand bereits zur Zeit des Hausbaus. Ein Eigentümer-Besitzer-Verhältnis existiert. A ist unrechtmäßiger, aber gutgläubiger Eigenbesitzer.

Problem
Errichtung eines Gebäudes als Verwendung

Zu prüfen bleibt, ob ein Hausbau als **Verwendung iSd § 996 BGB** eingestuft werden kann. Dem Verwendungsbegriff kommt eine subjektive und eine objektive Seite zu. Auf objektiver Seite besteht Einigkeit insoweit, dass Verwendungen freiwillige Vermögensopfer sind, die unmittelbar einer bestimmten Sache zugute kommen, dh der Erhaltung, Wiederherstellung oder Verbesserung des Gegenstandes dienen.[21]

Umstritten ist, ob darüber hinaus auch die Errichtung eines Gebäudes auf einem fremden Grundstück eine Verwendung darstellt, mithin ob ein enger oder weiter Verwendungsbegriff gilt.

---

19 Palandt/*Herrler*, § 994 Rn. 5; BGH NJW 1996, 921, 922.
20 Vgl. BRHP/*Fritzsche*, § 987 Rn. 9 ff.; Erman/*Ebbing*, Vor §§ 987–993 Rn. 16 ff.; Palandt/*Herrler*, Vorb. v. § 987 Rn. 2 ff.
21 Deshalb scheidet auch der von A bezahlte Kaufpreis als Verwendung aus; dieser ist keine auf die Sache gemachte Aufwendung, sondern Entgelt, um die Sache zu erhalten.

Meinungsstreit über den Verwendungsbegriff

Enger Verwendungsbegriff (Rspr.)
Verwendungen seien nur solche Maßnahmen, die eine Sache als solche erhalten, verbessern oder wiederherstellen, ohne deren Bestand grundlegend zu verändern.

Weiter Verwendungsbegriff (Lit.)
Verwendungen seien alle Vermögensaufwendungen, die einer Sache zugute kommen und ihren wirtschaftlichen Wert erhöhen.

(a) Enger Verwendungsbegriff

Der BGH[22] und ihm folgend ein Teil des Schrifttums[23] nimmt Vermögensaufwendungen, welche die Sache grundlegend verändern, aus dem Verwendungsbegriff heraus, sogenannter enger Verwendungsbegriff.

Begründet wird dies zum einen mit dem allgemeinen Sprachgebrauch, wonach die Errichtung eines Gebäudes nicht als Verwendung angesehen werde. Außerdem verbessere ein Bau nicht das Grundstück in seinem Bestand, sondern verändere seinen Zustand, indem es zukünftig für einen Zweck benutzt werde, dem es bisher nicht gedient hat. Maßstab für die Abgrenzung ist also die Zweckbestimmung: Was sich im Rahmen der Zweckbestimmung hält, zählt zu Erhaltungs- und Verbesserungs-, was darüber hinausgeht, zu Veränderungsmaßnahmen.

> **Enger Verwendungsbegriff**
> Nur Maßnahmen, die den Bestand der Sache erhalten, wiederherstellen oder verbessern, ohne die Sache grundlegend zu verändern.

Nach Ansicht des BGH fällt Bebauung damit nur dann ausnahmsweise unter den engen Verwendungsbegriff, wenn gerade die Baumaßnahme darauf abzielt, den Bestand der Sache als solche zu erhalten oder wiederherzustellen, unter Umständen mithin der Bau einer Stützmauer oder eines Stalles auf einem Landgut. So liegt es bei der Errichtung eines Zweifamilienhauses gerade nicht.

Weiterhin wird der enge Verwendungsbegriff auf einen Vergleich mit dem Mobiliarsachenrecht gestützt. Bewegliche und unbewegliche Sachen müssten gleich behandelt werden. Im Mobiliarsachenrecht spricht das Gesetz von Verarbeitung (§ 950 BGB), nicht von Verwendung, so dass – in Parallelität hierzu – auch bei unbeweglichen Sachen eine Verwendung ausscheide. Daneben weist der BGH auf eine unerwünschte Ausdehnung der §§ 994 ff. BGB hin: „Wollte man ganz allgemein die Errichtung von Gebäuden einbeziehen, so würde der Anwendungsbereich der §§ 994 ff. BGB in einer Weise erweitert, die ersichtlich nicht mehr dem Zweck der gesetzlichen Regelung entspräche und für die kein vernünftiges wirtschaftliches Bedürfnis bestünde"[24].

Nach dieser Ansicht scheidet also ein Anspruch aus § 996 BGB mangels Verwendung aus, weil der Bau eines Zweifamilienhauses zu einer Zustandsänderung führt, welche die Zweckbestimmung des Grundstücks verändert.

(b) Weiter Verwendungsbegriff

Die überwiegende Auffassung in der Literatur[25] vertritt den sogenannten weiten Verwendungsbegriff, der auch grundlegende Veränderungen erfasst.

---

22 BGHZ 10, 171, 178; BGHZ 41, 157, 160; BGHZ 41, 341, 346; BGH WM 1969, 295, 296.
23 Palandt/*Herrler*, Vorb. v. § 994 Rn. 5, 6 (bis zur 58. Aufl.); RGRK/*Pikart*, § 994 Rn. 1; *Westermann*, Sachenrecht, § 11 II 1.
24 BGHZ 41, 157, 161.
25 Staudinger/*Gursky*, Vorb. zu §§ 994–1003 Rn. 8; Soergel/*Mühl*, Vorb. § 994 Rn. 3; MüKoBGB/*Raff*, § 994 Rn. 13 ff.; Palandt/*Herrler*, § 994 Rn. 4 (ab der 59. Aufl.); *Klauser*, NJW 1965,

> **Weiter Verwendungsbegriff**
> Auch sachändernde Aufwendungen

Als Begründung wird neben dem allgemeinen Sprachgebrauch unter anderem auf die Motive verwiesen, wonach Verwendungen Aufwendungen sind, „deren wirtschaftlicher Erfolg dem dinglich Berechtigten in irgendeiner Weise zugute kommt."[26] Der enge Verwendungsbegriff führe außerdem zu Abgrenzungsschwierigkeiten zwischen einer bloßen Verbesserung oder einer Umgestaltung der Sache. Ratio legis der §§ 994 ff. BGB sei es, den Interessengegensatz zwischen Eigentümer (Schutz vor aufgedrängter Bereicherung) und Besitzer (Ersatz der Aufwendungen) sachgerecht zu regeln. Dieser Zielsetzung genüge das Gesetz nur bei Zugrundelegung des weiten Verwendungsbegriffs; ansonsten käme es zur unverständlichen Folge, dass gerade der Bau auf fremden Boden vom Eigentümer-Besitzer-Verhältnis nicht erfasst würde: Der gutgläubige Besitzer verliert die in §§ 994 ff. BGB geregelte Ersatzmöglichkeit, der Eigentümer den mittels § 996 BGB gewährten Schutz vor aufgedrängter Bereicherung.

Hiernach ist die Errichtung des Zweifamilienhauses durch A als Verwendung einzustufen.

(c) Entscheidung des Meinungsstreits

> **Stellungnahme zum Meinungsstreit über den Verwendungsbegriff**

Überzeugend erscheint der weite Verwendungsbegriff. Ausschlaggebend für diese Einschätzung sind die Rechtsfolgen, die eine ausgewogene Problemlösung ermöglichen. Denn die Vertreter des engen Verwendungsbegriffs – lehnen sie mit dem BGH die Anwendung von Bereicherungsrecht ab – bleiben auf das Wegnahmerecht des § 997 BGB beschränkt, wollen sie nicht Unbilligkeiten mit § 242 BGB begegnen. Lässt man hingegen neben dem engen Verwendungsbegriff Kondiktionsansprüche zu, führt das zu einer unbilligen Bevorzugung des bösgläubigen Besitzers: Nützliche Verwendungen werden nach § 996 BGB nicht ersetzt, wohl aber die weitergehenden grundlegenden Veränderungen nach §§ 812 ff. BGB. Dieser Bevorzugung des bösgläubigen Besitzers kann dann (nur) mit einer inkonsequenten Rückkehr zum Eigentümer-Besitzer-Verhältnis, nämlich einer Analogie zu § 996 BGB, begegnet werden.

Folgt man dem **weiten Verwendungsbegriff**, hat hier A mit dem Hausbau Verwendungen vorgenommen.

> **Sonstige Voraussetzungen des § 996 BGB**

Nach § 996 BGB sind Verwendungen nur zu erstatten, wenn sie wertsteigernd sind und diese **Wertsteigerung** noch besteht. Das Haus erhöht den Wert des Grundstücks nachhaltig. Außerdem muss es sich um einen **unverklagten gutgläubigen Besitzer** handeln. So ist es hier. A war die Geisteskrankheit des M nicht bekannt; er hielt sich für den rechtmäßigen Eigentümer des Grundstücks. A war damit gutgläubiger Besitzer.

Ergebnis

A steht ein Anspruch auf Wertersatz des Zweifamilienhauses nach § 996 BGB und demzufolge ein Zurückbehaltungsrecht gemäß § 1000 S. 1 BGB zu.[27]

513; *Baur/Stürner*, Sachenrecht, § 11 Rn. 55; ausführlich *Wolf*, AcP 166 (1966), 187, 193 ff.

26 Mugdan III, S. 229.

27 Auf die Höhe des Anspruchs ist mangels Anhaltspunkte im Sachverhalt nicht einzugehen. Zu beachten wäre hierbei, dass für die Feststellung der Werterhöhung nach hM darauf abzustellen ist, inwieweit die Verwendung unter Heranziehung objektiver Kriterien für den Eigentümer subjektiv vorteilhaft ist, vgl. MüKoBGB/*Raff*, § 996 Rn. 8 f.; Erman/*Ebbing*, § 996 Rn. 6; BRHP/*Fritzsche*, § 996 Rn. 8 f.

(3) Anspruch aus § 812 Abs. 1 S. 1 Alt. 2 iVm § 951 Abs. 1 S. 1 BGB

Ein Zurückbehaltungsrecht des A könnte sich außerdem aus § 273 Abs. 1 iVm §§ 951 Abs. 1 S. 1, 812 Abs. 1 S. 1 Alt. 2 BGB ergeben.

(a) § 951 Abs. 1 BGB setzt zunächst einen Rechtsverlust nach §§ 946–950 BGB voraus.

Eigentumserwerb kraft Gesetzes nach §§ 946 ff. BGB		
Verbindung §§ 946, 947 BGB	**Vermischung § 948 BGB**	**Verarbeitung § 950 BGB**
§ 946 BGB regelt die Verbindung beweglicher Sachen mit einem Grundstück. Nach § 94 BGB gehören die mit Grund und Boden fest verbundenen und die zur Herstellung des Gebäudes eingefügten Sachen zum Grundstückseigentum. § 947 BGB normiert die Verbindung beweglicher Sachen miteinander in der Weise, dass sie zu wesentlichen Bestandteilen (§ 93 BGB) einer einheitlichen Sache werden. Es entsteht Miteigentum, sofern nicht eine Sache die Hauptsache ist.	Bei § 948 BGB werden bewegliche Sachen untereinander derart vermengt, dass eine Trennung faktisch oder wirtschaftlich unmöglich ist. Kraft Verweisung auf § 947 BGB entsteht Miteigentum, sofern nicht eine Menge als Hauptsache anzusehen ist. Auseinander gehen die Meinungen, ob Alleineigentum auch bei der Vermischung gleichartiger Teile entsteht. Die hM lässt dies zu, während die Gegenauffassung bei gleichartigen Teilen auch bei einem erheblichen mengenmäßigen Übergewicht stets Miteigentum annimmt.	Nach § 950 BGB erwirbt der Hersteller einer neuen Sache bei Verarbeitung oder Umbildung das Alleineigentum, sofern nicht der Verarbeitungswert erheblich geringer ist als der Wert des Ausgangsstoffs. Neu ist eine Sache, wenn eine höhere Verarbeitungsstufe erreicht wird; Indiz ist ein neuer Name. Erheblich geringer ist der Verarbeitungswert, wenn er um 40 Prozent unter dem Stoffwert liegt. Äußerst streitig ist, ob § 950 BGB abdingbar ist und ob die Herstellereigenschaft durch Verarbeitungsklauseln konkretisiert werden kann.

Der gemäß §§ 946–950 BGB erfolgte Rechtsverlust ist nach **§ 951 BGB** auszugleichen. § 951 Abs. 1 S. 1 BGB enthält eine Rechtsgrundverweisung auf das Bereicherungsrecht. Ein Vergütungsanspruch besteht mithin nur dann, wenn die Voraussetzungen eines Bereicherungsanspruchs erfüllt sind, wobei streitig ist, ob § 951 BGB nur auf die Nichtleistungskondiktion (Lit.) oder auch auf die Leistungskondiktion (Rspr.) verweist.

A hat das Eigentum am Zweifamilienhaus gemäß §§ 946, 93, 94 Abs. 1 S. 1 BGB an M verloren. Das Zweifamilienhaus ist wesentlicher Bestandteil des Grundstücks.

(b) § 951 Abs. 1 S. 1 BGB enthält eine **Rechtsgrund- oder Tatbestandsverweisung**, so dass neben den Voraussetzungen genannter Vorschrift auch die des § 812 Abs. 1 BGB erfüllt sein müssen.[28]

---

28 Staudinger/*Gursky*, § 951 Rn. 1; Palandt/*Herrler*, § 951 Rn. 2; MüKoBGB/*Füller*, § 951 Rn. 3, jeweils mwN, auch zur insoweit gefestigten Rechtsprechung. Die Ansicht, die § 951 BGB als selbständige Anspruchsgrundlage sieht, die nur hinsichtlich der Folgen auf das Bereicherungsrecht verweist, wird heute kaum mehr vertreten.

Aufbauschema § 812 Abs. 1 S. 1 Alt. 2 BGB Nichtleistungskondiktion
1. Etwas erlangt
2. In sonstiger Weise auf Kosten des Gläubigers
3. Ohne rechtlichen Grund

(c) A hat das Zweifamilienhaus an M nicht geleistet im Sinne bewusster und zweckgerichteter Mehrung fremden Vermögens. A hat sein Eigentum vielmehr kraft Gesetzes (§§ 946, 93, 94 Abs. 1 S. 1 BGB) an M verloren. In Betracht kommt mithin die **Nichtleistungskondiktion**, § 812 Abs. 1 S. 1 Alt. 2 BGB, deren Voraussetzungen hier erfüllt sind.[29]

Nichtleistungskondiktion, § 812 Abs. 1 S. 1 Alt. 2 BGB

Eingriffskondiktion	Rückgriffskondiktion	Verwendungskondiktion
Eingriff in ein fremdes Recht entgegen dessen Zuweisungsgehalts	Tilgung fremder Schuld, § 267 BGB	Verwendungen auf fremdes Gut des Anspruchsgegners

(d) Als Nächstes ist zu klären, ob der bereicherungsrechtliche Anspruch neben dem Eigentümer-Besitzer-Verhältnis anwendbar ist. Das Konkurrenzverhältnis ist streitig:

Anwendbarkeit von §§ 951, 812 BGB neben §§ 994 ff. BGB

Anwendbarkeit	Keine Anwendbarkeit (hM)
Neben Verwendungsersatzansprüchen nach §§ 994 ff. BGB seien auch Ansprüche aus §§ 812, 951 BGB anwendbar. Dies ergebe sich aus § 951 Abs. 2 BGB und vermeide einen Wertungswiderspruch zum nichtbesitzenden Verwender.	Verwendungsersatzansprüche aus §§ 994 ff. BGB verdrängten die Ansprüche gemäß §§ 812, 951 BGB. §§ 994 ff. BGB bildeten ein ausgewogenes und abgestuftes Haftungssystem, neben dem es keines Rückgriffs auf das Bereicherungsrecht bedarf.

(aa) Keine Anwendbarkeit der §§ 812, 951 BGB neben §§ 994 ff. BGB

Keine Anwendbarkeit des Bereicherungsrechts

Die Rechtsprechung[30] lehnt die Anwendbarkeit des § 951 Abs. 1 BGB ab.[31] Ansonsten käme es bei mangelndem guten Glauben zu unbilligen Ergebnissen. Der Besitzer könnte nämlich für Eingriffe in die Sachsubstanz, die über den Umfang von Verwendungen hinausgehen und den Zustand der Sache verändern, auch dann Wertersatz (nach Bereicherungsrecht) verlangen, wenn ihm der Mangel seiner Besitzberechtigung bekannt oder nur infolge grober Fahrlässigkeit unbekannt war. Begnügt ein solcher Besitzer sich dagegen mit bestandserhaltenden oder wiederherstellenden Maßnahmen, steht ihm für diese Verwendungen (falls sie nicht

---

29 Ohne Bedeutung für die Fallbearbeitung ist deshalb der Meinungsstreit, ob § 951 Abs. 1 S. 1 BGB beide Alternativen des § 812 Abs. 1 S. 1 BGB erfasst (so va. der BGH) oder ob nur die Nichtleistungskondiktion (Lit.), hier in Form der Verwendungskondiktion, gemeint ist. Vgl. hierzu OLG Hamm NJW-RR 1992, 1105; Palandt/*Herrler*, § 951 Rn. 2 mwN.

30 BGHZ 41, 157, 162 f.; BGH NJW 1996, 52; NJW 1986, 2643, 2645; BGHZ 87, 296, 301; OLG Hamm NJW-RR 1997, 847, 848. Anders argumentiert der BGH jedoch für den Fall der Verarbeitung nach § 950 BGB: § 951 BGB werde hier von §§ 987 ff. BGB nicht verdrängt (BGHZ 55, 176, 178).

31 Eine Ausnahme lässt der BGH zu, wenn es um einen Bereicherungsanspruch wegen einer Baumaßnahme auf fremdem Grund geht, die von einem berechtigten Besitzer in der begründeten Erwartung des späteren Eigentumserwerbs vorgenommen wird, vgl. BGH NJW 2001, 3118, 3119.

"notwendig" iSd §§ 994, 995 BGB sind) laut § 996 BGB kein Ersatzanspruch zu. Eine solche Besserstellung dessen, der in Ausnutzung einer ihm nicht gebührenden Sachherrschaft das angemessene Maß überschreitet und den Eigentümer vor die vollendete Tatsache einer völligen Umgestaltung seines Eigentums stellt, gegenüber dem, der sich noch innerhalb der durch den Verwendungsbegriff gezogenen Grenzen einer vernünftigen wirtschaftlichen Betrachtungsweise hält, erscheine unangebracht und könne nicht rechtens sein.

Demnach verbleibe es bei dem allgemeinen Grundsatz „lex specialis derogat legi generali", so dass neben einer Anwendung der §§ 994 ff. BGB Ansprüche des Besitzers gegen den Eigentümer gemäß §§ 812 ff., 951 BGB ausscheiden.[32]

(bb) Anwendbarkeit der §§ 812, 951 BGB neben §§ 994 ff. BGB

Demgegenüber wendet ein Teil der Literatur[33] § 951 BGB an. Die Sichtweise des BGH und der herrschenden Lehre widerspreche juristischer Methodik. Denn eine Spezialnorm kann die „lex generalis" nur insoweit verdrängen, als die Sachverhalte, welche die „lex specialis" umfasst, auch denjenigen der „lex generalis" entsprechen. Ist mangels Verwendung der Anwendungsbereich der §§ 994 ff. BGB nicht eröffnet, können diese Vorschriften jedenfalls auch keine Sperrwirkung entfalten.[34] Teilweise wird auf § 951 Abs. 2 S. 1 BGB abgestellt. Danach sollen die §§ 994 ff. und § 951 BGB nebeneinander anwendbar sein. Außerdem wird auf die Rechtslage des nichtbesitzenden Verwenders hingewiesen, dem (unbestritten) ein Kondiktionsanspruch zustehe. Es gebe keinen einleuchtenden Grund, den besitzenden schlechter als den nichtbesitzenden Verwender zu stellen.[35] Für eine Anwendbarkeit von §§ 812, 951 BGB neben §§ 994 ff. BGB spreche außerdem die Wertung in §§ 687 Abs. 2 S. 2, 684 S. 1 BGB. Hiernach hat der Geschäftsführer selbst bei angemaßter Eigengeschäftsführung einen Anspruch auf Herausgabe einer ungerechtfertigten Bereicherung gegen den Geschäftsherrn.[36]

> Anwendbarkeit des Bereicherungsrechts

(cc) Entscheidung des Meinungsstreits

Im Ergebnis ist es richtig, §§ 994 ff. BGB als verdrängende Sonderregeln aufzufassen. Gegen die Anwendung bereicherungsrechtlicher Vorschriften spricht, dass im Kondiktionsrecht keine Unterscheidung zwischen Redlichkeit und Unredlichkeit des Bereicherungsgläubigers getroffen wird. Zwar ist es zutreffend, dass § 951 Abs. 2 S. 1 BGB seinem Wortlaut wie Sinn und Zweck nach Verwendungsersatznormen nicht verdrängt, hier stellt sich aber die umgekehrte Frage, ob Verwendungsersatznormen § 951 Abs. 1 BGB verdrängen, und das ist zu bejahen. Dem Eigentümer-Besitzer-Verhältnis kommt abschließender Regelungsgehalt zu.

> Stellungnahme zum Meinungsstreit über die Anwendbarkeit des Bereicherungsrechts neben den §§ 994 ff. BGB

Ergebnis

Wegen des Vorranges der §§ 994 ff. BGB kommen im Verhältnis von A und M die §§ 951 Abs. 1 S. 1, 812 Abs. 1 S. 1 Alt. 2 BGB nicht zur Anwendung.

---

32 Ebenso BRHP/*Fritzsche*, § 994 Rn. 32 ff.; *Kindl*, JA 1996, 201, 202, 207 f.; Palandt/*Herrler*, Vorb. v. § 994 Rn. 15.
33 *Canaris*, JZ 1996, 344, 346 ff.; *Schildt*, JuS 1995, 953 f.; *Medicus/Petersen*, Bürgerliches Recht, Rn. 896.
34 *Klauser*, NJW 1965, 513, 514.
35 MüKoBGB/*Raff*, § 996 Rn. 18 ff.; *Medicus/Petersen*, Bürgerliches Recht, Rn. 897.
36 *Medicus/Petersen*, Bürgerliches Recht, Rn. 898; *Canaris*, JZ 1996, 344, 346 ff.

Sonstige Anspruchsgrundlagen, die Wertersatz für das Zweifamilienhaus gewähren könnten, sind nicht ersichtlich. A kann sein Begehren um Wertersatz nach der hier vertretenen Lösung (weiter Verwendungsbegriff und Vorrang der §§ 994 ff. BGB) allein auf § 996 BGB stützen. A steht folglich gegenüber dem Anspruch gemäß § 985 BGB ein **Zurückbehaltungsrecht** (§ 273 Abs. 1, 2, § 1000 S. 1 BGB) zu.

II. Anspruch gemäß § 812 Abs. 1 S. 1 Alt. 1 BGB

> **Aufbauschema § 812 Abs. 1 S. 1 Alt. 1 BGB**
> 1. Etwas erlangt
> 2. Durch Leistung
> 3. Ohne Rechtsgrund
> 4. Kein Ausschluss nach §§ 814, 817 S. 2 BGB

Ein Anspruch des M gegen A auf Rückgabe des Grundstücks kann sich aus § 812 Abs. 1 S. 1 Alt. 1 BGB ergeben, sogenannte condictio possessionis.

1. Entstehen des Anspruchs

A hat durch bewusste und zweckgerichtete Mehrung fremden Vermögens (**Leistung**) Besitz am Grundstück (und bei etwaig bereits erfolgter Eintragung in das Grundbuch die Grundbuchposition) erlangt. Daran ändert auch die Geschäftsunfähigkeit des M nichts. Zwar ist streitig, ob der Leistungsbegriff rechtsgeschäftlich ausgeformt ist, genauer, welche Rechtsnatur die Zweckbestimmung bei der condictio indebiti hat,[37]

und aus welcher Sicht die Leistungsvornahme zu bestimmen ist.[38]

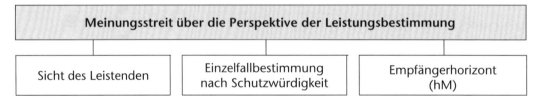

Richtigerweise ist aber – in Übereinstimmung mit der herrschenden Lehre der realen Leistungsbewirkung bei der Erfüllung nach § 362 Abs. 1 BGB – die Zweckbestimmung als tatsächliche Handlung ohne rechtsgeschäft(sähn)liches Element zu definieren und die Person des Leistenden aus der Sicht eines objektiven Empfängers zu bestimmen.[39] Denn Leistung meint jede zurechenbare Mehrung fremden Vermögens, die der Empfänger auf ein Kausalverhältnis zu einem anderen bezieht.[40]

---

37 Vgl. Erman/*Buck-Heeb*, § 812 Rn. 12 mwN.
38 Dazu Palandt/*Sprau*, § 812 Rn. 14; BRHP/*Wendehorst*, § 812 Rn. 48 f.; BGH NJW-RR 2002, 1176, 1177; NJW 1999, 1393, 1394; NJW 1993, 1578, 1579.
39 Sieht man das anders und lehnt die Anwendung der Leistungskondiktion bei Geschäftsunfähigkeit ab, ist ein Anspruch aus Nichtleistungskondiktion (§ 812 Abs. 1 S. 1 Alt. 2 BGB) anzunehmen, so dass sich bei der weiteren Fallbearbeitung insoweit die identischen Fragen stellen.
40 Bedeutsam sind diese Begriffsbestimmungen und Abgrenzungskriterien vor allem beim Bereicherungsausgleich im Mehrpersonenverhältnis; Überblick bei *Musielak/Hau*, EK BGB, Rn. 244 f. Allgemein zum Bereicherungsrecht Fall 14, S. 351 ff.

Die Vermögensverschiebung muss **ohne Rechtsgrund** erfolgt sein, dh ohne Grund für das Behaltendürfen der Leistung. Der Kaufvertrag zwischen A und M über das Grundstück nach § 433 iVm § 311b Abs. 1 S. 1 BGB ist wegen der Geschäftsunfähigkeit des M (§ 104 Nr. 2 BGB) gemäß § 105 Abs. 1 BGB nichtig. Die Leistung ist folglich rechtsgrundlos erfolgt.

Mangels Ausschlussgrundes (§§ 814, 817 S. 2 BGB) sind die Voraussetzungen des § 812 Abs. 1 S. 1 Alt. 1 BGB erfüllt.

2. Inhalt und Umfang des Anspruchs

Nach §§ 812 Abs. 1 S. 1, 818 Abs. 1 BGB ist das Erlangte in natura herauszugeben. Wurde der Besitz erlangt, besteht somit ein Anspruch auf Wiedereinräumung der tatsächlichen Sachherrschaft.

a) Unmöglichkeit der Herausgabe nach § 818 Abs. 2 BGB

Die Rückgabe des Grundstücks könnte hier nach **§ 818 Abs. 2 BGB** ausgeschlossen sein. Im Falle der objektiven Unmöglichkeit der Herausgabe wegen der Beschaffenheit des Erlangten und bei subjektivem Unvermögen des Empfängers ist gemäß § 818 Abs. 2 BGB statt der Herausgabe des Erlangten Wertersatz zu leisten. Zweifelhaft ist, ob hier ein Fall des § 818 Abs. 2 BGB, mithin **Unmöglichkeit** anzunehmen ist.

> Unmöglichkeit der Herausgabe gemäß § 818 Abs. 2 BGB

Nach der Rechtsprechung[41] kann die Herausgabe eines Grundstücks dadurch unmöglich werden, dass es zwischenzeitlich vom Bereicherungsschuldner bebaut wurde. Dies sei der Fall, wenn das Grundstück so maßgeblich umgestaltet wurde, dass das Wertverhältnis zwischen Grundstück und Gebäude derart zugunsten des Bauwerks verschoben ist,[42] dass das Grundstück wirtschaftlich betrachtet etwas ganz anderes geworden ist. Die Umsetzung dieser Konstruktion auf den Bau eines Zweifamilienhauses ist bereits aus tatsächlichen Gründen ausgeschlossen, ging es in den entschiedenen Fällen doch um Bebauung mit großen Fabrikanlagen, hier jedoch nur um ein Wohngebäude. Zudem ist diese Konstruktion wegen §§ 946 ff. BGB rechtlich zweifelhaft[43] und, bejaht man § 818 Abs. 3 BGB, auch aus Gerechtigkeitserwägungen unnötig.

b) Wegfall der Bereicherung gemäß § 818 Abs. 3 BGB

Aus **§ 818 Abs. 3 BGB** ergibt sich nämlich folgendes: Diese Norm ermöglicht es A, sich gegenüber dem Kondiktionsanspruch auf bereicherungsmindernde Nachteile zu berufen und in deren Folge das Grundstück nur Zug um Zug gegen Zahlung der Beträge herauszugeben, die zum Wegfall der Bereicherung geführt haben. Welche Vermögensnachteile zu einer Bereicherungsminderung führen, ist zwar streitig,[44]

> Bereicherungsminderung iSd § 818 Abs. 3 BGB

---

41 RGZ 117, 112, 113; RGZ 133, 293, 294 f.; RGZ 169, 65, 76; vgl. auch BGH NJW 1980, 1789; BGH NJW 1981, 2687, 2688; zusammenfassend *Linke*, JR 1982, 91.
42 RGZ 133, 293: 128.680 RM zu „mehr als eine Million RM".
43 MüKoBGB/*Schwab*, § 818 Rn. 57.
44 Meinungsüberblick bei BRHP/*Wendehorst*, § 818 Rn. 64 ff.; MüKoBGB/*Schwab*, § 818 Rn. 168 ff.; BGH NJW 2002, 1872, 1875; NJW 1998, 2529, 2530; NJW 1992, 1037.

Vermögensnachteile iSd § 818 Abs. 3 BGB	
Wertende Betrachtung (Rspr.) Neben der Kausalität des Vermögensnachteils sei eine wertende Betrachtung erforderlich, um eine angemessene Risikoverteilung zu erreichen. Nur mittels einer konkreten Interessenanalyse seien die Besonderheiten des Einzelfalls zu berücksichtigen.	**Vertrauensdisposition (Lit.)** Zusätzlich zur Kausalität sei eine Vertrauensdisposition notwendig. Es könnten nur solche Vermögensnachteile berücksichtigt werden, die dem Bereicherten gerade wegen seines Vertrauens auf die Endgültigkeit des Erwerbs entstanden sind.

weitgehende Einigkeit besteht aber darüber, dass jedenfalls die Aufwendungen erfasst werden, durch die der herauszugebende Wert selbst verursacht worden ist.[45] Damit ist hier auch der Bau des Zweifamilienhauses von § 818 Abs. 3 BGB erfasst; es handelt sich um eine objektbezogene Disposition, welche an sich den Wert der Immobilie herbeigeführt hat.

Darin kann – je nach Meinung beim Verwendungsersatz – ein **Wertungswiderspruch zum Eigentümer-Besitzer-Verhältnis** liegen. Unter Umständen sind hier Verwendungen nur unter engeren Voraussetzungen als ersatzfähig eingestuft bzw. der Ersatz verneint worden. Damit kann sich insbesondere bei der Anwendung des engen Verwendungsbegriffs die Frage stellen, wie ein Hauptanspruch aus Leistungskondiktion mit Nebenfolgen der Vindikation in Einklang zu bringen ist. Diese Frage wird von den Vertretern des engen Verwendungsbegriffs mit einem Vorrang der Kondiktionsregeln, deren Ausschluss oder deren Einschränkung durch eine Analogie zum Eigentümer-Besitzer-Verhältnis beantwortet.[46] Vertritt man – wie hier – den **weiten Verwendungsbegriff** mit der Folge eines Zurückbehaltungsrechts gegenüber dem Anspruch aus § 985 BGB, bestehen allerdings keine Bedenken, §§ 812 Abs. 1 S. 1 Alt. 1, 818 Abs. 3 BGB anzuwenden. Ein Wertungswiderspruch entfällt; beiden Anspruchsgrundlagen stehen Verwendungen entgegen. Auch hier zeigt sich, dass der weite Verwendungsbegriff – zumindest insoweit – eine sachgerechte Lösung ermöglicht.

3. Gegenrechte

a) Rückzahlung des Kaufpreises

Der Anspruch auf Rückzahlung des Kaufpreises nach § 812 Abs. 1 S. 1 Alt. 2 iVm § 951 Abs. 1 S. 1 BGB bildet ein Zurückbehaltungsrecht iSd § 273 Abs. 1 BGB gegenüber dem Herausgabeanspruch aus § 812 Abs. 1 S. 1 Alt. 1 BGB.[47]

b) Ersatz des Hauswertes

Ebenso kann der Anspruch auf Wertersatz für das Zweifamilienhaus gemäß § 996 BGB dem bereicherungsrechtlichen Herausgabeanspruch entgegengehalten werden.

---

45 Vgl. BRHP/*Wendehorst*, § 818 Rn. 67 ff. Das Problem der sogenannten „aufgedrängten Bereicherung" stellt sich hier mangels entsprechender Sachverhaltsangaben nicht.
46 Zum Meinungsstand *Reuter/Martinek*, Handbuch des Schuldrechts, Ungerechtfertigte Bereicherung, § 2013; Staudinger/*Gursky*, Vorb. zu §§ 994–1003 Rn. 34; RGRK/*Pikart*, § 993 Rn. 10.
47 Inwieweit es sich hierauf auswirkt, dass B als Vertreterin des M nur den den Kaufpreis überschießenden Mietanteil verlangt, soll erst später, dh nach der Darstellung des Mieterstattungsanspruchs erörtert werden. Prüft man hier bereits eine etwaige Aufrechnung, ergibt sich ein unübersichtlicher Schachtelaufbau.

Ergebnis

M kann vertreten durch B von A die Herausgabe des Grundstücks auch mittels § 812 Abs. 1 S. 1 Alt. 1 BGB erreichen, jedoch sind hier ebenfalls Zug um Zug die Rückzahlung des Kaufpreises und der Ersatz des Hauswertes zu berücksichtigen.

III. Sonstige Ansprüche

Sonstige Ansprüche auf Rückgabe des Grundstücks sind nicht ersichtlich. §§ 823 Abs. 1, 249 Abs. 1 BGB scheiden mangels Delikt aus. Die Löschung des A aus dem Grundbuch kann M mittels § 894 BGB Zug um Zug durch eine Grundbuchberichtigung erreichen.

B. Anspruch des M vertreten durch B auf Zahlung des Mieterlöses

I. Anspruch aus §§ 987 Abs. 1, 990 Abs. 1 BGB

Für M könnte sich ein Anspruch gegen A auf Herausgabe des erzielten Mietertrages aus §§ 987 Abs. 1, 990 Abs. 1 BGB ergeben.

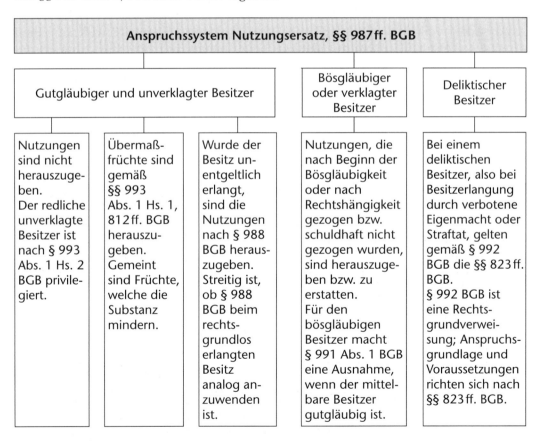

1. Ein derartiger Anspruch erfordert zunächst ein Eigentümer-Besitzer-Verhältnis zwischen A und M. Eine **Vindikationslage** (§§ 985, 986 BGB) besteht.

> **Aufbauschema §§ 987 Abs. 1, 990 Abs. 1 BGB**
> 1. Vindikationslage
> 2. Nutzungen
> 3. Bösgläubigkeit oder Rechtshängigkeit

2. Weiterhin müsste A Nutzungen gezogen haben. A vermietete das Zweifamilienhaus und erzielte damit **Nutzungen** gemäß §§ 100, 99 Abs. 3 BGB in Form mittelbarer Sachfrüchte.
3. Voraussetzung ist zudem, dass der unberechtigte Besitzer entweder verklagt (§ 987 Abs. 1 BGB)[48] oder bösgläubig (§ 990 Abs. 1 S. 1 BGB)[49] ist.

Rechtshängigkeit, § 987 Abs. 1 BGB	**Bösgläubigkeit, § 990 Abs. 1 BGB**
Rechtshängigkeit meint, dass eine Klage auf Herausgabe nach § 985 BGB oder auf Grundbuchberichtigung nach § 894 BGB bei Gericht erhoben und dem Beklagten zugestellt ist, §§ 253 Abs. 1, 261 Abs. 1 ZPO. Die Klage muss erfolgreich sein; bei Klagerücknahme oder Abweisung entfällt der Anspruch rückwirkend. Die Erhebung einer Feststellungsklage (§ 256 ZPO) oder einer Drittwiderspruchsklage (§ 771 ZPO) genügt nicht.	Unter Bösgläubigkeit ist zu verstehen, dass dem Besitzer beim Besitzerwerb bekannt oder infolge grober Fahrlässigkeit unbekannt ist, dass er gegenüber dem Eigentümer nicht zum Besitz berechtigt ist. Nach § 990 Abs. 1 S. 2 BGB ist auch derjenige bösgläubig, der nach Besitzerwerb von seiner fehlenden Berechtigung positive Kenntnis erlangt. Bei der Einschaltung von Hilfspersonen genügt die Bösgläubigkeit des Besitzherrn. Ist nur die Hilfsperson (Besitzdiener, Besitzmittler) bösgläubig, ist die Zurechnung streitig. Teilweise wird § 831 BGB analog, teilweise § 166 BGB analog angewendet.

A war weder verklagt noch bösgläubig. Er ging davon aus, mit M wirksam einen dinglichen Vertrag (Auflassung) geschlossen zu haben und zum Besitz des Grundstücks berechtigt zu sein.

Ergebnis

Ein Anspruch des M gegen A aus §§ 987 Abs. 1, 990 Abs. 1 BGB scheidet aus.

II. Anspruch gemäß § 988 BGB analog

M könnte der Mietzins in Analogie zu § 988 BGB – einer Rechtsfolgenverweisung auf §§ 818f., 822 BGB – zustehen.

1. Eigentümer-Besitzer-Verhältnis

Zwischen A und M besteht ein Eigentümer-Besitzer-Verhältnis. A hatte Grundstück (mit Gebäude) gutgläubig in Eigenbesitz.

2. Nutzungen

Bei der erzielten Miete handelt es sich um Nutzungen, § 100 BGB. Miete als wiederkehrende Gegenleistung für die Überlassung einer Sache ist eine mittelbare Sachfrucht im Sinne des § 99 Abs. 3 BGB.

3. Unentgeltliche Besitzüberlassung und Analogie

§ 988 BGB erfordert eine unentgeltliche Besitzüberlassung. Daran fehlt es; A und M hatten ursprünglich eine Kaufpreiszahlung vereinbart. A hat den Besitz nicht

---

48 Erman/*Ebbing*, § 987 Rn. 4 ff.; Palandt/*Herrler*, § 987 Rn. 2.
49 MüKoBGB/*Raff*, § 990 Rn. 3 ff.; BRHP/*Fritzsche*, § 990 Rn. 5 ff.

unentgeltlich, sondern **rechtsgrundlos** erlangt. Damit kann § 988 BGB nur dann angewendet werden, wenn der rechtsgrundlose dem unentgeltlichen Erwerb gleichzustellen ist.

Dies wird unterschiedlich gesehen.

Analoge Anwendung von § 988 BGB bei rechtsgrundlosem Besitzerwerb

Keine analoge Anwendung (Lit.)	Analoge Anwendung (Rspr.)
Eine analoge Anwendung scheide aus, weil sie insbesondere bei Dreipersonenverhältnissen zu unerwünschten Ergebnissen führe. Die unmittelbare Anwendung der Leistungskondiktion sei zielführender.	Der rechtsgrundlose sei dem unentgeltlichen Erwerb gleichzustellen, weil auch der rechtsgrundlose Besitzer keine Gegenleistung zu erbringen habe.

a) Analoge Anwendung bei rechtsgrundlosem Erwerb

Die Rechtsprechung[50] und ein Teil der Literatur[51] wenden bei einem rechtsgrundlosen Besitzerwerb § 988 BGB analog an. Als Begründung werden folgende Erwägungen angeführt: Ist beim kaufweisen Erwerb einer Sache nur der Kaufvertrag, nicht aber die Übereignung unwirksam, besteht kein Eigentümer-Besitzer-Verhältnis und der Besitzer hat die Nutzungen nach §§ 812 Abs. 1 S. 1 Alt. 1, 818 Abs. 1 BGB herauszugeben. Sind dagegen Kaufvertrag und Übereignung unwirksam, liegt eine Vindikationslage vor, so dass der unverklagte und gutgläubige Besitzer bei einer (wegen § 993 Abs. 1 Hs. 2 BGB) ausschließlichen Anwendung der §§ 987 ff. BGB nicht haftet. Diesen Wertungswiderspruch zwischen Bereicherungs- und Vindikationsrecht löst diese Sichtweise mit einer Analogie zu § 988 BGB. Des Weiteren wird an der Unentgeltlichkeit angesetzt. Wesentlich für § 988 BGB sei, dass der Erwerb des Besitzes bei endgültiger Betrachtung von einer ausgleichenden Zuwendung unabhängig ist. Gerade so sei es auch beim rechtsgrundlosen Erwerb, denn es bestehe kein Rechtsanspruch auf die Gegenleistung.

Analoge Anwendung des § 988 BGB

b) Keine Analogie bei rechtsgrundlosem Erwerb

Ein Teil des Schrifttums[52] lehnt eine Analogie zu § 988 BGB ab. Sie begründet dies in erster Linie mit unerwünschten Ergebnissen im Dreipersonenverhältnis: Hat ein Dritter den Gegenstand rechtsgrundlos an den Besitzer geleistet, führt § 988 BGB zu einem Herausgabeanspruch des Eigentümers auf die Nutzungen. Wegen der rechtsgrundlos erbrachten Gegenleistung verbleibt dem Besitzer nur der Anspruch gegen seinen Vertragspartner. Damit führt § 988 BGB zu einer Verbesserung der Eigentümerposition allein dadurch, dass das Rechtsverhältnis Besitzer/Dritter unwirksam ist. Während §§ 812 ff. BGB einen Ausgleich innerhalb der Zweierbeziehungen fordern, ermöglicht die Analogie zu § 988 BGB den Durchgriff.

Keine Analogie zu § 988 BGB

---

50 BGH JuS 2008, 378, (mAnm *Schmidt*); NJW 1983, 164, 165 mwN zur seit RGZ 163, 348 ständigen Rechtsprechung.
51 RGRK/*Pikart*, § 988 Rn. 4; *Baldringer/Jordans*, NZV 2005, 75, 80.
52 MüKoBGB/*Raff*, § 988 Rn. 7; Staudinger/*Gursky*, Vorb. zu §§ 987–993 Rn. 24 und § 988 Rn. 3; *Baur/Stürner*, Sachenrecht, § 11 Rn. 38; *Schiemann*, JURA 1981, 836.

Ergänzend wird darauf hingewiesen,[53] dass der Besitzer bei dieser Konstellation ohnehin ungünstig stehe, weil die an den Eigentümer herauszugebende Sache für die Auseinandersetzung mit dem Dritten ausscheide. Im Verhältnis zu einem Dritten sei eine Gleichstellung des rechtsgrundlosen Erwerbs mit dem Sinn und Zweck des § 988 BGB damit nicht vereinbar. Außerdem verneinen die Gegner einer Analogie eine Gesetzeslücke: Planwidrige Unvollständigkeit sei dann nicht anzunehmen, wenn das Gesetz an anderer Stelle eine adäquate Regelung – wie hier das Kondiktionsrecht – enthalte. Dem Wertungswiderspruch zwischen dem Bereicherungs- und dem Vindikationsrecht soll mit einer Begrenzung der Ausschlusswirkung des § 993 Abs. 1 Hs. 2 BGB begegnet werden, indem lediglich die Eingriffskondiktion, nicht aber die Leistungskondiktion ausgeschlossen werde.[54]

c) Entscheidung des Meinungsstreits

Stellungnahme zum Meinungsstreit über die analoge Anwendung des § 988 BGB bei Rechtsgrundlosigkeit

Die überzeugenderen Argumente sprechen für eine Analogie. Der Fall des rechtsgrundlosen Erwerbs ist vom Gesetzgeber übersehen worden. Das Argument einer fehlenden Gesetzeslücke ist ein „circulus in demonstrando". Die Besserstellung des Eigentümers ist auch nicht systemfremd, wie sich bereits an § 985 BGB zeigt, der ebenfalls einen „Durchgriff" ermöglicht. Überdies bilden die §§ 987 ff. BGB eine abschließende Sonderregelung; auftretende Probleme sind auch mittels dieser Normen zu bewältigen.

§ 988 BGB ist bei Fällen eines rechtsgrundlosen Besitzerwerbs analog anzuwenden.

Ergebnis

M steht ein Zahlungsanspruch aus § 988 BGB analog zu.

III. Anspruch gemäß § 812 Abs. 1 S. 1 Alt. 1 BGB

Ein weiterer Anspruch des M gegen A auf Zahlung des erzielten Mietzinses könnte sich aus § 812 Abs. 1 S. 1 Alt. 1 BGB (condictio indebiti) ergeben.
Die Voraussetzungen des Kondiktionsanspruchs sind erfüllt. Zwar hat A das Zweifamilienhaus nicht durch Leistung des M erlangt, geleistet wurde vielmehr nur das Grundstück. Der Mieterlös ist aber eine Nutzung des Grundstücks iSd § 818 Abs. 1 BGB.

Umstritten ist allerdings, ob bei einer derartigen Konstellation die §§ 812 ff. BGB neben dem Eigentümer-Besitzer-Verhältnis **anwendbar** sind.[55]

Nutzungsersatz nach §§ 812 ff. BGB neben §§ 987 ff. BGB	
Anwendbarkeit (Lit.)	Keine Anwendbarkeit (Rspr.)
Die Sichtweise kommt durch eine teleologische Reduktion des § 993 Abs. 1 Hs. 2 BGB zu einer Beschränkung der Ausschlusswirkung der §§ 987 ff. BGB und lässt bei rechtsgrundlosem Erwerb die Anwendung der §§ 812 ff. BGB zu.	Die andere Ansicht hält an der allgemeinen Regel des Vorrangs der §§ 987 ff. BGB fest und löst das Problem des rechtsgrundlosen Besitzerwerbs nur mittels § 988 BGB analog, wendet aber im Eigentümer-Besitzer-Verhältnis die Saldotheorie an.

---

53 *Wieling*, AcP 169 (1969), 137, 152.
54 Vgl. MüKoBGB/*Raff*, § 988 Rn. 10; Erman/*Ebbing*, Vor §§ 987–993 Rn. 85; BRHP/*Fritzsche*, § 988 Rn. 19.
55 Zur Konkurrenz mit § 812 Abs. 1 S. 2 Alt. 1 BGB bei Fall 7, S. 172.

1. Keine Anwendbarkeit

Nach Ansicht der Rechtsprechung[56] bilden §§ 987 ff. BGB bezüglich der Nutzungsherausgabe eine abschließende Sonderregelung; Bereicherungsvorschriften kommen daneben nicht zur Anwendung. Neben der Entstehungsgeschichte[57] wird vor allem auf § 993 Abs. 1 BGB am Ende abgestellt, der Privilegierungsgedanke schließe §§ 812 ff. BGB aus. Zudem fehle es an der Rechtsgrundlosigkeit. Eine „causa" ergebe sich nämlich unter Umständen aus § 955 BGB oder aus der Systematik der §§ 987 ff. BGB. Wieling[58] ergänzt die Begründung der Rechtsprechung damit, dass das Gesetz in den §§ 987 ff. BGB nicht nach Art der Besitzerlangung unterscheide, gerade eine solche Differenzierung aber durch das Bereicherungsrecht vorgenommen werde: Nur derjenige habe Nutzungen herauszugeben, der Besitz unmittelbar vom Eigentümer erhalten hat.

Keine Anwendbarkeit des Bereicherungsrechts

2. Anwendbarkeit

Diese Ausschließlichkeitssicht ist vielfältiger Kritik begegnet. Einig ist sich die Gegenansicht, dass die §§ 987 ff. BGB bereicherungsrechtliche Ansprüche nicht ausnahmslos verdrängen. Unter welchen Voraussetzungen Konditionsrecht anwendbar ist, wird hingegen unterschiedlich beantwortet: Einer Meinung[59] zufolge sind §§ 812 ff. BGB ohne Einschränkungen anwendbar. Hat ein Gläubiger einen Bereicherungsanspruch, könne man ihm diesen nicht absprechen, nur weil er zugleich noch Eigentümer, der Schuldner Besitzer ist. § 993 Abs. 1 Hs. 2 BGB beziehe sich nur auf das Eigentümer-Besitzer-Verhältnis, über Ansprüche aus anderen gesetzlichen Bestimmungen werde nichts ausgesagt. Eine engere Sicht[60] sieht in §§ 987 ff. BGB eine Sonderregelung nur im Verhältnis zur Nichtleistungskondiktion; bei der Rückabwicklung fehlgeschlagener Vertragsverhältnisse stehen §§ 987 ff. BGB und §§ 812 ff. BGB nebeneinander. Damit erreiche man die Gleichbehandlung des nur kausal nichtigen und des auch dinglich nichtigen Erwerbs. Für Fälle der Eingriffskondiktion hingegen bilden §§ 987 ff., 955 BGB einen Rechtfertigungsgrund. Eine Entscheidung dieser Frage kann bei der Beurteilung dieses Falles offen bleiben; nach beiden Meinungen käme es hier zur Anwendung der Leistungskondiktion.

Anwendbarkeit des Bereicherungsrechts

3. Entscheidung des Meinungsstreits

Lässt man die analoge Anwendung des § 988 BGB zu, besteht für einen Konditionsanspruch keine Notwendigkeit. Es fehlt an einer Rechtsschutzlücke. Folgt man diesem Lösungsansatz, ist ein Anspruch aus § 812 Abs. 1 S. 1 Alt. 1 BGB angesichts der Spezialität der §§ 987 ff. BGB jedenfalls bei einer derartigen Konstellation abzulehnen.

Stellungnahme zur Anwendbarkeit des Bereicherungsrechts bei Nutzungsersatz

Ergebnis

Ein Anspruch nach § 812 Abs. 1 S. 1 Alt. 1 BGB scheidet aus.

---

56 Grundlegend RGZ 163, 348, 355 ff.; BGHZ 32, 76, 94; BGHZ 37, 363; BGH NJW 1995, 2627, 2628; wohl auch RGRK/*Pikart*, § 987 Rn. 13.
57 Motive III, S. 401.
58 *Wieling*, AcP 169 (1969), 137, 141 f.
59 Staudinger/*Lorenz*, Vorb. zu §§ 812–822 Rn. 23; *Westermann*, Sachenrecht Bd. 1, 6. Aufl. 1990, § 31 II 3. Noch weiter geht eine Meinung (zB *Waltjen*, AcP 175 (1975), 109 f., 120), nach der die Leistungskondiktion die §§ 987 ff. BGB verdrängt. Dies wird aber zu Recht abgelehnt. Vgl. Staudinger/*Gursky*, Vorb. zu §§ 987–993 Rn. 26 mwN.
60 Staudinger/*Gursky*, Vorb. zu §§ 987–993 Rn. 25; *Esser/Weyers*, Schuldrecht Bd. II, § 52 I 4; Palandt/*Herrler*, Vorb. v. § 987 Rn. 15.

IV. Anspruch aus § 816 Abs. 1 BGB analog

Möglicherweise ergibt sich ein Anspruch des M auf Herausgabe des Mieterlöses aus § 816 Abs. 1 BGB analog.

§ 816 Abs. 1 S. 1 BGB analog[61] ist nicht anwendbar. Unabhängig von der Auseinandersetzung[62] über eine Analogie bei der Vermietung fremder Sachen besteht (weitgehend) Übereinstimmung über Einschränkungen im Rahmen des Eigentümer-Besitzer-Verhältnisses. Schließt man sich – wie hier – der Lehre vom grundsätzlichen Vorrang der §§ 987 ff. BGB an, besteht kein Anspruch gemäß § 816 Abs. 1 S. 1 BGB analog. Bei der Anwendung von § 988 BGB analog fehlt es an einer Regelungslücke. Gleiches gilt für eine Analogie zu § 816 Abs. 1 S. 2 BGB; die Gleichstellung einer unentgeltlichen Verfügung mit einer rechtsgrundlosen ist im Bereicherungsrecht wegen des Vorranges von § 988 BGB analog abzulehnen.[63]

Ergebnis

Aus § 816 Abs. 1 BGB analog ist kein Anspruch abzuleiten.

Endergebnis

> **Aufbauschema Aufrechnung § 389 BGB**
> 1. Erklärung, § 388 S. 1 BGB
> 2. Gegenseitigkeit, § 387 BGB
> 3. Gleichwertigkeit, § 387 BGB
> 4. Durchsetzbarkeit der Gegenforderung, § 390 BGB
> 5. Erfüllbarkeit der Hauptforderung
> 6. Kein Ausschluss der Aufrechnung

B als Betreuerin (§ 1902 BGB) des M kann von A die Zahlung des Mieterlöses nach § 988 BGB analog fordern. Zu beantworten bleibt allerdings die Frage, wie sich auf den Zahlungsanspruch der Umstand auswirkt, dass B nur den Mieterlös fordert, der den von A gezahlten Kaufpreis übersteigt. Darin könnte eine **Aufrechnung** (§§ 387 ff. BGB) mit dem Anspruch auf Kaufpreisrückzahlung liegen. Eine Aufrechnung hätte zur Folge, dass der Anspruch auf den Mieterlös in Höhe des Kaufpreises gemäß **§ 389 BGB** erloschen ist (Erfüllungssurrogat).[64]

Nach § 388 S. 1 BGB wird eine Aufrechnung mittels empfangsbedürftiger Willenserklärung einseitig vorgenommen. Die Äußerung der Betreuerin B ist als Aufrechnungserklärung auszulegen (§§ 133, 157 BGB).

Die Aufrechnung setzt gemäß § 387 BGB neben Gegenseitigkeit der Forderungen (Hauptforderung ist Rückzahlung des Kaufpreises, Gegenforderung ist Zahlung des Mieterlöses) Gleichwertigkeit der Leistungen voraus. Beide Forderungen sind auf Geld gerichtet. Die Aktivforderung ist fällig und durchsetzbar; die Passivforderung ist erfüllbar. Die Erfordernisse einer Aufrechnung sind erfüllt.

Mit der Aufrechnung sind Haupt- und Gegenforderung erloschen, soweit sie sich decken (§ 389 BGB). Daraus ergibt sich zum einen, dass B als Vertreterin (§ 1902 BGB) des M nur den den Kaufpreis überschießenden Mietanteil verlangen kann. Zum anderen führt das Erlöschen der Forderung auf Rückzahlung des Kaufpreises mittels § 389 BGB dazu, dass die auf die Kaufpreisrückzahlung gestützten Zurückbehaltungsrechte des A entfallen. Mithin kann A ein Zurückbehaltungsrecht gegenüber dem Anspruch auf Herausgabe des Grundstücks lediglich auf seinen Anspruch auf Ersatz des Hauswertes gegenüber M stützen.

---

61 Eine direkte Anwendung scheitert am fehlenden Verfügungscharakter der Miete.
62 Vgl. zum Meinungsstand MüKoBGB/*Schwab*, § 816 Rn. 12 f.; Staudinger/*Lorenz*, § 816 Rn. 6; *Esser/Weyers*, Schuldrecht Bd. II, § 50 II 2a.
63 *Musielak/Hau*, EK BGB, Rn. 310 ff. mwN.
64 Vgl. Fall 4, S. 96, 99 sowie Fall 9, S. 223 f.

18. Eigentumsvorbehalt, Anwartschaftsrecht und vertragliches Pfandrecht

Sachverhalt

Als begeisterter Internet-Nutzer möchte sich Benedikt Bachmeier (B) einen neuen Rechner zulegen. Um den Kaufpreis zu finanzieren, veräußert er sein altes Notebook für 300 EUR an Hanna Hafner (H). Da Hanna Hafner den Preis nicht sofort aufbringen kann, vereinbaren sie eine Ratenzahlung von 50 EUR im Monat; Bachmeier behält sich das Eigentum bis zur Zahlung der letzten Rate vor. Das Notebook wird Hanna Hafner ausgehändigt.

Weiteres Geld beschafft sich Benedikt Bachmeier dadurch, dass er seine Stereoanlage an Luitpold Löffler (L) für ein Darlehen über 500 EUR ordnungsgemäß verpfändet. Der Sicherungsvertrag enthält eine Nebenabrede, wonach Bachmeier für eine Besitzverschaffung und eine Realisierung des Pfandrechts einsteht. Bachmeier hatte die Anlage an seinen Freund Ferdinand Fichte (F) verliehen; er wirft ihm deshalb abends einen Zettel in den Briefkasten, auf dem er ihn über die Verpfändung unterrichtet. Die langjährige Lebensgefährtin des Fichte liest den Zettel kurz nach dem Einwurf und legt ihn in den Briefkasten zurück, vergisst aber, Fichte beim Abendessen davon zu erzählen. Nach dem Essen bringt Fichte die Stereoanlage zu Bachmeier zurück, ohne vorher in seinen Briefkasten gesehen zu haben. Löffler fordert von Bachmeier die Herausgabe der Stereoanlage.

Zwei Monate später lernt Bachmeier Albert Adler (A) kennen, der ein gebrauchtes Notebook erstehen möchte. Bachmeier verkauft seinen alten Rechner für 400 EUR an Adler. Bachmeier besucht noch am selben Tag Hanna Hafner und steckt in einem unbeobachteten Moment das Notebook ein. Gegen Zahlung von 400 EUR übergibt er es am folgenden Tag an Albert Adler. Als Hafner kurz darauf Bachmeier zur Rede stellt, erklärt dieser, dass sie kein Recht auf das Notebook habe, wenn er es für einen höheren Preis verkaufen kann; die bisher ordnungsgemäß bezahlten drei Raten könne sie jederzeit zurückerhalten. Hanna Hafner ist empört und verlangt das Notebook sofort von Adler heraus.

Bachmeier möchte sein Hobby zum Beruf machen und ein Geschäft für technische Produkte sowie IT-Zubehör eröffnen. Für die Finanzierung dieses Vorhabens schließt er mit der Sparkasse (S) im September einen Kreditvertrag. Zur Sicherung des gewährten Darlehens tritt Bachmeier alle künftigen Forderungen aus Computerverkäufen an die Sparkasse ab, wobei das Kreditvolumen die Höhe der abgetretenen Forderungen übersteigt. Im Oktober erwirbt Bachmeier von seinem Lieferanten Manfred Mehlich (M) unterschiedliche Computer mit verlängertem Eigentumsvorbehalt und Vorausabtretungsklausel. Einen Artikel aus diesem Sortiment veräußert Bachmeier im Laufe des November an Claudia Clausmann (C). Als es zu Schwierigkeiten bei der Rückzahlung des Kredites kommt, verlangt die Sparkasse von Clausmann den ausstehenden Kaufpreis.

In einem Gutachten ist zu erörtern, ob die Herausgabeansprüche gegen Bachmeier und Adler sowie ob der Zahlungsanspruch gegen Clausmann begründet sind.

Gliederung

A. Anspruch des L gegen B auf Herausgabe der Stereoanlage 447
    I. Anspruch aus § 280 Abs. 1 BGB 447
    II. Anspruch aus § 985 iVm § 1227 BGB 448
        1. Besitz des Anspruchsgegners 448
        2. Pfandrecht des Anspruchstellers 448
            a) Einigung 450
            b) Bestehen der zu sichernden Forderung 450
            c) Besitzverschaffung an der Sache 450
                aa) Übertragung des mittelbaren Besitzes 451
                bb) Verpfändungsanzeige nach § 1205 Abs. 2 BGB 451
            d) Berechtigung 451
    III. Anspruch aus § 1007 Abs. 1 iVm § 1227 BGB 452
    IV. Anspruch aus § 823 Abs. 1 BGB iVm § 1227 BGB 452
    V. Anspruch gemäß § 816 Abs. 2 BGB 454

B. Anspruch der H gegen A auf Herausgabe des Computers 455
    I. Anspruch gemäß § 985 BGB 455
    II. Anspruch nach § 985 BGB analog 455
        1. Anwendbarkeit des § 985 BGB analog 458
            Problem: Rechtscharakter des Anwartschaftsrechts 458
        2. Erwerb des Anwartschaftsrechts 459
            a) Bedingte Einigung 459
            b) Besitzübertragung 459
            c) Einigsein 460
            d) Berechtigung 460
        3. Erlöschen des Anwartschaftsrechts 460
            a) Existenz eines Kaufvertrages zwischen B und H 460
            b) Einigsein 461
                Problem: Zeitpunkt 461
            c) Übereignung an A 462
                Problem: Verfügung während der Schwebezeit 462
        4. Geltendmachung gegenüber dem Eigentümer 463
    III. Anspruch aus § 1007 Abs. 2 BGB analog 463
    IV. Anspruch aus § 1007 Abs. 1 BGB 464
    V. Anspruch aus § 861 BGB 464

C. Anspruch der S gegen C auf Zahlung des Kaufpreises gemäß § 433 Abs. 2 iVm § 398 BGB 464
    I. Entstehen der Globalzession 465
        1. Voraussetzungen 465
        2. Prioritätsprinzip 465
    II. Unwirksamkeit der Globalzession 465
        Problem: Sittenwidrigkeit wegen Kollision mit einem verlängerten Eigentumsvorbehalt 466

18. Eigentumsvorbehalt, Anwartschaftsrecht und vertragliches Pfandrecht

Lösungshinweise

A. Anspruch des L gegen B auf Herausgabe der Stereoanlage

I. Anspruch aus § 280 Abs. 1 BGB

Ein Anspruch des L gegen B könnte sich aus § 280 Abs. 1 S. 1 iVm § 249 Abs. 1 BGB ergeben.

> **Aufbauschema**
> **§ 280 Abs. 1 BGB**
> 1. Schuldverhältnis
> 2. Pflichtverletzung
> 3. Vertretenmüssen
> 4. Schaden

1. Schuldverhältnis

Hierfür ist zunächst ein (vertragliches oder gesetzliches) Schuldverhältnis zwischen L und B notwendig.

Die Pfandrechtsbestellung stellt ein Verfügungsgeschäft dar und begründet zwischen Gläubiger und Verpfänder ein gesetzliches Schuldverhältnis.[1] Als Kausalgeschäft liegt der Bestellung eines Pfandrechts regelmäßig ein (stillschweigend vereinbarter) schuldrechtlicher Sicherungsvertrag zugrunde.[2]

Bei dem Schuldverhältnis handelt es sich hier um den Sicherungsvertrag zwischen L und B.

2. Pflichtverletzung

B könnte eine Nebenpflicht des Sicherungsvertrages verletzt haben.

Nebenpflichten eines Schuldverhältnisses können sich aus Gesetz (zB §§ 368, 402, 618 BGB) oder aus einer Parteiabrede ergeben. Daneben kann der Inhalt des Schuldverhältnisses nach § 241 Abs. 2 BGB Nebenpflichten begründen.[3]

Nebenpflichten, § 241 Abs. 2 BGB	
Leistungssichernde Nebenpflicht Pflicht, sich derart zu verhalten, dass der Zweck des Schuldverhältnisses erreicht werden kann und nicht (nachträglich) gefährdet wird; Wahrung des Leistungsinteresses.	**Schutzpflicht** Pflicht, den anderen Teil bei der Durchführung des Schuldverhältnisses vor Schäden an dessen Rechtsgütern zu bewahren; Schutz des Integritätsinteresses.

Im Sinne des § 241 Abs. 2 BGB ergibt sich aus dem Inhalt des Vertrages eine **Leistungstreuepflicht** als leistungssichernde Nebenpflicht. Danach hat der Schuldner alles zu tun, um den Leistungserfolg herbeizuführen und den Vertragszweck nicht zu gefährden.

Es besteht eine ausdrückliche Nebenverpflichtung, die Realisierung des Pfandrechts und die Besitzverschaffung nicht zu beeinträchtigen. Diese Pflicht hat B durch das Einbehalten der Stereoanlage verletzt.

---
1 Palandt/*Wicke*, § 1204 Rn. 1; MüKoBGB/*Damrau*, § 1205 Rn. 6.
2 BGH NJW-RR 1991, 305; PWW/*Nobbe*, § 1205 Rn. 2.
3 BRHP/*Sutschet*, § 241 Rn. 42 ff.; Erman/*Westermann*, § 241 Rn. 3; siehe auch Fall 8, S. 185.

3. Vertretenmüssen

B hat die Nichtherausgabe der Anlage an L gemäß § 276 Abs. 1 S. 1 BGB zu vertreten und kann sich nicht gemäß § 280 Abs. 1 S. 2 BGB exkulpieren.

> **Doppelter Entlastungsbeweis nach § 280 Abs. 1 S. 2 BGB**
>
> Stehen Pflichtverletzung, Kausalität und Schaden fest, bleibt dem Schuldner eine doppelte Entlastungsmöglichkeit. Er kann beweisen, dass die Umstände, welche zum Schaden geführt haben, nicht von ihm zu vertreten sind, oder dass sein Verschulden nicht kausal für den Schaden war. Siehe auch Fall 16, S. 412.

4. Schaden

Die Rechtsfolge ergibt sich aus § 249 Abs. 1 BGB[4] hier im Wege der **Naturalrestitution**. Es ist der Zustand herzustellen, der ohne das schädigende Ereignis bestehen würde. Der Ersatz des durch die Pflichtverletzung entstandenen Schadens geschieht somit durch die Herausgabe des Pfandgegenstandes, mithin der Stereoanlage.

Ergebnis

L steht gegen B ein Herausgabeanspruch gemäß § 280 Abs. 1 S. 1 iVm § 249 Abs. 1 BGB zu.

II. Anspruch aus § 985 iVm § 1227 BGB

Für L ergibt sich ein Herausgabeanspruch gegen B möglicherweise auch aus § 985 iVm § 1227 BGB.

1. Besitz des Anspruchsgegners

B ist Besitzer (§ 854 Abs. 1 BGB) der Stereoanlage (§ 90 BGB).

2. Pfandrecht des Anspruchstellers

L müsste ein Pfandrecht gemäß § 1204 Abs. 1 BGB an der Musikanlage haben.

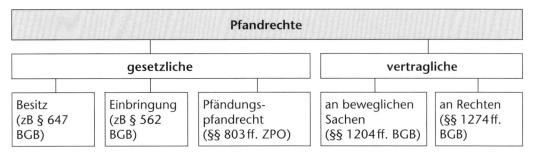

Das vertragliche[5] Pfandrecht an einer beweglichen Sache (§§ 1204 ff. BGB) dient der Kreditsicherung und räumt als Realsicherheit dem Gläubiger ein Verwertungsrecht an dem Gegenstand ein. Es handelt sich um ein beschränkt dingliches,

---

4 Zur Bestimmung des Schadenumfangs Fall 12, S. 305 ff. und Fall 13, S. 327 f.
5 Zum gesetzlichen Pfandrecht bei Fall 7, S. 158 f.

streng akzessorisches Recht mit dem Inhalt, die Sache bei Pfandreife verwerten und sich aus dem Erlös entsprechend der gesicherten Forderung befriedigen zu dürfen.[6]

Vertragliches Pfandrecht an beweglichen Sachen, §§ 1204 ff. BGB

I. Entstehung

1. Einigung

Die Beteiligten müssen sich iSd §§ 145 ff. BGB über die Bestellung eines Pfandrechts einigen (Pfandvertrag). Dem Bestimmtheitsgrundsatz folgend hat sich die Einigung auf einen konkreten Gegenstand zu beziehen. Eine antizipierte Einigung ist möglich; sie muss bis zum Zeitpunkt der Besitzerlangung durch den Gläubiger fortdauern. Die Einigung ist formfrei und kann auch in Allgemeinen Geschäftsbedingungen erfolgen.

2. Bestehen der zu sichernden Forderung (Akzessorietät)

Das Pfandrecht ist streng akzessorisch, dh Entstehung, Bestand, Übertragung sowie Durchsetzbarkeit erfordern das Bestehen einer zu sichernden Geldforderung (vgl. § 1228 BGB), wobei nach § 1204 Abs. 2 BGB eine künftige oder bedingte Forderung genügt. Das Pfandrecht erlischt mit der Forderung, für dessen Sicherung es bestellt wurde, § 1252 BGB.

3. Übergabe und Übergabesurrogate

Die Übergabe als Übertragung des unmittelbaren Besitzes (§ 1205 Abs. 1 S. 1, § 854 BGB) dient der Publizität (Faustpfand). § 1205 Abs. 1 S. 2 BGB lässt die Einigung genügen, wenn der Pfandgläubiger bereits im Besitz der Sache ist (brevi manu traditio). Übergabesurrogate sind gemäß § 1205 Abs. 2 BGB die Abtretung des Herausgabeanspruchs aus einem Besitzmittlungsverhältnis mit einer Anzeige der Verpfändung an den Besitzmittler, nach § 1206 Alt. 1 BGB die Einräumung gesamthänderischen Mitbesitzes sowie der Fall des § 1206 Alt. 2 BGB.

4. Berechtigung und gutgläubiger Erwerb

Das Vertragspfandrecht wird durch den Berechtigten (Eigentümer, § 164 BGB, § 185 BGB) bestellt. Einen **gutgläubigen Ersterwerb** des Pfandrechts erlaubt § 1207 BGB durch seinen Verweis auf §§ 932, 934, 935 BGB. Ein **gutgläubiger Zweiterwerb** scheidet nach überwiegender Einschätzung (MüKoBGB/*Damrau*, § 1250 Rn. 3 mwN) mangels rechtsgeschäftlichen Erwerbs aus, weil das Pfandrecht nach § 1250 Abs. 1 BGB automatisch auf den Zessionar übergeht.

II. Übertragung

Wegen der Akzessorietät geht das Pfandrecht mit der Abtretung (§ 398 BGB) der Forderung automatisch gemäß § 1250 Abs. 1 BGB über. Das Pfandrecht folgt der Forderung. Da die Übertragung der Forderung ohne Übergabe des Pfandes möglich ist, steht dem neuen Gläubiger mit § 1251 Abs. 1 BGB ein Herausgabeanspruch zu.

III. Verwertung

1. Privatverkauf

Mit Pfandreife, also dem Zeitpunkt, in dem die Forderung fällig und der Pfandgläubiger nach § 1228 Abs. 2 S. 1 BGB zur Verwertung berechtigt ist, kann die öffentliche Versteigerung erfolgen, § 1235 BGB. Dabei kommt es zu einem Kaufvertrag zwischen dem Gläubiger und dem Ersteiger. Der Gegenstand wird nach §§ 929 ff. BGB übereignet, wobei ein gutgläubiger Erwerb gemäß § 1244 BGB auch dann möglich ist, wenn ein Pfandrecht nicht wirksam entstanden war.

---

6 PWW/*Nobbe*, § 1205 Rn. 9 ff.; Erman/*Schmidt*, Einl. § 1204 Rn. 4.

> **Vertragliches Pfandrecht an beweglichen Sachen, §§ 1204 ff. BGB** *(Fortsetzung)*
>
> **2. Pfandverkauf mit Titel**
> Verfügt der Gläubiger über einen Titel auf Duldung der Zwangsvollstreckung in die Pfandsache, kommt es zur Versteigerung durch den Gerichtsvollzieher, vgl. §§ 814 ff. ZPO. Der Ersteigerer erwirbt Eigentum kraft Hoheitsakt. Zum Eigentumserwerb kommt es nach herrschender Meinung (PWW/*Huhn*, § 892 Rn. 8) auch bei Bösgläubigkeit, weil es sich nicht um einen rechtsgeschäftlichen Erwerbsvorgang handelt.
>
> **IV. Sonderfälle**
> **1. Irreguläres (unregelmäßiges) Pfandrecht**
> Bei dem sogenannten irregulären Pfandrecht wird dem Gläubiger die Sache übereignet. Nach Tilgung der Schuld ist diese oder eine gleichartige Sache zurückzuübereignen. Die §§ 1204 ff. BGB finden entsprechende Anwendung. Ein Beispiel ist die Barkaution.
> **2. Flaschenpfand**
> Kontrovers diskutiert wird die rechtliche Konstruktion des Flaschenpfandes (vgl. *Martinek*, JuS 1989, 268 ff.; *ders.*, JuS 1987, 514 ff.). Zu unterscheiden ist, ob es sich um eine individualisierte Flasche eines bestimmten Herstellers oder um eine von mehreren Herstellern verwendbare Einheitsflasche handelt.
> Bei **Individualflaschen** wird die Flasche dem Käufer des Inhalts leihweise überlassen. Eigentümer bleibt der Hersteller. Der Hinweis auf das Pfand stellt das Angebot dar, gegen Rückgabe der Flasche das Pfand auszuzahlen, BGH NJW 2007, 2913 ff.
> **Einheitsflaschen** werden dem Erwerber übereignet. Dabei wird eine Rückkaufpflicht des Händlers vereinbart, dem bei Zahlung des Pfandbetrages die Flasche zurückzuübereignen ist (PWW/*Nobbe*, § 1204 Rn. 12).
>
> **V. Zwangsvollstreckung und Insolvenz**
> Bei einer Zwangsvollstreckung gegen den Eigentümer kann der Pfandgläubiger abgesonderte Befriedigung (§ 805 ZPO) verlangen oder Drittwiderspruchsklage (§ 771 ZPO) erheben.
> Bei einer Insolvenz des Eigentümers steht dem Pfandgläubiger ein Absonderungsrecht (§ 50 Abs. 1 InsO) zu.

> **Entstehen eines Pfandrechts**
> 1. Einigung, § 1205 Abs. 1 S. 1 BGB
> 2. Bestehen der zu sichernden Forderung (Akzessorietät)
> 3. Besitzverschaffung
>   a) Übergabe der Pfandsache, § 1205 Abs. 1 BGB
>   b) Übertragung des mittelbaren Besitzes und Verpfändungsanzeige, § 1205 Abs. 2 BGB
>   c) Fälle des § 1206 BGB
> 4. Berechtigung

Die Voraussetzungen für das Entstehen eines **vertraglichen Pfandrechts** regeln §§ 1204, 1205 BGB.

a) Einigung

Eine Einigung iSd § 1205 Abs. 1 S. 1 BGB über die Pfandrechtsbestellung ist als dinglicher Vertrag (§§ 145 ff. BGB) zustandegekommen.

b) Bestehen der zu sichernden Forderung

Das Pfandrecht ist akzessorisch, erfordert also die Existenz einer gesicherten Forderung. B hat mit L einen Darlehensvertrag (§ 488 BGB) geschlossen, für dessen Sicherung die Verpfändung dient.

c) Besitzverschaffung an der Sache

Eine Übergabe der Sache zur Verschaffung des unmittelbaren Besitzes gemäß § 1205 Abs. 1 S. 1 BGB hat nicht stattgefunden. Es könnte aber gemäß § 1205 Abs. 2 BGB der mittelbare Besitz auf den Pfandgläubiger L übertragen worden sein.

aa) Übertragung des mittelbaren Besitzes

B war als Verleiher der Anlage mittelbarer Besitzer gemäß § 868 BGB. Diesen mittelbaren Besitz hat B bei der ordnungsgemäßen Pfandrechtsbestellung gemäß § 870 BGB dadurch auf L übertragen, dass B den ihm gegen F zustehenden Anspruch aus § 604 Abs. 1 BGB an L nach § 398 BGB abgetreten hat.

bb) Verpfändungsanzeige nach § 1205 Abs. 2 BGB

Mit der (formfreien) Verpfändungsanzeige soll sichergestellt werden, dass die Sache vom unmittelbaren Besitzer nicht an den Verpfänder, sondern an den Pfandgläubiger herausgegeben wird.[7] Die Verpfändungsanzeige an den Besitzmittler muss daher erfolgt sein, **bevor** der Gegenstand an den Verpfänder zurückgegeben wird. Zugunsten des L ist nach § 1205 Abs. 2 BGB ein Pfandrecht nur dann entstanden, wenn die Verpfändungsanzeige vor der Rückgabe der Stereoanlage dem F zugegangen ist. Die Anzeige nach § 1205 Abs. 2 BGB ist nach herrschender Ansicht eine empfangsbedürftige Willenserklärung.[8] Ihr Wirksamwerden durch **Zugang** richtet sich also nach § 130 Abs. 1 S. 1 BGB.

> Die Anzeige nach § 1205 Abs. 2 BGB ermächtigt und verpflichtet den Besitzmittler zur Herausgabe der Pfandsache an den Gläubiger.

Nach **§ 130 Abs. 1 S. 1 BGB** ist eine Willenserklärung zugegangen, wenn sie derart in den Machtbereich des Empfängers gelangt ist, dass nach der Verkehrsauffassung unter gewöhnlichen Umständen mit einer Kenntnisnahme zu rechnen ist.[9] Bei einer am Abend eingeworfenen Erklärung liegt der hypothetische Zugangszeitpunkt am nächsten Morgen, weil zu dieser Zeit gewöhnlich von einer Leerung des Briefkastens auszugehen ist.[10] Hier wäre die Anzeige also verspätet, so dass L kein Pfandrecht an der Sache eingeräumt würde.

> Zugang der Verpfändungsanzeige

Wird von einer Willenserklärung allerdings **tatsächlich vorher Kenntnis** erlangt, ist auf diesen Zeitpunkt abzustellen.[11] Hier könnte die tatsächliche Kenntnisnahme durch die Lebensgefährtin stattgefunden haben, die dem F zugerechnet wird. Dazu müsste sie Empfangsbotin sein. **Empfangsbote** ist, wer durch den Adressaten zur Entgegennahme von Erklärungen bestellt ist oder nach der Verkehrsanschauung zur Entgegennahme von Erklärungen als bestellt angesehen wird.[12] Dies ist im Fall von Lebensgefährten nach allgemeiner Ansicht gegeben.[13]

Eine durch Empfangsboten übermittelte Erklärung geht dem Adressaten in dem Zeitpunkt zu, bei dem nach einem typischen Geschehensverlauf eine Weiterleitung zu erwarten war. Leitet der Empfangsbote die Erklärung falsch, verspätet oder nicht weiter, geht dies zu Lasten des Adressaten.[14]

Damit ist die Verpfändungsanzeige hier vor Rückgabe der Stereoanlage durch die Empfangsbotin zugegangen und auch gegenüber F wirksam geworden.

d) Berechtigung

B war als verfügungsberechtigter Eigentümer der Stereoanlage zur Pfandrechtsbestellung berechtigt.

---

7 Erman/*Schmidt*, § 1205 Rn. 14; MüKoBGB/*Damrau*, § 1205 Rn. 20.
8 *Baur/Stürner*, Sachenrecht, § 55 Rn. 17; PWW/*Nobbe*, § 1205 Rn. 16; aA *Wellenhofer*, Sachenrecht, § 16 Rn. 14.
9 Fall 2, S. 50; BGH NJW 1983, 929, 930; NJW 2004, 1320.
10 PWW/*Ahrens*, § 130 Rn. 11 mwN.
11 Palandt/*Ellenberger*, § 130 Rn. 5; PWW/*Ahrens*, § 130 Rn. 8.
12 BGH NJW 2002, 1566; BRHP/*Wendtland*, § 130 Rn. 17; Palandt/*Ellenberger*, § 130 Rn. 9.
13 PWW/*Ahrens*, § 130 Rn. 17; BGHZ 111, 1 ff.; vgl. für Zustellungen im Zivilprozess § 178 Abs. 1 Nr. 1 ZPO.
14 BGH NJW 1994, 2614; Erman/*Arnold*, § 130 Rn. 17.

Ergebnis

Das Pfandrecht des L an der Anlage ist entstanden gemäß § 1205 BGB. § 1227 BGB gewährt dem Pfandgläubiger Schutz gegen Beeinträchtigungen seines dinglichen Rechts durch einen Verweis auf die Eigentumsansprüche. L steht gegen B ein Herausgabeanspruch aus § 985 iVm § 1227 BGB zu.

III. Anspruch aus § 1007 Abs. 1 iVm § 1227 BGB

> **Aufbauschema § 1007 Abs. 1 BGB**
> 1. Anspruchsteller als früherer Besitzer
> 2. Anspruchsgegner als gegenwärtiger Besitzer
> 3. Bösgläubigkeit des Anspruchsgegners
> 4. Kein Ausschluss nach § 1007 Abs. 3 BGB

L könnte einen Anspruch auf Herausgabe der Anlage gemäß § 1007 Abs. 1 iVm § 1227 BGB haben.

1. Anspruchsteller als früherer Besitzer

§ 1007 BGB gibt dem früheren Besitzer einen petitorischen Herausgabeanspruch, wobei es auf die Art des Besitzes (mittelbarer Besitz, Allein-, Mit-, Eigen- oder Fremdbesitz) nicht ankommt.[15]

Durch die Einräumung des Pfandrechts an der Stereoanlage hat L den mittelbaren Besitz an ihr erlangt. Diesen hat er verloren, als B das Gerät von F erhalten hat. L war früherer Besitzer.

2. Anspruchsgegner als gegenwärtiger Besitzer

Der Anspruch richtet sich gegen den gegenwärtigen Besitzer. Derzeit hat B die Stereoanlage in Besitz (§ 854 Abs. 1 BGB).

3. Bösgläubigkeit des Anspruchsgegners

Der gegenwärtige Besitzer darf bei Besitzerwerb nicht in gutem Glauben gewesen sein. Das ist im Sinne der Legaldefinition in § 932 Abs. 2 BGB dann der Fall, wenn er sich gegenüber dem Anspruchsteller nicht auf ein Recht zum Besitz berufen kann und bei einem Besitzerwerb Kenntnis von seinem mangelnden Besitzrecht hatte bzw. das Fehlen grob fahrlässig nicht kannte. So liegt es hier, B war bei Besitzerwerb bösgläubig.

> § 1007 Abs. 1 und Abs. 2 BGB bilden eigenständige Anspruchsgrundlagen, die nebeneinander anwendbar sind.

4. Kein Ausschluss nach § 1007 Abs. 3 BGB

L war im Zeitpunkt des Besitzerwerbs weder bösgläubig noch hat er den Besitz freiwillig aufgegeben. Zudem steht B kein Recht zum Besitz iSd § 986 BGB zu. Der Anspruch ist deshalb nicht nach § 1007 Abs. 3 BGB ausgeschlossen.

Ergebnis

Damit hat L einen Herausgabeanspruch gemäß § 1007 Abs. 1 iVm § 1227 BGB gegen B inne.

IV. Anspruch aus § 823 Abs. 1 iVm § 1227 BGB

L könnte gegen B weiterhin einen Anspruch aus § 823 Abs. 1 iVm § 1227 BGB zustehen.

---

15 MüKoBGB/*Baldus*, § 1007 Rn. 23; Palandt/*Herrler*, § 1007 Rn. 2.

1. Handlung

Als Handlung kommt jedes bewusstseins- und willensgelenkte aktive Tun oder – bei Existenz einer entsprechenden Rechtspflicht – auch Unterlassen in Betracht.[16] Die Handlung, die möglicherweise zur Verletzung eines von § 823 Abs. 1 BGB geschützten Rechtsguts geführt hat, bildet hier die Entgegennahme und das Behalten der Anlage durch B.

2. Rechtsgutverletzung

§ 823 Abs. 1 BGB begründet einen rechtsgutbezogenen Haftungstatbestand.[17] Geschützt sind neben den ausdrücklich aufgeführten Rechtsgütern auch **sonstige Rechte**. Das sind Rechtspositionen, welche Zuweisungs- und Ausschlussfunktion haben, mithin **absolute Rechte**. Dazu zählt ebenfalls das Pfandrecht; zum Zuweisungsgehalt des Pfandrechts gehört der Besitz, um die Befriedigung durch Verwertung sicherzustellen.[18]

> **Aufbauschema § 823 Abs. 1 BGB**
> 1. Handlung
> 2. Rechtsgutverletzung
> 3. Haftungsbegründende Kausalität
> 4. Rechtswidrigkeit
> 5. Verschulden
> 6. Schaden
> 7. Haftungsausfüllende Kausalität

Sonstige Rechte iSd § 823 Abs. 1 BGB

Sonstige Rechte meinen absolute Rechte, die sich gegen jedermann richten. Demnach gehören nicht das Vermögen als solches (BGH NJW 1992, 1511, 1512) und auch nicht bloße Forderungsrechte (BGH NJW 1970, 137, 138) hierzu. Vgl. Fall 12, S. 295.

Beispiele für sonstige Rechte sind:
- Dingliche Rechte, zB Erbbaurecht, Dienstbarkeit, dingliches Vorkaufsrecht, Reallast, Hypothek, Grund- und Rentenschuld, Pfandrecht, Anwartschaftsrecht
- Berechtigter Besitz
- Immaterialgüterrechte, zB Urheber-, Patentrecht
- Familienrechte, zB elterliches Sorgerecht, räumlich-gegenständlicher Bereich der Ehe
- Eingerichteter und ausgeübter Gewerbebetrieb, Recht am Unternehmen
- Allgemeines Persönlichkeitsrecht

---

3. Haftungsbegründende Kausalität

Weiterhin ist notwendig, dass die Handlung ursächlich für die Rechtsgutverletzung ist (haftungsbegründende Kausalität). Die Verursachung wird anhand der Adäquanztheorie in Verbindung mit der Schutzzwecklehre bestimmt.[19]

Die Annahme der Stereoanlage war ursächlich dafür, dass das Pfandrecht des L beeinträchtigt wurde, weil sie ihm direkt durch F ausgehändigt werden und keine weiteren Zwischenstationen durchlaufen sollte. Die Rechtsgutverletzung wurde von B zurechenbar herbeigeführt; haftungsbegründende Kausalität ist gegeben.

4. Rechtswidrigkeit

Von Rechtswidrigkeit ist auszugehen; Rechtfertigungsgründe sind nicht ersichtlich.

---

16 PWW/*Schaub*, § 823 Rn. 5; Palandt/*Sprau*, § 823 Rn. 2. Allgemein zum Deliktsrecht Fall 12, S. 293 ff.
17 Demgegenüber beschreibt § 823 Abs. 2 BGB einen verhaltensbezogenen Haftungsgrund, der einen Verstoß gegen bestimmte gesetzliche Verhaltensgebote sanktioniert, siehe Fall 1, S. 16.
18 Erman/*Wilhelmi*, § 823 Rn. 38; Palandt/*Sprau*, § 823 Rn. 12. Zu berücksichtigen ist, dass der Pfandgläubiger kein Eigentumsinteresse, sondern lediglich ein Sicherungsinteresse hat, vgl. MüKoBGB/*Damrau*, § 1227 Rn. 6.
19 Erman/*Wilhelmi*, § 823 Rn. 14; BRHP/*J. W. Flume*, § 249 Rn. 284 ff.; näher bei Fall 12, S. 296.

5. Verschulden, § 276 Abs. 1 BGB

B hat um das Pfandrecht des L gewusst und dennoch die Anlage angenommen. Damit hat er sein Handeln nach § 276 Abs. 1 S. 1, Abs. 2 BGB zu vertreten.

6. Schaden

Nach § 249 Abs. 1 BGB ist der Zustand herzustellen, der ohne das schädigende Ereignis bestehen würde (Naturalrestitution). Da der Schaden in der Vorenthaltung der Musikanlage liegt, ist er hier durch die Herausgabe der Stereoanlage auszugleichen.

7. Haftungsausfüllende Kausalität

Es besteht auch ein Ursachenzusammenhang zwischen der Rechtsgutverletzung, dh der Beeinträchtigung des Pfandrechts, und dem eingetretenen Schaden, der Beeinträchtigung der Verfügungsmöglichkeit über die Stereoanlage.

Ergebnis

L steht auch gemäß § 823 Abs. 1 BGB ein Herausgabeanspruch gegen B zu.

V. Anspruch gemäß § 816 Abs. 2 BGB

> **Aufbauschema § 816 Abs. 2 BGB**
> 1. Leistung an einen Nichtberechtigten
> 2. Dem Berechtigten gegenüber wirksam
>   a) aufgrund gesetzlicher Vorschriften, zB §§ 407ff., 566c, 1155 BGB
>   b) aufgrund Genehmigung (§ 185 Abs. 2 S. 1 BGB)

Möglicherweise ergibt sich für L ein Herausgabeanspruch gegen B aus § 816 Abs. 2 BGB.[20]

Anspruchssystem des § 816 BGB

§ 816 Abs. 1 S. 1 BGB	§ 816 Abs. 1 S. 2 BGB	§ 816 Abs. 2 BGB
Entgeltliche Verfügung eines Nichtberechtigten	Unentgeltliche Verfügung eines Nichtberechtigten	Wirksame Bewirkung einer Leistung an einen Nichtberechtigten

1. Leistung an einen Nichtberechtigten

Der Schuldner des § 816 Abs. 2 BGB muss eine Leistung empfangen haben, zu deren Entgegennahme er nicht berechtigt war.

Hinsichtlich des Anspruchs gegen F aus § 604 Abs. 1 BGB auf Rückgabe der Stereoanlage war L Berechtigter. B war nach der Abtretung (§ 398 BGB) des Herausgabeanspruchs an L Nichtberechtigter. F hat die Anlage an den Nichtberechtigten zurückzugeben.

2. Dem Berechtigten gegenüber wirksam

Des Weiteren hat der Empfang der Leistung durch den Nichtberechtigten dem Berechtigten gegenüber wirksam zu sein.

Gemäß **§ 407 Abs. 1 BGB** ist diese Leistung dem Berechtigten gegenüber wirksam. F wurde gemäß § 407 Abs. 1 BGB von der Rückgabepflicht frei, weil er von der Ab-

---

20 Vgl. zum Bereicherungsrecht Fall 14, S. 351ff. und Fall 17, S. 434ff.

tretung keine Kenntnis hatte. Der Zugang der Anzeige über die Empfangsbotin bzw. ein Kennenmüssen genügt hier nicht, weil § 407 Abs. 1 BGB positive Kenntnis des Schuldners über die Abtretung fordert.[21]

Damit sind die Voraussetzungen des § 816 Abs. 2 BGB erfüllt.

Ergebnis

B muss die Anlage nach § 816 Abs. 2 BGB an L herausgeben.

B. Anspruch der H gegen A auf Herausgabe des Computers

I. Anspruch gemäß § 985 BGB

H könnte einen Vindikationsanspruch gegen A gemäß § 985 BGB zustehen.

1. Besitz des Anspruchsgegners

A ist Besitzer (§ 854 Abs. 1 BGB) des Notebooks (§ 90 BGB).

2. Eigentum des Anspruchstellers

H müsste Eigentümerin sein. Ursprünglicher Eigentümer des Computers war B. Es könnte ein Eigentumsverlust iSv § 929 S. 1 BGB[22] an H stattgefunden haben.

a) Einigung

H und B haben einen dinglichen Vertrag nach §§ 929 S. 1, 158 Abs. 1 BGB mit der aufschiebenden Bedingung der vollständigen Kaufpreiszahlung abgeschlossen; vereinbart wurde ein Eigentumsvorbehalt. Da H die letzte Rate noch nicht bezahlt hat, ist die Bedingung noch nicht eingetreten.

b) Übergabe

Eine Übergabe nach § 929 S. 1 BGB setzt für einen Eigentumserwerb voraus, dass der ursprüngliche Eigentümer weder den unmittelbaren noch den mittelbaren Besitz behält (vollständiger Besitzverlust auf Veräußererseite). Solange die Bedingung zur Aufhebung des vorbehaltenen Eigentums noch nicht eingetreten ist, bleibt der ursprüngliche Eigentümer mittelbarer Eigenbesitzer.[23] Das entsprechende Rechtsverhältnis iSd § 868 BGB ist der Eigentumsvorbehaltskauf.

Weder Einigung noch Übergabe iSd § 929 S. 1 BGB sind erfüllt. H ist nicht Eigentümerin geworden.

> **Eigentumsvorbehalt §§ 929 S. 1, 158 Abs. 1 BGB**
> Vor Zahlung der letzten Rate sind für einen Eigentumserwerb weder der Bedingungseintritt bei der Einigung noch die Übergabe erfolgt.

Ergebnis

H hat keinen Anspruch gegen A gemäß § 985 BGB.

II. Anspruch nach § 985 BGB analog

H könnte gegen A als Besitzer (§ 854 Abs. 1 BGB) des Computers (§ 90 BGB) jedoch ein Anspruch gemäß § 985 BGB analog zustehen.

H ist zwar nicht Eigentümerin, die Anspruchsberechtigung könnte sich aber aus einem **Anwartschaftsrecht** der H ergeben.

---

21 Palandt/*Grüneberg*, § 407 Rn. 6; BRHP/*Rohe*, § 407 Rn. 11.
22 Näher zu den §§ 929 ff. BGB bei Fall 15, S. 384 ff. und Fall 16, S. 398 f., 403 ff.
23 Erman/*Grunewald*, § 449 Rn. 17; BRHP/*Kindl*, § 929 Rn. 65; Palandt/*Herrler*, § 929 Rn. 27; PWW/*Schmidt*, § 449 Rn. 16.

Anwartschaftsrecht (beim Eigentumsvorbehalt)

I. Rechtsnatur

Anwartschaft meint, dass von einem mehraktigen Entstehungstatbestand eines Rechts derart viele Erfordernisse erfüllt sind, dass eine gesicherte Rechtsposition des Erwerbers entsteht, die der Veräußerer nicht mehr einseitig vernichten kann. Das Anwartschaftsrecht beschreibt also eine Vorstufe zum Vollrecht und stellt im Vergleich zum Eigentum kein aliud, sondern ein **wesensgleiches Minus** dar (BGHZ 35, 85, 89; NJW 1984, 1184, 1185; *Kaulbach*, JuS 2011, 397).

II. Entstehung

1. Ersterwerb vom Berechtigten

Das Anwartschaftsrecht entsteht durch Übereignung unter Eigentumsvorbehalt (§§ 929 S. 1, 158 Abs. 1 BGB), mithin durch bedingte Einigung, Übergabe und Berechtigung. Erforderlich ist zudem die Möglichkeit des Bedingungseintritts.

2. Ersterwerb vom Nichtberechtigten

Veräußert ein vermeintlicher Eigentümer unter Eigentumsvorbehalt, erwirbt der Gutgläubige vom Nichtberechtigten ein Anwartschaftsrecht nach Maßgabe der §§ 929 ff., 932 ff. BGB. Überdies bedarf es der Möglichkeit des Bedingungseintritts.

III. Übertragung

1. Zweiterwerb vom Berechtigten

Der Anwartschaftsberechtigte kann sein Anwartschaftsrecht gemäß §§ 929 ff. BGB analog übertragen. Hierzu bedarf es keiner Zustimmung des Eigentümers.

2. Zweiterwerb vom Nichtberechtigten

Bei einem gutgläubigen Zweiterwerb des Anwartschaftsrechts sind zwei Konstellationen zu unterscheiden, wobei deren Behandlung streitig ist (BRHP/*Kindl*, § 929 Rn. 85):

Meinungsstreit zum gutgläubigen Zweiterwerb

Existenz des Anwartschaftsrechts		Kein Bestehen des Anwartschaftsrechts	
Kein Gutglaubenserwerb	**Gutglaubenserwerb (hM)**	**Gutglaubenserwerb**	**Kein Gutglaubenserwerb (hM)**
Da der Erwerber wisse, dass der Veräußerer nicht Eigentümer ist, müsse er wegen des behaupteten Anwartschaftsrechts nachfragen.	Guter Glaube an das Anwartschaftsrecht sei ebenso schutzwürdig wie an das Eigentum; Parallelwertung zu §§ 1065, 1227 BGB.	Wenn ein gutgläubiger Eigentumserwerb möglich sei, müsse dies erst recht für das Anwartschaftsrecht gelten.	Ein Bedingungseintritt scheidet aus und demnach könne das Anwartschaftsrecht nicht zum Vollrecht werden.

Anwartschaftsrecht (beim Eigentumsvorbehalt) *(Fortsetzung)*

Die überwiegende Sichtweise lässt einen gutgläubigen Zweiterwerb eines Anwartschaftsrechts in Analogie zu §§ 932 ff. BGB nur zu, wenn ein solches zuvor **tatsächlich begründet** wurde, weil ein Anwartschaftsrecht der Möglichkeit des Bedingungseintritts, also der Erstarkung zum Vollrecht bedarf. Für den Zeitpunkt der Gutgläubigkeit ist auf Einigung sowie Übergabe und nicht auf den Bedingungseintritt abzustellen. Da der Bedingungsinhalt nicht vom Gutglaubensschutz umfasst ist, gilt der ursprünglich vereinbarte Bedingungsinhalt (Palandt/*Herrler*, § 929 Rn. 46). Gutgläubigkeit hat zur Zeit des bedingten Rechtserwerbs zu bestehen, nicht zum Zeitpunkt des Bedingungseintritts.

IV. Auslegung und Direkterwerb

1. Verfügt der Anwartschaftsberechtigte nichtberechtigt über das Eigentum, ist durch Auslegung (§§ 133, 157 BGB) bzw. Umdeutung (§ 140 BGB) darin regelmäßig auch die Übertragung des Anwartschaftsrechts zu sehen.

2. Das Anwartschaftsrecht erstarkt zum Eigentum des Anwartschaftsberechtigten, wenn die Bedingung eingetreten, also typischerweise die letzte Rate bezahlt ist. Das Eigentum geht unmittelbar auf den Anwartschaftsrechtsinhaber über (**Direkterwerb**). Bei einem übertragenen Anwartschaftsrecht kommt es also nicht zu einem Durchgangserwerb, so dass Gläubiger des Ersterwerbers keinen Zugriff auf die übereignete Sache haben (PWW/*Prütting*, § 929 Rn. 22).

V. Schutz

1. Wird dem Anwartschaftsberechtigten der Besitz vorenthalten, stehen ihm als früheren Besitzer die Besitzschutzansprüche nach §§ 858 ff., 1007 BGB zu.

2. Die überwiegende Auffassung gewährt dem Anwartschaftsrechtsinhaber zudem die Ansprüche aus §§ 985, 987 ff. BGB analog.

3. Bei einem Recht zum Besitz nach **§ 986 BGB** ist zu trennen: Gegenüber dem Eigentümer ergibt sich aus dem Kaufvertrag ein **schuldrechtliches Besitzrecht** (§ 986 Abs. 1 S. 1 Alt. 1 BGB), das gegebenenfalls iSd § 986 Abs. 2 BGB auch einem Dritten entgegengehalten werden kann. Ob das Anwartschaftsrecht aber auch ein dingliches Recht zum Besitz gibt, ist umstritten (BRHP/*Fritzsche*, § 986 Rn. 13 ff.; MüKoBGB/*Baldus*, § 986 Rn. 15 ff.).

Meinungsstreit über ein dingliches Recht zum Besitz

§ 242 BGB (BGH)	Kein Besitzrecht	Besitzrecht (hM)
Dem Anwartschaftsberechtigten stehe die dolo agit, qui petit, quod statim redditurus est-Einrede zu, wenn die Zahlung der letzten Rate unmittelbar bevorstehe.	Das Anwartschaftsrecht sichere nur den Eigentumserwerb; sonstige Herrschaftsbefugnisse ließen sich nicht ableiten. Es sei abhängig von der schuldrechtlichen Lage.	Das Anwartschaftsrecht als Vorstufe des Eigentums verschaffe eine eigentumsähnliche Position und schränke die dinglichen Befugnisse des Eigentümers ein.

> **Anwartschaftsrecht** (beim Eigentumsvorbehalt) *(Fortsetzung)*
>
> **4.** Das Anwartschaftsrecht stellt als absolutes Recht ein sonstiges Recht iSd **§ 823 Abs. 1 BGB** dar. Während die Rechtsprechung eine Aufteilung des Schadens zwischen Eigentümer und Anwartschaftsrechtsinhaber je nach Höhe der gezahlten Raten befürwortet (BGHZ 55, 20, 24 ff.), billigt die herrschende Lehre dem Anwartschaftsberechtigten einen Schadensersatz in voller Höhe zu, weil er dem Veräußerer zur Zahlung der (weiteren) Raten verpflichtet bleibt (Palandt/*Herrler*, § 929 Rn. 43). Es handelt sich danach um eine gemeinschaftliche Gläubigerschaft analog §§ 432, 1281 BGB.
> Den Schutz vor Zwischenverfügungen gewährleistet **§ 161 Abs. 1 BGB** (dazu in diesem Fall).
>
> **VI. Zwangsvollstreckung und Insolvenz**
> **1. Zwangsvollstreckung**
> **a)** Vollstreckt ein **Gläubiger des Eigentümers** in die Sache, ist das wegen §§ 808, 809 ZPO nur möglich, wenn der Gegenstand im Gewahrsam des Schuldners, also des Eigentümers ist. In einem solchen Fall kann der Anwartschaftsberechtigte Drittwiderspruchsklage nach § 771 ZPO erheben. Hat der Anwartschaftsberechtigte die Sache in seinem Gewahrsam, kann er sich gegen eine Pfändung mit der Erinnerung (§ 766 ZPO) wehren.
> **b)** Vollstreckt ein **Gläubiger des Anwartschaftsberechtigten** in die **Sache**, kann der Eigentümer Drittwiderspruchsklage gemäß § 771 ZPO erheben. Tilgen die Gläubiger i. S. d. § 267 Abs. 1 BGB die Restschuld, erlischt das Eigentum des Veräußerers und § 771 ZPO entfällt.
> Wird von Gläubigern des Anwartschaftsrechtsinhabers lediglich das **Anwartschaftsrecht** gepfändet, hat der Eigentümer das hinzunehmen. Streitig ist allerdings, wie die Pfändung des Anwartschaftsrechts erfolgt (Musielak/Voit/*Becker*, § 857b). Während einerseits für eine bloße Sachpfändung (§§ 808 ff. ZPO), andererseits nur für eine Rechtspfändung (§§ 828, 829 ZPO) plädiert wird, tritt die überwiegende Ansicht für eine **Doppelpfändung**, mithin für eine Kombination von Sach- und Rechtspfändung ein.
>
> **2. Insolvenz**
> Wird der **Eigentümer** insolvent, steht dem Insolvenzverwalter wegen § 107 Abs. 1 InsO das Wahlrecht des § 103 InsO nicht zu. Der Anwartschaftsberechtigte hat die Restschuld zu tilgen und erhält mit Zahlung der letzten Rate das Eigentum.
> Bei einem Insolvenzverfahren über das Vermögen des **Anwartschaftsberechtigten** gilt die Regelung des § 103 Abs. 1 InsO.

1. Anwendbarkeit des § 985 BGB analog

Zunächst ist die grundsätzliche Anwendbarkeit von § 985 BGB auf ein etwaig bestehendes Anwartschaftsrecht zu klären. Nach überwiegender Auffassung stellt das Anwartschaftsrecht eine Vorstufe des zu erwerbenden dinglichen Rechts, ein „wesensgleiches Minus" gegenüber dem Eigentum dar.[24]

Kontrovers diskutiert wird, ob diese Vorstufe zum Vollrecht einen eigenständigen dinglichen Schutz, mithin die analoge Anwendbarkeit der §§ 985, 987 ff. BGB rechtfertigt.[25]

---

24 BGH NJW 1958, 1133, 1134; BGHZ 35, 85, 89; NJW 1972, 2053, 2054; Palandt/*Herrler*, § 929 Rn. 37; PWW/*Prütting*, § 929 Rn. 21; *Wolf*, NJW 1987, 2647, 2650.
25 Zum Streitstand siehe Staudinger/*Gursky*, Vorb. zu §§ 985–1007 Rn. 6; BRHP/*Kindl*, § 929 Rn. 76; MüKoBGB/*Baldus*, § 985 Rn. 7; BRHP/*Fritzsche*, § 985 Rn. 7; PWW/*Englert*, § 985 Rn. 4.

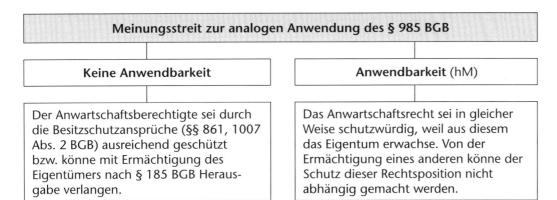

Für den Schutz dieser Rechtsposition sieht die Rechtsordnung keine Vorschriften vor (Regelungslücke), weil der Gesetzgeber eine derartige Rechtsposition nicht bedacht hat (Planwidrigkeit). Die Besitzschutzansprüche aus §§ 861, 1007 BGB füllen diese Lücke nicht, weil sie zum einen lediglich auf den Besitz und nicht auf das Eigentum oder dessen Vorstufe zielen, zum anderen keine Herausgabe bei einem besitzlosen Anwartschaftsberechtigten gewähren. Die Charakterisierung als „wesensgleiches Minus" spricht dafür, die für das Eigentum (und den Besitz) entwickelten Schutzmechanismen aufgrund ihrer Ähnlichkeit analog (jedenfalls gegenüber Dritten) anzuwenden (Vergleichbarkeit). In Bezug auf das Anwartschaftsrecht sind die Voraussetzungen einer Analogie[26] erfüllt.

Voraussetzungen Analogie
1. Regelungslücke
2. Planwidrigkeit
3. Vergleichbarkeit

Zugunsten des Anwartschaftsberechtigten ist eine analoge Anwendung des § 985 BGB grundsätzlich gegenüber Dritten möglich. Voraussetzung ist die Existenz eines Anwartschaftsrechts. Fraglich ist, ob H ein Anwartschaftsrecht erworben hat.

2. Erwerb des Anwartschaftsrechts

Der Erwerb eines Anwartschaftsrechts richtet sich grundsätzlich nach den Voraussetzungen des § 929 S. 1 BGB analog.

a) Bedingte Einigung

Dazu bedarf es einer bedingten Einigung iSd §§ 929 S. 1, 158 Abs. 1 BGB. Veräußerer und Erwerber müssen sich über die Übertragung des Eigentums unter der Bedingung vollständiger Kaufpreiszahlung einigen.

B und H haben vereinbart, dass erst nach der vollständigen Erbringung der Raten die H das Eigentum erwerben soll. Damit ist ihre Einigung mit der Bedingung der restlosen Bezahlung des Notebooks versehen.

b) Besitzübertragung

Der Besitz ist in der Weise zu übertragen, dass bei Bedingungseintritt ohne weiteres Zutun Eigentum entsteht. Bei einem Eigentumsvorbehalt bleibt zwar der Veräußerer zunächst mittelbarer Eigenbesitzer, dies ist aber unschädlich, weil mit Bedingungseintritt das Besitzmittlungsverhältnis (§ 868 BGB) erlischt. Für den Erwerb bedingten Eigentums reicht daher ausnahmsweise der Erwerb des unmittelbaren Fremdbesitzes aus.[27]

Voraussetzungen Begründung eines Anwartschaftsrechts
1. Bedingte Einigung, §§ 929 S. 1, 158 Abs. 1 BGB, über den Vollrechtserwerb
2. Besitzübertragung in der Weise, dass bei Bedingungseintritt ohne Weiteres Eigentum übergeht
3. Einigsein
4. Berechtigung

---

26 Näher zur Analogie bei Fall 1, S. 14.
27 Palandt/*Herrler*, § 929 Rn. 27; BRHP/*Kindl*, § 929 Rn. 65; MüKoBGB/*Oechsler*, § 929 Rn. 19; BGHZ 10, 69, 71.

Da für die Entstehung des Anwartschaftsrechts ein vollständiger Besitzverlust auf Veräußererseite nicht notwendig ist, genügt die Übergabe an H den Erfordernissen eines Anwartschaftsrechtserwerbs.

c) Einigsein

Die Einigung muss im Zeitpunkt der Übergabe noch fortbestehen. So war es hier zwischen B und H.

d) Berechtigung

B war als Eigentümer berechtigt, über das Notebook zu verfügen.

Damit sind die Voraussetzungen des § 929 S. 1 BGB analog zum Erwerb eines Anwartschaftsrechts grundsätzlich erfüllt. Das Anwartschaftsrecht darf allerdings nicht erloschen sein.

3. Erlöschen des Anwartschaftsrechts

Ein Anwartschaftsrecht erlischt, wenn die Bedingung der vollständigen Kaufpreiszahlung nicht mehr eintreten kann. Das ist der Fall, wenn der Kaufvertrag unwirksam, in ein Rückgewährschuldverhältnis umgewandelt oder der Bedingungseintritt aus sonstigen Gründen unmöglich ist.[28]

> Ein Anwartschaftsrecht bedarf der Möglichkeit des Bedingungseintritts und somit des Fortbestands des Kaufvertrages, kurzum: **ohne Kaufvertrag kein Anwartschaftsrecht.**

a) Existenz eines Kaufvertrages zwischen B und H

Ein Kaufvertrag über das Notebook wurde durch die Abgabe übereinstimmender Willenserklärungen (§§ 145 ff. BGB) zwischen B und H geschlossen. Durch die Veräußerung des Notebooks an A könnte dieser Kaufvertrag jedoch angefochten (aa) oder widerrufen (bb) worden sein oder B könnte wirksam seinen Rücktritt (cc) erklärt haben.

aa) Anfechtung, § 142 Abs. 1 BGB[29]

(1) Anfechtungserklärung, § 143 Abs. 1 BGB

> Anfechtung § 142 Abs. 1 BGB

In dem Verhalten und der Aussage des B könnte durch Auslegung gemäß den §§ 133, 157 BGB eine (stillschweigende) Anfechtungserklärung zu sehen sein. Indem er zum Ausdruck bringt, dass er sich wegen einer irrigen Preisannahme nicht an den Kaufvertrag mit H gebunden fühlt und ihr kein Recht an dem Notebook zustehe, bestreitet er die Wirksamkeit des Kaufvertrages; folglich wurde die Anfechtung iSd § 143 Abs. 1 BGB erklärt.

(2) Anfechtungsgegner, § 143 Abs. 2 BGB

Diese Erklärung hat B gegenüber dem anderen Teil des Vertrages, H, abgegeben und damit auch gegenüber dem richtigen Anfechtungsgegner, § 143 Abs. 2 BGB.

(3) Anfechtungsgrund

Als Anfechtungsgrund kommt ein Eigenschaftsirrtum gemäß § 119 Abs. 2 BGB in Betracht, also ein Irrtum über eine verkehrswesentliche Eigenschaft einer Sache. B konnte durch den Weiterverkauf des Rechners an A einen um 100 EUR höheren Preis erzielen und könnte damit geltend machen, sich anfangs im Preis geirrt zu haben. Jedoch ist der Preis keine wertbildende Eigenschaft iSd § 119 Abs. 2 BGB,

---

[28] BRHP/*Kindl*, § 929 Rn. 80; Erman/*Grunewald*, § 449 Rn. 37; Jauernig/*Berger*, § 929 Rn. 62; MüKoBGB/*Oechsler*, § 929 Rn. 19.
[29] Zur Anfechtung siehe Fall 4, S. 87 f. sowie Fall 5, S. 112 f.

sondern vielmehr das Ergebnis aller wertbildenden Eigenschaften.[30] Es besteht kein Anfechtungsgrund.

(4) Ausschluss der Anfechtung
Eine wirksame Anfechtung gemäß § 142 Abs. 1 BGB scheidet aus.

bb) Widerruf, §§ 495 Abs. 1, 355 BGB[31]

In dem Verhalten des B könnte auch ein Widerruf gemäß §§ 495 Abs. 1, 355 BGB gesehen (§§ 133, 157 BGB) werden.

Dazu müsste es sich um einen Verbraucherdarlehensvertrag[32] gemäß § 491 BGB handeln. Damit ist ein entgeltlicher Darlehensvertrag (§ 488 BGB) zwischen einem Unternehmer (§ 14 Abs. 1 BGB) als Darlehensgeber und einem Verbraucher (§ 13 BGB) als Darlehensnehmer gemeint. H ist zwar Verbraucher iSv § 13 BGB, B übt aber keine überwiegend gewerbliche oder berufliche Tätigkeit gemäß § 14 Abs. 1 BGB aus. Mangels Verbraucherdarlehensvertrag besteht kein Widerrufsrecht nach §§ 495 Abs. 1, 355 BGB.

> Widerruf § 495 BGB

cc) Rücktritt, § 449 Abs. 2 BGB[33]

Im Verhalten des B könnte eine Rücktrittserklärung liegen, §§ 133, 157 BGB. Für einen wirksamen Rücktritt des B müsste ein entsprechender Rechtsgrund bestehen. Ein Rücktrittsrecht wurde jedoch weder vertraglich vereinbart, noch ist hier ein gesetzlicher Rücktrittsgrund ersichtlich. H hat die Raten bisher immer ordnungsgemäß bezahlt.

> Rücktritt § 449 BGB

B ist iSd § 449 Abs. 2 BGB nicht wirksam von dem Vertrag zurückgetreten.

Es besteht ein erfüllbarer Kaufvertrag. Der Bedingungseintritt ist insoweit noch zu verwirklichen. Möglicherweise ist der Bedingungseintritt aber aus sonstigen Gründen ausgeschlossen, weil B nicht mehr an H übereignen möchte (b) bzw. zwischenzeitlich an A übereignet hat (c).

b) Einigsein

Die Unmöglichkeit des Bedingungseintritts könnte sich daraus ergeben, dass B nicht mehr an H übereignen möchte. Im Zeitpunkt des potenziellen Bedingungseintritts hätte B dann keinen Übereignungswillen mehr. Fraglich ist, ob der Erwerb des Volleigentums ein Einigsein iSd § 929 S. 1 BGB zum Zeitpunkt des Bedingungseintritts (§ 158 Abs. 1 BGB) erfordert. Diese Frage ist streitig.[34]

> Ein Anwartschaftsrecht bedarf der Möglichkeit des Bedingungseintritts, kurzum: **bei Unmöglichkeit kein Anwartschaftsrecht.**

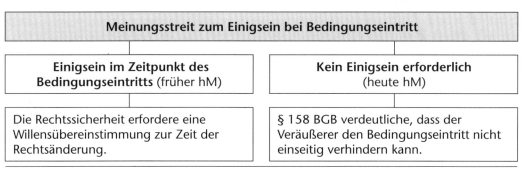

---

30 Palandt/*Ellenberger*, § 119 Rn. 27; BRHP/*Wendtland*, § 119 Rn. 44.
31 Zum Widerrufsrecht bei Verbraucherverträgen Fall 3, S. 74 ff.
32 Zum Verbraucherdarlehensvertrag Fall 19, S. 480 f.
33 Vgl. zum Rücktritt Fall 1, S. 18, Fall 5, S. 117 und Fall 6, S. 138.
34 Vgl. BGHZ 20, 88, 97; BRHP/*Kindl*, § 929 Rn. 62; MüKoBGB/*Oechsler*, § 929 Rn. 19.

Der Wortlaut des § 158 BGB zeigt, dass die Wirkung der Bedingungsverwirklichung automatisch ohne weiteres Zutun der Beteiligten eintritt (grammatische Auslegung). Ob der Verkäufer noch an dem Geschäft festhält, ist daher unerheblich. Ein Einigsein im Zeitpunkt des Bedingungseintritts und damit hier des Eigentumsübergangs ist nicht erforderlich. Es würde ansonsten auch ein zu weitgehendes Rücktrittsrecht der Vertragsbeteiligten auf Kosten des jeweils anderen Vertragspartners bedeuten, wenn sie ohne einen vertraglichen oder gesetzlichen Rücktrittsgrund von ihrer ursprünglichen Einigung abrücken und damit die Folgen des Bedingungseintritts verhindern könnten.

Ein Einigsein zum Zeitpunkt des Bedingungseintritts ist nicht notwendig. Das Anwartschaftsrecht der H bleibt schutzwürdig; die mangelnde Einigkeit mit B im Zeitpunkt eines potenziellen Bedingungseintritts ändert daran nichts.

c) Übereignung an A

A hat das Notebook gemäß § 929 S. 1 BGB von B erworben. Einigung, Übergabe, Einigsein und Berechtigung des B als (ursprünglicher) Eigentümer sind gegeben. Die Übereignung unter Eigentumsvorbehalt ändert bis zum Bedingungseintritt die Rechtsposition des Veräußerers nicht; er bleibt Eigentümer und verfügt insoweit als Berechtigter.

Das Eigentum des A könnte aber mit dem Anwartschaftsrecht der H belastet sein, so dass das Anwartschaftsrecht mit Bedingungseintritt zum Vollrecht erstarkt und A sein Eigentum verliert.

§ 161 BGB Verfügung während der Schwebezeit

Die Wirksamkeit der Verfügung von B an A richtet sich nach § 161 BGB. Die während einer Schwebezeit getroffene Zwischenverfügung wird gemäß **§ 161 Abs. 1 S. 1 BGB** mit Bedingungseintritt unwirksam, soweit sie das bedingt eingeräumte Recht beeinträchtigt. Der Zwischenerwerber erlangt zwar zunächst wirksam Eigentum, verliert dieses aber mit Bedingungseintritt an den Anwartschaftsberechtigten.[35]

Schutz vor Zwischenverfügungen, § 161 BGB

§ 161 Abs. 1 BGB normiert die Unwirksamkeit von bedingungswidrigen Verfügungen, die der Veräußerer während der Schwebezeit trifft. Bei Bedingungseintritt werden Verfügungen insoweit **absolut unwirksam**, als sie das zum Vollrecht erstarkende Anwartschaftsrecht beeinträchtigen.

§ 161 Abs. 3 BGB ermöglicht durch einen Verweis auf die Gutglaubensvorschriften (§§ 932 ff., 892, 1138 BGB) einen gutgläubigen Erwerb lastenfreien Eigentums. Der gute Glaube hat sich auf das Nichtbestehen eines Anwartschaftsrechts zu beziehen. Bei abhanden gekommenen beweglichen Sachen scheidet ein Erwerb vom Nichtberechtigten nach § 935 BGB aus.

Verfügt der Veräußerer mittels Abtretung seines Herausgabeanspruchs aus dem Besitzmittlungsverhältnis (§§ 929 S. 1, 931, 934, 398 BGB) kommt nach überwiegender Ansicht (PWW/*Prütting*, § 929 Rn. 21; BRHP/*Kindl*, § 936 Rn. 7) **§ 936 Abs. 3 BGB** analog zur Anwendung. Danach scheidet trotz § 161 Abs. 3 BGB ein gutgläubiger lastenfreier Erwerb bei unmittelbarem Besitz des Anwartschaftsberechtigten aus.

Haftungsansprüche während der Schwebezeit regelt § 160 BGB.

---

35 Palandt/*Ellenberger*, § 161 Rn. 1; BRHP/*Kindl*, § 929 Rn. 65; Erman/*Armbrüster*, § 161 Rn. 5.

Dieses Ergebnis könnte aber nach **§ 161 Abs. 3 BGB** zu korrigieren sein. Danach ist ein gutgläubiger lastenfreier Erwerb möglich. A war gutgläubig (§§ 932 Abs. 2, 1006 Abs. 1 BGB), so dass er Eigentum ohne Belastung mit dem Anwartschaftsrecht erworben hätte.

H hat den Besitz am Computer jedoch unfreiwillig verloren, weil B ihr das Notebook ohne ihr Wissen entwendet hat. Ein gutgläubiger lastenfreier Erwerb scheitert damit an **§ 935 Abs. 1 S. 1 BGB analog**.[36]

Die Übereignung an A lässt die Schutzwürdigkeit des Anwartschaftsrechts (§ 161 Abs. 1 BGB) der H wegen § 935 Abs. 1 BGB analog nicht entfallen. Es kann gleichwohl bei Bedingungseintritt zum Vollrecht erstarken.

Der Bedingungseintritt bleibt möglich. Das Anwartschaftsrecht ist nicht erloschen.

4. Geltendmachung gegenüber dem Eigentümer

Zugunsten des Anwartschaftsberechtigten ist vor Bedingungseintritt § 985 BGB analog anwendbar. Dies gilt jedenfalls gegenüber Dritten. Zweifelhaft erscheint, ob dies auch gegenüber dem Eigentümer so ist. Da dem Anwartschaftsberechtigten in diesem Verhältnis im Regelfall eigene schuldrechtliche Ansprüche aus dem Kaufvertrag zustehen, gehen die Meinungen über die Anwendbarkeit des § 985 BGB analog im Verhältnis zum Eigentümer auseinander.[37]

> Anwendbarkeit von § 985 BGB analog gegenüber dem Eigentümer

Die Eigentumsposition wird durch das Anwartschaftsrecht inhaltlich herabgestuft. Der Anwartschaftsberechtigte hat auch gegenüber dem Eigentümer eine eigenständige, unabhängige Rechtsposition inne. Der Umstand, dass der Eigentümer von einem Dritten nur die Herausgabe an den Anwartschaftsberechtigten verlangen kann, spricht außerdem für eine Geltendmachung gegenüber dem Eigentümer.

Hier hat B sein Eigentum an A übertragen. Jedenfalls gegenüber einem **neuen Eigentümer** ist § 985 BGB analog anwendbar, weil zwischen dem Anwartschaftsberechtigten und dem neuen Eigentümer keine schuldrechtlichen Herausgabeansprüche bestehen.

Ergebnis

H kann von A die Herausgabe des Computers gemäß § 985 BGB analog fordern.

III. Anspruch aus § 1007 Abs. 2 BGB analog

H könnte gegen A einen Anspruch aus § 1007 Abs. 2 BGB analog haben.
Der früheren Besitzerin H ist der Computer abhanden gekommen. Solange H den Bedingungseintritt nicht herbeigeführt hat, ist A Eigentümer und gegenüber dem Eigentümer greift § 1007 Abs. 2 BGB nicht durch.[38]

Sinn und Zweck des § 1007 Abs. 2 BGB ist es jedoch, das bessere Besitzrecht zu schützen. Damit ist die Frage aufgeworfen, ob dem Anwartschaftsberechtigten ein **besseres Besitzrecht** zusteht. Dies ist umstritten. Damit der Anwartschaftsinhaber Möglichkeiten zur Verteidigung seiner Rechtsposition hat – auch gegenüber dem Eigentümer des Kaufgegenstandes –, geht die herrschende Sichtweise von einem Besitzrecht aus,[39] so dass die Anwendbarkeit von § 1007 Abs. 2 BGB analog zu bejahen ist.

> Aufbauschema **§ 1007 Abs. 2 BGB**
> 1. Anspruchsteller als Besitzer
> 2. Die Sache muss ihm gestohlen worden, verloren gegangen oder sonst abhanden gekommen sein.
> 3. Anspruchsgegner als gegenwärtiger Besitzer
> 4. Keine Ausschlussgründe, § 1007 Abs. 3 BGB

---

36 Näher zum Abhandenkommen iSd § 935 Abs. 1 BGB bei Fall 16, S. 406.
37 Vgl. MüKoBGB/*Baldus*, § 985 Rn. 7; BRHP/*Fritzsche*, § 985 Rn. 7; *Brox*, JuS 1984, 657, 660; *Müller-Laube*, JuS 1993, 529, 531.
38 Palandt/*Herrler*, § 1007 Rn. 11; Erman/*Ebbing*, § 1007 Rn. 11.
39 Vgl. *Baur/Stürner*, Sachenrecht, § 59 Rn. 47; *Brox*, JuS 1984, 657, 659 f.; *Müller-Laube*, JuS 1994, 529, 531.

Ergebnis

H steht auch nach § 1007 Abs. 2 BGB analog ein Herausgabeanspruch gegen A zu.

IV. Anspruch aus § 1007 Abs. 1 BGB

H könnte einen Herausgabeanspruch gegen A aus § 1007 Abs. 1 BGB haben.

B übte verbotene Eigenmacht gemäß § 858 Abs. 1 BGB[40] aus; er ist deshalb fehlerhafter Besitzer. A muss sich die Fehlerhaftigkeit aber nur bei Kenntnis zurechnen lassen. A war hier gutgläubig, womit ein Herausgabeanspruch gemäß § 1007 Abs. 1 BGB ausscheidet.

Ergebnis

H hat keinen Anspruch gemäß § 1007 Abs. 1 BGB.

V. Anspruch aus § 861 BGB

Für einen Anspruch aus § 861 BGB[41] gilt dasselbe wie für den Anspruch aus § 1007 Abs. 1 BGB. Er scheitert an der Gutgläubigkeit des A.

Ergebnis

H hat keinen Anspruch gemäß § 861 BGB.

C. Anspruch der S gegen C auf Zahlung des Kaufpreises gemäß § 433 Abs. 2 iVm § 398 BGB

Ein Zahlungsanspruch der S könnte sich aufgrund der Forderungsabtretung (§ 398 BGB) aus § 433 Abs. 2 BGB gegen C ergeben.

Globalzession

Dazu müsste S Inhaberin der Forderung geworden sein. C hat mit B einen Kaufvertrag geschlossen und ist ihm gegenüber nach § 433 Abs. 2 BGB zur Zahlung verpflichtet. Die Forderung könnte gemäß § 398 BGB von B an S abgetreten worden sein. B und S haben sich über die Abtretung sämtlicher Forderungen aus den Computerverkäufen geeinigt; es handelt sich um eine Globalzession.[42]

Globalzession

Globalzession meint die Übertragung sämtlicher Forderungen nach §§ 398 ff. BGB. Die Abtretung ist ein formfreier Verfügungsvertrag zwischen dem bisherigen Gläubiger (**Zedent**) und dem neuen Gläubiger (**Zessionar**). Die Vorausabtretung künftiger Forderungen ist zulässig. Für die Bestimmbarkeit genügt es, wenn alle Forderungen aus einer bestimmten Art von Rechtsgeschäften oder aus einem bestimmten Zeitraum übertragen werden. Rechtsfolge ist ein Wechsel der Gläubigerstellung; akzessorische Rechte gehen gemäß § 401 BGB mit über.

---

40 Vgl. Fall 15, S. 382.
41 Dazu Fall 15, S. 383 f.
42 Erman/*Westermann*, § 398 Rn. 18; MüKoBGB/*Roth/Kieninger*, § 398 Rn. 140; siehe auch Fall 19, S. 482 f.

I. Entstehen der Globalzession

1. Voraussetzungen

Eine derartige Abtretung künftiger Forderungen ist möglich. Die Forderungen beziehen sich auf konkrete Rechtsgeschäfte, nämlich die Computerverkäufe. Der **Bestimmtheitsgrundsatz** ist gewahrt, weil die Forderungen im Zeitpunkt ihrer Entstehung hinsichtlich Schuldner, Gegenstand und Umfang individualisierbar sind.[43]

2. Prioritätsprinzip

Es gilt das Prioritätsprinzip, das bedeutet, dass die zeitlich frühere Abtretung wirksam und eine nachfolgende gegenstandslos ist. Der Ansatz, dem Warenlieferanten unabhängig von der zeitlichen Reihenfolge den Vorrang einzuräumen, wird mangels entsprechender gesetzlicher Grundlage nicht mehr vertreten.[44]

Prioritätsprinzip

Die im September mit S vereinbarte Globalzession ist wegen des Prioritätsprinzips nach § 398 BGB grundsätzlich wirksam; die aufgrund des verlängerten Eigentumsvorbehaltes im Oktober erfolgte Abtretung würde danach ins Leere gehen. Zu prüfen bleibt, ob die Globalzession ausnahmsweise unwirksam ist.

II. Unwirksamkeit der Globalzession

Die spätere Abtretung im Oktober könnte allerdings wirksam sein, wenn die frühere unwirksam ist. In Betracht kommt eine Sittenwidrigkeit der Globalzession iSd § 138 Abs. 1 BGB.[45]

Sittenwidrigkeit einer Globalzession nach § 138 Abs. 1 BGB		
Knebelung	**Übersicherung**	**Vertragsbruch**
Beschränkung der wirtschaftlichen Entfaltungsfreiheit derart, dass Selbständigkeit und Entschließungsfreiheit wesentlich entzogen werden, zB durch übermäßige Kontroll- und Meldepflichten.	• Ursprüngliche: Auffälliges Missverhältnis zwischen dem Wert der Sicherheit und der Forderung bei verwerflicher Gesinnung. • Nachträgliche: Freigabemechanismus bei Rückführung des Kredits, wenn die Sicherheiten 150% erreichen.	Gefährdung anderer Gläubiger und Verleitung zum Vertragsbruch, wenn ohne dingliche Teilverzichtsklausel auch die Forderungen erfasst sind, die der Schuldner bei anderen Geschäften künftig abtreten muss. Beispiel ist die Kollision mit einem verlängerten Eigentumsvorbehalt.

Für eine sittenwidrige Knebelung des B oder eine sittenwidrige Übersicherung der S bestehen keine Anhaltspunkte. Das Kreditvolumen übersteigt die Höhe der zur Sicherheit abgetretenen Forderungen.

---

43 BGH NJW 2000, 276, 277; NJW 2011, 2713 mwN; Palandt/*Grüneberg*, § 398 Rn. 14.
44 BGHZ 30, 149, 152; 104, 351, 353; MüKoBGB/*Roth/Kieninger*, § 398 Rn. 139.
45 *Ganter*, WM 2001, 1 ff.; BRHP/*Rohe*, Vor § 398 Rn. 4 ff.; Erman/*Grunewald*, § 449 Rn. 55; MüKoBGB/*Armbrüster*, § 138 Rn. 101.

Kollision mit verlängertem Eigentumsvorbehalt

Die Globalzession zwischen B und S könnte wegen einer Kollision mit dem verlängerten Eigentumsvorbehalt des M sittenwidrig gemäß § 138 Abs. 1 BGB[46] (**Vertragsbruch**) sein.

B und M haben einen verlängerten Eigentumsvorbehalt[47] mit Vorausabtretungsklausel vereinbart.

Eigentumsvorbehalt

I. Grundlagen (einfacher Eigentumsvorbehalt)

Eigentumsvorbehalt bezeichnet die Abrede zwischen Verkäufer und Käufer, dass das Eigentum an einer beweglichen Sache erst mit vollständiger Tilgung der Kaufpreisforderung auf den Käufer übergeht.
Sachenrechtlich handelt es sich um eine bis zur Zahlung der letzten Rate aufschiebend bedingte Einigung (§ 929 S. 1, § 158 Abs. 1 BGB), wobei während der Schwebezeit ein Anwartschaftsrecht entsteht. **Schuldrechtlich** enthält § 449 BGB in Abs. 1 eine entsprechende Auslegungsregel, während Abs. 2 klarstellt, dass der Verkäufer die Sache nicht herausverlangen kann, ohne den Kaufvertrag mittels Rücktritts (§ 323 BGB) aufzuheben, und Abs. 3 schließt Forderungen Dritter als Bedingung aus.

II. Nachträglicher Eigentumsvorbehalt
1. Beidseitig

Nachträglich kann ein Eigentumsvorbehalt durch Willensübereinstimmung im Zuge einer Vertragsänderung vereinbart werden. Umstritten ist die dingliche Umsetzung, wenn die Sache vorher an den Käufer bereits uneingeschränkt übereignet wurde (vgl. Staudinger/*Beckmann*, § 449 Rn. 30ff.). Die Rechtsprechung befürwortet ein **zweistufiges Vorgehen** (Rückübertragung des Volleigentums an den Verkäufer und sodann bedingte Übereignung an den Käufer), hingegen tritt das Schrifttum für einen **einheitlichen Vorgang** der Rückübertragung des um das Anwartschaftsrecht des Käufers verminderten Eigentums auf den Verkäufer ein, der unter der auflösenden Bedingung (§ 158 Abs. 2 BGB) der vollständigen Kaufpreiszahlung steht, so dass zwischenzeitlich begründete Rechte Dritter nicht beeinträchtigt werden.

2. Einseitig

Sieht der Kaufvertrag keinen Eigentumsvorbehalt vor, wird dieser vielmehr erst bei der Übereignung einseitig vom Verkäufer erwähnt, ist nach dem Zeitpunkt des Zugangs (§ 130 Abs. 1 S. 1 BGB) dieser Vorbehaltserklärung bei dem Käufer oder dessen Empfangsboten zu differenzieren:
a) Geht die Erklärung erst **nach** der **Übereignung** (zB mit der Rechnung) zu, ist der einseitige Vorbehalt wegen der bereits abgeschlossenen Übereignung ohne Belang.
b) Erfolgt die Erklärung **vor** oder **bei** der **Übereignung** (zB auf dem Lieferschein) und geht sie dem Käufer wirksam zu, ist in der Entgegennahme der Leistung das konkludente sachenrechtliche Einverständnis mit der bedingten Übereignung zu sehen. Da aufgrund des Trennungs- und Abstraktionsprinzips der ohne Eigentumsvorbehalt geschlossene Kaufvertrag allein dadurch nicht abgeändert wird, stehen dem Käufer wegen des vertragswidrigen Eigentumsvorbehalts die Rechte iSd §§ 281, 286, 323 BGB zu. Siehe auch Fall 16, S. 403.

---

46 Zum Begriff der Sittenwidrigkeit bei Fall 11, S. 277 ff. und Fall 14, S. 355.
47 PWW/*Prütting*, § 929 Rn. 27 ff.; Erman/*Grunewald*, § 449 Rn. 43 ff.; MüKoBGB/*Roth/Kieninger*, § 398 Rn. 134 ff.; BRHP/*Faust*, § 449 Rn. 9 ff., 26 ff. Vgl. Fall 6, S. 150.

Eigentumsvorbehalt *(Fortsetzung)*

III. Sonderformen

1. Verlängerter Eigentumsvorbehalt

Die unter Eigentumsvorbehalt gelieferte Ware wird vom Käufer üblicherweise weiterveräußert oder weiterverarbeitet. Um dem Sicherungsinteresse des Verkäufers zu genügen, wird regelmäßig eine Vorausabtretungs- oder Weiterverarbeitungsklausel vereinbart.

a) **Vorausabtretungsklausel:** Hierbei wird dem Käufer nach § 185 Abs. 1 BGB das Recht eingeräumt, im eigenen Namen das Vollrecht Eigentum an seinen Kunden im Rahmen eines ordnungsgemäßen Geschäftsverkehrs zu übertragen. Die aus dem Weiterverkauf resultierende Zahlungsforderung (§ 433 Abs. 2 BGB) gegenüber dem Kunden wird dem Verkäufer vom Käufer im Voraus nach § 398 BGB abgetreten und dem Käufer eine Einzugsermächtigung für diese abgetretene Forderung erteilt.

Vereinbart der Kunde ein Abtretungsverbot (§ 399 Alt. 2 BGB), führt dieses dazu, dass die Vorausabtretung insoweit unwirksam ist (Vorrang des Abtretungsverbots, BGHZ 30, 176, 179; Staudinger/*Beckmann*, § 449 Rn. 136). Ist die Ermächtigung zur Weiterveräußerung (§ 185 Abs. 1 BGB) mit der Bedingung der Abtretbarkeit (Ausschluss von Abtretungsverboten) verknüpft, ändert ein gleichwohl mit dem Kunden vereinbartes Abtretungsverbot nichts an der Unwirksamkeit der Vorausabtretung. Der Käufer handelt dann gegenüber dem Kunden als Nichtberechtigter, so dass allenfalls ein gutgläubiger Eigentumserwerb (§§ 932 ff. BGB, § 366 HGB) in Betracht kommt. Zwischen Kaufleuten ist § 354a HGB zu beachten.

b) **Weiterverarbeitungsklausel:** Verarbeitet der Käufer die Ware weiter, kommt es zum Verlust des Vorbehaltseigentums des Verkäufers nach § 950 BGB (mit der Folge des § 951 Abs. 1 BGB). Die Verarbeitungsklausel soll dem Verkäufer sein Eigentum erhalten. Streitig ist die dogmatische Konstruktion. Im Wesentlichen werden drei Auffassungen diskutiert (MüKoBGB/*Füller*, § 950 Rn. 27):

Teilweise wird § 950 BGB als abdingbar eingeschätzt und damit die Eigentümerstellung der Parteidisposition überlassen, während die Gegenauffassung § 950 BGB als unabdingbar ansieht und erst nach einem Durchgangserwerb des Käufers dem Verkäufer im Wege einer antizipierten Übereignung nach §§ 929 S. 1, 930 BGB das Eigentum zugesteht.

Die überwiegende Sichtweise hält § 950 BGB als solchen nicht für dispositiv, gesteht es aber zu, die Herstellereigenschaft durch eine Verarbeitungsklausel zu konkretisieren (BGHZ 46, 117, 118 f.). Der Verkäufer erwirbt originär Eigentum, also ohne Durchgangserwerb des Verarbeitenden. Zur Vermeidung einer Übersicherung ist regelmäßig Miteigentum vorgesehen.

2. Weitergeleiteter Eigentumsvorbehalt

Verkäufer und Käufer vereinbaren, dass die unter Eigentumsvorbehalt gelieferte Sache nur unter Beibehaltung des Eigentums des Verkäufers an Dritte weiterveräußert werden darf. Der Käufer legt den Eigentumsvorbehalt gegenüber seinen Kunden offen und übereignet an diese unter Eigentumsvorbehalt. Die Kunden erlangen Eigentum nur unter der doppelten Bedingung, dass sie an den Käufer zahlen und dieser an den Verkäufer vollständig leistet.

3. Nachgeschalteter Eigentumsvorbehalt

Der Verkäufer ermächtigt den Käufer zur Weiterveräußerung (§ 185 Abs. 1 BGB). Der Käufer veräußert an seine Kunden mit eigenem Eigentumsvorbehalt, also ohne den Eigentumsvorbehalt des Verkäufers offen zu legen. Zahlt der Kunde an den Käufer, wird der Kunde Eigentümer und zwar ohne Durchgangserwerb des Käufers. Zahlt zuerst der Käufer an den Verkäufer, wird zunächst der Käufer Eigentümer.

> **Eigentumsvorbehalt** *(Fortsetzung)*
>
> **4. Erweiterter Eigentumsvorbehalt**
>
> a) Das Eigentum geht nicht bereits mit der Tilgung der Kaufpreisforderung über, sondern vielmehr erst mit der Erfüllung weiterer Forderungen aus der Geschäftsbeziehung. Ein derartiger **Kontokorrentvorbehalt** ist wirksam, sofern ein innerer Zusammenhang zwischen den Forderungen besteht oder es sich um einen kaufmännischen Verkehr handelt (BGHZ 125, 83, 87; OLG Koblenz NJW-RR 1989, 1459, 1460).
>
> b) Ein **Konzernvorbehalt**, also die Ausdehnung des Eigentumsvorbehalts durch den Verkäufer auf Forderungen mit ihm verbundener Unternehmen, ist gemäß § 449 Abs. 3 BGB schuld- und sachenrechtlich nichtig.
> Auseinander gehen die Meinungen darüber, ob § 449 Abs. 3 BGB analog dann anzuwenden ist, wenn der Eigentumsübergang davon abhängig gemacht wird, dass mit dem Käufer verbundene Unternehmen Forderungen des Verkäufers erfüllen (umgekehrter Konzernvorbehalt; zum Meinungsstand PWW/*Schmidt*, § 449 Rn. 30).

Der verlängerte Eigentumsvorbehalt mit Vorausabtretungsklausel ermächtigt (§ 185 Abs. 1 BGB) den Käufer B, die Computer im Rahmen des ordnungsgemäßen Geschäftsverkehrs[48] weiter zu veräußern. Der Vorbehaltskäufer B tritt die aus einem derartigen Verkauf resultierende Forderung gegen die Kundin C im Voraus an seinen Lieferanten M ab. Diese Vorausabtretung kollidiert aber mit der zuerst vereinbarten Globalzession (Prioritätsprinzip) zugunsten der S.

| Verleitung zum Vertragsbruch als sittenwidriges Verhalten nach § 138 Abs. 1 BGB | Da Lieferanten typischerweise einen verlängerten Eigentumsvorbehalt vereinbaren, kann der Käufer die Waren nur erhalten, wenn er diesen gegenüber die Globalzession verheimlicht, also eine Vertragsverletzung durch die Täuschung über die vorangegangene Globalzession begeht. Der Bank ist allerdings bekannt, dass im Geschäftsleben üblicherweise Waren nur unter verlängertem Eigentumsvorbehalt erhältlich sind. Daher verleitet die Bank den Vorbehaltskäufer zum Vertragsbruch gegenüber dem Verkäufer. Ein derartiges Verhalten der Bank wird als sittenwidrige Verleitung des Vorbehaltskäufers zum Vertragsbruch angesehen (**Vertragsbruchtheorie**). |

| Aber: Keine Sittenwidrigkeit der Globalzession bei dinglicher Verzichtsklausel | Die Sittenwidrigkeit (§ 138 Abs. 1 BGB) der Globalzession lässt sich vermeiden, wenn ein verlängerter Eigentumsvorbehalt ermöglicht wird. Dies gelingt durch eine **dingliche Verzichtsklausel**, nach der sich die Globalzession nur auf die Forderungen erstreckt, die nicht Gegenstand eines verlängerten Eigentumsvorbehalts sind.[49] Eine obligatorische Verzichtsklausel, welche lediglich einen Freigabeanspruch begründet, reicht nicht aus.[50] Der Konflikt zwischen Waren- und Geldkreditgebern wird also derart gelöst, dass Globalzessionen einen ausreichenden Freiraum für branchenübliche Vorausabtretungen, zB durch einen verlängerten Eigentumsvorbehalt, vorsehen müssen. |

S hat mit B eine unbeschränkte Globalzession ohne dingliche (Teil-)Verzichtsklausel vereinbart. Diese vertragliche Gestaltung der Sicherungsabtretung verleitet

---

48 Verkäufe unter Einkaufspreis oder als sale and lease back sind damit von der Ermächtigung in der Regel nicht gedeckt, BGHZ 104, 129, 132 ff.
49 BGH NJW 2005, 1192, 1193 f.; NJW 1999, 940; PWW/*Schmidt*, § 449 Rn. 26; Palandt/*Grüneberg*, § 398 Rn. 28.
50 BGHZ 72, 308, 311 ff.; Erman/*Grunewald*, § 449 Rn. 55; Palandt/*Grüneberg*, § 398 Rn. 28.

B zum Vertragsbruch gegenüber M. Die Globalzession ist daher wegen eines Verstoßes gegen das Anstandsgefühl aller billig und gerecht Denkenden sittenwidrig. Die Globalzession ist nichtig gemäß § 138 Abs. 1 BGB. Die Vorausabtretung der Forderung des B gegen C an S ist unwirksam.

Ergebnis

S steht gegen C kein Zahlungsanspruch nach § 433 Abs. 2 iVm § 398 BGB zu.

19. Vorkaufsrecht, Vormerkung, Grundschuld, Herausgabe des Versteigerungserlöses

Sachverhalt

Am Stadtrand von Köln wird ein neues Baugebiet ausgewiesen. Die Grundstücke stehen im Eigentum mehrerer Personen. Die Bauträger GmbH (B-GmbH) beabsichtigt, sämtliche Grundstücke zu erwerben und ein großes Einkaufszentrum zu errichten. Mit der Eigentümerin eines Teilgrundstücks, der Edeltraud Eichinger (E), einigt sich der Geschäftsführer Bastian Brisko (B) der Bauträger GmbH formgemäß über die Befugnis, bei einem anderweitigen Verkauf des Grundstücks in diesen Vertrag zu einem Verkaufspreis von 650.000 EUR eintreten zu können. Das Vorkaufsrecht wird in das Grundbuch übernommen. Drei Wochen später nimmt Eichinger ein Angebot von Günther Griebing (G) über 700.000 EUR an. Die Bauträger GmbH besteht darauf, das Eigentum am Grundstück für 650.000 EUR zu erhalten. Gleichwohl lässt Eichinger das Grundstück an Griebing auf, der in das Grundbuch als neuer Eigentümer eingetragen wird. Für ein anderes Teilgrundstück ist Albert Atzinger (A) als Eigentümer in das Grundbuch eingetragen. Brisko persönlich kauft das Grundstück mit notariell beurkundetem Vertrag von dessen Enkelin Karina Ketter (K), der Betreuerin des Albert Atzinger mit dem Aufgabenkreis der Vermögenssorge. Bastian Brisko wird als Eigentümer in das Grundbuch eingetragen.

Um weitere Geschäfte zu finanzieren, nimmt Brisko für die Bauträger GmbH bei der Projektfinanzierung Paul Pfister GmbH (P-GmbH) einen Kredit in Höhe von 800.000 EUR auf, der kurz darauf ausgezahlt wird. Die erforderliche Sicherheit bringt die Bauträger GmbH dadurch bei, dass die Schwester des Bastian Brisko, Dorothee Dreher (D), an ihrem Grundstück für die Projektfinanzierung Paul Pfister GmbH eine Briefgrundschuld bestellt. Der Grundschuldbrief wird der Pfister GmbH übergeben. Die Projektfinanzierung Paul Pfister GmbH nimmt ihrerseits Kredite auf. Der Finanz-Bank (F) tritt sie zur Sicherheit die Forderung gegen die Bauträger GmbH ab; die Grundschuld überträgt die Projektfinanzierung Paul Pfister GmbH ordnungsgemäß an die Sparkasse Köln (S). Nachdem über das Vermögen der Projektfinanzierung Paul Pfister GmbH das Insolvenzverfahren eröffnet wurde, nehmen die Finanz-Bank und die Sparkasse Köln die Sicherheiten in Anspruch.

Der Bauunternehmer Manfred Maurer (M) hat gegen die Bauträger GmbH einen Anspruch auf Werklohn in Höhe von 75.000 EUR, der im März fällig ist. Im Februar zeichnet sich ab, dass die Bauträger GmbH erst im Juni in der Lage ist, den Betrag zu begleichen. Bastian Brisko beauftragt deshalb Theodora Trautwein (T), die private Bürgschaft für diese Forderung zu übernehmen. Nachdem Trautwein an Maurer ein Fax mit der Bürgschaftserklärung geschickt hatte, stundet Maurer die Schuld der Bauträger GmbH bis Juni. Ohne Kenntnis der Trautwein und des Maurer erwirbt die Bauträger GmbH im April von Norbert Noldig (N) eine fällige Darlehensforderung über 90.000 EUR gegen Maurer. Die Bauträger GmbH zahlt auch im Juni nicht; nach Aufforderung des Manfred Maurer und nach Rücksprache mit Bastian Brisko begleicht Trautwein die Rechnung über den Werklohn. Einen Tag später erklärt die Bauträger GmbH, vertreten von ihrem Geschäftsführer, gegenüber Trautwein und gegenüber Maurer die Aufrechnung. Dennoch besteht Trautwein bezüglich der Bauträger GmbH auf Zahlung von 75.000 EUR.

Lukas Lehmann (L) hat gegen Bastian Brisko einen rechtskräftigen Titel und betreibt die Zwangsvollstreckung. Dabei kommt es zur Zwangsversteigerung des von Albert Atzinger erworbenen Grundstücks. Atzinger, dessen Betreuung mittlerweile aufgehoben wurde, verlangt von Lehmann die Herausgabe des Versteigerungserlöses.

Die angesprochenen Rechtsfragen sind in einem Gutachten zu erörtern.

Gliederung

A. Anspruch der B-GmbH auf das Eigentum am Grundstück zum Preis von 650.000 EUR 473
    I. Anspruch der B-GmbH gegen E auf Auflassung gemäß § 433 Abs. 1 S. 1 BGB 473
        1. Entstehen des Anspruchs 473
        2. Erlöschen des Anspruchs 475
            a) Möglichkeit der Auflassung gemäß § 1098 Abs. 2 iVm § 883 Abs. 2 BGB 475
            b) Möglichkeit der Auflassung gemäß § 883 Abs. 2 BGB (§ 140 BGB) 476
            Problem: Umdeutung eines unwirksamen dinglichen Vorkaufsrechts in eine Auflassungsvormerkung 476
    II. Anspruch der B-GmbH gegen G auf Zustimmung zur Eintragung in das Grundbuch gemäß § 888 Abs. 1 BGB 479

B. Ansprüche aufgrund des Kreditgeschäftes mit der P-GmbH 480
    I. Anspruch der F gegen die B-GmbH aus § 488 Abs. 1 S. 2 BGB 480
        1. Entstehen des Anspruchs 480
        2. Abtretung 482
        3. Gegenrecht 484
        Problem: Rückübertragungspflicht hinsichtlich der Grundschuld ... 484
    II. Anspruch der S gegen den D aus § 1147 iVm § 1192 Abs. 1 BGB 485
        1. Bestellung der Grundschuld im Verhältnis zwischen D und P-GmbH. 485
            a) Einigung zwischen Eigentümer und Grundschuldgläubiger iSd § 873 Abs. 1 BGB 485
            b) Eintragung in das Grundbuch, §§ 1115, 1192 Abs. 1 BGB 486
            c) Einigsein zum Zeitpunkt der Eintragung 486
            d) Berechtigung 486
            e) Übergabe des Grundschuldbriefes 486
        2. Übertragung der Grundschuld von der P-GmbH auf S 486
        3. Durchsetzbarkeit des Anspruchs auf Duldung der Zwangsvollstreckung 487

C. Anspruch der T gegen die B-GmbH auf Zahlung von 75.000 EUR 487
    I. Anspruch gemäß § 631 Abs. 1 iVm § 774 Abs. 1 S. 1 BGB 487
        1. Entstehen des Werklohnanspruchs 488
        2. Übergang des Anspruchs auf T nach § 774 BGB 488
            a) Bürgschaftsvertrag, § 765 BGB 488
            b) Schriftform, § 766 S. 1 BGB 488
            c) Bestehen einer Hauptforderung 488
            d) Eintreten des Bürgschaftsfalls 489
        3. Gegenrecht 489
        Erlöschen des Anspruchs gemäß § 389 BGB 489
    II. Anspruch gemäß § 670 BGB 490

D. Anspruch des A gegen L auf Herausgabe des Versteigerungserlöses 491
    I. Anspruch aus § 687 Abs. 2 iVm § 678 BGB 491
    II. Anspruch gemäß §§ 989, 990 BGB 491
    III. Anspruch nach § 823 Abs. 1 BGB 492
    IV. Anspruch aus § 826 Abs. 1 BGB 492
    V. Anspruch gemäß § 816 Abs. 1 S. 1 BGB 492
    VI. Anspruch nach § 812 Abs. 1 S. 1 Alt. 2 BGB 492

Lösungshinweise

A. Anspruch der B-GmbH auf das Eigentum am Grundstück zum Preis von 650.000 EUR

I. Anspruch der B-GmbH gegen E auf Auflassung gemäß § 433 Abs. 1 S. 1 BGB

Der B-GmbH könnte gegen E nach § 433 Abs. 1 S. 1 BGB ein Anspruch auf Auflassung zustehen.

1. Entstehen des Anspruchs

a) Unmittelbar abgeschlossener Kaufvertrag

Der Anspruch aus § 433 Abs. 1 S. 1 BGB entsteht, wenn die B-GmbH und E nach § 311b Abs. 1 S. 1 BGB einen notariell beurkundeten (§ 128 BGB, §§ 8 ff. BeurkG) Vertrag über den Verkauf des Grundstücks zu einem Preis von 650.000 EUR geschlossen haben. An solchen Willenserklärungen fehlt es. Die B-GmbH (vertreten durch den Geschäftsführer B, § 35 Abs. 1 S. 1 GmbHG) und E haben sich nicht über den Verkauf geeinigt, sondern über die Befugnis der B-GmbH, bei einem anderweitigen Verkauf des Grundstücks in diesen Kaufvertrag eintreten zu können. Bei der Abrede handelt es sich mithin um einen **Vorkauf iSd § 463 BGB**.[1]

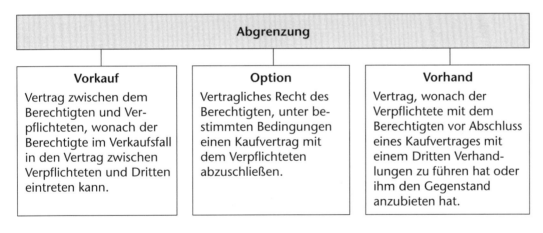

b) Kaufvertrag aufgrund ausgeübten Vorkaufsrechts

aa) Voraussetzungen

Der (schuldrechtliche) Vorkaufsvertrag[2] begründet das Recht, einen bestimmten Gegenstand durch einen Kauf zu erwerben, wenn der Vorkaufsverpflichtete die Sache an einen Dritten verkauft. Es handelt sich um einen doppelt bedingten Kaufvertrag mit den Bedingungen eines Drittverkaufs und einer Ausübung des

> Zu unterscheiden ist zwischen **schuldrechtlichem** (§§ 463 ff. BGB) und **sachenrechtlichem** (§§ 1094 ff. BGB) Vorkaufsrecht.

---

1 Zur Abgrenzung PWW/*Schmidt*, § 463 Rn. 8 ff.; Palandt/*Weidenkaff*, Vorb. v. § 463 Rn. 10 ff.; Erman/*Grunewald*, § 463 Rn. 4 ff.
2 Gesetzliche Vorkaufsrechte sehen zB § 577 BGB (Vorkaufsrecht des Mieters) und § 2034 BGB (Vorkaufsrecht des Miterben) vor. Auch für sie gelten die Regeln der §§ 463 ff. BGB.

Voraussetzungen Vorkaufsrecht nach § 463 BGB
1. Begründung des Vorkaufsrechts durch Vertrag, der unter Umständen formbedürftig ist.
2. Eintritt des Vorkaufsfalls, dh Kaufvertrag mit einem Dritten
3. Ausübung des Vorkaufsrechts durch formlose Willenserklärung, § 464 Abs. 1 BGB
4. Fristwahrung, § 469 Abs. 2 BGB

Schuldrechtliches Vorkaufsrecht

Rechtsfolgen Vorkaufsrecht nach § 463 BGB
1. Selbständiger Kaufvertrag zwischen dem Vorkaufsberechtigten und Verpflichteten
2. Bestehenbleiben des Kaufvertrages mit dem Dritten

Vorkaufsrechts.[3] Das Vorkaufsrecht wird gemäß § 464 Abs. 1 S. 1 BGB durch einseitige empfangsbedürftige Willenserklärung gegenüber dem Verpflichteten ausgeübt. Die Ausübung ist formfrei (§ 464 Abs. 1 S. 2 BGB) möglich,[4] weil bereits für die Begründung des Vorkaufsrechts die Form des Grundgeschäfts zu wahren ist. Das Vorkaufsrecht kann bei Grundstücken gemäß § 469 Abs. 2 S. 1 BGB innerhalb einer Frist von zwei Monaten (ansonsten mit einer Frist von einer Woche) nach der Mitteilung des Vorkaufsverpflichteten über den Inhalt des Vertrages mit dem Dritten (vgl. § 469 Abs. 1 S. 1 BGB) ausgeübt werden.

Der (schuldrechtliche) Vorkaufsvertrag wurde hier gemäß § 311b Abs. 1 S. 1 BGB notariell beurkundet, so dass § 125 S. 1 BGB nicht zur Anwendung kommt. Die Ausübung des Vorkaufsrechts liegt nach §§ 133, 157 BGB in der Forderung der Eigentumsverschaffung. Das Vorkaufsrecht wurde von der B-GmbH (vertreten durch den Geschäftsführer, § 35 Abs. 1 S. 1 GmbHG) iSd § 469 Abs. 2 S. 1 BGB fristgemäß ausgeübt.

bb) Rechtsfolgen

Rechtsfolge eines ausgeübten Vorkaufsrechts ist es nach § 464 Abs. 2 BGB nicht, dass der Vorkaufsberechtigte in den Kaufvertrag mit dem Dritten eintritt, es handelt sich um keinen Fall der Vertragsübernahme. Vielmehr wird ein **selbständiger Kaufvertrag** zwischen dem Vorkaufsberechtigten und dem Vorkaufsverpflichteten begründet, dessen Inhalt sich nach dem Vertrag mit dem Dritten richtet. Neben dem Kaufvertrag mit dem Dritten entsteht zusätzlich ein Kaufvertrag mit dem Vorkaufsberechtigten. Es bestehen also **zwei Kaufverträge** über denselben Gegenstand, die jeweils nach eigenen Regeln getrennt zu behandeln sind. Für den durch das Vorkaufsrecht Verpflichteten empfiehlt es sich deshalb, für den Fall der Ausübung des Vorkaufsrechts mit dem Dritten ein Rücktrittsrecht (§§ 346 ff. BGB) oder eine auflösende Bedingung (§ 158 Abs. 2 BGB) zu vereinbaren.

Nach der Regelung des **§ 464 Abs. 2 BGB** kommt durch die Ausübung des Vorkaufsrechts zwischen der B-GmbH und E ein Kaufvertrag über 700.000 EUR zustande. § 464 Abs. 2 BGB als schuldrechtliche Vorschrift ist **dispositiv**. Der Grundsatz der Vertragsfreiheit erlaubt es den Parteien, von der gesetzlichen Vorgabe abweichende Regelungen zu treffen. Legen die Beteiligten für den Vorkaufsfall bestimmte Bedingungen wie beispielsweise einen festen Verkaufspreis fest, gelten diese Abreden und nur im Übrigen die des Kaufvertrages mit dem Dritten.[5] Die Vereinbarung eines festen Vorkaufspreises in Höhe von 650.000 EUR ist folglich wirksam.

Durch die Ausübung des Vorkaufsrechts ist zwischen der B-GmbH und E ein Kaufvertrag über das Grundstück zu einem Preis von 650.000 EUR zustande gekommen. Der B-GmbH steht gegen E ein Auflassungsanspruch gemäß § 433 Abs. 1 S. 1 BGB zu.

---

[3] Die Rechtsnatur des Vorkaufsrechts ist streitig. Neben der Einschätzung als doppelt bedingten Kaufvertrag (hM) findet sich auch die Einordnung als durch den Abschluss eines Kaufvertrags mit einem Dritten aufschiebend bedingtes Gestaltungsrecht. Vgl. BRHP/*Faust*, § 463 Rn. 9; Erman/*Grunewald*, § 463 Rn. 3.

[4] So die hM, MüKoBGB/*Westermann*, § 1098 Rn. 3; Soergel/*Stürner*, § 1098 Rn. 2a; BRHP/*Westermann*, § 464 Rn. 3; Palandt/*Weidenkaff*, § 464 Rn. 2; aA (für Formbedürftigkeit) *Wufka*, DNotZ 1990, 339, 351.

[5] Palandt/*Weidenkaff*, § 464 Rn. 6; BRHP/*Faust*, § 464 Rn. 4.

2. Erlöschen des Anspruchs

Der Anspruch ist nach **§ 275 Abs. 1 BGB** untergegangen, wenn E die Erfüllung nachträglich unmöglich[6] geworden ist. Der Anspruch auf Übereignung eines Grundstücks erfordert, dass dem nach § 433 Abs. 1 BGB Verpflichteten Auflassung und Eintragung möglich sind. Hier hat E sein Eigentum am Grundstück gemäß §§ 873 Abs. 1, 925 Abs. 1 BGB an G verloren.

Da E an G aufgelassen hat und G in das Grundbuch eingetragen wurde, ist E die Erfüllung des Anspruchs aus § 433 Abs. 1 S. 1 BGB gegenüber der B-GmbH unmöglich geworden, sofern nicht die Voraussetzungen einer **anspruchserhaltenden Ergänzungsnorm** erfüllt sind.

a) Möglichkeit der Auflassung gemäß § 1098 Abs. 2 iVm § 883 Abs. 2 BGB

Ist ein **dingliches Vorkaufsrecht** (§§ 1094 ff. BGB) begründet worden, greift nach § 1098 Abs. 2 BGB zugunsten der B-GmbH die Regelung in § 883 Abs. 2 BGB.

§ 1098 Abs. 2 iVm § 883 Abs. 2 BGB bewirkt die **relative Unwirksamkeit** vorkaufsrechtswidriger Verfügungen über das Grundstück. Ein dingliches Vorkaufsrecht führt zu einer grundbuchmäßigen Sicherung eines schuldrechtlichen Anspruchs auf eine dingliche Rechtsänderung. Sind die Erfordernisse für ein wirksames dingliches Vorkaufsrecht erfüllt, gilt E im Verhältnis zur B-GmbH noch als Eigentümerin und kann folglich ihre Verpflichtung nach § 433 Abs. 1 S. 1 BGB zur Abgabe der Auflassungserklärung erfüllen. Maßgeblich kommt es deshalb darauf an, ob E zugunsten der B-GmbH wirksam ein dingliches Vorkaufsrecht bestellt hat. Keine Voraussetzung ist die Begründung eines schuldrechtlichen Vorkaufsrechts gemäß §§ 463 ff. BGB; das dingliche Vorkaufsrecht ist unabhängig von einem Kausalgeschäft bestellbar.

Das dingliche Vorkaufsrecht entsteht nach §§ 873 Abs. 1, 1094 Abs. 1 BGB durch Einigung und Eintragung in das Grundbuch. Die Einigung ist nicht von der Wahrung einer bestimmten Form abhängig,[7] setzt aber nach § 1098 Abs. 1 S. 1 BGB voraus, dass das Rechtsverhältnis zwischen Berechtigtem und Verpflichtetem nach den Vorschriften über das schuldrechtliche Vorkaufsrecht (§§ 463 ff. BGB) ausgestaltet wird. § 464 Abs. 2 BGB spricht davon, dass der Kaufvertrag zwischen dem Berechtigten und dem Verpflichteten zu den Bedingungen des Vertrages mit dem Dritten zustande kommt. Während diese Norm im Bereich des schuldrechtlichen Vorkaufsrechts abdingbar ist, kann von ihr im Zusammenhang mit dem dinglichen Vorkaufsrecht nicht abgewichen werden. **§ 1098 Abs. 1 S. 1 BGB** einschließlich des einbezogenen Inhalts der §§ 463–473 BGB ist als sachenrechtliche Vorschrift **nicht dispositiv**. Im Sachenrecht gelten Typenzwang und Typenfixierung (sog numerus clausus der dinglichen Rechte). Das bedeutet eine Einschränkung der Gestaltungsfreiheit: Die Vertragsparteien können keine neuen Sachenrechtstypen begründen[8] und die gesetzlich vorgegebenen Formen nur im

---

6 Grundlagen zur Unmöglichkeit bei Fall 3, S. 67 f. und Fall 5, S. 112.
7 Ein möglicherweise abgeschlossener schuldrechtlicher Verpflichtungsvertrag über die Begründung eines dinglichen Vorkaufsrechts bedarf gemäß § 311b Abs. 1 S. 1 BGB notarieller Beurkundung. Der Formmangel wird mit der Eintragung des Vorkaufsrechts gemäß § 311b Abs. 1 S. 2 BGB geheilt.
8 Gesetzliche und richterrechtliche Neubildungen sachenrechtlicher Ausgestaltungen bleiben möglich; vgl. HK-BGB/*Schulte-Nölke*, Vor §§ 854 ff. Rn. 19; Palandt/*Herrler*, Einl. v. § 854 Rn. 3.

Marginalien:

Unmöglichkeit § 275 Abs. 1 BGB
↓
Anspruchserhaltende Ergänzungsnorm

Dingliches Vorkaufsrecht

Aufbauschema **Dingliches Vorkaufsrecht nach §§ 1094 ff. BGB**
1. Einigung der Parteien über die Bestellung eines dinglichen Vorkaufsrechts
2. Eintragung in das Grundbuch
3. Einigsein zur Zeit der Eintragung
4. Berechtigung bzw. gutgläubiger Erwerb nach § 892 BGB

Das dingliche Vorkaufsrecht ist in seiner Ausgestaltung nicht dispositiv. § 1098 Abs. 1 S. 1 iVm §§ 463–473 BGB sind unabdingbar.

gesetzlich erlaubten Rahmen ändern. Die sachenrechtliche Einigung nach § 873 Abs. 1 BGB entspricht wegen der Vereinbarung eines festen Vorkaufspreises nicht den Anforderungen des § 1098 Abs. 1 S. 1 iVm § 464 Abs. 2 BGB.[9]

Die sachenrechtliche Einigung über die Begründung eines dinglichen Vorkaufsrechts mit einem Festpreis verstößt gegen zwingendes Recht und ist deshalb unwirksam.

E und die B-GmbH haben wegen des Verstoßes gegen § 1098 Abs. 1 S. 1 BGB kein dingliches Vorkaufsrecht begründet. § 883 Abs. 2 BGB kommt nicht mittels § 1098 Abs. 2 BGB zur Anwendung; E kann die Auflassung nicht erklären.

Unterschiede zwischen schuld- und sachenrechtlichem Vorkaufsrecht

- Während das schuldrechtliche Vorkaufsrecht für sämtliche Gegenstände vereinbart werden kann, ist das sachenrechtliche auf Grundstücke beschränkt.
- Beim schuldrechtlichen Vorkaufsrecht wird nur der Besteller verpflichtet, beim dinglichen dagegen auch der jeweilige Grundstückseigentümer, vgl. § 1097 BGB.
- Die Abrede eines Festpreises ist nur beim schuldrechtlichen Vorkaufsrecht möglich.

---

b) Möglichkeit der Auflassung gemäß § 883 Abs. 2 BGB (§ 140 BGB)

Umdeutung in eine Auflassungsvormerkung

Als anspruchserhaltende Ergänzungsnorm gegenüber § 275 BGB kommt überdies § 883 Abs. 2 BGB in Betracht. Die relative Unwirksamkeit der Auflassung an G mit der Folge, dass E im Verhältnis zur B-GmbH noch Eigentümerin ist und somit ihre Verpflichtung aus § 433 Abs. 1 S. 1 BGB zur Auflassung erfüllen kann, ist dann anzunehmen, wenn die unwirksame Bestellung eines dinglichen Vorkaufsrechts in die wirksame Begründung einer Auflassungsvormerkung umgedeutet (§ 140 BGB) werden kann.[10]

Umdeutung (Konversion) gemäß § 140 BGB

a) Sinn und Zweck: Die Umdeutung zielt auf die Umsetzung des mutmaßlichen Willens der Vertragsparteien ab. Ihr gemeinsamer Wille soll auch verwirklicht werden, wenn die Vertragspartner eine rechtlich unzulässige Regelung gewählt haben, aber eine zu einem ähnlichen Ergebnis führende, rechtlich zulässige Konstruktion zur Verfügung steht.

b) Voraussetzungen: Objektiv erforderlich ist ein nichtiges Rechtsgeschäft. Erfasst sind alle Nichtigkeitsgründe; auch die mangels ausreichenden Kündigungsgrundes unwirksame Kündigung kann umgedeutet werden. Für das Ersatzrechtsgeschäft müssen sämtliche Voraussetzungen erfüllt sein. Die Wirkung des Ersatzgeschäftes muss der des nichtigen Rechtsgeschäfts gleichen oder hinter ihr zurückbleiben. Über die Wirkungen des nichtigen Rechtsgeschäfts hinausgehen darf das Ersatzgeschäft nicht; eine Kündigung kann deshalb nicht in eine Anfechtung umgedeutet werden. Eine Umdeutung ist objektiv weiter davon abhängig, dass nur der rechtlich eingeschlagene Weg von der Rechtsordnung missbilligt wird, nicht der Erfolg. Ist der beabsichtigte Erfolg sittenwidrig, kann dieser auch mit einer anderen rechtlichen Konstruktion nicht erreicht werden. Auf subjektiver Seite setzt eine Umdeutung voraus, dass die Vertragspartner bei Kenntnis der Nichtigkeit zur Realisierung des gemeinsam erstrebten wirtschaftlichen Erfolges das Ersatzgeschäft vorgenommen hätten.

---

9 Palandt/*Herrler*, § 1098 Rn. 1; MüKoBGB/*Westermann*, § 1098 Rn. 1; BRHP/*Wegmann/Reischl*, § 1098 Rn. 11.
10 Vgl. PWW/*Ahrens*, § 140 Rn. 5 ff., 16; Erman/*Arnold*, § 140 Rn. 8 ff.

In ihren Wirkungen sind dingliches Vorkaufsrecht und Auflassungsvormerkung identisch. Beide bewirken die dingliche Sicherung eines schuldrechtlichen Anspruchs auf eine dingliche Rechtsänderung. Gemeinsam ist beiden Rechtsinstituten die relative Unwirksamkeit nach § 883 Abs. 2 BGB. Ein nichtiges dingliches Vorkaufsrecht kann folglich grundsätzlich in eine Auflassungsvormerkung umgedeutet werden.[11]

Vormerkung, §§ 883 ff. BGB

I. Sinn und Zweck
Ein schuldrechtlicher Anspruch auf Übertragung, Belastung oder Änderung eines dinglichen Rechts an einem Grundstück bedarf zu dessen Erfüllung neben der Einigung der Eintragung in das Grundbuch. Die Eintragung einer Vormerkung schützt vor zwischenzeitlichen Verfügungen, weil solche gegenüber dem Vormerkungsberechtigten nach § 883 Abs. 2 BGB relativ unwirksam sind. Zudem wahrt die Vormerkung den Rang, § 883 Abs. 3 BGB. Die Vormerkung bietet mithin die dingliche Sicherung eines schuldrechtlichen Anspruchs auf Rechtsänderung.

II. Voraussetzungen
1. Schuldrechtlicher Anspruch auf dingliche Rechtsänderung
Die Vormerkung ist streng akzessorisch, dh sie existiert nur, wenn und solange eine entsprechende schuldrechtliche Forderung besteht. Eine isolierte Vormerkung ohne Forderung ist nicht möglich. Bei einem unwirksamen zu sichernden Anspruch entsteht keine Vormerkung; das Erlöschen des Anspruchs führt zum Erlöschen der Vormerkung mit der Folge einer Grundbuchberichtigung (§ 894 BGB). Konsequenz der Akzessorietät ist überdies die analoge Anwendung des § 401 Abs. 1 BGB. Die Vormerkung geht bei einer Abtretung der Forderung (§ 398 BGB) mit dieser über. Gleiches gilt bei einem gesetzlichen Forderungsübergang, § 412 BGB.

Der schuldrechtliche Anspruch kann sich aus Vertrag, einseitigem Rechtsgeschäft oder Gesetz ergeben. Er muss auf eine dingliche Rechtsänderung zielen, mithin durch Eintragung eines eintragungsfähigen Rechts im Grundbuch erfüllbar sein. Erbrechtliche Forderungen sind vor Eintritt des Erbfalls nicht durch Vormerkung sicherbar. Nach § 883 Abs. 1 S. 2 BGB sind auch künftige und bedingte Ansprüche vormerkungsfähig, sofern eine hinreichend sichere rechtliche Grundlage für das Entstehen des Anspruchs existiert, insbesondere darf das Entstehen nicht vom Willen des Verpflichteten abhängig sein.

2. Einstweilige Verfügung oder Bewilligung
Die Eintragung der Vormerkung erfordert gemäß § 885 Abs. 1 BGB eine einstweilige Verfügung (§ 936 ZPO) oder eine Bewilligung von demjenigen, dessen Grundstücksrecht von der Vormerkung betroffen ist. Die Bewilligung ist ein einseitiges Rechtsgeschäft und beruht auf dem zugrundeliegenden Schuldvertrag.

3. Eintragung in das Grundbuch
Die Vormerkung ist für ihre Wirksamkeit in das Grundbuch einzutragen. Die Eintragung ist also konstitutiv.

---

11 Erman/*Arnold*, § 140 Rn. 23; Palandt/*Herrler*, § 1098 Rn. 1; MüKoBGB/*Westermann*, § 1094 Rn. 6.

Vormerkung, §§ 883 ff. BGB *(Fortsetzung)*

III. Gutgläubiger Vormerkungserwerb

Eine Vormerkung ist vom Berechtigten zu bestellen. Das ist der verfügungsberechtigte Rechtsinhaber bzw. ein zur Verfügung kraft Amtes Befugter, zB ein Insolvenzverwalter. Ist der Besteller der Vormerkung hierzu nicht berechtigt, kommt ein gutgläubiger Erwerb der Vormerkung vom Nichtberechtigten in Betracht. Dabei ist zwischen Erst- und Zweiterwerb zu unterscheiden:

1. Gutgläubiger Ersterwerb einer Vormerkung

Ist der erste Besteller bei der Begründung der Vormerkung nicht berechtigt, weil er beispielsweise nicht der Eigentümer des Grundstücks ist, wird ein gutgläubiger Erwerb der Vormerkung allgemein für zulässig erachtet. Auseinander gehen die Auffassungen lediglich bei der dogmatischen Begründung (vgl. MüKoBGB/*Kohler*, § 883 Rn. 74, § 893 Rn. 13). Teilweise wird § 892 BGB unmittelbar, teilweise analog angewendet, zum Teil auch mit § 893 BGB argumentiert.

2. Gutgläubiger Zweiterwerb einer Vormerkung

Zweiterwerb meint den Fall, dass eine bestellte Vormerkung auf einen Dritten übertragen wird. Die Abtretung einer bestehenden Forderung nach § 398 BGB führt zum automatischen Vormerkungsübergang gemäß § 401 BGB.
Existiert die schuldrechtliche Forderung nicht, besteht auf Grund der Akzessorietät keine Vormerkung. Mangels Forderung scheidet ein gutgläubiger Vormerkungserwerb aus, weil ein gutgläubiger Forderungserwerb nicht möglich ist.
Nur dann, wenn die abgetretene Forderung besteht und lediglich die Vormerkung nicht, stellt sich die Frage nach der Zulässigkeit eines gutgläubigen Zweiterwerbs. Die Antwort ist streitig (vgl. BRHP/*H.-W. Eckert*, § 885 Rn. 25 ff.; Palandt/*Herrler*, § 885 Rn. 19; Erman/*Artz*, § 883 Rn. 29).

- Ein Teil des Schrifttums spricht sich gegen die Zulassung eines gutgläubigen Zweiterwerbs aus. Begründet wird dies damit, dass § 892 BGB nur den rechtsgeschäftlichen Erwerb schütze, die Vormerkung aber nach § 401 BGB kraft Gesetzes übergehe.
- Rechtsprechung und herrschende Lehre lassen den gutgläubigen Zweiterwerb zu. § 892 BGB wird analog angewendet, weil der Vormerkungserwerb auf dem Rechtsgeschäft der Forderungsabtretung beruhe und beides als funktionale Einheit einzuschätzen sei.

IV. Rechtsfolgen

§ 883 Abs. 2 BGB Relative Unwirksamkeit	§ 883 Abs. 3 BGB Rangwahrung	§ 888 Abs. 1 BGB Zustimmungsanspruch
Jede dem gesicherten Anspruch entgegenstehende, spätere Verfügung oder Zwangsvollstreckung ist gegenüber dem Berechtigten unwirksam.	Die Vormerkung hat rangwahrende Wirkung.	Von einem zu Unrecht eingetragenen Dritten kann der Berechtigte die Zustimmung zur Löschung verlangen.

Den Vertragsparteien kam es entscheidend darauf an, der B-GmbH eine dinglich gesicherte Rechtsposition in Bezug auf das Grundstück einzuräumen. Von der Begründung einer Auflassungsvormerkung ist hier auszugehen, sofern mit der Abrede eines dinglichen Vorkaufsrechts zugleich die Entstehungsvoraussetzungen einer Vormerkung verwirklicht wurden. Nach § 883 Abs. 1 S. 1 BGB ist ein vormerkungsfähiger Anspruch auf dingliche Rechtsänderung erforderlich; die Vormerkung ist ein **akzessorisches Recht**, dh sie ist von der Rechtswirksamkeit des zu sichernden Anspruchs abhängig. Der schuldrechtliche Anspruch ist hier § 433 Abs. 1 S. 1 BGB. Weiterhin sind nach § 885 BGB die **Bewilligung** notwendig sowie die **Eintragung** der Vormerkung in das Grundbuch. Letzteres erscheint zweifelhaft, weil in das Grundbuch ein dingliches Vorkaufsrecht eingetragen ist. Bei Umdeutungen von Grundbucheintragungen ist grundsätzlich Zurückhaltung geboten; es gilt der Grundsatz der Publizität, dh die dinglichen Rechtspositionen sollen nach außen erkennbar sein. Eine Umdeutung von Grundbucheintragungen kommt deshalb nur in Betracht, wenn die entsprechenden Rechte eine identische Funktion haben und die für die Beurteilung maßgebenden Umstände offensichtlich sind.[12] So liegt es hier, weil dingliches Vorkaufsrecht und Auflassungsvormerkung die relative Unwirksamkeit eintragswidriger Verfügungen zum Gegenstand haben.

Zugunsten der B-GmbH besteht eine **Auflassungsvormerkung** nach § 883 Abs. 1 S. 1 BGB zur Sicherung des Anspruchs auf Übereignung des Grundstücks. Da dieses vorgemerkte Recht durch die Eintragung des G beeinträchtigt wird, ist die Verfügung der E zugunsten des G im Verhältnis zur B-GmbH gemäß **§ 883 Abs. 2 S. 1 BGB** (relativ) unwirksam. E ist gegenüber der B-GmbH noch Eigentümerin und kann folglich eine wirksame Auflassung (§§ 873 Abs. 1, 925 Abs. 1 BGB) erteilen. Es handelt sich um keinen Fall einer nachträglichen Unmöglichkeit nach § 275 Abs. 1 BGB.

Ergebnis

Der B-GmbH steht gegen E ein Anspruch auf Auflassung aus § 433 Abs. 1 S. 1 BGB zu.

II. Anspruch der B-GmbH gegen G auf Zustimmung zur Eintragung in das Grundbuch gemäß § 888 Abs. 1 BGB

Ein Anspruch auf Eintragungsbewilligung durch G könnte sich für die B-GmbH aus § 888 Abs. 1 BGB ergeben.

Zur Vollendung des Eigentumserwerbs der B-GmbH am Grundstück ist gemäß § 873 Abs. 1 BGB die **Eintragung in das Grundbuch** erforderlich. Im Grundbuch eingetragen ist G; nach § 20 GBO hängt die Eintragung davon ab, dass der Voreingetragene in der Form des § 29 GBO zustimmt, weil wegen § 891 Abs. 1 BGB (sog positive Publizität) von der Berechtigung des Voreingetragenen auszugehen ist, vgl. auch § 39 Abs. 1 GBO.

> **Aufbauschema Entstehen einer Vormerkung**
> 1. Schuldrechtlicher Anspruch auf dingliche Rechtsänderung (Akzessorietät der Vormerkung)
> 2. Einstweilige Verfügung oder Bewilligung des Grundstücksinhabers, § 885 BGB
> 3. Eintragung in das Grundbuch
> 4. Berechtigung

> Umdeutung einer Grundbucheintragung nur, wenn
> - Rechte eine identische Funktion haben und
> - die maßgeblichen Umstände offensichtlich sind.

> Relative Unwirksamkeit

> Das Grundbuch gibt als öffentliches Register Auskunft über das Bestehen und die Rangverhältnisse der dinglichen Rechte am Grundstück sowie über Verfügungsbeschränkungen.

---

12 BayObLG DNotZ 1998, 66; MüKoBGB/*Kohler*, § 873 Rn. 104 f.; PWW/*Ahrens*, § 140 Rn. 5 ff., 16.

Voraussetzungen einer Eintragung in das Grundbuch auf Antrag			
Antrag **§ 13 GBO** Antragsberechtigt ist jeder, dessen Recht von der Eintragung betroffen ist oder zu dessen Gunsten die Eintragung erfolgen soll. Bei einer Veräußerung sind das Eigentümer und Erwerber.	**Bewilligung** **§ 19 GBO** Zur Eintragung einer Rechtsänderung genügt die einseitige Zustimmung des Betroffenen, sog formelles Konsensprinzip. Anders ist es bei der Eigentumsübertragung, weil hier die Auflassung gemäß § 20 GBO nachzuweisen ist, sog materielles Konsensprinzip.	**Form** **§ 29 GBO** Zur Vermeidung unrichtiger Eintragungen gilt die Form öffentlicher oder öffentlich beglaubigter Urkunden.	**Voreintragung** **§ 39 GBO** Der in seinem Recht Betroffene muss als Berechtigter voreingetragen sein. Entbehrlich ist eine Voreintragung bei Briefgrundpfandrechten und im Erbfall.

Die Voraussetzungen des § 888 Abs. 1 BGB sind erfüllt; zugunsten der B-GmbH ist eine Vormerkung eingetragen.

Ergebnis

Der B-GmbH steht gegen G nach § 888 Abs. 1 BGB ein Anspruch auf Abgabe einer Zustimmungserklärung zur Eintragung der B-GmbH zu.[13]

B. Ansprüche aufgrund des Kreditgeschäftes mit der P-GmbH

I. Anspruch der F gegen die B-GmbH aus § 488 Abs. 1 S. 2 BGB

Die F könnte gegen die B-GmbH einen Anspruch auf Rückzahlung des Darlehens gemäß § 488 Abs. 1 S. 2 BGB haben.

1. Entstehen des Anspruchs

Die B-GmbH hat bei der P-GmbH einen Kredit aufgenommen. Dabei handelt es sich um den Abschluss eines Darlehensvertrages iSd § 488 Abs. 1 BGB.[14]

Darlehensvertrag, §§ 488 ff. BGB
I. Grundlagen Der Darlehensvertrag ist ein Konsensualvertrag, kommt also durch übereinstimmende Willenserklärungen zustande. Zu unterscheiden sind die Überlassung von Geld (Kreditvertrag, §§ 488 ff. BGB) und die Hingabe anderer vertretbarer Sachen (§§ 607 ff. BGB).

---

[13] Wird die Erklärung verweigert, kann G auf Abgabe der Erklärung verklagt werden; die Zustimmung wird gemäß § 894 S. 1 ZPO durch das rechtskräftige Urteil ersetzt.
[14] Vgl. *Coester-Waltjen*, JURA 2002, 675; *Bülow*, NJW 2002, 1145; *Musielak/Hau*, EK BGB, Rn. 206 ff.; zur Sittenwidrigkeit siehe Fall 11, S. 277 ff.; zum Sparbuch bei Fall 22, S. 575 f.

Darlehensvertrag, §§ 488 ff. BGB *(Fortsetzung)*

Ein entgeltliches Darlehen (§ 488 Abs. 1 S. 2 BGB) ist ein synallagmatischer Vertrag, in dem sich der Darlehensgeber dazu verpflichtet, dem Darlehensnehmer einen bestimmten Geldbetrag zur Verfügung zu stellen, und der Darlehensnehmer zusagt, das Darlehen bei Fälligkeit zurückzuzahlen und den geschuldeten Zins zu entrichten. Wird kein Zins vereinbart (unentgeltliches Darlehen, § 488 Abs. 3 S. 3 BGB), handelt es sich um einen unvollkommen zweiseitig verpflichtenden Vertrag. Das Darlehen ist ein Dauerschuldverhältnis; es kann deshalb iSd § 314 BGB gekündigt werden.

II. Kündigung

Bei einem **unbefristeten Kreditvertrag** bestimmt sich die Fälligkeit des auf unbestimmte Zeit gewährten Darlehens gemäß § 488 Abs. 3 S. 1 BGB danach, ob Kreditgeber oder -nehmer den Betrag mit einer Frist von drei Monaten ordentlich kündigen. Daneben kann außerordentlich (§ 314 BGB) gekündigt werden.

Einen **befristeten Darlehensvertrag** kann (nur) der Kreditnehmer nach § 489 BGB ordentlich kündigen und damit die Fälligkeit der Rückzahlung begründen. Unterbleibt allerdings die Rückzahlung, fingiert § 489 Abs. 3 BGB den Entfall der Kündigung. Die außerordentliche Kündigung durch den Darlehensgeber regelt § 490 Abs. 1 BGB, die durch den Darlehensnehmer § 490 Abs. 2 BGB. Eine außerordentliche Kündigung nach § 314 BGB bleibt überdies möglich.

III. Verbraucherschutzregelungen

Für entgeltliche Darlehensverträge iSd § 488 Abs. 1 BGB, die zwischen einem Verbraucher (§ 13 BGB) und einem Unternehmer (§ 14 BGB) geschlossen werden (**Verbraucherdarlehensvertrag**), gelten ergänzend die §§ 491–505e BGB. Diese Sonderregeln bezwecken den Schutz der Verbraucher. Dieser Schutz kann zum Nachteil des Kreditnehmers nicht abbedungen oder umgangen werden, § 512 BGB. Ein Verbraucherdarlehensvertrag bedarf gemäß § 492 Abs. 1 S. 1 BGB der Schriftform und nach Absatz 2 bestimmter Angaben. § 495 Abs. 1 BGB räumt dem Kreditnehmer ein Widerrufsrecht iSd § 355 BGB ein.

Für **verbundene Verträge**, also einen Vertrag über die Lieferung einer Ware oder eine andere Leistungserbringung, der mit einem Verbraucherdarlehensvertrag zu dessen Finanzierung kombiniert ist, regeln §§ 358, 359 BGB zum Schutz des Verbrauchers bei wirtschaftlicher Einheit einen Widerrufs- und einen Einwendungsdurchgriff (vgl. *Grunewald*, JuS 2010, 93, 94 ff.).

Besondere Verbraucherschutzvorschriften gelten außerdem für **Finanzierungshilfen** (§§ 506–508 BGB) und bei **Ratenlieferungsverträgen** (§ 510 BGB).

IV. Kreditsicherung

Für die Sicherung eines Darlehens bestehen verschiedene Möglichkeiten:

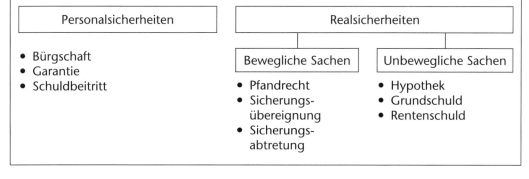

2. Abtretung

Im Verhältnis zwischen der B-GmbH und der P-GmbH ist ein Anspruch auf Rückzahlung des Darlehens gemäß § 488 Abs. 1 S. 2 BGB entstanden. Dieser Anspruch könnte von der P-GmbH an F nach **§ 398 BGB** abgetreten[15] worden sein.

Abtretung, §§ 398 ff. BGB

I. Voraussetzungen

1. Vertrag

Die Abtretung (Zession) erfolgt durch einen Vertrag (§ 398 BGB) zwischen dem bisherigen Gläubiger (Zedent) und dem neuen Gläubiger (Zessionar). Es handelt sich mithin um die rechtsgeschäftliche Übertragung des Gläubigerrechts auf einen Dritten (Verfügung).

Der Abtretungsvertrag bedarf keiner Form. Die **Formfreiheit** gilt selbst dann, wenn die abgetretene Forderung aus einem formbedürftigen Rechtsgeschäft stammt oder das der Abtretung zugrundeliegende Verpflichtungsgeschäft formbedürftig ist. Ausnahmsweise besteht ein Formerfordernis bei grundpfandrechtlich gesicherten Forderungen, §§ 1154, 1192 BGB.

Der Abtretungsvertrag kann mit Bedingungen oder Befristungen iSd § 158 BGB verknüpft sein. Eine **Blankozession** ist zulässig, dh die Ermächtigung des Empfängers der Blanketturkunde, sich oder einen Dritten zum Zessionar zu bestimmen. Auch eine **Sicherungsabtretung** ist möglich. Dabei tritt der Zedent die ihm zustehende Forderung an den Zessionar ab, um diesem eine Sicherung für eine Forderung gegen den Zedenten zu verschaffen.

Der Abtretungsvertrag unterliegt der Inhaltskontrolle gemäß §§ 134, 138, 307 ff. BGB. Die Frage stellt sich insbesondere bei der **Globalzession**, also der Abtretung aller zukünftigen Forderungen (vgl. Fall 18, S. 464 f.).

2. Bestehen der Forderung

Die Abtretung setzt das Bestehen der Forderung und die Verfügungsbefugnis des Zedenten voraus. Ein gutgläubiger Erwerb der Forderung scheidet mangels Rechtsscheinsbasis aus; eine Ausnahme regelt beispielsweise § 405 BGB.

Bei mehrfacher Abtretung einer Forderung gilt das **Prioritätsprinzip**.

3. Bestimmtheit der Forderung

Die Forderung muss bestimmt oder zumindest bestimmbar sein. Im Zeitpunkt der Abtretung haben Inhalt, Höhe und Schuldner der Forderung ohne weitere Festlegung der Parteien erkennbar zu sein. Unter Wahrung dieser Voraussetzung können auch künftige Forderungen im Zuge einer **Vorausabtretung** übertragen werden; erworben wird die Forderung erst mit Entstehung, wobei streitig ist, ob es sich um einen Direkt- oder Durchgangserwerb handelt (vgl. MüKoBGB/*Roth/Kieninger*, § 398 Rn. 80). Möglich ist außerdem die Teilabtretung einer Forderung.

Ist die Forderung nicht hinreichend bestimmbar, kommt eine **Mantelzession** in Betracht. Das ist die Verpflichtung, eine etwaige Forderung zu einem späteren Zeitpunkt abzutreten.

4. Übertragbarkeit der Forderung

Die Übertragbarkeit einer Forderung kann kraft Gesetzes oder durch Vereinbarung **ausgeschlossen** sein. Gesetzliche Regelungen finden sich beispielsweise in §§ 399 Alt. 1, 400, 473, 717 BGB. Ein vertragliches Abtretungsverbot (pactum de non cedendo) kann gemäß § 399 Alt. 2 BGB vor, bei oder nach Begründung der Forderung vereinbart werden. Einschränkungen bei einem beiderseitigen Handelsgeschäft regelt § 354a HGB.

---

[15] Vgl. *Lorenz*, JuS 2009, 891; *Schreiber*, JURA 1998, 470; *Lüke*, JuS 1995, 90; PWW/*Müller*, § 398 Rn. 4 ff.

Abtretung, §§ 398 ff. BGB *(Fortsetzung)*

Ein Abtretungsausschluss bewirkt die **absolute Unwirksamkeit** gleichwohl vorgenommener Zessionen. Auseinander gehen die Auffassungen, ob eine entgegen eines vertraglichen Abtretungsverbots erfolgte Zession durch Genehmigung des Schuldners (§§ 184, 185 BGB) rückwirkend geheilt werden kann oder ob in der Zustimmung nur eine für die Zukunft wirkende Erklärung zum Abschluss eines Aufhebungsvertrages liegt. Die wohl hM spricht sich für eine Wirkung ex nunc und gegen eine (analoge) Anwendbarkeit der §§ 184, 185 BGB aus (vgl. Palandt/*Grüneberg*, § 399 Rn. 12).

II. Rechtsfolgen

1. Gläubigerwechsel

Die Abtretung bildet ein Verfügungsgeschäft; der neue Gläubiger tritt an die Stelle des bisherigen. Der Zessionar kann die Forderung in eigenem Namen geltend machen. Schadensersatzansprüche bei Leistungsstörungen stehen dem neuen Gläubiger zu. Streitig ist, ob bei der Berechnung des Schadens auf die Person des Zedenten oder des Zessionars abzustellen ist, wobei die hM die Sicht des Zessionars bevorzugt (vgl. PWW/ *Müller*, § 398 Rn. 18).

Selbstständige Gestaltungsrechte (Anfechtung, Kündigung, Rücktritt), die das Schuldverhältnis zwischen Schuldner und Zedent insgesamt betreffen, verbleiben beim Zedenten, sofern sie nicht mit übertragen wurden.

2. Übergang der Neben- und Vorzugsrechte

Nach § 401 Abs. 1 BGB gehen mit der abgetretenen Forderung die zugehörigen Neben- und Vorzugsrechte mit über. Aufgrund ihrer Akzessorietät gehören hierzu Hypothek, Pfandrecht und Bürgschaft. Analog angewendet wird § 401 Abs. 1 BGB auf andere akzessorische Rechte wie die Vormerkung.

III. Schuldnerschutz

§ 404 BGB	§ 406 BGB	§ 407 BGB	§ 410 BGB
Alle Einwendungen und Einreden, die dem Schuldner gegen den bisherigen Gläubiger zustanden, kann er auch gegenüber dem neuen geltend machen.	Bei der Aufrechnung macht § 406 BGB eine Ausnahme vom Erfordernis der Gegenseitigkeit der Forderungen und erhält dem Schuldner die Aufrechnungslage.	Leistet der Schuldner in Unkenntnis der Abtretung an den bisherigen Gläubiger, muss der neue Gläubiger die Leistung gegen sich gelten lassen.	Dem Schuldner steht ein Leistungsverweigerungsrecht zu, wenn der neue Gläubiger keine Abtretungsurkunde vorlegen kann.

IV. Abgrenzung

Inkassozession	Einzugsermächtigung	Factoring
Bei der Inkassozession handelt es sich im Außenverhältnis um eine Abtretung iSd §§ 398 ff. BGB. Im Innenverhältnis ist der Zessionar verpflichtet, die abgetretene Forderung auf Rechnung des Zedenten einzuziehen und den Erlös an ihn abzuführen.	Nicht zu einer Abtretung der Forderung kommt es bei der Einzugsermächtigung. Der Auftraggeber bleibt Forderungsinhaber und ermächtigt den Auftragnehmer nach § 185 BGB, den Anspruch in eigenem Namen geltend zu machen. Einzugsermächtigung ist also die Befugnis, eine fremde Forderung im eigenen Namen geltend zu machen.	Der Gläubiger (Anschlusskunde) tritt die Forderung gemäß §§ 398 ff. BGB an den Factor (idR eine Bank) ab, der sie beim Schuldner einzieht. Zweck ist, dem Gläubiger Liquidität bereits vor Fälligkeit zu verschaffen. Trägt der Factor das Risiko des Forderungsausfalls (Delkredere-Risiko), handelt es sich um echtes Factoring, anderenfalls um unechtes.

Die Abtretung ist ein Verfügungsgeschäft, das formfrei vorgenommen werden kann. Voraussetzung ist ein Abtretungsvertrag zwischen dem bisherigen Gläubiger (Zedent) und dem neuen Gläubiger (Zessionar). Da die Abtretung hier nicht gemäß § 399 BGB ausgeschlossen war, ist die Forderung aus § 488 Abs. 1 S. 2 BGB auf F übergegangen.

F steht gegen die B-GmbH ein Anspruch auf Rückzahlung des Darlehens nach § 488 Abs. 1 S. 2 iVm § 398 BGB zu.

3. Gegenrecht

Der Anspruch ist nicht durchsetzbar, wenn ihm eine Einrede entgegensteht. Hier kommt ein **Zurückbehaltungsrecht gemäß § 273 Abs. 1 BGB** in Betracht.[16]

Hätte die P-GmbH von der B-GmbH die Rückzahlung des Darlehens gefordert, hätte für die B-GmbH eine Zahlungspflicht nur bestanden, wenn die Grundschuld an D zurückübertragen wird. Zugunsten der P-GmbH wurde eine Sicherungsgrundschuld bestellt. Obwohl die Grundschuld nicht von Gesetzes wegen (wie die Hypothek) die Existenz einer Forderung voraussetzt, wurde sie hier als Sicherheit für die Darlehensforderung begründet. Bei einer derartigen Sicherungsgrundschuld ist der Grundschuldgläubiger nach dem schuldrechtlichen Sicherungsvertrag verpflichtet, von der Grundschuld nur Gebrauch zu machen, wenn die gesicherte Forderung nicht befriedigt wird.

Wird das Darlehen zurückgezahlt, hat der Gläubiger nach dem Sicherungsvertrag die Pflicht, die Grundschuld auf den Eigentümer zurückzuübertragen (oder auf die Grundschuld nach § 1168 BGB zu verzichten oder in ihre Aufhebung und Löschung gemäß § 875 BGB einzuwilligen).

Schließen die Parteien keinen schuldrechtlichen Sicherungsvertrag mit einer derartigen (ausdrücklichen oder stillschweigenden) Abrede ab, besteht gleichwohl eine Rückübertragungspflicht. In diesem Fall gehen die Meinungen allerdings darüber auseinander, woraus sich der Anspruch auf Rückübertragung der Grundschuld ergibt. Teilweise wird § 812 Abs. 1 S. 1 Alt. 1 BGB (condictio indebiti), teilweise § 812 Abs. 1 S. 2 Alt. 1 BGB (condictio ob causam finitam) als Anspruchsgrundlage genannt.[17]

Unabhängig davon, ob eine entsprechende Sicherungsabrede getroffen wurde, stünde deshalb der B-GmbH gegen die P-GmbH ein Anspruch auf Rückübertragung der Grundschuld zu, den die B-GmbH iSd § 273 Abs. 1 BGB dem Darlehensanspruch aus § 488 Abs. 1 S. 2 BGB entgegenhalten könnte.

Nach **§ 404 BGB** kann die B-GmbH diese Einrede auch gegenüber dem neuen Gläubiger F erheben. § 404 BGB legt fest, dass die dem Schuldner gegen den Zedenten zustehenden Einwendungen auch gegenüber dem Zessionar bestehen. Die Einwendungen müssen im Zeitpunkt der Abtretung bereits „begründet" gewesen sein, also ihren Rechtsgrund in dem Schuldverhältnis zwischen dem Zedenten und dem Schuldner haben, dem auch die abgetretene Forderung entstammt.

Die Voraussetzungen des § 404 BGB sind hier erfüllt.

Randnotizen:
- Voraussetzungen **Abtretung §§ 398 ff. BGB**
  1. Vertrag
  2. Bestehen der Forderung
  3. Bestimmtheit der Forderung
  4. Übertragbarkeit der Forderung
- Zurückbehaltungsrecht nach § 273 Abs. 1 BGB wegen Anspruches auf Rückübertragung der Grundschuld und § 404 BGB
- Rückübertragung der Grundschuld bei Rückzahlung des Darlehens
- Meinungsstreit bei fehlendem Sicherungsvertrag
- Schuldnerschutz § 404 BGB

---

[16] Näher zu den Zurückbehaltungsrechten bei Fall 17, S. 427. Obwohl die B-GmbH nicht Sicherungsgeberin ist, steht ihr das Zurückbehaltungsrecht zu, weil sie ein berechtigtes Interesse an der Rückübertragung hat, vgl. *Wieling*, Sachenrecht, § 33 IV 2 c.

[17] Differenzierend danach, ob die Sicherungsabrede fehlt bzw. unwirksam ist, § 812 Abs. 1 S. 1 Alt. 1 BGB bzw. ob sie später wegfällt, § 812 Abs. 1 S. 2 Alt. 1 BGB. Vgl. BRHP/*Rohe*, § 1192 Rn. 64, 202; HK-BGB/*Staudinger*, § 1191 Rn. 34; *Baur/Stürner*, Sachenrecht, § 45 Rn. 24; BGH NJW 1985, 800, 801.

Ergebnis

F steht gegen die B-GmbH keine durchsetzbare Forderung gemäß § 488 Abs. 1 S. 2 BGB zu.

II. Anspruch der S gegen den D aus § 1147 iVm § 1192 Abs. 1 BGB

Ein Anspruch der S gegen D auf Duldung der Zwangsvollstreckung in das Grundstück nach § 1147 BGB setzt neben der wirksamen Begründung und Abtretung der Grundschuld deren Durchsetzbarkeit voraus.

1. Bestellung der Grundschuld im Verhältnis zwischen D und P-GmbH

D hat zugunsten der P-GmbH eine Sicherungsgrundschuld (§ 1192 Abs. 1a S. 1 BGB) in Form einer Briefgrundschuld begründet. Nach § 1191 Abs. 1 BGB wird ein Grundstück mittels einer Grundschuld in der Weise belastet, dass eine bestimmte Geldsumme aus dem Grundstück zu entrichten ist.

Zwei Grundschuldarten sind zu unterscheiden:

Grundschuldarten	
Isolierte Grundschuld	**Sicherungsgrundschuld**
Die isolierte Grundschuld sichert keine Forderung. Sie wird eingeräumt, weil der Eigentümer dem Inhaber der Grundschuld etwas schenken möchte oder weil er eine Rangstelle im Grundbuch sichern möchte. Der Eigentümer kann sich die Grundschuld selbst als Eigentümergrundschuld bestellen oder sie einem Dritten als Fremdgrundschuld einräumen.	Die Sicherungsgrundschuld dient – ähnlich wie die Hypothek – der Sicherung einer Forderung. Anders als die Hypothek ist sie jedoch nicht akzessorisch, dh sie ist in ihrem Bestand nicht von der Existenz einer Forderung abhängig. Die Verknüpfung von Grundschuld und Forderung findet mittels eines Sicherungsvertrages statt, in dem geregelt wird, welche Grundschuld abgetreten wird und in welchen Fällen die Grundschuld zurückzuübertragen ist. Der Sicherungsvertrag, der formlos abgeschlossen werden kann, stellt überdies den Rechtsgrund für die Grundschuldbestellung dar; Leistungszweck ist die Sicherung der Forderung.

Beide Grundschuldarten können als Buch- und als Briefgrundschuld bestellt werden. Die Begründung einer Fremdgrundschuld[18] richtet sich nach §§ 873, 1191, 1192 Abs. 1 BGB und setzt folgendes voraus:

a) Einigung zwischen Eigentümer und Grundschuldgläubiger iSd § 873 Abs. 1 BGB

Von Gesetzes wegen entsteht, falls nichts anderes vereinbart wird, gemäß § 1116 Abs. 1 iVm § 1192 Abs. 1 BGB eine Briefgrundschuld. Soll eine Buchgrundschuld begründet werden, müssen sich Eigentümer und Grundschuldgläubiger darüber

---

18 Die Bestellung einer Eigentümergrundschuld regelt § 1196 BGB; zu den Abweichungen von einer Fremdgrundschuld siehe § 1197 BGB.

einigen, dass die Erteilung des Grundschuldbriefes ausgeschlossen sein soll, vgl. §§ 1116 Abs. 2, 1192 Abs. 1 BGB.

Zwischen D und der P-GmbH bestand Einigkeit über die Bestellung einer Briefgrundschuld.

b) Eintragung in das Grundbuch, §§ 1115, 1192 Abs. 1 BGB

Die Bestellung der Grundschuld ist in das Grundbuch einzutragen, vgl. §§ 1115, 1192 Abs. 1 BGB. Das ist hier erfolgt.

c) Einigsein zum Zeitpunkt der Eintragung

Eine vor der Eintragung erzielte Einigung muss – wie hier – im Zeitpunkt der Eintragung noch bestehen. Unter den Voraussetzungen des § 873 Abs. 2 BGB sind die Beteiligten vor der Eintragung an die Einigungserklärung gebunden.

d) Berechtigung

Der Besteller der Grundschuld hat verfügungsberechtigter Eigentümer zu sein. Ein gutgläubiger Erwerb einer Grundschuld vom Nichtberechtigten ist gemäß § 892 BGB möglich.

D ist die Eigentümerin des Grundstücks, an dem die Grundschuld bestellt wird.

e) Übergabe des Grundschuldbriefes

Wird eine Briefgrundschuld begründet, müssen Ausstellung und Übergabe des Grundschuldbriefes an den Grundschuldgläubiger hinzukommen (§ 1117 Abs. 1 iVm § 1192 Abs. 1 BGB).

Der P-GmbH wurde der Grundschuldbrief ausgehändigt.

Die Voraussetzungen einer Grundschuldbestellung sind hier erfüllt; die P-GmbH hat von der Berechtigten D eine Briefgrundschuld erworben.

2. Übertragung der Grundschuld von der P-GmbH auf S

Die Sicherungsgrundschuld ist nicht akzessorisch, § 1153 BGB gilt nicht. Forderung und Grundschuld können deshalb getrennt voneinander übertragen werden. Nach § 1154 iVm § 1192 Abs. 1 BGB ist zwischen Buch- und Briefgrundschuld zu trennen.

> **Aufbauschema Begründung einer Fremdgrundschuld nach §§ 873, 1191, 1192 Abs. 1 BGB**
> 1. Einigung iSd § 873 Abs. 1 BGB
> 2. Eintragung in das Grundbuch, §§ 1115, 1192 Abs. 1 BGB
> 3. Einigsein zum Zeitpunkt der Eintragung
> 4. Berechtigung
> 5. Bei Briefgrundschuld: Übergabe des Briefes, §§ 1117 Abs. 1, 1192 BGB

Übertragung einer Grundschuld	
Übertragung einer Buchgrundschuld	**Übertragung einer Briefgrundschuld**
Abtretung einer Buchgrundschuld nach §§ 1154 Abs. 3, 1192 Abs. 1 BGB durch Einigung und Eintragung; gutgläubiger Erwerb von einem nichtberechtigten Grundschuldinhaber ist nach § 892 BGB möglich.	Abtretung einer Briefgrundschuld nach §§ 1154 Abs. 1, 1192 Abs. 1 BGB durch schriftliche Übertragungserklärung und Übergabe des Grundschuldbriefes (vgl. auch § 1117 BGB); gutgläubiger Erwerb von einem nichtberechtigten Grundschuldinhaber ist gemäß §§ 1155, 1192 Abs. 1 BGB möglich.

Die Erfordernisse der Übertragung einer Briefgrundschuld sind erfüllt; ein dinglich wirkendes Abtretungsverbot (§ 399 BGB) war nicht vereinbart.[19] S hat vom Berechtigten eine Sicherungsgrundschuld erworben.

3. Durchsetzbarkeit des Anspruchs auf Duldung der Zwangsvollstreckung

Der Anspruch aus §§ 1147, 1192 Abs. 1 BGB auf Duldung der Zwangsvollstreckung müsste durchsetzbar sein.

Die Einreden aus dem Sicherungsvertrag zwischen dem Eigentümer und dem Gläubiger (Zedenten) kann der Eigentümer nach §§ 1192 Abs. 1a, 1157 S. 1 iVm § 1192 Abs. 1 BGB auch gegenüber dem Erwerber der Grundschuld (Zessionar) geltend machen. Nach alter Rechtslage setzte § 1192 Abs. 1 iVm § 1157 S. 1 BGB anders als § 404 BGB voraus, dass die Einrede dem Eigentümer zur Zeit der Abtretung bereits zusteht. Daher musste der gesamte Einredetatbestand vor der Abtretung verwirklicht sein.

Nunmehr kann der Eigentümer nach der den § 1157 BGB ergänzenden Sonderregelung des § 1192 Abs. 1a BGB dem Erwerber auch die Einreden entgegenhalten, die zwar nach der Abtretung entstanden sind, deren Rechtsgrundlage aber schon im Zeitpunkt des Erwerbs angelegt war.[20] § 1192 Abs. 1a S. 1 BGB erlaubt sowohl die Erhebung von Einreden, die dem Eigentümer auf Grund des Sicherungsvertrags gegen die Grundschuld zustehen, als auch solche, die sich aus dem Sicherungsvertrag ergeben. Ein gutgläubiger einredefreier Erwerb einer Sicherungsgrundschuld ist nach § 1192 Abs. 1a S. 1 Hs. 2 BGB nicht mehr möglich. Das gilt nicht für Einreden, die ihren Rechtsgrund nicht im Sicherungsvertrag haben (zB Einreden gegen den Bestand der Grundschuld); diesbezüglich kann ein redlicher einredefreier Erwerb nach § 1192 Abs. 1a S. 2 iVm § 1157 S. 2 BGB erfolgen.[21]

Hier bestand im Verhältnis von D zur P-GmbH keine Einrede. § 1192 Abs. 1a S. 1 BGB kommt nicht zur Anwendung. S kann die abgetretene Grundschuld gegen D durchsetzen.

Ergebnis

S steht gegen D ein Anspruch aus § 1147 BGB auf Duldung der Zwangsvollstreckung in das Grundstück zu.

C. Anspruch der T gegen die B-GmbH auf Zahlung von 75.000 EUR

I. Anspruch gemäß § 631 Abs. 1 iVm § 774 Abs. 1 S. 1 BGB

T könnte gegen die B-GmbH einen Anspruch auf Zahlung von 75.000 EUR nach § 631 Abs. 1 iVm § 774 Abs. 1 S. 1 BGB innehaben.

---

[19] Die Nichtübertragbarkeit einer Grundschuld gemäß §§ 399, 413 BGB führt zu einer Inhaltsänderung (vgl. § 877 BGB) und ist deshalb nur wirksam, wenn sie im Grundbuch eingetragen ist.
[20] *Vieweg/Werner*, Sachenrecht, § 15 Rn. 103; Palandt/*Herrler*, § 1192 Rn. 3.
[21] MüKoBGB/*Lieder*, § 1192 Rn. 17.

1. Entstehen des Werklohnanspruchs

Ein derartiger Zahlungsanspruch der T setzt zunächst voraus, dass M gegen die B-GmbH ein Anspruch auf Werklohn nach § 631 Abs. 1 BGB[22] zusteht. Nach den Angaben im Sachverhalt ist davon auszugehen, dass ein solcher Anspruch im Verhältnis zwischen M und der B-GmbH entstanden ist.

2. Übergang des Anspruchs

> Gesetzlicher Forderungsübergang (cessio legis) § 774 Abs. 1 S. 1 BGB

Dieser Zahlungsanspruch des M müsste nach **§ 774 Abs. 1 S. 1 BGB** auf T übergegangen sein. Dies erfordert eine **Bürgschaft** der T nach § 765 Abs. 1 BGB.[23] Eine Haftung des Bürgen setzt folgendes voraus.

a) Bürgschaftsvertrag, § 765 BGB

> Aufbauschema **Bürgschaft**
> 1. Bürgschaftsvertrag, § 765 BGB
> 2. Schriftform, § 766 S. 1 BGB Ausnahme: § 350 HGB; Heilung möglich nach § 766 S. 3 BGB
> 3. Bestehen einer Hauptforderung (Akzessorietät)
> 4. Eintreten des Bürgschaftsfalls

Erforderlich ist zunächst der Abschluss eines Bürgschaftsvertrages mit dem Inhalt (§ 765 Abs. 1 BGB), dass der Bürge für die Verbindlichkeit des Hauptschuldners gegenüber dem Gläubiger einstehen wird. Die besicherte Hauptschuld muss, insbesondere auch in den Fällen des § 765 Abs. 2 BGB, im Bürgschaftsvertrag genau bezeichnet oder bestimmbar sein.

Zwischen T und M ist ein Bürgschaftsvertrag über eine konkret benannte Hauptschuld zustande gekommen. Die (stillschweigende) Annahmeerklärung des M liegt in der Stundung der Forderung gegen die B-GmbH.

b) Schriftform, § 766 S. 1 BGB

Die Schriftform (§ 126 Abs. 1 BGB) bezieht sich gemäß § 766 S. 1 BGB allein auf die Erklärung des Bürgen; die Erklärung des Vertragspartners unterliegt nicht der Schriftform.

> Nach § 766 S. 3 BGB wird ein Formmangel mit ex nunc-Wirkung in der Höhe geheilt, in der die Bürgschaftsverpflichtung erfüllt wird. Das gilt unabhängig davon, ob der Bürge von der Formunwirksamkeit Kenntnis hat.

T hat M ein Fax übermittelt. Eine Bürgschaftserklärung per **Telefax** genügt den Anforderungen des § 766 S. 1 BGB **nicht**, weil der Begriff des Erteilens eine Entäußerung gegenüber dem Gläubiger in der Weise erfordert, dass die Erklärung dem Gläubiger als Original (zumindest vorübergehend) zur Verfügung gestellt wird.[24] Die Bürgschaftserklärung durch das Fax ist deshalb gemäß § 125 S. 1 BGB nichtig.

Die Wahrung der Schriftform ist auch nicht nach § 350 HGB entbehrlich, weil T nicht als Kaufmann (§§ 1 ff. HGB) gehandelt hat und die Bürgschaft für sie kein Handelsgeschäft (§ 343 HGB) war. Es bleibt bei der Formwidrigkeit der privaten Bürgschaftserklärung.

Der Formmangel wird allerdings gemäß § 766 S. 3 BGB durch Erfüllung geheilt. Dadurch, dass T die Hauptverbindlichkeit gegenüber M erfüllt hat, ist folglich der Formmangel geheilt.

c) Bestehen einer Hauptforderung

Die Bürgschaft setzt weiterhin die Existenz einer Hauptforderung voraus (**Akzessorietät**), vgl. § 767 Abs. 1 S. 1 BGB. Die Hauptforderung stellt der Werklohnanspruch des M dar.

---

[22] Zum Werkvertrag bei Fall 8, S. 191 ff.
[23] Näher zur Bürgschaft siehe Fall 11, S. 268 ff.
[24] BGH NJW 1993, 1126; OLG Düsseldorf NJW-RR 1995, 93; OLG Frankfurt NJW 1991, 2154.

d) Eintreten des Bürgschaftsfalls

Außerdem muss der Bürgschaftsfall eingetreten sein, dh der Hauptschuldner muss trotz Fälligkeit nicht geleistet haben. Die B-GmbH hat im Juni nicht bezahlt.

> **Einrede der Vorausklage, § 771 BGB**
>
> Nach der gesetzlichen Grundregelung soll der Bürge erst nach dem Hauptschuldner in Anspruch genommen werden; die Bürgenschuld ist grundsätzlich subsidiär gegenüber der Hauptschuld. Ausprägung des Subsidiaritätsgedankens ist insbesondere § 771 S. 1 BGB. Danach bedarf es zunächst eines erfolglosen Vollstreckungsversuchs des Gläubigers gegen den Hauptschuldner, um anschließend gegenüber dem Bürgen die Forderung aus dem Bürgschaftsvertrag geltend zu machen. § 771 S. 1 BGB gibt dem Bürgen eine dilatorische Einrede.
> § 771 BGB ist dispositiv. Ausgeschlossen ist die Einrede der Vorausklage nach § 349 HGB, wenn die Bürgschaft für den kaufmännischen Bürgen ein Handelsgeschäft ist, sowie in den Fällen des § 773 BGB. Abs. 1 Nr. 1 der Vorschrift lässt eine selbstschuldnerische Bürgschaft ausdrücklich zu.

T war als Bürgin zur Zahlung verpflichtet und hat den Gläubiger M befriedigt. Die Einrede der Vorausklage gemäß § 771 S. 1 BGB hat T nicht erhoben. Der Werklohnanspruch des M gegen die B-GmbH aus § 631 Abs. 1 BGB ist deshalb kraft Gesetzes (§ 774 Abs. 1 S. 1 BGB) auf T übergegangen.

3. Gegenrecht

Der Werklohnanspruch könnte gemäß § 389 BGB durch Aufrechnung erloschen sein.

> **Aufrechnung § 389 BGB**

a) Anwendbarkeit und Erklärung

Der Schuldner kann gegenüber dem Bürgen gemäß §§ 404, 412 BGB alle Einwendungen geltend machen, die ihm gegen den Gläubiger zustehen. Der B-GmbH steht damit grundsätzlich die Möglichkeit der Aufrechnung offen.

Von dieser Möglichkeit hat die B-GmbH, vertreten durch ihren Geschäftsführer (§ 35 Abs. 1 GmbHG), durch ihre Erklärung Gebrauch gemacht, § 388 S. 1 BGB.

b) Gegenseitigkeit

Voraussetzung einer Aufrechnung ist nach § 387 BGB die **Gegenseitigkeit** der Forderungen. Das erscheint hier zweifelhaft, weil M zum Zeitpunkt der Aufrechnungserklärung (§ 388 S. 1 BGB) zwar Schuldner der Darlehensforderung war, welche die B-GmbH durch Abtretung (§ 398 BGB) erhalten hat, aber M nicht mehr Gläubiger der Werklohnforderung war, weil diese einen Tag davor auf T übergegangen ist. Auf die Gegenseitigkeit kommt es hier allerdings wegen **§ 406 BGB iVm § 412 BGB** nicht an. § 406 Hs. 1 BGB erhält dem Schuldner die Aufrechnungsbefugnis, wenn keiner der in Hs. 2 genannten Ausschlusstatbestände besteht. Danach ist die Aufrechnung bei Kenntnis der Abtretung (Alt. 1) und bei nachfolgender Fälligkeit der Gegenforderung (Alt. 2) ausgeschlossen.

> **Aufbauschema Aufrechnung § 389 BGB**
>
> 1. Erklärung, § 388 S. 1 BGB
> 2. Gegenseitigkeit, § 387 BGB
> 3. Gleichartigkeit, § 387 BGB
> 4. Durchsetzbarkeit der Gegenforderung, § 390 BGB
> 5. Erfüllbarkeit der Hauptforderung
> 6. Kein Ausschluss der Aufrechnung

Infolgedessen kann die B-GmbH nach § 406 Hs. 1 BGB die ihr gegen den alten Gläubiger zustehende Darlehensforderung des N (§ 488 Abs. 1 S. 2 iVm § 398 BGB) auch gegenüber der neuen Gläubigerin T aufrechnen, weil die B-GmbH beim Erwerb der Darlehensforderung im April von der Forderungsübertragung nach § 774 Abs. 1 S. 1 BGB im Juni keine Kenntnis hatte und weil die Darlehensforderung bereits fällig war. Es greift mithin keine der Ausschlussalternativen des § 406 Hs. 2 BGB.

c) Sonstige Voraussetzungen

Die weiteren Voraussetzungen der Aufrechnung (Gleichartigkeit der Forderungen, Fälligkeit und Durchsetzbarkeit der Gegenforderung, Erfüllbarkeit der Hauptforderung, kein Aufrechnungsausschluss)[25] sind gegeben.

Ergebnis

Die Werklohnforderung der T aus § 631 Abs. 1 iVm § 774 Abs. 1 S. 1 BGB ist durch Aufrechnung gemäß § 389 erloschen.

II. Anspruch gemäß § 670 BGB

> **§ 670 BGB**
> Ersatzfähig sind Aufwendungen, die der Beauftragte aufgrund objektiv gebotener Prüfung subjektiv für erforderlich halten durfte. Ausgeschlossen sind jedenfalls gegen die guten Sitten oder das Gesetz verstoßende Aufwendungen.

Für T könnte sich ein Anspruch gegen die B-GmbH auf Zahlung von 75.000 EUR aus § 670 BGB ergeben, falls es sich insoweit um eine erforderliche Aufwendung handelt.

1. Entstehen des Anspruchs

Unabhängig[26] von dem Anspruch mittels § 774 Abs. 1 S. 1 BGB hat der Bürge einen Regressanspruch aus dem Innenverhältnis nach § 670 BGB, wenn zwischen Bürge und Hauptschuldner ein Auftrag iSd § 662 BGB besteht und der Bürge die Befriedigung des Gläubigers für erforderlich halten durfte. Aufwendungen sind freiwillige Vermögensopfer.[27] **Erforderlich** ist die **Aufwendung**, welche der Auftragnehmer bei vernünftiger ex ante-Sicht unter Berücksichtigung der Interessen des Auftraggebers als notwendig ansehen durfte.[28] Bei einer Bürgschaft bedarf es vor der Zahlung an den Gläubiger grundsätzlich der Anhörung des Hauptschuldners, um sich über etwaige Einwendungen zu informieren und somit die Erforderlichkeit einschätzen zu können.[29]

T hat die Bürgschaft im Auftrag des B (§ 35 Abs. 1 S. 1 GmbHG) für die B-GmbH übernommen. Von einem Auftrag iSd § 662 BGB sowie von der Erforderlichkeit der Aufwendungen ist auszugehen; T hat mit B Rücksprache gehalten.

Für T ist gegen die B-GmbH ein Aufwendungsersatzanspruch gemäß § 670 BGB entstanden.

---

25 Dazu bei Fall 9, S. 223 ff. mwN; siehe auch *Musielak/Hau*, GK BGB, Rn. 259 ff.
26 So die hM, vgl. nur PWW/*Brödermann*, § 774 Rn. 16; Palandt/*Sprau*, § 774 Rn. 4; MüKoBGB/ *Habersack*, § 774 Rn. 16. Die Gegenauffassung geht von einem einzigen, nur mehrfach begründeten Anspruch aus. Bedeutsam wird der Meinungsstreit bei der Geltendmachung von Einwendungen; nur nach der Mindermeinung kann der Schuldner bei der Inanspruchnahme aus dem Innenverhältnis die gegen die Hauptforderung begründeten Einwendungen geltend machen.
27 Vgl. Fall 13, S. 326, insbesondere zu der Frage der Ersatzfähigkeit von Schäden.
28 Erman/*Berger*, § 670 Rn. 7; BRHP/*Fischer*, § 670 Rn. 10 f.; PWW/*Fehrenbacher*, § 670 Rn. 5.
29 BGH NJW 1986, 310, 313; PWW/*Brödermann*, § 774 Rn. 16; Palandt/*Sprau*, § 670 Rn. 4.

2. Gegenrecht

Dem Anspruch aus § 670 BGB könnte eine aufschiebend bedingte (dilatorische) Einrede gemäß § 273 Abs. 1 BGB entgegenstehen, so dass der Anspruch der T nur noch Zug um Zug gegen Erfüllung eines Gegenanspruchs (§ 274 BGB) durchsetzbar ist.

> Zurückbehaltungsrecht § 273 Abs. 1 BGB

Voraussetzung ist nach § 273 Abs. 1 BGB ein gegenseitiger, fälliger und konnexer **Gegenanspruch**.[30] Dieser ergibt sich möglicherweise **aus § 667 BGB**. Die Vorschrift begründet für den Auftraggeber einen schuldrechtlichen Anspruch auf Herausgabe des zur Ausführung des Auftrages Erhaltenen und des aus der Geschäftsbesorgung Erlangten. Gegenstand der Herausgabe kann jede rechtliche oder tatsächliche Position sein.

§ 667 BGB erfordert hier also, dass T durch den Auftrag etwas erlangt hat. Das könnte ein Anspruch aus **§ 812 Abs. 1 S. 2 Alt. 1 BGB** sein.

Der Werklohnanspruch des M ist durch Aufrechnung erloschen; aufgrund der Akzessorietät der Bürgschaft (§ 767 Abs. 1 S. 1 BGB) ist damit gleichzeitig auch die Bürgschaft erloschen. Infolgedessen hat T an M die 75.000 EUR ohne Rechtsgrund geleistet; der rechtliche Grund für die Leistung ist nachträglich weggefallen. Die Voraussetzungen der condictio ob causam finitam[31] sind erfüllt.

T steht gegen M ein Rückzahlungsanspruch gemäß § 812 Abs. 1 S. 2 Alt. 1 BGB zu, den sie nach § 667 BGB an die B-GmbH abzutreten (§ 398 BGB) hat.

Ergebnis

T steht gegen die B-GmbH ein Anspruch aus § 670 BGB Zug um Zug gegen Abtretung des Anspruchs der T gegen M aus § 812 Abs. 1 S. 2 Alt. 1 BGB zu, §§ 273 Abs. 1, 274 BGB.

D. Anspruch des A gegen L auf Herausgabe des Versteigerungserlöses

I. Anspruch aus § 687 Abs. 2 iVm § 678 BGB

A könnte gegen L ein Anspruch auf Herausgabe des Versteigerungserlöses nach § 687 Abs. 2 iVm § 678 BGB zustehen.

Dieser Anspruch setzt die Kenntnis des Vollstreckungsgläubigers L von einer etwaigen Schuldnerfremdheit des Grundstücks voraus. Jedenfalls daran[32] fehlt es hier. A war nicht mehr in das Grundbuch eingetragen.

Ein Anspruch nach § 687 Abs. 2 iVm § 678 BGB ist folglich nicht gegeben.

II. Anspruch gemäß §§ 989, 990 BGB

Möglicherweise kann A gegen L einen Anspruch aus §§ 989, 990 BGB geltend machen.

---

30 Siehe Fall 17, S. 427.
31 Näher bei Fall 14, S. 351.
32 Zu den weiteren Besonderheiten, die in diesem Zusammenhang unter Umständen zu beachten sind, vgl. *Musielak*, JuS 1999, 881, 883 ff., mwN.

> Bei einer Zwangsversteigerung im Rahmen eines gerichtlichen Versteigerungsverfahrens geht das Eigentum **kraft Hoheitsakt** auf den Ersteigerer über. Der Ersteigerer erwirbt Eigentum ohne dingliche Belastungen und unabhängig von einem Abhandenkommen der Sache. Auf Gutgläubigkeit kommt es bei einem Eigentumserwerb kraft Hoheitsakt nicht an.

Unabhängig davon, ob A Eigentümer des Grundstücks ist, wird ein Anspruch aus dem Eigentümer-Besitzer-Verhältnis von der überwiegenden Auffassung bereits deshalb abgelehnt, weil keine Vindikationslage besteht. Während des Vollstreckungsverfahrens steht dem Eigentümer kein Herausgabeanspruch gemäß § 985 BGB zu; ihm bleibt für die Geltendmachung seiner Rechtsposition nur die Drittwiderspruchsklage gemäß § 771 ZPO.[33]

Ein Anspruch aus §§ 989, 990 BGB kommt hier demnach nicht in Betracht.

III. Anspruch nach § 823 Abs. 1 BGB

Bei einem Anspruch des A gegen L gemäß § 823 Abs. 1 BGB ist eine Rechtsgutverletzung erforderlich. Die **Zwangsvollstreckung in schuldnerfremdes Vermögen** stellt eine Handlung in diesem Sinn dar.[34] Der Anspruch aus § 823 Abs. 1 BGB ist überdies abhängig von einem schuldhaften Handeln des Vollstreckungsgläubigers.[35] Für Vorsatz oder Fahrlässigkeit (§ 276 Abs. 1 BGB) des L bestehen angesichts der Grundbucheintragungen der B-GmbH keine Anhaltspunkte. Mithin sind die Voraussetzungen in diesem Fall nicht erfüllt.

IV. Anspruch aus § 826 Abs. 1 BGB

Ein Anspruch wegen vorsätzlicher sittenwidriger Schädigung gemäß § 826 Abs. 1 BGB scheidet aus, weil dem L kein vorsätzliches Handeln vorzuwerfen ist.

V. Anspruch gemäß § 816 Abs. 1 S. 1 BGB

Ein Vorgehen nach § 816 Abs. 1 S. 1 BGB scheitert daran, dass das Vollstreckungsorgan keine rechtsgeschäftliche Verfügung trifft, sondern das Eigentum kraft Hoheitsakt übertragen wird.[36] Des Weiteren handelt ein Vollstreckungsorgan nicht als Nichtberechtigter, sondern als Berechtigter. Ein Anspruch aus § 816 Abs. 1 S. 1 BGB ist nicht gegeben.

VI. Anspruch nach § 812 Abs. 1 S. 1 Alt. 2 BGB

In Betracht kommt für A weiterhin ein Anspruch aus Eingriffskondiktion gemäß § 812 Abs. 1 S. 1 Alt. 2 BGB[37] gegen L.

> Aufbauschema
> **§ 812 Abs. 1 S. 1 Alt. 2 BGB**
> 1. Etwas erlangt
> 2. In sonstiger Weise auf Kosten des Gläubigers
> 3. Ohne rechtlichen Grund

1. Etwas erlangt

„Etwas" im Sinne des § 812 BGB meint jeden vermögenswerten Vorteil.
L hat durch die Zwangsversteigerung des Grundstücks des A einen Vermögensvorteil in Form des Versteigerungserlöses erlangt.

---

33 BGH NJW 1992, 2014, 2015; Zöller/*Herget*, § 771 Rn. 1; Thomas/Putzo/*Seiler*, § 771 Rn. 4; Musielak/Voit/*Lackmann*, § 771 Rn. 5; aA MüKoZPO/*Gruber*, § 804 Rn. 46; Stein/Jonas/ *Münzberg*, § 771 Rn. 90. Allgemein zu § 771 ZPO bei Fall 15, S. 373 ff.

34 BGH NJW 1992, 2014, 2015; NJW 1977, 384, 385; Palandt/*Sprau*, § 823 Rn. 8; PWW/*Schaub*, § 823 Rn. 36.

35 Auseinander gehen die Auffassungen, ob die Haftung bereits bei leichter Fahrlässigkeit (Rechtsprechung) oder erst bei grober Fahrlässigkeit und Vorsatz (Literatur) einsetzt; vgl. näher Erman/*Wilhelmi*, § 823 Rn. 26; MüKoBGB/*Wagner*, § 823 Rn. 227.

36 Erman/*Buck-Heeb*, § 812 Rn. 74; Palandt/*Sprau*, § 812 Rn. 111.

37 Zur Nichtleistungskondiktion siehe Fall 14, S. 363 und Fall 17, S. 434.

2. In sonstiger Weise auf Kosten des Gläubigers

Der Erwerb eines Vermögensvorteils muss in sonstiger Weise **auf Kosten des Anspruchstellers** erfolgt sein. Fraglich ist die Bestimmung des Begriffs „auf Kosten": Nach der sogenannten Widerrechtlichkeitstheorie ist eine rechtswidrige Verhaltensweise notwendig. Diese Sichtweise ist allerdings zu eng; zutreffend ist deshalb die (überwiegend vertretene) Zuweisungstheorie, nach der das Merkmal „auf Kosten" betroffen ist, wenn in den Zuweisungsgehalt eines Rechtsguts eingegriffen wird, dessen wirtschaftliche Verwertung dem Bereicherungsgläubiger vorbehalten ist. Einen Eingriff in sonstiger Weise bildet jede im Widerspruch zur rechtlichen Güterzuordnung stehende Inanspruchnahme einer fremden Rechtsposition mit ausschließlichem Zuweisungsgehalt.[38]

Als derartige Rechtsposition kommt das **Eigentum des A am versteigerten Grundstück** in Betracht. Dazu müsste A noch Eigentümer des Grundstücks sein.

a) Ursprünglicher Eigentümer

Ursprünglicher Eigentümer war A.

b) Verlust des Eigentums durch Rechtsgeschäft mit B

A könnte sein Eigentum gemäß §§ 873 Abs. 1, 925 Abs. 1 BGB an B verloren haben. A selbst hat sich mit B nicht über die Übereignung geeinigt; er könnte aber gemäß § 164 Abs. 1 BGB von K vertreten worden sein. K hat im Namen des A gehandelt (Offenkundigkeit). Die Vertretungsmacht könnte aus ihrer Eigenschaft als Betreuerin abzuleiten sein. Nach § 1902 BGB vertritt der Betreuer den Betreuten in dem ihm übertragenen Aufgabenkreis.[39] Der K ist die Vermögenssorge übertragen. Ob hierzu auch die Veräußerung eines Grundstücks zählt, ist wegen § 1908i Abs. 1 BGB unerheblich. § 1908i Abs. 1 S. 1 BGB erklärt § 1821 Abs. 1 Nr. 1 BGB für sinngemäß anwendbar, wonach Verfügungen über ein Grundstück ohne Genehmigung des Vormundschaftsgerichts unwirksam sind. Da die Eigentumsübertragung an B nicht vormundschaftlich genehmigt wurde, hat A sein Eigentum am Grundstück nicht an B verloren.

> Eigentumsverlust nach §§ 873, 925 BGB

c) Verlust des Eigentums durch die Zwangsversteigerung

A hat sein Eigentum erst durch die Zwangsversteigerung kraft Hoheitsakt eingebüßt. Das Eigentum am Versteigerungserlös hat L deshalb mittelbar auf Kosten des A erhalten. Auf sonstige Weise ist es zu einer Vermögensverschiebung von A an L gekommen, weil die gerichtliche Zwangsversteigerung keine Leistung im Sinne des § 812 Abs. 1 S. 1 Alt. 1 BGB darstellt.

> Eigentumsverlust kraft Hoheitsakt

3. Ohne rechtlichen Grund

L müsste den Erlös aus der Zwangsversteigerung zudem **ohne Rechtsgrund** erlangt haben. Zwar verfügte L über einen Vollstreckungstitel, ein solcher gibt aber kein Recht auf Befriedigung aus einem schuldnerfremden Vermögen. Der Titel ermächtigt nur zur Zwangsvollstreckung in das Vermögen des B. Da es zu keiner wirksamen Eigentumsübertragung an B gekommen ist und A sein Eigentum am

---

38 BRHP/*Wendehorst*, § 812 Rn. 121 ff.; PWW/*Prütting*, § 812 Rn. 61 f.; MüKoBGB/*Schwab*, § 812 Rn. 277 ff.; *Medicus/Petersen*, Bürgerliches Recht, Rn. 706, mwN.
39 Allgemein zur Stellvertretung bei Fall 5, S. 103 ff.; zur Betreuung siehe auch Fall 17, S. 423.

Grundstück erst mittels Zwangsversteigerung verloren hat, hat L hiermit ungerechtfertigt in die Eigentumsposition des A eingegriffen. Somit ist L verpflichtet, den erlangten Erlös (unter Abzug der Versteigerungskosten[40]) herauszugeben.

Ergebnis

A steht gegen L ein Anspruch auf Herausgabe des Versteigerungserlöses gemäß § 812 Abs. 1 S. 1 Alt. 2 BGB (Eingriffkondiktion) zu.

---

[40] HM, BGH NJW 1976, 1090, 1092; Erman/*Buck-Heeb*, § 812 Rn. 75; Palandt/*Sprau*, § 812 Rn. 112.

20. Hypothek, Umfang der hypothekarischen Haftung, Rechtsbehelfe in der Zwangsvollstreckung

Sachverhalt

Sebastian Schwarz (S) betreibt in der Nähe von Garmisch-Partenkirchen eine Hotelanlage. Das Hotel-Grundstück ist im Grundbuch von Garmisch-Partenkirchen in Band 104 Blatt 1023 eingetragen. Direkt daneben befindet sich das private Wohnhaus des Schwarz (Band 104 Blatt 1024). Zur Renovierung und Erweiterung der Hotelgebäude benötigt er mehrere Kredite. Nach intensiven Verhandlungen ist Schwarz mit drei Kreditinstituten einig und zwar mit der ansässigen Volks- und Raiffeisenbank (VR), einer Privatbank in München (M) sowie einem Kreditinstitut in Frankfurt (F). Alle Drei stellen Schwarz Kredite in unterschiedlicher Höhe zur Verfügung. Die Volks- und Raiffeisenbank beteiligt sich mit 200.000 EUR, die Privatbank mit 300.000 EUR und das Kreditinstitut mit 50.000 EUR an dem Projekt. Die Kredite der Banken sollen dinglich auf dem Hotel-Grundstück abgesichert werden. Das Frankfurter Kreditinstitut erhält daneben eine notarielle Urkunde, in der sich Schwarz der sofortigen Zwangsvollstreckung hinsichtlich der Darlehenssumme unterwirft.

Mit der Volks- und Raiffeisenbank einigt sich Schwarz über eine Briefhypothek auf dem Hotel-Grundstück in Höhe der Kreditsumme. Versehentlich wird die Briefhypothek nicht in Band 104 Blatt 1023 sondern in Band 104 Blatt 1024 eingetragen. Trotz Bekanntmachung gemäß § 55 GBO bemerkt keiner der Beteiligten die Verwechslung. Nach heftigen Turbulenzen auf dem Kapitalmarkt kommt auch die Volks- und Raiffeisenbank in finanzielle Schwierigkeiten. Sie ist gezwungen, staatliche Hilfen anzunehmen und Sicherheiten zu leisten. Sie tritt dafür in öffentlich beglaubigter Form die Hypothek auf dem Grundstück Band 104 Blatt 1024 an die Bayerische Landesbank (BL) ab. Die Bayerische Landesbank hat sich selbst mit Immobiliengeschäften am amerikanischen Markt übernommen und tritt ihrerseits privatschriftlich die Hypothek an die Bundesbank (BB) ab. Briefübergaben sind jeweils ordnungsgemäß erfolgt; Eintragungen erfolgten nicht. Die Bundesbank verlangt nun die Duldung der Zwangsvollstreckung von Schwarz; dieser wendet ein, dass die 200.000 EUR niemals zur Auszahlung gekommen waren.

Auch im Verhältnis von Schwarz zur Münchener Privatbank kommt es zunächst zu keiner Auszahlung der Kreditsumme, obwohl nach ordnungsgemäßer Einigung die Briefhypothek im Grundbuch bereits eingetragen (im Rang vor dem Kreditinstitut aus Frankfurt) und der Brief an die Bank übergeben worden waren. Ihrerseits überträgt die Privatbank die Briefhypothek unter Offenlegung der fehlenden Kreditauszahlung an das Bankhaus Hansen (H). Dieses zahlt nunmehr den Kredit mit Einverständnis des Schwarz an diesen aus und wird auch im Grundbuch eingetragen. Da die Übernachtungszahlen zurückgehen und die Raten für die Kredite an das Bankhaus Hansen und das Frankfurter Kreditinstitut nicht mehr aufgebracht werden können, sieht sich das Frankfurter Kreditinstitut – nachdem das Bankhaus Hansen die Befriedigung aus dem Grundstück verlangt – veranlasst, rasch zu handeln. Es löst die vorrangige Hypothek des Bankhauses Hansen ab und verlangt von Schwarz aus der übergegangenen Briefhypothek die Duldung der Zwangsvollstreckung. Schwarz wendet ein, dass er bereits mit der Münchener Privatbank vereinbart hatte, dass auf die dingliche Sicherheit erst zurückgegriffen werden darf, wenn andere Sicherheiten keinen Erfolg haben.

Für den eigenen Kredit betreibt das Frankfurter Institut sogleich die Zwangsvollstreckung aus der vollstreckbaren Urkunde. Der Gerichtsvollzieher pfändet auftragsgemäß den Hotelomnibus, mit dem die Gäste regelmäßig befördert werden. Eine Vollstreckung in den

Hotelomnibus hält Schwarz für ausgeschlossen, weil ohne diesen der Hotelbetrieb völlig zusammenbricht.

Sebastian Schwarz beauftragt die Rechtsanwältin Dr. Kundig (K) mit der Prüfung, ob seine Grundstücke für die Bundesbank und das Frankfurter Kreditinstitut haften.

Mit welchem Rechtsbehelf kann Schwarz gegen die Zwangsvollstreckung aus der vollstreckbaren Urkunde durch das Kreditinstitut aus Frankfurt erfolgreich vorgehen?

Gliederung

A. Anspruch der BB gegen S gemäß § 1147 BGB 498
    I. Bestehen der Hypothek 499
        1. Übertragung der Briefhypothek durch BL auf BB 499
            a) Wirksamer Abtretungsvertrag gemäß § 398 BGB in der Form des § 1154 BGB 500
            b) Übergabe des Hypothekenbriefes 500
            c) Verfügungsberechtigung der BL 501
                Problem: Fehlende Verfügungsberechtigung der BL 501
                Problem: Keine Eintragung der Verfügenden als Berechtigte im Grundbuch 501
        2. Wirksame Entstehung der Hypothek 505
            a) Einigung über das Entstehen der Briefhypothek 506
            b) Eintragung der Briefhypothek im Grundbuch 506
            c) Übergabe des Hypothekenbriefes 506
            d) Bestand der gesicherten Forderung 506
            e) Verfügungsberechtigung des Bestellers S 506
    II. Fälligkeit der Hypothek 508
    III. Einredefreiheit der Hypothek 509

B. Anspruch des F gegen S gemäß § 1147 BGB 510
    I. Inhaber der Hypothek 510
        1. Übergang der Hypothek auf F durch Ablösung nach § 1150 iVm § 268 Abs. 3 BGB 510
            a) Befriedigungsverlangen des Gläubigers 511
            b) Gefährdung eines Rechts 511
            c) Vermeidung der Vollstreckung 512
        2. Wirksame Entstehung der Hypothek 512
    II. Fälligkeit der Hypothek 513
    III. Einredefreiheit der Hypothek 514
        1. Eigentümerbezogene Einrede 514
        2. Gutgläubig einredefreier Erwerb durch F 514
            Problem: Gutgläubig einredefreier Erwerb bei Ablösung nach § 268 Abs. 3 BGB 515

C. Erfolgsaussichten des Rechtsbehelfs 516
    I. Zulässigkeit der Erinnerung (§ 766 ZPO) 516
        1. Statthaftigkeit 516
        2. Zuständigkeit 519
        3. Erinnerungsbefugnis 519
        4. Rechtsschutzbedürfnis 519
        5. Form und Frist 520
    II. Begründetheit der Erinnerung (§ 766 ZPO) 520
        1. Allgemeine Prozessvoraussetzungen 520
        2. Allgemeine Vollstreckungsvoraussetzungen 521
        3. Besondere Vollstreckungsvoraussetzungen 522
        4. Kein Vollstreckungshindernis 522
        5. Ordnungsgemäße Durchführung 523
            a) Zulässige Pfändung durch den Gerichtsvollzieher 524
            b) Richtiger Gegenstand 525

Lösungshinweise

A. Anspruch der BB gegen S gemäß § 1147 BGB

Die BB könnte gegen S einen Anspruch auf Duldung der Zwangsvollstreckung nach § 1147 BGB[1] in das Grundstück[2] von S in Garmisch-Partenkirchen (Band 104, Blatt 1024) zustehen.

> **Grundstück**
> Der Begriff des Grundstücks ist gesetzlich nicht definiert und wird im Rechtssinne – unabhängig von seiner Nutzungsart – als abgegrenzter und katastermäßig vermessener Teil der Erdoberfläche verstanden, der im Bestandsverzeichnis eines Grundbuchblattes (§ 3 Abs. 1 GBO) bzw. einem Auszug (§ 3 Abs. 5 GBO) unter einer besonderen Nummer geführt wird.

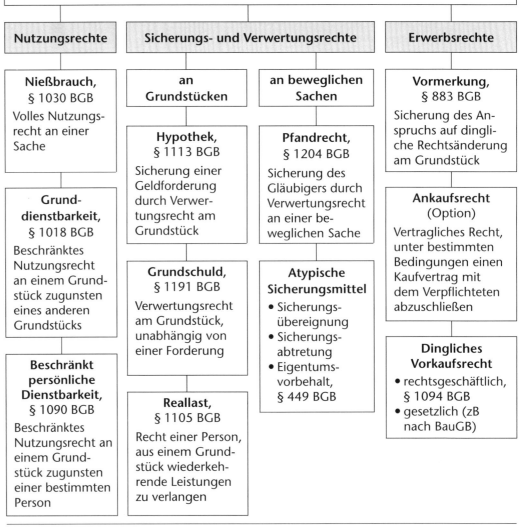

---
1 Vgl. zur Rechtsnatur des Anspruchs MüKoBGB/*Lieder*, § 1147 Rn. 3.
2 Zum Grundstücksbegriff Palandt/*Herrler*, Überbl. v. § 873 Rn. 1; Erman/*Lorenz/Artz*, Vor § 873 Rn. 1; MüKoBGB/*Kohler*, Vor § 873 Rn. 1.

Dafür müsste BB Inhaberin einer fälligen, einredefreien Briefhypothek geworden sein.

Arten von Hypotheken	
Briefhypothek	**Buchhypothek**
Sie stellt den Regelfall der Hypothek dar (§ 1116 Abs. 1 BGB). Die Verbriefung der Rechte des Gläubigers erfolgt in einem echten Wertpapier. Verbrieft wird die Hypothek, nicht die zugrundeliegende Forderung. Allein durch Übereignung des Briefes kann das Recht nicht übertragen werden. Erwerb und Übertragung der Hypothek setzen aber die Übergabe des Briefes voraus (§§ 1117, 1154 BGB). Die Hypothek als Grundpfandrecht entsteht bereits durch Einigung und Eintragung; sie steht vor Briefübergabe dem Eigentümer selbst als Eigentümergrundschuld zu (§§ 1117 Abs. 1, 1163 Abs. 2 BGB). Zum wesentlichen Inhalt eines Hypothekenbriefes vgl. § 56 GBO.	Die Erteilung des Briefes ist bei Bestellung des Rechts oder nachträglich **ausgeschlossen** worden (§ 1116 Abs. 2 S. 1, 2 BGB). Zur Ausschließung des Briefes sind die Einigung sowie die Eintragung im Grundbuch erforderlich.
	Die **Sicherungshypothek** ist eine spezielle Form der Hypothek, die – im Gegensatz zum Regelfall der Verkehrshypothek (§§ 1113 ff. BGB) - **streng akzessorisch** ist und als solche ausdrücklich vereinbart werden muss; sie kann nur Buchhypothek sein, vgl. §§ 1184, 1185 BGB.
Haben sich die Parteien über die Bestellung eines Briefrechts geeinigt, wird jedoch im Grundbuch eine Buchhypothek eingetragen, entsteht ein Briefrecht, das bis zur Erteilung und Übergabe des Briefes dem Eigentümer als Eigentümergrundschuld zusteht, §§ 1117 Abs. 1, 1163 Abs. 2 BGB (Staudinger/*Wolfsteiner*, Einl. zu §§ 1113 ff. Rn. 124).	Haben sich die Parteien auf die Bestellung eines Buchrechts geeinigt, wird allerdings die Ausschließung der Brieferteilung nicht eingetragen, entsteht gleichfalls ein Briefrecht, das zunächst dem Eigentümer als Eigentümergrundschuld zusteht, §§ 1117 Abs. 1, 1163 Abs. 2 BGB (Staudinger/*Wolfsteiner*, Einl. zu §§ 1113 ff. Rn. 125).

I. Bestehen der Hypothek

Ein Anspruch auf Duldung der Zwangsvollstreckung in das Grundstück setzt voraus, dass BB Inhaberin einer wirksam entstandenen Hypothek geworden ist.

> **Aufbauschema § 1147 BGB**
> 1. Bestehen einer Hypothek
> 2. Fälligkeit des dinglichen Anspruchs
> 3. Fehlen von Einwendungen und Einreden

1. Übertragung der Briefhypothek durch BL auf BB

BB könnte von BL die Briefhypothek erworben haben. Dies erfolgt durch Abtretung der Forderung. Die Hypothek wird nicht selbständig übertragen; vielmehr folgt sie kraft Gesetzes der abgetretenen Forderung nach (§§ 1153 Abs. 1, 401 Abs. 1 BGB; **Mitlaufgebot** der Hypothek).

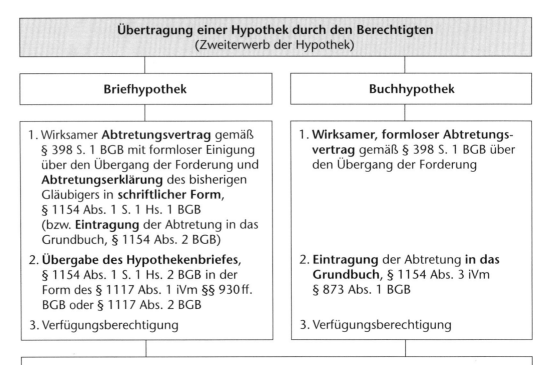

a) Wirksamer Abtretungsvertrag gemäß § 398 BGB in der Form des § 1154 BGB

Für die Übertragung der Briefhypothek ist also zunächst die Abtretung der Forderung erforderlich. Die Abtretungserklärung ist nach § 1154 Abs. 1 S. 1 Hs. 1 BGB in schriftlicher Form abzugeben. Da es sich hier um einen dinglichen Vertrag handelt, muss eine korrespondierende Annahmeerklärung bestehen, die allerdings keiner Form bedarf und auch konkludent – etwa in der Entgegennahme des Hypothekenbriefes – erfolgen kann.[3] Eine fehlende oder formlos abgegebene Abtretungserklärung kann gemäß § 1154 Abs. 2 BGB durch die Eintragung der Abtretung in das Grundbuch ersetzt werden. Schließlich ist die Übergabe des Hypothekenbriefes erforderlich. Diese kann in den Formen des § 1117 Abs. 1 S. 1, 2, Abs. 2 BGB erfolgen, die gemäß § 1154 Abs. 1 S. 1 Hs. 2 BGB Anwendung finden. Liegt eine dieser Voraussetzungen nicht vor, ist die Abtretung unwirksam.

BB und BL haben sich über die Abtretung der Forderung geeinigt. Die Abtretungserklärung des Zedenten – hier der BL – erfolgte in Schriftform (§ 126 BGB), die Annahmeerklärung bedurfte keiner Form. Eine Eintragung in das Grundbuch war aufgrund der bereits schriftlich erteilten Abtretungserklärung nicht mehr erforderlich.

b) Übergabe des Hypothekenbriefes

Die BB als Erwerberin erlangte mit Wissen und Wollen des Zedenten unmittelbaren Besitz am Hypothekenbrief.

---

3 *Baur/Stürner*, Sachenrecht, § 38 Rn. 10 ff.; Palandt/*Herrler*, § 1154 Rn. 2; Erman/*Wenzel*, § 1154 Rn. 3.

c) Verfügungsberechtigung der BL

BL war nicht verfügungsberechtigt. Mangels Auszahlung der Darlehensvaluta ist eine Forderung auf Rückzahlung der Darlehenssumme (§ 488 Abs. 1 S. 2 BGB) nicht entstanden.

Akzessorietät der Hypothek
Die Hypothek ist ein akzessorisches Sicherungsrecht, dh sie ist grundsätzlich von der gesicherten Forderung hinsichtlich Entstehung, Bestand und Durchsetzbarkeit abhängig. Als sog. untrennbares „Anhängsel" der Forderung folgt sie ihr nach, dh bei einem Forderungsübergang wird die Hypothek automatisch kraft Gesetzes mit übertragen (vgl. § 1153 Abs. 1 BGB). Der Gläubiger der Hypothek und der Forderung müssen grundsätzlich identisch sein, wobei Schuldner und Eigentümer des Grundstücks auseinanderfallen können (*Baur/Stürner*, Sachenrecht, § 36 Rn. 59; Palandt/*Herrler*, Überbl. v. § 1113 Rn. 1, § 1113 Rn. 1). Hinsichtlich der Reichweite der Akzessorietät ist zu unterscheiden: Die Sicherungshypothek (§ 1184 BGB) ist streng akzessorisch, während bei der Verkehrshypothek einige Vorschriften Durchbrechungen dieses Grundsatzes vorsehen. Diese Vorschriften sind auf die Sicherungshypothek gemäß § 1185 Abs. 2 BGB nicht anwendbar, vgl. dazu auch *Braun/Schultheiß*, JuS 2013, 871, 872f.

Ein gutgläubiger Erwerb von Forderungen ist nicht möglich (seltene Ausnahme § 405 BGB).[4] Aufgrund des strengen Akzessorietätsgrundsatzes wäre damit auch ein gutgläubiger Erwerb des dinglichen Rechts ausgeschlossen; der durch das Grundbuch vermittelte öffentliche Glaube ginge ins Leere.

Übertragung der Hypothek durch den Nichtberechtigten (gutgläubiger Zweiterwerb der Hypothek)		
Unterscheidung nach Ursache des zu überwindenden Mangels		
Mangel des dinglichen Rechts **Hypothek** besteht nicht bzw. steht nicht dem Veräußerer zu.	**Mangel der Forderung** Nur gesicherte **Forderung** besteht nicht bzw. steht nicht dem Veräußerer zu.	**Doppelmangel** **Forderung und Hypothek** bestehen nicht bzw. stehen nicht dem Veräußerer zu.
Gläubiger ist Inhaber der Forderung, daher 1. Forderungserwerb vom Berechtigten nach allgemeinen Regeln (§§ 398 ff. BGB) 2. Erwerb der Hypothek über **§ 892 BGB**	Grundsätzlich ist kein gutgläubiger Forderungserwerb möglich (Ausnahme: § 405 BGB). Für den Moment des Übergangs der Hypothek fingiert **§ 1138 Alt. 1 BGB** das Bestehen einer Forderung; über § 892 BGB ist dann ein gutgläubiger Erwerb möglich.	Ein gutgläubiger Zweiterwerb ist über die **Kombination aus §§ 1138 Alt. 1, 892 BGB** hinsichtlich der Forderung und **§ 892 BGB** bezüglich der Hypothek möglich.

---

4 Ausführlich zum gutgläubigen Forderungserwerb *Thomale*, JuS 2010, 857 ff.

Übertragung der Hypothek durch den Nichtberechtigten
(gutgläubiger Zweiterwerb der Hypothek) *(Fortsetzung)*

Rechtsfolge	Rechtsfolge
Durch den Forderungserwerb geht die Hypothek bei Erfüllung der Voraussetzungen des gutgläubigen Erwerbs auf den neuen Gläubiger über, §§ 1153 Abs. 1, 401 Abs. 1 BGB.	1. Wenn nur die Forderung **nicht besteht**: Erwerb einer sog. „forderungsentkleideten" Hypothek, d.h. der Erwerber erhält eine Hypothek ohne Forderung und damit ein von ihr unabhängiges Verwertungsrecht (Ausnahme vom Akzessorietätsgrundsatz). Nach aA entsteht hier eine Eigentümergrundschuld. 2. Wenn die Forderung nur dem eingetragenen Verfügenden **nicht zusteht**: Der Zessionar erwirbt nach der **Einheitstheorie** mit der Hypothek auch die Forderung (vgl. *Karper*, JuS 1998, 33; *Baur/Stürner*, Sachenrecht, § 38 Rn. 28). Nach der **Trennungstheorie** ist der Erwerb der Forderung als Folge des gutgläubigen Hypothekenerwerbs dagegen nicht möglich (vgl. *Büdenberger*, JuS 1996, 665, 674; Staudinger/*Wolfsteiner* § 1138 Rn. 9).

Um den (gutgläubigen) Erwerb des dinglichen Rechts zu ermöglichen und damit die Umlauffähigkeit der Hypothek zu gewährleisten, erweitert **§ 1138 BGB** den Rechtsschein der Grundbucheintragung und fingiert das Bestehen der Forderung.[5]

Folgende Voraussetzungen müssen in Bezug auf die Forderung gemäß § 1138 Abs. 1 BGB iVm § 892 Abs. 1 BGB erfüllt sein:

Aufbauschema §§ 1138, 892 BGB
1. Bestehen einer Verkehrshypothek 2. Rechts-/Verkehrsgeschäft 3. Unrichtigkeit des Grundbuches 4. Legitimation des Verfügenden 5. Guter Glaube 6. Kein Widerspruch

aa) Bestehen einer Verkehrshypothek

Bei einer Sicherungshypothek findet § 1138 BGB keine Anwendung (§§ 1184, 1185 Abs. 2 BGB; gesteigerte Akzessorietät). Dafür müssten sich die Parteien aber explizit auf diese Spezialform geeinigt haben. Eine solche Einigung liegt hier nicht vor und es bleibt beim Regelfall der Verkehrshypothek.

bb) Rechtsgeschäftlicher Erwerb durch ein Verkehrsgeschäft

BB hat durch Rechtsgeschäft also weder durch Hoheitsakt noch kraft Gesetzes erworben und zwar im Rahmen eines wirtschaftlichen Güterumsatzes, wobei BB als Erwerberin zu keiner Zeit auf Veräußererseite stand.[6]

cc) Unrichtigkeit des Grundbuches und Legitimation des Verfügenden

Das Grundbuch ist unrichtig, weil trotz mangelnder Auszahlung der Kreditsumme und damit einer fehlenden Forderung eine (wirksam bestehende) Hypothek ausgewiesen wird und der Rechtsverkehr infolgedessen von einer bestehenden Forderung ausgehen kann.

---

5 *Vieweg/Werner*, Sachenrecht, § 15 Rn. 41.
6 MüKoBGB/*Kohler*, § 892 Rn. 24, 33; Erman/*Artz*, § 892 Rn. 15; *Medicus/Petersen*, Bürgerliches Recht, Rn. 548.

Grundlagen des Grundbuchrechts

I. Allgemeines

Das **formelle** Grundbuchrecht betrifft die Einrichtung der Grundbuchbehörden und die Grundbücher selbst sowie das zu beachtende Verfahren. Das **materielle** Grundbuchrecht befasst sich überwiegend mit den Wirksamkeitsvoraussetzungen der dinglichen Rechtsänderung. Hauptfunktion des Grundbuches ist die Verwirklichung des sachenrechtlichen Publizitätsgrundsatzes. Die Richtigkeit der Grundbucheintragungen wird gemäß § 891 BGB vermutet. Das Grundbuch ist der Träger des Rechtsscheins im Immobiliarsachenrecht; an ihn knüpft der gutgläubige Erwerb nach § 892 BGB an (*Baur/Stürner*, Sachenrecht, § 15 Rn. 7 ff.).

II. Organisation und Verfahren

Die Grundbücher werden durch die Amtsgerichte geführt, die örtliche Zuständigkeit richtet sich nach § 1 Abs. 1 S. 2 GBO. Funktionell sind die Aufgaben gemäß § 3 Nr. 1h RPflG dem Rechtspfleger übertragen. Das Eintragungsverfahren gehört zur freiwilligen Gerichtsbarkeit (PWW/*Huhn*, § 873 Rn. 5).

III. Grundbuch- und Eintragungsfähigkeit

Grundbuchfähig, dh die Fähigkeit, in das Grundbuch als Rechtsinhaber eingetragen zu werden, sind natürliche und juristische Personen sowie rechtsfähige Personengesellschaften (vgl. § 14 Abs. 2 BGB). Bei Erben- und Bruchteilsgemeinschaften ist § 47 Abs. 1 GBO zu beachten, wonach auch die einzelnen Mitglieder in das Grundbuch einzutragen sind. Auch bei der Gesellschaft bürgerlichen Rechts müssen gemäß § 47 Abs. 2 GBO zusätzlich sämtliche Gesellschafter mit aufgenommen werden (Palandt/*Herrler*, Überbl. v. § 873 Rn. 9).
Eine Eintragung in das Grundbuch darf nur erfolgen, wenn sie durch Rechtsnorm vorgeschrieben oder zugelassen ist sowie in den Fällen, in denen das materielle Recht an die Eintragung bzw. Nichteintragung eine Rechtswirkung knüpft.
Eintragungsfähig sind dingliche Rechte an einem Grundstück oder an Grundstücksrechten sowie grundstücksgleiche Rechte und Sicherungsmittel wie die Vormerkung gemäß § 883 BGB und der Widerspruch nach § 899 BGB, absolute Verfügungsbeschränkungen dagegen nur, wenn sie erst mit Eintragung in das Grundbuch entstehen, vgl. Erman/*Artz*, Vor § 873 Rn. 9; Palandt/*Herrler*, Überbl. v. § 873 Rn. 7 f.

IV. Verfahrensgrundsätze

Das Grundbuchamt wird regelmäßig nur auf Antrag tätig (**Antragsgrundsatz**, § 13 GBO) und prüft diesen nur formell hinsichtlich der Voraussetzungen für eine Rechtsänderung. Es gilt der **Bewilligungsgrundsatz**, wonach eine Eintragung nach § 19 GBO nur stattfindet, wenn eine einseitige Bewilligung des von der Rechtsänderung betroffenen vorliegt (formelles Konsensprinzip). Materiell-rechtlich wird eine Einigung aber nicht geprüft. Die Eintragungsbewilligung sowie die zur Eintragung erforderlichen Erklärungen – außer dem Antrag – bedürfen eines Nachweises durch öffentliche oder öffentlich beglaubigte Urkunden, § 29 GBO (**Form-/Beweisgrundsatz**). Nach dem ebenfalls geltenden **Ranggrundsatz** bestimmt sich der Rang eines bereits eingetragenen Grundstücksrechts gemäß § 879 BGB nach der Reihenfolge der Eintragung im Grundbuch (dh der Zeitfolge des Eingangs der Anträge, vgl. §§ 17, 45 GBO, Prioritätsprinzip) bzw. dem Rangvermerk, siehe dazu Erman/*Lorenz/Artz*, Vor § 873 Rn. 6 f.; PWW/*Huhn*, § 873 Rn. 6 ff.; Palandt/*Herrler*, Überbl. v. § 873 Rn. 10 ff. sowie zu den Voraussetzungen einer Grundbucheintragung Fall 19, S. 480.

Zweifel ergeben sich aber hinsichtlich der Legitimation der Verfügenden BL, da nicht sie, sondern noch die VR im Grundbuch eingetragen ist und somit auch als Inhaberin der Forderung gilt.

(1) Erweiterung des Gutglaubensschutzes durch § 1155 BGB

Der gute Glaube im Rahmen des § 892 BGB wird durch § 1155 BGB erweitert. Die Vorschrift trägt dem Umstand Rechnung, dass eine Briefhypothek auch außerhalb des Grundbuches übertragen werden kann und die damit einhergehende erhöhte Zirkulationsfähigkeit eine Erweiterung des Gutglaubensschutzes erfordert. Im Anwendungsbereich des § 1155 BGB wird der durch eine Kette öffentlich beglaubigter Abtretungserklärungen und den Besitz des Briefes Legitimierte so behandelt, als wäre er im Grundbuch eingetragen (personenbezogene Erweiterung). Die Vorschrift fingiert die Grundbucheintragung für denjenigen, der sich durch eine lückenlose Kette öffentlich beglaubigter Abtretungserklärungen legitimieren kann.

(2) Voraussetzungen des § 1155 BGB[7]

(a) Eigenbesitz am Hypothekenbrief

Der nicht im Grundbuch eingetragene Zedent ist im Eigenbesitz des Briefes.

(b) Lückenlose Legitimation des Gläubigers

Eine Kette öffentlich beglaubigter Abtretungserklärungen muss vom Zedenten bis zum eingetragenen Gläubiger zurückreichen. Es schadet nicht, wenn die letzte Abtretung an den Zessionar privatschriftlich erfolgt. Hier kann sich BL durch eine öffentlich beglaubigte Abtretungserklärung legitimieren.

Alle Voraussetzungen sind gegeben. BL wird damit so behandelt, als wäre sie im Grundbuch als Inhaberin der Forderung eingetragen.

dd) Guter Glaube

BB ist beim Erwerb redlich hinsichtlich der Berechtigung des Zedenten als auch bezüglich ihrer Vorgänger; die Rechtmäßigkeit des Briefbesitzes wird vermutet (§ 1117 Abs. 3 BGB).

ee) Kein Widerspruch

Ein Widerspruch[8] ist weder aus dem Grundbuch noch aus dem Brief (§ 1140 S. 2 BGB) erkennbar.

Widerspruch gemäß § 899 BGB
Der Widerspruch nach § 899 BGB ist eine vorläufig sichernde Maßnahme, die ein bereits bestehendes dingliches Recht vor den Gefahren einer fehlenden oder unrichtigen Eintragung im Grundbuch und damit den Rechtsinhaber – aufgrund der Möglichkeit eines gutgläubig lastenfreien Erwerbs (§§ 892ff. BGB) – vor einem Rechtsverlust schützt. Der Widerspruch selbst ist kein dingliches Recht, sondern sichert nur ein solches. Im Unterschied zur Vormerkung schützt er bereits bestehende Rechte und nicht nur den schuldrechtlichen Anspruch auf dingliche Rechtsänderung.

---

7 Palandt/*Herrler*, § 1155 Rn. 1 ff.; BRHP/*Rohe*, § 1155 Rn. 2 ff.; Erman/*Wenzel*, § 1155 Rn. 2 ff.
8 Zu den Voraussetzungen und Wirkungen des Widerspruchs siehe Erman/*Artz*, § 899 Rn. 1 ff.; *Baur/Stürner*, Sachenrecht, § 18 Rn. 10 ff.; Palandt/*Herrler*, § 899 Rn. 2 f., 5.

Widerspruch gemäß § 899 BGB *(Fortsetzung)*
Die Eintragung des Widerspruchs erfolgt nach § 899 Abs. 2 BGB entweder aufgrund einer Bewilligung des Betroffenen oder aufgrund einer einstweiligen Verfügung gemäß §§ 935 ff. ZPO. Zulässigkeitsvoraussetzung für den Widerspruch ist zudem das Bestehen einer dem § 894 BGB entsprechenden Rechtslage, dh ein Auseinanderfallen von Grundbuchinhalt und wirklicher Rechtslage (Grundbuchunrichtigkeit) sowie die Gefahr eines Rechtsverlustes.
Ein eingetragener, wirksamer Widerspruch führt zwar nicht zu einer Grundbuchsperre, zerstört aber den öffentlichen Glauben des Grundbuches hinsichtlich der Eintragung, Löschung oder Lücke, gegen die er sich richtet. Der Buchberechtigte kann zwar weiterhin über das Recht verfügen, ein gutgläubiger Erwerb ist damit aber nicht mehr möglich.

Aufgrund § 1138 BGB iVm § 1155 BGB wird der Zedent im Rahmen der Forderungsabtretung so behandelt, als ob er Inhaber der zu sichernden Forderung sei. Materiell-rechtlich entsteht aber keine Forderung und der Zessionar erwirbt diese auch nicht gutgläubig. Die Gutglaubenswirkung ermöglicht nur den Erwerb der Hypothek (**gutgläubiger Erwerb einer forderungsentkleideten Hypothek**). § 1138 BGB fingiert hierfür die Forderung (und genau genommen auch für den weiteren Bestand der Hypothek, weil ansonsten ein Eigentümerrecht entstehen würde, vgl. §§ 1163, 1177 BGB).

Rechtsfolge der Forderungsübertragung ist der gleichzeitige Übergang der Hypothek kraft Gesetzes, soweit die Hypothek tatsächlich besteht (§§ 1153 Abs. 1, 401 Abs. 1 BGB).

Ergebnis

BB hat von BL durch Abtretung der Forderung wirksam gutgläubig die Briefhypothek erlangt.

2. Wirksame Entstehung der Hypothek

Zu prüfen bleibt, ob eine Briefhypothek (von Anfang an) wirksam bestellt wurde. Für die Begründung einer Hypothek bedarf es gemäß §§ 873 Abs. 1 Fall 2, 1113 ff. BGB folgender Voraussetzungen:[9]

Bestellung einer Hypothek (Ersterwerb)	
Briefhypothek § 1116 Abs. 1 BGB	**Buchhypothek** § 1116 Abs. 2 S. 1 BGB
1. Einigung gemäß § 873 Abs. 1 BGB mit Inhalt des § 1113 Abs. 1 BGB 2. Eintragung in das Grundbuch, §§ 873 Abs. 1, 1115 Abs. 1 BGB (und Einigsein in dem Zeitpunkt) 3. **Briefübergabe**, §§ 1116 Abs. 1, 1117 BGB	1. Einigung gemäß § 873 Abs. 1 mit Inhalt des § 1113 Abs. 1 BGB 2. Eintragung in das Grundbuch, §§ 873 Abs. 1, 1115 Abs. 1 BGB (und Einigsein in dem Zeitpunkt) 3. **Ausschluss der Brieferteilung**, § 1116 Abs. 2 S. 3 BGB

---

9 Siehe dazu *Braun/Schultheiß*, JuS 2013, 871, 872 f.

Bestellung einer Hypothek (Ersterwerb) *(Fortsetzung)*	
4. Bestand der gesicherten Forderung (Akzessorietät) 5. Verfügungsberechtigung des Bestellers bzw. gutgläubiger Erwerb	4. Bestand der gesicherten Forderung (Akzessorietät) 5. Verfügungsberechtigung des Bestellers bzw. gutgläubiger Erwerb

Rechtsfolge: Entstehen der Hypothek
Ausnahme: Entstehen einer **Eigentümergrundschuld**, wenn
- die Forderung nicht entsteht oder erlischt, § 1163 Abs. 1 BGB,
- eine künftige oder bedingte Forderung gesichert wird,
- der Hypothekenbrief abredewidrig nicht ausgehändigt wird (§ 1163 Abs. 2 BGB) oder
- die Einigung unwirksam ist und der Mangel allein beim Gläubiger liegt.

a) Einigung über das Entstehen der Briefhypothek

Eine wirksame Einigung zwischen S und VR über die Bestellung einer Briefhypothek an dem Grundstück Band 104 Blatt 1023 ist zustande gekommen.

b) Eintragung der Briefhypothek im Grundbuch

Eine Eintragung ist erfolgt, aber nicht am Grundstück Band 104 Blatt 1023, sondern am Grundstück Band 104 Blatt 1024. Die Einigung und die Eintragung müssen übereinstimmen.

Fehlt die Übereinstimmung, ist weder das vereinbarte Recht (mangels Eintragung) noch das eingetragene Recht (mangels Einigung) entstanden. Hier decken sich Einigung und Eintragung nicht einmal teilweise.[10] Eine nachträgliche (auch konkludente) Einigung wäre möglich, fehlt hier aber ebenfalls. Im Ergebnis besteht damit keine **Kongruenz**[11] **zwischen Einigung und Eintragung**.

> Das Gesetz verlangt eine **Kongruenz** von Einigung und Eintragung, dh diese müssen sich entsprechen. Abweichungen können sich sowohl in zeitlicher wie auch inhaltlicher Hinsicht ergeben. In diesem Fall kommt dann die Rechtsänderung nicht zustande (außer durch gutgläubigen Erwerb).

c) Übergabe des Hypothekenbriefes

Die Briefübergabe an VR ist ordnungsgemäß erfolgt.

d) Bestand der gesicherten Forderung

Die Forderung ist hier nicht entstanden. Im Verhältnis zum Erwerber schadet dies aber nicht (vgl. oben).

e) Verfügungsberechtigung des Bestellers

An der Verfügungsberechtigung des Bestellers S bestehen keine Zweifel. S konnte sein Grundstück mit einer Briefhypothek belasten.

Ursprünglich fehlte es für eine wirksame Übertragung der Hypothek damit an zwei Voraussetzungen. Zum einem bestand die Forderung nicht und zum anderen war aufgrund mangelnder Übereinstimmung zwischen Einigung und Eintragung das Grundpfandrecht nicht wirksam entstanden. Der für den Hypothekenerwerb notwendige Forderungserwerb wurde über §§ 1138, 1155 BGB fingiert. Kraft Gesetzes (§ 1153 Abs. 1 BGB) geht aber nur die wirksam entstandene Hypothek über. Das Nichtentstehen der Hypothek aufgrund des Auseinanderfallens von Einigung und

---

10 Im Falle der Teilkongruenz von Einigung und Eintragung entsteht gemäß § 139 BGB jedenfalls das Minus; Beispiele bei *Baur/Stürner*, Sachenrecht, § 19 Rn. 28 ff.; MüKoBGB/*Kohler*, § 873 Rn. 110.
11 Näheres zur Kongruenz von Einigung und Eintragung siehe BRHP/*H.-W. Eckert*, § 877 Rn. 5; *Baur/Stürner*, Sachenrecht, § 19 Rn. 28 ff.

Eintragung könnte nunmehr aber über eine direkte Anwendung von § 892 BGB überwunden werden.

Öffentlicher Glaube des Grundbuches gemäß § 892 BGB

I. Allgemeines

§ 892 BGB fingiert die Richtigkeit und Vollständigkeit des Grundbuches zugunsten desjenigen, der die Unrichtigkeit nicht kennt. Hinsichtlich eintragbarer dinglicher Rechte begründet § 892 BGB sowohl positiven als auch negativen Vertrauensschutz. Das bedeutet, dass eingetragene Rechte als bestehend und nicht eingetragene oder gelöschte Rechte als nicht bestehend gelten. Hinsichtlich Verfügungsbeschränkungen ist der Vertrauensschutz allerdings nur negativ (vgl. *Baur/Stürner*, Sachenrecht, § 23 Rn. 40 ff.; Palandt/*Herrler*, § 892 Rn. 1, 16 ff.). Im Gegensatz dazu begründet § 891 BGB nur eine widerlegliche Vermutung der Richtigkeit des Grundbuchinhalts.

II. Voraussetzungen

Folgende Voraussetzungen sind für einen gutgläubigen Erwerb nach § 892 BGB erforderlich:

1. Rechtsgeschäft im Sinne eines Verkehrsgeschäftes

Das Rechtsgeschäft muss auf dingliche Rechtsänderung gerichtet sein, ein Erwerb kraft Gesetzes oder durch Hoheitsakt (zB in der Zwangsversteigerung) ist nicht durch § 892 BGB geschützt (Palandt/*Herrler*, § 892 Rn. 2).

§ 892 BGB kommt auch nur bei einem Verkehrsgeschäft zur Anwendung, dh auf Veräußerer- und Erwerberseite müssen unterschiedliche Rechtssubjekte stehen, die wirtschaftlich verschieden sind, vgl. PWW/*Huhn*, § 892 Rn. 9.

2. Unrichtigkeit des Grundbuches und Legitimation des Veräußerers

Der Inhalt des Grundbuches muss zum Zeitpunkt der Vollendung des Rechtserwerbs unrichtig sein, dh nicht mit der materiellen Rechtslage übereinstimmen. Der Schutz des guten Glaubens besteht allerdings nur in Bezug auf den rechtlichen Inhalt des Grundbuches, nicht hinsichtlich rein tatsächlicher Angaben, unzulässiger bzw. unwirksamer Eintragungen oder nicht eintragungsfähiger Rechte (Palandt/*Herrler*, § 892 Rn. 10; BRHP/*H.-W. Eckert*, § 892 Rn. 4).

Der Veräußerer muss durch das Grundbuch legitimiert sein, denn der Grundbucheintrag ist als Rechtsscheintatbestand Anknüpfungspunkt des guten Glaubens, vgl. MüKoBGB/*Kohler*, § 892 Rn 47 ff.

3. Redlichkeit/Guter Glaube des Erwerbers

Der Erwerber darf keine positive Kenntnis der Unrichtigkeit des Grundbuches gehabt haben; grobe Fahrlässigkeit, bloße Zweifel oder billigende Inkaufnahme reichen hier nicht aus (Palandt/*Herrler*, § 892 Rn. 24). Ob der Erwerber überhaupt vom Inhalt des Grundbuches Kenntnis hatte oder konkret darauf vertraut hat, ist unerheblich. Maßgeblicher Zeitpunkt für die Gutgläubigkeit ist die Vollendung des Rechtserwerbs. Dieser kann nach § 892 Abs. 2 BGB oder aufgrund gutgläubig erworbener Vormerkung vorverlagert werden (Palandt/*Herrler*, § 892 Rn. 25).

4. Kein Widerspruch, § 899 BGB

Ein eingetragener Widerspruch hebt den öffentlichen Glauben des § 892 BGB auf und verhindert damit einen gutgläubigen Erwerb vom Nichtberechtigten. Der Widerspruch muss nach allgemeiner Ansicht gerade für den wahren Berechtigten eingetragen sein, vgl. *Baur/Stürner*, Sachenrecht, § 18 Rn. 23. Wegen der aufgehobenen Fiktion des § 892 BGB sind dann sämtliche Verfügungen des Nichtberechtigten absolut unwirksam.

Stehen dem Verfügenden weder Forderung noch Hypothek zu, ist eine **doppelte Anwendung der Gutglaubensvorschriften** erforderlich. Die Hypothek kann unmittelbar gemäß § 892 Abs. 1 BGB gutgläubig erworben werden, das Fehlen der Forderung muss für den Hypothekenerwerb gemäß §§ 1138, 892 BGB überwunden werden.[12] Der gute Glaube von BB an den Grundbuchinhalt schützt sie nicht nur über § 1138 BGB **in Ansehung der Forderung** zum Erwerb der Hypothek, sondern auch im Rahmen des § 892 BGB (direkt), um den **Mitlauf der Hypothek** zu erreichen.

An dieser Stelle sind die Voraussetzungen von § 892 Abs. 1 BGB (iVm § 1155 BGB) zum Erwerb der Hypothek erneut zu prüfen. Die Vorschriften wurden aber bereits ausführlich oben dargestellt. Auch in Ansehung der Hypothek selbst liegen die Voraussetzungen vor.

Ergebnis

BB hat eine forderungsentkleidete Briefhypothek am Grundstück Band 104 Blatt 1024 erworben.

II. Fälligkeit der Hypothek

Die Fälligkeit des dinglichen Rechts richtet sich – aufgrund des Akzessorietätsprinzips – grundsätzlich nach der Fälligkeit der gesicherten Forderung und tritt regelmäßig nach Vereinbarung eines kalendermäßig bestimmten bzw. berechenbaren Zeitpunktes ohne weiteres ein; ansonsten bedarf es einer gesonderten Kündigung nach § 1141 BGB. Eine Ausnahme hierzu stellt § 1133 BGB dar.

Von der Fälligkeit der Hypothek ist hier auszugehen.

Fälligkeit durch Kündigung

Für den (seltenen) Fall, dass keine Vereinbarung über die Fälligkeit der gesicherten Forderung getroffen wurde, sondern diese von einer Kündigung abhängt (zB bei Darlehensforderungen gemäß § 488 Abs. 3 S. 1 BGB), reicht es nicht aus, dass nur die Forderung gekündigt wird. Sind Schuldner der gesicherten Forderung und Eigentümer des Grundstücks nicht identisch, genügt die Kündigung gegenüber dem persönlichen Schuldner nicht. Es muss ferner die Hypothek vom Gläubiger gegenüber dem Eigentümer (bzw. Eigentümer gegenüber Gläubiger) gekündigt werden, vgl. § 1141 Abs. 1 S. 1 BGB. Anderenfalls würde nur die Forderung, nicht aber die Hypothek fällig werden, vgl. *Baur/Stürner*, Sachenrecht, § 40 Rn. 7; MüKoBGB/*Lieder*, § 1141 Rn. 3 ff.

---

[12] *Baur/Stürner*, Sachenrecht, § 38 Rn. 27; *Vieweg/Werner*, Sachenrecht, § 15 Rn. 43.

III. Einredefreiheit der Hypothek[13]

Einreden des Eigentümers gegen die Hypothek, dh den Anspruch aus § 1147 BGB		
Forderungsbezogene Einwendungen	**Einreden aus der bürgenähnlichen Stellung des Eigentümers**	**Eigentümerbezogene Einreden**
Gemäß **§ 1137 Abs. 1 S. 1 Alt.1 BGB** kann der Eigentümer Einreden gegen die hypothekarisch gesicherte Forderung auch gegen die Hypothek geltend machen (zB Stundung der Forderung, Einrede des nicht erfüllten Vertrages nach § 320 BGB, nicht aber die der Verjährung, vgl. § 216 Abs. 1 BGB). Es ist unerheblich, ob Eigentümer und persönlicher Schuldner in einer Person zusammenfallen oder personenverschieden sind.	Dem Schuldner (der nicht zugleich Eigentümer ist) wird die Ausübung der dem Eigentümer zugeordneten Gestaltungsrechte verwehrt, da sie ihm selbst nicht zustehen. Aufgrund der bürgenähnlichen Stellung kann der Eigentümer aber nach **§ 1137 Abs. 1 S. 1 Alt. 2 BGB** die Gestaltungsrechte des Schuldners gemäß § 770 BGB (Anfechtung und Aufrechnung) als Leistungsverweigerungsrechte gegen die Hypothek geltend machen. Nach hM findet § 770 BGB auch für andere Gestaltungsrechte (zB Rücktritt) entsprechende Anwendung.	Aus der schuldrechtlichen Vereinbarung zwischen dem Eigentümer des belasteten Grundstücks und dem Gläubiger kann der Eigentümer die Einreden gegen die Hypothek geltend machen, die sich aus der Vereinbarung in Bezug auf die Geltendmachung des dinglichen Rechts ergeben (zB Vereinbarung der vorrangigen Befriedigung aus der persönlichen Forderung). Diese hypothekenbezogenen Einreden sind gesetzlich nicht besonders geregelt, ihre Zulässigkeit ergibt sich aber aus § 1157 BGB.

Nach Übertragung der Hypothek **gegen den neuen Hypothekengläubiger**	
Nach Übertragung der Hypothek bleibt es im Grundsatz bei der Regel des § 404 BGB. Das bedeutet, dass der Eigentümer die forderungsbezogenen Einreden sowie die Einreden aus seiner bürgenähnlichen Stellung auch gegenüber dem neuen Hypothekengläubiger geltend machen kann.	Die Einreden aus dem Rechtsverhältnis mit dem ursprünglichen Gläubiger kann der Eigentümer gemäß § 1157 S. 1 BGB auch dem neuen Gläubiger entgegenhalten, soweit sie nicht erst nach Abtretung entstanden sind, vgl. § 1156 BGB.
Aus Gründen der Verkehrsfähigkeit der Hypothek ist ein **einredefreier Erwerb** der Hypothek möglich, wenn der Erwerber gutgläubig ist, dh ihm die Einrede unbekannt ist, **§ 1138 iVm § 892 BGB** (bzw. sich die Einrede weder aus dem Grundbuch noch aus dem Hypothekenbrief ergibt, §§ 1138, 1140 BGB).	Gemäß **§ 1157 S. 2 iVm § 892 BGB** (bzw. iVm § 1140 BGB) ist auch hier ein (gutgläubig) einredefreier Erwerb der Hypothek möglich.

---

[13] Zu den Einreden gegen die Hypothek *Baur/Stürner*, Sachenrecht, § 38 Rn. 63 ff.; Palandt/*Herrler*, § 1137 Rn. 1 ff.; Erman/*Wenzel*, § 1137 Rn. 6; MüKoBGB/*Lieder*, § 1137 Rn. 4 ff., § 1157 Rn. 2 f.; vgl. dazu auch *Braun/Schultheiß*, JuS 2013, 871, 873 f.

BB war hinsichtlich der Einrede des S gutgläubig und hat damit die Hypothek gutgläubig einredefrei gemäß § 1138 iVm § 892 BGB erworben.

Gesamtergebnis

BB ist Inhaberin einer einredefreien Hypothek geworden. Ihr steht ein Anspruch gegen S auf Duldung der Zwangsvollstreckung gemäß § 1147 BGB in das Grundstück in Garmisch-Partenkirchen (Band 104 Blatt 1024) zu. Das Grundstück haftet damit für die BB.

B. Anspruch des F gegen S nach § 1147 BGB

F könnte gegen S einen Anspruch auf Duldung der Zwangsvollstreckung gemäß § 1147 BGB in das Grundstück von S in Garmisch-Partenkirchen (Band 104 Blatt 1023) zustehen. Dafür müsste F Inhaber einer fälligen, einredefreien Briefhypothek geworden sein.

I. Inhaber der Hypothek

Ein Anspruch auf Duldung der Zwangsvollstreckung in das Grundstück setzt also zunächst voraus, dass F Inhaber einer Hypothek geworden ist. Die Hypothek wird nicht selbständig übertragen; vielmehr folgt sie der Forderung nach (§§ 1153 Abs. 1, 401 Abs. 1 BGB), wenn sie tatsächlich besteht.

1. Übergang der Hypothek auf F durch Ablösung nach § 1150 iVm § 268 Abs. 3 BGB

Hier könnte es aufgrund eines Ablösungsrechtes gemäß § 1150 iVm § 268 Abs. 3 S. 1 BGB nach Zahlung der Darlehenssumme von F an H zu einem Forderungsübergang auf F gekommen sein.[14]

Bewirken der Leistung durch Dritte
Leistung durch Dritte gemäß § 267 BGB
Nach **§ 267 BGB** kann eine Verbindlichkeit des Schuldners auch durch **Leistung eines Dritten** bewirkt werden, vorausgesetzt es handelt sich nicht um eine durch den Schuldner höchstpersönlich zu erbringende Leistungspflicht. Eine solche höchstpersönliche Pflicht kann sich aus der ausdrücklichen Vereinbarung zwischen den Parteien sowie aus dem Wesen des Schuldverhältnisses ergeben oder kraft Gesetzes bestehen (zB Vermutung der Höchstpersönlichkeit beim Dienstvertrag gemäß § 613 S. 1 BGB), vgl. PWW/*Zöchling-Jud*, § 267 Rn. 2. Des Weiteren setzt § 267 BGB voraus, dass der Dritte aus eigenem Antrieb eine eigene Leistung mit Fremdtilgungswillen auf eine fremde Schuld erbringt und dadurch die geschuldete Leistung bewirkt. Nach § 267 Abs. 2 BGB besitzt der Gläubiger ein Ablehnungsrecht (aber keine -pflicht), wenn der Schuldner der Leistungsbewirkung durch den Dritten widersprochen hat. In diesem Fall gerät der Gläubiger auch nicht in Annahmeverzug. Die Leistung durch den Dritten hat zur Folge, dass das Rechtsverhältnis zwischen Gläubiger und Schuldner erlischt (vgl. § 362 BGB). Weder die Forderung noch eine für den Gläubiger bestellte akzessorische Sicherheit gehen auf den Dritten über, sondern erlöschen ebenfalls, vgl. zum Ganzen Palandt/*Grüneberg*, § 267 Rn. 1; MüKoBGB/*Krüger*, § 267 Rn. 4 ff.

---

14 Bei Geltendmachung allein der persönlichen Forderung gilt nicht § 1150 BGB, sondern § 268 BGB direkt.

> **Bewirken der Leistung durch Dritte** *(Fortsetzung)*
>
> **Ablösungsrecht des Dritten gemäß § 268 BGB**
>
> **§ 268 BGB** stellt eine besondere Ausgestaltung der in § 267 BGB geregelten Befugnis dar und gibt dem **Dritten** eine wesentlich stärkere Rechtsstellung als die des § 267 BGB. Die Vorschrift gewährt dem Dritten ein **Ablösungsrecht** zur Erhaltung des Haftungsgegenstandes bei drohender Zwangsvollstreckung.
> **Voraussetzung** für dieses Recht ist, dass die Zwangsvollstreckung wegen einer Geldforderung gegen einen Gegenstand, an dem der Dritte ein Recht hat bzw. der sich im Besitz des Dritten befindet, bereits begonnen hat. Hierfür genügt aber schon der Vollstreckungsantrag des Gläubigers (Palandt/*Grüneberg*, § 268 Rn. 2). Dem Dritten muss außerdem durch die bevorstehende Zwangsvollstreckung ein Rechts- oder Besitzverlust drohen.
> Nimmt der Gläubiger die Leistung des Dritten nicht an, gerät er in Annahmeverzug (§§ 293 ff. BGB); ein Widerspruch des Schuldners ist hier wirkungslos. Im Gegensatz zu § 267 BGB erlischt das Schuldverhältnis nach Ausübung des Ablösungsrechtes nicht, sondern die Forderung geht in Höhe des vom Dritten gezahlten Betrages kraft Gesetzes auf ihn über, § 268 Abs. 3 S. 1 BGB. Er rückt damit vollständig in die Rechtsstellung des bisherigen Gläubigers ein und die dem Hauptanspruch dienenden Nebenrechte gehen wegen ihrer Akzessorietät mit der Forderung über (§§ 401, 412 BGB), vgl. zum Ganzen PWW/*Zöchling-Jud*, § 268 Rn. 1 ff.; MüKoBGB/*Krüger*, § 268 Rn. 1 ff.

Ein Forderungsübergang nach § 1150 iVm § 268 Abs. 3 S. 1 setzt damit voraus:

a) Befriedigungsverlangen des Gläubigers

Der Hypothekengläubiger muss aus dem Grundstück oder mithaftenden Gegenständen vom Eigentümer Befriedigung verlangt haben. Eine gerichtliche Geltendmachung des Anspruchs ist genauso wenig notwendig, wie – anders als bei § 268 BGB direkt – der Beginn der Zwangsvollstreckung. Die Hypothekenkündigung oder eine Zahlungsaufforderung durch den Gläubiger sind ausreichend, die bloße Geltendmachung der persönlichen Forderung genügt dagegen nicht.[15]

Hier hat H als Hypothekengläubiger ausdrücklich die Befriedigung aus dem Grundstück des S verlangt.

b) Gefährdung eines Rechts

F muss zum Kreis der Ablösungsberechtigten gehören, dh es muss ein dingliches Recht bzw. Besitz an dem Gegenstand der Zwangsvollstreckung haben, § 268 Abs. 1 S. 1 oder S. 2 BGB.

Zudem muss es der Gefahr ausgesetzt sein, dieses Recht zu verlieren. Das Ablösungsrecht dient nämlich gerade dazu, den Haftungsgegenstand zu erhalten. Es wird daher nicht (mehr) benötigt, wenn die Zwangsvollstreckung die Rechtsstellung des Dritten unberührt lässt oder sich die Gefahr des Verlustes bereits verwirklicht hat.[16]

> **Aufbauschema §§ 1150 iVm 268 Abs. 3 S. 1 BGB**
> 1. Befriedigungsverlangen
> 2. Drohender Rechts- oder Besitzverlust
> 3. Vermeidung der Vollstreckung
> 4. Befriedigung des Schuldners durch den Dritten

---

15 Palandt/*Herrler*, § 1150 Rn. 2; MüKoBGB/*Lieder*, § 1150 Rn. 3; Staudinger/*Wolfsteiner*, § 1150 Rn. 4.
16 MüKoBGB/*Krüger*, § 268 Rn. 9; MüKoBGB/*Lieder*, § 1150 Rn. 5; Palandt/*Bassenge*, § 1150 Rn. 3.

F hat eine Hypothek an dem Grundstück, aus dem H die Befriedigung verlangt. Für F könnte sich daher ein Rechtsverlust aus dem Rang seiner Hypothek ergeben, weil diese in der Zwangsversteigerung erlöschen könnte.

Als gesetzliche Versteigerungsbedingung gilt in der Zwangsversteigerung der sog. Deckungsgrundsatz, dh alle die dem betreibenden Gläubiger vorrangigen Rechte sowie die Kosten des Zwangsversteigerungsverfahrens müssen durch das Versteigerungsergebnis gedeckt sein. Hierbei handelt es sich um das geringste Gebot (vgl. § 44 Abs. 1 ZVG). Dieses darf, um wirksam zu sein, bei der Versteigerung nicht unterschritten werden.[17] Die dem betreibenden Gläubiger vorgehenden und in das geringste Gebot fallenden Rechte bleiben gemäß § 52 Abs. 1 S. 1 ZVG grundsätzlich bestehen. Alle anderen, nachrangigen – nicht in das geringste Gebot aufgenommenen – Rechte erlöschen dagegen (§§ 91 Abs. 1, 52 Abs. 1 S. 2 ZVG).[18] Der Rang der verschiedenen Rechte bestimmt sich nach § 10 ZVG.

Dem F droht durch das Befriedigungsverlangen des H ein Rechtsverlust dahingehend, dass seine Hypothek – als ein dem die Zwangsvollstreckung betreibenden Gläubiger H nachrangiges Recht – nicht in das geringste Gebot fallen könnte und damit erlischt.

c) Vermeidung der Vollstreckung

Die Ausübung des Ablösungsrechtes muss die Vermeidung der Zwangsvollstreckung zum Ziel haben.[19] Eine subjektive Willensrichtung des Dritten, die Ablösung gerade zu diesem Zweck zu betreiben, ist aber nicht erforderlich. Es kommt hier allein auf objektive Merkmale an, mit der Folge, dass auch derjenige das Ablösungsrecht ausüben kann, der dann selbst die Zwangsvollstreckung weiterbetreiben will und mit der Ablösung lediglich die Verbesserung seiner Erlösaussichten bezweckt.[20]

Ergebnis

Mit der Befriedigung des H geht die Forderung kraft Gesetzes auf den Ablösenden – hier F – über (§§ 1150, 268 Abs. 3 S. 1 BGB). Mit dem Übergang der Forderung folgt kraft Gesetzes die Hypothek nach, soweit sie tatsächlich besteht (§§ 1153 Abs. 1, 401 Abs. 1 BGB). F tritt in die Rechtsstellung des bisherigen Gläubigers ein.

2. Wirksame Entstehung der Hypothek

Daher bleibt zu prüfen, ob eine Hypothek von Anfang an wirksam bestellt wurde bzw. ob H seinerseits die Briefhypothek wirksam von M erworben hat. Der Erwerb erfolgt grundsätzlich durch Abtretung der Forderung in der Form des § 1154 BGB. Ursprünglich wurde eine Briefhypothek zugunsten der M in das Grundbuch eingetragen und der Hypothekenbrief an M übergeben. Allerdings war mangels Auszahlung der Darlehenssumme keine Forderung auf Rückzahlung entstanden. Dies hat dazu geführt, dass trotz wirksamer Einigung über eine Briefhypothek, deren Eintragung und Briefübergabe nur ein vorläufiges (bis zur Entstehung der Forderung bestehendes) Eigentümerrecht für S entstanden ist. Nach herrschender Meinung

---

17 *Brox/Walker*, Zwangsvollstreckungsrecht, § 28 Rn. 892 ff.
18 *Brox/Walker*, Zwangsvollstreckungsrecht, § 29 Rn. 930 ff.
19 BGH NJW 1994, 1475; OLG Köln Rpfleger 1989, 298.
20 MüKoBGB/*Krüger*, § 268 Rn. 10.

handelt es sich dabei um eine Eigentümergrundschuld (§§ 1163 Abs. 1 S. 1, 1177 Abs. 1 BGB).[21] Gleichzeitig hat der Gläubiger M aber ein Anwartschaftsrecht auf Erwerb der Hypothek erlangt, das mit Entstehung der Forderung dann von selbst zur Hypothek wird.[22]

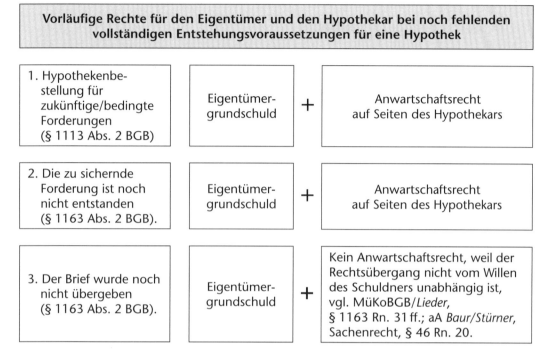

H konnte von M zum Zeitpunkt der Übertragung der Hypothek somit keine wirksame Briefhypothek erwerben. Stattdessen erlangte H das (grds. übertragbare) Anwartschaftsrecht von M. Nach Valutierung der Darlehenssumme ist die Forderung entstanden und das Anwartschaftsrecht zum Vollrecht – hier zur Hypothek – erstarkt. Es hat dann tatsächlich eine Hypothek bestanden, die der Forderung nachfolgen konnte.

Ergebnis

F hat von M ein Anwartschaftsrecht erworben und ist nach Auszahlung der Darlehenssumme wirksam Inhaber der Briefhypothek geworden.

II. Fälligkeit der Hypothek

In der Regel haben sich die Parteien über den Zeitpunkt der Fälligkeit der Hypothekenforderung und damit der Hypothek geeinigt – und zwar in Form einer festen Laufzeitvereinbarung bzw. einer vertraglich festgelegten Kündigungsmöglichkeit. Ist eine Kündigung für die Fälligkeit vorausgesetzt, erhält der Gläubiger durch Ausübung gegenüber dem Eigentümer (vgl. § 1141 BGB) das Recht, in das Grundstück zu vollstrecken.

---

21 Nach anderer Ansicht spreche in dem Fall bereits die amtliche Überschrift des § 1163 BGB für das Entstehen einer Hypothek ohne Forderung; Überblick über den Meinungsstand bei PWW/*Waldner*, § 1163 Rn. 1.
22 PWW/*Waldner*, § 1163 Rn. 3; *Baur/Stürner*, Sachenrecht, § 46 Rn. 20; *Medicus/Petersen*, Bürgerliches Recht, § 20 Rn. 460, 477; allgemein zum Anwartschaftsrecht Fall 18, S. 456 ff.

III. Einredefreiheit der Hypothek

Dem S könnte aber eine Einrede gegen die Inanspruchnahme aus der Hypothek, dh gegen den Anspruch nach § 1147 BGB zustehen.

1. Eigentümerbezogene Einrede

S könnte eine Einrede aufgrund seiner ursprünglichen, schuldrechtlichen Vereinbarung mit M zustehen und F auf andere (hier nicht näher bekannte) Sicherheiten zur vorrangigen Befriedigung verweisen. Eine solche Einrede kann S grundsätzlich auch dem neuen Hypothekar entgegenhalten (§ 1157 S. 1 BGB).

Fortbestehen der Einreden, § 1157 BGB

Von der Vorschrift sind eigentümerbezogene **Einreden** erfasst. Es handelt sich dabei um (rechtshemmende) Einreden, die sich auf die schuldrechtlichen Verpflichtungen des bisherigen Gläubigers mit dem Eigentümer wegen des dinglichen Rechts beziehen (zB Stundung, schuldrechtliches Abtretungsverbot, Versprechen auf die Hypothek zu verzichten). § 1157 BGB regelt allein die Frage, inwieweit diese Einreden des Eigentümers noch bestehen, wenn auf Gläubigerseite eine Rechtsnachfolge stattgefunden hat. Nach § 1157 S. 1 BGB kann er Einwendungen aus dem Rechtsverhältnis mit dem Gläubiger auch gegen den Erwerber der Hypothek geltend machen, sofern sie nicht inhaltlich auf die Geltendmachung gegenüber dem bisherigen Gläubiger beschränkt sind (Bestätigung des Grundsatzes in § 404 BGB).

Einwendungen bezüglich der Hypothek werden dagegen nicht geregelt. Eigene Einwendungen des Eigentümers gegen das dingliche Recht selbst können aber auch dem neuen Gläubiger entgegengehalten werden. Einwendungen des Schuldners (gegen die Forderung) wirken über die Akzessorietät und reduzieren von selbst den Umfang der Hypothek. Der geschmälerte Umfang der Hypothek wirkt auch gegenüber dem Rechtsnachfolger (Staudinger/*Wolfsteiner*, § 1157 Rn. 1, 5, 7).

§ 1157 BGB trifft ebenfalls keine Regelung dafür, dass ein Rechtsnachfolger des Grundstückseigentümers die Einreden seines Vorgängers geltend machen will (BGHZ 155, 63). Diese Rechte müssen gesondert abgetreten werden, was auch stillschweigend erfolgen kann (BGH Rpfleger 1952, 487).

Bei Erwerb der Hypothek hat F von der Vereinbarung zwischen S und M aber nichts gewusst. F könnte somit die Hypothek **gutgläubig einredefrei** erworben haben (§§ 1157 S. 2, 892 BGB).

2. Gutgläubig einredefreier Erwerb durch F

§ 892 BGB setzt hierfür zunächst voraus, dass der Erwerb durch Rechtsgeschäft im Sinne eines Verkehrsgeschäftes erfolgte.

Ob es sich beim Übergang der Forderung aufgrund der Ausübung des Ablösungsrechtes gemäß § 1150 iVm § 268 Abs. 3 S. 1 BGB um einen rechtsgeschäftlichen Erwerb handelt, ist allerdings umstritten. Die Rechtsprechung[23] und die überwiegende Einschätzung in der Literatur gehen davon aus, dass ein Übergang **kraft**

---

23 BGH NJW 1986, 1487; *Rimmelspacher*, WM 1986, 809; *Medicus/Petersen*, Bürgerliches Recht, Rn. 547.

Gesetzes eingetreten war, so dass ein gutgläubig einredefreier Erwerb ausscheidet. Die teils in der Literatur vertretene Gegenansicht versteht den rechtsgeschäftlichen Erwerb in § 892 BGB dahingehend, dass es auch genügt, wenn der Erwerb die Folge eines Rechtsgeschäfts war und der Erwerber bei dessen Vornahme typischerweise durch den Rechtsschein des Grundbuches beeinflusst worden sein kann. Nicht notwendig sei, dass der Erwerb selbst Inhalt und Gegenstand des Rechtsgeschäfts ist.[24]

Meinungsstreit zum gutgläubigen Erwerb beim Ablösungsrecht nach § 268 Abs. 3 S. 1 BGB	
Gutgläubig einredefreier Erwerb **möglich** (Lit.)	**Kein** gutgläubig einredefreier Erwerb (Rspr./hM)
• Der Gutglaubensschutz ist nach Literaturmeinung bei gesetzlichem Erwerb nicht generell ausgeschlossen. Es existiere keine Vorschrift, die einen gutgläubigen Erwerb ausnahmslos bei rechtsgeschäftlichem und nicht auch bei gesetzlichem Erwerb ermöglicht. Der Begriff „Rechtsgeschäft" in § 892 BGB sei nicht im engen Sinne zu verstehen. • Das Ablösungsrecht sei mit der Vormerkung vergleichbar, bei der der BGH den gutgläubigen Zweiterwerb zulässt, obwohl diese ebenfalls nicht durch Rechtsgeschäft übertragen wird, sondern analog § 401 BGB der Forderung kraft Gesetzes folgt (*Canaris*, NJW 1986, 1487, 1489). • Wirtschaftlich betrachtet könne man die Ablösung auch nur als einen „Abkauf" unter Anrechnung auf den Kaufpreis verstehen und damit als einen rein gesetzestechnischen Gestaltungsweg. Hätte der Ablösende nämlich die Hypothek „auf normalem Wege" erworben, hätte er privatautonom nichts anderes vereinbart und § 892 BGB wäre anwendbar gewesen. Die Stellung des Ablösenden darf daher hier nicht geschwächt werden (vgl. *Medicus/Petersen*, Bürgerliches Recht, Rn. 547; *Petersen*, JURA 2013, 1026 ff.)	• § 268 Abs. 3 S. 1 BGB bewirke den Übergang der Forderung und damit der Hypothek **kraft Gesetzes**. Ein gutgläubiger Erwerb scheide hier schon deswegen aus, weil § 892 BGB nach dieser Ansicht zwingend ein Rechtsgeschäft voraussetzt (BGH NJW 1986, 1487 ff.). • Teilweise wird der Übergang der Hypothek auf den Ablösenden nach §§ 1150, 268 Abs. 3 S. 1 BGB als Rechtserwerb durch Leistungsbewirkung behandelt, worauf § 893 BGB Anwendung finde. Nach dieser Ansicht wäre die Vorschrift überflüssig, wenn Leistungsbewirkungen ebenfalls unter § 892 BGB fallen würden. Hinsichtlich der Einreden nehme § 1157 S. 2 BGB den § 893 BGB aber in seiner Verweisung gerade aus, dh ein gutgläubig einredefreier Erwerb wäre nach dem klaren Wortlaut dieser Vorschrift nur unter den Voraussetzungen des § 892 BGB möglich, also nur dann, wenn er auf einem auf dingliche Rechtsänderung gerichteten Rechtsgeschäft beruht (BGH NJW 1997, 190 ff.). Dies sei nach dieser Ansicht hier gerade nicht der Fall.

Der Begriff des Rechtsgeschäfts in § 892 BGB ist eng am Wortlaut auszulegen, so dass sich darunter kein Erwerb kraft Gesetzes subsumieren lässt und ein gutgläubig einredefreier Erwerb ausscheidet. Eine weite Auslegung zugunsten des Ablösungs-

---
[24] *Canaris*, NJW 1986, 1487 ff.

berechtigten ist aufgrund mangelnder Schutzbedürftigkeit hier nicht geboten. Auch die Annahme einer Leistungsbewirkung nach § 893 BGB führt zu keinem anderen Ergebnis. Denn es handelt sich gerade nicht um ein Redaktionsversehen des Gesetzgebers – wie von Teilen der Literatur vertreten wird –, dass die Vorschrift nicht in die Verweisung des § 1157 S. 2 BGB aufgenommen wurde. Beim Übergang eines Grundpfandrechts kraft Gesetzes ist ein Vertrauen des Ablösenden, dass ihn der bisherige Gläubiger über etwaige Einreden in Kenntnis setzt, gerade nicht gerechtfertigt. Der bisherige Gläubiger verliert sein dingliches Recht ohne sein Zutun und hat oft nicht einmal Gelegenheit, den Ablösenden über bestehende Einreden in Kenntnis zu setzen. Damit unterscheidet sich der Fall wesentlich von dem – nach der Literatur als vergleichbar zu betrachtenden – Fall des gutgläubigen Zweiterwerbs einer Vormerkung.[25] Entgegen einiger Stimmen in der Literatur handelt es sich – wirtschaftlich gesehen – auch nicht um einen „Abkauf", weil die Ablösung gerade nicht in den üblichen Formen des Sachenrechts, dh mit Einigung und Eintragung im Grundbuch zustande gekommen ist.

Ergebnis

Aufgrund des Erwerbs der Hypothek kraft Gesetzes durch Ausübung des Ablösungsrechtes war ein gutgläubig einredefreier Erwerb weder nach § 892 BGB noch nach § 893 BGB möglich. Der Durchsetzung des Anspruchs nach § 1147 BGB steht somit die hypothekenbezogene Einrede des S aus der Vereinbarung mit dem ursprünglichen Hypothekengläubiger M entgegen.

C. Erfolgsaussichten des Rechtsbehelfs

Der Rechtsbehelf hat Erfolg, wenn er zulässig und begründet ist.

I. Zulässigkeit der Erinnerung (§ 766 ZPO)

Gegen die Pfändung des Hotelomnibusses des S durch den Gerichtsvollzieher kommt der Rechtsbehelf der Erinnerung gemäß § 766 ZPO in Betracht.

1. Statthaftigkeit

| Erinnerung § 766 ZPO |

Mit der Vollstreckungserinnerung nach § 766 ZPO kann der Schuldner, der Gläubiger oder auch ein Dritter konkrete Maßnahmen der Vollstreckungsorgane mit der Begründung anfechten, die zu beachtenden Verfahrensvorschriften seien nicht eingehalten worden. Er kann mit ihr auch Anträge, Einwendungen und Rügen, welche die Art und Weise der Zwangsvollstreckung betreffen, geltend machen.[26]

---

25 Vgl. BGH NJW 1997, 190 ff.
26 *Brox/Walker*, Zwangsvollstreckungsrecht, Rn. 1159; Thomas/Putzo/*Seiler*, Vorb. VIII § 704 Rn. 53 ff.; Musielak/Voit/*Lackmann*, Vor § 704 Rn. 33 ff.; Prütting/Gehrlein/*Kroppenberg*, Vor §§ 704 ff. Rn. 17 ff.; *Wittschier*, JuS 1999, 585; Kurzübersicht zu den Rechtsbehelfen in der Zwangsvollstreckung bei Fall 15, S. 373.

20. Hypothek, Umfang der hypothekarischen Haftung, Rechtsbehelfe in der Zwangsvollstreckung

Rechtsbehelfe in der Zwangsvollstreckung

Im Klauselerteilungsverfahren (zwischen Erkenntnis- und Zwangsvollstreckungsverfahren)

Durch den Gläubiger

§ 573 ZPO	§ 567 Abs. 1 Nr. 1 ZPO (ggf. iVm § 11 Abs. 1 RPflG)	§ 731 ZPO	§ 54 BeurkG
Erinnerung auf Erteilung einer einfachen Klausel bei Ablehnung der Klauselerteilung durch den **Urkundsbeamten** der Geschäftsstelle (vgl. §§ 724 Abs. 2, 797 Abs. 2 ZPO)	Sofortige Beschwerde auf Erteilung einer qualifizierten Klausel bei Ablehnung durch den **Richter** bzw. **Rechtspfleger** (vgl. § 20 Nr. 12 RPflG)	Klage auf Erteilung einer qualifizierten Klausel, wenn im titelumschreibenden/-ergänzenden Verfahren der Nachweis durch öffentliche/ öffentlich beglaubigte Urkunden nicht möglich ist.	Beschwerde gegen eine Klausel des Notars (vgl. § 797 Abs. 2 S. 1 ZPO)

Durch den Schuldner gegen die Erteilung der Klausel

§ 732 ZPO	§ 768 ZPO
Erinnerung gegen alle Arten von Klauseln hinsichtlich formeller Fehler im Klauselverfahren (zB kein vollstreckungsfähiger Titel); materielle Einwendungen nur möglich, wenn sie sich aus den öffentlichen Urkunden des Gläubigers ergeben.	Klage nur gegen die Erteilung qualifizierter Klauseln, wenn die materiellen Voraussetzungen für die Erteilung einer titelergänzenden/titelübertragenden Klausel nicht vorliegen (zB Tatsachen/ Bedingungen nicht eingetreten).

Verletzung von Vorschriften bzgl. Verfahren und Durchführung der Zwangsvollstreckung

Durch den Gläubiger oder Schuldner gegen die Art und Weise der Zwangsvollstreckung

§ 766 ZPO	§ 793 ZPO (ggf. iVm § 11 Abs. 1 RPflG)	§ 11 Abs. 2 RPflG	§ 71 GBO
Vollstreckungserinnerung gegen Verfahrensfehler bei konkreten **Maßnahmen** des Gerichtsvollziehers oder des Vollstreckungsgerichts (auch durch Dritte)	Sofortige Beschwerde gegen gerichtliche **Entscheidungen** des Richters oder des Rechtspflegers ohne vorangegangene mündliche Verhandlung	Rechtspflegererinnerung gegen Entscheidungen des Rechtspflegers, gegen die eine Beschwerde nicht statthaft ist.	Beschwerde gegen Entscheidungen des Grundbuchamtes

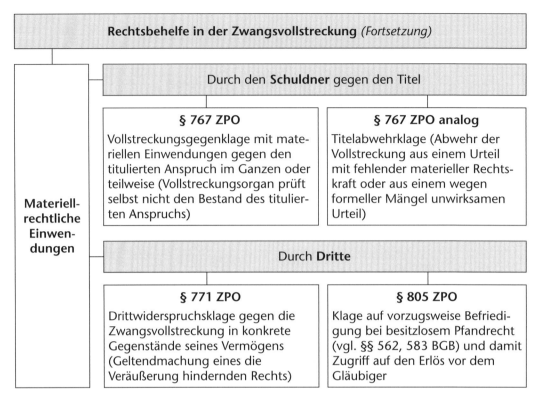

Für die Statthaftigkeit des Rechtsbehelfs der Erinnerung nach § 766 ZPO muss es sich um eine konkrete Maßnahme und nicht um eine gerichtliche Entscheidung handeln.[27]

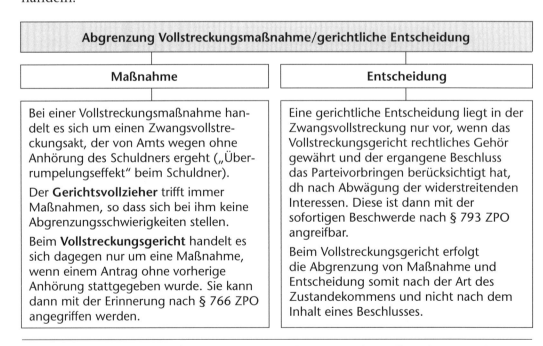

---

27 Zur Abgrenzung von Maßnahmen und Entscheidungen des Vollstreckungsgerichts *Brox/Walker*, Zwangsvollstreckungsrecht, § 39 Rn. 1176; BGH ZIP 2004, 1379; Zöller/*Herget*, § 766 Rn. 2; Prütting/Gehrlein/*Scheuch*, § 766 Rn. 3; vgl. dazu auch *Spohnheimer*, JA 2018, 18 ff.; *Becker*, JuS 2011, 37, 38.

Die Pfändung des Hotelomnibusses des S stellt eine Vollstreckungsmaßnahme des Gerichtsvollziehers dar. S wendet dagegen ein, seine Hotelgäste regelmäßig mit diesem Hotelomnibus zu befördern, so dass durch die Pfändung der gesamte Hotelbetrieb zusammenbrechen würde. Die Rüge des S betrifft somit das Verfahren bzw. die Art und Weise der Zwangsvollstreckung. Die Vollstreckungserinnerung nach § 766 ZPO ist daher statthaft.

Aufbauschema § 766 ZPO Zulässigkeit
1. Statthaftigkeit
2. Zuständigkeit
3. Erinnerungsbefugnis
4. Rechtsschutzbedürfnis
5. Form

2. Zuständigkeit

Zur Entscheidung über die Erinnerung nach § 766 ZPO ist das Vollstreckungsgericht des Amtsgerichts, in dessen Bezirk das Vollstreckungsverfahren stattgefunden hat, örtlich und sachlich ausschließlich zuständig (§§ 764 Abs. 2, 766, 802 ZPO), hier das Amtsgericht Garmisch-Partenkirchen. Die Entscheidung ergeht durch den nach § 20 Abs. 1 Nr. 17 S. 2 RPflG funktionell zuständigen Richter.

3. Erinnerungsbefugnis

Ungeschriebene Voraussetzung für die Erhebung einer Vollstreckungserinnerung nach § 766 ZPO ist, dass der Erinnerungsführer beschwert[28] ist. Der Schuldner ist stets durch die gegen ihn gerichtete Zwangsvollstreckungsmaßnahme in seinen Rechten betroffen.

Beschwer

Beschwert ist, wer nach eigenem Vortrag durch den Vollstreckungsakt möglicherweise in seinen eigenen Rechten beeinträchtigt worden ist. Der Vollstreckungsschuldner ist grundsätzlich durch jede gegen ihn gerichtete Maßnahme beschwert, sofern er selbst und nicht lediglich Rechte Dritter davon betroffen sind. Der Vollstreckungsgläubiger ist dagegen nur dann in seinen Rechten betroffen, wenn seinem Antrag gar nicht oder nicht auftragsgemäß entsprochen wurde. Dritte sind durch die Vollstreckungsmaßnahme beschwert, wenn die verletzte Norm zumindest auch ihren Interessen dient.

---

4. Rechtsschutzbedürfnis

Das Rechtsschutzbedürfnis[29] besteht von Beginn bis zur Beendigung der Zwangsvollstreckung. Maßgeblich für die Beurteilung ist der Zeitpunkt, an dem über die Erinnerung entschieden wird.

Rechtsschutzbedürfnis

Hat die Zwangsvollstreckung noch nicht begonnen oder ist sie vollständig beendet, fehlt dem Schuldner das Rechtsschutzbedürfnis. Die Zwangsvollstreckung **beginnt** mit Vornahme der ersten Vollstreckungshandlung gegen den Schuldner bzw. dessen Vermögen. Bei Maßnahmen durch den Gerichtsvollzieher beginnt sie idR mit der Pfändung. Die Vollstreckung **endet**, wenn die konkrete Maßnahme vollständig durchgeführt wurde (vollständige Befriedigung des Gläubigers hinsichtlich seines Anspruchs einschließlich der Kosten der Vollstreckung) bzw. die konkret anzugreifende Maßnahme nicht mehr rückgängig gemacht werden kann.

---

28 Zur Beschwer vgl. Musielak/Voit/*Lackmann*, § 766 Rn. 18; Thomas/Putzo/*Seiler*, § 766 Rn. 20a.
29 Vgl. Musielak/Voit/*Lackmann*, § 766 Rn. 17, Vor § 704 Rn. 29; Thomas/Putzo/*Seiler*, Vorb. V § 704 Rn. 28 f., Vorb. VIII § 704 Rn. 45; *Brox/Walker*, Zwangsvollstreckungsrecht, Rn. 1189 ff.

> **Rechtsschutzbedürfnis** *(Fortsetzung)*
>
> Es schadet nicht, wenn der Gläubiger dadurch noch nicht in voller Höhe befriedigt wurde. Nach Ende der Vollstreckungsmaßnahme kann das Rechtsschutzbedürfnis noch fortbestehen, wenn diese noch aufgehoben und Abhilfe geschaffen werden kann. Ausnahmsweise kann es auch genügen, dass die Zwangsvollstreckung nur unmittelbar droht.
> Ein Rechtsschutzbedürfnis fehlt aber, wenn dem Schuldner ein einfacherer Weg zur Erreichung des Vollstreckungsziels zur Verfügung steht oder der Schuldner ausschließlich die Verletzung von Rechten Dritter rügt. Ist die Zwangsvollstreckung gar nicht geeignet und wird lediglich als Druckmittel eingesetzt, entfällt es ebenfalls.
> Für den Gläubiger besteht ein Rechtsschutzbedürfnis, sobald und solange die vollstreckbare Ausfertigung erteilt ist.

Die Zwangsvollstreckung hat bei S mit der Pfändung des Hotelomnibusses bereits begonnen und ist mangels Befriedigung des Gläubigers noch nicht beendet. Ein Rechtsschutzbedürfnis besteht.

5. Form und Frist

Die Erinnerung muss den Anforderungen des § 569 Abs. 2 und 3 ZPO genügen; eine Frist ist nicht zu beachten.

II. Begründetheit der Erinnerung (§ 766 ZPO)

Die Erinnerung ist begründet, wenn die Maßnahme nicht oder nicht so hätte durchgeführt werden dürfen. Zu prüfen sind die Voraussetzungen für eine Vollstreckung, insbesondere die Prozess-, allgemeinen und besonderen Vollstreckungsvoraussetzungen sowie die ordnungsgemäße Durchführung der Vollstreckung.

1. Allgemeine Prozessvoraussetzungen

Die allgemeinen Verfahrensvoraussetzungen müssen von dem jeweiligen Vollstreckungsorgan von Amts wegen geprüft werden. Auf das Vollstreckungsverfahren finden die Prozessvoraussetzungen für das Erkenntnisverfahren und die entsprechenden Vorschriften der ZPO Anwendung, wobei einige Besonderheiten im Vollstreckungsverfahren zu beachten sind:[30]

Die Vollstreckung erfolgt nur auf **Antrag** des Gläubigers. Der Vollstreckungsantrag ist an das zuständige Vollstreckungsorgan zu stellen und muss sich auf die Durchführung einer konkreten Vollstreckungsmaßnahme beziehen. Er ist Prozesshandlung, bedarf keiner Form und kann auch mündlich gestellt werden.[31] Ein Antrag an den Gerichtsvollzieher wird Vollstreckungsauftrag genannt, vgl. § 753 ZPO. Die Zuständigkeit des Vollstreckungsorgans hängt von der Art der begehrten Vollstreckungsmaßnahme ab.

Die Pfändung des Hotelomnibusses erfolgte durch den für die Pfändung gemäß §§ 808, 753 ZPO zuständigen Gerichtsvollzieher und im Auftrag des F.

Die sonstigen allgemeinen Prozessvoraussetzungen liegen ebenfalls vor; insbesondere ist an der Partei- und Prozessfähigkeit[32] der Beteiligten nicht zu zweifeln.

> **Aufbauschema**
> **§ 766 ZPO**
> **Begründetheit**
> 1. Allgemeine Prozessvoraussetzungen
>   a) Antrag
>   b) Zuständigkeit des Vollstreckungsorgans
>   c) Partei-/Prozessfähigkeit
> 2. Allgemeine Vollstreckungsvoraussetzungen
>   a) Titel
>   b) Klausel
>   c) Zustellung
> 3. Besondere Vollstreckungsvoraussetzungen
> 4. Kein Vollstreckungshindernis
> 5. Ordnungsgemäße Durchführung
>   a) richtiger Gegenstand
>   b) ordnungsgemäße Pfändung
>   aa) zur rechten Zeit
>   bb) am rechten Ort
>   cc) in rechter Weise
>   dd) im rechten Umfang

---

30 Musielak/Voit/*Lackmann*, Vor § 704 Rn. 19; Thomas/Putzo/*Seiler*, Vorb. VII § 704 Rn. 40 ff.
31 *Brox/Walker*, Zwangsvollstreckungsrecht, § 1 Rn. 18 f.
32 Zur Partei- und Prozessfähigkeit vgl. Musielak/Voit/*Lackmann*, Vor § 704 Rn. 21 f.; Thomas/Putzo/*Seiler*, Vorb. VII § 704 Rn. 42 f.; ausführlich *Huber*, JuS 2010, 201 ff.

Partei- und Prozessfähigkeit, §§ 50, 52 ZPO

Sowohl Gläubiger als auch Schuldner müssen parteifähig gemäß § 50 ZPO sein. Bei Prüfung der Prozessfähigkeit (§ 52 ZPO) ist unstreitig, dass jedenfalls der Gläubiger prozessfähig sein muss. Die überwiegende Ansicht fordert dies aber auch auf Seiten des Schuldners. Dies gilt unabhängig davon, ob er im Zwangsvollstreckungsverfahren aktiv werden will (zB Einlegung eines Rechtsbehelfs) oder ob er eine Zwangsvollstreckungsmaßnahme (nur) erdulden muss.

2. Allgemeine Vollstreckungsvoraussetzungen

Die allgemeinen Vollstreckungsvoraussetzungen[33] erfordern die Existenz eines mit einer **Vollstreckungsklausel** versehenen **Titels** (hier: §§ 794 Abs. 1 Nr. 5, 797 ZPO) und die entsprechende **Zustellung** an den Schuldner, vgl. § 750 Abs. 1 ZPO.

Allgemeine Vollstreckungsvoraussetzungen

1. Titel

Vollstreckbare Titel sind in erster Linie rechtskräftige oder für vorläufig vollstreckbar erklärte Endurteile, vgl. §§ 704 ff. ZPO. Weitere wichtige Vollstreckungstitel finden sich in § 794 ZPO, wie zB gerichtliche Vergleiche gemäß § 794 Abs. 1 Nr. 1 ZPO (aber keine Anwaltsvergleiche) oder Entscheidungen im vorläufigen Rechtsschutz (vgl. §§ 928, 936 ZPO), die wegen ihrer Natur nicht für vorläufig vollstreckbar erklärt werden müssen. Auch außerhalb der ZPO existieren eine Reihe von vollstreckbaren Titeln, zB die Insolvenztabelle, §§ 178 Abs. 3, 201 Abs. 2 InsO. Der vollstreckbare Titel muss hinsichtlich der Parteien, Inhalt, Art sowie Umfang bestimmt genug bzw. bestimmbar sein. Er besitzt nur dann einen vollstreckungsfähigen Inhalt, wenn der Schuldner zu einer Leistung verurteilt wird, vgl. *Brox/Walker*, Zwangsvollstreckungsrecht, § 2 Rn. 30, 42.

Rechtsfolge bei Fehlen eines Titels:

Die Vollstreckungsmaßnahme ist **nichtig**.

2. Klausel, §§ 724 ff. ZPO

Die Klausel wird unter eine Ausfertigung des Vollstreckungstitels gesetzt und dient als Grundlage für die Zwangsvollstreckung. Sie bestätigt den Bestand und die Vollstreckbarkeit des Titels. Bei Vollstreckungsbescheiden ist sie entbehrlich, vgl. § 796 ZPO.

Für die Erteilung einer (einfachen) Klausel müssen grundsätzlich folgende Voraussetzungen erfüllt sein:

- Antrag des Gläubigers
- Titel
- Vollstreckungsreife, dh Rechtskraft oder vorläufige Vollstreckbarkeit des Titels
- Vollstreckungsfähiger Inhalt des Titels

Rechtsfolge bei fehlender Klausel:

Die Vollstreckungsmaßnahme ist **anfechtbar**, aber **wirksam**.

---

[33] Dazu näher Thomas/Putzo/*Seiler*, Vorb. IV § 704 Rn. 13 ff.; Prütting/Gehrlein/*Kroppenberg*, Vor §§ 704 ff. Rn. 9; *Brox/Walker*, Zwangsvollstreckungsrecht, Rn. 29.

Allgemeine Vollstreckungsvoraussetzungen *(Fortsetzung)*	
a) Einfache Klausel Für die einfache Klausel gemäß § 725 ZPO ist der Urkundsbeamte der Geschäftsstelle zuständig, § 797 Abs. 1 ZPO. Bei notariellen Urkunden wird sie vom Notar erteilt, § 797 Abs. 2 ZPO.	
b) Qualifizierte Klausel Hierunter fallen die **titelergänzende** Klausel gemäß § 726 ZPO (Zwangsvollstreckung unter einer Bedingung) sowie die **titelübertragende** Klausel nach § 727 ZPO (Titelumschreibung ggf. wegen § 325 ZPO notwendig). Für die Erteilung einer qualifizierten Klausel ist grundsätzlich der Rechtspfleger nach § 20 Abs. 1 Nr. 12 RPflG zuständig. Hier sind neben den allgemeinen Voraussetzungen zur Erteilung einer Klausel noch weitere, spezielle Erfordernisse je nach Art und damit nach der jeweiligen Vorschrift der qualifizierten Klausel zu prüfen; der Nachweis der Voraussetzungen der jeweiligen Vorschrift muss durch öffentliche oder öffentlich beglaubigte Urkunden erbracht werden.	
3. Zustellung Nach § 750 ZPO ist grundsätzlich nur die Zustellung des Titels erforderlich (gemäß § 750 Abs. 2 ZPO zusammen mit der Klausel), außer bei Arrest und einstweiliger Verfügung, vgl. §§ 929 Abs. 3, 936 ZPO. Die Zustellung erfolgt grundsätzlich von Amts wegen, §§ 317, 270 ZPO und muss nach §§ 166 ff. ZPO wirksam ausgeführt werden. Gegebenenfalls ist eine Wartefrist zum Schutz des Schuldners einzuhalten, insbesondere bei der Sicherungsvollstreckung nach § 720a ZPO oder bei § 798 ZPO.	**Rechtsfolge** bei fehlender Zustellung: Die Zwangsvollstreckung ist **anfechtbar**, aber **wirksam**.

Von den allgemeinen Vollstreckungsvoraussetzungen kann hier ausgegangen werden.

3. Besondere Vollstreckungsvoraussetzungen

Diese können der Eintritt eines Kalendertages (§ 751 Abs. 1 ZPO), zu erbringende Sicherheitsleistungen (§ 751 Abs. 2 ZPO) oder einzuhaltende Wartefristen (§ 750 Abs. 3 ZPO) sein. Auch die Zug um Zug zu bewirkende Leistung des Gläubigers (§§ 756, 765 ZPO) stellt eine besondere Vollstreckungsvoraussetzung dar.[34] Insoweit bestehen hier keine Bedenken.

4. Kein Vollstreckungshindernis

Liegt ein Vollstreckungshindernis vor, darf nicht vollstreckt werden. Ein solches ist bei Einstellung oder Beschränkung der Zwangsvollstreckung nach § 775 ZPO, insbesondere bei Aufhebung des Titels oder bei Erfüllung des titulierten Anspruchs gegeben. Auch die Eröffnung des Insolvenzverfahrens (§§ 89, 294 InsO) oder vollstreckungsbeschränkende/-ausschließende Vereinbarungen zwischen den Parteien stellen Vollstreckungshindernisse dar.[35] Insoweit bestehen hier keine Bedenken.

---

34 Vgl. Musielak/Voit/*Lackmann*, Vor § 704 Rn. 25; Thomas/Putzo/*Seiler*, Vorb. IV § 704 Rn. 27; *Brox/Walker*, Zwangsvollstreckungsrecht, § 9 Rn. 157 ff.

35 Prütting/Gehrlein/*Kroppenberg*, Vor §§ 704 ff. Rn. 11; Musielak/Voit/*Lackmann*, Vor § 704 Rn. 26.

5. Ordnungsgemäße Durchführung

Die im Einzelfall vorgenommene Zwangsvollstreckung muss ordnungsgemäß durchgeführt worden sein. Hierfür sind die jeweiligen, besonderen Zulässigkeitsvoraussetzungen zu beachten, die für die konkrete Zwangsvollstreckungsmaßnahme gelten.

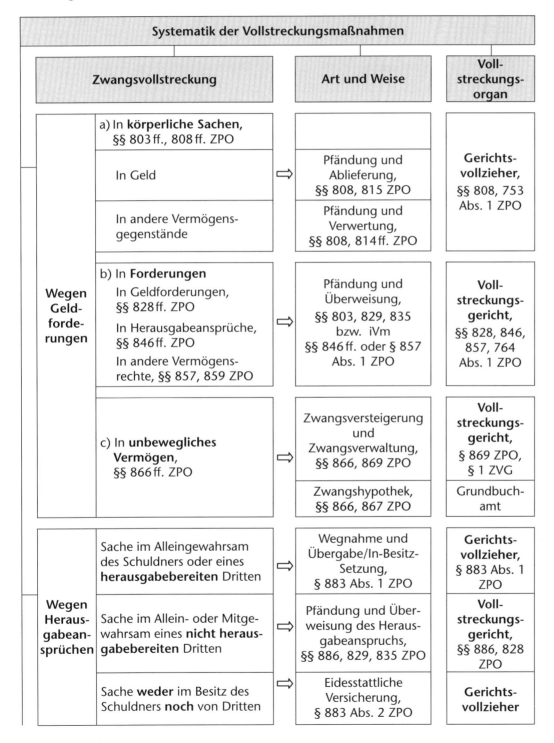

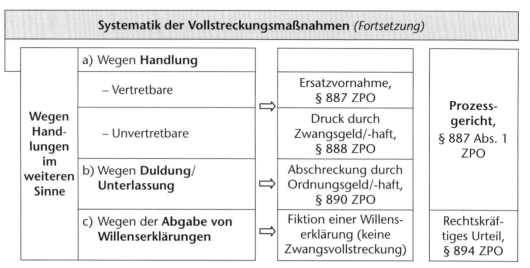

F betreibt die Zwangsvollstreckung wegen einer Geldforderung (Darlehensforderung) in körperliche Sachen durch Pfändung des Hotelomnibusses des S.

a) Zulässige Pfändung durch den Gerichtsvollzieher

Damit die Durchführung der Zwangsvollstreckung ordnungsgemäß erfolgt ist, muss die Pfändung zulässig[36] sein. Dies richtet sich nach den §§ 803 ff., 808 ff. ZPO. Der Gerichtsvollzieher ist gemäß §§ 808, 753 Abs. 1 ZPO für die Sachpfändung zuständig.

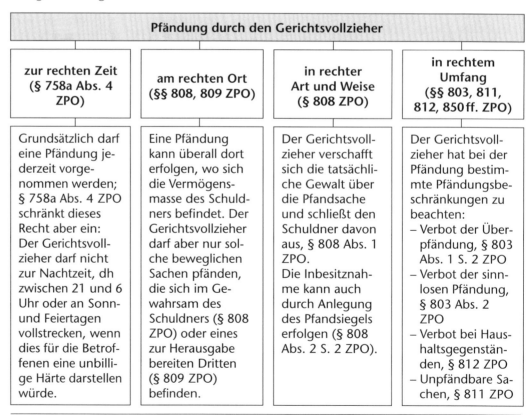

---

36 Siehe zum Ganzen *Brox/Walker*, Zwangsvollstreckungsrecht, § 12 Rn. 306 ff.; *Musielak/Voit*, GK ZPO, Rn. 1155 ff.

Der Gerichtsvollzieher darf nur solche beweglichen Sachen pfänden, die sich im Gewahrsam des Schuldners oder eines zur Herausgabe bereiten Dritten befinden.

> **Gewahrsam**
>
> Gewahrsam bedeutet, dass nach dem äußeren Anschein die tatsächliche Zugriffsmöglichkeit eines Menschen auf die Sache besteht und dass auf Grund dieser Umstände nach der Verkehrsauffassung ein entsprechender Gewahrsamswille anzunehmen ist. Der unmittelbare Besitzer hat Gewahrsam, der mittelbare Besitzer und der Drittbesitzer haben keinen Gewahrsam. Die wahren Eigentumsverhältnisse hat der Gerichtsvollzieher nicht zu prüfen, vgl. Musielak/Voit/*Becker*, § 808 Rn. 3 ff. Hinsichtlich Ehegatten ist die Vermutung des § 739 ZPO zu beachten, wonach bei gemeinsam lebenden Ehegatten derjenige als Gewahrsamsinhaber gilt, der Vollstreckungsschuldner ist, vgl. MüKoZPO/*Heßler*, § 739 Rn. 8 ff.; Thomas/Putzo/*Seiler*, § 739 Rn. 3 ff.

Von einer zulässigen Pfändung des Hotelomnibusses durch den Gerichtsvollzieher ist hier auszugehen.

b) Richtiger Gegenstand

Körperliche Sachen unterliegen nicht der Pfändung durch den Gerichtsvollzieher, wenn sie von der **Zwangsvollstreckung in das unbewegliche Vermögen** erfasst werden. Das ist bei Gegenständen der Fall, auf die sich die Hypothek erstreckt, dh neben dem Grundstück mit seinen wesentlichen Bestandteilen (§ 864 ZPO) betrifft dies auch die Gegenstände, die in den Haftungsverband der Hypothek fallen (**§ 865 ZPO iVm § 1120 BGB**). Ob ein Gegenstand davon erfasst wird und damit nicht der Pfändung unterliegt, ist anhand einer abstrakten, hypothetischen Prüfung zu ermitteln, auf das tatsächliche Bestehen einer Hypothek kommt es dabei nicht an.

aa) Grundstück und seine wesentlichen Bestandteile

Das Grundstück und seine wesentlichen Bestandteile unterliegen bereits gemäß § 864 ZPO ausschließlich der Immobiliarvollstreckung.

Bei einem **Bestandteil** handelt es sich um einen Teil einer körperlichen Sache, der mit dieser natürlich oder nach der Verkehrsanschauung eine Einheit bildet (zB Türgriff). Die Wesentlichkeit ergibt sich aus §§ 93 ff. BGB.

> **Wesentliche Bestandteile eines Grundstücks, § 94 BGB**
>
> Ob eine Sache wesentlicher Bestandteil eines Grundstücks ist, richtet sich nach **§ 94 BGB**. Dazu gehören als Regelfall die Gebäude auf dem Grundstück, wenn sie mit ihrem Fundament in das Grundstück hineingebaut und somit fest verbunden sind (§ 94 Abs. 1 BGB). Ob Sachen fest mit dem Grundstück verbunden sind, beurteilt sich nach der Verkehrsanschauung. Eine feste Verbindung ist zu bejahen, wenn die Trennung zur Beschädigung oder Änderung des Wesens der mit dem Grundstück verbundenen Sache führen würde, sogar dann, wenn sie nur mit unverhältnismäßigem Aufwand möglich wäre (Palandt/*Ellenberger*, § 94 Rn. 2; PWW/*Völzmann-Stickelbrock*, § 94 Rn. 2). Das ist zB der Fall bei Wohnhäusern sowie Fertiggaragen aus Beton – auch ohne festes Fundament –, wenn ihr Eigengewicht einer Verankerung gleichwertig ist (BayObLG WuM 1989, 93; BFH NJW 1979, 392; dagegen nicht Wellblechbaracken).

Wesentliche Bestandteile eines Grundstücks, § 94 BGB *(Fortsetzung)*
Zu den **wesentlichen Bestandteilen eines Gebäudes** gehören die zur Herstellung des Gebäudes eingefügten Sachen (§ 94 Abs. 2 BGB). Unproblematisch zählen dazu Baustoffe, die den Baukörper bilden (MüKoBGB/*Stresemann*, § 94 Rn. 23), aber auch im Einzelfall die Ausstattung des Gebäudes, wenn die Einfügung gerade dieser Sachen dem Gebäude das Gepräge geben (Palandt/*Ellenberger*, § 94 Rn. 6). Heizungsanlagen und speziell gefertigte Einbauküchen fallen ebenfalls darunter (anders: serienmäßig hergestellte Küchen; zum Ganzen MüKoBGB/*Stresemann*, § 94 Rn. 30f.). § 94 BGB wird durch § 95 BGB eingeschränkt für Sachen, deren Verbindung nicht auf Dauer angelegt ist. Solche **Scheinbestandteile** sind zB Tribünen für Festumzüge, Ausstellungshallen oder von Energieversorgern angebrachte Strom-/Gas-/Wasserzähler.

bb) Von dem Hypotheken-Haftungsverband umfasste Gegenstände (§ 865 ZPO iVm §§ 1120ff. BGB)[37]

§ 865 ZPO erweitert die unter aa) festgestellte Haftung für die Immobiliarvollstreckung auf den Hypotheken-Haftungsverband. Der Haftungsverband umfasst sowohl wesentliche als auch nicht wesentliche Bestandteile (aber nie Scheinbestandteile).

Umfang der hypothekarischen Haftung			
Grundstück	**Bestandteile einschließlich Erzeugnisse und Zubehör**	**Miet- und Pachtforderungen**	**Versicherungsforderungen**
Das Grundstück haftet der Hypothek so, wie es im Grundbuch aufgenommen ist (hier Grundstück im Rechtssinne). Der Eigentümer kann trotz der bestehenden Hypothek weiterhin frei über sein Grundstück verfügen.	Wesentliche Bestandteile haften gemäß §§ 1120 Alt. 1, 93, 94 BGB für die Hypothek, nicht jedoch sog. Scheinbestandteile (§ 95 BGB). Unwesentliche Bestandteile haften nur, wenn an ihnen keine fremden Rechte bestehen. Die Haftung existiert auch noch nach Trennung der Bestandteile vom Grundstück weiter, wenn sie mit der Trennung gemäß § 953 BGB in das Eigentum des Grundstückseigentümers und nicht eines anderen gefallen sind. § 1120 Alt. 2 BGB erstreckt die Haftung des Grundstücks auch auf das Zubehör (sowie auf Anwartschaftsrechte an Zubehörstücken), wenn es dem Eigentümer gehört.	Nach § 1123 Abs. 1 BGB sind vom Haftungsverband der Hypothek auch Miet- und Pachtforderungen erfasst, um dem Hypothekar damit auch die Rechtsfrüchte des Grundstücks nutzbar zu machen.	Forderungen aus der Versicherung des Gebäudes und der sonstigen Gegenstände aus dem Haftungsverband stellen Surrogate für diese Gegenstände dar und werden daher gemäß § 1127 Abs. 1 BGB in den Haftungsverband mit einbezogen.

---

37 Zum Umfang der Hypothekenhaftung *Baur/Stürner*, Sachenrecht, § 39 Rn. 1ff.; Musielak/Voit/*Becker*, § 865 Rn. 2ff.; vgl. auch *Braun/Schultheiß*, JuS 2013, 871, 875.

Eine wichtige Erweiterung durch § 865 ZPO ist die Erstreckung der Haftung auf **Zubehör**, das im Eigentum des Grundstücksinhabers steht. Als Zubehör (§§ 97, 98 BGB) kommen nur bewegliche Sachen in Betracht, die nicht bereits Bestandteil (wesentlich oder unwesentlich) sind.

Zubehör, § 97 BGB

Die Zubehöreigenschaft setzt voraus:
- Die Sache muss dem wirtschaftlichen Zweck der Hauptsache dienen, dh sie muss die Zweckerreichung ermöglichen oder fördern (MüKoBGB/*Stresemann*, § 97 Rn. 16).
- Sie muss bestimmt worden sein, dem Zweck der Hauptsache zu dienen (Widmung).
- Die Zweckbestimmung muss auf Dauer angelegt sein (§ 97 Abs. 2 S. 1 BGB). Eine nur vorübergehende Benutzung begründet die Zubehöreigenschaft nicht.
- Der Gegenstand muss in einem räumlichen Verhältnis zur Hauptsache stehen (§ 97 Abs. 1 S. 1 BGB).

Bei den in § 98 BGB aufgeführten Inventarstücken entfällt die Prüfung, ob eine Sache dem wirtschaftlichen Zweck der Hauptsache zu dienen bestimmt ist; die übrigen Voraussetzungen bleiben unberührt.

Der Hotelomnibus ist gemäß § 98 Nr. 1 BGB dazu bestimmt, dem wirtschaftlichen Zweck des Hotelgrundstückes zu dienen. Die Zweckbestimmung ist auf Dauer angelegt und steht in einem räumlichen Verhältnis zur Hauptsache. Der Bus unterliegt als Zubehör dem Haftungsverband der Hypothek und somit der Immobiliarvollstreckung gemäß §§ 865 ff. ZPO. Eine (Mobiliar-)Vollstreckung durch den Gerichtsvollzieher war daher nicht möglich.[38]

Ergebnis

Die Pfändung wurde mithin durch den Gerichtsvollzieher nicht ordnungsgemäß vorgenommen. Die Erinnerung des S gemäß § 766 ZPO ist zulässig und begründet. Die Zwangsvollstreckungsmaßnahme des Gerichtsvollziehers (nicht die Zwangsvollstreckung als solche) wird für unzulässig erklärt.

---

38 Musielak/Voit/*Becker*, § 865 Rn. 8; ausführlich *Huber*, JuS 1992, 954 ff.

21. Nichteheliche Lebensgemeinschaft, Ehe, Trennung, Scheidung und Zugewinnausgleich

Sachverhalt

Der Student Bernd Bergmann (B) wohnt und lebt mit der Studentin Hella Heffland (H) in einer gemeinsamen Wohnung. Die Kosten des Haushalts werden gemeinsam getragen. Bergmann ist begeisterter Motorradfahrer; sein Traum ist eine Ducati. Im Mai kauft er sich deshalb ein gebrauchtes Modell. Da er den Kaufpreis von 10.000 EUR nicht vollständig aufbringen kann, gibt ihm Heffland 850 EUR. Das Motorrad wird auf den Namen des Bergmann zugelassen und fast ausschließlich allein von Bergmann benutzt. Nur sehr selten fährt Heffland damit in ein nahe gelegenes Einkaufszentrum.

Bei einer Studienfahrt im September lernt Hella Heffland den erfolgreichen Unternehmer Florian Fischer (F) kennen und lieben. Sie verlässt Bergmann und heiratet kurz darauf Fischer. Fischer stört sich daran, dass Heffland jeden Abend seinen Computer zum Internet-Surfen nutzt. Ohne Wissen der Heffland veräußert er den von ihm allein erworbenen und seither gemeinsam genutzten Router an Karl Kefner (K), der von den Hintergründen des Verkaufs keine Kenntnis hat. Heffland ist nicht einverstanden und wendet sich sofort an Kefner.

Im Laufe der Zeit kommt es zwischen den Eheleuten immer häufiger zum Streit. Heffland zieht deshalb aus. Nach einer längeren Trennungszeit wird die Ehe geschieden. Florian Fischer hatte zur Zeit der Eheschließung ein Vermögen von 250.000 EUR. Im Zeitpunkt der Rechtshängigkeit des Scheidungsantrages beträgt sein Vermögen aufgrund seiner Berufstätigkeit 320.000 EUR. Hella Heffland hatte bei der Hochzeit Schulden in Höhe von 1.000 Euro; bei Rechtshängigkeit des Scheidungsantrags umfasst ihr Vermögen 2.700 EUR. 2.000 EUR hatte sie von einer Tante geschenkt bekommen, 700 EUR als Bedienung in einem Restaurant verdient.

Zu folgenden Fragen ist eine gutachtliche Stellungnahme abzugeben:

1. Muss Bergmann an Heffland die 850 EUR zurückzahlen?
2. Kann Heffland für eine etwaige Klage gegen Bergmann Prozesskostenhilfe erhalten? Macht es einen Unterschied, ob Heffland als mittellose Studentin oder als Ehefrau des Unternehmers Fischer die Prozesskostenhilfe beantragt?
3. Kann Heffland von Kefner die Rückgabe des Routers verlangen?
4. Heffland möchte für die Trennungszeit Unterhalt von Fischer. Ist das Begehren gerechtfertigt?
5. Heffland fordert von Fischer einen Zugewinnausgleich. Mit Recht?

Gliederung

Frage 1: Anspruch der H gegen B auf Zahlung von 850 EUR
- I. Anspruch aus Partnerschaftsvertrag 532
- II. Anspruch nach § 488 Abs. 1 S. 2 BGB 532
- III. Anspruch gemäß § 733 Abs. 2 S. 1 BGB (analog) 532
  - Problem: Rechtsbindungswille 533
- IV. Anspruch aus §§ 753 Abs. 1 S. 1, 749, 741 ff. BGB 534
- V. Anspruch nach § 346 Abs. 1 iVm § 313 Abs. 3 S. 1 BGB 535
  - Problem: Anwendbarkeit der Störung der Geschäftsgrundlage 535
- VI. Anspruch gemäß § 670 iVm §§ 683 S. 1, 677 BGB 536
- VII. Anspruch aus § 823 Abs. 1 BGB 537
- VIII. Anspruch nach § 823 Abs. 2 BGB 537
- IX. Anspruch aus § 826 BGB 537
- X. Anspruch nach § 812 Abs. 1 S. 1 Alt. 1 BGB 538
- XI. Anspruch gemäß § 812 Abs. 1 S. 2 Alt. 1 BGB 538
  - Problem: Abgrenzung Schenkung/unbenannte Zuwendung 539
- XII. Anspruch nach § 812 Abs. 1 S. 2 Alt. 2 BGB 539
  - Problem: konkrete Zweckabrede 540
- XIII. Anspruch aus § 1298 Abs. 1 bzw. § 1301 S. 1 BGB analog 540
- XIV. Anspruch gemäß § 1378 Abs. 1 BGB analog 541

Frage 2: Prozesskostenhilfe für H
- I. Bedürftigkeit iSd § 115 ZPO 542
- II. Hinreichende Erfolgsaussicht der Rechtsverfolgung 542

Frage 3: Anspruch der H gegen K auf Rückgabe des Routers
- I. Anspruch gemäß § 861 Abs. 1 BGB 543
- II. Anspruch nach § 1007 BGB 544
- III. Anspruch aus § 985 BGB 544
- IV. Anspruch gemäß § 985 iVm § 1368 BGB 546
  - Problem: Anwendung des § 1369 BGB 547
- V. Anspruch aus § 812 Abs. 1 S. 1 Alt. 1 BGB 548

Frage 4: Anspruch der H gegen F auf Trennungsunterhalt
Anspruch aus § 1361 Abs. 1 S. 1 BGB 549
- I. Anwendungsbereich 549
- II. Voraussetzungen 550

Frage 5: Anspruch der H gegen F auf Zugewinnausgleich
Anspruch aus § 1378 Abs. 1 BGB 552
- I. Ursprünglich wirksame Ehe 552
- II. Beendigung des Güterstandes zu Lebzeiten beider Ehegatten 552
- III. Erzielung von Zugewinn 553
  - Problem: Berechnung des Zugewinns 554

Lösungshinweise

Frage 1: Anspruch der H gegen B auf Zahlung von 850 EUR

Ein Zahlungsanspruch der H gegen B könnte aufgrund vielfältiger Rechtsgrundlagen begründet sein. Dabei ist zu berücksichtigen, dass sich H und B in einer nichtehelichen Lebensgemeinschaft befunden haben.[1]

Nichteheliche Lebensgemeinschaft

Bei der nichtehelichen Lebensgemeinschaft handelt es sich um eine Beziehung, die auf Dauer angelegt ist, daneben keine weitere Lebensgemeinschaft gleicher Art zulässt und die sich durch innere Bindungen auszeichnet, die ein gegenseitiges Einstehen der Partner füreinander begründen, also über eine reine Haushalts- und Wirtschaftsgemeinschaft hinausgehen (BVerfG FamRZ 1993, 164; BGH FamRZ 1993, 533; BSG FamRZ 1993, 1315; ausführlich *Grziwotz*, Nichteheliche Lebensgemeinschaft, 1. Teil Rn. 30 ff.). Abgesehen von einigen Einzelfallregelungen (§ 563 Abs. 2 S. 3 BGB, § 7 Abs. 3 Nr. 3b SGB II, § 20 SGB XII, § 2 Abs. 1 GewSchG) fehlen gesetzliche Vorgaben für die Behandlung einer nichtehelichen Lebensgemeinschaft. Den Partnern steht es frei, ihr Zusammenleben vertraglich zu regeln (BGH NJW 1991, 830; Muster bei *Grziwotz*, Partnerschaftsvertrag für die nichteheliche und die nicht eingetragene Lebenspartnerschaft, 4. Teil Rn. 12 ff.). Ausgeschlossen sind allerdings Abreden, durch welche die Lösung der Partnerschaft verhindert oder unangemessen erschwert wird (OLG Köln FamRZ 2001, 1608; OLG Hamm FamRZ 1988, 618).

Für **Stellvertretung** bedarf es einer Vollmacht; allein aus einem Zusammenleben ist keine konkludente Vollmacht abzuleiten. Für die Aufnahme eines Lebensgefährten in eine allein **gemietete Wohnung** bedarf es nach § 540 Abs. 1 S. 1 BGB der Erlaubnis des Vermieters, auf die der Mieter regelmäßig einen Anspruch hat, § 553 Abs. 1 BGB. Bei Tod des Mieters hat der Partner nach § 563 Abs. 2 S. 3 BGB ein Eintrittsrecht in das Mietverhältnis. Schließen beide Lebensgefährten den Mietvertrag ab, sind sie Gesamtschuldner (§§ 421, 427 BGB). Die Eigentumsverhältnisse an den in die Lebensgemeinschaft eingebrachten Sachen ändern sich nicht. Bei den in der gemeinsamen Wohnung befindlichen und gemeinsam genutzten Gegenständen entsteht Mitbesitz. Den Lebensgefährten stehen grundsätzlich weder während der Partnerschaft noch nach ihrer Beendigung Unterhaltsansprüche zu.

Bei der **Beendigung** einer nichtehelichen Lebensgemeinschaft besteht kein allgemeiner Anspruch auf Vermögensausgleich, weil die nichteheliche Lebensgemeinschaft gerade keine umfassende Rechtsgemeinschaft, sondern eine unverbindliche, jederzeit lösbare Beziehung darstellt, bei der rechtliche Bindungen regelmäßig nicht gewollt sind (BGH NJW 2008, 3277; NJW 2004, 58; FamRZ 1996, 1141). Persönliche und wirtschaftliche Leistungen können daher grundsätzlich nicht gegeneinander aufgerechnet werden. Dies gilt insbesondere für alltägliche Leistungen, für die nach der Verkehrsauffassung keine Gegenleistung erwartet wird, wie beispielsweise die üblichen Haushalts-, Handwerks- und Pflegetätigkeiten (vgl. Palandt/*Brudermüller*, Einl. v. § 1297 Rn. 29; Erman/*Kroll-Ludwigs*, Vor § 1353 Rn. 37; PWW/*Weinreich*, Vor § 1297 Rn. 52). Ausgleichsansprüche kommen nur ausnahmsweise in Betracht, sofern deren allgemeine Voraussetzungen im konkreten Einzelfall erfüllt sind.

Anspruchsgrundlagen Nichteheliche Lebensgemeinschaft
Rückgewähr von Leistungen
1. Partnerschaftsvertrag
2. Darlehensvertrag, § 488 Abs. 1 S. 2 BGB
3. Gesellschaftsvertrag, § 733 Abs. 2 S. 1 BGB (analog)
4. Gemeinschaftsrecht, § 753 Abs. 1 S. 1 BGB
5. Störung der Geschäftsgrundlage, § 346 Abs. 1 iVm § 313 Abs. 3 S. 1 BGB
6. Berechtigte Geschäftsführung ohne Auftrag, § 670 iVm §§ 683 S. 1, 677 BGB
7. § 823 Abs. 1 BGB
8. § 823 Abs. 2 BGB iVm Schutzgesetz
9. § 826 BGB
10. § 812 Abs. 1 S. 1 Alt. 1 BGB
11. § 812 Abs. 1 S. 2 Alt. 1 BGB wegen widerrufener Schenkung
12. § 812 Abs. 1 S. 2 Alt. 2 BGB wegen Zweckverfehlung
13. Verlöbnisrecht, § 1298 Abs. 1 S. 1 bzw. § 1301 S. 1 BGB analog
14. Zugewinnausgleich, § 1378 Abs. 1 BGB analog

---

[1] Bei der Beendigung einer Lebensgemeinschaft gleichgeschlechtlicher Partner sind die Ansprüche gleichermaßen zu prüfen.

I. Anspruch aus Partnerschaftsvertrag

Möglicherweise ergibt sich ein Anspruch der H gegen B auf Zahlung von 850 EUR aus einem Partnerschaftsvertrag.

Die Vertragsfreiheit erlaubt es, für das Zusammenleben in nichtehelicher Lebensgemeinschaft vertragliche Abreden zur Vermögensregelung und zur Gestaltung des Zusammenlebens zu treffen. Die Lebensgefährten können beispielsweise für den Trennungsfall Unterhalts- oder Altersvorsorgeregelungen vorsehen.[2] Der persönliche Kernbereich unterliegt allerdings keiner rechtsgeschäftlichen Regelbarkeit.[3]

Hier lässt sich dem Sachverhalt weder eine ausdrückliche noch eine stillschweigende Vereinbarung entnehmen.

Ergebnis

H hat gegen B keinen Anspruch aus Partnerschaftsvertrag.

II. Anspruch nach § 488 Abs. 1 S. 2 BGB

H könnte gegen B ein Anspruch gemäß § 488 Abs. 1 S. 2 BGB zustehen.

Ein Darlehensvertrag kommt durch übereinstimmende Willenserklärungen über eine zeitlich begrenzte Kapitalnutzung mit Rückerstattungspflicht zustande. Es gibt jedoch keine Anhaltspunkte für die Hingabe der 850 EUR als Darlehen; entsprechende Willenserklärungen wurden von H und B nicht abgegeben.

Ergebnis

Es besteht kein Anspruch aus § 488 Abs. 1 S. 2 BGB.

III. Anspruch gemäß § 733 Abs. 2 S. 1 BGB (analog)

B könnte nach § 733 Abs. 2 S. 1 BGB[4] (analog) verpflichtet sein, an H 850 EUR zu zahlen.

1. Unmittelbare Anwendung des Gesellschaftsrechts

Eine Gesellschaft bürgerlichen Rechts entsteht durch den Abschluss eines Vertrages, der die Pflicht begründet, einen gemeinsamen Zweck zu fördern (§ 705 BGB). Der Gesellschaftsvertrag kommt durch zwei korrespondierende Willenserklärungen (§§ 145 ff. BGB) formfrei zustande, so dass auch ein stillschweigender Vertragsschluss bei entsprechendem Rechtsbindungswillen[5] möglich ist. Der gemeinsame Zweck kann insbesondere wirtschaftlicher, ideeller, kultureller oder auch religiöser Art sein.[6]

> Die Gesellschaft bürgerlichen Rechts besitzt nach hM **Rechtsfähigkeit** (vergleichbar der OHG, § 124 HGB), sofern sie **Außengesellschaft** ist (vgl. § 14 Abs. 2 BGB).

---

2 Vgl. MüKoBGB/*Wellenhofer*, Anh. § 1302 Rn. 62 ff.; PWW/*Weinreich*, Vor § 1297 Rn. 7, 8; Palandt/*Brudermüller*, Einl. v. § 1297 Rn. 17, 25; *Grziwotz*, Nichteheliche Lebensgemeinschaft, 9. Teil Rn. 9, 11.

3 So können die Lebensgefährten nicht verbindlich vereinbaren, empfängnisverhütende Mittel zu gebrauchen, vgl. BGH FamRZ 1986, 773.

4 Ob § 733 Abs. 2 S. 1 BGB die zutreffende Anspruchsgrundlage darstellt, wird unterschiedlich gesehen. Teilweise wird auf § 738 Abs. 1 S. 2 BGB abgestellt. Da § 733 BGB die Auflösung der Gesellschaft meint, während sich § 738 BGB lediglich auf das Ausscheiden eines Gesellschafters bezieht, ist die Prüfung von § 733 Abs. 2 BGB treffender.

5 Zur Willenserklärung siehe bei Fall 1, S. 10 ff. und Fall 2, S. 48 ff.

6 Erman/*Westermann*, § 705 Rn. 30; MüKoBGB/*Schäfer*, § 705 Rn. 144; BRHP/*Schöne*, § 705 Rn. 63. Richtet sich der Zweck der Gesellschaft auf den Betrieb eines Handelsgewerbes, han-

Die BGB-Gesellschaft nach § 705 BGB kann als Außen- und als Innengesellschaft gegründet werden.[7] Die Unterscheidung ist bedeutsam, weil nur die Außengesellschaft durch die Teilnahme am Rechtsverkehr eigene Rechte und Pflichten begründen kann, also rechtsfähig ist.[8]

Formen einer Gesellschaft bürgerlichen Rechts (§ 705 BGB)	
Außengesellschaft	**Innengesellschaft**
Die Außengesellschaft ist geprägt vom Auftreten gegenüber Dritten im allgemeinen Rechtsverkehr. Durch das Handeln eines Vertreters wird eine gemeinsame Zuständigkeit für entstehende Verbindlichkeiten geschaffen.	Es handelt sich um eine nur nach innen wirkende Vereinigung. Ein gemeinsames Auftreten durch einen Vertreter findet entgegen § 714 BGB nicht statt. Es fehlt ein der Gesellschaft zugeordnetes Gesamthandsvermögen.

Ausdrücklich haben H und B keinen Gesellschaftsvertrag geschlossen. Mithin kommt es darauf an, ob die Lebensgefährten stillschweigend mit Erklärungsbewusstsein übereingekommen sind, einen gemeinsamen Zweck iSd § 705 BGB zu fördern, und eine **Innengesellschaft** bilden. Eine allein faktische Willensübereinstimmung reicht hierfür nicht aus. Da eine nichteheliche Lebensgemeinschaft im Grundsatz eine Verbindung ohne Rechtsbindungswillen darstellt, ist ein solcher für die Anwendung gesellschaftsrechtlicher Regelungen erforderlich.[9] Zwar ist nach Auffassung des BGH für eine Innengesellschaft nicht erforderlich, dass ein über den typischen Rahmen der Gemeinschaft hinausgehender Zweck verfolgt wird, ein **stillschweigender Rechtsbindungswille** kann aber danach in der Regel nur angenommen werden, wenn **ein besonderer gemeinsamer Zweck** verfolgt wird. Das kann der Fall sein, wenn die Partner mit dem Erwerb eines Vermögensgegenstandes einen (wirtschaftlich) gemeinschaftlichen Wert schaffen. Dies ist anhand einer Gesamtwürdigung aller Umstände (zB Art des Vermögenswertes, von den Partnern erbrachte Leistungen) zu bestimmen.[10]

> Konkludent geschlossene Gesellschaftsverträge sind idR nicht anzunehmen, weil sich die Partner einer nichtehelichen Lebensgemeinschaft mit der Wahl dieser Beziehungsform bewusst gegen verbindliche Abreden und für die jederzeitige Auflösbarkeit ohne eine wirtschaftliche Abrechnung des Zusammenlebens entschieden haben.

Als bestimmter Gesellschaftszweck könnte die gemeinsame Haushaltsführung, welche lediglich die vermögensrechtliche Seite des Zusammenlebens betrifft, in Betracht kommen. Die wirtschaftlichen und die persönlichen Komponenten des Zusammenlebens sind jedoch nicht trennbar, weil kein Wille der Partner besteht, das wechselseitige Geben und Nehmen in einer Beziehung nach Art einer buchhalterischen Gewinn- und Verlustrechnung wirtschaftlich zu gestalten.[11]

Des Weiteren sind der Erwerb und die Nutzung des Motorrades als Gesellschaftszweck denkbar. Es fehlt insoweit allerdings an einem Rechtsbindungswillen von H und B; die Lebensgefährten wollten mit dem Motorrad keinen gemeinschaftlichen wirtschaftlichen Wert schaffen, der ihnen gemeinsam zusteht und von ihnen ge-

---

delt es sich um eine OHG bzw. bei der beschränkten Haftung zumindest eines Gesellschafters um eine KG, vgl. Fall 22, S. 566.
7 PWW/*von Ditfurth*, § 705 Rn. 33; Palandt/*Sprau*, § 705 Rn. 33; Erman/*Westermann*, Vor § 705 Rn. 27.
8 Vgl. BGH NJW 2001, 1056; NJW 2002, 1207; siehe auch MüKoBGB/*Schäfer*, § 705 Rn. 299 ff.; Staudinger/*Habermeier*, § 705 Rn. 57.
9 BGH NJW 2010, 998, 999; NJW 2008, 3277, 3278; NJW 2006, 1268.
10 BGH NJW 2011, 921, 923; NJW 2008, 3277, 3278; NJW-RR 2003, 1658.
11 Vgl. BGHZ 77, 55 ff.; BGH NJW 1997, 3371; NJW 1996, 2727; NJW 2004, 58, 59.

meinsam genutzt wird. Dies zeigt sich daran, dass B das Motorrad allein erworben hat, es nur auf ihn zugelassen ist und überwiegend von ihm genutzt wird; die seltenen Einkaufsfahrten der H sind ohne Belang. Allein das gemeinsame Haben und Nutzen eines Gegenstandes begründen keinen konkludenten Gesellschaftsvertrag.

Ein Gesellschaftsvertrag iSd § 705 BGB ist zwischen H und B mangels entsprechender (konkludenter) Willenserklärungen nicht zustande gekommen. Anhaltspunkte für eine stillschweigende Übereinkunft mit Rechtsbindungswillen sind nicht erkennbar.

§ 733 Abs. 2 S. 1 BGB ist unmittelbar nicht anwendbar; eine entsprechende Innengesellschaft ist weder ausdrücklich noch stillschweigend vereinbart worden. §§ 705 ff. BGB sind nicht heranzuziehen.

2. Entsprechende Anwendung des Gesellschaftsrechts

Ist zwischen den nichtehelich zusammenlebenden Lebensgefährten kein Gesellschaftsvertrag zustande gekommen, wird teilweise[12] die entsprechende Anwendung der §§ 705 ff. BGB erwogen, um auf diese Weise einen gerechten Ausgleich zwischen den Partnern zu erzielen. Die **Analogie zur Innengesellschaft** wäre nach dieser Einschätzung zurückhaltend zu handhaben und abhängig von besonderen Voraussetzungen, beispielsweise davon, ob die Lebensgefährten erkennbar die Schaffung eines gemeinsamen Vermögenswertes von erheblichem Wert erstrebten.[13]

Hier sind diese Voraussetzungen bei einer Gesamtwürdigung aller Umstände des Einzelfalls jedenfalls nicht erfüllt, so dass es auf die Entscheidung über eine etwaige analoge Anwendung nicht ankommt.[14] Bei dem Motorrad handelt es sich nicht um ein gemeinsames Vermögen von erheblichem Wert, das beiderseits genutzt werden sollte. Die Zahlung der H hat B lediglich die Finanzierung des Motorrades erleichtert. Bei der Anschaffung des Motorrades wurde kein gemeinsamer Sonderzweck verwirklicht.

Eine analoge Anwendung der §§ 705 ff. BGB scheidet aus.

Ergebnis

H kann von B die Rückzahlung der 850 EUR nicht gemäß § 733 Abs. 2 S. 1 BGB (analog) verlangen.

IV. Anspruch aus §§ 753 Abs. 1 S. 1, 749, 741 ff. BGB

Für H könnte sich ein Anspruch gegen B aus §§ 753 Abs. 1 S. 1, 749, 741 ff. BGB ergeben.

Voraussetzung für einen derartigen Anspruch ist eine Bruchteilsgemeinschaft. Sie entsteht durch Vertrag oder kraft Gesetzes.

---

12 Der BGH hat seine bisherige Rechtsprechung (BGH NJW 1997, 3371; NJW 1992, 906) aufgegeben und lehnt eine entsprechende Anwendung ohne Gesellschaftsvertrag nunmehr ab, vgl. BGH NJW 2006, 1268, 1270; NJW 2008, 3277, 3280; NJW 2011, 2880; NJW 2013, 2187.

13 *Messerle*, JuS 2001, 28, 31; *Diederichsen*, NJW 1983, 1017, 1023; *Steinert*, NJW 1986, 683, 689; *Simon*, JuS 1980, 252, 253; *Wellenhofer*, Familienrecht, § 28 Rn. 9.

14 Eine analoge Anwendung der §§ 705 ff. BGB überzeugt auch grundsätzlich nicht. Es besteht keine Regelungslücke, weil in diesen Fällen auf § 313 BGB sowie auf § 812 Abs. 1 S. 2 Alt. 2 BGB zurückgegriffen werden kann.

Entstehung einer Bruchteilsgemeinschaft	
Vertrag	**Gesetz**
Der Anwendungsbereich ist eng, weil die rechtsgeschäftliche Verabredung einer Gemeinschaft regelmäßig mit der Vereinbarung eines Zwecks verbunden ist, dann aber eine Gesamthand durch Gründung einer Gesellschaft besteht. So entsteht eine Bruchteilsgemeinschaft nur bei einem gemeinsamen Erwerb ohne die Verabredung eines Gesellschaftszwecks.	Gesetzliche Entstehungsgründe für eine Bruchteilsgemeinschaft sind beispielsweise §§ 947 Abs. 1, 948 BGB: Verbindung, Vermischung § 950 BGB: Verarbeitung § 984 BGB: Schatzfund

1. Eine Miteigentümergemeinschaft (§§ 741 ff. iVm §§ 1008 ff. BGB) kann nicht angenommen werden, weil das Motorrad allein B gehört.

2. Auch eine besitzrechtliche Bruchteilsgemeinschaft (§§ 741, 866 BGB) ist abzulehnen, weil kein Mitbesitz der H besteht. Die bloße Mitbenutzung in äußerst seltenen Fällen stellt keinen Mitbesitz dar, falls der Alleinbesitz des anderen anerkannt wird und ein eigener Besitzwille fehlt. Das ist hier der Fall.

Ergebnis

Es besteht kein Anspruch aus Bruchteilsgemeinschaft gemäß §§ 753 Abs. 1 S. 1, 749, 741 ff. BGB.

V. Anspruch nach § 346 Abs. 1 iVm § 313 Abs. 3 S. 1 BGB

H könnte gegen B ein Anspruch auf Zahlung von 850 EUR wegen Störung der Geschäftsgrundlage gemäß § 346 Abs. 1 iVm § 313 Abs. 3 S. 1 BGB zustehen.

Die in § 313 BGB[15] normierte Lehre vom Fehlen und vom Wegfall der Geschäftsgrundlage (clausula rebus sic stantibus) beschreibt eine Ausnahme vom Grundsatz der Vertragstreue (pacta sunt servanda), um besonders veränderte Umstände berücksichtigen zu können.

Die Anwendbarkeit des § 313 BGB bei einer nichtehelichen Lebensgemeinschaft ist umstritten.[16]

Anwendbarkeit des § 313 BGB bei der nichtehelichen Lebensgemeinschaft	
Keine Anwendbarkeit	**Anwendbarkeit** (hM)
§ 313 BGB bezieht sich auf schuldrechtliche Verträge. Die nichteheliche Lebensgemeinschaft stelle kein rechtsgeschäftliches Kausalverhältnis dar; sie sei eine rein faktische Beziehung. Daher mangele es an einer vertraglichen Geschäftsgrundlage, die gestört werden könne, so dass § 313 BGB nicht zur Anwendung komme.	Bei wertvollen, auf Dauer angelegten Anschaffungen gehen beide Partner typischerweise davon aus, dass sie noch eine längere Zeit zusammen bleiben. Mit der Auflösung der nichtehelichen Lebensgemeinschaft entfalle diese Geschäftsgrundlage für eine solche über eine bloße Gefälligkeit hinausgehende Zuwendung und § 313 BGB sei anwendbar, sofern es sich um einen messbaren und noch vorhandenen Vermögenszuwachs handelt.

---

15 Einzelheiten, insbesondere zur Prüfung des § 313 BGB bei Fall 3, S. 65.
16 Vgl. BGH NJW-RR 2010, 295, 296; NJW 2008, 3277, 3280 f.; NJW-RR 2005, 1089, 1091; NJW 1997, 3371, 3372; OLG Naumburg NJW 2006, 2418, 2419; OLG Karlsruhe FamRZ 1994, 377, 378; Erman/*Kroll-Ludwigs*, Vor § 1353 Rn. 33; MüKoBGB/*Wellenhofer*, Anh. § 1302 Rn. 106 ff.

Leistungen, die das Zusammenleben erst ermöglichen (zB laufender Unterhalt, Miete) und die im Rahmen der täglichen Lebensgemeinschaft erbracht werden, sind nicht ersetzbar. Gleiches gilt für die Leistungen des Partners, der nicht zu den laufenden Kosten beiträgt, sondern größere Einmalzahlungen erbringt, weil eine Privilegierung von größeren Anschaffungen auszuschließen ist.[17]

> Anwendbarkeit des § 313 BGB bei einem erheblichen Vermögenszuwachs, dessen Beibehaltung nach Treu und Glauben nicht zumutbar ist.

Demgegenüber ist es grundsätzlich zutreffend, § 313 BGB dann heranzuziehen, wenn die Leistung erheblich über eine bloße Gefälligkeit des täglichen Zusammenlebens hinausgeht und zu einem **messbaren sowie noch vorhandenen Vermögenszuwachs** des Lebensgefährten führt. Dabei ist eine Korrektur der ursprünglich für richtig erachteten Zuwendung allerdings nur gerechtfertigt, wenn dem Leistenden die Beibehaltung der dadurch geschaffenen Vermögensverhältnisse **nach Treu und Glauben nicht zuzumuten** ist. Eine derartige Unbilligkeit setzt eine **erhebliche Leistung** voraus. Maßgebend ist eine Gesamtabwägung der Umstände des Einzelfalles. Ergibt sich danach ein Ausgleichsanspruch, ist dieser zum einen durch den Betrag, um den das Vermögen des anderen zur Zeit der Störung der Geschäftsgrundlage noch vermehrt ist, zum anderen gegebenenfalls durch die ersparten Kosten einer fremden Arbeitskraft begrenzt.[18]

Der Finanzierungsbeitrag der H in Höhe von 850 EUR bildet keine erhebliche Leistung; die Beibehaltung der durch die Leistung geschaffenen Vermögensverhältnisse ist der H nach Treu und Glauben zuzumuten. Geschäftsgrundlage der Leistung der H war nicht deren Vorstellung, dass die nichteheliche Lebensgemeinschaft Bestand haben würde; die Voraussetzung, dass H ihre Leistung nicht oder nicht in diesem Umfang erbracht hätte, wenn sie das Ende der nichtehelichen Lebensgemeinschaft vorausgesehen hätte, ist nicht gegeben. § 313 BGB ist hier nicht anwendbar.

Es handelt sich um keine Störung der Geschäftsgrundlage iSd § 313 BGB.

Ergebnis

H steht gegen B kein Anspruch gemäß § 346 Abs. 1 iVm § 313 Abs. 3 S. 1 BGB zu.

VI. Anspruch gemäß § 670 iVm §§ 683 S. 1, 677 BGB

> Ein Anspruch nach § 670 iVm §§ 683 S. 1, 677 BGB kommt idR nur bei einem Kredit von einem Dritten im alleinigen Interesse des Partners und nur für die nach der Beendigung der nichtehelichen Lebensgemeinschaft gezahlten Raten in Betracht.

Möglicherweise besteht wegen berechtigter Geschäftsführung ohne Auftrag nach § 670 iVm §§ 683 S. 1, 677 BGB ein Anspruch der H gegen B auf Zahlung von 850 EUR.

Erforderlich hierzu ist eine Fremdgeschäftsführung, dh ein Tätigwerden in einem fremden Rechtskreis.[19] Daran fehlt es bei einem Handeln eines Lebensgefährten, wenn es dem **gemeinschaftlichen Interesse** beider Partner bei der Verwirklichung der nichtehelichen Lebensgemeinschaft dient. So liegt es typischerweise, wenn ein Lebensgefährte seinem Partner eine Geldsumme ohne vertragliche Abrede zur Verfügung stellt. Haben die Lebensgefährten keine Regelung getroffen, werden persönliche und wirtschaftliche Leistungen nicht gegeneinander aufgerechnet, sondern ersatzlos von demjenigen Partner erbracht, der dazu in der Lage ist.[20]

---

[17] BGH NJW 2008, 443; *Schramm*, NJW-Spezial 2008, 612.
[18] BGH NJW 2008, 3277, 3281; *von Proff*, NJW 2008, 3266, 3268; MüKoBGB/*Schwab*, § 812 Rn. 502 ff.; vgl. auch *Haas*, FamRZ 2002, 205, 216.
[19] Näher bei Fall 13, S. 324 f.
[20] Vgl. BGH NJW 1996, 2727; OLG Köln NJW-RR 1995, 1282, 1283; Palandt/*Brudermüller*, Einf. v. § 1297 Rn. 29; *Messerle*, JuS 2001, 28, 31.

Gemeinschaftsbezogene Zuwendungen tragen zur Verwirklichung der nichtehelichen Lebensgemeinschaft bei.

Eine **Geschäftsführung ohne Auftrag** kommt nach überwiegender Auffassung nur bei Handlungen im **Außenverhältnis**, die ausschließlich dem anderen Lebensgefährten zugute kommen (Kreditaufnahme im Interesse des Partners bei einem Dritten), in Betracht. Auch bei der **Kreditaufnahme** im alleinigen Interesse des Lebensgefährten ist allerdings der persönliche Charakter der nichtehelichen Lebensgemeinschaft zu berücksichtigen. Daher können Kreditraten, die während des Bestehens der nichtehelichen Lebensgemeinschaft getilgt werden, nicht vom Partner zurückgefordert werden. Die überwiegende Auffassung lässt also einen Anspruch nach § 670 iVm §§ 683 S. 1, 677 BGB typischerweise nur für Leistungen an einen Dritten zu, die nach Beendigung der nichtehelichen Lebensgemeinschaft erbracht werden.[21]

Ergebnis

Da es sich hier um eine interne Bereitstellung von Geld im Rahmen einer nichtehelichen Lebensgemeinschaft handelt und H durch die gelegentlichen Fahrten einen eigenen Nutzen gezogen hat, scheidet ein Anspruch der H gegen B gemäß § 670 iVm §§ 683 S. 1, 677 BGB aus.

VII. Anspruch aus § 823 Abs. 1 BGB

Für einen Anspruch aus § 823 Abs. 1 BGB müsste eine Verletzung eines Rechtsgutes der H durch eine Handlung des B festzustellen sein. Daran fehlt es hier. Betroffen ist lediglich das Vermögen, das jedoch nicht zu den sonstigen Rechten iSd § 823 Abs. 1 BGB zu zählen ist.

Ergebnis

Es besteht kein Anspruch aus § 823 Abs. 1 BGB.

VIII. Anspruch nach § 823 Abs. 2 BGB

Ein Anspruch gemäß § 823 Abs. 2 BGB würde zwar auch das Vermögen als solches erfassen, jedoch fehlt es hier an der Verletzung eines Schutzgesetzes (zB § 263 Abs. 1, § 246 Abs. 1 StGB).[22]

Ergebnis

Die Erfordernisse des § 823 Abs. 2 BGB sind nicht erfüllt.

IX. Anspruch aus § 826 BGB

Ähnlich wie § 823 Abs. 2 BGB setzt § 826 BGB nicht die Verletzung eines bestimmten Rechtsgutes voraus. Ausreichend ist eine bloße Vermögensschädigung.

Im Rahmen des § 826 BGB ist neben dem Sittenverstoß ein Doppelvorsatz, dh ein Vorsatz bezüglich der den Sittenverstoß begründenden Umstände und dem Schaden erforderlich. Im Verhältnis von H zu B fehlen Anhaltspunkte für diese Tatbestandsmerkmale.

---

21 Vgl. BGH NJW 1981, 1502, 1503; OLG Karlsruhe FamRZ 1986, 1095; OLG Frankfurt NJW 1985, 810 f.; *Steinert*, NJW 1986, 683, 688; MüKoBGB/*Wellenhofer*, Anh. § 1302 Rn. 122.
22 Zur Schutzgesetzverletzung siehe näher bei Fall 1, S. 16.

Ergebnis

§ 826 BGB ist nicht anzuwenden.

X. Anspruch nach § 812 Abs. 1 S. 1 Alt. 1 BGB

> **Aufbauschema § 812 Abs. 1 S. 1 Alt. 1 BGB**
> 1. Etwas erlangt
> 2. Durch Leistung
> 3. Ohne Rechtsgrund
> 4. Kein Ausschluss nach §§ 814, 817 S. 2 BGB

Für H könnte sich ein Anspruch gegen B gemäß § 812 Abs. 1 S. 1 Alt. 1 BGB (condictio indebiti) ergeben.

B hat zwar durch die Leistung der H Eigentum und Besitz an den 850 EUR erlangt, fraglich ist aber, ob die Leistung der H ohne Rechtsgrund erbracht wurde.

Da allein eine nichteheliche Lebensgemeinschaft keinen Rechtsgrund für das Behaltendürfen einer Leistung bildet, führt die Auflösung der Lebensgemeinschaft auch nicht zur Rechtsgrundlosigkeit. Das Zusammenleben in einer **nichtehelichen Lebensgemeinschaft** ist ein faktischer Umstand und **begründet kein Kausalverhältnis**. Das Fehlen einer rechtlichen Beziehung zwischen den Partnern bedeutet nicht die Rechtsgrundlosigkeit der Leistung. Vielmehr beruht die Leistung auf einer familienrechtlichen Kooperationsübereinkunft sui generis, wonach jede Seite das ihr Mögliche zur Sicherung und Ausgestaltung der Lebensgemeinschaft beiträgt sowie keine wechselseitige Verrechnung stattfindet.[23]

Leistungen, die dem Partner einer nichtehelichen Lebensgemeinschaft im Rahmen dieser tatsächlichen und persönlichen Lebensgestaltung gewährt werden, können daher nicht über die condictio indebiti rückabgewickelt werden.[24] Überdies ist ein Anspruch nach § 812 Abs. 1 S. 1 Alt. 1 BGB regelmäßig gemäß § 814 BGB ausgeschlossen. Der nichteheliche Lebenspartner ist objektiv nicht zur Leistung verpflichtet und hat davon im Zeitpunkt der Zuwendung positive Kenntnis.

Ergebnis

Aus § 812 Abs. 1 S. 1 Alt. 1 BGB lässt sich für H kein Anspruch gegen B ableiten.

XI. Anspruch gemäß § 812 Abs. 1 S. 2 Alt. 1 BGB

> **Aufbauschema § 812 Abs. 1 S. 2 Alt. 1 BGB**
> 1. Etwas erlangt
> 2. Durch Leistung des Anspruchstellers
> 3. Späterer Wegfall des Rechtsgrundes
> 4. Kein Ausschluss nach § 817 S. 2 BGB

H könnte gegen B einen Anspruch auf Zahlung von 850 EUR aus § 812 Abs. 1 S. 2 Alt. 1 BGB (condictio ob causam finitam) innehaben.

Voraussetzung für einen Anspruch aus § 812 Abs. 1 S. 2 Alt. 1 BGB ist der **spätere Wegfall eines Rechtsgrundes**. Als Rechtsgrund kommt hier eine Schenkung iSd § 516 Abs. 1 BGB in Betracht. B und H könnten einen Schenkungsvertrag allenfalls stillschweigend geschlossen haben. Fraglich ist, ob H eine Schenkung gewollt hat. Nur, wenn die Zuwendung ausschließlich dem Partner zugute kommen soll, kann es sich um eine Schenkung handeln. Dient die Zuwendung der gemeinsamen Lebensführung, handelt es sich um eine sogenannte **unbenannte Zuwendung**.[25]

---

[23] BGH NJW 2008, 3277, 3279 mwN.

[24] Palandt/*Sprau*, § 812 Rn. 89; PWW/*Prütting*, § 812 Rn. 37; differenzierend Erman/*Buck-Heeb*, § 812 Rn. 57; umfassend MüKoBGB/*Schwab*, § 812 Rn. 500 ff.; Staudinger/*Lorenz*, § 812 Rn. 100 ff.; BGH NJW-RR 1994, 258; NJW 1992, 906, 907; FamRZ 1990, 855.

[25] Eine vergleichbare Abgrenzung zwischen Schenkung und unbenannter Zuwendung ist bei Eheleuten sowie eingetragenen Lebenspartnern vorzunehmen, vgl. BGH NJW 2008, 3277, 3278; OLG Naumburg NJW 2006, 2418, 2419. Zur Einordnung ehebezogener Zuwendungen der Eltern an das (künftige) Schwiegerkind (mittlerweile) als Schenkung und deren Rückforderung BGH NJW 2010, 2202, 2203; *Wellenhofer*, JuS 2012, 558 ff.

Sie wird in dem Bewusstsein erbracht, dass jeder Partner nach seinem Vermögen zur Lebensgemeinschaft beiträgt.[26]

Abgrenzung Schenkung/unbenannte Zuwendung	
Schenkung	**Unbenannte Zuwendung**
Eine Schenkung ist anzunehmen, wenn sich die Partner über die Unentgeltlichkeit einig sind. Eine Schenkung bezieht sich regelmäßig auf ehe- bzw. partnerschaftsfremde Zwecke und meint eine Freigiebigkeit, die nicht an den Fortbestand der Ehe bzw. Partnerschaft geknüpft ist. Eine Schenkung kann unter den Voraussetzungen der §§ 530 ff. BGB widerrufen und das Geschenk mittels § 812 Abs. 1 S. 2 Alt. 1 BGB zurückgefordert werden, vgl. § 531 Abs. 2 BGB.	Bei der unbenannten Zuwendung wird der Vermögenswert zur Verwirklichung, Ausgestaltung, Erhaltung oder Sicherung der Ehe bzw. Partnerschaft gegeben. Es besteht die Erwartung des Gebers, dass die Gemeinschaft weiter Bestand haben wird und der Vermögenswert dieser zugute kommt. Die unbenannte Zuwendung wird aufgrund der persönlichen Bindung gewährt. Die unbenannte Zuwendung kann grundsätzlich nicht zurückgefordert werden. Nur in Ausnahmefällen erlaubt § 313 BGB die Rückgewähr. Unbenannte Zuwendungen im Rahmen einer Ehe sind güterrechtlich auszugleichen.

Bei der Zahlung von 850 EUR für das Motorrad erscheint es nach den Angaben im Sachverhalt zweifelhaft, ob eine Schenkung oder eine unbenannte Zuwendung anzunehmen ist. Die Entscheidung kann hier jedoch dahinstehen, weil selbst bei Annahme einer Schenkung die Rückforderung mangels Widerrufsgrund scheitert. Die Auflösung einer nichtehelichen Lebensgemeinschaft stellt **keinen groben Undank gemäß § 530 Abs. 1 BGB** dar, weil die jederzeitige Auflösbarkeit gerade das Kennzeichen der nichtehelichen Lebensgemeinschaft ist. Etwas anderes kann dann gelten, wenn ein Partner Geschenke annimmt, obgleich er die Beendigung der Beziehung bereits beschlossen hat.[27] Das ist hier nicht der Fall. Weder im Falle einer Schenkung noch bei Annahme einer unbenannten Zuwendung besteht ein Rückforderungsrecht nach § 812 Abs. 1 S. 2 Alt. 1 BGB, so dass es hier auf eine Abgrenzung von Schenkung und unbenannter Zuwendung nicht ankommt.

Ergebnis

Für H besteht kein Anspruch gegen B aus § 812 Abs. 1 S. 2 Alt. 1 BGB.

XII. Anspruch nach § 812 Abs. 1 S. 2 Alt. 2 BGB

Möglicherweise ergibt sich der Anspruch der H gegen B aus § 812 Abs. 1 S. 2 Alt. 2 BGB (condictio ob rem bzw. condictio causa data causa non secuta).

---

26 Vgl. BRHP/*Lorenz*, § 313 Rn. 74 ff.; BRHP/*Gehrlein*, § 516 Rn. 9 ff.; PWW/*Stürner*, § 516 Rn. 22 ff.; Palandt/*Brudermüller*, Einl. v. § 1297 Rn. 29 ff.; Palandt/*Weidenkaff*, § 516 Rn. 10; BGH NJW 2008, 3277, 3279; NJW 2006, 2330; NJW 1999, 2962, 2965; NJW 1997, 2747.
27 BRHP/*Gehrlein*, § 530 Rn. 3 f.; Palandt/*Weidenkaff*, § 530 Rn. 5 ff.; PWW/*Stürner*, § 530 Rn. 4 ff.

> **Aufbauschema**
> **§ 812 Abs. 1 S. 2 Alt. 2 BGB**
> 1. Etwas erlangt
> 2. Durch Leistung
> 3. Einigung über Zweckbestimmung
> 4. Nichteintritt des bezweckten Erfolges
> 5. Kein Ausschluss nach §§ 815, 817 S. 2 BGB

B hat von H 850 EUR durch Leistung erlangt. Denkbar wäre hier eine gemeinsame Zweckabrede, welche die Zahlung an eine Fortdauer der Lebensgemeinschaft oder an eine fortdauernde unentgeltliche Nutzung des Motorrades knüpft.

Voraussetzung der Leistungskondiktion wegen **Zweckverfehlung** ist die Verfehlung des nach dem Inhalt des Rechtsgeschäfts bezweckten Leistungserfolges. Ein solcher Zweck kann nur angenommen werden, wenn die Beteiligten über die Zweckbestimmung der Leistung eine tatsächliche Willensübereinstimmung erzielt haben. Einseitige Erwartungen genügen nicht. Eine stillschweigende Einigung kommt dabei in Betracht, wenn der Partner zu verstehen gibt, die Leistung nur in der Erwartung eines bestimmten Erfolges zu erbringen und der andere Teil die Zweckbestimmung kennt und ihr nicht widerspricht. Bloßes Kennenmüssen genügt nicht, vielmehr muss im Zeitpunkt der Leistung positive Kenntnis von der Zweckvorstellung des anderen bestanden haben. Leistung und Erfolg stehen in einem inneren Zusammenhang, der den Rechtsgrund für das Behaltendürfen darstellt.[28]

Die allgemeine Erwartung, die nichteheliche Lebensgemeinschaft werde Bestand haben, ist dabei ohne Bedeutung. Das Wesen der nichtehelichen Lebensgemeinschaft stellt nämlich gerade ihre jederzeitige Auflösbarkeit dar. Eine Zweckverfehlung lässt sich daraus nicht ableiten.

> **Anwendbarkeit des § 812 Abs. 1 S. 2 Alt. 2 BGB bei einer konkreten Zweckabrede über die Schaffung gemeinsamer Vermögenswerte oder eine längerfristige Teilhabe**

Notwendig ist vielmehr eine **konkrete Zweckabrede**. Sie kann dann bestehen, wenn die Partner gemeinsame Vermögenswerte schaffen wollen oder der eine das Vermögen des anderen in der Erwartung einer langfristigen Teilhabe vermehrt hat. Beides ist hier nach den Angaben im Sachverhalt nicht anzunehmen. H und B wollten mit dem Motorrad keinen gemeinsamen Vermögenswert bilden und H hat mit ihrer Zahlung nicht auf eine dauerhafte unentgeltliche Nutzung der Ducati gezielt. Angesichts der geringen Höhe der Summe handelt es sich um eine alltägliche Zuwendung ohne konkrete Zweckabrede.[29]

Ergebnis

Es besteht kein Anspruch gemäß § 812 Abs. 1 S. 2 Alt. 2 BGB.[30]

XIII. Anspruch aus § 1298 Abs. 1 bzw. § 1301 S. 1 BGB analog

> **Voraussetzungen Analogie**
> 1. Gesetzeslücke
> 2. Planwidrigkeit der Gesetzeslücke
> 3. Vergleichbare Interessenlage

H könnte die 850 EUR aus einer Ersatzpflicht des B erhalten, wenn hier eine Analogie zum Rücktritt vom Verlöbnis anzunehmen und § 1298 Abs. 1 BGB bzw. § 1301 S. 1 BGB entsprechend anzuwenden ist.

Die nichteheliche Lebensgemeinschaft stellt aber anders als das Verlöbnis keine Vorstufe zur Ehe dar, sondern verkörpert eine Form des Zusammenlebens eigener Art, es fehlt an der für eine Analogie notwendigen Wertungsgleichheit. Während die nichteheliche Lebensgemeinschaft als unverbindliche, jederzeit auflösbare Beziehung angelegt ist, zielt das Verlöbnis auf eine spätere Heirat.

---

28 PWW/*Prütting*, § 812 Rn. 45; Palandt/*Sprau*, § 812 Rn. 89; BGH MDR 2009, 693, 694; BGHZ 44, 321, 323; BGHZ 108, 256, 265; BGHZ 115, 261, 262f.; siehe auch Fall 14, S. 354.

29 Der BGH hat einen Betrag von 38.932,97 EUR als nicht auszugleichende gemeinschaftsbezogene Zuwendung eingestuft, BGH NJW 2008, 443; zustimmend *Coester*, JZ 2008, 315, 316; ausführlich dazu *Grziwotz*, Nichteheliche Lebensgemeinschaft, 2. Teil Rn. 48f.

30 Sind gegebenenfalls die Voraussetzungen eines Anspruchs aus § 812 Abs. 1 S. 2 Alt. 2 BGB erfüllt, kommt es nicht zu einem Ausschluss nach § 815 BGB, weil eine beabsichtigte lebenszeitliche Dauer der nichtehelichen Lebensgemeinschaft nicht von Anfang an unmöglich war. § 815 BGB kommt allenfalls in Betracht, wenn der Entreicherte selbst die Verbindung wider Treu und Glauben gelöst hat, vgl. BGH NJW 2008, 3277, 3282.

Ergebnis

H hat keinen Anspruch aus § 1298 Abs. 1 BGB analog.

XIV. Anspruch gemäß § 1378 Abs. 1 BGB analog

H könnte gegen B eine Forderung über 850 EUR mittels der analogen Anwendung des Zugewinnausgleichs gemäß § 1378 Abs. 1 BGB zustehen.

Eine Analogie zu § 1378 Abs. 1 BGB scheitert mangels einer planwidrigen Regelungslücke und mangels Vergleichbarkeit der Interessenlage.[31] Dem Gesetzgeber waren die fehlenden Vorschriften bei einer nichtehelichen Lebensgemeinschaft bekannt und er hat gleichwohl bei zahlreichen familienrechtlichen Neuregelungen (zB Eheschließungsrechtsgesetz, Kindschaftsrechtsreformgesetz, Kindesunterhaltsgesetz) den Vermögensausgleich bei nichtehelichen Lebensgemeinschaften nicht berücksichtigt. Unterschiedliche Wertungen bestehen zudem wegen Art. 6 Abs. 1 GG, so dass eine mit der Ehe vergleichbare Lage nicht feststellbar ist. Eine Analogie scheidet aus.

Ergebnis

Es besteht kein Anspruch aus § 1378 Abs. 1 BGB analog.

Gesamtergebnis

H steht gegen B keine Anspruchsgrundlage zur Rückforderung der 850 EUR zur Verfügung.

Frage 2: Prozesskostenhilfe für H

Für eine Klage der H gegen B auf Rückzahlung von 850 EUR kann auf Antrag (§ 117 ZPO) Prozesskostenhilfe bewilligt werden. Die Voraussetzungen benennt § 114 ZPO.

> **Voraussetzungen Prozesskostenhilfe**
> 1. Antrag, § 117 ZPO
> 2. Bedürftigkeit iSd § 115 ZPO
> 3. Hinreichende Erfolgsaussicht der Rechtsverfolgung
> 4. Keine Mutwilligkeit

> **Prozesskostenhilfe, §§ 114 ff. ZPO**
>
> Verfassungsrechtliche Überlegungen (Justizgewährungsanspruch) bilden die Grundlage dafür, auch der wirtschaftlich nicht leistungsfähigen Partei die Möglichkeit einzuräumen, Prozesse zu führen. Der Antrag auf Prozesskostenhilfe ist bei dem Prozessgericht zu stellen, § 117 Abs. 1 ZPO. Die Rechtsverfolgung muss Erfolgsaussicht bieten und nicht mutwillig sein. Mutwilligkeit besteht, wenn eine ausreichend bemittelte Partei bei vernünftiger und sachgerechter Einschätzung den Prozess nicht führen würde. Das Gericht entscheidet über den Antrag gemäß § 127 Abs. 1 S. 1 ZPO ohne mündliche Verhandlung durch Beschluss.
> Wird Prozesskostenhilfe bewilligt, ist die Partei nach § 122 Abs. 1 ZPO von der Zahlung der Gerichtskosten und der Anwaltsvergütung befreit. Allerdings ordnet § 123 ZPO an, dass die bedürftige Partei gleichwohl die dem Gegner entstandenen Kosten nach den allgemeinen Grundsätzen (§§ 91 ff. ZPO) zu erstatten hat. Verliert die bedürftige Partei den Prozess, wird sie mit den entsprechenden Kosten belastet; der Prozess ist also trotz Bewilligung der Prozesskostenhilfe mit finanziellen Risiken verbunden.

---

31 Zur Analogie Fall 1, S. 14.

I. Bedürftigkeit iSd § 115 ZPO

Abgrenzung zur Beratungshilfe
Für die außergerichtliche Wahrnehmung von Rechten und bei Güteverfahren nach § 15a EGZPO wird Bedürftigen Beratungshilfe nach dem BerHG gewährt, während bei einem gerichtlichen Verfahren Prozesskostenhilfe in Betracht kommt.

Familienunterhalt
Nach § 1360 BGB sind die Ehegatten einander und ihren Kindern zum Familienunterhalt durch finanzielle oder tatsächliche Leistungen verpflichtet. Der Anspruch umfasst nach **§ 1360a Abs. 1 BGB** den angemessenen Lebensbedarf der Familie, insbesondere die Haushaltskosten, aber auch ein Taschengeld (idR fünf Prozent des Nettoeinkommens). Gemäß § 1360a Abs. 4 BGB zählt hierzu auch ein Prozesskostenvorschuss.

Die Gewährung von Prozesskostenhilfe ist davon abhängig, dass die Kosten der Prozessführung nach den persönlichen und wirtschaftlichen Verhältnissen nicht, nur teilweise oder in Raten aufgebracht werden können. Maßgeblich für diese Einschätzung ist das Einkommen des Antragstellers zum Zeitpunkt der Entscheidung des Gerichts über die Prozesskostenhilfe.

1. Bei einer laut Sachverhalt **mittellosen Studentin** ist Bedürftigkeit anzunehmen.

2. Zweifelhaft ist, ob bei H als **Ehefrau eines erfolgreichen Unternehmers** dieses Merkmal immer noch besteht. Entscheidend ist prinzipiell das **eigene Einkommen des Antragstellers**, nicht das Familieneinkommen oder das Einkommen eines nichtehelichen Lebenspartners.[32] Grundsätzlich würde es hier mangels eigenen Einkommens also keinen Unterschied machen, ob H den Antrag als Studentin oder als Ehefrau eines erfolgreichen Unternehmers stellt.

Ausnahmsweise wird gemäß **§ 1360a Abs. 4 S. 1 BGB** jedoch keine Prozesskostenhilfe gewährt, wenn ein Anspruch auf Prozesskostenvorschuss als Form des Familienunterhalts besteht. Zwischen Eheleuten, auch wenn sie getrennt leben (§ 1361 Abs. 4 S. 4 BGB), ist eine gegenüber Prozesskostenhilfe vorrangige Pflicht zur Leistung eines Prozesskostenvorschusses vorgeschrieben, falls der Rechtsstreit eine **persönliche Angelegenheit** betrifft, also eine genügend enge Verbindung zum Ehepartner anzunehmen ist. Hier ist § 1360a Abs. 4 S. 1 BGB nicht einschlägig, weil der Rechtsstreit keine persönliche Angelegenheit betrifft, die in der Ehe wurzelt und in engem Zusammenhang mit der Ehe steht.[33] Der Anspruch gegen den ehemaligen Lebenspartner bezieht sich auf eigene wirtschaftliche Interessen ohne persönlichem Ehebezug.

In beiden Varianten (mittellose Studentin/Ehefrau eines erfolgreichen Unternehmers) ist demnach von Bedürftigkeit iSd § 115 ZPO auszugehen.

II. Hinreichende Erfolgsaussicht der Rechtsverfolgung

Für die Klage der H gegen B müsste eine hinreichende Aussicht auf Erfolg bestehen. Erfolgsaussicht bedeutet nicht Erfolgsgewissheit, so dass Erfolgsaussicht auch für beide Parteien bestehen kann. Sie ist anzunehmen, wenn die vom Antragsteller dargelegte Sichtweise zumindest vertretbar und eine Beweisführung möglich erscheint. Folglich kommt es auf die rechtliche und tatsächliche Würdigung des Gerichts an. Eine vorweggenommene Beweiswürdigung ist dabei lediglich in Grenzen zulässig, beispielsweise bei Urkunden, grundsätzlich aber nicht bei Zeugen. Schwierige Tat- und Rechtsfragen bleiben dem ordentlichen Prozess vorbehalten.[34]

---

32 Musielak/Voit/*Fischer*, § 115 Rn. 2, 36; Thomas/Putzo/*Seiler*, § 115 Rn. 1; MüKoZPO/*Wacke*, § 115 Rn. 5; OLG Brandenburg, NJW-RR 2008, 734, 735; OLG Koblenz FamRZ 2001, 925.

33 Vgl. Erman/*Kroll-Ludwigs*, § 1360a Rn. 22; Palandt/*Brudermüller*, § 1360a Rn. 14; OLG Nürnberg FamRZ 1986, 697; OLG Düsseldorf FamRZ 1984, 388. Zu beachten ist, dass in Verfahren nach dem FamFG die Prozesskostenhilfe als Verfahrenskostenhilfe bezeichnet wird. Auf die Bewilligung finden die Vorschriften der ZPO Anwendung, soweit nichts Abweichendes bestimmt ist, § 76 Abs. 1 FamFG.

34 Thomas/Putzo/*Seiler*, § 114 Rn. 3 ff.; Musielak/Voit/*Fischer*, § 114 Rn. 20 ff.; MüKoZPO/*Wacke*, § 114 Rn. 67. Mutwillig ist die Rechtsverfolgung, wenn eine verständige Partei ohne Prozesskostenhilfe ihr Recht nicht in gleicher Weise verfolgen würde.

Eine hinreichende Erfolgsaussicht der Rechtsverfolgung ist hier zu verneinen. Dabei kann auf die Prüfung unter Frage 1 verwiesen werden, wonach H gegen B kein Anspruch auf Zahlung von 850 EUR zusteht.

Ergebnis

Mangels Erfolgsaussicht kann Prozesskostenhilfe nicht bewilligt werden.

Frage 3: Anspruch der H gegen K auf Rückgabe des Routers

I. Anspruch gemäß § 861 Abs. 1 BGB

H könnte gegen K einen Anspruch aus § 861 Abs. 1 BGB auf Rückgabe des Routers haben.

1. Ursprünglicher Besitz des Anspruchstellers

Der possessorische Besitzherausgabeanspruch aus § 861 Abs. 1 BGB erfordert den ursprünglichen Besitz des Anspruchstellers. Zunächst hatte F Alleinbesitz an dem Router. Durch die Ehe ist H Mitbesitzerin (§ 866 BGB) geworden, weil an gemeinschaftlich genutzten Sachen, insbesondere dem Hausrat, grundsätzlich beide Ehegatten Mitbesitz haben.[35]

2. Besitzentziehung durch verbotene Eigenmacht

H müsste der Mitbesitz durch verbotene Eigenmacht entzogen worden sein. Nach der Legaldefinition in § 858 Abs. 1 BGB ist verbotene Eigenmacht jede ohne Gestattung vorgenommene Beeinträchtigung (Entziehung, Störung) der tatsächlichen Gewalt des unmittelbaren Besitzers. Dies ist der Fall, weil F den Router ohne Zustimmung der Mitbesitzerin H weggegeben hat.

3. Fehlerhafter Besitz des Anspruchgegners

K müsste fehlerhaften Besitz erlangt haben. § 861 Abs. 1 BGB bezieht sich auf den zur Zeit der Klageerhebung Besitzenden, der die verbotene Eigenmacht selbst verübt hat oder als Besitznachfolger eines Eigenmächtigen iSd § 858 Abs. 2 BGB fehlerhaft besitzt.[36] Nach § 858 Abs. 2 S. 2 BGB erstreckt sich die Fehlerhaftigkeit des Besitzes nur dann auf den Rechtsnachfolger, wenn dieser beim Besitzerwerb positive Kenntnis von der Fehlerhaftigkeit hat.

Da K keine Kenntnis von der Fehlerhaftigkeit des Besitzes hatte, kommt es nicht zu einer Zurechnung über § 858 Abs. 2 S. 2 Alt. 2 BGB. K besitzt nicht fehlerhaft. Die Voraussetzungen des possessorischen Anspruchs nach § 861 Abs. 1 BGB sind damit nicht erfüllt.

Ergebnis

H steht gegen K kein Anspruch gemäß § 861 Abs. 1 BGB zu.

> **Aufbauschema § 861 Abs. 1 BGB**
> 1. Ursprünglicher Besitz des Anspruchstellers
> 2. Besitzentziehung durch verbotene Eigenmacht
> 3. Fehlerhafter Besitz des Anspruchsgegners
> 4. Kein Ausschluss nach § 861 Abs. 2 BGB
> 5. Kein Erlöschen gemäß § 864 BGB

> **Mitbesitz** ist anzunehmen, wenn die den Besitz kennzeichnende Sachherrschaft von mehreren gleichstufig ausgeübt wird, also der Besitz des einen durch den gleichen Besitz des anderen beschränkt ist.

> **§ 858 Abs. 2 BGB** Besitznachfolger ist jeder, der Besitz an der Sache begründet. Die Fehlerhaftigkeit muss er nur gegen sich gelten lassen, wenn beim Erwerb positive Kenntnis bestand. Grob fahrlässige Unkenntnis und spätere Kenntnis sind unerheblich.

---

35 Erman/*Lorenz*, § 854 Rn. 8; PWW/*Prütting*, § 854 Rn. 17. Im Alleinbesitz stehen in der Ehe üblicherweise die Gegenstände, die dem persönlichen Gebrauch eines Ehepartners dienen.
36 Näher bei Fall 15, S. 382.

II. Anspruch nach § 1007 BGB

Petitorische Ansprüche gemäß § 1007 BGB kommen nicht in Betracht, weil F die Sache freiwillig hergegeben hat und K gutgläubig war.

III. Anspruch aus § 985 BGB

Möglicherweise ergibt sich ein Vindikationsanspruch der H gegen K aus § 985 BGB.

1. Besitz des K

K hat nach § 854 Abs. 1 BGB die tatsächliche Sachherrschaft über den Router, eine Sache iSd § 90 BGB. Folglich ist K im Besitz des Routers.

2. Eigentum der H

Der Router stand im Eigentum des F. An dieser Eigentumsstellung änderte auch die **Ehe** mit H nichts, weil H und F keinen Ehevertrag geschlossen hatten.

Verlöbnis und Ehe

1. Verlöbnis, §§ 1297 ff. BGB

Verlöbnis ist das gegenseitige formfreie Versprechen zweier Personen verschiedenen Geschlechts, in Zukunft miteinander die Ehe einzugehen.

Nach herrschender Sichtweise kommt eine Verlobung **durch Vertrag** nach den allgemeinen Regeln (§§ 145 ff. BGB) zustande (PWW/*Weinreich*, § 1297 Rn. 1), während andere Auffassungen es als tatsächlichen Vorgang oder eigenständiges familienrechtliches Rechtsverhältnis (vgl. BRHP/*Hahn*, § 1297 Rn. 2 ff.) einstufen. Es bezeichnet zwar die Vorstufe der Ehe, diese ist aber nicht klagbar, § 1297 Abs. 1 BGB. Verlöbnisse können nach § 134, § 138 Abs. 1 BGB unwirksam sein; sittenwidrig ist beispielsweise die Verlobung eines (noch) Verheirateten.

Ein Rücktritt von der Verlobung ist jederzeit formlos möglich, löst jedoch gemäß § 1298 Abs. 1 BGB (§ 1299 BGB) Schadensersatzansprüche aus. Bei Beendigung eines Verlöbnisses zu Lebzeiten entsteht nach § 1301 S. 1 BGB ein wechselseitiger Anspruch auf Rückgabe der einander gemachten Geschenke.

2. Ehe, §§ 1303 ff. BGB

Die Ehefähigkeit ergibt sich aus §§ 1303 f. BGB; Eheverbote enthalten die §§ 1306 ff. BGB. Die formalen Erfordernisse, insbesondere die Zuständigkeit des Standesbeamten, geben §§ 1310 f. BGB vor. Die Ehe wird von zwei Personen verschiedenen oder gleichen Geschlechts auf Lebenszeit geschlossen, § 1353 Abs. 1 S. 1 BGB.

Die Eheleute müssen keinen gemeinsamen **Ehenamen** führen; in einem solchen Fall behält jeder seinen Namen, vgl. § 1355 BGB. Die Ehe verpflichtet zur ehelichen Lebensgemeinschaft (§ 1353 Abs. 1 S. 2 BGB), mithin dazu, einander Beistand und Fürsorge zu leisten und Gefahren für den anderen abzuwehren. Die Eheleute haben durch ihre Arbeit und ihr Vermögen die Familie angemessen zu unterhalten, § 1360 S. 1 BGB.

Die vermögensrechtlichen Beziehungen der Eheleute ergeben sich aus dem **ehelichen Güterrecht**. Das Gesetz stellt drei grundsätzliche Formen zur Verfügung, wobei Einzelheiten ehevertraglich ausgestaltet werden können: Zugewinngemeinschaft als gesetzliche Regel (§ 1363 Abs. 1 BGB) und die Güterstände der Gütertrennung (§ 1414 BGB) sowie Gütergemeinschaft (§ 1415 BGB). Während der Dauer einer Zugewinngemeinschaft kann jeder Ehepartner grundsätzlich frei über sein Vermögen verfügen, Ausnahmen regeln §§ 1365–1370 BGB (dazu sogleich).

Verlöbnis und Ehe *(Fortsetzung)*

§ 1357 Abs. 1 BGB erlaubt es jedem Ehepartner, mit Wirkung für den anderen Geschäfte zur angemessenen Deckung des Lebensbedarfs zu besorgen. Diese Berechtigung bezieht sich nach überwiegender Einschätzung auf **schuldrechtliche Rechtsgeschäfte** (aA auch dingliche Wirkung). Der Eigentumsübergang vollzieht sich demgemäß anhand der allgemeinen Regeln (vgl. MüKoBGB/*Roth*, § 1357 Rn. 42). Rechtsgeschäfte iSd § 1357 Abs. 1 S. 1 BGB sind solche, die nach den individuellen Verhältnissen in der konkreten Ehe üblicherweise selbständig von einem Ehegatten ohne Rücksprache und Mitwirkung des anderen zur Bedarfsdeckung erledigt werden, also keinen größeren Umfang aufweisen und nicht zurückgestellt werden können. Zur Auslegung kann auf die Rechtsgedanken der §§ 1360, 1360a BGB zurückgegriffen werden.

Eine Ehe kann nur durch Tod aufgelöst oder durch richterliche Entscheidung aufgehoben (§ 1313 BGB) bzw. geschieden (§ 1564 BGB) werden. Die **Aufhebung** (§§ 1313 ff. BGB) bezieht sich auf Gründe **bei** der Eheschließung, die **Scheidung** (§§ 1564 ff. BGB) auf Gründe **nach** der Eheschließung.

Mangels ehevertraglicher Regelung handelt es sich um den **gesetzlichen Güterstand der Zugewinngemeinschaft (§ 1363 Abs. 1 BGB)**, bei dem das Vermögen der Eheleute voneinander getrennt bleibt, § 1363 Abs. 2 S. 1 BGB.[37]

Eheliche Güterstände

Grundsätzlich mittels notariell beurkundeten Ehevertrag, vgl. §§ 1408, 1410 BGB

Ein Ehevertrag erlaubt nicht nur die Wahl eines anderen Güterstandes als die Zugewinngemeinschaft, sondern ermöglicht auch die Modifikation der Regeln zur Zugewinngemeinschaft. Der Vertragsinhalt unterliegt bei gestörter Vertragsparität der Inhaltskontrolle.

Kraft Gesetzes mit Eheschließung (§ 1363 Abs. 1 BGB), sofern keine andere Vereinbarung durch Ehevertrag getroffen wurde.

Gütergemeinschaft §§ 1415–1518 BGB

Das beiderseits eingebrachte und hinzuerworbene Vermögen wird zum Gesamtgut, dh die Ehegatten bilden insoweit eine Gesamthandsgemeinschaft. Im alleinigen Eigentum des jeweiligen Ehepartners bleiben das Sondergut (§ 1417 BGB) und das Vorbehaltsgut (§ 1418 BGB).

Gütertrennung § 1414 BGB

Die Eheleute werden vermögensrechtlich wie Unverheiratete behandelt. Jeder kann über sein Vermögen allein und unbeschränkt verfügen. Bei Beendigung des Güterstandes bestehen keine güterrechtlichen Ausgleichsansprüche. Bedeutsam ist hier allerdings die sog unbenannte Zuwendung.

Zugewinngemeinschaft §§ 1363–1390 BGB

Das Vermögen der Eheleute bleibt getrennt und wird – abgesehen von den Beschränkungen in §§ 1365 ff. BGB – eigenständig verwaltet. Erst bei Beendigung der Zugewinngemeinschaft ist der während der Ehe erzielte Zugewinn nach § 1378 BGB auszugleichen.

Das Eigentum der Ehepartner bleibt getrennt. Es bestehen folglich keine Anhaltspunkte dafür, dass H jemals Eigentümerin des Routers war. Ein Anspruch der H gemäß § 985 BGB **aus eigenem Recht** scheidet damit aus.

---

37 *Schwab*, Familienrecht, § 29 Rn. 219 ff.; Palandt/*Brudermüller*, § 1363 Rn. 1, 3.

Ergebnis

Unmittelbar aus § 985 BGB steht H gegen K kein Anspruch zu.

IV. Anspruch gemäß § 985 iVm § 1368 BGB

> Voraussetzungen
> § 1368 BGB
> 1. Ehe im Güterstand der Zugewinngemeinschaft
> 2. Erfordernis der Zustimmung des Ehepartners
> 3. Fehlende Zustimmung

H könnte einen Anspruch nach § 985 BGB **aus abgeleitetem Recht** geltend machen, sofern es sich um einen Fall des § 1368 BGB handelt.

1. Ehe im Güterstand der Zugewinngemeinschaft

§ 1368 BGB setzt eine Ehe im gesetzlichen Güterstand der Zugewinngemeinschaft (§ 1363 BGB) voraus. Eine solche besteht zwischen H und K.

2. Erfordernis der Zustimmung des Ehegatten

Weiterhin ist notwendig, dass ein Ehegatte ohne die erforderliche Zustimmung des anderen Ehegatten über sein Vermögen verfügt hat. Das **Zustimmungserfordernis** besteht in folgenden Fällen.[38]

Zustimmungserfordernisse bei der Zugewinngemeinschaft	
Verfügung über das Vermögen im Ganzen, § 1365 BGB	**Verfügung über Haushaltsgegenstände, § 1369 BGB**
§ 1365 BGB enthält ein **absolutes Veräußerungsverbot** für das Vermögen im Ganzen. Nach überwiegender Auffassung sind **auch einzelne Vermögensgegenstände** erfasst, wenn es sich dabei wirtschaftlich um das (nahezu) gesamte Vermögen handelt (Einzeltheorie). Das ist bei größeren Vermögen der Fall, wenn 90 Prozent des Gesamtvermögens erreicht werden, bei kleineren Vermögen liegt die Grenze bei 85 Prozent. Eine Gegenleistung bleibt außer Betracht. Der herrschende **subjektive Ansatz** macht die Anwendung des § 1365 BGB davon abhängig, dass der Erwerber (nach hM zur Zeit des schuldrechtlichen Geschäfts) die Vermögensverhältnisse positiv kennt oder zumindest die tatsächlichen Verhältnisse, aus denen sich diese ergeben. Die hM verfolgt mithin die Einzeltheorie mit einem subjektiven Ansatz bezogen auf den Abschluss des schuldrechtlichen Geschäfts, vgl. BGH NJW 1996, 1740; NJW 1993, 2441; MüKoBGB/*Koch* § 1365 Rn. 27 ff.	§ 1369 BGB regelt ein **absolutes Veräußerungsverbot** für Haushaltsgegenstände. Haushaltsgegenstände sind alle beweglichen Sachen, die nach den Vermögens- und Lebensverhältnissen der Eheleute für die Wohnung, die Hauswirtschaft und das Zusammenleben der Familie einschließlich der Freizeitgestaltung bestimmt sind. Maßgeblich ist, dass die Gegenstände der gemeinsamen privaten Lebensführung dienen, also nicht von einem Ehepartner beruflich oder ausschließlich alleine genutzt werden. Bei § 1369 BGB ist **kein subjektives Element** beim Vertragspartner vorausgesetzt; der Erwerber muss keine Kenntnis davon haben, dass es sich um einen ehelichen Haushaltsgegenstand handelt. § 1369 BGB ist **analog** anwendbar, wenn ein Ehegatte Haushaltsgegenstände veräußert, die dem anderen Ehegatten gehören.

---

[38] Überblick bei *Medicus/Petersen*, Bürgerliches Recht, Rn. 537 ff.; *Schwab*, Familienrecht, § 32 Rn. 248 ff., 259 ff.; *Wellenhofer*, Familienrecht, § 14 Rn. 1 ff., Rn. 19 ff.

In Betracht kommt die Anwendung des **§ 1369 Abs. 1 BGB**. Über den Wortlaut der Norm hinaus ist die Vorschrift aufgrund ihres Sinn und Zwecks nicht nur bei eigenen, sondern **auch bei Haushaltsgegenständen des Ehepartners** anzuwenden. Normzweck ist nämlich, die Lebensgrundlage der Familie zu erhalten.[39]

> § 1369 BGB Verfügung über Haushaltsgegenstand

Bei dem Router müsste es sich um einen Gegenstand des ehelichen Haushalts handeln. Das sind alle beweglichen Gegenstände, die dem ehelichen Zusammenleben und der gemeinsamen Lebensführung dienen. Haushaltsgegenstände sind die für die Wohnung, die Haushaltsführung und die Freizeitgestaltung der Familie bestimmten Sachen. Auf die Eigentumsverhältnisse kommt es nicht an. Entscheidend ist die Zweckbestimmung im Rahmen der Vermögens- und Lebensverhältnisse der Eheleute, so dass nach den Umständen im konkreten Einzelfall zu entscheiden ist.[40]

> **Haushaltsgegenstand**
> Entscheidend ist die Widmung innerhalb der konkreten Ehe. So zählt ein Pkw zu den Haushaltsgegenständen, wenn er für das Familienleben genutzt wird, nicht aber, wenn er nur den persönlichen Zwecken eines Ehepartners dient.

Der allein von F erworbene, aber gemeinsam genutzte Router stellt danach einen Haushaltsgegenstand iSd § 1369 Abs. 1 BGB dar; es wurde von den Eheleuten im Rahmen ihrer Lebensführung gemeinsam genutzt.

3. Fehlende Zustimmung

Die Übereignung von F auf K nach § 929 S. 1 BGB ist gemäß § 1369 Abs. 1 BGB von der Zustimmung der Ehefrau H abhängig.

Ein ohne vorherige Zustimmung (Einwilligung) geschlossener Vertrag ist gemäß § 1366 Abs. 1 iVm § 1369 Abs. 3 BGB schwebend unwirksam. Vorgehensweisen während des Schwebezustandes normieren die Absätze 2 und 3 des § 1366 BGB. Nach § 182 Abs. 1 BGB kann die Genehmigung sowohl gegenüber dem Ehepartner als auch dem Dritten erklärt werden. Wird die Genehmigung verweigert, ist der Vertrag unwirksam (§ 1366 Abs. 4 iVm § 1369 Abs. 3 BGB).

Mangels Zustimmung der H ist die Übereignung an K gemäß § 1369 Abs. 1 BGB unwirksam. § 1369 Abs. 1 BGB stellt ein **absolutes Veräußerungsverbot** dar. Deshalb finden über § 135 Abs. 2 BGB die Gutglaubensvorschriften keine Anwendung.

F ist damit Eigentümer geblieben.

> Nach hM handelt es sich bei § 1365 und § 1369 BGB um **absolute Veräußerungsverbote**, dh das Rechtsgeschäft ist nicht nur relativ, sondern gegenüber jedermann unwirksam. Ein gutgläubiger Erwerb ist daher nicht möglich. Die aA sieht in §§ 1365, 1369 BGB nur relative Veräußerungsverbote oder eine bloße Beschränkung des rechtlichen Könnens.

4. Revokationsbefugnis

Das Eigentum des F müsste H geltend machen können.

---

39 Erman/*Budzikiewicz*, § 1369 Rn. 1; Palandt/*Brudermüller*, § 1369 Rn. 1; PWW/*Weinreich*, § 1369 Rn. 1; *Wellenhofer*, Familienrecht, § 14 Rn. 23 ff.
40 PWW/*Weinreich*, § 1361a Rn. 5 ff.; Erman/*Kroll-Ludwigs*, § 1361a Rn. 2 f.; Palandt/*Brudermüller*, § 1361a Rn. 3 ff. Beispielsweise gehört ein Pkw zum Hausrat, wenn er vor allem zum Einkauf und zur Kinderbetreuung genutzt wird; anders ist es bei einem Pkw, den ein Ehegatte allein für Fahrten zum Arbeitsplatz nutzt.

> **Revokationsrecht § 1368 BGB**
>
> § 1368 BGB begründet für §§ 1365, 1369 BGB die Möglichkeit, die sich aus der Unwirksamkeit der Verfügung ergebenden Rechte des Ehegatten in eigenem Namen geltend zu machen (Fall der gesetzlichen Prozessstandschaft).

Gemäß § 1369 Abs. 3 BGB ist § 1368 BGB anzuwenden. Die Norm begründet ein **Revokationsrecht**, wonach auch der nicht verfügende Ehegatte die sich aus der Unwirksamkeit der Verfügung ergebenden Rechte in eigenem Namen geltend machen kann. Revokation meint mithin Prozessstandschaft.

H kann daher das Eigentumsrecht des F nach § 1368 iVm § 1369 Abs. 3 BGB geltend machen. Der Anspruch aus § 985 BGB ist entstanden.

5. Recht zum Besitz aus § 986 Abs. 1 BGB

Zu prüfen bleibt, ob K gemäß § 986 Abs. 1 BGB aufgrund des Kaufvertrages mit F ein Recht zum Besitz zusteht.

> Die in §§ 1365, 1369 BGB angeordnete Zustimmungsbedürftigkeit erfasst das Verpflichtungs- und das Verfügungsgeschäft. Im Regelfall ist davon auszugehen, dass sich eine Zustimmung zum Verpflichtungsgeschäft auch auf das Verfügungsgeschäft bezieht.

§ 1369 Abs. 1 BGB bezieht sich nicht nur auf das Verfügungs-, sondern auch auf das Verpflichtungsgeschäft. Der Kaufvertrag ist damit mangels Zustimmung unwirksam. K steht kein Recht zum Besitz nach § 986 Abs. 1 BGB zu.

6. Zurückbehaltungsrecht nach § 273 Abs. 1 BGB

Für K könnte sich ein Zurückbehaltungsrecht[41] aus § 273 Abs. 1 BGB ergeben. Ist der Kaufvertrag nach § 1369 Abs. 1 BGB unwirksam, steht K ein Anspruch auf Rückzahlung des Kaufpreises nach § 812 Abs. 1 S. 1 Alt. 1 BGB (condictio indebiti) zu, der auf demselben rechtlichen Verhältnis beruht.

Grundsätzlich besteht deshalb ein Zurückbehaltungsrecht nach § 273 Abs. 1 BGB. Da dieses Zurückbehaltungsrecht aber mittelbar zu einer Entwertung des Revokationsrechts führen würde, ist davon auszugehen, dass die **familienrechtlichen Vorgaben als Sondervorschriften § 273 Abs. 1 BGB verdrängen**.[42] Denn nur auf diese Weise lässt sich der Normzweck, die materielle Grundlage des Familienlebens vor einseitigen Maßnahmen zu bewahren, wirkungsvoll gewährleisten.

K steht folglich kein Zurückbehaltungsrecht zur Verfügung.

Ergebnis

H kann von K nach § 985 BGB iVm §§ 1368, 1369 Abs. 1, Abs. 3 BGB die Herausgabe des Routers verlangen.

Auseinander gehen die Auffassungen, ob die Herausgabe an den klagenden, an den verfügenden oder nur an beide Ehegatten verlangt werden kann. Zutreffend ist es, die Herausgabe an den klagenden Ehepartner zuzulassen, weil auf diese Weise dem Schutzzweck der §§ 1365, 1369 BGB Genüge getan wird.[43]

> **Aufbauschema § 812 Abs. 1 S. 1 Alt. 1 BGB**
>
> 1. Etwas erlangt
> 2. Durch Leistung
> 3. Ohne rechtlichen Grund
> 4. Kein Ausschluss nach §§ 814, 817 S. 2 BGB

V. Anspruch aus § 812 Abs. 1 S. 1 Alt. 1 BGB

Für einen Anspruch der H gegen K aus § 812 Abs. 1 S. 1 Alt. 1 BGB müsste K

1. etwas erlangt haben. Darunter ist jeder Vermögensvorteil, dh jede Verbesserung der Vermögenslage zu verstehen. K hat den Besitz am Router erlangt.
2. Dies müsste durch Leistung geschehen sein. Leistung ist die ziel- und zweckgerichtete Mehrung fremden Vermögens. Das ist hier der Fall.

---

41 Allgemein zu den Zurückbehaltungsrechten bei Fall 17, S. 427.
42 Staudinger/*Thiele*, § 1368 Rn. 51; MüKoBGB/*Koch*, § 1368 Rn. 19; PWW/*Weinreich*, § 1368 Rn. 6; Palandt/*Brudermüller*, § 1368 Rn. 4; Erman/*Budzickiewicz*, § 1368 Rn. 8.
43 Siehe im Einzelnen Erman/*Budzickiewicz*, § 1368 Rn. 7; Staudinger/*Thiele*, § 1368 Rn. 32; Palandt/*Brudermüller*, § 1368 Rn. 4; MüKoBGB/*Koch*, § 1368 Rn. 14f.; BRHP/*Siede*, § 1368 Rn. 4.

3. Die Leistung müsste ohne Rechtsgrund erfolgt sein. Da der allenfalls in Frage kommende Kaufvertrag nach § 1369 Abs. 1, 3 iVm § 1366 Abs. 4 BGB unwirksam ist, liegt kein Rechtsgrund vor. Aufgrund des unwirksamen Verpflichtungsgeschäfts ist K ungerechtfertigt bereichert, so dass grundsätzlich ein Anspruch aus Leistungskondiktion besteht.

4. Fraglich ist, ob H auch den Kondiktionsanspruch gegenüber K geltend machen kann. § 1368 BGB erlaubt dem Ehegatten nur, sich auf die aus der Unwirksamkeit der **Verfügung** ergebenden Rechte zu stützen. Angesichts des klaren Wortlauts besteht in Bezug auf das Verpflichtungsgeschäft keine Revokationsbefugnis. Da der Anspruch aus § 812 Abs. 1 S. 1 Alt. 1 BGB auf dem unwirksamen Kaufvertrag und nicht auf einem unwirksamen Verfügungsgeschäft beruht, wird er von § 1368 BGB nicht umfasst. Es besteht insoweit kein Revokationsrecht.

> **§ 1368 BGB**
> Das Revokationsrecht beschränkt sich auf Ansprüche, die sich aus der Unwirksamkeit der Verfügung ergeben. Unabhängig von § 1368 BGB kann der nicht verfügende Ehegatte Ansprüche aus eigenem Recht geltend machen, wenn er durch die Verfügung seines Ehepartners in eigenen Rechten verletzt ist.

Ergebnis
H kann nach § 812 Abs. 1 S. 1 Alt. 1 BGB keine Rückgabe von K verlangen.

Gesamtergebnis
H kann sich für die Rückgabe nur auf § 985 BGB iVm § 1368 BGB berufen.

Frage 4: Anspruch der H gegen F auf Trennungsunterhalt

Anspruch aus § 1361 Abs. 1 S. 1 BGB

H könnte gegen F einen Anspruch auf Trennungsunterhalt gemäß § 1361 Abs. 1 S. 1 BGB innehaben.

I. Anwendungsbereich

Dazu müsste zunächst der Anwendungsbereich des § 1361 Abs. 1 S. 1 BGB eröffnet sein.

> **Aufbauschema Trennungsunterhalt § 1361 Abs. 1 BGB**
> 1. Getrenntleben bei bestehender Ehe
> 2. Bedürftigkeit des Antragstellers
> 3. Leistungsfähigkeit des Anspruchsgegners
> 4. Herabsetzung aus Billigkeitsgründen
> 5. Berechnung/Höhe

Familienrechtliche Unterhaltsansprüche

Unterhaltsansprüche zwischen Verwandten in gerader Linie	Unterhaltsansprüche zwischen Ehepartnern		
Anspruchsgrundlage ist § 1601 BGB. Die Voraussetzungen regeln die §§ 1602 ff. BGB, die Reihenfolge der Unterhaltspflichtigen die §§ 1606 ff. BGB. Danach besteht beispielsweise einerseits eine Unterhaltspflicht der Eltern gegenüber ihren Kindern, andererseits aber auch ein Unterhaltsanspruch der Eltern gegen ihre Kinder.	**Familienunterhalt** § 1360 S. 1 BGB	**Trennungsunterhalt** § 1361 Abs. 1 S. 1 BGB	**Nachehelicher Unterhalt** §§ 1569 ff. BGB
	Es gilt der Grundsatz der Proportionalität, dh jeder Ehepartner hat nach seinen Kräften beizutragen; auf Bedürftigkeit kommt es nicht an.	Für die Zeit der Trennung soll der status quo gesichert werden. Der wirtschaftlich schwächere Ehegatte wird für eine gewisse Zeit vor nachteiligen Veränderungen	Es gilt der Grundsatz der Eigenverantwortung, dh jeder geschiedene Ehegatte hat für seinen Unterhalt selbst aufzukommen.

Familienrechtliche Unterhaltsansprüche *(Fortsetzung)*		
Den Umfang regelt § 1360a BGB; dazu zählen Taschengeld und Prozesskostenvorschuss.	der Lebensverhältnisse geschützt. Der Bedarf bemisst sich nach den konkret individuellen Eheumständen.	Nur soweit eine Unterhaltslücke und ein Unterhaltstatbestand nach §§ 1570 ff. BGB eingreifen, besteht ein Anspruch.
Bei den Ansprüchen handelt es sich um unterschiedliche Streitgegenstände (Grundsatz der Nichtidentität), die zeitlich gestaffelt sind. Demnach endet der Anspruch auf Familienunterhalt mit der Trennung und der Anspruch auf Trennungsunterhalt mit rechtskräftiger Scheidung.		

H verlangt Unterhalt für die Zeit des Getrenntlebens. Daher ist der Anwendungsbereich des § 1361 Abs. 1 S. 1 BGB eröffnet.

Unterhalt für die Vergangenheit
Die Unterhaltsansprüche sind **zukunftsbezogen**, weil ihnen der Grundgedanke der Sicherung der Lebensbedürfnisse zugrundeliegt (in praeteritum non vivitur) und der Unterhaltspflichtige vor unerwarteten Nachforderungen geschützt sein soll. Der Anspruch auf Unterhalt für die Vergangenheit wird daher in § 1613 BGB mit bestimmten Voraussetzungen verknüpft: Verzug, Rechtshängigkeit oder Aufforderung zur Auskunft. § 1613 BGB gilt nicht nur für Unterhaltsansprüche gegenüber Verwandten, sondern ist auch bei den entsprechenden Ansprüchen von Eheleuten und Lebenspartnern anzuwenden, vgl. §§ 1360a Abs. 3, 1361 Abs. 4 S. 4 BGB, §§ 5 S. 2, 12 S. 2 LPartG.

II. Voraussetzungen

1. Getrenntleben bei bestehender Ehe

Getrenntleben § 1567 Abs. 1 BGB
- Fehlen der häuslichen Gemeinschaft (objektives Kriterium)
- Trennungsabsicht (subjektives Kriterium)

Eine Legaldefinition für das Getrenntleben findet sich in § 1567 Abs. 1 S. 1 BGB. Danach leben die Eheleute getrennt, wenn zwischen ihnen keine häusliche Gemeinschaft besteht und ein Ehepartner sie erkennbar nicht herstellen will, weil er die eheliche Lebensgemeinschaft ablehnt. Entscheidend ist der **Trennungswille**. Auf eine räumliche Trennung kommt es nicht zwingend an; Eheleute leben innerhalb einer Wohnung getrennt (vgl. § 1567 Abs. 1 S. 2 BGB), wenn sie nicht mehr gemeinsam wirtschaften, essen und schlafen. Nach § 1567 Abs. 2 BGB unterbricht oder hemmt ein Versöhnungsversuch nicht die in § 1566 BGB genannten Fristen.

Da zwischen H und F die Gemeinsamkeiten in allen Lebensbereichen bei bestehender Ehe aufgegeben wurden, ist das Tatbestandsmerkmal des Getrenntlebens erfüllt.

2. Bedürftigkeit des Antragstellers

Der Bedarf richtet sich nach den Einkommens- und Vermögensverhältnissen der Eheleute, nicht nach festen Unterhaltssätzen. Die ehelichen Lebensverhältnisse sollen während der Trennungszeit fortgesetzt werden (Perpetuierung des status quo ante). Die Bedürftigkeit fehlt, soweit der Antragsteller sich aus eigenen Mitteln selbst angemessen unterhalten kann. Die Bedürftigkeit richtet sich nach den tatsächlichen bzw. im Wege der Fiktion zuzurechnenden eigenen Einkünften. Dabei spielt es grundsätzlich keine Rolle, woher die Einkünfte stammen. Die Verwertung des Vermögens ist im Einzelfall erforderlich, wenn dies wirtschaftlich zumutbar ist.[44]

H ist Studentin und hat weder Einkünfte noch Vermögen. Sie ist bedürftig und kann gemäß § 1361 Abs. 2 BGB nicht auf eine eigene Erwerbstätigkeit verwiesen werden.

3. Leistungsfähigkeit des Anspruchsgegners

Der Unterhaltsverpflichtete muss in der Lage sein, aus erzielten oder erzielbaren Einkünften oder aus Vermögen, dessen Verwertung erwartet werden kann, Unterhalt zu leisten. Ist dem Ehepartner ein unterhaltsbezogenes Fehlverhalten vorzuwerfen, kann die Anrechnung fiktiver Einkünfte in Höhe der bei entsprechender Bemühung erzielbaren Einkünfte in Betracht kommen. Die Grenze der Leistungsfähigkeit bildet der Selbstbehalt (Eigenbedarf) des Anspruchsgegners. Das sind die Einkünfte, die der Anspruchsgegner für den eigenen Unterhalt und den Unterhalt vorrangig Berechtigter benötigt.[45]

An der Leistungsfähigkeit des Anspruchsgegners bestehen hier keine Zweifel, weil F als erfolgreicher Unternehmer über ausreichende Finanzmittel verfügt.

4. Herabsetzung aus Billigkeitsgründen iSd § 1579 Nr. 2–7 BGB

Nach § 1361 Abs. 3 BGB sind die Regelungen des § 1579 Nr. 2–7 BGB entsprechend anzuwenden, wonach ein Unterhaltsanspruch in besonderen Fällen versagt, herabgesetzt oder zeitlich begrenzt werden kann. Beispielsweise kann eine Unterhaltszahlung gemäß § 1579 Nr. 2 BGB unzumutbar sein, wenn der Unterhaltsberechtigte eine länger dauernde Beziehung zu einem Dritten eingegangen ist, die sich derart verfestigt hat, dass sie als eheähnlich anzusehen ist.[46] Für eine Herabsetzung des Trennungsunterhalts gibt es hier keine Anhaltspunkte im Sachverhalt.

5. Berechnung/Höhe

Der ehebezogene Unterhaltsbedarf richtet sich danach, was nach den Lebensverhältnissen sowie den Erwerbs- und Vermögensverhältnissen der Ehegatten angemessen erscheint. Entscheidend sind die den Lebensstandard beider Eheleute prägenden Umstände. Angaben zu den Einnahmen und Ausgaben sowie zum Vermögen und den steuerlichen Umständen fehlen hier. Eine Berechnung der genauen Unterhaltshöhe ist daher nicht möglich. Der Trennungsunterhalt ist als monatliche Geldrente im Voraus zu leisten, § 1361 Abs. 4 S. 1, 2 BGB.

---

[44] Einzelheiten bei PWW/*Kleffmann*, § 1361 Rn. 6 ff.; Erman/*Kroll-Ludwigs*, § 1361 Rn. 9 ff.; Palandt/*Brudermüller*, § 1361 Rn. 12 ff.; MüKoBGB/*Weber-Monecke*, § 1361 Rn. 35 ff.

[45] Näher zur Leistungsfähigkeit Palandt/*Brudermüller*, § 1361 Rn. 28 ff.; PWW/*Kleffmann*, § 1361 Rn. 5; MüKoBGB/*Weber-Monecke*, § 1361 Rn. 17 ff.; Jauernig/*Budzikiewicz*, § 1361 Rn. 14 ff.

[46] Vgl. Palandt/*Brudermüller*, § 1361 Rn. 70; zur Anwendbarkeit des § 1579 Nr. 7 BGB bei Aufnahme einer neuen Lebensgemeinschaft Erman/*Kroll-Ludwigs*, § 1361 Rn. 52 ff.

Ergebnis

H hat gegen F einen Anspruch auf Trennungsunterhalt gemäß § 1361 Abs. 1 S. 1 BGB. Nach § 1361 Abs. 4 BGB ist der Unterhalt durch eine monatlich im Voraus zu entrichtende Geldrente zu gewähren.

Frage 5: Anspruch der H gegen F auf Zugewinnausgleich

Anspruch aus § 1378 Abs. 1 BGB

> **Aufbauschema Zugewinnausgleich**
> § 1378 Abs. 1 BGB
> 1. Ursprünglich wirksame Ehe in Zugewinngemeinschaft
> 2. Beendigung der Ehe zu Lebzeiten
> 3. Erzielung von Zugewinn

Möglicherweise besteht ein Anspruch der H gegen F auf Zugewinnausgleich gemäß § 1378 Abs. 1 iVm §§ 1372, 1363 Abs. 1 BGB.

I. Ursprünglich wirksame Ehe

Es müsste eine vormals wirksame Ehe (§§ 1303 ff. BGB) im Güterstand der Zugewinngemeinschaft (§ 1372 BGB) gegeben sein. Da ein anderer Güterstand nicht vereinbart wurde (§ 1363 Abs. 1 BGB), ist hier von einem gesetzlichen Güterstand der Zugewinngemeinschaft auszugehen.

II. Beendigung des Güterstandes zu Lebzeiten beider Ehegatten

Der Güterstand wurde hier durch Scheidung (§§ 1564 ff. BGB), also iSd § 1372 BGB auf andere Weise als durch den Tod eines Ehegatten beendet.[47]

Voraussetzungen einer Ehescheidung, §§ 1564 ff. BGB, §§ 133 ff. FamFG

1. Scheidungsantrag, § 1564 S. 1 BGB

Scheidung setzt nach § 1564 S. 1 BGB den Antrag eines oder beider Eheleute voraus. Da eine Scheidung nur durch richterliche Entscheidung (Beschluss) möglich ist, unterliegt der Antrag als Prozesshandlung den Vorgaben des FamFG, vgl. §§ 124, 133 FamFG. Bei Zustimmung zur Scheidung gilt § 134 FamFG. Das Scheidungsverfahren ist als Ehesache (§ 121 Nr. 1 FamFG) eine Familiensache iSd § 111 Nr. 1 FamFG, für die das Familiengericht (Amtsgericht, § 23a Abs. 1 Nr. 1 GVG) ausschließlich zuständig ist. Es herrscht grundsätzlich Anwaltszwang, § 114 Abs. 1 FamFG.

2. Scheitern der Ehe, § 1565 Abs. 1 BGB

Gemäß § 1565 Abs. 1 S. 1 BGB kann eine Ehe geschieden werden, wenn sie objektiv gescheitert ist, sog. **Zerrüttungsprinzip**. Das ist nach § 1565 Abs. 1 S. 2 BGB der Fall, wenn die Lebensgemeinschaft aufgehoben (Diagnose) und deren Wiederherstellung nicht zu erwarten (Prognose) ist. Entscheidend ist der Nachweis der Zerrüttung. Daneben bestehen abhängig von der Dauer des Getrenntlebens (§ 1567 BGB) unwiderlegliche Zerrüttungsvermutungen.

---

47 Zur erbrechtlichen und güterrechtlichen Vorgehensweise bei Tod eines Ehegatten siehe Fall 22, S. 561; vgl. zum Ganzen auch *Groß*, NZFam 2014, 1121 ff.; *Büte*, FPR 2012, 73 ff.; *Kemper*, NZFam 2014, 500 ff.; *Falkner*, JA 2013, 824 ff.; *Gerhards*, NJW 2010, 1697 ff.

| **Voraussetzungen einer Ehescheidung, §§ 1564 ff. BGB, §§ 133 ff. FamFG** *(Fortsetzung)* |

Abhängig von der Dauer des Getrenntlebens ergibt sich aus § 1565 Abs. 2, § 1566 BGB folgendes System:

Unter 1 Jahr Getrenntleben	**1 Jahr bis unter 3 Jahren Getrenntleben Einverständliche Scheidung**	**Ab 3 Jahren Getrenntleben Streitige Scheidung**
Eine gemäß § 1565 Abs. 1 BGB gescheiterte Ehe kann nicht geschieden werden, wenn die Eheleute noch nicht 1 Jahr getrennt leben. Eine Ausnahme gilt nach § 1565 Abs. 2 BGB dann, wenn die Fortsetzung der Ehe für den Antragsteller aus Gründen, die in der Person des anderen liegen, eine unzumutbare Härte darstellen würde.	§ 1566 Abs. 1 BGB regelt eine unwiderlegbare Vermutung für das Gescheitertsein der Ehe, wenn die Eheleute seit einem Jahr getrennt leben und beide die Scheidung beantragen oder der Antragsgegner der Scheidung zustimmt. Daneben ist der Nachweis der Zerrüttung möglich.	Leben die Eheleute seit 3 Jahren getrennt, wird gemäß § 1566 Abs. 2 BGB unwiderlegbar vermutet, dass die Ehe gescheitert ist. Nach drei Jahren ist die Ehe also auch gegen den Willen des anderen Ehegatten zu scheiden.

3. Keine Anwendung der Härteklausel des § 1568 BGB

| **Scheidung durch richterliche Entscheidung nach § 1564 BGB** |
| Mit der Rechtskraft des Scheidungsbeschlusses tritt dessen Gestaltungswirkung für die Zukunft ein, § 1564 S. 2 BGB. Über Folgesachen (zB Ehegattenunterhalt, elterliche Sorge) ist nach Maßgabe des § 137 FamFG (Verbund) mitzuentscheiden. Die materiellrechtlichen Folgen hinsichtlich des Namens sind in § 1355 Abs. 5 BGB, hinsichtlich der elterlichen Sorge in §§ 1671, 1687 BGB und hinsichtlich des Zugewinnausgleichs in §§ 1372 ff. BGB geregelt. |

III. Erzielung von Zugewinn

Zugewinnausgleich steht einem Ehegatten zu, soweit der Zugewinn des anderen Ehegatten den Zugewinn des fordernden Ehegatten übersteigt. Die Ausgleichsforderung umfasst die Hälfte des Überschusses. Demnach ist zunächst der Zugewinn jedes Ehepartners zu errechnen. Nach § 1373 BGB ist Zugewinn der Betrag, um den das Endvermögen eines Ehegatten sein Ausgangsvermögen übersteigt. Mithin sind das Anfangs- und das Endvermögen sowohl von F als auch von H zu bestimmen.

Ermittlung des Zugewinns
1. Anfangsvermögen, § 1374 BGB
2. Endvermögen, § 1375 BGB
3. Zugewinn
4. Korrekturtatbestände, zB §§ 1378 Abs. 2, 1380, 1381 BGB

1. Anfangsvermögen, § 1374 BGB

Zur Ermittlung des Anfangsvermögens werden gemäß § 1374 Abs. 1 BGB alle Aktiva summiert und davon alle Passiva abgezogen. Maßgebender Zeitpunkt für die Berechnung ist der Eintritt in den Güterstand, also insbesondere der Tag der Eheschließung, vgl. § 1310 BGB. Zum Anfangsvermögen gehören gemäß **§ 1374 Abs. 2 BGB** die Werte, die ein Ehepartner während der Ehe in **privilegierter** Form (zB Erbe, Schenkung eines Dritten) erhalten hat.[48] Verbindlichkeiten sind gemäß § 1374 Abs. 3 BGB über die Höhe des Vermögens hinaus abzuziehen. Das Anfangsvermögen kann also negativ sein; Verbindlichkeiten sind auch vom privilegierten Vermögen abzuziehen.[49]

a) Anfangsvermögen des F

Das Anfangsvermögen des F beläuft sich auf 250.000 EUR.

b) Anfangsvermögen der H

H hatte zum Zeitpunkt der Eheschließung Schulden in Höhe von 1.000 EUR. Da auch ein negatives Anfangsvermögen zu berücksichtigen ist, beträgt das rechtliche Anfangsvermögen der H zunächst minus 1.000 EUR.

H hat jedoch während der Ehe 2.000 EUR geschenkt bekommen. Nach § 1374 Abs. 2 BGB zählt dieser Erwerbsvorgang zum Anfangsvermögen.

Der gemäß § 1374 Abs. 2 BGB privilegierte Erwerb ist mit dem tatsächlichen Anfangsvermögen zu verrechnen, § 1374 Abs. 3 BGB. Das rechtliche Anfangsvermögen der H beträgt also 1.000 EUR.

Demnach steht einem Anfangsvermögen von F in Höhe von 250.000 EUR ein Anfangsvermögen der H in Höhe von 1.000 EUR gegenüber. Berechnungsmodalitäten nach § 1376 BGB bleiben hier außer Betracht.

2. Endvermögen, § 1375 BGB

Stichtag für die Bewertung des Endvermögens
- Grundsätzlich Beendigung des Güterstandes, § 1375 Abs. 1 BGB.
- Bei Scheidung Zeitpunkt der Rechtshängigkeit des Scheidungsantrags, § 1384 BGB iVm §§ 261 Abs. 1, 253 Abs. 1 ZPO.
- Bei vorzeitigem Gewinnausgleich Zeitpunkt der Antragstellung, § 1387 BGB.

Das Endvermögen ist in § 1375 Abs. 1 S. 1 BGB als Nettovermögen definiert, gemeint ist mithin das Aktivvermögen nach Abzug der Verbindlichkeiten. Nach § 1375 Abs. 1 S. 2 BGB sind beim Endvermögen Verbindlichkeiten über die Höhe des Vermögens hinaus abzuziehen. Unsachgemäße und ehewidrige Verfügungen des Vermögens führen gemäß § 1375 Abs. 2 BGB zur Hinzurechnung, sofern die Vermögensminderung nicht mindestens 10 Jahre vor Beendigung des Güterstandes eingetreten ist, § 1375 Abs. 3 BGB.

Nach **§ 1384 BGB** ist bei der Berechnung auf den Zeitpunkt der Rechtshängigkeit (§§ 261 Abs. 1, 253 Abs. 1 iVm §§ 270, 271 Abs. 1 ZPO) des Scheidungsantrags (§ 1564 S. 1 BGB) abzustellen.[50] Zu diesem Zeitpunkt betrug das Vermögen des F 320.000 EUR und das der H 2.700 EUR.

3. Zugewinn

Daraus ergibt sich ein Zugewinn von 70.000 EUR für F und ein Zugewinn von 1.700 EUR für H. Der Zugewinn des F übersteigt somit den der H um 68.300 EUR. H hat gemäß § 1378 Abs. 1 BGB einen Anspruch auf die Hälfte des Überschusses, also auf 34.150 EUR.

---

48 Die Aufzählung in § 1374 Abs. 2 BGB ist abschließend und kann im Wege der Analogie nicht auf andere Tatbestände wie Schmerzensgeld, unbenannte Zuwendungen, Schenkungen unter den Eheleuten (streitig) oder Lotteriegewinne ausgedehnt werden, vgl. Palandt/*Brudermüller*, § 1376 Rn. 3 ff.; PWW/*Weinreich*, § 1374 Rn. 15; Erman/*Budzikiewicz*, § 1374 Rn. 8 ff.
49 PWW/*Weinreich*, § 1374 Rn. 30; Palandt/*Brudermüller*, § 1376 Rn. 10.
50 Die Vermögensentwicklung während des Scheidungsverfahrens ist für die Berechnung der Ausgleichsforderung also unerheblich, PWW/*Weinreich*, § 1384 Rn. 7.

4. Korrekturtatbestände

Korrekturtatbestände, beispielsweise nach §§ 1378 Abs. 2, 1380 oder 1381 BGB sind nicht gegeben.

Ergebnis

H hat gegen F einen Anspruch gemäß § 1378 Abs. 1 BGB auf einen Zugewinnausgleich in Höhe von 34.150 EUR.

22. Gesetzliche und gewillkürte Erbfolge, Vertrag zugunsten Dritter, Nachfolge in Gesellschaftsanteil

Sachverhalt

Die alten Studienfreunde Otto Ohlke (O), Werner Weber (W) und Dieter Danzer (D) kommen eines Tages zu Notar Norbert Neumann (N), um ihre erbrechtlichen Angelegenheiten zu ordnen.

Otto Ohlke trägt folgende Situation vor: „Ausgehend von der gesetzlichen Erbfolge möchte ich wissen, ob eine abweichende Regelung erforderlich ist, um die Vermögensverhältnisse nach meinem Ableben wunschgemäß zu gestalten. Ich bin in zweiter Ehe verheiratet mit Petra Ohlke (P) und wir haben eine gemeinsame Tochter, Verena Ohlke (V), die noch das Gymnasium besucht. Aus meiner ersten Ehe mit Bernadette Bechter (B) ging mein Sohn Maximilian Ohlke (M), der Betriebswirtschaft in München studiert, hervor. In die Ehe hatte Bernadette einen 12-jährigen Sohn, Cornelius Bechter (C), mitgebracht, den ich damals als Kind angenommen habe und der mittlerweile erwachsen ist. Die Ehe wurde vor längerer Zeit geschieden. Mit meiner ehemaligen Frau und Cornelius möchte ich nichts mehr zu tun haben; sie sollen von mir nichts erben. Ich beabsichtige, mein Vermögen nur meiner jetzigen Frau sowie meinen Kindern Maximilian und Verena zu vermachen. Meine Frau und ich sind uns einig, dass wir uns gegenseitig bedenken und erst nach unserer beider Ableben die Kinder das Vermögen erhalten."

Bei Werner Weber stellt sich die Lage folgendermaßen dar: „Ich bin verheiratet und habe zwei volljährige Kinder namens Franziska (F) und Günther (G). Gemeinsam mit Alexander Aichner (A) und Hironimus Heuer (H) betreibe ich ein kleines Unternehmen, die Azuli OHG, welche Bauteile für die Automobilindustrie herstellt. Da sich mein Sohn Günther sehr für Autos interessiert und schon mehrfach in unserem Betrieb mitgeholfen hat, soll er bei meinem Tod Nachfolger in der Gesellschaft werden, ohne dass er Abfindungszahlungen befürchten muss. Ansonsten möchte ich am gesetzlichen Erbrecht meiner Familie nichts ändern. Auch Aichner und Heuer wollen, dass im Todesfall deren Kinder unmittelbar an ihrer Stelle in das Unternehmen nachfolgen. Im Gesellschaftsvertrag haben wir dazu vereinbart, dass beim Versterben eines Gesellschafters die Gesellschaft mit einem seiner Erben fortgeführt werden soll. Der Nachfolger, der durch Verfügung von Todes wegen von dem jeweiligen Gesellschafter bestimmt worden ist, soll dann in die Gesellschaft eintreten."

Zuletzt schildert Dieter Danzer sein Anliegen: „Ich bin zwar verheiratet, habe aber ein außereheliches Verhältnis mit Sabine Steger (S). Zu ihren Gunsten habe ich bei der Bank ein Sparbuch auf ihren Namen ausstellen lassen und 25.000 EUR einbezahlt. Ich habe das Sparbuch noch in meinem Besitz, jedoch die Bank angewiesen, Sabine Steger nach meinem Tode über die Zuwendung zu informieren und ihr das Geld auszuzahlen. Ich möchte wissen, ob dies so in Ordnung ist und nach meinem Versterben lediglich Sabine Steger und nicht meine Frau auf das Sparbuch zugreifen kann."

Ohlke, Weber und Danzer bitten den Notar Norbert Neumann um gutachtliche Auskunft mit Vorschlägen für die sachgerechte Vorgehensweise. Otto Ohlke ersucht außerdem um die Fertigung eines Formulierungsentwurfes für eine Verfügung von Todes wegen, welche den Vorstellungen von seiner Frau und ihm an nächsten kommt.

Die Gutachten und der Entwurf sind anzufertigen.

Gliederung

A. Erbfolge nach O 559
    I. Gesetzliche Erbfolge 559
        1. Erbenstellung der Kinder M und V 560
        2. Erbenstellung des adoptierten Kindes C 560
        3. Erbenstellung der Ehefrau P 560
        4. Erbenstellung der geschiedenen Frau B 561
        5. Erbquote 562
    II. Gewillkürte Erbfolge 562
        1. Ausgangsüberlegung 562
        2. Ausschluss des C von der Erbfolge 562
        3. Gestaltung der Erbfolge des O 563
    III. Empfohlene Vorgehensweise 565
    IV. Formulierungsvorschlag 565

B. Gesellschafternachfolge des G in die Azuli OHG 565
    I. Unternehmensbezogene Erbenstellung 566
    II. Gesellschaftsvertragliche Nachfolgeregelung 567
        1. Rechtsgeschäftliche Nachfolgeklausel 570
        2. Eintrittsklausel oder erbrechtliche Nachfolgeklausel 570
            a) Eintrittsklausel 571
            b) Erbrechtliche Nachfolgeklausel 571
        3. Einfache oder qualifizierte Nachfolgeklausel 571
            a) Einfache erbrechtliche Nachfolgeklausel 571
            b) Qualifizierte erbrechtliche Nachfolgeklausel 572
            c) Ausgestaltung und Wertausgleich 572
    III. Empfohlene Vorgehensweise 574

C. Sparbuch zugunsten der S 575
    I. Anspruch auf Auszahlung des Sparguthabens 575
        1. Rechtsgrundlage 575
        2. Vertrag zugunsten Dritter 577
            a) Einordnung 577
            b) Form 578
    II. Rückforderungsrecht gemäß § 812 Abs. 1 S. 1 Alt. 1 BGB 579
        1. Abschluss des Schenkungsvertrages 579
        2. Wirksamkeit des Schenkungsvertrages 579
            a) Verstoß gegen § 2301 Abs. 1 BGB 579
            b) Verstoß gegen § 518 Abs. 1 BGB 580
            c) Heilung nach § 518 Abs. 2 BGB 581
            d) Widerruf der Schenkung 581
                aa) Widerrufsberechtigung der Erben 582
                bb) Widerrufsvoraussetzungen 583
            e) Gefahr von Nachlassstreitigkeiten 583
    III. Empfohlene Vorgehensweise 583

Lösungshinweise

A. Erbfolge nach O

Bestimmt der Erblasser keine Erben durch eine wirksame Verfügung von Todes wegen (Testament, Erbvertrag, gemeinschaftliches Testament), tritt die gesetzliche Erbfolge ein. Die gewillkürte Erbfolge geht also der gesetzlichen vor (Subsidiarität der gesetzlichen Erbfolge). Verfügungen von Todes wegen können auch nur Teilbereiche der Erbfolge regeln und somit die gesetzliche Erbfolge nur insoweit überlagern.

Rechtsfolge des Erbfalles ist die **Universalsukzession**, dh der Übergang des Vermögens des Erblassers als Ganzes kraft Gesetzes (**Von-selbst-Erwerb**).[1] Nur in Ausnahmefällen kommt es zur Singularsukzession (Einzelrechtsnachfolge), beispielsweise bei der Vererbung von Anteilen einer Personengesellschaft, bei dem Eintritt in einen Mietvertrag (§ 563 BGB) oder im landwirtschaftlichen Höferecht.

Dementsprechend ist hier zunächst die gesetzliche Erbfolge bei einem Versterben des O zu bestimmen und sodann zu überlegen, inwieweit seine Anliegen eine letztwillige Verfügung erfordern.

I. Gesetzliche Erbfolge

Die gesetzliche Erbfolge nach O ergibt sich aus §§ 1924 ff. BGB.

> **Gesetzliche Erbfolge, §§ 1924 ff. BGB**
>
> Gesetzliche Erben können die Verwandten (§ 1589 BGB), der Ehepartner (vgl. §§ 1931, 1933 BGB), der Lebenspartner (§ 10 LPartG) und der Staat (§ 1936 BGB) sein.
> Das gesetzliche Erbrecht der **Verwandten** bestimmt sich nach dem **Parentelsystem**. Danach werden die Verwandten je nach Abstammung in Ordnungen eingeteilt. Jeder Verwandte einer vorhergehenden Ordnung schließt alle Angehörigen nachrangiger Ordnungen aus, § 1930 BGB.
>
> > **I. Erben erster Ordnung, § 1924 BGB**
> >
> > Gesetzliche Erben erster Ordnung sind nach § 1924 Abs. 1 BGB die Abkömmlinge des Erblassers. Dabei gilt die Erbfolge nach **Stämmen**, vgl. § 1924 Abs. 3 BGB. Stamm meint die Abkömmlinge des Erblassers, welche durch ein und denselben Abkömmling mit dem Erblasser verwandt sind. Jedes Kind des Erblassers bildet also gemeinsam mit seinen Abkömmlingen einen gesonderten Stamm.
> > Innerhalb eines Stammes gilt das **Repräsentationsprinzip**, dh lebende Stammeltern schließen gemäß § 1924 Abs. 2 BGB ihre Abkömmlinge von der Erbfolge aus.
> > Ist ein Abkömmling vorverstorben, treten nach § 1924 Abs. 3 BGB dessen Abkömmlinge an seine Stelle (**Eintrittsrecht**). Kinder treten mithin an die Stelle ihrer verstorbenen Eltern.
> > Stämme erben gemäß § 1924 Abs. 4 BGB zu gleichen Teilen.

---

[1] BRHP/*Müller-Christmann*, § 1922 Rn. 15 ff.; Erman/*Lieder*, Einl. § 1922 Rn. 1 ff. Durch Teilungsanordnung (§ 2048 BGB) kann der Erblasser den Miterben bestimmte Einzelgegenstände mit verpflichtender Wirkung zuordnen, siehe in diesem Fall S. 574 f.

Gesetzliche Erbfolge, §§ 1924 ff. BGB *(Fortsetzung)*
II. Erben zweiter Ordnung, § 1925 BGB Die Eltern des Erblassers und deren Abkömmlinge (Geschwister und deren Abkömmlinge, also Nichten und Neffen) sind gemäß § 1925 Abs. 1 BGB die gesetzlichen Erben zweiter Ordnung. Es gilt das Erbrecht nach **Linien**. Die Verwandten des Vaters gehören zur väterlichen, die Verwandten der Mutter zur mütterlichen Linie. Leben beide Eltern des Erblassers zum Zeitpunkt des Erbfalls, erben sie nach § 1925 Abs. 2 BGB allein zu gleichen Teilen. Ist ein Elternteil vorverstorben, geht diese Hälfte auf seine Linie, also seine Abkömmlinge gemäß § 1925 Abs. 3 S. 1 BGB über.
III. Erben dritter Ordnung, § 1926 BGB Gesetzliche Erben der dritten Ordnung sind nach § 1926 Abs. 1 BGB die Großeltern und deren Abkömmlinge, also Onkel und Tanten des Erblassers. Einzelheiten regeln § 1926 Abs. 2–5 BGB.
IV. Erben vierter und weiterer Ordnungen, §§ 1928, 1929 BGB Ab der vierten Ordnung wird das Erbrecht nach Stämmen und Linien vom **Gradualsystem** abgelöst. Der nach seinem Grad nähere Verwandte schließt entferntere Verwandte aus. Der Grad der Verwandtschaft bestimmt sich nach der Zahl der sie vermittelnden Geburten.

1. Erbenstellung der Kinder M und V

> Gesetzliches Erbrecht als Familienerbrecht (Verwandtenerbrecht)

Als Ausdruck des gesetzlichen Erbrechts als Familienerbrecht bestimmt § 1924 Abs. 1 BGB, dass als gesetzliche Erben der ersten Ordnung die Abkömmlinge des Erblassers zur Erbschaft berufen sind, also die mit ihm in gerader absteigender Linie verwandten Personen iSd § 1589 BGB.

M und V stammen von O in gerader Linie ab, zählen mithin zu den Erben erster Ordnung.

2. Erbenstellung des adoptierten Kindes C

> Annahme eines Kindes begründet Verwandtschaft und damit ein gesetzliches Erbrecht.

Gleichwohl kommt es nicht allein auf die biologische Abstammung an. Nimmt nach §§ 1741 Abs. 2 S. 3, 1754 Abs. 1 BGB ein Ehegatte ein (minderjähriges) Kind des anderen Ehegatten an, dann erlangt das Kind mit dem Ausspruch der Adoption gemäß § 1752 Abs. 1 BGB kraft Gesetzes die volle Stellung eines gemeinschaftlichen Kindes. Aufgrund der so begründeten Verwandtschaft mit dem Annehmenden ist das (angenommene) Kind gesetzlicher Erbe der ersten Ordnung iSd § 1924 Abs. 1 BGB.

C ist als adoptiertes Kind gesetzlicher Erbe erster Ordnung.

3. Erbenstellung der Ehefrau P

> Mit der Eheschließung tritt der Güterstand der Zugewinngemeinschaft nach § 1363 Abs. 1 BGB kraft Gesetzes ein, wenn durch Ehevertrag kein anderer Güterstand vereinbart wurde.

Ehegatten sind zwar im Rechtssinne nicht verwandt, aber soweit die Ehe bis zum Zeitpunkt des Erbfalles bestanden hat, gilt grundsätzlich ein gesetzliches Erbrecht des überlebenden Ehegatten, § 1931 BGB. Damit kommt auch der Ehefrau P die Stellung eines gesetzlichen Erben zu. Wird – wie hier – der gesetzliche Güterstand der Zugewinngemeinschaft[2] durch den Tod eines Ehegatten beendet, ist neben § 1931 BGB ergänzend § 1371 BGB anzuwenden.[3]

---

2 Vgl. Fall 21, S. 545.
3 Ausführlich *Leipold*, Erbrecht, Rn. 163 ff.; *Musielak/Hau*, EK BGB, Rn. 943 ff.; PWW/*Zimmer*, § 1931 Rn. 17 ff.

Das Ehegattenerbrecht bei der Zugewinngemeinschaft

Der Ehegatte hat die Wahl zwischen der erbrechtlichen und der güterrechtlichen Vorgehensweise.

I. Erbrechtliche Vorgehensweise

§ 1931 BGB begründet ein gesetzliches Erbrecht des überlebenden Ehegatten, sofern im Erbfall eine Ehe mit dem Erblasser bestand. Falls iSd § 1933 BGB im Todeszeitpunkt die Scheidungsvoraussetzungen erfüllt waren und der Erblasser die Scheidung beantragt oder ihr zugestimmt hatte, ist das Erbrecht ausgeschlossen. Entsprechendes gilt für die eingetragene Lebenspartnerschaft nach § 10 LPartG.

Die Höhe des Erbteils richtet sich danach, welche Verwandten neben dem Ehegatten als gesetzliche Erben berufen sind.

§ 1931 BGB	§ 1371 BGB
Neben Verwandten der 1. Ordnung steht dem Ehegatten ¼, neben solchen der 2. Ordnung ½ der Erbschaft zu. Neben Großeltern erhält er ½ und den Teil, der den Abkömmlingen der Großeltern zufallen würde, § 1931 Abs. 1 S. 2 BGB. Sind derartige Verwandte nicht vorhanden, steht dem Ehegatten die gesamte Erbschaft zu.	Der gesetzliche Erbteil wird um ¼ erhöht. Dieses Viertel kommt zu dem Erbteil nach § 1931 BGB hinzu. Gemäß § 1932 BGB erhält der Ehegatte außerdem den Voraus; das sind die Haushaltsgegenstände und die Hochzeitsgeschenke. Als weiteres gesetzliches Vermächtnis kann dem überlebenden Ehegatten der Dreißigste (§ 1969 BGB) zustehen.

II. Güterrechtliche Vorgehensweise

Während die erbrechtliche Lösung von selbst eintritt, bedarf es für die güterrechtliche Vorgehensweise der Ausschlagung. Schlägt der Ehegatte den gesetzlichen (oder auch testamentarischen) Erbteil gemäß § 1942 Abs. 1 BGB aus, gilt der Anfall der Erbschaft nach § 1953 Abs. 1 BGB als nicht erfolgt. Wird der überlebende Ehegatte nicht Erbe, stehen ihm iSd § 1371 Abs. 2 BGB das Recht auf den güterrechtlichen Ausgleich des Zugewinns und der kleine Pflichtteil zu.

§ 1378 BGB	§ 2303 BGB
Der Ehegatte kann den Ausgleich des Zugewinns verlangen, wenn der Zugewinn (vgl. §§ 1373 ff. BGB) des Erblassers den Zugewinn des Überlebenden übersteigt (zur Zugewinnberechnung siehe Fall 21, S. 552).	Dem Ehegatten steht überdies der Pflichtteil zu. Der Pflichtteil ist nach dem nicht gemäß § 1371 BGB erhöhten Erbteil zu berechnen, weshalb er als kleiner Pflichtteil bezeichnet wird.

4. Erbenstellung der geschiedenen Frau B

Die Erbenposition des § 1931 BGB erfordert eine rechtsgültige Ehe. Ein Getrenntleben (§ 1567 BGB) schadet nicht. Das gesetzliche Erbrecht entfällt bei Aufhebung der Ehe (§ 1313 BGB) und bei rechtskräftiger Scheidung (§ 1564 S. 2 BGB). **§ 1933 BGB** lässt das Erbrecht zudem bereits dann entfallen, wenn zur Zeit des Erbfalles die Voraussetzungen für die Ehescheidung bestanden und der Erblasser die Scheidung beantragt oder ihr zugestimmt hatte.

B ist als rechtskräftig geschiedene Ehefrau folglich nicht als gesetzliche Erbin berufen.

5. Erbquote

Die Höhe des gesetzlichen Erbanteils ergibt sich für die Ehefrau P aus §§ 1931 Abs. 1 S. 1, Abs. 3, 1371 Abs. 1 BGB: Der gesetzliche Erbteil in Höhe von einem Viertel wird um ein Viertel erhöht, so dass sie insgesamt die Hälfte erhält.

Die Kinder M, V und C sind Erben erster Ordnung und erben gemäß § 1924 Abs. 1, 4 BGB zu gleichen Teilen, also jeweils 1/6.

Damit entspricht die gesetzliche Erbfolge im Ergebnis nicht dem Willen des O, weil auch C Erbe würde und insbesondere auch die gewünschte Reihenfolge von Ehefrau und Kindern nicht berücksichtigt wäre.

Angezeigt ist als sachgerechte Vorgehensweise mithin eine Verfügung von Todes wegen.

II. Gewillkürte Erbfolge

1. Ausgangsüberlegung

Die geschiedene Ehefrau B ist nicht erbberechtigt, so dass es insoweit keiner Verfügung von Todes wegen bedarf. Ansonsten sind bei der gewillkürten Erbfolge die Erben iSd §§ 1937, 1938 BGB zu bestimmen. Dabei kommt es darauf an, zunächst C von der Erbfolge auszuschließen und sodann für die Ehefrau P sowie die Kinder M und V eine Lösung zu suchen, die dem Willen von O (und P) entspricht.

2. Ausschluss des C von der Erbfolge

Der Grundsatz der Testierfreiheit lässt es nicht nur zu, dass der Erblasser den Nachlass nach seinem Gutdünken verteilt, sondern er kann nach § 1938 BGB auch ohne besonderen Grund gesetzliche Erben von der Erbfolge ausschließen.[4]

> **Grundsatz der Testierfreiheit**
>
> Als Ausfluss der Privatautonomie (vgl. Fall 3, S. 63 f.) beschreibt der Grundsatz der Testierfreiheit die Berechtigung natürlicher Personen, ihr Vermögen nach eigenen Vorstellungen durch Verfügung von Todes wegen unter Personen ihrer Wahl zu verteilen. Die Testierfreiheit ist zwar nicht ausdrücklich im Gesetz genannt, aber in §§ 1937 ff. BGB vorausgesetzt und unterfällt verfassungsrechtlich der Eigentumsgarantie des Art. 14 Abs. 1 S. 1 GG. Grenzen der Testierfreiheit werden insbesondere durch § 134 BGB, das Verbot sittenwidriger Verfügungen (§ 138 BGB) und das Pflichtteilsrecht gesetzt. Die Äußerung des letzten Willens kann durch **Testament** oder einen **Erbvertrag** erfolgen; möglicher Inhalt sind nach §§ 1937 ff. BGB insbesondere die **Erbeinsetzung**, die **Enterbung**, die Zuwendung eines **Vermächtnisses** und die Anordnung einer **Auflage**.

Eine Verfügung von Todes wegen, die das gesetzliche Erbrecht des eigenen Kindes ausschließt, ist regelmäßig nicht sittenwidrig.[5] Eine vermögensrechtliche Teilhabe am Nachlass lässt sich allerdings angesichts des Pflichtteilsrechts grundsätzlich nicht vermeiden.

---

4 Vgl. BGH NJW 1983, 674, 675; NJW 1990, 2055.
5 Vgl. BGH NJW 1969, 1343, 1344; 1970, 1273 mAnm *Speckmann*, NJW 1970, 1839 f.; zur Sittenwidrigkeit bei Verfügungen von Todes wegen ausführlich *Leipold*, Erbrecht, Rn. 243 ff.

22. Gesetzliche und gewillkürte Erbfolge, Vertrag zugunsten Dritter, Nachfolge in Gesellschaftsanteil | 563

> **Pflichtteilsrecht, §§ 2303 ff. BGB**
>
> Als Ausgleich des Widerstreits zwischen Familienerbrecht und Testierfreiheit sowie zum verfassungsrechtlich gebotenen Schutz nahestehender Personen sieht das Pflichtteilsrecht für die engsten Familienangehörigen (Ehegatte, eingetragener Lebenspartner, Abkömmlinge und Eltern des Erblassers) grundsätzlich eine wirtschaftliche Mindestbeteiligung am Nachlassvermögen vor.
> Der Pflichtteilsberechtigte wird nicht Erbe. Er erhält gemäß § 2303 Abs. 1 S. 1 BGB lediglich einen **schuldrechtlichen Anspruch** auf Geldzahlung in Höhe der Hälfte des gesetzlichen Erbteils (§ 2303 Abs. 1 S. 2, § 2311 BGB). Der Pflichtteilsanspruch kann gemäß § 2315 Abs. 1 BGB verringert sein, wenn der Erblasser dem Berechtigten bereits zu Lebzeiten etwas unter Anrechnung auf den Pflichtteil zugewendet hat. Der Pflichtteil kann höher als der Wert des Nachlasses ausfallen, falls innerhalb von zehn Jahren vor dem Erbfall Schenkungen erfolgt sind (§ 2325 Abs. 3 BGB). Der Pflichtteilsergänzungsanspruch nach § 2325 Abs. 1 BGB bildet neben § 2303 Abs. 1 S. 1 BGB eine eigenständige Anspruchsgrundlage.
> Der Pflichtteilsanspruch entfällt bei Entziehung (§§ 2333 ff. BGB) oder Erbverzicht (§§ 2346 ff. BGB).

Durch die Adoption (§ 1754 Abs. 1 BGB) gilt C als Abkömmling des O. Er ist damit pflichtteilsberechtigt gemäß § 2303 Abs. 1 BGB. Gründe für eine Entziehung des Pflichtteils sind nicht ersichtlich. Durch Verfügung von Todes wegen kann O den C von der gesetzlichen Erbfolge ausschließen. Der Ausschluss von der Erbfolge erfolgt bereits durch eine Erbeinsetzung der Frau und der Kinder. Einer ausdrücklichen Enterbung des C bedarf es nicht.[6] C wird nicht Erbe, sondern erhält aufgrund des Pflichtteilsrechts nur einen schuldrechtlichen Anspruch in Höhe der Hälfte des gesetzlichen Erbteils, also über 1/12.

3. Gestaltung der Erbfolge des O

O und seine Ehefrau P wünschen eine erbrechtliche Gestaltung, bei der sie sich zunächst gegenseitig und danach ihre Kinder als Erben einsetzen. In Betracht kommt folglich ein gemeinschaftliches Testament.[7]

> **Gemeinschaftliches Testament, §§ 2265 ff. BGB**
>
> **I. Grundlagen**
> Ein gemeinschaftliches Testament kann nur von Ehegatten (§ 2265 BGB) oder von Lebenspartnern (§ 10 Abs. 4 LPartG) geschlossen werden. Es gelten die Testamentsvorschriften, sofern die §§ 2265 ff. BGB keine Sonderregeln enthalten. Die Errichtung in eigenhändiger Form wird durch § 2267 BGB erleichtert.
> Voraussetzung ist nach § 2268 Abs. 1, § 2077 Abs. 1 BGB der Bestand der Ehe zur Zeit des Todes des ersten Ehepartners, dh im Falle einer zwischenzeitlichen Scheidung wird das gesamte gemeinschaftliche Testament unwirksam, sofern nicht anzunehmen ist, dass es auch bei einer Scheidung gelten solle, § 2268 Abs. 2 BGB.

---

6 Vgl. Palandt/*Weidlich*, § 2303 Rn. 1.
7 *Frank/Helms*, Erbrecht, § 12 Rn. 9 ff.; *Schlüter/Röthel*, Erbrecht, § 22 Rn. 41 ff.; *Graf*, Erb- und Nachlassrecht, Rn. 272 ff.; *Leipold*, Erbrecht, Rn. 456 ff.

Gemeinschaftliches Testament, §§ 2265 ff. BGB *(Fortsetzung)*

II. Gestaltungsformen

Die Ehegatten setzen sich inhaltlich gegenseitig als Alleinerben ein, wobei nach dem Tod des Letztversterbenden ein Dritter (zB Kinder) das Erbe erhalten sollen. Möglich sind zwei Gestaltungsformen.

Varianten des gemeinschaftlichen Testaments

Trennungslösung	Einheitslösung
Überlebender Ehegatte wird nur Vorerbe, der Dritte wird Nacherbe, vgl. §§ 2100 ff. BGB. Der Nachlass des erst- und zweitverstorbenen Ehegatten wird getrennt vererbt. Der Dritte ist Nacherbe des Erstverstorbenen und Erbe des Letztverstorbenen. Ein Pflichtteil (§ 2306 Abs. 2 BGB) fällt beim ersten Erbfall nur bei Ausschlagung der Nacherbeneinsetzung an.	Überlebender Ehegatte ist Vollerbe. Der Dritte erbt nur einheitlich vom Letztversterbenden. Die Einheitslösung wird als **Berliner Testament** bezeichnet. Ein Pflichtteilsanspruch besteht beim ersten Erbfall, aber eine Pflichtteilsklausel ist möglich, wonach der Schlusserbe, wenn er beim ersten Erbfall den Pflichtteil verlange, auch beim zweiten Erbfall nur den Pflichtteil bekommt.

Im Zweifel ist gemäß § 2269 Abs. 1 BGB von einem Berliner Testament auszugehen.

III. Wechselbezügliche Verfügungen

Wechselbezügliche Verfügungen sind solche Verfügungen (Erbeinsetzung, Vermächtnis, Auflage, vgl. § 2270 Abs. 3 BGB), die nicht getroffen worden wären, wenn nicht der andere Ehegatte eine bestimmte andere Verfügung getroffen hätte, § 2270 Abs. 1 BGB. Ob und zwischen welchen Verfügungen Wechselbezüglichkeit besteht, ist durch Auslegung zu bestimmen. Im Zweifel gilt § 2270 Abs. 2 BGB.

Gemäß § 2270 Abs. 1 BGB haben Nichtigkeit bzw. Widerruf der einen Verfügung die Unwirksamkeit der anderen komplementären Verfügung zur Folge.

Widerruf von Verfügungen beim gemeinschaftlichen Testament

Nicht wechselbezügliche (einfache) Verfügungen	Wechselbezügliche Verfügungen	
	Zu Lebzeiten beider Ehegatten	Nach Tod des erstversterbenden Ehegatten
Frei widerrufbar nach § 2253 BGB und Anfechtung nach den Testamentsregeln, §§ 2078 ff. BGB	Frei widerrufbar, aber notariell beurkundete Widerrufserklärung nötig, § 2271 Abs. 1 S. 1, § 2296 BGB	Das Widerrufsrecht erlischt, es kommt zur Bindungswirkung mit der Folge der Anwendung der §§ 2286 ff. und §§ 2281 ff. BGB analog. Es sei denn: • § 2271 Abs. 2 S. 1 BGB (Ausschlagung) • § 2271 Abs. 2 S. 2 BGB • Änderungsvorbehalt (streitig)

> **Gemeinschaftliches Testament, §§ 2265 ff. BGB** *(Fortsetzung)*
>
> **IV. Wiederverheiratungsklauseln**
>
> Bestimmungen, wonach der überlebende Ehegatte bei seiner Wiederverheiratung das Alleinerbrecht verliert und sich nach gesetzlichem Erbrecht oder anhand abweichender Quoten mit dem Dritten (zB den Kindern) auseinander zu setzen hat, verstoßen nicht gegen § 138 Abs. 1 BGB und sind in der Regel wirksam.
>
> Bei den Rechtsfolgen ist zwischen dem Trennungs- und dem Einheitsprinzip zu unterscheiden. Ist das **Trennungsprinzip** gewählt worden, führt eine Wiederheirat zum Eintritt der Nacherbfolge. Beim **Einheitsprinzip** (Berliner Testament) ist die Rechtsfolge einer Wiederverheiratung streitig (vgl. MüKoBGB/*Musielak*, § 2269 Rn. 50ff.; BRHP/*Litzenburger*, § 2269 Rn. 35ff.; Erman/*S. Kappler/T. Kappler*, § 2269 Rn. 13f.). Im Wesentlichen werden folgende Sichtweisen diskutiert:
>
>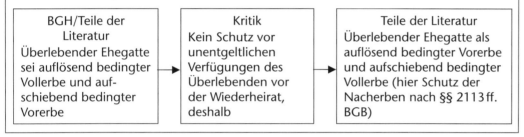

III. Empfohlene Vorgehensweise

Dem O ist hier zu empfehlen, durch Verfügung von Todes wegen C von der Erbfolge auszuschließen und zusammen mit der Ehefrau P ein gemeinschaftliches Testament (§§ 2265 ff. BGB) zu verfassen, das die Einheitslösung (Berliner Testament) vorsieht. In Bezug auf seine geschiedene Ehefrau B entspricht die gesetzliche Lage dem Willen des O; insoweit ist infolgedessen nichts zu veranlassen.

IV. Formulierungsvorschlag

Das gemeinschaftliche Testament von O und P könnte beispielsweise wie folgt formuliert werden:[8]

Berliner Testament

Wir, die Eheleute O und P, setzen uns hiermit gegenseitig zu alleinigen und ausschließlichen Vollerben ein. Eine Nacherbfolge findet nicht statt.
Schlusserben beim Tod des Überlebenden von uns und Erben von uns beiden im Falle unseres gleichzeitigen Versterbens sind das gemeinsame Kind V und das Kind des O aus erster Ehe, M.

B. Gesellschafternachfolge des G in die Azuli OHG

W kommt es darauf an, dass sein Sohn G im Erbfall in seine Gesellschafterstellung bei der Azuli OHG eintritt. Zunächst ist die gesetzliche Situation darzustellen und sodann der vertragliche Gestaltungsrahmen zu erörtern.

---

[8] Gestaltungsvorschläge bei Münchener Anwaltshandbuch ErbR/*Ridder*, § 11 Rn. 99 ff.; *Schlüter/Röthel*, Erbrecht, § 22 Rn. 5 ff.

I. Unternehmensbezogene Erbenstellung

Bei der Azuli OHG handelt es sich um eine Personenhandelsgesellschaft.[9]

Grundformen der Gesellschaften				
Personengesellschaften			**Kapitalgesellschaften**	
BGB-Gesellschaft §§ 705 ff. BGB	OHG §§ 105 ff. HGB	KG §§ 161 ff. HGB	GmbH GmbHG	AG AktG
Zusammenschluss mehrerer Personen ohne eigene Rechtspersönlichkeit zur Förderung eines gemeinsamen Zwecks; Rechtsfähigkeit anerkannt, soweit sie durch Teilnahme am Rechtsverkehr eigene Rechte und Pflichten begründet (BGH NJW 2001, 1056).	Zusammenschluss mehrerer Personen zum Zweck des Betriebs eines Handelsgewerbes; Rechtsfähigkeit nach § 124 HGB. Handelsgewerbe ist ein Gewerbebetrieb, sofern die Tätigkeit planmäßig erfolgt, auf Dauer angelegt, selbstständig und auf Gewinnerzielung ausgerichtet ist, vgl. § 1 Abs. 2 HGB.	Zusammenschluss mehrerer Personen zum Betrieb eines Handelsgewerbes, wobei mindestens einer unbeschränkt (Komplementär) und mindestens einer beschränkt (Kommanditist) haftet; Rechtsfähigkeit gemäß §§ 124 Abs. 1, 161 Abs. 2 HGB.	Handelsgesellschaft mit eigener Rechtspersönlichkeit (juristische Person); Formkaufmann, § 13 Abs. 3 GmbHG. Das Mindeststammkapital beträgt 25.000 EUR, § 5 Abs. 1 GmbHG. Die Unternehmergesellschaft (**UG**) ist eine GmbH mit reduziertem Stammkapital, § 5a GmbHG.	Handelsgesellschaft mit eigener Rechtspersönlichkeit (juristische Person); Formkaufmann, § 3 Abs. 1 AktG. Das Grundkapital beträgt mindestens 50.000 EUR, § 7 AktG. Dieses ist durch die Ausgabe von Aktien aufzubringen.
Vertretung (§ 714 BGB) folgt der Geschäftsführung (§§ 709, 710 BGB), so dass Gesamtvertretung gilt, sofern keine abweichende Regelung erfolgt ist.	Nach § 125 Abs. 1 besteht Einzelvertretungsmacht jedes Gesellschafters, sofern im Gesellschaftsvertrag keine andere Abrede getroffen ist.	Vertretungsbefugt sind die Komplementäre, §§ 125, 161 Abs. 2 HGB; es gilt Einzelvertretung. Nach § 170 HGB ist der Kommanditist zur Vertretung nicht ermächtigt.	Vertretung erfolgt durch den Geschäftsführer der GmbH gemäß § 35 Abs. 1 S. 1 GmbHG.	Der Vorstand vertritt die AG, § 78 Abs. 1 S. 1 AktG. Der Aufsichtsrat ist wesentliches Überwachungsorgan, § 111 AktG.
Gesamtschuldnerische Haftung der Gesellschafter für eine Gesellschaftsschuld.	§ 128 HGB ordnet die persönliche, unbeschränkte, unmittelbare Haftung jedes Gesellschafters für eine Gesellschaftsschuld an (vgl. Fall 5, S. 117).	Der Komplementär haftet gemäß §§ 128, 161 Abs. 2 HGB. Hat der Kommanditist die Einlage geleistet, entfällt seine persönliche Haftung, § 171 HGB.	Für Verbindlichkeiten haftet nur das Gesellschaftsvermögen, § 13 Abs. 2 GmbHG. Bei Handlungen vor Eintragung gilt § 11 Abs. 2 GmbHG.	Für die Verbindlichkeiten der Gesellschaft haftet den Gläubigern nur das Gesellschaftsvermögen, § 1 Abs. 1 S. 2 AktG.

---

9 Zur Personengesellschaft siehe Fall 5, S. 117, Fall 11, S. 285 und Fall 21, S. 533; Überblick bei *Kindler*, GK Handels- und Gesellschaftsrecht, § 9 Rn. 13 ff.

Infolge des Personalbezuges einer Personenhandelsgesellschaft sieht das Gesetz beim Tod eines Gesellschafters grundsätzlich die Auflösung der Gesellschaft (§ 727 BGB) bzw. das ersatzlose Ausscheiden des Gesellschafters vor (§§ 131 Abs. 3 S. 1 Nr. 1, 161 Abs. 2 HGB),[10] soweit nichts anderes im Gesellschaftsvertrag vereinbart ist.

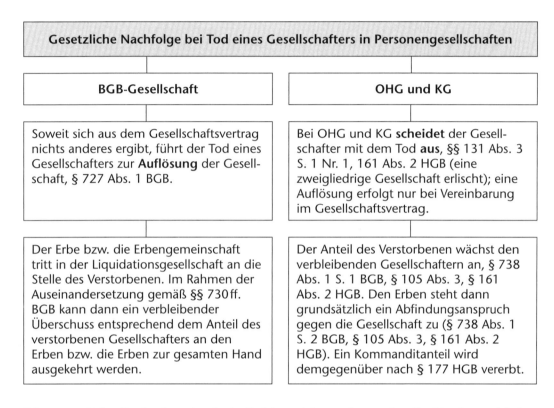

Die gesetzliche Rechtslage ist deshalb hier nicht sachgerecht. Zu überlegen bleibt, welche vertraglichen Gestaltungen den Vorstellungen des W im Wesentlichen entsprechen.

II. Gesellschaftsvertragliche Nachfolgeregelung

Wird abweichend von den gesetzlichen Bestimmungen für den Fall des Todes eines Gesellschafters eine gesellschaftsvertragliche Nachfolgeregelung angestrebt, können unter Berücksichtigung der Besonderheiten des Erb- und Gesellschaftsrechts unterschiedliche Klauseln formuliert werden. Hier kommen eine erbrechtliche Nachfolgeklausel, eine gesellschaftsvertragliche Nachfolgeklausel sowie eine gesellschaftsvertragliche Eintrittsklausel in Betracht.

Bei einer erbrechtlichen Nachfolgeklausel ist zwischen der einfachen und der qualifizierten Ausformung zu unterscheiden.[11]

---

10 Ausführlich hierzu Staudinger/*Marotzke*, § 1922 Rn. 57, 176 ff.; MüKoBGB/*Leipold*, § 1922 Rn. 85 ff.; BGH NZG 1998, 25, 26.
11 *Frank/Helms*, Erbrecht, § 24 Rn. 15 ff.; *Schlüter/Röthel*, Erbrecht, § 26 Rn. 11 ff.; BRHP/*Müller-Christmann*, § 1922 Rn. 89 ff.; MüKoBGB/*Leipold*, § 1922 Rn. 91 f.

Erbrechtliche Nachfolgeklauseln im Gesellschaftsvertrag

Einfache Nachfolgeklausel

Klausel im Gesellschaftsvertrag, dass die Gesellschaft beim Tod eines Gesellschafters mit dessen Erben fortgesetzt werden soll. Einzelheiten sind **streitig**.

Erbengemeinschaft als Gesellschafter

Im Wege der Universalsukzession nach § 1922, § 2032 BGB geht der Gesellschaftsanteil des Erblassers auf die Erben zur gesamten Hand über; die Erbengemeinschaft wird als solche Gesellschafter. Anhand der stillen Gesellschaft wird deutlich, dass auch eine Erbengemeinschaft an Stelle des bisherigen Gesellschafters treten kann.

Darüber hinaus kann der grundsätzlich erwünschte Erhalt der gesellschaftlichen Vermögensbasis auch nach der aA nicht gewährleistet werden, weil die Ausgleichszahlungen an die übrigen Erben aus dem Vermögen der Gesellschaft zu erfolgen haben und ebenso den Kapitalstock schmälern.

Teilung im Wege der Sondererbfolge (hM)

Die erbrechtlichen Regelungen werden verdrängt. Der Gesellschaftsanteil des Verstorbenen wird nicht gemeinschaftliches Vermögen der Erben, sondern gelangt durch Sondererbfolge unmittelbar und geteilt nach der jeweiligen Erbquote an die einzelnen Nachfolger. Die auf Auseinandersetzung gerichtete Erbengemeinschaft kann infolge der persönlichkeits- und haftungsbezogenen Struktur der Gesellschaft mit ihren voll verantwortlichen und selbst handlungsfähigen Mitgliedern nicht Gesellschafter sein. Zudem sprechen die Haftungsbeschränkung der §§ 2059 ff. BGB gegenüber § 128 HGB, § 421 BGB und die §§ 2033 ff. BGB dagegen.

Qualifizierte Nachfolgeklausel

Klausel, dass die Gesellschaft beim Tod eines Gesellschafters mit einem bzw. mehreren bestimmten Erben aus der Erbengemeinschaft fortgesetzt werden soll. Im Einzelnen ist die Gestaltung **streitig**.

Teilung des Gesellschafteranteils nach Erbquote

Der Rechtserwerb vollzieht sich nach Erbrecht; die gesellschaftliche Regelung bestimmt die Art des Rechtserwerbs: Rechtsnachfolge als Gesellschafter oder Abfindungsanspruch. Der bestimmte Erbe bzw. die bestimmten Erben erhalten einen ihrer Erbquote entsprechenden Teil vom Gesellschaftsanteil des Erblassers. Der restliche Teil wächst den bisherigen Mitgesellschaftern an. Die übrigen Miterben erhalten zur gesamten Hand einen Abfindungsanspruch gegen die Gesellschaft nach Maßgabe der gesellschaftsvertraglichen Regelung unter Berücksichtigung der ihnen zustehenden Erbquote.

Vollerwerb des Gesellschafteranteils (hM)

Der im Gesellschaftsvertrag vorgesehene und erbrechtlich bestimmte Nachfolger erwirbt durch Sondererbfolge den Anteil des verstorbenen Gesellschafters unmittelbar im Ganzen. Für den Fall, dass der Gesellschaftsanteil als solcher über den Wert der Erbquote hinausgeht, ändert das nichts am Übergang auch des durch die Quote ausgehenden Teils. Gleichwohl ist die erbrechtlich bestimmte Verteilung des Nachlasses in der Erbengemeinschaft beachtlich. Folglich steht den Miterben hinsichtlich des die Erbquote überschießenden Teils gegen den Gesellschaftererben ein Anspruch auf Wertausgleich zu.

Neben einer erbrechtlichen Nachfolgeklausel ist auch an eine gesellschaftsvertragliche Nachfolgeklausel zu denken.[12]

Gesellschaftsvertragliche Nachfolgeklausel

Klausel im Gesellschaftsvertrag, nach der beim Tod eines Gesellschafters dessen Mitgliedschaft ohne Weiteres, dh unabhängig von erbrechtlichen Bestimmungen auf den benannten Nachfolgeberechtigten übergehen soll. Die Vorgehensweise ist **streitig**.

Zuwendung als Vertrag zugunsten Dritter

Die rein gesellschaftsvertraglich formulierte Nachfolgeklausel bewirkt den unmittelbaren Erwerb des Gesellschaftsanteils durch den Nachfolger. Dogmatisch handelt es sich um einen echten Vertrag zugunsten Dritter, § 328 BGB.

Die ohne Beteiligung des Nachfolgers formulierte Nachfolgeklausel kann durch Auslegung oder Umdeutung als Vereinbarung eines Rechts zum Eintritt des Begünstigten in die Gesellschaft zu deuten sein. Regelmäßig ist aber eine interessengerechtere erbrechtliche Nachfolgeklausel anzunehmen.

Vertrag mit dem Begünstigten (hM)

Die gesellschaftsvertragliche Klausel allein kann den Anteilsübergang nicht begründen, weil die damit zusammenhängende Verfügungswirkung im Widerspruch zum von der hM vertretenen Verbot von Verfügungen zugunsten Dritter stünde. Zudem handelte es sich um einen unzulässigen Vertrag zu Lasten Dritter. Deshalb bedarf es einer Beteiligung des Begünstigten an der Vereinbarung. Der Anteilsübergang unter Lebenden erfolgt dann als Abtretung aufschiebend bedingt durch den Tod des Verfügenden, §§ 398, 158 Abs. 1 BGB.

Schließlich ist eine Vereinbarung möglich, nach der für den Fall des Todes des Gesellschafters für einen oder mehrere Erben ein Eintrittsrecht besteht (rechtsgeschäftliche oder auch gesellschaftsvertragliche Eintrittsklausel).[13]

Gesellschaftsvertragliche Eintrittsklausel

Klausel im Gesellschaftsvertrag, durch die für den Fall des Todes eines Gesellschafters zugunsten eines oder aller Erben oder auch eines Dritten das Recht eingeräumt ist, an Stelle des Verstorbenen in die Gesellschaft einzutreten.

Rechtsnatur

Die Vereinbarung einer Eintrittsklausel zwischen den Gesellschaftern begründet einen **Vertrag zugunsten Dritter** auf den Todesfall gemäß §§ 328, 331 BGB.

Rechtsfolge

Der durch die Eintrittsklausel Begünstigte rückt nicht automatisch in die Gesellschafterstellung ein, sondern hat ein Recht zum Beitritt in die fortbestehende

Abfindungsanspruch

Die Fortsetzung der Gesellschaft unter den Mitgesellschaftern begründet grundsätzlich einen Abfindungsanspruch, §§ 736, 738 Abs. 1 S. 2 BGB, §§ 105 Abs. 3, 161

---

12 *Leipold*, Erbrecht, Rn. 588 ff.; *Frank/Helms*, Erbrecht, § 24 Rn. 21 f.; MüKoBGB/*Leipold*, § 1922 Rn. 96 ff.
13 *Schlüter/Röthel*, Erbrecht, § 26 Rn. 9; *Harder/Kroppenberg*, Grundzüge des Erbrechts, Rn. 34; Erman/*Lieder*, § 1922 Rn. 28 f.; MüKoBGB/*Leipold*, § 1922 Rn. 101 ff.; vgl. auch *Becker*, ZEV 2011, 157, 159.

Gesellschaftsvertragliche Eintrittsklausel *(Fortsetzung)*		
Rechtsnatur	Rechtsfolge	Abfindungsanspruch
Dabei handelt es sich um ein Rechtsgeschäft unter Lebenden, welches unabhängig von erbrechtlichen Regelungen ist. Die Klausel kann bestimmen, dass zur Ausübung des Eintrittsrechts die Mitwirkung der übrigen Gesellschafter erforderlich ist, also ein Anspruch auf Abschluss eines Aufnahmevertrages besteht. Es kann aber auch ein einseitiges Eintrittsrecht (Gestaltungsrecht) bestehen, wobei dann in der Regel im Gesellschaftsvertrag die konkrete Ausgestaltung der Gesellschafterstellung bestimmt ist. Durch Auslegung ist zu ermitteln, welche Variante gewollt ist.	Gesellschaft unter den mit der Klausel bestimmten Voraussetzungen. Beim Tod des Gesellschafters wird die Gesellschaft zunächst unter den übrigen Gesellschaftern fortgesetzt. Der Anteil des Verstorbenen wächst den Mitgesellschaftern an, §§ 105 Abs. 3, 161 Abs. 2 HGB, § 738 Abs. 1 S. 1 BGB. Durch den Eintritt erwirbt der Berechtigte im Wege der Abwachsung bei den Mitgesellschaftern einen entsprechenden Gesamthandsteil; er ist insoweit zur Einlage in die Gesellschaft verpflichtet, welche durch Einbringung der gleich hohen Abfindung erfolgen kann, wenn sie ihm zusteht.	Abs. 2 HGB, der zum Nachlass gehört. Um die Vermögensbasis der Gesellschaft und dem Begünstigten die Stellung des Verstorbenen zu erhalten, kann ihm der Abfindungsanspruch zugewiesen werden: **Erbrechtlich** über ein Vermächtnis oder eine Teilungsanordnung; **rechtsgeschäftlich** entweder durch Vorausabtretung aufschiebend bedingt für den Todesfall, auflösend bedingt durch Nichteintritt oder durch gesellschaftsvertraglichen Ausschluss der Abfindung und treuhänderische Verwaltung der Vermögensrechte und deren Übertragung durch die Mitgesellschafter beim Eintritt.

1. Rechtsgeschäftliche Nachfolgeklausel

Die Mitgliedschaft in einer Personengesellschaft begründet umfangreiche Rechte und Pflichten.[14] Ein automatischer Übergang eines Gesellschaftsanteiles ohne Mitwirkung des Begünstigten allein aufgrund der gesellschaftsvertraglichen Bestimmung ist deshalb als unzulässiger Vertrag zu Lasten Dritter abzulehnen.[15]

Da G an der Vereinbarung der Regelung der Azuli OHG nicht mitgewirkt hat, scheidet die Einordnung als rein gesellschaftsvertragliche Nachfolgeklausel aus.

2. Eintrittsklausel oder erbrechtliche Nachfolgeklausel

Auslegung §§ 133, 157 BGB

Im Hinblick auf die im Gesellschaftsvertrag der Azuli OHG enthaltene Regelung der Nachfolge ist durch **Auslegung** zu klären, ob es sich um eine Eintrittsklausel oder um eine einfache bzw. qualifizierte erbrechtliche Nachfolgeklausel handelt.

---

14 *Saenger*, Gesellschaftsrecht, Rn. 41 ff.; *Windbichler*, Gesellschaftsrecht, § 2 Rn. 17; *Kindler*, GK Handels- und Gesellschaftsrecht, § 9 Rn. 15 f.; *Eisenhardt/Wackerbarth*, Gesellschaftsrecht, § 2 Rn. 19; *Bitter*, Gesellschaftsrecht, § 5 Rn. 1; *Grunewald*, Gesellschaftsrecht, Erster Teil Rn. 1.
15 BGH NJW 1977, 1339; *Mayer*, Unternehmensnachfolge, S. 57; MüKoBGB/*Schäfer*, § 727 Rn. 50.

a) Eintrittsklausel

Eine Eintrittsklausel begründet für den Fall des Todes eines Gesellschafters für den Begünstigten das Recht, an Stelle des Verstorbenen in die Gesellschaft einzutreten. Für eine derartige Klausel spricht die Formulierung im Gesellschaftsvertrag der Azuli OHG, wonach der vom Gesellschafter bestimmte Nachfolger in die Gesellschaft eintreten soll. Gleichwohl ist auch geregelt worden, dass an die Stelle des bisherigen Gesellschafters dessen Erbe tritt und der Nachfolger durch Verfügung von Todes wegen bestimmt werden soll. Zudem ist zu beachten, dass eine Eintrittsklausel den Berechtigten nicht zum Beitritt verpflichtet. Würde eine solche Klausel angenommen, drohte der Azuli OHG deshalb die Gefahr, im Falle des Todes eines Gesellschafters Abfindungen zahlen zu müssen. Dies würde zur unerwünschten Verminderung des Gesellschaftskapitals führen. Demgegenüber würde die Ungewissheit über die künftige Personalstruktur der Gesellschaft mit einer erbrechtlichen Nachfolgeklausel vermieden, wenn eine automatische Nachfolge durch entsprechende letztwillige Verfügung ohne Weiteres herbeigeführt wird.

Daher ist in diesem Fall nicht von einer Eintrittsklausel auszugehen.

> **Eintrittsklausel oder erbrechtliche Nachfolgeklausel**
>
> Ist in einer gesellschaftsvertraglichen Regelung sowohl vom Eintritt des Nachfolgers als auch davon die Rede, dass der Gesellschaftsanteil vererbt werden soll, kann **im Zweifel** von einer **erbrechtlichen Nachfolgeklausel** ausgegangen werden. Zum einen wird von Laien häufig dem Begriff „Eintritt" nicht die juristische Bedeutung zugemessen, zum anderen entspricht es regelmäßig dem Interesse der Gesellschafter und der Gesellschaft, dass Unsicherheiten über die Nachfolge sowie Abfindungszahlungen, welche die Kapitalbasis belasten, vermieden werden.

b) Erbrechtliche Nachfolgeklausel

Unter Beachtung der Verkehrssitte und auch aufgrund der Erläuterungen des W wird die Vorstellung der Gesellschafter deutlich, dass durch die Klausel der Erbe des Verstorbenen automatisch in dessen Mitgliedschaft in der Gesellschaft einrücken soll; hier handelt es sich mithin um eine **erbrechtliche Nachfolgeklausel**.

3. Einfache oder qualifizierte Nachfolgeklausel

Die Nachfolgeklausel legt fest, dass beim Tod des Gesellschafters der Gesellschaftsanteil unmittelbar auf dessen Erben übergehen soll. Beachtlich ist hierbei, dass bei W mit seiner Ehefrau und den beiden Kindern mehrere gesetzliche Erben vorhanden sind.

Gemäß §§ 1922, 2032 BGB wird der Nachlass des Erblassers im Wege der Gesamtrechtsnachfolge gemeinschaftliches Vermögen der Erben. Dies würde bedeuten, dass der Gesellschaftsanteil des W auf die Erbengemeinschaft bestehend aus der Ehefrau sowie den beiden Kindern übergehen würde. Dieser allgemeine erbrechtliche Grundsatz wird im gesellschaftsrechtlichen Zusammenhang konkretisiert durch eine einfache oder qualifizierte Nachfolgeklausel.

> Abgrenzung von einfacher und qualifizierter Nachfolgeklausel

a) Einfache erbrechtliche Nachfolgeklausel

Bei einer einfachen Nachfolgeklausel geht der Gesellschaftsanteil auf die Erbengemeinschaft über. Dabei ist streitig, ob die Erbengemeinschaft als Gesellschafterin eintritt (Universalsukzession) oder es ausnahmsweise zu einer Sondererbfolge nach der jeweiligen Erbquote der Erben kommt (Singularsukzession). Letzteres überzeugt, so dass der Gesellschaftsanteil des Verstorbenen zwar in den Nachlass fällt, aber nicht gemeinschaftliches Vermögen der Erben wird, sondern durch Sondererbfolge unmittelbar und geteilt nach der jeweiligen Erbquote an die einzelnen Nachfolger gelangt.[16]

---

16 *Frank/Helms*, Erbrecht, § 24 Rn. 18; Staudinger/*Marotzke*, § 1922 Rn. 178 ff.; *Wiedemann*, JZ 1977, 689; MüKoBGB/*Schäfer*, § 705 Rn. 115, § 727 Rn. 29; *Leipold*, Erbrecht, Rn. 590 f.

Eine Entscheidung des Meinungsstreits kann letztlich hier allerdings dahinstehen, weil W seine Gesellschafterposition nicht auf seine gesamten Erben übertragen möchte.

Eine einfache erbrechtliche Nachfolgeklausel scheidet aus.

b) Qualifizierte erbrechtliche Nachfolgeklausel

Im Gesellschaftsvertrag der Azuli OHG ist formuliert, dass die Gesellschaft beim Tod eines Mitglieds „mit einem seiner Erben" fortgeführt werden soll und der Erbe durch Verfügung von Todes wegen zu bestimmen ist (Testierfreiheit). Folglich sollen gerade nicht alle Erben als Rechtsnachfolger des Verstorbenen die Azuli OHG fortsetzen, sondern nur ein Mitglied der Erbengemeinschaft, nämlich G. Es handelt sich folglich um eine **qualifizierte erbrechtliche Nachfolgeklausel**.

> **Bestimmung des Nachfolgers bei qualifizierter erbrechtlicher Nachfolgeklausel**
>
> Zur Festlegung des Nachfolgers stehen mehrere Wege offen. So kann in der erbrechtlichen Nachfolgeklausel der Begünstigte namentlich bezeichnet oder etwa durch Nennung von Merkmalen bestimmbar sein (zB ältester Sohn, unternehmerische Eignung). Oder es kann festgelegt werden, dass der Erblasser erst durch spätere Erklärung den Erben benennt (zB in der Verfügung von Todes wegen oder durch lebzeitige Willenserklärung gegenüber der Gesellschaft), vgl. BRHP/*Schöne*, § 727 Rn. 17f.

Vermeidung der Gesellschafternachfolge
Für den Fall, dass der durch die erbrechtliche Nachfolgeklausel Begünstigte nicht Gesellschafter werden möchte (zB wegen §§ 128, 130 HGB), kann er die gesamte Erbschaft gemäß § 1953 BGB ausschlagen. Als günstiger kann es sich erweisen, gemäß § 139 HGB als Kommanditist in die Handelsgesellschaft einzurücken; insoweit entfällt die Gefahr der Haftung, § 171 Abs. 1 HGB. Zu beachten ist die Drei-Monats-Frist des § 139 Abs. 3 S. 1 HGB. Lehnen die Mitgesellschafter die Umwandlung des Gesellschaftsanteils ab, gilt § 139 Abs. 2 HGB.

Da weder die Ehefrau noch die Tochter generell von der Erbfolge ausgeschlossen sein sollen, ist fraglich, wie sich die Nachfolge gestaltet, wenn die Ehefrau sowie die Kinder Erben sind und der Übergang des Gesellschaftsanteiles auf G angeordnet ist.

Denkbar wäre, dass der zur Nachfolge in den Gesellschaftsanteil bestimmte G nur einen seiner Erbquote entsprechenden Teil des Gesellschaftsanteiles erhält und dass der überschießende Teil den bisherigen Mitgesellschaftern anwächst. Den übrigen Erben des W könnte dann zur gesamten Hand ein ihrer Erbquote entsprechender Abfindungsanspruch gegen die Gesellschaft zustehen.[17] Zu berücksichtigen ist indes, dass durch eine erbrechtliche Nachfolgeklausel der volle Gesellschaftsanteil des Verstorbenen vererblich gestellt wird, also insgesamt in den Nachlass fällt. Innerhalb dieses erbrechtlichen Rahmens richtet sich die Nachfolge wiederum vorrangig nach der gesellschaftsvertraglichen Regelung, weshalb der Begünstigte den **gesamten Gesellschaftsanteil im Wege der Sondererbfolge unmittelbar vollumfänglich** erhält.[18] Gleichwohl ist die erbrechtlich bestimmte Verteilung des Nachlasses in der Erbengemeinschaft beachtlich.

c) Ausgestaltung und Wertausgleich

Anhand der gesellschaftsvertraglichen Regelung der Azuli OHG wird deutlich, dass dem durch Verfügung von Todes wegen zu benennenden Nachfolger der gesamte Gesellschaftsanteil und nicht nur ein Teil von diesem zugewendet werden soll.[19] Erforderlich ist gleichwohl, dass die erbrechtliche Verfügung auf die gesellschaftsrechtliche Regelung abgestimmt wird, damit die gesamte Nachfolgeregelung nicht scheitert.[20]

---

17 So *Hueck*, DNotZ 1952, 554; RGZ 170, 106; RGZ 171, 360; BGH NJW 1957, 180.
18 HM, *Mayer*, Unternehmensnachfolge, S. 61 f.; MüKoBGB/*Schäfer*, § 727 Rn. 44; *Frank/Helms*, Erbrecht, § 24 Rn. 20; Baumbach/Hopt/*Roth*, § 139 Rn. 17; BGH NJW 1977, 1339, 1341.
19 Davon ist im Zweifel auszugehen, *Leipold*, Erbrecht, Rn. 593.
20 Vgl. *Reimann*, ZEV 2002, 487, 488 f.; *Mayer*, Unternehmensnachfolge, S. 62; *Leipold*, Erbrecht, Rn. 593.

Voraussetzung ist deshalb, dass die gesellschaftsvertraglich bestimmte Person zum Kreis der **Erben** gehört. Daneben ist an Ausgleichsansprüche der übrigen Erben zu denken. Soweit der Wert des Gesellschaftsanteiles die dem Begünstigten zustehende Erbquote übersteigt, ist dieser nach überwiegender Einschätzung grundsätzlich zur Zahlung des Differenzbetrages an die Erbengemeinschaft verpflichtet.[21]

Gestritten wird lediglich über die **Rechtsgrundlage** für diesen Anspruch auf Wertausgleich, wobei im Wesentlichen der Grundsatz von Treu und Glauben,[22] die entsprechende Anwendung des § 1978 BGB[23] oder eine Analogie zu den §§ 2050 ff. BGB[24] angeführt werden.

Wertausgleichsanspruch bei die Erbquote übersteigendem Gesellschaftsanteil		
Fehlt es an einer abweichenden erbrechtlichen Regelung seitens des Erblassers, ist der Nachfolger gegenüber seinen Miterben zum Wertausgleich verpflichtet, soweit der Wert des Gesellschaftsanteils seine Erbquote übersteigt. **Streitig** ist die Anspruchsgrundlage.		
§ 242 BGB	§ 1978 BGB analog	§§ 2050 ff. BGB analog
Mangels abweichender erbrechtlicher Anordnungen des Erblassers ist davon auszugehen, dass ein Miterbe gegenüber dem anderen Miterben nicht mehr erhalten soll, als es seinem Anteil an der Erbschaft entspricht. Aus dem Näheverhältnis der Erben untereinander besteht nach Treu und Glauben die Verpflichtung des mit dem Gesellschaftsanteil Begünstigten zum Wertersatz gegenüber den Miterben in Höhe des die Erbquote übersteigenden Anteils.	Infolge der bereits zu Lebzeiten vorgenommenen Vereinbarung der Nachfolgeklausel liegt die Vergleichbarkeit mit einer vorweggenommenen Erbteilung näher, die mit dem Erbfall ipso iure vollzogen wird. Die analoge Anwendung des § 1978 BGB gewährleistet insoweit eine den erbrechtlichen Regelungen entsprechende, interessengerechte Verteilung des Nachlasses. Der Begünstigte hat den erlangten Mehrwert auszugleichen.	Die Vergleichbarkeit der Rechtslage lässt es zu, dass die Regelungen der §§ 2050 ff. BGB, welche für den Ausgleich lebzeitiger Zuwendungen gelten, auch für die Ausgleichspflicht im Hinblick auf die Zuwendung eines Gesellschaftsanteiles, der über der Erbquote liegt, herangezogen werden. § 2056 BGB greift insofern nicht ein, weil mit dieser Norm lediglich der zu Lebzeiten des Erblassers erhaltene Mehrempfang ausgeglichen werden soll.

Erbrechtliche Nachfolgeklausel und Erbenstellung des Begünstigten
Damit eine erbrechtliche Nachfolgeklausel die gewünschte Wirkung entfaltet, bedarf es der Übereinstimmung mit der erbrechtlichen Lage. Dh nur derjenige kann in die Mitgliedschaft des verstorbenen Gesellschafters einrücken, der zum einen nach dem **Gesellschaftsvertrag** als **Nachfolger und** zum anderen nach erbrechtlichen Regelungen **Erbe** ist.

---

21 *Leipold*, Erbrecht, Rn. 594; *Lange/Kuchinke*, Erbrecht, § 5 VI 4; *Frank/Helms*, Erbrecht, § 24 Rn. 20; *Marotzke*, AcP 184 (1984), 541, 576 f.; Staudinger/*Marotzke*, § 1922 Rn. 183; MüKoBGB/*Schäfer*, § 727 Rn. 45; *Rüthers*, AcP 168 (1968), 263, 279 f.; BGH NJW 1957, 180; aA *Zunft*, NJW 1957, 1129, 1132 f.
22 *Leipold*, Erbrecht, Rn. 594; *Liebisch*, ZHR 116 (1954), 150; *Frank/Helms*, Erbrecht, § 24 Rn. 20; BGH NJW 1957, 180, 181.
23 Erman/*Westermann*, § 727 Rn. 12; *ders.*, JuS 1979, 769; Staudinger/*Marotzke*, § 1922 Rn. 183 f.; *Rüthers*, AcP 168 (1968), 263, 268 f.; unentschieden MüKoBGB/*Schäfer*, § 727 Rn. 45 (§ 1978 oder §§ 2050 ff. BGB analog).
24 *Brox/Walker*, Erbrecht, § 44 Rn. 17; *Lange/Kuchinke*, Erbrecht, § 5 VI 5 Fn. 311; Hausmann/ Hohloch/*Kindler/Gubitz*, HdB ErbR, Rn. 107.

§ 2050 BGB knüpft an der Vermutung an, dass der Erblasser trotz lebzeitiger Zuwendungen sein Vermögen unter den Abkömmlingen insgesamt gleichmäßig verteilt wissen will,[25] und regelt für diesen Fall eine Ausgleichspflicht. Angesichts der Ähnlichkeit mit der Konstellation, dass der Erblasser zu Lebzeiten die qualifizierte erbrechtliche Nachfolgeklausel vereinbart und durch Verfügung von Todes wegen zwar den Gesellschafternachfolger bestimmt, aber keine quotale Verteilung des Nachlasses anordnet, erscheint die analoge Anwendung des § 2050 BGB vorzugswürdig.

III. Empfohlene Vorgehensweise

Qualifizierte erbrechtliche Nachfolgeklausel

Bei der gesellschaftsvertraglichen Regelung zur Nachfolge in der Azuli OHG handelt es sich um eine **qualifizierte erbrechtliche Nachfolgeklausel**. Da es zur Vererbung des Gesellschaftsanteils notwendig ist, dass diese vertragliche Vereinbarung durch eine erbrechtliche Anordnung ergänzt wird, ist dem W eine entsprechende Formulierung in seiner letztwilligen Verfügung anzuraten. G ist testamentarisch als Erbe zu bezeichnen und es ist zu bestimmen, dass er den Gesellschaftsanteil des Erblassers an der Azuli OHG erhalten soll.

Vorausvermächtnis

Weiter ist zu berücksichtigen, dass W den Ausschluss von Abfindungsansprüchen gegen G wünscht. Er beabsichtigt folglich, dass für den Fall eines wertmäßig über die Erbquote hinausgehenden Gesellschaftsanteiles eine Ausgleichspflicht gegenüber den Miterben nicht besteht. In Betracht kommt insoweit ein **Vorausvermächtnis** gemäß § 2150 BGB, wobei dies von der Teilungsanordnung nach § 2048 BGB abzugrenzen ist.[26]

Teilungsanordnung und Vorausvermächtnis	
Teilungsanordnung, § 2048 BGB	**Vorausvermächtnis, § 2150 BGB**
Der Erblasser kann bei mehreren Erben abweichend von §§ 2042 ff. BGB die Verteilung der einzelnen Nachlassgegenstände bei der Auseinandersetzung unter den Miterben ohne Änderung der Erbquote regeln. Die Anordnung kann im Rahmen eines Testaments oder (einseitig) im Erbvertrag getroffen werden und die Auseinandersetzung selbst oder die Verwaltung des Nachlasses betreffen.	Bei einem Vorausvermächtnis handelt es sich um einen besonderen Fall eines Vermächtnisses. Der Vermächtnisnehmer ist als Erbe eingesetzt und bekommt daneben noch einen Vermögensvorteil zugewendet, den er sich nicht auf seinen Erbteil anrechnen lassen muss. Als Miterbe ist der Vermächtnisnehmer Berechtigter und als Mitglied der Erbengemeinschaft zugleich Verpflichteter.
Der Bedachte ist infolge der Anordnung zur Übernahme berechtigt und verpflichtet, es sei denn, er ist in seiner Pflichtteilsberechtigung beeinträchtigt, §§ 2305, 2306 Abs. 1 BGB.	Der Bedachte wird durch das Vermächtnis berechtigt und nicht verpflichtet; er kann die Zuwendung gemäß § 2180 BGB ausschlagen und seine Erbenstellung behalten oder umgekehrt.

---

25 Palandt/*Weidlich*, § 2050 Rn. 3; BGHZ 65, 75.
26 Ausführlich zur Abgrenzung *Gergen*, JURA 2005, 185 ff.; MüKoBGB/*Rudy*, § 2150 Rn. 6; Palandt/*Weidlich*, § 2048 Rn. 6; *Wälzholz*, ZEV 2009, 113 ff.

Teilungsanordnung und Vorausvermächtnis *(Fortsetzung)*
Abgrenzung
Die Abgrenzung richtet sich nach dem durch Auslegung zu ermittelnden Willen des Erblassers, wobei der Frage nach dessen **Begünstigungswillen** besonderes Augenmerk zukommt. Fehlt es an dem Willen, einen der Erben wertmäßig besser zu stellen, liegt kein Vorausvermächtnis, sondern eine Teilungsanordnung vor; die Zuteilung eines bestimmten Nachlassgegenstands ist dann auf die Erbquote anzurechnen.

Maßgeblich für die Unterscheidung ist der Begünstigungswille des Erblassers. Soweit er mit der letztwilligen Verfügung erreichen möchte, dass der Miterbe mit der Zuwendung eines bestimmten Nachlassgegenstands wertmäßig besser steht, handelt es sich um ein Vorausvermächtnis. Fehlt es hingegen an einem ausdrücklichen oder konkludenten Begünstigungswillen, ist von einer Teilungsanordnung und damit von einer Wertausgleichspflicht auszugehen.[27]

Dem W ist deshalb bei der Formulierung seines Testaments anzuraten, dass er eine Anordnung trifft, die G den Mehrwert der Gesellschaftsbeteiligung an der Azuli OHG als Vorausvermächtnis zuwendet.[28] Auf diese Weise wird eine Ausgleichspflicht des G gegenüber seinen Miterben vermieden.

C. Sparbuch zugunsten der S

Zu klären ist, ob im Fall des Todes von D der S gegen die Bank ein Anspruch auf Auszahlung des durch das Sparbuch dokumentierten Sparguthabens in Höhe von 25.000 EUR zusteht. Für diesen Fall scheidet ein Forderungsrecht der Erben aus.

I. Anspruch auf Auszahlung des Sparguthabens

Möglicherweise ergibt sich ein Anspruch auf Auszahlung des Sparguthabens gegen die Bank aus dem **Sparvertrag** gemäß §§ 488 Abs. 1 S. 2, 328 Abs. 1, 331 Abs. 1 BGB.

> Sparvertrag

1. Rechtsgrundlage

Fraglich ist dabei, auf welcher vertraglichen Grundlage ein entsprechender Auszahlungsanspruch beruht. Bedenkenswert ist ein unregelmäßiger Verwahrvertrag iSd § 700 BGB oder ein Darlehensvertrag gemäß § 488 BGB.

Sparbuch
Bei einem Sparbuch handelt es sich um ein qualifiziertes Legitimationspapier (Urkunde), welches ein Leistungsversprechen enthält und den daraus Berechtigten bestimmt. Abweichend von einer Inhaberschuldverschreibung gemäß § 793 Abs. 1 BGB ist es ein **hinkendes Inhaberpapier iSd § 808 Abs. 1 S. 1 BGB**.

---

[27] *Frank/Helms*, Erbrecht, § 10 Rn. 17; *Leipold*, Erbrecht, Rn. 777; *Lange/Kuchinke*, Erbrecht, § 5 VI 6d; BGH FamRZ 1990, 396; NJW 1962, 343; OLG Koblenz NJW-RR 2005, 1601.
[28] *Langenfeld/Fröhler*, Testamentsgestaltung, Kap. 7 Rn. 69; *Frank/Helms*, Erbrecht, § 24 Rn. 20.

Sparbuch *(Fortsetzung)*
Das Kreditinstitut kann deshalb an denjenigen, der das Sparbuch vorlegt, nach Maßgabe des verbrieften Versprechens (also zB unter Beachtung eines Sperrvermerks oder entsprechender Kündigungsfristen) mit schuldbefreiender Wirkung auszahlen. Der Inhaber des Sparbuches darf die versprochene Leistung vom Kreditinstitut fordern. Gleichwohl ist die Bank nicht verpflichtet, ohne Prüfung der Legitimation zu zahlen. Das Eigentum am Sparbuch folgt dem Inhaber der Forderung, die durch Abtretung (§ 398 BGB) übertragen wird (§ 952 BGB).

⇕

Sparvertrag
Das im Sparbuch niedergelegte Leistungsversprechen beruht auf dem sog. **Sparvertrag**; dessen **Rechtsnatur** ist **streitig**:

Verwahrung	Darlehen (hM)
Beim Sparvertrag handele es sich um eine **unregelmäßige Verwahrung** im Sinne des § 700 BGB, weil beim Darlehen die Vertragsinitiative typischerweise vom Darlehensnehmer ausgeht. Der Sparer tritt hingegen ähnlich einem Verwahrer auf, was es rechtfertigt, auch die vertragliche Vereinbarung dem Verwahrvertrag zuzuordnen.	Die Zurverfügungstellung von Geld und dessen Rückerstattung nebst Zinsen deute auf ein **Darlehen**. Das Erfordernis einer Kündigung (§ 488 Abs. 3 BGB) ist gegenüber einem jederzeitigen Rückforderungsrecht iSd § 595 BGB interessengerechter. Mangels Anknüpfungspunkt im Gesetz ist die Vertragsinitiative unerheblich.

Aufgrund der Verweisung auf die Darlehensregelungen in § 700 Abs. 1 BGB ergeben sich Unterschiede im Wesentlichen im Hinblick auf die Fälligkeit sowie den Ort der Rückzahlungsverpflichtung, soweit diesbezüglich nicht ohnehin vertragliche Abreden bestehen.

Für einen unregelmäßigen Verwahrvertrag spricht, dass die Übertragung der Spareinlagen an die Bank überwiegend iSd § 700 Abs. 1 S. 1 BGB in Form der Übereignung von Geld, also einer vertretbaren Sache nach § 91 BGB stattfindet und die Rückgewähr von Geld entsprechenden Wertes geschuldet wird. Zudem geht bei einem Darlehen in der Regel die Initiative auf Abschluss desselben vom Darlehensnehmer aus,[29] während die Spareinlage vom Sparenden veranlasst wird.

Sparvertrag als Darlehensvertrag

Problematisch bei der Einordnung als unregelmäßige Verwahrung erscheint, dass ein grundsätzlich bestehendes jederzeitiges Rückforderungsrecht gemäß §§ 695, 700 Abs. 1 S. 3 BGB den Interessen der Beteiligten eines Sparvertrages widerspricht. Beim Darlehensvertrag bedarf es demgegenüber einer vorherigen Kündigung, vgl. § 488 Abs. 3, § 608 Abs. 1 BGB. Darüber hinaus überzeugt die Bezugnahme auf die übliche Darlehensinitiative seitens des Kunden nicht, weil durch die gesetzlichen Bestimmungen zum Darlehen ein solches Erfordernis nicht festgelegt wird.[30] Dies spricht im Ergebnis für die Einordnung des Sparvertrages als **Darlehensvertrag** gemäß § 488 BGB.[31]

---

29 *Schütz*, JZ 1964, 91, 92 f.; *Schönle*, Bank- und Börsenrecht, § 7 I 1b.
30 MüKoBGB/*Henssler*, § 700 Rn. 16 f.
31 HM, Palandt/*Sprau*, § 808 Rn. 6; MüKoBGB/*Henssler*, § 700 Rn. 17; BRHP/*Gehrlein*, § 808 Rn. 4; BGHZ 64, 278, 284; unentschieden Erman/*Saenger*, Vor §§ 488–490 Rn. 54; differenzierend BRHP/*Rohe*, § 488 Rn. 100.

Zutreffende Anspruchsgrundlage ist mithin § 488 Abs. 1 S. 2 iVm §§ 328 Abs. 1, 331 Abs. 1 BGB, sofern es sich bei dem Sparvertrag zwischen D und der Bank um einen wirksamen Vertrag zugunsten der S handelt.

2. Vertrag zugunsten Dritter

a) Einordnung

Bei dem Sparvertrag zwischen D und der Bank könnte es sich um einen Vertrag zugunsten S gemäß **§§ 328 Abs. 1, 331 Abs. 1 BGB** handeln.

Die Vertragsfreiheit lässt es zu, dass Vertragsparteien eine Vereinbarung treffen, nach der die vertraglich geschuldete Leistung an einen bestimmten Dritten erbracht werden soll. Dabei ist zwischen einem echten und einem unechten Vertrag zugunsten Dritter zu unterscheiden.[32]

Vertrag zugunsten Dritter
Der Vertrag zugunsten Dritter beschreibt keinen eigenständigen Vertragstyp, sondern eine Anpassung der Modalitäten innerhalb der jeweiligen Vertragsart. Durch eine entsprechende Vereinbarung wird im Deckungsverhältnis zwischen dem Gläubiger (**Versprechensempfänger**) und dem Schuldner (**Versprechender**) die Pflicht begründet, dass letzterer die Leistung an einen **Dritten** zu bewirken hat. Zwischen Versprechensempfänger und Drittem besteht das Valuta- oder auch Zuwendungsverhältnis, welches unabhängig (abstrakt) vom Deckungsverhältnis ist und den Rechtsgrund der Zuwendung (zB § 516 BGB) beschreibt. Die Beziehung vom Versprechenden zum Dritten wird als Vollzugs- oder Drittverhältnis bezeichnet, welches beim echten Vertrag zugunsten Dritter vertragsähnlichen Charakter hat und in dem der Dritte ein eigenes Recht erwirbt, die Leistung zu fordern.   Vom echten Vertrag zugunsten Dritter ist der Fall abzugrenzen, dass nicht die Pflicht, sondern die Berechtigung vereinbart wurde, mit befreiender Wirkung gegenüber dem Gläubiger an einen Dritten zu leisten. Der Dritte wird insoweit vom Gläubiger nach § 362 Abs. 2 iVm § 185 Abs. 1 BGB zur Empfangnahme der Leistung ermächtigt. Der Schuldner kann dann zur Erfüllung nach seiner Wahl an den Gläubiger oder den Dritten leisten.

Echter (berechtigender) Vertrag zugunsten Dritter	Unechter (ermächtigender) Vertrag zugunsten Dritter
Beim echten Vertrag zugunsten Dritter iSd § 328 Abs. 1 BGB erwirbt der Dritte unmittelbar das Recht, die nach dem Vertrag geschuldete Leistung zu fordern.	Durch Vereinbarung eines unechten Vertrages zugunsten Dritter steht dem Gläubiger, nicht aber dem Dritten ein Forderungsrecht bezüglich der Leistung zu.

Abgrenzung
Ob es sich um einen echten Vertrag zugunsten Dritter iSd § 328 Abs. 1 BGB handelt, ist durch Auslegung der Vereinbarung unter Berücksichtigung der Umstände des Einzelfalles, insbesondere des Zweckes des Vertrages zu ermitteln, § 328 Abs. 2 BGB. Zudem sind die Auslegungsregeln der §§ 329, 330, 331, 332 BGB zu beachten.

---

[32] PWW/*Stürner*, § 328 Rn. 12 ff.; *Medicus/Lorenz*, Schuldrecht I, Rn. 810 f.; Palandt/*Grüneberg*, Einf. v. § 328 Rn. 1. Zur Abgrenzung vgl. Fall 7, S. 179.

Maßgeblich ist, ob sich durch **Auslegung** der vertraglichen Vereinbarung zwischen D und der Bank iSd § 328 Abs. 2 BGB ergibt, dass S unmittelbar Inhaberin der Sparforderung geworden ist. Für die Annahme eines derartigen echten Vertrages zugunsten Dritter könnte dabei sprechen, dass D das Sparbuch auf den Namen der S hat ausstellen lassen. Indes handelt es sich dabei nur um ein Indiz;[33] aus diesem Umstand allein ist nicht herzuleiten, dass die Forderung aus dem Sparguthaben von Anfang an der S zugewendet werden soll.[34]

Zu berücksichtigen ist nämlich, dass D mit der Bank vereinbart hat, dass die Auszahlung des Geldes erst zu einem späteren Zeitpunkt, nämlich nach seinem Tod erfolgen soll. Behält der Sparer – wie hier der D – zudem das Sparbuch in seinem Besitz, ist im Regelfall davon auszugehen, dass er sich die Verfügungsbefugnis über die Forderung vorbehalten, also diese gerade nicht unmittelbar auf den Dritten übertragen möchte.[35]

Anhand der Vereinbarung von D mit der Bank wird deshalb deutlich, dass S erst im Todesfall Inhaberin der Forderung werden soll, §§ 328 Abs. 2, 331 Abs. 1 BGB. Es handelt sich also um einen **echten Vertrag zugunsten Dritter auf den Todesfall**.

b) Form

Inwieweit ein Vertrag zugunsten Dritter formbedürftig ist, richtet sich nach dem **Deckungsverhältnis**, also der Rechtsbeziehung zwischen dem Versprechenden und dem Versprechensempfänger.

> **Formbedürftigkeit beim Vertrag zugunsten Dritter**
>
> Entscheidend ist das Deckungsverhältnis; soweit sich dieses auf die Verpflichtung zur Übereignung eines Grundstückes richtet oder etwa eine schenkweise Leistungsverpflichtung zum Gegenstand hat, ist § 311b Abs. 1 bzw. § 518 Abs. 1 S. 1 BGB zu beachten. Das Valutaverhältnis, also die Rechtsbeziehung zwischen Versprechensempfänger und Dritten ist für die Form des Vertrages zugunsten Dritter ohne Bedeutung; es hat insoweit also keinen Einfluss, dass zB der Versprechensempfänger dem Dritten etwas im Wege der Schenkung zuwendet.

Der zwischen D und der Bank abgeschlossene Sparvertrag unterliegt keinen Formerfordernissen. Etwaige im Verhältnis zwischen D und S anzuwendende Vorschriften wie § 518 Abs. 1 S. 1 oder § 2301 BGB sind insoweit unbeachtlich.[36]

S steht im Todesfall des D gegen die Bank ein Anspruch auf Auszahlung von 25.000 EUR zu, §§ 488 Abs. 1 S. 2, 328 Abs. 1, 331 Abs. 1 BGB. Möglicherweise ergibt sich für die Erben gegenüber S allerdings ein Rückforderungsrecht.

---

[33] BGHZ 21, 148, 150; OLG Düsseldorf FamRZ 1992, 51 f.
[34] Vgl. *Leipold*, Erbrecht, Rn. 582; Palandt/*Grüneberg*, § 328 Rn. 9a; BGHZ 46, 198 f.; BGH WM 1990, 537.
[35] MüKoBGB/*Musielak*, § 2301 Rn. 40; *Leipold*, Erbrecht, Rn. 577; *Trapp*, ZEV 1995, 314, 317 f.; BGHZ 46, 198 f.; OLG Köln WM 1995, 1956 f.
[36] BGHZ 41, 95, 96; BGHZ 66, 8, 12 f.; BGH NJW 1984, 480.

II. Rückforderungsrecht der Erben gemäß § 812 Abs. 1 S. 1 Alt. 1 BGB

Ein Anspruch der Erben gegen S auf Rückzahlung der 25.000 EUR könnte sich im Erbfall aus § 812 Abs. 1 S. 1 Alt. 1 BGB ergeben.

Für den Fall, dass seine Erben einen Rückforderungsanspruch gegen S haben, wäre den Vorstellungen des D nicht gedient, weil S das Geld gleich wieder an die Erben des D herauszugeben hätte. Zu klären ist deshalb, ob den Erben des D nach Eintritt des Todesfalls ein Kondiktionsanspruch[37] gegen S gemäß § 812 Abs. 1 S. 1 Alt. 1 BGB zusteht.

> **Aufbauschema § 812 Abs. 1 S. 1 Alt. 1 BGB**
> 1. Etwas erlangt
> 2. Durch Leistung
> 3. Ohne Rechtsgrund

Voraussetzung der condictio indebiti ist zunächst, dass der Anspruchsgegner **etwas erlangt** hat. Gemeint ist jedwede Verbesserung der Vermögenslage.[38] Erlangt ist hier die Forderung gegen die Bank.

Überdies erfordert die Leistungskondiktion, dass die Vermögensmehrung durch **Leistung** des Bereicherungsgläubigers vorgenommen wurde. Leistung ist jede bewusste und zweckgerichtete Mehrung fremden Vermögens. S hat durch die Leistung des D die Forderung erhalten.

Weiteres Merkmal der Leistungskondiktion ist das **Fehlen eines rechtlichen Grundes** für das Behaltendürfen von Anfang an. Als Rechtsgrund kommt hier ein Schenkungsvertrag zwischen D und S in Betracht.

> Schenkungsvertrag als Rechtsgrund

1. Abschluss des Schenkungsvertrages

D hat gegenüber der Bank erklärt, dass die Forderung auf Auszahlung der 25.000 EUR der S bei seinem Versterben unentgeltlich zustehen soll. Er hat damit eine Schenkungsofferte abgegeben. Zudem erteilte er im Rahmen der Vereinbarung den Auftrag gemäß § 662 BGB, dass die Bank über die Zuwendung informiert, also den Zugang der Angebotserklärung iSd § 130 Abs. 1 S. 1 BGB bei S veranlasst.

Die Annahme des Schenkungsangebotes seitens der S ist hier zwar noch nicht erfolgt, kann aber auch noch nach dem Tode des D geschehen (§ 130 Abs. 2 BGB), wobei diese nach §§ 151, 153 BGB nicht gegenüber den Erben erklärt werden muss.[39]

Geht man im Todesfall von einer entsprechenden Annahme aus, handelt es sich im Valutaverhältnis um einen Schenkungsvertrag nach § 516 Abs. 1 BGB.

2. Wirksamkeit des Schenkungsvertrages

a) Verstoß gegen § 2301 Abs. 1 BGB

Der Schenkungsvertrag könnte gemäß § 2301 Abs. 1 S. 1 BGB iVm §§ 2231, 2276 BGB unwirksam sein, weil hier die Formvorgaben nicht gewahrt sind.

Zweifelhaft erscheint, ob bei einem echten Vertrag zugunsten Dritter (§§ 328, 331 BGB) auf das Valutaverhältnis § 2301 Abs. 1 S. 1 BGB anwendbar ist.[40]

---

37 Zum Bereicherungsrecht siehe Fall 14, S. 351 ff. und Fall 17, S. 436 ff.
38 Palandt/*Sprau*, § 812 Rn. 8; PWW/*Prütting*, § 812 Rn. 29; MüKoBGB/*Schwab*, § 812 Rn. 1.
39 Vgl. BGH NJW 1975, 382, 383.
40 MüKoBGB/*Musielak*, § 2301 Rn. 31 ff.; BRHP/*Litzenburger*, § 2301 Rn. 16 ff.; Erman/*S. Kappler/ T. Kappler*, § 2301 Rn. 1; BGH NJW 2004, 767; NJW 1984, 480, 481.

Meinungsstreit über die Anwendbarkeit des § 2301 Abs. 1 BGB auf das Valutaverhältnis bei echten Verträgen zugunsten Dritter auf den Todesfall	
Erbrechtliche Lösung, § 2301 Abs. 1 BGB	Schuldrechtliche Betrachtung (hM)
Der Bestimmung des § 2301 Abs. 1 BGB ist keine Einschränkung des Anwendungsbereiches im Hinblick auf Verträge zugunsten Dritter zu entnehmen. Soweit das Valutaverhältnis eine Schenkung beinhaltet, die beim Tod des Zuwendenden dem Bedachten einen Anspruch verschaffen soll, sind deshalb die Vorschriften zu Form und Inhalt von Verfügungen von Todes wegen anzuwenden. Auf diese Weise wird eine Benachteiligung der Erben und Pflichtteilsberechtigten vermieden sowie der auch dem Erblasser zukommenden Schutzfunktion der besonderen erbrechtlichen Formvorschriften gedient.	Das Erbrecht hat keine Ausschlussfunktion; es stehen auch andere Gestaltungsmöglichkeiten für eine gewillkürte Weitergabe von Vermögen offen. Der Erblasser kann durch Rechtsgeschäfte unter Lebenden auf den Todesfall zugunsten der Bedachten schuldrechtliche Ansprüche begründen und dingliche Verfügungen treffen. Dazu gehört der Vertrag zugunsten Dritter, der für die Leistung nach dem Tode in § 331 BGB erwähnt ist, ohne dass er zu den letztwilligen Verfügungen gehört. Solche Zuwendungen unterfallen deshalb nicht dem Erbrecht, sondern richten sich ausschließlich nach schuldrechtlichen Regeln.

Der Vertrag zugunsten Dritter selbst unterfällt nicht § 2301 Abs. 1 BGB, weil es sich bei ihm schon nicht um ein Schenkungsversprechen handelt. Das Valutaverhältnis ist zwar Ausdruck einer unentgeltlichen Zuwendung, aber anhand des § 331 Abs. 1 BGB lässt die gesetzgeberische Vorstellung erkennen, dass auch außerhalb des Erbrechts die Möglichkeit für die gewillkürte Vermögensübertragungen im Todesfall bestehen soll. Dies lässt darauf schließen, dass solche Rechtsverhältnisse insgesamt, das heißt auch hinsichtlich des Valutaverhältnisses, nicht dem Erbrecht, sondern den allgemeinen schuldrechtlichen Regelungen zu unterwerfen sind.[41] Ein Rekurs auf das Vermächtnis greift nicht, weil beim Vertrag zugunsten Dritter der Bedachte einen Anspruch gerade nicht gegen den Erben (vgl. § 2147 BGB), sondern unmittelbar gegen die Bank erwirbt.[42]

§ 2301 Abs. 1 BGB ist deshalb nicht anzuwenden.

b) Verstoß gegen § 518 Abs. 1 BGB

Der Schenkungsvertrag könnte gemäß § 125 S. 1 BGB nichtig sein.

Auf die unentgeltliche Zuwendung von D an S als einer Schenkung unter Lebenden ist gleichwohl die Formvorschrift des § 518 Abs. 1 S. 1 BGB anzuwenden; notwendig ist **notarielle Beurkundung des Schenkungsversprechens**.

---

41 *Leipold*, Erbrecht, Rn. 578; BGH NJW 2004, 767, 768; NJW 1976, 749, 750; NJW 1965, 1913, 1914; NJW 1964, 1124.
42 BGH NJW 1976, 749, 750.

Für die Einhaltung der Formvorschrift genügt es, wenn der Schenker seinen Antrag von einem Notar beurkunden lässt.

D hat seine Erklärung der unentgeltlichen Zuwendung nicht in diesem Sinne formgerecht abgegeben. Das Schenkungsversprechen ist deshalb nach § 125 S. 1 BGB nichtig.

c) Heilung nach § 518 Abs. 2 BGB

In Betracht kommt, dass der Mangel der Form durch die Bewirkung der Leistung gemäß § 518 Abs. 2 BGB geheilt ist.[43]

Vollzug iSd § 518 Abs. 2 BGB

Die Nichtbeachtung des Formerfordernisses des § 518 Abs. 1 BGB kann durch Vollzug nach § 518 Abs. 2 BGB geheilt werden. Voraussetzungen sind der Fortbestand der Einigung und der freiwillige Vollzug. Einseitige Maßnahmen wie eine Zwangsvollstreckung genügen also nicht (BRHP/*Gehrlein*, § 518 Rn. 5). Die Bewirkung der versprochenen Leistung setzt dabei nicht wie bei § 362 Abs. 1 BGB den Eintritt des Leistungserfolges voraus. Ausreichend ist vielmehr, dass der Schenker seinerseits alles Erforderliche getan hat, damit die Schenkung vollzogen wird. Deshalb ist etwa auch ein bedingter (§ 158 BGB) oder befristeter (§ 163 BGB) Vollzug ausreichend (BGH NJW-RR 1989, 1282; NJW 1987, 122; NJW 1987, 840; Palandt/*Weidenkaff*, § 518 Rn. 9; PWW/*Stürner*, § 518 Rn. 7; aA auf den Leistungserfolg abstellend, BRHP/*Gehrlein*, § 518 Rn. 6). Bei der Schenkung eines Geldbetrags führt beispielsweise die Gutschrift der Summe auf dem Konto des Beschenkten zum Vollzug nach § 518 Abs. 2 BGB (OLG Saarbrücken ZEV 2000, 240).

Hierfür ist nämlich nicht der Eintritt des Leistungserfolges notwendig, sondern es genügt, wenn der Zuwendende seinerseits alles für den Vollzug Erforderliche getan hat. Insoweit lässt sich die Zuwendung des geschenkten Gegenstandes als bereits erfolgt ansehen, weil nach Abschluss des Vertrages mit der Bank sowie der Abgabe des Schenkungsversprechens durch D die Forderung ohne Weiteres im Todeszeitpunkt von S erworben wird (Von-Selbst-Erwerb), sobald der Schenkungsvertrag durch den Zugang der Angebotserklärung bei S zustande kommt.[44]

Das Schenkungsversprechen wäre dann im Zeitpunkt des Ablebens von D und der Weiterleitung des Schenkungsversprechens an S nach § 518 Abs. 2 BGB geheilt.

d) Widerruf der Schenkung

Indes wird bei dieser Betrachtungsweise ein erhebliches Maß an Unsicherheit deutlich. Es kann nicht ausgeschlossen werden, dass die Erben des D vor der Übermittlung des Schenkungsversprechens an die S (§ 130 Abs. 2 BGB) von den besagten Vereinbarungen erfahren und die Zuwendung durch den Widerruf des Schenkungsversprechens nach **§ 130 Abs. 1 S. 2 BGB** vereiteln.

---

43 Siehe auch Fall 19, S. 489 (zu § 766 S. 3 BGB).
44 Vgl. BGH NJW 1964, 1124. Der BGH nimmt selbst für den Fall einer Anwendbarkeit des § 2301 Abs. 1 BGB an, dass es sich aufgrund des Von-Selbst-Erwerbs um Vollziehung iSd § 2301 Abs. 2 BGB handelt, BGH NJW 1984, 480.

Das Widerrufsrisiko ist abhängig von folgenden Gesichtspunkten:

aa) Widerrufsberechtigung der Erben

Zunächst ist die Widerrufsberechtigung der Erben zu klären. Fraglich ist, ob mit dem Versterben des D die Befugnis zum Widerruf auf die Erben gemäß § 1922 Abs. 1 BGB übergehen würde.[45]

Meinungsstreit über die Widerrufsbefugnis der Erben bei echten Verträgen zugunsten Dritter auf den Todesfall	
Fehlendes Widerrufsrecht	**Widerrufsmöglichkeit der Erben (hM)**
Ein Widerrufsrecht für die Erben führt zu einem nicht hinnehmbaren Wettlauf zwischen Erben und Versprechendem. Denn gelingt es der Bank, dem Dritten vor dem Widerruf die Schenkungserklärung zu übermitteln, scheitert der Widerruf. Die Wirksamkeit des Schenkungsvertrages ist folglich zufällig. Deshalb sei von einer derart weitreichenden Wirkung des Vertrages zugunsten Dritter auszugehen, dass den Erben keine Widerrufsberechtigung zusteht. Dogmatisch wird dies unterschiedlich begründet: • Die vertragliche Drittbegünstigung ist als Sondererbfolge bzw. vermächtnisähnliche Zuwendung einzuordnen und deshalb ebenso wie diese nach dem Tod grundsätzlich nicht mehr angreifbar. • Der Versprechende sei als Vertreter des Dritten ohne Vertretungsmacht anzusehen. Infolgedessen bestünde für die Erben entsprechend § 178 S. 1 BGB kein Widerrufsrecht. • Der Vertrag zugunsten Dritter enthält ein pactum de non petendo; der Widerruf ist möglich, aber dem Bereicherungsanspruch steht die Einrede unzulässiger Rechtsausübung entgegen.	Durch den Erbfall stehen den Erben gemäß § 1922 BGB alle Rechte zu, die vorher dem Erblasser zustanden; deshalb geht auch das Recht des Widerrufes auf die Erben über. Die Erben können folglich vor der Übermittlung des Schenkungsangebots durch den Versprechenden den Widerruf desselben gegenüber dem Dritten erklären. Daneben haben sie die Möglichkeit, den Auftrag zur Weiterleitung der Erklärung gemäß § 671 Abs. 1 BGB gegenüber der Bank zu widerrufen und damit den Zugang der Schenkungsofferte zu verhindern. Dagegen spricht aus Gründen der Rechtssicherheit nicht der angeführte Wettlauf zwischen Erben und Versprechendem. Gleichermaßen gehen der Verweis auf die Regelungen zur Stellvertretung sowie die Annahme eines pactum de non petendo zu weit. Neben der Möglichkeit einer lebzeitigen unwiderruflichen Schenkungserklärung, die den Erblasser und auch die Erben bindet, besteht für den Wunsch, zu Lebzeiten Verfügungsfreiheit zu behalten, aber seine Erben binden zu können, die Möglichkeit der formgerechten Verfügung von Todes wegen oder der Information des Beschenkten zu Lebzeiten.

---

[45] Für eine Widerrufsbefugnis MüKoBGB/*Gottwald*, § 331 Rn. 9 ff.; Palandt/*Grüneberg*, § 331 Rn. 5; BGH NJW 1975, 382, 383 f.; OLG Düsseldorf FamRZ 1998, 774, 775; dagegen *Muscheler*, WM 1994, 921, 924; *Harder*, FamRZ 1976, 418, 426; *Finger*, WM 1970, 374, 377; *Bühler*, NJW 1976, 1727 f.; vgl. *Gubitz*, ZEV 2006, 333.

Gegen die Auffassung, ein Widerrufsrecht der Erben auszuschließen, spricht § 1922 BGB, der den Erben sämtliche Rechte zuweist, die zuvor dem Erblasser zustanden. Einer Ausschlusswirkung des Vertrages zugunsten Dritter widerstreiten der Aspekt der Rechtssicherheit und dogmatische Bedenken. Insbesondere lässt sich der Wunsch des Erblassers, zu Lebzeiten Verfügungsfreiheit zu behalten, aber seine Erben binden zu können, de lege lata verwirklichen, indem er die Möglichkeit der formgerechten Verfügung von Todes wegen wahrnimmt oder aber den Begünstigten bereits zu Lebzeiten über die Schenkung informiert.

Den Erben des D stehen die gleichen Widerrufsmöglichkeiten wie dem Erblasser offen.

bb) Widerrufsvoraussetzungen

Gemäß § 130 Abs. 1 S. 2 BGB ist die einem Abwesenden gegenüber abgegebene Willenserklärung unwirksam, wenn ihm zuvor oder gleichzeitig mit der Erklärung ein Widerruf zugeht. Die Erben könnten folglich vor der Übermittlung des Schenkungsangebots durch die Bank den Widerruf desselben gegenüber S erklären.

Daneben haben die Erben des D die Möglichkeit, den Auftrag zur Weiterleitung der Erklärung gemäß § 671 Abs. 1 BGB gegenüber der Bank zu widerrufen und damit den Zugang der Schenkungsofferte zu verhindern.

e) Gefahr von Nachlassstreitigkeiten

Zudem besteht die Gefahr, dass im Zuge des späteren Erbfalles das Sparbuch gefunden wird und Nachlassstreitigkeiten entstehen. Insofern sind dann auch Auseinandersetzungen über das Sparguthaben und dessen Zugehörigkeit zum Nachlass zu befürchten. Um solchen Unsicherheiten zu entgehen, ist der Schenkungsvertrag notariell zu beurkunden.

III. Empfohlene Vorgehensweise

Aufgrund der festgestellten Risiken für die beabsichtigte Zuwendung des Sparguthabens in Höhe von 25.000 EUR sind dem W folgende Empfehlungen auszusprechen:

Zunächst ist die notarielle Beurkundung des Schenkungsversprechens gemäß §§ 516 Abs. 1, 518 Abs. 1 S. 1 BGB angezeigt. Das Beurkundungserfordernis bezieht sich allein auf die Erklärung des Schenkers, so dass insofern die Anwesenheit bzw. die unmittelbare Annahmeerklärung seitens der S nicht erforderlich ist.

Im Hinblick auf die Möglichkeit des Widerrufs der Schenkungserklärung kommt es auf das durch Nachfrage zu klärende Begehren des D an.

Soweit er sich zu Lebzeiten die Verfügungsfreiheit offen halten möchte, das Schenkungsversprechen widerrufen zu können, sollte er für den Zugang seiner Schenkungserklärung bei S sorgen. Da hier davon auszugehen ist, dass S diese Offerte annimmt, wird auf diese Weise vermieden, dass die Erben vor der Weiterleitung der Willenserklärung seitens der Bank durch Widerruf das Zustandekommen des Schenkungsvertrages vereiteln.

Zudem kann sich D bereits zu Lebzeiten endgültig seiner Verfügungsbefugnis hinsichtlich der Zuwendung des Sparguthabens begeben; es stehen ihm zwei Möglichkeiten offen. Er kann das Schenkungsversprechen und den Auftrag zur

Übermittlung der Erklärung unwiderruflich erklären oder nach den Regeln über Verfügungen von Todes wegen der S ein Vermächtnis zuwenden. In der Folge stünde den Erben ein Widerrufsrecht nicht zu und S müsste nicht vor dem Ableben des D von der Schenkungsofferte erfahren.

Sachregister

Zahlen = Seitenzahlen

Abgabe einer Willenserklärung 48 f.
Abhanden gekommene Willenserklärung 49
Abhandenkommen 406
Ablösungsrecht 511, 515
Abmahnung 253
Abnahme 193 f.
Abschlussfreiheit 63 f., 218
Absorptionstheorie 34
Abtretung 482 ff., 500
accidentalia negotii 72
Adäquanztheorie 42, 296
Aktiengesellschaft 566
Akzessorietät 271, 280, 449, 477, 485, 489, 501
Allgemeine Geschäftsbedingungen 142 ff., 152, 270 f., 275 ff.
Allgemeiner Gerichtsstand 55
Allgemeines Persönlichkeitsrecht 295
Analogie 14, 196, 459
Änderungsvertrag 64, 553 f.
Anfechtung 53 f., 63, 87 f., 460 f.
Anfechtung einer Vollmacht 97 f.
Anhängigkeit 341
Anlassbürgschaft 153
Annahme 61 ff.
Annahmeverzug 221, 378 f.
Anrufweiterleitung 79
Anscheinsvollmacht 107 f.
Anspruchsgrundlage 2 f.
Anwaltshaftung 185 ff.
Anwaltsklausur 2, 358
Anwaltsvertrag 185
Anwaltszwang 204
Anwartschaftsrecht 456 ff., 460 ff., 513
Äquivalenztheorie 42, 296
Arbeitnehmer 239 f.
Arbeitsgericht 260
Arbeitsgerichtliches Urteilsverfahren 259 ff.
Arbeitsvertrag 218 f.
Arbeitszeugnis 230 f.
Argumentation 4 f.
Asset deal 83

Aufhebungsvertrag 64
Auflassung 473, 476
Auflassungsvormerkung 477 ff.
Aufrechnung 99 f., 173, 223 ff., 280, 489 f.
Aufrechnungsverbot 227
Auftrag 40
Aufwendung 326, 490 f.
Auktion 71 ff.
Ausfallbürgschaft 273
Auslegung 4, 86 f.
Ausschließlicher Gerichtsstand 55
Ausschlussfrist 251
Aussperrung 221

Bedingungseintritt 461
Bedürftigkeit 551
Beiderseitige Erledigung 319 ff.
Beratungshilfe 542
Berechtigung 404
Bereicherungsrecht 351 ff.
Berliner Testament 564
Berufung 205
Beschlussverfahren 259
Beschränkte Geschäftsfähigkeit 399 ff.
Beschwer 519
Besitz 31 f., 381
Besitzbegründungswille 31
Besitzdiener 32, 36, 406
Besitzdienerwille 37
Besitznachfolge 543
Besitzschutz 383 f.
Besitzverlust 37
Besonderer Gerichtsstand 55
Bestätigungsschreiben 45 ff.
Bestimmtheit 245, 271, 482
Betreuung 423
Betreuungsfunktion 85
Betrieblich veranlasste Tätigkeit 216 f.
Betriebliche Übung 257 f.
Betriebsbedingte Kündigung 255
Betriebsgefahr 339 f.
Betriebsratsanhörung 248 f.
Betriebsrisiko 220

Betriebsübergang 213
Beweisfunktion 52
Beweislast 187, 412
Beweissicherung 339
Beweiszweck 85
Blankobürgschaft 270
Blankozession 482, 490
Bösgläubigkeit 440
Briefgrundschuld 485 ff.
Briefhypothek 499 ff.
Bringschuld 416
Bruchteilsgemeinschaft 534 f.
Bruttolohn 244
Buchangaben 18 f.
Buchgrundschuld 485 f.
Buchhypothek 499 ff.
Bundesarbeitsgericht 260
Bürgschaft 133, 150, 268 ff., 277, 488
Bürgschaft auf erstes Anfordern 272

condictio indebiti 351 ff., 436, 442 f.
condictio ob causam finitam 171 ff.
culpa in contrahendo 89 f., 111

Darlehen 576
Darlehensvertrag 480 f.
Dauerschuldverhältnis 219
Deliktsrecht 293 ff.
Devolutiveffekt 206
Direkterwerb 457
Direktionsrecht 218
dolo agit 274
donandi causa 352
Drittschadensliquidation 417 ff.
Drittwiderklage 197
Drittwiderspruchsklage 373 ff., 492
Duldungsvollmacht 106 f.

Ehe 544 f.
Ehegattenerbrecht 561
Eheliche Lebensgemeinschaft 165 f.
Ehename 544
Eigenbesitz 413
Eigenständigkeitslehre 229 f.
Eigentümer-Besitzer-Verhältnis 161, 429 ff.
Eigentumserwerb des Nichtberechtigten 389 f., 398, 404 f.
Eigentumsvermutung 405
Eigentumsvorbehalt 150, 375, 455, 466 ff.

Eingriffskondiktion 434
Einheitslösung 564
Einigsein 403, 461
Einigung 399
Einrede 68, 509, 514
Einschreibebrief 51, 62
Einseitige Erledigung 331 ff.
Einspruch 189 ff., 206
Einspruchsfrist 190
Eintrittsklausel 123 f., 569 f.
Eintrittsrecht 559
Einwilligung 400
Einzugsermächtigung 483
Empfängerhorizont 61
Empfangsbote 50, 79, 451
Empfangsvertreter 50
Endurteil 344
Endvermögen 554
Entgeltfortzahlung 220
Entlastungsbeweis 203, 448
Entreicherung 365
Erbfolge 559 ff.
Erbschaftsanspruch 392 f.
Erbschaftsbesitzer 392
Erbschein 386 ff.
Erfolgsunrecht 296 f.
Erfüllung 95 f.
Erfüllungsgehilfe 35, 38 f., 115
Erfüllungsort 260
Erfüllungssurrogate 96
Erheblichkeit eines Mangels 21
Erinnerung 516 ff.
Erklärungsbewusstsein 10 ff.
Erklärungsbote 50
Erklärungsfahrlässigkeit 10 f.
Erklärungsvertreter 50
Erledigungserklärung 319 ff., 331 ff.
Erweiterter Eigentumsvorbehalt 468
Erweiterter Streitgegenstand 241
Erwerb vom Nichtberechtigten 501 f.
essentialia negotii 72
Eventualaufrechnung 223 f.
Eventualwiderklage 197

Factoring 483
Fahrzeugführer 337
Faktisches Arbeitsverhältnis 210
Fallfrage 1 f.
Fälligkeit 193, 508, 513
falsus procurator 109 f.
Familienunterhalt 542, 549 f.

Fehlerhafter Besitz 382, 543
Fehlerhaftes Arbeitsverhältnis 210
Fernabsatz 76f.
Feststellungsantrag 334
Feststellungsinteresse 242
Feststellungsklage 240ff.
Fixgeschäft 68
Flaschenpfand 450
Forderungsübergang 488
Formbedürftigkeit 578
Formelle Rechtskraft 281
Formerfordernis 85, 112, 133ff.
Formfreiheit 63f., 219
Formkaufmann 46
Freiwilligkeitsvorbehalt 258
Fremdbesitz 413
Fremdgeschäft 323
Frist 71, 78
Fristberechnung 62
Fund 359
Fürsorgepflicht 219

Garantenstellung 22
Garantie 120ff.
Garantievertrag 136f.
Gattungsschuld 68, 415
Gefährdungshaftung 293
Gefahrübergang 20, 118
Gefälligkeit 12ff., 43
Gefälligkeitsfahrt 13f.
Gegenrechte 3
Geheißerwerb 149
Geld 31
Geldvermengung 428
Gemeinschaftliches Testament 563ff.
Gemischter Vertrag 34
Genehmigung 400
Generalklausel 144, 153, 275
Genussschuld 415
Gerichtsstand 54ff., 260
Gerichtsvollzieher 524
Gesamtbeurkundung 85
Gesamtrechtsnachfolge 214
Gesamtschuldner 300f., 303f.
Gesamtsichtsansatz 34
Gesamtzusage 256
Geschäft für den, den es angeht 103
Geschäft zur Deckung des Lebensbedarfs 165
Geschäftsbesorgungsvertrag 185
Geschäftsführung ohne Auftrag 322ff., 536f.
Geschäftsraum 74ff.
Geschäftswille 10f.
Gesellschaft bürgerlichen Rechts 532ff., 566
Gesellschaft mit beschränkter Haftung 566
Gesellschafterhaftung 117, 122ff., 128, 214
Gesellschafternachfolge 567ff.
Gesetzesauslegung 4
Gesetzliches Pfandrecht 158
Gestörtes Gesamtschuldverhältnis 303f.
Getrenntleben 550, 553
Gewahrsam 525
Gewerbebetrieb 295
Gewerkschaft 261
Gläubigerinteresse 180
Gläubigerverzug 221, 378f.
Gläubigerwechsel 483
Gleichbehandlungsgrundsatz 256
Globalbürgschaft 151
Globalzession 464ff.
Gradualsystem 560
Grundbuch 479, 503, 507
Grundschuld 485ff.
Grundstück 498, 525f.
Gutachtenstil 5f.
Gütergemeinschaft 545
Güterstand 545
Gütertrennung 545
Güteverhandlung 261
Gutgläubiger Eigentumserwerb 385, 389, 404f.
Gutgläubiger Erwerb 449, 501f.
Gutgläubiger Zweiterwerb 456

Haftungserleichterung 43f.
Haftungsprivilegierung 43f.
Halterhaftung 335ff.
Handelsbrauch 45, 286
Handelsgeschäft 286f.
Handlungsunrecht 296f.
Handlungswille 10f.
Hauptantrag 223
Haushaltsgegenstand 546f.
Heilung 92, 581
Herausforderungsfälle 301f.
Hersteller 24f.
Hilfsantrag 223

Höchstbetragsbürgschaft 273
Höchstgebot 73
Höhere Gewalt 324
Holschuld 416
Hypothek 499 ff., 526
Hypothetischer Prozessverlauf 187

Individualabrede 143, 145, 271
Inhaberwechsel 212
Inhaltsfreiheit 63 f., 218
Inhaltskontrolle 219
Inkassozession 483
Innerbetrieblicher Schadensausgleich 217
Internetauktion 71 ff.
invitatio ad offerendum 60 f.
Inzidentprüfung 187
Irrtum 53 f.
Istkaufmann 46

Kapitalgesellschaft 286, 566
Kaufmann 46
Kaufmännisches Bestätigungsschreiben 45 ff.
Kausalität 42, 187, 295 f., 453 f.
Kautelarklausur 2
Kettensurrogation 393
Klageänderung 369 f.
Klagehäufung 211, 244, 334
Klagerücknahme 369
Klausel 521
Klausurtechnik 1 ff.
Knebelung 465
Kollusion 355
Kombinationslehre 34
Kombinationsvertrag 34
Kommanditgesellschaft 285, 566
Kommanditist 285, 288 f.
Komplementär 285
Konkretisierung 415 f.
Konnexität 199
Kontrollzweck 85
Konversion 245, 476
Konzernvorbehalt 468
Koppelungsvertrag 34
Kosten 350
Kostenbeschluss 321, 331
Kostenverteilung 263
Kraftfahrzeug 336
Kreditauftrag 133
Kumulationsvertrag 34

Kumulative Klagehäufung 211, 244, 334
Kündigung eines Mietvertrages 164, 167
Kündigungserklärung 245 ff.
Kündigungsgründe 252
Kündigungsschutzklage 239 ff.

Landesarbeitsgericht 260
Lebensgemeinschaft 531 ff.
Leihe 397
Leistung an Erfüllungs statt 96
Leistung donandi causa 352
Leistung durch Dritte 510
Leistung erfüllungshalber 96
Leistung obligandi causa 352
Leistung ob rem 352
Leistungsbegriff 352
Leistungsfähigkeit 551
Leistungskondiktion 351 ff., 436, 442 f.
Leistungsnähe 179
Leistung solvendi causa 352
Leistungsstörungen 219 ff.
Leistungsverweigerungsrecht 67

Mahnverfahren 187 f.
Mangel 91, 93, 118, 140
Mangelfolgeschaden 127, 201 f.
Mangelhafte Mietsache 174 ff.
Mangelschaden 201
Mantelzession 482
Materielle Rechtskraft 281
Meistbegünstigung 206
Merkantiler Minderwert 338
Miete 94
Mietvertrag 163 ff., 174 ff.
Mietwagen 342
Minderjährigkeit 399 ff.
Mitbesitz 543
Mitbürgschaft 273
Mittäter 311 ff.
Mittelbarer Besitz 360, 381
Mittlerer Art und Güte 416
Mitverschulden 44, 308, 339 f.
Montageverpflichtung 192

Nachbürgschaft 273
Nachfolgeklausel 123 f., 567 ff.
Nachgeschalteter Eigentumsvorbehalt 467
Nachschieben von Kündigungsgründen 249

Nachträglicher Eigentumsvorbehalt 466
Nebenpflicht 447
Nichteheliche Lebensgemeinschaft 531 ff.
Nichtleistungskondiktion 363, 411, 434
Nicht-mehr-Berechtigter 170
Normzwecklehre 42
Notstand 298 f.
Notwehr 298
Notwendige Verwendung 162
Novation 64
Nutzungsausfall 329 f.
Nutzungsersatz 169 ff., 439 ff.

Objektive Klagehäufung 211, 244, 334
obligandi causa 352
ob rem 352
Offene Handelsgesellschaft 566
Offenkundigkeit 103
Örtliche Zuständigkeit 54 ff., 260

Parentelsystem 559
Parteifähigkeit 521
Partnerschaftsvertrag 532
Personengesellschaft 117, 285, 533, 566
Personenschaden 215
Pfandrecht 448 ff.
Pfändung 516, 524
Pfändungsschutz 227
Pflegschaft 423
Pflichtteil 563
Pflichtverletzung 69, 185
Positive Vertragsverletzung 185 ff.
Postulationsfähigkeit 204, 243, 261
Präklusion 225, 281 f.
Prioritätsprinzip 465, 482
Produkt- und Produzentenhaftung 23 ff.
Prorogation 55 f.
Prozessfähigkeit 521
Prozesskostenhilfe 541 ff.
Prozessstandschaft 367
Prozessvergleich 347 ff.
Punktueller Streitgegenstand 241

Recht zum Besitz 158, 424 ff.
Rechtfertigungsgründe 298
Rechtlicher Vorteil 399
Rechtlicher Zusammenhang 199
Rechtsanwalt 186

Rechtsbindungswille 61, 72, 533
Rechtsgeschäft 48 f.
Rechtsgrundloser Erwerb 409, 441 f.
Rechtshängigkeit 341, 440
Rechtskraft 281, 283
Rechtskrafterstreckung 224
Rechtsmangel 116
Rechtsschutzbedürfnis 519 f.
Rechtsschutzinteresse 374 f.
Rechtswegzuständigkeit 210, 239 f., 259 f.
Rechtswidrigkeit 296 ff.
Relative Unwirksamkeit 475, 478
Reparaturkosten 328 f., 337 f.
Repräsentationsprinzip 559
Revokationsrecht 548 f.
Richterklausur 1 f.
Rückbürgschaft 273
Rückgriffskondiktion 434
Rücktritt 18, 89, 138, 140, 146 f., 461
Rücktrittserklärung 86
Rückübereignung 388 ff.
Rügelose Einlassung 56
Rügeobliegenheit 287

Sachliche Zuständigkeit 210
Sachlicher Grund 257
Sachmangel 18
Sachverhalt 1
Sachverständiger 339
Saldotheorie 365
Säumnis 188 ff., 205
Schaden 305 ff., 327 ff.
Schadensersatz 125
Scheidung 552 f.
Scheingeschäft 84
Scheinkaufmann 46
Schenkung 538 f., 579 ff.
Schickschuld 416
Schlechterfüllung 185
Schlüssigkeit 205
Schmerzensgeld 310 f., 343
Schriftform 245 f., 269 f., 488 f.
Schuldbeitritt 135
Schuldnerschutz 483 f.
Schuldübernahme 134
Schuldverhältnis 9
Schutzgesetz 16, 413
Schutzzwecklehre 296
Schwebezeit 400
Selbstschuldnerische Bürgschaft 272

Share deal 83
Sicherungsabrede 157, 274
Sicherungsabtretung 468, 482
Sicherungseigentum 376
Sicherungsgeber 288
Sicherungsgrundschuld 485 ff.
Sicherungshypothek 499
Sicherungsübereignung 157
Sicherungsvertrag 484
Sittenwidrigkeit 151, 277 ff., 355, 465
Software 148
solvendi causa 352
Sonstige Rechte 295, 453
Soziale Rechtfertigung 251 ff.
Sozialwidrigkeit 251 ff.
Sparbuch 575 ff.
Stellvertretendes commodum 362, 410
Stellvertretung 103 ff.
Störung der Geschäftsgrundlage 65 ff., 535 f.
Straßenverkehrsrecht 323, 335 ff.
Streckengeschäft 149
Streik 221
Streitgegenstand 240 f.
Streitgenossenschaft 314 ff.
Strohmanngeschäft 84
Surrogation 362, 391 ff., 410
Suspensiveffekt 206

Tarifvertrag 234 f.
Taschengeld 401
Teilgeschäftsfähigkeit 401 f.
Teilungsanordnung 574 f.
Testament 563 ff.
Testierfreiheit 562
Titel 521
Trennungslösung 564
Trennungsunterhalt 549 ff.
Treuepflicht 219
Typenverschmelzungsvertrag 34

Übereignung 398 ff.
Übergabe 149, 403
Überraschende Klausel 143, 152
Übersicherung 465
Umdeutung 245, 476
Umgehungsgeschäft 84
Unbenannte Zuwendung 538 f.
Unbestellte Leistungen 397
Undank 539
Unfallersatztarif 342

Universalsukzession 559
Unklare Klausel 143
Unklarheitenregel 122
Unmöglichkeit 67 ff., 112 ff., 194, 415
Unterhalt 549 ff.
Unterlassen 22, 293, 297
Unternehmenskauf 83
Unternehmerpfandrecht 158 f.
Untervollmacht 105 f.
Unwirksamkeit eines Prozessvergleichs 350
Unzulässige Rechtsausübung 377
Unzumutbarkeit 66 ff.
Unzuständigkeit des Gerichts 56
Urlaub 228 ff., 232 ff.
Urteil 262
Urteilsstil 5 f.

Verarbeitung 433
Veräußerung der Streitsache 367 f.
Veräußerung hinderndes Recht 375 f.
Veräußerungsverbot 546 f.
Verbindung 433
Verbotene Eigenmacht 382, 543
Verbraucher 77
Verbraucherdarlehensvertrag 481
Verbrauchsgüterkauf 145
Verein 286
Vergleich 347 ff.
Vergütungsgefahr 194 f.
Verhaltensbedingte Kündigung 253
Verhaltenspflicht 185
Verjährung 119, 128, 146, 176
Verkehrsgeschäft 507
Verkehrssicherungspflicht 25 f.
Verkehrswesentlichkeit 88, 98, 113 f.
Verlängerter Eigentumsvorbehalt 150, 467
Verlöbnis 540, 544 f.
Vermischung 433
Vermögen im Ganzen 546
Vernehmungstheorie 50
Verpfändungsanzeige 451
Verrichtungsgehilfe 38 f., 181, 203
Versäumnisurteil 188 ff., 205, 262
Versicherungsmehrkosten 17
Verspätetes Vorbringen 225
Versteigerung 71
Versteigerungserlös 492 ff.
Vertrag mit Schutzwirkung für Dritte 178 ff.

Vertrag zugunsten Dritter 577 ff.
Vertragsbruch 465, 468
Vertragsfreiheit 63 f.
Vertragsschluss 59 ff.
Vertretungsmacht 104
Verwahrung 358, 380, 576
Verwendung 431 f.
Verwendungsersatz 160, 429 f.
Verwendungskondiktion 434
Verzichtsklausel 468
Vindikationslage 161
Vollmacht 246
Vollstreckung 521 ff.
Vollstreckungsbescheid 188 ff., 205 f.
Vollzug 581
Vorausabtretungsklausel 467
Vorausklage 489
Vorausvermächtnis 574 f.
Vorkaufsrecht 473 ff.
Vorläufige Vollstreckbarkeit 262
Vormerkung 477 f.
Vormundschaft 423
Vorratsschuld 415
Vorteilsausgleich 309, 338

Warnfunktion 85
Wechselbezügliche Verfügung 564
Wegerisiko 226
Wegfall der Bereicherung 437 f.
Wegfall eines Mangels 20
Weisungsabhängigkeit 36
Weisungsgebundenheit 239
Weiterbeschäftigungsanspruch 250
Weitergeleiteter Eigentumsvorbehalt 467
Weiterverarbeitungsklausel 467
Werklieferungsvertrag 192, 415
Werkmangel 200 ff.
Werkunternehmerpfandrecht 159
Werkvertrag 191 ff., 280

Wesentlicher Bestandteil 525 f.
Widerklage 197 f., 206, 259
Widerruf 74 ff., 151, 461, 564, 582
Widerruf eines Prozessvergleichs 349
Widerrufsvorbehalt 258
Widerspruch 504 f., 507
Widerspruch des Betriebsrates 250
Wider-Widerklage 197
Wiederverheiratungsklausel 565
Willenserklärung 9 ff.
Winkzeichen 40
Wirtschaftsrisiko 220

Zahlungsklage 244
Zeitbürgschaft 274
Zeugnis 230 f.
Zubehör 527
Zugang 247, 451
Zugang einer Willenserklärung 49 ff.
Zugangsfiktion 51
Zugangsvereitelung 247
Zugewinnausgleich 553 ff.
Zugewinngemeinschaft 545
Zulässigkeit 54 ff., 333 f.
Zurückbehaltungsrecht 160, 283, 426 f., 484, 491, 548
Zurückversetzung des Prozesses 191
Zuschlag 73
Zustellung 521
Zustimmungserfordernis 546 f.
Zwangsversteigerung 492, 494
Zwangsvollstreckung 492, 512, 521 ff., 523 f.
Zweckabrede 540
Zweckbestimmung 436
Zweckkondiktion 352 f.
Zweckvereinbarung 354
Zweckverfehlung 540
Zweikondiktionenlehre 365
Zwischenverfügung 462